歴史家 服部之總

日記・書翰・回想で辿る軌跡

松尾章一

日本経済評論社

日本近代史研究会研究室内の服部。1954 年

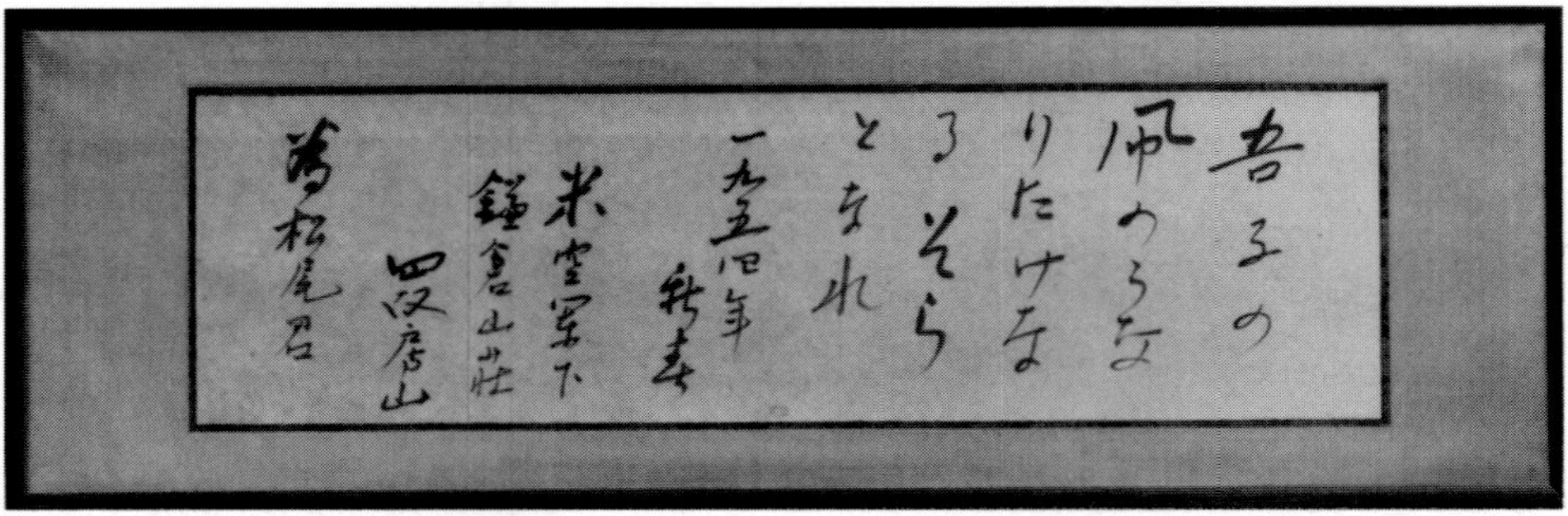

松尾が大学卒業の年、鎌倉山の服部家に年賀に訪れた際、面前で書いてもらった色紙（タテ 19 センチ、ヨコ 60 センチ）。1954 年

東京帝国大学文学部社会学部を卒業後副手として研究室に残った服部と最初の妻となった浜田鼻子（馬島僴の妹）との婚約時代。1925 年

次弟成文住職（右）と生家の島根県浜田の正蓮寺正門での服部。1953 年

日本近代史研究会編集会議に三笠宮崇仁が出席した時に同人たちと。前列右端に服部。その左三人目に三笠宮。その左隣が高橋磌一。中列の柱右側に女房役の小西四郎。右端に松島榮一。後列左端に事務局長の藤井松一、右へ村上重良、宮川寅雄、右端に川村善二郎。1952 年

北鎌倉の円覚寺塔頭帰源院での之總忌の参列者。前列中央に三笠宮崇仁。その右隣に富子夫人。右端が服部の末妹関根薫。三笠宮の左隣から陣ノ内鎮、小牧近江、関根悦郎。二人おいて五女草子。後列の柱左側から松尾、小西四郎、次女洋子の夫の山崎富美夫。柱の右から一人おいて三女苣子、二人おいて長男夫人、二人おいて長男旦。1964 年

凡例

一、本書は、著者の文章を除いて、引用文については原則として初出のままとした。したがって、

1　旧かなづかいや旧字についても、俗字を含めて原文のままとした。

2　てにをはの類の明らかな誤りは訂正した場合があるが、固有名詞はそのままとし、著者の注は〔　〕で補った。

3　漢字の誤りも原則そのままとし、同様に著者の注は〔　〕で補った。

4　原文に付せられたルビはそのままとし、必要な場合は〔　〕で表記し区別した。

二、著者の注はすべて〔　〕で表記した。

三、『服部之總全集』（全二十四巻、福村出版）からの引用は、例えば第一巻の場合は「『全集』①」と表記した。

目次

序　いま服部之總から学ぶこと

本書のはじめに、私が二〇〇五年六月に今日の若い歴史研究者への講演に加筆訂正した文章を以下全文再録させていただくことにする。

はじめに

本日の東京歴史科学研究会主催の「六月講座」に講演を依頼され大変うれしくかつ光栄に思います。この講座担当者からの依頼状に「近年、家永三郎氏、永原慶二氏、佐々木潤之介氏など『戦後歴史学』を牽引してこられた方が鬼籍に入る一方で、大学院生にとってはすでに『歴史としての戦後歴史学』になっております」と書かれていました。後世に残る立派な業績をあげられたご三方と対比されるような私ではありませんが、この私もついに「鬼籍候補者」にされましたことに一瞬愕然としました。だがこの文章の後に「『戦後歴史学』の『発心』、『問題意識』が薄れ、そして、若い院生が『戦後歴史学』との接点を見失いつつある今こそ『戦後歴史学』について考えるべきではないでしょうか」と書かれている点にまったく共感しました。すでに五十年以上も昔になりますが、私自身の大学院生の頃とくらべれば、歴史学研究を行う上でとくに重要な史料面での充実した環境に恵まれて羨ましいかぎりの研究条件の中で、大学院生諸君の綿密な実証的研究を数多く読ませていただき勉強させられているのですが、率直に申してその成果には違和感を抱いています。これは歴史学界のみにかぎらず、今日の日本の学問・思想状況にたいしても同様です。はたしてこのままで良いのだろうかと強い危機感を持っております。これはけっして『新しい歴史教科書をつくる会』に与する人々にたいしてだけではありません。すでに二十年も昔になりますが、私が東京歴史科学研究会の機関誌『人民の歴史学』百号記念に「地域人民と共にあれ」と題して寄稿（一九八九年五月一日付）した拙文のなかでも苦言を呈しています。

以上のような理由から、今回の私への講演依頼をありがたく思ってお引き受けしました。現在、私が考えていますことを率直に申し上げて、学会の第一線で活動されている若い皆さんからの率直なご批判をうけることを覚悟して参りました。しかしながら私の話の持ち時間は一時間ですので、充分に意を尽くした話をいたすことはとうてい不可能です。本日の私の講演レジュメの中の二、「服部之總との五年間」、それも副題の「明治維新と自由民権運動」に限定して、質問の時間が一時間以上もありますのでその中で補足をさせていただくことでお許しを願いたいと思っております。

一　私の歴史学研究の出発点となった卒論

時間の都合で本日私が申し上げたい結論を最初に述べておきます。

レジュメの第一にあげました「私の大学卒業論文」（『神奈川県下に於ける自由民権運動―明治十年代の横浜と三多摩の政治的動向を中心として―』）は今から五十年以上も前に書いたものです。現在では三多摩自由民権運動史研究は、色川大吉さんを筆頭にお弟子さんの新井勝紘さんや鶴巻孝雄さんたちの数々の立派なお仕事によって進展していますが、書いた時期で言えば私の卒業論文が最初です。私の大学時代の歴史学研究の対象は日本古代・中世史でした。指導教授がすべてこの分野でしたから。しかし大学での先生方の講義や歴史観に納得できず、殆ど図書館にこもって乱読しておりました。その中で服部之總の著書と出会ったのです。それ以後は授業や研究室で服部之總を引きあいに出しては教師や学友たちと論争していた私に、歴史学教室の主任教授であった小林高四郎先生（モンゴリストの東洋史学者で岩波新書の『ジンギスカン』の著者）が、当時私の大学があった鎌倉の鎌倉山に住んでおられた服部さんを紹介してくださったのです。大学三年の時でした。この年に卒論のテーマを提出しなければならないので指導教授には無断で服部さんに相談しますと、「君は大学を出たら神奈川県下の教師になるのだろうから神奈川県の自由民権運動を書け」と言われました。私は「どのような研究があるのですか」と尋ねますと、「だれもやっていないから君がやるのだ」と言われました。それから約一年間は当時はまだ田んぼや畑ばかりの江戸時代の風景が残っていた農村地帯であった町田や八王子、そして四十年以上住みついてしまった日野などの三多摩地方を歩き回って文字通り足で書きあげたのがこの卒論です。今読み返えしますと面はゆいばかりの未熟な内容ですが、卒論にとり組んでいた当時の私の歴史認識がよく分かります。

当時の私の自由民権運動史研究への問題意識は、レジュメの［付表・服部之總年譜］に書いています大学入学前後に刊行されました服部之總著『近代日本のなりたち』(一九四九年一月、日本評論社)・『明治維新の話』(一九四九年八月、ナウカ社)・『絶対主義論』(一九四八年九月、月曜書房、翌年九月に増補版が東京大学協同組合出版部)・『明治の革命』(一九五〇年八月、日本評論社)などの著作に決定的な影響を受けています。私は本務校の法政大学を二〇〇一年三月に定年退職直後にほとんどの蔵書(「服部伝」関係図書以外は)を中国・上海市図書館に「日本法政大学名誉教授松尾章一先生贈書」と命名して寄贈しました(二〇〇三年四月二日於同図書館贈呈式、杉本日本上海駐在総領事列席)。

現在手元に残してある服部の処女作『明治維新史』(一九二八年二・三月に『マルクス主義講座』第四・五巻に発表、二十八歳)が戦後間もない一九四八年に三笠書房から復刊され(単行本としての出版は一九二九年に上野書店、一九三〇年大鳳閣、一九三四年白揚社)、その後一九五二年に五たび版を改められて河出書房の「市民文庫」の一冊に加えられました。この解説で遠山茂樹氏は、この文庫版の末尾に次のように書いています。

本書に研究生活の出発点を与えられた経験をもつ私が、この解題を書くことは、この上なく光栄に思っている。それは真理を探究することを仕事とするものの生き甲斐と、それを果たしうるための、日々の生き方のきびしさに、心打たれるからである。

過去を対象とする歴史学といえども、真理を語るためには、今日この時、自由と独立と平和との闘いに身を挺する実践を果さなければならない。本書を読まれる方々にお願いしたいことは、本書の行文の間にひそむ、この認識と実践との統一の目的に向かっての、著者の苦闘した貴重な成果から、限りない教訓と激励とを読みとってくださることである。〔原本はすべて旧漢字だが引用の際は当用漢字に直してある。以下同じ。〕

一九五二年九月一五日

当時の私はこの遠山解説に感動し、歴史学研究者として生きる指針としようと決意したことを今も鮮烈に覚えています。この文庫版『明治維新史』を読んだ前年に、戦後の講座派マルクス主義歴史学界を代表する二人の指導者であった遠山茂樹氏の名著『明治維新』（岩波書店）と井上清氏の『日本現代史Ⅰ 明治維新』（東京大学出版会）が一九五一年の二月と十一月にあいついで刊行され、私はこの二冊を比較対照しながら読み耽った当時を今も思い出します。小さな活字での原史料の脚注の多い遠山著よりも、問題意識が鮮明で読みやすかった井上著の方に学生時代の私は感動したことを今でも昨日のように思い出します。私はこの服部・遠山・井上三氏の明治維新史から決定的な影響をうけました。朝鮮戦争が開始された一九五〇年当時の政治・思想状況に強い危機意識を抱きながら、前記の遠山解説に答えようとして卒論に真剣に取り組んでいたことがとくに序文から推察されます。若書きは未熟ではありますけれど、服部が書いていますように「若さにおける正しさと若さにともなう相対的な誤謬」（『明治維新史』第四版序文）と素直な真情がよく伝わってきます。私たちと同世代のすぐれた歴史学者の一人である安丸良夫氏は、昨年出版された『現代日本思想論』（岩波書店、二〇〇四年一月）の中で次のように書いています。

講座派マルクス主義の研究史上の意義は、日本史、とりわけ日本近代史の全体性についてのあるまとまった説得的な歴史像を構成しえたということにあろう。『日本資本主義分析』〔山田盛太郎著――松尾注。〔 〕内は以下同じ〕や『日本資本主義社会の機構』〔平野義太郎著〕の煩瑣でもってまわった表現技法も、ひとつのまとまった歴史像を範型化するうえでかえって有効だったかもしれない。私たち旧世代の研究者たちはたいがい『分析』や『機構』、また服部之総の著作などを通じて大きな歴史像について学び、自分の具体的な勉強をそうした研究とのかかわりでどこかへ位置づけようとしたのである。戦後いち早く出版された歴史学研究会編『歴史家は天皇制をどう見るか』(新生社、一九四六年)を見ても、その過半を占める井上清「天皇制の歴史」は、皇室財産などについての若干の記述をべつとすれば、講座派の立場からする一般的な歴史叙述に他ならないという印象をうける。戦時期の研鑽をふまえた戦後講座派の研究成果のもっとも良質な部分は、日本近代史に即していえば、遠山茂樹『明治維新』(岩波書店、一九五一年)や井上清『日本現代史　第一巻　明治維新』(東京大学出版会、一九五一年)のような、ひとつの時代の全体像を鮮明に描き出す歴史叙述として結実したと考えておきたい。(一〇六～七頁、初出は「天皇制批判の展開」『岩波講座天皇と王権を考える』I所収、二〇〇二年)

当時の私が服部から学んだ歴史学研究の最大の点は、歴史を全体像として認識した上で、科学的=学問的に叙述することでした。そして具体的な歴史研究の対象が天皇と天皇制を批判する視点からの明治維新であり自由民権運動でした。この時の初志は、今もなお私の歴史学研究の基本的立場として変わってはいません。

もう一点、私が申し上げたいことは「今、なぜ服部之總なのか」ということです。私が服部から学び、現在もなお継承・発展させるべきではないかと感じていることを述べておきたいと思います。

すでに述べましたように、私の歴史学研究の出発点となりました大学の卒論を書いた当時の問題意識の根底には、服部之總が戦後に文庫版で公刊した『明治維新史』『明治維新のはなし』『近代日本のなりたち』の三冊がありました。このうち服部の戦前の処女作でありました『明治維新史』〔遠山茂樹氏の名解説のついた河出文庫版、一九五二年初版〕についてはすでに紹介しましたので、あとの二冊について少しふれておきます。現在私の手元に残してあります『明治維新のはなし』は青木文庫版として私が大学を卒業した翌年の一九五五年四月に第一版が出版されています。『近代日本のなりたち』は一九六一年二月に第一版が同じ青木文庫から出ています。いずれも服部の戦後の愛弟子の一人であった藤井松一氏が解説を書いています。配布していますレジュメにあげています服部没後三十周年の記録集である小西四郎・遠山茂樹編『服部之總・人と学問』（日本経済評論社、一九八八年七月）に収録されています追悼懇親会で開会挨拶をされた小西四郎氏は、本日の会をすべて計画し推進したのは松尾だと前置きして、「松尾さんは服部先生の愛弟子であり、極めて親分肌の先生の一の子分、いや二の子分ですか、一の子分はやはり立命館大学の教授をしておられた故藤井松一さんでした。服部さんから学問的にいろいろと教えをうけられた方は、多くおられたと思いますが、親分子分的な色合いから申しますと、藤井松一さんと松尾章一さんが、何と言っても双璧であったと思います。」と紹介されています。活字では消していますが清水次郎長の大政と小政に喩えられました。小西さんは、一九五一年一月に服部が遠山茂樹・松島栄一・吉田常吉氏らとともに設立し主宰した日本近代史研究会の服部から信頼された良き女房役でした。藤井さんはその事務局長でした。日本近代史研究会の同人には当時東京大学を卒業したばかりの歴史学徒であった青村真明・川村善二郎・色川大吉・村上重良・原田勝正氏らが集められて、その年の六月から当時の大ベストセラーとなった『画報近代百年史』の刊行が始まりました。現在もなお日本近代史研究会を守り続けておられる川村さんは、先に紹介しました『服部之總・人と学問』に収録されています「服部之總と『歴史画報』編集の思い出―日本近代史研究会の草創の頃―」を書いています。

話を『明治維新のはなし』と『近代日本のなりたち』にもどします。服部はこの『明治維新のはなし』の「まえがき」（一九五五年三月十五日）に次のように書いています。

私の学問上の体系——体系といえるとすれば——からみて、本書は一九四九年までのわたしの維新史研究の、いわば総合計であり、概算書であって、けっしてたんなる「啓蒙」書として、書いたものではない。わたしが『明治維新史』（河出文庫）を書いたのは一九二七・八年のことであるが、あの本にくらべてこの本が、より大衆的にわかりのよい表現法をとっているとすれば、それは、あの本もこの本もそのときの学者あいてにではなく同胞大衆にむかって書いたつもりだから、あいてちがいのためにそうなったのではないとしなければならぬ。そうだとすれば、あの本に比べてこの本が、よりわかりよい表現をとることができているのは、つまりはわたしじしんが、明治維新の歴史について、もっとよくわかってきたせいであるだろう。まだわからないことが、小さな問題ではたくさんあるし、その後わかったことで、この本を修正したい点もあるけれども、もとのかたちのままで本文庫におさめるのは、いまのところ、このままでも、もっとひろく読まれるねうちをもっていると判断したからにほかならない。（中略）

　史学は、歴史家にとって一生仕事であるけれども、それは歴史家が大衆とともに、人民の行動を通じて解いてゆかねばならぬというい みでの、一生仕事なのである。わたしは死ぬまで歴史家であることを光栄としたいとねがう者である。平和と独立を希求する日本人に、本書が一冊でもひろく読まれることを、心からねがうゆえんである。

（三～四頁）

服部は漢字をできるだけ使わないで、ひらがなでこのまえがきを書いています。

『近代日本のなりたち』の序（一九四八年九月）に服部は次のように書いています。

　本書は日本歴史の通史ではない。近代日本のなりたちを、明治維新をかなめとして、かえりみたものである。わたしは終戦直後から、それをわかい人たち――ことに戦争中、学業を抛棄したままで中学校や高等学校を卒業したような不幸な世代や、団結の自由を獲得したばかりの若い労働者諸君のために、はなす機会をいくどかもった。これまでの話しかたではとおらないことをそのたびに経験した。一方で敗戦日本が立っている現実の事態と民主主義革命貫徹の使命が、従来の水準よりもっと高度な近代日本史の解明を要求しているのである。他方でこの世代の教養は戦前の同じ世代とくらべたとき不足するものが多い。この矛盾は克服できるものであった。というのも若い世代は、祖国の民主主義的再建の意欲と情熱において、戦前の同じ世代とはくらべものにならぬほど高くかつ強い。それがわたしを鞭うち、一見して解くに困難なこの問題を、一つずつ解かせてくれるようにおもう。とりわけ鎌倉アカデミアの教室と諸組合の労働学校とは、わたしにとってそのためのきびしい訓練の場となった。

たまたま昨年の秋、わたしは東京大学の学生諸君のために、若干の連続講義をする機会をもった。かねて日本評論社坂巻啓睦君の依頼をうけていたこともあって、そのときの速記を加筆訂正したものが本書である。自分の課題としたものがどこまで満たされているか、読者の批判をまたねばならぬ。(三〜四頁)

当時東京大学文学部国史学科の学生であった下山三郎氏は、この時の服部の講義を聴いたことが歴史学研究を始めるきっかけになったと回想しています。この服部の両文庫版とも絶版になって今では古書店でも容易に見かけなくなってしまったのはとても残念に思います。勿論全集には入っています。私には先に紹介した『明治維新史』(青木文庫版、一九七二年五月第一版)の遠山さんの解説とともに、『近代日本のなりたち』の藤井さんの解説に大変励まされたものです。この藤井さんの解説(一九六一年一月十三日付)の末尾は、服部が本書の序章に述べてある次の文章で結んでいます。

人々の史述としての歴史は実は過去に向っての政治にほかならない。…複雑多岐な現代史の一局部たる日本の位置を精密に測定するための手段の一つとして、これを作り出してきた過去をわれわれは見る。何ゆえに現前の位置を知らんとするのであるか。現前の歴史としての生きた客観的対象を変革せんとする意図をもつゆえである。…(この)意図によって、われわれは現実の歴史的対象を動かしてきた法則を知ろうとする要求をもつのである。一切の史述はこの意味でつねに現代史にかかわっており、現代史の否定として未来の人類史にかかわっているのである。(一六五頁)

服部がしばしば強調していたことは、「歴史の事実をあるがままに大事にせよ」「理論のカンナを研げ。カンナが錆びていては歴史は解明できない。未来を見通すことはむつかしくなる」「公式（法則）に徹せよ」という言葉でした。「公式（法則）に徹せよ」とは、先に紹介しました川村さんも書いていますが、「公式それ自体を固定的に捉えて抽象的にもてあそんだり、歴史の現実から公式につごうのよい一面だけをとりだして論ずることではない。もちろん公式によって現実をわりきり、説明することでもなかった。公式は裸のままで歩いているはずはない。歴史の現実を多様なまま尊重し、そのなかをつらぬく公式を発見せよ。言いかえれば、生きた歴史の現実を公式（法則）において把握せよ、ということ」でした。服部の私設助手時代の私は、服部から与えられた論文を書く場合、マルクス・エンゲルスの言説にどのように書いてあるかを調べさせられましたが、服部はけっして教条的・硬直的なマルクス主義者ではありませんでした。服部の歴史家としての一生は、つねに批判的・論争的でありましたが、しかし論争の相手にたいする敬愛の念を失いませんでした。私が助手として服部の近くにいた時によく交流のあった「労農派の総帥」と言われていた大内兵衛氏にたいする終生変わらぬ親交がその良い例でしょう。私が服部没後に法政大学大学院に入学したのも大内先生が総長をされていたことも理由の一つです。入学直後にすでに着手されていた『法政大学八十年史』の編纂を大学院生にすぎない私に一任され、その後法政大学の教師になれたのも服部の弟子であったということから大内先生の推薦があったからでした。

服部が私を大学卒業の前年（一九五三年）の十二月から助手にしたのは服部がライフワークにしようと構想していた『日本人の歴史』に着手するためでした。服部の「論敵」であった羽仁五郎の『日本人民の歴史』（岩波書店、一九五〇年）ではなくて、「日本人」「庶民」の歴史であったことに服部史学の本領があると私は思っております。この服部の最後の仕事は彼の病のために未完に終わってしまったことは残念でなりません。その最初の部分は、服部が亡くなって十五年後に私の手元に残しておいた服部のノートから復元して、服部之總著『日本人の歴史―大工トモさんとの対話―』としてまとめて法政大学出版局から刊行（一九七一年十二月）しました。この本は、藤井松一さんと私の共編とし、大学紛争当時の立命館大学学務担当常務理事として激務であった藤井さんの京都山科の自宅に三日間泊りこみ、深夜帰宅した藤井さんを書斎に缶詰めにして「服部史学の遺産と継承――編者のあとがきに代えて」を書いてもらったことを懐かしく思い出します。

私がこの講演でみなさんにどうしても申し上げたかった結論を述べてひとまずしめくくっておきます。

服部史学の背骨は、幕末厳マニュ論・明治維新二重過程論＝明治絶対主義論と下からのブルジョア民主主義革命としての自由民権運動論です。この服部史学の土台はすでに戦前にできあがっていて、戦後に確立されたことはさきに紹介した『明治維新史』『明治維新のはなし』『近代日本のなりたち』に明らかです。この私の講演のために配布してあります［付表・服部之總年譜］にあげておきましたように、服部は一九五三年十二月に岩波書店から刊行された『日本資本主義講座』第二巻に一九四六年四月の総選挙で幣原内閣の敗北から同年五月の吉田内閣の成立までの「戦後日本の政治的危機の最初の典型的な時期」を『政治的空白期』と題して発表しています。先に紹介しました日本近代史研究会から『画報現代史』第一集一九四五・八―一九四六・一「戦後の世界と日本」を一九五四年五月から刊行を開始し、宮川寅雄氏〔編集後記を執筆〕や色川大吉氏らを中心に戦後史研究に着手しています。服部が亡くなる前年の一九五五年十一月に刊行した『服部之総著作集』最終巻（第七巻）『大日本帝国』に収録された十一の論文は、「戦前帝国の成熟過程」（『歴史科学』一九三二年七月号）を除いてすべて戦後に公表したものです。これらはすべて日本帝国主義と日本ファシズムに関する歴史的究明にあてたものです。この巻の解説を担当した藤井松一氏は、「明治維新から8・15にいたる旧天皇制国家の全生涯について、歴史家のなかでともかくも一定の見通しなり、体系的理解をもっていたのは服部之總ぐらいのものであった」「そのさい国家権力の歴史的分析の武器としたのは『上からのブルジョア革命』という概念であった」と書いています（「戦争とファシズム期の天皇制」後藤靖編『天皇制と民衆』東京大学出版会、一九七六年所収）。先の『政治的空白期』もこの著作集最終巻に収録していますので、服部は死の直前まで現代史の歴史的分析に情熱を燃やしていました。しかしその成果は、服部が亡くなったのは満五十四歳でしたし、戦後はノイローゼの持病やその他多くの病との闘いの連続でしたので、歴史叙述の実証は不十分であったといわざるをえません。しかし、歴史研究にとって進行中の現代の歴史を過去・未来を通観したグランド・セオリーをもった歴史認識をもつことがきわめて重要です。この意味からも、今、私たち歴史研究者は服部之總から学ぶことが大きいと痛感しています。この服部史学の大系を本日お集まりの若いみなさんたちが批判的に継承・発展させていただきたいと私は切望します。

服部よりすでに二十年以上長生きをしています私は、「歴史家服部之總の生涯と学問」をどうしても後世に書き遺しておきたいと思って日夜努力を続けています。服部之總とはわずか五年間の短いつきあいではありましたが、服部が私に教えてくれました歴史学徒としての生き方をなんとか守り続けて今日まで生きてまいりましたことは、私の大学定年退職記念号の『法政大学多摩論集』第十七巻第二号（二〇〇一年三月）と『地域と民衆に学ぶ歴史学四十年』（二〇〇一年三月、私家版）をご覧いただければ幸いです。

二　服部之總の略歴

ここで服部之總という歴史家をまったく知らない方々のために、私が戦後復刻の服部著『歴史論』の別冊解説で書きました次のような彼の略歴を紹介しておきます。

服部之總《しそう》は、一九〇一（明治三十四）年九月二十四日、島根県那賀郡木田村（現在旭町木田）の浄土真宗正蓮寺の長男として生まれた。旧制第三高等学校を経て、一九二五（大正十四）年三月、東京帝国大学文学部社会学科を卒業後副手として残った。しかし大学在学中にマルクス主義の影響を受けた服部は、静かな象牙の塔の中で研究一筋に甘んずることができなかった。大学を卒業する前年の一九二四年、服部が中心となり本所柳島の中小工場街に東京帝国大学セツルメントを創立し、労働者教育、市民教育、人事法律相談、医療活動を始めた。とくに労働学校の講義科目の設定に当っては服部がほとんど一人で奔走し、講師に当時東京帝国大学法学部教授の穂積重遠、末弘厳太郎両博士をひきだし、服部も日本社会史を講義し労働者に最も人気があったという。その後指導教授の説得をも振り切って大学の研究室を飛び出し、一九二七年に野坂参三の産業労働調査所の所員となり、翌年には非合法下の日本共産党の指導下にあった労働農民党（委員長大山郁夫）の政策スタッフとなった。この年の三・一五事件直後に検挙されて二〇日間ほど拘留された。一九三一年にプロレタリア科学研究所所員となり、翌年には戸坂潤とともに発起人の一人として唯物論研究会を創立した。その後の服部は、暗黒の天皇制ファシズム時代に『唯物論研究』『歴史科学』などの雑誌を舞台に縦横の健筆をふるった。敗戦後の服部は、法政大学社会学部教授となったが、一九五六（昭和三十一）年三月四日、五十四歳で死去した。

歴史学者としての服部は、羽仁五郎と並んで、戦前戦後を通じてマルクス主義歴史学の最高峰に聳立している。その業績については、私が独力でまとめて出版した小西四郎・遠山茂樹編『服部之總・人と学問』（日本経済評論社、一九八八年）で詳述しており、またその著作は私が編集して最終段階で服部自選の『服部之総著作集』全七巻（理論社、一九五五年）や奈良本辰也編『服部之総全集』全二四巻（福村書店、一九七四―七五年）らにまとめられている（芝田進午・鈴木正・祖父江昭二編『唯物論全書と現代』唯物論全書別冊所収の服部之總『歴史論』の「服部之總の生涯」久山社、一九九一年五月、一七〜八頁参照）。さらに服部について、服部の数多い著書の中でも名著の一つだと私は考えています『蓮如』（理論社、一九五五年九月）に関して、高名な作家の五木寛之氏は、NHK人間大学での講義『蓮如・聖と俗の人間像』（一九九三年四月五日放送）の第一回「蓮如という人」の冒頭で、服部の言葉を引用して次のように書かれています。

わが国の歴史上、とびぬけて有名な宗教思想家といいますと、皆さんがたの頭のなかには、いったいどういう名前がすぐに浮かんでくるでしょうか。

ごく一般的には、古いところで最澄（七六七〜八二二）、そして空海（七四四〔七七四の誤記〕〜八三五）、といったところでしょう。

さらに、中世にはいりますと、法然（一一三三〜一二一二）それから、これはもう誰でも知っている親鸞（一一七三〜一二六二）と、そして日蓮（一二二二〜八二）ですね。

また、禅のほうでは、栄西《えいさい》（一一四一〜一二一五）、これは「ようさい」と読む場合もありますが、その栄西と、そして道元（一二〇〇〜五三）、という高僧の名を抜かすことはできません。

さらに、踊り念仏の一遍（一二三九〜八九）や、一休さんとして親しまれてきた一休和尚（宗純、一三九四〜一四八一）、また円空彫りの円空（一六三二?〜九五）などという庶民のあいだに生きた人びとの名前もすぐに浮かんでまいります。

しかし、こういう著名な宗教家たちとくらべますと、これから私がお話しようとする蓮如という人物の名前は、意外なほど一般には知られていないような気もするのです。

こういうことを言いますと、

「なにを馬鹿なことを言ってるんだ」

と、なかには腹を立てるかたもいらっしゃるかもしれません。

「蓮如上人のお名前を知らんような人が、いるわけがないじゃないか」

と、叱られそうです。

しかし、こんどの放送にあたりまして、念のために周囲のジャーナリストや、若い編集者などに聞いてみましたところ、意外なほど蓮如という人物について知っている人が少なかったのに驚かされました。

名前だけはどこかで耳にしたことはあるけれども、その生涯や、活動については、ほとんど知らないというのが大部分なのです。

特定の宗派の信徒、門徒のかたがた、また仏教に特に関心をもっておられる知識人、研究家、そういう人びと以外の一般社会では、蓮如に対する関心は、これまであまり高くなかったんじゃないか、というのが正直な印象でした。

実際に、これはもうお亡くなりになった歴史家ですが、服部之総《はっとりしそう》という有名な学者は、「親鸞とことなって、蓮如はおよそ宗門関係者以外の知識人から親しまれることがなかった」と、いうようなことを書いています。そして、

「頼まれでもせぬ限り、かれを小説にしたり、戯曲にしたりする人がないのは、蓮如が生まれながらの職業的宗教家だったからだ」

とも言いました。

これはなかなか率直な指摘です。しかし、蓮如を描いた小説は、私の知るかぎりでも、このところかなり多く出てきております。（以下省略）

五木寛之氏はこの「人間大学」のテキストを「土台」に、岩波新書に『蓮如』（一九九四年）という著書も書いています。

三　服部の明治維新論の意義

服部の明治維新論については、二〇〇二年六月八日に私が四十年以上学んだ市ヶ谷の法政大学で行われた明治維新史学会第三十一回大会において、私に『服部之總と明治維新研究』というテーマでの公開講演を委嘱されました時に、講演の冒頭で『講座派の亡霊』のような私と前置きして、現在の私が感じていることを率直に申し上げました。この講演の最後にとくに強調したいこととして、次のように述べましたことをここでもくりかえしておきます。

敗戦後の今日までつづいている明治維新によって成立した日本の「近代国民国家」＝中央集権国家（「立憲制」・「議会制」・「民主主義」）の徹底的な再検討が必要ではないかということにつきます。もう少し言えば、アメリカやフランスを先駆とした近代市民革命とともに登場した近代市民憲法の根本原理である『国民主権』をさらに発展させた「人民主権」（ルソーの『社会契約論』の思想的系譜を実現しようとした一八七一年のパリ・コンミュンの諸文書に示された）の原則にもとづく人権保護を実現する国家がなぜ今日まで日本に、いな世界の中で実現されていないのかということです。今日の日本の状況にもっとも典型的に歴史の逆流さえ生じています。その最大の理由は、明治維新以来の近代天皇制「臣民国家」の中央集権体制に起因しているのだと思っています。世界史において、それぞれの地域の住民たちの人権と自治を基本とする政治のしくみを実現する社会・場を地域住民が主体となってつくりあげることなしには、今日の深刻な世界的規模の危機を打開することは絶対にできないと私は考えています。この点について、私たちが設立した日野・市民自治研究所が主催して二〇〇四年七月に行われた「憲法のつどい」で理事長である杉原泰雄一橋大学名誉教授の記念講演を加筆した「憲法の根本問題を考える――激動する世界と平和・福祉――」（日野・市民自治研究所編・杉原泰雄・石井幸香著『現代社会の課題と憲法・地方自治』自治体研究社、二〇〇五年三月）が参考になります。このような視点から、今あらためて明治維新史を根本的に見直す作業が必要ではないでしょうか。この作業過程の中で、未完に終わった服部之總の明治維新史論も、その他の先駆的な業績の中の重要な一つの仮説として位置づけて、戦後日本の私たちの歴史学を、今日の世界史のなかであらためて検討してみることが現代の私たち歴史学徒に課せられた重要な任務ではないかと思っております。

この講演を準備するために、私が代表委員（一九八二年八月～八五年九月）であった時の歴史科学協議会が総力をあげて編集刊行を開始した『歴史科学大系』全三十四巻（校倉書房、一九七二年三月～一九九九年三月。第三十二巻『歴史科学の運動』は未完）を久々に通読してきました。この中に服部の明治維新論・自由民権論が研究史の上で高い位置をうけています。時間がありませんので紹介いたしませんがぜひお読みください。

服部は明治維新がブルジョア民主主義革命であることを否定し絶対主義改革だと評価したのは、大塚久雄のイギリス史、高橋幸八郎のフランス史、松田道雄のドイツ史など、当時の西欧近代革命史研究の成果に依拠した比較史の方法であることは服部の著作を見れば明らかです。この分野のその後の研究は大きな進展をとげていますが、とりわけフランス革命の歴史的評価は、一九八九年の革命二百周年を研究史の一つの区切りとして顕著な変化をみせています。専修大学が二〇〇四年三月三日に主催した国際シンポジウムの報告集『フランス革命と日本・アジアの近代化』第二号（専修大学大学院社会知性開発センター、二〇〇五年三月）に掲載されている遅塚忠躬氏の「日本におけるフランス革命研究の現状と課題」にきわめて興味深い提言がなされていて大変勉強になります。遅塚氏は、一九三〇年代にマルクス主義の発展段階論の影響の下で日本におけるフランス革命の本格的研究が明治維新との比較という観点から出発したこと、明治維新の評価をめぐる講座派と労農派の論争における注目すべき点は、講座派の方が比較史の観点を重視していたこと、また講座派の議論が近代的変革における土地問題の処理の仕方を重視し、封建制から資本主義への移行には封建的土地所有関係の廃棄が必要不可欠であり、したがって講座派は明治維新はブルジョア革命ではないという論理を展開した。このようにフランス革命と明治維新における土地問題の処理の仕方の対照的な差異を重視するという論点が戦後歴史学に継承されたと述べています。このような遅塚氏の評価からも、服部史学の明治維新史研究史上における先駆性を証明するものと言えるのではないかと思います。この『フランス革命と日本・アジアの近代化』の第一号に賈暁明氏の「中国におけるフランス革命研究の現状について」、第二号に趙景達氏の「韓国におけるフランス革命研究――朝鮮史の立場から――」が掲載されています。韓国では戦前京城帝国大学（現ソウル大学）教授であった高橋幸八郎の影響が現在もなお強く、日本との研究状況の違いを知ることができました。

先にあげた『歴史科学大系』第六巻『日本封建制の社会と国家（下）』の解説を書かれた故佐々木潤之介さんの文章について少しふれておきます。この巻には服部の論文は収録されてはいませんが、佐々木さんの歴史学研究にたいする強烈なパトスがほとばしっている服部史学へのオマージュではないかとさえ私には読めるからです。亡くなる少し前に佐々木さんと「世直し状況」論について電話でお話したのが最後になってしまいました。この解説は佐々木さんの遺言ではないかとさえ私には思えてなりません。佐々木さんはこの解説で服部の『明治絶対主義の崩壊過程――旧友たちにこたえて――』（一九四七年八月に岩波書店の雑誌『思想』に発表。『著作集』第四巻、『全集』第十巻所収）に見られる、「世界史の基本法則」を機軸とする比較史的考察によって民族の特殊形態＝類型の析出を試みた「問題提起の先見性は驚くべきものといってよいであろう。」と書いています（三八四～五頁）。

　このような服部の視点が歴史学研究会大会で議論されたのはこの二年後の一九四九年五月大会であったからです。現在「世界史の基本法則」や「発展段階」論などは屑箱に投げ捨てられているようです。しかし私は、石井寛治氏が「戦後歴史学と世界史――基本法則から世界システム論へ」（歴史学研究会編『戦後歴史学再考　「国民史」を超えて』青木書店、二〇〇〇年六月）に次のように書いていますことにまったく共感しています。

> 「戦後歴史学」の蓄積した理論的枠組みは、全く役に立たなくなったと考えることは早計であろう。二〇世紀末の現時点においては、二〇世紀社会主義の試みが挫折しただけでなく、資本主義のもつ歴史的限界もまた露《あらわ》になってきており、われわれが二一世紀の世界史の進路を切り開くためにも、文明発生以来の人類の歴史を段階的に明らかにし、人類がどのような問題に突き当たりつつそれをいかに突破してきたかを明らかにする必要はますます高まっているからである。（四一頁）

　戦後の服部史学のもっともよき継承者・理解者として、私は遠山茂樹・下山三郎・中村政則の三氏を挙げておきたいと思います。下山氏は『服部之總ノート』（東京経済大学『人文科学論集』第八・九合併号、一九六三年）で「若し、日本史学のうえで、厳に科学的立場に立ち、しかもその業績を山なみにもたとえうる人、といえば多くの人がただちに指を屈するのは津田左右吉氏であろう。筆者は次に服部之總をあげたい」と書いています。中村氏は、一九八二年十一月に早稲田大学大隈講堂で行われた『日本資本主義発達史講座』刊行五十周年記念講演会での講演『講座派理論と我々の時代』の中で、もし講座派の理論家のなかで好きな人を三人あげよと言われたら躊躇なく野呂栄太郎・山田盛太郎・服部を挙げるでしょうと言っています（『日本近代と民衆』校倉書房、一九八四年）。

おわりに

時間がなくなりましたので、私が服部之總から学んだ歴史学研究のなかで、服部の歴史にたいする考えがよくわかり、私がつねに念頭において私の歴史学研究を行っている文章を最後に紹介して話をおえたいと思います。すでに紹介しました服部の戦後の著作『近代日本のなりたち』の序章「歴史の見方について」の中の一節です。

> 本書は政治史といってもかまわない。実はこの政治史こそは文学史や思想史と違って、最も綜合的な、最も集中的な全体性の把握を必要とするものである。そういう意味で私の考えでは、いわゆる社会史とか綜合史という暗中模索的な言葉でいわれている方法的なものは、実は政治史でなければならないと考える。政治史とは経済史から異なった政治だけの歴史、あるいは思想だけの歴史、文学だけの歴史というものでなく、最も包括的な、そして集中的な歴史のつかみどころ――猫の脊くびのようなものが政治史であると考える。そこでもし正しい史述とは何かということを判断する場合には、一国の政治の解釈をどれが十分に行い、どれが不十分に行っているかということでわかる。つまり、ある書かれた歴史すなわち史述がどれだけ対象としての歴史の法則性を明らかになしえているか、いいかえると科学的にどれだけ及第点であるか、あるいは落第点であるかということを測る尺度は、歴史家の書いた政治上の見方、過去のことならば過去に起った政治的な出来事にたいする説明がどのように成功しているか、現在のことならばかれの予測がどれだけ的確に証明されてゆくかにかかっている。なぜかというと、社会史、綜合史

といわれているものは、究極において政治史にほかならぬからである。

別ないい方をしてみると、現在の政治は将来の歴史をつくりだすためのものであるが、人々の史述としての歴史は実に過去に向かっての政治にほかならぬからである。そういうと、今までの小学校の歴史から大学の歴史に至るまでの歴史教科書や歴史のノートはあまりに政治史すぎたといわれているが、あれは本質においてなんらの政治史でもない。たかだか政治史の年表にすぎない。出来事を羅列したばかりで説明がない。たまたまあれば国体の精華といった種類の呪文のような説明がされていたにすぎない。学問の方法論的な手段として年表は作成されなければならない。しかしながらこれは研究の一つの手段であり、材料である。その材料ばかりならべて歴史が書けたと思ってはならない。ほんとうの歴史、科学としての史述は、未来を変革しうるほどの政治的洞察を過去に向かって適用して、脚下の明暗を的確に現象することでなければならぬ。これができていなければ史述とはいえない。これを別の言葉で、現実の問題および将来にたいする態度の上からいってみれば、過去の歴史を適応的に説明しうるほどの見方は、われわれの現在の歴史を貫流する法則をそれだけ発見している見方である。現前のわれわれの課題を解かんとして、われわれが当面している歴史的対象――われわれは日本人だから日本というその一点で把握されるところの現存の世界史、それが今われわれが直面している歴史的・客観的現実、対象としての生きものの歴史であるが、それは近代資本主義の成立とともに、世界史として存在する。その世界史として存在する複雑多岐な現代史の一部局たる日本の位置を精密に測定するための手段の一つとして、これをつくりだしてきた過去をわれわれは見る。何ゆえに現前の位置を知らんとするのであるか。現前の歴史としての生きた客観的対象を変革せんとする意図をもつゆえんである。

もしもわれわれが当面の敗戦日本の現状に満足しているのであれば、何もこのんでこれを変革する必要はない。これら《〔ママ〕》満足せずわれわれの後に来る者たちに正夢を約束し、よりよき世界に向かってこれを変革していこうという意図によって、われわれは現実の歴史対象を動かしてきた法則を知ろうとする要求をもつのである。一切の史述はこの意味でつねに現代史にかかわっており、現代史の否定としての未来の人類史にかかわっているのである。（『全集』⑯、一九七四年八月初版、福村出版株式会社、一七～一九頁）

末尾の引用で恐縮であるが、政治学者の渡辺治一橋大学名誉教授は、『季論21』第十号（二〇一〇年十月、本の泉社発売）の【特集シンポジウム「戦後史」の時期区分をめぐって】の中で、「戦後の時期区分あるいは戦後日本史をどう捉えるか、ということを考えていく場合には、服部之総がかつて『政治史とは過去に向かっての政治である』と言われたことを念頭に置いて、私としては『現代の日本をどう見るか』あるいは『現代の日本がこれからどういう方向に向かっていくのか』という点から考えてみたいと思っています」（三五頁）と書いている。また二〇一二年十一月に新日本出版社から出版された渡辺氏の新著『渡辺治の政治学入門』の「あとがき」の中で、「私が自己の研究上、好きで絶えず参照している歴史家に服部之総がいる。ところが、私が自分の数ある文章の中で服部之総に言及したことはまだない。今度の連載（『クレスコ』に政治学入門講座）を始めるにあたって、服部の晩年の作品である『明治の政治家たち』でおこなっているような政治家論が念頭にあった。あんな様式で現代史を書いてみたい。そして連載中に服部之総についてふれることができればという野心もあった」（二一七頁）とも書いている。

（本稿は、「私の歴史学研究と服部之總――明治維新と自由民権運動を中心に――」のタイトルで、東京歴史科学研究会機関誌『人民の歴史学』第一六七号、二〇〇六年三月刊に収録したものの補稿である。因みに講演では、『近代日本のなりたち』の序章「歴史の見方について」は青木文庫版から引用したが、現在（二〇一六年三月）入手が困難なことを配慮し、『全集』からの引用に変えている。青木文庫版と『全集』の文章が異なっていることに気がついた。いずれが原文通りであるかは確かめてはいない。）

第一部　生い立ちから戦前期までの服部之總

I 生家

一 正蓮寺

服部之總は、一九〇一（明治三十四）年九月二十四日、石見国（島根県）那賀郡木田村（現在旭町大字木田）の名刹・浄土真宗正蓮寺に父服部設満（二十九歳）と母こと（二十四歳）の長男として生まれた。父は石見の山奥の西本願寺の相当な大寺の出で、松江中学でラフカディオ・ハーン（Lafcadio Hearn 1850–1904 明治時代のイギリス人の小説家、英文学者。日本名は小泉八雲）の生徒であり、京都に出てスペンサー（Spencer, Herbert 1830–1903 イギリスの哲学者、社会学者）などに傾倒した近代的教養の持ち主であった。母の生まれは京藍の問屋「藍清《あいせ》」といった西本願寺の直門徒で、明治のはじめには戸長などをやらされた家であったが、明治二〇年代に倒産した。長男の服部は正蓮寺十六世の住職を継ぐ運命にあった。之總という命名の由来は、「史記禮書篇曰功　名之總也註曰正　義曰以禮義率天　下天下咸遵之故為功名之總也」からとられたものであった。

服部は生まれ故郷の木田村と正蓮寺について、次のように書いている。

中国山脈の背梁部が石見と安芸の国境を南西から北東に連亙し、この主軸から分岐した山々が江川諸支流の渓谷にえぐられながら波涛のごとく郡内に重畳して、まこと石見の名にふさわしい山国の景観を呈しているなかに、この木田村は江川の大支流八戸川の深い谷谷に囲まれて聳え立ち盛り上がったような台地の中央に、一連の丘にまもられて横たわる平和な地相の小村です。村内ところどころの丘腹から「火塚」と呼ばれる、弥生式土器や祝部土器を埋蔵する古墳が発見されるところから見ても、この村の高くして平和な地相が、定住地を求めて江川を溯った古代人の愛着するところであったことが知られます。

浜松山の八幡宮に向かい合う真宗本派鶴池山正蓮寺は、延宝年間に、江川筋の八戸村からこの村へ移ってきたもので、仏寺もまた川筋から溯って来たことが判ります。

（『全集』㉓の「村の雑貨屋」も参照）

服部は一九二五（大正十四）年三月、東京帝国大学文学部社会学科の卒業論文『我国に於ける離村向都現象』の第三章「村落結合関係と離村現象」（『全集』①所収）で島根県那賀郡木田村の地域を対象に分析を行っている。後でくわしく述べるように、この卒業論文は、新人会や帝大セツルメント運動に没頭してほとんど授業に出席しなかった級友の水野可寛・長屋敏郎・内村治志と服部の共同研究として服部が執筆して提出したものであった。私が服部の助手時代に、大学から借出したままになっていたこの卒論を手にして、ドイツ留学から帰国したばかりの新進助教授であった恩師の戸田貞三（一八八七～一九五五年。戦後は日本社会学会初代会長・東京家政学院大学長などを歴任）ら社会学科教授を前に、代表して卒論面接試験を受けたときの孤軍奮闘ぶりを服部から聞いたことを思い出す。服部はこの卒論が評価されて研究室に副手として残ることになったが、「象牙の塔」での暗い憂鬱な副手時代については後述する。

以下に、服部が大切に保管していた墨書の「大正十三年十月仲澣写　木田　正蓮寺　由緒」を、できるだけ原文のまま紹介する。この表紙の左下に「市山正蓮寺山門及び本堂・庫裡」の写真がついている。

序

當山ニハ傳持ノ由緒書一本アリ時ニ大正十三年秋本村岩永屋田村政男其所蔵ニ係ル本村神社仏閣由緒一冊ヲ送ル依テ其許ヲ得テ之ヲ謄写スルモノ也　本書ハ本村庄屋ヨリ久佐代官所へ届出タルモノノ複写也ト傳フ　魯魚ノ誤脱字続出シテ難解ノ個所多カリシ

第十五世　設満寫〔服部之總の父設満は、第四世祐慶以下祐念（木田中興）、春鶯、貞象、利圓、智伝、智善、輪常、祐信、祐哲、祐然と続いてきた〕

御尋ニ付申上候由緒覺

一、浄土真宗那賀郡木田村龍久山〔「寺」を消して右横に「山」と書きかえている〕正蓮寺開基ハ智順ト申者ニテ往昔開山親鸞聖人関東御経回ノ砌相州鎌倉ニ源二位ノ御連枝三河守範頼卿ノ御息ニ明光上人ト申大乗小乗顕密ノ碩学在シマス所開山聖人ニ皈依シ聖道難證ノ宗ヲ擱キテ浄土易行ノ法門ニ入リ聖人ノ弟子ニナラセラレ候　或時聖人明光ニ告テ関東北陸ノ境ハ我度々念佛ヲ弘通シ群類ヲ化益スト雖我法イマダ西国ニ弘ラス希クハ汝我ニ代リ西国ニ下リ念佛ヲ弘通スヘシト仰セシトキ明光師弟ノ別ヲ悲ミ御辞退有セラレ候故聖人種々御形見ノ宝物ヲ被下候テ御頼ミナサレ候明光師命難黙止西国ニ下向アリ備後国鞆之浦ニ着船シ夫ヨリ備芸雲石ノ境所ヲ経回アリテ念仏弘通ノ明師浄土真宗ノ先達ニ御座候則チ備後国山南光照寺同国三次照林坊雲州赤名西蔵寺等明光ノ草創ニ御座候其時服部志摩守ト申者剃髪シテ明光ノ弟子トナリ法名ヲ智順ト被下御領分八戸村ニ草庵ヲ結ヒ念佛弘通仕候此智順開山聖人ノ法孫ニテ正蓮寺開基ニ御座候其子孫善慶浄心等数世八戸村ニ住居仕候中頃元亀天正之頃本山第十一世顕如上人大坂石山本願寺御籠城ノ時服部孫十郎ト申者御味方ニ馳参ジ忠勤ヲ尽シ候故上人其働ヲ感シサセラレ御褒美トシテ名號一軸太刀一振被下置候孫十郎剃髪仕法名淨念ト申候其子淨祐代慶長十四己酉年七月廿七日本山第十二世准如上人御代ニ正蓮寺々號奉蒙免許候　其子祐念代元和八壬戌年八月八日従准如上人開山ノ御影奉蒙免許候其後追々法物□□□〔三字空白〕等奉蒙免許候寺ハ當国濱田領市山村ニ建立仕候竹村丹後守殿御司配ノ砌敷地等被下末寺モ芸石両国ニ数ケ寺所持仕候千ノ檀家御座候テ累年市山ニ居住仕候其子祐慶本山第十三世良如上人ノ御代寛文年中開山四百回御忌御法事ノ砌上京仕京ニテ相果テ右門ト申新発知へ寺相続ノ遺言致置候處右門モ死去仕無住ニ成候時銀山御領三原村正蓮寺湛翁ト申者元来由緒モ御座候所市山正蓮寺三原正蓮寺通寺ニ候間住職ノ義此方ヨリ自由ニ致候　其節祐念実子祐慶弟祐念ト申者木田村ニ居住仕候市山正蓮寺三原正蓮寺ニ無之旨申立論ニ及ビ本山へ御訴へ申上被降御吟味候所祐念申條道理ニ被仰付候ニ付キ湛翁口惜存シ御裏方へ改派仕東本願寺御末寺ニ相成申候　仍テ祐念手術ヲ以テ宝物不残巻取早速本山へ御訴へ申上候得者其働ヲ被為感神妙ニ思召宝物被下置候尚又祐念随逐ノ門徒祐念ニ被下置候旨御奉書被下木田村へ引継仕候　其後市山村正蓮寺ヨリ木田正蓮寺門徒ハ元来此方門徒ニ候間市山へ参詣致シ可被申抔ト門徒ヲ惑シ候節従本山御連署ヲ以テ當御領内門徒ハ祐念へ被下置候旨御領主様へ御届被為成候右連署祐念ニ被下頂戴仕所持仕候引継ハ寛ノ末〔寛文十二年か〕ニテ本堂ハ元禄二己巳年〔一六八九年〕建立仕候　住職ハ木田中興祐念第二春鶯第三貞圓第四利観第五智傳第六智善第七當住輪常迄七代木田ニ住居仕候代々寺出生ニテ血脈相続仕候ヨリ入寺ノモノハ無之候

一、本山ハ浄土真宗京西六條本願寺御門跡中本寺元和寛永ノ初迄相州鎌倉最宝寺ニ御座候所本山思召モ御座候テカ江州本行寺ニ被仰付本行寺末備後光照寺下同国照林坊下雲州西蔵寺ニ御座候　末寺ハ市山改派ノ節不残西蔵寺直末ニ成一ケ寺モ無之候

一、寺録除地無御座候

右御尋ニ付キ申上候拙寺由緒ノ義市山出入ノ時旧記宝物紛失ノ品モ御座候テ引分レヨリ已前ノ儀分明ニ不相成〔「成」にワカラとルビを付す〕事モ御座候　亡父時々噺ノ事モ御座候得者寛保三亥年御改ノ節如何申上置候哉其節ノ下

書モ見へ不申候間此度差上候書付先年差上候書付ニ齟齬仕候所モ可有御座乎モ不奉存候得共近年宝物旧記尋出候品モ御座候ニ付先祖ヨリ申傳置候趣ト旧記引合認差上申候明光ノ傳者中本寺三次照林坊豫記ノ所申上候寺号并ニ御影御免ノ時日宝物所持仕候得者少モ相違無御座候以上

木田村

寛政四壬子年〔一七九二年〕二月　正蓮寺

寺社奉行

片寄角右衛門殿

服部は自分の家の歴史について、次のように語っている。

わが服部家の歴史では、その八年まえの天保元年で、十二世祐信が隠居して十三世祐哲に代がわりしているから、石見国木田正蓮寺という真宗寺のモノの歴史と、江戸幕府という徳川家のモノの歴史とは、世代のうえであまり差等はないわけである。わたし自身は、十七代にあたる勘定だが、父が死んだとき、弟を同じ番地に分家させて、それに木田正蓮寺第十七世を譲ると共に、寺門寺宝境内地山林田畑の一式を譲ったから、いまは服部なにがしの十七代ではあるが、正蓮寺の十七世住職ではない。

それでも、譲るにあたって、母のことばで、寺の裏山のてっぺんに、ほんの一筆ほど私名儀の畑をのこした。それが何畝歩あるかは、いまもよくは知らないのだが、それでは一畝歩だけ貰っておきましょう、と母にこたえた日から、いつかちょうど二十年たっていたわけである。（藤井松一・松尾章一編『服部之総　日本人の歴史　大工トモサンとの対話』法政大学出版局、一九七一年十二月、九〇〜九一頁）

また、前述した第十四世である曽祖父の祐然について、次のように語っている。

わたしの曽祖父祐然はこの真光寺〔石見国浜田城下の真光町にあった西本願寺真光寺のこと〕から養子にきたのだが、一八三二年のうまれだから、茂左衛門のばけもの屋敷あとに移ってのちの真光寺にうまれた人である。わたしが長男にうまれついた寺、島根県那賀郡木田正蓮寺は、津和野領の東南端で東は石見銀山領（天領）、北は浜田領に接し、三領にまたがってそのころ門徒千二百軒ほどあった。いまの本堂の建築は一七八九年の起工一七九二年の落成だから、ちょうどフランス革命のぼっぱつから完成までと時を同じくしている。そのころの住職は正蓮寺中興といわれる十一世輪常（一七五四―一八一七）で、かれの長男十二世祐信（一七八六―一八六〇）は、一八三〇年十三世祐哲（一八〇八―一八四九）に住職を譲り、馬角と号して隠居してのちもながく生きて、私の曽祖父祐然（一八三二―一八九六）夫妻にみとられて、桜田門事変の万延元年に死んでいる。かれ馬角の坊守すは――親鸞教団では妻帯をゆるして坊守と称する――は浜田藩家中藤江武左衛門の女であるが、この藤江家は浜田町史所収の分限帳を見ると、代々百石の家柄で、横目役（検察長官）をつとめたり、勘定頭（大蔵大臣）になったりしているから、領民にとってみれば、いわば加賀見山岩藤の、同類の重役である。（前掲『日本人の歴史』、六九頁）

服部は、あとでくわしく述べることになるが、生涯親不孝をかけたと悩みつづけた父の設満にたいして、「亡父十三回忌にあたり」と題して、次のように書いている。生涯「親鸞の徒」でありつづけながらも、「マルクス主義者」（唯物論者）でありたいと思いつづけた歴史家服部之總の心情が私には痛いほど胸にせまってくる文章である。

二　亡父　十三回忌にあたり

父上昨夜からあなたの十三回忌を営むために私共兄弟はもとより方々の孫たち親せき達が母上をかこんで集って居ります　来年はあなたの喜寿に当っております　世の中がことしのように平和でしたら兄弟だけでも集って喜寿をお祝いしたいものであります。私が生れました明治三十四年に中江兆民は『一年有半』と『続一年有半』を書いて死んでおりますが　明治の唯物論者だった兆民はそのなかで不滅のものは肉体であって霊魂は肉体の死と共に永遠に滅するものであるが肉体はもろもろの元素に還元して木となり森となり土となり花となって亡びないばかりか児孫となって生きて居ると書いております。これは唯物論の第一歩の古い理でありまして何人も否定する事は出来ません。今日の唯物論者は更に百歩を進めて霊魂すなわち人間の精神もまた物質とともに不滅なものであることを知っております。兆民が否定した霊魂の不滅は故人としての霊魂服部設満としての六十四年にわたって活動して来た精神に関しております。サンゴ虫の肉体が底しれぬ海底からそびえ立って出来ているものとききますが　めいめいの個人的な霊魂がそのまま死なないで住んでいるようなあの世があるとしましたら、千万億土の広さといえどもよくかかえこむことはできないでありましょう、そんな人口過剰の窮屈土に父上の霊魂がすんで居られると考えたら、限りなく父上を愛する私共としてたえられぬ苦痛でありましょう。

ところで霊魂または精神とよばれるものは個々の肉体の生れる前から存在し、個々の肉体の死滅のあとに生きている事は、父上のまえに父上の父母があり、父上ののちに父上の児孫があるのと同じ趣であります。わたし共が心を通わせるためにここに用いている言葉は石州なまりをもった日本語でありますが、ウラヤコンタガタイガタイコトをしながらこの山陰の一辺土に生きつづけて生みつづけて行くかぎり、どのように悲しくいたましい相克の時代であろうとすべての人々が解放されてある共栄の未来にあっても、この石州なまりが亡びることはありますまい。

兆民は他人の見地、個体の見地から離れ去っておりません。ホシイ・オシイ・ニクイ・カワユイはつまる所個体の発する言葉であり、個体としての霊魂であります。ホシカルモノ・オシガルモノ、食ったり、着たり、のんだり、たくわえたりするいっさいのもので、個人がただ一人でこしらえたものは何一つありません。子孫さえ一人ではこしらえられません。いわんや米粒一つを取って見ましても、いかに多勢の人々を結び合わせて作られたものか誰もよく知る所であります。孤立した個人というものは、ただ頭の中にだけあるもので、実在するものではありません。実在するものは結び合わされてものをつくっている。ムラガル人は――ムラであります。ムラの朝鮮語はコポルでありますが、郡《コホリ》という言葉も実在するものが個人でなく集団であることを教えていたのであります。現代の唯物論は実在に関する他人の見地をぬきんでて社会の見地をつかみ取ることができたために個体としての物質の不滅を集団として確認します。すでに兆民にしても肉体の不滅を児孫において認めた時に一筋のタテ糸としての集団をとらえて居ったのであります。そのタテ糸の血縁の集団さえ長男の甚六から孫ヒゴの甚六だけを数えて一本の糸と見る時、すでに実際からはなはだへだたっているのでありまして、事実上の血縁の譜はきょう父上の十三回忌御仏前に、ここに集い合っておりますイトコ、ハトコ、ヨメ、ムコ、マゴの大勢のありようが示しておるのでありましょう。

この集団の見地、社会の見地が兆民のラクバクたる孤独の哲学から我々を解放して不滅の人生と不滅の精神の実在の世界に案内してくれます。本来結びあっている人間社会を個人の集まりと誤り見、本来万人のツクリモノたるタカラモノを私の所有と誤り取っていたがために極楽をカノヨに期する外はなかったのであります。ウラやコンタが営々として作った米をウラやコンタが食うことが出来ずそれをもってあたり前としていたような旧時代のありかたが極楽をアノヨにおしのけてきていたのであります。

「之總、おまえの云うことはよくわかった」わたしが二十二歳の夏のまよなか十二畳の座敷で父上は私にそう云われました。

「おまえの考え方はこの世にお浄土をつくるというのだな、それは立派な思想だ、正しい念願だ、わしも心から共鳴する。わしもお前と一しょに起ちたいとさえ思う、だがな、之總、この世にお浄土をつくることは人間にはできんのだ、悲しくつらいことだがそれは人間には出来んのだ、だからわしは弥陀一仏の悲願を信じる」

「いえ、お父さん、人間にそれが出来る時がきているのです。これまで出来ませんでした。今できる時代に世界をあげて、はいっているのです。弥陀一仏の悲願に身を托す外道のない人にこそ今極楽の正客になれる日が今日来て居ります」

「お前はそう信じる、わしは信じられぬ、しかしわしはお前を信じる」

そう言うなり父上は私を抱いてオイオイ泣かれました。わたしもオイオイ泣きました。私が当山の第十六世たるべきことをその夜以来父上は断念して下さったことを私は知って居ります。これは長いこと私たち父子の間だけの秘密となっておりました。生をうけていらいあれ程可愛がって下さった長男の私、八人兄弟の七人をあつめて一つにしても私一人に及ばぬといわれたまで望をかけ愛しとおして下さった私、警察につけられこの寺の家宅ソーサクまでされる目にあい本山から脱度牒の処分をうけんとし、門徒は分裂の危機に立ち正蓮寺住職としてまた一個の家父として父上のあらゆる悩みが私一人をめぐって山積し殺到した数十年、その私を父上お一人あくまで、最後まで、底ぬけに信頼して下さったそのおかげで私は兄弟から、親せきから、村人から、門徒からゆるされて来ました。今日あるをえてきたのは、父上の、無上の御信愛のおかげであります。

成文〔服部家の三男〕の副住職の就任が門徒総会で承認されてのち、まもなく、父上は脳の病〔富子夫人の父で東京で開業していた石川貞吉医学博士の病状にたいする手紙には、寺を捨てた長男之總の行為からくる「極度」のノイローゼと書いてあったと末娘の関根薫は私に語ってくれた〕を発しられたのでした。もう文字をかく心力さえなくなられたころも、和知氏にたいしては慈しみのまなこを、じかに、むけられて、「わしの病気は安心したからだけえのう」決してお前の責任と思って苦にするのではないと底しれぬいつくしみでありました。

私共兄弟は血をわけて頂いているばかりでなく、このおこころざしをわけて頂いて今日あるをえております。人類の精神生活は科学といい宗教といい政治といい文学といい、すべて、はじめから、社会的なものとして生々発展して止る所がありません。個々の肉体は死にかわり生れかわり脈々相承して次第に高まってゆく真善美の大殿堂をうち立てて行くことでしょう。すべての民族のすべての民衆が参加しているこのすばらしい大事業の光景の一端を敗戦の日から日本民主主義革命の明滅する灯火にてらされつつ人々は知悉しております。日本を語り、朝鮮中国を語り世界を論ずることは今日のわたしの任務ではありません。かえって私は今日の世界の中国の日本の石州の正蓮寺のこの御仏前に父上のおいつくしみが生きてゆらいでいることを粛然として確認する者であります。

御仏前に父上に捧げた私の著書『親鸞ノート』と母上に捧げた『蓮如』とが並べ備えてあります。未熟なものでありますが受けて下さい。

昭和二十三年十一月九日

遺児　之總（『全集』㉔所収）

服部は中学を卒業すると両親の希望する龍谷大学には行かずに、旧制第三高等学校に進学した時から、母のこと、、は「之總はもう寺には帰ってこない」と夫の設満に言ったが、父は息子の帰ってくることを死ぬまで言いつづけながらも、之總の行動を理解していたという。この両親について、服部は次のように書いている。

三　村の雑貨屋

私の母の生れは京藍の問屋「藍清《あいせ》」といって西本願寺の直門《じき》徒、明治のはじめ戸長などもやらされた家だが、二十年代には倒産している。父に嫁いだのは本願寺関係からだが、子供じぶん見おぼえのある祖母は鳥羽の庄屋の娘で、藍清に嫁入ったのは、鳥羽伏見へんが京藍の産地だった関係と聞いている。このほうの子孫はいまも鳥羽で百姓をしているが、藍清の家は二十年代にひとでに渡ったのが、何度か主を替えながら焼けもせず残っていて、汽車が京都駅を下るとまもなくすぎる梅ヶ小路貨物駅のあたりに、その白壁を私はいつも眺めるのである。この事典の

「アイ」項を読みすすんでゆくとき、倒産が祖父の道楽のせいばかりではなかったと、納得のゆくわけであった。

母方はそんなふうだが、父方は石見の山奥の、西本願寺末の相当な大寺《たいじ》で、長男に生れた私は十六世の住職をつぐ運命にあった。町家育ちの母が門前の雑貨屋まで私を買物にやったりすると、「坊に銭をもたせて買物にやるとは何事だ！」と母を叱りつける封建的な気位《きぐらい》が、松江中学のラフカディオ・ハーンの生徒で京都に出てスペンサーなどに傾倒した近代的教養と、同在していたような私の父であった。（『全集』㉓、三〇～一頁）

私は一九七七年八月、之總の長男旦（二〇〇二年七月十九日没、享年七十二）と三女苣子、之總の末妹関根薫（故悦郎夫人、一九七九年七月十二日没、享年七十八）とともに服部の亡父設満二十九回忌の法要と本書執筆のための調査をかねて、はじめて正蓮寺を訪れた。その時、次弟の良材、三男で正蓮寺の後嗣となった成文、甥の佐々田実など多くの縁者から聞きとり調査を行った。その中で、佐々田実（一九九二年四月十四日没、享年七十四）は、服部家には「親鸞」と「蓮如」の二つのタイプの血が流れていて、前者を設満が代表し、後者はコトであり、之總兄は設満の血をうけついでいると語ってくれた。

長男にそむかれた両親の最期をみとったために婚期のおくれた薫は、正蓮寺への旅行の新幹線の車中で、私の隣席で広島駅に到着する迄、之總兄のことや服部家のことをいろいろと語ってくれた。しかし、生前の長男の旦に強く言われたために、私は之總や服部家のプライバシーにかかわることは一切書かないことを約束したので、私は旦との約束を守って、公表することはできない。富子夫人の亡くなった直後の、薫の私宛の書翰（一九八九年八月五日）にも公表できない事実を明かしてくれているが、その中で、「あまりにも人間くさい、また暖かい之總でありましたので、伝記は本当にご苦心と存じますが、いつまでもお心にかけてくださいまして、心からお礼申上げます。木田にも数年前温泉を一本掘り当て、案外繁盛し、たんぼの中に、二階建てながらホテルも出来ました。そのうち之總の墓も、過疎の村の名所の一つになるかも？　などと苦笑いたしております」と、書いている。この薫の書翰の二年前の一九八八七年八月に『夕茜』という書名にふさわしい、美しい茜色の装幀の本を私に贈呈してくれた。この中に「父の手紙―父、母、兄のこと―」という文章が掲載されている。前述したように之總が死ぬまで兄のことを心配しつづけ支えた薫が、本書の完成を鶴首しつづけ、私に残してくれた貴重な遺言のように思えてならないので、全文掲載する。

四　父の手紙―父、母、兄のこと―

表「宇治山田市　川崎町　藤井常助方　服部　薫殿　親展」
裏「島根県　那賀郡　木田村　正蓮寺　昭和七年九月二十九日」

亡父の墨書の部厚い手紙を、今早朝（一九八七年二月十二日）御仏壇の引出しから取出して読んだ。書かれてから五十四年振りである。十年位も前か、実家に行った時兄成文から「こんな手紙が見つかったよ」と手渡されたものであるが、その時ほんの一部を再読した丈で納めてしまった。一昨年（一九八五）亡父五十回忌、亡母三十三回忌をつとめた今日、なお亡父への想いは生々しく辛く、その時もすべてを読むのに忍びなかった。今泌々と読み直し、又私の思いを書くことによって、私の心の区切りとしたい。

◇　◇　◇

父は島根県那賀郡木田村（現・旭町）本願寺派、鶴池山正蓮寺の世代を継ぐべき身として、一八七三年十二月二十八日、服部真梁・さい、の長子として生まれた。さいは家付の娘、真梁は養子であったが、非常にまじめな又おとなしい性質が却って禍して、設満数え年二才の時不縁となって去った。真梁は、その後、山口県讃井町円龍寺に入寺生を了えた。設満は生涯「山口のお父っつあん」と口に出して偲んでいた。四才の時養父善照をむかえ、弟、秀丸が生まれた。養父は頭脳がよく、性質も可成豪快であったらしく、遂には本山の宗政にも関わるようになった由であるが、後年その為に多大の借財を負い、遂に寺を破滅の一歩手前にまで追い込んで、止むなく寺を出てしまった。

さい女は設満十九才の頃、自宅で奇禍に遭い大火傷した。あの交通不便の時、善照は重傷の妻を浜田まで運び、船便でどこ迄行ったか、京都大学付属病院に入院させたが、そこで亡くなっている。当時設満は多分京都に居たのか、臨終の母を抱いている写真が御内仏の引出しに納めてあった。

善照は実子秀丸に寺を継がせたい思いがあったらしく、設満には「お前の好きな道に進んでよい」と言った由。自分が松江監獄教誨師として赴任する時、任地、松江に設満を伴い、松江中学に学ばせた。設満はそこで小泉八雲に英語を学んだ事を、生涯の誇りとも喜びともして居た。石見の山深い寺に生まれ育ち乍ら、非常に開明的な、ハイカラな一面を持っていたのは、或はその影響ではないかと思う。その後、京都の三高に進んだと聞いて居るが、どういう事情か、後、京都の平井金三の英語塾に学んだ。当時、実父真梁の弟川本三郎がハワイで新聞記者をしていた由で、或はそのような事があったのではないか。生涯のすぐれた協力者、橋本こと（結婚後設満の希望により文子と名のる）と知り合ったのは、この時代である。義父善照が寺を破滅同様にして出てしまった為に、檀家一同から呼び返されて志空しく帰国せざるを得なかった。その時寺は、寺域田畑はもとより、法衣家具に至るまで借財の抵当に押さえられ、祖母かい女と二人で荒れ果てた室でただ一枚の芯丈の薄い蒲団にくるまって夜を過ごすような状態であった。

母ことは、京都下京・梅小路（現在タキイ種苗会社の有る所）の藍玉問屋、「藍清《あいせ》」橋本清吉、たか、の四女で一八七八年五月十二日生れ、幼時は裕福な身分で舞（京都では踊りといわなかった）を仕込まれ、四才の時初舞台を踏んだという。その時の古ぼけた写真が残って居る。しかし時代の変動によって段々と商売が衰え、家運も傾きかけた頃、立誠小学校を卒業、両親に必死に乞うて本願寺立の文中女学校に入学させてもらった。翌年、京都府立第一女学校（現鴨沂高校）が創設されたので改めて入学、その第一回卒業生である。

当時橋本家の隠居所が七条通り魚棚の近くにあり、本願寺文学寮（現龍谷大学）の学生数人が下宿していた。その中に後年、本願寺勧学職となられた名僧、日下大痴、島地大等、雲山龍珠師も居られ、それらの影響か、こと女は深く浄土真宗に帰依し、浄土宗であった生家を両親に両手をついて頼んで浄土真宗に転宗して本願寺の直《じき》門徒にしてもらった。前記三師との交遊は生涯続いた。

第一高女卒業後、母校立誠小学校に代用教員として勤め（後、正教員となる）橋本家の経済を支えた。当時清吉は既に亡く家屋敷も人手に渡り、母たかも仕立物をして家計を助けた。ことは四才位の末弟修一の手を引いて出勤し彼を幼稚園に預けて勤務したという。その身が設満の求婚を受入れ、親戚兄弟の非難を一身に浴び乍らもすべてを振り切って、石見の山奥のこれも落ちぶれた寺に嫁ぐ決心をしたということは、よくよくの愛情と強い理性があった事であろう。母はそういう人であった。

『自分がこのまま、勤めて居れば一家は暮してゆけた。しかし女一人でいくら必死になったとして先が見えている。それよりは死んだ気になって石見に嫁ぎ、そこを復興させたなら又橋本家の役に立つ日もあろうかと決心した』とその心境を私に語っていた。又『京都まで迎えに来て呉れた江津円覚寺のおじさん（設満の祖母かい女の実家の住職）があんたを石見に連れて行くのは燃え盛る火の中に投げ込むようなもので辛いと言った』とも。

一八九九年九月頃の事である。

頼るのは設満の愛情丈で、大姑のかい女は名うてのしっかり者、やかまし屋、檀家や近所の寺院の目も決して暖かではなかった。まだ灯火は行燈で布は手織りの時代である。こと女は見よう見真似で機おりまで覚えた。

長男之總が生まれたのは一九〇一年その時はじめて京都に里帰りした。実家の母や妹はそのあまりにも田舎者めいた姿に泣いたという。良材、成文と次々生まれ、私がお腹に居た頃（一九一〇）流石の父も激務がこたえたのか、胃潰瘍となり危篤状態に陥った。医師からも一時は最期を宣告されたが、四十日間にわたる母の不眠不休の看護で遂に危機を脱した。ほっとしてはじめて帯をといて見たら、肌一面虱の巣であった由。その苦境の彼女を常に励まし外から支えて呉れたのは、当時檀家総代をしていた野村老人であった。その一端を一九七九年四月一日付の「経済時報」誌に私は次のように記したことである。

三の矢

明治の半頃、京都から遙か遙かの辺地へ嫁して、新婚の夢も浅いうちに、主人の病や婚家・生家の没落等の多難の道を歩き乍ら、私達八人の子供を育て上げ、家運もたて直して悠々晩年の一刻を過ごした私の母であった。その人の口癖が「事を処するに当って、一の矢が外れたら二の矢、二の矢が駄目なら三の矢、三の矢までいつも用意しておけ」という事であった。これは兎《と》もすればくじけそうになる若き日の母を、常に励まし育ててくれた、土地の古老の言葉であった由、それはそのまま母の生きて行く心構えの基盤となり、又しらぬ間に私の世に処して行く心のより所ともなって今も生きている。

事を運ぶに当って、一の矢は最善の方法、しかし綿密な計画と必中の努力をしても相手があること、外れる事もあろう、その時すかさず放つ二の矢は次善の策である。万一それも失敗した場合の三の矢こそ、必発必中、最悪の状態でも決して外れてはならぬ矢、又外れる筈のない矢を用意しておかねばならぬ。

三の矢こそ已れの最後を引受け、それを用意しておく事によって、一の矢を放つ時の心の冷静さを与えてくれる「大地の矢」である。

「武士道とは死ぬことと見つけたり」私は葉隠れを読んだ事も聞いたこともないけれど、誰でも知っていることの言葉は私にとっては三の矢の事ではないかと思う。（以下略）

母の常の言葉は「私は商人の娘」でそれに誇りさえ感じていた。父はどんなに苦労しても理想家肌、情の人であり、一方母は現実の大地を見据えて歩む人であった。全ての事に第三の矢まで考えて手を打っておき、約束は必ず実行し、実行の覚束ない約束は決してしなかった。

父母の時折りの口論は、いつもこの性格の相違に根ざしていた。母の言う事の方に現実性があり、そのため父は不機嫌であったが、最後は母は止むを得ず父の意見に随う事が多かったように思う。それが現実の苦しみとなったのが、長男之總の進学問題であった。

当時は中学も七里離れた浜田で寄宿舎に入らねばならぬ。母はどんなに苦しくとも、檀家に頼まずに自分達の金で学ばせると言い張った。しかし父は「お前は在家の出だからそう言うが、当地方の慣例として真宗寺院の新発意《しんぼち》（住職を継ぐべき子）は檀家全員が応分の金を出し合って勉学させるものだ。それによってこそ、寺へ帰らねばならぬと本人も思うし、又檀家も新発意を守ってくれるのだ」と譲らなかった。結局は父の意見を通して、之總は全檀家の金で浜田中学校以降の勉学を続ける事となった。

之總は成績も優れ、中学卒業に当って京都の三高進学を強く希望した。母は「絶対竜谷《〔ママ〕》大学（本願寺立）に行け。三高に言ったら将来正蓮寺に帰らなくなる恐れがある」と反対したが、父は自分が叶えられなかった若き日の夢とその挫折を彼の上に重ね合わせたのか、加えて之總に対する深い信頼もあってか、三高が受からなかったら竜谷《〔ママ〕》へという条件で受験を許した。はたして之總は三高に合格し、その時点で母は将来に対する一抹の不安を抱いたようである。

之總は更に東京帝大文学部社会学科に学び卒業（一九二五）後二年間、本願寺内地留学生として東京に留まりそれが終わっても帰国の意志はなかった。設満、文子の見るも痛ましい苦悩はそれから深まった。帰寺を待ち侘びる檀家の非難の声は高く、しかも世相は三・一五事件（一九二八）四・一六事件（一九二九）やがて上海事変（一九三二）、二・二六事件（一九三六）と後世に残る時代の変動が続き、マルキストは勿論、自由主義者まで非国民のレッテルを貼られる時であった。その頃、あの泣かぬ母が毎朝、真赤に泣きはらした目をしばたたせ乍ら、父の為に火鉢に炭をつぎ鉄瓶を掛けていた姿を、私は今も忘れる事が出来ない。

当時次兄良材は既に広島県大朝円立寺（設満の義父善照の生家）の養子となって居た。三兄成文は一九二七年三月、県立大田中学を卒業、折しもくすぶりはじめた之總問題もあり進路を定められぬまま、病を得て療養中であった。彼が之總に代り住職となる事を檀家全員が承認する迄に、それから十年間かかった。その間の父母の身心の苦しみは、殊に父のそれは如何許りであったか。書くに忍びない。

しかし父は可成最後まで之總を信じていた。「あの子は一度は寺へ帰ってくるよ。心の優しい子だから……」と。また父は、最後近くまで之總に「たとえ一時でも一応僧籍に入り帰寺して檀家に挨拶して呉れ、その翌日還俗して出ていってもいいから」とまで譲歩懇望していたが、彼は遂に譲らなかった。この時之總には彼としての意志があり、又理由があり、その後歴史学に一筋の道を拓いてその足跡を残したのであった。それによって父母の名を留め、その恩に報いたとも言える。著書「黒船前後」が出版される時（一九三一）之總は父に表題を書いて呉れと中寄《マヽ》した。父は硯を清めて何度も下書きして丁寧に書いた。その姿は私の脳裏に焼きついて居る。

一九三六年三月彼岸、継職問題について最後の世話方会議が開かれた（世話方は当時六十数名、これは村内の大地主佐々田家の目代と略々同数であった）かねがね法務を無理して風邪をこじらせ病床にあった父は会議に出られず、すべてを檀家総代に委任して次の間に臥って成行きに胸を痛めていた。

母を呼び「たとえこれで成文継職の事が認められても檀家は半分に減るとおもえ」と申渡していた由。結果は円満に成文継職を承認し、しかも離檀を申出る家は一戸もなかった。その報告を總代から受けた父は、一瞬虚脱状態となり、その後急速に病が重くなった。

六月末、当時尼崎に居た私は、「チチキトク」の電報を受け取り、大阪船場に勤めていた弟祐鳳と共に急きょ帰国、二人で夜昼看護った。一九三六年十一月九日夜、父は夢幻の裡に浄土に還って行った。享年六十四才、満六十二才十ヶ月であった。

遺体を清め御内仏の間に移して身内丈の通夜をした。皆が仮眠をとっている一刻、私は父の枕辺で大無量寿経上巻、極楽荘厳の段を誦した。宝林宝池微妙音……み仏と共に静かに憩うている姿が見えるような思いで「お父さん、楽になってよかったね……」冷たい額に手を当て、沁々と語りかけた。その冷やかな感触が今も生々しい。

母はその後十九代住職としての成文の相談相手となって、寺門をしっかりと次代に譲り渡してから、平穏な晩年を送った。殊に一九五二年十一月初、山崎富美夫氏と孫洋子との結婚披露宴出席の為、成文、祐鳳二人に守られて上京した。鎌倉山に一ヶ月余も滞在、之總一家の心暖かい孝養をうけて満足裡に帰国、途中京都の実家や、大阪の旧友まで訪ねて年末帰寺した。

次の上京を楽しみつつ、静養していたが、翌一九五三年四月二十二日、僅か十日間の病いで、之總以下の子達に見守れ乍ら（四男慶哉は二十才にて病没）安らかな最期をむかえた。

仮通夜の時、亡骸にかけた生家橋本家の女紋・桐蝶の紋所の黒縮緬の式服に、私は折柄満開であった山門脇の八重桜を手折って衽《えり》から裾にかけて一面に散らせた。春灯に映えてその衣装は華やいでさえ見え、京の老舗藍清《あいせ》の娘、四才の時に初舞台で舞ったということと女の最期にふさわしい晴着のように思えた。私と妹蕗《ふき》子は、それぞれ一握りの自分の黒髪をきって白紙に包み、母の懐に納めた。満七十五才になる直前であった。

之總は中国唐代の僧、善導大師が説かれた「二河白道」の譬えの行者であったような気がする。

逆《さか》まく火の河水の河の中に見え隠れする一筋の白い細い道（真実）を求めて歩みつづけた行者であったと思う。東方発遣、西方招喚の声を釈迦、弥陀と聞いたか、或は近代学問を学んだ身は、その声の正体を求めての旅であったかは知らないが、自己を誤魔化さず、まっしぐら、しかも陽気に多くの人々を愛し、多くの人々に愛され乍らも、内心つねに深い思索と悩みを持ち、歩み続けて、遂に途中で倒れた白道の行者であったと私は思う。

進むべき道については頑として己れの意志を通してしまったけれど、心は優しい人であった。それ故に悩みも深かった事と思う。私の事を案じて彼の若い日からの友人、関根悦郎と結びつけて呉れたのは彼である。人の好い、あたたかい、正真正銘の石見人であった。明治―大正―昭和―とごうごうと世は移って行った。私達が通って来た道もそれを外れることは出来ない。
之總は鎌倉山に住んで居たので、晩年東京に出る度に私の家に泊まった。その度にねだって書いてもらった短冊数葉を大切に持っている。

薫里帰り二月二十七日也
阿彌陀仏生きてましますす春日哉　之總
(註、私が結婚後はじめて主人と共に鎌倉山服部家に帰った時)

二月二十三日除竹
耳もよし眼もよし春の三月振
一九四八年という年信太郎君の家に始めて泊る

表
世間虚仮　睡蓮の朝　生れし家
唯仏是真　虚仮ならず
除竹

裏
贈関根薫
一九四六年八月十七日
釈　之總

（註、当時、娘粱子が一時正蓮寺に預けられている間に発病、療養中であった。それを見舞いに帰ったから、その時生家の座敷の縁側から池面の睡蓮を眺め乍らの作ではあるまいか？）

父在さば桜の山の囲炉裏端

　　彼岸にうまれし草子《カヤ》を祝いて
鼻の孔母をつたえて春うらら　　徐竹

信太郎君の初節句を寿ぎつつ
鯉のぼり、病む児あやかれ従弟妹なる　　徐竹

板橋《ばんきょう》よ芒描きしや雲悠々　　除竹
　四十六年誕晨
（註　板橋とは中国の画家。誕晨とは九月〔二十〕四日。一九八〇年、故関根悦郎追悼の小文集を出させていただいた時その表題「雲悠々」として、兄の自筆のまま用いさせてもらった。）

なお「徐竹」又は「除竹」の雅号は、鎌倉山で親しくして居た隣家の竹が自宅の玄関前に伸びて来て筍が生えるのは有り難いがあまり茂ると困るので一日がかりで竹の根を掘りかえした、と笑いつつ語り即座に「除竹」とつけた。

◇　◇　◇

さて父の手紙は私が京都に居た時、伊勢の村田静照和上の法筵に会い度いから行かせてほしいと申送った手紙に対する返書、その他三通である。亡父を偲んでその一通を書きとどめる。

前略、昨日約束の通り別紙（註、伊勢に行く道順とか法筵の日程、場所を委しく書いたもの）同封候故熟読なされ、是非共実行ありたく候父も参り度いは山々也　酒の味を覚えた人が飲み度くなる風情也　此度伊勢行に多少でも送りてやり度いは山々に候処手元にも持合され候由故止置候　参れば父の名を申せば和上御記憶なさる筈に候宜敷申上げて呉れよ　一向に不審なるはよしと蓮師の御言葉マギレマハルガ悪しと候故打明けて手をついて御尋ねせよ念仏堂の習慣は決して他人に住所姓名をきかぬこと又自らも名乗らぬ事に候そのうち誰知るとなく分り候　和上へは名刺を差出し御指南を受け度く参りましたと告げるとよい最初には和上は元より誰にでも合掌し次に簡単に要辞を求ぶ〔ママ〕べし藤井等に行きても最初はケンザ（註、家の入口の板の間）で家人と合掌してお念仏してからアイサツ也伊勢へは仲々行けぬものに候　此度は是非行けよ行きて往生の大事を明らかにして頂け　日本広しと誰も和上の右に出る能化はなし和上も喜字の寿者也もはや余り御存命も永からざるべし此度聞かねば後悔あるべしと合点して御尋ねの事、滞在は一週間と御考の事、一日一円として考へれば世話なし御法礼は一週間でも一円位でもよいと思う父へも本郷（註隣〔ママ〕村本郷清岸寺住職のこと）が最初はカク言えり　川崎ならソット御仏前の前卓の上にオキサエセハヨシ和上に差出すのではなし　今来た手紙届き申候金が取られたり又ハ落したりという場合出来せは一電せよ必ず送金するから案ずる勿れ……

九月二十二日　父

薫　殿

私は今、当時の二十一才の娘心に還りて満五十八才であった父の溢れる愛情を全身に浴び乍ら読み、宝物の如くこの手紙を巻いて御仏壇の引出しに納めた。

尚之總は順天堂病院で最期まで付添って呉れた看護婦　渡辺ヒサ女に託して遺言している。

「之總が今日あるは、ひとえに石見の農民のおかげである。墓は正蓮寺裏山の墓地にみんなの部落がみえる方に向かって建てて呉れ」と。その言のままに父設満母文子の墓を背にして、晩年帰郷の時自ら筆をとって「之總家墓」と書き、成文に預けておいた文字その儘に刻まれた白みかげの墓石となって、父母と共にいつまでも愛する故郷の山河と人々とを見続けて居る。

（一九八七、二、一二）

あとがき

今年（一九八七年）私は喜寿、生家、正蓮寺を継いだ三番目の兄成文は傘寿をむかえました。兄は現在隠居の身、療養中でございますが、父母亡きあとはこの兄夫婦を両親とも思い、この年まで何の気兼ねもなく生家を訪ね甘えて、心豊かに過させてもらいました。若い時からあまり丈夫でなかったその兄が、傘寿をむかえてくれました事は、何よりの慶びでございます。

思えばこの年まで、計りしれぬ程の多くの方々のお蔭、又久遠劫よりの天地一切、万物一切さまのお働きによって、私はたしかに人界七十六年間を生きさせて頂きました。一日一日のいのちがその賜物でございます。その証しとして、又万感の御礼の思いをこめて、折々の未熟な、あるがまゝの心の足跡を集めてみました。

第一章「洛味」は、当時大和町にお住いの村上史晃氏が編輯していられました雑誌「楽味」に、同氏のお奨めによって書かせて頂きましたもの。第二章「ゐろり火」は、練馬の伊藤てる子様主宰の「随筆の会　ゐろり火」に一九七四年八月より入会、書き続けたものの中よりの数篇、その他でございます。

第三章「父の手紙」は本誌のため、というよりは、この章のために本誌が出来たのかもしれません。今更乍ら読み返してみますと、同じようなこと許りたどたどと繰返し記しております。さぞお読みずらかった事と思いますが、これも私の生地《きぢ》相応の作品とお許し下さい。

寺に生れました為、幼い時から仏様を拝むこと、御法を聞くことは両親から厳しく教えられました。しかしお粗末な私には、なかなか真実のみ声にうなずけませんでしたが、一九七八年七月、不可思議な御縁で福井のお医者さま米沢英雄先生のお名前に遇い、強い力に引かれる思いで数々の御著書や、又直接お話も伺って親鸞さまのみ教えの真実を、身にわからせて頂きました。この世に生れさせて頂いた無上の仕合せでございます。又、東大阪市御在住の妙好詩人、榎本栄一様の輝く数々の詩にめぐりあえましたのも、そのお蔭でございます。過去一切の慶びのおもひを表すべく、その詩をおかり致します。

――榎本栄一氏詩集、娑婆順礼より――

この土

この土にうまれて
よろこびをしり
かなしみをしり
苦をしり
仏恩をしり

一味の流れ

私にながれる命が
地を這う虫にもながれ
風にそよぐ
草にもながれ

娑婆の果て

この果てにくると
宿業によろめく
私のあゆみが
茫々と光に
つつまれているよう

あるがまま

ぐるりのひとやものを
ひそかにおがんでいたら
みなしずかにひがり
なにもいうことがなくなり

尚、本書をまとめるに当りまして、たくさんの方々のお力添えを頂き、殊に題名の「夕茜」の字は、兄成文が病をおして心をこめて丁寧に書いてくれました。

又、あけぼの印刷の白井信様には、一九八〇〔二の誤記〕年七月〔一〇〕出版しました、主人の追悼集「雲悠々」と共に、格別の御配慮を頂きました。いずれも、感謝の思いで一ぱいでございます。
最後までお読み下さいまして、有りがとうございました。

一九八七年七月十二日
関根 薫

私は中国の上海市図書館にほとんどの蔵書を、「日本法政大学名誉教授松尾章一先生贈書」として二〇〇三年四月二日に寄贈してしまったので、本書をまとめるために乏しくなった書架から久しぶりにこの関根薫著『夕茜』をとり出して熟読した。前述した正蓮寺に行った時に之總の長男旦らと寺の裏山の服部家の墓地を訪れた。小高い山の頂上にある服部家累代の墓は石見の領主の城跡を見下すように対峙して建てられていた。旦は正蓮寺は藩主と対決してこのように建てられたのだと語ってくれた。だが之總の墓のみは累代の墓に背向けて建っていた。旦曰く。父は常に石見の農民とともにあると語っていたので、村の方を向いて建てられたのだと、語った日のことが昨日にように思い出される。

正蓮寺で私にだけ内緒にしてもらいたいと前置きして服部家の秘密にしている之總・兄のことをいろいろと語ってくれ、毎年年賀状をいただいた成文師も一九九二年八月三日に他界された。次に引用する「跋」は、私に贈呈された服部成文著『新春譜—十二支の菩薩達—』(正蓮寺、一九八八年十月)の巻末にのせられたものである。

五 『新春譜』跋文

私ハ昭和十一年十一月九日父ノ往生ヲ見送リ、同時ニ正蓮寺第十九世住職ヲ継承シタ。

尓後四十年ヲ経テ、昭和五十一年六月、嗣法是真ニ住職ヲ譲リ、同年九月脳出血ニテ半身不随トナリ隠居所ニ入ル。

我ガ隠居所ヲ「青龍居」ト呼ブハ、本堂ノ東ニ当リ、四神ニ配スレバ青龍ニ当ル。更ニ窓外ニ径四尺、第一枝迄直幹三十数尺ノ赤松アリ、夕陽ニ照ラサルレバ昇天スル青龍ノ赤キ腹ヲ思ハシムニヨルガ故ニ、青龍居ト称ス。故ニ薬師寺西塔復旧事業ノ時頂キタル本尊台座ノ青龍ノ拓本ヲ額装シテ「青龍居」ト書シ入口ニ掲ゲ、以後青龍居主人ト署名スルコトトセリ。

次ニ成文ノ名ハ祖父ノ命名ト聞ケリ。

祖父ハ漢学者ニテ詩人、唐詩選ノ張若虚春江花月夜中ノ「魚龍潜躍水成文」ヨリ命名セルトナリ。恐ラクハ、「汝人間ニ生レ而モ寺院ノ児タリ、魚龍猶潜躍スレバ水ニ文ヲ成ス、一意潜躍シテヨク法ノ文ヲ成セヨ」ト念ジ給ヒシ故ナラン。

今日、二十数年間唄ヒ続ケタル新春譜十二支ノ菩薩達ノ漢讃並ニ和讃ヲ上梓スルニ至ルモ又其ノ一端トナス可キ乎。

尚此ノ上梓ニ当ッテ、企画・編集・印刷・校正等万事ニ渉ッテノ労ヲトリクレシ弟服部祐鳳、妹関根薫並ニ施行者東京あけぼの印刷ノ諸氏ニ深甚ノ謝意ヲ表スルモノナリ。

尚此ノ本ノ出版ヲススメ、「新春譜」ニ「十二支ノ菩薩達」ノ副題ヲツケクレシハ服部祐鳳ナルコトヲ記シテ、深謝ノ意ヲ改メテ表スル所ナリ。

再校ノゲラ刷ノ届イタノガ五月廿八日、一人娘ノ大原貴和子ガ四月廿九日ニ倒レテ、僅カ一ヶ月ノ療病生活デ二人ノ児ヲ残シテ五月廿二日ニ命終シタ。行年四十二、法名清蓮院釈尼和敬。其ノ丁度一七日ニ当ルノデ祐鳳（俳号雨声）ノ悼句ヲ仏前ニ捧ゲ小経ヲ誦シ続イテ春江花月夜ヲ微吟スル。旅立ッタ人ヲ思フ女性ノ歎キヲ挟ンデ遊子ノ情ガ歌ワレテアルトセラレタ此ノ詩ガ今迄ニナキ響キヲ伝エテクレル思ヒダ。

〔以下の文章は最終頁に書かれている〕

悼句　以和為貴ノ生涯ナリキ花ハ葉ニ　雨声

昭和六十三年六月四日

貴和子二七日也　　服部成文

薫は成文兄の三回忌仏事で帰郷した際に、私宛の書翰（一九九二年八月十四日付）の中で之總兄のことを次のように書いている。

〔前略〕私も本年で満八十一才となり、過ぎさりました日々のこともおぼろになる様でございます。やっとの思いで八月初旬成文兄（正蓮寺前住）三回忌仏事にまゐり両親、之總の墓参をいたしました。旦もまゐりました。父母の墓よりも之總の墓前により心をひかれ、はなれ難い思でございました。よいも悪いもさらけ出すまっ正直な人でした。「頭かくして尻かくさず」の石見人の人のよさもありました。あなたさまというよき弟子（といってゐゝかわかりませんが）理解者をもってあの人は仕合せでした。之總伝を心にかけていて下さいます由、有りがたく思っております。没後五十年も近くなります。段々と忘れられてゆくのが自然ではございますが、心にかけて下さる方がお一人でもいて下さる之總は仕合せ者です。心ならずも寺門をついだ成文も何かと心の悩み多いうちに亡くなりました。冷飯食いの筈の三男坊が寺を継いだのですから他からみれば仕合せの筈ですが彼には彼なりの悩みがあり一生、そのために心に負担を負いました。私からみればあの人も気の毒な人と思います。でも、おかげさまでその子供が今は立派な住職となり、寺門を守っております。歴史とは必然、偶然が重り合って継がれてゆくものと身に沁みて思はれます。〔後略〕

私は『服部伝』をとくに薫に読んでもらえなかったことが心残りでならない。

（付記）この校正中に引用した故薫の「あとがき」に、夫君関根悦郎の追悼集『雲悠々』の出版が、一九八〇年七月と薫が記し、次頁の薫の略歴中に、同書の出版が一九八一年と記述されているので、嗣子にすぐ電話をして問い合わせたら、いずれも誤記であることがわかり、訂正しておいた。そのとき、『雲悠々』の残部があればいただきたいと申し出たところ、その翌日（二〇一二年四月二十三日）に嗣子信太郎の書翰とともに贈呈された。関根悦郎の思い出と副題のついている『雲悠々』の書題は、故薫の「小誌発行について」を読むと、服部が関根家で書いた短冊「板橋よ芒描きしや雲悠々」から取ったことが書かれてあった（三頁）。服部の墨書である。本書の冒頭に掲げている故関根悦郎の風貌をよく伝えていると私は思った。（二〇一二年四月二十三日記）

服部は生まれた木田村のことについて、後年に「私の村々の村人たち」の中で次のように書いている。

六　私の村々の村人たち

私は明治三十四年の一九〇一年、島根県那賀（ナカ）郡木田（キタ）村という、山奥の小さな村にうまれて、小学校を終るまで、ほとんど村を出たことはなかった。

七里はなれた浜田の中学校に入ってからのちは、学校の休暇にしか村に帰るということはないかわりに、大学を終るまで、かならず暑中休暇は村ですごした。その後、冠婚葬祭にときおり帰省するばかりの三十年を経たこんにちになっても、私にとって「ふるさと」は、この小さな村につらなってひろがるすべてのものである。

私はその村の、建造物としてはおそろしく立派だが、借銭のためひどく貧乏していた真宗寺の、あととりにうまれついた。その村には、建造物として劣らず堂々たる昔の大庄屋があって、そちらは地主としても石見一番の全盛時代であった。

戸数二百にみたぬ小さな村に不似合なこれら二つの大建造物の屋根の下の二つの家族は、お互いに親戚であったが、心の中では軽蔑しあっていた。それというのも、一方の借銭が他方の致富と表裏しておこったということもある。

「うちの田地はのこらず槌田屋にとられた」〔この「槌田屋」という屋号の説明は、服部著『佐々田懋翁傳』亀堂会伝記刊行会、一九四二年七月刊、一九～二〇頁にくわしく書いている〕

私は曾祖母から、それにまつわるさまざまな話をきかされながら育った。だが、もっとかんじんないきさつは、寺は農民の砦であり、槌田屋は地主の城であることに基づいていたにちがいない。

寺は農民の砦といういいかたは、こんにちでは異様にひびく。祖父が本願寺の政治ボスになってつくった大借銭は、父の代にひきつがれて、母が嫁してきたころは、畳まで差押えられていたというが、その借銭を村々の八百戸の門徒がやがて支払っていった。門徒には一軒の大地主もなく、各村各部落の世話方はすべて自作農であるか、ないしは自作農小作であり、全門徒数の半を占める貧しい小作人たちは、ほとんどといってよいほど槌田屋の田を作っていた――

それにしても、父一代の三十年をかけてあの借銭をきれいにしたばかりか、あととりの私を大学まで出してくれてなんらあやしむところのなかった村々の門徒たちのあの一心は、何というものであっただろうか？　地主たちは私の地方では漏れなく禅宗であり、農民たちは漏れなく門徒であった。そこで「念仏」がさせたわざだと、割り切ることができるであろうか？

あのながい日本の封建時代を通じて農民たちが念仏のなかに、物質的にも文化的にも貧しく望みのない生活のなぐさめを反芻してきたということ、また、いつかはかならず解放されるという農民のねがいのいっさいが、そもそも親鸞の念仏を生み、相続させてきたということ、それはたしかであるが、もっとたしかなことは、そのような彼らのなぐさめとねがいが、私がうまれた寺のような一大建造物となって存在していたということである。もっと正しくいえば、その建造物の存在が農民たちのなぐさめとねがいの証拠であるような暗い時代が、げんにそのころまで私の村々に生きつづけていたということである。

石見で宮大工のあいだでは古典的な作品とされているような山門、ばかでかくはないが優美にととのった本堂、十分な容量と親しみをそなえた庫裡――寺の記録によると寛政元年というからちょうどフランス革命が勃発した一七八九年から起工して弘化二年の一八四五年まで、半世紀以上をかけて建築されたものであるが、そのころの私の先祖たちがどんな種類の念仏者であったとしても、この半世紀以上をついやした大建造物が、当時千二百戸あったと伝えられる農民門徒たちの出費でつくられ、じらい私の父の代までかれらによって経営され使用されてきた跡を八百坪の境内のどの一隅にもみとめられる艶のあるさびが物語っているのである。

瓢箪形をした小さな盆地の、中くびれの丘にその寺がある。瓢箪の底辺ちかく、槌田屋の庄屋屋敷がある。堀に面したいかめしい長屋門と白塀にかこまれて、七つの倉が見え、ひときわ高い母屋は、この地方ではまれな黒瓦で葺いてある。この建造物は嘉永元年の一八四八年から着工され、七年のちの安政元年に落成したもので、幕末の庄屋建築として、この地方で代表的なものである。もとより槌田屋一個の出費になるもので、この蓄積は支配する村々の農民たちのあらゆる生産物とりわけ米と半紙の、庄屋地主的なとりまえからできたものであった。この長屋門の中には罪人を裁くための白洲《しらす》があり、大庭には年貢未納者を糾明するための検座《けんざ》がぴかぴかと光っていることを、村々の農民たちはつい昨日のことのように記憶しているのである。

村人たちが出入りする大庭の検座はその家の大屋根の下でにぶいろに光っていた。「けんざをあたためさせる」というおそろしいことばがあった。年貢納めは十二月十三日の煤掃を終えた日から大晦日までと定められて、大晦日になっても年貢を納められない百姓は、みせしめのための手錠をはめられて元日の未明までけんざに据えておかれた。維新後戸長役場が庄屋役宅から分離してからそのことはやんだが、小作人の年貢納めはいぜんとして煤掃から大晦日までのあいだであり、「けんざをあたためさせる」権柄《けんぺい》は、明治の槌田屋の手代や目代《もくだい》たちの表情から消え去ってはいなかった。

私の小学校時代、つぎのような草履きんぽ（草履投げのあそび）のうたが、児童のあいだでうたわれていた。

ぞうりきんぽ　きんぽ
はしのしたの　菖蒲
咲いたか　さかねか
まださき　そろばん
みょうみょう　ぐるま
手にとって　みれば
ひごろく　まごろく
喜三郎《きさぶろ》　十六兵衛《じゅうろべ》

坂根孫六はそのころの槌田屋の筆頭手代であり、喜三郎と十郎兵衛はその配下の目代だった。このうたは昔からあったぞうり投げあそびのうたのつくりかえであるが、うたうにしたがって胸のつかえがおりるほどの、完全な仕上げがおこなわれている。

それにしても、このような抵抗のうたの作者は、そもそもどこにいたのであろうか？　農民組合などというものはまだどこにもなく、小作人たちはいまでもあのおそろしい手鎖や手錠が槌田屋の長屋門の天井裏にしまいこまれているという伝説を、そこをくぐるたび一人一人思いおこしていた。そのようなかれらの子供たちが校庭のあそび時間にうたう「ぞうりきんぽ」の作者――それがじつにそのようなかれらじしんであったといえば、読者のみなさんはおどろかれるであろうか？

農民は一人で発表し、一人で表現することはできないかわりに、集団的に発想し、発想するやたちまち連鎖反応しつつ見事な表現に到達するものである。それなら、農民組合一つなかった時代に、農民たちは日常どんなかれらじしんの集団をもってくらしていたのであろうか？

たとえば私の村々には近隣八戸ないし十戸が組合う田植組がある。正月二十日の組祭で籤をひいてきめた順番にしたがって、五月下旬から六月上旬にいたる田植時に、組中総出で各戸の田を植付ける。六月二十日には慰労の田植祭があって「泥落し」ともいう。草取も、刈上げも、みなこの調子で行うであろう。

講組というのがある。田植組の二組か三組をいっしょにしたもので、寺や宗旨とは関係なく、組内に不幸がおこると、墓穴掘り、棺つくり、そのた一式の世話に当って遺漏のない互助機関である。「さんかぐみ」とよばれる共有山林の組がある。（『全集』㉔、二三三～八頁）

また、「幕末の名工」と題する服部のエッセーの中で、次のように書いている。

七　幕末の名工

私は石見国（島根県）の山奥の真宗の寺に生まれたが、この寺の山門は天保十四（一八四三）年から取りかかって弘化二（一八四五）年に落成している。彫物師は「和田のタクミさん」と呼び伝えられている名工で、石見の三門といってこの人の手になる門が三つあるが、とりわけ木田正蓮寺（私の生家）の門の彫物は「和田のタクミ」が二十五歳で仕上げた名品として、庶民の間でも、その道の宮大工（私の国では神社仏閣の彫刻師兼建築師のことをこう呼んでいる）の間でも有名で、村の宿屋に一週間も十日も滞在して見てゆくような旅の宮大工がいたことを、子供心に覚えている。竜だのシシだのリスだのボタンだの、細部に至るまでそれらは私の眼底にあるが、真鶴八幡宮の彫物とはあくまで流儀を異にしている。真鶴のは恐るべき写実派で、石見のは象徴派だ。そのくせ両者の間に間違いなく血が通っていることを、私は私の彫刻審美力の全力を傾けて確めたいと思っている。

だれか専門家に調べてもらいたいものだ。「和田のタクミ」と真鶴の名工は同時代に生きた人で、年は「和田のタクミ」の方が若いようである。伝えによると、この「和田のタクミ」は相州の人で、誤って人を殺し、京都に流寓していたのを私の曾祖父のもう一つ先代が石見に連れ帰って門の彫刻を彫らせた。酒を飲み飲み彫り上げて、寺の上女中の一人と結婚して隣村に住んだ。「和田」というのはその村名で、姓は豊原、長男は医師となって、今は孫の代になっており、往年東京弁護士会会長だった豊原清作氏は長女の子である。

今の和田豊原家の兄弟たちとは私は子供時代から親しい。「和田のタクミさん」の奇行については色々な伝説が残っており、小説『大菩薩峠』の裏宿の七兵衛のように、村と広島の二十里の道を日帰りで往復したともいわれている。豊原清作さんは東京に長く住んだ人だから、祖父に当るこの人の血筋を相州に探したことがあるかもしれないが、その清作さんも故人となって聞くよしもない。幕末時代のこの方面のことは、建築や彫刻の歴史専門家にも案外打ち棄てられているのではないか。村々の故老から今のうちに聞いておきたいことの一つである。（『全集』㉒、五四〜五頁）

右に引用した服部の文章の中に書かれている「和田のタクミ」のつくった正蓮寺の大門は、私も観て驚嘆したほど立派なものであった。この大門が建造された由来について、石井謙四郎『石見名工伝　和田の工匠』（『石見タイムス』一九七〇年十月三日起稿、八回にわたって連載。石井謙四郎氏に掲載許可をえたいと種々努力したが、不可能であったために無断で収録したことをご寛恕いただきたい。」に詳細に述べられている。服部の疑問でもあり、服部家の歴史とも関係することが多々あるので、長い引用ではあるが、きわめて貴重な資料だと思うので紹介しておきたい。

八　和田の工匠

私は昨年十月、石見タイムス紙上で、木田の工匠について「富春の欄間」という題で書きました。その後、知人より木田の工匠は、和田の工匠ではないかと注意があり、私の軽率であったこと、ここにおわびします。和田の人は和田の匠といい、木田の人は初め木田に住んでいたので、一部の人には木田の匠といわれているが、たまたま私に話してくれた人は木田の匠といったわけで、そのまま述べたのは、確かに私の手落ちでした。

さて、石見地方では、彫刻の美事な作品に対しては、一般に〝巌〟の名作と称し、〝巌〟といえば彫刻を連想さすほど有名である。しかし、その作品を実地に検討した際には、話と大きなへだたりのあるのを知る場合が多い。とかく、名工といわれる人々には、いろいろな伝承があり、現在わたしたちが考えると、お笑い草となることが、えて多いものである。しかし、そうかといって、それらを一切否定するわけにもいかない。やはり伝承は伝承として、そのままにし、残された作品そのものについて正確な記録と伝来調査をしておく必要があるのではあるまいか。最近、それぞれの市町村を主体とした郷土史を編さんされているが、とかく美術関係は忘られがちである。それは、編さんにあたられる当事者にその方面の知識に欠く点があるのは致し方ないとして、一応、なんらかの形にして記しておいてもらいたいと思うものである。

和田の工匠と一般にいわれている人は、長山の喜一郎という工匠で、もともと大工の出であるけれども、彫刻の技は、ことに秀れていて、どちらかといえば、寺大工に属する人である。

もともと、和田あるいは木田の土着の人ではなくて、現在の岐阜県の方から来住した人である。おそらくそれまでは、確然としていないけれど、いろいろな伝承その他を総合してみると、現在の岐阜で大工、彫刻の修業にしたがい、業成って岐阜の城下に出て仕事をしていたらしい。師伝は不詳である。

当時、現在の那賀郡旭町木田、浄土真宗（本派本願寺派）正蓮寺住職服部祐哲（一説には当時の正蓮寺住職の弟とも称されている）が、壮年の際京都西本願寺布教使僧として中国、九州、北陸、中部の各地同派の寺院に布教、説教の間に、たまたま美濃国岐阜の某寺で数日間滞在、その間に祐哲の説教の法聞に感激した喜一郎は祐哲師に頼み石見に同行したといわれている。

また一説には、喜一郎は同職の者より怨をかい命を狙われたともいわれその難を避けるため、祐哲師に助命を乞い、石見に同伴したともいわれている。とにかく、途中の旅にあたって、昼は神社仏閣の縁の下に寝て、夜分歩行したという。いかなる理由で生命を狙われたか、仕事上のことで怨をかったか、あるいは女性関係であったか、そのあたりのことは判然としていない。

あるいは、祐哲自身、自分の寺の建築を思い立って、適当な工匠をさがし求めていたかは、なんらこれらを確定ずける当時の記録は何も残っていない。

しかし、木田村正蓮寺住職十五代、宣教院設満師（昭和十一年十一月九日寂）の稿に成る木田村風土記（大正末年の稿）に記載されているものによれば、どうも大門建立のために同伴して帰ったとの説が正当のように思える。

〔以上「和田の工匠」①〕

同記中に「たまたま美濃国岐阜に出張せることとありて、若き一大工に会い携えて帰り、大門建立に着手せり……云々」とあることからも察することができる。

大門建立の議のたてられる前、寛政四年夏（一七九二）に、すでに現存する七間半に八間の本堂は新築されている。その工事に当った工匠の何人なるかは判明していない。江戸時代には正蓮寺のある木田村、和田村は津和野藩領であった。

祐哲師は津和野藩寺社奉行に対して、本堂新築に当って、当初十間四方の本堂建立の出願をなしたけれど、津和野藩はそんな大きな本堂を建立することはまかりならぬと厳命している。その間の事情は同記にいわく

「けだし、往年十間四面の本堂を津和野領主に出願せしが、領内は御質素を家風とす。過大許可相成り難しと指令し、これに服したり。しかれども一千有余の御法を有する寺院として、大会に当り常に狭少を苦しむ。いつかは改造すべしとなし、十間四方の本堂を再建する予想を以てこれを主たる世話係と計りたれば、初めてその遠き慮を知り俗説は消えたりという」(原文のまま)

これから察知されることは、本堂十間四面の建立のため拠金額は、予定されて集められたが、それがまかりならぬとなったので、工事金が浮いたから、それではその金で大門を新築、美事な大門をと考えられたのではあるまいか。祐哲師もかねがねその適任工匠をさがし求めていたところ、とみるべきであろう。

現在ある大門と本堂正面とは一直線上にはなく下の道路より石段を昇りて大門に達し、それより右に少し折れて斜に本堂正面に達している。また木田風土記にいわく

「これ、初め門の位置を本堂正面に望む説多く、世話係より主唱されたるが、祐哲、喜一相議する処ありて、今の位置に定めたりと……云々」

この本堂正面を外れて左側に大門があるということは、境内を広くみせ本堂より高さの低い門を独立させることにより、実際より大きくみせ、そこに寺院建築の構成の美を形成している。

この門の位置を正面より左側に移したことだけでも、工匠としての喜一郎の非凡だったことが知れる。地形的に見ても、全くソツのない配置のやり方である。下の石段をのぼって一息ついたところに門があり、いやでも門を一見しなければ境内にはいれないという配置である。〔同上②〕

ここに喜一郎について少し略伝を記してみると、そのいずれの出身なるかは、前述のごとく確定的な記録はなんら見られない。しかし、正蓮寺の記録によると、正蓮寺十三代住職祐哲師の縁により木田に来た喜一郎は、天保も終りの十三、四年頃に寺の庫裡の隣にある長屋に落着き、寄宿した。

当時、日常の食事は寺の台所でつくられるもの以外には、ほかの食べものは摂らなかったといわれている。このことはいかなる理由によるかは不詳だが、一説には他よりの毒殺のおそれあるによるといわれているけれど人の命を狙うということは、なみ大抵の原因によるものではないので、その原因が、どの辺にあるかは、ちょっとわかりかねる。

しかして、旧幕時代に長山の姓をもっていたこと、これまた解しがたいことであり、恐らく長山在の喜一郎と解すべきであろう。喜一郎はのち、藩主の亀井公（亀井隠岐守茲監）より豊原の姓を受けている。これは、いかなる理由でもらったかは定かでない。

このことは、それまで姓がなかったのであろう。しかし、単なる一工匠に対して藩が姓を与えたということは、藩のために何かその功績によることがなければ、工匠に姓を与えたということは、ちょっと解釈に苦しむことである。

このことについて、いろいろ調べた結果、亀井公に対して、三貫の金子を上納した事実があるので、その件により姓を受けたものと思われる。（上納の日時は判明していない）

木田正蓮寺長屋に落着いた喜一郎は、早速住職や檀家の主だった人々と大門建立の運びにいり、用材の調達、工人の人選などに日時を費し、ようやく工事に着手したのは天保十四年秋（一八四三）からである。〔同上③〕

なにぶん正蓮寺は、高い所にあるので、用材の搬入もかなりの時間と労力を要したことであろうと思われる。加えて風通しのよい所なので、作事に当っては、かなりの労苦のあったことだろう。

喜一郎としても、他国に出ての、初めての仕事であり、自分を見出し、また一面、命の恩人ともいうべき祐哲師に酬ゆる心積りも多分にあったことと思われる。本格的に作業にかかったのは、越えて翌十五年（十二月改元、弘化元年となる）から本格的に工事が進んだことと思われる。弘化二年春に、ついに待望の大門は竣工した。

木田風土記には「天保十四年卯大成、今日に及ぶ。荘観無比人呼んで石見三門と称す。此門特に秀作と言へり。彫刻において竜ことに勝れ、門扉の陰陽の獅子は、陰最も光るという。外面の鶴また著名なり。毎歳見学の工匠、東は播州より西は福岡県にわたり、五組、六組の来訪あり、数日滞在して図を取り、または写真して帰る。訪問のことなくして、門を調査するものに至っては、数を知らず、この竜、渇を覚ゆれば、増田堤に夜行くという、口碑あり」（原文のまま）

木田風土記には天保十四年、大門竣功となっているけれど、実際は天保十四年に着工、弘化二年竣功が正しいのである。別に記しますが、喜一郎は工事の中間に数度邑智郡羽須美村青貝の西蓮寺にやはり楼門建立の話があったのでその打合せに行っている。

また、石見三門と記されているが、そのいずれもが喜一郎の作か或は、他の何人の作かは判明しないが、一は木田の正蓮寺の門、ついで羽須美の西蓮寺の楼門（喜一郎の作事になるもの）三は浜田市上府覚永寺の門（喜一郎の作）をあげることができるので、おそらく彼の作事の門の秀作をこの三門とし、ことに正蓮寺の大門が優れているの意と私考する。

ここで注意すべきことは、彼の仕事した建造物は、いずれも浄土真宗本願寺派の寺院のものであり、これは正蓮寺祐哲の口添へによる関係でないかと考えられる。〔同上④〕

喜一郎の家庭関係について述べてみると、彼が正蓮寺に寄宿して門の建築にかかっていた三年間よくその身辺の面倒をみていた女性があり、この人はその後、正蓮寺祐哲の仲介で喜一郎の妻となったミネである。

ミネは当時、正蓮寺の上女中をしていた。前後するが、喜一郎は文政七年（一八二四）生れで没年は明治十八年六月（一八八五）六十二才で和田の自宅で死んでいる。彼が妻帯したのは弘化二年、正蓮寺の門が竣功したあとで、弘化三年または四年であり、年は二十三、四才の時である。

ミネなる人は、現在の金城町久佐宇栗の出で、生家はタタラを吹く家の娘といわれている。生来怜悧で、気のやわらかいよく気のつく、なかなかできた女性のようで、生家は白甲佐々岡氏（現在は絶家している）文政九年（一八二六）生れで明治二十三年九月二十日（一八九〇）、六十五才で和田で没している。夫妻の墓は和田にある。

喜一郎と結婚したのはミネの二十一、二才の時であり、一男二女をもうけている。長女ツヤ、次女ツマはいずれも婿をとり分家させている。喜一郎がミネと家庭を持ったのは下和田でいまもその旧跡には民家が建っている。長男の勘一郎（観一とも）は、のち長じて医者となり和田に移り医を開業し、のち今市に移った。その子、一郎もまた医者となった。

一般には喜一郎は美濃国の出といわれているけれど、私が喜一郎の孫なる人に聞いたところでは、和歌山県長山在の郷士の出となっている。もう一人の孫（村上九郎氏）なる人の話では相模の出と話された。

大工の工匠としての修業を岐阜かあるいは飛騨に修業、弟子入りしたものと思われる。（昔より飛騨高山は名匠の数多く出たところといわれ、名人左甚五郎も同地の出身と称されている）

その頃、正蓮寺祐哲との出会いとなるわけである。祐哲も、わずか二十才を出るか出ない年頃の喜一郎に新築間もない寺の大門の建築を委ね、若年の喜一郎に一切を宰領させたことは、おそらく一大決断だったとおもわれる。委ねられた喜一郎また心に期する処あったに違いない。その辺の事情は木田風土記のなかにもうかがえる。〔同上⑤〕

喜一郎のあとにまつわる挿話を二、三紹介すると、明治になってからのものに、かの明治五年二月六日、浜田地方を襲った大地震に際してのもので、旧暦の十二月三十日丁度、家では正月の餅つきの日の夕方。西の空が常日頃と異なって赤いので、彼は西の空を仰ぎ、これは何か天変地異があるに違いないから、と大急ぎで家族に命じて、米麦をはじめ、醤油、塩、味噌、漬物などのほか、鍋、釜など日常の必需品を調え、これらを屋外の近くの竹藪の中にたくわえておいた。

はたして、その後に大地震が起こり、村の民家は倒壊した。ただ、喜一郎の家のみ倒れずに泰然として残っていたという。彼は直ちに使用の男女を督励して炊き出しをして村の人達に施した。

羽須美村青貝の西蓮寺の楼門建立に当っては、木田と青貝の間を、一夜のうちに徒歩で踏破したということである。この間、約六十キロの夜路を歩いたことになる。それも木田の仕事が終って夕食を済ませてからのことで彼がいかに気力が強く大胆であったかということがうかがえる。

また、彼は自己の山林に積極的に植林をしている。後年、孫の一郎が医科大学を出る学資にこの山林は大きな役割を果している。植林に当っては当時はおびただしい杉、檜に施肥している。後年子の勘一郎が果樹園経営したのも、なにかの縁であろう。以上のほかに数話あるも現在の常識からしてみるとき、辻つまの合わぬこともあるので、それは省略しよう。

喜一郎は晩年、漢方医を習得し、かなりの仕事があったようである。余談ではあるが、息子の勘一郎は医者となり、進歩的思想の持主であり、浜田市鏡山の種痘の創始者ゼンナの碑は、彼の建議にもとずき建設されたものである。

さて、現存している喜一郎の作品について少しのべてみよう。彼のただ一つの欄間彫刻の傑作ともいうべきものがある。

この欄間は伝来も確かで、現在、その孫にあたる村上九郎氏宅（益田市飯浦）に秘蔵されているもので、タテ四十二センチ、ヨコ一七五センチの地板に彫刻された透しのもので、機〔ママ〕は〇・九センチの欅板である。黒漆塗の縁に入った二間二面のものである。

左は比良山に雲を配し下に松並木を透している。右は彦根城に松を透し、上部に横雲を配し、気品ある作品で彫刻も細を極めている。まことに名に恥じぬ作品で、伝来を聞かずに見れば、嘉久志の春陽堂富春の作といってもよい程である。

図柄の関係で、いく分弱い感のせぬでもないが図体の配置も申し分なく総体的に大振りで、名作品である。無銘ではあるが、その正真たるに間違いなく、彼の傑作の一つとして数えられるべき作品である。〔同上⑥〕

前掲の木田正蓮寺大門は、総欅造りの四立門である。現在の屋根は赤瓦葺になっているが、当初はおそらく赤透瓦で葺いてあったものとおもわれる。ほとんど製作当時の原形をとどめている。

現在まで数回の修復工事を経ているが、彫刻は当初のままである。これは、この地方がかなりの高冷地なので、常に空気が乾燥しているのに加えて、門のある位置が小高い丘地で、風通しのよいため、いくぶん風害による点はいたしかたない。門は間口五・五㍍、奥行三・七五㍍、高さ八・五㍍、この地方では珍しい細美な力強い美事な彫刻の美をあらわしている。

ついで、浜田市上府覚永寺の大門と本堂正面内棟の大欄間を掲げる。大門の扉にはボタンの花の図が彫刻され、美事なものである。簡素のなかに要を得た彫刻である。門は桜門で、四・〇㍍に二・八㍍高さ七・〇㍍で、あまり大きなものでない。

しかし、一度本堂に一歩入るとき、本堂内棟の正面の竜の欄間は、寺院建築にはめずらしい、雌雄の大竜が、中央の宝珠をはさんで向い合っている図は、まったく四方を圧している。

材は欅材で、雄大かつ構図の優秀さは、なみの寺院には見られぬところである。中央三間、左右おのおの二間あわせて七間（一三・三㍍）にわたる横巾に、高さ二尺五寸（七五㌢）の間に、波間に竜全身を配した大作にもかかわらず、よくまとまった名作品である。

　この彫刻の製作中に喜一郎は寺の対岸の杤木谷に仮屋を設け、そこで彫刻したといわれている。製作年代は、寺伝にもはっきりした記録はないという。私見では明治に入っての作品のように私考する。

　石見三門のうちのひとつ、邑智郡羽須美の西蓮寺の楼門には、接する機会がなくてまだ見ていないが、木田正蓮寺の大門に優るとも劣らぬ作といわれている。ただ未完成のままなので、どうとも愚見を加えられないが、機会を得て一覧したいものである。喜一郎の年齢からして、彼の作品がほかにも存在することであろうけれども、それは各個の作品に接した際、あらためて後日に託したい。

　ところで、豊原喜一郎が二十代の前半において今日私達が見ても素晴らしいと思う美事な彫刻の数々を残しているることは、いかに彼が天性の名工匠であったかを裏付けるものである。晩年の作品は技工的には優れているが、彫刻そのものの力の弱さは争われない。しかしながら、彫刻師としての技術は、決して劣るものではなく、名に恥じぬ名作品であることに違いはない。

　私たちは、改めてこうした郷土の文化財に関心をもち、再認識して、その保存と維持にあたるとともに、調査研究をなして、次代に引き継ぐべきではないだろうかといつも思うのである。〔同上⑦〕

　その後、喜一郎の彫技を振った門の所在を、当市新町、三浦康巳氏の通報で判明したので、すこし述べてみますと、那賀郡三隅町古市場下古市、礼光寺（浄土真宗本派本願寺派）の大門が、喜一郎の作であった。

　これは現在の大門より規模が小さなものであったが、明治十三年（一八八〇）本堂再建の際、撤去せられて現在は残っていない。ついで邑智郡瑞穂町市木の淨泉寺の門でこの門は規模は小さくとりたてていう程のものではないが、その彫刻は、木田の正蓮寺の大門とその手法を同じくするも、すべてにおいて簡素な形であるが、菊花の透しはすぐれている。残念なことには、現在かなり破損していることである。

私の未見のものに、益田市下種の竜光寺、広島県大朝町の円竜寺の門はいずれも、和田の工匠・豊原喜一郎の作事になるものである。

初め述べたように、喜一郎が彫技を振った門は正蓮寺、西蓮寺、覚永寺、礼光寺、淨泉寺、竜光寺、円竜寺など、いずれも浄土真宗本派本願寺派（西本願寺）の寺院である。

和田の工匠喜一郎の直弟子に久保田辰次があり、この人は礼光寺十一世月洞大潮が、その本堂再建の際（一八八〇）堂内の欄間（牡丹）の彫刻は、彼の手になる傑作で、辰次三十三才の時のものである。外に二、三弟子がいたようであるが、その名は判っていない。

私は昨夏「富春一門の彫刻と根付」の小文を発表した際、数人の方より巖のつくっていた門がどこどこにあるという通報をうけた。元来、巖（富春）なる人は、建築彫刻家ではなく、むろん二代、三代とも同様である。もっとも三代あたりには例外があるように私考されるが、証拠づける記録はない。その際、私は巖（富春）一門以外の何人がほかに彫技を良くする工匠がいて、その人の作ではないかと憶測した。そうした事情で関心をもった結果、和田の工匠が浮び出たわけである。

伝巖作の門、欄間なども自ら判別可能というもので、自然いままでの概念を改めざるを得ないことになる。いずれにしても、江戸末期から明治初年にかけて石見地方に現われた優れた名工匠の一人である。

しかして、その出身地についても喜一郎の後裔の方の、それも各々異ってはいるが、これは聞き間違いとおもわれる。一般には現在の神奈川県足柄上郡柳川といわれているが、これを確定づける確証はない。とにかく名工と称せられる人々は得てしてこうしことが多いのが通例である。

終りに、本稿の執筆にあたり、浜田市殿町、湯浅温先生、木田正蓮寺住職、服部成文師のお助言をいただき、厚く感謝いたします。（終）〔同上⑧〕

この石井謙四郎の文章の中に出てくる「和田の工匠」である豊原喜一郎は、この地方出身の戦前の非合法日本共産党員で獄死した豊原五郎の祖父である。この豊原五郎について服部之總は晩年まで伝記を書きたいと私にも常々語っていた服部の生涯の心友であった。この服部の望みはついに実現されなかったが、戦後に服部が野坂参三のすすめで日本共産党に入党した時の感想をもとめられた文章の中に、豊原についても語っている。豊原とその妻田中歌子については、後にくわしく述べることにしたい。

服部の歴史家としての生涯は、いまだに日本人の桎梏でありつづけている天皇制（服部の血脈である本願寺教団もミニ天皇制である）とのたたかいであったと言っても過言ではない。私を服部が私設助手としたのも、敗戦後も天皇制イデオロギーにとらわれている「日本人の歴史」をライフワークとして完成させるためであった。これはついに未完に終ったのだが、服部の没後に私の手元に残しておいた服部の草稿の一部を復元して、服部著『日本人の歴史　大工トモサンとの対話』（藤井松一・松尾共編、法政大学出版局、一九七一年十二月刊、絶版）として出版した。本書に収録した「先祖について」の一節も再録しておきたい。日本の敗戦まで日本人の歴史観を支えた歴史事実とはちがう「万世一系」の神聖な天皇制に対する服部らしい論法での批判の文章だと私は考えているからである。

八　先祖について

むかし、あるとき私はつぎのような真理を発見した。子供のない夫婦はあるが、父と母をもたぬ子供はいない。そうだとすれば、鼠算というものは、子孫に関するかぎり不確実であるが、祖先に関するかぎり確実にふえてゆくものである。そうではないか。父母は二人、祖父母は四人、曽祖父母は八人、そのまた親たちは十六人、そのさらにまえは三十二人……。

だれにとってもこれだけの数の先祖たちが、幾何級数的にふえてゆくのである。そのくせたいていの人は、あなたの祖父母は？と問われたとき四人あげることはしないで、二人だけあげて平気でいる。母方の祖父母については、名前すらおぼえていない人が多い。いわんや曽祖父母が八人いるということは、考えてみたこともないのがふつうである。

戦争中私はときどきそれをこころみて、溜飲をさげることにしていた。私の実験によれば、祖先崇拝だの家族主義だの日本人の美徳だの、それをねっしんに云う人で、四人のおじいさんおばあさんの名まえをすらすらと云える人はけっして多くない。八人のひいじいさんひいばあさんとなると、どんなにねっしんな祖先崇拝家でも、かならず八人の二人しかあげることができない。じつは、熱烈な祖先崇拝家というものは、じぶんの曽祖父母は二人しかいなかったと信じこんでいるのである。曽祖父母も二人、そのまえも二人、いつの代も二人しかいない。そして、自分たちの大先祖は、イザナギ、イザナミノミコトの柱だと、思っているのである。

「敵米英」のキリスト教徒だって、アダムとイヴの二柱のミコトを先祖と考えているのだから、日本人にくらべて馬鹿か劣っているとはいわれない。日本には、イザナギ、イザナミの直系を百二十四代までは、いまの天皇から歴代さかのぼりながら数える習慣があった。

＊

いったい、この過去にむかっての適確な鼠算を、百二十四代さかのぼってみると、どんな数になるのか？　数学の知識を大学いらいおかえししてしまったことのふかいうらみは、じつはそのことに関していたのである。――いいか、ぼくより一代まえの父と母は二人だ。二代まえのおじいさんとおばあさんは四人だ。その四人は服部家では真梁とサイ、母方では橋本清吉とタカ。三代まえのひいじいさんひいばあさんは八人いる勘定だが、うちの過去帳にのって墓参をしてもらっているのは、ぼくを可愛がってくれた曽祖母カイと、その夫祐然の二人だけで、のこり六人は、祖母のムコだった祖父真梁の生家石見土田西楽寺の川本家、母の実家京都七条「藍清」橋本家、母方祖母の洛外鳥羽の床屋山本家、この三軒の過去帳をしらべてみないことにはわからない。四代まえの十六人にいたっては、もうどんなに足まめな歴史家に依頼しても、いまとなってはぜったいにしらべがつかないことはうけあいだ！と、自問自答したおぼえがあるのである。

＊

そこで、固有名詞のことはあきらめるとして、人数だけでも読んでみようとするばあい、算術いがいの数字をみんな忘れてしまったうらみが、涌然として出るのである。一代まえが二人、二代まえが四人、三代まえが八人、四代まえが十六人、五代まえが三十二人……と、およそ暗算の掛算が利くあたりまでは数えてゆけるが、十代まえとなるともう想像もつかず、勘定のしようがなくて途方にくれてしまうのである。いったい、何という種類の高等数学でこれが解けるのか、それさえ容易には思出せない。

＊

そこであるとき、会社の研究部長をしている理学博士Y君と酒を飲んだとき、――戦時中のことで、当時私はK石鹸株式会社の社員であった――れいの「あなたのおじいさんおばあさんは何人？」をこころみてみた。純粋な人であるY君は、はたして大いなるおどろきを示して、「なるほどねえ。そんなことついぞ、考えてみたこともあらへなんだ」と云い、

「百二十四代か――なるほどねえ。十代くらいやったら、なんでもないけど、百代となると、対数表がないと、出てきよらん！」

と投げ出したので、そうだ、こういうときがあの対数表というやつだと、三高の数学のモリマン先生の顔までとたんに思い浮べると同時に、対数表がなければおれにもわからないのだと、気がらくになった。

すると、あくる日、工場のY博士から電話がかかってきて、どえらい数字ですわ、十代やったらなんぼなんぼ、十五代ならなんぼなんぼ。一億の先祖になるのはおよそ何代まえ。百二十四代となるとなんぼなんぼの数に零が何十つく。それを数える日本語はあらへんし、英語かてあらへんやろ、ということであった。なんぼなんぼという数

は、そのときはメモにたしかに書きとったが、とっくのむかしに忘れてしまったから、なんぼなんぼと書くほかはないのである。

＊

そのころ小学生だった私の長男が、さいわい今は理学士の卵になりかけている。このたび彼は私のために、Y博士の電話の数を復原してくれた。

$$A^n = 2^{n-1}$$

曽祖母は自分より三代まえ、自分を初代とみれば逆の四代目だから、nは4である。その数は2の(4－1)乗すなわち3乗だから8となる。十代まえすなわち逆の十一代目の先祖の数は2の10乗で1024人となる。

徳川十五代というときの十五代まえの先祖の人数は、2の15乗で、三万二千七百六十八人。本願寺派石見国木田正蓮寺服部家はぼくが――いやぼくに代って寺と家を嗣いでくれた弟が――十七代だから、石山戦争に参加して本願寺上人顕如から寺号を貰ったという長州牢人伊豆国の服部孫左衛門時代のわれら兄弟の先祖の人数は十三万一千とんで七十二人いなければならぬ勘定である。もしそれが平将門四十八代の正嫡と号する山形庄内廻館村相馬家――つまりタン〔長男の旦〕の母親から遡って将門時代の数を数えるだんになると――

$$2^{48} = 281,474,976,710,656$$

二百八十一兆四千七百四十九億七千六百……とすると、――これはおかしなことではないか？　いくらおかしくても、木の股から人は生れないし、脇の下からも、処女マリアからも、生れるものでないとすると、二人の親は必ずあり、二人の親の二人の親も必ずあるとなってみれば、タンの母、わたしの妻がうまれるための先祖代々を将門まで四十八代遡ったときの先祖の人数が二百八十一兆いるということは、まちがいのない数字であるだろう。

そこでわたしは、むかし「一億一心」のころY博士にたのんでみたように、こんどは敗戦日本現在の八千万という人口まで、このおそるべき冥土の人口が膨張するにはそもそも何代を要するかをタンに計算したもらったら、たった二十六、七代でよいことがわかった。二十六、七代とあいまいにするゆえんは、二十六で六千七百余万人であるとすると、二十七代ではその両親たちが一億三千四百余万人になることぐらいは、加減乗除のあたまでも容易にわかることである。

二十六、七代でわたしの先祖が八千万になる。妻の先祖も八千万になる。すると、わたしと妻のこの家庭の先祖は二八の一億六千万人になる――たしかに、タンたちにとっての先祖は、両親たるわたしたち夫妻にとっての二十六、七代でもってかんたんに一億六千万人になる。それも加減乗除でうなずける。

ところが、うなずけないのは、そのとき先祖ぜんぶの数は、いったいどういう勘定になるのかということであった。

疑問をわかりやすくするため、わたしの初代服部孫左衛門までの十七代をとって説明すると、わたしにとって孫左衛門の代に孫左衛門同様の血のつながりをもつ人間は十三万一千とんで七十二人いる。それが一人でも欠けていたら、わたしというものは生れてはいない。するとこの〇〇《〔ママ〕》市の人口はどの夫妻たちがわたしのために産んでくれた子供たちつまり十六代のわが先祖たちは六万五千五百三十人で、十五代のわが先祖たちは三万二千七百六十八人で、十四代は一万六千三百八十四人で……三代まえは八人、二代まえは、四人、一代まえは両親、そういうつながりの大家族史を構成する。その総合計如何という疑問であった。

「ソレ、何でもないですよ」

n代までの先祖の総数をSとすると

$$S=1+2+4+\cdots\cdots 2^{n-1}=\frac{a(1-r^n)}{1-r}=\frac{1(1-2^n)}{1-2}=\frac{1-2^n}{-1}=\frac{2^n-1}{1}=2^n-1$$

17代まえの孫左衛門のとき自分をいれてnは18となるから

$$2^{18}-1=262{,}144-1=262{,}143$$

「つまり、倍ではないか？」

「そうです、倍より一人だけすくない。孫左衛門の代の先祖の数は十三万一千とんで七十二人、孫左衛門のつぎの代からパパまでをぜんぶ合計して十三万一千とんで七十一人、その一人というのがパパのことです」

（中略）

「二人ずつの祖先というものは、いったい何なんだろう？　ぼくの考えでは、あの代々の二人ずつは、人間ではなくて、モノだね。家屋敷、田地田畑、知行や領地、『版籍奉還』の版籍つまり版図民籍――国土臣民。すべてそういった種類のモノであって人ではない。弁護士風に云ってみれば、これらのモノの所有権が、いわゆる先祖代々なのだ。所有権だから、じっさいは亭主一人でいいのであって、皇室だって神武綏靖安寧懿徳と、天皇ばかりが御歴代になっているのは、そのためだろう。

ぼくのうちが十七代と称するのは、正蓮寺という名の寺が出来てからのちのことだ。それ以前が木の股だったわけではない。トミコ〔富子夫人〕の平将門四十八代だって、荘内廻館村にあのふるぼけた館ができてからいいたてたことにちがいない。きみのうちの家屋敷田畑すべてを代々長男がとって、次男坊以下はヒヤメシで大工にでもなるほかはないというのも、先祖代々がものであって人でなく、所有権であって裁判所のようにつめたいものだという事実に、もとづいていたわけだ」

「なるほど。まったくおいらはヒヤメシだったからね」

「ところで天皇だが、国が天皇のモノとされているかぎり、代々の天皇は二人ずつまたは一人ずつの先祖しか、おがむことができない。新憲法では、国は人民のものとただしくきまったのだから、天皇はむかし流の祭から解放されてもいいわけだが――」（後略）（前掲書、九～二四頁）

II　木田村尋常小学校・県立浜田中学校時代

一九〇八（明治四十一）年四月、服部は木田村尋常小学校に入学した。同校は、一八七四（明治七）年十一月一日に第四大学管内第二四中学区那賀郡木田村第八二番小学として新校が落成開校した。一八七二年の学制発布からこの新校舎ができるまでは、正蓮寺を教室として寺子屋式授業を行っていた。この新校舎は当時、二十歳で五カ村連合の青年戸長であった佐々田懋（つとむ）の寄付によるものであった。島根県下の政財界の巨頭となった佐々田懋は服部の伯父である。

服部著『佐々田懋翁伝』（亀堂会伝記刊行会発行、一九四二年七月刊、非売品、『全集』⑧所収）の「著者あとがき」（『全集』には「あとがき」とのみ記している）の中で、服部の幼少時と佐々田懋（一八五五年十一月六日生まれ。一九四〇年三月二十七日没。享年八十六）の関係の思い出を次のように書いている。

一　『佐々田懋翁伝』あとがき

私幼少時の薫陶は石見江津円覚寺から嫁し来った曽祖母カイから受けた。佐々田家と私の家との姻戚関係は、懋翁の祖父篤光の妹ヨシが私から四代目の祐信に嫁したことによるのだから、たいへんな昔話と云へるのであるが、明治元年に没したヨシは、私に強い印象を残している曽祖母カイの姑に当り、直感的には案外身近に在るのであった。その曽祖母カイは翁のことを「精一つッあん」と呼び、私は幼時から翁のことを伯父さんと呼びながら、実際に翁に親しんだのは翁晩年の十年足らずに過ぎなかったのであるが、その間殊にこの伝記に関連して郷里の昔ばなし、その中に私の父、祖父、祖母、曽祖父、曽祖母たちのおもかげが、ありありと生きて翁の口から語られるのを聞くとき、私は一種不可思議な郷愁、いってみれば悠久の血である祖霊への郷愁をまざまざと味ふと共に、微醺に頬を染めて語りつつある翁の温容に対して、かつて知らぬ強さの親和を感じたものであった。その翁が、すでにして郷愁の祖地に去ったのである。（『全集』⑧、三二〇～一頁）〔原著とは若干異なる〕

服部は、昭和十七（一九四二）年二月の日付のあるこの「あとがき」に「本伝編纂に当り、つとめて私は主観をつつしみ、史筆のひそみに倣はんとした。後序においていささか感懐を吐露し、故人を追慕した所以である。」と書いている。原著には翁が所属した民政党総裁若槻礼次郎の題字、同党幹部の桜内幸雄と潮恵之輔の序がつき、戦争とファシズムの嵐の中で出版された書物ではあるが、すでにマルクス主義の洗礼を受けた仏門出身の歴史家・服部の思想がよくにじみでている名著だと私は思う。

服部が入学した木田村尋常小学校の校舎は、一八九八年四月に就学児童が六〇名になって狭隘となったために新校舎を増設し、旧校舎はひきつゞき第二校舎として使用することになった。新校舎は、児童数一六〇名で四学級の小学校として当時としては空前の大規模なものであった。敷地有効面積はこれまでの約三倍の一四〇〇余坪に拡張し、大運動場と農場を設け、校舎の総建坪も約二倍となった。この時の工事総額三万三五〇〇円のうち二万円を佐々田懋が出している。

この新校舎に服部が入学した時は、三学級で一つの教室に一年と二年、第二の教室に三年と四年、第三の教室では五年六年の尋常生と高等一年二年の男女共学であった。全校生徒数は一二〇名、先生は校長ともに三人であった。

服部の小学校時代の『家庭通信簿』が残っている。これは縦一七センチ・横一二・五センチの表紙に「自明治　年月　至大正三年三月　家庭通信簿　木田村尋常小学校児童　服部之總〔大正三、三と姓名は墨書〕」と印刷された表紙の裏面に「本校ノ教育方針（明治四〇年）」として次のように書かれている。

本校教育ハ本校児童ヲシテ
『教育勅語』ノ御趣旨ニ従ヒ
A、『強健優美ナル体格』ト『堅忍活達ナル人格』トヲ有セシムルコトニ留意スルコト
B、生活ニ必須ナル普通ノ知識技能ヲ確実ニ了得セシメ兼子《ね》テ常識ニ富ミ好学ノ念慮強キ活人物タラシムベキコト
C、忠良ナル公民トナリ賢母良妻タラシムルニ必要ナル教育的注意ヲ与フルコト
D、実業ヲ好愛セシムルコト
E、忠孝両全ノ人タラシムベキコト」〔漢字にはすべてふりがなが付されている〕

服部の学業操行成績は、一学年から六学年まで、修身・国語（読・綴・書）・算術・地理（五・六年）・歴史（五・六年）・理科（六年）・図画（三・四・五・六年）・唱歌・体操・操行は、五年生の修身と地理だけが乙で、ほかはすべて甲（六学年は一・二・三学期とも全甲）である。

一九一四（大正三）年四月六日、服部は島根県立浜田中学校（現在の県立浜田高等学校。浜田市黒川町、服部が通学したこの中学校の建物は、私が一九七七年八月に訪れた時には浜田市役所として使われていた）の第一学年に編入した。十四歳であった。服部の中学校時代五年間の成績は、次のようであった。

学年	操行	学理	国語	漢文	作文	英語	書読	作文・英会話	訳	歴史	地理	代数	幾何	三角	物理	図画	体操	平均	席次
一																		83	17
二																		82	15
三																		85	11
四	82	79	91	94	86		86	87	89	90	88	84	80	95	84	95	80	88	2
五	90	81	87	90	87		90	95	87	85	81	93	92	90	92	98	81	89	2

（学理の内容は現在の学校では不明。平均点には無関係）

性質、温良。操行、善良。賞罰、県立学校生徒奨学資金金賞・柔道寒稽古精勤賞・第四・第五学年特待生（授業料免除）。長所、諸学科成績すべて優秀。長短なし。趣味、読書・遠足。三高・大学は西本願寺の奨学資金を得た。

右の成績書は、故大賀俊吉氏（那賀郡三隅町大字湊浦在住の医師。私が訪問した当時、大賀の長男は三隅の郵便局長であった）から私に送られたものである（一九七七年八月十八日付）。大賀氏は中学時代から晩年まで服部がもっとも信頼した心の友であった。大賀氏は成績書のあとにつぎのように書いている。

右の第一学年「編入」は学校でも一寸判らないという。小学校高等科一年を了えて入学したからではないかと私は一応考えます。当時、私等も高等科一年を了えてから入りました。負担（主として体力の）を慮ってわざわざ一年遅れて入る例がおおかった。

之總君は虚弱体質だったのではないかとおもわれます。成績表をみても、勉強は二の次ぎとし乍ら健康増進に努力したあまり、好きでもなかった筈の柔道の寒稽古に精勤したり、「遠足」を趣味としたりしています。というのも私が全く同様。

当時は学科試験（入学の）はなく体格検査だけでしたが、その体格に自信なく家中で心配したものです。私も柔道に精励し、散歩に励みました（浜田町中の電話番号一―一二五番をスラスラ暗唱する特技を有したほど）。それと成績も十四番から出発しています。（之は二年早々養母死、仝年養祖《（ママ）》、翌々年養父死から始まる家情の大変動。対処の分別の不足もあり、当時の流行語「煩悶」の結果「シンケイスイジャク」。学業はむしろ放棄の体。言動、矯激奔放となり先生に随分手をやかす仕儀となり、比較にもならないのですが）やがて四年になり、健康にも稍々自信を得、何よりも進学にそなえて勉強の方に集力をかけだして成績は飛躍したのでせう。「晩成型」とは違うのだとおもいます。三高入学始め頃之總君がくれた手紙に私（大賀）の言動は、本来の私（大賀）の姿であり、私（大賀）の自由意に出づるものとのみ考えていた、と少し憮然としたような文句があった事を記憶しています。之總君の四年、私五年の時、当時の私に興味をおぼえて之總君の方から近づいて来ました。その以前の之總君は私は知りませんでした。

　地理の試験場へおくれて入れなかった事、お話しましたが、その後私の知らぬ何か工作をしたのか、表をみると五年のときよりむしろ良い点をくれています。然しあの事件はお話したとおり間違ありません。

　四年から三高へと、先生のお言葉に同調しましたが、矢張り違っていました。四年修了で入れるようなったのは一年二年後からとおもいます。之總君の二年後輩に原田英男（入学―卒、成績一番）というが四年から三高―東大（英文）でした。この男戦後満州から廿二、三年頃?突然帰り（中尉で出征）はがきをくれ、之總君の住所を尋ねて来ましたので鎌倉山旭丘をおしえたのですが、その後一切を知りません。原田君なら三高時代二年一緒にいた勘定ですからいろいろ知っているはづですが（服部奥様は知らないかな）。因に原田は三浦とも知り合いです。特に柔道では三浦に随分鍛えられたと話していました。

　私は教課書の代りに雑書（小説類も）を精読、後年医者になってから新妻と注射心中した二年先輩の秀才（後で私の遠縁であり、心中にいたる事情も知りましたが）が毎月買っていた「改造」などは、本人は勉強家だから朝・夜の自習時間（計三時間）は絶対読まないから隣（机）りの私が借覧してセイドクしましたなど、少々文学づいてもいたし、絵は命と考えていたほどでしたが、文学・美術方面のまともな話を之總君とした記憶は余りありません。之總君の五年の時の事は、記憶にありません。私の方がひとのこと処でなかった故い《（マヽ）》かとおもいます。（後略）

　私は東京に帰って服部が卒業した浜田中学校、現在の県立浜田高等学校に贈呈した本にたいする礼状に次のように書いてある。

昭和五二年九月一三日　島根県立浜田高等学校　教頭　林量三

このたびは『日本人の歴史』藤井松一・松尾章一編　一冊　本校図書館にご寄贈たまわりありがとうございました。早速正式手続きをいたしましたので、御礼に併せておしらせいたします。このことにつきましては、大賀俊吉様にご配慮いただきました。

本校は創立八四年と古く、当地方の旧制中学として、多くの子弟が学び、服部之總さんは二五期の卒業生で、三浦義武さんは病床ですが健在ですし、服部さんと旧知の方々がまだおられます。

当校に学ばれた卒業生の中の歴史学者として服部之總さんは私達の誇りの一人でございます。全集は既に購入いたしまして、図書館にありますが、生徒のころのこと、住職を弟さんにゆずられましたころのことなど、早目にまとめてみたいと思っております。

編入というのは尋常高等科一年を了えて入学したからであろう。当時は体力を慮って一年遅らして中学に入れることが多かったようである。服部は小学校を終わるまでほとんど木田村を出たことがなく、七里離れた浜田中学校の寄宿舎に入ってから後も学校の休暇にしか村に帰ったことがなかった。村から学校へは一里の旧道を歩き、広島と浜田を結ぶ幅三間の国道に出たところに茶店があってそこで一休みし、乗合馬車で浜田に出たと当時を回想している。服部の小学校時代の記憶として「まごろく」と題して、次のように書いている。

二　まごろく

農民というものは、偉大な作者である。

民謡や、一揆を物語る祭文や、それらを、たれかしら一人の作者がつくってうたわせたものと解するのでは、わからない。

たしかに、たれか一人つくりだした——というよりはいいだした人はいるであろう。いいだしたとたんに、その発想が農民じしんの生活に根ざしたものであるかぎり、たちまちつぎつぎの隣人の共感をさそって、いろりばたで、野良で、祭の宴席で、はげしい連鎖反応をおこしながら、一つのうたに、祭文に、しあげをされてゆくのである。だから発想者そのものも、自分の作品であるとはおもわない。一人ひとりにとっては限界のあるひくい教養であっても、おたがいにもっともよくわかることばをえらんだといういみできびしく洗練されたうたや祭文が、こうしてできあがっていったのだと私には思われる。

まごろくという題をかかげて、いまこんなことを書き出したのは、今朝庭の草をむしっているうちに、ふとつぎのうたを、口ずさみはじめていたからである。

ぞうりきんぽ　きんぽ
はしのしたの　しょうぶ
さいたか　さかねか
またさき　そろばん
みょうみょう　ぐるま
てにとって　みれば
ひごろく　まごろく
喜三郎　十六兵衛

うまれ故郷の村の小学校の、たぶん三年生になるまえに、おぼえたうたである。さかねまごろくが村の素封家で村人が「本店」とよんでいたS家〔佐々田懋家〕の筆頭手代になったのは、私の尋常一、二年生のころだったとおもわれるからである。そのまえには中田という老人の手代がいて、さかねはその下でながいこと助役の格にいたらしい。中田も死に、さかねの先輩で中田のあとをつぐ地位にいたそれがしというのも急に死んだかなにかで、まだ四十代になったばかりのさかねまごろくが、石見一番といわれるS家の総支配人にのしあがったのだから、本人も得意だったろうが、小作人や地下《じげ》の者（同部落の住民をそうよんだ）はめいわくだった。

私はそれから——このうたができたころから二十年ばかりのち、S家が一建立で村の尋常小学校を新築したときの祝賀式に、偶然の帰省で際会した席上、銀髪のさかねまごろくが行った大演説をきいたことがあるが、そのとき私の三十代の肚のなかで、彼の熱意あふれて傍若無人なS家礼賛の一語一語に失笑しながらも、子供のときから悪党とばかり感じていたこの老人が、じつに単純な好々爺であることを発見して、苦笑したことをおぼえている。

まごろくは村から二里ばかりの西のつくり酒屋の次男にうまれた人である。そのつくり酒屋は私の寺の門徒だったが、まごろくが郷土型のじつに雄偉な体格とりっぱな目鼻立をそなえていたように、彼の本家である酒屋さかねのあととりむすめのお琴さんは、子供心にもうつくしく品のある女で、そのころはS家に見習奉公にきていた。まごろくにむすめが二人いて、姉むすめが私の一級上だった。けれどもそのお琴さんとも、まごろくのむすめたちとも、私の幼少時の記憶には、したしく遊んだおぼえがない。（『全集』㉔、二四三～五頁所収）

またつぎのような中学時代の歌の思い出「袁世凱の国歌」と題して、次のように語っている。

三　袁世凱の国歌

げんに私は、中学一年生のとき、体操兼唱歌の教官から、英国国歌のつぎにこのメロディーを教わったが黒板に書かれた題は「進軍」というので、歌わされた歌詞は、いまも覚えて忘れないが、

山に満ち、野にあふれ
満目みな敵
対峙するわが軍
志気燃ゆるごとし
進軍の号令は
待てども、いまだ下らず
あらし過ぎて、天地ただ静か
見よ見よ、日の御旗
高く揚ぐる、ときはいまぞ
進軍、進軍、すすめよ
国のみため。

ことによったらドイツも、これ式の教え方をやっていたかもしれないのである。そのおかげで、袁世凱の国歌は怖れず吹奏され、そのできばえに太后は満足し、袁世凱は面目をほどこし、ことによったら光緒帝も怒りを一時は忘れて、この人民のメロディーに、ききほれたかもしれぬのである。（『全集』㉒、一二四頁所収）

小学校時代から旧制三高時代にかけての読書について「私の読書遍歴」で、次のように語っている。

四　私の読書遍歴

私の生れ故郷である石見の山村には、いまでも本屋というものはない。友達とつれだって一里歩いて隣村の山本という書店まで教科書を買いに行ったのが尋常二年のときだったのだろうか、およそ本屋というものについての私の最初の記憶となって残っている。書物というものはすべて郵便が届けてくれた。母は私たち兄弟のために年齢に応じた雑誌や書物をえらんで東京の発行所に注文した。その母は羽仁もと子『婦人之友』の創刊号からの愛読者である。『婦人之友』いぜんには博文館の『婦人世界』をとっていた。

私にとってはあてがわれた書物以外に読むものといっては、差当り父母たちのものしかなかったわけである。そこでこんなことがおこった。漱石の『彼岸過迄』が『東京朝日新聞』に連載されたのは私が尋常四、五年生の頃だったのだが、私は毎日それをまっさきに読んだ。『彼岸過迄』が小学時代の読書目録の一つとしてつよく記憶に残っているのは、べつに私の早熟を物語るものではなかった。「漱石もの」は私が両親にかくれて「大人もの」を読むことを案じていた父から公認された最初の小説だったからである。しかし私はかくれてさかんに小説を読んだ。そのことは私を中学時代を通じて文学少年たらしめることに役立ったが、それにしても、私の読書遍歴の上でなにか特別なものを見つけだすことは――その後といえども――およそできない。

私とちがって百パーセントの都会人である清水幾太郎氏が少年時代に熟読したという立川文庫は、隣村の本屋から学校友だちの間にひろがって、私にも背戸の竹藪で忍術家気取の跳躍の稽古をしようと思い立ったおぼえがある。だが、ただそれまでのことで、私には、思想と行動の交互作用を一図にするための条件の一つとしての読書の自由が、村では欠けていたのである。

中学の五年間は、村から七里距った城下町の浜田中学校の寄宿舎ですごした。二百人ほどの大規模な寄宿舎で、自治制をとり、三年生以上になるともう一様に大人びていた。そのころは卒業後上級学校へ進む者の数よりは、村に帰って若旦那になる者のほうが多かったせいもある。読書と行動の交互作用を一図にすることを妨げるものはもうないといってよい。

上級生時代は五、六人の文学サークルをつくっていた。『明暗』『出家とその弟子』『鼻』『新生』と、てもとの年表からひろいあげてみるに、すべて私の中学三年生から卒業までのあいだに発表されたものだが、あとから読んだものではない。手当り次第に明治文学を耽読したのもそのころだし、新潮社版の外国文学の叢書は中学生には高価すぎたものだが、むりをして買って読み廻わした。

そのくせ誰一人として「作家になろう」と立志した者がなかったのは、何故だったろうか？　われわれの文学サークルが総じて卒業後村に帰って家を嗣ぐ連中から成っていたこと、学生以外の指導者をもっていなかったこと、活字を通じる以外には日本文化から離れ小島のように隔離されていたことなどによるであろう。

故人田畑修一郎は、同じ寄宿舎で三年下の級にいたから、まだ私共のサークルに加わりようもない少年だったのだが、わずか三年の差でもいろいろと変化の大きかった一九二〇年前後のことである。山陰線が浜田まで通じたのは私の卒業した翌々年のことだったと思う。

さて三高に入ってからは、もしも私が相変らず文学に関心をもち続けていたとしたら、もう指導者にも、組織にも、なに一つ事欠くことはないのである。事実私は文学への関心をもち続けたばかりでなく、劇作家になることを志して一幕物を書いたり、三高劇研究会に参加したりしたものである。ちょうど京都に新劇団「エラン・ヴイタール座」がうまれて、見物席のほうが舞台以上に緊張して気をもんだころのことである。

しからば何故私はこの雰囲気のなかにあって、作家への志望を貫かなかったのであるか？　「素質だよ」とまぜかえしたまうことなかれ。三高劇研究会の積極的メンバーのなかに大宅壮一、鈴木武雄、淡徳三郎などもいたのである。大宅の処女作の戯曲は校友会雑誌に載ってセンセイションを起した。その彼までが、東大では、私とともに文学ではなく社会学を選んだのである。

社会学を専攻すれば社会主義が研究できると、少くとも私は本気にそう考えたのであるが、飛んでもない思い違いとわかったころは、新人会が再建され、マルキシズムの研究はこの会で軌道に載せられた。三高の一年生のとき英訳本でトルストイの『コザック』をどうにか一人で読み終えたときの感激と、新人会時代の末頃はじめて輸入されたブハーリンの『史的唯物論』ドイツ版を数人のサークルでコツコツ購読したころの情熱とは、質も量もちがったままで、いつまでも忘れがたい私の読書遍歴の一ページとなってのこっている。（『全集』㉓、一五〇～三頁所収）

また「わたくしのくせはどの本でもエンピツで書入をしたりして読むので、ひどく遅読のほうである。中学時代までだれにもまけぬ早読みのくせがあったのを、何かに感じて、その後は本を選んで精読するようになった。」（「トロの木柵」『全集』㉒、一二七頁所収）と書いている。私が服部の私設助手時代にどんな高価な本にも書き込みや傍線が鉛筆（赤や黒）でしてあったのを見せてくれて、「ぼくの本は商品価値はゼロだよ」と笑っていたことを思い出す。現在までの私の読書の仕方は、図書館や他人から借りた本以外はすべて服部流である。

後年、服部は歴史家の中でも卓越した名文家となったが、その素養は浜田中学校時代に培われたと思われる証拠として、服部が一九三六年に雑誌『白揚』に掲載した『「分析」の文章』と題する文章論についての評論がある。『全集』にも収録されていない貴重な資料なので紹介しておきたい。

五　「分析」の文章

文章論が、たとへばプロ文学はなやかなりしころどのやうに論じられたことがあったか、私はしらない。だが文学の方面でなく科学の領域でなら、それはたび〳〵聞かされたことだ。いはく福本主義者の文体は云々。これは一昔まへにも聞かされたが、いまもときに目にふれるのは、「日本資本主義分析」およびその支持者たちの文章はえんぜん福本主義の復活ではないか云々。といった種類の論評である。

かうした論議が「文学論」として書かれた場合はまたあまり見たことがない。かうした文章論の大部分は、否全部はといっていゝほど、科学論の中で書かれてゐたのである。しかもその中の殆ど全部が就中真剣な就中科学的な主題に捧げられてゐるところの——例へば日本資本主義の発展につき具体的に究明さるべき地代論の問題とか、農民層の分解度の問題だとか、いちいち覚えてゐてテキストにあたって云ふ、でないからそのへんのことは御了承願ふとして、とにかく間違ひのないことはいづれも最大に真剣な科学的討議と研究に捧げられてゐるべきはづの学術論文のなかで書かれてゐるのを見るのである。これは書く方にとってほめた話でなく書かれる方にとっても御礼の云へる話ではあるまい。ゆらいこんな場合は云はれた方で黙ってゐても無礼とはならぬといふので「文章論」はますく〵以て書かれなくなり、希少価値を生じたと見て、こゝの編輯者が僕のとこへ持ちこんだのであらう。

さてしかし、正面切った文章論となれば私の柄でもない。いきをい外れた筋ばかりだが、山田盛太郎氏の原稿——いや原稿よりももひとつ前段的な研究行程を示してゐるノートのことから話さう。用紙は半ピラの原稿紙で、従って二十字十行の線だがこれが凡そ五六十字二十行ほどに使はれてゐる。ペンの先端で一字一字きれいに書かれて、しかし紙一面のベタ書きではなく、まづ詩の組上りのやうな塩梅に、構成的に配置され、ときに論証に必要な数字的資料が簡明に図表化されてゐることはいふ迄もない。

すでにそれは、細心な注意と最大の努力を以て、特定主題につき普ねく蒐集された巨大な材料に、彼一流の緻密な分析の加工を加へて成った最後のノートである。このノートから原稿への飛躍はおそらく執筆時間と資料ノートを参照する手間だけの問題で、研究行程上の最終の仕上げが、いま述べたやうな半ピラの細字ノートの組上りと見てよい。私とても、氏の書斎でこれが作られてゆく過程を見た者でもなく、何かの機会に、すでに出来上ってゐる例の半ピラをべっ見しての印象だから、以上もまづ私一個の解釈としていふのであるが、この半ピラ細字式は非常に効果的なので、じらい私も従前の帳面法や四百字原稿紙法を、研究行程ではやめてしまった。

なぜ効果的かといふと、第一に構成が一目で見られる。いはゞそれは字で書かれたグラフであって、半ピラ式に集約されてゐることから扱ひ易く、必要あらばＡＢＣＤと即座に机上にならべることで、全巻の構成を吟味し再吟味することも容易であらう。山田氏がはたしてそのとほりやってゐるかどうかは、寡黙な人ゆえ聞いたこともないのだが自分でやってみるとよくわかる。だいたい僕なぞルーズなたちで、田舎の中学時代「ネスイ」といふ生徒語に親しんだ者だが「たんねん過ぎる」といふほどの意味で、文学組はだいたい「ネスイ」仕方を軽蔑して直感的な例へば試験でヤマを張る仕方を誇ったものだが今日では文学ですら、前準備的構成の過程に科学的な「ネスサ」を経たものでなければ、特に長篇としては文学的な説得力を喪ってしまふ。「社会評論」に連載されてゐる島木健作氏の長編「再建」などは、充分「ネスイ」前準備に基いてゐることが伺はれて、読む度びに推服してゐる。

「分析」の文章は科学的な「ネスサ」の結晶である。一見読みづらいのも、よく読めばわかるのも、同じ理由に基いてゐる。往年の福本氏の文章を引合に出して分析を非難するのはあたらない。その証拠に福本氏の文章は同じやうに一見読みづらくみえて、親しめば、当年福本ファンがみな感染したやうな一種のリズムを持った一種の快適さがあるのだが（「分析」の文章にそんな詩的な快適さはない）、いくらよく読んでみても、わからぬところはいつまでもわからない。一種天才的な文章ではあるが、科学的な「ネスサ」に充分浸透されたものとはいへまい。福本氏の原稿を大量に扱ったことのある白揚社主人中村氏の話を想ひ出すと、原稿作製の過程もよほどちがった風景だったやうに思はれる。たとへば原稿のある一枚は三行ほど書かれ、そこで切れて数行の余白が残され、余白をおいていきなり他の齣が起筆されてゐるといふ風に。

いつだったか、山田氏の原稿の一枚を見たときおどろいたことがある。やはり半ピラで、今度は一字々々桝の中へきれいにはまってゐるのだが、二行づゝ五片の細長い細片がたんねんに糊でつがれて一枚の二百字原稿が出来上ってゐたのである。ノートが苦心されてゐる度合に応じて、執筆もまた難渋をきはめるらしく想像される。山田氏と福本氏では生活もちがへば気質もちがひ、一がいに比較論もできないけれども、一応さうした生活や気質の問題をはなれて山田氏の文章に結実されてゐるやうな科学的な「ネスサ」だけは、我々も充分学びとる必要があらう。それを学びとらないでは、真に科学的な労作は期待できないやうなしかく本質的な方法上の手順にそれは関してゐるのだから。

だが、このことゝ「分析」の文章そのものを形式的に襲用することゝは、また別のことがらである。内容の厳密性は、個々の用語から、シラブルから、また独逸文体を巧みに日本化したパラグラフ全体の構造にいたるまで透みわたり、そこに独自な「分析」文章が生まれてゐるのだが、一般に内容に浸透されない形式が無意味であるやうに強いて形式を真似るとおかしなことになるのはいふまでもない。

またさらに、対象となる読者層のことを頭にいれる場合「分析」風の文章がつねに必らずしも推薦され得るとはかぎらない。その点ではむしろ私はかねてから山田氏にむかって、君の表現法はむつかしすぎるのではないかと、云ひ〳〵してきたくらゐで、むろん自分で襲用する気も柄もないが、論拠だけはあったのである。

「ロシアに於ける資本主義の発達」のごとく、最も科学的に厳密な方法と手順に基いて労作されながら、しかも最大の文章上の普遍性を具へるがごときは、凡そ学問上の仕事にとっては規範的な標準であらう。

あたかもいま、伊豆公夫氏の最近刊「日本史学史」を受取ったが、その「フラグメント」の一部に文章論が見出された。「……本来野性的で粗雑な筆風を持つ私は、大いに『学問的著作』たらしむべく、努力を払った次第である。アカデミーの学者諸先生は、これでも駄目だといふかも知れぬ。併し、読者大衆諸君は、この点では私を支持して下さるであらうと信じてゐる。要するに、『平明』といふことを私は念頭においてゐるのである」

この点で伊豆氏を非難する「アカデミーの学者先生」などは教壇以外にはゐぬはづと思ふ。「平明」といふことは伊豆氏と共に我々もまた念頭におきたい。もとより要は「平明」と、さきに述べた意味における「ネスサ」との内面的な統一にあるけれども。そしてまた、科学的な「ネスサ」を前提としないやうないかなるよき文章も――よき文学さへも――あり得ない現代にあっては、決して特に科学文章の問題としてこれがいへるばかりではない。

その他面ではまた、特に科学性そのものを生命とする学術文章において、ときに「平明」さが「ネスサ」のために犠牲にされる場合があっても、よってもって科学性そのものが云々されるいはれは毛頭ない。殊に、「平明」ではあるが「ネスサ」の無い――読み易くはあるが殆んど実のない「科学」論文があまりに易々と行はれてゐるのを見せられるときは、抗議的に平明さをひっこめ度いとさへ感じる若い人々があるかもしれぬ。だが、ゆめ「分析」を引合に出す勿れ――「分析」はおのづから生った建造物で、いつまでもこの著者のものとしてをくことが、この労作が標示した高さに対する礼でもあらうと思はれるのだ。（六月六日）

服部は、浜田中学以来の同窓生の中で終生親しく交友関係を持ち続けた三人の心友について語っている。その三人とは、さきに私に服部について多くのことを手紙に書いてくれている大賀俊吉と三浦義武、湯浅ヒロハルである。この三浦と湯浅についての服部の文章を次に紹介しておきたい。

六　親友三浦義武と湯浅ヒロハル

浜田中学以来の同窓の一人として三浦義武を御紹介したい。彼は小説「紋章」の主人公のようなふるい家柄に生れ、中学時代は野球・庭球・ランニング・漕艇・柔道・相撲の選手だった。一芸に熱心すれば必らずやりとげ、熱中する一事をなにかつねにもっていた。僕の三高時代、彼も京都にしばらくいたが、何を思ったか比叡山に参籠していつまでも降りてこなかったことがある。

それから早稲田の法科に籍を置いたが、噂によると、法律ではなく自動車とビタミンに熱中しているという。何年か経って僕は、静岡産の緑茶商人になっている彼を見出した。自分で自動車を運転して産地に仕入れにもゆけば、顧客へ配達もする。彼の人柄に惹かれて、「三浦茶園」の常顧客が、みるみるうちに殖えてゆくのを、在京の同窓たちは悦びかつ声援した。中学時代に、いつでもさまざまの選手としての彼に声援を惜しまなかったわれわれではあるが、緑茶商人としての三浦の中に、昔ながらの熱と気魄のあることがそうさせたのである。

やがてそのうち、不思議なことが起った。せっかくの緑茶商売を突然彼は怠け出し、姿を次第に見せなくなり、在京応援団は選手においてけぼりを喰って、呆然とした。僕は十年ちかく芝公園に住み、銀座にちかいせいもあろう、そのころ——彼が珈琲にとり憑かれ始めたころをよく知っている。銀座や丸の内の有名珈琲店を片端から飲み歩き、中毒で真青になり、あの頑丈な心臓が物もいえないさまで、僕の家に半日も寝こんで帰り、その翌日もまた同じようなことがある。

郊外の原っぱに面した三浦園本舗の隣店を改造した新らしい「工場」で、彼の工夫になる様々な装置の末端から、滴々と松やに色の「コーヒー・エッセンス」が出てくるのを、ある爽やかな初夏の午後、僕は友人たちと驚嘆しながら眺めていた。それは技術的にはすばらしい成功であった。だが商業的にはとんでもない失敗だったことが、まもなく証明された。おそろしく白髪が殖え、皺を深くした彼が、家族をかかえ、覚えた腕で一日おきに円〔ママ〕なりを稼ぎながら頑張っているのを僕は見た。長年の交際だが、そのころほど彼に打たれたこともない。

その後の彼についても、書きたいことは沢山ある。またもし僕が彼の伝記者でもあるならば、彼のために感謝すべき幾多の人々についても語らねばなるまい。しかしながらここでは何よりまず僕は彼の珈琲の賛美者の一人として立たされている。そして人々が彼がつくりだす珈琲の味を通じて三浦義武という人間を各々誰よりもよく知っているとき、長年の友人の一人として僕は、その味が一日一日とさらにおいしくなってゆくことを、心から希望し期待するだけだ。（「私の村々の村人たち」『全集』㉔、二三八〜四〇頁所収）

前述したように私が正蓮寺を訪れた時、浜田で三浦義武の家をはじめて訪問した。店の入口に休業の札がはってあって、入院中であることを聞いた。さっそく病院に三浦を見舞に行った。その時、初対面なので手土産を持って行ったところ、三浦は開口一番「服部の弟子である君がこんな心配は必要ない」と言われたことが今でも耳に残っている。三浦と服部と大賀の三人は性格がまったく異なっていたのによくも五十年間もつき合ってきたことが不思議だ。私が後述する敗戦直後に服部がはじめた玄海商事のことを尋ねると、服部はぼくとちがって金儲けがへたくそなのに、金を儲けたがるからだめなのだ。ぼくは金儲けをしようと思わなかったので、戦前、銀座や中国で商売をして数億円の資産家になったと、笑って話してくれたことをなつかしく思い出す。

もう一人の湯浅について、服部は次のように書いている。

ヒロハル君の生家はわたしの隣村——島根県《しまねけん》那賀郡《ながぐん》和田村《わだむら》本郷《ほんごう》——の医者湯浅家で、かれの従姉がわたしの村の旧庄屋で親類筋にもあたる佐々田家へ嫁にきたのが、明治の終りちかくだったろうか、なんでもわたしが浜田中学校に入学したのが大正三年、ヒロハル君は一つ年上だけれども高等小学をすませてわたしより一年のちに入ってきた。思えばながい友人であり、しかも年とるにしたがってつきあいが深くなっていったのだから、こうポクリと死なれてみると、自分の影を見失ったような、なんともいえぬ思いがする。

鉄道もまだ通じていなかったころの浜田中学校では、卒業を待って村に帰って旦那になるというのが多く、したがって四年生、五年生ともなればもう大人交際で、若旦那がたはそっと寮をぬけ出して芸者買にいっても、物議はかもさないというふうだったから、高等学校を受験する者はごくすくなかった。わたしは三高に、そしてヒロハル君は六高にはいったが、東大でまたいっしょになった。わたしは寺のあととりを嫌って文科で社会学を選んだが、ヒロハル君は医者の子でいて昆虫学をえらんだ。社会学はわたしにとって一向役にたたなかったが、彼の昆虫学は一家をなして、日本の農業に大きく役立った。

大学時代わたしの社会学の同窓に四高からきた不破祐俊君がいる。ヒロハル君と日本ローマ字の熱心な仲間であった。その不破君の妹の繁子さんがヒロハル君に嫁いでから二十年あまりになるというから、わたしのほうが四、五年早く結婚した勘定になる。一昨年の或る結婚でわたしとヒロハル君の姻戚関係がずっとちかくなったが、昨年の秋、彼の妹がわたしの妻の従兄に嫁したことで、さらにちかい親類になった。今年の秋、わたしが祖父になってまもなくのころ、彼の死に出逢ったのである。

官僚としては出世の道のせまい技術畑をえらんで、まる二十七年同じ役所につとめた彼。官僚というものにだけは一度もなったことがなく、学問のうえでもまるで領域をべつにした私。そのくせながいあいだ交際を断ったことは一度もなく、たまに逢うごとに我を忘れて話合って、おたがいの専門についても理解しあうことができ、たとえばこのローマ字にしてからが、私は一度も会員でないくせに、いつとなく日本式の使用者となっているというあんばいであった。筋はきっと通すが不筋にもこまかな理解はもち、苦労人のくせにさいごまで一本気なところがあった。

ヒロハル君の告別式で、親類縁者をのぞいては、わたしにとっては見知らぬ人々ばかりといってよかったのであるが、――こんなにも彼とぼくとは別の世界にすんでいたのだったか？　とあらためて驚嘆しながら、この初対面の人々が、他人でないきもちがしたのは、ユアサヒロハルというおとこの、まじりけのない人柄のせいであったと思うのである。（「私の村々の村人たち」『全集』㉔、二四〇～二頁所収）

III　旧制第三高等学校時代

一九一九（大正八）年三月、服部は前述したような優秀な成績で島根県立浜田中学校を卒業し、同年九月に旧制第三高等学校文科甲類に合格（三六名）した。この時の服部の試験総点は四九八点（六〇〇点満点）である。この時、服部と同じ文甲に合格し、終生の心友となった後川（しっかわ）晴之助（後に京都の染職日出新聞経営）は五一九点、服部と親交のあった同期の鈴木武雄（文丙）五八三点、淡徳三郎（文丙）五八三点、浅野晃（文丙）五二三点、清瀬三郎（文乙）四八〇点、飯島正（文丙）四七九点、大宅壮一（文甲）四七五点である。一九三二年三月に三十二歳で夭折した小説家の梶井基次郎（理甲）は四七三点で、体格甲の評価であった。服部の体格は乙であった。入学志願者名簿には服部の名は「ゆきふさ」となっている。

以上の新事実は、一九九八年の四月に畏友の松尾尊兊京大名誉教授の紹介により、当時京大百年史の編集に携わっていた文学部助手の西山伸氏の案内で旧制三高の史料を調査して判明したことである。

因みに、代表作『檸檬（れもん）』で高名な梶井基次郎については、新潮文庫版の『檸檬』の解説を書いている淀野隆三が、本書を書いた三高時代の頃、服部が所属した三高劇研究会のことについてくわしく書かれている。私の法政大学教員時代の同僚であった粟津則雄（三高出身）と渡辺廣士らが執筆している季刊雑誌『アーガマ（Agama）』第一三八号（一九九六年春刊）の「梶井基次郎　その世界」も参考になる。服部は梶井について、戦後に『日教組教育新聞』（一九五二年五月十六日号）に「三十年」と題するエッセイで次のように書いている。

一　「三十年」

メーデーから三日めの朝、散歩を伸ばして久しぶりにMさんをたずねてみた。戦争で長男を失い、上の孫は工場に出ており、百姓はM老夫妻と嫁の三人でやっている。戦争中ずいぶん世話になっていらいのつきあいである。あらおこしを終えたら、田植まえに湯治にいってくるつもりだという。そういえば戦後腰のまがりが見えるようになった。孫たちがまだ小さいから、大事にからだを使いつづけてゆかねばならぬ。講の積立で、年に二度は湯治に出かけるのである。

私も気がついて、湯治に出かけることにした。四十九の厄年から、まる三年わずらった勘定になる。大事に使えば、まだまだいろんな義務がある。それに、これからはものを噛みしめて、味わいながら生きたいものだ。

伊豆湯ケ島へゆかなくなってから、もう何年になろうか。川端が『伊豆の踊子』を書いた前後によく行った。大塚金之助も、ふるくからの湯ケ島党だった。大仁にいるA君にたのんで、問合せてもらったら、湯本館は十・十一日は予約で満員だという。そこから半道ばかり川上の世古の滝の湯川屋に部屋をとってもらった。

やまめの飴煮は、おいしかった。山葵もここまでくれば本物の川わさびである。修善寺から持越行のバスにのると、いまでは世古の滝まで一歩もあるく必要はないのが、何かしら落しものをしたような気もするのである。バスから見た「湯本館入口」のところに「川端康成『伊豆の踊子』執筆の宿」とペンキで大きく書かれていたのも、私には異様な気がした。

梶井基次郎のことを話すと、湯川屋の老主人夫妻は、囲炉裏ばたで膝をのりだした。まるでじぶんの死んだ子のことのように、何から何までよく覚えているのである。梶井は三高の同窓であった。私が川端と湯本館に来ているとき、彼はこの湯川屋で肺病を養っていた。それで私はこの宿も覚えているのである。

書けば、老主人夫妻の話ほど長くもなるであろう。それを書くため、私はこのペンをとったのではないが、いったいあれは、何年ごろのことだったのだろう？

「さよう、梶井さんが見えたのは大正十五年の元旦のことで、それから一年と三ヵ月おられました。」

老主人は、梶井基次郎が川端康成のようにえらい作家であるとは知っていないらしかった。「今生きていたら」、と私はここで連れの君を顧みて云ってみた。「梶井は……かれ流に噛みしめながらずいぶん尊敬される仕事をしているだろうね。」

一時間ばかりのち、老人が長男にむかって、その長男ももう三十は四つ五つ越しているのであるが、道ばたでこんなふうにいっているのを私は聞いて、T君と共に心から微笑したものである。「……梶井さんは、いま生きていなすったらおえらいのだって」（『全集』㉓、一五七〜九頁所収）

当時の三高について、同じクラスの小島吉雄（後年九州大学教授・国文学）は、「わたしの在学の頃は、わが三高は非常な活気を呈してゐて、ラグビーは関西で制覇してゐたし、野球は対一高戦で二年連勝した。文化活動の方でも社会問題の研究がなかなか活発に行われていたし、文芸熱も盛んで在学中からすでに世に認められてゐる人もあった」「浅野君〔晃〕はその頃から詩人として優秀な作品を発表していた」「劇の方は、一等がなくて、二等に大宅壮一君が当選した。大宅君の劇は芥子栽培の貧農に取材した社会劇風なもので、テーマの非常にはっきりした相当の出来栄えであった。それを機縁として、私と大宅君との交友が始まった。彼は文科乙類の生徒で弁論部の闘将であった。彼が初恋に夢中になって下宿住まひのわたしを悩ましたのも、その頃で、おもへば遠いなつかしい思ひ出である。」（大浦八郎編『三高八十年回顧』関書院、一九五〇年刊二五八〜二六一頁）と回想している。大宅の二等当選作となった題名は、

「時代を孕む人々」である（『嶽水会雑誌』第七九号掲載）。また一年後輩の杉捷夫（フランス文学者）は三高の伝統であった「自由な校風」の「たぶんそれが最後の、平和で、自由で、実に我まゝな時代であった。後に私達が大学へ進んでから、私達を根こそぎ洗った思想の嵐も、当時は、わずかに淡君や浅野君のような上の方を吹いているだけで、私達のような平凡な学生のところへは、なか〳〵達しなかった」（同上書、二六八頁）と書いている。「思想の嵐」とはマルクス主義・社会主義・共産主義のことであろう。

服部が入学した年は、高等学校の制度改革の年に当たっていた。それまでの三部制が文科・理科の二科となり、七月に入試があり九月入学となった。また中学五年在学生も受験できるようになったので、二年分の天下の秀才が受験した入学難の年であった（同上書、二六九頁）と小川芳樹（後年東京帝国大学教授・冶金学）は書いている。

服部の三高時代の読書については前項の「私の読書遍歴」で引用した。

次に引用する記事は、服部の三高時代からの親友の一人であった大宅壮一が編輯し発行した『人物評論』（第二年第一号、一九三四年一月一日）に掲載されている「非文壇人の文学座談会」と銘うった記録である。同誌の編集後記に、「唯物論研究会の幹部諸氏を中心とする『非文壇人の文学座談会』は、本誌ならではできない有意義な企てゞある。」と書かれてある。本節で紹介した三高劇研究会について服部が触れているし、服部ら一九二〇年代の「大正デモクラシー状況」の下で青春期を送って思想形成をした当時の青年たちの思想状況がよくわかる史料的価値があると私は考えたので、長文だが全部を引用する。後述するように服部らマルクス主義の洗礼をうけた青年たちが、その後の「ファシズム」の嵐の中での運命を予測させる興味深い貴重な記録でもあるからである。出席者は次の人々である。

相川春喜、岡邦雄、大島操、片野有一、三枝博音、鈴木安蔵、戸坂潤、長谷川一郎、服部之總、三浦恒夫、安田徳太郎。司会・大宅壮一。

二　「非文壇人の文学座談会」

大宅　本日は態々お忙しい所を有難うございました。仄かに承るところによると、あなた方の中には、曾て文學に志された方が多いといふことであります。大抵の人は或る若い一定の時期には文學に對する情熱を有つて居るものでありますが、それから更に進んで文學を職業とするといふことはその人の才能よりも寧ろ環境に依ることが多いのではないかと思ひます。文學を職業的にやつて居る人が必ずしも文學的才能が一番優れて居るとは言へない。近頃のやうに、プロ派も藝術派も混亂してしまつて居る時代に、職業的に文學をやらない迄も、矢張文筆的な分野で働いて居られる方々、何等かの意味で文學に對する關心を失はずに居られる方々にお集り願つて、色々お話を承つたら、現在文學をやつて居る人達に取つても、非常に参考になるやうなことがありはしないかと思ひます。或は又斯ういふ風に混亂して居る時代でありますから、あなた方も志を立てゝ昔に返り大に文學の方で活躍して戴いたら、素晴しい作家、文藝批評家が出て來ないとも限らないと思ひます。さういふやうな意味で、成べく大膽に思ふことをずば〳〵言つて戴いたら有難いわけです。從つて別にプログラムといふやうなものもないのですが、今の文壇も非常に懐古的になつて居るので、あなた方が文學青年であつたやうな時代の想出話から始めて戴きたいと思ひます。この中でも三枝君などは一番熱心だつたんぢやないですか、以前は文學の同人雑誌をやつてゐたやうだし……もつとも外の人から素破抜いて貰つても構はないが……

片野　何時頃でしたかね、大正十五年前後だつたと思ひますが、「天然」といふ同人雑誌がありました。主なる執筆者は仲小路彰、田代三千稔等で、三枝氏は其處で短篇か何かを書いて居つたのです。中々小説は旨かつたやうです。詩などは武者小路の眞似のやうなものもあつたりし、餘り感心しませんでした。

大宅　戸坂君は何か書いたことはありませんか。

戸坂　ありませんね。是からやらうと思つて居ります。

大宅　大島君は何かやつて居りませんでしたか。
大島　大學の時です。「行路」といつて居ました。
大宅　随分お書きになつたのではないですか。
大島　いや大して書いては居りません。
大宅　岡さんは随分舊いですね。主として投書でせう。

鐵兵に褒められた岡氏

岡　「文章世界」ですよ。片岡鐵兵が少女讃美で振つて居ました。三上於菟吉氏が三上天堂といふ名前で、僕は鐵兵氏に褒められたことがありますよ。僕は論文――論文と言つても短いものですが、これを片岡鐵兵氏は、「雞群の一鶴」とか言つて褒めて呉れました。併し僕は「鐵兵輩何を言ふ」と思つて居りましたが、其後すつかり偉くなつてしまつて……（笑聲）
大宅　小説は書きませんでしたか。
岡　さあ、小説と言ひますかね。何か書きましたよ。それから木村毅君が雷音といふ名前でやつて居りました。僕よりは少し前でせう。それから中村氏は……
大宅　中村氏の頃は……
岡　僕より一寸遲かつたのです。彼は何時も廂の低い前の高くなつた帽子を被つて居りましたよ。
三枝　細田民樹氏もやつてゐましたか。
岡　やつてゐました。其後に軍隊に入つたのです。さうして廣島の國から投書して居つた頃です。
記者　軍隊から出て以後は多く兵隊の小説を書いたものですね。
岡　年代からいふと、僕等のは明治の末期でしたからね。

大宅　其頃投書や何かをやつて居つた人で、今外の職業で有名になつた人がありますか。
岡　能く知りませんね。
三枝　誰か芝居をやつた人はありませんか。僕等は能くやつたものです。短篇小説を脚本にして……
大宅　はあ、其關係で君の奥さんを貰つた譯だね。（笑聲）
三枝　いや、そんなことはないよ。
大宅　何でも君の洋行中に、奥さんが濡場をやつたが、それが實に眞に迫つて居つたといふ話だが……（笑聲）それから片野君も相當舊いでせう。
片野　僕はさうでもありませんよ。それよりも服部君に劇研究會の方をお話して貰つたら宜いでせう。

三高劇研究會の人々

服部　いや〳〵、片野君の方に大分さういふ材料があるらしいですよ。
鈴木　服部君は小説を書いたことはありませんか。
服部　其頃三高劇研究會といふものがあつて、今京城大學にゐる鈴木武雄、僕、中谷孝雄、こんな連中が集つて三高劇研究會をやつて居りました。指導教師は成瀬無極氏や林久男氏でありました。それからあの頃春陽堂から發行した詩集があつたのですね。それを讀んだことがありますよ。女を一人連れて來て、キリスト教青年會館でやつたりしたこともあります。
大宅　エランビタル座といふのがあつたね。
服部　秋田さんとも彼所で知合つたのですよ。それから大宅君の處女作が其頃の校友會雑誌に載つたのです。
大宅　どうだかね。
服部　一幕物の劇だつた。菊池寛張りのテーマ戯曲ですよ。さういふものが載つて三十圓程賞金を貰つたことがあります。一等當選で、成瀬氏等が選者だつた。兎に角僕等が東京へ來てから新人會へ入つた時に劇研究會の者が壓倒的多數だつたので、びつくりしましたよ。
安田　大宅君の時に厨川が居なかつたかね。
大宅　時々伺つて会つてゐましたよ。その頃あなたは高倉輝さんと關係がありませんでしたか。其頃……
安田　いや、ありませんでしたよ。僕は元來文學輕蔑派ですからね。僕等の時代は昔の島崎藤村、夏目漱石の時代で、菊池寛の時代になつてからはもう知りません。それから遊蕩文學といふのがありましたね。あれは知って居ります。個人的に長田幹彦などです。近松秋江も知つて居ります。
大宅　近松氏は京都に女があつて、よく行つたといふことですが……

「遊蕩文學」の發祥地

安田　あれは僕の家に居つたのです。（註　安田氏は山本宣治と共に有名な宇治の料亭「花屋敷」で育った）
三枝　舞鶴心中は其頃ですかね。
安田　近松氏は非常に好い人でね。女を見さへすれば、あれは自分の妻君だといふやうな工合で……（笑聲）又實演もやりましたね。女の尻も隨分追ひましたよ。女中を摑へても、誰を摑へてもさうでした。一年程經つて、それが中央の雜誌に載りましたが、其通りですよ。だから、藝術家といふものは全く偉いものだと思ひましたよ。（笑聲）彼のは今のプロレタリア文學と違つて實踐と相俟つて居りましたね。兎に角彼には感心しましたね。
大宅　近松氏は東京に居つて、女に送るものがなくなると、サイダーの空壜まで賣つて金を送つたといふことですが、そんな風に女に對しては律義だつたらしいですね。
安田　さうですよ。併し僕の所に二月ばかり居つたことがありますが、金は少しも拂はないのですよ。
大宅　長田幹彦は……

安田　僕の子供の頃ですがね。長田幹彦、谷崎潤一郎等が汚ない着物を着て泊つて居りましたよ。それから「中央公論」に彼の作品を載せました。それが初めての出世作だと思ひますが、京都の言葉を祇園の或る有名な人に直して貰つたりして居りました。併し彼は能く色々な裏は知つておりましたからね。一度長田幹彦が「自殺者の手記」といふものを書いたが、それを讀んで或る青年が其本を抱いて死なんとしたといふこともありました。それで「三文文士豈人を殺さんや」とか書かれたこともありましたね。

大宅　其頃別に宿賃は要らなかつたとしても、女を呼んだりする金はあつたのですかね。

安田　近松はないのですがね。併し谷崎潤一郎とか長田は金があつて、相當な坊ちやんだつたのでせう。併し彼等が中心となつて遊蕩文學といふものが發生したのですね。それから僕の家へ能く主人の金を拐帯したりして、それを模倣しに來る者がありました。皆拐帯で、後ですぐ捕まるのですよ。だから、實に文學は青年を誤まると思ひましたね。(笑聲)小説に書いた通りを模倣するのですよ。さうすると、店から捜査願が出て、大抵僕の所で捕まるのです。さういふ風に彼の文學は若い青年をアヂつたのですね。(笑聲)

大宅　今はさういふのはないやうですね。

安田　さうですね。さういふやうなアヂ文學はないですね。

大宅　アヂの方はプロ派に取られてしまつた譯ですね。

安田　併し當時のものは、プロレタリア以上のものか以下か知りませんが、確かに一種の煽動力を有つて居りましたね。

大宅　だから又山本宣治等も出て來たつてわけですね。それから何か醜態を演じたことはありませんか。

安田　それはありませんでした。島村抱月、松井須磨子、あれも來ましたね。あれはもう昔のことですが。

大宅　それぢや、あなたはちよい〳〵部屋を覗きに行きませんでしたか。

安田　子供ですから、ちよい〳〵覗きに行きましたよ。(笑聲)ですから、まあ、さういふやうな譯で、文學の中に育つたのですよ。併し皆偉くなりましたね。澤山まだありますが、まあ、こんな所で……抗議を申込まれても困りますから……

相川　服部氏の「黒船前後」、あれは間接聽きですけれども、素人離れして居りますが、小説の下書きだつたといふことですが、さうですかね。

服部　それは嘘だよ。

大宅　君は日清戰爭か何かを小説に書くとか言つて居つたが……

服部　それは嘘だよ。日清戰爭を研究しようとしたのだよ。それよりも三浦君に聽く方がいゝですよ。

三浦　中央に居なかつたから分りませんよ。僕等がやつたのは高等學校時代で、名古屋に居りましたから……

大宅　其頃名古屋で何か書きましたか。

三浦　別に大して書きませんが、あの頃の者は大抵外へ行つてしまつて、文壇に出て居る者はないらしいですね。

岡　阿部知二は八高ではありませんか。

三浦　あれはもつと時代が遲いですよ。

相川　僕等は一番新しい方ですね。

人道主義とその影響

大宅　あの頃は大抵ロシア文學を讀んで人道主義的になつたのが多いのではないですかね。

安田　人道主義が入つて來たのは何時頃です。

大宅　僕等の中學校時代ですから……

安田　遊蕩文學の後で對立したのは、「白樺」の連中でしたね。

戸坂　あの頃ではないかね。ドストエフスキーやトルストイが入つて來たのは……

相川　さつき安田さんが文學は身を誤ると言ひましたが、僕は文學で學校を首になつたのですよ。
安田　文學を讀んだ者は、能く中學校などで首になつたものでしたね。
相川　同人雜誌といふものが非常に流行つて、僕等も高等學校でやつたものです。傾向は矢張人道主義でしたね。どん〳〵と系統を作つたのです。中野重治、窪川鶴次郎、森山啓、皆さうです。それから大間知篤三、あの頃文藝派といふものは、非常に勢力があつて、殆ど當時の思想傾向を代表して居つたのです。其後へ來た連中が皆左翼になつたのです。それで文藝派といふと非常に危険がられたものです。
服部　君は左翼だといふのでやられたのではないかね。
相川　結局矢張中野重治などが中心だつたのですね。「アラヽギ」派で……彼は高等學校には四年位居つたのです。
安田　「白樺」派と言へば、有島武郎はさうですか。
大宅　まあ同じ系統ですね。
安田　あれは僕の所へ能く來て、僕の妹などはとても可愛がられて、本などを出したら能く呉れたものです。
大宅　あの人は女には親切でしたね。
安田　能く僕の所へ來ましたね。
大宅　あなたの妹さんにキツスをしたりしませんでしたか。
安田　そんなことは知りません。
相川　あの頃短歌が流行つたですね。島木赤彦等が中心で……

留置場文學としての和歌俳句

大宅　面白いのは、留置場へ入つて來ると、大抵歌や俳句をやり出しますね。
三枝　僕もやつたですよ。

大宅　一つ発表したら……

三枝　「るい〳〵と悪孤ならず留置場」さうすると、監守が其句は石川五右衛門だ、披露はやめろと言つた。其處には悪人が多いと言つたのではないが、何等か社會思想と關聯があるといふことを言つたのだ。

大宅　色つぽい方は……

三枝　それは言はない方が宜い。

片野　あれは手輕だからでせうね。

大宅　誰でも多少センチメンタルになるんで、それが出て來るのではないかね。

戸坂　あれは性慾を抑壓されるからではないでせうか。

大宅　さうかな。性慾と關係があるのかな。

安田　確かにそれはあるらしいですね。

大宅　あなたも俳句などをやりましたか。

安田　文學は身を誤るといふので、讀むのは讀みますが、自分でさういふことはやりません。身を誤らない爲に……

片野　それはあなたが性慾を十分に開放して居るからではないかね。（笑聲）

戸坂　安田さんのは、文學をやらない先に身を誤る方だから……

宗教文學とエロチシズム

安田　有島武郎が死にましたね。あの頃の人道主義は……倉田百三はどうですかね。

戸坂　あれが人道主義の最後でせう。あれは大戰中でした。流行したのは後ですが……

岡　あれは面白いことだ。「出家と其弟子」などは、本を出したのと賣れ出したのは、丁度四年間の開きがある。

安田　あれはどうして後から流行したのでせう。
大宅　エロだね。エロを人道主義的に合理化して居るのだよ。
相川　僕等も能く讀んだものですよ。
岡　それは矢張人道主義の頽廢期だと思ふね。
戸坂　あの人は精神分析などのことが好きで、いやに精神分析的なことが出て來ましたね。
大宅　石丸梧平、島田清次郎なども其系統ですね。
安田　倉田百三のはエロの方よりも、哲學の方の影響を僕等は餘計受けたね。
相川　それが大正四、五、六、七年頃ですよ。
大宅　あれは哲學をオブラートに包んだやうなものですね。
片野　哲學の方がオブラートに使はれたのですよ。
鈴木　西田幾多郎の「善の研究」などは女學生が能く讀みましたね。
三枝　有島の「惜みなく愛は奪ふ」といふやうなのは、能くテキストに使はれたものです。發情期のイデイオロギ〔ママ〕ーの支柱になるやうなものが流行する時があるのですね。其頃は或る時はロシア文學があり、酷い勢で青年を風靡し、又或る時は哲學があつて、猫も杓子も哲學を讀み、それから次がマルクス主義です。ですから、其頃の哲學は同時に文學であり、文學は同時に哲學であつたのですね。今はさういふものは一寸なくなりましたが……
鈴木　併し文學で若い人が騒いだのは、大正年間ですよ。昭和へ入つてからは、さういふことは餘りありませんね。
戸坂　昭和は社會科學です。初はロシア文學、それから哲學、それから社會科學で、三枝君の言つた通りです。
大宅　僕等のクラスは三十人のクラスだつたが、哲學の方に行つたのが六七人もありましたよ。實に驚くべきは、野球の應援團長をやつて居つたのが哲學に入りましたからね。今は三高の生徒監をして居りますよ。
戸坂　あゝ、あの佐藤といふ人ですか。

三枝　さういふ所から文學に行き掛けて哲學に行つたのが大分あるらしいが、それを並べて見たらどうですか。
服部　谷川君などもさうではないか。
三枝　「新思潮」といふ雑誌がありましたね。あの頃ですよ。
岡　「新思潮」の第一回は小山内薫さんのがさうですね。
大宅　菊池寛は第三次でせう。
岡　第二次はさうすると、どういふことになりますかね。
鈴木　あの前後のデモクラシーの影響に高等學校の生徒が動かされないで、文學に大衆的に把握されたのはどうしたのかね。
大宅　でも、デモクラシーは大正八、九年頃ですよ。
三枝　矢張哲學の方が先行して居る譯ですよ。
鈴木　現在思想家になつて居る連中に影響を與へて居るだらうか。
戸坂　僕等の時代は、今言つたやうに、哲學の方から社會科學に移つて行くといふやうな時代で、デモクラシーの影響はなかつたですね。
大宅　哲學が流行つてから文學は少々馬鹿にされ出した。哲學の方がオーソライズされて居りましたね。其前は何も彼も文學の中に入つて包括されてゐた。それも唯の文學でなく、色々こんがらがつたのが流行つて來た。それから宗教文學が非常に流行つたのはどういふ譯ですかね。
戸坂　人道主義末期の現象でせうね。
岡　人道主義的なものは、デモクラシーを容易に受入れるといふやうな所があつたのではないかね。

人道主義と麥飯

戸坂　さうですね。例へば、僕等の寮で麥飯を食はなければならぬ、吾々だけ白米を食ふといふことはいけないといふので、やり出したのですが、併し麥飯は矢張皆嫌なので、一日置きにしようといふことにした。（笑聲）是も矢張デモクラシーですね。

鈴木　個人的な經驗だけれども、デモクラシーの時代が過去つて、其次に宗教哲學のヘゲモニーがあつた。それからマルクスが入つて來たのです。

岡　大勢は其逆ではないかね。並行して居つたと思ふが。

大宅　歐洲戰爭で中間階級の生活が安定して、其結果、實生活といふことを抜きにして、もつと深遠なものを求めようとした時ですね。

鈴木　あの頃哲學思想が流行つたといふことは、多少進歩的な役目をして居つたであらうか、又はマルクス主義を發見しない前の過渡期のものではないか。

一杯喰った厨川白村

安田　あの頃ラブ・イズ・ベストといふのがありましたね。

相川　戀愛至上主義といふ奴ですね。

安田　厨川白村は、文學者は眼といふ言葉に對して文學的に想像するが、醫者は神經的に觀察すると言つて居た。あれは非常に醫科大學の學生に睨まれましてね。それで或る面白い學生が鳥の糞で彫刻を拵えて持つて行きました。さうすると、彼は是は猿が人間にならうとして踠〔跪の誤記か〕いて居る所だと言つて、それを五圓で買ひました。（笑聲）さうして先生は是は友達の一世の傑作だといふので、小さな座布団に載せて飾つて居りました。ところが其學生は其金で女郎買に行つたのです。其學生は後で大學のプロフエッサーになりましたよ。（笑聲）丁度さういふやうな時代は、プチブルとインテリが矢張好景氣に依つて一番オンチになつた時代ではないかね。
大宅　さうですよ。一番オンチになつた時代ですよ。
安田　もう一つ白村のことでありますが、丁度總同盟が分裂しましてね。僕等の所へ色々な歴史的な闘士が集まつた時代に、白村の「近代の戀愛觀」ですか、あれで改造社で二萬圓せしめたといふのです。其時にアナーキストの若い學生が五人で黑旗を立てゝやつて來ましてね。白村は女學生を搾取して怪しからぬ。一割税を取るから紹介狀を書いて呉れといつて動かないのです。それで僕が出ましてね。大體君等は厨川白村といふ人を知つて居るか。顏を見ると、覇氣もなく、杖をついて居るやうな人だ。そんな氣の毒な人を窘めないで、何故三井や三菱のやうな所を窘めないのかと言ふと恐縮して歸りましたよ。それが新聞のゴシップになりました。それから白村からお禮の手紙が來たのです。(笑聲)
大宅　白村はあゝいふ甘いことを自分でも信じて居つたのかね。
片野　あれは非常に鼻つぱしの強い人でね。一度言出したら必ずそれを通す人ですよ。

妻君に窘められて「苦悶の象徴」

戸坂　妻君が本を書くことを强制するといふ話でしたが……
安田　あれは妻君にひどく窘められた。その「苦悶の象徴」ですよ。(笑聲)
大宅　「苦悶の象徴」といふ言葉は其當時隨分流行りましたね。實生活に依つて充されない慾望が夢になつて現はれる。文學が丁度それに當るのだといふのです。
安田　「近代文學十講」といふ本がありましたね。あれは隨分愛讀したものですよ。
片野　文學輕蔑論を言はれるが、それは矢張文學に關心を有つて居つたからですね。
鈴木　今から見れば觀念論だが、あの當時哲學に凝つたのは、進歩的な效果があつたのでせうか。

戸坂　結果に於てはあつたでせう。

大宅　インテリゲンチヤが現實的な利害關係から一應開放されて、自主的に物を考へるやうになつた。後にマルクス主義が入つて來る地盤が其處に出來たのです。それ迄は一身の榮達の方が一番重大であつた。社會科學がインテリゲンチヤの中に入つたのは、矢張さういふ經路だと思ふ。僕等の頃のインテリゲンチヤが社會運動に入つたのは、今の學生とは非常に違ふのです。今の學生は自分達の周圍が慘憺として困つて居ることを知つて居るし、自分自身も卒業したところで、就職出來るかどうか分らぬといふ不安もあるし、今の學生層は大部分既にそれ自身がプロレタリアだ。併し僕等の時代は好景氣で、大學を卒業しさへすれば、偉らく《ママ》なれるものと思つてゐた。だから、身を挺して犠牲になつて、いはゞ宗教的な氣持で、思想問題として入つて行つたのです。さういふ地盤を宗教や文學が先に作つて居つたのです。其時の苦悶といふのは、今のやうな現實的な苦悶ではない。

ツルゲネーフと麻生久

安田　日本でロシア文學は矢張一番影響があつた。例へば、アメリカやイギリスやフランスなどのものと全然違ふのだが、それはどういふ譯で……

服部　だから、麻生久などは盛に僕等をアヂつたものだが……

大宅　彼はツルゲネーフの愛讀者でね。何でも全集を七度位讀んださうですよ。彼の本箱はツルゲネーフの本ばかりです。さうして面白いのは、麻生の「濁流に泳ぐ」といふのでも、ツルゲネーフの眞似が矢鱈に出て來る。

戸坂　餘程能く讀んで居るのですね。

安田　併し京都の學生生活は能く出て居るよ。

大宅　トリツペルの話もありましたね。

鈴木　ロシアの文學は日本に對して今頃どうですかね。

大宅　今のロシアの小説は、日本の現實と違ひ過ぎるので、日本の青年をあまり刺戟しないやうですね。近頃の若い進歩的なインテリには、生活の中に何かお守札、例へば社會科學のやうなものがあるが、僕等の頃にはそれがなかつた。その代りに文學や哲學がお守札になつてゐたのです。
記者　さういふ意味での指導的な文學は、今はないですね。
大宅　昔僕等がトルストイやドストエフスキーを讀んで感心したのとは違ふのですね。打込んで居ないですね。例へば、プロレタリアの思想をどの程度迄文學の中に取り入れて居るかといふことを見て居るだけであつて、昔僕等が感激して夜通し讀んだといふやうな氣持は今のプロ文學の讀者にはないやうですね。
鈴木　今の作家の大衆に對する影響はどうかね。
大宅　有力なプロレタリアの本體が見えない所にあつて、文學はたゞチンドン屋の程度ですね。詰り文學がどの程度迄チンドン屋の役目をして居るかといふ程度にしか認められてゐないやうです。

イヒ・ローマンの封建制

安田　イヒ・ローマンはどうかね。
大宅　最近プロレタリア文學が衰へて來たので、宇野浩二などがまた復活して來ました。昔の近松秋江と同じで、それは丁度茶の湯や活花と同樣に日本獨特のものですね。
服部　イヒ・ローマンの形式は非常に封建的ではないかと思ふ。僕は葛西の小説を愛讀したことがある。何故僕等はあの詰らぬものを讀んだかと言つて不思議に思ふことがあるが、それは一種の封建的な觀賞〔ママ〕であつて、決して近代的なものではない。日本の新傾向の中に封建的なものがせり上つて來たのだと思ふ。
戸坂　文壇の存在といふことは、意味があると思ふ。文士は之に依つて食へるだらう。是は一般の文學青年から見れば、憧憬の的だ。それが原因ではないかね。

安田　外國には少ないでせう。例へば、ドストエフスキーでも……

大宅　日本の作家は事實何かやれば、それがそのまゝ小説になる。又さう思つてやつて居るのですよ。

戸坂　出世作は大抵さうですね。僕は斯うい ふ風にも考へて居るのだがね。大體文士が封建的な性格を有つて居るといふことは宜いが、それが内攻して來たのではないかと思ふがね。斯ういふ時代になつて來て、餘り外へ向つて行けないで、又逆に自分の所に内攻して來た關係ではないかと思ふがね。

片野　最近のイヒ・ローマンの傾向はさうですね。

大宅　イヒ・ローマンでないものは、大抵通俗小説として攻撃されるといふ風だからね。

安田　それ程イヒ・ローマンですか。

三枝　さうでせう。

安田　イヒ・ローマンは藝術であつて、イヒ・ローマンでないものは藝術ではないと言ふのでせう。

大宅　日本人はコンストラクションが下手で、必ず襤褸《ぼろ》を出す。さうすると、批評家が之をつゝくのです。ですから、コンストラクテイブなものは「通俗」だといふことになる。さういふ意味で漱石の「虞美人草」なども……

自然科學と文學の交渉

三枝　日本の小説家のやうに、コンストラクションが下手だといふことは、外國にはないと思ふが、是は學者、殊に自然科學者、哲學者との交渉が日本程少ない所はないのではないかね。

大宅　日本人はさういふ意味で四疊半的だ。外部との交渉がない。随つて、自分の身邊のことしか書けない。身邊以外のものを書くと、必ずボロが出る。

三枝　芥川と田邊元と非常な關係があつたといふやうなことは、日本には殆どない。ドイツの如く哲學と文藝がぴつたり合つて居るといふやうなことは少しもない。こんなちぐはぐなのは日本ばかりだ。

戸坂　それは輸入文化であつて、哲學が獨立したのは、大分經つてからでね。早く文學だけ獨立に育つてしまつたのだね。今頃になつて、哲學者や科學者が漸く一人前になつた。だから、非常に溫室的になつて、外へ出る必要がなかつた。それで矢張構成力などは持てなかつた譯ですよ。

日本文學の特殊性

三枝　例へば、文學の系統を調べると、漱石門下は決つて居るし、非常に黨派的で、ギルドのやうになつて居る。外部からも入らなかつたし、自分達も外部へ出る必要がなかつたし、其結果さつきも言はれるやうに、溫室的になつたのだと思ふですね。

片野　結局さういふものを受入れる地盤がないのですよ。

大宅　批評する方でも、大抵作者を隅から隅迄知つて居るのです。例へば、德田秋聲の書いた小説に付ては、其モデルも何も彼も皆が知つてゐて、現實と合せて批評する、作品だけ切離して批評するのではないのですよ。作品と個人とを引つくるめて批評するから妙なものになる譯ですね。讀者の方でも、小說を讀む前に、豫備知識として、其小說家に女があるかないか、今何處に住んで居るといふことが一應分つて居ないと、小說を讀んでも面白くないのですね。

片野　外國のものなどは、其人間がどんな生活をして居るか、ちつとも書いてないですね。

安田　さういふのは日本にありませんね。

大宅　それから、生活の方でも、東京を中心にしてのべつに相互に出逢つて、一種の妙な雰圍気をつくつてゐる。

戸坂　何よりも文壇人の事情を詳しく知つて居るといふことが一番大事ですね。

大宅　最近は又さういふ傾向が強くなりましたね。

片野　だから、批評家の批評も當にならないのです。

大宅　一つは日本のヂヤーナリズムがこれまで甚だ封建的で、一つのヂヤーナリズムの周圍に幾らかの作家がぶら下つて居る。それで系統付けることも出來る譯ですね。だから、それにぶら下つて居れば、少々小説は下手でも立つて行けるのです。それから又其周圍に幾らか仲間が居つて、互に批評し合つたり褒め合つたりすれば宜いというふやうに、兎に角何處かにぶら下つてくつ付いて居ないと日本ではやつて行けないのです。

記者　要するに、文壇的生活をして居なければならないのですよ。

大宅　だから、田舍へでも行つたら其日から駄目なのです。

安田　西洋ではさうではないのですね。スチブンソンなどは隨分旅行もしましたね。

記者　さういふやうな意味では、プロレタリア文學は多少宜いですね。

大宅　最近はプロレタリア文學も其仲間に入つてしまつて居ますね。兎に角傍系から出た人は、一つや二つの小説を書いて、それが評判が好くても、それつきり駄目になることが多いですよ。結局東京にでも居つて、何か一つの組織やグループにぶら下つて居れば宜いといふことになるのです。それに日本の作家は、小説を書く以外に一種の文壇的アクションが必要ですね。兎に角のべつに何處かの雜誌に名前が出て居なければならないのです。

鈴木　さういふ日本の身邊小説的な特色から見ると、横光利一などの小説の位置はどうですか。

大宅　あの人などはさういふ中では一番コンストラクションもあり、比較的周圍に動かされない作者ですね。其代り大衆性がない。

鈴木　此場合の大衆性といふのは、文學青年、文壇の隅々迄讀まれゝば、それで大衆性があるといふのではないかね。

記者　併し横光は文學青年に取つては神様ですよ。

大宅　それよりも、女と別れたりくつついたりした話を現に昨日迄やつて居つたことを今日書くといふやうな作家の方が割合親しみを感ずるのですね。

安田　國際的にエロ文學といふものは、どの資本主義末期にもさういふ傾向があるのですか。川端とか里見とかいふやうなのが外國にも現はれて居るのですかね。非常に頽廢的な……
大宅　頽廢的と言へば、フランスの小説などは元から頽廢的だと思ふが……併し頽廢の仕方が違ふですね。
安田　確かにモーパッサンなどは里見などとは頽廢の仕方が違ふですね。
大宅　日本人は環境が全體として非常に狹い。周圍が非常にプライベートなことが好きなのですね。東京とか大阪のやうな大都會では、隣に住んでゐる人間さへ知らないが、地方に行くと、大抵町中の主だつた人と家は知つて居る。其處に事件が勃發するとすれば、何處の娘と息子がくつついたといふやうなことが事件と同時に其人間が頭の中に浮んで來る、だから地方の新聞を見ると、三面記事などは新聞記者自身が事件の當事者を能く知つてゐて書いてゐる。例へば、姦通事件などがあると、其人間を平常から知つて居るから、話が非常に具體的で、出會つた場所から姦通に至る動機などを微に入り細に亙つて書き立てる。それと同じやうに、日本の作品は作品だけ切離せない。讀者は大抵其中のモデルから何迄兎に角ゴシツプなどで大抵身邊のことは知つてゐて、作者のプライベートのことが田舍新聞と同樣に具體的に考へられる。そして作者もそれを意識するといふ風で……
安田　此間ドイツから歸つて來た人の話ですが、向ふでは全然自分の私生活を問題にしない。女を連れてホテルに入つた。さうすると、自分と同じ研究生とばつたり出會つた。併し「今日は」と言つてお辭儀をするだけで、三年間も一緒に棲んで居つたが、其事は一遍も言はないといふのです。
服部　それは自分のことではないかね。（笑聲）
片野　併しそれは國民性ですね。經濟的な社會的な基礎を有つて居る國民性ですね。
戸坂　要するに、日本人は田舍者だといふことですね。
安田　非常に人の私交上のことを氣にしますね。田舍などでは何處を歩いたといふことも分りますよ。
戸坂　京都に居た經驗からすると、京都はさうですよ。其處に行くと東京は矢張大分助かりますよ。

安田　封建的な氣分がまだ殘つて居るからですね。
鈴木　プロレタリア文學の展開しなかつたことも、今のことに關係があるですね。
戸坂　矢張田舎者になつて居るのですね。例へば、住宅の關係もあつて、他人の所なども皆見られるやうになつて居りますからね。
片野　それは一寸さつきもお話がありましたが、フランスの文藝がどうして受入れられなかつたかといふことも、さういふことに關係があると思ひますね。
戸坂　モーパツサンだつて、單なるエロ文學としてしか紹介されて居りませんね。

封建制と警察根性

三浦　今の封建的といふことですが、それを少し詳しく分析すると、德川時代に五人組といふのがありましたね。村で五人組を作つて置いて、一人惡いことをすれば、連座するといふやうなことで、仲間の者を非常に監視するといふやうな氣分が殘つて居るのだと思ひますね。
相川　警察根性ですかね。
鈴木　僕は今のやうに行くと、プロレタリア文學の人達の努力が足りなかつたのではないかと思ふね。實に能く勉强はされて居たのだが……
戸坂　今迄の文學は科學と關係がないのだから……フランス文學の大きいのも其處だからね。
記者　現代の作家に付ての感想を一つ……
片野　作家はもう少し罵倒しても構はないと思ひますよ。今迄の作家は餘りに不勉强だつた。
鈴木　今新しい問題に移る前に、イヒ・ローマン今後の發展に付て、西洋並になつて行くかどうか。
大宅　もつと反動的になれば、此傾向は段々深まつて行く。インテリゲンチヤが益々低徊趣味になつて行けば、益々イヒ・ローマンが盛んになると思ひますね。

戸坂　まあ暇潰しのものですね。暇潰しには僕はプロレタリア小説などは讀まないですよ。

大宅　どうですか。最近の作家や作品で御意見はないですか。

片野　是はプライベートな關係からだが、平田小六君が「囚はれたる大地」といふのを書いて居ります。あれは大分褒められたのだがね。あれは社會主義的レアリズムの作品として效果があつたといはれてゐるが、本人は唯物辯證法的創作方法にのつとつて書いたさうですよ。

大宅　文學はさう型通りに行くもんぢやない。

安田　プロレタリア藝術とか美術の方に、勞働者の腕などが出て居りますが、どうも僕はプロレタリア藝術といふのは何だか分りませんね。僕にはどうもピンと來ないが……

徳永直と小林多喜二

記者　徳永直の「太陽のない街」はどうですか。

岡　あれは隨分すら〳〵と讀めて宜いですね。

大島　僕も實に文章も良かつたと思つて讀みました。

大宅　「蟹工船」はどうですか。

長谷川　僕はあれは餘り高く評價したくないですね。

戸坂　「蟹工船」は實に面白かつたね。

三枝　問題の攝へ方は宜かつたが、小説の構成としてはどうかね。

岡　海の描寫、小さい船の出る所の描寫などは實に宜かつたと思つたね。

長谷川　大切なのは全體の筋の運びにあるのではないかね。

戸坂　描寫は優れて居るね。

大宅　併し純然たる素人が讀んだ時に、「太陽のない街」と較べれば、矢張「太陽のない街」の方が喰付き易いと思ふがね。

三枝　詰りイデイオロギー〔ママ〕のない人にだつたらね。

鈴木　小林多喜二のものは、何が一番宜いかね。

三浦　一番最後のものが一番宜いと言はれて居るのではないかね。

大宅　矢張あの人の生活とアクションですね。

片野　それが批評の中に入つて來ますからね。

岡　それは作品の中にも入つて居るのだから、批評しても宜いといふことになるのではないかね。

片野　併し幾ら道徳家でも、下手な作品を書いた時は、矢張どうかと思ひますからね。

岡　それは人格といふやうなことを言つて居るのではない。

戸坂　批評といふものは矢張さういふもので、偉い人のものは下らない作品でも矢張相當尊重されると思ふ。

岡　併しそれには限度といふものがあるだらう。

安田　プロレタリア文學の讀者層といふものは、大體に於て文學青年で、インテリだらうと思ふ。勞働者などは歸つて來たらへとへとで、そんな暇はないと言つて居りますよ。又大體に於て、要求もないのだから……

片野　ロシアだつて、下手なプロレタリア文學を讀めといふやうに强制することは出來ないのだからね。關心は有ちますけれども、强制力は有つて居ませんよ。

岡　讀んで聽かせるやうにすれば、もつと能く入つて行くと思ふ。

片野　併し現在のプロレタリア文學をお爺さんやお婆さんに讀んで聽かせるには、是は日本語に飜譯して讀んでやらなければ分りませんよ。

戸坂　併しそれは矢張爺さんや婆さんでなくて、農村青年ですね。一人殘らず讀まれる作品だなどと言つて居りますが、斯ういふことは實際ないのですからね。人間に依つては文學を必要としないといふやうな人が澤山あるのだから。其處が文學論では非常に重大ではないかと思ひますがね。

長谷川　併し私は平田君の小説を讀んで農村は非常に封建的だと思つて居つたのが、それで益々確信を有たせられたやうな所もありますがね。

戸坂　餘程退屈なときでなければ、讀みたくないですからね。

鈴木　それは矢張チヤンバラのやうに吸ひついて行くといふやうになれば宜いのですがね。

戸坂　併し今迄のインテリなどは非常に動かされたが、今後はさういふことはない譯かね。宗教などに較べれば、文學は實にケチな役目しか演じて居りませんよ。

彈壓と文學及び作家

安田　それは贊成ですね。僕はナチスの彈壓を考へて見ると、實にナチスは三文文士を彈壓しますがね。是は國家にとつて必要がありませんが、熟練職工はユダヤ人でも餘り彈壓してしまはないのですよ。さういふ意味に於て、僕はドイツのナチスの彈壓はもつと味はなければならんと思ふのですがね。是は矢張僕だけの考ですが。

戸坂　それは矢張産業に關係があるからでせう。

大宅　要するに、作家などの存在は、一つのポスターのやうなものですからね。其ポスターが反政府的なものであつたら、直ぐ破けるし又破る必要がある譯だ。國内で以て反政府的なスローガンを掲げて生活が出來る、而も繁昌するといふやうなことは今後あり得ないと思ひますがね。

鈴木　併し………………ドイツ見たやうなあゝいふ形態を執らないで、お祭の時に御輿を採むやうに、もつと此小さい國で………………行くのではないかと思ふがね。

片野　それから發禁の問題なのですが、それが何時迄續くかといふことが問題だらうと思ひますね。
大宅　「中央公綸〔ママ〕」や「改造」のやうな大雜誌は、一度發禁を喰ふと、非常に大きな打擊を蒙る。だから、安全第一主義で行かなければならんやうになるのですね。併しもう少し小さな形態の――驅逐艦か輕巡洋艦の形態の方が今後はより……………になると思ひますね。……………も亦建直して來られると思ふのです。

將來どうなる

鈴木　ドイツのやうにばた〳〵と持つて行かないで、其間に文學雜誌なども相當餘裕があつて、前のやうに華かな時代はないにしても、日本では矢張やつて行けると思ふがね。
安田　現在の程度に……
鈴木　多少は惡くなるかも知れませんがね。
岡　併し今の支那の福建省の獨立とかいふやうなことが盛に起れば、文化運動はなくなると思ふね。
三枝　支那は暗黑だと言ふが、併し隨分出版物なども出て居りますよ。
安田　最近の支那には、ソビエット的な運動が擡頭して居るから、さういふバツクも關係があるのではないかね。
鈴木　福建省でも、日本で言つて居る共匪などとは區別して考へるべきだと思ふ。
戸坂　是から教育されるインテリはイデオロギーも變つて來ると思ふ。反省するやうな材料を有つて居る者は上の學校に來なくなつて來るし、結局與へられたイデオロギーに依つてやつて行くのではないかと思ふ。
三枝　支那などでは學生が盛に運動に參加するね。併し日本のインテリゲンチヤは矢張特殊な傾向を有つて來るのではないかね。
戸坂　さあ、どうですかね。僕は日本のインテリには餘り期待を有てないのではないかと思ふね。ドイツ邊りのやうな形態にはならないと思ひますよ。併し……何處迄續くか。

岡　それは相當彈壓が來ますよ。
大宅　それから、曾て想像もしなかつたやうに左翼の指導者がどん〳〵轉向し、去年邊り迄はプロレタリア文學が今日のやうに慘めに敗北するとは想像し得なかったがこんなインテリの弱さといふものは日本だけなのですかね。
片野　それは色々なことを考へなければならんと思ふが、轉向云々などといふ問題も非常に派手に新聞でもサービスされて居るが、それは割引しなければならんと思ふ。それから文學は必要といふやうなものではない。詰り切實さがそれだけ少ないのではないかと思ふ。併し外の世界では、所謂辯證法的唯物論の建前から見たものが實際上は有力であると思ふのだがね。其文學と外のものとのテオリーの相違とかは色々考慮に入れなければならんと思ふ。
大宅　ドイツでもナチスの彈壓に依つて日本と同じやうに轉向者が出て居るのでせうか。
鈴木　相當あるといふことですね。
服部　例へば、ハイデツカーといふやうな男が轉向しましたね。あゝいふのは外にも出て居りませんか。
戸坂　彼は轉向ではなくて、本體を現はしたのではないかね。ドイツではプロフエツサーで赤いといふやうな者は殆ど居なくて、轉向などといふやうな必要はないのではないかね。
鈴木　日本では非常に踊つて居たから、退場する時でも非常に派手な譯ですね。
三枝　僕もインテリの役目は違ふと思ふ。ドイツではナチスを學生が支持して居たからね。日本の學生は……多少元氣がなくなつて引込んで來ましたね。次の時代に移る中間の並行時代ではないかね。
大宅　例へば、片岡鐵兵君なども、忽ち左翼の作家になり、忽ち藝術に歸るといふやうなもので……
片野　併しどうもあんなに急に理論が變るといふことはあり得ないと思ひますがね。
戸坂　テーマといふものは特殊性を有つて居るから、一部分だけでも宜いが、理論は一部分ではいけない。結局今迄の轉向は哲學的訓練の少ないのではないかと思ふがね。

鈴木　勞働者などは初から理解がないか、インテリで理解があつても、身體が續かんかして……
片野　然らば例の鍋山、三田村はどうなるかといふのですよ。
安田　プロレタリア文學は轉向したのですか。
戸坂　新聞ではしたと稱して居るがね。
片野　併し能く分らんけれども、文化團體の方が動搖が多くて、藝術團體の方はさうでもないと言つて居りますね。景氣の好い頃はプロレタリア文學は正しいからヂヤーナリズムを壓倒して居つたといふやうに言つて居りました。
大宅　それでは此邊で……どうも有難うございました。

この座談会に出ている安田徳太郎は、後述するように服部の最初の妻冣子《あきこ》の兄である馬島僴の縁者である。戦後ベストセラーとなった安田訳のフックス著『風俗の歴史』全十巻（光文社、一九五三〜一九五九年刊）の第一巻（一九五三年一一月刊）のゲラ刷を、私は服部の書斎にあったのを読まされて現在も手元に大切に保存している。私が「性思想史」に関心をもち、それらの文献を多く蒐集したのもこの安田訳の影響が大きい。私の蔵書のほとんどは中国の上海市図書館に寄贈してしまったが、本書を執筆するための仕事部屋の書架に残している乏しい蔵書は、服部関係書と「性思想」関係書がほとんどである。また、個人全集の中で現在私が残している中に『大宅壮一全集』があり愛読書の一つとなっている。

服部は「ほかのどんな病気にかかろうとも、精神病にだけはかかる恐れはないと思われる数少ない人間のうちの一人」と、この座談会の司会者である大宅壮一を評している。（「宛名のない手紙」『全集』㉓、七六頁所収）

Ⅳ　東京帝国大学時代

一九二二（大正十一）年四月、服部は東京帝国大学文学部社会学科に入学した。一九二五年三月に卒業し、同学部研究室副手として大学に残り社会学者として将来を期待された。だがこの時代の服部は、東大新人会とセツルメントの学生運動に没頭することになる。

新人会が結成されたのは一九一八（大正七）年十月、この会の最初の機関誌『デモクラシイ』が発行されたのは翌年三月であった。その後『先駆』『同胞』『ナロオド』と相次ぐ弾圧の中で刊行され続けたが、一九二二年四月にプロレタリアの雑誌『ナロオド』は廃刊される。けれども、「我等の目指す行手は、依然としてナロオドの中だ！」と最後の言葉で結んだ「廃刊の辞」を掲げて前期新人会活動を一時中断せざるをえなくなった。

この時代は、一九一七年にロシア社会主義革命、一九一八年に日本で米騒動、その翌年には朝鮮に三・一独立運動、中国の五・四運動、一九二二年には日本共産党が結成されるなど、世界と日本に巨大な民衆運動が高揚した歴史的な大転換時代であった。多感な学生たちがこのような新しい時代の胎動を敏感に感じとり、社会変革の情熱をみなぎらせて、「ヴ・ナロード（人民の中へ）」の理想をかかげて行動したのは必然の成り行きであった。服部はこのような時期に東京帝大、いや新人会に入学して後期新人会の中心的な活動家となった。

一九二三年九月一日の関東大震災の翌年、服部ら新人会員が中心となって本所柳島（現在の墨田区横川四丁目）に東京帝国大学セツルメントを創立した。この創立に服部の果たした役割がとくに大きかった。セツルメントの指導者となり「設立趣意書」を書いた末弘厳太郎法学部教授を引っぱりだし、セツルメント・ハウスの土地を見つけて今和次郎早稲田大学教授に無報酬で設計させたのも服部であった。また労働学校の開設・講義内容・講師人選など服部の構想で実現し、みずからも講師となって「日本社会史」を担当して生徒に最も人気があったという（座談会「柳島セツルメント」『法律時報』一九七三年六月号）。浅野晃は服部を「口も八丁、手も八丁の男で、こういう仕事はじつにうまかった」と述べている（「震災前後の思い出」石堂清倫・竪山利忠編『東京帝大新人会の記録』経済往来社、一九七六年刊）。

後述するように、服部が戦後主宰して設立した日本近代史研究会が編集して国際文化情報社から発行された『画報近代百年史』（第十一集、一九五二年五月刊）にセツルメントについて、次のように書いている。

一　柳島セツルメントについて

日本の社会事業は明治いらい救世軍の慈善館やジンタ入り活動写真を村々にもちあるく孤児院で代表されていた。幸徳事件のあと作られた済生会は皇室と富豪の〝慈善〟であった。

第一次大戦以後、米騒動を経て大震災が見舞うに至って近代的な社会事業が本格化した。農業政策の破綻を押さえることができず、並行する治安立法も効果なく、大日本帝国の内部危機は〝慈善〟ではもう処置できないはめで来たのである。政府と自治体は声を大にして〝社会事業〟に着手した。〝社会調査〟という仕事もその時からのものである。だが、震災後いちはやく近代的社会事業の開拓者となったのは民間で、ことに賀川豊彦の東京本所松倉町のキリスト教産業青年会は日本のセツルメント運動のモデルとなった。

セツルメント（Settlement）とは植民の義である。上町の持てる階級が貧民の下町に〝植民〟する——近代資本主義の母国イギリスで生れた組織的継続的な慈善事業の形式である。今日の社会保障の観念とはまだ縁遠い。それでも従来の慈善事業とは格段の進歩であった。やがて帝大のセツルメントが末弘厳太郎・戸田貞三教授らの指導下に学生だけの手で生れた。診察所、託児所、法律相談所、労働学校が経営された。この場合セツルメントは学生たちにとって「ヴ・ナロード（人民の中へ）」の側面をもっていた。階級闘争の激化に伴って労働学校卒業生の中から幾多の闘士が生れてゆき、学生の間からもひろく階級運動に関心をよせる人々が巣立っていった。

柳島セツルメントについては、『法律時報』一九七三年六月号と次号に二回にわたって、平野義太郎・船橋諄一・枝吉勇・為成養之助・福島正夫・磯野誠一らが出席し、福島と磯野が司会をして座談会が行われているのに詳細に述べられている。この中で服部の役割が大であったことがわかる。

服部が『社会学雑誌』（第十五号、一九二五年七月）に「帝大セツルメント断想」と題して書いているので紹介しておく。

二　帝大セツルメント断想

◇工學部新館地下室での一週〔ママ〕年紀念懇親會にはずいぶん色々の顔振れが揃つた。六月十日夜の事である。出席者は全セツラーの三分の二程の數ながら、凡そ學生五十名程の間に伍して辯護〔ママ〕、醫師、教授、聲樂家、畫家、建築家そして、今春卒業した許しのオールドセツラースクラブ員の脊廣姿などすべて日頃の協働者としての親しみに打ちくつろいで、併日頃は別々の時間に別々の室で働いてゐるのでこんなに全部揃つて顔を合はせる機會の珍らしさから來る、今更乍ら多勢であつたといつた感慨が、誰しもの面に輝いて見えた。

土壁にまだ露のしとまぬ新築のハウスへ、先發の四人のセツラーが移り住んだのが丁度一年前のその日だつた。

◇ハウスはトインビー・ホールのキャツチプール氏からお賞めに與つたのを手初めに、方々で評判のいゝ建築であるが總建坪數百二十五、二階建で、階下にホールと講堂醫務室小供室圖書室食堂小使室其他併せて十二室、二階は會議室以外は十二の小室で最初からレヂデントの私室と定められた。各々三角の出窓をもつた四疊半で、作り附の寢臺がある。事業内容の發展に伴つて初め廣かつた建物も、今では一と室を使ひ別ける程の忙しさである。

中にも忙しいのは食堂であらう。十五人のレヂデントのほかに夜になれば、勞働學校の講師、チューター、醫療部の先生や學生、法律相談部の人々が settle して來る。飛入の中には勞働者やオールドセツラーがある。ママさんのミス・ノナカ仲々骨が折れる。

夜こそ實にセツルメントの晝である。醫務室も教室も二階の相談部も近隣の人々で滿されて、入口の把手は夜毎に光りまして行く。

◇トインビー・ホール設立前後の歴史を見るに、トインビー、バーネツト等幾多先驅者の叫びの後、劍牛〔ケンブリッジ・オックスフォード〕兩大學を代表するセツルメント建設のコミッテイが組織され基金が募られ、凡そ一ケ年を經て一八八四年のクリスマス前夜にレヂデントは新築のホールに第一夜の夢を結んだといふ、之に對して人々が我國最初の大學セツルメントを目して〔ママ〕一夜にして成り故無く單に「震災」によつて搖り出されたものとのみ即斷しては餘りに皮相の觀察と云はねばならぬ。確かに震災が最大の機會を與へた。併し乍こゝにも熱心な無名のコミッテイがあり基金が募られ、末弘博士賀川氏戸川氏等の聲があつた。コミッテイの母胎が末弘博士及有志學生から成つた東大學生救護團であつた事は意味が深い。單にセツルメント設立基金の一部がこの團體から讓渡されたといふ點だけでなくもつと大切な點は學生の訓練された團體的協働力がそのまゝ讓り渡された事である。

◇あちらの大學セツルメントの多くは、學生のほかに經驗と手腕に富める中心的指導者があり、その人々が組織の上でも會計書記プレヂデント等の重要事務を司つてゐるやうである。（私はケムブリツヂハウス年報を覗いたのであるが）そして學生のセツラーはたとへば研究室の研究生か或は更に教室の學生の立場にあるやうである。——

確かにセツルメントはその儘立派な研究室であり教室でもある。我帝大セツルメントでもが數年後の發展をまてばこんな形に完成される事かもしれない。乍併《〔ママ〕》この一年間はまるでこれと趣を異にしてゐた。初期事情として止むを得ぬ事であつた。即ちそこでは學生が手足となると共に頭であつた。書記であり會計、館長であり工事監督であり準備計畫委員でありその遂行者であつた。

唯金の事だけは何ともならなかつた。その點でセツルメントの今日あるは偏に末弘博士の賜である。

◇　對外的財政的の責任者として種々の難問を引受け立つて頂いた末弘博士は、對内的指導者としては始終まづ學生をして創意せしめて後之を監する態度をとられた。學生は成功の度に自己の創意を喜ぶ事が出來た。事業の經營方法を自ら學ぶ事が出來た。かゝる學生の自主的創意的實行のための組織は極めて簡單で、全員總會に最高決議權を置きこれから選んだ三名の庶務委員をして會計總書記及重要庶務を行はせ、殘員は各事業部の一を選んで互選による委員を置き事務一切を統一した。レヂデントは大てい委員から成り毎週定日に開かれる委員會によつて各重要事項を處理した。

◇　セツルメント事業が有給者組織をとるべきか篤志家組織とすべきかに就ては從來一般に論議せられた問題らしく (Woods and Kennedy; Settlement Horizon p. 85) それに就ては私は、一般セツルメントは前者に大學セツルメントは後者に基調を求めるべきものと考へるのであるが、それにしてもこの一年間のやうな純粹無垢な篤志家組織は、恐らく異例となつて殘るであらう。交替常なき學生を主體とする以上年と共に一定の人及物の組織は不可欠となり從つて主事と書記會計臺處の人々から小使等迄、總て相當の有給制で有爲の人々を任じないと不安である。現在では家事向の人々のほかにこの四月から主事として初期以來の功勞者内村君を改め迎へた。書記會計等の重務は今日尙内村君と共に庶務委員學生諸兄を犠牲としてゐるのであるが、それでも主事の就任といふ事丈けでもどれ丈今後に對して心强さを覺えさせられる事か解からない。

◇　今では凡そ七ツの事業が行はれてゐる、それらの設立順序は

大正十三年六月十日　（ハウスに住込む）
同月十三日　兒童圖書室開設
同　二十日　舊專科教育部開始（勞働學校の準備的試み）
七月十六日　下水調査開始
八月三十一日〜九月九日　柳島元町チブス豫防注射を三回に亘つて行ふ（醫療部準備的試み）
九月　一日　柳島元町戸口調査開始
九月　九日　柳島一帶出水調査
九月　十日　勞働學校本科開校
十一月十七日　醫療部創設
同月同日　相談部試設（準備的試み）
十一月二十四日　勞働學校中等科附設
大正十四年二月二十四日　第一回市民講座
五月　一日　人事法律相談部成る
即比較的外部からの援助を要せず且經費の小なる性質のものからまづ開始されたのであつた。
◇　隣接區域を對象とする調査事業は凡そセツルメントをしてセツルメントたらしめる鍵であるとさへ考へられるのであるが、大學セツルメントは調査員の資格と數と並び備へてゐる點に於て、調査費の制限に拘らず他の一般事業團體と比べて長處を有すと云ふ事が出來る。又内部から見て卒業後セツラー各自の身に附くのも特にこの部の仕事であらう。
今日迄調査の完成したものは、つとにハウス落成以前に亀戸一帶で行つた工場調査を始め、市内相談處調査（市社會局から委托）。夏期のバラツク溫度測定。下水及出水調査。柳島元町戸別調査。自由勞働者生活調査。現在は最後の調査の集計及第二回工場調査の準備中である。

◇　勞働者教育は二部に分たれ中等科は大體中學課程のものとしこれに平易な社會科學を加へ、六ケ月卒業とする。勞働學校本科は教育部事業の主力を之に注ぎ第一學期の科目として選ばれたものは、

　勞働法制（末弘博士）　各國社會運動史（田中九一氏）　政治學（川原治吉郎氏）　勞働組合論（小林輝次氏）　經濟學（楢崎輝氏）　國際勞働機關と日本（菊地勇夫氏）等で、其後の學期に於て日本社會史社會學社會思想史等も講ぜられた。月謝月一圓、一年卒業である。授業時間は兩科共週三日、午後六時半から九時半迄を二課目に配分する。講師は中等科は學生セツラー、本科は既記の如く大學及先輩有志者が之に當つてゐる。勞働學校（本科）生徒は各學期約五十名でその約七八％は工場勞働者から成り、七五％が小學卒業程度の學歴である。

　凡そこの部の最大の特質として他の勞働學校から異るものはチユーター組織であらう。これは小學教育程度の職工と大學教授の間の智〔ママ〕的距離を近附ける爲めの必要から生じた一種の助手で、各時間出席して質疑に應へ、講師缺席の時、代講し討論會及研究會の補導の役目を行ふのであるが、最も大切なセツルメントワークたる勞働者と學生の個人的接觸はこの組織によつて十二分に行はれてゆく。生徒は生徒代表を選んで自治制をとる。眞劍すぎる程のその勉學の態度には本職の大學生を恥じさせるものがある。

◇　兒童部の現在事業としては圖書室と音樂指導、御伽話、遠足子供の會等が行はれてゐる。音樂といつても唱歌であるが女流聲樂家の關鑑子氏が毎火曜日午後セツルして來、凡そ百二十名程の兒童が教はつてゐる。

◇　法律人事相談部は一番遲れて創められ、法學部の穗積、末弘、小野、平野諸教授及研究室の諸氏並に藤田近藤兩辯護士の援助と指導の下に法經學部の學生が助手として働いてゐる。殆んど豫想外の忙しさで毎火金の兩夜は多い時は廿名以上の相談者がおし寄せた事があつた。借地借家に關する件數〔ママ〕最も多く刑事問題が一番少い。來談者には商人が多い。

◇　醫療部の仕事は其性質上最多額の準備費を要して初期「衞生部」セツラーの苦心は容易でなかつた。現在では

常吉醫學士を中心とする大學病院各醫局の少壯醫學士の援助を得て、毎日午後七時から九時迄診療を行つてゐる。藥價は特價藥を定めず凡て一劑一日十錢とし診察無料。充分とはゆかぬ迄も獨立會計を維持してゐる。

患者は大部分近隣の者で遠く府下から來る者もある。五月の成績では一日平均廿七名。開始以來五月十六日迄に取扱つた延人員二五三九名に達する。病氣は呼吸器疾患と眼疾最も多く各々約二十%前後の步合をもち花柳病は至つて少い。同部開始後醫學部内にセツラーが中心となつて社會醫學研究會が設けられるに至つた。

◇　右の概略から注意さるゝ事は外部からの篤志的援助である。否援助者ではないセツラーである。この人々は各自の職業に從つて生活をたて餘暇を以て settle する點に於て學生のセツラーといさゝかの變りもない。我國では從來大學セツルメントが存在しなかつたと同じくかゝる篤志家のための完全な組織も亦極めて稀であつた。

◇　最後に篤志家組織としての帝大セツルメントを經費の上からうかゞつて見るならば、總支出に對する人件費の割合が他のセツルメントに比して甚だしく小さい事が知られるであらう。其他の一般經費をも參考迄に誌すと最近四ヶ月（一、三、四、五月）間の事業費を平均すると左の如くである。

一、經常費
　庶務部　三三、一四圓
　調査部　二一、一一
　教育部　一四、七四
　兒童部　一九、六〇（但五月新設）
　相談部　九、五一
二、印刷費　五九、四五
三、臨事業費　二〇、〇〇
四、家計及雜費　一二〇、八六

五、施設及營繕費　一四四、三八
六、地　　代　一一三、八五
七、人　件　費　六八、八七
　合　　計　六二五、五一

（大正十四年度年報参照）

右のごとき人代費〔ママ〕の小率はたとへ今後組織の完成と共に有給費の增加が行はれるとしても大學セツルメントの基調が學生及其他有職知識階級にある限り、この傾向は維持せられて他の事業團體と區別さるゝであらう。

◇　財政的基礎の問題は凡ゆる民間社會事業團體の苦心する處であるが、帝大セツルメントでは大體之を二途から得て來た。一は寄附で現在毎年一定額の寄附が保證されてゐるのは安田修德會と三井である。今一つは賛助員會によるもので一口金十圓である。二つ乍ら今日のところでは以てセツルメント一ケ年の豫算金額を覆ふべくは不足の狀態であるがその最理想的な解決策は賛助員會の確立と他方一定基本金の設立であらう。

◇　この問題と共にセツラーの今一つの苦心は夏季休暇時の事業方針である。休暇時のセツラーは在京學生によらなければならぬ必要上どうしても平時の事業狀態とは異るものが出て來る。これが對策に夏季□〔一字判読できず〕人授業部の設置によるか、或は帝大のみにとゞまらず廣く他地方大學からの夏季セツラーを得る事にありはしないかと考へられる。何れにしても今後幾多の試みを經て完成さるゝ問題であらう。

◇　尙大事な事柄を、環境の紹介を危うく忘れる處であつた。

大川を渡ればもはや山の手に見られぬ工場地帶の雰圍氣が濃くこめてゐる。吾妻橋を渡る線路の終點、或はその一つ手前の押上で下車して右に約五丁、柳島元町四四番地附近は一帶に勞働者住宅地帶をなしてゐる。初夏から晩秋にかけて文字通りに猛威をたくましうする蚊群と、毎初秋の出水とは初めてのセツラー生活にとつて異常な經驗であつた。煙で汚れた空氣は恐ろしいもので住み馴れてもよく咽喉を冒し、醫療部員からきいた處によれば近隣兒童の學業不良の原因は慢性咽喉カタルにあるのではないかとさへ考へられる由。蓋し筆者もその類にもれぬかもしれぬ。（一九二五・六・一二）

服部は、新人会と大学卒業前後のことを、戦後に出版した最初の随筆集である『微視の史学―服部之總随筆集』（理論社、一九五三年四月刊）に書名と同名の「微視の史学」で次のように書いている。

三　大学卒業前後のこと

日本フェビアン協会ができたのは、わたしどもが東大を卒業した翌年にあたる大正十五年のことである。大学を出たというよりむしろ新人会を出たといったほうが適切なくらいで、大正十四年の新人会卒業生のうち、わたしと一緒に社会学を専攻して文学士となったのが志賀義雄、喜多野清一、岡部一郎、大山彦一、内村治志、門屋博、清瀬三郎。清瀬はラグビーの選手をしていた関係もあって、社会学を出ると今度は法科に入って、弁護士になった。門屋博は病気かなにかで一年おくれた。大宅壮一も同期なのだが、細君に書かせた卒業論文が不合格となったかわりには、いちはやく文壇人となり、日本フェビアン協会の設立にも、若手世話人格で奔走していた。その大宅が、ある日、太田英茂というひとをわれわれのところへつれてきた。太田は本郷教会の副牧師かなにかをしていたのだが、雑誌「新人」の編輯者でもあった。この「新人」を日本フェビアン協会の準機関誌として提供するというはなしで、その編輯スタッフに、この年の新人会卒業生のわれわれをあたらせるというのが、大宅のプランであった。

われわれといってもいまのべた社会学グループのことではなくて、同じ年新人会卒業生ちゅうの三高グループであり、十人いたからテン・パーティーともよばれていた。新人会内のこのＴＰグループは、震災後から「リベッカ運動」とよばれた学生運動の一翼をなしており、在学中から卒業後もしばらくのあいだはグループをつくっていて、東大セツルメントだの、フェビアン協会だの、ひろくいろいろの方面に関係していた。大宅壮一、浅野晃、有泉茂、福間敏男、内田源兵衛、杉野忠夫、海口守三、喜多野清一、清瀬三郎にわたしで十人。卒業した春から鈴木武雄が加わって十一人になった。

ついでながら「リベッカ」というのは「リベラル化」のいみで、三高の校風といわれた「自由」を、在学中から共産党に関係していた一高出の志賀義雄の新人会指導方針に対置した、一種の反対派で、一高からは菊川忠雄が合流して指導的にうごいた。この「リベッカ運動」は、学生独自の広汎な活動領野の見透しを与えたという功績があったが、震災の年の第一次共産党事件を契機とする合法派的偏向の温床ともなっている。

さて、日本フェビアン協会の準機関誌としての「新人」の編輯会議は、毎月一回、本郷駒込千駄木町にあったわたしの室で、おこなわれた。この「新人」が元来本郷教会の正式の機関誌であったのかどうかよくおぼえていないが、その財政的バックが、本郷教会の主要メンバーだった吉野作造博士その他にあったことは事実で、われわれが本名やペンネームで執筆しながら何号か出してゆくうち、「赤化」した内容にふさわしく表紙もこれまでのキリストくさい形式から解放したいと太田がいう。そこでわたしはそのころ二科会の中堅作家として特異な人物画をかいていた飛鳥哲雄を太田に紹介し、飛鳥ばりの労働者の群像や工場の絵が、表紙やカットに精彩を添えることとなった。飛鳥哲雄は本名高橋鉄雄、わたしの三高時代からの親友でひところ京都で日本画を勉強していた浪江勘次郎から、わたしが大学へはいるため上京したあくる日に紹介され、東京でできた友人のなかではいちばんの古顔であった。それはよいが、表紙も内容も「赤化」したかどにより、吉野博士以下の財政的パトロンたちが手をひくこととなった。雑誌が出せなくなった太田は、教会のほうもやめて、われわれの前から姿を消してしまった。それまでにこの雑誌には、一年おくれて大正十五年度に新人会と大学を卒業した是枝恭二以下の強剛が執筆しており、後藤寿夫が林房雄のペンネームで最初の小説を発表したのも、たしかこの「新人」である。

それはちょうど「福本主義」がさっそうとして登場したころのできごとであった。ＴＰグループのメンバーはジャーナリズムや官界や法曹界やにそれぞれ散らばってゆき、わたし自身は東大社会学研究室に副手として残っていたが、浅野晃がまっさきに福本主義の洗礼をうけ、やがて、わたしと鈴木武雄がこれに倣った。大正十五年から翌年にかけての福本主義時代の「左翼」陣営のわかいインテリ分子のあいだでは、共産党に入っているといないとにかかわらず、志賀義雄、是枝恭二以下の東大新人会組と、岩田義道、淡徳三郎以下の「京大事件」組と、おなじく大正十四年に慶大を出た野呂栄太郎の一派とがその大半を占めていて、野坂参三の産業労働調査所をはじめとする幾多の文化的な機関のはたらきてとなっていたのである。西本願寺の龍谷大学で社会学講座を担当するために、ウィーンに留学することになっていたわたしが、思いもよらぬ歴史家としてのコースを踏み出したのも、そうした雰囲気のなかで昭和二年〔三年の誤記〕「マルクス主義講座」に「明治維新史」（『全集』③所収）を、岩田義道に代って執筆するはめとなったことが、そもそもの動機であったと、こんにち思いかえしてみるのである。（『全集』㉓、三四～七頁）〔このあとの文章はⅦ、「花王石鹸株式会社（長瀬商会）時代」につづけて引用してある〕

服部とマルクス主義との出会いは、三高時代に当時京都帝大教授であった河上肇の著作を通じてであった。服部は大学四年生の一九二四年二月から六月九日までの日記に「マルクス主義ハアク迄相対的真理デアル、而シテ相対的ナルガ故ニ現実的デアル。個性的デアル、資本主義下ノ労働階級ノ個性デアル。」と書いている。このようなマルクス主義者であった服部が、文学部社会学科の副手として研究室に残ったのだが、「象牙の塔」であった大学研究室の中で煩悶していた当時を、次のように回想している。

一しょに卒業した志賀義雄以下の新人会同期生は、大半「実践」部面に飛び込んでいるのに、私は一人「研究」をしている。それも、研究室になんらかのマルクス主義研究のための便宜があるというわけあいからではなく、某私立大学の社会学主任教授の椅子とヨーロッパ留学の約束に釣られて、いってみれば人をも身をも欺いている形であ

ったから、二重に暗い二年間の研究室時代ではあった。（「清水幾太郎論―庶民への郷愁―」『全集』㉒、一六八頁所収）

志賀義雄について服部は、当時の彼はいつも我々よりも数歩先を歩いていた秀才だったが、「俺が俺が」と思う悪い癖があった。そんな人間は絶対に政治をやってはいけない、とよく私設助手時代の私に語っていたことを、今も忘れることはできない。

服部は副手の職を捨て社会学者となることを断念した理由を、右にあげた「清水幾太郎論」の中でくわしくふれている。当時の服部の、東京帝国大学での「講談社会学」への批判がのべられているので長文だがあえて引用しておきたい。

四　清水幾太郎論―庶民への郷愁―

一

最新の論集『政治とは何か』に収められている文章の大半は、発表されたとき雑誌で読んでいたものだが、こんどあらためて通読してみて、結局のところ「庶民」一篇が、あらゆる意味で彼の学問を浮彫している代表作だと、私は結論した。本誌［『中央公論』］の注文は、この論集を材料として私に「清水幾太郎論」を書けというのだが、さしずめ私は、べつの話しからすすめてゆきたい。

というのも私は、評判になった彼の自伝風の記録、『私の読書と人生』を、憑かれたように読んだ一人である。私小説というもののある作家の世界はべつとして、素裸になるという努力は、知識人とりわけ論壇人に欠けているものである。誰も彼もなにかしらめいめいの麻裃をつけている。清水はこの自伝風の記録のなかで、彼の麻裃を、脱ごう脱ごうとしていたのである。

そのため彼の激情を、人々はこの書のいくつかの章題の表現――たとえば「虚栄心のままに」、「酩酊の果て」、「犬の遠吠え」、「頽廃の季節」――のなかに、読みとることもできたであろう。しかし私は、彼とそして特にこの書にとっては、特別の読者の一人であった。

考えてみると、「本所の片隅」でわびしい士族の商法を営んでいたという彼の一家が、関東大震災で焼出され、「父は四十歳を越えたばかりであつたが、あの衝撃で一度に老人になつてしまった。私は十七歳、一挙に大人になつた」、「かなりの期間は、焼跡に焼トタンの小屋を建てて住んでいた」――そのころ、私は東大の学生で、本所柳島の帝大セッツルメントの建設に熱中していた。私の専攻は社会学であったが、そして卒業とともに社会学研究室に副手として暗い気持の二年間を送ったのだが、私がそこの副手になることになった大正十四年に、清水は東京高等学校に入学した。「そして入ると直ぐ、日本社会学会の会員となった」。

――彼は、高等学校どころか、中学の四年生のはじめに、すでに「社会学」に立志していたというのである。

二

それについて若干引用しなければならぬ。

「私が漠然たる感情のままに自分を托してゐる学問といふもの、これは決定的に山の手のものである。この意味で私は山の手に対して拭い得ない劣等感を抱いていた。中学の二年生か三年生の時、大西祝の『西洋哲学史』に取材を仰いで、「アナクシマンドロスのト・アペイロンについて」などといふ滅茶苦茶な演説を試みたのも、劣等感に対する私の挑戦であり、それ自ら劣等感の告白であつたに違ひない」（「脱出の方向」）。

「正直に言って、（医者志願者の集る獨協中学に志したときの）私には、医者であらうと何であらうと、それはどうでもよいことで、私の一家が置かれてゐる現状、私自身が立つている境遇、そこから脱走することが出来さへすれば、それで満足なのである」（「本所の片隅」）。

「目的地のない脱出を企てていた」彼は、獨協中学の四年生――大正十三年のある晩、本所から川一つへだてた亀戸の大きな紡績工場の火事見物に駆けつける。燃えているのは裏手の方の女工寄宿舎で、工場の表門の方は無事である。女工たちが寝間着のまま、風呂敷包や竹行李をかかえて、表門にひしめいているのだが、そして火事はしだいに表の方へまわってきて、煙で呼吸が苦しいほどなのに、高い鉄門は堅くとざされたままである。女工たちは「門を開けて」と泣きさけぶ。いつまでたっても門はあかない。たまりかねた彼は門を外から押したり引いたりしてみるが、もちろん動かない。「門を開けたら、女工が逃げてしまうから、会社は開けやしないさ。前借つていふものがあるからね」と火事見物の一人が言う。

無事鎮火したのち、家に帰った彼は眠れない。彼は巨大な不正の姿を見たと信じた。彼はそれを一つの問題にまとめあげた。それを表現したいという衝動に憑かれた。表現しないことは、不正の味方をすることだ――そして数日後、学校の弁論大会でそれを表現する。すると、彼の演説が終るや否や、生徒監の砲兵大尉が彼を取調べ、翌日も翌々日も調べられた揚句、処分されることになる。そのとき彼を庇ってくれた国語の教師、加藤先生が、「君などは社会学をやった方がよい」と教えるのである。加藤先生は古い社会学者遠藤隆吉に師事したことがある。

――実は私もこの火事に、すぐそばの柳島のセッツルメントから、飛んで行ったので、彼の叙述は人一倍なまなましい印象をもって、記憶をゆさぶるのであるが、この紡績工場の火事の一件は、当年の私にとっては、当時流行したドイツ観念論の形式社会学とその教室にたいする感情をいっそう冷却させ、実践的なマルクス主義にたいする情熱をそれだけはげしくさせるための、一コマになった。そのくせ私は、翌春卒業すると同時に、社会学研究室の副手となって残ったことは、前に述べたとおりである。一しょに卒業した志賀義雄以下の新人会同期生は、大半「実践」部面に飛び込んでいるのに、私は一人「研究」をしている。それも、研究室になんらかマルクス主義研究のための便宜があるというわけあいからではなく、某私立大学の社会学主任教授の椅子とヨーロッパ留学の約束に釣られて、いってみれば人をも身をも欺いている形であったから、二重に暗い二年間の研究室時代ではあった。

〔「一しょに卒業した」からはすでに引用したが〕

これに反して清水にとっては、加藤先生の一言は、運命的なものになる。

「この一言を、私はまた例の軽率と早合点で受取つた。私は思はず唸つた。それに限る、それ以外にどんな道があるといふのか、いや、それは何年も前からきまつてゐたのではないか、とにかく社会学といふことにしやう。その場で決心した。……万事は先生の一言で決定した、と言ふより、私の軽率な早合点で決定したと言ふべきかも知れぬ。さうは思ひたくない。それよりも、以前から私の内部に発酵してゐたものが、ここに一つの爆発を遂げたと見るべきであらう。社会学は一つの学問である。……ト・アペイロン……の系統に属してゐる。これは疑ひない。その上、社会学は本所のスラムと深い関係がある筈であり、また亀戸の紡績工場の事件とも繋がりがあるにきまってゐる。社会学といふのは、きつと威勢のよい学問であらう。下町と山の手との間に一本の道を発見することが出来たのである」（「脱出の方向」）。

彼はその翌日、神田で『タルドの社会学原理』を買った。「難しくて判りはしない。併し私は、手ごたへがある、やり甲斐がある、などと勝手なことを考へて、愈々決意を堅くした」と追想している。私も前後してこの本を幾度か読んだが、それは試験のためであり、教授になるためであり、一口にいえば商法として読んだにすぎぬ。社会学研究室は、日本の民衆の解放の課題とはなんのつながりもない。生気をうしなった、一握の徒弟養成所であり、社会学は、教授商法の小市民が学者の扮装をするための、借着にすぎないように思われた。留学も教授の椅子も、私がマルクス主義の実践をしないという条件がついていた。恥しさにたえられなくなった私は、副手をやめるとともに、社会学も留学もきれいに断念して、不安定な街頭に出た。

清水の自伝につけば、その間彼は高等学校時代をただひとりで、『社会学雑誌』三十冊のノートを一冊一冊書きためていたのである。そのノートでは、マックス・ウェーバー『科学論文集』の諸篇が翻訳され、クラカウアーの『科学としての社会学』は二度まで全巻を訳了されているのである。ヴィンデルバントの『ブレルーディエン』、リッケルトの『認識の対象』以下がメモにとられているのである。フッサールも、ブレンターノも、ポルツァーノも、ジンメルも……。

彼が何一つ迷うことなく東京高校から東大社会学に入学し、私の先生でもあった主任教授戸田貞三先生の前に立ったとき、「先生は、今まで何を読んだか、とお尋ねになる。私はあの密室で読んだ限りの書物を全部挙げて答へた。そんなに読んだのなら、もう大学へ来る必要はない、と先生は言ふ。先生の表情は皮肉というよりほかのないものである。何故か私は、しまつたと感じた」というくだりを、私ほど全幅のニュアンスとともに了解できる者は少いであろう。彼はこのくだりの節に題をつけて「アマチュア」としていたのだが、彼のつもりはどうであれ、私が考えてみるに、その時までに社会学について、彼がおそらく戸田先生よりも広く読み、もしくはくわしく読んでいたのでなかったとしても、純粋に読んでいたことだけはたしかである。至純にということはアマチュアの資格なのだ。

「笑ひたい者は笑ふがよい。私は社会学に対して愚直な忠誠と愛情とを献げて来たのだ。それは一個の科学以上の或るものであつた。それは客観的な知識のシステムといふより、自己の全体を賭けたものであつた。私はこれに縋つて日々の生活に耐へ、またこれを頼りにして生活からの脱走を企ててゐたのである。」

三

清水がそれほど一貫して一徹にそこからの「脱出」を企てていた生活――「本所の片隅」――は、没落する都市小市民の下層に累積する無産者の生活であった。彼はそれから苦学しつつ脱出をはかってき、現実の生活の上でいよいよ没落するにしたがって、観念の上でますます先んじて脱出しなければならない。けれども、脱出ということばは、まだあくまで個人的な意味で語られており、他の者は依然としてあとに残っているのである。無産者が全体として自己の悲惨な境遇から有終的に脱出するための団結の教義、行動の理論としてのマルクス主義との対決に、彼がふかく悩まなかったはずはない。ブハーリンやデボーリンによって彼がマルキシズムに接したのは、高等学校時代からのことだったと書いている。

「だが、読み進むに従つて、私は一種の絶望へ追ひ込まれて行く。……現状に聊かの変更も加へぬドイツ風の批判精神、社会生活の一面の分析に満足する社会学、さういふものに対して、これ等の新しい書物は一切を剰すところなく包括し、同時に私の一切を要求する。私に決意を迫り、行動を要求する。それは、私が覚束ない調子で親しんで来た哲学や社会学によつて豊富にされることを拒絶し、寧ろそれ等との間に越え難い溝を穿つて対立する。……決定的な事情は、私の生活そのものが、私の意識的な努力を裏切つて、秘かにマルクス主義の学説に呼びかけ、これを招き入れようとしてゐたことだ。私の内部は分裂を開始した。私は自己の内部に相鬩ぐ二つの魂を見た。」（「読書会」）

彼が東大社会学の学生になった年の秋、三木清と羽仁五郎が創刊した雑誌『新興科学の旗の下に』の影響で、「二つの魂」の相剋からなにほどか解放され「今まで平行して来た二つのものの一つを取り他を捨てる必要が稍々緩和されたと言へようか。私は勇気を得た」、と回顧しているのを読むことは、そのころ三木にたいするマルクス主義的批判者の一翼に立っていた私にとっては、若干の感慨がある。私は、手軽にとは言えないまでも、ともかく一つをすてたのである。けれども他を取るという点で、実践の教養に徹することは、ついに私には不成功に終った。研究室を去って街頭に出るには出たが、帰するところ職をそのころの中央公論社に得て、ジャーナリズムの楽屋裏で、やがていっさいの小市民的なものを身につけはじめていたのである。実践の上でどうにもできなかった鬱屈を、かろうじて三木哲学批判に晴らしていたといってもよい。それにくらべれば、『新興科学』の三木や羽仁が、この雑誌をすててプロレタリヤ科学研究所に挺身していった決意の方が、はるかに新鮮であり、清水を魅了したことも大きかったと思われる。

それにしても社会学界の内部で社会学とマルキシズムの「平行」を、なんらかの仕方で持続するという課題は、当年それについて清水のごとく精励であり真剣であればあるほど、徒労に帰するにちがいない。その間の事情は、当年の「研究室」の空気を吸った者でないと十分にはわからないが、わからせるために行を割く値打もいまはないであろう。清水がコントに関するすぐれた卒業論文を提出してのち二年間、かつて私がしたように研究室の副手をしながら、「平行」の学問的努力を重ねていたころのことをかえりみて、「生涯における空白の頁であった」と述べているのは、なかばそこに基因していたといってよい。なかばは思うに、彼自身の青春を賭けた「社会学」への執念に、基因していたと言えるかもしれぬ。

「運命の年」と題する章の、「模索」という節は、その意味で読む者の心を痛ませる。

「コントを批判する場合、私はマルクス主義の学説を利用した。併し何処までもこれに依拠することが出来るのか。これを信じ切ることが出来るのか。私は他人の褌で相撲をとつてゐるやうなものである。私は自分を責め、自分を嘲つた」。

はたしてそれは、「社会学」にたいする執念のために、他の一つのものたるマルクス主義にたいして、懐疑的になっていったのであろうか？　よく考えてみると、彼はこのときすでに肝腎の社会学にたいしても、同じように懐疑をもたずにはすまなかったのではないか？

「私は困惑と模索とを続けてゐた。この間に読んだ書物は夥しいものである。併し、どれ一つとして私を揺り動かすものはなかつた。私は苦しみながら、迷ひながら、幾度となく壁に頭を打ちつけてゐた。」

四

さて、この辺で私は彼の「庶民」に立ち帰りたいが、つぎの一節を素通りするわけにはゆかない。「犬の子のように研究室を追はれた」彼が、「多くの家族を抱へたまま、一文の収入もない生活の底へ叩き込まれ」、「それから、どうして私は生きて来たか。これは私自身にもはつきりとは判らない。自殺するのを待つてゐる、と言つた友人もあるが、私は自殺しなかつた。人々の友情と好意とが私を救つたとも言へる。屈辱を忍んだ代償として、辛うじて生きることを得たとも言へる。併しいまはそれ以上のことを書かうとも思はぬ。考へようとも思はぬ。何れ考へ且つ書く日が廻って来るであらう」。

そのころ私は、彼と馬肉をつついて語ったことがあるが、無力な私は何一つ役立つことのできない街頭の「先輩」でしかなかった。彼が自力できりひらいた世界はジャーナリズムであった。彼を容れることのできなかった社会学界にたいして、彼は社会学を、きびしいジャーナリズムの世界ではじめて堂々と商品化することで、礼を言ったのである。

その日以後の、ジャーナリスト清水幾多郎の閲歴について、いま私はいう必要はない。私にとっての当面の問題は、彼ははたして社会学者として、ジャーナリズムでの成功をかちえたのかどうか、という点にある。結論から先に書けば、清水の文章の魅力は彼が駆使する社会学の論理または理論にあるのではなくて、上来彼の自伝によって顧みてきたような彼自身の悲願の「社会学」の演出にあったのではないか？「庶民」一篇は、とりわけそれに答えてくれるように思われる。

「庶民」以下を収めたその論集に、「政治とは何か」という書題を付した理由を彼は序文の中で述べている。それは「はっきりと本文のうちに示されてゐない或る根本的な論点」に関しており、つまり彼の社会学の理論に属しているのだが、多くの読者にとって、少くともジャーナリスティックな魅力だけは、持っていないようなものである。しかるに事本文におよぶと、けっしてそうでない。

五

やや退屈な仕方で彼は庶民の定義を与えることから筆を起す。国民、臣民、人民という名称にたいして、庶民とは、語感によって探るとき、公共的あるいは国家的なものからきりはなされた、なんとなく第二次的な低さを現わしているであろう。

第一に、庶民と言うときの集団はほとんど完全に、否、徹底的に、組織を欠いている。第二にそれは、公共的儀礼的であるよりも私的日常語であり、豆腐屋のラッパの音、秋刀魚をやく煙、配給所の前の長い行列を思いうかべさせるであろう。第三に、庶民にあっては意志ではなく感情が、市井に投げ出されたままの生活の哀歓が、本質的なものである。欲求の上に出て行こうとする態度の欠如。人間のさまざまな弱点のうごめき。つきまとう暗い悲しい感じ。第四に……。

このような定義は、彼がどこかで言っているように社会学に固有な――そしてあまりに社会学的な――「社会生活の一面の分析」であって、特別に彼の名を冠しなければならないような、オリジナルなものではないであろう。だが人々は、彼が一転して、「私自身が庶民なのである」と語りはじめるとき、それまでぼんやりと聞いていた耳をきっとそばだてる。

「思へば、私は沢山の書物を書き、幾度か演壇で叫びもした。さういふ場合、迂潤な私は相手の読者や聴衆を何時の間にか、これも実は抽象の結果にほかならぬが、完全な合理的存在に見立ててゐる。純粋な理性に向つて呼びかけてゐるつもりである。……つまり相手を庶民でないものと考へてゐるのである。しかし以上は私の迂潤で済む。けれども相手が庶民であることを知つた時の私の態度は、到底迂潤などといふことでは済まされぬ。相手が公共的事柄に背を向けがちな、日々の欲求に気を奪はれる、市井に投げ出された限りの人間であると知つた途端に、私はその相手を見下して居る。……誠に思ひ上つた振舞と評するよりほかはない。

……私自身が庶民なのである。固より微賤の生れであつて、庶民の哀歓は、本当のところ、一々この胸に堪へるのである。自らそれを知りながら、或は知つてゐるためか、却つてこれを知らぬ様子で文章を書き演壇に立つてゐるのである。書いたり喋ったりする時に、自分が庶民であることを忘れるといふ滑稽な習慣は、何時の頃から、また如何なる原因から固定してしまつたのであろうか。恐らくこれは成り上つた独裁者といふものの心理であるに相違ない。」

彼だけが書きうる、それは「脱出」の「社会学」である。自虐的にさえひびく文調は、彼の「読書と人生」に固有なものであって、彼が用いている社会学的方法の乾燥無味に生色をあたえる。意識した芸当でないから、どこかで打つものがあるのである。さらに、こんなふうに言ってみることもできるであろう。庶民という社会学的範疇は——その定義は、まだまだあとに続くのであるが——彼によっていかに新鮮な表現を付加されようとも、所詮社会学的な抽象であって現実の存在でなく、人間生活の一面の分析であり解釈であって、定義が精細をきわめるにしたがっていよいよ抽象化され、動きのつかぬものとなる底のものである。庶民は公的なものでなく、組織をもたず、日常性に纏綿して変化することを知らない。それは現実の人間である小市民の、農民の、労働者の、ある状態ではない。もとよりそんなことは先刻彼は知っての上のことである。知っての上でなおかつこの社会学的範疇化のあそびを、あそびとせずに彼が用いつづけているのは何故であろうか。情熱をこめて用いつづけているとさえ言いたくなるほどのものがあるのは何故であろうか。それは彼が、彼自身の生い立ちを、彼の「読書と人生」を、そのなかに見ているためにほかなるまい。社会学的方法はこの場合、彼にとって自己を表現し謳いあげるための詩であり、文章であったと言えるかもしれぬ。

清水が半生を賭してそこからの脱出をはかりつつ、いまもって脱出しきれないでいる世界が「庶民」であると言ってしまえば、ただそれだけのことであり、誰にも覚えのあることにすぎまい。マルクス主義の言論で「小市民性」と呼ばれてきたものがそれである。けれども、清水の場合には、社会学のことばをもって謳いあげずにはおられぬほどの精神史的な体験と苦汁があった。それはわかる。そのわかる度合だけ人を打つのである。

六

問題は、それにもかかわらずあそびだということに、ありはしないか。

論文「庶民」のおしまいにちかく、おもしろくひびく Ja aber ……の説がある——

「選挙のたびに、いろいろな政党から候補者が出る。庶民はその一人に向って Ja と言い、他の候補者に向って Nein と言へばよいのである。だが……一人に向って Ja と言ふだけで、これに複雑な気持の全体を盛りこむことは出来ぬ。表現しやうのない aber が彼の心中に残る。一人へ向つての Ja も、ただそれだけの割り切れたものでなく、背後に暗い aber の影を伴つてゐる。……更に粗雑なのは、マルクスかサルトルかといふ程度の乱暴な二者択一である。執拗に答へを迫られるので、やむを得ず、何れかに Ja と言ひ、aber と付け加へやうとすると、Ja なら Ja で、aber は不要、と言はれる。かうして無数の小さな aber が人々の胸に蓄積されて行く。……ネグレクトされた要素が集約されて行く。それは物を言ふチャンスを持たぬ。」

これが庶民の本質なのだと、彼は言おうとしているようにみえる。ここでもしも小市民的な浮動性が、無組織性や日常性とともに合理化されんとしているのであるとしたら、それはあぶないあそびである。まして次の一句は、理解しがたいものとなる。

「主人は常に庶民である。仮にも何等かの方式を云々するものは、この庶民を主人とせねばならぬ。庶民の複雑な経験に入り込み、そこに現はれる事物の意味を知らねばならぬ。……庶民の哀歓への正直な共感がなければならぬ。ああ、庶民はまだ語つてゐない。」

清水によってさまざまに定義づけられたような社会学的範疇としての庶民は、客観的にそのまま実在するのではなく、抽象されて彼のなかにあるのである。あたかもそれは画に書いたような「小市民性」が、実在する小市民階級の固定的概念として存在するのと同様であろう。彼を論評しつつある私のなかにも、もちろんそれは厳存する。だがそれは、はたして彼の言うごとく、彼およびわれわれの主人たらねばならぬものとしてあるのであるか？

「日本といふ社会のメンバーには庶民といふ古い悲しい名称で表現されるやうな側面があるのではないか。これが最初から私を導いてゐた仮定であつた。」と彼はこの論文の結論部分を書き出している。そうだ、庶民とはまさに、そのような「古い悲しい」側面なのだ。この側面は、それをいじくればいじくるほど、光明のかわりに暗黒と、前進のかわりに後退と、生のかわりに死と、対面しなければならないような側面なのだ、と私は思う。それは清水がそれからの「脱出」を、生命がけで敢行してきたあの「本所の片隅」に、通じていたのであり、彼の文章「庶民」に陰影を生彩をあたえているものは、社会学的な仕掛ではなくて、この庶民にたいするかぎりない彼の郷愁

――彼のいわゆる「哀歓」であったと、そう見ることができるのではないか。

七

思うにこの郷愁または哀歓こそ、清水幾太郎その人がもつ数々の陰影と生彩の、そしてまた、強そうで弱く、弱そうで強い持味の、これを要するに彼の魅力の、源泉ではないか。

「日本といふ社会のメンバーには庶民といふ古い悲しい名称で表現されるやうな側面があるのではないか。これが最初から私を導いてゐた仮定であつた。同じメンバーを内容としながら、国民や臣民や人民とは別の、また嘗てこれ等に解消せぬ側面が保たれてゐるのではないか」と彼はその「庶民」の結論章を書き出している。

「私はそこはかとない語感を頼りにして、庶民に幾つかの規定を与へてみた。私的性格、日常生活への没頭、市井に投げ出されたまま背伸びをせぬ人間の群、意志でなく感情に生きる人々、その哀歓、古い悲しい友情。これ等の規定では足りぬやうに思つて、直接的接触の世界を彼等の天地に見立てもした。彼等こそ匿名の思想を担ふものではないか、と言ひもした。私がさういふ試みを重ねてゐるうち、初めはその存在自身が疑はしかつた庶民が、稍々明瞭な輪郭を帯びて現はれて来た。併し、それは本当にあるのか、私が作り上げてしまつたものなのか。今となつては、それさへ明らかではない。」

社会学的な悠々たるあそび。

そして、これを受けたあと数行の結句は、彼の郷愁が発動させる一称の公案であって、見性《けんしょう》は打座《だざ》する人々に任されるのである。

「その存在が疑ひ得ぬものになると共に、如何にそれが無視されて来たかも明らかになって来た。誰が庶民のことを覚えてゐたか。誰が庶民を軽蔑しなかつたか。庶民は戦前と同じやうに戦後もゐる。庶民は戦前と同じやうに戦後も無視されてゐる。私はさう思う。……庶民は今もゐる。そして忘れられてゐる。更めて日本の中に、吾々の間に、庶民を見出し、その願望のうちに価値を、その経験のうちに方法を発見する時、吾々は相共に新しい平面へ這い上ることが出来るのであらう。」

見性は、打座する庶民にゆだねられている。庶民は戦前とひとしく今もおり、清水とひとしくすべくわれわれのなかにいる。それにしても、見性せんとしてひとり打座しつづけている庶民の姿こそ、清水幾太郎その人である──と言ってみたら彼は苦笑するであろうか？

八

──現実の世界で、彼が知るごとく、庶民から人民への転生が、不可避的に進行しつつあるときに。

「人民という名称は」と清水は彼の「庶民」のはじめに定義をくだしているのである。「若干の偶然的事情のために一種の革命的要素を含むものとして使用せられてゐる。日本といふ社会のメンバーを指す点では、国民や臣民と異ならぬにも拘らず、人民といふ名称は、右のメンバーを、少数の支配階級に対立し、これと戦ひ且つ最後にこれを打倒するといふ資格に於いて捕へてゐる。ここでも国民の持つ形式的統一性が破られ、実質的且つ構造的な性質が、而も臣民の場合とは異つた方向に現はれてゐる。」

私はこの定義を、庶民にたいする彼の定義とひとしく、そのまま全面的に承認するというのではない。私が言いたい点は、庶民も人民もこれを社会学的に定義づけ、区別づけるだけでは、問題は一つも解決しなかったということでしかない。庶民は人民に転化し、人民は庶民に転化する。「主人は常に庶民」であるという彼の表現のなかに「反動」の論理を見つけたとして得意がることは容易であろう。社会学的方法の袋小路を指摘することも困難ではない、にもかかわらずそれによって清水幾太郎の「社会学」を批判しつくしたことにはなりそうもないのである。彼の社会学的方法は Ja oder Nein であって aber をのこさない。しかも彼の「社会学」は aber をつねにともなっているからである。それが庶民なのだと彼が社会学的に割切ったところに、「庶民」一篇の悲劇があろう。aber こそは、大切な転化の契機なのだ。

私はこの一文を、「人民の歴史家」羽仁五郎にたいする、私の先年の批判の激越を心にふかく悔いながら、書い

てきたことを記しておく。(『全集』㉒、一六五～八三頁)(初出『中央公論』一九五〇年八月号)

次に、この頃に服部が書いた社会学の論文である「社会意識の表出として見たる道徳観念について」(草稿)もここに全文採録しておく。

五　「社会意識の表出として見たる道徳観念について」

一　マンデヴィルを介して

Private vice pubulic benefit(私の罪悪は公共の利益)、これはマンデヴィルの言葉である。詳しく言えばその著『蜜蜂物語』の別名として記されたことばである。『蜜蜂物語』は一七〇六年に出版された詩集で、著者マンデヴィルは、ロック及びヒュームと共にアダム・スミスの先駆者として知られ、この詩集に盛られた思想はスミスによって完成された個人主義経済学――したがって資本主義経済学であり経済的自由主義の上に立つもの――の濫觴をなしたものであり先駆をなしたものである(河上肇氏著『資本主義経済学の史的発展』)。

マンデヴィルが「私の罪悪」と言ったものは何か。それは「各個人が自己の快楽及び利益を追及する事である。」(ibid p. 7)しかしてマンデヴィルの新発見によればかかる「私の罪悪」こそ社会全体の繁栄を来したものでありすなわち「公共の利益」である。今日の社会に在ってはこのマンデヴィルの提言は多くの人々に失笑を与えはしないか。なぜなら今日の観念では個人が個人の利益を追及することはあたりまえのことであり、――「家族制度」の美習を恵まれているわが国日本では一家が一家の利益を追及することはと書き改めた方が無難かもしれない――かかる利益および利益がもたらす快楽の追求は何等「罪悪」として認められない証拠には、かかる個人の利益追及を保護し時には奨励する法律が無数に出来ており、一工場の利益のために数百数千の人間が奴隷的境遇に置かれる事実に対し、世間いささかも不審を抱かず、工場主、地主、商店主、を呼んで罪人となす輩は犯人かあるいはかの憎むべき平和の攪乱者たる点で強盗放火犯人以上であるとしての「社会主義者」かであるとせられる。すなわち今日の観念では故人の利益追及を妨げることが罪悪であり、この観念に反して個人的利益追及者の一群を「搾取者」と呼び「強盗」と宣し「ブルジョア」とよびすてにする「社会主義者」は迫害され憎悪されるのである。しからばかの中世末期、産業革命初期に出でたマンデヴィルは「私の罪悪」なる言葉を今日の「社会主義者」から前借したのであったか。そして「社会主義者」に対して「否、そは公共の利益なり」と弁じたのであろうか。

マンデヴィルの著書が初めて世に出るや、当座は「さして世間の注意をひかなかった」が八年後改版されて『蜜蜂物語』として出るや「世間から甚しく非難を蒙ることになった」。バークレイはこの書を詳しく「未曾有なる最悪の書」と口を極めて酷言した。マンデヴィルは非難を発する世間に、彼の新説を理解せしめこれを説得するために再度彼の詩に注釈を加えなければならなかった。すなわちマンデヴィルが借用した「私の罪悪」なる言葉は、当時の世間一般が個人的利益追及ということに対して抱いていた観念であり、以前から個人的利益追及者に対して投げ与えられて来た観念の子孫であったのである。

われわれはこの観念の祖先を中世紀の社会に見出すことが出来る。そこでは王権神授説と法王不可侵の観念とが世を支配していた。人々は個人的利益追及の「罪悪」を避けてその代りに国王への忠義、法王への服従をむねとしなければならなかった。精神的物質的に人々は彼自らでなくして国王および法王の奴僕であらねばならなかった。日本では田地に関するいっさいの個人的利益追及は禁止され、金に関する個人的利益追及者たる商人は「町人根性」を蔑まれ、これに対しては斬棄御免であった。

個人的利益追及という同一の行為が、封建社会では「私の罪悪」として非難され、近世資本主義初期に当ってはマンデヴィル、ロック、ヒューム等の代弁者を経て「公共の利益」であると弁護されるに至り、資本主義発展と共に、かつては「最悪の書」と非難された『蜜蜂物語』の同じ思想が、アダム・スミスの『諸国民の富』となって、より明確に発表された場合には、非難の代りに大なる歓迎と名誉とが註者および著者に与えられた。爾来久しい間誰一人として怪しむ者無く、正当視されてきた個人的利益の追及は、しかしながら、現在に及んで他の一角から「搾取」、「強盗」なる道徳的非難の声をあびせられはじめた。そして現代の一般がかかる非難者を狂人扱いにしている間に、ロシアではこの非難の声が正当化されロシアの道徳として公認された――。

道徳観念は変化する――ということを今更らしく説く必要はない。唯それがいかように、何者によって、何故に、変化してゆくかが総ての深い研究問題として提示される。以上書いたことから指摘しうる一つの明らかなものは次のことである。封建社会下では一国王一法王のための道徳観念が社会一般を支配した。資本主義社会下では、これに反して個人のための道徳観念が確立された。しかして現在ではその資本主義社会の一角から個人のための道徳観念に反旗を翻す呼声が起こった。第三のものはすなわち、社会のための道徳である。一個人に他の全個人が隷属するための道徳ではない。各個人がめいめいの熱意を正当視せんがための道徳ではない。それは「社会」のための道徳である。（一九二四・二・一二）（『全集』㉔、一四九～五二頁所収）

六　服部日記―一九二四～二五年

現在、私の手元に副手時代の服部の一九二五年の懐中手帳がある。この頃の克明な日記がつけられている。たとえば、一月二月の日記に「疲労」の文字がしばしば見られたり、一月三十日の欄に、服部の指導教授であり恩師でもあった戸田貞三助教授から訓戒を受けたことを、次のように記している。「戸田さんから僕の才気に任せた不勉強についてそれとなく誡められた。一年間研究室副手として勉強した上でゆく事として懇切な推薦状を認めて貰ひ、夕方林さんを訪ねる。夜おそく迄ジンメル、タルド、デュルケムの比較論をきかされ得る処深し」

林を訪問した理由は、一月二十九日に「夜十一時過ぎて林恵海氏来訪。龍谷大学の話で明朝戸田先生を浦和町に訪ねるやう、学長前田博士の帰洛が一日の事とてとり急いで告げに来たとの事であった」と書いている。
二月十三日には「父から馬鹿なことを言ってきた。京都で彼処〔龍谷大学のこと〕に就職して、傍龍谷學林とかいうのに夜学して二年後になって早く帰寺せよといふ。昔乍らの父親の権威を以て認められてある。憤慨して三ひろに余る抗議書を認め書留にして投函した。」とある。
四月二十七日に「研究室へ初出勤。処存なさにバークなど拡げる。一応諸先生にあいさつする。夜セツルメントへゆく。泊まる。」「研究室出勤――実に面白く味気なし。」（四月二十九日）
「メーデを三十八度五分の熱でまっかに調子高く遺憾乍ら白布に包まれて祝ふ。この日喜多野浅野錦署にケンソクさるるときいた。セツルメントは法律相談開始の日で大にぎわひ也四十人来る」（五月一日）
「研究室へゆく。相変わらず味気なし。夕方迄おって頭おそろしくいたみ、無理におして溝井へ帰った後セツルメント、社会学・初講義一時間半。終えて悪寒はげしく風邪復興。」（五月四日）
この当時の服部の心境や生活を示す『歴史家服部之總』にとって貴重な史料なので、一九二四（大正十三）年二月から同年六月九日までの寄宿寮にいた頃の日記の一部、一九二五（大正十四）年一月一日から暮れまでの日記全部を紹介しておく。

「一九二四（大正十三）年二月～六月九日　寄宿寮一の六　服部之總」とこの日記の表紙に記している。

現状批判
○牃〔「研究」の意、服部の作字〕ト云フコトニ関スハ概念ノ不定　メザメノタメカ（啓蒙カ）準備ノタメカ〔判読不能の字〕　○以前不完デアッタノハ　〔行動力　牃力　ゲンザイ　〔啓蒙準備〔「準備」に二重傍線〕……〔学内啓蒙ノ準備

社会啓蒙ノ準備　〔行動シ乍ラノ──→学内学生運動　煳シ乍ラノ
○実行ノ意義ニ就テ　（実行派　学者派　コノ分類ハ共ニ抽象的概念的非現実的デアル。イカナル処ニモ実行アリ
実行アル処必ズ学者アリ
○ネグダノフ、パクリンノ悲哀、彼等ノ実行トハ何デアッタカ、ソハ旗振リデハナカッタカ、パンフレットデハナ
カッタカ、
○クローミンヲ見ヨ、彼ハ右ノ意味ノ実行家デハナカッタ。然モ真ノイミノ実行家デアッタ。
○ソノ歴史的（会ニ於ル）
○煳会成功ノ鍵　一、煳主題ヲ方向分ケ（職業分ケ）ニセヨ　二、acceptive contributive 併用（日本政治煳等）
三、煳ノ結果ハ単行本トシテ出版セヨ　四、三ガ一ツノ班全員ノ課セラレタル任務トナル。教育　出版会報　高
校
〔次ページ以下のメモ〕　梨本正太郎　江渡狄嶺　長野県上諏訪浜町藤本屋　浅野晃
〔四月十八日～二十七日　五月一日～一六日の予定メモ〕
大正十一年度入学社会学科学生生徒聴講生懇親会
級会五月三日（土）午後五時カラ　四谷新宿大宗寺前下車　甲州屋にて会費三円也
〔略図が書かれてある〕
〔ローマ字のメモ〕

Miti ga tadasii koto wa
（道が正しいことは）

Watasi wa nenji te iru
（私は念じている）

Nani wo kurusinde
（何を苦しんで）

Watasi ni motto
（私にもっと）

kuwasiku Anata no
（くわしくあなたの）

Dōki wo tugete kurenai no desu
（動機を告げてくれないのです）

Kwankyo ni maketa
（環境に負けた）

Sorewa watasi nimo
（それは私にも）

koremade sibasiba atta
（これまでしばしばあった）

si korekara mo tune
（し　これからも常）

ni tatakai no teki
（に　戦いの敵）

to naru de syo
（となるでしょう）

mo siyô no
（も〔う〕しようの

naikoto da !
ないことだ）

Anito site no kokoro
（兄としての心）

Naze motto hayaku !
（なぜもっと早く）

Naze anoyô ni kimetanoka
（なぜあのように決めたのか）

Wakaranai keredo.
（わからないけれど）

Anata ga kangaeta
（あなたが考えた）

kimeta kotonara
（決めたことなら）

Watasiwa nanimo Iwanai
（私は何も云わない）

Anatawa matigatte iru
（あなたは間違っている）

kamo sirenai
（かもしれない）

Daga Anata no eranda
（だがあなたの選んだ）

芝公園芝栄町十一　東京新隣館　ミス・マクドナルド　トインビーホール――ミスタ・キャッチプール　木曜日
朝カ夜カ　労働者教育　高輪五〇一二　松井氏など。
◎三橋氏から頼まれた公娼扗論文　○六月七日午前十一時（土）　賀川氏セツルメントでセツルメントリーグの話
六月五日（木）　社会科学扗　三日迄に原稿　○日本労働学院　青木（？）　○社会局の件　四日午後六半　府社
会事業協会　七十五銭　千住南六七八交隣園（新町通下車　南千住警察裏）
Settlement Rabour Col 募集制度（九月開校可）（組織）class system private system 併用　（方法）交錯（一日
毎に）　効果　1、級の組織（学力平均）　2、労働者の便宜　日本労働学院の例あり　3、講師便宜　同上、無
報酬　4、settler ノ休養　（科目程度）　後日〇説（労働者ノ形式主義）　最低最高学力ニハ priv, ガ応ズ　交錯
制ハ settlement ニ於テノミ可能也

〔隣のページに次のメモ〕

駒込新明町十二河野方　長部君　右の class system private system 併用に↓級は一個（併用制ノ結果　級教室
一コナル為　志望過剰ノトキハ priv class ニセル
priv ノ科目　class ノ補充　低級補充　英語、数学、国語、高級、(1)英語ノ高等部（日、労、I、L、P扗会）
(2)□□業教育ノ理論的方面　電気、機械　{priv, system ノ時間表　priv, system 管理委員}　（歯科医院）　(3)調
査（実習）　{settlement＝大部分ノ有機的□々点
（学年）短期―学年制　三学期ニ分ツ　settler ガ一年毎ニ変動スルカラ　交錯制ノ結果最高最低学科ハ priv,
之ニ当ルカラ　（試験）論文　（時間）class priv {6、5―9、5}　一時間半当て（日本労――）　特別講演
(priv、ノ日ヲトル（土）↓時事、大学教授　（科目）社会科学　自然科学　趣味教育　教授方法　note print 併
用　教科書其他学用品一切自弁ノコト　申込ナキトキハ class ヲ平均（等質）ナラシム　其他ハ priv, class ニ
向ケル　（講師）大学教授　settler　外部カラノ講師（趣味教育ニ於テ）　無報酬（年二回ノ謝恩）（授業料）¥、

100　其ノ徴収ハ級自治制ニヨル　労働学校独自経営ヘノ出発点　自発的－classヲ作ラセルコト。
中央労働学院　福原俊丸　今井時郎　プリントとノート　旅行　弁論指導（講師会議）一年間ニ　授業料50
講師無給　日本労働学校
○賀川セツルメント　近所ダカラ聯絡上注意　基礎学科
◎協調会（労務者講習会　社会政策学院　生徒　官公署ノ差異点　田沢↓社会課ノ仕事　工場主ノ選抜ニカヽル職員or労働者ノ学校　座談的白化運動〔上記の「労務者講習会　社会政策学院」から矢印あり〕　善隣館夜学部（中学程度、生徒三〇～四〇　授五〇、講師（関係者）龍氏課長　◎科目制度（二科目以上ヤルコト）
〔以下のページのメモは省略〕
労働階級の自治的方法によって　一、学級制（一年間）ケースメリッド　二、ダルトンプラン　経済学　法学通論　労働法制　社会学　政治学　組合論　進化論　経済史　社会政策論　文明史　労働運動史　経済思想史
論理学　哲学概論　心理学　英語　音楽（以上一年間）
マルクス主義ハアク迄相対的真理デアル――而シテ相対的ナルガ故ニ現実的デアル。個性的デアル、資本主義下ノ労働階級ノ個性デアル。
○Need ノ研究　各地方的　speciality ヲモッタ。Need ノ研究ヲスルニハ settle セネバナラヌ　○Amerikan settlement ノ目的ハ Americaniative ソノ為メ Am、capitarist ガ金ヲ出スノデアル。米化ノ生活習慣、言語一宗教的デアルコトハ American、ノ邪マニナル。　○Dancing Hall、
京に生し原鷹之助（四一）は去る二月一日頃から大阪市南区逢坂下の町昆繁太郎方で怪しい祈祷をして附近に多数の信者をこしらへ二十三日は天狗の会に改めると称し芸名を京ト府下愛宕郡なる鞍馬山に連出し惑わしていることを戎署が探知し原を取押へたが……読売二・二六夕　ミヤコ同夕刊　東京の新怪談　一九二四　二―六、九了

一九二五（大正十四）年　実業之日本社の小型日記帳から〔一月一日から日記をつけている〕

一月一日　深夜湯ふねの中で元旦を迎へ、十時に起きて雑煮を祝ふ。浄蓮の滝へゆく。大岡の友人広瀬某氏大阪からきて同宿する。川端君の方では文学青年富田なる来客がある。夜は女中をいれてトラムプ。調子外れの正月だ。湯ケ島へきて四日目。

一月二日　大岡と広瀬君、午前中に馬車で修善寺へ発つ。富田君も午後去ってゆき久しぶりに独りになる。少しの散歩でもすぐにくたびれる。賀状も書けず読書もせず　静かな話相手川端康成と並んで日を消す。伊豆日和といふか。

一月三日　宿は頻りに客を断っている。断りきれないのを僕の室に廻はしてくる。弘前高校の生徒、次は慶応出の会社員、二人とも修善寺や吉奈からの昼飯客だ。最後に一夜泊まりの三脚付写真機をもった中年の人。足立郵便局長をしている青年に案内されて隣の別荘の湯に入る。突然の事に驚喜したのは後藤寿夫〔作家・林房雄〕の到着である。

一月四日　後藤は朝からへばってねていた。こゝの湯は神経痛を一時ひどくさすのだ。昨日の続きの年賀状を認め日を消す。世古の滝迄一人で散歩。夕方電報あって幾許もなくママさん到着、中河与一氏夫妻も一緒に到着。今日は本一頁も読まず。手紙書きデーで終わった。はる、まさ、つね、君これが女中の名前。三時にねる。

一月五日　ママさん割に朝寝で感心。川端は中河氏と吉奈へ散歩、僕等三人は世たへゆく。四時過大岡一人で帰ってくる。話をきいて南伊豆へゆきたくなった。足立郵便局長から村の青年団の雑誌を寄贈された。筆者の中にソシアリストがいる。杉野から手紙。

一月六日　ボグダノフの芸術論を読む。明日発つ事にする。昨夜川端と話しこんでね不足なので昼寝する。大岡とママさんは滝見物にゆく。夜は最後といふので川端中島（東大法科）後藤達と六人で、後には二階の四人つれの建築請負師と名のる人々をいれて花を引き白粉をつける。ボグダノフを読みつかれて寝いったのが三時頃だったろうか。
一月七日　十二時半、乗合で、中島、大岡と三人で、出発、川端朝寝で中河氏と「よっちゃん」が僕の背中におぶさって、見おくってくれた。三十一日からの支払二十一円なにがし　韮山で彼等と別れる。富士が最も美しい姿を見せる。鈴木音次郎といふ家をやっと探しあてると、心配通りに福間はまだ帰っていない。橋本氏といふ野球通の先生、いゝ人で福の帰りをまつ事として、一緒に夜をすごす。
一月八日　朝八時、帰ってきた福間にゆり起こされる。午前中は始業式で福間も橋本氏も学校へゆく。暖かい晴日和で、勉強にいゝ。福間は疲れて寝てしまう。一人で有名な反射炉を見にゆく。人情の極めていゝ土地だ。鈴木家の三夫婦の人のよさったらない。今夜も炉辺で雑談して、十時前早めにねる。
一月九日　福間は風邪だ。学校を休んで朝から床だ。ボグダノフを読み終る。蛭ケ小島から韮山城へ一人で散歩する。なんてちっぽけな「古戦場」なんだろう。杉野はまだ京都から帰ってない由、逢はずに帰京だ。
一月十日　留められたが、そして福間はまだ床だが、帰る事とする。橋本さんに送られて三時四五分の汽車で韮山発――十一時過東京へ着いた。みんなが内村の室で雑談してゝ、喜んで迎えてくれる。セツルメントは――温い。湯に入ってねる。
一月十一日　「子供の会」で正午から夕方迄。関鑑子さんとそのお友達二名来援。子供は講堂に一杯。某といふお伽話の素人の老人夜長屋を誘って浅草へキネマ見物――実は久しぶりの都会見物にゆく。
一月十二日　登校。戸田綿貫氏に面会。論文はパスらしい。林氏まだ帰らず。守三を仏教青年会に訪問。夜は新人会総会。反動時代にそなへるための方針協議。七高に問題起リ〔「七高」から傍線あり〕内村を帝国館からひっぱり出した事など。
一月十三日　原からの帰りを、理髪して文学士の下ごしらえだ。中野と話し、活動興業の準ビをし、夕方から本郷へ。小野氏を尋ねたが矢張会館費は1/3しかまけてくれず。守にあって、喜多野の家を訪い（マダ帰ず）九時前帰宅。

一月十四日　午後二時迄十一時間寝てしまった。四時過出て、原宿長屋と一緒に、増谷達公の新世帯ぶりを観にゆく。細君ぶりあざやかに、風呂のち走になり牛を食って、チヨンをひく。夫婦の顔に白粉をぬって先はめでたく退場。

一月十五日　自由労働者問題で朝たゝき起される。夕方迄室の風穴埋めや、手紙書きで過ごす。新人会のこの前の続き皆総出で柳島を出る。高校部を積極的の意義の下に存続せしめた事は嬉しかった。こゝで清と会ふ。守と三人して黒門町辺を散歩し某カフェで油を売って夜は清の下宿に泊まり込む。

一月十六日　正午活動写真の事で学内事務所に集合。議事を終へて独語の様子を当ってみる。大山さんが大分ロストで悲嘆しているのに逢って心から気の毒に思う。（女が他にいっちまった！）清と大宅の家に出かける。わ調に始り聖調《〔ママ〕》に終わる。――夜中野の三角関係を明けられ、新しい問題として大いに感想湧く。

一月十七日　終日自家にいる。もっとも起床十二時。岡田君入舎す。餅の小包が国から湯ケ島を経て廻送される。とかくするうち日がくれ、寒いことずいぶ。夜中チューター会議。

一月十八日　夜喜多野が風邪で、ひとりで有泉に面会にゆく。彼の中隊は消防当番で今日の外出禁止されていたので――。

一月十九日　切符をもって本郷へ。林さんと逢ったが話も出来ず、ドイツ語の時間にはオクレる。寮をまわって切符さばき。

一月二十日　終日在宅。大賀から来信。亀戸辺散歩。ラグビーチーム組織、入洛、など近頃の日曜気分。

一月二十一日　昨夜も中野の話でオソクなり朝起きられず、戸田さんの時間をナゲる。後藤の親父急死。三明の親父死亡。午後清を訪ね切符さばき。仏教青年会、女子仏教青年会のシオドメ女子、其他。来合せた大岡と二人でバグダッドの盗賊を見にゆく。

一月二十二日　昨夜の約束で清を訪ふ。浅野ワイフ事件の交渉、で来方がおそく、四時からの総会故あわずに帰る。仏教青年会にビラをはる。風邪気を推して中野の兄貴と話す。昨日と逆転、〔昨日と逆転以下二行半を消す〕僕の案に同意する。労働学校茶話会に出席非常にゆ快。

一月二十三日　買物運よき日。されど風邪をひく。西陣書房にオッペンハイマーを求めて即ち手に入る。本郷への帰途須田町から土田学生監と同車、独語の時間を終へて本郷の古本やにウイルエルムマイステル後編を得て、偶然に教科書中のシエーネンゼーレ編にぶつかった。

一月二十四日　朝尚熱あり、今日は実業之日本社及大宅壮一の家にゆく筈なるも、断念して速達で断はった。午後から熱下る。オキシヘーロをカツギたくなる。夜林氏が訪ねてき、気分がよいまゝ誘はれて浅草へキノシの素袍《すほう》落《おとし》を見にゆく。今日の態度身心のコンデションにつれて変動せり。

一月二十五日　引続き身体の具合はいゝが引っ籠っている。一同は新人会とのラグビー試合に出かける。意外にも勝って帰る。祝ひの牛鍋を食ひすぎた罰か腹の具合をこわした様子也。ラグビーに出ずして祝ったから？

一月二十六日　粥を食って学校へ出、独乙語で一席弁じあげて後喜多野と浅野に出会ひ、一緒に神田の若竹へ貞山、志ん生を聴きにゆく。

一月二十七日　午後出かけて日本橋セメント・ガレに辻を訪ひ、丸善へ久しぶり。実業之日本社へいったら美代女史編集会議で座がはずせぬといふ。スキヤ橋から千駄木へゆき、溝井、飛鳥とまわって帰る――腹具合あし。

一月二十八日　ヒマシ油がきいて寒しい深夜に数度階段を上下した。朝方ねむってめがさめたらもう戸田さん間に合はず終日在宅勉強（ブハリン）　夜壮一と清がきて一緒に浅草、久ぶりにカフエを歩く。ロシア人のカフエアレキサンドリア。

一月二十九日　夜十一時過ぎて林恵海氏来訪。龍谷大学の話で明朝戸田先生を浦和町に訪ねるやう、学長前田博士の帰洛が一日の事とてとり急いで告げに来たとの事であった。

一月三十日　戸田さんから僕の才気に任せた不勉強についてそれとなく誡められた。一年間研究室副手として勉強した上でゆく事として懇切な推薦状を認めて貰ひ、夕方林さんを訪ねる。夜おそく迄ジムメル　タルド　デユルケムの比較論をきかされ得る処深し。

一月三十一日　基金募集映画大会三丁目仏教青年会館で三百十五名入場〔十五名に傍線〕ファラオの恋のフィルムが切れて切れて大失態に一同すっかり心配させられた。明日のマンドリンクラブ演奏会にタヾで来て貰ふ事にしてわびをいれた。この日内村新調のオーバーをスリかへられる。後援の日々新聞誠意なく松竹も同様。中野のフラウ来京。

二月一日　セツルメント後援音楽会（昼）基金募集映画会（夜）昼夜共に盛会、夜は三百名以上。これで損失だけはまぬかれたが、大した利益にはならず。午前中松竹と交渉。夜井上服部コムパニー。

二月二日　疲れてしまった。午後の語学だけ聴講する。ブハリンを読む。

二月三日　午後研究室へちょっとのぞき、喜多野を訪れ中屋の小母さんにセツルメントの手伝をたのみ帰宅。気が浮かず押上演芸場へ落語をききに入る。清から十円かりる。

二月四日　戸田さんに出席。正午楢崎君と逢ひ女学校講師の口の話。うまくゆかず。身体が疲れる。

二月五日　末弘先生と一白で昼飯し乍ら内村を主事にする話、書記の件、自分の教師の口の件其他を談じ好況。行掛上仕方なく清と共に代々幡へ来間恭の細君を訪問――神田へ帰り輝次を活動館から迎へて会食やはり身体疲労。

二月六日　〔白紙〕

二月七日　こちらから浅野喜多野守三と僕。美代さんから畠山千枝子さんを紹介される。桜の園はすばらしい出来。畠山さんは自然で柔かみがある。美代さんの技巧とい丶対照だ。清と浅野に畠山さんを送らせて僕は今さんに誘はれるまゝ吉祥寺の家へ泊る。

二月八日　鎌倉海岸新盛館で潜龍会の預餞会。下らぬ事から止むをえず卒業生の挨拶をさせられた。小林隋、田辺寿利、倉橋等の先輩。今井綿貫。清が酔払って、藤田先生の家へ泊めて貰ふ。一人で帰ったのが一時前。清は美代さんに参っている。

二月九日　人間の思い通りにゆかぬものだ、何しろこの前夜の事で至急御目に掛りたい、と井上さんへ手紙。

二月十日　猿之助によく似た〔一字あく〕君と林氏と三人で南天堂。そのあと三橋氏を訪れ結局夜の十時過迄三人して飲み歩いたわけだった。〔九日の事〕本郷学士学生会館の勝友会で預饌される。新入歓迎の会の時自分が歓迎されて以来今度が始めてだ！　楠順次郎博士から何とかほめられて恥かしい思をした。

二月十一日　二匹の怖ろしく貪らんな動物だった。戸外はうら〳〵と紀元〔うらから紀元まで傍線〕節日和だ。セントウの気分も亦よし。よく勉強した。〔「よく」から傍線〕

二月十二日　四時美代さんと上海亭に会食して「意外な話」を話したり。この機会に木村定ちゃんとの物語をぶちまけたり美代さんに某官吏との約束のある事打明けられたり。結婚と恋と記念事業についてしゃべったり、九時半新橋でわかれてその足で清を訪ふ。

二月十三日　父から馬鹿な事を云ってきた。京都で彼処に就職して、傍龍谷學林とかいふのに夜学して二年後になって早く帰寺せよといふ。昔乍らの父親の権威を以て認められてある。憤慨して三ひろに余る抗議書を認めて書留にして投函した。

二月十四日　辻田さんの時間に始めて出て、君は忙しいから試験抜きでよい、との親切さに実際喜んだね。清の家で辻とあふ。明日家を見にゆく約束。だが三人して家を持つ事は考へものだ。夜セツルメント預餞会〔セツルメントから傍線〕　小林がきて後で浅草迄散歩。

二月十五日　清の家で有泉とちょっと話す。今日は清と辻と三人で家を探すつもりあり。千駄ヶ谷を無駄にさまよって、五時前三明を中野に訪ひ市ヶ谷の貸家の所在を明にした——が探しあてたが適当でなし。夜は「大正十四年度会」の第一回会合。

二月十六日　辻から速達がきて夜行くからとある。午後丸善にもゆきたくて日本橋に辻を訪ふ。夕食を共にし先に帰る。八時辻来訪。浅草辺迄散歩。

二月十七日　内村は昨夜もどこかの病院に籠ったとか。フラウは何の病気なのか。内村もしらせてくれてゐゝものを。三時虺室へ林さんと連れ立ち、南天堂で会食、例の履歴書を前田博士に出して貰ふ。今夜も遂に内村帰らず。

二月十八日　思ひがけない畠山さんから手紙がきた。この頃のコムペイトウのやうな形に荒れた魂に、あたたかいものゝ吐息がかゝったやうな気がする。

二月十九日　内村十時帰舎。思ったより元気だったが、自分の方が昨夜来の夜更しと心配で頭の状態が変で内村とジックリ話あふ事が出来ず——四時前内村再び出かけてゆく。あとで東と二人で一通り仕事をマトメ（東京府への報告）巌ちゃんと相談の箇所あって訪問。帰後四時前迄かかって作製。

二月二十日　十二時起床。綿貫先生に出席。面白くない先生だ。今夜僕の論文を見るのだといふ。喜多野と暫くブラついて夕方九段西郷病院に石島美代子氏を見舞ふ。内村は居らず。内村の事をよく頼んだ。次手とて国際書房に四冊許り新着書を求む。喜多野今度は千枝子女史がすきになった様子。夜十一時悩医行四時迄勉強。

二月二十一日　福間が夜来た。朝変に気分がわるくて遂に十二時迄起きられず土田さんの時間を投げたのみか前田博士からきていた来いといふ葉書も見おくれた為め、午後訪ねたが——先生自身出てこられて今日はゆっくり話せないから明後日朝来いと云はれた。温顔といふのはあんなのだと思った。午後二時から新人会卒業生預餞講演会（スレパック氏の露国のインテリゲンチュア）夜一白舎で預餞会。内村の様子夕〻ナラず心配の至りだ。

二月二十二日　福間と——第一起きたのが十時過で——浅草でコーヒーをのみ一緒に本郷の清の家へゆく。有泉、大宅と落合ふ。夕方帰宅（朝〔帰宅から朝に傍線〕）ママさんを内村の病院へ差向けた）内村帰宅している！　内村のこの度の〔この度のに傍線〕問題一切彼から告白されて明瞭になり総て安神〔ママ〕する。内助者の悲哀〔者の悲哀に傍線〕を感ず！

二月二十三日　約束により午前前田博士を訪問。一切順調。教授問題はまだ未解決の由。浅野、福間、鈴木の三学連等――に西村、喜多野をあわせて午後に青木堂で談じ過し、夜は久々とあって築地小劇場へ第二回目の瓦鞘を見る。吉田謙吉氏の装置也福間を送って夜半帰宅。

二月二十四日　林氏から中女学校教師の何故不可なるかを説かれ、夕方南天堂で遂に承伏す。（朝、大塚氏に頼んだ千代田の口が駄目だったときゝがっかりしていたのだ）島地師に電話せるに、夜は絶対逢はぬ事としているから明後日来いとの事。一体に不安に襲はれ、上野で夕食（パン）浅草で活動小屋へ飛びこむ。

二月二十五日　終日在宅　昨夜、ＮＳから研究会欠席会費未納の弁明書を出せといふ件につき中野に吐鳴りつけたものだから今日はその事で会に中野から釈明且「善処」される。清の高校教師交渉うまくまとまらずといふ。

二月二十六日　九時に起きてピアノを叩き珍しく内村と一緒に出て南天堂で会食。島地先生を訪問、問題はよく解決して、夕方執行長宛書留で推薦状其他を郵送した。四日後仏教青年会に入り度く大塚氏にたのみこむ。辻のゲブルッターハの贈物を文房堂に求め帰途神田の喜楽に落語をきく。朝から色んな事があって落ちつきを失ったからだ。夜、少し狼狽して独乙語の勉強。

二月二十七日　辻の誕生日とて午後日本橋に訪問。藤田先生夫妻も見えて一緒に方々を荒らす。キタニホンで遂にメートルを揚げ藤田先生達を東京駅に送って後――その時先生が十円貸してくれた――辻と一緒に Cine Kleine Erinnerungs Reise nach der Klimat を志した。雪が粉になって飛ぶ、静にももの悲しい夜を見た。

二月二十八日　遂に再び日本橋迄帰って食朝。思ふに人々は――大都会の――午後から夜のみを住むのだ。辻からセツルメントに於けるＮＳ陰謀団の話をきく。打消したが帰来枝吉からきくに本当となって現はれた。中野の観念論的オンチさに今度は最早笑ひでなく怒を覚える。要之《ようする》に問題は中野が内村を主事とすることに反対して曽田と共謀せしめ東枝吉とも了解を得た事に始まる。理由として内村に財政的手腕なき事。コミュニストとして不充分――否信頼され得ない事。専制的傾向がある事の三つだといふ。凡て不当の言のみ。凡て内村を理解せざる、又傾日起居を共にせる人間への友情といふ事を理解せざる、然も最悪の点はセツルメントとコムミュニストパーティーとを混同せる、従ってセツルメントの何たるかを全々忘れたる事だ。一人の人間として許すべからざる、而してセツラーとしてなっていない、最後にコムミュニストとしても無能な行為だ。内村は僕の惚れた男だ。喜入虎太郎、有泉茂、内村治志、数多は親友の中でこちらから惚れこんだのはこの三人だけだ。その内村が問題とされたせいもあろう――僕の怒が中野への決心の方向をきめたのは、だが中野に於ても、決して菊川の云ふが如く虚心無私であった為に、と思ふ。彼と内村との間の傾日の無理解、内村に対する個人的感情が根底にある事明である。あんな形式論理の化者に人間のどこが惚れ々々しいものかといふ事が解らないといふのは当り前だ。人間が解らないで政策が、コムミュニズムが使へるものか。それにしても偉大なものはレニンであった！

三月一日　畏友有泉が見えた。一切を話した。抜いた刀なら切らねばなるまい。答だった。「悪友且善友の仲でないと一朝事ある時役にたゝぬ」藤田さんの言葉だったといふ。浅草で昼を共にしタバコなど打って。中野が直接ぶつかってきた。原田とも話した。緊張と覚悟と闘志充分。

三月二日　独乙語の試験も無事に済めた。その前に朝菊川を訪ねて中野の陰謀事件につき懇談、矢張彼が侠気から関係してゐた。侠気もあるが腹も頭も出来た彼とて、よく解ってくれ一切を托す。夜守の処で、喜多野、守、菊川、僕の外に東、枝吉、曽田、中野の四人、中途から偶然に杉野が加はり、菊川の腹通り決定落着。この度丈は菊川の顔をたてゝ元凶は問はず。

三月三日　昨夜は清の家に宿る。杉野が一緒だ。元気で嬉し。午後本処へ帰る。紀米さんの論文にとりかゝる。壮一の妻君の家（牛込）がやけた由。見舞状出し度くてどうも書くべく心のゆとりなし。

三月四日　Adler 6《〔ママ〕》〔and〕Wegweiser を読み紀米さんの論文にとりかかる。朝の四時迄かゝって半分書きあげた。夕刻の事、東、枝吉と三人で評判のラジオを聴きに、浅草のカフェへゆく。福間が清の下宿へきた由。

三月五日　よくねたもの、二時に起きた。断水で顔も洗へず、本処〔「所」の誤記か〕局へ金をとりにゆく。その足で仏教青年会へ、論文――所云唯物論的弁証法に就いて見たる弁証法的根本思想――を書きあげ、守と一緒に清や福間杉野を訪れ、燕楽でしばらく過した。久しぶり溝井家にゆき洋服屋への照介を頼みこむ。

三月六日　〔白紙〕

三月七日　土田さんの日本道徳史の試験。森川と二人で駒込に武石弘三郎氏を訪ね、今さんとも打合はせて一緒に本処《〔ママ〕》へ帰る。セツルメント表玄関のマークを作ってもらったのだ。御礼にらんめで会食。佐々田の銅像の製作者が武石氏でありし。溝井で服の寸法をとる。

三月八日　最後の総会及記念撮影。内村の主事を決議す。

三月九日　福間がねてる室へ、清と守と来間恭先輩と落あった。守と来間氏と三人して百万石で飲み、別れて林氏を訪ふ。別に話もなし。白山へゆく。内村の女学校の口を探しあてゝくれた様子。

三月十日　ピアノを叩いてるうちに午後になる。関鑑子女史と森川と三人して夕方出てゆき、溝井へ。洋服の仮縫日である。十時前に済ませて帰宅。内藤といふ服屋七十円三ヶ月払ひとす。

三月十一日〔月日を消す〕　健康な男女だけの世界だからぞめき男も　呼び女も　不摂制だぞと考へもしない
壁の隣りでおいぼれが死んだ　壁のこちらは健康な男女だけの　不摂制な　と考へもしない　確かにそれは素ばらしい世界」

三月廿四日　コーザンカフェにて〔十一日の後に記述してある〕

三月十二日　〔白紙〕

三月十三日　行人会と、十四年度ＮＳ会は命名《〔ママ〕》されたる由。この日一同して記念撮影　風邪気味。森川の下宿で民族心理を教はって後、溝井家へ泊る。

三月十四日　桑田さんの民族心理受験　社会心理をハネラレ、やむなく帰宅後二時間がゝりで増田さんの量的実験法を小論文に仕上げた。そこへ東から通知あって論文通過と聞く。即ち本郷へ宵闇の掲示板を見にゆく。清も下村もパス也　壮一落。清をたづね祝す。上野にシラノを見て心酔す。

三月十五日　事務処へ干像氏の聴講証明をもってゆき喜多野の下宿へまわる。久しぶり目出度く十人揃って〔「久しぶり」から傍線〕本石町のコーザンへゆき昼食　午後三時日本橋の江木で記念撮影　散会後丸善へゆき飛鳥君夫妻と逢ふ。小やかな雨　黒田寿夫君と逢ひ溝井にゆき服をうけとる。

三月十六日　ブジナリヤイツカエルカ〔ブジナリから傍線〕の次の葉書　今度はセツルメント宛で来る。恐縮す。親は老ゐたり　子は育たず。世は冷きを以て正とす　返電うちに浅草へ枝吉と。口述の勉強を始む。午前一時、尠室へ記念寄附の提案者を認めて就寝。神経衰弱。

三月十七日　今日から口述、内村まづいぢめられ我等に警告あり。何故にと又片方ではびくつかさる。午後飛鳥君来一緒にらんめで飲んで亀戸でタバコを打つ。当らず。夜火事。

三月十八日　戸田「離村向都現象の社会学的意義」デュルケームで答へる　今井「社会学者で有名な人口論者は」　ケトレーに非ずしてマルサスなりし。人口論の年代を知らず　綿貫「ウェーバーの書名は」　立派にひっかゝって後半を失敗る。高師式のいやな質問也　口述試験

三月十九日　在宅パークを読む　夜長屋枝吉と一緒に上野にシラノを見る。水野に逢ふ。ラグノーをつれゐる。口述で「社会学とは何ぞ」とだけ　一本野次られたといふ。本処《ママ》に帰って酒場で一時頃迄過す。

三月二十日　喜多野鎌倉へゆく。産業労働調査処《ママ》主任に藤田氏がなるのでその下で働く為めの運動ならん。大山彦一君恋の悩み気の毒。国から五十円（黒尾）来た　尠室で今井さんと駄弁る。長屋がセツルメントを去るので別れの夕食に帰る。

三月二十一日　午後、鎌行へと思ひたれどやめて、東と飛鳥君、溝井、関鑑子、武石弘三郎氏と訪問してすべて不在。ヒガシの□〔判読不能〕日なればか。武石氏の帰りを飛鳥君と逢ひ、夕方迄談じ、川端康成不在、溝井へ再立寄り、夜二時迄パークを読む

三月二十二日　浦和の大御処〔ママ〕戸田さんを訪問　謝恩会の事で水野を訪れ不在。黒門町の麦とろで夕食　寄り通して十一時帰宅

三月二十三日　研究室を出て島地師訪問「□□〔二字判読不能〕方」来宅とあって玄関払ひ也　溝井で折襟と衣更へ大宅訪問、上野へ帰ってカスケードで水野をまつ。内村及東を東京駅に見送る。清の家へ泊る（辻と三人で）

三月二十四日　清一と一日を暮らす　清の家で目覚めて、実業之日本を訪れて不在、その時の出来心から邦楽座へ吉菊合同の歌舞伎を見る。本所へ帰って午前二時頃から枝吉佐藤の三人で太平町で飲む

三月二十五日　夜鎌倉行　飛鳥君お祝のネクタイを持ってきてくれる　実業之日本社午後五時迄ゐる。鎌倉行。藤田氏不在　奥さん独り故終列車で帰京　柳島泊り

三月二十六日　本郷へ福間を訪問。喜多野と井上さん等と逢ひ、本石町のコーザンにゆく。どうした事か逢へず〔ママ〕」サンスーシーで一時から小林八五郎送別会に十二人許りあつまる。後藤に誘はれて大宅と二人して牛込の後藤の家へ泊る。

三月二十七日　正午早大に今氏を訪ねる〔ママ〕」末弘氏不在島地師不在溝井で夕方迄過ごし　御殿の謝恩会に出席〔ママ〕」国から十五円土産物代にと〔ママ〕」本願寺内地甦生の事僕の名前も入って中外日報に出てゐた由、ママさんネクタイを贈ってくれる

三月二十八日　午後四時迄研究室に三人の新副手岡村□□〔二字判読不能〕と集って四月廿日から出る事に相談す。溝井へゆきカシワを買ひビールを抜く。ネクタイピンを呉れる。国への土産迄もらって別れる。帰国の支度をする。上野でなげきのピエロといふのを見る。

三月二十九日　朝前田博士を訪ひ不在　土産物買ひに日本橋から銀座へ。林とあふ。夜今さん見えて、八時三十分、早大建築科の関西見学団より一汽車早めに発つ。車中殆ど話し通す。調査所を作る夢みたいな話などに熱したり。

三月三十日　十時半京都へ降り立つ。東山を歩き清水から吉田へ。神尾とあふ。京極へゆき丸善を訪れ、夕方粟田口三条のあだちなる宿に、疲れて寝る。名古屋を見た早建の連中十時過到着。木村助教授と飲みにゆく。

三月三十一日　吉田で今さんと別れ、淡を訪る。急しさうなので次に杉野の家へゆく。彼は東京へいった由。□〔一字不明〕広駅迄帰って土産物をもち泉涌寺に口羽を訪ふ。弟の雅人君三高にパスした報をもって帰ってくる。夜京都迄散歩に出てゆく。

〔四月一日と二日の欄の日記は表裏の記述が写って非常に読みずらいので判明できる記述だけを引用する〕

四月一日　十二時　口羽家を出て後川家に。帰京してゐた。阿部が□□して落合ふ。五時阿部と一緒に辞去して、三条で別れ……　一応泉涌寺に帰り八時半出発。

四月二日　十時半濱田着。一時四十分自動車で発つ迄の間に三浦枝吉を訪れ……

四月三日　梓君が帰ってるといふ。花見で村内数ケ所から宴の歌がひゞいてくる　うちでも小供達が喜びさんざめいて庭に小宴を張りをる。夜おそく梓君来訪。その夜は座敷に一緒にねて凡を話し尽きず

四月四日　戸主会に瀧口前部長がきた。あいさつに佐々田へゆく。新人会員といふ事がわかってゐたには驚いたが何これしきの奴輩に腹を見すかされるものか」〔ママ〕　槇野から再び佐々田へ三度槇野へと飲み渡って（梓が僕を達志君に紹介してくれた）槇屋へ泊る

四月五日　都川林蔵方仏事に親類側として山越へてゆく。夕方帰途を黒尾へ寄ってとめられる。僅かの手土産をもっていった処、卒業の祝とて贈物をされた」〔ママ〕　謹一君が骨となって安置されてゐるのに泣かされる。

四月六日　がうそへ寄って、林義方へ今〔ママ〕とりに寄り、十一時頃発つ　本願寺から正式の通知書来て誓約書を四日出した。印紙貼付を忘れて今度印紙だけ送り届けた。夜佐々木茂久君〔佐々木茂久君に傍線〕来る
四月七日　猫のお産が近い　父の助をしたり　村の色々の噂話をきかされたり　読書したり
四月八日　朝正志君が暇乞ひにきて午後達志君をさそひ和田へゆく。一郎さん五郎君道子さんみなゐて大屋の長勢氏も来会はせて飲み談し　午前四時になって就寝。去年と変らずよく働く道子さんだ。
四月九日　十一時発って帰途に就く　道子さん美又出張所へゆくので木田通りにさせて一緒に来る。達志君の人物に感じる　夜九時江村へ遊びにゆく　操子と逢ふ　何といふ女性の美しさの相違か
四月十日　道子さんをつれて正志君を送る江村の兄弟達は美又へ今日はいったゞろう。裏山にゆき墓を訪れ、松ノ木など数へ、静にもあたゝかき日也
四月十一日　役場へ夏の礼にゆく。五郎さんと道子さん来る。昨夜は江村兄妹が和田に泊　今朝一緒に再び来村したといふ。土居の菊枝さんを交へて奥の間がにぎはう　夜達志君を迎へて五郎さんと三人で飲む。父夜半に帰宅したらし。我々は酔つぶれて寝た。
四月十二日　春光わく。都川へ勤一君の葬式に列す。ゆき道を五郎さんと道子さんが本郷をまわって同行する。俺はこれで満足だ。三時葬式終る。列し得た事も非常に満足だ。辰男君に送られてドウギリ坂をのぼる事これで二度。本郷で父に追ひつく。道々旧き日の話ども也。
四月十三日　花嵐時々雨　午後一時日貫へむけ出発　この頃道々を味ふ。戸川坂が今日の傑作也。横田老夫妻の喜び。弟の為吉も手土産をもってくる。十二年ぶりなり。
四月十四日　春日和　土居（酒や）と市原へ寄る　今日の傑作は市山への下ノ坂始まりの深谷。後でさくに甘のじゃくといふ由。市山でキタ正蓮寺は地下三〔ママ〕四万円はありやと問はれた。長谷で先目と下田七蔵やに寄る。下田で観待さる。光蔵老と若長原老のひゐきぶりおかしく。夕方辰男君来る。とまる。

四月十五日　辰男君帰り門徒総代会議。新学資総て算四千六百円ノ内三千三百四円納入ノ見込ヲツケル内一千三百円既納、残二千円収入ノ見込ミ也。内今日迄ニ立替金額一千五百円五年返済シテ残リノ使用額金五百円也、之ヲ今年中ニツカヒ月当リ三十円トス。横田老卒業祝トテ角樽ニ肴料ヲソヘ持参シテクレタ

四月十六日　晴　朝からボンヤリする春日。秀丸兄に手紙をかく。午後江村訪問　昨夜招かれる。五郎君上京についての兄者の意見をきく。散歩がてら和田へゆき夕傾帰村　学校で有志の花見あり。園主校長。正蓮寺ノ鐘が□□〔二字判読不能〕夜は有福の売薬や広告活動写真。本堂で。薬売の坂十がきて餞別をくれた。

四月十七日　午後佐々田其他へゆく。夜は江村から招かれてあり。豊原兄弟もくる筈をまてど来ず。父を見送って泪あり。江村では胡休老と達志君と三人　操子女捨鉢の様子見えて気の毒也。実さん死すとの話操子女より出てオドロク。酔って母に実物語をした！

四月十八日　朝発つ。達志君白角迄見送ってくれる。なつかしき人也。自動車で若松屋老人と一緒になる。オーバーを茶屋に忘れたはよいが痔を発して夜は俥で志動方へゆく仕末　中学を久振り見舞ふ。雪枝姉さん気力すっかり弱し。姑のせい。死んだのは定女でなくその姉のしづさんだった。大賀来訪。

四月十九日　興人会病院で日高氏に診てもらう、三四日治療せよとの事。〔ママ〕」江村豊原土居の子達中学から遊びにくる。渡辺君大掃除を□〔判読不能〕三人して話しをする。午後成文太田から来る。長々病みて友ひきとめむ苦笑沙汰。大賀とナニワ亭へ行ったまゝ終日とぢこもる。夜成文をとまらせ活動にやる。井上氏来訪、野田次郎来訪十時

四月二十日　井上氏は切ったらとすゝめたが十円要るのはこまる。朝病院行座薬をもらふ　午後三浦氏留守宅を訪ふ。昼ねして帰る。夜大将帰った処へも一度たづねてゆく。晩に枝をひいて帰宅　母へ手紙す

四月二十一日　俊吉から来信　明朝一番で彼と一緒に発たづやといふ。日高氏にたづねるにもうよかろといふ。午後三浦氏妻君を訪れ子供達をつれて真光寺にゆき京都のしづえさんへ五円ことづかる。俊吉八時来談。話して十

二時ねむる。真光寺の帰りを入湯後岡村先生を十年ぶり訪問。うれしく。一応帰宅後井上氏に御礼にゆく。
四月二十二日　朝五時の汽車にやっと俥でかけつく。太田で中学生に第一の手紙をたのむ。今市で俊吉下車。彼しきりにすゝめて玉造行を遂に決心す。湯町で下車し俥代五十銭。最初の右側の旅と約束す。松の湯といふ。やせすねを痛がりをろう俊吉がつどひのすむをまつ長湯かな　俊吉は星の総会へ出席。七時にやっと姿を見せた。麦村にめのう売る家也　間口一間、土産物を買ふ
四月二十三日　一夜ねて別るゝといふに雨降る　こんないたづらをキレ紙に認めて机に納めた。別れ際の淋しさをごま化して、金九円七十銭　俊吉が支払った。六十銭の自動車で十一時の京都行にのりこむ。俊吉はそのすぐ後の下りで帰村するのだ。
四月二十四日　朝山本に俥をつける　直ちに杉野訪問東京の事情を承る。昼食後後川家に、四時迄心おきなく話す。クマノ神社で操さんをつれて下車、一緒に良材を訪ふ。操さん教育補助会事務員の由、三人つれだって女専寄宿屋に大原しづゑ女を訪れ金を渡す。環さん良材と三人で四条三島支店で夕食をとり。あと散歩。夜発つ筈を新門前へ一泊す。
四月二十五日　朝十時半三等特急で発　口羽の土産ロシア少女　夜九時半東京着　喜多野迎へてくれ、一緒にロシア少女を千駄ヶ谷に送りとゞける。――十二時前溝井着。
四月二十六日　清一の新居で内村を主人に近頃錯綜せる彼のリーベライの相談会の形で集る者有泉清僕。清一も来る。その朝のうちに林氏訪問。
四月二十七日　研究室へ初出勤。処存なさにパークなど拡げる。一応諸先生にあいさつする。夜セツルメントへゆく　泊る。
四月二十八日　学士会館日本社会学院小会〔予定が書き込んである〕　石島家へ内村事件の調停に出かける。仲々頑固に見せる。午後半分丈け荷物引越しをする。夜は学士会館に日本社会学院小会に出席　戸田氏――親子干係　土

方氏——貨幣について

四月二十九日　研究室出勤——実に面白く味気なし。帰途飛鳥君のフラウ肺で入院中を見舞ふ。夜入浴したり活動小屋に立ったりしたので風邪をひいたらし。

四月三十日　朝から不興　夜ママさんに招かれてやむなく本処〔ママ〕へゆくと、遂に発熱　泊る事となる。松屋で十三円八十銭のセルのハカマ。三円二十銭の傘を求める。溝井主人になけなしの有金四十円をお貸しする。

五月一日　メーデーを三十八度五分の熱でまっかに調子高く遺憾ながら白布に包まれて祝ふ。この日喜多野浅野錦署にケンソクさるときいた　セツルメントは法律相談開始の日で大にぎわい也四十人来る。

五月二日　三十八度八分。

五月三日　熱下る。大事をとって同人の川遊びにも加はらず。

五月四日　研究〔ママ〕へゆく。相変らず味気なし。夕方迄おって頭おそろしくいたみ、ムリにおして溝井へ帰った後セツルメント、社会学部初回講義一時間半。終へて悪寒はげしく風邪復興。

五月五日　三十七度六分　夜は快くなって十時から食堂でゼスチュアーの遊びごと。三角干係なので俺に当りやがる。

五月六日　午後中司と一緒に本処〔ママ〕を発つ。俺がよくなった代りに内村曽田枝吉の三人がねる。夜おそく清一訪問。入浴　就寝。

五月七日　午前中手紙書き一時—五時研究室で仕事　五時半清一と一緒に辻を訪ふ　銀ブラや久し。ラヂオが銀座を革命せり。テーマ「社会客観体崩壊」を想ひついて急に元気づく。白山でのむ。半月ぶりの酒のうまさを知れ。

五月八日雨　八時起床。ケルゼンを一日かゝって十一頁といふ情なき読書能力也！　あゝもっとも三時—八時迄福間成章氏の家へ遊びにいった。社会学を研究中の彼は何を評したらいゝか！　母からカキモチの小包着。

五月九日（土曜日）　二時迄研究室。三時前築地本願寺松村氏から金四十円受取りにゆく。帰途今さん銀座のストリートサーヴェイ中を発見、婦人公論の嘱によって吉田ケン吉氏と二人でやってるのだといふ。五時頃から社の連中も手伝にきて済んで後飛入の僕もいれて牛皿をつゝく、夜は今さんの家でねた。留守中五郎君きて半日以上待ってゐた由。

五月十日　午をはさんで吉祥寺の公園を散歩。一時頃辞去。壮一を訪ね不在。喜多野と暫らく本郷通りを散歩して。研究室閉されてあり。五郎君まだ来ず　雨（九時半）

五月十一日　十時千疋屋今氏。セツルメント——吉田氏ちう問の看板　美代氏に本処〔ママ〕から電話。

五月十二日、十三日〔空白〕

五月十四日（午前□〔判読不能〕水氏）

五月十五日、十六日、十七日（日）〔空白〕

五月十八日　Kelsen: Staatsbeysiff Simmmel: Soziologie 午後五時林氏と共に尠室を出る

五月二十三日　豊岡町に地震あり。家から替為　研究室——遊び廿五円着　喜多野来て藤田さん訪問　清子に家探しの日なれど而して千金貫事君岩本進君等珍らしい人も見えたのに、断って即午後三時でかける。山田菊枝女史来ており藤田先生十二時帰る。ケイジ。

五月二十四日　午後四時辞去　山田女史から絵を貰ふ　駅で毛里に逢ふ　夜三十日に行人会出席　鶴沢はクノーにきまる　龍ノ川に家あり、敷金の心配をせねばなるまじ。心淋し　心空ろなり

五月二十五日、二十六日、二十七日、二十八日〔空白〕

五月二十九日　潜龍会

五月三十日　築地小劇場〔予定書き〕　朝岡村に伴はれ常盤松高女に松山を訪ひ、来週から毎金曜社会学を教ふる事にせり

五月三十一日　ゲルゼン馬鹿々々し。飛鳥、大関と昼食　午後研究室　夜ママさん来訪、説いてセツルメントから引退されるやうすゝめる。千貫君来訪　朝四時迄テツヤ

六月一日　〔空白〕
六月二日　資本論研究会　第一巻第二章（予定書き込み）　麻生氏訪問
六月三日　〔空白〕
六月四日　研究室研究会　ケルゼン発表
六月五日　常《〔ママ〕》盤高女　午後一時半　長尾宏也君訪問　農民組合
六月六日　夜帝大勝友会□□□〔三字判読不能〕。
六月七日　今井先生訪問
六月八日　北巻来訪　五郎君と三人で久しぶりに家で飲む《〔ママ〕》だ。
六月九日　社会学雑誌の原稿セツルメントについてのもの仲々成らず。廿五円の金はほしし。朝三時迄空しく机についていた。
六月十日　七時　本処《〔ママ〕》紀念日　女学校へ第二回目の講義に行って　夜セツルメント懇親会。すぐすみ、今さんと十二時頃迄ブラック。「無機物の群集と人間群集の話」　原稿成《〔ママ〕》ラズ青山の藤原氏宅にゆき二日丈のばして貰ふ
六月十一日　朝来原稿気が向かず　午後研究室読書会林氏ジムメル文化論第二章　夜から朝の四時頃迄かゝって十一枚書きあげた。
六月十二日　朝社会学雑誌ノ《〔ママ〕》原稿を書き上げる　内村退院。小沢と送りがてらその自働車にのって浅草でおりた。活動―シャテキ―タバコ入レのコシサゲ―ジュラクの女給さん―要之に久々の浅草だった。何も無く何も無くせめて本を読まうと室に帰る

六月十三日　キモノ質入六円也　丸恭更ニ論文の事で連れ出さる。夜は福間家で例の公民教育の事でひきとめられ、九時頃辞して九段に神尾をたづね不在一時間して訪ね矢張不在　白山迄帰り南天堂でナマ二杯女給と話して久しぶり女と話したなと感じた悲惨である。

六月十四日　昼喜多野来て五郎君御ち走す。そこへ中村女史も来会わせた。皆々辞去した後いつかひとりで眠りについた。夜守の室でカピタル研究会、浅喜鈴僕の四人と一高生二人、議論愉快を感じ雨にぬれて別る。

六月十五日　クシダ氏の価値論ヲヨム。金一文モナシ　夜神尾来テ下ノ母サンカラ三円借リテ酒ヲ飲ム

六月十六日　昼は研究室の仕事で〔ママ〕」林氏カラ借金シテカンカン帽ヲ買フ〔ママ〕」夜千金君と散歩シテ活動ヲ見ル〔ママ〕」朝四時迄労働学校下シラベ

六月十七日　朝中村氏、橋本来訪守と、飛鳥君訪問　午後女学校　夜セツルメント　ね不足講義不満足　黒木の室でねる。五郎君今日から丸ビルの事務処〔ママ〕へ通ふ。

六月十八日　午後馬嶋氏の処へ寄り歯治療の事など相談し三時研究会。岡村君――タルドの模倣説。五郎君月給前金十円もち帰り、夜に梅本に落語をきく。

六月十九日　雨、終日閉ぢこもる〔終日からの記述に二重傍線を引く〕　夜研究会（マルクス）浅野の説明で価値論明になり嬉しく。新入の□〔一字アケ〕君来て、アドラー寄稿を約す。婦人公論に今氏の調査出援者として我等の名あらず。ふんがいにたえず。

六月二十日　午前本処〔ママ〕にゆき歯を二枚切断。セツルメントでアドラー訳了。内村枝吉と三人でのみ、枝吉を伴って内村と別る　I'm twenty-me Today

六月二十一日　九時帰宅　再びパークにとりかかる　午後喜多野有泉、飛鳥、足鹿来訪　新人原稿を出す　夜五郎君と活動を見る――頭休めのつもり也。

六月二十二日　朝十時馬嶋氏へゆく　稲田君と共に小雨の中を帰る、傘はあき〔[illegible]〕子氏のをかりた。一時から

チューター会議
六月二十三日　朝本所　午後学校　夜下調べ
六月二十四日　吉松、チューター会議〔予定書き〕　学校今日ハ金くれず　夜労働学校の講義を終へる
六月二十五日　研究会読書会〔予定書き〕　岡村君の社会持続論
六月二十六日　潜龍会〔予定書き〕　金欠故、歯に事借りて箱根行を断り　次手に潜龍会も欠席してゐた処へ今さん来て廿円呉れた。カピタル研究会を終へて皆と南天堂二階でだべり中綿貫氏等来合せてちょっとぐあいわるし
六月二十七日　箱根行日本社会学会旅行〔予定書き〕　昴子氏ルクセンブルクに似てゐる。ローザ書簡集を買ひに神田へゆき、遂に七円出してズボンを買ふ　夜洗足に馬嶋氏を尋ね不在でスゴスゴ帰宅　ムロン箱根へゆかず
六月二十八日　夜行人会　朝読書し午後北巻来て五郎君と三人で散歩ス　夜行人会　労働者教育講師団組織、辻と久しぶりであふ　藤田先生男子出生の由
六月二十九日　朝からデュルケイムを読む　今井氏等とコーヒーをのみ話　夜福間からよばれ謝礼として五十円くれ一寸思案す。〔以下読みずらい〕
六月三十日　〔以下横書き〕Marxsism 宗教論　歯ヲ片方イレタ　新人会三高生会　夜 Settlement 労働学校第一回卒業生送別会　送別ノ辞ハ agitation タリ　覚悟サセ高潮ニ対シ誡メヨ
［補遺］
僕は早まったらうか？　僕をしらない人は早まった申込みといふかもしれない
そして又早まった許だくと評するかしれないけれど、まず生活のコンディションの考慮から纏められてゆく在来の婚姻で半月の考慮と準備が早すぎると云はれるだらうか
又性格上のこのみの決定が相互の暗黙の認容となってあらはれた時「貴方を愛する」との表現が早すぎるといふのか！

それならこの二つの部面が二つ乍ら考へ感じられ確かめられたその日に
「結婚」を申込んで早すぎたと誰が裁き得やうぞ　六月六日朝

七月一日　女学校の時間にオクレたが十二円くれた。夜夕方近く洗足の馬嶋家へゆく。九時前昦子さん帰り、文子さんの従兄の三吉君と清君と、稲田、泉の大勢で見送ってくれ、更に四人で（昦僕三吉清君）小山で下車して三吉君の相手と□□〔二字判読不能〕？　だが三吉君は結婚が破れたとかで大阪流の煩悶ぶりを発揮してゐる。
七月二日　馬嶋氏診療所で三吉□〔一字判読不能〕君とあう。セツルメントへ案内してらんめで昼食し、浅草でソーダーといった道順で別れる。長兄濱田格といひ帝キネの悪形俳優の由、落つかず夜五郎君と寄席の三条楼をきく。
七月三日　家から金五十円来る。サバの子到着。歯がみな入って昦子さん手伝ってくれる。祝ひに稲田君と浅草へゆく　あのうらゝかさで条件が与へられゝば泣く。濃厚な泪で泣く　さう稲田君が話した。天来明るい人だったらうが歴史がくらくした、とも告げられた。午後から夜迄研究室　夜宅に揕会、流会、浅野スズキとおそく迄語る。
七月四日　偶然か作意か音楽会行は二人丈となった。尾崎さんが都合でゆけなくなったんだといふから偶然でもある。駒形のどぜう。円太郎のプチアイスクリーム。ホーチエーん。銀座の大阪ずし。吉田謙ちゃんとあふ。新橋から目黒。別れてなぜか電車でぐっすり眠った。上野迄乗り越して歩きで帰る——二時
七月五日　セツルメント児童部の大会。ママさんに話す為め（辞職くわん告）セツルメントへゆく。夕方ドクター、尾崎女医僕昦さん四人で京橋ビアホールでのんだ帰り偶然にドクター、尾崎さん達とハグレて万世橋迄昦さんと歩く。万世着十一時也。申込み許だく。
七月六日　朝早めに本処《〔ママ〕》へゆく。昦子さん達来てゐず、セツルメントでママさん事件に当り松倉町に帰る。昨夜別れ際に約束した通り銀座であふ筈であったが内村に頼んで午後手紙をことづけて上野に変更　鳥鍋―上野―千駄木の家―白山―送って帰るつもりを見つかり泊る事となる。

七月七日　昇子さん起してくれ朝ドクターと三人で出る。車中ドクターに簡単乍ら打あけた。愛さへあれば喜んでヘルフェンするいふ。形式などどうでもよいと。午後学校で仕事。

七月八日　朝足鹿来て　女学校十一時―一時半　その足で洗足にゆき三人（清、三吉、僕）シブヤに買物にゆき、オートバイを修し、夜泊る。ドクター帰らず

七月九日　朝昇子、久子さんと三人で出、久子さんを児童部の連中にひきあわせる。夕方七時上野でおちあい上野―大学―三丁目やぶそば―万世―目黒―洗足―今夜は帰るつもりの処を　これは！　客を見送りに総勢出てゐたドクターに見つかって、泊る！

七月十日　雨中を僴〔昇子の兄の馬島僴ドクター〕氏と昇子ちゃんと出る。駅迄見送って後老ママと話し度くて引返す三時迄話しこむ。岩崎君からヒントを得たといふ青年の首と題したママの絵を貰って辞去。夜清と辻くる。辻に話して藤田先生に媒しゃくの事を頼んで貰ふ事にする。

七月十一日　今日は逢はぬ日であった。逢ふと負けた事になるのだった。ところで看板の事で吉田兄を三宿に訪れ一緒に本処《〔ママ〕》へいったので負けた。立ち話。夜　藤田氏への願の早過たかを怖れ辻を訪ねて不在、内山から喜びを云はれ、終電近く帰る。

七月十二日　溝井改築で小川の二階へ移る。今朝は清ちゃんと一緒にくる筈だった。清ちゃんのみ過て来ぬため彼女一人十一時頃にきた！　始めから沈んでゐた。内村両人が好意をもって肉迄約束通り提げてきてくれた。午後セツルメントへゆき　夜僴氏久ちゃん尾崎さんと僕等。

七月十三日　今日始めて終日逢はず　午後四時迄戸田さんの仕事だ。処へ藤田先生突如見えて一緒に辻を訪ねる。例の件は思った以上の好意で以て承諾を得、唯感謝す　父母説得の策漸く成った。夜小川氏夫妻に御ち走さる

七月十四日　「飯食いにゆく」といふヒヤカシコトバ　夜あきちゃん来る　九時半、銀座に出て大阪寿司を買ひ洗足にゆく。彼女今日旗日の最後だ。久ちゃんフランス行決る。

七月十五日　久ちゃん本所セツルメントで逢ふ　朝トースペに再発を確む　白木屋へサンタルを買ひにゆき辻とあひセツルメントにゆき内村と相談して、松富町で江口喚とあひ浅草で話し夜沈んで洗足にゆく。彼女来ぬとて母に当ってゐる。

七月十六日　朝から休み、今夜の七面鳥の祝ひ事、七ツあり、主なもの久ちゃんリオン行と僕たちのエンゲージ也　朝二人で洗足池にゆき、病気の事を話す。「シッタルタ」。久ちゃんお祝ひにとてアカシ一反あきにくれる。キヨのおばちゃんのあいさつ。ポーロの話。夜、客廿六人。

七月十七日　昨夜の無謀をほぞから悔ゆ。朝、洗足で別れて鎌倉にゆく　藤田先生在宅。土地の話から、父への手紙の相談。食後碁を打っておそくなり、長谷から電話して六時半万世でおちあう。久ちゃんへ贈るカバンを買ひ、散歩して、再び洗足へ帰る。ドクターの友達三人見えてゐる。二時迄ママと三人して家の話や会計の話など。

七月十八日　早朝に帰る。不在中誰彼と来訪者あった由。了から来信　二年越しの結婚問題漸く両親との間で了解ついたとの事。返事をかく。五郎君と福間にゆき活動など見るに、何となく落つかず。

七月十九日　悩むに非ず思うなり　喜多野の家に有泉を訪ぬ。本所へ電話。午後五時行き、診療所主催の久ちゃん送別会に列して、八時　三丁目に行人会。

七月二十日　夕方電話で呼び出し根津に長兄格氏のフィルムを見やうとし、已にハネタあとで、歩いて万世迄送り更に東京駅迄送り別れて帰る。土佐の□□〔判読不能〕某といふが貯金局時代の彼女を慕ってやまぬといふ話など「遺産比べ」あと〳〵迄いや也

七月二十一日　朝本願寺↓丸ビル、辻と会食し、藤田先生尚熱ありときゝ鎌倉訪をやめる。吉祥寺行きもやめて神田に久をたずねた。午後三時半診療所へゆきセツルメントでキャンピング行の連中とさよならして、五時四人で兄、尾崎さん、僕等。上野八時半久ちゃん及その一族を見送って、残りの人々そして洗足に帰る。

七月二十二日　目黒で昴、妹と別れて吉祥寺に今氏をたづね。不在で早大へゆく。敷金の算段だが、話すや祝し

て五十円贈られた。二時半別れて帰宅、湯にいり、中屋で相談するに費用概算六百余円也。夜福間へゆく。近処に三間の家あり　廿五円也。借る約束す。

七月二十三日　セツルメントにゆき内村からの廿円をうけとり、診療所行。風邪で八度の熱也　博　尾崎さん僕等で浅草にゆき不良青年と自称する男に逢ふ。洗足に帰へて〔ママ〕十一時。不思議の熱さましなるかな。

七月二十四日　朝ドクターから電話　八時品川を発ち大船でまちあわせ十一時半三人してカマクラ着。午後二時兄帰り、三時から藤田さんと三人で、洗足へゆき、土地を見終り　夜Ｔ・Ｐの会合。大宅家の難につき中野（兄）の話をきく。

七月二十五日　島地氏不在、佐々田へゆき　午後セツルメント。今氏と落会ひ、まってゝくれた内村と三人で診療所、京樽でドクター達と乾盃、あと今氏と清僕等で食事し、二人だけとなって、彼女の友人槇氏の家を訪ひ　最後の洗足の夜、ドクター帰らず、朝四時。

七月二十六日　朝兄帰る。借りた家を一緒に観にゆく。このノートを彼女見る。困る。午後昼食後、最後の別れをつげて去る。万世で別れ、金策今日つかず。電話し、昴を呼ぶ。豊原と千金。全く安易な心持にかへって十時万世迄おくる。

七月二十七日　築地二十円辻十五円。丸ビルで清作氏とあふ。支度し午後五時診療所。ドクターまちくたびれてゐたところ。直ぐに、浅草で四人して牛皿をつつき、さよならして　銀座で買物、□□〔判読不能〕訪れ　九時四十五分稲田君五郎喜多野見送ってくれる

七月二十八日　十時京都着、後川を京華社に訪ひ、清ちゃんと東山見物、浅ちゃんが一泊するつもりでゐたのを急に夜神戸へ立つ　後川家に久しぶりに一泊、昴へ第一信。

七月二十九日　十二時後川を辞し、環さんと逢ひ、山本を訪ねたが三枝さん石見へゆかず。京華社、環さん、訪問す。八時半環さんに送らる。第二信と又兵エ人形を送る。

七月三十日　三十一日〔空白〕
［補遺］に豊原清作氏〔喜一郎18.8　みね22.9

八月廿三日　覚書〔八月一～二日の欄に記述〕　昨夜の母よく事情を調査した父に黙って結婚の意志ある事も、将来帰寺の意志なき事も、俺は幽霊に憑かれた人間だ　因習の、伝統の、幽霊。因習も伝統もそれが特定生活機関の油の役をつとめてゐる限り　底力強い存在理由をもつ。油を尽す事は生活をてい止する事になる。義理もかゝる油の別名だ　僕には僕の油。父には父の油。両方立てれば身のたゝぬ羽目がきた。
〔八月五日の項を削除して〕
（八月二十五日）〔ペン書き〕　朝五時発つ。大賀と共なれば思案も亦まぎるゝ「風雨強かるべし」　警報あって晴朗。夕七時半京都着
八月六日　後川に電話せるに何事ぞ一家づれ千《〔ママ〕》東に旅して不在といふ　彼に友情なきか？　或は東京にて僕を待たんと心組みしものか？
八月七日　尚夛より同家内僕宛来電二六ヒ四ジヌマヅツク　アキ　とも角川本環を訪ふ　彼病気して衰へたり。四条堀川東入ル上ル　河合家旧宅に仮寓せり。
八月八日　事情を話して卅円貸与を求めた
〔八月廿六日とペン書き〕　廿円。彼亦苦しからんに。感謝す。丸山にて俊吉と朝食し後川家に香魚もてゆき。土産
〔八月九日の項に〕その足で杉野を訪ふ。杉野昂奮せり。きけば彼亦問題の渦中にあり　北陸の真宗某寺の娘にて彼の義理の親類に当る、昨年来親しみ今夏行きて愈々決意する
〔八月十日の項に〕処ありしに、最後の申込の言葉探せずして帰りしかば娘失望して折柄の父のすゝめ寺同志の約婚せしとなり。其後彼の書面にて実意ある処を知り娘狂せるに近く〔八月十一日の項に〕松野の姉なる人善後策にゆき

成らずして今朝帰宅せしところなりといふ。僕の話彼知らず語れるに意外にも金三百円翻訳の代あればよろしければ〔八月十二日の項に〕用ゐよと云ふ。彼に三百円の財あるを驚くよりもまづ彼が真情に打たる。百だけ好意に甘えこの困難の資にうけんと乞ひぬ。帰京後書肆〔八月十三日の項に〕より直接入手せしめんと約す。されど万一の事もあり尚別途を講ずるも、更に杉野にさしはせむ処なきなり。

〔八月十四日の項に〕

セツルメ　三〇（後）
家賃七、八　三五（現）
パス　二〇（福田）
移転ヒ　一〇
辻　尺八　本
中屋　一〇

尚守三口に二〇円後川に五〇円頼み見ん。

〔八月十五日から八月二十二日の項に〕縦書きと横書きの研究上のメモが書かれている。

〔八月二十三日から八月三十日の項に〕歌詩が書かれてある

一、見よ民衆の旗影は闇をおひつ〔ママ〕ゝきたるにはじまり　五、強圧の雲破れ……まで

〔八月二十七、二十八日の項は空白〕

〔八月二十九日の項に〕　本願寺、安田、内村（今夜の司会をたのむ）午後三時、鼎ト〔ママ〕一緒に。

〔九月一日から九月三十日の項には、簡単なメモ、予定のみ記す〕

九月二十二日　行人研究会　大内宅　土曜　レフトウヰング

九月二十九日　午後雨強し　朝宮村来る　午後翔次
九月三十日　暴風雨　ヘントウセン　午前中ねむる　午後女学校

十月一日　研究室読書会　小林氏ヲ史料編纂ニ紹介スルコト　埼玉県講習会ノコト
十月二日〔空白〕
十月三日　小林研究会
十月五日　戸田―藤田、小林、女学校
〔十月七日～二十二日は予定、住所など簡単なメモ〕
十月八日　武蔵野女子
十月二十三日～二十六日〔托児所（人件費）、家庭事業、授産事業などのメモ〕
十月二十八日　社会文芸
十月三十日　新人会　研究会　艸

十一月一日～六日　研究メモ〔寺院、農村、新聞紙、政党、都市の機能、行人研究会、支那関税問題など〕
十二月十三日　農業雑誌原稿をかく。片方で布団が出来上る〔十二月十四日の項に〕
十二月十五日　研究室。スモール。原稿ヲ棄る。
十二月十六日（水）　神田で試験。夜五郎君と千金君やって来、五郎君泊る。小山へみなでゆく。そこで不愉快になったんだが。
十二月十七日　二人共今日は家にゐたのだが、午後五時迄気まづく張合った。但し大風一過す、五郎に十五円貸す　一郎君の結婚で帰国するのだ

十二月十八日　木村毅氏を訪ひ不在、本をおいて帰る。
十二月十九日（土）　神田で試験をする　大学から賞与として十五円を支給された。妙にだるくねむし。夕方セツルメントにゆき内村宅でよばれ診療所に寄る。寿兄の問題頭を悩ます
十二月二十日　本願寺学務部へ研究報告ヲ送ル　三吉君社交病で上京してき、いれずみなどもして、おどろかす午後四時、仏教青年会へ干潟氏送別会及総会。
十二月廿一日〜廿二日〔空白〕

以下は月日のない白紙に細かなペン字で綴ってある。

「……私を社会主義運動上のスパイである、而も売春婦（最下級の）であると云っておれた、文夫さんも亦私をそう思ふ、それに文夫さんとあなたは兄弟であり同志である、だから共同戦線を張って私菊枝を駆逐する声〔横に（コト）とかっこをつけてルビをふる〕もそれを承知した……」
□〔一字判読不能〕兄からの求婚を拒絶、兄の同僚〔「兄の同僚」に傍線で（文夫）とルビをふる〕からのキッス、「赤い切で包んだセロの小さい人形」
その日学校で作ってきた赤と黒の細リボンでたゝんだシオリ　朝鮮から求婚――兄と相続して拒絶
「赤い人形丈は非常に気に掛りました。これがある為に他の誰をも考へる事が出来ないやうな気がして、それに学生時代なんか男の事なぞ考へるものぢやないと兄から云はれてるものですからそれに自分でも悪いやうに思ってましたからあなたの事など　あなたの話が出ても一口だって無頓着な顔をしてしゃべりませんでした」
「遂に結婚問題が起りました――南米行が出た為めに尚更こんな話が早くでたのだろうと……始めから文雄さんときまったわけではないのです……軍人やブルジョア……それに胸には常にあなたと文夫さんとが映るのです　あ

なたの事は黙ってれば私一人が思ってゐる丈ですむ　然し文夫さんがどう思ふだろう……そのうちに兄の口から文夫さんならどうだと云ひ出したのです」

文夫氏から承知　南米行（娘を独身のまゝ伴ふ事の危険とコーペレーターとしての男がほしかった）も承知した。十一月廿日文夫氏が菊枝さんの兄を訪ねて「行く併し二三年で日本へ帰る」と云ひ、その夜約束によって菊枝さんが文夫氏を訪れたら「ゆき度くない、飛出して（兄の家を）一緒に東京で働き乍ら自分の仕事を助けてもらいたい」といふ意味の話　「実際文夫さんを愛してゐたら飛出したかもしれません」その翌々日更に文夫氏を訪ねて兄があんなにあてにしてるのだからと頼むと、「私の為なら一緒に南米へゆく併し二三年したら帰ってくる」と約束、その夜文夫氏が兄を訪問して遂に「私だけが南米へゆく二三年したら文夫さんの処へ帰ってくる」といふこの話がき帰った

「兄の為めに一人の男をあやつる。それも大事な同志をあやつる　どうしてこんな怖しい女になってゐたのだろう。どうしてこんな馬鹿な人間なんだろう　自分自身を目茶苦茶にしても殺すやうな事をした。私は電車の中で馬鹿々々を繰返しました」

「……最後の別れとも云った、いやに、センチメンタルな考でお訪ねしたのです、然しその間にもこの悲しい中に織りこまれた恋と云はうか、いや云ってはいけない、ほんとうに愛するなら云はない方がいゝのかもしれない勉強してゐる人だ社会運動にたずさわるべく大事な準備中な人なのだ、文夫さんとは兄弟じゃないか　同志ぢゃないか、私が今しかもこんな事して飛出した時※に恋を口にしたらあなたと私のみの問題でなくどんなに同志の間にも気まづいことになるだろう、そしたらあまりにあなたが可愛そうだ文夫さんにもかうなっては益々申訳がない……云はないで去らう　そして私は南米へゆく　一生を兄の為めになってもう二三年たったら独りで世の中から去るのだ」〔「独りで……去る」まで傍線〕

※女の方ではもっと文夫氏を理解をせう〔ママ〕「愛するやうにならう」と思っての上京が文夫氏の方では許婚をして公

然の上京と解され、女は第一夜にいどまれ、二夜三夜と「どんなに悩み怖れ悲しみ戦いた《ママ》か理解もなし、七日の朝方には全く文夫さんから離れることを決心したのです」

その前に「正気の文夫さんは見られないと思って帰ると云ひ出した」のは二日目の朝の事である。「処女は破られなかったが傷ついたかもしれぬ」これは中野への直接の訴へである。

一、三角関係は中心に位した人の意志の方向によって決せられる。

二、中心に位した人の意志の方向の決定は、二人の例へば男に対する人物標価《ママ》によると云はんよりむしろ、二人の男と彼女との交渉の各別個の歴史的〔歴史的に力点〕過程の性質による。

三、女とF氏との関係は、女がまだ個性化されない、女学生的家娘的——日本的女性文化の下におかれた——時代に於て、具体的に云へば女学校三年生の時代に於て、彼女にとってはパッシウ《ママ》な形式で開始された。そして最後迄パッシウであり女学生的であり日本的女性文化のカテゴリーに準拠して発展した。かゝる過程の性質は自己の周囲の状態によって意志が形成され整序されることになる。

四、Hとの関係はそれと反対に最初から自発的な願望として発展した。前者が順応的な関係であるに従ひ益々後者は暗願《ママ》として統一せられ、表と裏の反対願望を提示する。

五、Hへの見初め〔見初めに傍線〕が単なる直感的無批判のそれであったにせよまたHの高校生徒《ママ》てふ有利な資格が見初め心理に作用した《ママ》しれない——のせんさくが起り得るにせよ、要之《ママ》に問題ではない。問題は女の生長過程に於てFとHが演じた役割——彼女にとっての歴史的役割にある。

六、コムミュニストとしての批判はFとHが血をわけた兄弟である事、女と兄との日本家族観念による結合関係等に関しては冷淡であるべきだ。而してFとHと、更に彼女も亦、同志である事、其他の関係者、——兄、I兄弟夫妻、其他が凡て同志である事が大切な関心事だ。だから問題は、同志の間の恋愛錯綜はいかに解決すべきかにある。兄弟間の闘争は私有財産社会のイデオロギーの下では甚だ深刻な問題であるが、プロレタリアのイデオロギーに於ては何程の意義ももたない。

七、プロレタリアの行為は観念と感情とによって直ちに支配されてはならぬ。それは問題の明確な認識及理解、特に個人に対する歴史的見方によって決定さるべきだ。これはプロレタリアの共同の敵に対して行為する際まもれねば条々である。況んや同志間の問題に於ておや。

八、F氏〔ママ〕が彼女を目して同志の信用関係を攪はんするスパイだ共同の敵だと断じたのは事実を調べざる観念、彼女が同志である事を忘れた感情だ。Hが女の南米行きを是認するは旧社会の兄弟関係の理論を脱却し得ない一種の感情だ。いずれも執らぬ。

九、問題は同志としてのFH女の信頼関係がこれを機縁として更に深まるべき、而してこれによって同志一般の自信と道徳性が更に強揚さるべき方法の下に決定されねばならぬ。

十、FとHとは隔意なく問題の研究——理解をもたねばならない。女の行為と表白とのアイデンチフィケションによってこれは行ひ得る。かくて三人の間に三人の立場が疑問なく理解された時三角関係はその法則に依って片附く。Fの痛手はこの方法による時にのみ最も少ない。

この日記には「新人会対セツルメント」と記して、当時の合法的な学生運動であった帝大セツルメント内での共産主義グループとの対立を示す貴重な内容が次に書かれている。

一、去年二月NSからセツルメントへの「潜入」

一、潜入後モ〔ママ〕、事業団体セツルメントの中心勢力は学生救護団以来の人々の手にあり。事業団体に於てはある人が尽くした功績と犠牲のみがその人の団体内に於る実勢力を創り出すものである。

一、潜入後間もなく志賀君中野君一派（ト救護団以来の人々から認められた）が排斥さる。（農村セツルメント及書籍部でのやり方が動機）　志賀の退会で治まる

一、其後新人会員のセツラーでよくセツルメント建設事業（特に本所方面に於る実際的雑務）に努力する人僕以外に無し。僅に中野、□□〔二マス空白〕の二人が教育部準備事業に奔走せるも　よく衆議に計らず独断秘密の計画あるに非るかとの邪推（志賀の農村セツルメントがこれであった）の中心となり、漸く救護班以来の中心的勢力（中村中司長屋林毛里）とNS系セツラーとの復和策を講ずる事が僕及内村の裏面の仕事となり始む

一、事件後NSを無気味視する風は更に高まり（理由は公表せざりしも末弘先生との事件いつとなく知れてきた事――セツルメント幹部数氏に□〔一マス空白〕が常に中野と行動を共にせる等）遂にNSの班からセツルメント班なる名称をサク除して貰ふの余儀なきに至る

一、この対立は去夏僕帰国中最も露骨となり中野対中司問題に於て激化さる。

一、かかる際労働学校をNS化する事は極めて至難事である事を患へたが、――特に、セツラー募集を行はずして一時にNSの新顔を迎へる事は――宛も休暇後セツラーの帰京者極めて少数で、而も労働学校は直ちに開校せざるを得ぬ状態なる点を利用して「社会科学研究会」に応援を頼みたりと称してNSによる労働学校占領を実現する事を得た

一、労働学校設立の準備の中、生徒募集、講師への交渉、教室準備、等の仕事にしてNSメンバーは殆んど僕以外にはたづさわらず。

一、九日後I・B・Uの設立あり。セツルメント内の極左派として、この場合にはもはや充分存在の意義もあり効果もありし。研究会もこれに依って支持続行されたり。然るに内村及僕は従来NSとセツルメントの後セウ《〔ママ〕》機官としての立場をとり来った関係上IBUへの加盟は絶対に不可能且それは反NS熱を再燃せしめざらんが為絶対に必要事なりしなり。

一、現在誰を通じてＮＳはセツルメント内に安泰なるを得ているのか？

V　結婚・再婚そして労農党政治部員時代

一　結婚・離婚・再婚

前節で引用した服部の日記の一九二五（大正十四）年六月三十日の後の［補遺］に次のように書いていた。

僕は早まったらうか？　僕をしらない人は早まった申込みというかもしれない。そして又早まった許だくと評するかもしれない。けれどもまず生活のコンディションの考慮から纒められてゆく在来の婚姻で半月の考慮と準備が早すぎると云はれるだろうか。又性格上のこのみの決定が相互の暗黙の認容となってあらはれた時「貴方を愛する」との表現が早すぎるといふのか！　それならこの二つの部面が二つ乍ら考へ感じられ確かめられたその日に「結婚」を申込んで早すぎたと誰が裁き得やうぞ。六月六日朝

服部は前節で紹介した日記に書かれているように、この頃毎日のように会っていた女性との結婚を決意している。その女性とは、濱田昮子（あきこ）であった。日本の産児制限運動の草分けで、オランダ人のサンガー博士が発明し

た避妊具のペッサリーを日本化した医者の馬島僴（かん）の妹であった。二人は一九二六年十月十八日に結婚届を出しているが、すでに十月六日に長女順子が誕生していた。この結婚はわずか二年しか続かず、一九二八年二月二十七日に協議離婚届を東京府荏原郡碑衾町長に出した服部は、同年十二月十日に相馬富子と再婚して入籍届を出した。同月四日には富子との間に洋子が誕生している。富子は服部が講師をしていた東洋大学の聴講生であった。二人の間に二男四女をもうけたが、一九四三年十月一日に花王石鹸重役時代の職場にいた女性との間にも一男、その後一女を生ませている。

曻子との縁は、愛知医専を出て神戸で貧民救済をやっていた賀川豊彦の友愛診療所の所長をしていた馬島僴との出会いである。服部が三高の学生だった一九二〇年の頃である。馬島はアメリカでマーガレット・サンガーがすすめていた産児制限運動を日本でも普及しようとし、アメリカ、イギリスに留学して一九二二年三月に帰国した。その翌年の九月一日の関東大震災を機に上京した馬島は、震災学生救護団の提唱者であった末弘厳太郎のすすめで東京帝国大学でアメリカのセツルメントのことを講演したことがきっかけで帝大セツルメントが設立された。設立の中心となったのが服部であったことはすでに書いた。馬島は本所松倉町に基督教青年会附属診療所（後に労働者診療所）を設立しセツルメントの医療部を担当した（児童部には戦後の歌声運動の指導者であった関鑑子など）。この診療所は当時の社会運動家のたまり場でもあった。非合法組織の日本共産党員の野坂参三・山本懸蔵・河田賢治・渡辺政之輔などや東大新人会の志賀義雄・菊川忠雄・黒田寿男らがいた。服部はここで馬島の妹の曻子と恋愛関係になったのである。服部の紹介で馬島を知った木村毅は、『遺稿 馬島僴自伝　激動を生きた男』（間島著）の序の中で「馬島君に初め心酔して、その令妹と結婚した服部之聰〔ママ〕などは、だんだんにその真相〔馬島の女性関係〕を知るに及び『馬島一族はカラマゾフ兄弟だ』と愛想をつかして、しまいには離れていってしまった」と書いている。

服部の日記（六月二十七日）には曻子の印象をローザ・ルクセンブルグに似ていると書いている。ローザとはドイツ社会民主党左派の革命家で、第一次大戦中にカール・リープクネヒトらとともに反戦運動を行い、武装蜂起に失敗して捕らえられて監獄に送られる途中に惨殺された。『ローザ・ルクセンブルグ その思想と生涯』の著者であるパウル・フレーリヒは「希有なほどにその才能にめぐまれた」「正当的なマルクス主義者であった」と彼女を評している（伊藤茂彦訳）。

さらに前出日記の、服部は七月二十八日に京都に行き、三高時代以来の親友である後川晴之助の家に一泊、結婚の報告のために一人で帰郷している。八月二十九日の欄に「本願寺、安田、内村（今夜の司会をたのむ）午後三時、昴ト〔ママ〕一緒に」とだけ記されていることも紹介した。この中の安田は三高の先輩の安田徳太郎で、内村は新人会時代の第一の親友である内村治志〔セツルメントの地主の婿養子となり石島姓となる。初代セツルメント主事〕で、京都の本願寺で三高時代の友人たちへの結婚披露ではなかったか、と私は推測している。

服部は昴子と結婚した翌年、野坂参三の主宰する産業労働調査所員となった。服部没後三十年追悼懇親会のための私あての野坂の葉書には「『産業調査所』時代の彼の重要な活躍を懐かしく想起します」と書かれてあった。

後に詳述する戦後に服部が日本共産党に入党したのは野坂から勧められたからであった。この野坂の私宛の私信は『服部之總・人と学問』への収録を党機関から断わられたために掲載することができなかった。

服部は、昴子と離婚した一九二八年に党活動のため地下にもぐった岩田義道に代わって『マルクス主義講座』に「明治維新史」を執筆した。また同講座に佐伯峻平の筆名で三木清批判を行うなどめざましい執筆活動を行うと同時に、当時最左翼の合法無産政党で日本共産党の指導下にあった労働農民党〔最高実権者は浅野晃〕と関係をもつ政治活動も行っている。そのために服部は同年三月、三・一五事件の直後に検挙されて二十日間ほど愛宕警察署に拘留された。服部は一九二五年四月に東洋大学、翌年には東京農業大学の教授であったが、一九三二年からはまったく教壇から離れ、在野のマルクス主義歴史家として筆一本で生活することになった。この服部を支えたのが二度目の妻となった相馬富子であった。

富子は昴子とは対照的な女性であったように私は思う。すでに二児（洋子、長男旦）の母親となっていた富子は、四月二十七日から「日記を買って頂いて今日から記す」と日記をつけはじめている。

「大宅〔壮一〕、立野〔信之〕、南〔博〕氏原稿の忙しい最中に見えて五時頃迄」（五月十一日）

「丁度夕食時号外が出た。ファッショの暴動化、犬養首相そげき事件、すこぶる緊張する」（五月十五日）

「旦那様ケントウ〔拳闘〕に御出かけ夜一時すぎ御帰宅」（五月二十日）

「憂うつな日がつづく、経済上の！　旦那様　近くの青年会館にある伯龍とかの講談をききにお出かけ」（五月二十九日）

「経済恐慌を起こして。学者の生活は、つつましくあるべきもの。来客多く、経費多し。学士会の集金断る」（五月三十日）

この日記は六月四日「今日もあめ！　旦那様、中央、神田、モナスへ御出かけ」で終っている。

前述したように、服部は労働農民党と関係をもつ政治活動にも参加したことについて、私は「服部之總と労働農民党」という小論を故関根薫の依頼で『旧縁会会報』（復刊第四〇号、一九八九年八月十九日）につぎのように寄稿した。

二　服部之總と労働農民党

私たちは昨年七月『服部之總・人と学問』（小西四郎・遠山茂樹編、日本経済評論社、一九八八年七月）を公刊した。この中で、私が編集した「年譜・著作目録」の一九二八年（昭和三）二十八歳の項に「この年、労働農民党（大山郁夫委員長）の本部で活動する。労働農民党解散（四月）後は、新党準備会の政治部員となる」と記した。

服部と労働農民党の関係については、奈良本辰也氏編集（福村出版刊）『服部之總全集』㉔（句稿・草稿）の「年譜・著作年譜」にも昭和三年に「この年、労働農民党書記局員となる」と記されているだけで、ほとんど明らかではない。

服部の令妹である関根薫〔悦郎夫人〕氏を介して、本会報編集部から寄稿を依頼された機会に、会員諸氏に服部と労働農民党との関係、さらには当時の服部に関することをご教示いただければたいへん有難いと考えてこの小文を書かせていただいた。

労働農民党（略称・労農党）は、一九二六年（大正十五）三月五日、農民労働党が禁止された後、総同盟主導の右翼社会民主主義政党として結成された〔杉山元治郎委員長〕。

同党は共産主義的色彩をもつ者の入党を拒否する組織方針をかかげていたために、党活動が不活発で、同年十月に左翼派の加入をめぐって分裂した。十二月に左翼派の加入を認め、共産党と左翼社会民主主義者との共同戦線党として再建され、杉山に代わって大山郁夫が中央執行委員長となった。

合法無産政党として再出発した同党は、日本共産党の直接的指導下に日本労働組合評議会・日本農民組合などと表裏一体となって、議会解散請願運動、対支非干渉運動など、この時期の無産政党の中で最も果敢に活動し、党員は一万五千余にのぼった（一九二七年十月三十一日現在）。このため最も激しい弾圧を受け、三・一五事件により二八年四月十日結社禁止・解散を命ぜられた。同党の活動は、当時共産党が福本イズムに指導されていたために、その影響を強くうけていた。

同党に関する基本史料は、法政大学大原社会問題研究所から「日本社会運動史料／原資料篇・無産政党資料」の中に『労働農民党』（全六巻）として刊行されている。

私は冒頭に掲げた『服部之總・人と学問』の年譜を作成するに際して、奈良本編「年譜」に書かれている服部が労働農民党書記局員であった事実を確かめたいと、かなりの時間をかけて調査してみた。

しかし、同党に書記局がおかれていたという資料は見当たらず、服部の名もついに見いだすことはできなかった。そこで前記大原社研『労働農民党』を担当されている法政大学講師の大野節子に問い合わせた。その結果、書記局員を前述のように「本部で活動する」と改めることになった。

その後、大野から服部と同党との関係を知る上での貴重な手掛りとして、『浅野晃予審調書』第七回（一九二九年一月八日）のコピーが送られてきた。この『調書』には、次のような記述がある。

三　浅野晃予審調書

渡辺政之輔ト連絡ヲ採ツテ居リマシタ　三月二十八日中尾カ検挙サレタ為メ其連絡ハ断タレタノテ其后ハ門屋博ト私ト交互ニ渡辺ト連絡ヲ採リ二人カ一日置キ交替ニ渡辺ト会見シ四月七日迄五六回会見シマシタ　時間ハ大概夜ノ六時乃至七時迄ノ間テ　場所ハ日本橋、新橋、浅草方面ノ市内電車停留所テ会見ノ際順次其次ニ会見スル日時場所ヲ予約シ置キ若シ誰カ検挙サレタラ浅草公園ノ御婆サンノ銅像ノ側ニ行ツテ居ル事ニ打合セヲ致シテ置イタノテス　中尾検挙サレ渡辺トノ連絡カ中断シタ時モ三月三十日頃私カ御婆サンノ銅像ノ前ヘ行キ渡辺ト会ツテ連絡ヲ継続シマシタ　私カ渡辺ト会ツタ場所ハ御婆サンノ銅像ノ前ノ外　日本橋通リ三丁目停留所、三越呉服店屋上花ノ階ノ会場、京橋桜橋停留所、浅草田原町、三越呉服店前「カフェーコーザン」ノ側等テス（原文のママ、以下同）

○　渡辺政之輔ト連絡シテ什ウ云フ事ヲシタカ

渡辺政之輔ト会見致シマシタ時ハ総検挙ニ対スル各地ノ情勢報告カ主タルモノテ夫レニ対スル党中央部ノ意見ヲ聴キ取ル事等テアリマシタ　私カ渡辺カラ聞イタ党中央部ノ意見ノ主ナルモノハ私ノ任務ニ属スル労農党ノ立テ直シニ関スル意見テシタ　大検挙后ハ　一時農村ハ抛棄スル外ナク都会ニ力ヲ集中シ細胞ヲ復旧確立シテ行コウト云フ事テシタ　併シ夫レニ対スル具体的ノ方法ニ付イテハ何ノ話モ聞キマセヌ　夫レ故具体的ノ方策ハ適宜私カ立テ

ル事ニナツタノテス

○　被告ハ労農党ノ立直シニ付テ何カ具体的ノ方策ヲ立テタカ

三月十五日総検挙后ハ私自身ノ身辺カ危険テアツテ公然街頭ニ立ツテ活動スル様ニ行キマセヌ故其当時検挙ニ漏レテ居ツタ

服部之聰〔ママ〕　対馬俊次
杉本文夫〔ママ〕　上西　薫
曽田英宗

等ト連絡ヲ採リ殆ト毎日三越呉服店、浅草公園等テ　午前十時ト午後七時ニ会見シマシタ　何時モ会合ノ際ハ次ニ会見スル時間ト場所ヲ決メテ置キマシタ　私ハ右等ノ人ト連絡ヲ採リ仝人等ヲ通シテ共産党ノ労農党中央「フラクションビューロー」ノ一員トシテ労農党立直シノ為メニ活動シマシタ　何分共産党ニ対スル総検挙ノ為メ労農党ノ中心分子ハ殆ト引抜カレ壊滅シタト同様ナ結果ニナリ共産党トシテハ指令を発スル者カナクナリ労農党トシテハ其指令ヲ実行スル者カナクナツテ仕舞ヒマシタカラ　私自身テ指令ヲ書キ服部其他ノ連中ニ其指令ヲ与ヘテ居リマシタ　結局其当時其指令ト労農新聞トニヨツテ労農党ニ対スル弾圧ニ抗争ノ気勢ヲ挙ケル事ヲ講シテ壊滅ニ瀕セル労農党ノ立直シヲ計ツタノテス

○　被告カ労農党立直シノ為メニ出シタ指令ノ内容ハ

其指令ハ二、三回出シマシタカ其内容ハ何レモ労農党本部ト地方支部トノ連絡ヲ回復セヨト云フ意味ノモノ　治安維持法即時撤廃運動ヲ開始シ検束者ノ即時釈放ヲ要求セヨト云ツタ様ナモノテ何レモ田中内閣ノ打倒ト云フ事ヲ「スローガン」トシ労農党ノ名前テ其指令を出シマシタ

○　被告ハ労農新聞ニヨリ如何ナル事ヲ発表シタカ

私ハ三月十五日総検挙前モ労農党ノ機関紙労働農民新聞ノ主要論文を執筆シマシタカ検挙后ハ其前ヨリ稍ゝ多ク

執筆シマシタ　其論文ノ主ナルモノハ
一　各党即時合同シテ暴圧ニ抗争セン
二　大々的暴圧ニ対シ全党員諸君ニ檄ス
三　今コソ我党ノ真価ヲ発揮スル時タ
四　支配階級トノ妥協カ徹底的抗争カ
五　資本家地主政府ノ分裂政策を粉砕セン

獄中で変節した転向後の浅野晃は、「天皇制ファシズム」の時代に典型的な「日本主義者」として侵略戦争の積極的なイデオローグとなった。

浅野の妻であった日本共産党員の伊藤千代子は二十四歳の若さで獄死した。彼女の「獄中書簡」が一九七八年十二月に北海道の苫小牧市の中央図書館で公開された（『しんぶん赤旗』二〇〇五年四月三日）。

松沢哲成・鈴木正節編『昭和史を歩く　同時代の証言』（第三文明社、一九七六年）の中で、浅野の聞きとりがのっているが、浅野は服部について「あれはおしゃべりで、……ぼくは彼をちっともかっていないんだけど、……」と語っている。三高、東京帝大時代いらいの親しい友人であった浅野の戦後の服部評である。この文章を読み、私は浅野と服部の人間観の対照的なちがいを痛感させられた。

私のこの『旧縁会会報』に寄稿した小文にたいして、戦前に日本共産党員として主として農民運動の分野で非合法活動を行い、戦後は日本共産党東京都委員会の責任者であった杉本文雄から、次のような手紙が一九八九年十月九日付で、法政大学大原社会問題研究所兼任所員の大野節子に寄せられた。

四　杉本文雄と服部

旧縁会会報（復刊No.40）に、松尾章一・法政大学教授が「服部之總と労働農民党」なる一文を寄せられている。巻末に〝私が一番知りたい空白部分―諸先輩のご教示をぜひお願いする〟とあります。労働農民党書記局員であった事実を確かめたいとのことです。その一部分についてならば、私が知っているのでお答えできます。〔以上の文章は［　］にして冒頭に書いている〕

労働農民党本部には、正式に書記局とされるような組織は無かった。細迫兼光書記長のもとに、書記は実務中枢としてあった。彼らは一人も「役員」ではない。その中で最高実権者は浅野晃で、その「代理」の実権者は大間知篤三。彼らは、裏の日本共産党中央に直結していた。労働農民新聞の主張は、すべて浅野が執筆した。浅野は周囲に政策スタッフを持っていた。労働農民新聞の政治、経済、国際問題の原稿は、浅野晃に直結する政策スタッフによって執筆されていた。彼らは、一人も常勤者ではなく、本職は別にあった。

服部之總は、この政策スタッフであった。曽田英宗、金井満らと同じように東大・新人会の先輩として、浅野とは非常に親密だった。

労働農民新聞が週刊であった関係で、彼ら政策スタッフは週に一回は本部に来て担当原稿を執筆した。書記の私（杉本文雄）がその原稿を貰って新聞をつくった。無検閲である。予め浅野と先ずもって打ち合わせしたものである。彼ら政策スタッフは、正式には労働農民新聞編集部の「常任執筆者」というべき存在であって、中央常任委員会（大山郁夫委員長）とは全く無関係で、口を利くこともなかったほどであるが、浅野晃を通じて大きな政策的役割を果たしていた。三・一五事件で、この政策スタッフは自然消滅になった。

以上が私の知る「服部之總と労働農民党」の一部分である。

私事になるが、私は服部之總に弟分のように可愛がられて「放談」もよく聞かされた。彼は当時の福本主義には毒されていなかった。いわば正統のマルクス主義学者であった。左翼の間で通説であった「明治維新はブルジョア革命」論にも反対で封建勢力との闘いを強調していた。山陰の寺院の出身である服部は強力に残存する封建制の遺物については該博な知識があった。彼の中学時代の後輩の豊原五郎は一九二七年秋（二七テーゼ）以後、渡辺政之輔の東京合同労働組合書記から、労働農民党本部テコ入れに本部書記として常勤することになったが、服部之總は特別に目をかけていた。（豊原は二八年初め日本共産党九州地方委員会に派遣され三・一五事件で検挙された）

戦時中、服部は「徴用免れ」に蒲郡の製油会社の重役になっていたが、私が会った時は意気軒昂な革命家であった。（以上）

一九八九・一〇・九　　杉本文雄

大原社研・大野節子様

〔傍線は杉本が付した〕

杉本文雄とは大野節子氏の案内で、彼の自宅を訪問し、私が杉本に当時の服部にたいする印象を聞いた際、杉本は「服部先生は私のような小学校しか出ていない者の質問に非常にわかりやすく親切に教えてくれた」と、服部と正反対の羽仁五郎と比較して話してくれたことが強く印象に残っている。

VI　在野の歴史家時代

前節に書いた富子夫人との間に長女（戸籍上は二女）の洋子に続いて、長男旦（一九三一年七月）次女茝子《ちさこ》（一九三三年八月）が誕生している。長男の生まれた年、服部は軽い結核に冒されて野呂栄太郎から直接教わった「野呂式療養法」に専念している。

服部は野呂との、個人的交際が深くなったのは一九三〇年以後からだと、「野呂と私」と題する文章で、次のように書いている。

一　野呂栄太郎との出会い

こんど出た岩波文庫版の野呂の『発達史』は巻末に、宇佐美〔誠次郎〕・塩沢〔夫人・富美子〕両氏作製の野呂栄太郎年譜がそえてある。野呂の詳細な伝記はぜひ今後書かれなければならないがさしあたってこの「年譜」だけでも、既往を考えるのに大変参考になる。

思い出は、さしむき自分に関しているが、『発達史』第二篇のためのまえがきのなかで、野呂は私の『明治維新史』にふれて、「前者（明治維新史）は、服部之總氏によって、「講座」第四及び第五巻に発表されている。氏と私との間には多少見解を異にする点もあるが、氏の研究は画期的なものであり、極めて示唆に富んだものであるから併読を希望する」（二一八頁）と書いている。

「この多少見解を異にする点」というのは、国家最高地主説についての「多少」をさしているもののようである（と当時私は考え、いまもそう思い出すのである）。

野呂も私も、『社会問題講座』（その第十一、十三巻にこの『発達史』第一篇がのった）と『マルクス主義講座』の双方に執筆しているのだが、産業労働調査所で顔を合わせていながら、『資本主義発達史講座』まではお互いの論文について討議したりうちあわせたりしたおぼえがないのは、『社会問題講座』のときは相互にまだ交際がなかった。『マルクス主義講座』のときは、三・一五直前のあわただしい状勢でその機会がなかった。そのあわただしさの片鱗については、私の『明治維新史』（河出文庫版）はしがきでもふれてあるが、野呂の上記まえがきでもうかがうことができる。

私の『維新史』第二版序文は、野呂の『発達史』初版緒言（こんど久々に読み返してみてじつにりっぱなものである）の日付が一九三〇年二月十二日夜となっているのにたいして、同じ年の三月二十日付になっている。その第二版序文のなかで私は、労農派や羽仁説にたいする批判にあわせて、国家最高地主説にたいする批判をおこなっている。

野呂がいわゆる国家最高地主説を完全に放棄したのは、三二年テーゼに接したときいらいであるということを、私は聞いているがそれについては他日、書くことがあろう。私とかれとの個人的交際がふかくなってゆくのは、この一九三〇年以降のことで、当時私は中央公論社出版部におり、雑誌『中央公論』は雨宮庸義君が編集を担当していたが、野呂の依頼でその原稿を『中央公論』に取次いだことがある。どの論文だったろうか、「年譜」について思案してみるのだが、はっきり思いだせない。

私が結核をはじめて病んで、鵠沼にかけつけて「野呂式」療法の伝授をうけたのは、一九三二年九月のことだったことだけは、はっきりたどることができる。（『図書新聞』二五七号、一九五四年七月三十一日、『全集』㉓、二一八〜九頁所収）

さらにまた、富子夫人の養父母である山形県庄内の相馬家相続裁判に忙殺されるなど、この頃の服部の身辺は多事多難であった。この当時の状況については、『昭和十年当用日記』の五月二十六日から二十九日の日記欄に「八月七日夜　洋子年齢追記」として、服部は次のように書いている。

昭和四年　柏崎中学の校長をしている益田の家から金の事を云っ《ママ》てきて、あわたゞしい七年間の事を朝方まで追想志《ママ》した。半金返へしたのは洋子当才の暮れ《ママ》、中央公論社多忙で、アラビアンナイトの反《ママ》訳事業で丸ビルで徹夜した事もあった。自動車で代々木の家へ届けて、手短に礼を述べてすぐと引返へした。春になったら呑もうといふ約束さへ果たせない忙しさだった。

昭和五年　洋子二才。芝へ越し、病気で休み、（その間に「維新史」出版の話がまとまって出版紀念会をした時は）（（　）内の記事は＝で消している）その間に維新史再版の話がまとまり（初版は前年十二月、校正はアラビアンナイト臨時雇の岡田君がしてくれた）出版紀念会を四月にやり、七月退社。「内外社」が九月。

昭和六年　〔上欄に「旦生ル」と記す〕　洋子三才。この二月に内外社を退社。三月から四、五と大木篤夫と反訳《ママ》をやら、その間川本を媒酌して、八月に三枝と共著でヘーゲルを書いて九月発病。年末庄内へゆく。

昭和七年　洋子四才。〔正月廿一日を＝で消す〕二月一日岩波講座第一回論文をもって帰京。仝月後川たずねてくる。前年十二月厳君死去せり。岩波と犯罪公論や中央公論やと稼いで、反宗教運動で上野で演舌したり、日々新聞に書いたり中外日報に書いたりしたのも前年から今年へかけて。秋帰国の際京都へ寄る。婦人世界社の私設顧問。いまの家へ移転。等。

昭和八年〔上欄に「苣子生ル」と記す〕洋子五才。二月で婦人世界社と切れる。同社もつぶれる。犯公もゴタ〴〵してうまくゆかない。夏前に日出に出版広告をとる計劃が成って、白揚社と結ぶ。維新史三版は五月廿日附。秋は大島行きなど。後川から金が入るやうになったのは京大パンフレットの頃からか？　秋には電話もつけ、暮には家も建増し、益田に五十円返へしたのもこの暮れ。

昭和九年〔上欄に「石州帰国　白揚社講座」と記す〕洋子六才　五月ひっぱられ、六月伯母さんの事件が起こり京都行の話をとりやめ。（「方法論」再版五月二日）訴訟で何事も手につかず、京都の空も曇り、暮れにはエライ目を見た。佐々田からと吉川からと借金した中から益田へ返へす。

昭和十年　洋子七才　二月電話を去り、四月弟を引受け　京都へゆき、五月正式の託嘱《ママ》となる。

右の日記の解説を若干しておこう。〔一九三五年の日記は十三に引用してある〕

昭和七年の婦人世界社私設顧問となったのは、改造社の山本実彦が同社社長として独立し、この年の九月いらい服部にたいして、向こう六ヶ月間・月額五十円の条件で、「あんたのような才人に力をかして頂きたい」と執拗に懇請されたためひきうけることになった。この頃、服部は三枝博音・大宅壮一・林達夫・長沖一らと頻繁に会っていることがこの日記からわかる。昭和七年九月十六日「三枝誘いにきて、はじめて唯物論研究会へ出る。木星社主のごちそう。」同月二十五日「正二時東洋軒（木星社）で唯物論研究会発企人会。廿五人ばかり、小泉丹氏も。五時から同じ場所で引続き暫定委員会議。そのあと、三枝、戸坂（潤）と三人で新宿迄。田代（三千稔）を迎へて（戸坂帰り）三人でおたく迄」と書いている。

服部の生涯で昭和十年前後は、『歴史科学』や『日本資本主義発達史講座』（共に一九三二年五月から）に健筆を振るい（和辻哲郎・三木清・羽仁五郎批判、土屋喬雄との幕末厳マニュ論争など）、唯物論研究会の創立に参加（同年十月）、日本経済史研究所設立の企画（一九三五年一月）、『日本封建制講座』刊行計画などで中心的な組織者となるなど、波乱万丈の時代であった。

唯物論研究会については、『季報・唯物論研究』編集部編『証言・唯物論研究会事件と天皇制』（新泉社、一九八九年六月刊）や本書に収録されている、大阪唯物論研究会哲学部会編『季刊唯物論研究』第二八・二九合併号（一九八八年六月三十日発行）の『唯物論研究会事件』五〇周年」に掲載の木村四郎、船山信一、田畑稔の諸論文が非常に参考になる。この中で、服部は、「唯研事件の際は、既に会を離脱していること及び花王石鹸嘱託勤務をたてに『転向』を主張し、起訴、裁判にまで至らなかった」、と記述している。

現在私の手元にある花王石鹸株式会社の便箋に「原稿　昭　十五・二・廿七日夜」とペンで記してある封筒におさめられ保存されていたもので、服部の直筆で書かれた「現在ノ客観情勢トコレニ対処スヘキ当面ノ諸任務ニ対スル認識所見」は、私の推測では、一九三八年十一月に唯物論研究会の創立者の一人として愛宕署に検挙された直後に警察に提出されたものではないかと思う。おそらく「偽装転向」ではなかったかと私は考えているが、当時の服部の気持ちが幾分わかる貴重な資料ではないかと思うので全文引用しておく。

二　「現在ノ客観情勢トコレニ対処スヘキ当面ノ諸任務ニ対スル認識所見」

昭和六年、夏以来「日本資本主義発達史講座」ノタメ綜合研究ガ開始サレタノデアリマスガ、仝年九月満洲事変勃発シテ翌七年三月一日満洲国の〔ママ〕建国ヲ見　井上蔵相等ノ暗殺事件ニ引続キ　五月ニハ所云五・一五事件突発シ、又仝年十月ニハ風間丈吉一派ノ共産党検挙を見、コノ検挙端著トナッタ大森ギャング事件ハ、日本共産党カ武装蜂起ヲ計劃シテヰル事ヲ予想セシメ、事態ノ重大ヲ思ハセマシタ。之ヲ　要スルニ当年ノ左翼陣営ハ、対外的ニハ満洲事変トシテノ「帝国主義戦争」ノ勃発、対内的ニハ五・一五事件トシテノ「ファシズム」ノ抬頭ヲ以テ、凡ソ我国ニ於ケル革命期ノ到来ト見倣シ、共産党自身ハモトヨリ、「コップ」組織下ノ諸文化團体ニ至ルマデ半非合法状態ニ入リ、極メテ斗争的ナ活況ヲ呈スルニ至リマシタ。

加ヘテ其間ニ於テ、コミンテルンノ所云「一九三二年テーゼ」ガ決定サレ「産労」発行ノ「インターナショナル」附録トシテ其ノ邦訳ガ発表サレマシタ。私ハソレヲ「日本資本主義発達史講座」編輯所デ借覧シタト記憶シマスガ　右テーゼハ日本ノ客観情勢ヲ目シテスペインニ類似セル半封建的資本主義国ナリトシ　之ニ対處スヘキプロレタリアートノ任務ハ広汎ナブルジョア民主々義革命ヲ内包スルトコロノ二段革命ノ遂行ニアルガ諸問ノ経過ハ極メテ短少デアルトナシ総ジテ日本資本主義ノ半封建的性格ヲ強調スル上デ　二十七年テーゼヨリモ甚ダシカッタト記憶シマス。日本共産党ガスローガンノ一ツトセル「天皇制打倒」ハ天皇制ガ封建的遺制デアリ、或ハ日本資本主義ノ封建的構成ニヨッテ基礎ヅケラレテオルト見倣シ、従ッテ日本ニ於ルブルジョア革命ヲ貫行《ママ》スルタメニ　天皇制打倒ヲ必要トスルト云フノデアリ　ロシアノツアーリズムト天皇制トヲ同一視セル見方ニ立ツモノデアリマスガ　左翼文化戦線ニ於テハ天皇制ノ問題ハ公ニ論ジラレルコトガ無カッタノデアリマスガ　日本資本主義ノ封建的基礎又ハ性格ヲ分析シ証明スル社会科学的任務ガ天皇制ノ問題ト関聯シテヲルコトハ　天皇制ヲ以テ封建制ノ単ナルイデオロギー的残存ト見ル労農派ト社会的経済的ニ現実ニ封建的基礎ヲ有スルト見ル正統派トノ論戦ヲ通ジテ認識サレテヰタノデアリマス。

私自身ニツイテ申述ベマスト　昭和三年二月ノ総選挙ニ当ッテ日本共産党ガ天皇制打倒ノスローガンヲ掲ゲタト淡徳三郎カラ始メテ聞カサレタ瞬間、真ノ英雄主義的不敬サニ打タレタト共ニ爾来心中秘カニ、イカニシテ天皇制打倒ノ必然性ヲ歴史科学的ニ論証シウルカニツキ疑念ヲ抱イテオリマシタ。昭和二年末脱稿セル私ノ旧著明治維新史ハ明治初年ノ天皇制ヲ以テ　フランス革命直前ノ絶対王政ニ比シテヰルノデアリマスガ　絶対主義ハソノ存立条件トシテ封建的大土地所有ノ存在ヲ必要トシ、封建的大土地所有、版籍奉還、廃藩置県及ビ地租改正ヲ通ジテ金納地租ニ転化シ、ヤガテ地租ガ量的ニ地價ニ対シテ縮少スルニ従ッテ小作米トシテノ地主所得ガ民間ニ於テ封建的性格ヲ帯ビテユク代リニハ地租取得者トシテノ国家ノ封建的性格ハソレ丈薄ライデユキ、明治初年ノ絶対主義ハ革命ヲ経ズシテ既ニ近代国家ニ転化シテキルト考ヘタカラデアリマシタ。

「日本資本主義発達史講座」に参加スルニ当リ再ビ学問的ニ此ノ問題ニ当面スルコト、ナッタノデアリマスガ、「講座」指導部ハ或ハ日本ヲ以テ「軍事的農奴的＝半農奴制的」資本主義ノ典型国ナリトシ（山田盛太郎）、又ハ「半封建的、寄生的地主的、軍事的資本主義」と特徴ヅケ（平野義太郎）、一方ニ於テ維新革命ヲ何等ノブルジョア革命ニアラズト見テ幕藩封建制ノ明治ヘノ残存ヲ強調スルト共ニ、他方ニ於テ現在ノ農村関係──ノ中ニ農奴制的遺物ヲ指適スルコトニヨリ国家ノ半農奴制的性格ヲ論証セムトシタノデアリマス。

コレニ対シテ私ガ対立的見解ヲ表示シタコトハ前ニ申述ベタトコロデアリマスカラ、繰返シマセンガ、当時私ノ考ヘデハ　我国現代ニ於ル封建的関係ハ米作水田ニ於ケル現物小作米取得ニ於テノミ之ヲ云フコトガ出来ルト見タノデアリマシテ　ソレスラモ「近代的」干係ナリトスル労農派トハ意見ヲ異ニシマシタガ、ソレ以上ニ「封建性」ヲ拡大シテ考ヘル「講座派」ニ対シテ追随スルヿモ亦肯ジナカッタノデアリマス（『全集』㉔、二三〇～二頁所収）〔全集の引用と私が原文を引用したものとは一部異なっている〕

一九三三年九月、服部は戦前の代表作『黒船前後』『明治維新史』『明治維新史研究』を出版し、在野のマルクス主義歴史家としての名声を不動のものとした。

服部と唯研との関係は一九三四（昭和九）年四月に退会しているのだが、昭和十三年三月一日の日記に「京都の特高から社長（後川晴之助）へ僕の唯研関係を調べに来たが、退会しているだろうねという電話の由、去年退会せるむね返事を出す。──事によったら余がその手続を明かにしていないのかもしれぬ。何しろ一度も余と交渉が無いので、近々たしかめにゆくつもり。」「唯研事務所へ、去年退会したのに手続不備の事を談じこみにゆく。月曜日幹事会で手続の事にして了解。三枝と逢ふ」（三月六日）「夕方唯研へゆき、今夜の幹事会で去年五月退会して手続未了になってるのを決着させる手続き」（三月十一日）三枝博音も昭和八年八月にすでに退会している。

昭和十年一月十七日の日記に山田盛太郎と小林良正が服部を訪問している。この欄外に次のように書き記している。『今、十七日の午前三時だが、数えてみると十五日の十二時頃からずっと殆どこの室にいるきりで、まことにとりとめもない。……学問は沢山他人を犠牲にしないと成らぬものです。——自分を犠牲にする事はむろん苦痛はない事だが。まずは早々。博音へ出さなかった手紙。後から写す。』」

服部は一月十二日から『歴史科学』のための「安政以降の秋田藩綿織物業」を書き始め、同十四日に序論を十三枚、一日四枚のペースで書いている。この日から富子夫人の留守を「追放」（禁止？）している。十五日夜は徹夜して執筆。十六日「遊びと勉強がかさなって頭痛終日臥床。夕方離床。」夜に千金貫事が来宅し、柳瀬正夢を誘って銀座に行き、十二時過ぎに帰宅して原稿を書くという生活ぶりであった。

閑話休題　現在、私の手元に服部の生涯の親友であった後川晴之助に宛てたペン書きの書簡が残っている。唯物論研究会の原稿用紙（四〇〇字詰）九枚に書かれたものである。日付も封筒もないので、何時書いたものか、また出したものか（その下書きか）まったく不明である。本書巻末の「年譜」に、一九三三年六月に「後川晴之助の関係で京都日出新聞社の嘱託となり、京都での仕事が多くなる」と記してあるので、おそらくこの頃に出したものと考えられる。当時の服部の心境がよくわかる貴重な史料なので引用しておく。後川宛服部書翰は、戦後の玄海商事についてもある。

三　後川晴之助宛服部書翰

拝啓　よし子様御経過いかゞですか。大したことなく御快方に向はれたのであれと願ってゐますさてこのたびは、殊にこのたびは沢山　拙宅に時間を割いていたゞけたこと、一人小生だけでなくどんなにか嬉しく思いました。御見送りできなくて不本意ものでしたが、あの夜から徹夜業で、やっと一昨日四十枚ほど、相当なものを書きあげて、いままた続きを書いてゐます。

学者仕事は自分にとっては面白く甲斐があり、家内にとっては従って家父としてはこんな割のあはぬことはなく、心血をしぼった力作も、稿料で評価したら三文文士の新聞雑文以下、今月の力作収入五十円にみたずとあっては、馴れた貧乏ながらも憤起せざるをえないわけです。

件の如く憤起して約束の著作の筆をとりながら、僕はつく〴〵考へたのです。もし僕に、ロシアから大学教授としての招へい話でも起らぬかぎりは、じっさい、さういふ不可能な可能でも起らぬかぎりは、――もっとも、こんなことを幻想（もちろん本気でなく、単にファンシイ）してみたについては、一寸したニュースがあったので、といふのも一昨日、モスコウのある若い史学教授から、人を通じて、僕の「維新史」を至急送ってくれと書いてきた一件があったのですが――

家父を辞職したくない僕は、本気で、貴兄の力を借りたい。これまで、たゞ消費的な使途につき、それだけに幾千倍かのばく大もよい貴兄の恩儀をうけた小生。その恩儀を「返す」のなんのと、生意気な口が利けたものではないのです。一方的な赤字ばかり、それを承知で、僕は本気で、正式に使って貰いたいと、願ふわけです。

他方また、従前はどうも僕の役割につき見当がつきかねたけれども、最近両度の御上京の節の御話で、どうやら僕にも、これならやれる、やらせてもらいたいといふ腹からの気持と見当と希望が、ついた気がするのです。僕は御承知のやうな男故、やり出したらやりとほすでせう。そのため、「学者」業が、若干ならず時にはほったらかされる事が起るかもしれぬが、懸命にやることならそれも結構。これ迄の経験でも、少々のそんなことで僕の長い目でみての「学者」の「根性」と「良心」が決して失せるものではないことは自信してゐます。どうせ「学者」としての僕が全体的に「実現」されるのは遠い先のことで、それで且結構。

しかし僕は、差当り半ば自由な立場で働いた方が、対外的にも対内的にも、やりいゝでせう。勝手なことを書いて恐縮千萬ながら、いつか冗談ばなしに話しあったやうに、「客員」扱でやらして頂けば、定収五十円あればどうにかこうにか僕は立派にやってゆけるし、（最底五十円は原稿で稼げます。荒稼ぎをしないで）「客員」としての、目下脳裡に描いてゐる仕事は、存分に力一ぱいやってゆけます。

じつはこんなことを書くつもりでなく、例の小説の報告其他を書くつもりで、ペンをとって、正直にペンが、一回にこの方に走ってしまいました。実際僕といふ男はいつまで、ことによったら死ぬ日まで、貴兄の海容にすがる男かもしれないが、しかし同時に僕は、おそらく貴兄に対して最も忠実な、そして最後まで忠実な男の一人であることを信じてゐます。

さて、報告ですが（上記を書いたあとへ、書くので気がひけて、へんなものながら、ともかく。）新し〔い〕現代小説の方は、三篇ほどあたりをつけました。一人は女だから、成績を充分審査の要あり、近いうち梗概と四五回分が届けられる筈です。あと二人は、「犯・公」〔「犯罪公論」のこと〕創作欄の試験済みの作家故、相当あてにしてゐます。いづれも来月十日頃迄には、「見本」が送れるでせう。

マンガは、隔週半頁、一ヶ月廿五円なら手が打てさうですが、いかゞ。但し、「人・評」〔「人民評論」のこと〕マンガ子でなく、「犯・公」関係のマンガ子のうちに、廿円で打てさうなのが一人ありますが、質がいゝのは「人・評」といふところ。短い読物、この方の志望者が多いので、「バラエテイ」も相当あるし、大宅〔壮一〕級で正面から一円なら楽に、七十戔〔ママ〕のでも大宅みたいな、乃至僕からする特別干係者は、この級でも大丈夫。それ以下は前日話の通り。至急必要なのは一ヶ月買込平均枚数と平均稿料総額のヨサンですが、それはそれとして、差当り試験的に「春野仲明」の筆名で婦人世界や犯・公で売った新作掛合萬才か落語を一篇（七十戔〔ママ〕級、五十戔〔ママ〕で脱落〔ママ〕せるかもしれない）と、アメリカントピック（主として女に関した）を中心にした外紙をネタにした読物（三十銭）一二篇其他を送ってみませうか。但しこの方面のものは、「注文」の形をとらぬと書かせられぬので、従って試験的に送るといっても、長編小説とちがって、「見たうへで決定」とはゆきません。「試験」はこの場合新聞社の編輯成績上のはなしです。その代り質の方は僕がメキキを済ませるから御安神《ママ》下さい。——で、問題はさうした試験的「注文」を抑々してよろしきや否。

大分長くなったから、（妙な手紙になった結果）、取あへずこれでをきます。家内から山々よろしく伝へました。

母堂、えい子さん、よし子さん御姉妹へよろしく。

之總生

後川兄

机下

三枝博音は同じ仏門出身のマルクス主義者で、後述するように、敗戦直後に服部が鎌倉大学校（のち鎌倉アカデミア）を創設した時、三枝を学長に迎えて自ら学監となった終生の心友であった。私の助手時代に服部の使いで北鎌倉の三枝の私邸を訪問した時、樹木に囲まれたうす暗い和室に床を敷き延べたままで、枕元の小さな低い文机の前に端座していた三枝の風貌を今も懐かしく思い出す。この時期の服部の私設助手の第一号となった桜井武雄と第二号の信夫《しのぶ》清三郎の名前もこの日記に頻出する。茨城県の大地主出身であった桜井は旧制水戸高校時代に共産党活動を理由に放校処分となり、服部を頼って上京して私設助手第一号となった。外交官を父にもつ信夫も学生運動（滝川事件）の参加が理由で、九州帝国大学法文学部の助手の道を断たれ、一九三三年に処女作「日清戦争」の原稿を携えて上京し、岩波書店で服部の住所を教えてもらって服部と出会い第二号の私設助手となった（信夫清三郎と服部の関係については、信夫清三郎先生追悼文集編集委員会編『歴史家信夫清三郎』勁草書房、一九九四年刊を参照、とくに二五〜九頁）。

本書には、一九三八年に「服部と信夫の共同研究関係は消滅した。信夫は生涯、その原因について澄子夫人にも弟子たちにも語っていない」（二九頁）と述べている。服部もこの間の事情について、若干の状況と服部の考えを明らかにしているのみである（同上頁）。

同書には、信夫が服部を尋ねた時のことと服部評を次のように記している。

四　信夫清三郎と服部

一九三三年の春、つまり二年生（九州帝国大学）の終る頃、清三郎の研究は一応まとまった。処女作となる『日清戦争』の最初の四章分を書上げたので、原稿を抱えて上京、岩波書店をたずねて歴史家服部之總の住所を教えてもらい、之總宅を訪問、教えをうけた。「三月のうすらさむい朝であった」。初対面にもかかわらず、之總は気さくに応じてくれたという。なぜ之總だったかといえば、彼はすでに著名であり、直接的には『日本資本主義発達史講座』（一九三二〜三三年刊）に「条約改正及び外交史」を執筆していたからであった。

之總と清三郎の関係は、このあと何年も続くがやがて別れてしまう。清三郎の之總評は「之總の直感力の良さはぼくには欠けている」というものだった。調査を続けることで考えをまとめるタイプの清三郎との違いを示す言葉だが、そのまた背後にあった事情を後年の弟子が聞いている。初対面で話をしているうちに、「信夫君、論文を書くコツは、先に筋道と結論をきめておいてから、それに合う資料（史料）を探せばよいのだ」と言われて、清三郎はびっくり仰天した、というのだ（のちの弟子木坂順一郎の証言）。まさしく「逢うは別れのはじめ」であったのだ。

（前掲書『歴史家 信夫清三郎』、一二頁）

戦後一九五二年七月、福島大学経済学会でおこなった講演「マニュファクチュア論争についての所感」の中で、信夫との絶縁関係について服部の考えを次のように述べている。

「三六年の昭和十一年の元日から、信夫清三郎君――九州大学の学生時代から私の処に出入りしまして、信夫君の学問上の論文は最初の分から指導し、弟のように手をとって一緒に勉強して来た間柄でありますが」(中略)「信夫君と私とはある事情がありまして、たしか昭和一三年頃から私と交際が切れております。これは全然政治的事情でも何でもない。極めて私的な事情でありますが、その点ご了承願います。当時のいわゆる服部学派は農業問題の上では桜井武雄君、資本主義に関しては信夫清三郎と世間も認め、われわれも承知しておる。僕は二人ともこのうえない学友とおもっており、二人ともそのころ僕が仲人をして女房を貰ったという仲間同志であります(笑声)。その信夫君は僕とも桜井君とも訣別して、今日までプライベートな交際はありません。同時に学問的にもそのころの大塚史学を採用して、服部の厳マニュ論から一歩後退しております。僕と別れたのちの信夫君の学問についての責任は私はもてません。(中略)

私どもと分れました後の信夫清三郎君に、戦争が始まった昭和一七年に出した著書がありますが(『近代日本産業史序説』日本評論社)、この著書が大塚久雄教授の影響を受けて、信夫君としてはいってみれば服部史学から大塚史学に転向して、服部史学時代の彼は幕末厳マニュ段階説を立てていたものが、私から縁をきりまして、いわゆる分散マニュファクチュア論に一歩後退した論を立てたのであります。信夫君のみならず、戦後の京都大学の堀江英一君にしましても、慶應の豊田四郎君一派にいたしましても、この学派は一歩退却派といいますか(笑声)、この学派の特徴は経済史という歴史叙述の上で立派な叙述をお出しになっていないという点が、全部を通じた特色であります。」(『全集』㉑、七三、八三～四、七六～七頁)などと、記している。

現在、私の手元に信夫からの書翰がいくつか残されている。服部の没後に私は信夫と初めて会って信夫が指定した藤沢駅前の喫茶店で服部の印象を尋ねたことがある。その時の信夫は、服部は未決勾留中に特高にたいして「もみ手をしながら鄭重に話し、警察権力中枢の高官の名をあげて、彼らと親しい関係であることを知らせ巧妙に逃げたのだと思う」と語った。この時私はなぜ服部との関係を絶った理由はあえて聞かなかった。私は服部と信夫の関係が絶たれた「ある事情」について聞いたことがあるが、ここでは伏せておきたい。この時私が信夫と初めて会話を交した印象では、服部のことを良く思っていなかったことがわかった。ただ私が服部の私設助手をしていた頃も信夫澄子夫人とは服部は非常に親しくつき合っていたように思う。前述したように信夫の前に服部の第一号の私設助手となった桜井武雄は、信夫の叔父信夫敬造の娘葉子と結婚したので、信夫とは縁がつながっている。服部は桜井とは死ぬまで親交を深め、最晩年の服部は桜井に鎌倉山に移住して一緒に仕事をしないかとまで懇願したことを、私は服部家で同席して聞いたことを今思い出す。私は当時茨城大学教授であった木戸田四郎の設営した料理店で桜井から直接にいろいろと話を聞いたことがあった。その時に桜井は「横浜事件」（一九四四年十月）で治安維持法違反の嫌疑で検挙、逮捕、投獄されて烈しい拷問をうけた体験を話し、服部さんは「高名な学者だったのでそんな経験はされなかったでしょう」と語ってくれた。

大宅壮一とは『犯罪公論』の関係。大宅と同じく旧制三高時代の親友であった林達夫と長沖一は、服部のすすめで長沖に落語の脚本を書かせていた関係。後に長沖とコンビで上方漫才の大御所となった秋田実も、服部の庇護で漫才形式の時事解説を書いていた。

一九七五年五月十二日の『赤旗』紙上に「生活者の笑いの思想――『私は漫才作者』の秋田実さん」という記事がのっていて、その中で漫才形式の時事放談を書き始めたのは、服部の世話であったと次のように語っている。

五　『私は漫才作家』――秋田実さん

――エンタツ、アチャコで、秋田さんがそれまでの万歳から今日のシャベクリ漫才をつくりだしたことは有名ですが、秋田さんが東大で中国哲学を専攻されたのを知っておどろきました。どうしてまた、漫才の道へ進まれたのでしょう。

漫才をやろうとしてなったんでなく、知らん間に漫才作者になっていた。学生時代には「新人会」にはいって社会科学の運動もしていたが、私は晴れがましい場所は嫌いで、みんなが喜んでくれることを目立たないところでやるのが好きだった。染物工場の女工さんと、コウコ（タクワン）をかじりながら話をしたり、縁の下がすきで、下の方で働く人と話しするのが一番たのしいものだから……。ビラ配りもやりました。

――歴史家の服部之総や大宅壮一にもかわいがられたとか。

服部さんは奥さんといっしょにかわいがってくれました。漫才形式の時事解説を書きはじめたのは、服部さんのお世話です。大宅さんも漫才について悪口をいったことはいちどもありません。信頼されるのが有難くて、喜んでもらうためにいっしょうけんめいやりました。

――育った環境にも関係がある……。

父は砲兵工廠で四十年働いた職工。母は和裁の塾をひらいていた。両親のしつけ、大阪の街のしつけは身にしみてます。庶民の生活をよく知ってなければ漫才は成り立ちません。

《『私は漫才作者』のなかで一番胸打たれるのは、戦前も戦後も書きあげた作品をお母さんに読んで聞いてもらい、仕上げしていったという部分です。深い親子の情愛と、秋田さんの「笑いの思想」を考えさせられます》

本当の笑いはジョークやダジャレの中にではなく、生活のことばのなかにあります。生活のなかで不愉快をはねのけ、互いの気持ちを知りあい、手をつなぐためにことばがある。もっともっと強くにぎりあうために笑いのことばがある。ひっこしで「そば」を配るのは、あなたの「そば」がいいというシャレ……味が違います。大阪では昔はマッチを配った。これも、「先硫黄＝さきいわう＝先祝う」のシャレです。大阪は商人の街だから、笑いをだいじにします。商は笑なりといわれてます。

——最近のナンセンスクイズの流行について。
テレビの普及のせいです。東京中心にいえば、最近はじめてことばの面白さに気がついたと、いえます。
《喜んでもらえるのがうれしい、とか、みなといっしょにとか、縁の下の力持ちとか、ひかえ目で人間好きの人柄をあらわすことばが次つぎとでて来ます》
——笑いの創造の秘伝は。
秘伝はない。希望、信念を持っていれば笑いはわいてくる。
《と、これは中国の哲人風の答弁でした》
（桜井幹善記者）（『私は漫才作者』文藝春秋刊、一九七五年）

前述した『日本封建制講座』の刊行は服部が中心になって企画されたが、当時の国家権力によって「コムアカデミア事件」としてつぶされてしまった。この『講座』と事件について、戦後に服部は学界で大きな反響を与えた「マニュファクチュア論争についての所感」の中で次のように語っている。長文だが今日の私たちには知られていない「歴史的事実」を述べているので引用しておく。

六　『日本封建制講座』のこと

弾圧で流産させられた『日本封建制講座』のことを、今日知っている人はほとんどないでしょう。けれども、新聞にデカデカ書かれた「コムアカデミア事件」という名前のことなら、覚えている人は多いに相違ありません。この事件こそ、『日本封建制講座』をつぶすためにデッチあげられた事件であったのです。
この『日本封建制講座』は、昭和十年、一九三五年の夏、白揚社と話がまとまり、そのときから白揚社の編集室で定期的な編集会議が開始されています。三年前の『日本資本主義発達史講座』とちがっている点は、執筆陣容が十人に限定されていたことで、したがって編集者と執筆者を別個に組織するという必要はなく、編集会議に研究会にも十人がみな出席する。その十人は、山田盛太郎、平野義太郎、山田勝次郎、小林良正、永田広志、川崎己三郎、桜井武雄、相川春喜、信夫清三郎そして私の十人。白揚社との交渉は私が中心となって行い、この十人をまとめる世話役を演じたのは山田勝次郎、小林良正と私の三人です。

私が土屋君（喬雄・東京帝国大学教授）との論戦から手をひいて特殊研究に専念した昭和九年春以降、講座派と労農派とのあいだに二系の論戦が展開されてゆきます。一つは私と土屋君とのいわゆるマニュファクチュア論争の連続で、私の単行本『維新史の方法論』（昭和九年五月）以後の論戦は、土屋君と桜井武雄、永田広志、小林良正君たちのあいだで、どちらかといえば、地味な形で進行する。いま一つは山田盛太郎『日本資本主義分析』（昭和九年二月）、平野義太郎『日本資本主義社会の機構』（同年四月）の出版を契機として、この山田、平野体系――いわゆる講座派理論――をめぐる派手な論戦が、労農派・解党派の主力部隊を総動員した反撃のかたちで展開される。山川均、猪俣津南雄、大森義太郎、向坂逸郎、岡田宗司、土屋喬雄、櫛田民蔵、この人々がくつわをならべて、昭和九年三月からこの年いっぱい、『改造』・『中央公論』・『朝日新聞』等を舞台にとって攻めたてると、翌昭和十年上半期には小林良正、相川春喜、立田信夫のペンネームで登場した井上晴丸、平野義太郎の諸君が一せいに立って、『経済評論』・『歴史科学』・『唯物論研究』・『帝大新聞』等に拠って反撃する。

私じしんは論戦から手をひいているかわりには、秋田藩の特殊研究をこの上半期で完結している。このような情勢の下に、十年七月、『封建制講座』が着手されたのです。

いま「このような情勢のもとに」といいましたが、そこにはもう一つつけ加えていうことがある。内田穣吉君の『論争』には、マニュファクチュア論争時代になると「経済主義」や「純粋理論」が流行って、大学のブルジョア教授連も安心して論争に参加した、という指摘がある（新版三一〇頁）。これがもっぱら労農派をさしているのか、それとも講座派まで含めてのことかはっきりしないが、講座派とはっきり指していっていることばに、講座派理論家の「決定的欠点」が、「風早氏のごとき若干の例外をのぞくと、明確な政治的意識を欠いたこと」、「理論と実践の弁証法的革命的統一」をもたなかったこと、「共産党の陣列に入っていなかったこと」、「極度の非合法生活に入っていた共産党の組織に参加することができなかったとしても、組織の一員として闘争する決心」をもたなかったことにあるという。そのために「マニュファクチュア論争の場合のように多分に空論主義的な研究にはしった」(二九六頁)という。内田君ともあるものが、そもそもどんな史料に基づいて、なんのためにこんな「空論」を放言するのであるか。ひどいでたらめであります。

『日本資本主義発達史講座』完成までのあいだに、野呂、井汲卓一、平田良衛、風早八十二、辺見重雄、秋笹正之輔たちの数名をのぞいては、たれも入党していない、これは事実です。内田君がいつ入党したか、それはしらない。しかしながら、非党員の「講座派理論家」が、「陣列にはいっていなかった」、「明確な政治意識を欠いていた」、といった種類の判定を、いかなる党中央が、いつ下したのであるか、承わりたいものです。

内田穣吉君の『日本資本主義論争』という本は、一九三七(昭和十二)年のはじめに出版されている。そのときがどんなときだったかはあとで見ますが、今日行われているものは彼が中野次郎君と共著で戦後一九四九年に改版したもので、版をかさねたのち増補改訂版が今年六月に出ている。戦後の若い諸君が「日本資本主義論争」の歴史を学ぶためには、最も入手しやすく、かつ「権威あるもの」と見なされているのではあるまいかと思う。それだけにいっそう私は、内田君の自重を望みたいのです。この一九五二年版には付録として戦前戦時の文献目録が載っていて大へん有益ですが、しらべてみるとズサンなところがある。整理がゆきとどいていない。かんじんな本文にも、そうしたところがある。独断の感ちがいも多い。感ちがいというものは、とかく容易にはぬけきれないもので、一例をあげると、この本では櫛田民蔵氏は「労農派の理論的指導者」ということになっています。晩年の櫛田さんが労農派でなく解党派の理論家として登場したことは、河上さんの『自叙伝』が櫛田さんのことを「この解党派一味の理論上の最高顧問として、多年学び来つたマルクス学に関するうんちくを傾けつくす」と書きのこしているのを、内田新版はちゃんと引用しているのだから（一四〇頁）、そのことを彼が知っていないのではない。にもかかわらずいっこう平気で、「労農派の理論的主将櫛田民蔵」といたるところで書いているのは、どこかしら微妙なコンプレックスに陥っているものらしい。「労農派」はたしかに一九二七年前後の一種の解党派にちがいなかったが、だからといって一九三二年前後の「解党派」を「労農派」とごっちゃにするようなことは、当年の共産党も「講座派」もやってはいない。河上さんの『自叙伝』はそのへんのニュアンスを立派につたえているし、私共当年の「論争」自体が何よりそれを伝えているのです。

それはさておいて、内田君のコンプレックスでひどく迷惑する点は、党史について彼が私たち以上に不正確な知識を前提としているらしいことです。早い話がまえにふれた講座派理論家の、野呂死後における「決定的欠点」を彼がいうときに、「風早氏のごとき若干の例外」を認めることが党員非党員の別に基づいているのなら、辺見も井汲も秋笹正之輔も小椋広勝も――文学方面の宮本顕治や蔵原惟人をさておくとして――「例外」組にあげるべきでしょう。とりわけ辺見重雄君は、組織の歴史から見れば野呂の直接後継者であって野呂たいほの後、宮本君とともに党中央部再建の中心人物となって、まもなく「リンチ共産党事件」という名でセンセーショナルに書きたてられた不幸な出来事で、その中央部のこらずが検挙され、それいご当分の間日本共産党中央機関は、私どもが知るかぎり、存在していない――もしくは、わかっていない。

内田君の本にも、春日庄次郎君が昭和十二年一月末に出獄したときの話が引用されていますが、その春日君が中心になって「日本共産主義者団」を再建したのが翌十三年十二月で、辺見、宮本、秋笹の党中央部が検挙された昭和九年春からのち春日、竹中恒三郎君等の「日本共産主義者団」成立の昭和十三年までの四年半ほどのあいだ、日本共産党再建運動が、どんなふうにおこなわれていたのかを私はよく知りません。終戦後党史編纂事業が進行しつつあるそうですが、内田君は問題の期間の党史についてどんなことを知っておるのか、教えを乞いたいものです。というのも、私どもがまちがいなく知っている事実というものは、一九三一年の昭和六年から昭和九年の一九三四年まで、日本共産党中央部は岩田義道―宮川寅雄―山本正美―野呂栄太郎―辺見重雄と、私どもなかまのインテリ出身を中心として組織され再建されてきたという事実です。このうち私どもより一時代若い宮川君とロシア帰りの山本正美君をのぞけば、すべて私どもにとっては一九二七年の『マルクス主義講座』いらいの執筆者仲間で、個人的交際のうえでも親友と称して差支えないつきあいがあった。

そのことは――満州事変がひきおこされるという年から、瑞金が陥落して毛沢東の「大西遷」が決意されるという年までのあいだ、天皇制帝国主義下の日本共産党中央部が労働者出身のスターリンや渡辺政之輔や、農村出身の片山潜や毛沢東でなく、私ども知識人のなかから中心人物を補給されつつ苦闘をつづけなければならなかったというこの事実は、それじたい研究に値するものがあると思う。仮りにその事実が日本の党の窮乏を物語っていたという半面を示していたとしてみても、当年その沼中に立った私ども知識人にとっては、それだけ豊富な体験と意欲を与えられた時代だったということができる。野呂指導下の『日本資本主義発達史講座』は、そこで示されたあらゆる未熟、あらゆる「欠点」にもかかわらず、この意欲と良心のゆたかさを孕んでいたことで、存在価値があるのだと思う。

さて、辺見、宮本中央部がかいめつした一九三四年、昭和九年春は、野呂栄太郎君の死（二月十九日）を伝えてひときわ暗かったのですが、山田盛太郎君の『分析』（岩波書店、二月）と平野君の『機構』（同四月）、それに私の『研究』（白揚社、八年十月）または『方法論』（同、九年五月）が出そろったときでもある。そのとき野呂の死が伝わり、共産党中央部の全滅が報導《ママ》された。そのとき労農派と解党派は全戦力を動員して、三四年三月からその年いっぱいにかけて、講座派にたいする総攻撃を展開しているのです。私たち講座派が政治意識をもやしたこと、このときほど純一であったことはない、といって過言でありません。

いったい内田、中野両君は、どんな史料と事実に基づいて、野呂の死後講座派理論家の「決定的欠点」が、「明確な政治的意識を欠いたこと」にあったと、断定するのであるか、――戦後版『日本資本主義論争』歴史篇を読んでゆくうち、読者はなにかしら一つの錯覚にさそいこまれる。つまり、野呂が死に、野呂に後続する新中央部が全滅した日から春日君の「共産主義者団」が結成されるまでの四年間、戦後の日本共産党が、内田君を委員長として活躍していたのではなかったか、そんな錯覚にさそいこまれるわけです。歴史叙述のこのような手法のことを、マルクスが主観的叙述法といって、かたくいましめていたのを思い出すほどです。内田君の書物のはなしはもうこのへんでやめましょう。私はその姉妹篇の「戦後篇」については、相当の期待をかけている者です。願わくば同君が「戦後篇」完成のあとで、その完成によって充実された筆で、もいちど「歴史篇」を書き直して下さることを期待したい。

それはともかく、昭和十年の一九三五年七月、『日本封建制講座』が成立するまでの一年半ちかい期間の情勢は、ざっといま述べたようなものです。ところで私は終戦後の一九四七年に書いた一文（「絶対主義の社会的基礎」『絶対主義論』所収〔全集十巻〕）のなかで、「講座派」とよばれたグループは「労農派」にたいするかぎり統一的に対峙したのであって、それじたいの内部ではけっして一致して理論構成をもつものでなかったこと、理論的統一という点ではむしろ「労農派」が比較にならぬほどよく統一されており、これに対峙すべき統一的理論はただ日本共産党だけに求めらるべきものであったこと、けれどもその共産党は「論争」当時相つぐ弾圧でかいめつにひんしていたこと、にもかかわらず「講座派」はめいめいの立場を――すなわち自分たちが三二年テーゼの真実を学者の立場からまもるために集ったものであることをよく承知していて、けっして党に代行するなどという思い上りはもっていなかったこと、「正統派」などということばは外部からか、または講座派の若い亜流がのぼせあがって用いたまでであって、講座派主流と目された人々が自分で称したことは一度もなかったこと、そのようなことを書いたのですが、そんなことを書いたのは当時神山茂夫君や豊田四郎君たちから、講座派にたいする見当はずれの批判が行われていたためにそれを書いたのでしたが、いまここでついでに申せば、外から講座派のことを「正統派」などとよび奉った最初の単行本が、昭和十二年に出た内田君の『日本資本主義論争』ではなかったかと思う。往年この本を見たときの一種ほろにがい印象をよびおこして申すことで、たれかいちど調べてみて下さるとよい。四七年に書いたあの文章のなかで伏せておいたことで、いまあきらかにしてよいことは、すでに上来お話ししてきたところからわかるように、当年の講座派内部が一致した理論構成をもつものではなかったということの中身の問題です。山田、平野両君の二つの著書と、私の著書との対立としてそれがあらわれていることです。この対立は、一時平野、服部論争の形をとりかけたところで、そのまま沙汰やみになっている。それをめぐって講座派内部にも、いろいろと微妙な反応が起っている。私が土屋君との論争をやめて発表してきた秋田藩木綿市場と縞木綿機業の特殊研究は、平野君のいわゆる藩営マニュファクチュアを扱ったもので、論文の性質として見れば、いわば平野批判論文であります。一言もそうあらわには書いていないけれども、講座派内部の人にはそれがはっきりわかっている。もしもあのとき労農派からの総反攻が、あの事情のもとで、あのように行われることがおこらなかったと仮定すれば、講座派は野呂の死後ばらばらになっていたかもしれません。

講座派はばらばらにならなかった、そして、前にあげた十人の執筆者をあつめて、『日本封建制講座』の共同研究と執筆の準備にとりかかった。山田、平野理論と服部理論の対立を、一緒になって真剣に再検討しようとする良心の合意が成立したのです。私はそのときの空気を、いつまでも新鮮なよろこびをもって想起することができます。それはけっして、一人私だけの感慨ではないと信じます。

研究会は昭和十年の夏から翌十一年の夏まである一年、週一回ずつもたれた。私自身についていえば、秋田藩の研究を終えたときからすぐに西陣研究をはじめています。昭和十年の夏から下半期いっぱいかかってしらべ、十一年元旦から『京都染織日出新聞』に連載しています。その間、小さな論文ですが、神戸商大の機関誌に発表した「明治前半期のマニュファクチュア」(十年十月号)という文章は、前のべたような意図をもつ『封建制講座』研究会の同人に示すことを目的としたもので、あの文章によって諸君は、私がこの新講座にたいしてどんな心構えでいたかを察知していただけると思います。

この新講座の研究編集会がもたれていた一年間――一九三五年夏から三六年七月までというものは労農派・解党派と講座派のあいだのいわゆる日本資本主義論争が、もっともはなやかに行われた時期でもあります。先方は猪俣、向坂、土屋、宇野、石浜等の巨砲戦艦に伊藤好道、岡田宗司、藤井米蔵、小野道雄、美濃部亮吉等の新旧駆逐艦、沈んだ戦艦櫛田民蔵先生の遺稿までとびだしてくるしまつで、大内兵衛さんにも「櫛田氏に対する〝事実上の虚偽〟の誣告について」(『改造』十年十一月)と題する論文がある。対馬忠行の横瀬毅八君が、この人はかつて『マルクス主義講座』の人だったのですが、「山田、平野イズム批判」をぶってはっきり向うの陣営に立つようになったのも、そのころのことでしょう。『封建制講座』の十人組のなかから応戦した者は平野君、盛太郎、勝次郎の両山田、小林、若手で桜井、相川の諸君。相川春喜君はそののち数奇な運命をもった人ですが、当時は山田盛太郎直系としてさかんに書いた。新講座以外の人では、坂本三善、野口八郎(守屋典郎)、木村荘之助(河合悦三)、関根悦郎、立田信夫(井上晴丸)の諸君が論戦に参加しています。異色を放ったものは戸田慎太郎君の労作『日本農業論』(十一年五月)で、これは講座派にむけて発せられた同志批判の最初のものとして、新講座の私どもは注目してうけとったものです。

私じしんは、信夫君を助手にひきつづき西陣研究に没頭していましたが、その間たった一つ書いた批判は、三笠文庫の『歴史論』(十一年一月)のなかで相川君に与えたものがあるきりです。終戦後さきにいった「のぼせあがった亜流」という言葉を書いたとき、私はこの当時の相川君のことを考えていたということを告白しておきましょう。そのように遠慮なく内部批判はやりましたが、新講座の編集と研究の会合は、じつによい雰囲気ですすめられていった。昭和十一年は二・二六事件があった年ですが、その日私は平野君、信夫君と三人で桐生足利の調査に出かけるため早朝東京駅で落合い、何もしらずに出発して、桐生で事件のニュースをきいたことを思出します。

その年の秋とともに第一巻を出す予定で、七月には小林君の論文はほぼできあがっていた。いい落しましたが、この新講座の進行世話役は、全員一致で小林良正君にひきうけて貰っていました。

この第一巻には書店側のきびしい希望で、山田盛太郎君の論文も載ることになっていて、これも小林君の気をもませながら進行していた。あのときの編集プランが、どこかにのこっているとおもしろいのですが――

　すると七月十日に、とつぜん山田盛太郎、平野、小林の三君が検挙された。おりから私は父の病気で帰国中だったのですが、十人のうちのこの三人だけ検挙された。そして、あとでわかった話によると、特高はいきなり「コムアカデミーを君たちはつくっている」という、狐につままれたようなはなし。そのまえにこの年の紀元節の日から、一月ばかりでしたか相川君がひっぱられていたことがある。そのときはこの新講座がねらわれているようなけはいを私どもは感じなかった。思うに特高は、三、四ヵ月あたためておいたうえでこの三人を挙げて調べれば、野呂が死んでからまる二年、新講座グループができてからまる一年、その間消息不明の再建共産党のいとぐちが、つかめるものと期待したのかもしれません。よしんばそれに失敗しても、コンミュニスト・アカデミシアンのグループだから、「コムアカデミー」にちがいあるまい（笑声）――こうなればまったくシャレみたいなもので、当年のわれわれ講座派をもってさまざまの「決定的欠点」をそなえたアカデミシアンであると論告する内田穰吉検事や神山茂夫判事と（笑声）、どこかしら似たところもある。

　それはじょうだんですが、三人をいくらしらべてみても、再建共産党のカギはついにつかめなかったばかりか、「コムアカデミア」をでっちあげてのこり七人を検挙しようにも、小林、平野、山田三君三様のねばりかげんで、うまくはめこむことができない。おかげさまでのこり七人の者は検挙されないままで、山田君が十月、平野君が年末いちばんにらまれた小林良正君が翌昭和十二年四月になって出てきた。そのときまでにはもうとっくに新聞紙上にデカデカと「コムアカデミア事件」が報道されていたのですから、あきれたものです。

　『日本封建制講座』についての話はこれでおしまいです。もしこの検挙で、『日本資本主義発達史講座』を継承する新講座を、流産させるという警視庁のもくろみがあったとすれば、それだけは完全に実現されたからです。

さらに服部はつづけて「『封建制講座』流産後終戦まで」について次のように語っている。

七　『封建制講座』流産後終戦まで

『日本封建制講座』が流産させられてからのち終戦までどういう状態であったかについて簡単にのべます。「コムアカデミー事件」とともにいわゆる資本主義論争は立ち消えになる。一九三六年下半期にも、猪俣津南雄、岡田宗司、伊藤好道の諸君が山田、平野批判を継続しているが、かんじんの両君は留置場にはいっているのです。日独防共協定がその年の暮にできる。翌三七年（昭和十二年）七月には芦溝橋事件がおき、八月には南京渡洋爆撃が開始され、十一月には大本営が設置され、十二月には「愛国行進曲」が売り出されて南京が陥落する。昭和十二年はそういう年で、朝鮮事変後の今日の情況からふりかえってたいへん参考になる年です。その二月に内田穣吉君の『日本資本主義論争』が出版されており、五月に私と信夫君の最初の共著となった二冊の本『日本マニュファクチュア史論』と『明治染織経済史』が出ています。一方労農派のほうでも春から秋にかけて、猪俣津南雄の『農村問題入門』、土屋君の『日本資本主義史論集』、向坂氏の『日本資本主義の諸問題』などが出ている。論争と直接の関係はないが、ついでにいえば風早君の『日本社会政策史』と『日本財政論』が出たのもその十二月のこと。ところで、今日の情況から参考にしてよいいま一つのことは、この年十二月から翌春にかけて、左翼社会民主主義労農派にたいする大弾圧が行われたことです。すなわち、十二月十五日の第一次検挙にあった人々は、この年四月合法左翼「日本無産党」結成を首唱した山川均、荒畑寒村、加藤勘十、鈴木茂三郎、黒田寿男、大森義太郎、向坂逸郎、猪俣津南雄の諸君、翌年二月一日の第二次検挙は労農派学者グループとして猪俣、大森の線につらなる大内兵衛、有沢広巳、脇村義太郎、阿部勇、美濃部亮吉の諸教授に及び、当局はこれに「人民戦線派」のレッテルをはりつけて治安維持法を発動させ、それを理由として「日本無産党」と「労働組合全国評議会」を解散させたのです。

それればかりではない、京大教授天野貞祐の『道理の感覚』がやりだまに上って絶版するのも、東大の矢内原忠雄、河合栄治郎両教授が放逐されるのもその前後のできごとです。

関東軍がソヴェト同盟にたいする戦争をいどんだ最初の張鼓峰事件は三八年七月、第二の「ノモンハン事件」は三九年五月におこっている。戦闘で日本が負け、政略でソヴェトががまんしたために辛うじて平和がたもたれた。「人民戦線」というのは一九三五（昭和十）年七、八月のコミンテルン第七回大会で採択された反ファッショ統一戦線のことです。私たちが『封建制講座』を準備していたさいちゅうの一九三六年二月、モスコウの岡野（野坂参三）、田中（山本懸蔵）の「日本共産主義者への手紙」が、この戦術について訴えているのですが、当時私たちの手のとどくところに日本共産党を触知することができなかったことはまえに話したとおりです。この四月、フランスでは人民戦線派が総選挙で大勝していますが、日本では七月講座派の「コムアカデミー」が、孤立無援のうちに弾圧されているのです。いわゆる「人民戦線」事件は『特高警察秘録』という、旧特高生みの親安倍源基推せんの書物でよむと、一年まえから警視庁が大勉強しながら内偵した事件だったというのですが、一年まえというと日独防共協定が成立した昭和十一年暮ごろからのことでしょう。どんな「人民戦線」が結成されていたのか、春日庄次郎君たちによって大阪で「日本共産主義者団」が再建され、機関紙『党建設者』が発行されるのが昭和十二年十二月五日といえば、「人民戦線派」検挙の十日ほどまえにあたっているのですが、労農派人民戦線とこの日本共産主義団とのあいだにどんな結合があったのか、それとも全然なかったのか、それともこの労農派人民戦線は、今日の社会党左派のようにはじめから日本共産党にたいしてだけは「一線を劃して」いたのであったか、そのへんの事情は私にわかっておりません。共産党と結合しないような人民戦線なるものは、当時どこの国にもなかったし、一九三六年のフランスの反ファッショ人民戦線の勝利がこの結合のうえにもたらされたということは、申すまでもない事実です。人民戦線の勝利といえば、この年スペインではついに政権をとった。人民戦線の国際的支援をうけてスペイン革命が成功した。すると、独伊両国の公然たる支援のもとにファッショ・フランコ将軍の大反撃がはじまり、今日の朝鮮戦争の原版ともいうべきせい惨なマドリッド攻防戦が、一九三九（昭和十四）年まで二年半もつづくのです。そのような世界史の二年半のあいだに、日本では、治安維持法がたけりくるって、共産党を草の根をわけてかりたてたばかりか、労農派マルキシストとその指導下の大衆組織まで遠慮なく弾圧し去ってしまった。かつて私はそのころを省みながらつぎのように書いたことがある――

「わたしは告白するが、労農派に属する多くのふるい友人たちにたいする戦友としての愛情を、このときほどヂカに感得したことはかつてなかった」（『東条政権の歴史的後景』一九四八年）。

――いまいった『特高警察秘録』が発表している数字によると、野呂君が死んだ一九三四年（昭和九年）の検挙者は四、一四三人、三五年は一、五一五人、「コムアカ事件」の三六年は一、六四五人、「人民戦線」第一次検挙が含まれる三七年は一、二九一人、翌三八年（昭和十三年）度の人数はぐっと減って五五三人となっていますが、この五五三人のなかには労農派諸教授がいたばかりでなく、八月に検挙された春日庄次郎、竹中恒三郎君たち「日本共産主義者団」もふくまれていたし、それから二月ほどあとの戸坂潤、岡邦雄そして私など「唯物論研究会」の関係者もふくまれていた。このときまでにもしも日本で――中国では一九三六年の西安事件、一九三七年の国共合作というかたちでアジアの人民戦線が結成されているときに、もしも日本でフランスのごとくスペインのごとく、ほんとうの「人民戦線」が結成されていたとしたら、よし弾圧の狂暴さに何の変りがなかったとしても、「大東亜戦争」中のまたそのあとの、ばくだいもない良心のあの屈辱と浪費とはなしにすんだかもしれない、そんな風にときに思ってもみることです。ここでさっきあげた『特高警察秘録』の全部の数字を参考のため披露しましょう。

八　検挙者数推移――『特高警察秘録』より

年次	検挙者	起訴者	起訴者／検挙者

一九二八（昭　三）	九四九	五三〇	（五五・〇％）
一九二九（昭　四）	九八七	三四四	（三五・〇％）
一九三〇（昭　五）	五九一	四六一	（七八・〇％）
一九三一（昭　六）	一〇、六〇五	三一三	（　三・〇％）
一九三二（昭　七）	一二、六二二	六五五	（　五・二％）
一九三三（昭　八）	一四、三一八	一、二九五	（　九・〇％）
一九三四（昭　九）	四、一四三	五〇八	（一二・〇％）
一九三五（昭　十）	一、五一五	一一三	（　七・五％）
一九三六（昭十一）	一、六四五	一五九	（　九・六％）
一九三七（昭十二）	一、二九一	二一〇	（一六・〇％）
一九三八（昭十三）	五五三	二三一	（四〇・〇％）
一九三九（昭十四）	三八九	一五一	（三八・〇％）
一九四〇（昭十五）	七一九	一〇一	（一四・〇％）
一九四一（昭十六）	九〇一	一五九	（一八・〇％）
一九四二（昭十七）	三一七	―	―
一九四三（昭十八）	二八四	―	―
一九四四（昭十九）	二二〇	―	―
一九四五（昭二十）九月末	七九	―	―

検挙者にたいする起訴者の％は私が算出していれたもの、昭和十七年以後の起訴者の数字はどうしたわけか原文に欠けている。

さてこれでみると、三・一五や四・一六当時は検挙者にたいする起訴者の比率は非常に高く、三五%ないし七八%となっております。これにたいして、『発達史講座』が企劃された昭和六年以後はむちゃくちゃな検挙ぶりで、比率は最底〔ママ〕三%、最高で一六%、この比率の低下はけっして司法部が民主々義化されたせいではないのです。昭和十三年からふたたび急激に高くなり、四〇%、三八%、最低で一四%という数字を示しているのは、労農派が検挙され、やがては美濃部さんのような人まで起訴されて、ファッシズムの本領がいっさいの民主主義者、自由主義者にむかって発揮されたからであります。

つぎに私はこの表をみながら、かつて――一九四八年新年号の雑誌『潮流』にのった共同研究論文のことを思い出すのです。この共同研究は満洲事変がおきた昭和六年の一九三一年をもって日本の「暗黒時代」の起点年次と見、その年から終戦の一九四五年までの十五年間がいわゆる「暗黒時代」だったとして、その時代の「抵抗線」とくに知識人の抵抗の問題を取扱っていたのですが、そして、この研究にたいする私の批判が『東条政権の歴史的後景』（『改造』四八年二月号、同名論文集所収、四九年、白揚社）という文章になっていますから御承知のむきもあるかと思います。この表を見ながら、これまでお話したことを思い合せていただくならば、『日本資本主義発達史講座』が企劃された一九三二年から「人民戦線」や「唯物論研究会」が弾圧された一九三八年まで、真理を熱愛する日本の知識人の天皇制ファシズムにたいする抵抗という観点からみて何ら「暗黒時代」でなかったことがあきらかであります。前代未聞の政治の暗黒と狂暴に抗しつつ、この狂暴と暗黒の歴史的本質を究明するための学問的努力が、たゆみなく積みかさねられていたのであります。医師が病菌ととっくみながらその病原体をあきらかにする研究に挺身する幾多の話が我々を感激させずにおかないとすれば、社会科学の領域で同じことが行われているばあいに、それを「暗黒」と定義してよいものであるかどうか。諸君と共に私は賛成いたしかねます。いわんやこの研究のためにすべての講座派が学校を追われて失職し、一足おくれてすべての労農派教授諸君が同じ運命にあっているときに、内田君の如く「経済主義者」だの「純粋理論派」だのという高踏批評をこれに浴せて、「大学のブルジョア教授連も安心して論争に参加しうるようなものになった」と論定するなどは、第一事実に反している。真理にたいしてあくまで謙虚でなければならぬ社会科学者のとるべき態度ではありません。

第三に私はこの表を見ながら、マドリッドが落ち、第二次世界大戦が勃発した一九三九年――河合教授が追われ、総同盟が解散し、ノモンハン事件についで国民徴用令が出た昭和十四年から、東条内閣が成立して太平洋戦争に突入する昭和十六（一九四一）年にいたる三ヵ年間もまたけっしてたんなる「暗黒時代」でなかったことを知って喜びとするものです。この点につきこれまで私は、すくなくとも三つばかりの文章を書いている。

終戦後発表されて問題になった神山茂夫君の労作『天皇制に関する理論的諸問題』の基礎的部分は、その序文によると一九三九年から四〇年にわたって、地下で執筆されたものだそうです。一九四〇年といえば「紀元二千六百年」を祝わされた昭和十五年、この年四月、延安の岡野進（野坂参三）は「日本の革命的プロレタリアートの当面の任務」という一文を与えています。当年の神山君の地下活動とその基礎理論がこの野坂論文とどのような関係にあったか私はそれについて何も知っていません。「大東亜戦争」直前の時期の党活動については、私にはかいもくわかっていませんので、他日神山君たちから明らかにされるのを期待している者です。〔以下、初出の「所蔵」の文章と『全集』とは文章が異なっているので『全集』から引用した〕一九四七年の夏書いた私の論文「絶対主義の社会的基礎」（論集『絶対主義論』所収〔全集十巻〕）は、その年の春出版された神山君のこの書物にたいする、私としては最初の批判だったのですが、この論文それじたいの目的は、戦後再開された日本資本主義論争のおそるべき混乱を私なりに整理してみたいということにあったのです。神山君の絶対主義論が、往年の講座派の批判の上に立つと意識しながらも、そのじつ講座派とくに平野君の理論のそのよい点ならいいが、とくに悪い点とくに弱い点を継承していることを指摘したものです。

そのころ「講座派の亡霊から脱却せよ」というのろしが、神山君の周囲から、慶応の豊田四郎、浅田光輝君たちによってあげられていました。講座派の亡霊とは誰のことかと思うと、戦後しきりに健筆をふるった信夫清三郎君と、彼に影響を与えた「大塚史学」のことらしい。そこで私は同じ年の秋、「大塚史学の系譜」(『人文』第二巻第二号〔全集二十巻〕)という一文を書いた。あとで『大塚史学批判』という多勢の論文集(大学新聞連盟)に採録されていますが、ひどい校正ぶりで原稿が一枚分入れちがいに組みこまれているような採録ぶりですから(笑声)、雑誌『人文』のほうでご覧いただきたい。

この戦後一時に注目をあびるようになった「大塚史学」の大塚久雄君の業績は、一九三四年から四四年まで十年間たゆみなく発表されて、力作『序説』が出たのは四四年の昭和十九年、終戦のまえの年です。逐年の論文を吟味してみると、「コムアカ」事件の一九三六年までのものはマルクス主義、それも――けっしてあらわにではないが問題の立てかたから吟味してみると、あきらかに講座派の立て方の上に立っているとおもわれる。一九三七年に大塚史学の転機がくる。マルクス主義の立場から、マックス・ウェーバーの方法への移行が認められる。一九三八年に力作「農村の織元と都市の織元」が発表されているのですが、その「中産者的生産者層」の理論は、かんじんな市場理論すなわち農民分解の基本視角を見うしなっている。そういうことを私は指摘したのですが、神山君の基本視角たる「軍事的封建的帝国主義」の理論――満州事変いらい逐年凶暴化していった天皇制権力をファッシズムと見ないで、特別仕立ての絶対主義と見るその理論が、「紀元は二千六百年」の一九四〇年に地下で構成されていた、ということは、その気持がいくらかわかるような気がしないでもない。それと同じように当年の大塚史学が、弾圧にたいする怖れだのマルキシズムにたいする不信だのというようなありふれた動機からでなく、ヨーロッパとちがった「特殊アジア型」の狂暴――「カリスマ的」な暴君――の理論につよくひかれて、マックス・ウェーバーの社会学のとりことなったという気持も、よくよくわかるのであります。ことに大塚君は、神山君とちがって孤立していた学者です。講座派労農派のどのグループにも属していない。いわば孤高の学者であった。したがって、私の大塚史学批判は、この史学を豊田君、浅田君のように、小ブルジョア・イデオロギーとして全面的に否定するのでなく、むしろそのような否定論者に警告を発することを目的としたものでした。終戦後大塚君がいちはやくその孤立をすてさり、マルキシストと手をとって立ちあがった事実こそ、近い将来に彼がウェーバーの小ブルジョア的限界を揚棄するにちがいないことを期待させるものである、と私はその中で書いている。学問の世界での民主戦線とは、このような現在と将来を含蓄するところの、マルキシストと進歩的小ブルジョア・イデオローグの連合と提携をいうのであって、良心的進歩的な小ブルジョア・イデオローグをたたき出して自称マルクス主義者ばかりの一握りの孤塁をつくりだすことではない、とその中で書いています。

（ここで中略しなければならぬことについてのおことわり。この講演速記は編集部から二百字詰で一三九枚送られてきた。正味二時間半ばかりの講演だったから、枚数にしてこの程度のものであるが、速記者が学術講演に不馴れだったらしいことと、後半部はいくぶん急調子ですすめたせいもあったのだろう。復原しにくい場所がたくさん出てきた。訂正のペンをとりながら、内容の確度を増すため調べなおしたり、むかし書いたものを読み返したりしてみると、話したこと以上につきこんで、書かねばすまぬことにもなる。そんなわけで、第一章は原稿枚数に殆ど変りがなかったが、第二章でかなりに殖え、第三、四章は、不完全な原稿を棄てて殆んど書きおろした。もとより趣旨と大意のうえで、原講演の線上にあることは、清聴をえた、諸君の知られるところである。

ここで中略する理由は、このあとまだ戦中と戦後について、いうべきことがある。戦後については講演のときも、章を設けただけで時間がないため割愛したが、いま時間さえあれば、編集部は紙数を与えて下さっているので、素通りはせず埋めてゆきたいところである。けれども私はこの仕事にさいきんの大部分の執筆時間をあてがってきたために、かねて約束の北海道旅行に出発する日が、あと三日ののちにせまって、この仕事にあてうる時間は今朝の半日だけになってしまった。まことに遺憾ながら中略のまま、このあとに速記原稿の結論部分をなおして、いちおうの責めをふさぐこととする。他日加筆する機会を、かならずもちたいと思います。――十月十二日）（「初出『商学論集』二一―三、一九五二年七月刊。『全集』㉑、一〇四～一二七頁所収）

現在、神奈川県立文化資料館に所蔵されている「コムアカデミー事件」で逮捕された矢浪久雄こと相川春喜の警察聴書《〔ママ〕》を原文のまま次に紹介しておく。唯物論研究会における服部の役割などについて詳細に語っているからである。

九　相川春喜警察調書

聴取書

本籍　東京市豊島区池袋三丁目一千四百五十七番地　戸主

住居　右に仝シ

相川春喜事

著述業　矢浪久雄

明治四十二年八月十五日生

當二十八年

右ノ者昭和十一年六月三十日本職ニ對シ左ノ通リ陳述ヲ爲シタリ

人選ノ會議ノ時ニ唯物論研究會代表ノ筆者トシテハ服部之總氏ハ三枝博音ヲ推薦シタイ意嚮ヲ持ツテ居リマシタガ席上デ三枝ハ

向坂逸郎トモ関係ガアリ　労農派ト繋リノアル人物ハ面白クナイト言フコトニナリ嚴密ニスルニハ永田廣志ノ方ガ適任ダト言フコトデ仝氏ニ決定シマシタ

参加要請ハ私カラシタノデスガ私ハ講座ノ意識ヲ説明シテ其ノ承認ヲ求メマシタ　日暮里ノ仝氏ノ宅ヲ訪レテ（九年十二月）私ハ永田氏ニ對シ封建制講座ハ發達史講座ノ後継デアッテ山田　平野両氏ヲ直接指導者トスル権威ノアルモノダ　日本ニ於ケル正統的マルクス主義ノ一番精鋭ヲスグツテ構成スルノデアルカラ唯研関係ヲ代表シテ参加

シテ貰イタイ　担當テーマハ幕府時代反維新ノイデオロギー形態デアル旨ヲ述ベルト永田氏ハ二ツ返事デ承諾シテ
呉レマシタ　此ノ時唯研カラ永田君ヲ人選シタ内輪話モ二人デシマシタ
尚出版条件及共同研究會ヲ持ツコト等ヲ説明シテ通知其ノ他ノ事務ハ小林良正氏カラアル旨ヲ傳ヘタノデアリマス
其ノ後仝氏ハ例會ニハ殆ンド欠席スルコトナク出席シテ會議ニ参加シテ居リマス

〔以下私の手元にある原文の写しを引用するのですべてではない〕

(3)河本勝男〔川崎巳三郎の別名。日外アソシエーツ発行の『近代日本社会運動史人物大辞典』第二巻、一七五頁参照〕
河本勝男ニハ平野義太郎氏カラ要請シテ其承諾ヲ求メタノデアリマス
説明ノ内容ハ私ノ場合ト同シノ筈デス
河本氏ヲ平野カラ参加サセタノハ叢文閣ノ関係デアリマス　平野小林両氏ガ叢文閣ノ方針ハ指導シテ居リ其執筆者
旧科同ノ人々ヲ以テ固メテ居ル関係上

河本勝男
松本重次郎（変名山口義雄）
中山耕太郎
野村次郎
平野義太郎（巻頭論文）
小林良正
平舘利雄（ロシヤ語）
河野重弘
戸田京次（木村恒夫）
寺島一夫（波多野一郎）

其他プロ科残留メンバーガグループヲナシテ経済評論發行ノ母体ヲナシテ居リマス
以上ノ関係デ平野ト河本ノ間ガ懇意ナ爲ノ理由ニ基クモノデアリマス
桜井ト服部ノ関係ハ前ニ述タ通リデアリマス
次ニ
山田、平野、及山田勝次郎、小林良正、服部之總トノ関係ハ發達史講座以来ノ正統的ナ残留分子トシテノ間柄デアツテ山田、平野、小林ノ三人ノ發案ヲ山田氏カラ山田勝次郎氏ニ傳ヘテ服部之總ヲ加ヘタモノデ私モ山田氏ニ私淑スル正統派トシテ發達史ノ残留ノ一員ニ加ヘラレタモノデアリマス
以上ハ講座グループノ関係デアリ従ツテ私ヤ桜井君等ハ其ノ内ノ若手學究トシテ指導ヲ受ケタノデアリマス
次ニ前述ノ如ク
私ハ日本共産党ハ嚴然トシテ存續シテ居ルト言フ根據ニ基キ
現在党ハ壊滅ノ情態ニアルガ然シ無党状態デハナイカラ共産主義者トシテノ態度デ日常行動セヨト前提シテ
現在党ハナイガ党ハコミンタンカラ派遣シテ来レバ直チニ再建サレルデアラウ　現在デモ中國共産党ハ盛ンニ活動シテ居ル　中國共産党モコミンテルンノ一支部デアル以上又反満抗日ヲスローガントシテ活動シテ居リ殊ニ北支問題ハ非常ニ尖鋭化シテ来テ居ル、日本共産党トハ姉妹関係ニアル関係上何等カノ関係ニテ日本共産党トハ密接ナ関係ガアル筈ダ今日ノ我々トシテハ輕卆〔ママ〕ナ態度ヲ執ラズ安全ナル生活ヲ維持シ地ヲ這フ様ニシテ其間イデオロギー的ニ正シキ方向ヲ確立シテ準備ニ備ヘルベキダト言ツテ革命的智識分子、労働者、農民ノ各個人ニ對シテ理論的ニハ山田氏平野氏ノ説ハ正統派ノ意見デ間違ハ無イカラ良ク讀ンデ勉強シテ置ク事ヲ力説シテ相手者ノ態度ヲ共産党ノ指導下ニ何時ニテモ置クコトノ出来ル様ニシタ人々ニ次ノ如キ人ガアリマス
東京帝大生並ニ卆業生
佐藤　洋（卆業）

山本鉞治（卆業）
平沢道雄（在学）
上杉慎一郎（京大転入）
宇佐美誠次郎（在学）
野村某コト森田茂（在学）
磯田　進（在学）
野口　衛（在学）
寺川文夫（在学）

法政大學

佐野英彦（在学）
草野昌彦（卆業）
郡山澄雄（卆業）
高野善一郎（在学）
三島一郎（卆業）
木村健一（在学）
竹浪一仁（卆業）
坂間　孝（卆業）

唯物論研究會

坂本三善
本間唯一

石原辰郎
　其他坂本カラ私ノ意ヲ傳ヘテアル筈
厂〔ママ〕史科学
　信夫清三郎（学習院九州大学卆）
　伊豆公夫
　渡辺〔部の誤記〕義通
　禰津正志（平野ノ門弟）
　厂〔ママ〕史科学ハ服部之總ノ息ノカヽツタ人デアリマス
サラリーマン
　石田精一（後述）
　井上通八
　風早八十二
プロ科残留者
　松村一人
　本田秋吾
　池田寿夫（？）
　玉城　肇
　浅川謙次
個人的関係
　勝谷在登（永田ノ下ニ）

田中先六
岡部信次
内海庫一郎（伊藤三郎ノ弟子？）
小林優泰（農大卒）
以上ハ私ヨリ直接會ツテ話シタ人々デアリ私ノ意見ヲ是認シテ居ル人々デアリマス
次ニ私トハ直接関係ハ無イガ他ノ人々ヲ通シテ正統派ヲ以テ任シテ居ル人々ニハ次ノ人々ガアリマス

人名	影響
井汲卓一	（野呂）
野村次郎	（〃）
鈴木安蔵	（〃）
白谷忠三	（〃）
寺島一夫	（〃）
新島　繁	（平野義）
高橋一夫	（服部）
○飯渕牧太郎	（山田盛）
立田信夫	（平野義）
平田小六	（桜井）
堀　勇雄	（桜井）
土方定一	（桜井）
梯　明秀（京都）	（戸坂）

今野武雄　　（岡邦）
堀　眞琴　　（戸坂）
安西義雄（石川）（岡邦）
新村　猛（京都）（戸坂）
住谷悦治　　（服部）
長谷部文雄　（元河上肇）

等デアリマス
以下之等ノ人々ニツキ具体的ニ其ノ實情ヲ説明シマス
其前ニ当リ名前ヲ思ヒ出シマセンガ不可解ナ人ガ訪レテ来タ事ガアリマスカラ其ノ関係ヲ次ニ説明シマス
昨年五六月頃デアリマシタ夏ノ直前デアリマシタ　国民新聞文藝部ニ勤メテ居ル佐竹直郎カラ私ニ電話デ野呂栄太郎ノ全集ヲ出シタイト言ツテ居ル者ガアル　ソレハ宮川寅雄ノ承認ヲ得テ居ルト言フコトダ　其ノ直接責任ノ任ニ當ル人ヲヤルカラ會ツテ呉レト言ツテ来マシタ
初メ銀座ノ方ニ來テ呉レト言ハレタガ私ハ今日ハ出ラレナイト言フトソレジヤ之カラ連レテ行クカラト言フ電話デアリマシタガ待ツテ居テモ来マセンデシタ　其翌日午前中ノ九時カ十時頃三字名前ノ人ガ来マシタ　名前ハ功ト言フ様ナ字デアツタト思ヒマス　此ノ男ハ年令三十才位デ顔丸ク色白、頭髪短ク肩巾ノ廣イ五尺一、二寸位ノガッチリシタ人デアリマシタ
此ノ人ハ言語動作ノハツキリシタ人デナマリ等ノナイ人デシタ　小サイ風呂敷包ヲ持ツテ来テ居リマシタ　私ハ應接間（茗荷谷ハウス）ニ通シテ招待スルト次ノ様ナ話ヲシマシタ
野呂栄太郎氏ノ全集ヲ出シタイト言ツテプランモ作ツテアルト言ツテ半紙一枚ニ細ク書イテアルモノヲ出シテ見セマシタ

此ノ中ニ欠ケテ居ルモノハナイカ
ト言フノデ私ハ調ベテ見ナケレバ判ラナイト言フト彼氏ハ
此ノ全集發行ニツイテハ色々ナ人ニ會ツテ見タ
鈴木安蔵氏ノ如キハ援助ヲ惜シマナイト言ツテ賛成シテ呉レタ　是非賛成シテ貰ヒタイ　講座ノ方ニモ賛成シテ貰
ヒタイト思ツテ居ル
ト言ツタノデ私ハ一存デハ何トモ言ヘナイカラ平野サンノ処へ行ツタラ良カラウト言フト賛成シテ頂ケナイデショ
ウカト言フノデ今言明出来ナイ
ト答ヘルト此プランニ欠ケテ居ルモノハナイカ
ト言フノデ調ベテ見ナケレバ判ラナイガ古イ書物ハ澤山アルカラ参考ニナルモノガアレバヤツテモ良イガ兎ニ角平
野サンノ処へ行ツテ承認ヲ得テ来イト言ツテ帰シマシタ
処ガ此ノ男ハ夫レ切リ一度モ私ノ処ニハ来ナクナリマシタ
次ノ例會ノ時デアリマシタカラ此ノ日ヨリ四五日後デアリマシタ　講座グループノ例會ガアツタノデ私モ白揚社ニ
行キマスト
小林、山田勝次郎、平野、服部、河本、桜井、永田ガ出席シ山田盛太郎氏ハ欠席シテ居リマシタ
此ノ時
白揚社内日本封建制講座気付
　山田盛太郎氏宛
ノ封書ガ一通来テ居リマシタ　裏面ニハ
　　芝公園何号地
　　　　何々某

トアリ私ノ処ニ先日来タ男ノ名前デアリマシタ　私ハ此ノ男ハ先日自分ノ処ニ来タ男ダト言フト服部氏モ自分ノ處ニモ来タ男ダ住所ハ自分ノ處ト直グ側ニナツテ居ルナ―ト言フト平野氏ハ自分ノ処ニモ来タ様ダガ不在デ會ヘナカツタト言ツテ話題トナリ何者ダラウカ初メタ計リノ講座ヲ知ツテ居ルシ又山田氏ノ住所ハ岩波書店デ聞ケバ直グ判ルノニ講座宛ニ手紙ヲ出スノハ変ダト話題ニナリマシタガ宛名ガ山田氏デアツタ爲、開封シナイデ其侭小林良正氏ガ持ツテ皈リマシタカラ其侭山田氏ノ手ニ這入ツタ筈デアリマス　其ノ後此ノ男ノ話ハ忘レタ様ニナツテ一度モ出タ事ハアリマセンデシタ　又其後野呂栄太郎ノ全集ガ計画サレテ居ルト言フ話モ聞イタ事ガアリマセン　今日迠此人物ノ何物カハ私ニハ判ラナイデ居リマス　野呂ノ全集ヲ出スト言フノデスカラインテリカモ知レマセンガ一見シタ物腰格好ハ斗争圣广〔ママ〕ヲ持ツテ居サウナ人デアツテインテリ型ニハ見エマセンデシタ　佐竹直郎ハ古ク産労ニ私ト一共〔ママ〕ニ居タ事ガアルノデ知リ合ノ仲デアリマス

右録書讀聞タルニ事實相違無旨申立左ニ署名拇印シタリ

　即日於玉川警察署

陳述人　矢浪久雄

司法警察官警視庁特別高等課勤務〔以下恐らく姓名が記述されていると思うが印刷不明〕

戦後、服部は相川春喜について、つぎのような回想を残しているので次に引用しておく。

十　相川春喜のこと

一昨日の郵便で、『相川春喜小伝』を恵投された。

一九五五年四月二十九日、其刊行会発行、ガリバン二三四頁の仮本であるが、巻頭の写真は遺族と遺友を十分に

満足させる出来ばえの印刷である。葬儀の日、遺骨のまえにおかれてあった彼のデスマスクに接した瞬間のきよらかな印象を、私は思いおこした。平野義太郎氏の「あとがき」を読んで、あれからもう三周忌にあたることを知った。

数多くの友人から寄せられている文章を、ひろいよみするうち、伊豆公夫君の「葬儀の日の感動」を、じぶんの文章であるほどの密着感をもって私は読んだ。たれかの葬儀の庭で、会葬者は故人について、さまざまな印象を胸にむすぶのであるが、伊豆公夫の文章と、私の印象とのように、瓜二つのものがあるということは、棺を閉じる日までの相川の生涯が、りっぱだったことを物語ってもいるだろう。

私と相川のあいだの、短い年数ながら非常にふかかったつきあいのことについて書くには、この「しおり」〔著作集第四巻〕の紙数もまた短い。ここではむしろ、この著作集第三巻が、偶然ながら、ことし三周忌をむかえる故人相川春喜と私とのあいだの、ある時期の交渉を含んでいることについて、記しておこう。

第一論文「歴史論」〔全集四巻〕の前半が、その半年まえに出版された相川の『歴史科学の方法論』にたいする批判として書かれていることは、たれも知っている。年譜には、「昭和十年、二十五歳で処女出版『歴史科学の方法論』を出したが、これは後に発禁となった」（小伝一四頁）とある。この年の夏から翌十一年夏にかけて満一年間、「日本封建制講座」の共同研究が行われていたことについては第一巻に書いた〔全集二十一巻、一一三頁、本書VIの六・七参照〕。その前後の相川君は、渡部義通君の追憶に「彼自身の口ぶりでは山田盛太郎によほど傾倒していたようであった」（三九頁）とあるように、「封建制講座」内部の百パーセント山田盛派として、私や桜井武雄とは要所々々で意見を異にしていた。ついでながら、この講座同人に信夫清三郎君が加わっていたとしたこと〔全集二十一巻、一〇四頁〕は桜井君の指摘のように、私の記憶ちがいであった。〔私が桜井武雄からの聞きとり調査でもその通りであった〕それはともかく、この前後に発表した私の論文「明治前半期のマニュファクチュア」（十年十月）や「明治染織経済史」（十一年）が、内実において山田盛学派にたいする内部的批判を含んでいたように〔全集二十一巻、一一三頁〕、この「歴史論」前半部の相川批判が山田盛太郎君に相川君をかたく結びつけている日本経済史の一方法にたいする史学的批判を含んでいたということは、あらわにではないが、行間から当年の「講座」同人たちが読みとったことであろう。

相川君と私が相識ったのは、『小伝』を繰って考えてみるに、昭和八年、彼が貞子夫人と結婚する前後からであろう。この結婚披露式の写真がわが家にのこっているが仲人は大宅壮一夫妻で、私もむろん列席している。私の長男旦（タン）が生れたのは昭和六年、大宅家の長男歩（アユム）がうまれたのは昭和七年、相川君の長男断（ダン）が生れたのは年譜によると昭和十一年、相川君が「コム・アカデミア」事件で検挙された年である。子供に一字名をつけて、訓でなく音でよぶという仕方は、私がはじめたもので、大宅のはアユムとよんで、フとはよまない。相川家のダンは私に倣ったものであり、桜井武雄もその後のことだが長男を研（ケン）と命名している。

そんな点にものこされているように、相川君は、人が冗談にいう「服部一家」の一人でもあった。彼が吉祥寺の山田（盛）家に私交の上でぐんぐんと近づいていってからも、この「服部一家」的感情が、彼のほうでも私のほうでも褪せていないことは、断の名とともにいまも再生する私の当年のよろこびからも知ることができる。それにもかかわらず一方で私は彼の山田学への没頭と、彼の旺盛な理論斗争の諸作品にふくまれている方法上の難点について、寛恕することはできなかった。「歴史論」前半部の私のタッチは、そのニュアンスを表現しているにちがいない。

コム・アカデミア事件から「釈放後しだいに理論的にも転向していった」（年譜昭和十一年）。「陸軍特務部の勧誘で旧『講座』諸先輩のすすめを受け、上海へ行く」（同昭和十三年）。「究局において戦時生産の御用学者に転落してしまった、と氏は自己批判されていた」（同昭和十二—十九年の頃）。

私と相川君との交際は、「コム・アカデミア事件」以後、ながいこと学問的にも家庭的にも、中断されたままであった。

私たちが再会をよろこんだのは、一九五一年の秋だったろうか——偶然、日本橋の路上で彼から声をかけられた。一九四九年に彼が帰国したときから、時おりに文通はしていたが、私は病気つづき、彼は文字通り東奔西走で、逢う機会がついになかったのである。

喫茶店の隅に相対して、ものの二時間も時を忘れて話したと思う。相川君は天才的な感じのする人であった。それがかつてはゴウマンという印象を人にあたえたようである。……ところが、「戦後再会したときには、瞬間の印象でしかなかったが、やわらかい、円熟した感じがあたえられた」とある伊豆君の文章（『小伝』六九頁）に、私はおそらく伊豆君の何倍かのふかさとよろこびをもって、同感して読んだゆえんである。

そのあともいちど逢ったが、私が一九五二年夏の福島大学の講演「マニュファクチュア論争についての所感」のなかで、「終戦後さきにいった『のぼせあがった亜流』という言葉を書いたとき、私は、この当時（「歴史論」執筆当時）の相川君のことを考えていたということを告白しておきましょう」〔全集二十一巻、一一四頁〕と述べているのも日本橋のかいこうのよろこびをもったあとだったから、安心してそんな「告白」もしたのであった。速記原稿を活字にするときも、私はそれを消さなかったばかりでなくその雑誌の抜刷を、相川君に送った。

彼があの「所感」にどんな印象をもったかについては、ついに聞かないままで、彼のデスマスクに私は接したのである。そして三周忌をむかえるこのたび、こんな篇別の「歴史論」を著作集第三巻として出す。

このばあい私としては、第一論文「歴史論」が相川批判を含んでいることについて感慨を催すばかりでなく、第三論文「アジア的生産様式」〔全集二十一巻〕に関しても、相川を伴う感懐〔若作集しおりの記述〕がないわけではない。第三論文は二つとも戦後書いたものだが、「アジア的生産様式」論は相川の処女著作『歴史科学の方法』の中心部分をなしているもので、そのくせ私の「歴史論」の相川批判がこの主題に触れていないのは、この厄介な難問題の論争に、立入ることを私は避けたかったからである。相川の「アジア的生産様式」論と私のそれとが必ずしも同一線上のものでなかったことについては、第一巻所収諸論文中の私の「ア様式」論と対比して貰えばわかるであろう。

『小伝』に寄せられた、渡部義通君の文章の中に、相川の「ア様式」論にふれて、「やがて先にのべたマルクスの未発表論文がソ同盟で刊行され、一九四八年にその日本訳が出たのちでは、平野＝相川説がマルクス自身にともかくいちばん近いものであったことが誰の目にもあきらかなようだ」（四一頁）とあるが、いくら「ともかく」つきでも、私はこの「ようだ」には賛成しかねる一人である。そのことは、あのマルクス遺稿の日本訳を見て私が書いたこの二つの論文が、理由を示しているだろう。

相川春喜の生涯が、棺を蓋うの日にあたって、さんぜんと光っていたことを、よろこぶの念において私は人後におちる者ではない。だがそのことと、相川の業績をべたぼめすることとは、相容れないであろう。『小伝』巻頭の相川の写真をいま机上にひらいて、かぎりない愛着をその人の記憶に注ぎつつ、筆をおく。（一九五五・五・二二）（『服部之總著作集』第四巻「しおり」に初出、『全集』㉓、二二〇〜五頁所収。内海庫一郎、山崎敏雄、小林端五共編『相川春喜小伝』、発行者矢浪さだ、制作中央公論事業出版、一九七九年四月にも再録』。この引用はごく一部分「しおり」の記述で訂正してある。）

本書の第一部Ⅰの「生家」の中で述べた服部の生家である正蓮寺の本門を建てた「石見の匠」の孫である豊原五郎は、三・一五事件で日本共産党員として検挙されて獄死した。この豊原五郎について服部は、後述する戦後に日本共産党に入党した際、その感想を求められたときに執筆した「思いつくままに」（一九四九年三月一日）と題した文章の中で、哀惜の念をこめた、つぎのような文章を書いているので、ここに紹介しておこう。

十一　豊原五郎のこと

わたしの郷里──島根縣の中部石見の山間地帯は、昭和初年もつとも勇敢な農民組合が組織されていた地方であつた。それは同志豊原五郎が、ろくまくのからだのときに戸板にのせてはこびながら組織したものであつた。かれの家はわたしの隣村であるが、わたしの家とは三代まえからふかいつながりがあつた。果樹園に失敗した村醫師の三男だつたかれは、代用教員の職をなげうつて上京し、大學を卒業したばかりのわたしと一緒に自炊しながら、帝大セツルメント労働學校第一期生を卒業して労働組合運動にはいり、病中歸國して、自然生的にふるい斗争《〔ママ〕》の埒内にいた農民組合をしたてなおした。病気が恢復するなり上京して、故渡部《〔ママ〕》政之輔の三羽烏とも四羽烏ともよばれたが、三・一五で九州でつかまり、鹿児島の刑務所で服役中に病死した。郷里の農民たちは、彈壓のあらしのなかで、かれのために心こめた墓石をつくつた。

終戰と共に村の農民組合は汪然として復活したが、その指導者は、これまた數奇な「偶然」でわたしの村のわたしの學生時代の村長だつた人の孫娘と結婚したことで戰時中東京から村に疎開していつたI君であつた。かれは急進的な文化人であつたが農村の運動の經驗ははじめてであり、そこえ《〔ママ〕》もつてきてわたしの村ときては、かつての豊原五郎の精力的な總攻撃の時代にあつてすらこの村だけはとまもりおおせたほどの、大地主舊家S家の本城であつた。S家はわたしの家と三代まえからの姻戚であつた。十年まえの代替りと、相續税につぐ財産税と農地法で、島根財閥としてきこえた資産は殆んど手ばなして、それでもまだこれほどあると税務所から目算されていた動産と庫屋敷を、昨春の火事で一晩のうちに焼亡した。村人のだれの目にも、小説的な三代の運勢であつた。I君は関東の人で村の歴史にも人情にも、豊原五郎のごとく通じてはいなかつた。かれの文化人的急進主義は、いまかれら夫妻と子供だけが住む荒れはてた舊村長家敷の土蔵のちよろはげの白壁を、人民のための掲示板として、達筆で墨くろぐろと、つぎのような種類のビラをつぎつぎとかかげては、終戰直後の村人をあつといわせた。

「天皇をおがむやつらが悪事をし」

I君は、その急速な没落がかえつて村人の同情をひきよせつつあるS家の人々を目標として、S家の飼犬に及ぶほどの勇猛果敢な斗争《〔ママ〕》をすすめた。そのためには關東的な個人斗争もかれは辭しなかつた。村のインテリゲンチャと貧農がかれの屋敷にあつまり、村はかいびやくいらいのパニックにもまれた。わたしはI君の斗争方法を見聞して、かれのこの無茶なやりかたを以てしても、これほどの昂揚をこのむら〔ママ〕で實現することができたという事実に目をみはり、いまさらのごとくS家三代の人なきがごとき専制支配の歴史をまざまざとかえりみた。そこにはたくさんの語るべきはなしが、わたしのファミリー・ヒストリーの一部をもなして綴られているのだが、いまはおく。わたしがマルクス主義者となつたのも、またなつてのちはこれをうちすてることができなかつたのも、この村のこのような歴史にふかく根ざしていたと、おりにふれて考えさせられているものである。

　やがて昂揚が去り、ひき潮がきた。I君は知事選擧に敗れ、村長選擧に敗れ、村會議員には當選したが、ただ一度出席したきりで、ふたたび異邦人のごとく、村長屋敷の書齋にとぢこもつた。けれどもI君の洗礼によつてひとたび眞實にめざめた貧農やインテリゲンチャの一部は、おそらく二度と退くことのない小數ながらしつかりとした組織の根を、やしなつている様子にみえた。わたしは村の青年會からまねかれて、一緒に歸つた義弟のCと二人で、一夜I夫人を先頭にあつまつた村人のまえで講演した。Cはふるい黨員であつた。わたしは入黨まえであつたが、この村に生れ、この村と生涯たちきることのけつしてないきずなをみうちにもつ身として、はじめて日本共産黨について、公けに村人にはなす機會をこの夜もつたのである。それまでどんな講演のばあいにも、このときほどの昂奮をみうちから覺えたことはかつてなかつた。それは去年の十一月十三日のことであつた。

　故豊原五郎が入黨したころは、わたしは私立大学の教員や帝大の副手などをしながら、これまた不思議な「偶然」で當時銀座の天賞堂のE家の中學生K平をあずけられて、家賃も六七十円の家をあてがわれ、台所はみなE家もちであつたから、近所にたむろしていた浅野晃らのアジトらがそろつて飯をくいにきても、一向平氣なダンナであつた。市電の大ストのとき、一週間ばかりの移動アジトにつかわれたが、警察に気づかれたけはいもなかつた。とにかく服部のいまの状態はべんりである。あいつはしばらくダンナにしておけというわけでもあつたが、わたしの入黨は実現しないでいるうちに、三・一五となつて、もう黨員も非黨員もない、わたしにとつては一世一代の

「實際運動」をしているうちに、その年の四月、最初の検挙にあつたが、そのころは黨員でないと起訴されなかつた。二十日あまりで釈放されて、郷里に追放された。

志賀義雄と同じクラス東大新人會で、わたしは三高グループにぞくしていた。十人ほどいて、そのうちから二人が入黨した。淺野晃と、死んだ福間敏男である。藏原惟人は淺野と中學時代の親友だつたことから、學校はちがつていたが、淺野を介してはやくから友人であつた。果敢に入黨した淺野たちが、解黨派として出獄してきたとき、第一にさそいをかけられたのが、藏原とわたしであつた。即座にそれをことわつた直後、おなじくことわつた藏原と合つて話しあつたときのよろこびも、忘れがたい思出の一つである。まもなく岩田義道が出獄してきた。そしてかれが再度地下にもぐるときに新宿でわかれたのが、生涯のわかれとなつた。この前後のことを知る者の一人として、河上博士の「自叙傳」にある岩田に關する頑固なまでの誤解のくだりは、岩田と共に泣きたくなるほどのものである。それは完全な誤解である。だが愛弟子にたいするこの頑固な誤解を、あくまでもちつづけた河上博士の、偏狭なまでにけつぺきな高士の風を、岩田はその日河上家の門を去るにあたつて、こころからたたえるほどの心情のゆとりをそなえていたにちがいない。

もしわたしが入黨して、下獄していたとしたら、はたしてよくわたしは岩田のごとくあやまらず行動しえたであろうか？　岩田の資質は、遠くわたしの企て及ぶ程度のものではない。

『日本資本主義発達史講座』の企劃は、岩田と野呂の贈ものであつた。わたしはみずからはかつて黨外の、學究としてあやまらぬことをこころに誓つた。

敗戰と共に時代は大きくうつつて、日本共産黨は巨大な合法の黨となつた。わたしは會社員はやめたが、飲酒から得た病を養いながら、學究への復帰をコツコツとはげんだ。あれほど好きだつた酒だが、いまはもう飲みたいともおもわない。習慣というものはなおせるものである。それにしても、マルクス主義史家としての精進を期するに、入黨をまだしないでいることは不純であつた。河上博士『自叙伝』の入黨の日のよろこびは、わたしのまずしさなりに、またわたしの入黨の日のよろこびであつた。（一九四九、三、一）（『全集』㉓、一四四〜九頁所収、この文章の初出は、労農救援会編『自由の旗の下に——私はなぜ共産党員になったか——』三一書房、一九四九年四月刊に掲載。この文章のみ初出の旧漢字をそのまま用いた）

右の文章を一部省略して、服部は豊原五郎をたたえる会・馬島僴編者代表編『豊原五郎獄中からの手紙』（刀江書院、一九六四年一月刊）に再録している。服部は同郷の親友である千金貫事とともに獄中の豊原五郎を義弟関根悦郎夫妻と惜しみない友情をそそいだことは、同上書や同志であり妻であった田中ウタ（歌子）の伝記の編者である牧瀬菊枝編『田中ウタ—ある無名戦士の墓標』（未來社、一九七五年八月刊）に記されている。

服部の豊原五郎を偲ぶ文章の中に出てくる岩田義道は、日本共産党中央委員で地下活動を行っていたが、一九三二年十一月三日に警視庁の特高によって虐殺された。この岩田の告別式に参列した者にのみ頒布された『畏友　岩田義道君（岩田義道君葬儀委員会報告）』と表紙に貼付された謄写代筆写の小冊子が現在私の手元に大切に保存してある。服部からもらった貴重書の一冊である。この第一頁には岩田の虐殺当時のデスマスクが掲載されている。その表紙裏の右に私が『赤旗』一九七六年二月十二日号に載った「消えていた岩田義道の解剖記録」を貼付している。今日の読者諸氏にはほとんど見ることのできない貴重な歴史史料であるので、この小冊子の全文を原文のまま次に掲載しておきたい。

十二　畏友　岩田義道君

一、岩田義道君急死の顚末

一九三二年十一月三日午前三時半、岩田義道君の家族に対し、警視广《〔ママ〕》〔以下同〕より、同君危篤の旨の通知がありました。然し家族の方がかけつけた時は、既に同君は冷き屍となつてをり、鈴木警部のいふところによれば、三日の午前零時三十五分息を引きとつたといふのであります。

では如何にして岩田義道君はかくの如く突然に死亡されたか？　鈴木警部が家族の方に声明する所によれば、十月三十日午後警視广の藤井警部が鈴木警部以下十数名と共に、三台の自動車に分乗して、小石川方面に赴く途中、神田の今川小路に於て、先行の自動車に故障が生じた爲に、停車中、一人の怪しき男がやつて来たので誰何した所、いきなりピストルを向けようとしたので、直ちにこれをとり押へ、警視广に連行した。彼は「自分は共産党員である」といふ以外何事も述べなかつたがその人相によつて、岩田義道であることが直ちにわかつた。翌日彼を畄《〔ママ〕》置場よりつれ出し、一應取り調べた上、つれ戻さうとした所、彼は突然に暴れ出し、鈴木警部に向つて襲撃して来たので、やむなくこれを取り押へ、手足を縛した所、今度は舌をかんで自殺せんと計つたので、口中に手拭などを押込んでこれを防ぎ、看守等をしてこれを畄《〔ママ〕》置場につれ帰らした。するとその夜彼の宿痾である肺結核が急に重くなり、二度も喀血をなし、加ふるに脚気が加り、容態が悪化したので、翌十一月一日午後十時頃警察病院に入院せしめ、輸血等種々の手当を盡したが、遂に三日午前零時三十五分絶命するに到つた。以上が鈴木警部の述べる所であります。

その後同警部は、家族と共に屍体を引きとりにきた弁護士一行にも同称《〔ママ〕》の趣旨の事を述べてゐますが、然しその時には、今川小路で怪しき男を誰何したのではなく藤井警部がかねて顔見知りの岩田義道が偶然通りかゝつたので、「岩田、待て！」と呼び止めた所、彼はいきなりピストルを取り出した云《〔ママ〕》々となつてゐて、少し話がちがつてゐます。更に十一月八日に布施弁護士及び岩田君家族が、警視广に藤井警部及び鈴木警部を訪ねた時は、今川小路で岩田君を認めたのは、藤井警部ではなくて、鈴木警部だといふ事になつてをり、話が又ちがつてきました。なほ今川小路に於ける岩田君逮捕の実況を目撃した者の談によれば、一人の男が現状《〔ママ〕》に現れるや、突如として十数名の者が、ワーッと喊声をあげつゝこれにとびかゝり、高手小手に縛り上げてしまつたとあり、ピストルを出す暇などは全然なかつたといふ事です。

逮捕の状況については右の如くですが、それでは、急死を遂げた次第について鈴木警部等の報告してゐる所は果して事実そのものを正直に傳へたものであるかどうか？

それを確めるために、岩田義道君の屍体は、四日午後三時半より東京帝国大学病理学教室に於て解剖に附されました。これに立ちあはれた医学博士安田徳太郎氏の報告によれば、第一に、肺結核及び脚気衝心の所見全くなしといふ事が、指摘されてゐます。然らば何が死の原因となつたのか？　大腿部に於ける大量の内出血及び胸部に於ける大量の内出血が、死の直接の誘因であらうと断定されてゐます。なほ舌をかんで自殺をはかつたといふ事が警視广より報告されてゐるので、舌を取り出して此の点を詳細に検討した所、かゝる痕跡の全然ない事も確かめられました。

かくて警視广〔以下同〕及び警察病院の傳へてゐる所の死亡理由報告と、解剖によるそれとが、全く相異つたものであることがわかります。吾々が何れを信じなければならないかはいふ迠〔ママ〕もありませんが、こゝに問題として残つてゐるのは、一体何が故に胸部や大腿部に死の誘因となる程に多量の出血が生じたのか？　といふ事です。かゝる事が果して自然的に起るものでせうか？　殴打、圧搾等の人爲的手段なくして、自然的に〔か〕ゝる多量の内出血が生ずるでせうか？

若し岩田君の死が自然的なものでなく、人爲的なものであるとすれば、岩田君は死んだのではなく、殺されたのだといふ事になります。

然らば、誰が、如何にして、何故に殺したのか？　これは直ちに推定されることでありますけれども、他の機関によつて、他の機會に於て詳細に発表されることゝ思ふので、こゝではこれ以上に述べず、一應諸子の想像におまかせする次第です。

以上が岩田君急死の顚末であります。一度岩田君の死が傳るや、人々は、愕き、悲しみ、そしてそれは忽ち憤激の念に凝結したのです。岩田君の死が家族に傳へられてから、四十八時間を終ない十一月五日の午後に行はれた告別式に、百人に近き参列者があり、数十の弔電及び弔文の送られてきたのを見ても、人々の感動及び憤激の如何に強烈且つ深刻なものであつたかゞ、察せられます。

十一月六日午前九時半岩田君の遺骸は遂に荼毘に附されました。呼嗚〔ママ〕、今や畏友岩田義道君の慈父の如き温顔、而もその胸に溢るゝ火の如き情熱、それはむごたらしくも吾々から奪ひ去られたのです。

誰によつて、何が故に？

人々の心は復讐の炎で燃えたぎつてゐます。

岩田義道君が、搾取の鉄鎖を絶つ爲に、その最愛の妻子のみならず、自己の生命をも献げた労働者農民の勝利する日こそ、岩田君の死が、真に酬ひられる日です。

二、岩田義道君小傳

岩田義道君は、一八九八年愛知縣葉栗郡北方村大字中島に生れた。父は木曽川を上下して運送に従事する船頭、祖父は純然たる水呑百姓、常に小作人大衆の代表となつて地主と闘ひ、貧農の衆望を一身に集めてゐたといふ。岩田君は幼少より神童の名が高かつたが、家貧にして進んで学業を修める能はず小学校を卒業後上京し、浅草中島洋紙店の店貟となり、封建的酷使を受け、健康を著しく害され、一旦帰国の余儀なきに到つた。帰国後郷里の小学校の代用教貟となり、直ちに小学校教貟検定試験を受け、これを通過した。然し更に正式の教育を受けんが爲に翌年四月名古屋師範学校に入学、在学中は常に首席若しくは次席の地位を維持してゐた。

師範学校卒業後、木曽川小学校の教員となり、在職すること一年、漸く欺瞞と虚飾に充満した教育界に嫌悪を感じ、教職を放棄して上京、新聞配達、牛乳配達等をなしつゝ高等学校入学の準備してゐたが、営〔ママ〕養不良と過労の爲に大いに健康を害し帰国し、後京都に於て再び高校入学の準備をなした。既にこの時彼は、労働者農民大衆と資本家地主階級との間の越ゆべからざる間隙を感じ、労働者農民の解放について深い熱情を抱くに到つたといふ。

一九二〇年七月松山高校に入学、同校在学中も常に首席若しくは次席の地位を維持してゐたのみならず、その自己犠牲的態度は学生大衆の信望の的となり、或は弁論部長として、或は應援団長として、或は学生總務として、活溌に活動してゐたがその間彼は夙に、「共産党宣言」を始め、社会主義文献の研究に没頭してゐた。

一九二三年四月京都帝国大学経済学部に入学、此の頃彼の社会主義思想は愈ゝ強固となり、同年帝大内の同志を糾合して、社会主義研究団体伍民会を創設した。一九二四年春伍民会が社会科学研究会と改称した後も、常にその指導部の一人として同会の戰闘化の為に貢献する所が頗る大であつた。就中その頃既に彼が、従来の如きマルクス主義の公式的理解にあきたらず、その方法論的理解の重要性を指摘し、頻りに弁証法的唯物論研究を唱導してゐた事は、吾々が強く記憶してゐなければならない事である。

同年中耳炎手術の爲に一時危篤状態に陥つたが、稍ゝ回《〔ママ〕》復するや、繃帯のまゝ、係医者のすゝめも顧みず、重要なる会合に出席してゐた姿は、未だに忘れることが出来ない。翌一九二五年よりはプロカル運動の爲に積極的に街頭に進出し、労働者農民に対する宣傳煽動の爲に奪《〔ママ〕》〔奮の誤記〕闘し、同年十月には、京都無産者教育協会の創立に盡力し、労働組合と農民組合と進歩的学生との間の提携をはかつた。又同年七月京都に於て開《〔ママ〕》催された学生社会科学研究会聯合会第二回全国大会の準備運動に於ける彼の活動は最も眼ざましかつた。

一九二六年一月十五日所謂学生事件に連座して、京都刑務所に投獄され、監禁さるゝ事半ケ年、病気の爲七月中旬保釈出獄、岩田夫人の郷里松山に帰国し、徹底的に療養に努めた。翌年病が漸く快方に及んだので、五月に上京し、産業労働調査所々員となり、調査所の内部組織の刷新に努め、今日の産業労働調査所の基礎確立の爲に大いに功績があつたといはれてゐる。なほ所員として雑誌「インタナショナル」「産労時報」の編輯に従事せる外、数多の調査研究を以て、労働者農民解放運動の爲に貢献したが、就中翌年の第一回普選に際して発行せる、日本共産党及び労農党の選挙闘争に少からぬ貢献ありし「無産者政治必携」は、彼の唯一の指導の下に編輯されたものである。同時に彼は又、雑誌「政治批判」の編輯の重要機務にも参畫してゐた。

他方に於て彼は又、一九二七年秋の府縣會迸〔ママ〕挙を機として、労農党の政治活動に積極的に参加し始めた。同年末日本共産党に入党し、大井光学工場細胞に所属し、二八年の普選に際しては、北九州に派遣され、日本共産党公認候補者徳田球一君の選挙運動の参謀の一人として、昼夜の別なく東奔西走した。北九州炭坑夫大衆の革命運動の厂〔ママ〕史上彼の名は長くとゞめられるであらう。

三・一五事件検挙の際彼は巧みに官憲の捜査の手を逃れ、党の再建の爲に献身的な努力を続けた。その間国外との連絡をはかるために、危険を冒して上海にわたること二回、見事にその使命を果した。その際或る外国の同志は、岩田君に会見した時、「君は金属労働者か？」と尋ねたといふ。インテリ出身の彼が、如何に完全にプロレタリア的な、立派な闘士になりきつてゐたかゞ看取されると思ふ。

遂に同年八月七日に逮捕されたが、あらゆる拷問に屈せず、飽くまで党の秘密をまもり、峃〔ママ〕置場にあること百日に近く、十月の末に漸く刑務所に送られたのであつた。

入獄後長期に亘る不健康なる監〔ママ〕禁生活の結果病重く、一九三〇年十月保釈出獄したが、翌三一年一月十五日官憲隊の逮捕し来るに先立つて、その前日巧みに逃走し爾来約二年に亘つて、自己の一切を投げうつて、日本の労働者農民の解放の爲に闘争してゐたといふ。

軍事的警察的白色テロルの嵐の荒れ狂ふ中に、革命的組織の再建に決死的闘争を続けてゐるといふ岩田義道君について、吾々はその後消息を聞かなかつたが、然し、戦争と××〔ママ〕〔以下同〕の時代を前触れする満蒙支那畧〔ママ〕奪戰爭〔ママ〕の只中に於て、日本プロレタリアートの昂まり行く闘争の中に、吾々は常に岩田君の影を見ることが出来た。

一九三二年十一月三日、岩田君は二ケ年ぶりで吾々の前に現れた。而もそれは警察的テロルの生々しき犠牲として、満身に拷問の創痍を受けた悼しき屍となつて帰つて来たのだ。

岩田義道君の三十五年の生涯は完全に日本の革命的プロレタリアートの爲に捧げられたのだ。彼の鉄よりも固き意志と、燃える勇気と、溢れるエネルギーは、日本の革命運動の最も困難な時代に於て、彼に指導的任務を負はせた。その爲にこそ彼は、軍事的警察的×××〔以下同〕の憎悪を満身に受け、彼等の爲に虐殺されたのだ。

岩田義道君の意志と、その勇気とは、日本のプロレタリアートによつて受継がれその血潮は、日本の××的プロレタリアートの胸の中に甦るであらう。

三、解剖の結果（安田医学博士の家族に示されたもの）

一九三二年十一月四日、東京帝国大学病理学教室に於て、解剖番号一九五、

岩田義道氏、三十五才

体重　六四、〇キロ

身長　一六〇、センチ

脳髄　一四四五、グラム

心臓　三七五、グラム

非常に大きく、脂肪が堆積す、心筋は右心が、〇・五センチ、左心が、一・〇センチ、右心室が拡張し、心筋うすく、恐くこれが死亡の原因ならん。

肺　著変なし。肺結核の所見なし。拡大し出血あり。

胸腔内に大量に出血す。

腹腔内には出血なし。

胃腸その他の内臓器官には著変なし。但し部分的に諸種器官に小出血あり。

下肢　大腿部前面後面に著明な皮下出血あり。

　　これが死の誘因ならん。

上肢　所々に皮下出血あり。

四、告別式の状況（一九三二年十一月五日）

突發事変の爲に通知が十分に行きわたらなかつたにも拘らず、百人に近き参列者あり、司会者関根閲〔悦の誤記〕郎氏の嚴粛なる挨拶に始まり、大体次の順序で極めて盛大に行はれました。

一、經過報告

司会者及び弁護士より「岩田義道君急死の顛末」と略ゝ同称の報告がありました。

二、岩田義道君略厂〔ママ〕朗読

旧友淡徳三郎氏が、「岩田義道君小傳」と略ゝ同称のものを朗読されました。

三、弔辞および弔電の朗読

弔辞二十、弔電七。これを全部こゝに御報告すべきですが、紙数の関係からそれが出来ませんので、主なものだけをこゝに載せ、他は名前だけ記すことにします。

弔　辞

同志岩田義道は、三・一五以後の党再建の爲に闘つた最も功績ある闘士の一人であり、又、同志田中清玄、同志佐野博の逮捕の後をうけて、党の中心的指導者の一人として、党の組織をガツチリ固めた人であつた。私は上海に居た時分に二へん彼にあつたが、その時の彼の態度を見ても、彼が実に細心緻密で、且つ科学的な頭脳を有してゐたことが感ぜられた。そしてその当時から彼に敬服してゐたのであつた。先には同志上田が殺され、今又同志岩田が虐殺されたのは、支配階級の労働者農民に対する残虐なる攻撃の現はれである。とはいへ、一見非に〔ママ〕強化してゐるやうに見えるファシズムの根底は、既に揺り動かされてゐる。吾々は同志岩田の死によつて落胆する必要はない。第二、第三の岩田が、否、幾十の岩田が次々と生れ、労働農民が敵階級に逆襲するに到るであらうことを、吾々は確信するものである。

獄中より　佐野　学

弔　辞

嗚呼岩田義道君！

君は、去る十月三十日、不幸ブルジョア地主政府の手に捕へられ、憎むべき彼等の毒手に斃れた。

資本家地主政府は、戰争遂行と××〔ママ〕〔以下同〕鎮圧の爲に共産主義者を××する。渡辺政之輔、山本宣治、近くは上田茂樹の虐殺これである。

人が人を搾取する制度なるが故に陥つた恐慌からの活路を、革命運動の彈圧と、満蒙支那侵略と、ソヴエート同盟攻撃戰争とに求め、去る九月二十九日には、日本共産党の指導者、佐野、市川、鍋山、三田村に無期懲役、その他の共産主義者百八十一名に總計七百八十八年六ケ月といふ驚くべき極刑を科したその同じ資本家地主の政府が、さきに渡政、山宣、上田を虐殺し、今また君を虐殺したのだ。彼等の野蠻、残忍なる殺人行爲が、今や白日の下に曝露した。

嗚呼岩田義道君！

君は全生命を階級闘争に捧げ、遂に敵の毒手に斃れた偉大なる犠牲者だ。日本の労働者農民は、君の流した血をむだにはしない。君の死に対して幾百万大衆が憤激し、狂暴なる白テロに抗して、資本家地主政府××のために蹶起して居る。

渡政、山宣の死が、労働者農民に大なる感銘を与へ、その血は幾百万大衆の血をにえたぎらせて居ると同じく、君の血は、階級闘争を鼓舞激励し、君の生命は、労働者階級の中に永久に失はれないであらう。

嗚呼岩田義道君！

願くば安らかに眠れ！　吾が救援弁護士団は、幾百万大衆と共に、一切の白テロに反対し、資本家地主政府を××し、搾取と抑圧とを××して、君の靈を慰むるであらう。

解放運動犠牲者救援弁護士団

我等が前衛岩田義道君の靈に捧ぐ

我等が指導者岩田義道君よ！

君の突然なる死を聞いた時、吾々の驚駭と悲歎はどんなであつたらう。而も君は警視广の手に捕へられ、警察病院の冷いベツトの上で敵の包囲の中に逝つた。我々の敵に対する憤怒と、よき指導者岩田を失つた悲歎は限りない。

指導者岩田よ！

君のプロレタリア運動に対する信念と熱意と、運動史上に残した輝かしい功績とは多大である。聞けば君は今日の多難なる情勢の時に当つて、党中央委員の栄誉を担ひ、粉骨砕身、よく無産階級解放のために指導を惜しまなかつた。業半ばにして敵手に捕へられ、而も残虐なる白テロの犠牲として逝つた君の無念は如何ばかりであつたらう。君が三・一五の白テロにより獄中生活のために傷いた健康を回復するため、執行停止となり、幾何もなくして再び果敢にも闘争の過中〔ママ〕に投じた時、二度、三度、否、千度の敵の追及も捕囚をも恐れぬ階級闘士としての優れた態度に対し、我々は深い敬意と親愛の情を持つたのである。今君の骸を前にしなければならぬわがプロレタリアートの損失と非難〔ママ〕は大きい。

同志岩田よ！

わが赤救全会員は、君の靈前に堅〔ママ〕く誓ふ。白色テロルの粉砕と、階級的政治犯人の無罪釈放と、階級的犠牲者とその家族救援のため、労働者農民全体を動員することを誓ふものである。曾つては指導者渡政を、山宣を、近くは上田茂樹を、今日また君を失ふ。我々の憤怒は復讐の一路へと邁進するであらう。全労働者農民の力を結集して、わが赤色救援会は復讐の旗をおしすゝめることを君の靈に新たに誓ふのである。

同志岩田よ！

君の遺された家族に対し、我々は微力を盡して、精神的物質的に力となることを誓ふのである。

指導者岩田の靈よ！

わが赤救は闘争を以て、君の尊い犠牲に酬いんことを固く誓ふものである。

日本赤色救援會

追悼文

同志岩田の突然の訃報に、吾々は驚きと憤りとにふるへてゐる。餘りにも突然だつたので。又しても、日本帝国主義が吾が革命的プロレタリアートに不断に加へて来た野獣的テロルの犠牲者の一人として、吾々は同志岩田の名を数へねばならぬのである。

吾々は同志岩田が日本のプロレタリア運動に寄與した多くの功績を知つてゐる。同志岩田は病弱の一身を抛つてプロレタリアートの解放運動に献身的に闘争して来た。軍事的警察的国家権力を支柱とするブルジョア地主は、同志岩田を極度に驚怖した。あらん限りの追求《〔ママ〕》と恥知らずのデマとが同志岩田に向けられた。そして突如同志岩田は三十五年の活動的な戰闘的な最後をとげるに至つた。

吾々は白色テロルに仆《〔ママ〕》れた同志岩田の業績を思へば思ふほど、同志岩田を仆したブルジョア地主の国家権力に対して限りなき憎悪を感ぜずにはゐられない。だが、同志岩田の流した血汐は無駄には流させない。吾々はあくまで日本プロレタリアートの名によつて、復讐を誓ふものである。

日本プロレタリア文化聯盟

弔　辞

足に鉄鎖のくひ入つた跡を残し、全身にむごい打傷を持ち、胸部に致命的な内出血のある屍体が警察病院から帝大病院の解剖室に運ばれた。同志岩田の屍である。

同志岩田は何故死んだか？　同志岩田の死の原因は警察病院の厚顔なる診断にも拘らず、野獣的白色テロルであることは明かだ。

然し何故同志岩田はかゝる白色テロルによつて斃されたか？　支配階級の兇暴な追求をくゞつて活動せねばならぬ前衛の活動について吾々は具体的に知る由もないが同志のかゝるむごたらしい死それ自身が同志の階級的正義の立場、同志の恥づる処なき活動、労働者農民の勝利のための闘争を、雄弁に物語つてゐる。

同志岩田が我々労働者農民解放のために、階級闘争の最前線に立つて奮闘して来た事実は、一点の疑ふ余地もない。それ故にこそ同志は斃されたのだ。

同志岩田はわが産労にとつても忘れ難い指導者である。同志は京都産労支所の創立者であり、又東京本所に於ける政治的指導者であつた。

資本主義制度の国際的危機は一切の資本主義国に於てプロレタリアートと農民、植民地民衆の上にかゝる野獣的テロルを加へてゐる。就中絶対主義の牙城たる日本ではこの事は特に甚しい。

三・一五――四・一六以来、何千といふ前衛はこのテロルによつて苦しめられ、渡政始め、同志上田、同志岩田、其他夥しき多数の指導者はその生命をさへ奪はれた。

かくの如き白色テロルは併し乍ら絶対に労働者農民の革命化を妨げることは出来ない。否、かゝる白色テロルの事実は、逆に、未組織の労働者農民大衆の間にさへ異常な憤激をまき起しつゝあるのだ。

日本の階級闘爭に於ける優秀な指導者の一人、同志岩田義道の死は、惜しいといふ以上に、我々の激怒を呼び起さずには居ない。

同志岩田義道の死は、如何なる支配階級の抑圧にも拘らず、全日本の、否、全世界の労働者農民に喧傳されるであらう、我々は必ずそれをなさねばならぬ。

かくして同志の死は逆に幾千幾万の大衆を獲得するに役立つであらう。又役立たさねばならぬ。

わが産労もその任務の一部を果すために凡ゆる努力を惜しまないであらう。

これこそは同志の死を犬死に終らしめない唯一の道であり、同志の死に対する復讐の第一歩であるのだ。

産業労働調査所代表　高山　洋吉

弔　辞

同志岩田の惨死は誠に残念な、惜しい、痛憤に堪えない出来事である。同志岩田はわが党内に於て稀に見る精力家であり、勤勉家であり、情熱の人であり、そして人間としても実に申分のない人格者であつた。その人が今日かゝる姿となつて吾々のところへ帰つて来たのを見ては、何人か憤激しないで居られようぞ。

理論と実践との統一は口でこそ言ふのは容易いが、この反動と白色テロルの真只中にあつてはそれは文字通りの決死的闘争を意味する。飽くまでわが党のために身を以て戦ひそして倒れた同志岩田に対して吾々は満腔の敬意を表せざるを得ない。

今後反動はまだ〳〵強まるであらう。犠牲者ももつと〳〵出るかも知れない。しかしわが革命的プロレタリアートは、党の旗の下に同志の屍を越えて進むであらう。また進まねばならぬ。吾々はプロレタリアートの最終的勝利の日の遠からざることを信じつゝ、同志岩田の死を空しからしめざるやうに、飽くまで赤旗を守つて前進せねばならぬ。

日本共産党事件被告代表　西　雅雄

弔　辞

敬愛おく能はなかつた友人岩田義道君の突然の訃に接し、特に親しく闘争と生とを共にして来た吾々旧友一同は、感慨無量、実に痛憤の意を表はすべき言葉を〔し〕らない。

君の闘争経厂《ママ》に既に明かなやうに、君は理論家として、宣傳煽動者として、ま〔「た」が脱字〕組織者として、実に卓越せる指導者であつた。吾々はよく君を「おつさん」と呼〔ん〕でゐたが、その際、「老人」の名で通つてゐたかの偉大なる指導者レーニンの名思《ママ》ひ浮べてゐた者は、独り僕だけではなかつたであらう。然り、吾々は君をして〔日〕本のレーニンたらしめたかつたのだ。

友人としても君は実に温いそして頼りになる又とない良い友達だつた。金の無心をしたり、仕事を捜して貰つたり、夫婦喧嘩の仲裁をして貰つたり、縁談の相談相手になつて貰つたり、身のふり方を教へて貰つたり、君の旧友にして君の温い友情を感じなかつたやうな人は一人もないであらう。「君の爲なら死んでもいゝ」といふ言葉を屢ゝ聞いたことがあるが、それほど君はいゝ友人だつた。

君はまた家庭の人としても実に良い子であり、良い父であり、良い夫であつた。特に君が今度の保釈出獄後、既に今日あるを覚悟してか、両親と妻子につくしたやさしい態度は、見る眼にも涙ぐましいほどのものであつた。君のこの方面の逸話やエピソードは數限りなくある。昨夜も君の家族の人と旧友達で、冷くなつた君の遺骸を前にして、ありし日のことゞもを話し合ひながら、泣いたり笑つたりして、一夜を明かしたことである。

君が如何に良く出来た男であつたかは、君の隣人に対する態度でもよくわかる。田舎に居る時など、道行く未知の人にも挨拶をするくらゐで、「よつさん、よつさん」と言つて、人々から懐しまれ、敬まはれたとは、昨夜の姉さんの懐旧談の一つである。

思へば昨年の一月、何かの機会で君と暖い握手をしたのが、最後の別れであつた。嗚呼、吾等の敬愛おく能はなかつた友人岩田君は、今や、白色テロルの犠牲となつて、もの言はぬ冷い屍となつて、吾々の手に帰つて来た。吾々旧友一同は愛惜の涙にくれると共に、君を虐殺した残忍極まる下手人共に対する憤怒の情を禁じ得ないのである。

この尊い犠牲をむだに終らせてはならぬ！　と吾々旧友一同は固く々々心に誓つたのである。

僭越ながら旧友一同に代つて心からの弔辞を君の靈前におくる。

友人代表　白谷　忠三

弔　辞

同志岩田義道君の虐殺に対して俺達はワク〳〵する憤激を感ずると共に、これに報ゆる唯一つの道は、この虐殺を、この憤激を、職場大衆の胸に叩き込んで、奴等支配階級××〔ママ〕のために立ち上らせることのみである。俺達は更に一層の憤激と努力とを以つてそれが実践を戦ふことを誓ひ、同志岩田におくる弔辞にかへる。

市従有志

この外に弔辞を寄せられ〔「た」が脱字〕団体及び個人は次の通りです。

日本赤色救援会中央常任委員会
日本赤色救援会東京城西地区委員会
日本プロレタリア音楽家同盟
日本赤色救援会東京中部地区委員会
日本プロレタリア演劇同盟
日本プロレタリア演劇同盟東京支部
日本労農救援会城南支部
荏原無産者託児所
関東消費組合聯盟
泉　直哉、大島辰雄、

麻布消費組合
城南消費組合
一般消費組合

なほ一つは岩田道子（前岩田夫人）宛で、一つは岩田竹次郎（岩田君の嚴父）宛で二通の手紙が参りました。

岩田道子様
僕はコンミニストではありません。だが共産主義が正しいことは解ります。恐らく共産主義の同伴者にはなれる人間です。岩田君が虐殺されたことを或る処で知りました。虐殺に対する抗議はコンミニストだけのものではなく、進歩的な立場に居る者でも、否、すべての無産者が、これに参加しなければなりません。僕はその意味からこの手紙を書きました。
共産主義者の虐殺絶対反対！
浅草にて　小田生

岩田竹次郎殿
私共は朝鮮の婦人ですが、たつた今同志岩田義道君の死を聞きました。そして大へん驚きました。死の原因が病気でなく、虐殺であつたといふ事がはつきりして、悲しみと同時に憤りと復讐の念に燃えてゐます。しかし私共はいたずらに悲しみません。私共の復讐は岩田君の遺業を守り、発展させることだと考へてゐます。貴方の悲しみを思ふとき、私共はじつとしてゐられないのですが、あの偉大な同志岩田君の父上としてかなしみにうち克ち、立派な息子さんを持たれたことを誇つて下さい。尚小さいお孫さん達も居られる由ですが、才二の岩田君として私共は東京に居られるお子さんを守ります。

簡單ですが朝鮮婦人の集りからの御挨拶を申上げます。

牛込にて　金、金、馬、崔、李

弔電

党のために虐殺された同志岩田の死を悼み、その復讐のため闘ふことを誓ふ。

×××××中央委員会

この外左《〔ママ〕》記の所より弔電が参りました。

二・二六事件被告、　プロット、　モツプル・西・懇談會、　モツプル・西・委員会

江東被告団、　モツプル・中・班クラブ

なほ以上の外に、中野に於て三十人ばかりの労働者の追悼集会が開かれて弔文が作成されたこと、四日の共青事件の公判に於て被告等によつて追悼決議がなされた旨司会者より報告がありました。

四、家族の挨拶

前岩田夫人より次の挨拶がありました。

一昨年の正月「図書館」に行つて来ると言つて出て行つてから一年十ケ月、その間一ときでも無事で居てくれるやうにと念じて居りました。ところが、元気な岩田を待つてゐた私が受取つたのは死屍となつた岩田です。而も両足両も〻口にむごい打撲を受けて居りました。日頃岩田の「戰死」は覚悟はしてゐましたが、こんなに早く、こんなにむごたらしい有栫でやつてくるとは思ひませんでした。然しかうして「殺された」以上「誰が、何故に」そうしたかを、皆栫の力ではつきりさして貰ひたいのでございます。

労（遺児）の今後につきましては、私自身どこまでも岩田の遺志に反かぬやうに第二の岩田としてプロレタリアートの陣営に送りたいと固く心に誓つて居ります。そのために皆称〔ママ〕の力強い御教導を切望いたします。

終りに、今日の皆称の心からのお弔ひを厚く御礼申上げます。

五、告別

右終つて、参列者一同焼香に代へて「白テロの犠牲岩田義道」と大書せる赤旗にそれ〴〵署名し、悲しみのうちに岩田義道君の遺骸に最後の別れを告げました。

なほ翌日午前九時半、岩田君の遺骸は家族、旧友数人に守られて出棺、同十一時、桐ケ谷火葬場に於て荼毘に附されました。遺骨は岩田君の郷里、愛知縣葉栗郡北方村字宝江〔　〕に埋葬される筈です。

五、弔慰金醵金報告

十一月十日までの弔慰金合計は　一二〇円九〇戋〔ママ、以下同〕、花　三、菓物　一、

内訳

N氏	一〇円〇〇戋	K氏	二〇円〇〇戋	N氏	二円〇〇戋
S、O氏	一、〇〇	H氏	五、〇〇	K氏	（三、〇〇 果物一籠
産労	一〇、〇〇	O氏	一〇、〇〇		
Y氏	五、〇〇	K氏	五、〇〇	Y氏	、五〇
K氏	一、〇〇	M氏	五〇	M氏	一、〇〇
O、O氏	（三、〇〇 花	K氏	生花	M氏	二、〇〇
		K氏	一、〇〇		

S氏	一、〇〇	I氏	生花	U氏	二、〇〇
S氏	一、〇〇	S氏	一、五〇	Y氏	二、五〇
S氏	二、〇〇	I氏	三、〇〇	K氏	二、〇〇
O氏	三、〇〇	A氏	二、〇〇	H氏	一〇、〇〇

謹　啓

岩田義道君の不慮の死に対して御丁重なる御挨拶と弔慰金を御送り下され茲葬儀委貟会として心から感謝いたします。遺族の方々も皆称方の御心盡しに感激されて、岩田君の生前の教を守つて、苦難な道を力強く進んで居られます。

御香典の御返しの意味で、同封の報告書を作りましたから、御送りいたします。早急の间〔ママ〕に作成しましたので、詳細な完全なものを作ることが出来ませんでしたが、この報告書が岩田君追憶のよすがとなれば幸甚です。

尚、岩田君の公式の葬儀は、来る十二月四日（日）午後一時から本所公會堂に於て、労農葬として挙行することに決定されました。岩田君の死は岩田君一佪〔ママ〕人の问〔ママ〕題ではなく、全勤労大衆に対する白色テロルであるとして、それに抗議する全労農団体――日本赤色救援会、労働クラブ排撃分裂反対同盟、日本労働組合総評議会、全農全国会議派、日本労農救援会準備会、日本無産者医療同盟、日本プロレタリア文化聯盟〔ママ〕、産業労働調査所、サヴエート〔ママ〕友の会、共産党事件獄外被告団等――の代表者によつて、同志岩田義道労農葬準備委貟会がつくられ、労農葬の形で行はれることになつたのです。

御多忙のことゝは存じますが、同日、皆称の御参列が願へれば幸甚です。若し御差支の場合は、御弔辞を御送り下さるやう御願ひいたします。

一九三二年十一月二十三日

東京市目黒区向原町二四八　岩田労方
岩田義道君葬儀委員會

追　記

十一月十日以後二十三日までの弔慰金醵金報告を、先の報告に追加して、こゝに御知らせいたします。

福知山の某　三円〇〇戔　I氏　五円〇〇戔　M氏　三円〇〇戔
プロットの男　一、〇〇　M氏　一、〇〇　M氏　五、〇〇
T外三名　四、〇〇　M氏　一〇、〇〇　M氏　五、〇〇
S氏　三、〇〇　Y氏　一〇、〇〇　H氏　五、〇〇
S氏　一〇、〇〇　O氏　一、〇〇　H氏　五、〇〇
H氏　一〇、〇〇　H氏　五、〇〇　N氏　三、〇〇
A氏　三、〇〇　計　九二、〇〇

〔私の原本には、この間に左に引用した「同志岩田義道拷問致死真相報告」が誤ってか続いているが正しい順に並べた。〕

S氏　五円〇〇戔　救援ハウス一同　、三〇戔
I氏　二、〇〇　城南、麻布、一般消費組合　一、〇〇
T、H氏、H、N氏　一、六一　労救城南支部　無産者託児所　、九九

葬儀費用支出概算　一五〇円〇〇戔
差引不足額　二九円一〇戔

同志岩田義道拷問致死真相報告

屍となつて帰つた同志岩田。一九三二年十一月三日警視广〔ママ〕より愛知縣なる同志岩田の遺族に対し、義道危篤の通知があり、在京遺族がかけつけた時は、既に同志岩田は冷き骸となつて警察病院の屍体室に横つてゐた。否、危篤の通知が発せられた時は既に同志岩田の死後であつて、若しも東京に引取人なく、愛知縣から遺族がかけつけてきた時は、死後二十四時間を経過したりとの理由を以つて、既に屍体は火葬に附せられ、死因を語る一切の物的証據は全く闇から闇へ湮滅せしめられたかも知れなかつたのだ。

両脚に無惨！　鉄鎖の跡。病院で引渡された同志岩田の屍体は見るもむごたらしい姿であつた。両足両脚には生々しい鉄鎖の跡があり、両頰には明かに防声具《サルグツワ》〔ママ〕の跡があり〳〵と傷となつてうかゞはれ、両もゝは二倍以上も青ぶくれにふくれ上つてゐた。而も警察病院の死亡診断書に曰く、死因は肺結核及び脚気衝〔ママ〕心なりと！　屍体は直ちに遺族、解放運動犠牲者救援弁護士団弁護士、医療同盟医師の手で帝大病理学教室に運ばれ、解剖に附された。

果然胸部及び大腿部に多量の内出血！　解剖の結果　肺結核及び脚気衝心の所見全くなしといふ事が確められた。それ所か、死の直〔原文には「真」と誤記〕接の誘因は、胸膣〔ママ〕及び大腿部に於ける多量の内出血であらうと断定された。屍体の表面に残つてゐる傷跡といひ、今解剖の結果による事実といひ、すべては同志岩田が死んだのではなくて殺されたのだといふ事を、明かに物語つてゐる。では如何にして？

白テロの犠牲同志岩田。同志岩田義道は本年三十五才、大正十二年京都帝大在学中より労働者農民解放鬪争の爲に積極的に活動を開始し、大正十五年学生事件に連座して入獄したが、保釈後上京し、日本共産党員として活溌〔ママ〕に活動し、昭和三年八月遂に逮捕されたが、拷問に耐へること三ケ月、その年の十一月に刑務所に送られた。昭和五年十月保釈出獄するや、翌六年一月半頃〔ママ〕より姿を消し、爾末〔ママ〕杳として消息を絶つてゐたが、聞く所によれば、日本共産党最高幹部として、資本家地主政府××〔ママ〕の爲に高まり行く労働者農民の鬪争の最前線にあつて、資本家地主の憎悪を一身に浴びてゐたといふ。然るに十一月三十日の午後三時不幸にして神田今川小路街頭に於て十数人の警視广〔ママ〕巡査の襲ふ所となり、警視广に拉致されたが、翌々日午后十時には生命危篤となつて警察病院に運ばれ、それより一十〔ママ〕四時间〔ママ〕後その英魂は遂に逝つたのだ。見よ、同志岩田の死の原因が、十月三十日午後三時より十一月一日午後十時までの间〔ママ〕に、然り僅々五十時間〔ママ〕余の間に、警視广内に於て作られた事は、余りに明白ではないか。同志岩田の鬪争経广〔ママ〕からおして、それが誰によつて、如何にして、何が故に、なされたものであるかも、亦明瞭である。

（報告　終り）

一九三二年十一月二十二日

同志岩田義道労農葬準備委員會

遺族救援につき旧知諸君に檄す

岩田義道君の葬儀は一應片付きましたが、同君の亡き後には、病弱な前岩田夫人宮本きくよ氏が二人の遺児（一人はカリエスで悩んでゐます）を抱へて生活に苦んでゐます。岩田君は吾々日本の全勤労大衆の爲に尊い命〔ママ〕を犠牲にして闘つてくれた吾々の前衛であります。従つて同君を厚く葬り、同君の死を意義あらしめると共に貧い遺族を救援することはまた吾々の任務でなければなりません。各無産団体に於いても岩田義道君遺族救援カンパが活溌に行はれてゐると聞いて居りますが、わが葬儀委員会としては同君の直接间〔ママ〕接の知人の间〔ママ〕でなほ出来るだけ遺族救援運動を続けて行きたいと思ひます。然るに弔慰金醵金報告に明かなやうに、葬儀費用すら充分に支拂ひ得ないやうな状態でありまして、これでは遺族救援は殆んど出来ません。

諸子に於ても、更に進んで故岩田君の靈を慰さめると共に、遺族救援運動に御参加下されば幸甚です。尚、弔慰金送り先は、東京市目黒区向原二〔ママ。前掲は「向原町」とある。〕四八岩田労　宛にお願いたします。

岩田義道君葬儀委員会

此プリントは告別式参列者のみに頒布す（尚以謄寫代筆寫）〔裏表紙にピンクの紙を貼付して以上の文字を三行に記しいる。〕

本節の最後に、服部の一九三五年（昭和十年）の『当用日記』の一月五日以後をすべて引用しておく。日記は一行ずつ記述していることが多いが、行をつなげて引用することにする。この当時の服部の行動・交友関係や心情が記録されている貴重な史料であるからである。但し、人名は読者には容易に解読は困難であろう。引用史料の性格上できるだけ原文の通りにした。

十三　一九三五年当用日記

一月五日〔上欄の豫記に夜読書　塚越「読史要録」（小栗上野伝興味あり）愛山「足利尊氏」と記す。〕正午神田マンザキビル五階。講座〔『日本封建制講座』のこと〕の件につき平野、山田、小林、山田勝、相川、余。一回印税共四七八、四〇也、白揚社はこれを一円六十戔《ママ》、二千三百部保証に対する印税一割三分と見る。編輯部は仝一割の印税、一一〇、四〇の編輯費と見る。見解の相違は支払方法の上に現はれる。即調印と同時に白は一冊分四七八、四〇を前渡すると云ひ編は総編輯費の1/2即五六〇円を出せといふ。余今日調停。即一方で白の立前を立つると雖もその代り調印同時の金員前渡しを第一巻の印税とせず最終巻のそれとし、編輯部に於ては右額を一一〇、四〇の十倍の編輯費の内金と見做す也。一同承諾、来る十一日を以て総員初会合《ママ》と定む。

一月六日　終日在宅。ウイットフォーゲル「支那の経済と社会」下巻。「贈正五位本間四郎三郎光丘翁事厂《ママ》」。養治。種子。中山のみつ子ちゃん（泊る）。午後子供をつれて公園にタコあげ。夜京華社の山本君。碁。安田弁護士へ手紙。

一月七日　午前中在宅。白揚社中村君年賀。ビール一打。ウイットフォーゲル下巻を読む。午後京華社、有馬事務所。四時帰宅。田端母と養治ゐる。

一月八日　午後有馬事ム所《ママ》、証人訊問事項を夕方迄、橋本君と二人で作製。

一月九日　午後有馬事ム所。引続き書類を四時迄に完成。帰宅。石川氏、ママ来宅。石川氏と碁。五時桜井君と逢ひにジャーマンベーカリ。夕食時啓一君　桜井君　知章君。啓ちゃんお母さんまた悪き趣。中山叔父さん見える。十時雀岡《〔ママ〕》の安田へ電話せるに、細君出て仝氏《〔ママ〕》昨日出京せる由。住所不明也といふ。我等に通知なきもいぶかし。安田君先方に買収されたる疑いよ〳〵濃し。ナウカ社の「社会評論」白谷君。三浦義武。峯君〔当時私と同じ服部の私設助手〕。

一月十日〔上欄の豫記に佐藤信淵の諸著を読むと記す〕知章君、朝、酒田裁判所からの和解勧告日通知状持参。廿五日とある。〔富子夫人の養父母である山形県庄内の相馬家相続裁判の〕アヤの戸籍謄本、千代さんより到着。一同内容に驚ろきアヤベそをかく。小野寺巡査来宅。佐藤巡査の親戚酒田郵便局長たりこの人を通じ佐藤氏等も飯白家謄本に一驚したらし。当然也。アヤの祖父が世話した阪野村長に証明書をかゝせるといふ案を余樹てゝ小野寺氏帰る。午後四時橋本君と打合はせ。長吉弁ゴ士《〔ママ〕》裏切により書類一式東京より出す事とする。書類一応完了せるにより仝君「ふたばや」を振出しにねぎらふ。十二時帰宅。

一月十一日　午後一時より、神田宝亭にて、「日本封建制〓〔「研究」の服部の造字〕講座」の集まり。四時半迄対書店最後条件につき討議。山田盛、山田勝、平野、小林、相川、桜井、永田、僕、□□〔二字空白〕。五時から白揚社主人。万事無事決定。日比谷明治堂古書展で古本の初買（正午）。「佐賀海軍史」外一冊。

一月十二日「歴科」のため「秋田藩」続稿にかゝる。初原稿だ。すると、橋本弁護士より電話。書類出来した《〔ママ〕》からきてくれといふので、居合はせた準ちゃんをつれて出る。日比谷でジョッキを三杯準公とアケて。橋本君事ム《〔ママ〕》所で書類を発送して。夜。マ、から貰つた五枚の目白女子大のための芝居へゆくといふので、本郷を電話で誘つて、満員で寒風の日比谷原頭に親子四人に伯母さんに中山の次男の総勢で待たされて、銀座へ出て、子供に童謡レコードを買つてやつて——

一月十三日〔上欄に、引続き原稿。両ヨシコさん。中山叔父。森君が「週刊太陽新聞」を創業したとの通知。夜、昨日のツグナ

ヒに一日して「妾がお嫁にゆく時は」を見にゆくといふ。!!　ザール投票日と記す）

「日本経済史研究所」趣旨

一、徳川時代其他一般の日、経、史研究

二、不定期刊行物（大、壮、椹雑誌てぃのもの）

三、諸會社の依托《〔ママ〕》による社史編纂

四、これと関聯して現時の日本経済諸情勢の調査

五、傳記篇《〔ママ〕》纂の需めに応ず

六、地方新聞のための調査部の仕事に応ず

七、

八、維持費はa、匿名組合　b、三—六の収入　c、二は自給自足

一月十四日　終日在宅。「安政以降の秋田藩綿織物業」序論を十三枚目迄執筆。（十二日より、一日四枚！）曲山来て富子から「留守」追放。ルス追放の始め。夜、アンマの大熊の初呼び。そのあとで原稿、午前二時半就寝。

（今朝京トより《〔ママ〕》帰リマシタ、突然パス《〔ママ〕》ノ都合ツイタノデ土曜夜発ツテ京都ヘユキ、社長不在—利夫サント一緒ニ出猟中—奥サンニ逢ツテキマシタ、貴方ノ御話デスカ？　出タヨウナ出ナイヨウナ、イヅレオメニカ、リマシタ上デ）ト池田君電話。

一月十五日　ひるまへ花王石ケンに飛鳥君をたづねひるめしを共にしてから、たのまれて買はされた旭川後援会で両国へ春場所五日目を見る。何年ぶりかの事也。七時打ちあげて帰宅。夜徹夜して原稿「秋田藩—」

（花王カラ池田君ヘ米ノ味イカヾト電話シタラ、同君　京都行ノ疲レデ今日ハ休ンデ家ニキタ）

一月十六日　遊びと勉強がかさなって頭痛　終日臥床。夕方离《〔ママ〕》床。夕方池田君から電話。利夫君帰京して来社中。仝君電話口。夜千金貫事君来訪。妹君が云々で窪川君の家から暇をとらせ、ヤナセの家へ明朝引とって貰って中耳

炎の治療する事にした云々。一旦帰つて、銀座から柳セと逢つてるが来てくれぬかと電話。外ナラヌ事故出てゆくと、云々、柳セ君も迷惑もつともなり。僕も困る。十二時過ぎ帰宅。それから　原稿。

一月十七日〔上欄の豫記に左の記述を後半は下欄に〕

「今、十七日の午前三時だが、考へてみると十五日の十二時頃からずっと殆んどこの室にゐるきりで、まことにとりとめもない。……学問は沢山他人を犠牲にしないと成らぬものです。――自分を犠牲にする事はむろん苦痛はない事だが。まづは早々」博音に出さなかった手紙。後から写す。

寝テル間に伯母さん洋子を連れて田端へゆかれる。午後山田盛、小林君来訪。明日の事で相談。要は相川君を事務にして給金を与へるやうにしてくれないかといふ話。夕方一緒に家を出て、日比谷の古書展へゆく。バカに寒いので、本郷の十戋《〔ママ〕》古書店へゆくのをヤメて帰宅。

一月十八日　白揚社へ出かける　タケリン君珍らしく来訪。けふは一同ハンコを持って白揚社に集る。中村君興奮のオモモチにて種々奮斗《〔ママ〕》すれど衆寡不敵、こちらの要求通りにちかく契約書取かはし、調印。四百七十八円四十戋ノ内四百円受取り　内廿円づゝ資料費に配分し、小林君会計役、相川は事務で月手当二十円也を編輯費中より支払ふ事にする。例により夜おそくなって一同と別れる。

一月十九日　朝十時から慶応《〔ママ〕》図書館へゆき秋田藩干《〔ママ〕》係資料を漁る。この図書館最も充実せり。七時帰宅。安田から手紙。掛り判事山形へ栄轉して替った由。新判事は東京弁護士上りで、橋本君と旧知の由。昌ちやとは所属會異る由。すべてよし。

一月二十日　愛子君前夜より泊る。朝来原稿。午後三時、今年初めてと心づき、家族づれにて日比谷映画劇場へ「百万人の合唱」を見にゆき、オリンピックで夕食をすめ《〔ママ〕》、風邪気を感じ早々と帰る。愛子さん帰宅す。伯母さんと洋子田端より帰宅。

一月二十一日　来合はせた峰《〔ママ〕》君〔「峰君」の右欄外に「助手」と記す。峯が正しい?〕をつれて午後一時から五時前迄白木屋の古書店にをる。珍らしく充実したもの。書物展望社主催也。二三冊求めて、社へゆくと、池田君待ってをる。まづ米の話。ついで云にくそうに、此度別室―これ迄の応接室―を染織日出の室にしたにつき電話不便故　僕宅のを返へして貰へないかといふ。委細了承。ついで先日仝君西下の折の話。後川家母堂の心境変化あり云々。了承。富子悲嘆する。が僕は既に秋来察知せる處。後川君の東上をまつのみ。

一月二十二日　昨約により朝十時峯《ママ》君来る。十一時一緒に慶応図書館にゆく。野村兼太郎監業《ママ》の「徳川経済資料展」を見に入館。二時半迄写本類をうつす。「木綿通考」其他。それより円タクで丸ノ内に橋本君を訪ひ、伯母さん富子等を呼びよせ、打合はせ也。終って小生は白木屋の古書店へ「西尾町史」を求めにゆき今井五介の綿業発達史を見つけて帰宅。後川君と薫へ手紙を出す。夜理髪。

一月二十三日〔上欄に、昌ちや十六日より廻館へ出向きし由。〕

朝田端マ、見える。電話一件で心配してなり。午前十一時日比谷明治堂へゆき四円五十銭で経済史図譜を買ふ。「明治十六年商況年報」其他は残念乍ら他人にとられた。こゝで桜井君と逢ふ。研究所の事を相談して参加の承諾を得てすこぶる安神《ママ》した。橋本君に旅費廿円を渡し、桜井君と更に日本橋の古書展へゆき午後四時過迄漁って「帝国物産地誌通覧」（農商ム《ママ》省文書課明廿九年）以下数冊掘出して前鬱をやゝ散ず。夜啓一君来訪。林達夫へ原稿の事で手紙。不在中電話を外してゆくかもしれぬからと池田君から電話。

一月二十四日〔上欄に、遠田恭子さん来訪。風聞と違ひ去る十八日の和解勧告は不成立に終り二月廿二日再開の由。昌三方文書未提出の為めなる由と記す〕

朝九時上野発。僕、伯母さん、甲五郎叔父さんらと。その前田端より電話、東吾君持病再発松屋より四百五十円の写真器代請求し来るとなり。その善後策の為め義母は今朝の同車を見合はせ、夜橋本君と同車の事とし、心残りのまゝ出発。前夜睡眠不足の為め水上辺は寝て知らず。清水トンネルを越える時目覚め既に白ガイ《ママ》〳〵　暫く下れば屋上の雪六尺余也。海岸へ出るに従ひ浅くなり終には田のクロも少々見ゆる程度也。洋子は御二人に任せた形で車中「由利公正」傳を読了。結局二十分の延着で酒田着。ホテルへ前後して弘前叔父上着。意外にも伯母さんも同道。その母者人（窪岡《〔ママ〕》）中風発病の由にて見舞の為めの由。更くる迄談。

一月二十五日〔上欄に、「当方弁護士二人。ついで当方一同。和解根本義成立《〔ママ〕》す。判事は二年前迄東京弁護士たりし人。任用されて能代に在り此度転任せり。名判事也。夜ホテルに泊る者ミな《〔ママ〕》、繁恵、治四郎、甲五郎、之總、洋子、橋本、安田以上九名」。〕朝九時半宿を出る。作太郎話によればいはほさん昨今「困る〳〵」と称す由。先方周囲次第に不一致となるは当然なり。洋子はホテルとよちゃんに任して出る。安田弁護士いつ迄も不参也。そのうち（十時頃）正巳、猪助、昌三出頭。他の者来らず。十時半頃米沢車中発の電報「ユキノタメ十一時ハンツクソレマデマテ」、之を判事に提出する。十一時安田氏やっと姿を見せる。洋子泣いてるのでホテルより白崎氏へあづける。十二時前橋本とママ着。朝から大勢の農民達。結局それがすべて終るまで待たされて、四時半に至り開廷。武藤判事。最初原被双方一同。次に原告側として僕、伯母、治四郎伯父、安藤氏より陳情。一時間半也。ついで被告側　正巳昌三二名。一時間四十分也。その間ランプ点く《〔ママ〕》。ついで安藤氏は裁判所より帰窪。夜恭子さん来訪。〔以下の日記は、一月二十六日の欄に続稿〕

一月二十六日　引続き形式丈《〔ママ〕》の準備手続実は和解準備也。橋本、伯母さん、安田三名出廷。その前此機會を記念して一同にて写真をとる。後僕《〔ママ〕》、治四郎、洋子は白崎氏へ昨日の礼にゆき、甲五郎伯父市内見物。他は在宿。正午裁判所より帰宿。三日の手続（東京にて両弁護士間に下交渉）の後来月廿三日に和解の為め出廷となる。先方は昨夜来判事より叱られたりなめられたる様子にて、多門君へ行けとの案は抛棄せるも、面目上、来月壱日迄に母子を会見せしむべしとの条件なり。おかし。ともあれこれにて半年来の暗雲霽れを見せ、肩の荷おりたる気持。作太郎大喜にて朝五時帰村せり。午後三時七分酒田発、治四郎、甲五郎、安田三氏は窪岡へ、伯母、母、僕は余目で橋本と別れて廻館佐太郎〔以下の文は上欄へ続く〕の家へ。伯母さんを残して辞去せんとする時作太郎帰宅。窪岡駅頭にて甲五郎叔父一行と逢って自働車で急いで帰った由。所用を託して辞去。六時一分にて余目発、窪岡にて甲五郎叔父乗車、治四郎叔父さん夫妻に見送られて、記念すべき日の庄内を後にす。車中よくねむる。

一月二十七日　上野までねむる。六時半着。不在中変りもなく、後川君前日上京、夜十一時半にてヤブキへ出発せる由。午前中疲れてねむる。午後雲州トンバラ奥の戸谷君来訪。夕方迄話しこむ。夜九時廿五分、池田君と一緒に上野駅に後川を迎へる。猟無し但し雉十羽を買って帰る。池田屋へがいせん。前年来の日本変革挿話等を聞きつゝ十二時過ぎ迄をり、池田君と共に帰る。談未だ僕自身の問題に及ばず。

一月二十八日　十時池田屋へゆく。午後二時迄懇談。研究所プランを話す。後川、伝記注文取りの商況につき疑義あり。三月一日からの染織日出日刊化との聯契如何といふ新プラン生る。よし。従前後川個人よりの月額を今後は社から出すといふ了解も成る。よし。二時半社へ二人してゆき、僕のみ橋本を訪ね（不在）、桜井に電話し（不在）、日比谷古書展にて山田勝と逢ふ。廿五日の初研究会の話をきく。染織関係統計書調査書類四五冊買入れる。山勝に研究所プランを打あけ彼大賛成なり。別れて帰社。利夫君来てゐる。後川は京華社支店員を丸子多摩川に招待。僕と利さんと二人で銀座へ出て、帰宅。雉挿話。その雉の裸肉を貰つて帰る。家で夕食。家族一同安神〔ママ〕して喜ぶ。

一月二十九日　朝八時半電話取外しに来る。一昨年六月架設以来満一ヶ年七ヶ月足かけ三年なり。九時半池田屋。一時迄話しけふは研究所でなく栄子さん縁談其他雑談なり。その間池田君来る。一時後川と二人で宿を出、スキヤ橋ヤブソバで昼食。後川は電通へ僕は社を圣〔ママ〕て橋本へ。橋本廿六日夜余目より昌三と同車せる話。上ノ山迄同車。一泊し風邪をひいた話。車中昌三本音をあげた話。当方よりは伊藤与悦よりママに昨日電話ありし喜報――塩坂雄策弁護士が恒介遺児（今年十七才）の引取方を昌三、正己〔ママ〕両人に交渉開始せる旨を話す。悪果の来るそれ速き哉！白揚社へゆき桜井と逢ふ。研究所打合はせ、更に良案成る。六時帰社。後川華族會館へ招かれ〔以下上欄に続けて記す〕それを済めたう〔ママ〕へ夜九時芝の家へ来る。一緒に出て銀座アツキで十一時迄雑談風発。それより池田屋へゆき一時迄研究所の話。即ち「日本染織事情研究所」と改め、日刊記念事業として日出社が設立し、東京におき、云々のプラン成る。大いによし。

一月三十日　午後社へ出て、後川と落合ひ、銀座で後、僕、池田、松沢四人で夕食。グロライタア十個。池田屋で後川から入金。十時の汽車で退京。太田君と二人でキリンビヤホール。

一月三十一日　*zwei*〔日記には横書〕富子渡し。伯母様はじめ一同して鶯谷の牛尾眼科へゆく。僕右六度左六度半（従前七度のメガネ）。伯母さんに老眼のほかランシあり。一同は田端へゆき　僕引返して社へゆき電話代（ドライツェーン）を払ひ、橋本君へドライシッヒ。午後五時ジャーマンベーカリで桜井、長沖と逢ひ夕食會食。所の一件相談。七時半ジャーマンベーカリで岩波の林君と逢ふ約束が九時迄待ちぼけ、そこへ岡田太郎君が来て、菊正で話して皈〔ママ〕る。

二月一日　橋本君にプリント代廿円を届けて、白揚社の研究會へゆく。永田君病欠。資料知識の交換をする。神田ベーカリーで夕食を共にして九時頃帰宅。峯君十時過来宅。染織日出一月分を渡して十二時頃までビールを御ち走して。神田メガネ屋で伯母さんのメガネのフチを買つて帰る。

二月二日　峯君府立実業学校の事をしらべてきてくれる。一緒に慶応へゆくつもりのところへ、小林君が高橋君と一緒にくる、「社会経済辞典」編纂の顧問になれといふ話。高橋、峯と三人で出る――といふのも、オサトさんが突然きて、川本と別れたいといふ話。〔ママ〕から逃げ出した形なのだ。高橋君と久ゝゆえ飲みはじめて夜になる。不在中千金、柳瀬来た由。僕のメガネ出来てくる。

二月三日　朝の郵便で、安田八太郎氏死去　本日告別式の報がくる。旧臘築地で半日話したのが最後になつたが、病気重いといふ報も知らなかつたのに。準備してるところへ千金来訪。読賣入りを決意したからこれから柳せへ一緒にゆくといふので、零時半読賣へ。築地へ行つてみると故郷から新地の伯母さんも均さんも来てゐる。卅日に来て、その夜喉頭ガン急変してなくなつた。啓恒も来てゐる。日暮里火葬場へゆく。佐竹君といふ昔書生してゐ□〔一字判読不能〕佐の人、今鉄道省へ勤めてゐるのから中学の同窓で副級長をしてゐた飯田君が去年死んだといふ話をきく。槇野君父子も均さんの話では今年一杯があぶないといふ。朝来雪。

二月四日　朝駿河台武藤三治氏をたづねる。主人不在で親類の山中政治なる老人応接。山新本家は明治十八年没落せる由。山中駒蔵は分家なる由。明日電話で打合はせて来てくれとの事。帰途神田で古雑誌類を買こみ。その足で京華社へ—池田君一昨土曜日京都行——不在なり。電話で「日比谷モリナガから、こゝで新居格と逢ふ」佐々田と打合はせ、新地を訪れるべく築地行き。老人とも逢って、夕方帰宅。

二月五日　昨約により駿河台鈴木町武藤三治氏を訪ふ。明治元年生れで山中家の二代目に十三才より十八才迄奉公したる人。分家本家の間柄云々。得る處非常に多し。「武藤商会」は高利貸らしい。すべて秋田人。帰途社により、池田君不在。日比谷古本屋へゆき三四冊求め、日比谷図書館で「佐藤信淵家学全集」を見る。

夜田端より女中使に来て、作太郎突然電話をよこし（上京して）驚ろいてはいけないと前提して、昨四日正己一家をあげて東京へ移転せりとの事。云々詳細は明朝石川家に落合ひの上話すべしと。——困った奴である。名家相馬家もおしまひだ。

二月六日　前夜徹夜して「秋田藩—」にかゝる。午後橋本君へゆく。伯母さんと洋子早朝田端へゆき作太郎と落合つて午後二時橋本君事務所で合ふ〔ママ〕。正己二日トラック四台を出し、四日朝役場へ使を以てあいさつし、村方へは年始もうけず离〔ママ〕村のあいさつもなく、銀平一家を自家へ寄留させ留守居とし、巣鴨に清ヱ名儀で家を買ひ、四日夕の汽車で犬までこめた一家をあげて東上す。勿論作太郎にあいさつ無し。作太郎山形行と称し、この異変に心配のあまり急遽東上せるなり。伯母、母、昂奮、もつともなり　作太郎を日本橋某薬店へ送り（孫美作こゝに勤む）、田端へゆき、石川老を見舞ひ、深更帰る。

二月七日　午前十一時、築地兼正寺で安田八次郎氏初七日法事。俵孫一、佐々田二郎以下。午後二時半終つて帰る。書斎の整理。父と薫から手紙。あやの縁談ゆき悩みの徴痕〔ママ〕あり。伯母さんと洋子、けふ田端より帰らず。夜峯君。京都より報無し。天気よし。

二月八日　朝伯母さん洋子帰る。それまでに甲五郎叔父さん。帰国云々——八掛見先生の断案。午後白揚社の研究會へ。啓ちゃんの母、ガン再発、明朝帝大で手術、結果不安との事。夜暇を盗み見舞にゆく。御当人は重症を知らされてなき故、安心してをり、愈〻いたわしく。桜井君と茶をのんで帰る。慶哉問題はこのごろ僕自身にとつて悩みの種だ。僕自身が困るためだ。富子に何の干係〔ママ〕もない。富子に不当な心配をさせて、まことに済まない。

二月九日　峯君と上の松坂屋の古書展へ。講座の連中落合ふ。富子は大学病院へ。社へ寄り、橋本君事務所へ。それよりまつすぐ帰宅。富子おくれて帰る。結果よかつた由なれど病気が病気故あと半年如何といふ話。夜伯母さんを誘つて近所へ浪花節トーキー乃木将軍を見にゆく。おもしろかつた。その帰途、赤門をすぎるや、伯母さんはもう廻館関係を口にするのである。お気の毒だ。

二月十日　伯母さんと中山叔父と田端—大学病院—へゆく。書斎の整理に半日か〻る。ホコリだらけとなつて書棚を件別に改める。夜八時前から仕事。「秋田藩—」。洋子が、あと七年経てば、女学校へゆくのだ。過去七年如何？　慶哉の事他人事でなし。いづれは洋子入学となつて来る事也。「秋田藩—」を以て当分学問上の最後の作としやう。講座一つあるからそれで充二分だ。あとの原稿は売れるものに限らう。薫へ手紙を書く。

二月十一日　前夜「秋田藩—」で徹夜して、正午に離床。午前中はい〻天気のい〻紀元節。家内が国旗の玉を行商人から買つてゐる——。午後久々吉川君へ。道で藏原君母堂にあふ。三月一杯で引越さなければならぬ由。妹さんはこの正月に子供が生れ、女児の由。理髪にゆく。夜伯母さん富子旦坊をつれ大学病院へおくに叔母さんを見舞ふ。山本重彦氏夫妻を同室に見出す。お嬢さんが昨年十月お婿さん（盛岡で縣廳につとめてゐる）をとりその初産、これは男児で大喜びなり。三丁目の藪でソバを食つて帰る。

二月十二日　朝書類を石州へ発送し、京都へ手紙を認めるべく、午後二時社へ出たら、ナント、そこには後川がきてゐる。今朝着いた由。明日から染織日出日刊社の関東方面招待がある。これに出るため也。——ナルホド考へてみると、この前からそういふ話であつた。すつかり忘れてゐたのは、僕は少々どうかしてゐる。——あんまり色この事があり過ぎるのだ…あと一日後川と一緒にゐる。夜パンナージショーへ一緒にゆく。銀座でスシを食ひ、池田屋玄関迄送つて、十二時前帰宅。〔この日記全文二月十三日に記述を↓として二月十二日に移す。十三日はなし。〕

二月十四日　朝池田屋へゆき、十時半の汽車で長岡温泉に発つ後川を見送る。帰宅して原稿にかゝる。〔後略〕

二月十五日　前夜は徹夜、入浴後臥床　一時頃起きて社へゆく。後川君前夜は松尾君と箱根一泊。今朝十二時前帰京。社でまつてゐる。午後四時迄一緒にゐて、白揚社の研究會へ出る。六時、池田君から電話で、ヒゲ天へゆく。池田、松尾、後川兄弟、僕。池田屋までゆき、利夫君と二人で、十時過辞去。十二時臥床。〔後略〕

二月十六日　上野駅にゆき後川のイカホ行を送る。染織桐生方面の連中を招待するのだ。その足で白揚社へゆく。カンヅメになつて原稿書くつもり。平野、桜井等と逢ひ、書けさうもないので帰る。四時頃。以後机につく。

二月十七日　寝たのは朝九時だつた由。それすら知らず、昨夜ほど能率的に一気に徹夜のできた事なし。目覚めたら夜になつてゐる。七時。後川帰京せず。さらに机に向つて十二時になつた時、吐気をもよほすほどの頭痛突然来る。アンマをよぶ。菊地君くる。二時迄菊地君に骨折らせたが、駄目。再びひどい頭痛。こんな圣験《〔ママ〕》も稀也。アキラメて就寝する。昼の間、大勢来宅の由なるも更に知らず。

二月十八日〔上欄に、帰宅後原稿　二十枚を仕上ぐ。これで今月号七十枚終る。あと二節なりと記す〕午前七時起床。湯に入り、執筆。峯君来て数字計算を手伝つてくれる。午後八時迄継続執筆。その間白揚社の使をまたせ三十枚渡す。午後四時富子と伯母さん橋本君へゆく。結果は大変よかつた由安神《〔ママ〕》する。判事にはすつかり正不正がわかつてゐたのである。渋谷の家は、お新さんの子の嫁ぎ先（赤川村高利貸某）の所有なる由。借家する由。すべて種子さんが昨日新宿で父と叔父の対談を聞いて報らせてくれたもの。老人は目下上京中なり。八時池田屋へゆく。利夫君、池田君、やがて後川君。（南大曹氏に招かれた）。昨夜はキヌ川に泊りし由。研究所草案を手交して、廿五日以後入洛の事とし、八時半の汽車で送る。

二月十九日　終日在宅。朝原稿を全部渡す。いゝ天気。突然関根悦郎君来訪。一昨日千葉刑ム《〔ママ〕》所を出たる由。恩典により三ケ年が一ケ年と十一ケ月にて済みたり。今後実際運動にたづさはらぬ旨にて下獄したるなり。頭ハゲ上りたれど丈夫なり。昨日発つて名古屋の細君を見舞ひ、来月上旬帰京との事。

二月二十日　朝神田武藤三治氏を訪ひ、白揚社へ校正にゆく。夜七時迄かゝる。その間　桜井、相川、山田勝。八時田端へゆく。伊藤与悦夫妻来てゐる。昌三、塩坂雄策に養育費を出す交換条件として、被告側弁護人の肩替りを塩坂に頼ミ、勝てばミなの〔ママ〕土地財産を与へる、といふ交渉を開始せる由、その報告なり。塩坂これに応じる程の馬鹿ならば、僕は俵孫一を通じ塩坂をケンセイする。十一時過、一同自動車にて帰宅。国オバさん経過よき由、文ちゃん今朝迄うちに泊る。

二月二十一日〔上欄に七本の執筆論文の題を記しているが省略〕朝、橋本君事ム所へ打合せにゆき、社へ寄り、白揚社へ校正にゆく。三時、日比谷古書展へ寄り、帰宅校正。夜、内野君。「労働雑誌」原稿依頼の件。多忙につき断はる。九時過中山叔父。十時桜井君。松寿堂出張校正の帰途なり。十二時まで雑談して帰る。淡徳三郎君、六孝塾よりフランスへ外遊するといふニュース　読売へ出る。

二月二十二日　朝伯母さん洋子を上野に見送り　上野図書館に正午までをり。(「日本山海産物図會」)　午後白揚社へ。研究会。夜まで。一たん帰宅し　コヌカ雨。十時の汽車で橋本君と上野発。書類を忘れて、富子愛子さんかけつけたりして。

二月二十三日　十時酒田着。直ちに裁判所。(上欄の記述省略)

二月二十四日　兎屋滞留。

二月二十五日　朝十一時二十分上ノ山出発。夜七時上野着。ママ迎ひに出て下さつた由なるも逢はず。父より手紙。勿体ないが親末妹ギャングの如し。

二月二十六日　終日在宅。雨。高橋要一。安藤重次郎、白﨑良陳氏へ手紙。

二月二十七日　橋本君。社。桜井君。大宅。相川。古田。帰宅十一時。明日はミソカなり。京都より何も来ず。

薫ギャングから手紙。流石の僕も神圣衰弱になりそうだ。
二月二十八日　白揚社で旧臘の借戋四十円を差引稿料十四円何十戋なり。明治堂裏の古書展。桜井君。三時か四時頃帰る。理髪屋の娘君。
三月一日　白揚社へ行つてると、富子から電話で池田君心配さうにして来たといふ。四時、池田君と逢ふ。京都の特高から社長へ僕の唯研関係をしらべに来たが、退會してゐるだらうネといふ電話の由。去年五月退會せるむね返事を出す。――事によつたら會がその手続を明かにしてゐないのかもしれぬ、何しろ一度も會と交渉が無いので、近々たしかめにゆくつもり。金も送つてきてゐた。京都行は少しまてとの伝言の由。桜井を呼出し（長沖が折よく社へ来合はせたので）三人で新橋太田屋で牛をつゝく。
三月二日　落合さん来る。三時から出社。昨日の残金をとる。不在中福田書房来た由。野口君と銀座で落合つてつれて帰る。田端マ、女中をつれてくる。その女中を迎へに橋本くる。
三月三日　桜井君たち来ないから、午後洗足の武藤三治翁へゆく。材料とりにいつて、呑まされて十一時までゐてよつぱらつて帰る。出かけたあとへ桜井長沖〔ママ〕、節句の祝ひに来たといふ。
三月四日　夜半から二日ヨヒ。午前中アンマをとつてよくなる。午後公園へ双葉山男女川一行の角力を、親子四人して見物にゆく。二日ヨヒのおかげで久ゝ「日曜」だ。
三月五日　橋本事ム所へゆき　伯母さん荷物一件取もどしの書類を作る。親類のも同断。⊗　夜　公平今年はじめて来訪。怪しからぬ申出をする。彼この正月以来グレてゐるのだ。⊗その足で福田書房へゆく。慶哉学費と小生生命保険料のため哲学物を出版する交渉をしに。
三月六日　サクラで慶哉上京。唯研事ム所へ、去年退會したのに手続不備の事を談じこみにゆく。月曜日幹事會で手続の事にして了解。三枝と逢ふ。夜帝日へ寄る。改造社へ寄る。
三月七日　峯君に来てもらひ入学願書を完成し、慶哉をつれ三人で水道橋の府立工芸へゆき願書を提出。ソレカラ本郷の木内で十戔古書數冊。堀出物は文久三年奥州旅控。桜井君が二三日神田へ来ないのを案じて訪問。病気だつた由。田端。—安田弁ゴ《〔ママ〕》士へ荷物一件書類送達。江沢商會の大和田君公平の件で来訪。

三月八日　白揚社へ、今月号原稿断はりの原稿二枚を渡す　午後白揚社研究會。帰宅後入浴。慶哉アヤに送られて田端へゆく。当分泊つて、受験勉強をする。ナウカの白谷君来訪。原稿十二日渡しの約束。

三月九日　朝橋本から、来いといふ手紙。そこへおサトさん姉妹くる。川本に上京してもだめといふ意見を小生にバックアップせよといふ。离《〔ママ〕》縁話でなくてよし、橋本用件は、裁判所から証人訊問事項不備につき加筆申越したる為めなり。即書類作製の上出す。江沢時計店の市太郎君と公平の事で相談す。その場所木村パン屋喫茶部で仲小路とあふ。春陽堂「東洋思想講座」に二項目約束する。福田書房へゆく。淡徳君と逢ふ。仝《〔ママ〕》書房で桜井と落合ひ、信夫と三人で古書展をアサル。疲れて食後すぐ就寝。

三月十日　原稿—幕末明治の殖産興業思潮と現代。書斎の雑誌の整理。トモちゃんに手傳つてもらふ。中山のミツ子さん明後日九州の女学校へはいるため帰る。

三月十一日　〔上欄に、夜、ママ来る。慶哉の学力数学に於て五年生級で、とても入学見込なしと先生仰言る由にて、他校を探せといふ話をもつて——有難しと記してある〕原稿—「社会事情」の時評を書いてゐたら俳優の山田光くる。公園に家をさがしたいといふので晋さんの事ム所へ案内する。ウマクゆきそうだがこちらは少ゝめいわくだ。藏原家昨日引越した由。夕方唯研へゆき、今夜の幹事會で去年五月退會して手続き未了になつてるのを決着させる手続。「社会事情」せっかく書いたら〆切ったといふ。無茶な奴だ。—原稿はしかし残った方がいゝ当分書き溜めだ。夜、大宅と守三と三人で會食。来間も弟に転げこまれたといふし大宅も兄貴の負債をしょいこんだし。大宅曰く「農村窮乏」。

三月十二日　朝アンマ。肩より背中のケンビキ。公平に説教、利く。千金、柳瀬の世話で新聞研究社へ口があるその相談。一緒に出る。読賣マンガ部長村上君の口利きで、妙なもので岡田太郎の新仕事にマンガ記者としてはいるのだ。決定。橋本君から芝浦工学校キソク書もらふ。無試験ではいれるのだが、万事この方がよさゝうだ。三年で高工が二年。夜学。産業組合中央會に金井を訪ふ。昨日から—盲腸手術から退院して出勤してるとの事。杉野を訪ふ次手だつたのだが杉野「出張」中。杉野評判わるし。夜八時半まで大橋図書館。上ノ山の厂史《〔ママ〕》を調べるのが目的。

三月十三日　朝までかゝつて随筆「上ノ山」を七枚書いて、先般来の疲れが一時に出たものか、終日寝て過ぎた。夜、公平と大和田君来る。解決方法を教へて、帰つてゆくや《〔ママ〕》、入浴してすぐに寝る。

三月十四日　午後明治堂に寄り、その足で農村更生協會に杉野を訪ねると、杉野もゐたが、意外な人は小野道雄君がこゝにゐる事だ。大宅を日ゝに訪ふと、「上の山」は日ゝむきでないから都へ照介《〔ママ〕》するといふ。社により、九段の図書館へゆく。東村山郡史。八時帰宅。「上ノ山」を「奥州三楽境」とかへても少し長くする仕事。

三月十五日　午後二時前白揚社。小林君来テヲル。金策相談。一同集リ、僕報告スル。終ツテ桜井ト二人デ辞去シ、本郷デ長沖ト逢フ。ソノアト木内ノガラクタ會ニ出テ再ビ一同ト逢ヒ、更ニ　三人デ一同ト別レテ歩イテ広小路デ一人ニナリ帰ル。帰宅後　随筆「奥州三楽境」ヲ朝迄カカツテマトメル。大宅ヲ出シヌイテ「朝日」ニノセヨウト考ヘル。

三月十六日　〔上欄に、下のように記す。紳士佐々君、邪マ《〔ママ〕》はしまい、邪マするとせば、矢張り此度逢つてをいた方がよい。後川手紙唯燋ノコト。京都行ハ「待機」シテオレト云ツテクル。〕十四枚に書上ゲタ原稿「奥州三楽境」ヲ持ツテ、幾年ブリ？否幾十ケ月ブリニ佐々弘雄君ヲ自宅ニ訪ネタ。雨。既ニ出社。即朝日ヘユク。ハジメ変ナ顔。大森ナド来ル云々。同君畢生ノ皮肉カモシレヌ。段々話スウチ、善良ナ人ダケニ、打トケテクル。原稿ノ話ハヒキコメテ帰ル。時岡ヲＪｏニタヅネ坂崎氏ヘ紹介状。ユカズ。社。久々山本君ト碁。後川カラ手紙。夜小林良正ヲ訪ヒ、三十円、編輯部會計ヨリ借リテ帰ル。帰途疲レテヲル。長沖ト逢フ。一時前帰ル。

三月十七日　前日来セナカは痛いし、天気はいゝが寒いし、これも昨夜来のプランで大宅君の自宅招待に断はり電報を出す。夕、ミ換へで職人夕方まで居る。午後、久々染織史の勉強。湯に入り　酒を呑み、早く就寝。

三月十八日〔上欄に、下の記載。朝日学芸部　新延修三　J・O、東京支社長　樺山刃一《ママ》。全支社員　野村俊雄　JOスタヂオ東・支社　京橋区銀座西二ノ五　J・O《ママ》・ビル　京橋六三三七　松崎哲郎　大森区馬込町東三丁目六三六〕十一時J、《ママ》Oへ時岡君ヲ訪問。朝日学藝部ノ新延君ニ電話シテクレ、原稿ヲ渡ス。コ、デ松崎ト一緒ニナル。一タン帰宅、日比谷図書館ニユキ、和漢三才図繪ト、時岡君依頼ニヨルアイヌ文献。四時社へユキ、JO《ママ》ヘユキ、樺山君以下。六時帰宅。慶哉見事落第セルヨシ。（今夕発表、養治ト一緒ニ見ニユク）夜、前日約束ニヨリ種子サン、ソレニ慶哉ノヿデ世話ニナツタ礼ニ峯君、両人ヲツレテ帝劇ニ未完成交響楽トチェッコ映画ユンゲ・リーベヲ見ニユク。富子ユカズ。十一時帰宅。

三月十九日〔上欄に下の記載、長沖カラ林ノ処ヲキク　大和田君へ。一、福田書房、佐々田ノ見本組　二、傳記原稿手入《ママ》　三、改造原稿　四、明治堂デ大阪古書展ヲ聞クコト　五、今氏へ會フ　六、白揚社へ通告　七、朝日新聞へ？　八、野口治へ返事　九、亀井へ返事　十、芝ウラ願書　十一、ハシモトニ逢フ〕朝池田君来られて、京都から明朝パスを送る故、明夜発って入洛せよとの事。依て諸準備上欄の如し。福田書房へゆき、出版の事、佐々田伝記見本組の事　依頼して帰る。不在中慶哉ニ佐々田伝記を四百字詰に書きかへさせる仕事。理髪。夜「ソ峰……」原稿を仕上げるつもり。

〔三月二十日から四月五日まで空白〕

四月六日　京都駅頭。後川家一同ニ佐々木。母、山本叔父叔母、橋本細君。

四月七日　朝関根に打電して、彼、夜やつてくる。刑務所マニュファクチュアの図解をしてもらふ。不在中事務の色〻のセイリ。

四月八日　出社。池田君へ報告。喜んでくれる。名刺をつくらせる。峯君のも。長沖君を社へ呼び、それ迄に、利夫君茂太郎君来社。一緒に神田へゆき神田ベーカリーで夕食。別れて後、白揚社で桜井長沖と落合ふ　茂太郎君今夜ヨコハマより發ち帰洛　夜、「京都家計学」の講義。家計簿の調査。

四月九日　関根君、社へ出てくる。豫定狂ひの旨を話して、一昨日の話をとりけし、帝日の門屋へ入社方交渉させる。「郷土史学」のプランをまとめ、この編輯を半分分けたいと思ふ。仝君細君手術の要あり百円要るといふ。気毒だがどうにもならぬ。福田書房へゆき、單行本原稿（哲学）を引あげてもつて帰る。信夫君に鈴木安蔵の「明治史研究會」への注意をしたりして、社へ寄らず帰宅。原稿執筆。富子を鶯谷へ目を見てもらひにやる。メンチョーのよし。困つた事。

四月十日　関根来宅。帝日うまくゆかず、インチキ雑誌への口ならあるといふ。社で峯君と落合ふ。峯君従来のインチキ「土産《ドサン》」計劃よくきいてインチキでもなし、関根をコチラへ入れるかと話す。峯君図書館へゆきユ出〔ママ〕〔?〕染織関係の調査。太田君かねて商工大臣野田秘書官を知つてるといふので、明日同道してもらふ事とする。夜原稿、慶哉に訓示。

四月十一日〔上欄に慶哉本代十一円四十四戔也。〕慶哉入学式だが、商工省へゆかねばならぬので、峯君に父兄役をたのんで出かける。十時の約束で太田君先に行つてゐる。追かけて大臣官邸へゆき、朝□□〔二字解読不能〕の秘書官野田武夫氏に逢ひ、次官と貿易局長へ紹介状をもらふ。大臣に「幕末秋田藩―」を呈上。秋田出身だからといふわけで。太田君と昼食後、彼今夜京都へ發つので、母堂、後川、土井三氏へ手紙、母堂にジュヅ〔ママ〕―左内ポケットに蔵ひ忘れて今朝発見―を御返へしする。おくれて四時に白揚社研究會へ。平野君報告。終つて、早く別れて帰宅。原稿執筆、二時まで。

四月十二日　公平を呼びにやると八時半来る。色〻教へ〔ママ〕てる處へ市太郎君くる。てうどよいと、三人で話し公平に謝らせる。万事後日の事として、市太郎君と烏森まで歩き、それより商工省へ――次官不在。去つて農林省へ小平局長をたづぬ不在――中央會へ金井をたづね多忙中彼から商工省竹内工務局長への紹介状をもらふ。杉野不在。まづけふはアキラメて、原稿の調べのため九段の図書館へゆけば、こゝで峯君と落合ふ。六時半に白揚社。主人帰らず。夜原稿。

四月十三日　公平くる。中村来る―黒船前後を清和書房から出す旨了解させる。公平に道〻教へ乍ら烏森ビルの江沢商會へゆく。市太郎君商工省統計課の永富技师《ママ》と中学以来の親友の由にて、連れていってもらふ。仝技師の處で工ム《ママ》局工業課の事ム《ママ》官桜井眞氏（日印會商随員）と逢ふ。市太郎君と江津へ帰り一緒に公平の取調べ。午後一時銀座木村屋で内田源兵ヱ《ママ》と落合ひ、商工省外ム《ママ》省の各事ム《ママ》官へ紹介状を貰ふ。二時半帰社し、清和書房来社。白揚社へ原稿を渡す。ウィットフオーゲル市民社会史の訳者末談。夜ヨコハマの高橋君末訪——三笠の「歴史論」を半分わけで書く約束。

四月十四日〔上欄の記事省略〕峯君報告をもってくる。清和書房兄弟づれで来て、写眞《ママ》版の印刷間に合はず、出版延期の了解を得にきた。やむをえぬ。午後慶哉をつれ佐々田へゆく。老人、傳記出版の前に今一つ大事業を残したい百万円を社会事業に投出したい云々。行総のオサトサン来てゐるとアヤから電話。またして老人と色〻話し。やつと帰つてきたらサトサン一時間半待ちきれず「明日京都へ荷物一ト〔?〕貨車につんで発つ」といつて帰つた由—ハママツ町駅で富子達と逢ったよし云々。夜千金貫事—一ケ月で今日クビになつたといつて消気《ママ》てやってくる。僕も消気た。一緒に芝の〔＝で消してある〕見世物小屋を見て——。

四月十五日　峯君をつれて商工省へ。まづ猪熊（保険局事ム《ママ》官）をたづね、引合はせる、午後二時に彼神田君へ紹介するというので、一たん社へ帰り、給仕を芝へやつて朝忘れた書類（妻から伯母宛の返事）をとりよせ橋本と一時迄相談。安田へ打電（マサミヨリヘンアリシヤ」シンルイノコチラヨリダシテヨキヤ、ヘン、ハシモト）。日比谷明治堂で峯君と別れて商工省。猪熊の處へ日銀ノ太田君来合はす、月末ロンドンへ赴任の由　十八日その送別兼杉野歓迎のクラス會。神田暹君（三高独法同窓）へ紹介される。猪熊とちがひ立派な人物。帰社後後川へ報告。田村栄太郎、留守中来たる由。桜井君を社に呼び、佐々田翁所の夢物語など。

四月十六日〔上欄に下の記載。明治堂から「足柄織物沿革誌以下三冊。〕朝厂《ママ》科の校正。五十嵐、立派な古本屋の和服姿でくる。本数冊持つてゆく。社で峯君と落合ひ商工省へつれてゆき、猪熊の紹介で菱沼貿易局統計課長（一高・学者風）に逢ひ、それから根岸保吉技師に紹介される。次で神田君に引合はせ、横ハマ《ママ》絹業試験所長大山技師に紹介される。四時帰社、橋本君へ、折柄アヤ持参せる安田長吉発送の正己文書――伯母さんのも親類のものも返へさないといふ、及び事件の東京移管方を上申せる文書――を持つてゆく。愈ゝ次の公判のおり横領罪でコク訴《〔ママ〕》のほかなし。夜十二時迄藤田クニカ先生に引まはされて閉口。

四月十七日　〔上欄に下の記載。三笠書房「唯物論全書」を豫約で東朝ニ発表。こんな形式とは知らなかった。染織経済趄所　佐々田農村関係趄所　郷土史学　沿線名所旅行案内〔上の二册を（　でくくる。杉野or内源ショク《〔ママ〕》托　佐々田ス、ム傳　花王石鹸會社史　京バシ《〔ママ〕》町會史〕朝、石川の下女、東伍今朝帰つてきて云々、僕に来てくれと呼びにくる。富子と二人でゆく。石川さんは「入院」させると主張、午後になり畑本やつてきて、引とり度い様子。一時、満州行必定ならんそれ迄畑本に預ける方がいゝといふ意見をのべて、帰る。峯君商工省へゆき、初ネタをとつて帰る。夕方、有楽館東洋工業會議書記局へ最近つとめた海口と逢ふ。経済往来の□□□〔三字空白〕君。畑本東伍君を連れて帰つた由。橋本の細君田端へ下女をつれ社にきた旨。

四月十八日　〔上欄に下の記載。服部之總 晴山見鳥共著　歴史論　一、古代的・封建的・近代的諸史学史　二、史的唯物論の史学史的地位　三、古代史及それ以前ニ関スル史的唯物論の方法　四、封建制　五、近代史　六、「アジア」に就て　七、史學研究法について。〕上記プランによる共著の事を高橋君に手紙で照会する。

橋本君から証人申請について。その事ム所で折よく、例の白沢の候補者たる日系米人に引合はさる。京都へ手紙――商工省へゆき、猪熊の紹會《〔ママ〕》で統計官に逢ひ、統計類くれる約束で、そのための社長願書の件につき。夜、學士會館、三高クラス會。猪熊、僕、杉野、日銀の古田――今度ニューヨーク支店詰でゆく、その送別會也。内務省の□□〔二字空白〕、商工省の〔以下欠〕

四月十九日　ニヒツ・ゲル――　正午、市公會堂食堂で旧NSが杉野・小宮・歓迎會といふので出る。小宮は不参明日となる。僕だけコーヒー呑む。気持は仲々強い。午後三時神田の研究會。たいした問題なし。いつものベーカリで會食して、桜井君と二人で一同に別れる。そのまゝへ、中村クン、稿料差引五円七十戋くれる！　そして、僕が貧乏で仕事ができないのはいけないといつて—何と！——「各藩史料」のプランを僕にやつてくれ、月五十円出そうといふ。然もそのプランは何と！　桜井が彼に話したものだつた。

四月二十日　峯君商工省へ。けふ午後一時銀座のどこか——へ、小宮義孝カンゲイ會に昨日の連中が集る筈だが、ゆき度くないから止めた。峯君と色ゝ打合せ、二人で日だまりを喜んでブラ〳〵と歩いて帰る。途中白陰町である支那ソバ屋へ立寄ると、春だね、女中と客と抱合つてゐる。文藝春秋を買ふ。改造からたのまれた原稿書く気に仲々なれない。田村の原稿清和書房へ渡す。

四月二十一日　山本の息子（佐々田書生）遊びにくる。慶哉に小遣をもたせ浅草へ案内してくれるやう頼んで出す。ヨコハマから高橋一雄君来訪。「唯物論全書」の歴史論共著の打合せ。社会経済辞典の話。借用本の話。一緒に公園の黒須を見る。けふがおしまいゝ。夜から朝の五時まで、佐々田傳記の仕事。夜ママ、東吾クンの事で来訪。気の毒なり。何とかして片づけ度く約束。

四月二十二日〔上欄に下記の記載。妙な魚を三匹、ワカモトから貰つたのだが食へないからといつて、家主の家から呉れた。——工藤豊方がまた借金にきて夕食を食つて帰つた由。〕峯君と一緒に出て、全君は商工省へ遣り〔ママ〕、社へゆき、杉野に電話すればT・Pを今夜催す由。三時佐々田へ行く。亮一さんと佐山君、借金の事税金の相談で上京してゐる。傳記原稿の話。資本論以下マルクス学説の話。夕食を一寸よばれて、會場へ。杉野〔消してある〕、大宅、海口両名不参。鈴木は昨日帰鮮して近くゆっくり上京の由。浅野と逢ふ。アスナロウ（溜池）の信州料理は、イナゴ。海抜四百米のソラマメ。ハチノコ。ノビル。キクラゲ。タニシの味噌汁。白魚。コンブ野菜等の茶漬。漬物で一円五十戔——然も酒附〔ママ〕でノーチップ也。夜、理髪屋の娘が来たさうな。

四月二十三日〔上欄に下記の記載。宮西君帝日主催物の切符を持つてきてくれた由。慶とあやそれで日比谷へゆく。アヤの仲人正式にけふ縁談を断はってきた由。〕朝関根君、峯君。峯君陸軍省へパスせる由。此の仕事には困るが仕方がない。商工省へ行つてもらふ。関根を伴れて吉川家へ。晋君に弟の事を頼む。午後二時、社で関根、峯と三人で英文染織の編輯プラン大要を作製。後川家御母堂、英子さんと共に、ひようたんへ藤間寿子の踊り大會を見るとて今朝上京の旨池田君より。筍の御土産を頂戴する。関根に「沿線史蹟旅行案内」のプランや、黒須曲馬団を小林一蔵〔ママ〕に売つけるプランや……を咄して大笑ひ。日比谷の明治堂へ寄り。一たん帰宅　夕食後　池田屋へゆき十一時帰る。洋子昨夜より発熱、風邪らしく、けふは幼稚園を休ませたが熱云〔ママ〕らず。

四月二十四日　〔空白〕〔上欄に鉄道沿線史蹟旅行案内の書名のみ〕

四月二十五日　〔空白〕

四月二十六日　前夜三時頃迄ウイツトフォーゲル新刊批評を書いて朝おそくなる。十時半頃池田屋。利夫君昨夜こゝへ泊りたと。一緒に高嶋屋〔ママ〕へ出かける。ネクタイを買つて貰ふ。昼食後、二時に銀座で後川家と別れ、その足で白揚社の研究會へ。夕方辞去して、帰宅し、洋子に鯉の血を呑ませ、鯉はアラヒにして、（峯君来訪、あとに残して）今度は田端行。野口との約束也。すると窪〔ママ〕岡選出の□□〔二字空白〕代議士が石川老人のところへ遊びにきてゐて、一緒に飲まされ、話にならず。八時、ママにあとは頼んで、辞去、池田屋へゆき、「下駄」の包みを貰つて、九時四十五分發の下りを見送る。富子間に合ふ。

四月二十七日　公平、借金整理案のメモを持つてくる。二時迄在宅してウイツトフォーゲル「市民社會史」の新刊批評を朝日のために書いて新島へ送る。けふは本郷へ江津氏を見舞ひ、大阪から帰ってゐる林を訪ふ豫定のところ、佐々田へ電話したら、亮一さんは廿三日、槇野さんが死んだ報知で急いで帰郷、老人は今朝八時五十五分で発つといふので豫定を変更、一たん帰宅して老人傳記目次を半分整理し、時間迫つてゆく。湯浅夫妻見送りにくる。老人来月十日頃帰京の由。洋子に今夜も鯉の生血を呑ませる。

四月二十八日　十一時市太郎氏と逢ふ約束のところ金五郎氏から速達でとりやめる。〔この行は—で消してある〕関根くる、吉川へゆき寝てゐて逢へず。増上寺のみの市第一日へ。一緒にゆく。中山伯父さん洋子を見舞って下さる。本郷へ林君訪問——帝大病院へ江津氏御見舞の後——一緒に銀座へ出て、岸丈夫等の第一回辛絵展を資生堂に見て、そこで別れて帰宅。

四月二十九日　槇野梓へ悔み状。峯君に手傳つてもらつて佐々田傳記の目次を作製して石州へ送る。手紙と共に。午後二時終へて、林君からもらつた演舞場萬才《ママ》大會へゆく。長沖、桜井、今一人。銀座でけふも連中と一緒にカラエ（辛絵）展を見て、雨、帰る。吉川英治へ訪問。

四月三十日〔社に⊗を付して、烏森ビルの行に――を引き「銀座で別れる。」の下に⊗を付す〕社へゆくと、折柄後川より電話あり。金の事。資源局へ内源をたづね、プラン打あけて相談。明日菱沼氏へ当る事とする。といふのも、綿工聯から月二回の英文物を出すといふ岩田君の報告あつたから。烏森ビルへゆき市太郎氏と一緒に公平原案〔「ビルへゆき」「市太郎から原案まで」の行の右に傍線、市と氏に○印を付す〕を訂正する。帝日の□□〔二字空白〕君来て、「無名會」陰謀（？）をぶつつぶすといふ。やめろと忠告。そこへ高橋君来訪、銀座で別れる。

五月一日　公平連れて烏森ビルにゆく途中右派メーデーに逢ふ。市太郎氏と三人で帝大島薗内科に江津金五郎氏を訪問。話うまくゆかず。（奥さん文子さん）。公平と昼食して――二時半商工省貿易局の菱沼統制課長にプランを打あけて相談。この方はよし。――橋本と逢ふ。帰社、土井君に報告認めて。夜公平ばなしを富子にしながら酒を過ごして。

五月二日〔上欄に、三浦来る。との記述〕十時出社。染織の連中――岩田君等――と會議のところ一名不参にてとりやめ。外務省にゆき情報部の矢野事務官（征記、三高先輩）と逢ひ、紹介されて通商部の松高出身の小瀧事ム官《ママ》と逢ふ。応援承諾。矢野君から今度の電通一件への若手官僚ファッショ的気概を聞かされる。十二時約束により白揚社へ。桜井と相談して各藩資料一件は向ふ二ヶ月間延期とする。明日の事もあり帰宅。アヤを「此状着次第」帰してくれといふ元蔵手紙。アヤに云ひ渡し、元蔵へ手紙。徹夜して講座篇別のプラン。帝大新聞の新刊紹介は来週まで待つてもらふ事にする。

五月三日　公平、一昨日、洗足の家迄行つて這入れなかつたと云つてくる。十時起床、十一時出社、後川君今朝上京の旨。通信統制関係への電通側反対十三社々長會議（東武委員長格）ニ出席中との事。予定変更、東京鉄道局運ユ《〔ママ〕》課庶務課長伊藤信之訪問（不在）、東洋火災に江津清太郎訪問。帰途新宿の支所長遠田ニ逢《〔ママ〕》ふ。白揚社尠會で昨夜作った篇別発表。五時帰社。後川。池田、□□〔二字空白〕と三人でアスナローへゆく。十時池田屋へ送つて帰る。アヤ十時の汽車で帰国。水入らずとなり気安し。峯君勤先、陸軍築城部本部内本邦築城史編纂委員會書記。幹事長一名幹事三名、委員数名、歴史纂《〔ママ〕》レ編主任退役陸軍中佐石割某九十円。書記二名各四十銭也。

五月四日　池田屋にて後川君と打合せ、十一時—一時、商工省へ頑張り、菱沼統制課長より綿工聯大場理事への紹介状を取り、神田君から綿工聯へ英文雑誌云々の実否を問ひたゞして貰ふ。否との返事。再び大体の計劃を後川君と打合せの上、十日直後土井君東上してもらふ事とし　右の旨土井君へ書き送る。

五月五日　池田屋へ池田君を呼び、云々の話の後——土井君より日本経済尠所社告原稿着——午後四時から増正寺蚤の市見物に出かけ、次手に南廟を拝観して、白金へ二十分か卅分立寄り、新橋「ブツ切り」で夕食。十一時十五分青森行で仙台に発つのを見送つて帰宅。

五月六日　〔上欄に以下の記載。外務省情報局　商工省・神田　綿工聯（？）林、土井手紙、信夫返事　セツルメント返事、慶哉昨夜田端へ泊る。今夜事情をよく話しきかせる。〕セツルメント講演會の講師をたのまれ、多忙故桜井と磯村をすいせんする手紙を残して出社。外ム《〔ママ〕》省へ行つたが矢野先輩不在。社で林、桜井と打合はせ、耒《〔ママ〕》合せた藤田□□〔二字判読できず〕君と一緒に銀座へ出、自分は商工省に神田をたづねて染工聯の岩田氏へ紹介状をもらひ、カドエビで待つてる藤田君を連れて——といふより従いて耒《〔ママ〕》られて、帰宅。碁を打つてると桜井君約により耒《〔ママ〕》る。然るにいつ迄まつても林も長沖も耒《〔ママ〕》ない　遂に。林は今夜発つ事は発つが午後出ていつたきり帰らぬ——といふ返事で、桜井君にも気毒したが。こちらも気毒。関根中途からたづねてきて桜井と一緒に帰る。

五月七日　〔上欄に、ＡＫのトクキ先生、この二三ケ月間に三冊の本を出版してござるのに敬意？を表した。〕公平閉口して耒《〔ママ〕》る。そこで正午大学病院へ金五郎氏を——けふ退院するところ。奥さん。一向話ラチあかぬ。「服部先生に御願しまして安神《〔ママ〕》しました」といふあいさつ‼」

大学新聞に寄る。社会学烞室。一同京トの社会学會で不在。お茶の水文化アパートの新響〔協の誤記？〕劇団の招きに出席。長田秀雄、秋田さん、トム、貴司、中野重治、以下。史家は田村と僕。貴司の「石田三成」は果して反動的なりや？の審査會だといふ。四時辞去。その足で東京駅へ「サクラ」の修的を迎へたが會へぬ。よつて午後八時十分の尺八放送をＡ・Ｋで待つて、一寸面談して帰宅。

五月八日〔上欄に、朝　白揚社来訪。巻頭言を押付けられる。〕歩いて社へゆき。日高君等と打合はせ（烞所の社告けふの紙に出てゐる）。綿工聯へ大場理事長を訪ひ。押合つてのち尾崎書記と懇談。闘〔判読できず〕争プラン一つあるが、大敵でなし。綿工聯は落とせさうと見込む。その足で味の素の染織工聯。相田と逢ふ。岩田専ム《〔ママ〕》理事不在。帰社。千金。橋本弁。九州検事からの返事。後川君七時帰京。會津東山温泉へ昨夜泊り（向瀧）日光越えをドライヴし、途中でスプリングが折れたが無事で、東武鉄道で帰ったといふ。外ム《〔ママ〕》省の矢野へ電話したらけふは休んだとの事?!

〔五月九日以降空白〕

七月七日　神戸商大の原稿を執筆。

七月八日　朝幼チ《〔ママ〕》園へ交渉にゆく。原稿を、會議前図書館で書上げて神戸へ発送。

七月九日　朝八時後川君着京。初瀬川〔ハセガワとルビ〕君同行。夜牛込へ一緒に訪問。

七月十日　後川と一緒に理髪。

七月十一日　朝安田カラ《〔ママ〕》書類到着、橋本と相談同君多用につき代つて僕昌三訪問、打合せ、云々。治四郎氏へ書類を送り、オンデンへゆき不在。帰社。丸ノ内會館に後川を訪ね、今夜のアスナラウを打合せ、午後再びオンデン、そこからアスナラウへ。初セ川《〔ママ〕》、堀口大学、某女子画家、池田君、僕、後川。十時帰宅。夜中から發病。

七月十二日　臥床

七月十三日　終日臥床。
七月十四日　終日臥床　佐々田傳記を仕あげる
七月十五日　今朝床揚げ、オカユ腹で出社。正午木村屋へ昼食とりに（スープとパン）バスでゆき、へんな一行に出逢った話。相川君新著の批評を中村から頼まれ、それにつき小林と電話し、仝氏午後三時半墓参の帰途を来訪。夕方迄一緒に銀ブラ。夜執筆
七月十六日　朝桜井君に起される　九時なり。一緒に出社。李君の友人が差入れの事で来談。千金来る。夜　三枝を訪問
七月十七日　夕方マ、石川さん来訪。猪助君チブスで死んで、親類から通知あつて、見舞にいつてきたところといふ。朝商工省へ寄り、佐々田へゆき原稿を置いて帰る。
七月十八日　朝から商工會議所図書館へ。午後三時から白揚社へ。勝次郎の報告。相川問題。良正君大悦びにて一緒に本郷へゆきジョッキ一杯。イスケクンゴレイゼンニテウイヲヘラスハットリと打電。「生命」数、松沢に原稿くれない。
七月十九日　慶哉を連れて商工會議所図書館へ。良正、武雄君来る。信夫と共著の話。午後三時から商工省へ。典型的「御役人」宮田秘書官に染日図案募集賞与授与式への大臣祝電手続を終へて、神田君と話して帰宅　作太郎上京の由にて夜富子子供らを連れて田端へゆく。正己から僕へも伯母さんへも葬式の通知くる。鈴木といふ女くる。
〔七月二十日以降なし〕
八月一日　會議所図書館で対馬忠行と逢ふ。鈴安の件。信夫とその件で大竹へやる。橋本から紙屋の事をたのまれる。治四郎伯父様今朝上京　夜放送局安藤に引出され銀座。
八月二日　會議所で信夫から昨日の結果を聞き大竹へ電話して十二時過会見。午後白揚社、盛田欠席　夜本郷を誘つて浅草へモ、のタネ注文にゆく。百円なり。

八月三日　十二時半橋本、伯父様、僕三人、先方で正己親子に昌三、昌三宅で田地七反歩譲状交換、相続人決定会議ヲ七日朝九時と決定。

八月四日　一行——中山三人、自宅一同ハ伯母様と旦〔一同から旦まで傍線で消す〕から弘前伯父小生洋子——で海にゆく。夕方から三名で正己へゆき八日に延期方談判。その足で啓ちゃん母を見舞ふ。帰途新宿。

八月五日　橋本から頼まれた件で京橋を訪ね、紙屋の齋藤の所を聞き、正午會ふ。

（信夫—）山田盛、勝両氏来社。三人で銀座から本郷と。鈴木安蔵の話。夜信夫を訪ね、田端にゆき、一時帰る

伯母様、伯父様、旦坊　田端泊り

八月六日　終日在宅。信夫君と資料整理。夕方桜井君来訪。三人で夕食。よる材料整理

八月七日　佐々田へゆき、社へ寄り、佐々田招待にして富子洋子を歌舞伎座へ。十一時帰宅、伯母様伯父様帰宅。昼益田の例の使者来しとあん《〔ママ〕》。気にしたが、既往七年をかへりみて、勇気湧く。午後四時前。作太郎上京　即夜帰郷

〔八月八日から十五日まで空白〕

八月十六日　午前中商・會・図書館。後川君から改組後編輯局のハッソクぶり来報。〔後略〕

八月十七日　午前中商・會・図書館　午食は信夫君、桜井君。後川君の手紙。書店「黒船前後」を持つてくる。右書けふ書店に出る。山田盛に打電及手紙（尠會日取の事）　橋本君と相談。

八月十八日　治四郎伯父ニ書留デ事件報告ヲ出ス　昨夜の水泳ラヂ《〔ママ〕》ヲを隣りから借りたのが子ども等にセガマレる機會となって、けふ買求める、廿四円。正己に反省を求める僕からの手紙、廿一日迄に返事を要求。中山伯父一家に連れられ洋子旦二人、玉川花火見物にゆく。夜千金君。結果ラヂオを聞て《〔ママ〕》在宅。

八月十九日　夜正己一件を人事相談掛に持こむか否かについて相談。（午前中商工會ギ《〔ママ〕》所図書館）

八月二十日　午後四時から佐ゝ田へゆき十時帰宅。（午前中會ギ所図書館）

八月二十一日　朝八時後川兄弟上京。午後一寸帰宅したら紀東さん、ママ、きてゐる。社へ引返へす五時。夜後川君及於福さん一行と共に向島の夕立荘で夕食。

八月二十二日　朝準子君―昨夜お國さん死去、御通夜をしてきた帰りに寄って、通知してくれる。伯母さんと一緒に出かけるところへ。對馬が鈴木を伴れて一件の釈明にくる。ともかく鈴木が詫びた形。十時過ぎ伯母さんと目白へ駆けつける。死亡通知が正己、昌ちゃん　治四郎伯父、廻館村長等すべて脱けてゐるなど、相良兄弟もぼんやりしている。啓ちゃんしっかりして振舞ってるが痛々し。二時帰社。二時半―八時白揚社研究會。九時―十一時御通夜。ミナ伯母さんに御通夜をたのんで小生は帰宅。

八月二十三日　朝築地へ後川君。正午商工會議所図書館、橋本君を経て、帰宅。喪装して駒込信浄寺の告別式へ。（富子は朝目白へゆき甲五郎叔父様と一緒に焼場へゆく。）　四時帰社。後川と夕食。七時渋谷のアヲへ。決裂は先方も困るらしく態度いんぎんなり。併しあくまで不愉快な存在。八時半後川と逢ひ、十二時半帰宅

八月二十四日　〔上欄に、月曜日　外ム《〔ママ〕》省矢野君。米沢へ紹介状。夜七時、三枝。〕朝、山田盛、佐藤ビッコ（原稿を改造へ世話してくれるといってくる）　午後二時社で後川君。タイムス通信社と契約。三枝君。夜高橋要一君。

〔この年の日記はここで終る〕

十四　寺を嗣がず――あいさつ状

「第一部Ⅰ　生家」で述べてきたように、服部は両親にそむいて寺を捨て、マルクス主義歴史家としての、いばらの道をあえて選択して昭和十年代を生きた。正蓮寺の第十七代目を嗣ぐべき運命であった服部は、彼の意志で病弱で僧侶の道をえらばなかった三弟成文に宗学を習得させて正蓮寺の副住職とする理由を記した『あいさつ状』（『全集』㉔、二四六〜八頁所収）を一九三六年四月に檀家総代に父設満の生存中に出している。この『あいさつ状』に当時の服

部の赤裸々な心情をうかがい知ることができる。戦後私は服部の私設助手時代に「何故日本共産党に戦前入党しなかったのですか？」と服部に率直に質問した時、「俺は成文を僧侶とするための学資を負担すべき責任があるので、当時の非合法日本共産党員のように、地下にはもぐれなかったのだ」と目に涙をいっぱいためて私に語ったことを今もはっきりと覚えている。

あいさつ状

拝啓　貴家愈々御清栄よろこびにたえません。さて先般は総代方はじめ村々世話方衆御集りのうえ、副住職問題につき御協議いただき、私申出を容れられ、舎弟成文を副住職に任じて将来木田正蓮寺々門を嗣がせることに御同意得ましたことは、ここに厚く御礼申あげる次第であります。私儀、幼少以来正蓮寺継嗣として皆様と堅き御縁に結ばれ、長じては第三高等学校、東京帝国大学と最上の学府に、皆様御蔭をもちまして学ぶことを得、何ほどか今日あるを得まするも偏えに御力に因るところと、深く感謝いたしております。しかも父住職老来の今日、副住職の重責につくことを致しませんのは、まことに申訳ない一事に見えますが、実はいささか考える次第あってのことでありまして、ここに所信を述べ、御了解をいただき度いと存じます。

私は大学在学中は「社会学」を勉強し、卒業後は引続き「社会学ヲ研究スベシ」という御本山の辞令によって、本派本願寺内地留学生として四年間、御本山学資をもって同じ学問を修めました次第は、その時どき皆様に御報告申上げたとおりであります。「社会学」という学問は一口で云えば、日本社会の特別な姿はどのようなものであるかということを研究する学問でありまして、一見宗門や寺門にとってかかわりの無い学問のように見えますが、決してそうではありません。真俗二諦のわが宗門におきましては、信徒は日本のよき国民であり、日本社会のよき生活者でなければなりません。したがって、御本山にとっては全国信徒の、また正蓮寺のごとき農山村寺院にとっては八百門徒衆農家の社会生活状態如何ということは、一日も忘れてならぬ問題であります。私が大学で「社会学」

を修め御本山が引続きそれを研究させられたのも、決して好き勝手なわけあいからではなかったのであります。

近年私は日本農村の社会学ことに農家副業方面の発達史を中心に研究を進めております。一枚の田を起すにもまず地味を調べ水利を調べねばなりません。学問はたとえてみればそのような「調べ」であります。と同時に、必らず他日一枚の田を起すことに役立つことがまた学問の使命であります。「農村更生」ということが今日しきりに言われておりますが、皆様の御蔭で苗代を済ませた私の学問が、真に農村厚生のために役立つよう、皆様の手で刈入れされることを深く私は期している者です。これが私の本旨であります。そのために私はいつまでも正蓮寺と皆様のところから離れ去ることができません。私が副住職の寺務に就かないのは、寺と皆様から離れるためでは決してなくて、その反対に、私の力を十割活かして倍々報恩の念に添いたいがために外なりません。そのため私はなすべき種々の事も考え、今後も年々帰寺して皆様に御目にかかることでありますが、ここには大略本旨を述べるにとどめます。

舎弟成文は広島真宗学寮において宗学を専攻し、篤く副住職の任に耐える信念を持ちますと共に、幸に私のよき理解者でありますので、彼は内私は外にあって兄弟手を携え、父住職を輔け、他方円立寺住職舎弟良材はじめ近隣□□〔二字不明＝全集のママ〕住職諸氏とも相語らい、何よりもまず皆様御一同の御支援にまって、いささか今後報恩の実を上げ度く、このたびの機会に御挨拶申上げる次第であります。

なお以上は今日私一個の存念たるにとどまらず、左記連署一同の存意でもありまするため、ここに連署の形をもって此間の礼に代えます次第、何分御了承願上げます。敬具

昭和十一年四月

服部之總
服部設満
服部成文

（抹消）《能美良材》
岡本伊八
坂根基一
佐伯為市

殿

VII　花王石鹼株式会社（長瀬商会）時代

服部之總は、一九三六年一月、花王石鹼株式会社長瀬商会（以下花王と略称）の嘱託として同社五十年史と創業者の初代社長長瀬富郎伝の編纂に従事することになった。同社の宣伝部長だった太田英茂と高橋鉄雄（飛鳥哲雄）の推薦によるものであった。太田は服部の帝大新人会時代の親友で当時本郷教会の副牧師で、日本フェビアン協会の準機関誌『新人』の編集を担当していた。本郷教会のメンバーであった二代目社長長瀬富郎の招きで入社していた。太田の宣伝部長時代に高橋を図案家として宣伝部長に招いていたからである。

「服部没後三十年のつどい」追悼懇親会（一九八六年三月十九日夜、於東京・ダイヤモンドホテル）の席で飛鳥哲雄は、その事情を次のように語ってくれた。

服部氏と私のつきあいは大正十年、はたちの彼が上京して以来で、さしあたって下宿の世話から始まり、「セツルメント」の設計を頼まれたり、雑誌『新人』の表紙を描かされたりと、いろいろからみあった仲でしたから、今度の仕事の話も社長の諒解を理由にあっさり「どうですか」ということで、快く引き受けてくれました。久しぶりにまた、一つ釜の飯をつつくことになったわけです。ときに服部氏三十五歳、『日本資本主義発達史講座』（昭和八年、岩波書店）に維新史をめぐる重要論文を発表してから既に三年、世に「マニュファクチュア論争」のさかんなころでした。（小西四郎・遠山茂樹編『服部之總・人と学問』日本経済評論社、一九八八年、一〇一〜二頁）

服部は花王時代のことを「微視の史学」（『全集』㉓、三四〜四七頁所収）と題名してつぎのように書いている。いささか長文だが、当時の服部の生活と心境が率直に述べられているので全文を引用しておきたい。ついでに付記しておくと、服部が戦後すぐに歴史学界に復帰することができたのは、この花王時代に人目をしのんで勉強していたからだ、と熱っぽく私に語ってくれたことを思い出す。

一　「微視の史学」から

四、東京帝国大学時代［大学卒業前後のこと］（一三二頁以下）に引用した「日本フェビアン協会ができたのは、……」の文章につづけて、

そんなふうで、いつのまにやらマルクス主義歴史家ということになって、昭和十年のくれを迎えようとするとき、飛鳥哲雄の高橋鉄雄が久々にたずねてきて、花王石鹼五十年史と初代長瀬富郎の伝記の編さんを、向う五ヵ年計画でひきうけてくれという。新人会を出てからちょうど十年たっているのだが、太田英茂は『新人』を廃刊すると同時に、本郷協会《ママ》の若いメンバーであった二代長瀬富郎を頼って、花王石鹼本舗長瀬商会の宣伝部員となって入社していたのである。そして、二代富郎が同志社大学を中途でよして、叔父祐三郎にかわって昭和二年に社長となり、昭和六年「新製〔装の誤字〕花王」とよばれた十銭売りの新花王石鹼を発売する前後は、新社長の下で初代宣伝部長として縦横の才腕をふるい、そのころ金沢の工業学校の教師をしていた飛鳥哲雄を図案家として入社させ、往年

の雑誌『新人』時代のコンビを、思いもかけぬ世界で復活させていたのである。

じつは、そのコンビも花王ではすでに終りをつげて、太田は花王をやめて広告専門家として独自の領野を開拓しており、太田に代って就任した二代宣伝部長は岡辰押切帳の谷孫六の矢野征世であり、その矢野の時代もそのころ終って、三代目の宣伝部長に飛鳥哲雄が就任したばかりのときで、昭和十五年が花王石鹸発売五十周年にあたるところから、彼の宣伝部の所管事業として五カ年計画で、わたしにその編さんをひきうけてほしいというはなしであった。

そのころわたしは、昭和八年いらいの封建制論争といわゆるマニュファクチュア論戦から筆を引いて、もっぱら徳川時代の各種マニュファクチュアの実証的研究にしたがっていた。「幕末秋田藩の木綿機業と木綿市場」〔全集六巻〕を昭和九、十年にわたって発表し、ひきつづき「明治染織経済史」〔全集六巻〕を、九州大学を卒業するころからわたしのところにきていた信夫清三郎君と共同研究で、三高いらいの友人後川晴之助が経営する京都の『染織日出新聞』に連載しはじめたのが、昭和十一年の元日からのことであった。

わたしはそのほかに讃岐の砂糖、北九州の臘、阿波や京都や関東の藍、土佐美濃石見の半紙など、広汎な日用品ないしそれにつらなる原料部門の商品生産の諸形態について、他方では山陰の砂鉄をはじめとする鉱業および精錬業の技術と経営の関連について、一連のプランをたてて研究をすすめていた。対象とした時期も幕末から明治十年代までを第一期とみ、第二期第三期まで視野のうちには置かれてあった。

上野の帝国図書館と丸の内の商工会議所図書室と慶応義塾図書館とが、そのころのわたしたちの「出勤」の場所であり、ながい学研生活のうちで最も緊張した時代でもあったが、もっとも貧乏した時代でもあった。

ところで、わたしの右のごとき研究プランのうちには、化学工業の部門は考えてみたこともなかった。ひとつには化学工業はそれこそ純然たる明治以後の「移植工業」にぞくしており、徳川時代の胎内から生えだしたものではないと、一般に考えられていたことと、他にはこの方面の研究には化学知識を前提としまた必要とすること――それがなによりも苦手であった。わたしのみならずこの方面の研究が多くの経済史家から放置されてきたのは、主として後の事情のためであると思われる。花王石鹼五十年史の仕事は、すくなくともこの方面への着手の機会を拓いてくれるでもあろうと考えて、わたしはすなおに、上京十三年らいの人間的な因縁がさしのべてくれた掌を握りかえした。

石鹼工業の歴史に関する珍しくはあるが多くの困難を伴った研究は、昭和十一年の正月から、はじめは週に二日くらいの時間をあてて、着手された。わたしは二人のこのうえなくすぐれた教師につくことができたのを、いまもって感謝している。一人は当年の花王石鹼技師長理学博士川上八十太であり、およそわたしの研究のために必要だったかぎりの化学知識と技術知識とその現実の関連とについて、いろはからせす京まで教わった。この方面でこの人以上の教師を求めることはおそらく不可能であり、それだけわたしは多幸であった。

いま一人は同じく技術家出身で、当時花王石鹼大阪支店次長をしていた岩崎邦太郎であり、多年苦心の蒐集にかかる徳川時代から明治中期にいたる化学書の全部を、随筆風ではあるがきわめて良心的な調査に基づいている日本石鹼工業史についての彼の研究とともに、のこらず提供していただいた。

花王石鹼株式会社と長瀬家における旧資料の残存の仕方も、ほとんど完ぺきであった。それらを工場の倉庫や店の物置の隅々や、その他あらゆる場所から、編輯室にあてられた一室にあつめるための人々の努力もなみなみではなかったが、保存されていたればこそあつまったのである。そのなかでことにわたしをおどろかせたのは、金庫のなかの創業者初代長瀬富郎に関する諸資料は、ほとんど聖物視されて、これこそ文字通り完ぺきといえる仕方で、正しく保管されていたことである。

遺言状はりっぱな巻物に表装され、二重の木函にまもられていた。「第一号記録」に初代富郎の筆で題書された一冊の帳簿は、震災の猛火のなかから生命がけでとり出された形跡をくろこげの頁頁にとどめながら、入念に裏打をして修理され、やはり桐函におさめられていた。またおよそ二百通をこえる書翰も、一通のこらず表具師の手で裏打を施されていた。

だが、創業者の記念物が聖物化されてる風景はここだけのものでないとひとしく、またかならずしもその聖物のぬしの人間的な卓越を示唆するものでもないことは、世間によくあることである。わたしはそのようにひそかにまえもって警戒した。しかるに、明治二十年から四十五年にわたる二十五年間の、およそ二百通を超えるその書翰の、受信人はすべて長瀬宮太郎であって、換言すれば、奥美濃の生家を嗣いだ異母兄宮太郎にたいして、上京後の初代富郎から書き送った書翰のほとんど全部が、宮太郎その人の手で、完全に保管されていたのである。表具師に裏打させたのはそれが長瀬商会の手に渡ってのちのことであるが、元来これらの手紙は、美濃国恵那郡福岡村字柏原新田の酒造家長瀬氏の奥倉の二階に、一年ぶんごとに紙袋にいれ、明治何年度とうわがきをされて、年々一袋ずつつりさげられてきたものであった。このような保管のしかたほど、およそ聖物的な保存の仕方と対蹠的なものが、ほかに考えられるであろうか？

花王石鹼五十年史の仕事から、わたしは日本化学工業史の一角にとりつくための手がかりを期待しうるばかりでなく、それと一緒にたのまれた初代長瀬富郎伝からも、何ものか聖物的でないあるものを、期待することができるのではないか？　どちらにしても……聖物であれ人間であれ、そこにひとつの、徒手から出発して巨富を、ギルド的な馬喰町問屋街の小店員から文字通り「東洋一」の石鹼工場主を、商人から近代的な一人の産業資本家を、うみだしてゆく生きた径路を、たしかめるというたのしみはあるのである。

そんなわけで、いつとなしにこの仕事に没頭している自分をわたしは見出した。昭和十二年からは毎日わたしの「研究室」に通勤した、学校を出たばかりの若い社員網倉君や秋山君のような骨おしみせぬ純真な助手にもめぐまれた〔戦後の私と同じ私設助手の峯淵もいた〕。記録や書翰や写真や記念物や刊行物類の形での狭義の史料ばかりでなく、生きている史料——初代富郎の令兄故宮太郎も、令妹加藤氏夫妻もなお故山に健在であったし、令弟故常一は常任監査役として在勤中であった。女婿秋元直を委員長とする編纂委員会が定期に開かれて、旧社員や関係者の座談会も必要なだけ催され、奥美濃の福岡村から下呂や木曾をはじめとする採訪の旅もいくどかおこなった。材料をあつめるためには惜しみなく協力し、編輯の内容や形式については絶対に干渉しないという建前が最後までまもられたことは、いまかえりみてもきもちのよい、「嘱託」時代の思い出である。昭和十三年の夏にはあらかた史料の整理も終えて、年表や統計や篇別されたノートやその他さまざまなものから成る十冊の大型ファイルができあがり、あとは章節を立てて、執筆にとりかかるばかりである。そのときとつぜん、入社のはなしがもちあがった。新設の大連支店長に転出することになった高橋鉄雄にかわって、わたしに宣伝部長になれというのである。これまでずいぶん色々と面喰うようなでき事にもであったが、こんなのははじめてであった。仕事のうえで柄にないことははじめからだれにもわかっているのだが、特殊世界と評判された宣伝部の、いずれもくせのある若い手合の、うわおきにはなれるだろうというのであった。

おりからの世の中は、ジャーナリズムの世界でマルクス主義歴史家として自由にふるまうことをとうていゆるさない情勢に、いりこんでいた。そのころかたわらわたしは村山知義と合作で、渋沢栄一をモデルにした「藍玉」というシナリオをつくりつつあった。新協劇団文芸部の陣内鎮がわたしと村山の連絡係でもあり、いってみればこのシナリオの編輯者でもあった。新協で映画にするはずでとりかかり、結局「時せい」のためだめになったが、できあがったシナリオだけはたしかその秋の雑誌『日本映画』に掲載された。柄にないシナリオつくりになるくらいなら、同じく柄にない宣伝部長をつとめたほうが、ものを書かずにすむだけでも気がらくというものであろう。そう気がついて、入社と決めた。

ところで、処置すべくこまるのは、尨大な花王石鹼五十年史と初代富郎伝の執筆の時間であった。予定された五十周年記念日の昭和十五年十月二十六日――十月二十六日は初代長瀬富郎の祥月命日である――まで、印刷製本の時日をいれてあとまる二年しかあまさない。かかりきりにかかって、一人で書き上げるのにちょうどていっぱいとしていたのに、宣伝部長という激職――ずぶの素人というハンディキャップをべつにして、事実そうとうの激職であった――のかたわらそれを書くということは、こればかりは玄人目にも無理であった。そこでわたしは『日本資本主義発達史講座』いらいの友人小林良正をくどいて、五十年史のほうの執筆をひきうけてもらうことにした。こころよくこの無理なリレーをひきうけてくれたかれは、わたしが「任社員、命宣伝部長」という辞令をもらった日から、わたしにかわって嘱託となり、それまでまる二年半あしかけ三年、すみごこちのよさをたのしんだわたしの「研究室」の主人となった。

わたしはわたしで、毎週土曜日か月曜日を、伝記執筆のための公休日にしてもらい、とまりがけで日曜日をいれた二日間を近郊の旅に逃げてあらすじのメモをつくり、多忙なウィークデイの事務所で一、二時間のひまをつくっては、速記者をたのんで口述して書きとってもらった。その伝記が口語体の表現をとっているのは、そのようなつくりかたの無理を無理とせぬためのくふうでもあった。

昭和十四年の秋から陣内鎮が編纂室に加わり、わたしと小林の原稿の督促から印刷製本にいたるいっしきの任にあたった。その間わたしは「唯研」事件で検挙され、留置がとけてのちも警視庁や検事局にながながと通ったりしたが、本業のほうの宣伝部は、上野壮夫や永原幸雄まで加わってますますにぎやかであり、そのうち伝記の最後のページのためのメモを、昭和十五年の元旦をはさんで福島県鎌先温泉で書きあげたことを思いだす。なんにしてもわたしや小林良正の生涯に、この仕事くらいぞんぶんに手数をかけたもの、かつまたできあがった書物としてりっぱな形をととのえたものは、既往はむろんのこと今後においてもけっしてあるまいと、はなしあったものである。

四六倍版〔ママ〕八百頁の花王石鹸五十年史と、同じく四百頁の初代長瀬富郎伝とを一組の柿色の帙におさめた、陣内ごのみの渋い気合でものおしみせぬ装釘は、床の間の置物としてはずかしくない貫禄をそなえていたと思われる。せめてものなぐさめに、会社の関係先をべつとして、おもだった学校や図書館にも寄贈することとし、ふと思いついて一本を島崎藤村に、会社から贈ってもらった。河上博士のごとくこの文豪に不思議なつきあいをもつようなわたしでは毛頭なかったが、なぜそれをふと贈る気になったかについては、その伝記の第一章をひろい読みしてもらえば、それだけで充分であろう。べつに受取のはがきも来なかったが、わたしの名で贈ったというではなし、いつとはなしに贈ったことさえ忘れていた。

そのうち、昭和十七年のことであったか、ムーランルージュの文芸部の小沢不二夫という人から、わたしの長瀬富郎伝をそのままモデルにして『青雲』という小説を書いたという挨拶があった。未知のひとであり、その小説が書下ろしで出版されてから上野壮夫の紹介でおめにかかったが、その小説では、上品なフィクションに載って、花王石鹼発売までの主人公が、あるがままにはたらいていた。序文によるとはじめ映画にするつもりで着手されたものである。思いがけぬできごとでもあり、できばえのすなおさもあって、わたしは何かしらうれしかった。

いましらべてみると、小沢のこの『青雲』の「序文」は昭和十七年十二月付となっており、出版されたのは翌十八年六月である。そして、猪野謙二の「明治時代的人間の類型――島崎藤村を中心にする考察」（『世界』昭和二十二年二月）でみると、藤村の「東方の門」が戦時中、「ただひとり手厚い待遇をうけ」、『中央公論』に連載されはじめるのが昭和十八年正月号以降のことである。

彼の死によって絶筆された最後の部分が掲載されたのはいつごろであろうか。ともかくある日、わたしは会社の食堂で一緒になった社長から、「東方の門」の絶筆号――だったと思うが、あるいはまちがっているかもしれない――のなかに、「先代」がモデルにされて出ているというはなしをきいた。当時のわたしは綜合雑誌を見る興味さえまったくうしなって、あれほど『夜明け前』は愛読したのに、この「東方の門」は一行も読んでいなかった。そのときも教えられたその部分を読んで、なるほどと思っただけで、とうとう今日にいたるまで読む機会がない。

猪野の興味ふかい論文によると、この小説は前作『夜明け前』とはまったく逆に、藤村のうちにある一つの思想が――明治時代の文学者の胸に、個人主義的自然主義的な近代性と相克しつつひさしくともに棲んでいたところの絶対主義的な一つの思想が――「太平洋戦争たけなわにして書かれたこの作品において図らずも陽の目を見ることになったのである。かくして総ての人物がこのような思想のかいらいとなって動かされ、語らせられる」。この小説のなかでは、『春』や『夜明け前』にみるような「あるがままの卑小な現実からの出発」はみられず、作者は「たかぶった彼自身の思想」をかたらせるために、「ありふれたいわば周知公認の文献の渉猟からその素材をあつめている。たとえば巣山千十郎という石鹼業者の話にしても、服部之総氏の書いた『初代長瀬富郎伝』という花王石けんの創業者の伝記を使って、ほとんど過不足なくこれを脚色しているように想像されるのであって」、その巣山千十郎が、「儲ければいいと云うような人達とはおよそ行き《〔ママ〕》方を異にする」（作中の松雲和尚という一人物のことば）、「日本的商業道徳をうち建てた新しい商人」として、画かれているというのである。

　これは、いうまでもなくわたしにとって、かなしんだりよろこんだりする限界の彼方のでき事であるが、たしかにおかしな因縁の一こまではある。

　わたしの書いた初代長瀬富郎が、「東方の門」のこのような巣山千十郎と、どこまで似ているかどうかは、読者の批判にゆだねればよい。わたしがこの伝記で直面した対象は、長瀬家とその会社で聖物化されてきたような「先代」でもなく、藤村をたかぶらせた絶対主義的思想のアイドルでもなく、実にその藤村を猪野が正しく定式化しているような一類型としてうみだしたわが日本の明治時代の、平凡な産業資本の一系譜であった。平凡なということはまた世界的な類型をもつということでもある。

　歴史はこれを巨視して一国史または世界史において史論することができるし、これを微視して伝記すなわち諸個人にとって偶然としか見えないような因縁の網の目において、描き出すこともできる。自分の著書をめぐってこんなに長く私事にわたって書くこともはじめてであるが、それもこの著作がわたしにとってはじめての伝記作品をなしていたからであり、微視の視角はいよいよ微を拡大しなければやまぬように、その伝記それじたいが、考えてみればわたしども自身の伝記とつらなっているのである。一個人の伝記というものはありえない。げんにわたしがこの仕事に就いたというだけで、さまざまな人の生きた運命が、そのことがなかったとしたばあいとはちがった形にかえられているのである。かならずしもことは、AがそのためBと結婚し、CがそのためD地に数奇な経歴をおくるというたぐいのみとはかぎらないのである。
ついでに記せば、わたしは花王石鹸を、終戦の翌々日——一九四五年八月十七日に辞表を出して、もとのくらしに戻った。

『花王石鹸五十年史』のすぐれた学問的業績については、一九七八年七月に経団連図書館と日本経営史研究所の主催で社史展が催された時、斯界の第一人者が「私が推薦する三冊」をあげた中に、安藤良雄、鳥羽欽一郎、間宏にとりあげられていることからも明らかである。安藤東大名誉教授は、「日本最初の学問的価値の高い社史として画期的である。」と推薦理由を述べている。また、経済思想史学者として著名な長幸男は「社史の通念を打ち破る『花王史』」「刊行者である企業にとっても自己認識の鑑となる歴史叙述」と絶賛している（『日本読書新聞』一九七八年九月四日号）。この長幸男の書評が掲載された「当該民族産業の発達を象徴　社史にみる経済思想」の一面にのっている、「人財からの日本資本主義発達史　花王石鹸という一企業の逞しい資本蓄積のケース・スタディ」と題する長幸男の文章をも長文ではあるが引用しておく。

二　「人財からの日本資本主義発達史」

『花王史』と『富郎伝』を執筆した小林良正・服部之総はいうまでもなく講座派の著名な社会経済史家である。日中戦争も泥沼にはいり、ヨーロッパでは第二次大戦が勃発していた〝暗い谷間〟のこの時代に、学問思想弾圧の試練をくぐった両論客は、それまで軽視されてきた社史という表現形式に時代の重圧に鬱屈してボルテージをたかめた学問的良心をそそぎこみ、卓越した産業史としての社史を創造した。その成果は、期せずして花王ブランドの社会的評価を高めたといってよい。

上昇してゆく人間ドラマ

初代長瀬富郎は、服部の幕末マニュファクチュア段階説をみごとに体現するような人物であった。幕末維新の変革期に平田派神道を信奉するリーダーにみちびかれた美濃苗木藩の百姓代・酒造家の二男に生れた。そこは藤村の『夜明け前』をおもわせる小世界であったろう。青年期に母方の伯父の若松屋分家に入店し、番頭をつとめるまでに修業をつむ。この若松屋服田家は同じ苗木藩の豪農・紺屋・塩問屋・雑貨商であり、手引き・座繰をへて六十人取り機械製糸（合資会社五共社）をもいとなんだ「日本における自生的産業資本の典型」（服部）であった。中央からは分散している山の中の点のような存在ではあるが、明治初期開国の息吹きをいち早くうけとめた地方産業家のかもしだす実業的雰囲気の中で、商人・生産者としての資質をはぐくみ、富郎は明治一八年に上京する。上京早々、事業資金をつくろうと米投機に手をだして一文なしとなり、馬喰町の洋小間物問屋に約一年働く。この間に洋小間物の取引のノーハウをまなびとり、明治二〇年に独立して長瀬商店を開業する。

二二年には石鹸製造のパイオニア鳴春舎から自立した有能な職人村田亀太郎（長瀬の生涯の協力者）を下請として長瀬留型石鹸の生産（自店だけに製造納入させる有銘石鹸の問屋制生産）をはじめた。そして、同郷人の薬剤師瀬戸末吉の発明になる「花王石鹸」を売り出したのが二三年である。花王石鹸は当時化粧石鹸の呼び名であった「顔《カオ》石鹸」をもじったものであり、印象的な三日月のトレード・マークの創作とともに長瀬の宣伝の才をあらわしている。品質の高さと新聞広告その他の宣伝によって市場を開拓し、粗悪で安価な無銘国産品と優良高価の輸入品とに両面商戦をいどみ、高級国産品としての地位を確立してゆく。たえざる品質改良と製造法の改革をつみかさね、石鹸業界のトップ・メーカーとして上昇してゆく人間ドラマは『富郎伝』に詳しい。経営組織は伝統主義的な徒弟制度を生かした一族兄弟を中心とした家産制的経営（帳簿上の「店」と「奥」との分離は二三年決算からおこなわれている）であった。創業者初代長瀬富郎は経営組織を合資会社に改めた明治四四年に病没した。ついで、弟祐三郎を代表社員とする石鹸専業の大正時代に入る。そして、生産設備の飛躍的近代化・総合油脂・合成化学コンツェルン形成へと資本集積を進める。息子二代長瀬富郎の株式会社組織の昭和時代がつづく。この時代は、豊田喜一郎が豊田自動織機から独立し、大陸の軍靴の足あとをおって軍用トラックの輪だちをのばし、国策に乗って国産技術によるトヨタ自工の基礎をかためていった時代にかさなるのである。

若き日に米売買にやぶれた初代富郎は投機的射利をいましめ、「唯ダ金儲ケニ非ズシテ常ニ勤勉貯蓄ノ一アルノミ」と遺言した。小商人―問屋制家内工業主―工場制資本家という日本の産業資本家形成の道が服部の伝記によって鮮かに画きだされたのである。

小林の『花王史』は、まず旧約聖書の記述にさかのぼり、古代から現代にいたる世界石鹸業の発展をたどり、近代以降の資本制企業としての石鹸業の生成をあとづけ文明史・社会経済史的・展望をあたえる。ついで、日本石鹸業史は、正倉院の慶長一七年『御物改之帳』の「しやぼん一長持有」の記述による石鹸渡来談からはじまる。シャボンの語源的探索から天文年代イスパニヤからの石鹸流入を考証し、徳川時代の医師・舎密家たちによる薬用石鹸（皮膚の消毒洗浄だけでなく、服用により内臓関係の病にも効験ありと信じられていた）製造のあゆみをたどり、明治以降の石鹸業の発達・西欧技術水準への急激なキャッチアップ過程を、生産技術・原料・宣伝という分析視角から追跡している。

わが国では、明治初年（一九世紀七〇年代）においてようやく石鹸生産が「業」として成立するが、ヨーロッパでは一四世紀に石鹸ギルドが繁栄していたのだから、そのたちおくれは比較にならない。しかし、蒸気鹸化釜の本格的採用（工場制確立の指標）時点をとれば、それは明治三五年（花王の請地工場）であり、イギリスにくらべて七〇年、アメリカとは四〇年のタイム・ラグにちぢまる。産業革命の完成をグリセリン回収装置具備にみるとすれば、同じく花王の明治四四年であり、イギリスとの差は更に二〇年にちぢまる。ソルベー法によるソーダ工業確立と液状油硬化の工業化達成の時期を大正三年（横浜魚油株式会社）とすると欧米との差はわずか一〇年となる。

そして昭和五年に機械設備の合理化・大規模化を遂行して花王が「新装花王」を高品質・価格引下げで発売した

時、石鹸業に関する限り欧米との技術ギャップは完全に克服されていたのである。この時期には、花王は総合油脂化学工業としてコンツェルン形態に成長しており、「中小単産者は、硬化油業者乃至大石油業者の下請乃至工場としてのみ、その余喘を保つに過ぎない有様」で小林はかかる事態を「石鹸業界が今後進むべき方向」であると示唆し、資本蓄積の合法則性貫徹の展望をあたえて七五五頁の大冊をしめくくっている。『花王史』は石鹸という大衆消費財分野をとおしてみた日本資本主義発達史であり、『富郎伝』は人と思想からみたそれである。両執筆者にとって、花王石鹸の五〇年は、業界リーダーたる一企業の逞しい資本蓄積のケース・スタディーであったのである。

『初代長瀬富郎伝』は、さきに引用した服部自身の「微視の史学」で述べているように、島崎藤村が晩年の作品『東方の門』で主人公の巣山千十郎を服部のこの伝記の叙述をそのまま生かして描かれている。また一九四二年にムーランルージュ文芸部の小沢不二夫が長瀬富郎をモデルにした『青雲』という小説を書き映画化しようとした。服部の抜群の構想力と筆力の冴えのしからしむる所以であろう。

戦後、服部にたいして歴史家の松島榮一が「先生の著書からの盗作ではないですか」と言った時、服部は笑いながら「藤村先生から私の文章がそのまま使われたことは光栄なことです」とこたえたことは、服部の人柄をよく示すエピソードである。

宣伝部長時代に服部の部下であった服部澄子（後の信夫清三郎夫人）は、次のような思い出を語っている。

「花王石鹸の広告に、いく度か、服部之總さんの長男の旦ちゃん（現在建築設計家）が登場した。私はカメラマン（石川さん、そのあと小糸さん、そのあと江藤さん）の腰ぎんちゃくになって、撮影のときの手伝いをした。旦ちゃんを撮りに、芝の増上寺前のお宅へ行った。旦ちゃんは四歳くらい、可愛い坊やだった。風呂場で素裸の坊やに石鹸泡をぶくぶくたてると大よろこび、おヘソの下を丸だしで笑っている。之總さんはそれを見ながら、「オチンチンまるだし写真が新聞にでたことを旦のお嫁さんが知ったら嘆くだろうよ、なーミコちゃん〔当時の澄子の社内の愛称〕」という。（中略）旦ちゃんの妹の苣（ちさ）ちゃん〔現在早稲田大学名誉教授・中国美術史学者吉村怜夫人〕も可愛かった。苣ちゃんも撮ったが、女の児の前向き裸身は感心しない、と宣伝部のみなさんのご意見。「女の子はダメ、ざまあみろ」とすかさず言うのは、徳丸凡さんだった。だから、苣ちゃんの可愛いお尻を撮した。」（『花王とともに』編纂委員会編『花王とともに』花王会、一九七二年刊、二五三頁）

中国との前面戦争が展開されている時代に、満鮮部長（業務部長兼務）としての服部は、「満州」・中国本土（上海・青島など）さらには「南方」の各地にまで工場や支社を拡張するために、経済統制の厳しい時代にあって軍部とのつながりをもって花王商品の生産・販売を企画立案し、三高・東大時代の幅広い人脈や持ち前の巧みな話術と人つきあいのよさを発揮しての東奔西走の大活躍ぶりは、前掲書『花王とともに』の中で多くの社員たちの語り草となっている。また当時の服部の行動と心境をうかがえる日記・手紙類・社内での企画書などや服部の賞与目録・辞令のすべてとともに多数の未発表資料が私の手元にたくさん残っている。いつかこの資料を使って服部の花王時代の歴史を詳細に書いてみたいという欲望にかられている。

本書ではこの中の日記の一部をあとで引用しておきたい。日記に散見されるように、服部はこの多忙な時代にも映画や芝居をさかんに観ており、古書の蒐集や陶器などの骨董品の鑑賞をしている。服部は酒豪であり、酒席ではかならず「関の五本松」などの各地方の民謡を美声で歌って、その歌詞の歴史的意味を解説した。このような服部の生きざまは、この花王時代にきたえられたのであろう。料亭などでの女性とのつき合いも非常に旺盛である。

ここでは、あの神がかりの狂気の時代であった「天皇制ファシズム」の嵐の中で、服部みずから宣伝・営業部長としての職責上とはいえ、「みそぎ」の行事にも参加していることを指摘しておきたい。この事実を知って、服部だけではなく当時のすぐれた知識人の悲劇にあらためて私は暗澹たる思いであった。

服部の没後、後述するように蔵書は法政大学にすべて寄贈されて「服部之總文庫」として同大学多摩図書館に架蔵されている。整理が終った直後の二〇〇〇年に、私が館員から、蔵書の中にあるチラシ類などの整理を依頼された時にみつけたその当時の「みそぎ」を推進した修養団〔一九〇六年三月、蓮沼門三を中心に創設された修養教化団体。一九二四年に平沼騏一郎が団長就任ころから国家主義的傾向が強まった。〕の史料をここに収録しておきたい。全文は当時の「みそぎ」の文章をそのまま生かすためにできるだけ原文のままで引用することにした。

三　みそぎを推進した修養団史料

修養團近況報告

國難突破團員總動員の教化陣

一　神都道場に於ける祈願大會（新嘗祭の佳辰午後三時より）

一、二十二日より潔齋の爲め參加せる各支部代表者卽ち花王石鹼會社社長長瀬氏を始め百二十名は夜九時神路山麓に於て火の祓を行じ、翌朝午前五時五十鈴川に禊ぎ、清明心を以て、全員白衣白袴の正装にて、神宮大前に祈願を籠め、神都道場開場式後引續き三時より『祈願大會』を擧行せり。參加團員は三重、奈良縣團員代表を始め、大阪、神戸、名古屋各支部代表、遠くは滿洲本溪湖支部の川口氏等、來賓の方々は三重縣知事代理、齋藤市長始め、神都有力者、關西各會社幹部及各縣の指導者百五十名、神壇神籬を正面として嚴肅に列を正して跪坐せり。

二、神宮遙拜の祭祀より開式、國難突破の祈詞奏上、平沼、小倉顧問、松平宮相の激勵訓電、蓮沼主幹は別記『皇國不動の國策に協力』の初彈を放ち、藤澤大阪聯合會長は『多年主張せる獻身報國の誓約は、血を以て具現すべき秋は來る』と叫び、花王石鹼會社支部長瀬支部長、秩父セメント會社支部藪内幹事は『肉を割き骨を碎きて產業人の使命を全うせん』と誓ひ、一同感涙の中に教化陣强化の決意を固め、閉會後、蓮沼主幹は宣言決議文を抱き、關西總局長增田氏、中島飛行機會社聯合會長佐久間氏、交野支部長金澤氏、住友聯合會長森氏、奈良支部長北田氏、新潟高田支部長和田氏、三重郡支部長藤澤氏、大阪聯合會長藤澤氏等の代表者と共に、神宮大前にひれ伏し其具現を熱禱せり。本部よりは白土理事、高橋參事、赤坂敎化部長、岩崎庶務主任等も來會、奉仕員竹内夫人、家田夫人、河野夫人を始め多數の婦人團員の働きは涙ぐましきものありき。

二　東京本部に於ける團員大會（十一月廿三日午前九時より）

三、世界兆民の大親、現人神の在ます皇都こそ、萬邦無比の光明淨土たらしめざるべからざるに最も暗黑に最も汚濁しつゝあるは、心ある者の常に深慨する處、況んや皇國隆替の岐路に立つ非常時に於ては、全國山村漁邑に至る迄、自肅自戒沒我奉公すべき秋、尙ほ小長髄彦あるは斷じて默過すべきにあらず、卽ち急遽團員大會を開き、先づ團員各自の心中に蠢動する長髄彦を除き、進んで敎化陣を强化し、以て銃後國民の臨戰待機の靈力を昂揚せんと企圖したり。

四、平沼顧問は傷痍快復の直後なりしも、溫顏を以て陣頭に臨まれ、毅然たる決意の下に、諄々として「承詔必謹」の大楠公精神を訓辭せらる。和田常務は、熱說懇述舌端火を吐きつゝ『神籬捧持隊の殉職』を强調し、參集せる白衣同志の血を湧かせ、肉を躍らせたり。北日本代表佐藤正男氏、東北代表栗山市藏氏、關東代表古家達三氏、東京代表村松信德氏等は交々起ちて『天下の大祓』を呼號し、決議文を作成し、全員一體一心之れを可決し、常務和田、茗荷陸海軍中將、座間專務、西田理事、西島總務部長は右代表者と東條首相に面會し、決議文を示して『敎化尊重』の國策を樹立せられんことを要請したり。更に代表者として選まれたる數氏は潔齋して明治神宮、靖國神社に參拜し、決議文の具現を熱禱する處ありたり。關西各新聞は兩所の大會記事を掲載して、祭政一致、文武一途の精神を支援せられたり。道の軍が劍の軍と相俟ちて、始めて天業翼贊の實を擧げ得る眞理を天下に知らしむること急務中の急務なるを思ひ、仰ぎて神護を祈り、臥して眞人の結盟を禱る。

三　皇民道場の共承閣及び揚淸館の竣成

一、敷地五十町歩の幽境に二百萬圓の豫算を以て建設中の皇民道場は其一部たる「共承閣」と「揚清館」とが竣成しましたので、十一月三十日に朝野の名士を迎へて、之が完成式ならびに贈納式が擧行されました。

二、共承閣とは豫ねて青山御所の舊御建物百八十坪下賜あらせられましたのを入念に移築したる恩賜記念建造物で、特に本團顧問平沼閣下から命名された、有り難い御建物であります。

三、また揚清館とは日東紡績會社の片倉社長ならびに同社團員一同から寄贈された、ひはだ葺の講堂で、崇嚴なる神殿付き純日本式建造物であり、全國各地講堂の粹を集めて設計されたものであります。

四、此日は夜來の雨霽れて陽光照り映え、平沼、森村、小倉顧問、八田建設委員長始め來賓各位も早朝高田馬場驛に御參集、午前九時特別電車で歡談湧發の間に式場に向はれました。

五、當所建立發企者たる白石元治郎氏・三菱常務永原氏・三井常務金子氏・津崎代議士・宮野知事等の各委員も、參列されたのであります。

六、來賓には宮内大臣代理白根次官・岸本大將を初め、百八十餘名の朝野の貴賓・陸海の將星たちが臨席され、小畑産報新理事長・町田協調會常務理事等の顏も見えました。

七、一同は先づ共承閣を巡覽し、六千坪の運動場を横切り、式場なる揚清館に進み、片倉社長外重役を先頭に白衣の團裝で著坐せる日東紡績支部三百名團員の左右に著席されたのであります。

八、午前十時半開會、祭祀の禮に始まり、平沼顧問の訓辭、蓮沼主幹の式辭、宮内大臣始め、有馬宮司、大谷皇后大夫、清水・松浦顧問官、水野、伍堂、岡田閣下其他各聯合會、同志よりの祝文に祝電に勵されつゝ、午後二時閉會されました。

九、その崇嚴敬虔なる皇民行事は滿坐滿場の、肉を躍らせ、血を沸かし、靈力は骨髓に透り一人も感激せざる者なく、眞に悉くが讃嘆され、「此行事こそ祖先の潜在忠魂を復活再現躍動せしむる最善の工夫と思惟する故これを普及するやう努力せん」と勵されました。尚ほ全員入團全體修養開始の中島飛行機會社寄贈の神殿も建立中にて、御下賜の賢所御手洗舎も移築され、奇巖怪石に圍まるゝ禊所も、千人着座の食堂も、宿舎も追て竣工致す豫定でありますから此上とも御支援の程偏に願上ます。（總務部報告）

四　神都道場の戰勝祈願

昭和十六年十二月八日

戰端開始の朝　蓮沼門三

一、謹啓年寒うして松柏愈々青々、戰始まりて靈統益々潑々、神國の前途光明燦々たるを仰ぎて勇躍禁じ難く候。『國難は必ず來るべく天誅は正に米英の頭上に下らん』と訴へたりし多年の豫感は遂に事實となつて現れ、英米膺懲の神劍は鞘を拂つて動く。魯鈍の小生と雖も回天動地の非常時に直面しては、道友各位と共に全身これ報國の血、全靈これ殉皇の祈あるのみに候。

二、百議も一行に如かず、萬策も一爲に如かず。寸刻分秒も生命の充實、增產の達成に血液を集注せざるべからずと存じ、駄馬に鞭ちて教化振興靈統結盟の爲め、狂奔する覺悟に候。滿ざれば溢れず、熱せざれば燃えず、戰時體制下銃後を守る第一要件は、騷がずあせらず修身齊家、一鄉一心以て靈力の充實、增產の具現に可有之候。恩田杢、松平定信は、之を用ひて一藩一國を救はれ候。

三、再三組織方法を革新致し候とも、生命の躍動なくしては大業成り難く、天下の人材を網羅致候とも、其中心人物が變更する制度下に於ては、斷じて全能力を發揮し得ざるべく候。中心確立して不動、人心和合して不離、斯くて熱意を生み、興味を生み、經驗を生み、妙用を生み、而して始めて萬事成ることと存候。獨伊の今日あるは、中心確立、生命躍動の結果と存候。

四、此眞理は御承知の通りなるも、當局上司之が實現に御着手なきは西洋かぶれの形式主義者に沮止せらるゝ故と存候。戰闘開始の今日は須らく舊殼を打破し、弊習を一擲し速計速行刻々に全能率を發揮せざるべからずと存候間、同憂の識者司宰者に、多年の經驗を通して進言し、必勝の祈の下に靈力高揚の爲め教化振興に御留意賜らんことを懇願して已まざる次第に候。

五、歐洲第一次大戰の折ジエリコ提督國民に訴へて曰く「上帝王より下庶民に至る迄、遜りて一切の自我を清め、ひれ伏して、神護を祈るにあらざれば、累卵の英國を救ふこと能はざるべし」と。況んや神國日本同胞は　至尊が神武天皇、神功皇后祭りつゝ軍を進め給へる如く先づ祖神祖靈に祈り給へるを仰ぎ悉く禊ぎ祓ひて、神の前に其生活を正し「躬ヲ以テ艱難ノ先ニ立チ……」と示し給へる聖旨を奉體し誓つて教育勅語の實踐者となり先づ一身一家の秩序を立てざるべからずと存候。

六、この第一義に立脚せずして何の翼賛運動ぞ、何の八紘一宇ぞ、萬事萬業の基本たる靈力顯現の禊祓を全國に普及し以て一切の罪穢を拂ひ清めて、一億同胞齊しく神の前に自己を正し以て神護を祈るべく、大勝を期すべきものと存候。小生も道友と共に伊勢に走り、神宮大前に伏して戰勝祈願を籠め、十六日歸京、全講師全幹部の緊急會議に臨み十二月末日正午迄再び宇治橋前神都道場に集ひ、五十鈴川にて禊祓を行じ、年頭黎明神宮大前に非常時誓詞を奏上致すべく候間御參加願上候

五　「軍教並進の國策樹立」の進言に對し御支援を希ふ

元二千六百一年十二月十三日

於宇治橋前神都道場　蓮　沼　門　三

一、明治天皇御製

國民の力のかぎりつくすこそ　わがひのもとのかためなりけれ

いかならむ事にあひてもたわまぬは　わがしきしまの大和だましひ

身にあまるおも荷なりとも國の爲　人のためにはいとはざらなむ

おのづから仇のこゝろもなびくまで　誠の道をふめや國民

二、大詔渙發せられて妖雲忽ち晴れ、一億神民は悉く殉皇の忠魂に燃え、旭光に照らされつゝ米英膺懲の陣頭に起ちたる次第に候。皇軍の嚮ふ所忽ち敵陣を粉碎し、敵艦を撃沈し、二日にして英領シンガポールに、三日にして米領マニラに日章旗を飜し、暴戻極りなき米英主戰論者をして失神狼狽、其爲す所を知らざるに至らしめ實に溜飲

の下るを覺え候。

三、我等の祖先が恭しく　神勅を奉じ　大詔を體し八紘爲宇の具現に身命を獻ぐること三千年、祖孫累代血に祈り骨を削りつつも未だ成らざりし大業を成らしめ得るの希望を仰ぎ得たる今日、誰か感涙に咽ばざる者あらん。眞に肉躍り骨鳴りて已まざる次第に候。

四、緒戰早々世界を驚倒せしめたる大勝利は　大稜威の然らしむる所　祖神祖靈の加護に因る所に候も、必死殉皇の水雷士が、決死報國の航空士が、肉彈を以て、體突を以て一發必中の戰功に因ることを銘記し、感謝と共に其血潮を我等の五臟六腑に浸透せしめざるべからずと存候。

五、聞き及び候へば、砲彈の必中は必ず靈力の旺盛に待ち、劍戟の妙用は鎭魂の工夫に因り、戰線の士氣は銃後の充實に相關し、戰勝の秘訣は劍心照應軍敎並進にあり、靈力の躍動なき所、優秀の軍器も、多數の兵士も、其眞價を發揮し得ずとの事に候。增產も亦靈力の躍動に待つことは事實の證明する所、これ敎化振興の急務なる所以に候。

六、各位は今春初頭靈覺を以て今日あるを豫感せられ、神籬捧持靈統の結盟を固め敎化運動振興の爲に御支援御健鬪を續けられ候事感謝に不堪候。此際戰時體制に卽したる敎化陣體制を强化し「軍敎並進劍心照應の國策樹立」の促進に努力する所存に候間御支援賜り度御願申上候。

戦後服部が主宰して刊行した『画報近代百年史』第十六集（一九五二年十二月五日発行）に、「バケツ・みそぎの明け暮=戦時国内風景」と大きな見出しをつけ二枚の写真入りで、次のように解説している。

戦争中　愚劣なものの双璧は防空演習とみそぎである。男は国民服、戦闘帽にゲートルを巻き、女は防空頭巾にモンペ、隣組防火班長の号令一下バケツリレーに火叩き訓練と、思い起すだにゾッとする人も多かろう。「訓練空襲警報発令……××さんあかりが洩れていますよ。」その声が今もつて耳もとに残つている。ブーッと夜のしじまをついて不気味に鳴るサイレンに、またかと身をおののかせる人も多かろうというものである。みそぎとなるとカリカチュアはいつそうの冷酷さを加える。誰か寒中の曉闇にふんどし一本のすつぱだかとなり、白鉢巻をしめて氷るような水の中に入ったり、頭から水をかぶつたりすることに〝人生の生き甲斐〟を見出したり、〝皇国日本〟に生をうけたことの喜びに随喜の涙を流すことができようか。それが大まじめに大手をふつて通用したのだから不思議である。これに比べれば、お相撲さんが軍事教練したり、修練道場で食事前に柏《かしわ》手を打つたり、または日々のわずかな俸給から强制的に天引で報國債券を買わされたりするのはまだしもほゝえましいことといえようか。

服部は「日本ファシズム」と侵略戦争の狂気の嵐の時代の中にあって、「偽装転向」を装いながらも、マルクス主義歴史学者としての自覚を捨て去ることなく、戦後の私たちに口癖のように言っていた「カンナ」を自らも不断に研ぎ続けながらきたるべき時代に備えていたのだと私は考える。その反面で、生来の非凡の能力を発揮して、本社の宣伝部長・業務部長、傘下の株式会社三栄化学機械製作所取締役、大日本クレヨン株式会社取締役、台湾花王有機株式会社監査役、上海花王香皀公司取締役〔以上いずれも昭和十八年五月〕、上海花王香皀公司代表取締役常務、満州花王石鹼会社取締役〔いずれも昭和十九年二月〕等を歴任している。この花王時代に服部は第二国民兵役に服している。このようなきわめて激務のなかで、会社のため日本のために精一杯努力したため、多くの人々から信頼され愛されたのであろう。今日の私たちから見れば、彼を「転向者」だと非難することもできるであろう。しかし私には、この時期の服部も、それ以前と戦後の服部も、人間としての矛盾をたくさんかかえながらも同一人格であったと思えてならない。それが服部の人間性であり、彼の学問と思想の本質であったのだと考えている。服部は単なる机上の学者ではなかったことは、人間と社会を観る眼を、この花王時代にきたえられ、培われたのだと私は思っている。

私が本書を執筆するにあたって、服部の残した貴重な史料の多くを（全部ではないはずである）遺族は私に永年託された。長男旦が二〇〇一年七月に没する一年前に、私が預かっていた服部史料のすべてを、正蓮寺に納めるので返却してほしいと言われた。当時はまだ富子夫人をはじめ、長男の旦ら六人の家族がすべて生存していた。その中で、とくに富子夫人と旦が私に強く要請したことは、服部の「プライバシー」にかかわることは一切書いてくれるなといきびしい制約であった。この条件に対して私は、服部はすでに「歴史上の人物」なので客観的に真実を書くことが歴史研究者としての最大の使命であると強く主張した。しかし、「松尾さんは歴史家として中国人・韓国・朝鮮人戦争犠牲者の名誉救済裁判にもかかわっているではないか」、「歴史家といえども、服部のプライバシーが公表されることによって、遺族が蒙る恥ずかしさや、それによるトラウマを理解してもらえないのですか」などと反論された。したがって私は、遺族からの強い条件を堅く守る約束を自らにきびしく課して執筆をはじめることにした。このことが、この伝記を書く際に常に立ちはだかる最大の難問であった。さらに補足しておきたいことは、本項の「花王時代」でとくに感じたことであるが、服部の「アジア認識」であった。しかしこの面も遺族との約束を破ることになりかねない事実にいくつも直面した。後日、私のこの拙い本書を徹底的に批判分析して、真実の『服部之總』という「数奇な」「天才的」歴史家の人物像を完成してもらいたいと切実に期待する。そのための貴重な素材として『日記』（一九三八・三九・四〇・四一・四二年）と『上海紀行』（一九四二年）がとくに参考となるはずであると確信して、プライバシーにかかわると思われる記述をはずし、煩をいとわず私が『歴史家　服部之總』にとって重要だと思った部分のみを引用することにした。

四　日記

一九三八（昭和十三）年日記

〈前出の日記のように縦書きの詳細な記述ではなくて、横書きの懐中日記（一頁に一週間分）に服部独得のくずし文字で容易に判読しずらい簡略なメモである。頻出する名前も姓のみが多く、年次によっては複数の日記が残っていて記述も異なっている場合や別冊の会計簿もあるが、日記にも時々会計の記述も出てくる。すべて引用することは煩雑になるので、当時の服部の行動にとってとくに参考になると思われるもののみを選別して紹介した。今後日記の検討がのぞまれる〕

一月十九日　信夫清三郎女児出生
一月二十九日　浅草―三平座談會
二月二日　客観的真理〔四角に囲ってある〕
二月三日　山田盛太郎来訪
二月九日　五十年史報告日
二月十一日　築地小劇場・新築地劇団幽霊
二月十九日　上野。論文。
二月二十二日　午後前進座
三月二十日　日出新聞
三月二十二日　春香傳舞台稽古。
三月二十三日〔日付を●印で塗りつぶす〕浅草
三月二十四日　田端　桜井・石川
三月二十五日　春香傳　歌一首。
三月二十六日　コーヒー　桜井・中村
三月二十七日　旦入学　洋子優等祝買物　Ａｎｍａ
三月二十八日　中山政和。囲碁春秋、藤本　村山知義　千金貫事。ピンポン
三月三十日　経済学入門

四月一日　二時―五時前進座　六時から桜井祝賀會
（四、五、六月はほとんど空白）
七月九日　五十年史報告最終回
七月十五日　副社長ヨリ話
七月十六日　村山宅、シナリオ
七月十七日　発令　宣傳部社内　林、伊藤　社長、副社長、工場支配人等　常任監査、飛鳥（夕）
七月十八日　午後事務引継　夜、後川
七月十九日　伊藤支配人、製品会議長継承ノコト。挨拶廻リノヿ（コトの異字）　五十年史人事の事
七月二十日　午前中工場挨拶。午後二時ヨリ宣傳部会ノ予定ノトコロ、午後七時開會十一時解散。
七月二十八日　陣ノ内信州へ。アスカ氏も出発
八月三日　五十年史通知
八月十一日　飛鳥出社　夜目黒雅叙園宣傳部送別會
八月十二日　一時小林良正訪問、後3時歸社。重役會。40年対策KM準ビ。夜築地治作ノ取締會歓迎會。
八月十三日　午後二時小林良正君、後4時同君紹介。夜飛鳥氏歓送會・二次會ニテ林房雄
八月十四日　正午高橋一夫―村山―日本棋院―石川。
八月十五日　夜築地宝亭ニテ太田、山内
八月十六日　正午小林良正ヲ伴ヒ工場へ。夜新協宇野重吉送別會
八月十九日　講義日程作製　懇・尠準備（講義案提出）。新ツキヂ永田広志。
八月二十日　午前製品研究（9時―6時半）　夜桜井、今氏　夜十時発西下
八月二十一日　後3・50広島着。ガソリン配給ニテバスナシ。理髪シテ6・30発。パンク　9・30大朝着。円立寺

泊り。進藤等子女葬儀云々。

八月二十二日　朝4時半大朝発、高木浄泉寺ニテ朝食。三度目ノ後妻、8時帰村。墓参。良材後2・30着。

〔八月二十三日〜二十四日の両日、服部は郷里の友人などを訪問。八月二十五日8・40発京都で二十六日に社に帰りすぐに社長と会っている〕

九月九日　重役會

九月十日　四十年KM、五十年史KM

九月十八日（日）マチネー後村山ト打合セ

九月二十一日　十時福島君ヲ品川ニ送ル　サイフ（8円入）スラル

九月二十二日　碁　夜前進座文芸部来宅

九月二十三日　昼間、岡村氏　夜新旧部長歓送會　末美

九月二十六日　夜7・半工場巡視

九月二十八日　午後3時會計ケンサ官工場見学

九月二十九日　午前中カラ社長ト打合セ

十月十日　夜上野9・00　6・45郡山着

十月十四日　午後2時宣傳打合會

十月十五日　宣傳打合セ會　午後

十月十七日　花王祭

十月十八日　午前宣傳打合セ會　採用試験午後　亀井君ニ手紙ノ〻

十月二十日　高島屋来店

十月二十一日　午後3時染井墓地　夜常盤家仏事　馬場氏へ返事

十月二十五日　漢口入城
十月二十七日　（午後今和次郎氏3時頃）
十月二十八日　夜前進座
十月二十九日　夜大阪へ
十月三十一日　後5、副社長大阪着（十一月一日まで在大阪）
十一月六日　夜佐々田家祝宴
十一月八日　午後3½　芸能映画社
十一月九日　父上四週忌〔ママ〕　午後編輯會議
十一月十一日　午後3時宣傳部陣容打合セ
十一月十二日　製品會議
十一月二十二日　一時半前進座
十一月二十七日　28.60〔内訳の中　7.20宣傳部交際や4.90ゼンシン座とある〕
十二月十六日　決算重役會
十二月二十一日　株主総會　午後二時ヨリ大連支店長ト打合会
十二月二十二日　決算報告　工場後0時半　本店後5時
十二月二十四日　生産拡充KM　（夜忘年會・飛鳥）
十二月二十七日　（夜五十年史會食）
十二月三十日　本店販賣會議　販賣次部長

一九三九（昭和十四）年日記

一月四日　初荷・始業式
一月五日　初文案部會・本店年始廻り・大阪　仝上（伊東）
一月六日　後5・20大阪着11夜離京（清水女史ハ9日夜半）　宣傳作製部員入社式　午後1時作製會議（第二回）
一月七日　午後一時本店販売會ギ　安江氏へ手紙（清水女史ノ件）夜雅叙園家事科学歓迎會
〔七日と八日の間に以下のメモ書。「図案形式の年度更改広告政策 Committee ――①武田長兵ヱ②講談社③三越④わかもと⑤クラブ⑥田辺⑦ミツワ⑧レート⑨ライオン⑩花王」（以下略）〕
一月九日　大阪支店販売會議（伊東）
岩崎氏　小林君ト工場　大田君　庸報座談會　日比谷山水樓十一時半〔小林君からは縦書で〕
一月十一日　家事科学理事會　9・30
一月十二日　3時スフ協會、昼E映画報告　東京府調査課横田氏カラ電（稲村）　夜6時山縣飯尾　宣伝部顔合セ（午前十時）
一月十三日　取締役會ギ　午前3時40年第一回
一月十四日　1940・五十年史會ギ〔「五十年史會議」を＝で消し、下に〔「午後3時」と記す〕第二回　夜菊亭
一月十七日　今和次郎謝礼ノ會
一月十九日　午前九時半1940〔数字は「五十年史」の意味〕　フエノール姓発表　小島カラ印ヲトリアゲル〔「フエノールから…」丸で囲む〕
一月二十日　午後一時家事ノ科学批判會　八王子〔「八王子」は□でかこむ〕　後5時今和次郎氏　新S問題ニツキ鮎渕氏出席ノコト
一月二十一日　製品會ギ　午後3時五十年史
一月二十四日　太田氏正午　午前九時宣傳部會

一月二十七日　大毎広告ノ件奥田　大連へ飛行便
一月二十八日　午後一時東京在横田氏来訪
一月三十日～6/2郡馬　午前販売會ギ
一月三十一日　午後傳記打合セ
二月三日　午後1時35京城着　不知日旅館　4日午後発（1日ノ燕デ発チ
二月六日　支店會議　午後課税對策打合セ
二月十日　重役會〔二月十七日にも〕
二月十六日　作製部會　前進座（三月五日同上、三月十五日同上）
二月十八日　製品會ギ　鎌倉科学家事科学
三月一日　工場往復　後陣ノ内イザワ印刷出張校正夕食2人分一〇〇
三月三日～四日（代休をとり1940ＫＭと記述）
三月七日～十三日　沼津（厚生省昼食、宣傳部幹部會など）
三月二十三日　午後四時、免税対策重役會出席
四月四日　午後1時販売打合會　夜河野密氏、星ケ岡　支配人
四月七日　重役會。社長母堂重態。常任監査見舞。夜調査学生解散小宴
四月八日　第十三回五十年史ＫＭ〔下に——をひいて午前40KM（S問題と記す）〕　午前一〇時飯田橋大神宮ニテ金平形
家結婚式　午後厚生省招待
四月九日　午後四時、雅叙園　金家披露式
四月十四日　八木保太郎
四月十五日　新入社員訓示　午後一時から

四月十七日　午後1時金氏一行エ参
四月十八日　正午新保氏ト　偉〔ママ〕保　雨月荘　評議員會議午後6時（圣・宣・庶（支）
四月十九日　製品會議
四月二〇日　午前九時半宣傳打合會
四月二十一日　夜　ヤギ東宝計劃部　銀座７７３１―５〔四角で囲んでいる〕
四月二十三日　５・00帝劇我家の楽園　金、索、陣ノ内、永原
四月二十四日　（10・00前借）　夜河野孝―中可わ
四月二十五日　夜9時伊東氏帰京、物資調制局第五部藤田技師（大阪薬品新聞　中小産業調制ＫＭ　大阪岩崎―籔田　硬化油配給問題）
五月四日　本店販売部會　夜発大阪行
五月五日　大阪支店販賣部會　目白危篤
五月六日　朝帰京8時出社　後川来　夜目白帰宅
五月七日　午前11時後川訪問（池田）。ソレヨリ目白。通夜ヲ終ヘテｏｇ、弔辞書上ゲ。
五月八日　店大掃除　正午後ｏｇ↓店（予算會ギ）↓ｏｇ・雨↓目白泊リ（夜通夜）代々木泊リ
五月九日　火葬　朝歸社↓目白　午後０１３店、夜正式通夜。芝へ帰宅〔別の日記には「発越後行」――十九日まで。帰京」と記述〕
五月十日　蔡〔ママ〕式　午後7時薫入京上野大内旅館泊リ。夜ｏｇ
五月十一日　前10～11芝歸宅。富子実父キトクの電報。石川母ゐる。午後1時～3時染井墓地ニテ初七日　午前4時～5時予算打合會　6～11・25（品川）Ｂ」薫芝泊リ。
五月十二日　重役會〔その下に縦書きの日程やら原稿依頼などのメモあり。省略〕

五月十三日　40年ＫＭ　以下省略
五月十四日　テニス〔別の日記には「（13・50アスター）　3・50ミユンヘン　10・00富子　夜彦根井筒屋」と記す〕
五月十八日　大掃除
五月十九日　夜11・20發大阪行
五月二十六日　雑誌会　山縣氏
五月二十七日　製品會議　島氏座談會
五月三十日　宣販打合會
五月三十一日　宣傳部會
六月二日　本店販売打合會
六月三日　工・拡　午後2時半工場巡視（八木保太郎氏會見）
六月五日　大阪支店販売打合會
六月七日　午前11時――7時（朝歸京）演舞場
六月十日　五十年史ＫＭ後3時
六月十二日　正午安田保善社青木亭　午後3時上海工場打合（岡田、服、奥、山）
六月十六日　キカイ石僉名称決定
六月十七日　前進座小倉君ニ返事の事
六月二十三日　午後2時シナリオ會。藤岡市訪問
六月二十四日　製品會議
六月二十六日　広沢方ニテ常任監査ノ死ヲ知ル
六月二十七日　葬儀

六月二十九日　午後4時秋元家ニテ碁
六月三十日　九時援助部會
七月七日　重役會
七月八日　1940　午後5時東京會館
七月十五日　製品會議
七月二十一日　午前10・20祐、子供たち出發　夜、市川林家西雅雄君送別會　関根。日英會談成功へ、防空演習最
終夜
七月二十二日　生拡
（七月二十三日〜二十九日まで代休をとっている。）二十六日には午後2・30工場巡見
八月五日　さくら包装案決定
八月十一日　午後2時五十年史ＫＭ　重役會。
八月十二日　夜発〔帰郷〕
八月十三日　木田入〔—で消す〕　大朝泊
八月十四日　木田泊（十六日まで）
八月十七日　朝　萩
八月十八日〜二十五日　（大阪着）　九州京都講習會
九月七日　ヨシタケ岩本来。資本家長谷川から三浦へ手紙。神楽坂ニテ永東歓迎會。鎌留。
九月八日　午前中伊セ丹展打合セ　重役會後　大日捕鯨問題ニテ伊大、川上、伊英。池田ニテ後川兄弟／梁子、発
熱シオリ
九月九日　40ＫＭ　金兄弟、北満来。井上道人大連赴任後任信夫清三郎　小林君ヨリ了解ヲ求メラル。

〔このあとのこの『日記』には十二月末まで以下のように服部の住所録や覚え書きのメモが縦書きで書かれている。例えば「銀座三浦コーヒー商会　日劇ダンシングチーム不忍鏡子　横に松本八重子の自筆のサイン」などと。この年の『日記』にかぎらず、服部は「THE　MITSUBISI　BANK　LIMITEDO　DIARY」等の数冊に同年の日記を別々に記入し、また一頁全部に縦書きでのメモのみであるので、そのほとんどを省略した〕

一九四〇（昭和十五）年日記

〔この日記の表紙に愛国行進曲の歌詞が右に祝祭日が左に掲載され、次頁の本社及川崎工場全景の写真があり、下に東京電気株式会社と満洲東京電気株式会社の出張所が印刷されている上段に「修養団入団番号　619595」と服部のペン書きがある。この『日記』は、一月から三月までほとんど服部のメモで、八月三十一日から十二月三十日までには日記がつけられているが、そのあとはすべてメモ雑記である。この一九四〇年は二冊の横書きの会計簿に服部は詳細に金銭の出入りを記録してあって興味深い。前に述べたプライバシーにかかわるのですべて省略せざるをえないがその一例を若干転載しておこう。〕

八月三十一日　（古家君急死）
九月一日　午後五時十五分工場青年学校開校式　古家氏通夜
九月二日　本店販賣打合會　古家氏葬式
九月四日　大阪販賣會議　白井氏社長面會ノ件
九月八日　重役會、小学校宣傳
九月九日　40年KM　1、小学児童宣傳計劃　2、五十年紀年映画　3、花王の歌歌曲　芥川氏出席
九月十二日　正午山崎敏一氏會食　午後3時宝積君工場案内
九月十三日　午後4時日本橋クラブ販賣部

九月十四日　住田映介會食
九月十九日　午後5時工場産報會
九月二十一日　（午前、宣傳打合會）
九月二十四日　京都日本年報（矢内）
九月二十六日　（午前宣傳打合會）
九月二十七日　日本人は日本商品を!!〔四角に囲む〕
九月二十八日　（久板氏面會）11時矢野君　夜白井氏歓迎、本津君送別會　岩崎邦太郎氏歓迎會
九月二十九日　小立君南支進出打合會　午後3時會ギ室　午前宣傳部打合會　（朝子供等木田發　夜京ト着、佐々田泊リ）
九月三十日　拡充KM　午前宣販打合會　午前3時工場巡視
十月三日　本店販賣會議　（宝積）　夜小野氏打合
十月四日　（結婚式）武郎氏
十月五日　大阪支店販會（鯉渕、服部）
十月六日　シナリオ〆切　（佐々田誕生日）　土屋氏謝礼行
十月七日　（昼、五十年史旧店員座談會）
十月八日　修養団〔と初出。〕
十月十七日　花王祭
〔十一月には山形・静岡・大阪など出張多し。〕
十一月七日　大阪販賣會議　桜井氏　田部井氏と若原會食　夜矢内氏出張　（太田英茂）　9・40近藤氏出發）
十一月十日　出張リンギ。上野氏電。静岡手配。傳記。社長社告（太田問題）夜新協事務所6・30

十一月十七日　関根4.00（松竹楼）
十一月十八日　金永東〔服部「ひろし」の父〕上京　別所温泉（十九日）
十一月二十四日　1940ＫＭ　栗原君送別
十一月二十五日　取締役會議　五十年史ＫＭ
十二月二十二日　関根忘年會〔十月十日以来、河野氏〔密？〕としばしば会っている。〕
〔十二月三十一日の日記のあとに自筆履歴や給料の明細を記してある。例を［　］の中であげておく。〕［月120　今年一年五年記念で月手当50　今年二月～来年一月迄平年ナシ　ボーナス年800　半期400　入社昭和八年三月　七ケ年］
〔新協劇団見物　一九四〇ＫＭ〔社長、副社長のほか服部をふくめ八名の名前あり。つぎに五十年史として四名の名。内閣東北局書記官渡辺男二郎から商工省機課長有松尚直赤門文三宛服部の紹介状（魚油統制問題について宜しくとの）この左に長瀬家事科学研究所常務理事の服部の名刺を貼付〕

一九四一（昭和十六）年日記

〔この年は横書二冊に会計簿あり。またこの年の日記には、とくに料亭通いが多いためか、性的な俗謡などが多く筆写してある〕
一月二十九日　深山手塚者、３日出發。喜田、福八、柳橋千代、〝豊丸〟
岩崎原歸社　社長がくれ　夜　南団ト會見
一月三十一日　圣理部永井君後任ノ件　昼大宅
二月一日　中谷氏訪問　中山交詢社正午―2時　箱根
二月二日　小野君長男出產祝　峯君〔服部私設助手〕結婚祝
二月三日　副社長歸社　柳橋　長谷川〔芸妓の名数名〕
二月四日　朝桑原も名古屋ヨリ歸京（３日朝出發）田中惣、セキネ

二月六日　秘密十日會開催決定（翌七日午後開催　公私性格論、母胎論、一旦解散論）結婚式
二月七日　正午工場歸還兵歓迎會
二月八日　十一時社役員會開催
二月九日　朝社長歸京　午後7$\frac{1}{2}$—8$\frac{1}{2}$通夜
二月十二日　朝良材〔次弟〕入京
二月十三日　五十年史保存ノコト
二月十四日　正午厚生省中央協和會（融和映画）午後5時日本橋クラブ署長歓迎會
二月十五日　第二次ホテル會談　午前8時柳橋亀清楼広告談話會
二月十六日　夜上野精養軒秋元家、夜良材發
二月十八日　副社長歸京　0《ゼロ》時半ヨリ本店種痘
二月二十日　十一時ヨリ組合事ム所ニテ第三次會談　三時橋田氏来訪。
二月二十一日　詩吟會
二月二十二日　正午ヨリ宮城外苑勤勞奉仕
二月二十三日　（佐々田原稿出荷）24發送
二月二十四日　午後2時30工場巡視　文化部座談會、石僉組合
二月二十五日　午後2時化粧品部役員會
二月二十八日　詩吟
三月二日　朝京ト着。夜三条三島、井上氏、実
三月三日　油小路六条上ル橋金治（中山）午後2時半大阪着。夜菊水、10時發　安江中山。
三月四日　夜長瀬哲ト寿司屋

三月五日　夜千里亭野呂弁理士。
三月七日　商工省新井↓農水産科学課大島事ム官　厚生省国健保（江口氏）　赤坂錦水
三月八日　午後6時偕楽園秋元氏三十日祭
三月九日　氷東〔金永東〕着
三月十日　関根ニプリント㊙ノコト、島評　B、実ハ（朝着）湯浅・氷東
三月十三日　AM10・30宣傳打合會
三月十四日　明治座切符ノ件、湯哲。
三月十五日　関氏上京　名古屋東洋紡
三月十六日　谷川温泉紅葉館（水上56）氷東、実
三月十七日　午後4時上野着
三月十八日　祐鳳着　実發800　氷東矢内發1000
三月二十一日　風邪午後帰宅　林氏訪問
三月二十二日　風邪臥床　午後1時煉成日
三月二十四日　午後5時中央亭本店石見人會
三月二十六日　紀文、伊六氏重役送別會　佐々田六時、有志追悼會（松江1504）
三月二十七日　午後4時工場青校卒業式　3時工巡　佐々田翁正月命日。
三月二十九日　朝東京発　午後一時かもめ　八・四二京都着　九・四〇京都発
三月三十日　A九・五七浜田　京都着　夜發
四月一日　萩原式ゴム会社ニ修養団ノコト　木田仏事　時
四月二日　木田仏事　十一時　販賣會議

四月三日　京都着　歸宅
四月四日　朝出社　〝母性〟広告料ノ件　大阪販賣會議
四月五日　運動會8時集合、夜伊六氏送別會
四月六日　雨、休養、腹痛
四月七日　伊六氏、雨月莊
四月八日　浜野家凸版ヨリ招待サル
四月九日　10時販賣KM
四月十日　一雄氏来訪、新橋會食
四月十一日　奥田山形ヲナグル　8時歸宅
四月十二日　長宮氏三年祭　B歸京　伊六氏、フタバ、石地君送別
四月十三日　(京都)
四月十四日　午後1時歸社、4時工場巡参観　夜八時社長歸京
四月十六日　午後4時出社（後川家）社長達示（一隅空席ノ件）夜桜井君（後5時半千代田生命ウラ盛京亭広告後任會）
四月十七日　石鹸配給統制プログラムの届方問題　午後三時ヨリ修養団青年大会打合セ
四月十八日　午後2時30、島氏講演　文部省ニ本間氏、河野密氏
四月十九日　社長内ニモニコ〳〵　商工省行中山氏、セキネ家行
四月二十七日　朝八時東京駅集会　鎌倉みそぎ
五月十三日　修養団［四月二十六日　家族修養會、合同修養會（工場）］高橋氏上京ノタメ中止
五月十六日　午後3時社長室重要會議

五月十七日　本城氏。長トロみそぎ　午後勤労奉仕
五月十九日　女子学習院訪問
五月二十二日　夜發。925大阪着（二十三日新大阪ホテル泊リ）
五月二十四日　大阪支店みそぎ浜寺　夜祐鳳、実来る。
五月二十五日　8時解散、本山集古室見学　法隆寺見物　午後940發（服、奥）（五月二十六日朝帰京）　午後3時潤活油工場起工式　小林君茶話會（宮様案内人選割当）
五月二十七日　幹事會（後4時）
五月三十日　工場行　製造部ト折衝（大塚、服部）
五月三十一日　禊決定　午前中博物館行（奥田服）　後3時ヨリ錬成体操（日本橋高女）
六月一日　午後4時帰宅　大祓詞研究
六月二日　体操週間　後1時石鹸配給問題
六月三日　前900ヨリ社長訪問。学習院行（藤、服、梅村）
六月六日　アスカ急便　豪雨　正午演舞場　6社會（サガノ）
六月七日　午前中神田課長ニ潤滑油研究命令ノ件　佐々田へ地所ノ件印鑑シテ送ル　山崎氏結婚式　学士會館
六月十一日　後0・30照宮様工場見学、―230　矢内氏送別會
六月十五日　常任監査老追悼碁會（秋元邸）
六月十七日　田村栄太郎来、六時学士会館（三高同窓会）
六月十八日　田中勝之助招待（千登世）
六月十九日　懇談會次第打合セ（藤島、野口、大塚、服）　小島結婚祝
六月二十日　桜内義雄↓宝積（ケナフ）　比留間安治　小島君結婚式

六月二十一日　ボーナス　洋子修学旅行出發　夜前進座アミクラ
六月二十二日　長瀞みそ苑箱根富士見樓（大塚、奥田、古尾、鈴木、服、秋元）
六月二十三日　長瀞工場新体制確立懇談會34名
六月二十四日　〃全第二回、夜10歸宅、洋子前1時歸宅　常任監査一週忌〔ママ〕オタイ夜。
六月二十五日　墓参　前進座水谷氏招待
六月二十六日　川崎長太郎氏訪問　洋服仮縫
六月二十七日　夜佐々田
六月二十九日　本郷氏一周忌　雨月莊
六月三十日　朝礼後四階8/25分　橋本弁（佐々田）
七月一日　本間氏（佐々田）
七月二日　（グラウンド）（野球部慰勞會）　佐々田慰勞會
七月四日　ヒル大宅壮一
七月五日　工巡11時
七月六日　後川来
七月七日　午後旦学校
七月八日　後5山水樓東石僉製同組史編委。
七月十一日　落合氏実印事件　七月人事決定、召集後任、後川母堂上京来電
七月十二日　大島、板橋両君歓送式　バクチ打、桐畑、海老津君歓送式
七月十四日　桜内義雄
七月十九日　正午歸社、午後3時浜田博来訪

七月二十二日　ヒル、アサヒビル多喜山、吉村公三郎、細谷　機構打合、大塚、岩崎、今村、服部、田尻
七月二十四日　前７・３０工場ニテ会議
七月二十五日　夜詩吟打合會
七月二十六日　（西多總務部長ニ電話）　午後2時30、工場會議室、丸山、江、森、服　石僉業界整理統合ニ干スル意見書提出ノ件
七月二十八日　高橋先生上京　岡本博
七月二十九日　夜高橋氏西島氏總ム部長
七月三十日　細谷氏中間打合
八月一日　今村販賣部長就任挨拶　朝東京発　夜京都着
八月二日　9.55浜田着　正午木田帰リ
八月三日　慶哉一周忌
八月五日　朝發萩行
八月七日　大阪支店
八月八日　歸社　天誅組第二回打合
八月十二日　後４４０伊藤徳氏東京着　午後津田沼土地見　林氏来訪、母、北満。
八月十三日　／俊吉、
八月十五日　修養団本部座間専務
八月十六日　富子發　午後１・４０東京着　小田原３２０
八月十八日　〔芸妓の名前四名〕
九月二日　⊗陣内ト映画ノ件

九月十九日　六時工巡大日油青年隊防空訓練
九月二十一日　石川家一周忌
九月二十二日　午後0時友部行、伯母・富子・梁子七時帰京
九月二十三日　有賀先生詩吟會　部長手当制大塚ヨリ發表
九月二十六日　東吾叱責　後4時―5時修養會、食事後6時ヨリ統一道場鍛錬會報告、青年隊訓練見学
九月二十七日　午前タクシー社長會見　正午ヨクサン会　岡野取調　午後4時公平打合。
九月二十九日　社長に同志社寄附一件、藤島君ト花王祭打合セ
十月二日　午後1時―4時、修養団本部
十月三日　佐々田千五百円借入
十月十日　蕗子結婚式
十月十七日（神嘗祭）　献饌（祝詞）花王祭
十月十八日　花王祭代休（防ゴ団々長氏ト代ニ代休）
十月二十二日　後4時湯浅謹而結婚式
十一月一日　花王祭奉納余興（夜）
〔十一月二日から空白多くて、縦書きのメモが一頁に書き込まれているので省略〕
十一月九日　一週間本格禊箱根
十二月二十八日　山羊セツルメント着手ノコト
十二月二十九日　戯曲伝記執筆ノコト　7/22　修養団上古史研究所、出版部　朝日新聞嘱託　松竹企画部嘱託　事業ハ佐々田顧問、東京ラク農研究所　江津　大日本計機AG（株式）
〔以下に、一三〇〇年前イスラム（マホメットが活動していた頃の）についてのメモ書きの中に「イスラム（平和）」「禊、日ニ五度、

豚ハ不浄」などと一頁を使用しての記述や読書の覚書・書名などが多くメモ書きされているがすべて省略〕

一九四二（昭和十七）年日記

〔この年の日記は私が借りていたものだけでも三冊ある。次行の（ ）内の記事のようにメモが多く日記とはいえない。さらに会計簿の二冊もある。私の想像ではまだ他にも服部の日記はあると思っている。すべて懐中日記などで常時持参していたもの、会社や自宅においていたものにその時々につけていたものであろう。今後この日記を詳細に分析すれば服部の人物像がさらに解明されるのではないかと私は期待している。この『歴史家　服部之總』ではそこまでは及ばなかったことを残念に思っている〕

（一月の一頁から二頁の四日から十日にかけて京城府の住所氏名が以下のように記している「五日　鈴木武雄三坂通三七七、六日　城大法文学部東５―２―⑽鈴木教授室構内7778（以下略）、七日　森谷克巳　協同油脂會社　南大門通２ノ３２　本局２―７４１１、７４２３、７４２８、７４３３、八日　京城府初音町２１金永華、九日　鶴嘉化学工廠安井真次　京城府鐘路一丁目３４（光化門３―１６８４など）

二月五日　７３０　鍛錬会第一日　ヒル宝積　后2時本社、南方調査打合（阿部勇）菊亭

二月六日　７３０　村田氏訪問　後川（銀座）―文部省（森政三）〔大賀〕后4時保監座談會　6時大社会

二月七日　矢内夫人　公平。大賀ト伊セ重

二月八日　赤報會講演挺身隊

二月九日　前10～11㊖資材点検　阿部勇ニ四千円　夜、阿部、大賀。Pacific Salon

二月十日　午前５３０佐々田未亡人死去　午後休養　通夜

二月十一日　産報行進、郷軍仝上、后後一時出棺（砂町）火葬　通夜、大賀離京

二月十二日　タンレン会終了。正午渡辺団会食

二月十三日　會議出席表訂正ノコト　松田氏ニ石僉（情セ）后１５２、佐々田家告別式

二月十四日　㊐訓練第一回、習報傳達
二月十五日　仝上（警戒官制　荒川中佐―〔陸航空本廠長島田中將工場来〕
二月十六日　㊐基本訓練全員〔700〕
二月十七日　前九時平井工場池鎮祭　后100工巡　后、330天風会、
二月十八日　養治来社、
二月二十二日　四十九日夜佐々田家
二月二十三日　小立君支給ノ件、阿部打合、若槻氏題字、后300會議室竹中氏談話（南方）
二月二十四日　天風会　后400整備局大村少佐　后7～9河合堅治マレーゴ第一日本店
二月二十五日　田中惣上、浜岡、後川（會食）　前900ツバメ、佐々田遺骨　桜内氏離京
二月二十六日　天風會終會、阿部勇千代田1247―9　后100工場（大塚、服部）、防空演習　後川925
阿部赤坂6時
二月二十七日　天風先生謝礼持参500（服部）　浜町喜文
三月二日　后300大日油計劃部打合（工場）　400元製造部陸曹市川恒雄君慰霊祭
三月十二日　前1145戦勝祝賀式
三月十三日　ヒル阿部／200三枝　亀井貫一郎、福田達郎600柳水
三月十四日　900大日油圣理部拡大ノ意義（大塚）
三月十八日　禊団章作製ノコト　后阿部勇来訪　矢内夫人来訪、三浦義武来訪　電通大野（映画・椰子）　夜天風会〔このころ阿部勇がしばしば服部の会社を訪れている〕
三月二十日　ヒル　歌舞伎、吉エ門　夜　東劇、夜旅館
三月二十一日　午前1000中津連中東京駅着。三浦家族着　公平氏（停車場ホテル）　后530三浦来宅、后63

０第一ホテル三浦（銀座松喜）
三月二十三日　前11時女事務員採用　阿部勇来社
三月二十四日　９００今井時郎先生訪問〔6～学士会宝積（第三次）↓丸内署〕　正午社長（人事）（佐々田新家
憲打合）
三月二十五日（日本橋橋町６９６書留佐々田薫宛）　４００来社、箱根宮司（加瀬氏）
三月二十六日　后１００青年学校卒業式后３００學芸会
三月二十七日　ヒル阿部着　后２００　３００丸山氏告別式　后３００企劃部事務引次〔ママ〕會議
三月二十八日　午后大移轉、正后三木氏（販賣次長會）―平荘―新橋
三月二十九日　菊子４９日、埋葬　東吾ノ家ニ行ク會　雅叙園３００（九前田先生）　49日仏事
三月三十日　前９００販賣部挨拶（講堂）　日本橋倶島先生、千金貫事２００
三月三十一日　松岡油脂課長談　総務未整理事ム　山崎進蔵来社策耕採用　渡辺直志問題（石川母）　伊藤つち返
事、東京石僉配給問題　大塚、今村、瀧沢、服（一力）
四月一日　后３００原化学　阿部、５００～８００偕楽園（石鹼問題）↓鶴田川
四月二日　山縣氏ニ石僉五打届ケルコト　東京發
四月三日　後川（消室機、三浦）　大阪独法平賀、仏法伊吹、英後川　夕独仏英合同、廿周年。
四月四日　后２００石僉工場組合本部理事会　后３００天風先生居合　各分科会
四月六日　歸社↓工場（社長、伊藤、前本）↓猿昼食↓歸社
四月七日　徳田健児5000、阿部　本店販賣会議　正午日本橋クラブ（マライシヤに於る指示儀礼）
四月八日　朝小林氏（論文）、商工省―山本化学局長↓阿部君↓小林良正　ヒル松井公平　板圓氏ト来社
四月九日　阿部勇上京、（宝積・梶原景数　芳桜亭）　修養団中津氏、午后工場伊藤氏打合、赤坂百合、阿、男

四月十日　100航本部提出文書作成（工場）正午、商工會館、整備令、豊田（服、芝、日向等）
四月十一日　前900發、神木車曳禊講習会、夕600〜13／后4時　后200湯ヶ原消光園（正午大東亜文化協會　后300工場支部）クレヨン懇談會
四月十二日　ヨコハマ959　夜發　1122アタミ。
四月十三日　大阪販賣會議
四月十五日　歸社　阿部来。后130商工省有キ課藤田氏（片山、本郷、大塚、服）后430山本化学局長（大塚、服）400山本化学局長、夜百ヶ日、
四月十六日　830阿部↓工場　200　7人会　300役員會（トクヰ先）本店―平荘トクヰ先市内14名　三喜（阿部、田尻、松井、杉本）
四月十七日　小林良正（大東亜油資単行本）阿部契約書（松井）京亭加野氏、服、小立
四月十八日　矢内夫人礼状　029空襲　后1時、青島打合（大坂屋、服、小、中尾）3時　小林氏（大塚氏）
四月十九日　正后後川。空襲警報
四月二十日　130さくら矢内夫人發　阿部ニ金渡ス　后1時企劃院会ギ（大塚出席）
四月二十一日　富子歸京　正午木村包介氏打合NEW　Grand
四月二十二日　后佐々田母子わかば、（厚生省、修養団）中尾昼歓迎會　隅田↓牛込
四月二十三日　芹田家葬儀　阿部勇向島夕立荘
四月二十八日　前11 30？石僉配給　后阿部、工場
四月二十九日　安田長吉氏来芝、石川母、直志　后200護国寺須見新一大佐主催ノモンハン仏事　2300　戦況説明　夜小林良正訪問、陣内
四月三十日　藤島、松尾上京　投票日

五月一日　８００出勤9月末迄。午后2時販売部予算打合　夜　秋元康氏召集送別會（一平）↓藤島、今村、鶴田川、小林氏
五月二日　午后生？井上課長　青島駐在許可（野口、服）
五月三日　ハイク。６３０集合　前10００工場会議室　国民長生療柴田純宏先生　阿部上京
五月四日　后１００本店販売會議　秋元君入營　后１００農林大臣官邸（山崎）　夜桜内氏（阿部）　夜四社会議
五月五日　田中家葬儀／阿部、田村虎太郎氏／加野氏、江沢、小林良、旦、苣　９２５東京發。
五月六日　支店會議　社長發満支行
五月七日　（小立君上京）
五月八日　朝歸社　コレヒドール陥落発表
五月九日　小林良正　后７００田中京城上京↓わかば　大塚田中小立
五月十日　映画原稿、佐々田、横浜行
五月十一日　企劃院、総督府、商工省山本局長
五月十二日　久板栄次郎（四谷3.734）田中、蔵原氏　一平荘↓鶴田川
五月三十日　岡本博来店　阿部出京
五月三十一日　江沢家来訪、旦苣買物
六月一日　前７００満州中井参事官東京着　10、25つばめ間野次長東京發　前野氏、中井参事官、福井事ム官、社長大塚服部　満州司法部次長前野氏（なだ万）
六月二日　前9、００部次長會議
六月四日　山本化学局長、12００河野密　后２００農林省資源局長、海軍省
六月六日　青島積出手續

六月二十四日　各道花王會結成二十五日　朝鮮化粧品産業組合　本日認可
六月二十九日　カスミケ関茶寮↓鶴田川　戸田先生招待　磯村、夏木、増谷
六月三十日　730工場、南方ト大陸打合会　午后台湾総督府企劃部長（服　川上）　朝鮮総督府井上課長　夜安
江福坂企劃部残業、上海連絡事ム
七月一日　献餞阿部勇↓清瀬
七月二日　ヒル河野密氏
七月三日　大陸會議手配　警戒官制發令
七月十一日　佐々田ビル営業〔別の日記に記す、五事務所も〕
七月十三日　午前末弘先生、金永周
七月十八日　修養団　午后400南方金庫
七月十九日　横浜行（阿部・金）
七月二十日　修養団本部（服・上）
七月二十四日　800大陸會議　本店
七月二十五日　大陸會議招待会（一平荘）
七月二十九日　興亜院桝谷文化第二課長産業貿易開發協（大竹）
〔この日記帳は八月十二日まで日記つけあとは覚書や会計簿などを記す。十一月一日にとぶ。なお服部はこの年の詳細な会計簿を三冊残しているが、この分析は『歴史家　服部之總』にとってきわめて貴重である。しかしすでに述べたように、服部（家）のプライバシーにかかわることは遺族との固い約束をしているのであえて省略する。この表紙に昭和十七年度の服部の花王での給与が記載（給料二四〇、二六円、賞与三三〇、〇〇円、総合所得計七九二、二六円を日本橋税務署）とある。〕

一九四二（昭和十七）年日記

〔別の日記帳からも簡略して紹介する。この表紙に「大政翼賛　臣道実践」と印刷してある。その左に服部が「京橋区銀座五ノ三　世界創造社」とペン書きあり〕

〔一月一日から四日の第一頁に「セレベス建設本部　安江、万年、大石、柳田、高山（？）〕

〔この頁の左にセレベス陣容の横書きのメモ〕

次頁に　台湾　工場長（中川）として下に技術と事務の名〔一月五日～八日の欄〕

青島　服—森田講三　板倉敬止　吉岡（日産放出工場）平石（リスリン）〔九日～十日〕

上海　水田　紺谷〔十一日〕

〔以後一月から十二月まで花王の事業メモの記載や次のような春歌を書き写したりしながら料亭・観劇等の日記〕

〔一例として四月一日から四日の頁に、

おそゝの真中に牛肉はさみ
させよき也ブルドッグけしかける
おばゞ小便すりや雀がのぞく
一羽二羽三羽四羽だらけ

廿一迄我子で育て三月見ぬ間に神となる
正義日本の人柱

八月十七日　芝↓佐々田↓商工省↓協油　特許百件突破記念（川上）上野山下　糸香　〆也

八月十八日　山本化学局長、小林良正、三枝。新橋大竹　直子、令子、元奴〔など料亭の記述多し〕

八月二十日　佐文宅、佐文一、二〇〇渡シ　后200兼松支店↓南支調査会↓日光書院　芝井（福丸）　B電、
八月二十一日　井坂課長↓山本局長　正后協油三好氏（菊亭）　磯野、朝鮮物産協會松浦、濱町金井家（磯野）　彌生（糸美、勝千代田）　友子（芳町）
八月二十二日　新入社員俸給決定
八月二十四日　社長歸社　井坂課長歸京　山下氏来社　后400　天風師紹介人事面會
八月二十五日　小林良正送別会（稲垣）〔このころ小林の名が多く出てくる〕
八月二十六日　后130　製造打合會　準子君ガイセン　セブ日油ニトラル（太田興業會の様だ）（600高田氏〔――高田義雄氏〕）かほる、鶴
八月二十七日　100高田義雄氏　青島　田口氏歸社　防護演習／高島屋飯田、清水、／西氏、山本局長／正午苫米地紀雄／コージュン社　柏原製油峯社長
八月二十八日　阿部アタミより電話　商工省―太田興行高橋副社長―南支調査會　香粧品原料打合會、佐々田―本アミ　治右エ門（上野）
八月二十九日　藤田技師（ベント石鹼）川上邸↓石炭統制會　飯田―小林（ニューグランド）　阿部勇、金、熱海ヨリ歸ル、本庁内貨工場、大田中送別會（スミダ本館）
八月三十日　後川（鶴田川）
九月一日　ケンセン↓井坂氏（服、川上）↓石炭統制會林氏　商工省（及川事ム官、山本局長）　工場（秋元、田尻ベント石鹼原料）　600一カ　井坂、村山
九月二日　本阿彌家（カゴメ発木田行↓清瀬事ム所（金）↓出社　400台湾打合
九月三日　900図書倶楽部　前11時大日油、東北油脂亀井氏　福岡（入船？）〔（　）を―で消す〕　千登世（日本バシ）〔翌日も鶴田川〕

九月四日　０３０工場社長訓示
九月六日　９４０社長台湾行４名　洋子銀座
九月七日　小林良正君出発　柳水（春元石僉石川、山本氏）↓一力（井坂）
九月八日　後川上京電話　正后吉川氏　上海来電　鶴（万年、田口、日向）
九月九日　富子〔服部の二度目の夫人〕産気ツク。深川赤十字産院高島政男先生　午后０３５　男児安産〔二男の設〕
九月十日　販賣打合會　三菱商事〔以下縦書で「修養団返事（招待ノ件）台湾小林氏招待　名古屋教授」と記述〕　鶴、里次。豊君　カケヤギ、日、服
九月十一日　正午設赤十字病院山田博士（小林氏午后来宅）　山本局長電話〔以下縦書で「小林君紹介状ノ件　餞別、托医物・ヨコハマ林氏　丸山勉氏菊亭（花台湾小林氏）〕
九月十二日　小林氏終日在宅　アタゴ署↓副社長―山下令妹↓加野―野上（田丸）　三菱商事業務部長井水産部長渡辺寿郎　小林良正出発７４０神戸行
〔九月十九日　上海、台湾など海外に出張し、十月十五日に帰国〕
十一月八日　夜前進座見物　洋子滞同〔洋子は長女〕
十一月十日　后４４０母上京
十一月十三日　母歌舞伎
十一月十五日（日）　鎌倉江ノ島〔上京中の母などと観光案内の記述多し〕
十一月二十三日　４００上海報告會　全重役、工場、花王上海出張所長ノ件
十二月八日　四時歌舞伎座〔などと仕事多忙の中に屡々観劇の記述あり〕
〔この日記の終りの空白欄に「そろもん海戦第一第二　そろ〳〵敵をおびきよせ　南太平洋でみな殺」〕〔この下に「十一月三日　於一カ　高橋先生吟」と縦書で記す〕

五　上海紀行（一九四二年）

九月十八日夜　南京右ヱ門町大西屋で藤永氏川上氏から送別宴。実は今夜はベントナイト屋の掛谷氏から招かれてゐたのであるが、変つた男で、三輪石鹸で川上博士からベントナイトの質の粗悪さを実証されたら顔色をかへて帰っていったきり、電話一つかけて来ないのである。藤永氏やむを得ず、水不入の送別会を開いてくれた所以。九時三十五分下関急行。水害の為め平時六本の急行が三本しかない。寝台券を半日がゝりで漸と総務部で入手して呉れたのだが、乗ってみて、立ちんぼ一杯の二等車を見て、今更感謝の念を深くす。

スグ下の寝台の客と話しあふ事になる。南京の海口等の話から、世界は狭いものといふ事になる。今回東朝南京支局長から本社社会部長に転じて南京に妻子をつれて帰るところといふ石尾市太郎氏といふ。飛行機で廿一日上海着の由。再会を約して下関で別れる。山口県の水害は予想以上也。

十九日　小倉駅前で朝食。旦にハガキを出す。

鳥栖以西は始めての土地。西するにつれて藁屋の農家が、特殊な屋根の作り方であるのに気づく。更に西南に進み有明海岸に出ると一層単純になって、驚いた事に、南鮮の農家と同一系統の印象を受ける。内地ではこの印象は始めてなり。

長崎駅三時五十分着。人力車で平戸町の池田屋―「花王石鹸」と云つたらすぐわかってくれた。小立君もこゝへ泊って発ったといふ。港を見下す三階の室、ふるい建物である。昔は一流の宿で、宮様もきっとこゝに御泊りになったものですがと、車夫の話。即ちに人力を頼んで、夕方迄に長崎見物の運び。

最初に諏訪社参拝。博物館は閉館直前で中止。柳町といふのが銀座通りの由。そこへ出る迄に国宝眼鏡橋といふのを見る。カヂヤ町を下って、左折すると崇福寺。完全に支那風の寺院建築。

こゝから左に折れると丸山ですといふ角のところに風格ある店構へ、福砂屋といつて長崎一のカステラ屋の由。

今はカステラの製造は中止して「菓子配給所」の白看板がわびしい。
思案橋を渡る。この辺一帯がデング熱の中心の由。尤も今は収まりかけてゐる。大浦の天主堂。文久三年着手翌年完成、門衛に断はれば無料で堂内に入れる。奥正面のキリスト刑像のステンドグラスの素晴しい効果。この裏手にガラバ家今もある由。帰途は海岸沿ひに出島に出る。その前に英国領事館の、閉された堂々たる建築。出島は出入口のクリークに昔をしのばせる跡を見るのみ。思ったより大きい。「和蘭商館跡」を道路金具で示してあるが　志が届きかねた形。

明日出帆の神戸丸は出島の埋立地に横附になつて。縣庁横から入る平戸町は池田屋と共に幕末以来の香をとゞめた長崎唯一の（？）街かもしれぬと考へられた。入浴后わびしい食事。車夫に教はつた順路で夜の丸山を見物に出る。大阪で買つた仐〔ママ〕が役立つのを喜ぶほどの小雨。丸山の張店もひやかす気にならず。行詰りのとある大きな料亭に入る。芸者売切とて独りゐるまにマッチを見れば長崎丸山三つ葉。電一六三四。浅酌して帰る。

九月廿日　鞄を整理し、読了した書物と汚れたハンケチ一枚を郵送する。仲小路上代太平洋圏（大阪ヨリ川上氏ニ托ス）、金彩革、長崎縣紀要、外一冊。洋子其他へハカキ〔ママ〕。上海へ電報二通。一は新亜ホテル岡田氏宛ケフタツヨロシクタノム。一は公司小立君宛テハイタノム。「今日発つ」の是非を案じたので二通にした。

九時昨日の車夫が迎ひにくる。軍票引替一九六円窓の所で小戋〔ママ〕二円三十三戋〔ママ〕の□□〔二字読めず〕を訊いたら二円追加引替を命ぜられ計一九八円也。税関は至極簡単に済んだ。梯子を上らうとする時船上から僕を呼ぶ聲あり、意外にも神戸から他の船に乗った筈の落合実君である。

落合君は大陸新報販売部長として半年前に朝日新聞社を辞めて赴任し　聯〔ママ〕絡に帰國して芝の家に約四十日滞在、同じ九月十八日に仝君は神戸から僕は長崎から別ゝの船に切符をとつてあった事が判った—仝家へ挨拶にいつた数日前の話で。

荒天の為め長崎発の神戸丸は廿日発に延び神戸発の某丸は矢張十八日発—と東亜海運で私は聞いたのだが落合氏

の支社ではこれを聞誤って神戸発も廿日と思ひ、乗おくれた為め今朝長崎にかけつけてやっと三等を取ったといふ。

同船できたのは意外の喜だが一等と三等に別れては第一気毒でやりきれぬ思ひ。落合氏色々交渉してボーイに二十円つかまされて特別三等といふのに移れたのは出帆后の事。

十一時出帆。室は三号室ベットはA。

Dベット（窓下）に華中電気通信有限公司秘書長鈴木実氏、上海閘北育嬰堂路一六〇。気管支炎を病み強ゐて勤務先に帰任中、三高大正四年の先輩。Bベット、山崎徳次郎氏世田谷区上北沢二ノ五四一、前日活営業部長、五十三、長男上海某国大使館勤務、同伴の長女今度伊太利大使館勤務（津田塾出身）につき云々。同伴者でも婦人は別室に移される。避難ボートの関係である。救命胴衣《ライフジャケット》は喜瀬式C型第二号のマークのある方を前方につける。これを持って食堂に集められ事務長から注意がある。その事務長は先般沈んだ長崎丸の事務長で、その事を先づ陳べた后相当ゴック脅かすのである。

ベイから貰ったスルメの内二枚を山崎氏にわける（山崎氏その一枚を令嬢にわける）。

鈴木氏は私は覚悟してゐますと云つて受けとらない。僕残のスルメをポケットに入れる。持参のアヒの毛シャツ上下を肌につけ、モメンのシャツをその上につける。三菱商事三谷から太洋丸談義をきいたのを応用したのだ。モメンをヂカに肌につけると海中で恐ろしく冷えるといふのだ。更にワイシャツをして上衣をつけても船室で別に暑気を覚えない。昼食、食堂シート五十二号、落合君とお互に時々往復あり。午后大部分僕の室で話す。五島が見えなくなる頃からユレ方激しくなる。壁につるしたレインコートが振子の如くゆれる。落合君と碁を打つ頃稍気持悪くなったが頑張って七時第一番に食堂に乗込んだ。」

船首の砲。見張一名。燈火管制。

読書就眠十時。

廿一日　六時半起床。波高しといふ程でないにしても風強く揺は已然激しい。八時朝食。読書。木村毅支那紀行所収芥川の蘇州紀行に支那人のズ太サに就ての見方。

十時海の色黄味を帯びはじめ十一時既に全く暮色　十二時揚子江に入ったといふが、岸らしいもの一つも見えず。砲艦、カーゴシップ、ジャンク等と行逢ふのでさうかと思ふ。昼食。流石にもう揺れない。左手に岸辺の森影が見え始める。右手に三角州□□《〔ママ〕》島の岸が見える。それでも尚恐ろしく広い。落合君と碁を打つ。黄浦江に入る。話衆議院皇軍慰問団一行。プートン側の壊れた建物がすっかり整頓されて遊覧用の古代建築の如し。其他等々。三時半碼頭着。岡田小立君に迎へられ、人力で新亜ホテル着。落合君から電話（下船の時ハグレた。東京宅へ電報の事）午后六時迄室で相互に報告。階下バー。福州路京華酒家。ガーデンブリッジ。中ほどの兵隊さん。十二時就眠。

九月廿二日　六時起床、上海では夜明け時である。食朝《〔ママ〕》を食堂で小立君と済ませて九時買物に出る　岡田氏は医院行。リウマチの治療で酒もやめてゐる。其他色々。

レディメードの洋服を買ふといふのに岡田氏に教へられた南京路に見つからない。小塚に電話した處昨日から杭州へ行き明日でないと帰らぬといふ。

自然科学尢丗〔研究〕所の小宮を訪ふ。小宮の生活べっ見。彼大いに話す。浅し。海口と好對。彼の親切は身に沁む。昔の友達はいゝと思ふ。僕が学者でなくなった事も原因しているだろう。扨彼にジョッフルアベニューのスキヤキ富士の御ち走になる。三時頃出て、彼の案内で小立と三人で同家路（落ついた上品な街だといふ）京芸公司といふので土産物のブローチ類を求める。次で南京路中華國貨公司でレディメードの合服一着ポプリンシャツ一枚を値切って九百弗と三八弗で約束、仕上げて明朝九時迄にホテルに持参の約束。

その隣の洋品店で山形からたのまれたベレーを買ふ。トリコロールといふアートギャレリーで喫茶。新亜へ一緒に帰りウナギの御ち走をして、ヤンジッポのキャバレーに案内される。

上海第二日は小宮デーに終る。

　衣笠貞さん上海にきてをる由、
　幼方直吉上海満鉄に勤務の由、
何か汕々物を考へる。

廿四日は仲秋祭で休日の由、僕厄年の誕生日を蘇州の寒山寺で迎へたいと思ふ。

廿三日　早朝洋服をもつてくる。小立、岡田と三人で先づバンドで全ビル軍配事務所へ小堀君の事情きゝにゆく。女秘書からきく。昨日午前十時、軍配の用向で杭州へゆき今夜七時帰滬の由、併し今夜は他に用事あり。小堀のアドレスをきゝ、名刺を渡して辞去。

億定盤路一八八号（電二一七三九）裕華化学工業公司経理梁嵩齢を訪ふ。バンドから電車で南京路↓静安寺路、終点で下りてグレートウェスタンロードを西に黄包東を馳り北に折れてまもなくの処。工場と住宅と一緒になってゐる。

感想割愛。

十二時前辞去。その頃から少々熱あるを覚へる。

昨夜ヌルイ湯に入り頭を洗ひ夜半鼻がつまって寤んだ。風邪らしい。□□□□〔四字空白〕路のメーフラワーといふ支那料理屋で中食したが食欲なし。買物もせず、寄宿、アスピリンをのんで夕方迄就床、下熱。引続在宿、久々半日の休養をとる。夕食后小立岡田に打合せ。

九月廿四日　九時景林廬四号小堀私宅訪問、小立同伴。先客民豊造機廠総支配人上田四郎氏小堀大学同窓の由、その干係にて云々。
一、中国化学の件　小堀用心して直ちに語らず小立同伴のせいか。
二、裕華の件、原料仕入値段引下は承知の旨

こゝで高級石鹸を作る事。パイヅ売出してニッサンに備ふべき事
三、三菱京橋と語り糠油フーツの件大賛成
四、借入金ノ事、
以上等にて昼食を小立共にカセイホテルにて馳走〔二一〇弗〕になり南市城隍廟参拝、一〇一聯隊戰跡をみて南市の軍配独身者寄宿舎見学、バンドにて別れ彼は新公園の軍配野球戦に、我等は小立案内にて競馬場へ后七時小堀自動車迎へにきてホテルより小立ともに競馬場前金門飯店に招かれ、畑和氏（小子読者）、村上清氏（東作氏学友）、佐藤匡氏、外一名、女秘書、タイピスト三名、小生誕生日の祝ひとて大に飲む。別れて安永公司ダンスホールを経て帰舎。

廿五日　前九時十五分小堀訪問、コーヒー接待になる。昨夜の礼。中国化学問題、解除嘆願書の件、土田氏に立役者となつて貰ふ事、その上にて云々　借入金。帰舎、ホテル前服屋に紺地冬服〔一三〇〇弗、一三四円〕注文。靴修繕〔一五弗〕依頼、紙入〔七円五〇銭を六円に値切らせる〕購入等々の后大陸新報社に落合氏訪問不在、全氏部下高柳昌之氏應訪。バンドまで歩きパグクックガーデン参観后ハミルトンハウス高砂支店長土田氏を訪ひ仏租界錦江にて昼食懇談。中国化学に就ては高砂と共同の事と申出づ。その代り云々。諾。二時半三菱商事京橋睿氏訪問（広東路八十六号）詳細懇談の機を約して辞去。その足で軍配に工業薬品部主事上田健造氏（昨日競馬場で見る）訪問。六時帰舎。入浴、向井よりクリーム、ハミガキの件にて電話ありし由対策協議。七時前落合氏来訪、北四川路上海花壇に招待さる。十時出てスコット路の全氏宅訪問、上海駐在手当制問題等にて大いに得る所あり、十一時半帰舎、エレベーターボーイ室ボーイにチップ。最初の報告手紙をこれより認むる。

廿六日　昨夜報告書を二時迄認め其後眠られず八時に小堀から電話パン食ひに來いといふ。黄包子で三角しか小戋ない。気毒〔ママ〕だがそれで乗捨る。民豊造機上田氏も来る。軍配黒田氏村上氏来同。黒田氏に五日頃の切符をたのむ。金受領証。帰舎、本社へ手紙。明日の船に托すべく。梁氏に電話して零時半金門飯店を約す。小立岡田滞同（支

払七十円)。

岡田通訳にて初交渉。彼等一家にて⅓有するにつき花王⅙もてば劉独裁になる。僕の希望方向にリードし得たと確信す。私案は花王が⅓株を買ひ、劉より⅙（即梁一家持ち株の½）劉意外より⅙とすれば梁（⅙）＋花王（⅓）＝3/6にて梁を通じて花王独裁の形となる。次回火曜日に約して金門を出る。劉氏も一緒に競馬にゆく。そこで高砂土田支店長と逢ふ。劉フォーカス大いに当り約五六百ドル勝つ。土田氏五十負　小立仝上、僕ブレーたのみにて終始し四十九ドル勝つ。妙な天気也。

劉氏と別れ土田氏案内にてエドワード路大世界に入り仏祖界Ｄ・Ｄで御接待頂く　Ｄ・Ｄのジャックポットといふゲームで僕また五弗稼ぐ。黄包子にて十一時帰舎。岡田氏は大世界を出てから帰舎す。

廿七日（日）　八時三十分発南京行急行天馬号にて北站駅迄小立同伴、蘇州行一等切符を買ひ、車中名古屋師団動員の老主計少尉組（昨日上海上陸、十四日動員）と同車す。東京文理大広瀬武輝氏　東海銀行瀬戸支店次長前島贏氏何れも四十四五才、前島氏の話で、伊藤産業理事長佐々部晩穂氏も同列の由、案内して貰つて御挨拶する。一行総司令格は三井銀行神戸支店長渡辺氏の由。蘇州行をやめて南京直行に改む。出来心也。二時半南京着。リゾール水の手洗、霧の洗礼、物々しき限り也。

木炭ハイヤーにて朝日支社を訪ふ。城門ト列〔ママ〕の際支那人より手バナをズボンにひっかけられる。ハイヤー朝日支局迄十円也、南京は軍票のみ通用。扨支局にて現支局長野村宣氏に石尾市太郎、門屋博の聯〔ママ〕絡をたのむ、冷淡也。市尾夫人に電話。その御世話にてやがて門屋と電話聯絡つく。石尾氏も御嬢さんと買物の自動車を乗りつけ、やがて門屋も仝上。宿は福田館をとつてくれ、当夜は両君とも客の約束あるとて、我等二人自由行動。地図を求め、太平路中山路角の本屋で史記を買ひ、二十八円出して書類鞄を買ひ馬車で賑やかな処へ案内させたら夫子廟といふ。大東酒楼で食事後、電影を見て帰舎、方々へハカ〔ママ〕キ認める、何故か寝苦し
廿八日　九時過、門屋自動車で来訪。彼は総軍嘱託として国民政府鄭默邨の社会運動の顧問だといふ。即軍及政府

から自動車一台を貰つてをり、南京要人たる事を証してをるのだといふ。いづれにせよこの自動車払抵の時、彼が政府キ章附の証明書を附したこの車で「貴重なるガソリン」を僕の為めに提供してくれる事は有難い極みである。最初に中山陵。石段で鳴龍が実に見事に聞える。孫逸仙の遺骸はミイラになって（レーニン像の）安置されてゐるそうな。南京攻略前この全建造物にカムフラージュしてあったといふ。しかし建造物としては革命記念塔のはふ《ママ》が勝れてゐるかもしれぬ。塔そのものもだが、北伐戦死者の名を刻んだパンテオン張りの大殿堂は荒れてゐた丈に一層印象が深い。干右極の書のよさに就て門屋の話。紫金山明孝陵―これは絶大に素晴らしいものだ。前方後円墳の形式とこれとの対比。正午、四条巷福宮といふ日本料理屋に朝日石尾氏に招かれる。南京では内地通り尽《ママ》酒は禁止、併し『顔』で芸者と共にそれが出る僕は多分この石尾といふ男と、朝日で一番の朋友となりそうだ。門屋の話では彼は航空記者の第一人者として軍部に可愛がられてゐる。尾崎事件で失敗《ママ》つた朝日が彼を社会部長に起用した所以だとある。午后は勅建古鶏鳴寺に案内さる、□□□《ママ》湖をみはるかす眺望、それより以上に、ガンダラマリア系と見らるゝ観音像のユニークな美しさに打たれた。

門屋の家にゆく。数日前引越した許り、前政権時代某中将の邸宅の由、色ゝの引越祝、支那の習慣の由。海口夫人來る。門屋色ゝの物をくれる。曰く清末名筆の釉、タンケイのスズリ。狼の筆。法帖。慾しがつたらまだ呉れさうなので、もうよいと云った。夜の門屋招宴は、何と前夜の夫子廟の太平洋といふ料亭。准ワイ河の画舫はもうシーズンオフだが、歌女次々。相客は三省堂中村正明氏、三通書局南京分局長伊東勲氏。門屋秘書西村氏。も一度門屋邸に帰つて十時三十分の汽車で発、寝台、就眠

廿九日　前七時半上海北站着。風邪ブリ返し気味也、

小堀末子嬢ヨリ電話。推して行く。小堀新作戦出征友人某大佐の話、天下国家功奮《ママ》の状也。十時三菱商事ニ高橋氏訪問、軍納糠は少量にして問題にならず、併しフーツ必要とならば世話すべしとの事也。在上海搾油施設三十

万頓ノ内1/10も仿《ママ》いてをらぬ由。十一時高砂訪問小島氏と逢ふ　仝氏昨夜着滬（夫人子供同伴）新亜止宿。午前帰舎。服仮縫、靴をとる、アンマ（お俊さん）をとる〔三円と一弗〕。午后二次半約束通り梁氏来室、土田小島両氏を交へて第二回戰開始。

梁氏持参八月末日ベアレスシートの検討から始まる。午后五時半迄三時間、梁曰く三年間かゝる話を半日でした。有意《ママ》であつた。然るに、我等としてはプレミアム附は怪しからぬ額面以下で1/3分を売れといふ要求に対し、「額面以下」を承認せしめたるのみ也。

夜微熱あり、小雨、小島氏一家を招じて武昌路冠珍に会食す。日高支店長と逢ふ。アスピリン就眠

けふ梁氏と「商売は商売」の条件付（？）で明晩七時先施公司ホテルに招待される約束をする。高砂両氏も共々。

九月廿日（水）　朝も在宅、いきなり花王香皀デザイン悪いとの注意、タバコのデザイン見本帳。同行正金行、畑氏、上田氏を呼ぶ。談半ばにして軍人二人入室、その一人何と森河敏夫なり、藤第六八六〇部隊中央宣撫班長陸軍中尉、同伴者は同じく桜田中尉（日清紡）、共に今度解除となつて帰国の際とある。小堀主催でカセイホテルで昼餐、畑氏より二・二六実厂《ママ》談をきく、畑氏は浦和東大、興亜院柏原事務官と高校以来の同窓にて左翼経厂《ママ》も同様なるも、転向后上《ママ》海にても意見合はず云々。要領左別項。

上田氏明日昼食梁と逢ってくれる事を約す。前田一二洋行主碩吉氏に招会《ママ》さる。

后六時高砂両氏と別れ、一時間独り散歩、本屋、后七時先施公司東亜ホテル□〔一字読めず〕陽といふ支那料理世話役は梁氏友人で先施有限公司総進貨部の黄祖康思武氏、上海歌女、広東歌女、嚮導社、十数人来る、食事殊に美味、

十月一日　食事后、小堀令弟君林氏来訪。

軍配に同行、直ちに上田氏、畑氏（畑氏母堂本日ヒル内地帰航三等の由）。黒田氏に依頼せる六日の切符一等転《〔マ》回《マ〕》、九日を申込む、三等也。

正午、南華にて梁、軍配側は上田氏以下四人、高砂土田氏、上田氏大いに脅す。

二時、岡田氏をつれて梁と同行、工場にて六時迄話す。埒あかず。彼大いに悩んでる様子は明か、眠られぬといふ、僕の出発を二日延ばしてくれといふ。

今日から上海の敵性外人の赤腕章始まる。

風邪気味也、岡田氏室にカレーライスをとって食事しアスピリン就眠、東京への通信小立にたのむ
今日より上海防空演習也。

十月二日　小堀行、周といふ人に紹介する故他の支那人石鹸工場を当つてみろといふ、共に軍配行上田氏はスグサマ梁の工場に行き製造差止めをするといふ、いづれも待つて貰つて歩いて帰舎、午后三時梁来る約束。

正后〔ママ〕網倉正蔵来訪、小立岡田と四人でホテルで昼食、后、小立と服屋（裏地問題）、古着屋、かんこ〔ママ〕屋等ヒヤカシ、三時梁来る。

「⅙ニ当る五〇万弗を額面で渡し、利益は折半する」といふのが申出也。二人の友人と相談してきたといふ。利益折半の方法意に満たず。

依然低迷。五時半打切、明日競馬で会はうと約束す　六時桃太郎にて高砂三氏を招待。

三日　朝微熱、仕事の見透も静かに考へてみたいので一日ホテルに休養と決す。正后すぎ洋服屋に起される〔前渡金五〇円、残金を支払ふ、合計二三四円〕。合服を修繕に出す〔五円〕。昼食代りにビール一本〔二円〕のんで、日誌をつける。

小立は支那法人問題を弁護士に訊きにゆく、競馬場の談判は「決裂指示」の方針で彼に任す。ヤハリ支那人扱ひの原則でやるほかあるまい。それなら僕は病欠するがよいのである。

小立岡田午后競馬場で梁と交渉す、梁曰、⅙昨日通り、利益分配½は会社利益金からする。この点昨日よりも誠意認めらる。梁も一生懸命だからこの辺で折合つたらどうかといふ両君の報告。

四日（日）　朝小掘家朝食、

小堀上田間に新対策成り、南陽、大新、中央、裕華を一丸にして花王½持株の案也。これで来週からやり直しだ。

小堀自動車に同乗して新市街旧市政府見物、若林氏訪問、上田四郎氏訪問、新公園の野球戰（軍配決勝戰）見物、

午后一時半帰舎、土田氏御案内にて仏租界ドックレイス見物、但賭ける事は控へる。夜大世界前の紅棉で高砂招待に與る。土田氏小島氏及技師伊藤誠一氏、当方三名。↓楊子↓ヴィクトリア↓憲兵隊滬北隊本部。帰舎すると門屋博から電話ありし旨。

五日　小堀より電話、南陽、大新、中央、裕華合同提携問題につき上田氏と相談せよといふ。門屋より電話、一昨夜来滬メトルポールホテル止宿の由。小立と共にたづねる。鄭黙邨と共に来て八日共に南京に帰る由。

　国民政府交通部駐滬弁事處々長呉文蔚氏石鹸問題を述べるや門屋直に電話で前宣叙市次長　現、社会運動指導
委員會常務委員黄香各氏
中央政治委員会社会事業専門委員
粛一城氏を呼ぶ。

黄氏、南陽、中西、中央、裕華を推し、これら合併して花王が資本を半分持ち、原料と技術を提供する案は如何といふ。黄氏信頼するに値する人物なり。

七日に中間報告をうける事にして別る。正午軍配上田、□□〔ママ〕両氏メトロポール来訪、土田、僕、小立と共に新々公司楼上にて昼食。上田氏案も黄案と同じ、てうど〔ママ〕黄、門屋そこへ来る、紹介す、明日三時メトロポールにて会見を約す、その前、午前中に南陽、大新、中央三社軍配に来るよう土田氏に手配せよと上田氏云ふ。上田氏僕、門屋相談、手配不成事にして（実際無理也）明日その手配をむしろ黄氏に依頼する事とする。午后門屋室にて少睡をとる。総軍上海陸軍部嘱託寺田氏、島田政雄氏、何れも昭十三年門屋が連れてきた連中の由。五時半辞去帰舍、

何故か郷愁。あともう三日間しかない。夕食后、小堀氏宅訪問。

〔ここで『上海紀行』は終り、この後は、（六日　昼食上田いち主人令息ブルマン招待、靴買物、夜タオル類　七日　門屋デー　八日軍配行、軍配自動車ニテ買物ス　夜日高石堂氏訪問　九日（空白））と記してあるのみ〕

〔次頁に左のメモ〕

方針打合　十月八日夜、小立服部

(1)裕華ハ五〇：五〇ノ方針デ、買付値段及方法ニ就テハ日高石堂氏ニ斡旋ヲ依頼スルコト。
日本側五〇（一五〇万弗）ノ分配ハ花王75日高50高砂25

(2)軍配ノ原料受給者及製品納入者ハアクマデ花王香皀公司タルコト。
何故ナラ、花王ノ技術ト宣伝力ガ独自ノモノナレバ技师《ママ》ハ香公カラ裕華ニ派遣（貸与）スルシ
機械等ノ世話モスル、
宣伝、納入、ハ公司ガスル。

(3)裕華副経理ハ花王カラ、其他等々

(4)裕華以外ノ支那人工場ノ斡旋ハ黄氏ニ依談ノコト。（黄氏ヘノ成功謝礼等、一切門屋ニ挨拶ノコト）
ソノ経営方針ハ裕華ニ倣フコト

(5)董氏ノ糠油計劃《ママ》
椰子油利用計劃《ママ》｝日高［石堂］＋軍配［小堀］ノ筋デ処理スルコト。

〔以下略〕

本章（Ⅶ）の四　日記の冒頭で述べたように、ここで使用した一九三八（昭和十三）年から一九四二（昭和十七）

年の最初にも記述しておいたが、服部の日記の『当用日記』(例えば一九三五年＝昭和十年)は縦21センチ、横14センチの一頁に一日分を縦書きに記述してあって容易に読めるのだが、本章で使用したのはすべて『懐中日記』(縦13センチ、横7センチの一頁に五日分を横書きに記述)であって、前述したように服部独得のくずし字の達筆で、ルーペを使用しなければ容易に判読する事ができない。一日分が縦2.5センチ、横7センチの枠内に簡潔に、極細字のメモや名前(ほとんど姓のみ)、住所、会計簿など、時々当時の感想や画、毎晩のように料亭で教った春歌などまでが、縦書きや横書きに乱雑に記述されている。したがって、恐らく私の誤読も多々あることを寛恕くだされればありがたい。出版社に最初に渡した第一稿では、『日記』はとくに重要と思われる記述のみ最小限の引用にとどめたのだが、この初校ゲラでは、できるだけ原文のまま引用することに考え直したために、加筆・修正の朱が多くなってしまい出版社に多大の迷惑をおかけすることになったことを深くお詫びしたい。なぜこのように考え直したかと言えば、とくにこの章では、「アジア・太平洋戦争」の侵略戦争と日本ファシズムの嵐の時代の中で、「マルクス主義歴史家」であった服部が文筆から離れて、「花王石鹼株式会社(長瀬商会)の宣伝担当重役というサラリーマン時代に、この『日記』からでも想像できる超人的な精勤ぶりで、対人関係においては中学・高校・大学時代につくった親密かつ広汎な人脈をフルに生かしながら、持ち前の巧みな話術を発揮して、軍関係者・官僚・政治家・財界人さらには「転向者」などとも区別なく交際して、日中全面戦争下の厳しい統制経済時代に、一石鹼会社の発展と繁栄のために日本全土はもとよりのこと、当時日本帝国主義国家の植民地であった「満州」(中国東北部)、中国本土(上海・青島など)、朝鮮、さらには「南方」各地にまで東奔西走している服部のめざましい活動ぶりが、この『日記』と『上海紀行』からも推測することが可能である。この時代の服部の生き方も含めて、「マルクス主義歴史家・服部之總」(戦前・戦後)という希有な人物をどのように評価すべきであるか？　歴史家にかぎらず、日本近代歴史上の著名なすぐれた「知識人」の評価を今日考える上でも、私たち後進の歴史研究者・教育者にとってきわめて重要な研究課題であると私は思っている。そのための貴重な史料として私はあえて文章上の煩雑さをも考慮せず、この服部の『懐中日記』に記載されているほとんどを原文（誤記・当て字・旧漢字と新漢字の両方を使用しているなど）を忠実に引用することにしたわけである。

最後に一言付記しておく。私が戦後、大学在学中から服部家に屢々通い（卒業後は服部の私設助手兼秘書）、服部を家庭生活の内から「観察」することができたことは、私のその後の生涯にとって甚大な影響（良きにつけ悪しきにつけて）を与えていることはまちがいない。その折に服部が私に屢々「僕は『花王時代』にもふたたび歴史家として活動できる日が必ずやって来ると確信していて、歴史学研究を怠ることなく続けていた。その成果が私が戦後すぐに歴史学界の第一線に復帰することができた理由だ」と真面目な表情で語ったことを六十年たった今も忘れることができない。この『日記』と『上海紀行』の初校ゲラを毎日校正しながら、私は服部と対話をくりかえしながら、この服部の言葉を『日記』に業務のための出張の時にも各地での古書店・新刊書店を採訪して新旧の歴史関係史料や図書を購入し、多くの研究メモを丹念につけている記述に出会うたびに思い出したことである。

最後にもう一言付記しておく。引用した『日記』と『上海紀行』は、服部の長男旦に返却する際に私がすべて複写して保存しているものである。

六　花王石鹼を辞す

服部は、日本の敗戦の一か月前の一九四五年七月十日付で、一九三六年一月いらい在職していた花王石鹼株式会社長瀬商会〔辞職当時は大日本油脂株式会社と改称〕の取締役会長〔生産責任者取締役社長〕の長瀬富郎に退社願を出している。当時の服部の役職は、満鮮部長であった。現在私の手元にある墨書のこの退職願には、

私儀今般都合ニヨリ退社仕度此段及御願候也

と書かれているが、もう一通の墨書の大日本油脂株式会社取締役会長長瀬富郎宛の退社御届には、

私儀貴会長ノ下ニ於テハ死処得難ク候条退社仕度此段及御届候也

と普通の退職届とは異例の「貴会長ノ下ニ於テハ死処得難ク」と理由を書いている。

この「理由書」には、その理由が次のように書かれている。

私儀花王石鹼株式会社五十年史及初代長瀬富郎伝編纂以来場違ノ身ヲ以テ宣伝部長総務部長業務部長ヲ歴任乏シキヲ傾ケテ御奉公仕候処去五月六日附ヲ以テ満鮮部長被仰付就任準備中現下社情ヲ以テシテハ微力到底責務果シ難キヨリ存念候ニ就テハ深ク感ズル所有之私本来ノ面目ニ立還リ国史研究ニ死力ヲ投ジ度ク退社ノ儀別紙御願ニ及ブ次第ニ御座候

以上

と昭和二十年七月十日付の理由書が残っている。このことからみて、服部は第二代目の社長の下で満鮮部長に転職となったことから、ふたたび歴史〔「国史」と当時の日本史の呼称で〕研究に戻ることを口実に退職したことがわかる。服部はこの時すでに日本の敗戦を予知していたものと私は考えている。

私の手元に墨書での右の退社願の控が残っているので、これも引用しておこう。この願を書いた当時の服部の心境がうかがわれると思うからである。

退社願　控

大日本油脂株式会社　社員　満鮮部長
花王石鹼株式会社取締役
長瀬商会
服部之總

私儀
花王石鹼株式会社長瀬商会五十年史編纂以来〈場違ノ身ヲ以テ〉宣伝部長庶務仕入部長兼任次デ〔上記の「庶務以下次デ」までを消す〕総務部長企劃販売部長兼任次デ〔「企劃から次デ」までを消す〕業務部長ヲ歴任乏シキヲ傾ケテ多年〔「多年」を消す〕御奉公仕〔「仕」を「申上」と訂正している〕候去五月六日附ヲ以テ満鮮部長被仰付準備中現下社情ヲ以テシテハ微力到底重責果シ難キヨウ存念候ニ就テハ〔「現下」から「存念候」までを傍線にて消す。なお「準備中」の下の「現下社情」云々の左に「感ズル所有之」も消す〕深ク感ズル所有之去ツテ国史研究ニ念仕度ク〔「去ツテ」以下「念仕度ク」までの文字を二本の傍線で消して、その代わりに「深ク感ズル所有之」につづけて「本土決戦下私本来ノ面目」の「面目」を消しているる〕事業ニ立還リ聊カ国恩ニ報ジタク存念候ニ就テハ」と書きかえて、このあとに「退社ノ儀何卒御聴届被下度此段及御願候也」

と書いている。

私の手元に残されている服部自身の手書きの履歴書によると、花王石鹼株式会社本社取締役〔業務部長〕のほかに、上海同社取締役兼務、大日本クレヨン株式会社・満洲花王石鹼株式会社・台湾花王有機株式会社等、花王石鹼系統の傍系会社の取締役・監査役のすべての職を、敗戦後の八月十七日に辞職している。

花王石鹼を辞職するかどうかを迷っていた頃に、敗戦直前の家族の状況を伝えた一九四五年四月二十日付の母宛の書簡が残されている。「東京工場にて」と花王石鹼株式会社長瀬商会の便箋にペンで書いたものである。

昭和二十年四月廿日　東京工場にて　服部之總
母上様　玉案下

十五日発前便御落手被下候や。あの手紙認め終りし時の警報にて二百機来襲川崎蒲田大森方面を集中曝焼し火だるまになったるB29が鎌倉山にぶつかるかと思はれるほどスレ〳〵に逃げて江の島沖に落ち申候。電車不通にて洋子も小生も二日間山にとぢこもり申候　昨十九日の硫黄島からのP51五十機は各方面を銃撃し深沢村でもそのことあり　心配すれば限り無之候得共洋子も旦も一向恐るゝ気配なく今朝も小生と一緒に夫々危険区域の工場へ出勤仕候

電車汽車の銃撃も有之候故全くの第一線に御座候　一同を帰国せしめるべく心準備致居候得共切符入手見廻品仕度留守居番物色等まだ〳〵日はかゝり申すべく御座候

前便の如く今月末か来月匆々には、と心組致居候得共、多く御心配なく御仏縁を悦んで御健勝あらせられたく候

成文〔服部の三弟〕帰郷の入電も無之候故あの身体で無事入団致候ものと遙察仕候

何卒天気にて健康も恢復し御用に立ちくれるよう祈念此事に御座候

富士夫の話によれば成文入団せば薫〔服部の妹〕在国して法務に当り申候由御苦労に存候得共何分健闘方御願申上候　小生身上東京勤務か満鮮赴任かいまだ定まらず月内には決定

第二部　戦後史のなかの服部之總

I　敗戦直後

一　玄海商事

敗戦後、服部は一九四六年三月から玄海商事という会社を設立してこの新しい事業に専念している。この会社のことを服部の長男旦が私に語ってくれたことは、花王を辞めた時、服部を慕って多くの社員も花王を辞めた社員の生活を救うために始めたのだという。事業の内容は、紙や化粧品などの販売であった。後に引用するノンフィクション作家の児玉隆也の「〝司〟王国—飢餓時代のメルヘン」によると、服部は「これからは日中貿易だ」と語っていたようである。しかしこの事業は一年たらずで失敗してしまう。服部と同郷の浜田中学時代いらい五十年以上にわたる親友であった三浦義武に私が一九七七年八月五日に浜田で初めて会って服部の話を聴いた時に、「服部は子分が多くて、儲けよう儲けようと思っていていつも損をした」と、病床で笑いながら当時のことを話してくれた。この事業で扱かった紙はこの三浦から調達したものであった。

この会社と当時の服部の生活の様子は、すでに第一部「生い立ちから戦前期までの服部之總」のなかに登場した浜田中学時代からの無二の親友であり、玄海商事の経営にも協力した大賀俊吉から恵贈された服部の大賀宛書簡によって詳細があきらかである。現在、私の手元に服部との生涯にわたる親密な交友について知らせてくれた多数の大賀書簡が遺されている。それらの多くは服部のプライバシーにもかかわる貴重な内容のものである。私はこの『歴史家服部之總』を公刊するに際して、とくに服部の長男である旦とミナ夫人〔すでに両人とも故人になられた〕からの強い要請を了承して、服部のプライバシー〔とくに女性問題や家族にかかわる〕は絶対にこの伝記には書かないことを堅く約束した。そのためにこれらの服部伝記史料として貴重な大賀書簡の内容は残念ながら紹介できない。だが、玄海商事に関しての服部の大賀宛書簡は、すでに大賀俊吉も故人となられているし、敗戦直後の服部についてのきわめて数少ない貴重な史料であるのですべて紹介することにした。

書簡は、

①一九四六年一月二十五日付
②同年三月四日付
③同年五月十日付
④同年十月十九日付
⑤一九四七年三月二十日付

で、毛筆やペン書の長文なものである。

①　一九四六年一月二十五日付服部書簡──大賀俊吉宛

拝啓　其節は色々多謝申上候　帰來玄海商事設立や妹挙式準備や忙殺され失礼御ゆるし申上候　扨貴第一電全く文章不明　当節の電信閉口に御座候　今後は商用に関しては打電の都度ハカキ〔ママ〕にて趣旨重複せしめる事と致度候　扨第二信にて漸く判明せるも其時小生不在のため家人より会社に傳へたるメモが石油鑵一個当り二十圓に該当せしため取調べの結果見込立たず　今朝電文を精査して一個当り弐円と判明アワテテ「前電取消引受る半金送る間に会

ふや」と打電仕候次第何とも申訳無之候　序乍台所用竹籠云々　こいつは何とも見当つかず閉口致候處荷物さへ入京せばどうでもなる事に候故二品とも引取る事と致候　昨電今電の変化　分析すれば局、家人、店すべて不馴の致す處にて今後は段々整備かゝる不始末は消し申すべく昨電のためもしも不成立とすらば身にコタエての授業料と致すべく候　処で心配は輸送に在り　貨車取り御自信有之候や否イクラ安くとも貨車取れずでは何にもならずその点心配に候　追而電報御照合申すべく候
扨鎌倉山自宅では一切不便につき事務所懸命探し求め来候處漸今日上野駅前に決定契約成立二月中に引移申候　それ迄は左記

京橋区銀座西三ノ一
菊正《キクマサ》ビル五竹本油脂株式会社内
小生宛

御聯絡被下度　日曜日は在宅　其余は毎日右事務所で玄海商事の執務致居候（電話京橋三二五一―六）
大体昨今の電報は鎌倉は殊に貧弱にて誤記だらけにて家人が八〇〇〇を八〇〇と誤読したのも（前文と比較すれば誤を正しうるも）とがめきれないもの有之程に御座候　どうでもハガキで裏付ける必要に候
次に三浦（義武）の木炭一万俵帰来方々運動の結果　マ司令部許可を得て消費組合で引取るといふ策が見込立ち候それ以外の方法では木炭は到底許可取れず一時は断念した位に御座候　島根県の許可もこれならば東京で一挙に取れ申候　出荷人は井野村三浦義武個人の名で届出申候（村長又は農業会長とせず）三浦には本日
「炭一万」引受る」四貫俵カ八貫俵カ知ラセ」服部
と打電仕候　凡て貴兄を玄海商事出張代理人として送金等一切貴兄を経て致すべく候間　貨車の積込証と引替にその量丈け代金をその都度御支払願上度候　消ヒ組合との取引は勿論㊣乍ら玄海との取引値段は一俵先般の話では十七八圓との話、夫に近いところで御とりきめ願度く御一任申上候　凡て貨車取り第一に候故貨車手配第一儀に御高

配願上度候　値が少々安くても荷着遅れて資金が寝返す事最禁物に候　次に当方の引取運送店は当分の間
　神田区多町二ノ八
　　櫻井運送店気付
　　　玄海商事株式会社
逆に当方より貴方への出荷物資は香油ポマード　特許洗剤靴ズミ保革油クリーム等の化粧品類にて三月より出荷可能に候　値段等追々御願申上べく一手御取扱あらば山陰筋にて相当利益あるものと奉存候
切込済建築用材も木曽との間で引取の予定に候得共これも貨車とれゝば三浦のをヨリ安く仕入れたきものに候　御調査願上候
明後々日廿八日薫〔服部の末妹、関根悦郎夫人〕挙式にて公私多端に候　追々後便仕べく候
晴子様に山々御宜敷願上候
　一月廿五日夜　　總
俊吉兄
　侍史

以上の書簡から要点のみを摘出しておく。

①の書簡から、玄海商事はまず一九四六年一月に京橋区銀座西三ノ一の菊正ビル五階の竹本油脂株式会社内に事務所を置いて設立されたことがわかる。この事業は前述した大賀とともに浜田中学時代の親友であった三浦義武も関係してはじめられたことがわかる。大賀は石油、三浦は木炭や建築用材を調達している。服部は香油、ポマード、特許洗剤、靴ズミ、保革油クリーム、化粧品を扱っている。生前に旦から直接聞いたことであるが、服部は花王を辞めた時に服部を慕って辞職した部下たちの戦後の生活を援助するために玄海商事の事業を始めたのだとのことである。服

部が調達した商品類は花王時代の縁故をたどってのことであろう。

またこの年の一月二十八日に服部に一番かわいがられたという末妹の薫〔二〇〇六年十二月十七日没、享年九五〕が戦前に唯物論研究会時代の服部の同志であった関根悦郎〔戦前『無産者新聞』を編集、一九七九年七月十二日没、享年七八〕と結婚したことがこの書簡からもわかる。

② 一九四六年三月四日付服部書簡

拝啓　二月十二日付貴翰拝見　色々と御手違にて御心労煩はせ却而恐縮。早速返書すべきの處、新円以前に会社創立せねばならず　金融から商売から事務所から諸手続にいたり人事にいたる。連日混雑忙殺されていかんともなし難し。御無音御了恕乞ふ。

扨貴電により籠ザル各若干と石油カン延板若干御発送ありし事を知り早速桜井運送店に手配した。右品着次第籠ザルを見本品として販売手配するつもりにて、そのために後送のカゴ何個、ザル何個あるや。数量内訳を知りたくて打電した所、御返電によれば右意通ぜざりし模様。お互不馴の商売哉。次に今日入電によれば「近く残りの品送る手配済ました。合せて一万円となる。御送金の内八千円封鎖され閉口」いさい文」。案ずるに八千円は貴下の手許で封鎖されたか。然りとせば資産申告上次々と閉口の事が起るが處置の仕様がない。何分貴翰をまつことゝする。貴下が蒙る財産税負担分と利益金中から補塡するほかはあるまい。賣手への封鎖支払は賣掛請求書を提示すれば可能である。尤も貴下の申告が済んだ上のことだが。

あれは玄海としては最初の纏った投資だった。御來示通り、鑵が目的だった。カゴザルの方は売却について殆ど未調査のまゝであり、何とかならうと考へてゐる程度。そこへ「封鎖」令が来たので、正直のところ相当面喰ったが、士族の商法とならなければ幸。何分カゴ類は見本を手にした上でないと賣り様もないので、着荷迄待つほかなし。まづ損をせなければよいと考へてゐるが、新円時代の購買力激減と低物価政策のあらはれ如何を考へると、大いに努力する必要ありと思はれる。一番閉口したのは安富の金庫が封鎖された事だが、一方では竹本との提携が豫想以上に好成績なので、玄海としては三月から営業を開始する見込が立ち、此月末は最初の月給も支払ひ、店びらきが出来ることをまづよろこんで頂きたい。尤もまだ四五人の店員だが。

菊芋の方は長野縣農業会の背信で種芋が入手難。この月末長野縣へ人を派して厳談するが、農業会のボスの裏切にはあきれるほかない。北海道に対して目下手を打ってゐるが、結果は四月に入らぬと不明。

石見半紙タイプ原紙は津和野で作ってゐる様子。カルナウバ蝋を使って加工することは地方では無理かと思ふ。蒲郡でやるならやれる。当方ではまだ充分の調査してない。化粧品類の販売について目下金準備中にて、手続を三月中に済めねばならず、この方面の玄海の真のスタートは四月に入ると思はれる。山陰一手販賣なぞも好望と思はれる。準備が済んだら打合せに帰るか上京してもらふかしたいと思ふ。

炭の事で色々多謝。三浦隊に色々クメンしてゐるのだらうが、新経済政策は彼にとっても痛手だった事だらう。特殊方面に目下交渉進捗中だが、千か二千俵単位ぐらいで、許可をとって、永続的にやれば、三浦もラクだろと思ふ。特殊方面の手続がとれたら、このために即時人を派遣して貴下と打合はせにやる故、三浦に対してしかるべく御折衝願ひたい。

上野の事務所への移転は三月末となるが、当分引続き菊正ビル宛で御聯絡乞ふ。

明後日から十日頃迄山形へいって「封鎖」善後處置をしてくる。私的にもめちゃくちゃ多端。女学校入学一人、四年級後学一人。ジャガイモも植えねばならぬ。我家の食糧事情は買溜め一切不成功のため最悪にして、連日カユバラで子供たち不びん。休みになり次第山形へ飯食ひに下向させる方針だが、新円では大勢の旅行すらできぬ。政府はドエライ試練の下に立たされてゐる。三月三日の日曜日大雪が降りジャガイモ伏せもおぢゃんとなり。風邪ひきがやたらに殖えた。食物もないくせ鼠が殖えて荒廻り、やがて鼠を食はねばならぬように立到るだらう。選挙に立てといって国から二本も手紙が来、東京でも社会党から云ってきた。ものずきな人もあるものだが、せめて本を小金井からとりよせて原稿が書きたい。生活のための玄海が乗切れたら、学問に少しづゝなりと立戻りたい。念願はそればかり。

敬具

三月五日　夜　總

俊吉兄

②の書簡から、服部らの新事業は、一九四六年二月十六日に政府が発表した金融緊急措置令による預金封鎖と三月二日限りの旧日銀券失効政策の影響を強くうけたことがわかる。服部はこの書簡の中で「士族の商法とならなければ幸」と大賀に書いているが、その予感は的中して服部のこの事業は二年たらずで失敗に終わった。私が一九七七年八月に島根県那賀郡三隅町大字湊浦に住む大賀俊吉（郵便局経営）宅をはじめて訪問、その翌日に浜田市黒川町の国立浜田病院北病棟三階に入院していた三浦義武にもはじめて対面した。初対面でのお見舞いのつもりで土産を差し出すと「服部の弟子がこんなことをしなくともよい」といきなり云われてびっくりしたことを思いだす。この時三浦に玄海商事時代の話を聞くと「服部は学問はできたが商売は下手だった。いつも儲けようと思っているから失敗するのだ」と話してくれたことを今懐かしく思い出す。

ふたたび書簡にもどると、この当時の玄海商事の店員は四、五人で三月末に最初の月給が払えるようになったようだ。また当時の服部に衆議院選挙に立候補せよと郷里の島根県や東京では社会党から要請があると書いている。このすぐあとに「生活のための玄海が乗切れたら、学問に少しづゝなりと立戻りたい。念願はそればかり」と大賀に書いている。

③　同年五月十日付の服部書簡

大賀兄　　五月十日

関根帰京　諸事情判明　色々御心労煩はせ申訳無之。籠は凡ゆる善意にも不拘失敗の巻となった。すべて新円政策のせいであった。新宿の関東尾津組に交渉したら一個三円ならば引とるといふ。やむを得ず今後は小売店を求めて直賣するほかはない。それはそれとして玄海商事は一昨日から表記上野駅前に移転し、どうやら食ってゆく丈の成績は挙げてゐる。不思議なものである。世態も政情同様日増に悪く、鎌倉山は今後配給は期待できない旨の内示があって、今朝も隣組臨時会議を開いて（小生組長也）緊張してきた。中女学校を休ませて子供三人ばかり石州へ送るといふ事も断行せねばなるまい。公私内外とも愈々多事である。

扨木炭の件だが、関根帰京後手配した結果、鉄道共済会からいつでも貨車を送れる。ついては貴下御手配の数全部を駅に積出し、丸通の積込体制がとゝのったら、打電あり次第当方から貨車の手配をする。支払は貨物引取後直ちに送金するが、それ迄の資金操作は全部そちらでやれるか如何。不足分はこちらから送金する故、至急御照会願ひたし。以上関根と相談の上とりあへず右迄。

大ブリを頂戴せる由。電報では小生帰国とのみ思はれくると思ひ、小生よりあつく御礼申上ぐ。小生いつ帰れるか目下の處見透しならず。身辺は食糧問題から社務から原稿から相馬燈〔ママ〕の如し。健康も最近少々害してゐる。三浦二万票を超へた由天晴の事也。このつぎどうすることやらむ。妹〔関根夫人〕はツワリで木田に残ってゐる。拙妻も腫れが引いたりまた腫れたりでよろしくない。日本の運命がそのまゝ一家に凝縮してゐる。石州のはうはその凝縮の近点距離が遠いといふまでのことだらうが、お互大いに頑張るほかはない。六月中には何とかして帰国したいと念ってゐるが。

最後に。萩のことが妙なきっかけからばれた。愚妻の態度は立派である。今後處置すべき事は、自分が立派にさらに生長してゆくためには、家のためにも国のためにも、多々あって長生きしなければならぬと思ふ。自己をいたわる暇はない。下手にいたわると早死をしてしまふ。

この書簡で②の大賀が調達した籠ザルの大量取引が前述した「新円政策」の影響で失敗したために、新宿の闇市などを当時支配していた関東尾津組〔喜之助〕と交渉して小売店に直接販売を考えていたことがわかる。この年の五月八日から玄海商事は設立当初から予定していた上野駅前に移転できて（東京都下下谷区車坂町四）、「どうやら食ってゆく丈の成績を挙げている」と書いている。敗戦直後の食糧難が服部の家族が住んでいた鎌倉山でも深刻であったようで、服部が隣組の組長として苦労している様子も分かり興味深い書簡である。①の書簡にある妹の薫と新婚生活を始めている義弟の関根悦郎もこの会社に協力し、新妻の薫はツワリで郷里の木田の正蓮寺に帰郷していること、服部の妻富子の体調も良くないこと、服部自身も「食糧問題から社務から原稿から相馬燈〔走馬燈の誤記〕」と内憂外患の状況を大賀に伝えている。「三浦二万票を超えた由天晴の事也」と書いてあるのは、この年の四月の第一回衆議院総選挙で三浦が立候補し落選したことをさしている。私宛の大賀書簡には「私は大反対したのですが」（一九七七年十月二十四日付）と書いている。

前述した病床での三浦の話ではこの直後にＧＨＱによって公職追放になったこと。理由は戦時中に島根県の農業会会長や大政翼賛会役員をしていたためであったという。三浦は日本で最初に銀座でコーヒー店を開いた「コーヒー博士」と当時からいわれていた人物である。私宛の大賀書簡（一九七七年八月十八日付）に倉敷で出版された『三浦義政のコーヒーを愉しむ会』という題名のパンフレットがあることを知らせてくれている。本稿執筆のため病臥中に録音した三浦のテープを改めて聞き直して見ると、コーヒーについて多くを語っている。時間が許せばこのパンフレットも確認したいと思っている。

最後に、この書簡の末尾に次のような文章を服部は書き遺している。

「最後に。萩のことが妙なきっかけからばれた。愚妻の態度は立派である。今後處置すべき事は、自分が立派にさらに生長してゆくためには、家のためにも国のためにも、多々あって長生きしなければならぬと思ふ。自己をいたわる暇はない。下手にいたわると早死をしてしまふ。」

「萩のこと」とは花王時代の部下の女性とのことを指している。服部はこの事件処理一切を大賀に託しその結末の詳細な記録が私宛の大賀書簡に書かれているのだが、前述した理由からこれ以上はふれないことにする。それにしても、上述の服部の文章はいかにも服部らしい書きかたである。男の身勝手さを率直に私は感ずる。

次に大賀宛の書簡ではない別の服部の書簡を紹介しておきたい。この書簡は、③の書簡にある玄海商事の新しい住所を印刷した封書で、服部の最初の妻であった浜田昰子《あき》〔間島僴の妹〕との間に生まれた長女の順子にあてた服部の手紙である。この内容は、娘への父親の心情と当時の日本や服部の生活状況を率直に綴っているものであるので、伊藤春一・順子夫妻の了承を得た（二〇〇九年四月二十一日）ので紹介しておきたい。

御手紙落掌。通学の朝夕の通路にあたる由。立寄って貰って病気欠勤中で私も残念だった。病気は胃酸過多といふ診断で、服薬して五六日安静にしたらいくらかよくなって、出てきたけれどもまた悪くなって休み、今朝また出てきた。気力は熾だが、胃病といふ奴は神圣《ママ》を費ふとわるいらしい。腹がたつと云ひ、切腹といひ、日本民族はどうやら腹に脳髄があると考へてゐたらしいが、まんざら嘘ともいへぬらしい。会社を一つもってみると、随分腹をくたびれさせる。このごろの僕の生活は、まづこの厄介な会社があり、週に一度新設の鎌倉大学で歴史の講義をもち、原稿も書かねばならず、（『三木清と親鸞』といふ五十枚ほどのものを昨夜脱稿したが、もうほかの原稿を引うけるのがいやになったほどだ）畑にイモも植へねばならず、胃病の医者に通はねばならぬ。まだ〳〵色んなことがある。不愉快なことの方が多いのだが考へてみれば、だから生甲斐もあって面白いのだ。政治のことはこゝに書かぬが、いまの日本はどちらをむいても悲惨で不愉快で困難だらけでゐて、しかもすばらしく生き甲斐がある時代なのだ。学校に眞剣になって勉強してゐる様子何より嬉しい。逢ったら色々御話しよう。これからはたいてい毎日出社してゐる。正午頃来て夕方四時頃までゐる。だから学校の帰りに寄ってごらん。昨日から三階に移ってゐる。萬一私不在のせつは、藤岡さんといふ人に伝言しておいて貰へば可。叔父様お母様によろしく。

五月二十四日　　之總

順殿

再び服部書簡に戻る。

④　同年十月十九日付服部書簡

この書簡には冒頭に「俊吉大兄　十月十八日　之總」と太く墨書してある。

拝啓　一日附玉書落掌のところ、実は九月中旬より不快引籠中なりしが今月始めより遂に胃潰瘍と決定、吐血はせぬが血便にて発見、あやうきところにてコースを立て直ほし昨今漸く圣快〔ママ〕を覚えつゝあり。

一方梁子を木田より帰京せしむる案につき、肝心の梁子病状一進一退して、旅行を可とする説、非とする説、電報や手紙で大さわぎ、遂に若者二人ほど迎へにやり一昨日頃着村の筈に候へど、湯浅氏診断によって可否を決する筈にて、いまだ電報來らず不明に候へども、これが小生の病気決定と前后して起り、何とも混雑のきわみにて、御返書もけふまでおくれ御海恕被下度候。

それにしても、シロップは着到せりや。涼気急來して商談如何と案ぜられ申候。御報まちをり申候。

ネオクレールは毎月十箱送ることは可能と思ふが、そちらでそんなにサバケ申し候や。仕入も九月から一カン十円値上げになった筈、それでも六十円故、八九十円に売れば悪くはないが、くわしく御來書願度候。

上京は今月中は不可能なれど会社への聯絡は有之御希望の通りにいたし申すべく候。

小立君〔藤蔵〕は花王を愈々やめて小島の会社に入ること〻なり、会社における小生の分身みたいなものに候故そのつもりで御願申候。日曹の方針が決定するのが今月末と思はれ、曽我氏も小立君もちかく上京の筈に候。日曹ストアの見透についてもその上にて御願申上ぐべく候。

④の書簡には服部はこの年の九月中旬から胃潰瘍が原因で体調がすぐれないこと、さらには郷里木田の正蓮寺で療養させていた三女の梁子の病状がおもわしくなく帰宅させるか否かを考慮中であることなどを伝えながらも商談の打合わせをしている。

最後の服部書簡を紹介する。

この書簡は上述した理由から紹介すべきではないのではないかと再三熟慮した末にこの書簡だけはあえて収録を決断した。敗戦直後の服部の生活と大賀との親密な交流の歴史を伝えることのできる貴重な史料と判断したからである。

⑤　一九四七年三月二十日付書簡

俊吉兄　　三月廿日夜

悲しいおはがき落掌。去夏貴宅で逢ってから半年しかたたぬのに、このことがあるとは。その間、私自身も死にかけたのだが、若い者の殊には血をいつくしんだ自分の子供の、この運命はこたえると思ふ。こころからおくやみする。晴子さんに申上げる言葉がない。

私の末弟も、同じ病気で、逐度松高を退学したと木田からしらせてきた。その病気で、二年落第せねばならぬので、退いた。いま木田で療養してるのだが、敗戦後の結核の猛威は、随所にこのざまだ。洋子も旦も軽くやられてゐて、オゾンを受けてゐる。裕鳳のカリエスは、上京受療一ヶ月余になるが、おどろくほどよい。この機械が、石州に間にあわなかったことは、オゾン党として、残念でならぬ。

私のように子供をやたらにこしらへても悲劇だが、君たちには少すぎた。それも一層悲しいことだ。富子数日中に出産の筈。

それにつけても、萩の子を去夏の約束通り、むりして木田で届けたところ、肝心の養子入籍の手続を、保証人が土地では得られぬなどと申して（あかして頼む人がないといふのだ）、今に至るもサボってゐて、私を悲しませる。保証人を貴兄にたのむよう、書類を貴兄に送れといっていま萩に書かうと思ふが、よろしくたのむ。萩ではその妹が家出をした（らしいのだ、手紙ではそれとはっきり書かれてゐないが）事件などもあって、家内ゴタゴタして、不しあわせな心境で、私に対する考へ方もゴチャ〳〵し、当然のはなしで、さうしたことが手続ちえんの真因であらう。根は単純なたち故、わるくこんがらかることはないけれども、何しろ遠く離れて、病后の身動きとれぬ身で、いたしかたもない。木田で成文〔服部の次々弟〕も手続上困ってゐるので。よくよくの時は貴兄に相談するよう云ってあるが、そのときはたのむ。

この深いくやみ手紙を、私のミゼラブルな私事で、けがしたくなかった。商売のことも、こゝには多く書きたくない。

木田では村政が大もめで、石川知事候補が上州長脇差流の無責任な英雄主義を以てあばれまわって、旧支配階級たちは大こまりにこまった揚句、私を石川村長候補の対立候補として、無断で、資格申請をしたうへで、長い手紙を佐々田の未亡人から、けふは桜内台殿から書いてきた。私が共産党の対立候補に地主側から推出されたなぞ、全く以て天変地異だ。明日謹んで電話で辞退する。

そのた、すべて次便にゆづる。私も五月になれば、旅行のできる身体になれると思ふ。私たちはまだ死ねない。御自愛を乞ふ。

——心からのくやみを送る。　　　　　　之　總

この書簡の冒頭に大賀の長男淳三が肺結核がもとで夭折した訃報への服部の悔やみの言葉とともに、敗戦直後の日本に蔓延した肺結核の被害が服部の兄弟や子供らにも及んだことにふれたあとで、「私のように子供をやたらにこしらへても悲劇だが、君たちには少すぎた。それも一層悲しいことだ。富子数日中に出産の筈」と書いている。そして一行あけて、前述した「萩のこと」についてふれて「この深いくやみ手紙を、私のミゼラブルな私事で、けがしたくなかった。商売のことも、こゝには書きたくない。」と書いている。この頃の服部の心情を「竹馬の友」の大賀にだけにはつい漏らしてしまったのだと私は思っている。

現在私が大切に保管してある大賀書簡の中に「先生が、之總君の学問的な面の外に、人間之總に私淑して下さるとおもいますので、何か非常に親近感を覚え、勝手な想出話しを申し上げるわけですが、之も老化の一現象でせう。私だけが知っている想い出は、誰かに話しおきたいということです。一読忘れ去って下さって一向差支御座いません。」〔一九七七年九月十八日付〕と九枚の便箋に小さい几帳面な字で克明に書いている中に「萩」の女性についての消息も記されている。

大賀とともに服部の親友であった後川晴之助宛の服部書簡は、すでに上述したが、もう一通、玄海商事時代に書いた〔書きかけて出さなかった〕途中で切れている書翰が、私の手元にあるので、これも当時の服部の心境がわかる貴重なものなので引用しておく。

後川晴之助宛服部書簡（墨書）

拝啓久々御書拝見　変った出来事を知って驚きます様に廿日鳥丸の旧の御宅焼失の件既に他家の所有に帰してゐたとは申せかへすぐ〵も残念です　この私にさへ深いなじみが惜まれるものを世の移り易く以上に胸を打つ事です小生この一ヶ月ばかり胃カイヨー前期の兆候で殊に四五日來痛みひどく家居して禁煙し休養加療中です過労が誘因のようで酒は積年の因かもしれぬがこの正月以後は殆ど接してゐません　玄海商事は上野駅前（下谷区車坂町四）に移り　私以下十人程の人間がともかくこれで生活してゐます　文化人としての活動は昔の友人達が或は派手に或は果敢に再出発してゐる中で　私は極めてスローモーな辷り出しでポツ〵勉強を整理中です原稿は終戦後はじめて一篇十日程前に雑誌に渡しました〔一九四六年十一月『日本評論』に発表の「維新史のしっぽ―大久保時代」〕　何かしら皆があってゐる中でぢっとしてをられることはありがたいことです　それにしても貴兄新聞社から完全手をひいてしまひ云々『ぢっとしてゐる』ことに就いてはとうてい私の及ぶところでない!!京都へも久しくゆきませんが　御手紙拝被して行ってみたいと心から思ひます　病気がよくなったら（まだイカイヨーにはなってゐない由。過労の累積故、四五日も休養すればイサンカタは治してみせます）ゆきたいものです畑作如何です　小家は一反歩の上若干開墾しました　山羊も一匹入手し一昨日仔を二匹うみ乳五合は確実です　欠配十日ばかり　九人家族維持困難なるにより中学生〔長男旦〕と国民学校生〔次女苣子と次男設〕二人を石州に十日前に帰へしました。長女〔洋子〕は鎌倉大学に〔この書簡はここで切れている〕

二　鎌倉山に新居を移す

服部はそれまで住んでいた東京都芝区芝公園町八号地三番地から、戦火が烈しくなった一九四四年十月に、妻富子（当時四十三歳）、長女洋子（十六歳、都立第六高等女学校生）、長男旦（十四歳、都立千歳中学校生）、次女苣子（十二歳、都立桜川国民学校生）、三女梁子（七歳）、伯母相馬ミナ（七十四歳）の家族七名をつれて、神奈川県鎌倉郡深沢村笛田字見出一五八六番地に「都市疎開ニ伴フ地方転出」を理由に移住している。当時服部は満四十三歳であった。

　この転居した家が私が服部の助手になった当時に住んでいた鎌倉山の服部邸である。この新居を入手するにあたって、一九四五年（木造瓦ぶき平屋、建坪二十八坪五合二勺、木造アエンぶき平屋物置、建坪二坪）を三十五万円で購入している。これを一九五二年十月末日までに最初の十万円、次年十月末まで十万円、五四年十月末まで十万円、最後の五万円を一九五五年十月末までの四回分割で、その第一回分の十万円を一九五二年十一月二十五日に支払っている。

　服部が花王を辞める頃（一九四五年七月分）の所得総額は、長瀬商会から本給二二〇円、住宅手当五十五円、通勤手当十円、家族手当三十円、その中から国民貯金三十円、所得税二十七円七十銭、厚生年金十一円を差引かれて、手渡額が二四六円三十銭、さらに花王石鹸株式会社から手当二〇〇円（所得税三十六円）の手渡金一六四円と満洲花王石鹸からの本給三〇〇円、所得税八円十二銭を引かれて手渡金二九一円八十八銭で、総額七〇二円十八銭であった。

　花王を辞めた服部は戦後の一九四六年八月から、後述する鎌倉大学校（のちの鎌倉アカデミアと改称）で五月から週一回歴史を講義し（八月に学監に就任）しながら、玄海商事の経営にあたっている。一九四八年分の藤沢税務署に申告した所得税確定申告書によると、この年の所得金額は十三万三五六〇円である。その内訳をみると、鎌倉アカデミアからの俸給収入が手取りで二万五七五〇円で、このほかに原稿料印税が総額十五万四〇一四円（内訳は岩波書店四万九八三四円、穂高書房一万七一五〇円、河出書房五一五〇円、日本評論社一四〇〇円、白日書院八五三〇円、その他二〇〇円）、必要経費四万六二〇四円を差引いた分十三万三五六〇円となっている。

　一九五二年四月に法政大学教授に就任してやっと安定した収入源を服部はえることができるが、私が大学を卒業して服部の私設助手となった一九五四年十一月の法政大学会計課の明細書をみると、俸給二万円、家族手当一二五〇円、付加金二四〇〇円、臨時手当三三六〇円の総額二万七〇一〇円、その中から課税一一六六円、互助会一〇〇円、組合費六〇円を差し引いた現金支給額は二万五六八四円である。翌一九五五年三月分もこれとまったく同額である。

また後述する一九五一年一月から、日本近代史研究会を設立して『画報近代百年史』を刊行することになる。一九五五年分の源泉徴収票をみると、当時国際文化情報社からなぜか長男旦の名義でうけとった俸給は、十四万円（七月から十二月分）である。

私の手許にあるこのような敗戦直後の服部の家計記録からみて、前述した鎌倉山の新居を四回分割とはいえ一九五二年に第一回分の十万円を支払うことは、七人家族をかかえた服部にとってかなりの経済的負担であったことは容易に想像できる。後述するように、また巻末の「年譜」をみてもわかるように、たびたび胃病やノイローゼに苦しみながらも、旺盛な執筆活動をしなければ家族を養ってはいけなかったのである。私が服部の私設助手としてうけとった手当は月額五〇〇〇円であったが、その助手の仕事のほかに次男設と四女草子（いずれも小学生）の家庭教師のほかに（当時小学一年生の草子の鎌倉にあった横浜国立大学付属小学校での週一回のバイオリン教室にも往復付き添って行き、自宅でも練習をさせた）。また生来数字にまったく弱い私が、服部家の税金申告のことでしばしば藤沢税務署にかけあいに行ったことから、当時の服部家の財政事情についてかなり詳細に知ることができたわけである。

服部は敗戦直後の服部家の「経済的困窮」を救うために、前述した玄海商事のような一種の「闇商店」的な事業にまで手を出したがうまくいかなかったため、服部は戦前出版した著作を、敗戦直後の民主主義的風潮の高まった出版事情にも助けられて復刻することで切りぬけていたことが巻末の「年譜」からもわかる。一九四六年七月、服部が戦前書いた最初の歴史随筆集である『黒船前後』を三和書房から、翌四七年一月には戦前の代表的著作である『明治維新史研究』を同じ書店から、同年三月には『近代日本外交史』を世界書院、同年十一月には『歴史論』（穂高書房）と『日本マニュファクチュア史論』（信夫清三郎との共著で真善美社）というように、戦前の研究遺産で食いしのいでいたことがわかる。

三　敗戦直後の執筆活動

敗戦後、服部が新しく書き下した最初の論文は、敗戦直後の一九四六年十一月に発表した「維新史のしっぽ―大久保時代―」（『日本評論』二十一―十二）である。つぎの本格的論文は、前に引用した娘順子への書翰にも出てきている「三木清と『親鸞』」（一九四七年二月）である。戦後親交の厚かった作家の田宮虎彦が経営していた出版社であった『国土』の創刊号に寄稿したものである。この論文を皮切りに、その後服部はつぎつぎと親鸞と蓮如に関する戦後の服部の宗教史論文を以下のように公表することになる。

一九四七年八月「蓮如と親鸞と」『文明』二―五、
十月「蓮如」『文明』二―七、
十一月「日本における宗教改革の神学的前件」『国土』五、
同月「恵信尼文書第一通」『宗教時報』一―五、
一九四八年一月「大谷破却」『文明』三―一、
二月「生身御影」『文明』三―二、
同月「恵信尼文書考――史料学と史学の問題によせて――」『歴史評論』三―二、
三月「恵信尼文書考二――いやをんな年譜――」『歴史評論』三―三、
四月「恵信尼文書考三――半人――」『歴史評論』三―四、
五月「親鸞覚え書――いわゆる護国思想について――」『国土』九、
同月「一向一揆について」『人民評論』四―四、
六月「ごえいどう」『中外日報』六月二十二日号、
同月「蓮如――北行」『社会圏』二―六、

同月「親鸞覚え書(2)――いわゆる護国思想について――」『国土』十、
七月「本願寺教団の民主化」上・下『国際タイムス』七月二十六日、二十七日号、
九月「親鸞覚え書(3)――いわゆる護国思想について――」『国土』十二、
同月「歎異鈔の異の本質」『十方』二七―八、
十月「応仁の乱」『古文化』創刊号、
同月「女人往生の論理」『女性線』三―十、
十一月「恵信尼文書考四――覚信尼といやおんな――」『歴史評論』三―七

と書きつづけている。この年の十月に『親鸞ノート』を国土社から、同月『蓮如』を新地書房から単行本として出版している。以上あげたように戦後の服部の代表的な名著である『親鸞ノート』と『蓮如』に収録されている論文は、一九四六年から一九四八年のわずか二年間で書かれたものであった。このほかに服部維新史の背骨ともいうべき「絶対主義論」について、一九四七年四月に「絶対主義の史的展開」(『中央公論』六二―四)、同年九月「絶対主義の社会的基礎――絶対主義理論の再検討のために――」(『民主評論』三―六)、同年十一月「日本史的世界と世界史的日本――本格的絶対主義と初期絶対主義についてのスケッチ」(『世界』二十三)、同十二月「明治絶対主義の崩壊過程――旧友たちにこたえて――」(『思想』二八二)、翌一九四八年二月『絶対主義論』を単行本として月曜書房から出版、同年三月「天皇制絶対主義の確立」(『新日本史講座』中央公論社)、同年五月「絶対主義思潮の接木」(『国民の歴史』二―五)、同月「絶対主義と農民問題」(『東洋文化講座』第二巻、白日書院)等を発表している。また「マニュファクチュア論」に関しては、前掲の『日本マニュファクチュア史論』を戦前から服部の内弟子であった信夫清三郎との共著という形で出版した。さらに戦後、学問的に天皇制批判の「自由」が許された状況の下で、服部の「自由民権運動史論」の研究が着手されていることである。

一九四七年一月に『総合文化』に発表された「加波山」は、後述するその前年の八月十八日に服部が信夫より先に

内弟子の第一号とした桜井武雄が彼の郷里である茨城県において、「加波山事件」を顕彰した自由大学を開催したときに、服部は招かれて明治維新について講演をしているが、このときの旅行を題材として自由民権運動史について戦後最初にエッセー風に論じたものである。この「加波山」のあとに、その年の六月に「歴史的範疇としての農民革命」(『経済評論』二―五・六)を『自由民権運動における農民革命の契機』のための序論として書かれたものであると この論文をはじめて寄稿したときの表題に付記している。戦後服部が自由民権運動について本格的に論じた記念すべき論文である。(この論文は、一九五〇年八月に日本評論社から出版された『明治の革命』の巻頭に収録された。この年に私は大学に入学し、まっ赤な(ややオレンジがかった)表紙の中に白抜きの横文字で「明治の革命」と自由民権運動の性格をずばりと表現したこの書物を手にして読んだ時の鮮烈な印象と感動を今もはっきりと覚えている。私が自由民権運動を研究のテーマとして選択した決定的書物であり、このときいらい「服部史学」の信奉者となった。)

その翌年の一九四八年二月に、「明治十四年の絶対者」(『世界評論』三―二)、三月「自由民権と封建貢租――ワッパ事件概説――」(『思索』九)、十月「明治絶対主義と自由民権運動」(東京大学歴史学研究会編『日本歴史講座』学生書房)、十二月「いかなる闘いのなかゝら自由党はうまれたか」(『文化史研究』第四集)と、服部の自由民権運動史研究はつぎつぎと生みだされた。これらの論文は、今日の研究からみれば、実証性に乏しい抽象的・理論的な限界を多分にもっているとはいえ、戦後の私たち自由民権運動史研究者にとっては先駆的な指針であった。

このほかに、一九四七年には、前述した「三木清と『親鸞』」を発表した翌三月に「新しい国史と津田博士」(『文化評論』三)、五月「正しい歴史観――あらたなる歴史をつくるための史学について――」(『正しい世界観』民主評論社)、同月書評「大塚史学とは――『近代資本主義の系譜』評」(『帝国大学新聞』五月一日号)、十月座談会の司会「歴史学の方法論について――いわゆる大塚史学をめぐって――」(『潮流』二―九)、同月「書評E・H・ノーマン著『日本における近代国家の成立』」(『日本読書新聞』十月八日号)、一九四八年に入っては一月に「政治史について――岡義武著『近代日本の形成』批判——」(『書評』十)、四月「啓蒙家羽仁五郎君の新ユトピアン教条」(『評論』二十)、五月「一八四八年の三紀念」(『文化評論』八)、同月「唯物史観——百年前の唯物史観——」(『哲学評論』三—五)、七月「日本におけるアジア的生産様式論争の終結」(『社会評論』五—五)、九月「ドイツ・小ブルジョア・イデオロギー」(『唯物論研究』三)、同月「(書評)大塚史学の系譜——『近代資本主義の系譜』」(『人文』二—二)を発表し、十二月には『ドイツ・小ブルジョア・イデオロギー』(前出の「啓蒙家羽仁五郎君の新ユトピアン教条」、「一八四八年の三紀念」、「百年前の唯物史観」、「絶対主義思潮の接木」、「ドイツ・小ブルジョア・イデオロギー」を収録)を白日書院から出版している。服部は本書の「はしがき」(十月)につぎのように書いている。

本書におさめた諸論文は、すべて今年の第一・四半期中に書かれ、第二・三四半期中に、その数だけの雑誌に載ったものである。総じて一百年前の『共産党宣言』のドイツを、ヒトラー・ドイツと情死した大日本帝国の宿命にひきよせつつ顧みたものとして、一貫性をもっている。同時にそれが一部分で友人羽仁五郎君にたいする批判となっていたのは、まことに事情やむをえぬ始末であった。ありていにいえば、わたしはかれの一文『哲学の死』(論集「愛と死について」、新潮社)にたいして腹を立てたのである。

いま同じ年の最後の四半期をむかえたとき、わたしはかれが、民主主義擁護同盟蹶起大会の演壇に、徳田球一、平野義太郎、堀眞琴、松尾隆、鹿地亘、安田産別副議長、土橋全逓委員長の諸氏と共に立っているのを見る。何ものにもまして誠意ある、わたしの立腹にたいするそれは解答であった。

このはしがきをこめて本書を、一九四八年のためのあるがままの一隅の記念碑たらしめよ。

以上列挙したように、服部は戦後の日本歴史学界に大きな影響を与えた歴史学者であった津田左右吉、大塚久雄、E・H・ノーマン、岡義武、そして戦前からのマルクス主義歴史学の盟友であった羽仁五郎への批判を通して、戦前の服部のマルクス主義歴史学をさらに戦後に展開しているのである。

さらに服部は歴史分析の対象を日本現代史（日本ファシズム論）にまでひろげている。一九四八年六月に「東条政権の歴史的後景――『暗黒時代』の日本ファシズムについて――」（『改造』二九―六）を公表して以後、九月「旧警察と新警察」（『世界の社会科学』創刊号）、十月「日本型ファシズムの特質の問題」（『世界文化』三―一〇）、同月「軍閥と中間階級」（『思索』十五）、同月座談会「バクトの世界」（『世界評論』三―十）、十一月座談会「暴力の系譜――続バクトの世界――」（『世界評論』三―十二）と書いている。「日本ファシズム論」について一言しておきたいことは、十月から十一月に服部は座談会での発言ではあるが、日本の暴力の系譜として、戦前の軍部・右翼ファシストとともに戦後の日本の地下組織を支配したバクト・ヤクザについてふれていることは、今日まで続いている戦前と戦後の保守政治にたいする服部の歴史観の特徴を示すものである。ことに本稿を執筆中の今年四月（二〇〇九年）私が読んだディヴィッド・ピース著・酒井武志訳の「ノワール小説」をめざした『TOKYO　YEAR　ZERO』（文芸春秋・二〇〇七年十月）にみられる戦後アメリカ占領軍支配下にあった日本の史的分析は、わずかに作家である松本清張の『日本の黒い霧』に代表される仕事が先駆的なものにとどまって、歴史学研究者による研究は皆無であることからも、この時期の服部の史眼のするどさに私はあらためて敬服している。私の現在手元にある服部が読んだ戦争直後に発行された多くの雑誌を分析してもそう思っている。

最後にふれておきたいことは、戦後の服部が以上に列挙した数多くの論文を、幾度の病魔とたたかいながら発表したことをねぎらう意味も与えられたと私は聴いているが、岩波新書『明治の政治家たち――原敬につらなる人々――』上下二巻（上巻は一九五〇年四月刊、一九五四年十二月刊の下巻は、私が服部の助手になって史料蒐集やはじめて校正の経験をしたことからも私にはとくに思い出深いものがある）にたいして、一九五五年十一月に毎日出版文化賞が与えられた（賞金は五万円。この授賞式には、この年の八月に服部は東京新宿の鉄道病院に入院していたために長男の旦が代理で出席した）。本書の上巻の巻頭にのせた「原敬」を一九四八年五月から『思想』（二八七）に発表しはじめ、九月には「星亨」、十二月に「伊藤博文」と精力的に書きつづけている。

四　啓蒙活動

この時期の服部は書斎での歴史家としての執筆活動にだけ専念していたわけではなかった。敗戦によって学問・研究の自由が、アメリカ占領軍の支配下というきびしい条件下ではあったが、「戦後民主主義」の新しい状勢の中で、服部の学界での活動はもちろんのこと、社会的活動にも積極的に参加していった。

たとえば、前述した茨城県で行われた桜井武雄が中心となって主催した第一回自由大学の講師として服部は一九四六年八月十八日に「明治維新」を農村青年たちに講義している。桜井は茨城県の大地主の子供でありながら、旧制水戸高等学校時代に共産党活動を理由に放校となって上京した機に、服部が最初の内弟子として迎え、桜井の最初の業績となった「農本主義」研究をはじめさせた歴史学者であった。戦後茨城大学教授となり服部と親交を密にしていた。私が同席していた服部邸で桜井に服部はしきりに茨城から鎌倉山に移って一緒に仕事をしようと語っていたときのことを今思い出している。

現在私の手元に粗末な紙のガリ版刷、四頁だての『自由大学ニュース』の第一号（一九四六年八月十七日発行）が残っている。この第一面の「講座時間割」は次のようである。

八月十七日
午前　加波山事件の話　桜井武雄
昼食後　會員自己紹介
午后　文化問題　坂本徳松

夜　座談會
　戦後一週〔ママ〕年の感想

八月十八日
午前　国際情勢　松井英一
午後　明治維新　服部之總
夜　座談會・余興

八月十九日
午前　文学講座　土方定一
午後　歴史講座　小林高四郎

講師紹介
坂本徳松氏＝元毎日新聞編輯長・著書「ガンヂー」外多数
松井英一氏＝外務省調査官
服部之總氏＝鎌倉大学講師・著書「明治維新史」「黒船前後」その他
土方定一氏＝戦争調査会嘱託・著書「近代日本文学評論史」「近代日本洋画史」「印度芸術」その他多数
小林高四郎氏＝外務省・「蒙古社会史」その他の著者

講座変更

○ 岸本誠三〔二の誤記〕郎博士の「経済講座」は次回に延期となりました。
○ 平野義太郎氏は九月の「加波山事件記念講演会」に来られます。

この自由大学八月十九日の「歴史講座」の講師である小林高四郎は、私が一九五〇年四月に横浜国立大学学芸学部（当時鎌倉にあった）に入学した時の歴史教室の主任教授であった。小林の妻が桜井と同郷の親戚という関係で招かれたものと推測する。私が在学中に歴史学研究を生涯の仕事としようと決意したのも小林の講義を聴いたことが一つの理由であった。鎌倉山に在住の服部を私が二年生の時に紹介してくれたのが小林であり、私の公私共に学恩の多い東洋学者〔モンゴル語学者であり、東洋史学者としての代表著作は『ジンギスカン』岩波新書・一九六〇年二月など〕で、私にとって忘れがたい人である。

第二面の上段には「農村青年に寄す」との見出しで、エドガー・スノーの『世界週報』四月号からの（1）「若い者の時代」と（2）「農村青年の組織」を引用し、中段から下段には「加波山事件の檄文とスローガン」と「参考文献」をのせている。第三面に「村の動き」「講座への希望と感想」が紹介され、第四面に「今後の計画」が上段に、中段に「第一回自由大学を終りて」、下段に「編集だより」と「あとがき」が書かれている。この「第一回自由大学を終りて」と「あとがき」を紹介しておく。当時の農村の「革命的な」新しい息吹きを感じさせるからである。

五　自由大学ニュース第一号

終戦後の革命にありて農業問題を根幹とした社会不安は深刻を早くとりもどして再建させたい念願から正しい批判と認識をお互村にあって働き乍ら勉強しようと云ふ要望のため桜井氏を中心とした自由大学を開設しました。嘗つて土の戦士の指導者揺籃の聖地であった鯉渕訓練所、現在全国農業会高等農事溝習所を会場として縣下各郡からの村の青年会幹部と農業会の各郡の、そうした指導者達とで、四十八名起居を共にしほんとうに自由な気持で二泊三日次の講師によって勉強した。

四月二十日午后、政治講座、評論家・平貞蔵氏
四月二十一日午前、歴史講座、民科協・伊豆公夫氏
四月二十二日午后、世界状勢、外交官・小林高四郎氏
四月二十三日午后、農業技術、理博・中村浩氏
四月二十三日午前、農地問題、全農・山田武氏

「あとがき」

日本再建二週年〔ママ〕の出発点にたちて非常な困難と戦いつつ日本革命は徐々に進行してゐる。

私たちが、私たち青年の手で祖国日本を再建しなければならないのだ。平和な静かな明るくして民主の国を。

私たち青年は非常に重大な時機に臨んでゐるのです。それはなによりも文化人となることです。軍国主義を一掃して世界の文明人になることなのだと思います。私たちは政治にも文学にも歩を進めなければならないと思うのです。お互いに手をとりあって勉強しようではありませんか。


服部は、一九四六年に民主主義科学者協会と自由懇話会のいずれにも会員となっている。

一九四七年七月には、福生市で開催された西多摩夏期大学で服部は「近代日本史」の講義を行っている。

一九四八年八月、民主主義科学者協会京都支部が『季刊 社会科学』第一集を発行（同編集委員会委員は、京都大学から堀江英一・岸本英太郎・松井清・島恭彦、立命館大学から奈良本辰也、民科から沼田稲次郎、藺書房の内藤胖、人文学園の新村猛）した記念講演会（京都市主催）。服部は「京都市民学術大会」第一日目の八月二十八日、京都大

学経第二教室で行われた講演会に山田勝次郎とともに講師として招かれている。このほかの講師は、二十九日に江上不二夫と宮原将平（京大工学部共同講義室）、梯明秀と山崎謙（立命館大学）、向坂逸郎と大内力（京大法経第四教室）、三十日に松田道雄と小林治一郎（京大春日校）、飯塚浩二と松島榮一（立命館大学）という顔ぶれであった。

自由懇話会とは、一九四五年十月十日に設立され、翌年一月に『自由懇話会』創刊号が発行されている。この「発刊の言葉」は次のように記されている。


世界戦争終末期のあの陰惨な日日の間に、わが自由懇話會の結成は準備された。われわれは民主主義者として、文化人として、豫期せられたところの敗戦の後に、新しい日本の文化を建設して行かなければならない任務を自覺し、政黨的立場にかかはらぬ廣汎なる結合を企圖したのである。

今やわれわれの豫期した事態は、さし迫った現實となった。だが、聯合國進駐軍がわが國に推進せしめつつある無血の民主主義革命の意義に対して、多くの文化人は未だに充分なる認識をもたず、大衆は狼狽と混亂に陥ってゐる。――この無自覺につけ入って、軍国主義者、封建主義者およびファシストらは跳梁をつづけてゐる。彼らは大衆を反革命へと導くために、策謀し、狂奔しつつある。われわれの任務は眞に重大である。われわれはますます結束を固めて、疲れを知らざる精力的なる闘争をつづけなければならない。

だが、「新しい日本文化」とは何をいふのか？　新らしい時代の来るべき前に、先づ葬り去られなければならない反動政府、反動議會までが、いな、一切の醜悪なる反動主義者らが、ことごとく民主主義を假装して、「文化國家の建設」を呼號してゐるではないか。そして、空々しくも彼らの叫ぶところの「科學の振興」、「芸術の尊重」等々によって、果して「文化國家」は建設され得るであらうか？　――断じて否である！

人權の尊重、民主主義の徹底および大衆の生活安定なくしては、如何に科學が振興せられ、藝術が尊重せられても、その國は「文化國家」と呼ばれるに価しない。それ故に、われわれの文化運動は、勞働者、農民および廣汎なる人民層の政治闘争および經濟闘争と固く提携して行かなければならない。

さらに、われわれは「文化國家建設」の究極の目標を、次の三つの點におくべきだ、と考へる。

第一に、農村の文化的水準を先進的な都市の水準にまで高揚せしめること。

第二に、智的勞働と筋肉勞働との対立を解消せしめ、「知識階級」と「大衆」との知識的・文化的懸隔を解消せしめること。

第三に、女子と男子との知的水準の懸隔を解消せしめること。

この三つの目標の達成せられた時、はじめて「文化國家」は實現せられるのである。

われわれの道は遠く、且つ嶮阻である。だが、たゆみなく進まなければならない。

ここに自由懇話會機関誌の發刊に當り、全國の同志諸君に訴え、われわれの戦列に参加せられんことを期待する次第である。


創刊号の巻頭には、志賀義雄の「日本共産党の憲法草案について」が掲載され、つづいて帆足計「我国経済統制の過去・現在並に将来」、江森盛彌「民主主義は侔から」、布施辰治「獄死の悲惨（三木清のこと）」、新島繁「文化界気象通報（I）」となっている。最後の「自由懇話會活動報告」も史料として紹介しておく。

六　自由懇話会活動報告

發會式までのこと

一九四五年の七月、アメリカ空軍の爆撃がいよいよ猛烈となりつつあった頃、数人の同志の間に民主主義者の會合を組織することが提案された。日本の敗北は當初より豫想されてゐたところであったが、つひに時間の問題となった。今や來るべき敗北の後の新日本の建設について考へなければならない時である。そこでまづ第一に、戦争に反對し、和平の促進に努力し、あるひは少なくとも戦争中その思想的立場を失はなかったところの、信頼し得る民主主義者を、その過去の政黨政派の如何を問はず探し求めて、敗戦後の諸問題について互に胸襟を開いて話し合ふ機會を、つくることとなった。

以上のやうな事情および當時の環境にあっては、この會合は當然大衆性を持つものとはなり得なかった。しかし、八月十五日の後においては比較的われわれの行動も自由になった。それでいよいよ公然たる運動に移る準備を始めた。

發起人會の組織

八月二十五日　この日は、米軍の進駐區域より日本軍が撤退するので、東京全市に交通制限がなされたため、意外に集りが悪かったが、銀座の貿易會館において最初の發起人會が開催された。綱領や規約が審議され、また會の名稱について討論されたが、いづれも決定に至らなかった。この日参會した者は次の通りである。芦田均、安達鶴太郎、伴野文三郎、江森盛彌、原彪、平野力三、片山哲、熊谷二郎、水谷長三郎、松下芳男、正木昊、鷲見等曜、高津正道、山崎早市。

九月六日　同じく貿易會館で第二回の發起人會が開かれた。この日、前回と同様な論議が行はれたが、やはり決定を見ず、小委員會（有澤廣巳、原彪、宮澤俊義、清水幾太郎、鈴木東民氏）を選んで、次回の會合までに原案の再検討を行ふこととなった。この日の出席者は次の通りである。安達鶴太郎、伴野文三郎、江森盛彌、原彪、秀島司馬三郎（有澤廣巳氏代理）、石濱知行、片山哲、熊谷二郎、松下芳男、正木昊、水島治男、中村正利、中村愛子、新島繁、櫻田佐、清水幾太郎、鷲見等曜、高津正道、竹内夏積、壺井繁治、山崎早市。

なほ安倍能成、宮澤俊義の兩君より會の發起人たることを承諾し且つ缺席についての釈明の傳言があった。

九月十二日　第三回の發起人會同じく貿易會館で開催。この日、會名は「自由懇話會」と決定された。規約も決定。事務局を江森、原、水島、高津の四君で構成することとなった。しかし、鈴木東民君起草の宣言は、「餘りに政治的である」との理由で否決された。この當時より日本自由黨、日本社會黨などの結黨準備がようやく開始され、それらの政黨との関係が問題となり、結局この自由懇話會は文化團體たるべきである、といふことに決定されたのである。この日の参會者は次の通りであった。赤松俊子、安達鶴太郎、伴野文三郎、江森盛彌、原彪、原子林二郎、平野力三、日野吉夫、加藤𠂉作、片山哲、熊谷二郎、松下芳男、正木昊、宮澤俊義、水島治男、水谷長三郎、中村正利、中村愛子、新島繁、鈴木東民、鷲見等曜、高津正道、山崎早市。

發會式

十月一日　貿易會館において。伴野文三郎君が司會者となり、片山哲君が座長に選ばれ、正木昊、原彪、高津正道の諸君が主として報告に當った。そして、江森盛彌君起草の宣言が、石川達三君の意見に基いて、小委員會（江口渙、江森盛彌、石川達三）による若干の修正を經て、滿場一致で採決された。この宣言は、九月十二日の發起人會において否決された鈴木東民君起草の宣言に比し、むしろより「政治的」なものであったがそれが異議なく決定を見るまでに僅か二十日足らずの間に情勢は急轉化してゐたのである。

また當日傍聴者の來会は全く豫期してゐなかったのであるが、新聞紙上に發會式のことが報道されたために、定刻以前に會場の椅子はことごとく傍聴者によって占められてしまひ、後から來た會員のために、席を立って貰はなければならない始末であった。そして、多數の傍聴者から活潑な質問や意見が出され、豫想外の活況を呈した。このことは自由懇話會をして當初の少數派運動的な殼を破って大衆文化團體たらねばならないことを自覺せしめうる契機となった。

當日はフランス通信社からも記者が傍聴に来た。また警視廳から多数の特高が派遣され、通路や傍聴者の背後に潜んでゐた。恐らくこの會合が彼等の最後の合法的な活動場面となったのであらう。當日はじめて會合に集まった會員の重なる人々は、次の通りである。山川均、平野義太郎、東浦庄治、岡田宗司、石川達三、江口渙、本田喜代

治、那珂孝平、有賀新、高橋勝之、帆足計、森五郎、井上貞蔵、黒田鵬心、近藤忠義、岩井良太郎、有澤明義、美濃部達吉、宮澤俊義、小松愛子、立野信之、藤田親昌、村山重忠、永戸俊雄、吉田聖一、小林一之、椎崎徳蔵、村松正俊、山内房吉、井口虎一郎、中村正雄、五明英太郎、新居格、津村秀夫、石光葆、海野晋吉、鈴木義男、田中利勝。（以下の「活動日誌」は省略）

この発会式に服部の名がまったく見えないのは、玄海商事の経営に忙殺されていたためか、戦前の社会民主主義者たち（服部らの党派が「社会ファシスト」と攻撃していたような、戦後日本社会党右派に属した）が多数参加したこの会の性格から、服部は一歩離れて会員としてのみ参加したのではなかったかと私は推測している。現在私の手元にある『自由懇話会』（一九四七年九月十五日発行の七・八月合併号から『自由会議』と改題）や『自懇ニュース』からも服部の名前を見出すことはできない。

七　梁子の死

巻末の年譜にも記しておいたように戦後の服部は何度もいくつかの病気（とくに胃かいようとノイローゼ）で倒れている。これまで見てきたような超人的な執筆活動と社会的啓蒙活動に積極的に参加したことが、彼の病気の原因ともなったであろうことは容易に想像できる。このようななかで、一九四七年五月二十九日に九歳の三女の梁子を亡くなった悲しみは想像にあまりある。梁子の一周忌にあたる一九四八年五月上旬に親族や親しい知人に送った服部のつぎの「ごあいさつ状」は、その頃の服部の悲痛な心境と当時の服部自身も病気に苦しみながら必死に家族を支えている生活がよくわかる内容なので引用しておく（『全集』㉓所収）。

御元気ですか、御うかがい申上げます。拙宅一同、ちかく三女釈梁子の一周忌をむかえます。一昨年の五月、わたしが当地で病むのと同時に、島根県の祖母のもとで心嚢炎を発し、十月二十六日、わたしの胃潰瘍がやや軽くなったころ、梁子は腹膜炎や肝臓炎を併発したおもい病躯を島根県から無事鎌倉に運ばれてそのまま材木座で、わたしと病室を共にすることになったのですが、昨年の三月十五日には、わたしより一足さきによくなって材木座から鎌倉山の自宅へ、十カ月ぶりに帰って来ました。それはまったく、あの大患の経過からみてだれの眼にも奇蹟的な恢復でありました。わたしは唯物論者として、この奇蹟を疑いません。と申しますのも、この奇蹟こそ、病気とたたかう梁子のためにそれぞれの御手をさしのべて下さった多くの方々の、神のごとき捨身の御こころざしのあらわれであり、まことに神とは、満八歳の五月下旬から満九歳五月二十九日の命終にいたるまでの童女梁子の魂をめぐってかがやいた世界のことをこそ、さすのでありましょう。

あれほど帰りたがった鎌倉山の、さくらの三月十五日から四月十二日まで、それは梁子にとって、飛ぶ蝶の喜びであり、ときに寂静のごくらくでもありました。梁子といれかえに、出産のため母は入院し、長姉洋子は母につきそい、祐鳳叔父は材木座に残って療養し、鎌倉山の家は、兄の旦や姉の苣子が学校に出かけたあとは、弟の設坊と女中のおきんちゃんの三人だけになるようなことも珍らしくはなかったからです。

病気再発の徴候は、生れたての草子をつれて退院して帰った母の眼で発見されました。当人はなんともない、というのですが、どこかしらへんだと見たのは、やはり母親のかんだったのでしょう。山の向山先生から診察をうけましたら、はたして心嚢炎が再発しているのでした。

さくらの鎌倉山の山道に、山羊をつれだしてわか草を飼ったことが二、三度もあったというのです。安静をむねとする療病生活には、ながいことながいこと耐えてもき、馴れてもき、自分のたべたいものやあそびたいことも、自分で抑えるけなげな意志をさえいつか養ってきていた梁子でありました。それもみんな鎌倉山へ帰りたかったからでしょう。いま帰ってきて、弟とふたりしずかな春のさかりなのです。山羊にわかくさを飼いながらうたをうたいながら思わず道をのばしても、たれが叱ってよいでしょうか。

祐鳳叔父のいる材木座の海岸へ、ふたたび下りていったのは四月十二日のことです。五月五日にはそこから叔父と父と三人で光明寺の庫裡へかえりました。

去年の秋、石見の祖母のもとから、発病いらい梁子にとって父でもあり母でもあったような「祐鳳オッチャマ」たちとつらいわかれをして、早川さんたちにつき添われて、重症のむくみあがった病体を、はじめて母や父の顔の下に横たえたのも、光明寺のその部屋でした。わたしが終戦後勤務している鎌倉大学校は光明寺の本堂と庫裡を仮校舎にあてており、学校の好意でその一部屋をわたしと梁子の病室にしばらく貸していただいたのです。わが子のようにいつくしんで梁子をなおして下さった尾川先生や今本先生のオゾン理科学研究所は、その部屋の窓前からひろがる庭園のつきあたりの山のうえ――よべばこたえる高みにあるのです。

去秋いらいよくなりながら移っていった道順を逆に、山の自宅から羽太家へ、さらに光明寺のその部屋へと、順々に帰ってきて、十日めにあたる五月十五日の夜半から危篤におちいりました。

祐鳳叔父、尾川先生、今本先生、看護婦の鈴木さん、有賀さん、父母とすべての兄弟姉妹たちにみとられながら、なおそれから半月間、梁子はときに意識しときに混濁しながら全霊をつくしてわかい生命をまもりつつ、かれんにうるわしいかずかずの言葉と呼び声を「おっちゃま」にのこして。

五月二十九日正午すこしまえ命終しました。

親というものこそかぎりなく愚にして痴なるものであります。

梁子生前に可愛がっていただき、病中御見舞をたまわり、葬儀に際し遠路御焼香たまわり、御香奠、花とくだものの数々をおそなえくださいましたみなさまにたいし、中陰忌をおえるとともに書中御あいさつ申上げるのが世のしきたりであります。しきたりを蔑視したのではけっしてありません。ただこの一片の御挨拶状が、どうしても書きおおせなかったばかりであります。ただ一言、梁子にかわりまして、およびその父母としまして、心からの御礼申あげれば足りますことを、最後まで書きつぐことがいつまでもできませんで今日をむかえました。遺骨もまだ郷里の土に返えさずにおるような仕儀であります。これが、世にもおろかな父親のみなに代っての御礼の申しようであると、せめておゆるしたまわりたく、なおまた、御香奠返えしの儀につきましても、しきたりにそむき、梁子の部屋のぬしたる鎌倉大学校の図書館と考古学部に寄付いたしまして、こころもちに代えさせていただきました。これも御了恕ねがいあげます。

きょうこのごろの鎌倉山は、おそ咲きの八重桜が散りきったところであります。あいかわらず不足がちの御時勢でありますが、なにとぞますます御自愛下さいますよう、切念いたします。

一九四八年五月上旬

鎌倉市鎌倉山旭ケ丘

服部之總

八　服部家を支えた若者たち

敗戦から一九五〇年の数年間は、ほとんどの日本人は食糧難のために飢餓感にさいなまれ生きていた。私自身の体験では、終日の飢餓感からいくらか解放されたという実感は、大学二年ごろ（一九五一年）であったような記憶がある。このような時代に、服部家のとくに闇米を妻の生家である山形県の庄内から運んで献身的に支えた若者たちがいた。その貴重な記録が残されている。ルポルタージュライターの児玉隆也が書いた「〝司〟王国―飢餓時代のメルヘン戦後史発掘―」「終戦直後のホモルーデンスたちが演じる笑いと諷刺に満ちた実生活的バラエティ」と表題にある（『諸君！』一九七四年十二月号掲載）。

この中に登場する「司王国」の国王とされている服部の妻富子夫人の実弟である「皇帝」石川養治や王国の「語り

部」〝走りの勘三〟こと植木昌一郎（現在も時々再放送されている戦後の連続人気テレビドラマ『江戸を斬る』の作者）と私はしばしば鎌倉山の服部家で出会ったことを今も覚えている。この記録の最後のところで出てくる服部の病気療養中の三女梁子を島根県浜田からすしづめの満員列車の中で若者たちがみんなで両手の上に支えて鎌倉山の自宅まで運んだ感動的な話も直接かれらから聞いた。

たいへん長文の記録なのでその一部を左に引用しておくことにしたい。

司王国—飢餓時代のメルヘン

冒頭の書き出しはこのようにはじまる。

奇妙な集団があった

前夜、十時すぎに上野駅を発った汽車は、ようやく日本海に出た。陽はもう高い。車窓——といえば聞こえがいいが、ガラスはなかった。車輌によっては屋根もなかった。乗客はデッキにまでしがみついていた。汽車が、羽越国境の鼠ヶ関を越えたときだった。

「国歌、始めえーっ!!」

という声が聞こえた。四人の男たちが起立して、『君が代』ではない歌を唱いはじめた。メロディーには聞き覚えがあった。『旧友』のそれだった。歌詞は耳なれなかった。

司の国は、幸ある国なれば
司の国に、生まれし人々は
物みな足りて　心ゆたかならん
司　司よ　我等が栄あるその国土

男の一人が、奇妙なしぐさをした。それは体の向きを変えることさえ容易ではない車内でかなりの努力を要した。右手の肘を折って指先を左肩につけた。どうやら敬礼らしい。

「皇帝、わが領土に入りました」

〝皇帝〟と呼ばれた男は飛行服を着、端整な容貌をしていた。

「アンドレ・ジープ、もう一曲やるか?」

彼らはまた唄いはじめた。

上越線は、天下の嶮　函谷関も物ならず
荷物の制限　ポリスの張りこみ、何ぞ恐れん　問屋の腕前
背には大きなリュック
手には重たいボストン
たださえ混み合う列車の中に　一斗の米をかつぎこむ
一夫ポリスにあたれば車掌も開くなし
清水に旅する剛毅の武士《もののふ》
リュック小脇に長靴はき　列車の継ぎ板踏み鳴す
斯くこそあるなれ我らがハスキー

奇妙な集団であった。彼らは、「司の国は幸ある国なれば」と唄っていた。

そんな国は聞いたことがない。

そのはずだった。彼等は、観念の王国《ユートピア》を創成した青年の集団だった。昭和二十一年、彼らは、飢餓時代のホモルーデンスだった。

ホイジンガーが「人間は遊ぶ動物である」と規定してから広まったレジャー時代の人間像を〈homo lud

ｅｎｃｅ〉というらしいが、彼らは、飢餓時代をすでに遊んでいた。彼らがホモルーデンスであるための必要条件は、逆説と諧謔と、その底の「借り着の民主主義などおかしくて」という心理にあった。

羽越本線は、車内を埋め尽くした買い出し人には理解し難い逆説を乗せて、彼らのユートピア〝司王国〟の本拠地まで、あと一時間の距離を走っていた。

たしかに、車内の人間だけでなく、おびただしく出版された戦後史のどの頁にも、買い出しは悲惨なイメージとして書かれていた。

※帰りの列車や電車は、まるで地獄絵図そのものであった。（略）殺到する人の群れで、ホームは阿鼻叫喚の巷となる。（光文社刊「終戦直後」三根生久大著から）

※共同通信社21年6月10日調査「米のめしを一日に何度食べるか」に対する回答。一度だけ＝71％　ないから食べない＝15％　三度＝14％

※判事がヤミを拒み、栄養失調で死亡。遺した日誌で明るみへ。（朝日新聞22年11月5日）

汽車は鶴岡に着いた。あと三駅で陸羽西線に接続する余目《あまるめ》である。駅にはポリスやＭＰの姿が見えた。すると、皇帝の傍らにいた独眼の男がいった。

「賊だ。戦闘用意！」

その歌は、当時のパロディ詩人が『千曲川旅情のうた』をもじって作った、厭世的な色あいの替え歌

配給のお米は見えず
　うた哀し政府のかけ声
インフレのさかまく波は
　日にすさびヤケになりて
メチル酒混れる飲みて

限りある我身ためしぬ
昨日またかくてありけり
今日もまたかくてありなむ
此の命何をあくせく
食をのみ思いわずらう

に比べると、底ぬけに陽気だった。
彼らの〝賊〟に対する戦闘用意！　は『お使いは自転車に乗って』の旋律だった。

お米買いは　汽車に乗って
気軽にゆきましょう（ポッポー）
上野駅　列をつくって　明るい青空
お米買いは　汽車に乗って　颯爽と
リュック小脇に　ちょっとかかえて　颯爽と（ポッポー）

彼らは、余目駅の〝賊〟をやりすごすと、陸羽西線に乗り継いで二つめの、狩川駅に降りた。駅からは北に鳥海山が見えた。村は羽黒の山裾と最上川の間に広がる田園の中にあった。〝司王国〟の本拠地、〝帰烏倶楽土《カリカワスグラード》〟である。

庄内に、まず手懸りナシ

私が〝司王国〟の名を知ったのは、『戦後生活文化史』（弘文堂一九六六年刊）という本の一頁からだった。王国に関する記述はごく短かった。

ひとりびとりが自分の才覚で食糧を求めなければならない。そのためには食管法の網の目をくぐってヤミをやった。生きて行くためには法を侵さなければならなかったのだ。警官の取り締りと対抗するためには、組織が必要となる。こうして東京と米ドコロ庄内平野を結ぶ奇妙な共和国が誕生した。

その共和国の名前を〝司王国〟という。「銀シャリエを食わんとする者は、銀シャリエをとりに行かなければならない。銀シャリエをとりに行く者は、銀シャリエを食わなければならない」

これは司王国の憲法〝銀シャリエの法則〟第一条である。王国の領土は庄内平野のほぼ全域——鶴岡、酒田二市、東田川、西田川、飽海三郡にわたる米産地。王国の住民たちは、これを帰烏倶楽土（カリカワスグラード）と呼び、国是をポリスの取締に対抗して東京の人間を飢えさせぬことにおき、皇帝を頭にいただいて二十八人衆を集め、組織的なかつぎ屋集団工作を開始した。

輸送方法は四人一組、それぞれが一斗をチッキにして五升をかつぎ、一グループ一回の輸送で二俵半の米が運ばれた。二十八人衆の多くが鉄道教習所員であったために輸送はきわめて有利に行われた。ゆかいなことはぜいたくな帯でも、電球一個でも、等価に評価し、それぞれを一升と交換したことだ。当面する生活に必要な物資を規準にしたことは、彼らの意識構造を端的に表現する。（以下略）

筆者は江藤文夫氏（評論家　成蹊大学助教授）だった。氏は、夢の共和国の存在を、十数年前に『大映』関係者から紹介された〝走りの勘三〟と称する語り部から聞いた。だが、大映が倒産したために、紹介者も語り部を探すのも、むつかしいかもしれない、という返事だった。

私はとりあえず、故大宅壮一氏が遺した膨大な資料群の中に、王国の根跡がないかと、大宅文庫のインデックスを検討したが、さすがの〝偉大なる野次馬〟のアンテナにも触れた気配はなかった。

ともかく、王国の領土、なかでも〝カリカワスグラード〟の語源と思われる狩川（倶楽土）を徹底的に歩くしかないだろうと、上野駅で切符を買った。駅員はカリカワにしばらくとまどっていた。それほど小さな駅だった。

私の乗った汽車は、窓ガラスも屋根もちゃんとついていたし、庄内の海を見るためには、座ったままで体をひとひねりすればよかった。その年月の差ほどに、〝司王国〟の領土で、私が会った人びとは、だれ一人「そんな衆は、聞いたこともない」と首をかしげた。いずれも終戦直後を知る庄内人である。

※⑴地元記者。⑵退職駅員。⑶当時の新潟の鉄道教習所教員。⑷同じく教習所生徒。⑸もとヤミ屋、現在食品会社社長。⑹供出米責任者。⑺町（当時は村）役場助役・収入役、農業委員。⑻復員農協理事。⑼郷土史家。⑽余目、鶴岡、狩川の取締刑事。⑾かつぎ屋の拠点になっていた駅前旅館の主人。⑿古老。⒀その他。

八十年前の〝宮中ごっこ〟

狩川村は現在三村が合併して、山形県東田川郡立川町になっている。せめて〝勘三〟と呼ばれた男に心当りはありませんか、と聞いて歩いた。三人の農協役員が鳩首した。

「カンゾオ……居だ居だ」

「ほだか、あれだか」

「んだか！」

狩川は水の豊かな町だった。最上川の支流から導いた堰が、家々の門口を流れていた。数軒の戸を叩き、たどりついた勘三氏は、鶴岡郊外の温泉町・湯の浜の老人ホームで、三年前に「死にやした」。

当時の刑事を訪ねると、こうだった。

松田倉治刑事（天童市で隠居）。狩川に木賃宿が二つあった。駅前の山沢屋、通りの秋庭屋。両方とも闇屋のアジトだった。本署とＧＨＱの応援を頼んで急襲したが、断じて、わたしの目をかすめられなかったはずだ。

庄司利兵衛刑事（湯の浜駐在所署長）。秋庭屋の二階に、馬喰の男がいた。そういえばカンゾウとかいったかな？詐欺・横領容疑で、松田刑事と踏みこんだら、二階からとびおりて足を折ったのに、山ン中逃げこんで逮捕に苦労した。カンゾウ……のような気がするが、調べましょう。（電話で）「サ、ン、ゾウでがすか⁉」あれは三蔵でがした。

鈴木儀助刑事（余目で隠居）。はてな？　二十八人衆？　皇帝……⁉　そういえば山形県警察史に記載されているはずだ。これ、これ。

※〈山形県警察史上巻841ページ。「酒田相馬屋の不敬事件」〉から。
日本と清国の風雲急を告げる明治二六年（一八九三）一月三〇日、酒田の豪商といわれる富裕な商人ら一四名が、今町の料亭馬亭こと相馬屋（相馬治郎左衛門）で、宮廷をまねた新年宴会を催した。酒田警察署では不敬罪に触れるとして、二月四日検挙したが、審理の結果は証拠不充分で予審免訴になった。（以下略）

旦那衆の、八十年も昔の宮中ゴッコは、当時の新聞に「空前絶後の一大奇獄」「誰か怒髪冠を衝かざらんや」と非難された。

※嗚呼此不忠臣　此奸賊犬羊　投与するも　犬羊は之を食わざるべし　南蛮に行くか　将に北狄に走るか　速かに日本境土を去れ。
（明治二六年二月九日　東北日報）

退職老刑事は、私の〝皇帝〟の一言から、八十年前の事件を連想したのだった。だが、あとでわかったことだが、この事件の主が、私の探している〝戦後史の皇帝〟の血縁になろうとは、「空前絶後の奇縁」だった。まして、「南蛮に行くか　将に北狄に走るか　速かに日本境土を去れ」が、司王国皇帝の三十年後を奇しくも言いあてていて、おかしかった。〝皇帝〟は南蛮に行く代りに「ＥＣ」（欧州共同体）を駆け、北狄をアメリカに求めて、数カ国語を使いわけていた。

私がそれを知ったのは、庄内の取材から帰って日を重ねた、東京でのことである。

半可通の庄内語を綴り合わせていえば、私は「へっずげだな」（そんなの）ないよ、という気持で、「出ずり角」（まがり角）を「ほだい」（そんなに）「んがね」（いかないでも）「よがった」のだった。

司王国の構成員は庄内人だ、と思いこんでいたのが、まず遠まわりのもとだった。王国の憲章には「銀シャリエを食わんとする者は、銀シャリエをとりに行かなければならない」とある。銀シャリエのエを訊いた。庄内弁の微妙な発音を文字にするとこうなるでしょうな、という土地の人のおすみつきともとれる返事に幻惑されていたようだ。だが、「とりに行く」に着眼していたら、王国の民はあきらかに東京人種だと読みとれたはずだ。

再訪した江藤文夫氏の記憶に、歴史学者服部之總（一九〇一年〜一九五六年）の名があった。王国の語り部〝走りの勘三〟が、われらの国父は、かの服部之總であるといっていたそうだ。

折から『服部之總全集』（福村出版）が刊行されていた。随筆の類に〝司〟〝帰鳥〟〝グラード〟等の文字があるかどうかを調べたが、ない。数日後全集の編集者から電話があった。

「服部先生の未亡人にうかがいましたところ、ご実家が庄内の狩川だそうです。〝王国〟は知らないけれど、軍隊から帰った弟や弟のお友だちがよくお米を運んでくれたとおっしゃっていました」

皇帝は将門の末裔だった

糸がほつれてみると、養老院で三年前に死んだ勘三は別人で、司の語り部は東京で時代もののテレビ映画のシナリオを書いていた。皇帝は、EC各国の旅から帰ったばかりだった。王国の階級では〝ハスキー〟と呼ばれた武官、アンドレ・ジープは、国労上野支部の調査部長で、日本共産党に籍を置いていた。

さて、〝現れ出でたる〟——という感じの皇帝は、石川養治、五十二歳。職業を一口に説明するのはむつかしいが、社名を『トランステック』という会社の代表取締役で商・経・工学に通じた語学の達人。生きていた王国の語り部〝走りの勘三〟こと植木昌一郎によれば、皇帝〝現代の服部半蔵〟だと思えばよく、インターナショナルビジネスの開発をしている。

次第に明らかになった〝幻の司王国〟の構成は左図のようだった。

彼らは、八月十五日を境に突如降って湧いたデモクラシーに、有頂天にはなれなかった。その心理的な背景には、彼らが育った家庭環境と、戦中・戦後に生息を余儀なくされた場所が投影していた。まず、初代皇帝に即位し、一代で消えたために神皇正統記を残し得なかった皇帝の、生誕から始めよう。なお、かねて、疑問だった銀シャリエのエは、庄内弁ではなく、フランス語をもじっていた。米は銀シャリエ、一粒の米になると、司王国では銀シャリエットと呼んだ。

〈司王国人皇第一代の皇帝、天忍鉾建天駆石川養治命《あめしのぶほこたてのあまかけるいしかわようじのみこと》〉、御名は陸軍航空隊のパイロットだった戦歴をあらわしている。皇帝は名門の出である。父は、斎藤茂吉とならんで、ドイツの精神病理学を紹介した草分けとして知られる、石川貞吉。歌も詠んだ。代々、庄内酒井藩の典医の家系で、戊辰戦争では、祖父・石川養真の名が古文書に残っている。彼の父は三人兄弟で、三人とも明治時代の僻村にあって、医・文・医の博士になったので、〝狩川の三博士〟として有名だった。

母は平将門（相馬小二郎）の後裔、相馬家の娘。将門の没後、一族四散して庄内大和村廻館《まわだて》に城を構えた。例の

司王国の構成図

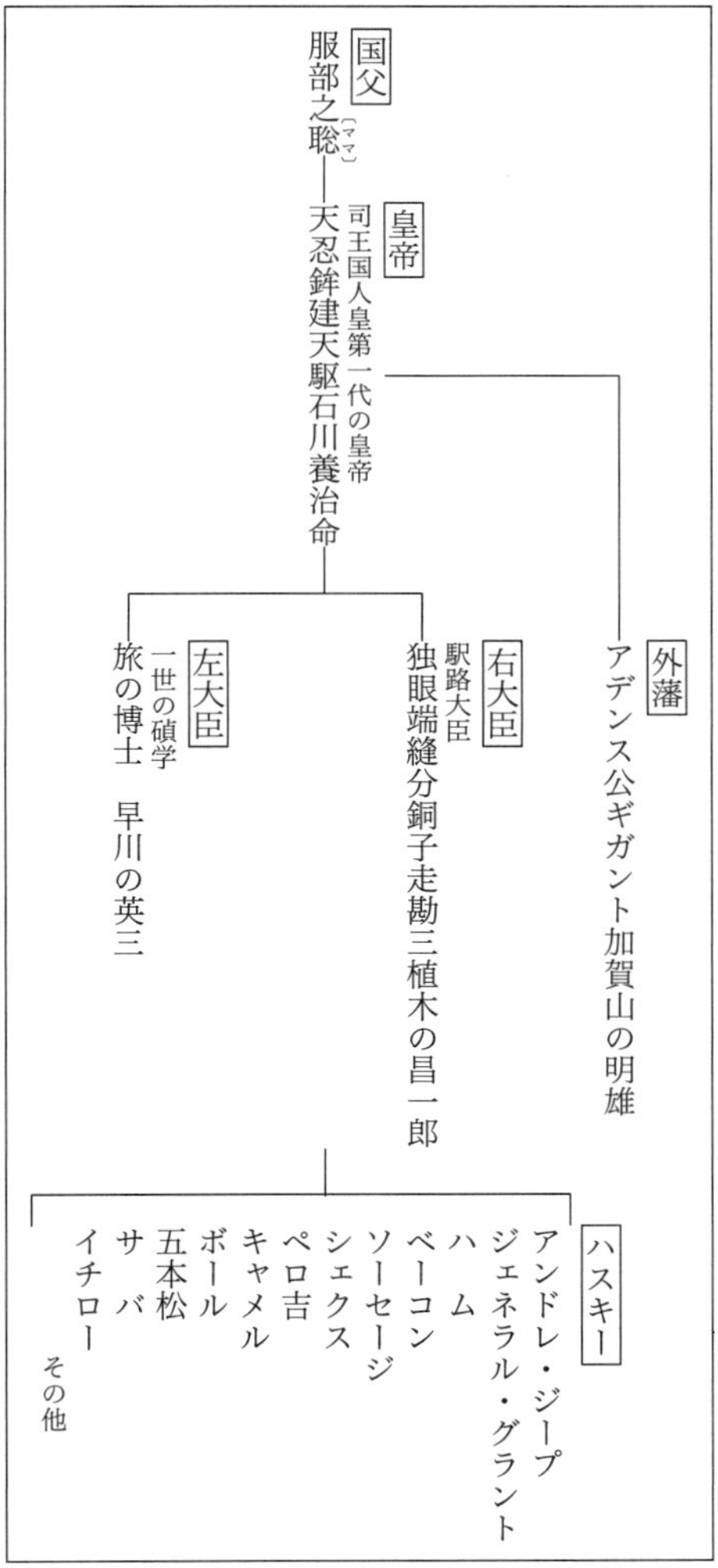

「空前絶後の一大奇獄」の宮中ゴッコを演じた酒田相馬屋は、分家になる。戦後の飢饉時代にホモルーデンスを粧った皇帝は、平安時代の平将門、明治時代の相馬屋、昭和の司王国と、皇帝を名乗って不思議はない。

皇帝・右大臣・左大臣

皇帝は東京府立四中から慶応大学経済学部に進んだ。この四中・慶応が、のちの司王国創生の右大臣、左大臣、米の集散基地提供者として外藩的役割をつとめた、アデンス公ギガントとの縁結び役を果す。

彼等は慶応で、提灯行列をやろうとしたが、学校は禁止命令を出した。だが二千人の学生を集めて強行した。すると塾監から、首謀者の石川養治（皇帝）、植木昌一郎（走りの勘三）、加賀山明雄（アデンス公）に呼出しがかかった。

「正午に出頭すべし」

石川は出頭すると、塾監に言った。

「先生、今日の昼めしは天丼ですか、親子丼ですか」

「何を言うか、不謹慎な」

「先生、わが日本国では昼に呼んだらめしを出すのが礼儀であります」

結局、石川と植木は退学届けを出し、石川は東京工大に籍を移し、植木は、兵隊になって満州に渡った。

〈駅路大臣《うずやじのおとど》・独眼端縫分銅子走勘三《めっこまねぐはぬいのふんどしはしりのかんぞう》〉

彼は裕福な羅紗問屋の息子で、記憶力にかけては狂気じみていた。十三、四歳で、『十八史略』『日本外史』を返り点なしで読んだ。

慶応を先のような事情で退学すると、第二十七師団輜重兵第二十七連隊に入隊し、大陸を駆けめぐった。彼は幹候を拒否して一兵卒から始め、終戦時は軍曹である。ともかく風変りな兵隊だった。㈠満州生まれの馬と、馬の現地語で会話ができる。㈡西部劇ばりに、空中にビンを投げ、腰のピストルの早撃ちをさせれば百発百中。㈢戦争の合間に、毛沢東の縄張りを駆けまわり、碑文という碑文を片っ端から見て歩いた。㈣伍長時代に、二十九人のどうしようもない兵隊をもらって、いまでいう独立愚連隊の隊長になった。彼は部下に階級章をはずさせ、お互いを仇名で呼びあうばかりか、「おいおまえたち、こんなバカバカしい戦さで死ぬことはないよ」という隊長だった。〈一世の碩学・旅の博士早川の英三〉四中時代から鉄道マニアで、汽車に関することなら轍のリズムを聞くだけで「これは信濃川の鉄道を渡る音」とたちどころにいえた。一橋大学（東京商大）在学中に学徒出陣し、千葉の戦車四師団司令部入隊。主計少尉で終戦。

皇帝は戦闘機乗りになった。入隊するとき父の故郷狩川を軍用列車で通って途中下車し、生きている間に葬式を出した。戒名もつけ終えた和尚が「みなさん、この兵隊さんはこれからお国のために生命を捨てるのです」というと、葬儀に列席してくれた東京・番町小学校の疎開児童たちが、いっせいに合掌をした。汽車は狩川の駅で、葬式の終るのを待っていてくれたというから、おかしい。戦闘機乗りになった彼は、歩兵操典と作戦要務令だけではやっていけないことを知った。アメリカの物量もさることながら、わが軍は乱戦になるとフレキシビリティがない。空中戦の編隊の組み方ひとつをとってみても、日本は図式通りに固まっているが、アメリカは自在の変化を見せる。そこでこっちもアメリカの真似をしてみるとうまくいく。彼は、生命とひきかえに自在性を体得した。司王国は飢餓の時代にあって、その自在性を発露させたものといえる。

「庄内には米がある！」

灯火管制が解けて、彼らは帰ってきた。

「生活権はおろか生存権までも根底において奪われていた時代」から「生活権・生存権を自分の手にとりもどそうとする時代」（江藤文夫）の中で、司王国は自然発生的に、ある部分は恣意的に誕生した。

自然発生の部分は、彼らの家庭環境にあった。皇帝も、走りの勘三も、旅の博士も、典型的な東京ッ子だった。

石川と早川は山の手の次男坊、植木は下町の長男坊だった。

　彼らは、世の中を戯画化する天性の資質をもっていた。正常な世の中に戯画は必要ないが、いまは敗戦直後である。彼らは、空腹と、死という絶対的な目標を失ったヤケッパチを、戯画に昇華させる特異な能力を授かっていた。もっと大切なことは、彼らの家庭にあっては、父権による〝民主主義〟が、四中・慶応では友人どうしのデモクラシーがすでに日常化していたことだった。いまさら、マッカーサーお貸し下げの民主主義を有難がる必要性がなかった。

　戦地から還って邂逅した三人は、ともかくいつも笑っていた。その方が、ラクだった。お互いに深刻な思いは、いまさら話すまでもなくわかっていた。それなら氾濫している進駐軍の略語をからかう方が楽しい。

「GHQとは何と読みますか？」

「ギンザでハデに暮らす」

「MPは？」

「待てッ！　パンパン」

「RAAは？」

「ラシャメン集めて、遊ぶところ」

　彼らは、焼け残った早川の家に集まっては、腹をすかして笑っていた。空襲でやられるまで田端にあった石川の家は、いつも千客万来だった。襖をへだてた奥の部屋には黒竜会の猛者が数人で居候をし、こっちの部屋では追われた共産党員が勝手にめしを食べていて何の不思議もない家だった。石川の母はもっと不思議な人で、いま庄内弁まる出しの土くさいことばをしゃべっていたと思うと、急にみごとなございますことばを使う。みんなをワハハ笑わせながら、手は巻紙に流れるような候文の手紙を書いている。早川の家もそんな雰囲気をもっていた。

　だから、彼らは、友人の加賀山の父親が病気で「米を食いたい」といっていると聞くとひとごとのように思えなかった。

そのころ、皇帝の一族は焼け出されて、庄内狩川の実家に疎開していた。皇帝の姉は、歴史学者服部之總に嫁いでいた。

「おい、庄内へ行けば米がある」「行くか」「歌でも歌って」「お米買いは汽車に乗って気軽に生きましょォー」王国はこんな状態の中で芽生えた。司王国が、組織的な王国の態をなすのは、昭和二十一年初夏からである。

〔以下、「鉄道教習所に集る青年達」は省略〕

皇帝の銀シャリエ宣言

同じ〝ウルコン〟を着てはいるが、彼らは、約半数が国鉄内部から、残り半数が、生死の境目からやって来た生徒だったので、気風が違っていた。後者の生徒たちは、内部組の佐波敬の見るところでは、敗者のプライドと、それなりの排他性を合せもっているように見えた。彼らは、八月十五日以前に身を置いた場所を語ることには寡黙だった。そして、よく勉強していた。国鉄内部から来た生徒たちは真面目にノートをとっていたが、外部組のなかにはノートをとらずに『善の研究』を読んでいる者もいた。それでいて、たとえば皇帝などは、ポイントだけを英語でさらさらとメモしていた。

寡黙といえば、小林正敬に印象深い光景があった。入学式の数日後のことだった。土木の野本先生が「ここは単に国鉄の学校で終わらせたくない。部外の新鮮な空気を導入したいと思い、諸君たちを採用した。ついては、諸君が受けた兵学校、士官学校の教育について話してほしい」といった。だが、だれ一人、話す者がなかった。そこで幼年学校から陸士に進み、軍旗を持つ立場にあった田中元中尉が指名された。彼は背すじをピンとはり、

「できません！」

とひとこと答えて席に就いた。彼は、連合軍の上陸作戦に備えて、艀に大砲を積む作業中、波に呑まれて陛下の

兵器を沈め、その場で腹を切ろうとした経歴の持ち主だった。今は自衛隊の幹部になっている。そういう寡黙さは石川皇帝にも通じていた。彼は軍歴をほとんど語らず、妙に洗練された都会臭と、例の造語能力で、いつも乾いた目でものごとを眺めていた。ただ、ある喧嘩が起ったとき、

「軍刀はどこだッ！」

と叫んで、寡黙さの内側に包みこんだ前歴をのぞかせた。

ともかくも彼らは、〝総懺悔〟を斜めに見るか、正面から見すえる場合は、孤独な自分一人の作業にしていた。そして、集団になると、共通の話題は「銀シャリエ」が当面の課題だった。陸士出身のジェネラル・グラントこと中尾貞は、三十年前の寮生活をふりかえっていった。

「おかしくて、楽しくて、うれしくて」

仲間のみんなが、戦争よりはいいや、と思っていた。負け戦さのつらさと圧迫から逃れたいま、鉄道の側で何重もの規則をつけようと、軍隊の拘束からくらべると、穴のあいた網みたいだ。ただあるのは、ひもじさだけだ。ひもじさを、厭世的に見るか遊びに昇華するか。そのわずらわしさを、皇帝が明快に解いた。

「銀シャリエを食わんとする者は、銀シャリエをとりに行かなければならない。銀シャリエをとりに行く者は、銀シャリエを食わなければならない」

他の寮生よりも年かさと実戦体験あったために〝皇帝〟という名で呼ばれていた彼は、そう宣言した。そして、ものをかすめとるという意味のツカサールをもじって、彼の故郷の米どころ庄内を〝司王国〟と称した。王国の本拠地狩川の実家の所在地、鳥町に帰れば楽土である。〝帰鳥倶楽土《カリカワスグラード》〟と名づけよう。汝飢えたる人民、わが領土に来たれ。

遊びの精神と米運びと

来ノ宮駅から川沿いの道を上って、宮さまの別荘の脇を通り、三味線の音が聞こえる杵屋某の白木造りの門柱を過ぎると、丹那トンネルの元飯場、即ち寮だった。

その道を、生徒でもないのに足繁く上って来る独眼の男は、皇帝の友人、植木昌一郎、早川英三。彼らは寮生活とは既に顔なじみで、皇帝の部屋からは、いつも笑い声がもれた。

司王国は、彼らが教習所の生徒の労働力を得て形をつくった。彼らの初任給は、アンドレ・ジープによれば「熱海の駅前でポークソテーを一皿はりこんだら給料がなくなった」というほどの額だった。寮は、配給だけでやっていた。

※〈来月から主食を増配。成人一日二合五勺〉……米二合五勺は、一、二四六カロリー、栄養学上日本成年男子の一日必要量は二、四〇〇カロリーであり（略）この栄養学上の問題を解決せぬ限り増配しても闇買ひは認めざるを得ないといふ観点から……（21年10月23日朝日新聞）

あるとき、寮の米櫃が破産した。生徒たちは、学校当局に「明日は休みにして下さい」と申し出た。

「米はどれくらい残っているんだね」

「一粒もありません」

学校は、向う一週間を〝食糧休暇〟とした。

「みんな、親もとで米を食って来たまえ」

とはいうが、親もとに米はない。皇帝は宣言した。「どうせ行くなら、もう少し足をのばして米の豊かな所で銀シャリエを食い、帰りには米をもって帰ろうではないか」

右大臣格の勘三が、

「どうせヤミをやるなら愉快にやろう。お互い独りでやるのは淋しいことだ。それに賊《ポリス》の目もある。上越突破作戦を考えねばならない。旅の博士はダイヤについては一世の碩学だ。作戦要務令は彼に任せよう」といった。

皇帝はうなずき、

「持って帰った銀シャリエは、飢えた友と幸を分けよう。我々は職業闇屋ではないのだ」

と、大義を説いた。彼らはそれぞれに幸の分配先を脳裏に描いていた。皇帝は鎌倉山の歴史学者服部之總を、旅の博士は、阿佐ヶ谷でダンススタジオをやっているためにアデンス大公と名づけた旧友の加賀山明雄の病んでいる父親を、土木の実習に使う赤と白のまだらの測量柱ほど背が高いために〝ポール〟と呼ばれている小林正敬は、熱海でピアノ教師をしている未亡人〝雪婦人〟の繊細な白い指を、それぞれに思い浮かべていた。彼らが、
　窓も座席も踏み越えて
　行くがヤミ屋の生きる道
と割り切って、プロ達と同じエネルギーで上越路を突破するためには、笑いが要った。彼らは、華やかなバラエティショーを演じてみせることで、それぞれの教養に照れない遊びを構築せねばならなかった。腹がへった↓米をもってこい↓米をもってくるにはつらい↓つらいから笑いが要る。彼らは出発した。

そして、食糧休暇、土、日曜、春、夏、冬休み以外にも、王国の活動時間を作った。たとえば、古沢先生が、レポートを提出せよ、とおっしゃった。皇帝とグラントは一計を案じた。「おい、先生を寮につれて来よう」

先生は高齢である。先生は山の上の寮へ着いたとき、すでに息が切れていた。

「ねえ先生、坂をのぼるだけでこうでしょう。我々は空腹をかかえて毎日この坂を上っています。生きるだけで勢一杯なんです」

老先生は深く頷いて答えた。「よろしい。レポートは来学期でよろしい」。彼らはいつも、真っ正面から立ち向かわず、自分も相手も見つめながら、体を斜めにした悪戯の世界で終戦直後を生きた。

はじめに歌ありき

　鳴ってくれるな　ポリスの呼子
　雪の上越　汽車は行く

　ああ　あの顔で　あの声で
　お米頼むと　妻や子が
　くれた弁当の　サツマ芋
　汽車のデッキで　今かじる

　飢餓時代のホモルーデンスたちの演じるバラエティショーは、はじめに歌ありきだった。彼らの具体的な戦術を記録する前に、まず、王国の階級制度を知る必要がある。

　皇帝・石川養治、王国の稗田阿礼・植木勘三、旅の博士・早川英三の三人は文官を兼ねた。稗田阿礼・植木勘三、本名昌一郎の王国における官名「駅路大臣《うまやじのおとど》・独眼端縫分銅子走勘三《めつこまねぐはぬいのふんどしはしりのかんぞう》」の命名者は、皇帝の母である。

　皇帝の母つまり皇太后は、明治の初期の東京で高等教育を受けた女性だけあって、息子の消息を訊ねる友人の手紙に、巻紙で「養治、吹雪の如く来たりて、風の如く去り申し候」としたためる人物だった。

　その皇太后がある日、汽車の屋根にしがみついたまま、煤煙をモロにかぶってたどりついた植木が、王宮前の堰で褌を洗っている姿を見、感にたえて言った。

「勘三どの、このような端縫の褌をお召しになっては、いくら洗っても白くなりませぬ」

　皇帝は、かねて彼の褌の汚れを苦々しく思っていた。彼は戦闘機乗りのとき、いつも、飛べば生命がないと覚悟していた。従って、皇軍の武士《もののふ》の心得として、死出の装束は常に純白でなければならない。それは単に日本的な美意識だけではない。敵の弾に当って負傷し、なんとか帰還したとき、汚れた褌が傷口を化膿させないようにという科学的目的も併せもっている。山桜の一枝も携えて死に臨むのが武士の風情というものではないか。南の空と北の大陸の違いとはいえ、勘三よこのつぎはぎだらけの下帯は見苦しい。そこでまず〝端縫分銅子〟ができた。褌を分銅子と表したのは、せめてもの武士の情けである。

独眼は、庄内ことばで〝めっこまねぐ〟という。最後の〝走勘三〟は、皇帝の母が炉端で最上川の鮎を焼きながら語ってれた昔話である。

「植木さん、むかしむかしあったけど」

……あなたは庄内の松山藩の有名な飛脚、走りの勘三のように、東京と狩川を往復なさいます――。そして、庄内の昔話に特有のことばで結ぶのだった。

「トッピンカラリンねけど」

だから植木昌一郎を、駅路大臣・独眼端縫分銅子走勘三、という。

ツカサ国旗・文字・元号

彼ら文官に対して、〝ハスキー〟と呼ばれる武官がいた。ハスキーとは、死ぬまで橇を引き続けるエスキモー犬のことだった。ハスキーには戦陣訓が与えられた。

「一つ、ハスキーは武勇を尊ぶべし。我国に於ては武勇は古へより尊べる所なり。ましてハスキーは米を背負ひてポリスに当るの職なれば、片時も武勇を忘れるべきや」

GHQによって、武をいっさい否定された時代の、抵抗《ジョーク》をこめていた。ハスキーの資格を得るためには、まず国父・服部之總の家で薪割りの労働をする。そして、上越を立ったままで往復する気力と体力を証明してはじめて任官できた。階級の上下は、厳格に守られた。敬礼のし方がそうだった。文官は右手を心臓に向って水平に折る。ハスキーは、右の肩まで挙げる。

彼らは、想像の世界で、王国の旗を靡かせていた。彼らはまた、特殊なツカサ文字を考案した。〔図とカット省略〕

ツカサ語は、お互いの神経がささくれだったとき、あの野郎はBAKAYAROだ、SODA、SODAと書いたり、米の集配場所にしていたアデンス大公の近所の〝組〟の者や刑事の動きを書きこむ伝単として使われた。

王国には特殊な金の単位があった。

一万円は一ポンドといった。ズルチンの闇値が一ポンドを単位としたためである。一円は一ペソ。響きが何となく悲しいので、一銭もない状態を〝ペソ欠〟といって笑いに転化した。百円は一リラ、千円は一マルク。

彼らは独特のツカサ語をしゃべった。

〝パス〟は食糧をいい〝白パス〟は銀シャリエ、〝長パス〟はうどん、汽車の切符は〝ツバサ〟、特急券は〝早ツバサ〟という具合だった。王国の、これらの遊びの中で、遊びの域をこえて彼らの思想を端的に表象したものに、ツカサ年号があった。

彼らは、日本の元号も、西暦も否定した。

西暦はキリスト教徒の傲慢さである。かといって神武天皇もごめんだ、我ら司の民は、全人類の歴史を変えた原子の発見と、原子爆弾による戦争終結をもって新しい暦を制定しよう。これを〝原子暦〟と名付けた。一九四五年（昭和二十年）を原子元年とし、それ以前をB・A、以後をA・A×年と称した。

原子暦の制定者は、旅の博士・早川の英三だった。国父・服部之總はこれを聞いて面白がり、三高、東大新人会を通しての友人の大宅壮一に話した。大宅はさらに面白がって新聞のコラムで紹介したというが、資料は見当らない。後年、司王国が消えてのち、大宅は〝公害元年〟という新語を作った。あるいはこのときの〝原子元年〟が発想のもとになっていたかもしれない。

「ハスキー」たち

司　司よ　我等が栄ある　その国土
いよいよ司の民の出陣だ。

ハスキーたちはツカサ式敬礼を交わし、教習所の寮を出ると、東京の秘密基地ＡＤＳ大公のダンススタジオに集結した。幸い昼間は、クイック・クイック、スロー・スローがない。スタジオでは、皇帝自ら作戦要務令を案出した。一方、王国のアジト、〝帰鳥倶楽土〟の石川家では、走りの勘三が端縫の分銅子をきりりとしめて、兵站の指揮をとっているはずだった。

ここで、勇猛なるハスキー達を記録しておかねばならない。（以下省略）

綿密な作戦計画

昼間のダンススタジオには、まだ女の姿はない。たまに来る女が「ご職業は」と訊ねるたびに、「皇帝です。行政区分は二市三郡。主要物産は米」と答えるので、気味悪がってよりつかない。ハスキーたちは、手わけして近所の闇市からズルチン、サッカリン、電球等の交換物資を調達して再び集合した。旅の博士は、すでに綿密なダイヤを組んでいた。

「上野駅十時二十分発、第八〇八列車で領地に入ろう。八〇八は米に関係があってまずは縁起がいい。ただし、最初から八〇八に乗りこむのは、エネルギーの消耗が激しい。一便前の列車は比較的空いている。これに乗ると真夜中に水上に停まる。水上温泉の共同風呂は無料だ。諸君は温泉につかって戦塵をひとまず落し、英気を養ってのち、八〇八列車に突入しろ。ただしそのまま鶴岡・余目まで進軍しては、賊《ポリス》が多い。新津で下車して朝めしを食え。それから各駅停車に乗りかえて、カリカワスグラードを目指す。作戦終りッ」

ハスキーたちは、さっと右肘を折り肩に手をあてた。旅の博士は、心臓に手をあてて答礼した。作戦伝達が終ると、司王国の外藩主、アデンス大公こと加賀山明雄が「諸君、ご苦労」と労った。大公は、のちの国鉄総裁の兄の子である。彼は出陣の杯を交わそうと、闇市へメチール酒を買いに行った。メチールを飲むには、決死的勇気を必要とする。

※〈お酒の相談所・メチールの検査〉　メチール混入の酒類を摘発する為、警視庁では都薬剤師会の応援を得て二十九日から約二ケ月間左記四ケ所のデパートで臨時簡易酒類検査所を開設する。（略）メチール酒の疑あるものは一合持参すれば毎日午前九時から午後四時まで（日曜祭日は休み）無料で検査する。なお終戦後都内でメチール酒の為死亡した者八十四名、重軽症者三十四名、今年に入ってからだけでも死亡十八名、失明二名、重軽傷者十数名に及んでいる。（21年1月27日朝日新聞）

ハスキーたちは、体験的検査法を知っていた。まず酒びんを振る。泡が早く消えたものは安全だ。その日の泡は早く消えた。アデンス大公は「諸君の労を多として」と挨拶をし、「メチル酒混れる飲みて　限りある我身ためしぬ」の心境に到達した。しばらくすると、突然悲鳴にも似た声をあげた。

「しまった！　目がつぶれたッ」

すると涼やかな女性の声が聞こえた。

「お兄さま、雨戸明けましょうか？」

いよいよハスキーたちの出動であった。当時、アデンス大公の近くの駐在所のポリスは、どうもこの近くに筋金入りの労働組合運動家のアジトがあるらしいと睨んでいた。なぜなら、夕暮れになると、屈強の青年たちが『聞け万国の労働者』のメロディーらしきものを高らかに歌って通りすぎるからだ。よく気をつけて聞くと、曲は『万朶の桜』のはずだったが、民主警察官には、どうしてもメーデー歌に聞こえた。

一斗のお米か背のリュック

冬は吹雪の庄内に

司の民と生まれては
　上越線の花と咲け

一斗の米は背に負えり
五升の麦は腰にあり
知らずやここに二十年
鍛え鍛えしハスキー隊
搬送搬送また搬送
ポリ公張りこむところまで
わが一軍の興廃は
米検《こめけん》最後の数分時

夏は、風圧さえ気にしなければ、機関車の最前部に腰をおろして山を越えるのも、さほどの苦痛ではない。苦痛だと思えば、歌うか笑うかのどちらかを選べば、彼らは領土に入るまでの時間を費やすことができた。

四人で一分隊を編成した彼らは、ウルコンユニホームに雑嚢、水筒、リュック、そしてロープと天幕を携帯した。乗りこむと、網棚にロープを張り、携帯天幕を二枚張って即席のハンモックを吊るのである。これならばもし落ちても、足から落ちるのでケガはなかった。間違ってケガをしても、ついこの間まで死だけが明確な目標だった日常にくらべれば、まるでママゴトにすぎない。

いずれにしても、彼らには死に代るはるかに具体的な目標があった。銀シャリエだった。めしを食う、は、司王国においてもっとも主要な行事であり儀式であった。それ以外の主要なモチーフは、各自が勝手に考えればよかった。たとえば走りの勘三は網棚を枕に中国の古典を読んでいた。ジープは、国父・服部之總の書架から持ち出したマニファクチュア理論を、グラントは、トンネル掘りのむつかしい本を読んでいた。彼らは、王国の最重要にして唯一の銀シャリエの儀式に対してだけ、民の責務を果せばいいのだった。

儀式には、彼らのひそかな楽しみが伴っていた。家々の前を豊かな水が流れる、庄内の村のあの囲炉裏端のくつろぎであった。

汽車は、飢餓と飽食の境界線、鼠ケ関を越えて余目をすぎ、鳥海山を左に羽黒山を右にみて走っている。

狩川、だ。

ひなびた改札口を出て、まずは駅の脇の桜の古木の根もとに、車中で貯めに貯めた人造肥料を施そう。放尿しながら、供出米を納めた大倉庫の屋根が見える。あの中には銀シャリエが天井まで積み上げてあるのだろうが、わが領土の民の粒粒辛苦の結晶だ。許す。十数歩行くと、路の右側に朝鮮人を主体とするプロフェッショナルの闇屋たちのアジト・山沢屋がある。ポリスが踏みこんだばかりだと情報が送られて来ていたが、彼らは別の王国の民だ。内政不干渉でいこう。

百メートル行くと左右の通りに出る。皇帝は見竜寺の前を通りながら、生きたまま葬式をしてもらった特攻隊員の日を思いだし、自分に向って合掌してくれたあの東京の疎開児童たちはどうしているだろうか、と考える。

火の見櫓が見えた。あの角を曲ると鳥町。われらが王国「帰鳥倶楽土」だ。

角の造り酒屋の板塀には、「酒粕あります」の木札が、さりげなくかかっている。佐藤作助の貞子かがちゃも、佐藤伝右衛門のとどちゃも、秋庭屋のばばちゃも、みんな元気か？　いま着いたぞ。彼らは塀ごしに柿や柘榴の枝が伸びる鳥町を通って、杉皮屋根の王宮《アジト》に入る。皇帝の母堂は、迎えていうはずだ。

「勘三殿、まずはお褌をお洗いなさいませ」

勘三は、珍しく白い褌を着けていた。「皇太后これを見給ふに、勘三の褌端縫なり。哀れみて、日ごろの忠を謝し、特に皇帝をして白布一匹を下賜させ給ふ」た結果である。

一世紀前も楽しめた……

司王国の民たちは、カリカワスグラードに帰ると、一世紀昔に帰ったような気がした。だれもがホッとして稚気あふれる生気をとりもどした。

庄内藩は、幕府の朱子学に対して徂徠学派を尊び、実学を尊重した。庄内人は他人に対する応対が下手だといわれる。〝潜沈の風〟というのだろうか。軍隊では、掃除の時ホウキを持つのは関西人、雑巾を持つのは庄内人といわれた。いったんつきあってみると、これほど朴訥な人士はいない。地味も心も豊かだった。

※〈『東遊雑誌』〉（天明八年古川子曜）から。

清川よりは酒井侯の御知行所にて豪家も見えて風俗もよろしく見え侍りしなり。……人足に出る者も衣服賤しからず馬なども肥えふとり、形も美々しく山川草木上々国の風土なり。

司王国の民たちは、胃袋に銀シャリエを、心に夜話と土の匂いをつめこんだ。彼らはまず、庄内弁に往生しながらも楽しんだ。デッテセツラキッコアラバヤ、と佐藤作助のばばちゃがいう。「絶対世面米《デッセセツラ》っこ有らばや」という意味だ。「のう東京の若い衆よ、これからは良い世の中になるであろうか、なりは申さぬ」というほどのことばらしい。ここではいまだに十文価《ジョマテ》といっていた。つまり一銭だ。所得税のことを、いまだに年貢と呼んでいた。走りの勘三が大陸で戦争をしたというと「モロコシさ行だか」といわれた。旅の博士は、いい若いもんが学校なんか行っているのか、といわれたので「東京商科大学です」と答えると「んだか、大学で唱歌を習ってるんでがすか」といわれた。皇帝はついに悲鳴をあげて「せめて英語でしゃべってくれんかなあ」といった。

夜になると、佐藤作助の家のばばちゃが、巫女を呼び、ハスキーたちの未来をうかがった。通りに羽黒山からおりて来た山伏たちの法螺貝の音が聞こえると、正月がやって来る。

彼らは、そういう世界に遊んだ。もう一つの楽しみは、三博士を生んだ家の蔵につまっている。東京では貴重品の本をむさぼり読むことだった。三木清にまじって『丁稚と若後家昼の態』という和綴の本があったりした。

そのころ、彼らから見れば一世紀前のこの村の若者たちの間には、逆に〝戦後民主主義〟に対する緊張感と手探りがあった。

※〈隣村清川の青年たちが結成した『明朗クラブ』報から〉（略）此処に於て我々は混沌たる現在の社会場裡にて思想的理念を確立し、日本再建の基礎を打立てる一助とするため今回我々同志相図り、佐野學先生を招き左記要領により講演会を開催することになりました。（略）因に佐野學先生は嘗て日本共産党の有力なる指導者として著名なる方であり、昭和八年共産党を離脱し天皇護持のもとに一国社会主義を唱導している方で……（昭和21年8月22日）演題　日本革命の動向

パスと制帽の強み

ハスキーたちは安息にだけ耽っていたわけではない。「銀シャリエを食わんとする者は、銀シャリエを取りに行かねばならない」という、王国の憲章に忠実でなければならなかった。

彼らの兵站役の主力は、秋庭屋の勘作（死亡）、渡辺の伝兵衛（中気）で、共に馬喰だった。勘作と伝兵衛は供出の網の目をくぐって、王国の自主流通米を調達してきた。ハスキーたちは、銀シャリエ一升を王国の標準通貨とし、東京から持って来た品物と等価で交換した。農家の中には、こっそり交換することを、殺人を犯したように恐れる者もいた。するとハスキーたちは『籠の鳥』のメロディーにのせて歌うのだった。

買いたさ欲しさに　こわさを忘れ
遠い上越　ただ一人
買いに米たのに　なぜ米売らぬ
帝都の欠配　忘れたか

帝都の欠配　忘れはせぬが
　売るに売れない　供出米

村の人でもチエある人は
　ポリに隠れて　ヤミで売る

獲得した米の輸送方法こそ、王国の知恵の集大成だった。まず、五升まではリュックに背負う。あとは意表をついてチッキで堂々と送る。チッキは擬装され、もっとも多く使われれた名目は「本」だった。だがあまりにも度重なるので、駅員が「石川さまの三博士の家はどんなに偉い学者かしらんが、あんなに毎回毎回本が出るわけがない」と疑った。そこで戦術は変更され、次からは商品名を「粘土」とした。幸いだったのは、送り先がＡＤＳ大公だったことだった。加賀山という名は、国鉄の偉い人と同じ名だからと、大目に見られた。さて問題は、背と手の銀シャリエだった。

いつ、どう運ぶか。決定には二通りの意思が働いた。取り締りの情報収集と、原始的お告げだった。例の巫女がやって来、おごそかに「今日の米の旅立ちはよくない」と告げると、一応信じることにした。情報収集には、教習所のウルコンユニホームが役にたった。余目、狩川の駅でハスキーがまず偵察する。もし駅ごとにダイヤが乱れていたりすると「なぜ遅れているの？」とさり気なく訊く。相手は同じ制服に対する同族意識から『実は××駅で手入れをやっているので』と答える。彼らはその情報を自転車でいち早くカリカワスグラードの参謀本部に伝えた。本部は作戦を練りなおし「撤退は新庄経由東北本線にすべし」「赤羽は乗り過ごせ」と指示した。

教習所員たちはパスと制服があるので、賊の目をさけて改札口を通る苦労は比較的少なかった。狩川署に十数年勤務した松田倉治元部長刑事が、さかんに首をひねり「わしの目をかすめて通った集団があるはずがない」といったが、無理はなかった。王国のハスキーたちは、あまりにも正攻法で通過したのだった。

だが、端縫分銅子走勘三は、王国にあってこそ閣僚だが、日本国有鉄道に対してはどこかの馬の骨であった。彼はハスキーの帽子だけを借り、大陸の独立愚連隊を率いた伍長当時の兵隊服に鉄道帽というアンバランスなかっこうで、「ヨッ！」と一声敬礼をして、切符なしで改札口を通る術をわきまえていた。彼は国鉄を、国有鉄道でなく国民鉄道だと考えているので、罪の意識はもたずにすんだ。

彼らは、汽車に乗りこんだ。

運搬戦術と取締り側

米は、多様な運び方をした。軍隊の厚手の靴下につめこんで、啖壺の中に隠す。分厚い辞書をくりぬき、中に米を入れる。列車の構造を熟知しているので、ハメ板をはずして中におしこむ。天井裏にかくす。列車が停まると、車輌点検を粧って下にもぐりこみ、しばりつける。炭水車の石炭の間に隠す。トンカチと釘を持っていて、米検《こめけん》の気配を感じると、窓の外側に釘を打ってぶらさげる。

多様な戦術を駆使したハスキーたちだが、やは〝賊〟はあなどり難かった。

※〈山形県警察史下巻『主要食糧の取締り』から〉（略）これがため各警察署では、全署員をあげて朝鮮人の集団的米の買出しの取締り、列車の警乗、検問、各駅における乗降客の取締りなどを活発に行なった。昭和二十二年から二十四年まで摘発数量は次のとおりである。

昭和二十二年＝八二五・五石　二十三年＝八七二石　二十四年＝五七三・一石　二十五年＝四一〇・二石

ハスキーたちは、彼らの「一〇〇％完遂」に対抗して、わざわざ測量図やトンネル工事の設計図を携帯した。賊の姿を見るや、赤鉛筆を片手に図面を広げて熱心に見入る。ポリスは、ああ、国鉄職員か、と納得して通りすぎることもあったが、時たま看破されることもあった。甲斐なく摘発されてＡＤＳ大公のアジトに帰ると、「賊にやられましたッ！」と報告する。王国の掟には罰則の思想はなかった。論功行賞の思想もなかった。要するに「銀シャリエの法則」という単純明快な思想と、その憲章を遂行するためのエネルギーとして、形而上的遊びがあるにすぎないのだった。

賊にやられたハスキーは、次の作戦のとき皇帝から一計を授かった。彼はわざとリュックに砂をつめた。そしてポリスに言いはった。

「米じゃないってば」「ともかく見せろ」

「米じゃないというのに」「いいからここへあけろ！」「しょうがないなあ」

彼はすでに摘発されてまぶしく積み上げられた米の山に、リュックの砂をぶちまけた。賊は怒ったが、「だから米じゃないとあれほどいったのに」といわれては、仕方がなかった。

再三登場したように、王国ではポリスを〝賊〟と呼んだ。敵への親愛感をこめたギャグで、当今の革マル王国や中核王国のハスキーのように、尖鋭な敵対感はない。敵もまたひもじいのだという連帯感があった。そこで、この際は、賊の言い分も記録しておく。賊たちも気を使っていた。内務省通達で毎月十日間前後の警乗に就いた経済防犯課、布施与太郎警部補の『列車警乗記』に神経の使い方がしのばれた。

彼らは「落ち着いたさびのある口調で」乗客に目的を告げる。

「（略）最後に私は我々日本人の国民道徳を昂揚致しまして車内の明朗化を図り、私共のような警察官が列車に乗り込まなくとも安心して御旅行の出来る日の一日も早からんことを祈る次第です。では唯今から甚だ御迷惑様ですが、列車内の荷物を検察しますから、通路にお坐りの方は暫く御立ち下さい。甚だ御迷惑様です」

日記は、この同僚のことばを感謝して書いている。

※その威あって猛からず、惻々として人の心の奥を揺すぶる力強い言葉、飽迄も民衆のためを思う誠意溢るる謙虚な態度、乗客の誰もが我が身を護る警察の労苦に感謝の念を抱きつつ、できるだけの協力を誓うかに見えた。（略）車内の同胞の姿を見る。長途の旅に疲れ、トンネルの煙りに煤けた乗客の顔、警乗しなければ車内に犯罪の絶えない国民、是れが嘗っては、「見よ東海の空明け

て旭日高く輝けば」を高らかに歌った国民か。「月やあらぬ、春や昔の春ならぬ」の古歌を思い出して今昔の感に打たれ、悲痛な念に胸を鎖された。（昭和二十二年五月二十四日「経済防犯連絡情報」による）

義民にもデモにも無縁

賊たちの感傷と対照的に、司の民たちは乾いていた。赤ん坊をねんねこで背負った母親のしぐさが何となく不自然なので、ポリスが大きな赤ちゃん帽をとってみると、ねんねこの中は米だった。母親は泣いて見のがしてくれといったが、米は返らなかった。そんな場面を見たハスキーたちは、心が動かぬでもなかったが、かといって一挙に義民に走ることはなかった。昭和二十年秋、元海軍軍人を指導者とする『日本天狗党』の一団が、日本刀を手に霞ヶ関の旧海軍省の倉庫を襲った事件があった。

彼らは倉庫の食糧をトラックに積みこんで去り、数日後、有楽町日劇前で『日本天狗党』の幟を立て、無料炊き出しをした。

だが、司の民には別の王国のことだった。彼らは、一方で「朕はたらふく食ってるぞ、汝臣民飢えて死ね」のプラカードを持つ群れにも投じなかった。

※〈世田谷の〝米よこせ大会〟当日の野坂参三の演説から〉我々の手に残された道がある。それは天皇のところへゆくより他はない。幣原や社会党に行けたら行ってもいいが、このでたらめな幣原やその官僚たちを任命した天皇に……いまこそ直接天皇のところへゆかなければならない、君たちのデモの行先は天皇のところだ。（21年5月13日）

彼らは、義民にもデモの民衆にもならなかった。なぜなら、彼らにとって天皇ヒロヒトは全く関係のない、よその国の元首にすぎなかった。従って、天皇は戯画化する対象でも、直訴する対象でもなかった。天皇ヒロヒトが仮りにタラフク食っているとしても、彼の米櫃を開けて一億国民の何人が食える？　汝臣民飢えて死ね、とアジっている共産党員が、山口判事のように死んだか。天皇も共産党も五十歩百歩だ。第一、天皇の食っている米よりも、我らツカサの食っている米の方がうまい。〝天皇よりも偉かったマッカーサー〟も、よその国のジェネラルだった。彼ら飢餓時代の遊民《ホモルーデンス》は、『リンゴの唄』の「リンゴの気持ちはよくわかる」だけでは腹がくちくならなかった。だから彼らの歌をつくった。司共和国の歌は、世相に対するもっと強烈な笑いがあって、それが銀シャリエにつながる活力にならねばならなかった。歌と笑いは、彼らのカロリーだった。司王国は、庄内の米を食べて、諷刺という糞を排泄して歩く一味だった。

司王国には、感傷も怒りも存在しなかった。子供がメンコやベーゴマを取ったり取られたりする。そこに感傷の入りこむ隙間はない。彼らの王国は、それに近かった。彼らが若かったからでろうか？〝NO〟。

「腹が減っていたからだ」

国父・服部之總のこと

首尾よく米をかついで東京のアジトADS大公のスタジオに無事帰り着いた彼らは、例の敬礼をし「我、敵陣を突破せり」と報告した。彼らの戦利品には、利益配分のきまりもなかった。これをあげないと誰かが困る、という家が優先された。

彼らの銀シャリエを運ぶ先の一つに、国父・服部之總の家があった。彼らはこの家に入ると、庄内とはまた違った安堵感を味わった。

服部之總はマルクス主義歴史学者だった。羽仁五郎との論争、マニファクチュア論、明治維新史等で服部史学の一派をなした彼は、単にやせたソクラテスではなかった。

弾圧で筆を執ることができなかった間、彼は花王石鹸の宣伝部長をつとめ「生ぶ湯の時から花王石鹸」というCMを作ったし、ジャーナリズムの世界では、中央公論社の出版部を創設し、処女出版に『西部戦線異状なし』をセラードブックスにしたてた。日本が敗けたとたんに、「これからは中共貿易だ」と見きわめて、正体不明の商事会社を作ったが、すぐつぶれた。

共産党員（後に離党）でありながら、三笠宮はしょっ中遊びに来るし、書庫開きをかねて宮さまの指導でダンス大会を主催する。

錚々たる学者や文学者が談論風発にやってくる。その隣りの部屋では、思想警察の手でぶちこまれた時に留置場で知りあったヤクザの親分が遊びに来ており、これも遊びに来た刑事と、花札をしていた。

田宮虎彦によると「服部さんの心の中には、学者と同時に小説家もいた」という人物だった。吉川英治によると「執拗なほど、この人間社会に粘りをもっていたものが、服部史学であり、服部的人生と彼自身の人間臭であった」。

福村書店（現・福村出版）社長は「矛盾の中のよさ。人間が生きている」といい、三笠宮崇仁は「どう見ても赤旗より『袈裟』の方がよく似合う先生」と評した。大内兵衛は「鎌倉山の山道を谷に下りてまであるき、花を語り、草をつんだこともある。なにしろ二人がよると、話しがはずんで、帰るのを忘れる」という友だった。

そういう服部之總を、三枝博音が適確に表現した。「之總は『しそう』とよんだ。私たちも親しい友人なかまでは『のそう』とよんでいたことがあった。これは彼の風貌にかんけいがある。彼があらわれてくると、あたりの空気をやわらげて、みんなを自分のなかにとりこんでしまうような之總の表情や動作は、ずいぶん多くの人が感じとっていたこととおもう。『のぞう』ということばがある。『のざん』（野散）にも通じ『広辞苑』によれば『官の管理外の山野』のことだというように説明されてある。之總は学問においても生活の活動においても、管理外的なところがあった」。

その「野散」の服部家の家風を、司王国第一代の皇帝の姉が支えていた。ハスキーたちは、この家へ米を運び、カリカワスグラードとは異質の、神経ののびやかさを食って帰るのだった。彼らは、当時教習所内で『二・一スト』の演説をぶったり、檄文を撒いたりした仲間たちを見た足で、この家に来ると、「急造左翼ではないホンモノがいる」と安心した。

ホンモノは、急造左翼や急造民主主義者に対して、こんな歌を詠んでいる。

コムニストのたたかひはつねに清《すが》こゝろ伴ふものと知れりや彼等

添ひ通すぬしをわすれてのぼせた妾《わたし》　愛想つきるもむりはない
　いふまでもなくぬしは労働者階級《プロレタリアート》のこと也

そして服部のそうは、遊びのわかる人だった。たとえば娘の縁談が決ったときの即興歌。

　僕それをうけて山崎梓杖に贈れるざれうた（即興）
シソウの娘を
シジョウが貰うて
もめん一丈
おなかにまいたら
びっくりするよな
お嬢がうまれた。

服部之總が、司王国の若者たちを面白がるのは当然といえた。彼は、この時代に、口先で大義名分と理を説きながら、裏で要領よく生きるよりも、裏街道を大手を振って歩く実生活のディレッタントになれ、といった。
「なあ皇帝よ。民衆というものは常にこういう型で抵抗するものだよ」

走りの勘三はいわれている。

「酒に上中下の三種ある。上の酒は酔えば天下国家を楽しませる。中の酒は、自から楽しんで人に迷惑を及ぼさない。下の酒は、己が苦しんで人に迷惑を及ぼす。勘三、お前の才質ではとうてい上には及びもつくまい、せめて中になれ」

ジェネラル・グラントは、昔はこうでしたが今はこうやってトンネルを掘っていますと、国父に報告した。すると服部之總は「君、それがインダストリーというものだよ」と、時代的、歴史的、経済的価値の変遷を熱っぽく教えてくれた。アンドレ・ジープは唯物史観の本を漁ったし、ポールは笑声で『関の五本松』を歌って国父を喜ばせた。

そして彼らは、またカリカワスグラードに向って進軍するのだった。旅の博士の命じたダイヤに乗るべく上野駅に立った彼らは、西郷隆盛の隣りにヤミ屋の銅像を思い描いた。彼らの想念の中の銅像は、旧軍の飛行服に長靴、背にリュック、口に洋モクをくわえて、札束を勘定している男の姿であった。

「では出発。司王国民衆歌、はじめ」

　真白き白米　緑ののりまき
　思い出す身も　今は涙
　恋し昔の　日の丸弁当
　せめて食べたや　夢の中

王国は原子元年から三年にかけて、全盛を誇った。

王国崩壊の背景

「勘三、どうやら皇帝を退位すべしの天命が下ったようだ。慎んで拝受しようと思う」

初代にして二代なき王国の皇帝、天忍鉾建天駆石川養治命がそう断じたのは、A・A四年（昭和二十四年）春のことだった。〝天命〟はいくつもの啓示が重なっていた。まず現象としては食糧事情の好転だった。

※〈㊣割る野菜・魚〉都内へも記録的な入荷。市場取引額は公定価格を割った（23年7月27日）〈11月から二合七勺〉天候不良を見込んでも、11月から米その他の主食が増配され、二合七勺（三八五グラム）に引き上げできると、総司令部当局が言明（23年8月28日）〈台湾バナナ入荷〉（23年11月25日）〈野菜類の統制令撤廃〉（24年4月1日）いずれも朝日新聞見出しから。

銀シャリエをとりに行く必要が徐々に薄れてきた司王国は、憲章が空文化しはじめた。

一方で、二十四年春は、王国の民の過半数を構成していた鉄道教習所の卒業の年だった。皇帝やハスキーたちの名誉のために書いておくが、彼らは遊民ではあったがよく勉強もした。彼らは三年間の飢餓時代を過した岡の上の寮を降りて、それぞれの職場に別れなければならなかった。彼らは、いわば〝国鉄士官学校〟でこれだけ勉強した自分たちこそ、新しい風をもちこめるという期待を抱いていた。だが配属された職場は、意に反していた。信濃川工事局を希望したジープは上野、ポールは新宿、グラントは大宮、サバは横浜の、各保線区という具合だった。

誰もが、帝国軍隊という巨大な組織が壊滅したあとに、唯一残った日本最大の巨大組織国鉄の、何重にも構築された機構の再下層《〔ママ〕》に組みこまれた。機構の頂点には旧帝大組、次に国立高専、その下に私立大学と、軍隊のように階層がはっきりしていた。

「来たれ！　新時代の若者」の広告で、それなりの夢を抱いて入学した彼らの中でも、特に、陸士、海兵出の復学を閉ざされた青年たちは、ここでも彼らの三年間のノートを活用できなかった。彼らは現場に配属されると、外地から帰参してあふれた職員数のために、降職させられ、保線区のさらに一階級下の分区で、一作業員に落された。特に国鉄内部から入学した彼らには、制服の袖についた一本の黒い蛇腹のうれしさは、幻影だった。彼らは、司王国時代の明るい諧謔に満ちた歌とはうって変った自嘲の歌を聞いた。

線路工手が人間ならば

電信柱に花が咲く

現場に入って間もなく、国鉄は定員法に基く九万五千人の行政整理に着手した。

※〈「遵法闘争」を指令。国鉄労組、ストと同じ効果をねらう〉（24年7月2日朝日新聞）

五日後『下山事件』が起った。

彼らは、国鉄を辞めていった。教習所はGHQの指令でつぶされた。ポールは郷里に帰り、三十歳を過ぎてから大学に入り直した。現在はゴム会社の経理課長である。サバは、運送会社を経営している。ハムは三つの会社を経て、某社土木部長である。五本松は、ハスキー仲間の噂によると、布団屋の番頭とも、伊東の駅前では温泉旅館の旗を持って「お宿はお決まりですか」と旅客を誘っている姿を見たともいう。グラントは某企業で公共的な建設工事の責任者になり、岩盤の厚さよりも、何が何でも反対の〝住民パワー〟の権利意識の掘削に悪戦苦闘しており、飢饉時代から三十年後のデモクラシーに懐疑的である。

一方、共産党員で国労専従役員になったジープは、その民主主義を奉じる立場である。

「グラントさんがやっている仕事は、国家目的、資本目的のために住民の小さな平和を圧殺していいのか」。彼は現場に入ると「国鉄労働史上最大の汚点〝0号指令〟」をきっかけに、かつて米をかついで十国峠をバスよりも早く駆け降りた体力を、組合運動に投じた。

グラントはそんな彼を「父が死に、いい兄が死に母が死んで一人だった彼は、司王国という一刻《ひととき》の童話《メルヘン》の世界に保護されていた。それが急にナマの社会に放り出されて、逆に真剣に悩んだ。その結果だろう」と推測した。

「童話は、いつまでも童話のままではいられないのです」

彼らの最後の〝遊び〟

司の青年たちは、ほとんどが戦後の混乱さえなければ、夫々の家庭や学校で自分の民主主義を築き得る環境にあった。それがGHQから〝デモクラシーをどうぞ〟といわれて、〈多数決なんて、バカ臭くて〉と思った若者たちだった。その思いが、遊びを生んだ。彼らには、官製民主主義よりも、夢の王国の遊びの方が楽しかった。

司王国第一代の皇帝は、国鉄在職の傍ら早稲田大学で商学を学び、A・A九年、留学生になって日本を離れた。高度経済成長突入前夜である。彼の留学を伝え聞いた懐しき狩川の住民たちは、「養治サ、そんな唐天竺に行ってどうなさる」と不思議がった。

皇帝は、はじめてシアトルに着いたときアイスクリームを食べ、世の中でこんなにうまいものがあるのかと、驚いた。それは同時に、カリカワスグラードの真珠色の銀シャリエが、王国の生存目的であった時代の、遊民精神からの、はるかな距離を感じさせた。

とはいえ、皇帝はあくまで皇帝の資質を失ってはいなかった。彼は、制限されたドルのほかに、藤娘の人形を持てるだけ持って船に乗り、船内の外人や寄港先で、ドルにひっくり返した。シカゴに着くと、藤娘は当時の金で百ドルに化けていた。

皇帝は渡米九年。チュレーン大学で工学を学び、帰国すると、ロッテ嬢なる妃をめとった。噂は、かつてのカリカワスグラードの、貞子かっちゃや、伝右衛門とっちゃに風の如く伝わり、彼らは、「養治さが、ロッテガムの娘さもらったでがす」と感嘆した。

いま、皇帝は世界中に国籍の違うハスキーを駐在させ、自在の語学力を駆使して、足りないテクノロジーをAからBに移す仕事をしている。コペン、パリ、ニューオリンズがすぐ目の前にあり、帰鳥倶楽土は霧《ミスト》の彼方になった。

彼らの、飢餓時代のバラエティショーは幕をおろした。司王国は〝戦後史〟という書物が綴られはじめると共に消滅した。消滅の前夜、ハスキーたちの最後の活動は、国父・服部之總令嬢の移送であった。令嬢は、国父の故郷、島根県浜田で胸を患っていた。余名いくばくもないと知った彼らは、ひどい苦労をして令嬢を鎌倉山に運んだ。その時、旅の博士・早川の英三と、走りの勘三・植木の昌一郎は、元・ハスキーから借りた国鉄の制服を着、無料パスの写真を貼り変え、鉄道用語をマスターして乗りこんだ。二人は「これが王国最後の遊びだな」と感じていた。彼らは令嬢をタンカで満員列車に運び、その上で武勇なんぞ忘るべけんや、にぎりめし百十一個、下駄十二足、塩一升、米一斗をかついでいた。司王国最後の大輸送だった。彼らは、当時の映画『わが生涯の最良の日』をもじって「わが生涯の最良の旅」と笑った。

だが、鎌倉にたどりついた令嬢は死んだ。国父・服部之總は「ヤレヤレ、梁子は死んだか」とひとこと言った。ハスキーたちは〈ヤレヤレ、王国は消えたか〉と思った。

こうして、司王国は影を消した。彼らはそれぞれに散って行き、米のあとには単なる友情だけが残った。帰国した皇帝はテクノロジストとして実生活を営まねばならなかった。ホモルーデンスから、新幹線時代のホモモーベンス（ｈｏｍｏ　ｍｏｖｅｎｃｅ）になった。

元・皇帝の宮殿は公団住宅の一棟である。

バラエティの閉幕

王国の民たちは、彼らのユートピアの消滅を、何のセンチメントもなく見送った。勘三は〈我々は遊んでいたのだ〉といい聞かせた。〈そうなんだ。遊びに飽きた子供が、日暮れて自然に散っていったんだ。懐しむ者も居ない。哀しむ者も居ない〉

皇帝も、また同じ思いだった。

〈飢えが満たされたいま、友情でつなぎとめておくのは、司王国がもっとも軽蔑したセンチメンタリズムそのものである。それは感情の浪費だ〉

「そうなんだ、皇帝。老子の思想でいえば、悲しいと嬉しいとは同じものなんだ。悲しみがあるから嬉しさがある。司は、飢えがあったから笑いがあった」

と勘三がいった。皇帝は答えた。

「三十年の昔、革命の理論と一杯のメシがあった。我々は一杯のメシと遊びを選んだ」

「喜劇というのはいいものだ。自分が喜劇を演出すればなおいいものだ」

「そうだ、王国はもともと存在しなかった。存在しなかったものは、故に変貌しない。変貌しないものは、故に消滅しない。だから王国は同窓会を開かない」

彼らにとって戦後三十年は、架空の王国を霧消し、拡散するに充分な時間だった。〝帰鳥倶楽土〟のあの杉皮の屋根に黒板塀の参謀本部は、とりこわされて町の公民館になった。

王国は、戦後の陽炎のような存在だった。最初から観念のユートピアであったから当然といえる。だが、はっきりと存在した『国鉄教習所』も、いまは王国同様、かげろうのようだった。国鉄を訪ねると、「初耳です」「そんな学校ありましたか？」「国鉄の部外者が半数も在籍したというようなユニークな学校はありません」「そういえばありました。残念ながら学籍簿も何も、いっさい残っていません」という。彼らのバラエティショーは、完全に幕を閉じていた。

だが、バラエティショーとは面白いものだ。演ずるもよし、見るもよし。

幕が降りたあとで、彼らは二十数年後に新たなショーを味わった。皇帝はある日テレビを何気なく見ていて声をあげた。

「あっ、あいつは！」

画面にはハイジャックの道化師・ポール中岡が写っていた。彼は三十年前、皇帝の部下だった。いつまでたっても単独飛行ができず、アメリカさんがやってきた時は白い布を振れば助かる、といい、グライダー隊にまわされたあの男だった。

旅の博士・早川の英三は、やはりテレビの画面を〈へえーッ!?〉という思いで眺めていた。彼が千葉の戦車隊で主計官であったころ、長岡出身の上官がいた。そこへしょっちゅう通って来ては「ねえ、軍の仕事をくださいよ。同郷人のよしみでお願いしますよ」といっていた男がいた。その男がいま、しゃべっている。

「国民の皆さん、わが党は、福祉と自由社会を……」

内閣総理大臣・田中角栄だった。

（了）

大変に長文の児玉隆也稿「〝司〟王国――飢餓時代のメルヘン」を引用してしまった。この文章を掲載した雑誌『諸君』（私は一九七八年に「現代反動イデオロギー批判―雑誌『諸君！』の論調を中心に」という題で歴史科学研究会大会での報告を成文化した論文を『歴史評論』第三三二号に掲載した）の一九七五年二月号の巻末に「司王国からの招待」としてつぎのような記事がのっている。

「王国暦原子二十九年師走三日、小雨そぼ降る一夕、児玉隆也さんを不肖〝土侯国侍従武官長〟は、司王国の国賓として招待して銀座の某楼にのぼった。

第一代皇帝石川養治氏、右大臣駅路《うまやどの》大臣《おとど》植木昌一郎氏、左大臣一世の碩学早川英三氏、ハスキーのジープこと姥山順次氏などの諸歴々ご機嫌ことのほかうるわしく、児玉氏の労を多として嘉せられ、当〝諸君〟〝土侯国〟と『永久に平和修好関係を維持する』と皇帝がのたまわれたのは誠にありがたき幸せであった。小宴が酣になるや、王国の四氏は、横文字と漢文まじりの正統司語で会話をはじめた。そして王国の語り部植木氏はやおら音吐朗朗、ノリトのようなものを誦しはじめたが、それは漢文にて綴られた司王国正史で、語り部の暗誦を他の三氏は妙なる音楽でも聴くかのように、ウットリと耳傾けていたのであった（〝諸君〟〝土侯国〟K生）」（二四四頁）

この宴席にもし服部之總が生きていて出席していたら（すでに一九五六年三月四日に没）、さぞかし、この文章の中にも出ている「五本松」に因んで服部「十八番」の民謡『関の五本松』を誦ったことであろうと私は想像する。酒席での服部は殿様への百姓の抵抗歌だと解説をつけていつもこの歌を愛唱していたからである。この文に出てくる「国父・服部之總のこと」は、服部の人となりをきわめて見事に叙述している。皇帝の姉の服部富子夫人は、晩年にしばしば「児玉さんが早くなくなってしまった」となつかしみをこめて淋しそうに語っていたことを私は思い出す。

この児玉のきわめてユニークな敗戦直後の食糧危機と占領下の混乱社会の中での若者たちの生きざまを、ユーモアをこめて生き生きと叙述していることに私はとても感動して読んだ。今日（二〇〇九年）、大出版社から多く出版されている「学校優等生的な」歴史学者たちが書いた社会の表面に現われている上つらだけの史料で綴った『戦後史』では、とうていこの激動の時期（とくに占領時代）の正確な歴史を描写することはできないと私は切実に痛感している。児玉がここで書いたようなたくましく生きた若者たちこそ、当時の庶民たちの真実の姿であったのではなかったかと思うからである。

II　鎌倉大学校（鎌倉アカデミア）

本書の出版元である日本経済評論社のPR誌『評論』に、私は一九九九年六月一日号から二〇〇〇年八月一日号までの八回にわたって「服部之總評伝」というきわめて短い文を連載してもらった。私が約束していたこの本がいつまでも完成しないので栗原哲也社長が督促の意味で書かせたものであろう。この『評伝』を数少なくない人々に送った中に、次項で書く「日本近代史研究会」の同人であり、敗戦直後から服部と親交の深かった松島栄一からの礼状に、「貴兄と服部との交流はよくわかりましたが、一向に服部の人間が出てこないのをもどかしく思いました。」とあったのでショックをうけたことを思い出す。つづけて「具体的に、もし、もう少し読後感などをお求めの心があれば、適当な時にお声をかけて下さい。どこかでお会いいたしましょう。その必要もなければ、御海容下さって結構です。」と書かれていた。私は「声をかけ」ずにいたことを、松島が二〇〇二年十二月十二日（享年八十五）に亡くなった後残念なことをしたと今も後悔している。この連載の最後を「鎌倉アカデミアと服部之總」で結んでいる。この旧稿を補稿してこの項を書くことにしたい。

戦後の服部が最初に敗戦直後の子弟の教育のために情熱を傾けて取り組んだ鎌倉大学校（のち鎌倉アカデミアと改称）については、この学校で学んだ卒業生などによって書かれた著作が多く出版されている。いま私の手元にある単行本を出版順に挙げると、高瀬善夫著『鎌倉アカデミア断章　野散の大学』（毎日新聞社、一九八〇年一月刊）、前川清治著『鎌倉アカデミア　三枝博音《さいぐさひろと》と若きかもめたち』［巻末の9『鎌倉アカデミア』を語る」として飯田賢一「三枝博音先生の仕事」、野崎茂「硬軟自在の三枝学校長」、廣澤榮「夕映え」、若林一郎「青江舜二郎先生の思い出」、栗原治人「恩師・重宗和伸先生のこと」、津上忠「いずみたくさんを悼む」が収録されている。］（サイマル出版会、一九九四年八月刊）、前川清治著『三枝博音《さいぐさひろと》と鎌倉アカデミア　学問と教育の理想を求めて』（中央公論社新書、一九九六年五月刊）、廣澤榮著『わが青春の鎌倉アカデミア　戦後教育の一原点』（岩波書店、同時代ライブラリー、一九九六年五月刊）がある。三人ともこの学校の第一期生で、高瀬は毎日新聞社にて学術・文化担当をへて当時編集委員、前川は労働旬報社編集長をへて、川崎市議四期をつとめて、当時は神奈川県自治体問題研究所副理事長、廣澤は東宝の助監督から鎌倉アカデミアに入学、東宝争議にかかわり、脚本家となる。三人とも母校のことを愛惜をこめて詳述していて、いずれも好著であるので読者はぜひ一読されることをすすめたい。今日の非教育的・非人間的な経営第一主義の学校とはまったくちがった、幕末の吉田松陰の松下村塾を思わせるような理想的な大学が敗戦直後の日本に実現されていたことを知ることができると私は思うからである。くわしくは同上書に直接あたられることを期待することにして、この稿では同じく第一期の飯田賢一、津上忠の二人の文章を発表順に紹介しておくことにしたい。

一　飯田賢一の「戦後大学教育史の一原点　鎌倉アカデミア」

（『赤旗』一九七五年七月六日号掲載。筆者は当時武蔵野美術大学講師、のちに東京工業大学教授、鎌倉大学校学長三枝博音の愛弟子で技術史学者）

師弟がともに真理を求めて

仏教の有名な古典のひとつ『法句経』に、つぎのような意味のことばがある。「人はもし百年を生きるとしても、怠りにふけり、精進が少なければ、懸命に精進し、努力する者の一日生きるにもおよばない」と。学校教育の歴史においても、右のような真理はあてはまるのではあるまいか。ここにのべる鎌倉アカデミアは、敗戦直後の一九四六年春に開校され、五〇年秋には閉校のやむなきにいたった、わずか四年半しか存続しなかった大学である。しかしそこには、たとえば吉田松陰が主宰した三カ年間の松下村塾がそうであったように、教える者と教えられる者との人間的な信頼があり、精神的な結びつきがあった。百年の歴史をもつ、たとえば東大のような誇るべき施設はなにも持ちあわせなかったが、師弟が一緒になって新しいなにものかをつくろうとする、いわば創造力の燃焼があった。真理を求めようとする若者の魂と敬愛する先生の学問的情熱とが相ふれ合ったところ、そのどこもがじつに教場であり、《私の大学》であった。

だから、私たち鎌倉アカデミアに学んだ者には、四年半でこの学校の歴史が終ったとはどうも思えない。むしろ、そこでみずから体験した真理追求の精神を、いかにその後も燃やしつづけ、自分たちの歴史を築いてゆくか、その全体がアカデミアの歴史だと思っている。こうしていま、かつての恩師、学生たちが、みんなで「私にとってのアカデミア」を持ちよって、鎌倉アカデミア史『わが大学にある日々は』（鎌倉アカデミアの会編＝事務局・東京都中央区銀座八の二の一五、明興ビル）を刊行しようとしている。

雄大な構想と優れた教授団

鎌倉アカデミアは、はじめ鎌倉大学校（通称・鎌大）といい、鎌倉市材木座の古刹光明寺を仮校舎として呱々（ここ）の声をあげた。当局の認可は一九四六年三月三十一日、設立者は鎌倉学園、初代校長は飯塚友一郎であった。敗戦の四五年の秋、鎌倉在住の文化人たちによって結成された鎌倉文化会が、この大学の構想を立て、実行したのであるが、占領下のきびしい条件下に、いちはやくこのような運動が起こされたことは評価されてよいであろう。

当初の構想はまことに雄大であった。――「本学は財団法人鎌倉学園（申請中）の経営にかかり、教育都市鎌倉に天下の学徒を糾合して、真に世界文化に貢献すべき科学と技術との総合学園建設事業の第一歩をなすものである。

学園建設地は鎌倉山夕日丘を中心とする数万坪の林間に、独自の教育体系により初等科より大学に一貫し、各種の専門を網羅する総合的学園を建設する計画であるが、当面の教育危機を打開するために、とりあえず仮校舎を以て、産業科、文学科、演劇科の三学科の各専門部並びに本科（大学予科）を開設する。」（第一回入学案内）

教授陣としては、林達夫・片岡良一・村山知義・長田秀雄・久板栄二郎・菅井準一・岡邦雄・今野武雄・邦正美・久保舜一・遠藤慎吾・三枝博音・田辺寿利・中村光夫・吉野秀雄等の諸先生が当初から参加され、服部之總・鳥井博郎・三上次男・神西清・高見順・吉田健一・西郷信綱・米村正一・田代三千稔・田中惣五郎等々の諸先生が相ついで加わった。私たちのほこるヒューマニスト教授団である。戦争に協力したり、手を汚した人は、ひとりもいない。

いっぽう学生も、時代を反映してさまざまの経歴の持主が、真理を求め、師を求めて古都鎌倉に集まった。いま前進座で活躍している津上忠（東京高等工芸出身）は、中学の理科教師をやめて、また前田武彦は予科練、今泉隆雄（いずみ・たく）は幼年学校から、演劇科にやってきた。作家の山口瞳は、たしか早稲田高等学院を中退して文学科にはいった。神奈川県民ホールの建設に努力した西史郎は、産学協同の東邦産業学園から産業科にきた。

しかし、鎌大発足のとき、すでに金融封鎖などの一連の国の政策は、理事団と学園を財政危機におとしいれていた。四六年秋には当初の理事・校長は退陣し、新しく三枝博音校長のもと、教授会・父兄会・学生自治会の三者協議による学校運営がはじまった。いわゆる学生参加、市民公開講座、教授たちの定例研究発表会など、さまざまな試みが実践された。貧しく苦しかったが、先生と学生との人間的な信頼・精神的な結びつきは、ますます堅いものとなっていた。その中心に、いつも三枝先生がおられた。

私たちの青春のふるさと

一九四八年、寺社法の改正のため仮校舎光明寺の借入が不可能となり、校舎は大船の旧海軍燃料廠あとに移転し、名も「鎌倉アカデミア」と改められた。この年、第三回入学案内に三枝校長はつぎのように書いた。

「われわれは諸君に対し次のように呼びかける。《自分の性格を信ずる者はアカデミアに来い。その性格を教授と学生とが相拠って相互に鍛え、各自の個性を創造する処がわが学園である》われらはかくの如き学園の基礎を東日本の文化都市鎌倉に築きつつ、しかも広く世界文化との接触交流を企図しつつある。」

三枝校長と教授代表（学監）服部之總らは、おりから制定された新制大学令の「形式」でなく、民主主義の理想をかかげた大学の「実質」をとったのである。このとき、歌人・吉野秀雄教授は、鎌倉アカデミア学生歌を作詞し、アカデミアの教壇に立つもの、アカデミアに学ぶ者の心情を高らかに歌い上げた。

「いくさやぶれし　くにつちの　おきてことごと　あたらしく　もえるめばえに　さきがけて　ここにわれらはつどひけり…。」

ことし、一九七五年秋は、痛ましくも国鉄鶴見事故の犠牲となった三枝先生（当時横浜市大学長）の十三回忌、私たちが戦後日本に生まれた最も民主的な大学と自負する鎌倉アカデミアの解散後二十五年に当る。恩師に捧げる鎌倉アカデミア史は、私たちの青春のふるさとの記録、また四半世紀にわたるささやかな成長の記録でもあるが、真の人間の豊かさとはなにかについて、あるいは訴えるところがあるかも知れない。

二　津上忠の「五十年の歳月　鎌倉アカデミア雑感」

（『赤旗』一九九六年七月十九日、前進座の座付作家・劇作家）

去月、廣澤榮著『わが青春の鎌倉アカデミア』（岩波同時代ライブラリー）と前川清治著『三枝博音と鎌倉アカデミア』（中公新書）の二冊が期を一にして刊行された。

このアカデミアは、開校当初は鎌倉大学校と称し、敗戦の翌年（一九四六年）の五月に、鎌倉の地にある古刹（こさつ）光明寺を仮校舎として開校したがために「寺子屋教育」とか「戦後の民主教育の原点」ともいわれ、結局は大学令によらざる〝大学〟として鎌倉アカデミアと改称し、続くこと四年半で潰（つい）えてしまった〝幻の大学〟である。

その出発から終わりまでの過程を、前者はそこに学んだ体験を中心に半ば自伝的な「わが青春」を語りながら、この学校にかかわった人たちと、そのあり方を追究している。後者は丹念な取材を基礎に、学長の三枝博音なる人間像とそれをとりまく若き学徒を、やはり時代と学校のあり方とかかわらせて追究しているのである。

かくいうわたしも廣澤君とは同級生であり、かれは当時、すでに東宝映画の助監督部に在籍していたのだが、学校に通うことをかちとっていた。ふり返ってみれば、そのときから現在まで、かれはシナリオライターに、わたしは芝居書きとなって、お互いに五十年のつきあいを数えることになった。

鎌倉アカデミア時代のことは、わたしも断片的には書いているが、両書を読んでいると、教えられたり、あるいは新たに知ったりすることがかなりあった。そのいちいちを書く余白はないが、ただわたしの場合、あの敗戦の翌年、なぜ鎌倉アカデミアの演劇科を志望して入ったのか。この二冊の本を読むことによって、そのことをあらためて想（おも）い起こさざるをえなかった。

というのは、今までわたしの書いたもののなかに「演劇を学ぶとともに、唯物論を学び直したい」ことから、旧「唯研」（唯物論研究会）に名を連ねていた先生方が多かったので志望した、としているからである。そのもとをたどれば敗戦時の三カ月前、病気療養中にわたしはひそかにマルクス主義関係書の何冊かを読み、あの戦争は「聖戦」ではなく侵略戦争だという認識をもちえた。それらの書のなかに何人かの先生の名があったのだ。

ところがさらに想い出してみれば、その芽となるものはもっと以前にさかのぼる。例えば、ホグベンの『百萬人の数学』『市民の科学』（日本評論社）が今野武雄・山崎三郎の共訳であり、またダニレフスキイ『近代技術史』（三笠書房）が岡邦雄・桝本セツ訳、『日本の思想文化』『三浦梅園の哲学』（第一書房）が三枝博音著である。毎月読んでいた『日本映画』『映画評論』などには村山知義や服部之總の寄稿文があった。

いずれも後に鎌倉アカデミアで教わる先生方であり、わたしが工業学校の上級生になりかけの一九三九年、四〇年、四一年という、まだ太平洋戦争に突入してない時代だったと思う。これらの本をどう読みこなして、理解しえたかどうかは別として、とにもかくにも著者の名はわたしの頭に刻みこまれていった。また、それらの本の巻末にある各出版社の広告の書名と著者名も加わってくる。それが戦争末期に読んだマルクス主義関係書の何冊かのうちの著者や執筆者名とダブってきたわけである。

もう一つ想い出すのは、三枝先生が「君たち、マルクス主義を学ぶなら原典を読め」といわれたことだ。それは『資本論』をさしていったのだが、だれかの解説書を読むより、とっつきにくくても、まず『資本論』そのものを読んで自分で読解するようにしなければいけないという意だったと思う。これに関連して今は亡き友宮川晟君が、研究会の席上に何やら重そうな風呂敷包みをもちこんできた。嬉（うれ）しそうな顔で「見ろ、これ、手に入れたぞ」と、わたしたちの前に広げたのが革表紙の高畠素之訳の『資本論』十冊だった。古本屋で買ってきたというが、当時、かなりの高値で、どうして金をつくったか。後で聞けば、お母さんを口説き落としたというが、おそらく戯曲全集かなにかを買うといったのではなかろうか。

おしまいにもう一つ。『高見順日記』の一九四九年一月二十八日、「今野武雄君…来訪」「一高の一年下、鎌大教授室で久しぶりに会ったのだが、今度の選挙で神奈川で当選。意気軒昂。入党をすすめられる」とある。このころになると、わたしは同級のいずみ・たく君とともに青年共産同盟が開設した中央演劇学校（後、舞台芸術学院に合併）のほうへ転じたので鎌倉へはいってなかったが、このときの選挙向けに、わたしは「今野武雄伝」と「春日正一伝」の紙芝居脚本を書いた。そういうわけで今野さんからこの話を聞いた。続く後の日記文には「転向によって人民を裏切った僕としては、自己批判の小説を書いたのちでなければ入れぬといったが、入党して活動することによって自己批判をなすべきだという。勧誘は熱心を極める」「昔の党を思うと隔世の感に堪えない」とある。

そういえば、前述の本を読んだ同じころ、わたしは高見さんの転向小説といわれる「故旧忘れ得べき」「如何なる星の下に」などを読んだ憶えがあったせいか、文学科の高見さんの授業をよく聴講したものだった。

なお、去る五月十四日、この五十年たったアカデミア関係者の想いが結集して、光明寺境内に「ここに鎌倉アカデミアありき」（西郷信綱揮毫）という碑文を刻む記念碑が建立されたことを付記しておく。

上記の二氏の思い出にあるように、この「戦後民主主義」の本当の理想を実現（日本で最初の男女共学の大学）させたいと教師・学生・父兄が心から一体となって真剣に実践したが、一九四六年二月の「金融緊急措置令」の影響で予定していた鎌倉山の校舎建設が頓挫したこと、また、文部省は新制大学令による認可をあたえなかった（一因に「鎌倉アカデミア」は「赤」の学校だとの風評もたった）ために、入学者が激減（一九五四年四月の第一期の卒業生は二九九名が、一九五五年九月の第五期卒業生わずかに九名となった。卒業生数八三八名を輩出した）したことが最大の理由で、一九四九年八月以降は教師はまったく無給、一九四八年八月の学生大会で二〇〇円の授業料を四〇〇円に倍増することも学生たちは同意するなどの真剣な努力を重ねたのだが、ついに廃校となってしまった。わずか四年半の「ほんのひととき、光芒を放って消えてしまった、短いいのちの寺子屋大学」（前掲高瀬著）であった。

一九四六年三月に「私立鎌倉大学校」として認可されたときに学校長に就任した飯塚友一郎が「経営に不慣れとねばりのなさ」（前川著、九七頁）や「専横な態度」を教授や学生から攻撃されて同年七月に辞任したあとに教授会の強い推薦で学校長として献身的な貢献をした哲学者の三枝博音（一九六三年十一月九日の国鉄鶴見線脱線大事故で不慮の死を遂げた当時は横浜市立大学学長）は、同年九月二日に全学生を前に学校長就任あいさつを行ったが、その記録は残っていないが、その直後に発表された「私の描いている学園」にはつぎのように書いている（前掲前川著、一二〇～一二二頁）。

これは私個人で描いていることなのだが、私たちの学園はこんなものならいいなあと思うのだ。どんなのかというと、何かしらそこに居ることが楽しいという処なのである。

私が「楽しい」というのは、楽々とした気もちになれるとか、のんびりした心もちに成れるとかいうのではない。そこでは努力もせねばならぬし、苦しみもせねばならぬだろうけれども、その雰囲気の中に居るのが好ましいという意味である。

自分が何か問題をもつときは、すぐにそこに駆けつけたい。自分が自信を失うような時は、すぐに出かけて行きたい。そこでは自分の意見をとりあげてくれ、普遍化してくれる。そこでは自分の不信や自分の虚脱をとりあげて、その原因を究明してくれ、自分だけのものでないことを明らかにして、新しい希望をもたしてくれる。そういう時、相手になってくれる人が先生の中にも居れば、学生の中にも居る。

喜びや悲しみや、希望や希望のなさが、そこに行けば客観的になる。そういうことによって、生活がもっと深められる。だからそこでは、自分自身の意見を自由に公明にうち明けるということが、そこへ入るパスみたいなようなものになる。

しんねりむっつりしてくよくよしていては、現代では人は十分の生き方ができないということを、そこではみんなが自覚している。みんなの中に自分を見て、自分の中にみんなを見つける。その見つける真摯と深いものが、人間としては量的に多くを生きているということが、その学園ではよく理解される。

そうだから、みんなが互に触れる。批判もし合うし、論議もたたかわす。批判力の弱いもの、論議に気後れのする落伍者がいれば、いたわって引きたてる。

批判力や論議の力は、万般のことに知識をもたぬと出来ないし、邪道に入り易い。だから、そこではすべての者が旺盛な知識欲をもつ。なんとしても、このことが第一である。第一だけれど、少しでもいやいやで勉強する傾きがあったら、すぐに反省し直す必要がある。いつかしら知識が得られているように学園ができていることが必要である。

廊下や教室で目に入るもの、耳にはさむもの、すべてが先生や学生たちの教養が深まるようになっている。絵も貼る、表も出す。楽しい書物や珍しい書物を見せる。金がないなら各自書斎のものを短期に持ち出す。研究会は大小つねにもたれる。本を読むことは飯を食うようにする。

学園を毎週発行の刊行物とみて、編集会議が毎週もたれる。学生の健康管理も、この会議の議題に入れる。そういう学園を、私は「楽しい」ところだといって見たのである。

また「鎌倉大学校廃校始末記」（『中央公論』一九五一年二月号）の中で「アカデミアの教壇に立ったもの、アカデミアに学んだもの、みんなが真理探究ということを貴重なものに思ってきたことだけは、私たちの慰めです。真理探究といっても、私たちは時代から遊離した真理などは考えませんでした。真理とは、昔ローマの賢者たちがいいましたように、時代の娘であること、現実のなかにようやくその光を折々見せてくれるものであること、これを捉えることは不断の稽古と試練とによらねばならぬことは、私たちがみな知っていたことでした。この一事は廃校と共に散りゆく学生たちも胸裡にもってくれることでしょう。アカデミアの中で私たちのああした思索で内に結ばれたものは、いつまでも私たちが自分を信ずることの糧となってくれることを信じます。」と結んでいる。

三枝のこの学校にかけた教育への理念は、彼の下に集まった全教師たちの想いでもあった。彼らは、あの野蛮な侵略戦争とファシズムの狂気の嵐の時代に、敗戦の日までかろうじて人間としての良心と学問と思想への誠実さを守り続けてきた日本の知識人の中のたぐい稀なヒューマンな学者・思想家・文学者・芸術家たちであった。辛島驍（中国現代文学者）学監とともに学監であった服部之總は、三枝ともっとも信頼しあった心友であった。だから三枝の下で学監（一九四六年十月二十三日付で神奈川県教職員適格審査委員会から学監として適格者であると判定された）として困難な学校運営に心血をそそぎ、教壇では超人気教授として得意の話術を存分に発揮した。神奈川県藤沢税務所長に提出した一九四八年分所得税確定申告書によると、鎌倉アカデミアからの給料は三万三千円、税引きで二万五七五〇円であった。また私の手元に『鎌倉大学入学案内』と文学科第一学年第一年講義案の「史学及国史（1）」（一九四六、五、一六）に開講時の詳細な講義案ノート（昭和二十二年度）が残されているので、本項の末尾に紹介しておく。

これらの教師たちに学んだ三百名余の戦場から生還し軍服姿のままの学生たちの中から、怒濤の戦後社会の各分野ですぐれた仕事を成し遂げ、現在もなお活躍している著名人が数多く輩出している。何人かは前掲の二氏の文章にも出ているが、ここでは名前をいちいち挙げない。前掲の貴重な著作をぜひ参照していただきたい。

私は前掲の『評論』の最終回にこの鎌倉アカデミアをとりあげたさい（二〇〇〇年八月一日号）、つぎのように書いた。

私は四十年ちかく私立大学の教師をつとめ来年三月をもって定年退職することになる。現在の大学は、三枝の理想とする真理探究の場ではなくなってしまっている。大学ばかりではない。日本の教育は荒廃し、学校は解体（とくに教師と生徒・父母の関係）しているといっても過言ではないだろう。このような日本の教育の現状だからこそ、「理想の大学」として、鎌倉アカデミアの存在が想起されているのだと思う。いまこのような大学があれば、これからでも私は学生となって学びたいとさえ思う。

この文章を書いてからすでに十年以上の歳月がたっているが、現在の大学の現状は私が学んだ法政大学をもふくめて最悪の大学となってしまっているのではないだろうか。これは今日の日本がアメリカの第五十一州の植民地となってしまっている腐敗・ダラクの結果ではないかとさえ私は思っている。

この項の最後に、服部自身が書いた鎌倉アカデミアについての二つの文章の全文を紹介しておく。第一のペン書きの草稿は、『服部之總全集』第二十四巻（句稿・草稿）の中に収録されているが、ここでは私の手元にある草稿のままを紹介しておく。この文章は、一九四八年四月に大船の旧海軍燃料廠跡（このときから「鎌倉アカデミア」と改称したことはすでに述べた）の新校舎に移る直前に書いたものであろう。どこに公表されたものかどうかはいまだに確かめることはできていないが、おそらく学監の立場から宣伝文として書かれたものと私は推測している。□は空欄、（　）内の文章は削除した部分である。

三　学監・服部の宣伝文

①「カマダイ」は終戦翌年の春、（西村さんの）文化学院や（羽仁さんの）自由学園と同じ各種学校令にもとづいてちかい将来文化大学にするというたてまえで設立され、主として鎌倉在住の文化人のあいだから教授講師が招聘され、材木座の浜ちかい浄土宗の古刹光明寺の仮校舎に（いっぱいになる）二百人ほどの学生もあつまった。そのうち戦後経済事情にも早速の変遷があって、とかく設立者たちの予想ともくいちがってくる。戦時時代の学問的空白に飢え、敗戦直後の批判的精神において真剣だった学生はストライキ（一度も二度も）をくりかえした。善意にして無力な設立者たちは退場し、教授と学生と父兄とで解散か、前進か、を協議した結果、ここに経営者のいない学校としての鎌倉大学（改称していまは鎌倉アカデミア）が誕生した。予科一年が二年になろうとするときのできごとで、われわれ教師側からいへば、受持学生の素質も性格もやっとわかって、とても手ばなしがたい愛着をおぼえたてうどそのころのことであった。

教授会と学生大会が、学校に関する最高の決議機関であるという慣習が、いつのまにかできあがった。学生自治委員会と職員会が平素は一切の責任をもつ。（代行している。職員は）教授会の推薦に基く職員は校長（三枝博音）、学監（服部之總）、教務部長（菅井準一）、図書部長（片岡良一）、文学科長（林達夫）、演劇科長（村山知義）、産業科長（早瀬利雄）から成り、新学期からはさらに映画科（重宗和伸）、産業科は菅井準一（科学技術史）、早瀬利雄（社会学）、□□（　）、□□（　）、岡崎三郎（経済学）、杉浦徳太郎（統計学）、米村正一（私法）の諸君が担当しており、新設映画科は豊田四郎、吉村公三郎、渋谷実、八木保太郎、久板栄二郎、三浦光雄の諸君が講座をもつ（たれる）予定になっている。

（カマダイとはどんな学校ですか？　と去年ごろまではよく質問をうけたものだが）入学試験に学生委員が立会う学校はほかにはあるまい。どんなに学科試験がよく出来ても、面接試験（のとき）で――そのとき教授委員の点数と学生委員の点数を照合して決定するのだが――ハネられるばあいがときにある。（鎌大の学風は現在の一、二年生によってつくられつつあるのだから新らしい民主主義的）カマダイの学風をのばすよい質の学生がどのようなものであるかは、屢々四十代の教授よりも学生委員の目のほうが、直感的にするどく識別するのである。男女共学は、――現在男子十人にたいし女子一人の割合だが――最初の一年間がおわるまえに、（完全に）「これでよい！」と学生自身も教授も父兄も納得する域に達した。わたしは自分が教授になると同時に長女を文学科に入れたので、このことが特によくわかるのである。クラスシステムの授業は午前だけ。午後は各（めいめいの）グループにわかれたゼミナールにあてられている。新校舎では研究室も完備するから、たのしみである。（一度見にきて下さい。）

この一年間の経営は、子女を四人までカマ大に出している実業家山口正雄氏（父兄会長）が父兄会長としてことに当たってきた。鎌倉市から、鎌倉ペンクラブから、県庁、文部省、進駐軍から、その他隠れたさまざまな人々から――このすはだかになった一介の各種学校のために、いろいろな機会、さまざまな面で、支援があたえられた。そのなかからあたらしい経営主体としての学校財団鎌倉アカデミーが結成され、新学期からは大船からバスで十分ほどの鉄筋コンクリートの新校舎に移る。

それにしてもこの二年間を送った光明寺の校舎はなつかしい。このふるい建物のなかから、庭から、廊下から、渚から、山から、新らしいものがうまれていった。この一年半の記憶と共に、いつまでも第二校舎としてのこしておきたい――という輿論が学生にも教師にも圧倒的だ。

演劇科一、二年合同の最初の公開公演「　　　」〔前掲前川著には「演劇科が総力をあげて取り組んだ春の目ざめ」とある。

二三五頁〕が、三月十三日から日劇小劇場〔前川著にはその一年後には、第二回研究発表会が毎日ホールで開かれた。オストロフスキーの喜劇「森林」五幕を村山知義演出で上演とある。二三五―六頁〕で開かれる。村山君以下［村山知義（演出論）］、遠藤慎吾（演技論）、長田秀雄（演劇史）、遠藤公（音楽概論）、杉山誠（演劇原論）、関忠亮（発声学）、吉田謙吉（美術史）の教師諸君が、総同員《〔ママ〕》で——学生に追ひまくられて、たのしそうに「閉口」している。

文学科に（文学科はさきにあげた人々のほかに）林達夫（世界文学）、西郷信綱（古典文学）、坂部清子（英語）、田代三千稔（アメリカ文学）、鳥井博郎（論理学）、中村光夫（仏文学）、三上次男（東洋文化史）、春木猛（英語）、吉野秀雄（創作指導）、神西清（仝）、高見順（仝）、亀井重孝（西洋史）、伊豆公夫（日本史）、矢内原伊作（独語）の諸君。

以上の服部のペン書の草稿が横浜市戸塚区小菅ケ谷町二、一二九番地　鎌倉アカデミアの裏面に印刷された封筒とともに残されている。前述した『全集』にはなぜか「この一年間の経営は」からは掲載されていないので全文を引用しておいた。〔この新校舎時代は、前掲前川著の二二五頁以下を参照〕。

第二に引用するのは、私の手元に花王石鹸株式会社長瀬商会の便箋六枚にペン書きで一九四八年三月三十日付の三枝博音校長に宛てた服部の長文の書翰である。内容は、学監辞任の申し出とそのあとの鎌倉アカデミアの再建についての服部の率直な考えを述べたものである。

②いま鎌大は、何度めかの危機に立っている。この危機は、内部的なものであって外部的なものではない。外部的には、むしろ鎌大は、これまでにない好条件のうへに立っている。これは、貴兄を先頭とする全員の——教授、父兄、学生の協力奮斗によって達成されたものです。にもかゝかわらずその外部的好条件の下で、いま内部的危機に見舞はれているのは、これまでやってきた鎌大のそれこそ「主体的条件」が達成された好運な外部的条件にたい

しては既に無力になってきた、という単純な弁証法のあらわれです。

好運な外部的条件を、貴兄の絶大な努力によって獲得された今度の新校舎をもって象徴すれば、いまの主体的条件は、光明寺旧校舎をして光栄あらしめるには充分であったが、大船新校舎を充足すべくすでに無力になったのです。

この相対的無力を分析してみるとき、学監の座が大きくクローズアップされてくる。

校長としての貴兄は、昨秋来あらゆるものを犠牲として、すべての者が敬服する献身をもって、今日の外部的光栄を斗ひとってこられた。専務理事としての山口氏は、貴兄に匹敵するともそれ以下でない献身と自己犠牲において、殆ど一家と学校とをひきかへにして、つくしてこられた。

教授諸君も、鳥井君の自己犠牲が如実に物語る姿をもって、学校と学生のために、それこそ報ゐを期することなく、献身されてきた。このことは「春のめざめ」に際して演劇科諸教授の献身にもみられる。

学生諸君の実績は、「春のめざめ」の舞台だけのことではなかった。（このたび）「春のめざめ」の献身が終るか終らないに、新校舎のための主体的無力を打開する唯一の方法として、いくつかの学生委員会を結成した。その委員会の意力は、昨日の拡大教授会の席上で、何人をも感動させずにおかぬ表出を見た。

学監の仕事は、新しい校則のうえで如何様にそれが条文化されるにもせよ、わたしが思うには校長の女房役であり、全校のいろりばたの主婦として、全校の危機に平常を問はず、つねに全校のこゝろのつどう座（場所）でなければならぬ。貴兄が一昨年小生を学監として択ばれていらい、わたし一個としてはそのつもりで微力をつくしてきた。屢、「つもり」は終って多く実益となって発しなかったことは、恥じなければならぬが、こゝろのもちかたのうえでは、わたしにおいて恥づるところはなかったと思う。

さきころ、このたびの危機に直面してまえにあげた学生委員会を結成した。このことがわたしの学監としての、なしえた最後の仕事であった。といふのも、この学生委員会の盛りあがる意欲にたいしてさへ、すでにわたしは應えることができない。

私事にわたって恐縮だが、一昨日から昨朝にかけて、わたしは箱根の某別荘の（温泉）湯殿の客となってすごした。（そんなことを、昨日の席で云えるものではない――〔この一節は消している〕）。一昨夜一度と昨朝の一度と合計二度、一時間ずつ計二時間入湯したにすぎないのに、わたしの病源はフィルムが現像液に浸されたときのように知覚されてきた。去冬来シビレの去らぬ左手は、このわずか二度の入湯で、前腹部にかくれていた患部を露現して、指一本の刺激にも耐え得ぬほどに痛んできた。左肩から左背、左手全部にわたって、多少とも右の如き「現像」がみとめられる。

治療対策は、徹底的に組みあげてみたいとねがっていますが、いづれにしても、今日の内部的無力の根源は、校長、理事長（教授会）、教授、学生のどこにあるのでもなく、「学監」の座にある。

これら全モメントのこゝろの集合場たるべき「学監」の座を、これ以上わたしが塞いでいては、校長たる貴兄の負担はますます堪えられぬものとなり、新校舎の光栄は、泥にまみれてしまうだろう。

わたしはいま、対策なしに辞表を書いているのではない。対策は学監の座を強化することであり、学監の適任者として、

第一、遠藤〔慎吾〕教授を学監に推す案

第二、早瀬〔利雄〕産業科長を学監に推す案

を提言する。提案理由は説明するまでもないと思はれる。第一実現のばあいはしばらくわたしは一教授として療養にあたらせて頂きたく、第二案実現のばあいは産業科長を引受けてことに当らう。

以上、貴兄との交友にかけて、わざと学監から校長への手紙としてでなく、服部から貴兄への私文としてしたゝめた気持を了としていただきたい。

それがわかっていたゞけたら、必要な際は（どうか）この手紙を夫々の方面へ提示してもらって差支ないから、ま

づ山口専務理事、ついで諸教授および学生委員に、はかっていたゞいて、当面最緊事の学監補強を実現していたゞきたい。
「主事」設置案、すべて新学監と共に決行して貰いたい。
もとよりわたしは、全力をあげてそれに協力する。
一九四八年三月三十日（二十八日）
服部之總
三枝博音学兄

右に紹介した服部の三枝校長宛の「私信」にしばしば出てくる「内部的危機」とは、飯塚友一郎初代学長が辞任し、三枝が教授会の強い推薦で新学長になったが、学園理事団は久枝武之助理事長を除いてすべて理事を退き、その機能を失ない、新校舎の建設予定地であった鎌倉山の土地も失って学校経営をつづける経済力もきわめて不安定な状態にあったことを指している。この頃のことは、前掲の前川著〔一一九〜一二〇頁参照〕に出ているし、また山口瞳の父である父兄会長の山口正雄が去ったあと教授会から運営委員を選んで経営に当たったことは高瀬著〔六四頁〕にくわしく出てくる。この服部の三枝校長宛書翰が書かれた一九四八年は、トルーマン・ドクトリンを具体化した「日本は全体主義の防波堤」（ロイヤル陸軍長官談）とするアメリカ占領軍の対日政策の大きな転換の年であったことも考えておくべきことである。高瀬著には産業科一期生の野崎茂らが一九四七年三月十六日に大船の海軍燃料廠あとの新校舎の検分に立ちあったことや、新制大学への昇格の見通しがほとんど絶望的になっていき、さらに鎌倉アカデミアは「赤い」という風評が立ったことを記している〔一六〇〜一六二頁〕。

また野崎や同じ産業科第一期の飯田賢一、文学科一期の宮野澄らが、鎌倉アカデミアに早くからつくられていた唯物論研究会や三枝が講義で哲学研究会をつくれと発言したことや民主主義科学者協会分会、さらに日本共産党の細胞もあったことも高瀬は記している〔一五九頁〕。

いま私の手元にガリ版刷の日本共産党鎌大細胞の機関誌第二号（一九四七年二月九日発行、月二回刊、一部二十五銭）がある。その第一面の「主張　学生運動の限界」にはつぎのように書かれている。

四　学生運動の限界―日本共産党鎌大細胞機関誌から

客観的な立場で事実の探究に力める学生が政治運動にたづさわるというのは、一見矛盾がはなはだしい様だが、学生も常に社会人である。

学生はあくまで勉学に目的をおいて一時の時流に押し流されるべきではないといわれているが、現実の抽象された本質が学問である以上、少くも与えられたものを、う呑みにするだけではなにもならない。それならば思考力はいらない。又、国民学校ですら、学問は社会との関連において学ぶと云っているのだ。

我々として現実を身をもって体験し、学問に役立てようとするのは、当然であり、むしろ、これを云々する者の頭脳を問題にしたい。

しかも現実に祖国が破メツにひんし、その解決なくして学問の自由、否、生存さえも不可能な現在、時間の許す限り、時としては放テキしてさえ積極的に参加すべきだ。（サ・ヒ）

この第一面の「学園再建の二面　先づ自己の足下から」と題してつぎのようにある。


新学期がはじまって半月になるが、まだ休暇中のつもりでいるものはないか？

再建委員会では、教授学生が一体となって熱心に学校の将来の為にかけまわっている。自分が委員でないからとまかせたきりで、ひとごとの様に思っているものはないか？　自分の学校をどうなるかわからないものはないか？　自分の学校は自分達で作らねばならない。委員に積極的に意見もいい、助けたりして、とに角学生がやらなければならない。

同時に我々自身の内部も再建することだ。

休暇后半月たったのに学校えろくろく出ない様では、学問をやり度くないのかといいたい。

更に教授側の休講も出席率を低くする一因となる。学園再建は、先づ授業の確立からだ。教授も学生も此の点充分考えて貰いたい。出席せぬ者は学校を止めるが正しい事だ。

また第一面に「唯研の大衆　ダンス講習会を開く」という中では、

唯物弁証法というのは、眉の間にしわをよせて、口の角から泡をとばしてばかりいても、身についた物にはならないと、唯研が楽しく学ぶ企てを立てた。

先づやさしく面白いテキストを使ってごく初歩クラスを始めることがきめられたが、一部をのぞいてまだ具体化されていないので詳細を書くまでに行っていない。

五日の研究会で問題になったのはダンス講習会で、今のダンスが一部の人々だけのおもちゃになり、しかも、下品な、タイハイ的フンイキを持っているのに対して、明るい、健康なものとして大衆のゴラクにし同時に、女性の封建性を打破するに一つの良い手段となるという考えから、唯研こそこれを取り上げるという事に意見が一致。来る十二日（水）午后四時研究会終了后第一回を開くことになった。

これでこそ真の唯研と云えるので、今学生諸君の参加を期待する。

楽しく明るく、

文化日本を作ろう。

第一面の最後にある「声」は、つぎのように書いている。

君達の理論、実践、いづれも正しいものである事はみとめる。理想をもって雄々しく斗っている君達の姿に、青白いインテリの自分は、センボウと、時には、シットさえ感じることがある。

だが学校での言動には、何としても好感が持てないのだ。もう少しなんとかならないだろうか？ 君達は問題にしないかもしれないし、気の弱いインテリだからこんな事も気になるのかも知れないが、良い社会の実現の一日も早からん事をいのっている者として苦言を呈する。――このらん投書かんげい。

第二面トップの「二・一ゼネストに…鎌大細胞大活やく」はつぎのようにある。

G・H・Qから禁止されたとはいえ、二・一斗争は全日本の仂らく人々に大きな教訓と勝利をあたえた。即ち吉田内客《〔ママ〕》は自力で国政を処理する事が出来ないというのを全世界の目にさらけ出し、労仂者は団結の力の大きいこと、経済は政治につながっていることをハッキリ知った。

わが鎌大細胞も此の斗争の重大性を自覚して一週間学校も、ろくに出ず斗った。

全市にはられたビラ、倒閣大会の大船戸塚両地区えの参加、鎌倉市内各経営えの仂らき掛け、他方面とのレンラク、ガリ版すり等、時には党員外の人まで応援してくれて、盛り上る革命的な状勢は、卅一日から食糧持参で一ヶ所に泊り込む決議までしたのであったが、遂に、あの終戦以来の歴史的名放送と云われた伊井声明によって涙と共に打ち切られる事となった。しかし、常に前衛であるわれわれは、一刻も休む事なく直ちに、全勤労者えのげきれいに着手、ポスター、ビラの作成を終ったのが夜半過ぎ、二月一日この配布をすませて、斗争本部を解散した。この経験を通じて、われわれの得たものは実に大きく、到てい一週の授業とは比かくにならないが、同時に、平常の学問も、この期間どのくらい役に立つかを知ったのである。

この下段の小さなコラムには服部のことがつぎのように書かれている。

唯研の牛なべ会は八日、三枝、服部、鳥井三教授に、冬休中独語講習をやっていただいた青木氏をまねいて開かれ、三枝氏の思い出話、服部氏のサンタルチア、鳥井氏のおどらぬダンス通などに、なべの中身と逆比例して益々豊かなフンキキの内に充分親ボクの実をあげた。

この二面の上段に「学校敷地」、「鎌倉大学校」の掲示の前を歩く男女学生を書いて「僕は僕　あたしはあたし　では学校はよくならない」、「皆で協力すれば立派にやれる」とのマンガがのっている。当時の鎌倉大学校の共産党所属の青年たちの気持ちを伝える貴重な史料だと思うので紹介した。

この細胞に当時所属していた津上忠が服部に日本共産党への入党を勧誘したとき、服部は「君たちから言われて入党はしない」と断わったことを私は津上から直接きいた。

前掲高瀬著に「鎌倉アカデミアは占領時代の学校でもあった。生活の貧しさと民主解放の叫びとが入りまじり、学生運動がすさまじい高まりをみせていた。廃校になる寸前には朝鮮戦争が起こり、レッドパージの嵐が吹きまくった。そのような社会の動きとまったく無縁のところに、鎌倉アカデミアが存在しうるはずもなかった」（六〇頁）と書いている。

開校いらい親睦団体として、学友会がつくられていたが、新しく学生自治会としてスタートして、一九四六年十月三十日に学生自治会第一回総会が開催されている。新しく学監となった服部は、この『学生自治会報』に「新しき園のあり方」と題してつぎのように書いている。

私は学生時代を、三高、京大で過ごしたが、当時の大学に進学する第一の意義は、文学士なり法学士なりの資格を得ることであり、最高学府たる帝大も学問に非ず、単なる官吏の養成の最高学府に過ぎなかった。当時の支配的なる思潮は立身出世主義で、官僚同一主義と結びつき「東大こそは栄達への王道である」とされていた。かかる理由で学生もまた資格獲得に汲々としていて、神聖な学問の殿堂も卑俗なる職業学校化してしまった。しかし、時代の反逆者もいて、自由の獲得のためにたたかったが、軍閥およびそれに追随する官僚の不合理きわまるファッショ的弾圧により「学問の自由」は保障されず、道義も地に落ち、人民大衆は塗炭の苦しみに落ちた。だが戦争とともに平和がよみがえり、自由は我らに帰った。

この時に、わが鎌倉大学校はその第一歩を踏み出したのである。それは素朴で純真で何のかざりもない。貧弱で何らの特権も与えられていない。しかし、我々の学校は新しいのだ。そこには立身出世主義の名残りはみじんもない。そこにあるのは合理主義によって貫かれている真の学問の探究である。この自由な点は今後の「大学のあり方」の基礎をなしている。我が校は、その自由の魁《さきがけ》として注目を浴びてスタートを切ったのである。諸君は、自らのプライドを持ち、その責任の重大なるを考え、大いに奮起してもらいたい。

日本史担当の歴史学の教師であった服部は、学生たちの要望にこたえて、一九四七年一月十二日から十九日まで開催された鎌倉大学校政治経済思想冬期講座（於鎌倉にあった神奈川県師範学校）で一月十四日に「自由民権と旧憲法」と題して講義を行っている。服部のほかの講師と演題はつぎのようであった。

「演劇提供の形態について」（村山知義）、「日本経済の現状と見透し」（都留重人）、「文学的人間像」（高見順）、「科学とヒューマニズム」（今野武雄）、「未定」（林達夫）、「日本美術の作品解釈」（村田良策）、「英国の政治思想」（戸沢鉄彦）、「科学と社会」（岡邦雄）、「二律背反の理論」（三枝博音）。

また同年秋の鎌倉大学創立一周年記念祭での第一部の講演会で、服部は「自由民権と旧憲法」と「明治絶対主義の崩壊」を講演している。

敗戦直後に服部の「歴史学」の骨格である明治維新史・自由民権運動史・明治絶対主義史の研究が、学生たちへの講演に向けて最初に書かれたことは、かれのその後の歴史論文のあり方として私はきわめて重要ではなかったかと思っている。そのときの服部ほかの講師は次の顔ぶれである。

「自然論」（岡邦雄）、「現代文学の課題」（片岡良一）、「哲学の技術」（三枝博音）、「アメリカ婦人の社会的活動」（坂部キヨ）、「アインシュタインの一断面」（菅井準一）、「小説における現代性」（高見順）、「題未定」（林達夫）、「演劇の教育について」（村山知義）、「秋艸道人の歌」（吉野秀雄）

また高瀬善夫は前掲『鎌倉アカデミア断章』のなかで、右の講座にふれてつぎのように書いている。

林達夫だけは講義の当日まで演題が決まらなかったようである。しかし、これからみても、きわめて高い水準の内容であったことが察せられる。その中には、今日おおいに問題になっている自然科学と人文・社会とのかかわりまでが含まれている。私はここから三枝博音の全体的構想を嗅ぎとる。そして、これは市民に開かれた公開講座のはしりのようなものである。思いは高く、しかも地域から遊離した閉鎖的な学問研究集団を、鎌倉アカデミアが目ざしていたわけではなかったことが読みとれる。多分に啓蒙主義的なところがあったにせよ、地域の人々とともに歩む姿勢があった。

なにしろ、ここで「自由民権と旧憲法」を論じている服部之總は、司王国の国父でもあるのだ。そのころ、私は自分の祖父が自由民権運動に参加した人物であったことをはじめて知った。母の実家では戦争が終わるまでひた隠しにしていたのであったから、私は祖母から一言も聞いたことがなかった。たまたま、私は服部之總の「ワッパ事件」（『思索』一九四七年春季号）を読んで、はじめてこの方面のことに眼を開かれた。ワッパ事件とは、明治初年に酒田県（山形県）に起こった騒動である。服部はこの事件を取りあげて、従来の一揆観とは別な説を主張したのである。青年時代の私は、高校の寮で腹を空かしながら、その文章を読みふけった。彼が鎌倉大学校の冬期講座で「自由民権と旧憲法」を論じたのは、ワッパ事件を考え執筆していた時期とほぼ一致する。冬期講座でワッパ事件のことが論じられたかどうかを今は確かめるよしもないけれど、おそらくその話が出ただろうと私は推理する。講義でしゃべりながら、だんだんとそのテーマを論文にまとめあげていったのであったろう。とにかく、この時期、彼の頭のなかを占拠していたのは、このような問題であった。

「ワッパ事件」という論文を思い出したら、急に服部と司王国の距離が近くなったような気がする。司王国のことを早い時期に紹介したのは、尾崎秀樹・山田宗睦らの『戦後生活文化史』（弘文堂、昭和四十一年）である。その最初の第一項が司王国であり、これを執筆したのは江藤文夫である。彼は「東京と米ドコロ庄内平野を結ぶ奇妙な共和国が誕生した」と書いている。前にも述べたように、司王国は平和憲法もパンを保障してくれなかった時期のヤミのカツギ屋集団である。その記事によれば、司王国の領土は「庄内平野のほぼ全域――鶴岡、酒田二市、東田川、西田川、飽海三郡にわたる米産地。王国の住民たちは、これを帰鳥倶楽土（カリカワスグラード）と呼び、国是をポリスの取り締まりに対抗して、東京の人間を飢えさせぬことにおき、皇帝を頭にいただいて二十八人衆を集め、組織的なかつぎ屋の集団工作を開始した」のであった。まったく夢のようなユートピア共和国であったが、それは現実に実在したし、服部之總はそこの国父でさえあったのだ。これは彼自身の「ワッパ事件」であるかもしれない。

彼は冬期講座で自由民権の歴史を論じ、旧憲法を批判しながら、他方では、忍者なみの創意工夫で東京に食糧を供給しつづけたヤミ屋集団とも無縁ではなかった。太っ腹というべきか、不思議な人物である。

だが、私がここで言いたいことは、在野の学者であり教育者であった服部之総が、民衆に教えることを専らにしたのではなくて、民衆から学ぶことを忘れなかった人間であるという点である。むしろ、彼は民衆のひとりであったと言われたほうが喜ぶかもしれない。彼は出入りの大工の話を聞きながら、歴史を考えたりもしていたのだ（八二〜八四頁）。

さらに高瀬は、終章の一つ前の「よみがえるか自由の天地」と題した節で「広がりつつある教育機関」として鎌倉アカデミアの伝統が戦後に生きつづいていることをつぎのように書いている。

私は文学史研究の問題に深く立ち入ろうとしているのではない。そうではなくて、鎌倉アカデミアで教えた片岡良一、風巻景次郎らの学問とその生き方が改めてクローズアップされてきたのと同じように、彼らがそこで教えた鎌倉アカデミアという存在そのものもまた、学校史の流れはもちろんのこと、広く社会史・文化史の流れのなかで再認識されてしかるべき時期にきていると考えるのである。

いま、大学の外に多様な教育機関がつくられ、広がりつつある。カルチュア・センターとよばれる講座がある。これまでの歴史にはなかったようなユニークなものだ。次には地方自治体の社会教育課が催すものがある。そしてまた、宇井純の自主講座のようなもの。昭和五十四年には、地域主義と生涯教育を旗印にした「茅ヶ崎自由大学」（海原峻学長）が発足した。これは湘南地方の消費者運動、反公害運動、公民館設立運動などの住民運動やサークルのリーダーの集まりである「教育と文化を考える茅ヶ崎市民の会」を母体にしたものである。

藤沢市辻堂に住む哲学者の山田宗睦（関東学院大学教授）は、この「茅ヶ崎自由大学」の講師であると同時に、地元で「辻堂セミナー」をも開いている。その彼の念頭から離れないのは、鎌倉アカデミアのことである。「戦後を距離を置いてみられるようになってみると、鎌倉アカデミアは戦後の代表的な一つのモニュメントであると思う。戦時中におさえつけられていたものが、司王国や闇市とともに、一挙に解放へ向かうような息吹があり、それが学校全体を規定した。そこに鎌倉アカデミアの特色がある。教師はお寺に泊まり込んで話をし、学生がもう寝たいといっても寝させなかったという。こんな学校は珍しい。イデオロギーだけではなく、土着性があった。

鎌倉アカデミアが戦後の出口を模索したとすれば、現在は近代の出口のところに来ている。そのときに、大学のことを先取りする動きが出てくるのは当然だし、鎌倉アカデミア方式が見直されてくるのだ。

明治のころ、知的情報は大学に集まり、それが出版から図書館にいたる真直な本流をかたちづくり、川口には港ができ、外国ともつながり、そこに政府機関や企業が形成されていった。しかしながら、時がたつにつれて、川は蛇行し、大学は三日月沼のようなものになってしまった。かつての大学闘争はそういうあり方を基本的に問うものであったろうが、大学はなおも旧態依然としていて、市民社会のニーズに応えられなくなっている。私は大学が三日月沼であってわるいことはないとは思う。カント流にいえば、自立した理性の法廷としてのあり方がある。そういういい面を残しながらも、社会的欲求にどう答えていくかを考えねばならぬだろう。

そこで思い浮かべるのは、鎌倉アカデミアのことである。『茅ヶ崎自由大学』に出てみると、大学卒の若い主婦たちの知的欲求の旺盛なことがよくわかる。制度的にどうとか、資格がどうとかいう前に、たとえ貧しくとも自由の天地に立脚してやっていくことが大事なのだと思う」

たしかに鎌倉アカデミアは、ともに学ぶものたちの自由の天地であった。近代の出口のところに立ついま、そのような場の持続が大切な意味をもってくるであろう（二〇二～二〇四頁）。

たしかに高瀬も述べているように「近代の出口のところに立ついま」こそ、「ともに学ぶものたちの自由の天地であった」鎌倉アカデミアを日本全国の各地で再生されなければ、今日の日本の教育の復興はありえないと私も思っている。現在私の手元に東京歴史科学研究会の私の前の代表委員であった中村尚美（現在早稲田大学名誉教授）がかれの住む鎌倉での「鎌倉・市民アカデミア一〇年の歩み」（座談会）を掲載している『アカデメイアの森――創立10周年記念』第四号（一九八五年十月十日）がある。この座談会は本誌編集委員である中村が司会をし、本誌の「編集あとがき」も書いている。

このような地域で市民とともに学ぶ教育活動を、私も二人の子どもを生み育てた東京三多摩の日野市で同じ法政大学大学院史学専攻課程の後輩であった亡き妻貞子（二〇〇七年十月十六日没、享年七十三）とともに行ってきた。私が法政大学を定年退職したときに参加者に配布した小冊子『地域と民衆に学ぶ歴史学四十年』（二〇〇一年一月刊、非売品）はそのささやかな記録である。

前述したように、本項の最後に私の手元に残されている『鎌倉大学入学案内』（昭和二十二年度）と一九四六年五月十六日に書かれた服部の鎌倉大学文学科第一年講義案（史学及国史(1)）を紹介しておく。

五　鎌倉大学入学案内（昭和二十二年度）

鎌倉大學校
假校舍　鎌倉市材木座　光明寺
電話　鎌倉六〇三

(1)本校の特色

産業を興し生活を豊かにし高い文化を築きあげることは新日本の若い世代に課せられた大きな責務であり特権であ

る。この線に沿ふ新しい教育の樹立を目指して本校が今までに施設し遂行せるものは、産業、文學、演劇の三科による教養である。その余の教課部内は近き將來の意圖に委ねられてゐる。僅か一年の歴史しか持たぬ本校の誇りは、敗戰荒土中から相信ずる教師達と純良の學生とが古刹光明寺の假校舍に相集ひ捉へられべき何の形骸もなく固執すべき何の因襲もなき處に純然たる學園を結むだことこのことである。

本校はあくまでも民主主義的である。男女共学は極めてスムースに實行されてゐる。正課の各種部内の講義を圍繞して各種研究會が眞理探究の意志を燃え上らせてゐる。私達は學園の基礎を東日本の文化都市鎌倉に築きつゝ廣く世界文化との接觸交流を企圖しつゝある。

(2)學科及び募集人員〔この一行を――で消している。以下同じ〕

第一學年

産業科　予科五〇名　専門部五〇名

文學科　予科五〇名　専門部五〇名

演劇科　予科二五名　専門部二五名

合計二五〇名

第二學年

産業科、文学科（各予科、専門部）

合計二〇名

(3)入學資格

第一學年入學＝男女中等学校第四学年修了以上及び其と同等の資格を有する者

第二学年轉入学＝高等専門学校及び各大学予科専門部第一学年修了者

(4)入學考査期日及び試験場〔左の全体を／で消してある〕

学年別	受験地別	項目	期日	受験場所
第一学年	鎌倉市デ受験スルモノ	面接	四月一日（火曜）午前九時ヨリ	鎌倉市一ノ鳥居側
第二学年		筆答試験	四月二日（水曜）午前九時ヨリ	鎌倉高等女学校
第一学年ノミ	東京都デ受験スルモノ	筆答試験	四月二日（水曜）午前九時ヨリ	東京都東京物理学校
第一学年ノミ		面接	四月三日（木曜）午前九時ヨリ	省線飯田橋下車約三分

(5)入學者ノ選抜

(イ)第一学年入学者ノ選抜ハ入学考査ノ成績ニヨリテ行フ

入学考査ハ筆答試験、及ビ書類銓衡ニヨルモノトシ面接ノ結果ヲモ参考トスル

筆答試問ハ英語、数学、國語、作文、ソノ他　中等学校ノ全教科目ニツイテ適當ニ行フ

~~（英語ノ代リニドイツ語、フランス語ヲ以テ受験スルコトモ出來ル）~~

(ロ)第二学年轉入学ノ者ニツイテハ志望学科ニ應ジ別ニ實力考査ヲ行フ

(6)出願手續

志願者ハ必要書類、受験料等ヲ取揃ヘ出身学校ヲ通ジ又ハ本人自ラ本校教務課宛提出ノコト、郵送ノ場合ハ書留郵便トシ受験料ハ郵小爲替券ニ限ル

△必要書類

イ、入学願書、　ロ、出身学校長ノ調査書、　ハ、寫眞、　ニ、醫師ノ健康診断書、ホ、受験料（金八拾円也）

(6)手續上ノ注意

(イ)受験手続ニ関シ各種問合セ、願書用紙請求ヲサレル場合ハ返信用封筒及ビ郵券ヲ同封ノコト、

(ロ)手續完了シタル者ニハ受験票ヲ交付スル

(ハ)入学願書用紙ハ本校所定ノモノヲ用ヒルコト

(ニ)本人自ラ願書ヲ提出スル場合ハ調査書ハ出身学校長ヨリ直接郵送スルカ或ハ密封ノマヽ、交付ヲウケテ提出スルコト

(ホ)寫眞ハ手札型、脱帽半身ヲ原則トスルガ、有合セノモノデモヨイ。寫眞ハ代紙ヲ附ケズ裏面ニ姓名ヲ自署スルコト

(ヘ)醫師ノ健康診断書ハ受験當日持参シテモヨイ

(7)宿舎ニ関スル注意

目下湘南地區デハ食糧、宿舎等極メテ困難ノ状態ニアリ。学校デモ斡旋ノ途ハナイカラ各自豫メ宿舎等ノ手筈ヲ必要トスル

(8)受験者ノ心得

(イ)必携品＝受験票、受験寫眞、辨當、鉛筆又ハ萬年筆

(ロ)受験票ハ受験中必ズ机上ニオクコト

(9)合格者ノ発表

四月八日（火曜）本校内ニ掲示スルガ別ニ合格者ニハ夫々郵便デ通知スル

(10)入學手續

入學ヲ許可サレタ者ハ直チニ本校所定ノ入学届ニ入学金五〇円ヲ添エテ教務課ニ提出ノコト　但シ銀行小切手

ヲ以テ入学金ヲ払込ム場合ニハ東京、横浜、鶴見、川崎、鎌倉市内ノ銀行ヲ支拂銀行ト指定スルコト

⑾授業料

予科、専門部共年額九〇〇圓（四ヶ月毎ニ分納シテモヨイ）

⑿入學式

四月二十五日（金曜日）午前九時ヨリ擧行

教科々目

◎産業科

第一外國語（英語）第二外國語（佛、獨、語選擇）國語、數學、哲学、論理学、心理学、自然科学、歴史、地理、經済学、經済史、經營学、統計学、技術学、會計学、勞働科学、商品学、法律学

◎文學科

第一外國語（英語）第二外国語（佛、獨、語選擇）、國語、數學、哲学、論理学、心理学、自然科学、社會学、歴史、法律学、文学概論、世界文学、創作指導、ジャーナリズム

◎演劇科

第一外國語（英語）第二外国語（佛、獨語選擇）國語、数学、哲学、論理学、自然科学、社會学、歴史、經済学、技術学、演出論、演劇原論、戯曲論、演劇史、舞踊、演技術、映学概論、聲学、美術史、舞台美術、音響学、扮装術、照明術

教授陣容

校　長　三枝博音

学　監　服部之總　辛島　驍
産業科長　岡　邦雄
文学科長　林　達夫
演劇科長　村山知義

教授及び講師
遠藤愼吾　水巻景次郎　片岡良一　亀井辰雄　邦　正美
小林良正　久保舜一　今野武雄　西郷信綱　坂入長太郎
坂部キヨ　菅井準一　関　忠亮　高見　順　田代三千稔
鳥井博郎　長田秀雄　中村光夫　春木　猛　久板栄二郎
三上次男　山根清道　吉田健一　吉野秀雄

特別講義講師
文學科
大佛次郎　大島正徳　久米正雄　鈴木大拙　田邊壽利
西田　琴
演劇科
青江舜二郎　杉山　誠　薄田研二　南部圭之助　八田元夫
土方與志　三島雅夫　山田　肇

第二次生徒募集要領

(1)學科及ビ募集人員

第一學年　文學科、　演劇科、　産業科

予科専門部共各若干名

第二學年　文學科、　産業科

予科専門部共各若干名

(2)入學考査期日及ビ試験場

五月四日午前九時ヨリ　筆頭《〔ママ〕》試驗

五月五日午前九時ヨリ　面　接

共ニ本校デ行フ

(3)願書受付

四月八日ヨリ五月三日マデ

(4)合格者ノ發表

五月八日（木曜）午後三時本校内ニ掲示スル

(5)入學式

五月十日（土曜）午前十時ヨリ擧行

備考

本校ハ既ニ各種學校令ニヨル認可ヲウケ専門部ハ予科ヲ含メテ五年ノ修業年限トナツテヰルガ新六三三四制ニ基ク大學トスベク萬端ノ準備ヲ進メテヰル

六　服部之總の鎌倉大学文学科第一年講義案

史学及国史　（1）

1946、5、16

1

A、自己紹介。

B、質問事項（学生ノ質ヲ知ルタメニ）

（イ）日本古代史（奈良朝以前）ニツキ教科書以外ニ読ミシモノ

（ロ）モッテイル疑問

C、歴史トハ何カ？

　歴史ハ科学デアルコト。

　科学トハ何カ？　電車電気↓自然科学。

　　単ニ理屈（法則性）ガ判ル丈デハナイ。ソノ理論ニ基イテ物ヲ作リ、動カス事ヲ得ル。

　　非科学デハソレハ出来ナイ。生産（予知、計劃）コソ科学ト非科学ノ分岐。リトマス液。

歴史科学トハ。社会ノ法則性ノ学。ソノ法則性ガ判明スルト社《〔ママ〕》〔社会か？〕ヲ作ルコト―作リ直ス事ガデキル。

政治ト革命。

政治ノ法則↓生産ノ法則。

発展ノ法則・歴史科学。発展段階論〔原始共同体　古代社会　封建社会　資本主義社会　社会主義社会

D、自然科学ト歴史科学。

同時代的干《〔ママ〕》聯（省略）

発展的干《〔ママ〕》聯

天文学・地質学・生物学・人類学（人種学）・考古学。

文献史学（史学）・民俗学・言語学。

E、年表。神武紀元：辛酉年号正月庚午朔天皇即位於橿原宮。

天智元年、辛酉（斉明7年）。神紀1321　西紀　661〔天智以下は二本線で削除〕

以上、中型の大学ノートの最初のページに万年筆で書かれている。

次ページからは、日本・中国・朝鮮の古代史について、以下のようなメモが四ページにわたって書かれている。

まず最初に干支を使って次のように記している以外は省略。

（木）	（火）	（土）	（金）	（水）
甲	丙	戊	庚	壬
キ	ヒ	ツ	カ	ミ
乙	丁	己	辛	癸

六ページには次のように書いてある。

1、歴史学ノ目的（発展段階論ト現段階論分析）

2、年表ノ誤謬（歴史学方法論ノ一）

3、古代史ノ方法

（イ）所云歴史（書カレタル歴史）、ニ頼ルコトノ非科学性、

最古ノ、科学的ナ　史書
　司馬遷、史記　Ｂ、Ｃ、１００
　　廿四史中最モ科学的。
　　年表ヲ西周共和元庚申　ＢＣ　８４１カラ。
　　　漢書、通鑑ノ非科学性。
〔表〕ＢＣ　１５２５、ＢＣ　３６１、３４０、３２０ノ古暦論
三国史　ＡＤ　２９７　晋陳寿〔魏畧魚泰　２４０頃〕
記　　ＡＤ　７１２（元明和銅５）
紀　　　　　７２０（元正養老４）
　後漢書（宋笵曄４４５没）

七ページから（Ｂ）◎紀元前後三世紀ノ民族移動（岡崎文夫、魏晋南北朝通史）について四ページにわたりほとんど年表が書かれている。

一一ページに（Ａ）として、

ＢＣ　３３４〜３２３
歴山大王ペルシャ遠征（孟子ノ時代）
支那古歴法ト希蝋カリポス歴法ノ同一週〔ママ〕期
両者ノ実測年代ハＢＣ４２７〜３５２の76年間。
（飯島氏Ｐ68）

BC　246～210　始皇帝（ローマ・カルタゴ戦争時代）
BC　194　衛満箕氏朝鮮ヲ亡ス

次のページから7　9（火）　9―12　4回と記してあり、

批判　暫定中等歴史　一、文部省　昭和21、4、21発行

1、古代のアジア
（1）支那の黎明
（2）周の文化
（3）古代インドと仏教
2、アジア諸民族の交渉
（1）支那の統一と北辺・西域
（2）北方民族の活動と南方各地
3、アジア諸文化の興隆
（1）隋・唐と東・北アジア
（2）唐の文化

2―（1）　前漢武帝ノ西域敦煌郡設置（BC　111）ヲ云ツテ我国ニ関係深キ東北ニ然ラズ。
別ニ南満州ヤ北朝鮮ニモ郡県ヲ置キ、トノミ。

日本ハ悪女トシテ隋トノ対等外交ノ場合ニアラハレル!!

依然タル神秘主義、君権主義!!

日本史ヲ顧ルタメノ何等ノ新シイ東洋史的角度モ示サレテオラヌ。

依然タル政治史ノミ。


次ページの括弧内に次の記述がある。

○支那デ前ヲ西、後ヲ東ト云フ習慣
前漢（西晋）　後漢（東漢）
西晋　　東晋
漢民族ガ西カラ東ニ進ンダ事ヲ示サナイカ
○日本デモ、スキ（過去）ハ北西　ユキ（未来）ハ東南（NO！　西周東周ニ準ズルノミ。）
併乍、我国古代史ノ Back ヲナス魏晋南北朝時代迄ノ政治史的ナデッサンハ文部省的石女ノ仕方デハアルガ一通リ出来テオル
ソノ骨格ハ何デアルカ？

素性不明ナ高度ノ文化ヲモツタ漢民族ト、彼等ガ長城ヲ以テシテモ防ギ得ナカツタ北狄東夷トノ〝交渉〟ニアルダロウ。

文明民族ト蛮族トノ交渉カ？　方法的ニハ marx ニ立還ラネバナラヌ。

マズ交渉ノ外面的 schema ヲ作ル事ニアル。

次ページから一二ページにわたり中国・朝鮮・日本の年表メモが書かれているが省略する。

以上が服部の鎌倉大学文学科第一年（一九四六年度）「史学及国史1」のノートの紹介の要約である。

服部がこのノートをもとにどのような講義をしたかはわからないが、恐らく私が推測するに、東京帝国大学国史学科の教授たちのようにこれらの年表類をすべて黒板に板書はしなかったであろう。当時の鎌大学生が面白い話だったと回想していることからも、服部流（第一期生の津上忠たちは服部のことを「ハッタリシソウ」と生徒はあだなしていたと私に話してくれた）の巧みな事例をあげながらユーモアを交えて話したことであろう。でなければこの年表の説明だけでは、当時の鎌大生にはとても難しくて興味をひかなかったであろうと私は思う。服部の狙いは、敗戦前までの私たち日本人の大半が洗脳されてしまった天皇制神話をもとにした文部省編さんの『国史概説』（「皇国史観」）を打破することにあったことは明らかである。そしてノートの記述からもうかがわれるように、マルクス主義歴史学の入門を目指していることもあきらかである。私自身が一九五〇年に大学に入学した最初の日本史の講義の参考テキストが滝川政次郎著『日本古代史批判』（？）であったことを思い出している。

なお付記しておけばこのノートに、八月十八日（日曜日）の茨城県新治郡恋世村板敷山台覚寺で行った自由大学と八月二十九日に神奈川県足柄郡農業会の青年自由大学でのメモが残されている。後者のメモのみを紹介しておこう。この講義でも服部はマルクス主義的歴史観の紹介を行っていることがわかるからである。

日本歴史の再検討
（Ⅰ）歴史の客（体）観性——歴史科学ノ成立。過去。
（Ⅱ）歴史の主（体）性——現在性、政治＝未来性。
（Ⅲ）歴史ノ創造性——（Ⅰ）ト（Ⅱ）ノ統一。

1、アルガママノ歴史＝史実
2、書カレタル歴史――伝記、階級的歴史＝史観
3、正シク把握サレタル
科学トシテノ歴史＝史実ト史観ノ統一
1、生ノ生産ト再生産　生産方法・生産手段
2、特定社会機構ノ反映トシテノ史観、史書
（Ⅲ）ノ方法
国際性ニ〔ママ〕見地
生産力ノ見地

III　闘病と執筆活動を支えた奈良本辰也との友情

現在執筆中のこの『歴史家　服部之總』で、私が保存している多数の基礎史料の中でも、もっとも重要な史料である服部の奈良本辰也宛書簡（前項の大賀俊吉宛服部書簡とともに）を本項で紹介する。

常識的に考えれば他人宛書簡は、なかなか見ることができないので、この服部書簡（封書十通と端書三十二通の合計四十二通）を私が保存することになった経緯を書いておく。

私が一九八四年四月から当時の主勤務校であった法政大学の第一教養部から同大学経済学部に移籍したとき、同時に京都大学人文科学研究所から転籍してきた浜田正美（教養科目担当外国史、トルコ史専門）が、一九九〇年に神戸大学に移ることになり、外国史科目担当者の後任として採用されたのが奈良本辰也の長男である奈良本英佑（イスラムなど中東史専門）であった。この奇縁から奈良本辰也宛の服部書簡すべてを私に恵贈されることになった。巻紙に墨書した長文の奈良本辰也の私への礼状（一九九〇年十月八日付）の後半に左のように書いてある。

それにつけても思い出すのは鎌倉山の服部家のことです。貴兄にもよく出逢いましたね。あの服部さんの伝記をかかれるとか、私も大いに期待しております。伝記は誰かゞ残して置かなければならないもの、御仕事の順調に進むことを祈っております。

小生え〔ママ〕の手紙類あれだけのものですが、もし御目にとまるものが御座いましたら御手もとに残しておいて結構です。服部さんの自筆のものですから貴兄のような方に保存して戴ければこれに越した幸いはありません。先づは御礼のみ、向寒の折柄いよいよ御大切に、京都でお逢い出来ることを楽しみにして筆を擱きます。

敬具

奈良本辰也

松尾章一様
硯北

以下にこの奈良本宛服部書簡をそのまま引用する。

一九四七年六月八日から服部が死去する前年の一九五五年十一月十日付の書簡四十通である。巻末の「年譜」でも明らかなように、敗戦の翌年の一九四六年から奈良本は、松島榮一、遠山茂樹らとともに服部との交流をはじめている。この「年譜」でもわかるように、戦後の服部は、一九四八年以後旺盛な執筆活動を行っているが、その間にこの年から度々胃潰瘍・肺結核・ノイローゼなどの持病で入退院をくりかえすというきびしい闘病生活をしいられていた時期でもあった。そして五十四歳という今日でいえば若すぎる年齢で一九五六年三月四日に没している。この期間に、松島・遠山は同僚であった小西四郎とともに、一九五一年一月から服部を代表者とする日本近代史研究会を設立して、服部を公私ともに支えることになることは次項でくわしく述べることにするが、この時期に服部がもっとも信頼した若き歴史家の中に奈良本辰也がいた。このことは、これから紹介する服部の奈良本宛書簡からもよくわかる。この書簡の内容を一つ一つ紹介することはしない。「年譜」でもあきらかな闘病生活の中で驚嘆に値するほどの論文を服部は発表しているが、この服部の研究と執筆活動を服部より十二歳年下の当時新進気鋭の歴史家であった奈良本辰也の物心両面でのあつい友情と信頼関係が支えていたことがよくわかる。私の想像では、おそらく奈良本にたいしてほど服部は当時の心情をあからさまに吐露した友人はいなかったのではないかと思うほどである。

①一九四七年六月八日付　端書
過日は思ひもかけず遠方御来訪いただき、子供の病中でなかったらどんなにかくわん談申上げられたらうにと残念に存じます。御しんせつな御手紙有難く拝披。御たづね頂きました三女梁子養生叶はず廿九日死去光明寺で密葬いたしました。漸く昨今から机に向ってゐますが思ふようはかどりません。絶対主義論を書きあげ明初の自由民権運動を農民革命の契機について再検討する仕事―いづれも昨秋来のテーマですが―をはやく仕あげて、のびのびとつぎの仕事につきたいと願ってゐるのですが前途遠いことです。七日には遺骨をもって石州に帰りたくそのせつ錦地でぜひ拝眉の機えたいものです。

②一九四七年七月十四日消印　端書
御手紙ありがたく拝読しました。この夏帰省の予定は秋たけるまで延ばしました。長旅の自信がつきかねるためで、この夏はこの光明寺の書斎と鎌倉山の自宅をゆききして体を養ふことにしました。つきましては、箱根へおいでなるといふしらせは実にうれしく、何とぞ御着次第匆々に御来鎌くださるよう、鶴首おまちします。農民戦争については目今ドイツと日本（蓮如―顕如時代）と双方いっしょにとっ組んでゐます。御出で下さるまでには少しは目鼻がついてゐるようにはげみませう。どっさりはなしあひたいことです。山は箱根梅はことして下さい。

③一九四七年九月二十一日付　端書
御手紙にあわせて「日本歴史研究」三冊落掌いたしました。あつく御礼申上ます。仰せにしたがって雑誌に何か書

かせてもらひます。ただ目今方々に原稿の借りがたまってゐますので、十一月になると思ひますが、御了承いただきたく、学校がはじまって書斎（を最近自宅に移しました）と光明寺のあいだを往返し、週二度ほどは上京もし、原稿書きはおくれる一方でトンと閉口です。「民主評論」に書いた号が、一両日中に発行になる由。御めにふれたら御批覧下さい。水害で知人や身辺に被害多く憂ウツな秋です

④一九四七年十月六日付　端書

鎌大一週〔ママ〕年紀念祭をやっとけふで終へます。扨、母が京都まで出てきましたので、とてもこちらへはこられぬと申しますから、小生京都まで逢ひにゆくことゝいたしました。多分十日の夜行でゆき十五日には帰京の予定で、三四日御地に滞在いたします。つきましたらさっそく御連絡申上げ、拝眉の喜びえたくとりあへず短報申上ます

⑤一九四八年一月十九日付　端書

年末年始の御ぶさたおゆるし下さい。実は十二月四日来胃病再発、どうもこの病気は再発ごとにいけないとみえまして、仲々なほらず病中馬齢を加へてしまい今もってひきこもってゐますので、二十三日からの民科総会にも出席できないだろうと思ひます。もうよほど快方ですからその点は御安神〔ママ〕下さい。が何にもまして、このたびの御上京には拝眉いたしたく、ぜひ、何の御もてなしもありませんが、御泊りがけで御来山いただきたく、色々書くことはたまってゐますが、まづは拝眉にゆづってこれのみ。文尾ながら奥さまに呉々およろしく。

⑥一九四八年二月十五日付　端書

〔以下の文章は表半分に書く〕新聞御批評多謝拝読。昨日慶応病院井上博士受診の結果三月末か四月はじめに切開手術

をうける事にしました。昨日午後から禁煙したらバカになってしまって今朝から痴人同然にて何も書けず読んでも読まず。やむなく唯今一本吸って少うし生き戻ってこれをかくしだい。安藤昌益全集へはノーマン氏も参加することになるやもしれず。出版も国土社白日書院月曜書房三者せり合ひにて大へんなさわぎです。多分国土社におちつくか。何にしても筆写と校正は学兄に御一任します。「石山本願寺日記」受領御高配多〔以下は裏を横に縦書き〕謝します。史林昭和八年十八ノ四「覚信尼について」の作者文学士赤松俊秀氏の圣厂《〔ママ〕》と現状をおしらせ下さい。非常にすぐれた論文だが、これをも一つ批判しなければならない羽目になってゐるので。戦線をひろげすぎて一論文から他論文への頭のきりかえのときタバコなしでは全く苦痛。この点学兄羨しきかぎりです。「批評」新年号の羽仁の一文ハラにすえかねたので大学新聞2／12号に反駁をのせましたから御一覧下さい。アジア的様式論については「社会評論」三月号と八雲書店の近代選書に書きました。まだ続いて一二篇かくつもり。御恵投の新日本歴史の貴文はたいへんおもしろく拝読しました。三一と栗原君御来示の宗教史ものは、いまの体力には過重なのです。手術後の復活に望みをかけて、できるだけさきの話にして、まさかアノ世の約束になってはこまるが、ともかく恢復後のことにして下さい。前記赤松氏の件なるべく早くお教へ乞ふ

⑦一九四八年二月二十四日付　端書

〔⑥と同様な書き方。⑧も同じ〕雑誌「評論」のために「啓蒙家羽仁五郎君の新ユトピアン教条」といふ一文を書きあげたところです。一応これでトドメをさしたつもり。御笑覧下さい。ノーマン氏は編集参加を承諾しました。出版社は白日書房《〔ママ〕》にして陸井三郎君に編集事務をとって貰はうか—と考へています。今週末決定しませう。何にしても原稿を出来た一部でもよろしいから御送り下さい。原書の大体の篇別もおしらせいたゞきたく、〔以下裏に〕学兄の「真伝」解説論文（先般承った雑誌名をわすれましたが）所載誌もお送り下さい。筆校料《〔ママ〕》は白日書店《〔ママ〕》と契約なり次第送金しますがそれまでの間は例の印税の内から御支弁おき下さるとよいのですが。高桐書院の。「歴史論」御書

評ありがたく拝見しました。御見事な御使用ぶり。自営農民問題待望します。わたしも雑稿をかたづけたら今年は農業問題に身をいれたいものですが。赤松俊秀氏のことありがたく。氏には今度の原稿（歴史評論）で論及します。「蓮如」と「親鸞ノート」を一応まとめたら、ゆっくりするでせう。三月下旬入院の予定ですが、入院せずに済めば一番よいので目今タバコもやめて節制中です。梅が山いっぱいに咲きました。奥さまに呉々およろしく。

⑧一九四八年三月十日付　端書

編輯陣容にノーマン氏のほかに丸山眞男君をいれて、三枝、貴兄、小生と共に五人にすることにしたいと思います御了承えたく。もうこれ以上ふやしません。今後のプランの打合せのため右五人の打合会を、三月二十七日（土）に行いたいと思いますので、御多用中恐縮ですがぜひ御上京ねがいたく御都合おしらせ下さい。筆耕料として三千円別送します。白日から取ったものです。契約内容についても五人で相談のうえで改めて白日と正式に契約を交はしたいと思います。〔以上表紙下に書いている。以下は裏横に縦書きで〕

つぎに、もひとつ御願いですが、小生目下の處四月匆々慶應に入院して切開手術をうける予定にしてをり、そのため執筆予定に大狂いが生じ（二十日間入院、あと十日間静養、前后一ヶ月ブランクになるので、出版や原稿セイリの仕事を片づけてをくためです）「日本歴史研究」の四月上旬〆切の原稿を、何卒いま一号だけ、あとまわしにしていただきたいことです。秋田屋編集部へは、どうも小生としては再度のたのみとて、申にくく、これは何卒学兄の御口添えで、よろしく御憐恕いたゞきたく。その代りこのつぎ―七月でせうか―には、三度目の正直、かならずまにあわせます。

いま一つ。日置弥三郎という人について、おしらせいただきたく、「蓮如とその時代の民衆」（史林昭八・九月号）を非常に有益にこのたび讀んだので、その人のことを知りたいのです。赤松氏批判は、けふから執筆します。

⑨一九四八年三月二十一日付　端書

御手紙今朝落掌安神しました。昨日二通打電しましたが、日取りのこと、ノーマン氏の都合で後電の如く廿七日はダメとなり、廿九日（月）―四月三日（土）の一週間のあいだなら、いつでもよいと云ってきましたから、私や三枝の都合上、できるかぎり三日（土）にしたいのですが、御都合いかがですか、御返電下さい。事情で送金がおくれていますのでまことにすみませんでしたが、これはまちがいなく明日電報カワセで送りますから御落掌下さい。いろいろのことは拝眉にゆづります。病気はだいぶよいのですが無理が重なりがちで閉口します。ともかくすべて拝眉の上。奥さまに山々およろしく。

⑩一九四八年四月二日付　封書〔花王石鹸株式会社長瀬商会の便箋にペン書〕

このたびは御多用中御東上多謝します。わづかな日数でしたが公私豊富な収穫がありました。

一、「真伝」原稿をニランでみて、これをパラフレーズする仕事はエライ仕事と感じました。第一頁でも、

夫自遊無始無終。自感非レ候レ他。非二自推至一〔一字欠カ〕。常自感小進有温煖発生気行。大進在熱烈盛育気行。

小進在涼煉実収気行。大進〔在字欠カ〕冷寒枯蔵気行。

カッコ内は小生の不審ですが、原典から京大阪に写すとき抜けた箇所もあるのではないでせうか。何にしても、原書を参照したいと校註者が考へる場所は、他にも多々出てくることでせう。

それに、馴れれば楽になるかとは思ひますが、いまのところ小生の力では、パラフレーズするについての自信はつきかねます。三枝は学校問題で目下他を顧みられぬので、この点閉口ですが、まづ貴兄か三枝か、パラフレーズに自信ある人はこの二人位でせうか。この課題解決の一手段として、漢文の専問〔ママ〕家に、一応パラフレーズを依頼して、その出来たものを我々で更に推考し訂正するといふ方法がとれたらいちばんいゝので、そんな専問〔ママ〕家をこちらでも探してみますが、そちらにもいませんかしら。原文四百字一枚分のパラフレーズに三十円出すとしたら、三五

一万五千円。これでは原文一枚が訳文三四枚になるから、訳文一枚十円内外となって、トテモ無理ですかね。漢学者の隠居さんなぞ、昭和の今日となっては、さすがにいそうもないですね。何とかよい考へがあったらおしらせ下さい。こちらも、丸山君がよくなり次第、相談してみます。

二、予期しないことが一つ起りましてね。昨日「文明」社の編集の田宮〔虎彦〕君がきて、会誌が社長のゴリオシで廃刊同様の運命に逢着したといふのです。广刊《〔ママ〕》はしないが、四月号からエログロ大衆誌に塗り替へるといふクーデターで、編集権確立しないため、大敗したといふので。既に組んで再校までとった蓮如第五回「応仁乱」を返へしてきました。エープリルフールでもないのです。てうど《〔ママ〕》昨日は最終回「北行」を起筆していたところです。

そこで五・六両回は、雑誌に発表せず単行本に収めて発表するといふ腹を一旦はきめましたが、「応仁乱」も「北行」も、各五十枚。それだけ切離して雑誌に載せても、おかしくはない形態のものなので、「北行」は他雑誌にまわすことに心当りもつけてみたのですが、二つとも一雑誌にまわすのでは既に時日がかゝりすぎるので、出来たら「応仁乱」は京都の雑誌に拾ってもらえたら、と気がついて、御ねがいする次第ですが、御骨折下さいませんか。

「文明」を強襲した運命は「時論」のそれでもあったわけで、今後の大勢でせう。四季刊もので、「応仁記《〔ママ〕》」「北行」計百枚を一度に出すようなものがあれば、―小説と論文の中間体のようなもの故―それもよいと思ひます。

とりあへず右思ひつきの御ねがいまで

服部之總

四月二日

奈良本学兄

⑪一九四八年四月四日付　端書

御疲れはでませんでしたか。

前便で「蓮如」続稿の件を御ねがいしましたが、どうやらこちらで他雑誌に載せることが出来そうですから、とりいそぎ中送ります。御高配おとりやめいたゞきますよう。雨があがって、やっとほんものの季節になり、サクラも今朝は三分咲き例年の四月八日の満開は、この調子では二日ばかりおくれるかもしれません。箱根でひきこんだ鼻風邪も殆んどよくなりました。

⑫一九四八年四月十日付　端書

御手紙多謝します。「応仁乱」は前便のごとく「社会圏」（今度編集方針変更の由）に渡そうと考へていたのですが、御来示により仝誌へは「北行」をまわすことにして、「応仁乱」は御来示の「古文化」にまわすことに考へて昨日打電した次第です。少し手をいれて原稿を清書させますから発送が十二日の月曜日になると思ひます。「古文化」〆切が八日との御事故、間にあうか否かと案じて打電問合せた次第です。つぎに白日から季刊を出すことになり小生と陸井君で編集プランを立てゝいますが創刊のちにノーマン氏のものと共に貴兄に「昌益の統道真伝について」三十枚ほど書いていたゞきたいのですが陸井君から別に申あげるでせう。パラフレーズは御来示に従ひたいのですが、予算について御しらせ下さい。其他後便。

⑬一九四八年六月二十三日付　端書

先朝は大へん失礼しました。御元気御帰洛早速御活躍大慶此事です。「社会科学」玉稿拝見して一作毎に御開拓の跡得る處甚大です。第二御作は長州政治史をはじめて解く鍵を与へたばかりでなく実に多くの示唆を含みますが今度のそれで「郷士=中農層」の概念が理論的に浮彫されたことは一大収穫です。私も来月はマニ論を書かねばなりませんので大いにキビに附すべくたのしんでいます。藤田五郎君の理論拘泥主義は困ったものです。「社会科学」は他文を読みつずけていますからそのうち御約束をはたします。

文尾ナカラ《〔ママ〕》奥さまに山々およろしく。

［一九四八年八月四日付　奈良本の服部宛端書］

すっかり御無沙汰致しました。東京へは出るたびに色々御教えをいたゞいて大変幸せて《〔ママ〕》ゐます。
御厚意のほどまことに深謝致してをります
先日は帰途豪雨で汽車が停り大変でした。
しかし、帰ると又、いろ〳〵仕事が待ちかまへてなほ大変でした。これではたまりませんのでいよ〳〵明日山口縣の方に帰ります。帰る前夜こうして手紙を書いてゐるのですが、京都の暑さは此の頃格別で、じっとしてゐても汗がにじんで来ます。御健康を祈ります。皆様によろしく

⑭一九四八年八月十六日付　端書

御郷里からいつ御帰洛でせうか。小生明日から福島、山形方面へ月末までいってきます。九月の昌益会は帰京後追って御打合せしします。夏休中の仕事も予定の幾分に達せず不本意の次第です。
日評と話して「日本十九世紀政治圣《〔ママ〕》済史料」または「十九世紀日本史料」とでもいう史料四季雑誌を計劃していますが、編集委員として貴兄、遠山、藤田、古島敏雄、小生くらいが責任をもって、原史《〔ママ〕》史料の発掘はもとより乍ら、郡市町村史県史類中から参考部分を再録するというような仕事も、今日では有意義であり、バックナンバーを揃える気になるような史料雑誌にして、毎号若干頁を方法的問題にあてて「主題」なり課題なりをあきらかにすることで、地方史家に方向を与えて新史料を動員する役もしたい。そんな案で、日評は大いに乗気なので、九月御上京のせつ御相談して、まとめたいものと願っています。高桐へは序文も送りました。「古文化」また出な《〔ママ〕》いようですが、「蓮如」単行本が先に出たら閉り《〔ママ〕》ものと心配します。「社会科学」も出たらさっそく任をはたしませう。今度の旅で

は若干調査もできそうですから、時に温泉につかったりして、不眠症をなおしてくるつもりです。身体の調子はよろしいので、他事乍ら御放念下さい。奥様に山々およろしく。

⑮一九四八年十月十日付〔消印は十月十三日となっている〕　端書
御一別後身辺雑事と原稿と学校においまくられて、御同様忙殺され、御ぶさたおゆるし下さい。執筆時間が不足なので全く弱っています。東本願寺問題も御流れになってくれると、いまはしあわせと祈るほどです。北陸行の日程なるべく短く組んで貰えればとねがっていますが、一日でもおそく出発できるよう、米原から京都へゆかず北陸へ出て先方で私が追つけるよう、日程がわかるように御高配いたゞければ幸甚です。これは貴兄へ御願するのはまことに失礼でしたが、ついでに記しました。

⑯一九四八年十月十九日消印　端書
昨日は残念しました。帰ったら八時半でしたが、こんなにおくれても、今夜おつれするのだったと、何度も悔みました。客は電報で十九日にくるといってきていました。幼児〔四女の草子〕の病気もよい方でした。今日は午後から心まちして、夕方は終バスまで注意してまったのですが、却って今日の午後は、近所の離縁話のもちこまれや、騒々しいことがあって、御迷惑だったかもしれませんが、夜は静平で、色々話したいこともあったのに、もっとつよくおすすめして御返事をとってお別れするのだったと、家内にグチをくりかえして笑われました。二十二日は銀座の親類で用事をかたずけて、廿三日朝お宅へうかがいませう。残意はそのせつ。

⑰一九四八年十二月二日消印　端書
御礼も申おくれ御海容下さい。帰来石見風邪去らず元気ありません　十一日御東上の由鶴首してをります。出版計

劃について今度は御相談があります　拝眉萬々。尚、高桐の検印紙の件電報で御めんどう御願して恐縮です。検印は遠方でもあり先方任せでもよいのですが他の振合もある事故大兄に御一任するとのみ打電してをきました。街頭のハンコを押させておいて下されば結構です（奥様に御めんどうかけるなどは考へた丈でも恐縮です）仕事處理つかず泰然としてボンヤリしています。拝眉萬々。

⑱一九四八年十二月十九日付　端書

このたびは失礼ばかり。御つかれはでませんか。出版パニックで年末にさいしヒドイ目にあっています。どうやら健康をとり戻して仕事の再起にとりかかっています。改造十二月の神山を御よみになりましたか。御殿女中と無頼漢の混血の本性をあらわしてきたようです。私が「明白にマルキシズムと手を切って上海あたりをうろうろしていた」とは、全く、保護カン察所が当年の私に与へた判定と符節を合わせていて愉快です。神山理論が音をたてゝパンクしているあの論文も、しばらくは世間をゲンワクするかもしれませんが、長つずきはしないでせう。高桐書院はどうなりましたか。さて一九四八年もあと十日になりましたが、来年は健康をめぐみたまえ！　と、今朝から体操をはじめました。選挙の結果は明日あたりわかりますかね。御多幸であるように。今年のいっさいの御礼のこころをこめて御あいさつまで。奥さまに山々およろしく。十二月二十一〔ママ〕日記

⑲一九四八年十二月二十日消印　端書

今朝の新聞発表で、学術会議員の結果を見、御地区の反動の勝利を知って慨嘆しました。地方区は一般に、我等不勢の結果を見、反之全国区は予想以上に優勢だったのは、連記制の賜でせう。義通〔渡邊〕先生の得意思うべしです。このつぎは貴兄必らず再出馬あるべし、小生も引こみ思案をやめませう。末川〔博〕さんの当選は何よりの喜です　とりあえず御見舞まで

馬齢あと一週間のあじきなさ

⑳一九四八年十二月二十八日付　封書〔毎日新聞社の原稿用紙の裏をヨコにしてペンでタテ書きしている〕
貴電落手して、よろこびました。昨日集金に上京して――このくれはひどい出版界です――栗田にもいってきました。しかるに、栗田では、あの電報をうけとるいぜんに、高桐書院があのシリーズの広告を出したのをみて、高桐が引つづきやるつもりと考えて、それならば、今後取次店としてはオトクイでもあり、出版としては同業でもあるのだから、手出しはひかえようという方針になって、そのむね貴兄へ手紙を志村君から出した、というので（昨日志村君不在）、あの電報（上京せよということだったよし）にたいして志村君が返事をする事になっているが――というはなし。マヅイ〓〔コトの略字〕になったものと思っても、肝心の志村君がいないので話にならず、ともかく貴兄からの詳報を見た上でも一度考へてほしいと話して辞去しました。

いづれにせよ、小生も、くわしい御来示をおまちします。その上で、も一度栗田に交渉しませう。

けふもこれから上京しますので、当用のみ。

廿八日朝　之總生
奈良本兄

㉑一九四九年四月一日付　端書
ごぶさたばかり。おかわりありませんか。いつか手紙を書いたまま出し忘れて、内容ももうアウト・オヴ・デートになりました。御近況について伝聞して心配しています。四月は西下できそうにもありませんので、どうです一度遊びかたがた上京されませんか。小生十日頃までは（明日から）伊豆や静岡方面へ講演にでかけたりそのたで他出がちですが、十日以後は、カマクラ山もサクラの盛りです。例の叢書の譲渡もゆき悩んだ様子ですが、印税の件は

何たることもなく、催促もしかねているところですが、どうしたものでせうか。貴兄の方も御同様でせうか、これも一寸おしらせ下さい。

㉒一九四九年五月二十五日消印　端書

臥床二ヶ月やうやく数日前から机に多少はつける位になりました。レントゲン診察のけっかこんどは十二支《〔ママ〕》腸カイヨーで、左肺シンジュンも併発していました。あと一ヶ月もせいようすれば快くなると信じています。病中すべて手がつかず諸方にめいわくをかけました。出版パニックにはひどいめにあっていることですが、北隆館から今回「維新史」の促進方をたのまれました。北隆館は健在ですから、このさい約束をはたしたいと思いますが、六月中頃までに出来ないでせうか。藤田五郎氏からは早く出来ているので、北隆館編集部の督促スローぶりを私が責めてたら、逆に私が催促方をたのまれました呵々。御近状併せおもらし下さい。

㉓一九四九年六月三日付　端書

やっと体力は恢復めきめき、とまでゆかずとも、よほどよろしいのです。いま一息で、元気も出ませう。高桐といわず、諸方ひどいことになって、打撃甚大、まづ私の病状以上にひどい出版界の出血ぶりで、この恢復はどうでせうか。本を鎌大で少し賣ってみませうか。とり揃えて一種二十部ずつぐらい学生に二割引で、図書部から賣らせ、図書部に一割やって、七割著者がとる。こんなしかたはどうでせうか。一応御考えおしらせ下さい。こんなウットウしい天気の下では、健康と元気がどんなに大切であるかを痛感しています。「いま一息〳〵」と、抑制するのが朝々の行《ギョー》です。六月三日朝

㉔一九四九年十月六日付〔岩波書店原稿用紙での〕封書

御手紙ありがたく拝受しました。御芳情のほどあつく御礼申上げます。退院后満一ヶ月、よほど落着いてきましたが、まだ若干の不眠症を伴ってをり、執筆はむりです。胃潰瘍手術のための入院日どりがまだ未決定なのは、左肺シンジュンにたいする影響を怖れて（内科医が）、今月廿日頃まで鎌倉ヒロ病院に通って厳密に圣《〔ママ〕》過を見て貰ふことにしているためです。悪条件が累積してをる現状ですが、貴兄はじめ友人諸兄の御げき励を力として、必らず乗切ってゆきたいと決意しています。読書が、たゞ一つのたのしみです。前便では、よほど混乱していましたが、其後「時論」の貴文其他を段々に読み、更にこのたび堀江君の「体系」力作に接するに及んで、大いに學問的意欲をアフられています。堀江君の「分析」はなかなかおもしろいが、服部維新史を以て「ブルジョア革命」説であるというデマ的位置付けは、學者にあるまじき態度で、私もこれまで色々の人から批評をうけたが、こんなヤブニラミのデマ批評ははじめてです。「体系」の拙稿「指導と同盟」やナウカの「話」と、「明治維新史」とは一貫して「講座派」（堀江氏的分類における）の見地に立つものであって、そんな事は貴兄には書くまでもない事ですが、僕の神圣《〔ママ〕》衰弱はさておくとして堀江君は少しどうかしてやしませんか?!

そのうち恢復したら反批判を堀江氏に呈するつもりですが、一方では、教えられる所も多々あります。いずれ中公講座の「マニュファクチュア」で自己批判はするつもりですが、貴便にあるように「厳マニ時代」は明治に入ってからとするのが正しいかもしれません。（この点貴意御もらし下さい）いづれにせよこの問題だけは、終戦後一度も私として手をつけなかった問題であるだけに、今回の大体止期にゆっくり再吟味してみたいと思っています。それにしても、あゝ、はやく身心の健康を恢復したいものです。ペンをとることが総じてまだおっくうで、失礼をかさねました。近状御報知までです。奥さまに山々およろしく御傳言下さいますよう

十月六日夜　之總生

奈良本學兄

机下

㉕一九五〇年二月二十二日付〔二十五日朝投函と封書裏に〕封書

奈良本辰也學兄　二月二十二日

一月十八日にいただいた手紙を身につけるようにつねに鞄にいれて上京のときも離さないのは、御同封の名簿に従って礼状を書くためで、そのために封筒も一緒に用意してあるのです。しかるに今日まで貴兄への手紙はもちろん、御礼状の方も太田氏安井氏の二三通だけ相済みの印がされて、西村君以下はいまだにブランクのまゝです。じつはこの正月いらい神圣症《ノイローゼ》が再発しているような気配が多少意識されぬではなかったのです。記臆〔ママ〕障害もまだ十分恢復していません。しかし忘恩障害――これを意識することは最大にツライことです。御礼状を書かなければ、募金して下さった貴兄にたいしても申訳ない。それを思ひ乍ら一日一日と悪化していったのです。――もっともその間、一月廿日頃から冷蔵植皮手術をうける準備に入りました。一月廿三日に、平和をまもる会に末川博士御出席の日で、顔出しよう〔ママ〕かと思って、岩波で猛烈な頭痛肩コリで半日寝こんだ事件あり、これが悪い徴候を自覚した最初でした。そして、糖（尿）が発見されたのが一月廿五日。同廿八日第一回植皮。十日たっても効果無し、二月十二日第二回植皮。――この第一第二回の植皮にすべての望みをかけて日を送迎したというのも事実です。然るに効果二度ともなし。糖のせいだろうから、然らばまづ糖から治療する、という方針になったのが二月十六日のことで、片瀬の党員の医師の石川さんが「任せてくれ」と云って事に当って下さっています。

思ふに糖はよほど前から出ていたのでせう。糖とノイローゼとの干係〔ママ〕は相互に作用しつつ増悪するのでせう。いずれにせよ私は「御蔭様で圣快〔ママ〕に向ひつつあります」という御礼状を書きたいのに、それが書けない。この手紙も昨日前頁を、けふこの頁を、といふ風です。（以上廿三日）

けふも糖量をはかりに下山しただけで、予定の上京をとりやめて、鎌倉から帰ってきました。圣過〔ママ〕はあと数日でわるし、新対策もたつと思ひます。不眠症は二度めの植皮いらい少くなって、却って嗜眠症（？）的になった事は、これだけがありがたい変化ですが、総じてまだよくはないのです。東京の友人たちにはまだ何もしらせてありません。少しでもよくなってから書きたいと思ひます。

あまりの無音が気にかかりますので、ありのまゝを記して、おわびにかへるしだいです。あと一週間もしたら症状も見透がつくと思ひます。貴兄へまたおしらせしますから、どうか御放念下さいますよう。

二月廿四日　　之總生

㉖一九五〇年三月二十日付〔夜認と記す〕端書

二月廿八日に電撃治療をうけ、直後の安静を怠ったため悪化しまして三月初めから今迄自宅で茫々として治療中です。月半頃から大分快方に転じましたがマダ十分でありません。

貴兄にハカキ《ママ》一枚おしらせしないことが申訳なく、ようやく筆をとります。学会創立の事で御上京ではないか？と思ひつき電報します。どんなにか拝眉したいのです。病気再発のことは多く知らせてありません。よほどよくなったのですが、拝眉切望。

㉗一九五〇年五月三十一日付　封書

拝啓　御親切な御手紙ありがたく拝見しました。盛上る選挙斗争《ママ》のなかで、何とかして抑鬱を克服しようと努めています。原稿が相変らず書けませんので、せめて読むことに熱中しようと昨日も遠山君の「世界」の論文〔遠山茂樹「自由民権運動と大陸問題―民主主義と平和問題との歴史的考察」一九五〇年六月号〕を読了して、非常に教えられました。このテーマはかねて私も志していたものですが、出来栄えに敬服しました。六月は私の発病の（抑鬱症の）一週年《ママ》です。この月にすべてを賭けて、出口を発見し、再起しなければなりません。

さて「マニュファクチュア論」新日本史講座代筆の件、岩井忠熊君に御話下さって御了解えていたゞきました旨、安神此事です。さっそく別紙同兄に認めて改めて御依頼申上げます。何分貴兄からも出来上るまで萬事よろしく御願申上ます。（〆切問題について一両日中上京して中公との交渉を明確にした上で岩井氏に手紙を書くことにします。そうでないと、全氏に御めいわくをかける事になっては困りますので。）

三日ほど他出していました為めこの手紙おくれて失礼おゆるし下さい。出雲の調査が六月末になりそうで、そうきまったら今度こそ元気で西下拝眉して、笑って喜んでいたゞきたいと思ひます。

色々書きたいことがありますが、これでとどめます。「厂研」大会の日は、他にやむをえぬ所用で出席できないで大変残念です。八方塞がりの抑鬱は、一角を突破することで退治できませう。その「一角」を必ず私は見出すことがちかくできるでせう。この一年間の御厚情にたいして、謝意と共に決意を申送ります。奥様に呉々およろしく。

五月卅一日

服部之總

奈良本辰也學兄

㉘一九五〇年九月十七日付　封書

退院の日は、電気療法《ショック》の影響も強く残っていたのでせう。東日からの帰途を道に迷ひまして、仲十四号館がみつからず、申訳ない御目にあわせました。飯塚〔浩二〕さんから詳細承はり、私如きもののために深い御友情、感泣いたしました。どうしたらよいか。「考へさせて下さい」。飯塚さんから叱られ〳〵、夢心地で帰宅しました。帰来、ウス紙をはぐように、日一日よくなってゆくのを感じます。私の半生にとって最大の危機〔この年の六月に日本共産党に離党届、十月に鎌倉アカデミア解散〕に立っていて、この大きな友情にめぐまれていることを考えますと、どのようにも覚悟して再起し甦生しなければなりません。勇気を与えられ決意を恵まれます。一昨日平塚の永瀬医院にゆきました。永瀬さんは外科のヴェテランで、四月から十二支〔ママ〕腸潰瘍の手術をうけるならこの人と心にきめていた方です。レントゲンをとって貰ひました。写真現像の結果は昨日わかったのですが、十二支〔ママ〕腸部に相当の潰瘍あとがあり、胃部にも疑わしい所が一つあり、何にもまして胃下垂がはげしくて（これは十二支〔ママ〕腸潰瘍に伴う現像の由）骨盤に達するほどのひどい胃カスイの由。そして、胃カスイも神圣〔ママ〕衰弱の原因をなすことが慈恵医大の某教授によってあきらかにされています由。永瀬さんから熱心に手術をすすめられました。この四年越しの病歴を考へ、この四月以後の圣〔ママ〕過を顧み、十分に考へ、家族会議にもかけましたけっか、今日、永瀬病院で手術をうける、という決心をつけました。退院いらいそのようなことでおくれてをりましたペンをとります次第です。あと一週間ばかり、こんどの入院の準備にあてたいと思ひます。順調ならば廿日間で退院できます由。十九日か廿日頃〔傍線部分に「十月一日に延期」と書いてある〕入院したいと思っていますが、永瀬氏については、不日舎弟帰国のせつ、御礼かたがた御立寄いたさせます〔ママ〕そのせつくわしくおききとり下さい。私の貧しい運命の一切を今度の手術にかけようと覚悟をきめました。貴兄と飯塚さんの先日の御友情に心からすがらせていたゞきたく、さきほど申のべました「夢心地」のまゝこれをしたためます。月曜日上京しまして、飯塚さんはもう御出発后でせうから、遠山松島両君におめにかゝり、御相談申上げようと思ってをります。けふまで決意がながびきましたことをお笑ひ下さい。沢山書くことがありますが、いまはこれにとゞめます。奥様に呉々御鳳声下さい

九月十日夜　　服部之總

奈良本學兄

家内から山々加筆申添ました

追伸　九月十七日朝

書いてから一週間たちましたのは、弟を発たせるとき京都へ持参させようと考へ、その弟の出発が思わぬ事から延びたのと、その間に箱根へ私が、御礼に行って留守したのと、そんな事情からで、不悪おゆるし下さい。永瀬病院

入院は、準備もありまして、十月まで延期しなければならなくなりました。神圣《〔ママ〕》のほうは十四日に慶応へ治療うけにゆきまして、睡眠もよくとれ、日ましによくなってゆきますゆえ、何卒御放慮下さい。先般らいの御厚情については、全くことばのないしだいです。遠山松島両君にはまだ時機を失していますが、来週匆々おたずねするつもりです。舎弟の出発がも少し延びませうから、これはとりあえず郵送します。まだ原稿執筆は不可能ですが、読書はボツ〳〵はじめまして、堀江君の「日本マニュファクチュア問題」を昨日読了しました。これは従来の堀江君の立場とちがって、大いに傾聴すべきものをもっていると思います。教えられる処が大きいと思いました。まだ脳力が十分には恢復していませんので若干気ずいた「へんなところ」もあるのですがそれにつきいまここに書くことはできませんが、貴兄の御意見をおしらせ下されば幸甚です。なお仝君の「近代産業史研究」はどこから出たのでせうか。先日、心細さのあまりに、御学文学部長云々、全く勝手なことばかり、甘えて申上げたことを想起します。どうか病気のせいとおゆるし下さいますよう。それにしても拝眉したいものですなあ。時々書きます。

㉙一九五〇年九月十八日付　端書

前便に堀江氏の「近代産業史研究」のことをおたずねしたのでおどろかれたと思います。健忘治療法の効果がまだ残っていた証拠です。今日書棚からみつけました。もっとも、まだ読んでいなかった事が健忘の一因でもありましたでせう。睡眠が毎日よくとれますので手術まえの体力恢復を存分にしておくように、当分馬鹿になってすごしませう。

はるかに謝意を送ります。九月十八日夜

㉚一九五二年二月十四日消印　端書

名古屋からのおたよりありがとう。小生も昨今非常に調子よく、毎日午前中は少しずつながら執筆と勉強にあてています。おかげで、今年こそ完全に恢復するという自信がつきつつあります。東京大学学生新聞の貴文今日読んで、じつにわが意を得たりと手を打ちました。ズバリとよく急所をついて、ちかごろの快文章。私も目下書いている「東洋における日本の地位」という（河出文学講座）文章のなかで、同じ問題を書きつつあるので、参考になりました。交通整理の言葉は、貴文のように、はっきりというべきです。

㉛一九五二年二月二十五日付〔要書房原稿用紙に〕封書

拝啓　そのせつはたいへん御世話様になりました。帰途ついに立寄れませんで、帰京後すっかり忙殺され御無沙汰御海容下さい。広島、岡山の話いろいろとありますが他日にゆずります。（ただ一つ――。例の即興見合の其後はどうか知りませんが［佐々田実恐母症のため本気で結婚を考へていないかもしれずと思わる］広島で今堀〔誠二〕博士、北風支所長以下と一夕飲みしせつ、博士にどうだ、京都の山内姉妹のどちらかを貰うことを僕すすめるが、と申出て、一席弁じておきました。上京の途次奈良本家へよるべしとネ。彼動揺の色あり。酒中感なるやもしれず。北風君に事務引ついでおき申候）和田正之君数日前上京、例のプランぜひ〳〵との社長命云々との事。改造社は処女出版には資金がかかりすぎるとして一昨日になってようやく断念したので、仝夜小生小西両名と和田君との間で詳細打合せ、和田君昨日西帰しました。仝君からくわしく御きゝとり下さい。仝廿四巻として題名は「日本近代文化全集」。解説担当者として世人のリストをつくりましたが、そのうちから十人ばかり編纂委員を委嘱して一日どこかに会合。原案（小生小西君作製中）を検討して決定案を得たいと思います。じつは拝眉のせつもちょっともらしましたように、この案は昨夏來小生として小西君のライフワークにしたいという念願から立案したもので、仝君もそのつもりで熱意をもってきたものでありますので、京都でちょっと考へた小生、小西、貴兄というトリオは断念して、改造社に話した時までの方針通りに服部小西両人の責任編集という形で、十人の諸君はそれをたすけるという形をとっていたゞきたく遠山、松島両君もはじめからその心得でこのプランにタッチしてきているだけに、こゝで素志を崩さぬことがよいと気がつきましたので、何分御了恕《ママ》えたく、小西君がこの仕事で所をえたら、つぎは松島君のために、案も時機も熟することがあればと思うばかりです。

和田君と飲んだ夜本格的な風邪となり、昨日は発熱してヒドイめにあい、けふも休んで山にいますが、熱だけは去ったようです。今朝の郵便で法律文化社から、「かねてより執筆御承諾を頂いてある「厂史《ママ》」（二百字八〇〇―一、〇〇〇枚）」を「一日も早く、三月末までに」まとめてくれという催促がきて、ビックリしました。ソンナ承諾はしていない―という返事を書きかけたのですが、何しろ健忘症の前厂《ママ》があるので、いろいろホジクッてみると、いつか（去年ならば四月）京都でグレているとき、貴兄御紹介で何か話があったような気もする―というような程度で、じつにみごとにバクバクとしてとりとめがない。そこでともかく貴兄に一応問合せたうえで、返事を出すことにしましたが、まずは何分御示教えたい。小生いかにも健忘ではあるが、責任感はマヒしたことがありません。「厂史」なる著作をひきうけたとすれば、編別を吟味した記憶はある筈だし、催促をされた記憶は一回もないし、コマッタコトデアリマス。（ハガキで御一教下さい）

たくさん仕事がたまっていますが、今年は雑誌小文をつとめて断はって、岩波新書のイから一つずつ崩してゆきます。書斎も目下ノロ〳〵と工事中ですが、出来上ったころ、花の見頃に、貴兄を迎えたいものです。

二月二十五日　　コタツにて　之總生

奈良本辰也学兄

尚々、たゞいま第二の怪文書（コレハオボエアリ）着到《ママ》。御披露申上候

この十日ほど前、玉城肇君の肝入で、再建社野口七之輔君（元婦人公論編集長）の招席神田の某家に行ってみると、別紙中の〇印の御厂《ママ》々なり。原プラン「日本史上の疑問の人物」のガリバンは無方針メチャクチャのもの。御厂《ママ》々のコンビは御賢察萬々。まさかこのコンビそのものを目前で批評もならず、よって小生発言して、「天皇制否定と

いう一点でスヂをたてましょうや」との統一戦線を提称〔ママ〕。一同賛成。ソレカラ各人御高説ありて、結局ソガイルカ以下の人物をふるい出し、ついで筆者の推せんとなって、甲論乙駁あり。トドのツマリ、川崎、松本、林屋、奈良本（プリントに桜井とあるは書店の誤り。第一候補第二候補と色々書きこんだ混乱のせいなるべし）、松島の五人が小生の、家永は瀧川、伊豆は玉城君の指名で決定を見たもの。結果として小生の責任が全体の1/2となって大きにおどろきました。支払は健実〔ママ〕であると玉城君が保証しているので、松島君たちにも披露してこれから調査検討しますが、とりあえずプランそのものとして何分の御高見御示しをおり返したまわりたく、松本君は瀧川氏の反対をおしきって遂に通しはしたものの、はたして書くかどうか、（〆切通りに）こんどはその方が心配なので、松島君とも相談してきめますが、貴地に筆者あらば、これまた御内示たまわりたし。林屋君へは何卒貴兄から御話たまわりたく

それにつけても三笠のプランはそのごどうなっているのか、松島君にもこまったもの。このプランについては、玉城君が事務屋として堅実なので、私ものりだしたので、十分今後しらべて、御めいわくはかけぬように責任をもつつもり

執筆御依頼に添えて〔このガリ刷印刷文一枚の右端に、「奈良本學兄」と服部のペン書〕

戦後国史の再検討が大分活溌に行われてきましたが、正史の発掘という点ではまだまだ不充分のように思われます。殊にも天皇制を中心にした所謂忠臣、国士等の事蹟に至っては、桁はずれに偶像化されたままになっているものが多く、洵に今にしてこれを徹底的に究明しなければ、再び逆コースに乗ってこれが発表は困難となり、少し大袈裟ですが、ついには史家の悔を百世の後に残すの懸念を禁じ得ません。本書の刊行はその意味に於ては充分有意義であることを信じます。世人の臆測や伝説や盲信を秋霜烈日の如く截断して頂きたく存じます。

史実文献の究明はあまり専門的にならぬよう適宜にまとめて、文体を出来るだけやさしくして頂きたく存じま

す。要するに若い人たちにも充分親しめる書物にしたいのです。

分　量　四百字詰五十枚

締　切　四月末日（二十八年）

刊　行　六月発売　初版五千部の豫定

印　税　定価（二〇〇―二五〇）の一割（税込）を篇数に分割計算のこと、支拂は大体配本一月後より三回払。（尚印税に関しては服部、玉城両先生の御高配を仰ぎますが、詳細のことは後日改めて御通知致します）

天皇制と切っても切れぬ　疑問の人物（假題）Ｂ５判約三〇〇頁　一巻

蘇我入鹿　川﨑　庸之

藤原百川（和気清麿）　家永　三郎

平　將門　〇瀧川政次郎

後白河法皇　松本新八郎

北畠親房　林屋辰三郎

藤田東湖（水戸学の一焦点として）〔服部が加筆〕　奈良本辰也　桜井　武雄〔服部が消す〕

平田篤胤　伊豆　公夫

岩倉具視　〇田中惣五郎

和宮（↓「青蓮院宮にした方がよい　松島　栄一

かもしれず（女をいれるとい
うのでこうなった）〔服部が↓横に加筆〕

奥村五百子　○玉城　肇

植木枝盛〔又は井上コワシ?と服部が↓横に加筆〕　○鈴木　安藏

三島通陽〔庸〕　○服部　之總

文京区眞砂町三〇

再建社

○印原案作製メンバー〔服部がペンで加筆〕

㉜一九五二年三月十二日付〔国際文化情報社の便箋に書いている〕封書

奈良本辰也學兄

一九五二年三月十二日

服部之總

やっと今日から春になるのでせうか？　珍らしく雪の続く二三月でした。去年の昨今は、いつになったら治るかしらんと絶望していましたが、いまや長いトンネルをぬけきってしまいました。長い間の、不断の、心からの御支援と御激励のたまものです。ことばと文字を越えた、たゞ、ふかい謝意を申述べます。

京橋の編集部は、二階に移ってから形もとゝのい、陣容も強化して、私も毎日午後いっぱい出ています。一週間まえ、松島君が三笠宮をつれてきて、おもしろい出来事でした。いよいよ満州事変にさしかかったので、この機会に第二次大戦史の史学的デッサンをしとげるつもりで、本をあつめたり、読んだりしています。松陰から辻参謀までつらなる天皇制コンプレックスの系譜も洗いあげてみたいと思っています。一週間まえ、貴兄の「松陰」を再読して、敬意を新たにしました。──去春いただいたせつ読んだときは、まだトンネルの中にいたのです。こんと〔ママ〕読んでがいたんした事は、貴兄の「松陰」の劃期的意義について、これまでの書評は意をつくしてない、知っていない、わかっていないという事です。

けふはヤケに忙がしいから、書きかけては中絶し〱、ヤットいま人々が帰っていったので、手短かに書おえませう。書くことは沢山あるが、あとにゆずりませう。

一昨日でした。前進座文芸部の宮川雅青君がたずねてきました。その前に、仝座が「箱根風雲録」の次の作品として井伊大老をとりあげるから、この土曜日に出席してくれという話が、民科干〔ママ〕係から松島〔榮一〕、遠〔遠山茂樹〕、小西〔四郎〕、及小生らに来ていたのですが、宮川君の来訪はその件で、一昨夕一杯やり乍ら色々話をきいてゆくうち、「奈良本君の「吉田松陰」〔『毎日新聞』の一九七一年二月十四日から二月二十七日まで「その人と〔歴史と人物〕に奈良本は松岡英夫と対談で、吉田松陰について語っている連載参照〕を読んでるか？」ときいたら、読んでいないという。誰が企劃に與って井伊大老をとりあげさせたのか知らないが、「開国」を扱いたいというのが趣旨なら、松陰を主人公にしたまえ。井伊では「愛する主人公」になれぬではないか？　主人公と共に泣ける映画は決して出来ぬではないか！と段々と演舌したら、わかりました、明日さっそく貴兄の「松陰」を読みます。土曜の相談会は御破算にします。追って参上します―ということになりました。

じつに僕はユカイになって、そのあとまた飲んで、トウトウ胃をこわして、ここ一両日はイス・ウンクスをのみながら、断酒している次第。何やかやと書き送りたい事が多いなかで、とりあえず右迄。

奥さんに呉々およろしく。

（岩井君〔忠熊〕の原稿は進行していませうか。がんばって下さるよう）
○尚、小生亡父仏事のための帰国は四月中旬になります。それ迄に学兄御東上のことこれありや否？
○福村〔福村書店主の福村保〕に一度ドナリにゆかねばすまぬかと思うのですが、御あいさつをしている状態は如何？

㉝一九五二年十一月十二日付　端書

洋子挙式に際して御祝電をいただき多謝いたします。おかげで小西四郎君御司会のもとに、諸事理想的にはこびました。北海道旅行の疲れも合はさって、十、十一の両日はクラゲのようになって寝てすごしました。祐鳳の奴、せっかくの御高配を無にして不始末申わけないことでした。ヨイカゲンですませない性格なのです。不悪御了恕たまわりたく万々。母も彼も十一月一杯滞在の予定です。御紹介の創元社和田君からの手紙で、「なりたち」〔近代日本のなりたち〕と「話《〔ママ〕》」〔明治維新のはなし〕を一冊にして出すことに、けふ同意の返事をしました。御内意あっての事と思い、すべて一任しました。十七日に京大にゆく件は、このさいゆきたかったのですが、何しろ体力がへばっているので、自重してとりやめました。これも不悪。五郎君〔藤田〕はゼンソクをおこして福島で入院している由。よい注射薬を送りましたから、きっとすぐ治ってくれると信じます。やっと少々元気をとり戻してとりあえず以上

㉞一九五二年十二月八日付〔福島市森合福島大学経済学研究室気付として、福島医大病院にて表裏に細字で書かれたもの。『歴史評論』一九五三年二月号の服部の「藤田五郎の死」を参照〕端書

突然の藤田君のフ報《〔ママ〕》に大驚されたことゝ、ざんきにたえません。僕一昨日の電報で来福。去々月二十七日北海道より小生帰京、藤田君は十月十六日会津出張中ゼンソクを発し、廿八日夫人来福、十一月七日県立医大病院入院、小生九日洋子披露式、藤田君ゼンソク一本とのみ思いおりしに、心臓ぜんそくになったとのしらせ、まだ安心しおりしところ、十六日に大分ややこしい病勢という報を吉岡〔昭彦〕がもたらしたので、十八日吉岡を発たせ、廿日、圣《〔ママ〕》過良好の報をもって帰京。小生色々と転手古舞で貴兄に藤田病気のハカキ《〔ママ〕》もかけずいるうち、廿一日「アイタシ」と入電。廿二日着福、廿一日夜吐血云々。マンセイ腎臓炎↓高血圧↓心臓衰弱↓ウッ血↓吐血との診断。福大中村常次郎、小林昇、庄司吉之助君以下文字通り一致団結して当っており、学生の輸血陣続々とつずいて、病勢好転、診断に疑問を覚えて中村小林君らと相談の上帰京。三井厚生病院副院長白石謙作氏をわずらわせ、診断一致、

治療法も一層完ぺきを加え、十二月一日以降峠を越して愁眉をひらいていたら、五日夜になって突然前回に倍する下血吐血を見、小生来福後も望みをすてず、本人も医局も輸血陣も一本になって望みをすてず努力したのですが、今朝四時から衰えはじめ、午後正四時、文字通り眠るように落命。五分まえまで意識と意力あり、乱さず、気落せず、まっすぐで、平素の藤田のえらさが人間の純一さが死に臨んでいよいよ光る死に方でした。私が東奔西走内外雑事に追われ〳〵て彼の病気につき一筆もしなかったこの報を書く罪をおゆるし下され。昨夕解剖に附し、明後日大葬、当地で告別式。遺骨はその上で広島に帰るゆえ、東京で迎えて東京でも小さな告別式をするつもり。いずれ広島で葬式して墓も同地となる筈。西下の時はしらせますゆえ、京都大阪間ででも同車していただけるよう時刻も考えて、おしらせしませう。とりあえずおわびまで〳〵

㉟一九五三年一月十九日付　端書

御芳書落掌、機会を得た事をよろこんで御示しに従うことにしました。二月七日に広島で藤田君記念講演会があるので（上田君がいってきました。一緒したいものですね）、三十日西下、今度は京阪の無沙汰を一掃したいものです。旅費も少々いるので創元社の和田君に預めちょっと御鳳聲のこと御願いたしたく、こゝ一両日どえらい寒《カン》で、目下新書下巻大隈の執筆中、今年中お互にすこしやりませうて。

㊱一九五三年一月二十日付　端書

先日上京の学生のアドレスをきゝもらしましたので、御手数乍ら演題の事で御連絡を御願します。

「明治の民主主義と民謡」

明治民主主義が中期以後は社会主義としてのみ燃焼することができたということゝ、封建制へのレジスタンスとしての古典民謡が明治期を通じて古典的な形を崩さなかったということのあいだに、河上さんが社会主義者となった時代的背景を点描してみたいと思います。原稿はつくりません。随想風のフリーレクチュアです。

ヤレヤレながい御無沙汰をしました。三月下旬に書きかけた手紙を方々もちまわり、いまやっと一息ついて読み通して、あきれて書きつぐことを断念して、改めて御無沙汰おわびから――

四月に入っていらいの、朝日新聞との写真著作権問題のいきさつについては、松島君からおききとり下さった事と信じて割愛します。朝日との和解の正式手続がすんだのが十六日午後のこと。その夜発って帰京しました。老母が十四日夜中風を発し、十五日に帰れという重症電報がはいっていたのです。幸にも間にあって、意識不明ながら六日間看病し、廿二日朝永眠しました。享年七十六。晩年はしあわせでしたから、それがせめてものなぐさめとなりました。葬儀をすめ《〔ママ〕》て廿八日広島に出、上田君から先般浜田―広島御来遊の際の話もききました。広島二泊。ショージンオチを盛大に行い、五郎君の遺骨をあずけてある寺に移って、圣《〔ママ〕》をあげてもらいました。思へば五郎君を迎えて石州木田村でとった写真（去年四月）の中から、彼と私の母とほかに二人、計四人が死んでいる。そのうち三十七才という若さは彼一人のことゆえ、あきらめきれません。

㊲一九五三年五月八日付　封書

帰ってみれば――茫々《〔ママ〕》八日たちました。昨日、朝日新聞出版局との間に「写真で見る日本史」編集の契約をしました。私と川崎庸之君の二人で世話役をしますが、近研全員のほかひろく執筆していたゞきたく、貴兄の御援助を勘定にいれています。来月上旬までに確定プランをつくりあげる予定で、歴研大会に御上京のさい、どうか一日をさいて下さるよう御願します。昨日は相川春喜君の合同葬（浅草本願寺、委員長平野義太郎）四十五の若さでこれも惜しい事をしましたが、彼を知る私として、死を惜しむと共に半面、彼も死所を得たというなぐさめの思もあります。我々も、いつ死んでも、死所を得る思をしたいものです。

母に別れた年を記念して、今年から光文社の「日本人の歴史」に本気でとりかかろうと決意しました。第一巻を明治自由党時代にあてて、これに全力をぶちこむつもりです。どうか御力添をおしまないで下さい。竹村青年〔民郎〕は、マジメにやっています。同僚〔近代史研究会の〕との間もよろしく、何しろ馬力があるので、ものになるだろうと思います。

こんど母の葬儀に、塔ノ段のダンナが帰ってくれました。診察してみるに、あの見合は、脈がありそうに思える。しかし、彼女の方ではどうでせうかね。彼女にあれば、モノになるかもしれない。創元社の二つのプランも、前月出発直前に契約して、不在中小西君の下で進行しています。それについても月末御上京のせつ、くわしく御相談申上たく、当研究会はこのへんでもう満腹力いっぱいなので、何とぞせいいっぱいの御援助をお願する次第です。

二月いらいとりかかっていた書斎もやっと出来ましたので、こんど御上京のせつはぜひ御一泊下さるよう。毎日朝のうちは山にいて、午後から上京、法政も今学年からは週三回、社会学原論を新にひきうけ、ゼミも「ロシアにおける発達」〔レーニン著『ロシアにおける資本主義の発達』〕を用いてやることにしました。精一杯はたらいてみることです。

文尾乍ら奥さまにくれぐおよろしく。広島からの帰り京都に一泊の予定が、広島にとられて空しくなった次第は、拝眉の上万々

五月八日朝　服部之總

奈良本学兄

㊳一九五四年七月二十日付　端書

さきごろは奥さまから御手紙いたゞき御近状に接しました。広島からもう御帰りの御事か、上田〔正昭〕君に私も逢いたいものです。けふ「日本の思想家」落掌しました。家永君の書評は彼の自己意識がつよすぎます。最澄から読みはじめたがなかなか力作で大いに感興をそそられ当分たのしんで寝台の友とします。ながあめでくさりまし

たがだいぶメカタももどって腹もせりだし痰もへり大いに前途有望です。毎晩九時には床につく。朝は五時。午前と午後と二度休む。この秋にはずっとよくなりませう。

㊴一九五五年十一月二日付〔一枚の半紙を半分にして上下に墨書〕封書

日本史研究会大会が御無事終了御疲の事と遙察します。昨日毎日新聞から正式の通知をうけとりました。三日の授与式〔『明治の政治家たち』上下巻、岩波新書により毎日出版文化賞の授与式〕には疲気の為め出席できませんが宮川君〔寅雄〕を通じて連絡して家人〔長男旦〕をうけとりに出す事にしました。退院以来一週間けふ病院へ診療うけにゆきました。今朝血痰を始めて出してビックリしましたが案ずる事はないそうで、糖の方も変化なく、ノイローゼの方もジグザグコースをとり乍ら段々快方に向ってゆきつゝあり、今月下旬から出校〔法政大学〕を目指してそれ迄は懸命に治療して御高配に添はなければなりません。

万一今学期全部休む事になろうとも、健康かつ多くの目的は必ずとげて御厚情に答へます。それにつけても六年前のノイローゼの時といい、此度のことと申し、学兄の御同情と御力によりどんなに力づけられたか思ふて感泣の外はありません　筆尽すべからず　家内も心から御礼申のべております　近状御報旁々改めて謝意申のべたく　文尾乍ら奥様に呉々〔ママ〕

十一月一日夜　之總

奈良本学兄

㊵一九五五年十一月十日付　端書

けふ着到の小包に一同大よろこびしました。さっそく手紙いたします。じつにりっぱな出来ばえの本〔この年の著作は、『日本経済史概論』日本評論新社刊、『部落問題』潮文社刊、『京都の庭』河出書房刊の三冊だが、服部はどの本のことを評しているのかは不明〕で、大兄の内面生活のふかさと高さを語って、ガサツな人々はびっくりするでせう。とりわけいまの小生には薬餌のような境地です。退院後の自宅療病《ママ》は容易なものでありません。二度ほど上京して病院にゆきましたが、更にふんぱつを重ねて斗病《ママ》刻苦の要あり。多難そのことを十分に心得つゝうろたえず遊ぶ心境を体得したいと時々日々に苦心工夫惨たんしつゝあり。凡夫往生の大道あるべし。

この項のおわりに、服部没後に奈良本が書いた（『日本史研究』第二十八号、一九五六年五月）「服部さんの思い出」（木下順二が「不思議な本」と書いている服部之總著『俳句日記　鎌倉山夜話』河出書房、一九五六年十月刊所収）を引用しておく。この服部書簡に書かれている時期の二人の交友がよく述べられていると思うからである。

服部さんの思い出

立小便の味もあとさき一二年　之總

これは、去年の五月、たわむれに服部さんがわたくしの机の上に残して行ったものである。服部さんはかなり達筆の方で、ときどき素晴しい字を書いたが、この字はとてもよい。いかにも澄み切っていて、ホレボレとするような字である。この短冊を置いて行ったとき、わたくしは、そんな気になるだけでも身体に悪いから、元気をだしなさいよと言ったが、まさかこう早く服部さんがあの世に行かれようとは思いもそめなかった。服部さんだって、こう書きはしたものの、自分の生命がその翌年に無くなろうなど考えもしなかったであろう。

その頃は、お互に馬鹿話をしながら、元気になったら大いにやろうぜ、おれはその中お隣の中国に行くんだが、君も何とかして一緒に行こうなどと言う服部さんの気焔に耳をかたむけたものだった。実際、不思議なめぐり合せで、立命館大学の第一回内地研究に当ったわたくしは、その頃、鎌倉山の服部さんの家のすぐ近くにいたものである。そして、その死の直前の数ヶ月、約半年あまりを、いろいろと語り合ったのであった。碁は、わたくしと良い勝負か、あるいはわたくしが少し弱い位なので大いにはずんだし、酒もおたがいに賑かな酒で、しばしば東京からの終電車を共にした。よく一緒だったので、お前が酒を飲ましたから悪くなったのだという悪友がいるが、これはデマも甚しい。

服部さんが悪くなったのは他の原因である。しかし、そのことについては、ここであまり書きたくない。ただ思うのは、どうして早く、こんなにも早く、あの世に行ってしまったかということだ。服部さんは、その頃、よくぼくは近い中に中国に行くんだ、そして彼の国で歴史の講義をさせて貰うんだ。そしたら良いだろうなあ、おい富子（奥さんの名）お前も一緒に行こう、などと夢のような話をしていた。いや、夢ではない。本当にそうなるかも知れないのだが、その話をするときの服部さんは、実に楽しそうであった。そして中国に出かけたあとの、近代史研究会の話などを、いろいろと語るのである。

近代史研究会と言えば、この位、一しょうけんめいになっていたことはなかった。自分の全部の生命をかけているという感じだった。それがやがてどんなものになるか、随分、ここでもいろいろな未来を画いていたようである。あの近代史研究会でやった仕事は、たしかに歴史の領域で新しい場面を切り開いたものだった。はじめ、あの話を聞いたとき、大いにやりなさいとすすめはしたものの、わたくしとしてはほんの仮そめの仕事位にしか考えていなかったのだ。あれが、あそこまで行ったのは、何としても、服部さんのうちこんだ仕事のやり方にあったのだろう。それだけに、あの仕事の将来には洋々たる希望を持っていたのである。

だが、中国にも行かず、近研の前途をも見極わめず、とうとう、服部さんは逝ってしまった。実に残念なことだったろう。わたくしは、服部さんの危篤を聞いてすぐ駆けつけたので、その臨終の枕許に最後まで立つことができた。いまはの際に「奈良本君！」と呼ぶ声も、はっきりとこの耳に入れたのである。少くとも、その死に目に会えなかったという無念さはない。わたくしは、心をかきむしられるような十時間であったとしても、その場に居合せたことを幸運と思っている。

しかし、何といってもこれは早すぎた。もう五年でもよい生きながらえて呉れたらと思うのである。まだ、日本の歴史学界は、服部さんに多くの事を仕上げて貰いたかった。あれも、これも、服部さんが生きていて呉れたら、どんなに気持ちよくできたであろう。服部さんという人は不思議に、学問の推進力になる人だ。多くの歴史家が服部さんの学問から滋養をとって育ったように、これからも多くの若い人がその栄養の下に育てられるであろうが、あの魅力をもう少し、この世のものに残しておきたかった。

もちろん、どんなに言ったところで服部さんが帰ってくるわけはない。これからのわたくし達は、服部さんの残されたものを、大切に育てて行く他はないであろう。服部さんがどんなものを残したか。それは、いろいろある。しかし、いまは直接にはそのことにふれないこととしている。わたくしは、この際、その服部さんの思い出について語りたいものである。

わたくしが服部さんの名前を知って、その本を読み始めたのは、高等学校の三年生のときであったかと思う。しかし、それを本当に自分のものにし始めたのは大学に入ってからのことであった。わたくし達は、当時長谷部文雄氏の「資本論」の会に出ていた。そしてマニュファクチュアのところを読むとき、その頃「中央公論」や「改造」、そして「歴史科学」に出ていた服部、土屋の論争を一生懸命ノートしたのである。そのノートはいまでも残っているが、そのとき、あの実に歯切れのよい服部さんの論旨が妙にわたくしを惹きつけた。それからのわたくしは、服部さんのものなら何でも読んだのである。あたかも哲学における戸坂潤のものを全て貪り読んだように。そして、わたくしは、いつのまにか大学の卒業論文でもマニュの問題を選び始めていた。わたくしが書いたのは思想史であるが、それは、ボルケナウがしたようにマニュの問題から思想史の中心にせまろうとしたものであった。そのマニュ理論が服部理論であったことはいうまでもない。そして、これはわたくしだけの傾向ではなく、その当時の多くの学生の傾向でもあった。堀江英一君なども、この時代、服部さんのマニュ理論に導かれていたようである。ところが、その服部さんは一九三四年の夏、「幕末秋田藩の木綿市場及び綿機業」というすぐれた論文を書き、その翌年「西陣機業における原生的産業革命の展開」を書いて、とうとう研究雑誌の上から姿を消してしまった。わが国の軍国化が、服部さんの筆を折らしたのであろう。

だが、わたくしは、服部さんのそれらの著作に導かれながら四三年の頃「近代陶磁器業の成立」(伊藤書店刊)を書いている。もちろん、わたくしの他にも信夫清三郎氏が「近代産業史序説」を書き、堀江英一君が「近代産業史研究」に収めた一連の諸論文を発表していた。故藤田五郎が東北の近代化に目をつけて、そうした系列の論文を手がけ始めたのもその頃であろう。しかし、服部さんが筆を折らなければならなかったその頃のわたくし達の研究には、早くも経済主義の誤りが見え始めていた。皆がウェーバーに強く惹かれたのもその結果である。

明治維新史の研究は、とりわけ、服部さんが提出したような方向は、太平洋戦争がきびしくなるにつれて、どうにもつづけることができなくなった。そうした自由が来るのは、何と言っても戦後である。戦後、わたくし達は、とにかくものが書けるようになった。そこで、わたくしとしては早速に天皇制の問題をとりあげて、これをイデオロギーの面から明らかにしようとした。その最初のものを「歴史学研究」の一二三号に書き、つづいて同じようなものを「時論」の一〇、一一号に書いた。遠山茂樹君も、東京で「歴史評論」にわたくしと同じく天皇制に関する問題をとり扱っていた。とにかく、これからやって行こうとする気構えがあったのだ。

ところが、その遠山君とわたくしとが、突如あらわれた服部さんによって散々にやられたのである。史料は色々読んでいるが方法論が頼りないというのだ。散々である。しかし、わたくしとしては、実に気持が良かった。第一、遠山君にしてもわたくしにしても、まだその頃は青二才である。それをつかまえて堂々と「中央公論」の誌上でたたくとは……これは何とかして話を聞かなければならないと思ったのだ。そして、東京に出かけたときに遠山君にその話をした。すると彼は、そのとき既に服部さんに逢っていたらしく、服部さんが君のことを聞いていたから、一辺逢えよと言ってくれた。そこで、早速、服部さんを鎌倉の材木座に訪ねたのである。

材木座に訪ねたというのは、そこに服部さん達でやっている鎌倉大学があったからだ。鎌倉大学は、あの光明寺の本堂を幾つにも仕切って、それを教場とした珍妙なものであったが、それでも服部之總を学監として三枝博音を学長とするこの学校は村山知義、林達夫等々を教授に揃えてなかなか魅力があった。わたくしは、それに大いに威厳を感じながら、その学校に服部さんを訪ねたのだが、彼は、実に気持よく逢ってくれた。しかし、どうもその時は、お嬢さんが大へん悪いらしく、あまり、ゆっくりと話せなかったのだが、わたくしとしては十分満足したように思っている。

しかし、そのとき、これだけでわたくしを帰したことが実に残念だったらしく、あとで何度も宅へ連れて帰るんだったと奥さんに愚痴をこぼして笑われたそうだ。その後一、二度逢ったが、その度に服部さんはわたくしの思っていることにいろいろと助言をして呉れた。とくに思い出すのは、わたくしが「近世封建社会史論」に入れた諸論文を書くために箱根に滞在したときである。わたくしはそのとき「郷士＝中農層」の問題を考えていた。服部さんは、例の安土桃山時代を初期絶対主義とする考えをまとめていた。

ある日、わたくしが服部さんを訪ねると、そこえ松島榮一君がきた、また飯塚浩二さんもやってこられた。服部さんは、海水着一つになって、オイ、ヨットに乗ろうと言いながら、材木座の浜へわたくし達を引っぱり出したのはよいが、いつのまにか砂浜に地図を書いてその初期絶対主義の説明を始めたのである。ナカナカ皆が承認しないのだが、服部さんは、それでも一生懸命であった。とうとうヨットに乗る時間がなくなってホンの僅かしか乗っていなかった。

その頃の服部さんはいよいよ学界に復帰しようとするときで、素晴らしい馬力であった。ヨシ、その郷士＝中農層は面白いじゃあないか。それでやれよ。ぼくも何か書く。これはどうだ、君もこれをやったら、という調子で、自分も書き、わたくしも激励した。わたくしが、何かしら自信のついてきたのも服部さんの激励である。

その後、服部さんに元気づけられては、いろいろなものを書いた。服部さん位、よく、わたくしの書いたものに批評してくれたり激励してくれたりした人はない。その服部さんがノイローゼにかかったのは、一九五〇年の春頃からであった。そのノイローゼのあいだのしょげ方は、実に何とも言えないほどであった。今度は、わたくしが元気をつける方に廻ったのであるが、それについては、またくわしく書くこともあるであろう。

　そしてそのノイローゼがなおると又、もりもり仕事を始めた。一九五二年七月福島大学の経済学部でやった「マニュファクチュア論争についての所感」という講演など、服部さんの面目躍如たるものがあった。その講演でもわかるように、気持のよいときは、誰でも、彼でも、凡そ彼が間違っていると思うものに辛辣な批評を投げかけた。その批判の対象とならなかった維新史家は殆どないと言ってよい。堀江君も井上清君も、あの中でやられている。服部さんが第一回ノイローゼになる前の羽仁五郎氏に対する批判は、その最極であったがとにかく遠慮会釈なくやる。だから、どんなに思って会《〔ママ〕》ってみると、一方では大へん認めているのである。相手を高く評価しているから、大いにやるんだということだ。

　服部さんは、どちらかというと容貌魁偉な方である。そして、筆先も鋭い、しかし、本当に逢ってみると、この位、人間的に親しみの持てる人はいなかった。実に、人間的なのである。そして、あの風貌で恐しく気の弱いところもあった。わたくしなども、あまり気の強い方ではないが、それでも服部さんしっかりしなさいよ、そんなことでどうしますと度々言ったものである。

　服部さんについて書けばいくらでもある、しかし、何れ又、ゆっくりとその人と学説について書いてみたい。あの多才な人を失っていまは、唯、わたくしの周辺の寂寥をなげくばかりである。

IV　日本近代史研究会代表時代

一九五〇年十一月、服部は同じ鎌倉山の住民であった国際文化情報社の編集長・不動健治が新しく企画した『国際文化画報』の第一回「ペルリ提督日本遠征の頃」に協力することになった。前項で詳述した鎌倉アカデミアに不動の子息が在学していた。このことがきっかけで、国際文化情報社の社長であった大沢米造は、この連載を独立させて近代史の歴史画報の編纂を服部に委嘱した。

当時、服部はノイローゼで苦しんでいた時期であったために遠山茂樹と松島榮一に相談した。二人は東京大学史料編纂所の同僚であった小西四郎と吉田常吉を加え、この新しい仕事の事務局長役として東京大学文学部西洋史学科を卒業したばかりの荒井信一（現在茨城大学名誉教授）に交渉したが承諾してもらえなかった。そこで一九四四年九月に東京帝国大学第二工学部航空機体学科をくりあげ卒業して兵役に服したのち、戦後ふたたび東京帝国大学農学部農業経済学科に入学したが、父の死去により中途退学して当時ナウカ書店に勤めていた、歴史家としては変り種の藤井松一が事務局長を引きうけてくれたので、翌年一月に服部を代表者として日本近代史研究会が設立されることになった。その年の六月から同会編集の『画報近代百年史』の刊行がはじまった。この画報は当時は珍らしかった理髪店などにも置かれるなどの販売方法のためにベストセラーの売行きとなった。今日では写真中心の歴史画報は多く出版されるようになったが、その当時はほとんど写真や錦絵などが紙面を占め、その時代のトピック・ニュースを短く平易に解説した歴史書はこの画報がはじめてであった。戦前は軍のきびしい統制下でほとんど歴史の真実が知らされていなかった日本人に、終戦後にそれまで隠されていたベールがつぎつぎとはがされていく喜びと楽しみが当時の庶民の心情にみごとに合致したことが、この『画報』が愛読された理由であったのではなかったかと私は考えている。服部らの『画報近代百年史』（全十八集）の出版は、戦後の歴史画報ブームの皮切りとなり記念すべき歴史的出版物となった。この第一回の企画が大成功裡に一九五二年十二月に完結し、続けて翌一九五三年一月から『画報近代三百年史』（全十六集）、さらにこれが完結した一九五四年五月に『画報千年史』（全二十集）と時代をひろげて、同年十一月には『図説綜合日本史』（全十巻）の刊行と重ねて国際文化情報社の経済的基盤をかためるとともに研究会の同人がふえていった。さらに同研究会編として『写真近代女性史』『写真近代芸能史』を創元社から一九五三年十二月と一九五四年十二月に出版している。これらの出版業績にたいして、日本近代史研究会は、一九五七年十一月に毎日出版文化賞が与えられたが、この前年に服部はすでに病没していてこの喜びを同人たちと共有してはいない。日本近代史研究会は、服部が死去した一九五六年当時は、小西四郎を中心にして宮川寅雄（事務局長格）以下五十音順に名をあげると、色川大吉、川村善二郎、北島正元、佐藤昌三、遠山茂樹、原田勝正、藤井松一、村上重良、吉田常吉の十一名が正式同人であった。これ以外に奈良本辰也、川崎庸之、三笠宮崇仁などをはじめ多くの各分野の著名な学者が編集に協力してくれている。この編集会議での切磋琢磨によって若い同人たちは、その後の戦後歴史学界で立派な歴史学者に成長して幾多のすぐれた業績をあげたことは周知の通りである。とりわけ若い同人たちにたいする服部の後進へのユニークな指導ぶりは、後述する川村らの回顧からもあきらかである。同時に服部自身もこの時期に幾度も襲った病魔を克服して、『年譜』に示されている幾多のすぐれた業績をあげることができたのもこの研究会での真剣な討論の成果であったと言ってもけっして過言ではないだろう。しかしながらこの反面、服部を苦しめ寿命をちぢめたとさえいえる原因もこの研究会にあったと私は考えている。私の『年譜』であえて特筆しておいたように、私は大学を卒業してすぐに服部に乞われ、主としてライフワークである『日本人の歴史』を執筆するための私設助手として服部に師事することになった（月給五千円で、当時小学生であった次男設と四女草子の家庭教師も兼ねるという条件で）最初の年の一九五四年十月から、研究会の若い同人（宮川寅雄を「若者頭」として）とのあいだで会の組織や報酬をめぐる問題で深刻な対立がはじまっている。その翌年の一月十九日に新年会をかねて服部家で同人たちが集って新しく出来たばかりの書斎で長時間話し合いがもたれたことがあった。同人たちが帰ったあと、私がいるのを見て「松尾君を忘れていて失敬した」と言ったものの、日頃の酒が入った時の陽気な服部とはうって変った沈痛なきびしい顔をしていたことを私は今も忘れることはできない。それから一週間ほど後に私は服部に連れられて神田神保町のビルの二階に入ると、そこに藤井松一がひとりいた。この小さな一室にはテーブルと数脚の折りたたみ椅子だけが置かれている、うす暗い殺風景な雰囲気であった印象を今も強く覚えている。その帰途に服部は「これから時々あの部屋で藤井君と一緒に君にも仕事を手伝ってもらう」「あの部屋は福村〔福村書店主の福村保〕が借りてくれた」とポツリと淋しげに私に語った。この部屋のことはこれ以上は、服部にも藤井にも私は聞きただしたことはなかったので、なぜ京橋から神田に部屋を移したかの真相は今もわからない。本稿の執筆のために川村に電話でこの部屋のことを尋ねてみたが、その事情はくわしくは知らなかった。表向きには服部は死ぬまで日本近代史研究会の代表者であったことだけはたしかである。

しかし、一九五四年十一月十七日から『日本人の歴史』の起稿が開始されたことから見ても、服部の関心はすでに研究会から離れていったように私には思える。

この日本近代史研究会のことについての詳細な叙述は、本稿では公刊されている四人の回想をそのまま引用することにしたいと考えた。同人それぞれの考えをそのまま読者に伝えたいためである。最初の松島榮一は、すでに前述してきたように敗戦直後から服部をよく識り、この研究会の創立に最初からかかわった同人の中心的存在の一人である。つぎの川村善二郎は、研究会が事実上解散したあともその貴重な写真などの財産を自室に保管し、この画報の復刻出版（日本図書センター）などを独力で続けながら「日本近代史研究会の旗」を今日まで守りつづけている、いわば近研の生き字引的な唯一の存在である。私が服部の伝記を書くために作成した「服部著作目録」の草稿を一九七〇年九月に川村に送って意見をもとめていらい、川村が公表した近研に関する文章のほとんどが恵贈されている。現在私の手元にある主なものをあげれば、

「服部之總と『歴史画報』編集の思い出」（『歴史評論』一九七九年五月号）、再版（復刻）本（国文社刊）『写真図説綜合日本史』（全十八巻）の「あとがき」集（「再版にあたって」以下十八項）、『画報千年史』復刻版の序（二〇〇四年十二月八日）、「宮川寅雄と日本近代史研究会」（宮川寅雄さんを偲ぶ会主催講演会1、二〇〇四年十二月）、「松島榮一さんをしのんで」（松島榮一さんをしのぶ会実行委員会が主催した二〇〇三年三月十六日発行の『松島榮一さんをしのんで』に所載）

である。以上の中から例外として長文ではあるが、上述したような理由から二つを川村の回想として採録した。三人目の色川大吉は、同人のなかでもとくに異色な存在で、服部にたいしてのきわめて厳しい批判の回想であるのであえてとりあげることにした。私が服部家ではじめて色川と対面したとき、服部は「色川君は近研の客分だ」と言って紹介したことを今だにはっきりと耳に残っている。四人目は三笠宮崇仁の回想を引用した。私は二〇〇九年四月十九日の日曜日に法政大学付属第二高等学校が主催した三笠宮のオリエント関係蔵書を収蔵（三笠宮記念図書室として）してある東京都三鷹市にある中東文化センターで行われた三笠宮を招いての観桜会に招待された。当時満九十三歳になられた三笠宮は私のことをよく覚えておられ、私が昼食会のはじまる冒頭に挨拶して着席すると、すぐ隣に坐っておられた三笠宮は「服部先生に浅草のストリップに連れていってもらった」と微笑された。

これら四人の回想と大沢米造国際文化情報社社長の服部の葬儀での弔辞のあとに、服部自身が画報などに書いた「編集後記」や「序文」などの文章を史料として紹介しておくことにした。

一　松島榮一の回想

この文章は『黒船前後　服部之総随筆集』（筑摩書房、一九六六年十二月刊、三六三〜三八五頁）の解説として書かれた一部分である。すでに紹介した敗戦直後の玄海商事のことにもふれているなど松島ならではの博識な貴重な服部人物伝である。松島は二〇〇二年十二月十二日に他界。享年八十五。松島の足跡は『庶民の歴史家　松島榮一』（下町人間総合研究所編集・発行、二〇〇四年五月刊）参照。

1

戦後は、上野駅前の焼ビルに商事会社を作って社長をひきうけたり、また住居の鎌倉において畏友の三枝博音氏らと協力して、鎌倉アカデミア＝鎌倉大学を創設し、その教授となり、学監ともなっていた。

一九四九年（昭和二十四年）の四月ごろから、健康をそこない、ノイローゼに病むこととなった。翌五〇年には、宮城音彌氏らの努力で、一旦は恢復し、さらに五一年には、若い歴史家たち数人と協力し、写真画報を出版する国際情報社で、『画報近代百年史』『画報現代史』などの、写真を主とする画報形式による日本歴史の出版に手を染めはじめた。これは視覚よりする歴史に対する接近と理解、さらに簡潔な解説による分析で、その理解をより具体的に深めうるものとして、大いに世間の注目を集め、多くの図説もの、図録ものの先駆をなすものになった。それらをまとめた『図説綜合日本史』九冊は、一九五七年に毎日出版文化賞を受賞した。

ひとたびは健康をとりもどし、活躍をつづけるかとおもわれたが、理論社より『服部之總著作集』七巻の刊行が終ったころ（一九五五年）から、また健康をそこない、ついに一九五六年（昭和三十一年）三月四日の暁け方、ついにお茶の水の順天堂病院で死んだ。まだいろいろの企画を実行したいと、夢を描いていたし、また中国への旅行などは熱望していたが、とうとうはたすことなく終った。

多くの友人、知己に惜しまれながら、六十にまだ三年〔ママ〕もある年齢で、早く死んだのである（三六六〜七頁）。

2

服部さんは一九〇一年生れであるから、羽仁五郎氏・古在由重氏・近藤忠義氏・渡部義通氏らと同年生れであるというのは、まことに面白いことだとおもっている。これらの方々も、戦前の弾圧時代の苦痛を体験されたので、健康に、とくにすぐれた方はおられないのだが、その中では、服部さんが、一番陽気であったのではないかとおもう。それで、一番に元気そうであったが、一番早く死なれたというのは、大変にあっけない気がする。

服部さんの書いたものを通して知ったのは、ぼくのように十七年ほども若いものにも、一九三〇年代の後半に、『講座』〔『日本資本主義発達史講座』〕や、単行本や、『歴史科学』などで直接に、それを追いかけて、あるいはその都度に知った。それは、ちょうどぼくの学生時代（早稲田大学史学科）にあたっていたからである。しかし直接にお目にかかって、話しあうようになったのは、戦後である。おそらくは一九四六年の秋ごろのことではなかったか、とおもっている。例の上野の焼ビルの、危っかしい階段をのぼって、遠山茂樹・林基両兄と訪ねた。そこは玄海商事という、戦後、雨後の筍のようにできたヤミ会社の一つであったらしいが、旧花王石鹸の輩下の人たちなどと経営していたもので、そこに大きな社長机を前に坐っていて、われわれの訪問を、ニコニコと迎えてくれた。それは、民主主義科学者協会や歴史学研究会などの研究会合に出席してほしいというようなことを頼む目的で訪問したはずなのだが、よくおぼえてはいない。多忙そうなので、余り話はしなかったのではなかったか。ぼくは、どちらかといえば、服部さんの顔を見にいった、という方であった。

それから、玄海商事の方はどうなったか知らないが、余り発展しないままで、消滅していったらしかった。それとともに、いろいろな研究会合に出席する服部さんの姿を見るようになった。鎌倉山から、大きなカバンを下げて東京に出てきて会合の片隅に坐って、いつも若い研究者と討論をするところは、学問に熱心な先輩の一つの態度であって、若々しかった。またそのころは、いろいろな雑誌に、さまざまなものを書き綴っていった。文筆家としては、月に何十枚かは書かねばならないのだ、などということは、このころの言葉ではなかったか。

だから一九四九年の胃潰瘍から、ノイローゼ現象に悩み、あるときは箱根山中で死を考え、求めた、とまでいうほど、苦痛と苦悩にさいなまれるようになったのは、やはり、余り健康でもなくなったのに、酒が好きなのもわざわいして、胃を潰し、自律神経を冒すこととなったのではなかったか。おそらくは、生活の重さも加わっていただろうし、毎月、なにほどか書きつづけてゆかねばならないということもまた、さらに苦痛を倍加したであろう。さらに多方面な生活のもろもろの面には、到底、若いぼくなどには理解できぬ生活のひだの影のようなものもあったとおもわれる。そういうものが、どうしても、さばききれなくなったこともあったのだとおもう。

そういう時、たとえば、『講座』以来の論争の相手であった羽仁五郎氏は、参議院議員として活躍しておられる時でもあったので、ぼくは、遠山兄らと相談して、服部さんを激励するカンパを、歴研や民科の活動のなかで、全国にお願いしてみる、というようなこともやってみた。幸いに多くの方々の関心をひいたことは、うれしかった。ぼくは率直に、ただ服部さんにも、元気になっていてもらいたかったのである。いろいろな意味で、服部さんや羽仁氏は、大げさな言いかたではあるが、われわれの「希望の星」であって、この人々が元気で活躍していることから、われわれは限りない激励と刺戟とをうけるからであった。

このころ、服部さんは、藤田五郎氏や奈良本辰也氏と研究の上で、とくに親しくなり、交情が深まったのだとおもう。一九四七年の夏であったとおもうのだが、遠山兄と二人で、鎌倉光明寺にあった鎌倉アカデミアを訪ねたことがあったが、少しおくれて奈良本氏も来て、四人で、午後の浜辺で、砂の上に図や字を書きながら、初期絶対主義論かなにか、を話しあったこともあった。奈良本氏とぼくらの交友関係も、このころ深まったのであった。

服部さんは、さきにも一言したように、『講座』以後「厳・マニュ」論を説いていたのであるが、それは「厳密な意味でのマニュファクチュア」の段階といわれるものが、日本資本主義の発達のための基盤的段階として存在したとする説で、それは藤田氏の豪農論や、奈良本氏の郷士・中農層論らにつづいているものであったといえる。そしてこのことを服部さんは、このころ大いに喜びとしていたこともいうまでもない。

一九四九年の秋のころ、ぼくは、友人の高橋磌一兄といっしょに『目で見る日本史』シリーズの仕事に着手し、その第一巻としての「日本の国のできるまで」の原稿を書くため、鵠沼あたりに泊りこもうとしたことがあったのだが、どうも条件が悪かったので早々に引きあげた日、二人は、どちらからともなくいい出して鎌倉山の服部さんを見舞おうではないかということにした。突然のことではあったが、よい機会なので見舞に訪問して、かえっていろいろな雑談をした。高橋兄は、ちょうど毎日新聞社から、服部さんも監修をしていた「世界の歴史」のシリーズで、ちょうど石母田正兄や遠山兄と三人で「日本」を書き終えていたころなので、この時の訪問は高橋兄にとっても、一つの仕事を終って、新しい仕事にかかる気持に燃えたっていたころであったはずである。服部さんは、この時、自分の読書や、吉川英治氏と芝公園でいっしょに住む近所仲間だったことやを話し、また箱がそのまま本箱になって積み上げておくようになっている独特なシカケの話などをして、歓迎してくれた。また、さきに書いた激励カンパのなかに、ある中学校の一クラスの生徒たちが、先生から話を聞いたので、といって手紙とお金を送ってきた、という話をして、泣かんばかりに喜んでおられたし、久しく音信の断えていた吉川氏から、なつかしげな手紙がきたのも嬉しいといっておられた。そして、羽仁氏が、カンパ発起人の一人であることにも感謝しておられた。高橋兄とぼくとは、こもごも、われわれは、学問的には、「羽仁・服部」という二人のすぐれた近代史家から、いろいろな学恩をうけているわけだが、羽仁氏からの影響の方が大きいのだ、ということをも、その時、語ったのではなかったかとおもう。それは、われわれだけのおもいでなく、にもかかわらず、きっと二人の健在を願う気持が、多くの人々に共通にあることを話したかったのだとおもう。

病気の最悪の状態を脱しはじめていた服部さんは、われわれの訪問を、人なつかしげに喜んでくれた。それは、ノイローゼという症状からすれば、人にあうことによって、気分が明るくなるという点があるようであった。この時、やっと元気になった仕事として、「岩波新書」『明治の政治家たち――原敬につらなる人々――』の上巻をまとめている時であった。これは、ちょうど病気になる直前、「原敬」という篇名で雑誌『思想』に、一九四八年の五月号から書きはじめて、陸奥宗光・星亨・伊藤博文・板垣退助（正続）と六ヵ月書きつづけて中絶してしまったものである。これは一九五〇年（昭和二十五年）四月に刊行された（ぼくは、この本を週刊朝日で書評してもらおうとおもって扇谷正造氏に頼みにいったが、取上げてもらえなかったということもあった）。われわれがたずねたのは、その仕事にとりかかる元気が出ておられたころであったわけになる。

この『思想』の論文がともかくまとまったのには、『思想』編集部の古荘信臣君が、懸命に督促していたからであって、それは、当時岩波書店から発行されていた『歴史学研究』もまた、同君の世話にかかっていたので、その苦心を聞くこともあったのである。

さて、この書の下巻は、五年後の一九五四年（昭和二十九年）の十二月に刊行されている（一九五五年の毎日出版文化賞になった）。この時も古荘君は新書の編集部にあって苦心したわけである。この間に、『原敬日記』（乾元社）が刊行されているため、材料としては、なかなか清新であった。この下巻は大隈重信（正続）・山県有朋（正続）・桂太郎・西園寺公望・原敬（正続、第三）の九章からなっていた。この年の四月、関西旅行の途中、京都でまた胃潰瘍が再発し、奈良本氏や松田道雄氏の世話になった。そしてそこで今度はさらに左肺尖の空洞が発見され、切除するかどうかが問題になったりした。そして帰京されて、鉄道病院の千葉保之氏に健康の管理をすべてまかす、長期の療養生活がはじまったはずである（その病気は死の時にまで至る）。その年の六月から十月までかかって、毎日二時間ずつの仕事許可の時間で、この下巻が書きあげられたのである。

ここには、上下二冊を通じて一八八二年（明治十五年）ごろから――原敬の官吏としての登場以後、明治末年の原敬の政治的位置をあきらかにするための苦闘がにじみ出ているような本である。この本のことを書いたのは、この本が、戦後の服部さんの二つの病気の記念碑であるだけではなく、この新しい『黒船前後』にあつかわれている時代以後についても、服部さんが、どんなことを考えていたのか、知りたい人に、ぜひ併せ読んでもらいたいとおもったからである。

一九五一年（昭和二十六年）に、ようやくノイローゼの最悪状態から脱したあと、少しずつ仕事をはじめる時、さきにも書いたように画報の仕事に入る前に月刊画報誌に、何頁かの歴史写真を組みあわせ、簡単な解説を入れてレイアウトしてもらうようなものからはじめてゆこうとされた。これには、鎌倉山のお友達の不動健治氏の仲介で、大沢米造氏と知りあったからはじまったことであろう。大沢氏は、古くからの画報雑誌の事業をはじめていた人で、戦後も、出版によらず、家庭訪問による販売方式で、この画報を売り込むことをはじめかけていたのである。あの理髪店やそば屋などにあるやつである。

服部さんは、これに興味をもったようである。そして画報で、近代史をできないものかと考えはじめていたようである。そのころ史料編纂所の小西四郎氏・吉田常吉氏らの協力をえて、これを実現してゆくことがはじまった。とくに小西氏は、遠山兄やぼくに口説かれて、維新史研究の先輩としての服部さんに、本当に元気になってもらうために、お酒の相手や、碁の相手までひきうけてくれたのである。それとともに、この仕事の事務を推進してくれる人として、当時ナウカ社にいた藤井松一君に頼みこんで、どうしても引きうけてほしいと強行におしつけてしまった。工学士で、農学部にも通っていた藤井君は、この仕事のためにうってつけの適任者であったが、別に就職の話もあったために、なかなか引きうけてくれるには決断がいったらしいが、結局、心よく協力してもらえることになった。その時の藤井君にしてみれば、新しくはじめようとしている企画は、まことに海のものとも山のものともつかない、たよりないものだし、中心になる服部さんが、まだ病気から完全に恢復していないらしいというのでは、この仕事の責任のほとんどが、自分の肩にかかってきそうだとおもわれて、はなはだ気が重かったにちがいない。しかも小西・遠山・ぼくというところが、君さえひきうけてくれたならというような調子で、無理を承知で、半ばおしつけようとしていたのだが、藤井君は、このはじめての仕事を、ひきうけてくれた。そしてこの事業の中で近代史家に育っていった。

この事業——それはたしかに編集などという程度の簡単なものではなかった。一つの新しい事業であるといってよかった。この仕事は、いろいろの意味で多くの経験をあたえてくれた。こうして『画報近代百年史』の刊行がはじまったのである。

この編集のすすむなかで、若い歴史家の青村真明・川村善二郎・原田勝正・色川大吉・佐藤昌三・村上重良の諸君がつぎつぎに加わって仕事は進展した（この中で青村君が早く胸を患っていて死んだ）。またこの中に、昭和初年以来の実践的活動家で、また早稲田大学の秋艸道人（会津八一先生）の門下生でもある宮川寅雄氏が加わって新しく歴史家の仲間入りをすることになった。また編集方針についての協力には、高柳光寿・藤田経世・川崎庸之・大久保利謙・北島正元・高橋磌一・松本新八郎の諸氏諸兄が時間をさいて指導されたし、京都でも、奈良本兄をはじめ、北山茂夫・林屋辰三郎・井上清の諸氏が、時々、並々ならぬ厚意を示された。こうしたことは、ようやく頭の髪が白くなり、年の割にはふけて見え、苦労のにじみ出てきたような服部さんには、心からの喜びであったらしい。

また服部さんは、大宅壮一氏をも、この『画報』の協力者にした。ぼくは同じ大阪の出身の、このジャーナリズムの新境地開拓者に、ここの編集部ではじめて会った。大宅氏も、この『画報』に関心をもっていたようである。服部さんは、大宅さんのジャーナリスチックなセンスが、わが国においては、ある種の風見鳥〔ママ〕の役割をすることに注目すべきだ、などとわれわれに話していたこともある。

また三笠宮崇仁氏が、この『画報』や、服部さんと歴史の話をするのが好きだ、といって、気さくに、時々、会合にも出てこられるようになったことも、服部さんは、交友の広さを示す意味でも、大変楽しがっていたようである。そして三笠宮の庶民性を刺戟する役を自認していたようであった。そういう点ではお互に大衆的であることを認めあって交情を重ねていたようでもあった。

また古い芝公園時代（一九三〇年前後）からの交友であった吉川英治氏とわれわれ若い歴史家とを会わせることが、楽しみになったことも、服部さんの、人なつっこさがさせたことであったのだろうか。大衆文学批判などの意見がわれわれの間にあることを気にして、吉川氏に直接会わせようと努力するようなところもあった。このことは吉川氏が、服部さんの「尊攘戦略史」（本書所収）が、一九三一年六月の『中央公論』に載ったのを見て、その家を訪ねてきたのにはじまるという、この二人の交友は淡く、しかし久しいものがあるわけで、服部さんの文学好き、演劇好みの癖とあわせて一つの服部さんの特徴になっていた。吉川氏にとっては「貝殻一平」や「檜山兄弟」を書こうとしていた時であったらしいし、また雑誌『日の出』に浜帆一のペンネームで、吉川氏が新しい形式の小説として「アルプス大将」の中に「黒船前後」の一句を、老教師の談として利用してもいるほどである。

太平洋戦争のはじまったころ、『日本映画』という雑誌が出ていたが、それに若き日の渋沢栄一をモデルにしたような「藍玉」というシナリオを村山知義氏と協同して書いていたが、そういうことは当然のことで、戦前の映画で、歴史的な名画ともいわれている東宝映画と前進座の提携の「阿部一族」（熊谷久虎監督作品）や、シラーの「群盗」を翻案した同じ「戦国群盗伝」（滝沢英輔監督作品）などの時代考証に協力してきていたし、また新協劇団の『夜明け前』第一・二部などは、村山知義氏の脚色で、久保栄氏の緻密な演出で、原作よりも歴史性がきわだっていると戦前からいわれていたが、これにも服部さんは、田村栄太郎氏などとともに、その歴史的分析と解明に協力していたのである。いまでこそ、歴史学者が、こうした協力をすることは普通なことになってしまったが、この当時では、このようなことは珍しいこととされていたのである。その意味では服部さんのこうした努力は、たしかに先駆的な意味をもっていたといえるであろう（もちろんこれには、脚本を正確に理解するために、劇の背景を分析的に知るためにも、また舞台における正しい形象化のためにも、まず歴史的解明や歴史的考証から入ってゆこうとする姿勢が、演劇の側にも明確になってきたことにもよることは、いうまでもないが）。

また、ぼくなども、服部さんのこうした広い交友関係のなかで、とくに高見順氏を知ったし、また田宮虎彦氏に知己を発見するきっかけもあたえられた。高見氏の場合は、服部さんとは同じ鎌倉の住人というだけではなく、ほぼ同じ時期にノイローゼを病んで、まさに同病相憐れむ、という交友関係にあったのである。

『画報』の編集などの仕事は、さきにも一言したように、まさに事業ともいうべきもので、われわれはこれを「服部マニュファクチュア」などといっていたりしたのである。しかしそれは全体として大福帳システムの、またあくまで手工業段階の協業の程度であるから、とうてい冗談にしてもマニュファクチュアなどとは、いえたものではなかったのである。だからこの事業が順調なときには問題はなかったけれど、仕事の分野が広くなり、かえって販売面の行詰りが伝えられるころには、この大福帳システムが服部さんを苦しめることになってしまった。仕事の推進力である若い人たちの間から、服部さんの手もとへ不満を集中することになるので、服部さんは、その中間にいるわたしどもに意見を求めるのだが、わたしどもも仕事の中心が、事実上、若い人々を主体として中心にしているのだから、などと答えるものだから、一層、服部さんを苦しめることになったのだろうかとも、今にしては考えたりしてみているのであるが。こうしたなかで、さきにもふれた二度目の病気（京都で発病したもの）がはじまったわけなのである。そしてこの病気が、さらにノイローゼを再び悪くさせ、一九五五年（昭和三十年）晩秋、順天堂病院に入って、ふたたびその元気な姿を、われわれの前に現わすことはなかったのである。

この病院生活は、まさに死との苦闘にもなったようであるが、翌五六年三月ついに不帰の人になったのである。その翌年、久保栄氏が、同じ病院で、三・一五の記念日に、自ら生命を断たれたのは、ぼくには考えさせられるものがあった。久保氏も、また胸を病んでいたし、ノイローゼであったという。この二人に共通したことは、人一倍頑丈そうな外見のなかに、包みこんでいた神経は、また人一倍に尖鋭繊細であったのであろうか。

服部さんが学監をしていた鎌倉アカデミアは、病気とともに責任の地位を離れていたようであるが、たえず心配していた。三枝博音氏が校長として奮闘しておられたが、ついに、法政大学と二松学舎大学とに分れて合併されることになった。服部さんはそれで法政大学の社会学部の教授としての仕事もできた。その授業は楽しみであったようだ。一生懸命に後進を養成してゆきたいという気持にあふれていたようであるが、健康状態は、けっして勤勉な先生であることをゆるさなかったようである。ぼくの従弟（松島春海）などは、まさにここで教育をうけ、旧軍隊意識を完全に捨て、社会に生き抜く世界観の洗礼をもうけたはずであった（三六六〜三七六頁）。

二　川村善二郎の回想

（一）

この文章は「服部之總と『歴史画報』編集の思い出」（小西四郎・遠山茂樹編『服部之總・人と学問』日本経済評論社、一九八八年。初出は歴史科学協議会編集『歴史評論』第三四九号、一九七九年）に掲載されているものである。上述した川村のもっとも早い時期の文章であるのであえて収録する。

一

一九五一（昭和二六）年の五月はじめ、私は大学を卒業してからも、就職先が見つからないまま、毎日のように研究室へ出かけてはブラブラしていた。ある日、研究室でせわしそうに本を探す先輩の青村真明から、「オイ、遊んでいるなら少し手伝ってくれよ」と、半ば命令口調でたのまれた。青村は色川大吉・髙橋昌郎・土田直鎮・虎尾俊哉・菱刈隆永・尾藤正英らと同期（一九四三年入学）の学徒出陣の世代であった。太平洋戦争後は率先して研究室の再建と民主化をはかり、東大歴研をリードするなど、「青村時代」と呼ばれる一時代を築いた異才である。肺葉切除の手術を受け、術後の療養を終えて、ふたたび研究室にその姿を現わしていた。私が「手伝いって、何を？」と聞くと、青村は「ナニ、いま歴史の画報をつくっているんでネ」と、いとも簡単なことのように言って、私の同意を求めた。

それではと、青村につれられて「編集室」なるところへいってみると、そこに藤井松一がいた。藤井は太平洋戦争中に航空工学を専攻した工学士であるが、戦後は農学部に再入学して近代史の研究をはじめ、しかも学生書房などの出版社で編集者として働くなど、変わった経歴の持主であった。歴史画報はこの藤井と青村がコンビを組んで編集作業を進めていたが、編集スタッフにはなお小西四郎・遠山茂樹・松島栄一・吉田常吉らの近代史研究者が参加しており、さらにその中心には服部之總（はっとり・しそう）のいることがわかった。

服部之總は、いまさら紹介するまでもなく、科学的な歴史学の道をきりひらいた大先達の一人である。戦前には、唯物史観の立場から明治維新史に科学のメスを入れて、それまでの王政復古史観や素朴な経済史観にもとづく研究の水準を、はるかに高い段階へとひきあげた。戦後にも、明治維新や自由民権運動の歴史をはじめ、近代政治史などのすぐれた論文をつぎつぎと発表して、多くの鋭い問題を学界に投げかけていた。私なども、学生のころに服部の講演を聞き、その著書・論文を読んで感動し、日本近代史の研究をこころざすようになったのであった。

しかし私は、大先輩の服部と直接に話しあう機会があろうなどとは、夢にも思ったことがなかった。ところが、偶然にも青村から声をかけられて、青村の助手格で歴史画報の編集作業を手伝いはじめたことから、私ははからずも仰ぎ見ていた服部の側でその指導をうけ、服部とともに仕事をする好運に恵まれたのである。私は大学の三年間の大半をアルバイトで明け暮れしたために、在学中は勉学の時間がきわめて少なかった。だから、これは願ってもない好機であった。

ところで服部之総〔ママ〕たちは、どうして歴史画報を編集するようになったのか、そのいきさつをもう少し説明しておかなければならない。服部は前年（一九五〇）一一月から、同じ鎌倉山に住む国際文化情報社の不動健治編集長に依頼されて、同社発行の月刊『国際文化画報』が連載する特集「維新前後」の編集に協力していた。その第一回『ペルリ提督日本遠征の頃』を見ると、見開き二ページの中に一三点の絵が配置されており、私も手伝うようになった歴史画報の原形ともいえる構成である。この連載はそれから第一〇回（一九五一年一一月号）までつづいた。国際文化情報社の大沢米造社長は、画報界の草分けの一人であるが、戦前に『幕末明治文化変遷史』全一二巻（のち「幕末明治大正回顧八十年史」と改題し全二四巻に分冊）を発行して、合計二〇〇万部を売りまくった経験を忘れられなかった。そこで「維新前後」の連載がはじまるとすぐに、学問的に正確で興味のもてる近代日本の歴史画報を発行する計画をたて、服部にその編集を依頼したのである。

そのころ服部はノイローゼを病んで、苦しみの最中にあった。そのため毎号二ページの編集協力ならばともかく、歴史画報（一集八二ページ、月刊で全一二集の予定）の編集には自信がもてなかった。そのためこの企画について、若い友人である遠山・松島らに相談し、さらに小西・吉田らにも協力を求めたところ、いずれも賛成であって、さっそく編集に着手しようということになった。

小西らが服部に協力を約束したのは、もちろん先輩の服部がこの仕事をつうじてはやく元気を回復してほしいと期待したからであるが、同時に、絵画や写真を素材として視覚に訴えるという歴史叙述の新しい形式に、積極的な意義を認めたからでもあった。松島などは、ちょうど目で見る日本史『日本の国ができるまで』（高橋磌一・宮森繁と共著、日本評論社刊）をつくってまもなかったので、自信のもてない服部をはげまし、その尻をたたいて歴史画報の実現に努めた。

こうして一九五一年の新春とともに、歴史画報の編集作業がはじまった。当時、小西ら四人は東大史料編纂所に勤務していたので、編集の実務を担当する者として、平凡社に就職がきまりかけていた藤井を口説きおとし、病後まもない青村にも参加を求めた。そして編集に携わるメンバーを同人として、日本近代史研究会（近研）が組織され、服部がその代表となった。私が青村にひっぱられて手伝いはじめたときには、歴史画報の編集作業はすでに軌道にのり、その第三集（明治維新）にとりくんでいるところであった。

二

私が編集作業に参加した数日後に、私としては最初のスタッフ一同による編集会議がひらかれた。編集会議といっても、特別に部屋を借りるわけでもなく、東大赤門の近くにある本郷薬局の喫茶部つまり喫茶店に、集めた写真や参考書や原稿などをどっさり持ちこんで、一杯のコーヒーを啜りながら、どの写真を使うか、どの絵を割愛するかなどと話しあうものだった。私はこの編集会議においてはじめて服部に会い、その前で身をかたくしながら先輩たちの話を聞いていた。身近に見る服部は老大家の風格があったが、一九〇一（明治三四）年九月の生まれだから、まだようやく五〇歳にとどこうという年齢であった。この編集会議によって、私はどのような本をつくるのか、だいたいの見当がついた。

そして一九五一年五月下旬に、『画報近代百年史』（以下『百年史』）の第一集（一八五〇―一八六三）が出来上がった（刊行は六月付け）。ペリーの肖像と黒船をあしらったデザインの表紙にはじまるその内容を見て、私は身体中が熱くなった。歴史書の活字からだけでは浮かびにくいイメージが、たくさんの絵画や写真によって多彩に表現されていたせいもあるが、それだけではない。歴史研究者の守るべき立場とその歴史を把える眼が、わずか八二ページの歴史画報のどこをひらいても、太く鋭くつらぬかれていたからである。歴史叙述の新しい形式とはこれなのか、と私は感嘆し、自分の仕事に自信と勇気がわいてきた。

代表の服部と小西の連名になる「発刊にのぞんで」（第一集の巻頭）には、次のような一節がある。「二十世紀の後半に入った今日、祖国日本は新しい運命のまえに立っております。このとき、わたくしどもは、十九世紀の後半を含んだ近代日本の歩みを顧ることが、今日の立場を理解し、今後の歩みを知るためにも、絶対に必要なことであると信じます」。おりから被占領下の祖国日本は、前年来の朝鮮戦争から多大の影響をうけ、またダレス訪日によって講和会議が日程にのぼっていた。

「発刊にのぞんで」にも「今日の立場を理解し、今後の歩みを知るために」とあるように、『百年史』は当然、祖国日本のこの現実に眼をすえて、その強い関心を誌面に反映させていた。たとえば、開巻第一ページのタイトル「一八五〇！　東亜に警鐘は響く」は、朝鮮戦争勃発の「一九五〇！」を連想させ、二〇世紀半ばのアジアと日本の現実に注意を喚起している。またペリー艦隊の沖縄寄港をあつかった項目のタイトル、「この時も沖縄が根拠地となった」の「この時も」は、軍事占領下の沖縄が、アメリカのアジア戦略とくに朝鮮戦争において、重要な根拠地とされていた現実をふまえて、ペリーの来航が考えられていたのである。

『百年史』の編集会議は、一集分について二〜三回はひらかれた。一回は編集プランの検討で、あとの一〜二回は修正プランの検討をかねて、絵画や写真の取捨選択をおこなった。編集プランの検討のときには、服部は自分の研究ノートを持参して机の上にひろげ、とりあつかう時代の特色と設定すべき項目の意義づけなどを語った。第四集と第五集ではちょうど自由民権期をとりあげたから、服部の話は、まさに自由民権運動史の概略と、その把え方の「講義」であった。

私は服部の「講義」を聞きながら、その研究ノートが、『明治の革命』（日本評論社刊）に収録された諸論文を執筆したときのものであることに気がついた。見ればＡ５版〔ママ〕のそのノートは、もうだいぶ綻びていたが、そこにびっしりと書きこまれていたのは、論文のテーマごとに作成された年表であった。歴史家がその研究と執筆にさいして、まず年表をつくるのはあたりまえのことであるが、当時の私は「大先生でも一々年表をつくるのか、なるほど」などと神妙に感心して、それからは、『百年史』の解説（一項目八〇〇字前後）を書くさいにも、かならず年表を作成してから執筆するように心がけた。

服部の「講義」を土台として、編集会議では一つの項目の設定、一枚の写真の取捨選択をめぐって、しばしばはげしい討論がくりかえされた。『百年史』の一集分は、八二ページ四〇項目ほどしかない。ところが設定したい項目、蒐集した写真は、優に二集分以上もある。いきおい編集会議は、いつもどの項目、どの写真を割愛するかで議論となった。一つの項目、一枚の写真の取捨選択は、つまりは歴史認識の内容と方法にかかわることであった。服部や藤井が政治史的な把握を強調すれば、松島や青村は民衆の生活・風俗・世相の重要性を指摘してゆずらず、服部の意見にも容赦なく反論した。やがて意見も出つくしたころには、他の出席者から折衷案も出され、政治史派・風俗派のどちらからともなく、「この辺で妥協するか」とあっさり自説を撤回して、一同大笑いとなるのが常であった。

服部をはじめとする近代史研究者八名の協力による『百年史』の編集作業を、私たちは例の「幕末厳マニュ段階論」にちなんで、「服部マニュファクチュア」と自称していた。取材と執筆と編集など、それはたしかに分業と協業によるマニュファクチュアのごとくでもあったが、編集作業に参加して、ようやく学生時代の志望がかなえられた私にとっては、これは文字通りの「服部ゼミナール」であった。私が分担執筆した「百年史」の項目の解説は、いわば「服部教授」にたいする「リポート」であり、服部らの先輩たちと意見を交わす編集会議などは、「ゼミナール」としての充実した内容と意義を十二分にもっていたのである。

「ゼミナール」の指導「教授」である服部は、編集会議のときにも、また日常の編集作業のなかでも、いつも「公式（法則）に徹する」ことを強調した。「徹する」とは、公式それ自体を固定的に把えて抽象的にもてあそんだり、歴史の現実から公式につごうのよい一面だけをとりだして論ずることではない。もちろん公式によって現実をわりきり、説明することでもなかった。公式は裸のままで歩いているはずがない。歴史の現実を多様なままに尊重し、そのなかをつらぬく公式を発見せよ、言いかえれば、生きた歴史の現実を公式（法則）において把握せよ、ということであった。

私たちの書いた解説は、服部によって画竜点睛〔ママ〕の筆がくわえられ、ときには何度も書き直しを命ぜられた。その厳しさは「服部検閲局」なるニックネームをたてまつったほどであったが、服部はその手をくわえた理由を説明するさいにも、私たちの抽象的な観念の遊戯をきつく戒めて、「挙げ足を取られるような文章を書くな」、「歴史の事実をあるがままに大事にせよ」、そして「理論のカンナを研げ、カンナが錆《ママ》びていては歴史は解明できない、未来を見通すこともむつかしくなる」、と教え諭してくれるのであった。

　このような「服部ゼミナール」の成果として編集された『画報近代百年史』は、世に出るとたちまち圧倒的な人気を呼び、またたくまに一万二万と増刷されて、飛ぶように売れていった。この本は書店販売ではなく、いわゆる訪問販売であったが、第一集を数十冊も抱えて出かけた販売員が、たちまち空手で販売店に駈けもどってきたという。

　作家の田宮虎彦が早速に好意的な書評（「日本読書新聞」）を書いてくれたし、また他に類書がまだ存在しなかったせいでもあるだろうが、私たちは「今日の立場を理解し、今後の歩みを知るために」という編集の意図と、歴史書の新しい分野を開拓する努力とが、多くの読者に歓迎されたことを何よりも嬉しく思った。この上々のなりゆきに、服部はとにかく機嫌がよく、持病のノイローゼもいつしか克服して、元気をとりもどしたようであった。そして自らも解説を書き、若い私たちを指導しながら、一緒に『百年史』の編集作業にあたることを楽しんでいるふうであった。

　たしか一九五二（昭和二七）年の初夏のころであった。私は服部から、山下奉文に関する年表をつくるようにと言われた。服部は友人のシナリオ・ライター、八木保太郎から依頼されたものらしい。山下奉文というと、私などは太平洋戦争中のマレー作戦やフィリピン戦線のことを思いだすが、服部の指示の重点はそこではなかった。とにかく山下の年表をはさんで、別に東条英機と辻政信の年表もつくれというのである。指示されるままに関係の本をあさって年表をつくるうちに、服部の意図もだいたいわかってきた。要するに、二・二六事件の前後における皇道派と統制派の対立抗争を背景として、この三人の関係をたどりながら、山下の軌跡を浮きぼりにしようというのであった。

山下の年表を作成するために、服部から借りた本はおもしろかった。本の内容とは別に、服部自身の書きこみがあったからである。その一は、表紙裏や中扉に「東条と石原一四四、東条一五五、自惚二〇二」などと、事項・人名とページが記された自作の「索引」である。服部はいわゆるカード方式に反対ではないが、自分はこのメモ方式の「索引」で充分まにあう、と語っていた。その二は、本文中の傍線と書きこみである。「コレが彼の『敵』《〔ママ〕》初見トハ意味深シ」、「コノ大甘サ、コノ自惚？」、「ドチラニシテモ裏切者ハ東条ナノニ」など、たくさん見出された。

服部の人物研究は『明治の政治家たち』（岩波新書）をあげるまでもなく定評がある。一人の人物を書き終えたあるとき、服部は出勤してくるなり「勝った！」とつぶやいた。執筆のさいに、服部の机上には対象人物に関する伝記は一冊しか置かれていない、と他の近研同人から聞いたことがある。その伝記にはおそらく、たくさんの傍線や書きこみが記されていたであろう。服部にとっての人物研究は、歴史家として対象人物とたたかうことであり、書きこみはその格闘の所産だったのである。

三

私が作成した山下奉文（と東条・辻）の年表は、服部から八木へ渡されたと思うが、それがどのように生かされたかは、シナリオも映画も観ていないので知らない。その次に服部から命ぜられた仕事は、安藤昌益の人と思想について書くことであった。H・E・ノーマンの『忘れられた思想家』（岩波新書）などを読んではいたが、服部が昌益をどのように把えているのか、服部の意見を聞きたいと申し出て、半日じっくりと講義をうけた。服部は昌益の思想のこまかい点には深入りせず、昌益を農民戦争段階の思想家として把え、日本のルターがさしずめ蓮如であるのにたいし、昌益は遅咲きのミュンツァーであると考えていた。この講義をうけながら、私は服部の論文「日本史的世界と世界史的日本――本格的絶対主義と初期絶対主義についてのスケッチ――」の、スケールの大きな発想を思い浮かべていた。

昌益の『自然真営道』や『統道真伝』などを読む時間の余裕はなく、眼を通したところで読みこなせないだろうというので、私は服部の講義のメモをたよりに、ノーマンの本を二度も三度も読んで、年表とメモをつくった。そして他の若干の文献をも読んでから、たしか四〇〇字二〇枚ほどの原稿を、やっとの思いで書きあげた。『百年史』の解説とはちがって、こんどはリポートそのものである。原稿を服部に渡してから、私はあれで良かったのだろうかと、急に不安になった。

次の日は、まだ読んでいないということだった。二、三日して出てきた服部が、私の顔を見るなり右手を大きくあげて握手を求め、「良く出来ていたよ」とほめてくれたときの嬉しさは、いまだに忘れることができない。私の書いた原稿は、孫引きした史料の一字が削除されただけで、あとは一字一句も訂正されてはいなかった。「その史料は誰々の本から引用したんですよ」と、削除にいささか抗議すると、服部は「眼光紙背に徹すだよ」と愉快そうに笑った。その後、服部は何かのエッセイに安藤昌益について書いたと記し、「こう書いておいたからね」と、その記事を私に見せた。私は私の書いた原稿を、服部が自分の書いた原稿として扱ってくれたことに満足した。

服部の代作をなした文章は、短いものであるが、もう一つある。一九五三年秋〔十一月〕、前進座が「田中正造」を上演したとき、その公演パンフレットに「足尾の鉱毒事件と田中正造」の寄稿を求められた。服部はまた、私にそれを書けと命じた。私はちょうど結婚とぶつかったため、なかなか執筆する時間の余裕がなかった。ついに新婚旅行から帰った夜か、その翌晩かに徹夜してようやくに書き、翌朝、服部に見せるヒマもないまま、前進座の使いの方に渡してしまった。服部の添削をうけていないので、これも心配の種であったが、服部は後日、その短文が自分の考えと同じだと、他の近研同人に語っていた由である。

一九五五（昭和三〇）年の一月から、服部は自選の『著作集』全七巻（理論社刊）を世に送った。前年春から健康を害して療病生活をつづけていたので、この刊行がとても嬉しかったようだ。服部は日本近代史研究会の「会報」第一号に、「一九五五年は私の老年期第一年である。去年からひきつづいて鎌倉山で療病生活をいっそう心しておこなって、四月からは、主治医の最良のばあいの見透しのとおりに、二分の一勤務の再出発を実現することを期したい」と抱負をのべ、『著作集』第一巻が小宮山量平君の手でいよいよ出たことは、去年を今年につなぐ大きなよろこびである」と書いている。その『著作集』第一巻には、私が割りあてられて拙い解説を書いたのだが、服部はそれでも喜んでくれて、短い礼状が鎌倉山から私宛に届いた。

　最後に、エピソードを一つ紹介しておきたい。「百年史」第一四集の「編集後記」で、青村真明は、一九五二年三月に三笠宮が初めて編集会議の参観に来られたときのことを書いている。天皇の直宮が市井の一会社に見えるというので、国際文化情報社は「明治の人間」である大沢社長以下、上よ下よの大変なさわぎとなった。そのとき私たち近研の若者連はどうしたか。

「ふだんどおりに汚い洋服の、それも上着とチョッキとズボンそれぞれ違っている代物を一着に及んで来ましたし、筆者のごときもその日散髪屋に行く予定が狂って不精ひげのぼうぼうしたままで席に出たのです。私どもは前からの申し合せによって、できるだけありのままの、ふだんの乱雑なままの編集会議をお見せするのが、ほんとうに『宮様』を人間的に遇してあげる最善の道であるとも信じたからです」（青村）。

「人間的に遇してあげる最善の道」などと書くあたり、いかにも青村の面目躍如たるものがあるが、たしかに青村を先頭とする私たちの三笠宮にたいする「歓迎」ぶりは、服部から「それも『皇室』にこだわる意識の裏返しだ」と批判されたほどに、いささか度を過ぎたものであった。ところが、私たちをたしなめた服部にしてからが「明治の人間」であるせいか、三笠宮を「さん」と呼んでよいのか「殿下」とお呼びすべきなのかと、とても気にしていたのだから、当夜の大変なさわぎぶりが察せられるではないか。この青村が一九五三年五月、結核の再発によって死んだとき、「惜しい男を亡くした」とうなだれていた服部の姿が忘れられない。

　服部之總は一九五六（昭和三一）年三月四日、東京お茶の水の順天堂病院で亡くなった。まだ五四歳の若さであった。それからすでに三一年の歳月が流れた。あいかわらず錆《〔ママ〕》びたカンナを研ぎつつ、服部を偲ぶこと切なるものがある。

（79・3・4）

追記――

『歴史評論』第三四九号（一九七九年五月）に掲載の拙文に若干の補正をくわえた。ついでに、日本近代史研究会には、本文にあげた人々の他、宮川寅雄・北島正元・村上重良・佐藤昌三・原田勝正・色川大吉らが、あいついで同人に参加した。そして現在、青村・服部・藤井・北島・宮川の五人が、すでにこの世にいない。あの世にいった故人たちは、ふたたび服部をかこんで、にぎやかに議論を交わしていることだろう。（一九八七年五月三日）

（二）

この文章は、川村の書いた最も最近のものであるし、服部没後の近研が編集した『画報』のすべてにわたって詳述した川村でしか書けない貴重な資料的価値のあるものだと私は思うので、たいへん長文ではあるが、あえて採録することにした。

『画報千年史』復刻版の序――七年の歳月をかけて歴史画報シリーズ完成

この復刻版『画報古代史』は、私たちの日本近代史研究会（略称「近研」）が、一九五五（昭和三十）年九月から一九五七年四月にかけて編集し、国際文化情報社から刊行した『画報千年史――古代中世の世界と日本』全二十集の内、原始・古代の十一集分を全四巻に纏めたものである。中世の九集分は『画報中世史』全三巻として、既に日本図書センターから復刻されている。

日本近代史研究会は、最初の作品である『画報近代百年史』全十八集を、一九五一〜五二年に編集して以来、一九五三〜五四年に『画報近世三百年史』全十六集を、一九五四〜五五年には『画報現代史』全十四集（一九五七年に補巻第十五集を追加）を世に送って、いずれも好評を博した。この一連の歴史画報シリーズの最後に取り組んだのが、『画報千年史』全二十集であった。

日本近代の歴史を専攻する私たちは、激動する世界と日本の現代に生きる歴史家の眼で、遙かに遠い過去に遡り、原始・古代・中世の歴史を辿って、『画報千年史』の編集を進めた。近研代表の服部之總は当時、私たちの編集の姿勢について、次のように述べている。

「日本史と世界史とをそのつながりにおいてとらえること、われら日本民族の先祖のすがたを現代当面の歴史に眼をすえてふりかえりみること、これがわたくしたちの編集方針であります」（「発刊の辞」）。

日本近代史研究会はまた、『画報近代百年史』以来さまざまの分野の専門家の方々にご協力をお願いしてきたが、『画報千年史』の編集に当たっても、近研の客員でもある三笠宮崇仁（古代オリエント史）・三上次男（東洋史）・和島誠一（日本考古学）・川崎庸之（古代史）・藤田経世（美術史）らの、すぐれた専門家の皆さんに、多大のご協力とご指導をいただけた。そのご縁から、この復刻版『画報古代史』には、三笠宮様に「『日本近代史研究会』の思い出」（後掲）をご寄稿いただき、歴史画報シリーズ復刻版の掉尾を飾ることができた。

日本近代史研究会がかつて編集した一連の歴史画報シリーズは、アジア太平洋戦争の直後、学問の自由、思想の自由、表現の自由、教育の自由を手にして、大いに進展をとげた戦後の歴史学の一定の成果を反映していた。半世紀を経過した現在から見直しても、その新鮮さを失ってはいないように思われる。近研の同人の同意を受け、協力者・支持者のご支援をいただいて、それぞれ復刻版の刊行を承諾した所以である。

私たちの「青春の記念碑」でもある歴史画報シリーズの復刻版が、この『画報古代史』だけでなくすべての復刻版が、改めて、歴史に興味を抱き、歴史に学ぼうとする多くの読者の伴侶として、くり返し参考にされることを願ってやまない。

二〇〇四年十二月八日

（復刻版『画報古代史1』日本近代史研究会編、日本図書センター刊、二〇〇五年一月）

『画報千年史──古代中世の世界と日本』編集後記

一

私たちの日本近代史研究会（略称「近研」）が編集した歴史画報、『画報千年史──古代中世の世界と日本』全二十集（略称『千年史』）は、その第一集が一九五五（昭和三十）年九月に国際文化情報社から刊行され、第二集以降は十月から毎月一集づつ月刊の形で編集と発行を続けた。当初は全十八集の予定でスタートしたが、結局は最後に二冊の補巻を加え、一九五七（昭和三十二）年四月の第二十集（補巻二）をもって全巻を完結した。

私は近研同人の中で、準備期間を含めて二年程の間、この『画報千年史』の編集の推進役を担当したが、顧みれば既に半世紀近くも昔のことになる。

このたび思い出の多い『画報千年史』全二十集を日本図書センターより復刻することが決まり、先に第十集から第十八集までの九集分を『画報中世史』全三巻に構成して、再び世に送り出した（二〇〇四年十月刊）。そして続くこの『画報古代史』では、『画報千年史』の第一集から第九集までと、第十九集（補巻一）・第二十集（補巻二）の計十一集分を、全四巻に取り纏めた。

かつて編集の推進役を担当した私としては、この復刻を心から喜んでいる。復刻のために全巻の校訂を行いながら、私は若き日の「青春の記念碑」に半世紀ぶりに再会したような感動を覚えた。当時、編集の苦労を共にした近研の同人と、ご指導をいただいた協力者の多くは、既にこの世には居ないが、皆さんもきっと草葉の蔭で喜んで下さっていると思う。

日本近代史研究会は、一九五一（昭和二十六）年五月、『画報近代百年史』全十八集（略称『百年史』）の発刊に際して、近代史家の服部之總を中心に、小西四郎・遠山茂樹・松島榮一・吉田常吉（当時いずれも東京大学史料編纂所）ら、『百年史』の編集に携わる近代史研究者を同人として組織された。そして編集の実務を担当した藤井松一（政治史、後に立命館大学）・青村眞明（思想史）・川村善二郎（政治史）らの若い世代の研究者も、同人に加えられた。さらに『百年史』の編集中に、美術史家の宮川寅雄（後に和光大学）が近研同人に加わった。

その後『百年史』刊行中の一九五二年五月、次の『画報近世三百年史』全十六集（略称『三百年史』）の編集に着手するにあたり、新たに北島正元（東京都立大学、近世史）・村上重良（宗教史）・佐藤昌三（演劇史）の三人を同人に迎えた。そして『三百年史』を刊行中の一九五三年五月に同人青村眞明が急逝したので、まもなく原田勝正（政治思想史、後に和光大学）・色川大吉（明治精神史、後に東京経済大学）らの参加を得て、同人（編集スタッフ）の強化をはかった。

日本近代史研究会は『三百年史』に続いて、一九五四年五月から『画報現代史』全十四集（略称『現代史』）を編集し、その後には原始・古代・中世の歴史画報を纏めることを決めて、一九五五年四月頃から川村善二郎を中心に準備に着手した。五月に発行の『現代史』第十二集の「編集後記」には、新たな『画報古代・中世史』（仮題）の刊行が予告されており、さらに七月に、『現代史』が第十四集で完結した時には書名も決まって、代表の服部がその「編集後記」に「『画報千年史――古代中世の世界と日本』こそは、『百年史』『三百年史』『現代史』とたどってきたコースのラスト・ラウンドであります」と紹介をしている。

二

主として日本の近代史を専攻する者からなり、それに近世史の専攻者もいる私たちの日本近代史研究会が、遙かに遠い過去に遡って、原始・古代・中世の歴史画報を編集する決心をしたことについては、私たちなりの理由と意図があった。

私たちの近研が最初に手がけた『百年史』（一九五一年五月～一九五二年十二月）が完結した時、私たちはすぐに現代史の編集を予定し、その準備を進めている間に、近代史家の眼で近世史に取り組み、『三百年史』（一九五三年一月～一九五四年四月）を纏めあげた。そして念願の『現代史』（一九五四年五月～一九五五年七月）を完了すると、私たちは残された原始・古代・中世の時代にも取り組み、人類の始まりから現在に至る歴史画報を完成させたい、それが私たち近研の課題であると考えるようになっていたのである。

『画報千年史――古代中世の世界と日本』の発刊の準備がほぼ整うと、日本近代史研究会は一九五五（昭和三十）年の六月、代表の服部之總の名で「発刊の辞」を内容見本に掲載し、私たちの企図を次のように明らかにした。

「わたくしたち日本近代史研究会が、近代・近世・中世・古代と、わが民族の先祖の足跡と、その世界史的バックを、この画報のような身近な形でたどることを企てたのは、ひとえにわれわれが『現代』に生きているからであります。

日本史と世界史とをそのつながりにおいてとらえること、われら日本民族の先祖のすがたを現代当面の歴史に眼をすえてふりかえりみること、これがわたくしたちの編集方針であります。これまでの各シリーズで学んだいくたの経験を生かして、いっそうよいものをつくりあげたいとねがっております」。

前述のように、『画報千年史』の編集には川村善二郎がその推進役を担当したので、私は早速に参考文献を読み漁り資料の蒐集に努めた。しかし私の専攻（近代史）の領域外の時代のことなので戸惑うことが多く、原始・古代・中世の歴史書を読んでは資料を探し、資料を集めては歴史書に当る日々であった。これで原始・古代・中世の歴史画報の編集が本当にできるのだろうかと、代表の服部に訴える程、私の不安は募るばかりであった。

私が余りにも歴史書にかじりついているので、見兼ねた服部は、私に、現代の観点から原始・古代・中世の歴史を把え直すことの意味を諄々と説いた。細かい史実に捕われることなく、歴史の大筋を押さえるようにと注意をしてくれた。服部はまた「近代史を専攻する者が編集するから、良い歴史画報ができるのだ」、「原始・古代・中世の歴史を専攻する者がやったら、近研がつくるような歴史画報はなかなかできない」とも言った。「後はこれ一冊（一般的な概説書）を手元に置いておけばできるよ」と、服部はいとも簡単そうに言って笑った。要するに「発刊の辞」の趣旨を具体的に説明してくれたのである。

現代に生きている近代史家が前近代の歴史画報の編集に当たることの意義を強調した服部の話は、「永遠の過去を顧みる歴史家の目は、現在したがって将来にむかって据えられている」という言葉とともに、以前から折々に聞いてはいたが、この時の私に対する服部の指導は、私には力強い励ましとなり、私の編集作業の基本方針ともなった。

たどたどしい歩みながら編集作業を進めていくうちに、私は、原始・古代・中世のわが日本民族の祖先の足跡と、その背景にある世界の人類の成長と進歩、そして残された内外の豊かな文化遺産の数々に感動し、私自身が祖先たちの生きた時代と社会の中にのめりこんでしまった。『画報千年史』の内容見本に私が書いて載せた宣伝文は、服部が読んで苦笑し、私に「某宣伝会社にでも行け」と言ったほどに仰々しいものであったが、私としては自分の感動をそのままに表現したつもりであった。

「聴こえる祖先の声と息づかい――『画報千年史』こそ、それを可能とした唯一の書物である。（中略）現代国民生活に生きる祖先のたゆまぬ生活、それを『画報千年史』は、美しく、やさしく、親しみ深くえがきだす。祖先がわれわれにのこした貴重な文化遺産の集大成！　ひとつの建築にも、ひとつの絵画にも、すべて祖先の息づかいがきこえる。詩歌管弦の宴に謳歌する人、草深い農村に鍬をふるう人、一枚一枚の写真に、読者はそこに生きる自分の祖先を発見するであろう。『画報千年史』は、日本だけを画くのではない。日本の存在を認め、日本文化創造のきっかけをあたえたアジアやヨーロッパのうつりかわりも、細大もらさず集録してある（下略）」。

三

日本近代史研究会が『画報千年史』の編集を進めるにあたっては、当然のことながら、代表である服部之總の指導をはじめ、他の同人たちの支持と協力と指導があったが、それとともに、近研の同人たちの友人であり、近研の客員とも言うべきすぐれた専門家の皆さんに、多大のご協力とご指導をいただけたことがありがたかった。

『画報千年史』の第一集は、大和政権が成立する弥生時代後期・古墳時代から始めていたので、第十八集で中世までの編集を終了した後に、二冊の補巻を加えて、改めて人類の始まりから縄文時代・弥生時代・古墳時代までを、詳しく取り扱うことにした。復刻版『画報古代史』の第一巻が『画報千年史』の第十九集（補巻一）から始まっているのはそのためである。

主に人類学や考古学が対象としている原始・古代を編集するに際しては、この時代の専攻者である三笠宮崇仁（古代オリエント史）・三上次男（東洋史）・和島誠一（考古学）の三人の方々に、プランの検討、資料の蒐集、そして私たち同人の執筆した解説文の校閲に至るまで、多くのご協力とご指導をいただいた。

また、川崎庸之（古代史）と藤田経世（美術史）のお二人は、『画報千年史』の第一集から第二十集に至る原始・古代・中世の歴史の全巻を通じて、月に二回は開かれた編集会議に必ず出席され、それぞれの時代の歴史の見方考え方をはじめ、プランの内容や文化財資料の所在について、数々の貴重な助言と懇切な指導をして下さった。

このように、近代史（近世史）を専攻する私たち近研の同人が、専門領域外の時代の歴史に眼を開かれ、新しい知識を吸収し、意欲を燃やして編集作業に取り組むことができたのは、近研の客員でもある専門家の皆さんのご協力とご指導をいただいたお蔭である。後述するように、『画報千年史』の刊行が始まってまもなく、近研代表の服部之總が入院して、編集会議には出席できなくなっただけに、これは本当にありがたいことであった。

私はいま、三笠宮と三上次男のお二人が、それぞれオリエント旅行やインド旅行の成果であるスライド・フィルムをわざわざ持参して、私たちの編集会議で映写し解説して下さったことを、懐かしくありがたく思い出す。

三笠宮さんが初めて近研の編集会議の参観に来られたのは、『百年史』を編集中の一九五二年三月である。その時の私たち近研の編集スタッフや服部の様子は、青村眞明が如実に描いている〔別稿『百年史』第十四集「編集後記」、13頁参照〕。それ以来、三笠宮さんは毎月という程ではないが、時々は私たちの編集会議にお出でになり、納涼会・忘年会など近研の集まりにも参加されて、古代オリエント史のことなど気さくに話をして下さるようになった。そして、『画報千年史』の発刊に際しては、私たちのために「推せんのことば」を寄せて下さったのである。

このようなご縁があったので、不躾を顧みず、この復刻版『画報古代史』にも、日本近代史研究会についての思い出のご執筆をお願いしたところ、三笠宮さんは快くご承諾下さり、お忙しい中にも拘らず、「『日本近代史研究会』の思い出」〔後掲「四」を参照〕をお寄せ下さった。拝読して半世紀前のあれこれを思い出し、ご好意に心から感謝した次第である。

私はまた、和島誠一さんが突然、大きなリュックサックを背負って近研に現われ、東の遺跡、西の出土品、北の何々などの写真や説明図を、誰々さんと誰々さんに提供していただくために出かけると言われた時の感動を思い出す。和島さんは、その遺跡や出土品の図版の一点一点について、丁寧な説明をして下さった。ある時、「亀ガ岡式土器のどびんは、少しづつ注ぐ液体のあったことを推測させる」と言われたので、「それは酒ですか？」と質問したところ、「これだけでは酒があったとは、まだ言えない」と慎重な答えであった。さらに、話がとぎれたので、ペンを止めてヒョイと見ると、舟を漕いでいた。すぐに気づいて苦笑いされた和島さんの優しい表情を、私は忘れることができない。

客員の皆さんに、このような協力と指導を受けながら編集作業を進めて、ようやく発刊に漕ぎ着けた『画報千年史』の第一集は、私たち近研の編集スタッフとしては、精一杯の作品であった。

「近代史を専攻しているものが、こころみた古代・中世史のできばえは、みなさんによって厳密な批評をうけねばならないと思っています。考古学上の専門語を、やさしい言葉に改めたり、叙述全体を国民全体に理解しやすいようにしたり、とかく退屈になりがちな遺跡・遺物の羅列を、少しでもたのしいものにしようと努めたり、われわれは、それこそ微力をつくしました。表紙は、いままでとちがって、写真で飾ることにしたのも、新規の企画です」（第一集「編集後記」）。

四

『画報千年史』の編集が軌道に乗り、順調に刊行が進んでいくに伴い、私たち編集スタッフは、と言うよりも推進役の私は、漸く気持のゆとりを少しは持つことができるようになった。それまでの編集作業は各項目、各ページごとに緊張の連続で、息を抜く暇など無かったのである。

編集の進行とともに、古代の歴史に眼を開かれ、古代の文化に関心を持ち始めた私たちスタッフは、ただ写真資料を蒐集してきて整理するだけの編集作業には飽き足りず、自らカメラを肩に下げて取材に出かけ、奈良や京都の古代文化を見学するとともに、その史跡を撮影してくるようになった。

日本近代史研究会がこれまでに編集・刊行した歴史画報には、近研同人の編集スタッフが自ら撮影した写真は極めて少ないが、この『画報千年史』ではその腕を振るった作品が少なからず掲載されるようになった。ちょうどカメラ・ブームのおきた頃で、私たちも小型カメラを手に入れて、それぞれ自分の取材成果を自慢しあったのであった。

私も『画報千年史』の編集と刊行が軌道に乗った一九五五年十一月、初めて古都の奈良を訪れて、有名な史跡や文化財を見学・取材を行った。さらには同人の原田勝正と二人で、奈良・京都を歩き回り、須磨海岸にまで足を延ばしたことを思い出す。こうして各地の古代・中世の史跡・文化の偉容に圧倒されながら、編集の構想を多彩に膨らませていったのであった。

その頃に、私たち編集スタッフが関心を寄せていた問題に、文化財や史跡の保護ということがあった。たとえば大阪府堺市の付近にある百舌鳥《もず》古墳群は、世界的にも巨大な墓として有名な仁徳天皇陵古墳を含んでおり、古墳時代の中期における大和政権の歴史について考える上で貴重な遺跡であるが、その中の大塚山古墳が封土を除去されて、古墳の輪郭を残すだけの無惨な姿にされたという事件が問題になっていた（『画報千年史』第二十集一四〇ページの写真を参照）。

私たちは歴史研究者として、また文化財・史跡による歴史画報の編集者として、日本の貴重な文化遺産のこのような破壊をそのまま見過ごすことはとてもできなかった。それで『画報千年史』の編集後記では、しばしば文化財の問題に言及して、読者の注意を促す努力を払っている。

「メキシコの古代美術なんか、おそらく日本の国民は知らなかったろうとおもいます。それが、さいきん東京でメキシコ美術展がひらかれて、たいへん評判になりました。日本の埴輪や古代の美術なども、こういうような形で世界各国に紹介されたら、どんなに喜び迎えられるだろうかとおもいます。それにしても、メキシコ政府にくらべて日本政府は、なんて文化事業に不熱心なのでしょうか」（第三集「編集後記」）。

「もっと興味ある史料をかかげたいのですが、史料保存や閲覧の科学的処置が充分でなく、読者諸氏におみせできなくて残念でなりません。というのも、国家の史料保護、公開などの系統的措置が不完全だからといえます。といっても、正倉院のように、敗戦によって皇室財産から国民の国有財産になったにもかかわらず、『御物』扱いをし、宮内庁管理の専断に委せているような、史料や国宝などの倒錯した『熱心さ』でも困ります」（第四集「編集後記」）。

このように私たち編集スタッフが、文化財や史跡の問題に関心を寄せている時に、私たちの努力の結晶でもある歴史画報が、言わば「文化財」として読者に尊重されているというニュースが伝えられて、一同を大いに喜ばせてくれたこともあった。

「さきごろ、東北の郷里を訪れた研究会の一人が、『画報千年史』をめぐる『美談』を聞いて帰ってきました。

同君の語るところによると、この秋のころ、猪苗代湖畔のある村で火事がありました。猛火につつまれたその農家の十八になる娘さんは、すさまじい火勢に驚きながらも、家財道具には眼もくれず、まず担ぎ出したのは『百年史』『三百年史』『千年史』の一抱えもある歴史画報の綴じ込みだったとのこと」（第五集「編集後記」）。

このような嬉しいニュースに励まされながら、私たち編集スタッフはより良い歴史画報を世に送り出すべく、心を新たにして努力を重ねたのであるが、それはまた、読者とともに古代の歴史を考えることによって、その期待に応えようとする姿勢にも連なっていた。読者の記憶に沿って、読者に歴史について考えて貰おうとする問いかけなども、その努力の表われの一つであった。

「この集に登場してくる多彩な人物、在原業平、小野小町、小野道風、菅原道真、紀貫之たちは、読者の皆様にとっても『あァ、あれか』とすぐにおもいだされる人物かとおもいます。（中略）現在では美男美女の代名詞になっている業平や小町たちが、あるいは柳にとびつく蛙とともにおもいおこされる小野道風たちが、どんな時代にどのように生きたのか、単なる歴史の回顧趣味に終るのではなく、読者の皆様にとっても興味を持たれることでありましょう」（第六集「編集後記」）。

五

『画報千年史』を刊行中の一九五六（昭和三十一）年三月四日、日本近代史研究会代表の服部之總が亡くなった。あの日の早朝、私は電報配達の声に叩き起こされた。咄嗟に「服部先生のことかも」と思った。近研代表の服部之總はこの二〜三年、歴史画報シリーズの好調に気を良くしながらも、実は病魔に悩まされ続けていた。前年の秋に体調を崩し、『画報千年史』の刊行が始まった頃から新宿の鉄道病院に入院し、ついで御茶の水の順天堂病院に入院して加療中であった。伝えられる病状の悪化を聞いて、私たち編集スタッフも心配をしていた。

電報はやはり「ハットリキトク」の知らせであった。当時は電話のある家が少なかったので、近研では緊急の連絡はすべて電報に頼らざるをえなかった。私が早速に順天堂病院に駆け付けると、既に服部は苦しそうに喘いでいた。富子夫人が服部の耳元で、川村の来たことを告げて下さると、心なし服部の大きな眼が動き、頷いてくれたようにも見えた。服部はそれからまもなく息を引き取った。まだ五四歳の若さであった。病室から出てきた宮川寅雄が、「シュテルベン」（亡くなった）とドイツ語で告げた声が今でも耳に残っている。

私は『画報近代百年史』が発刊された一九五一（昭和二十六）年の五月、日本近代史研究会に参加して、学生の頃から仰ぎ見ていた服部之總の側で編集作業に従い、共に仕事をしながら、歴史学の基本について何かと教えを受ける機会に恵まれた。服部に接することができたのは、僅か五年間に過ぎない。その期間は極めて短かったにしても、しかし私は、服部の諸研究や日常の会話の中から、実に多くのことを教えられ、学ぶことができた。

『画報近代百年史』が発刊されて以来の五年間、服部之總は日本近代史研究会の諸事業に打ち込み、その中で私たち編集スタッフの若者連の指導に当たるとともに、自らも日本近代の歴史、現代の歴史に関する研究を次々と世に問うて、歴史の学界に問題を投げかけてきた。私たちはその諸研究を通して、服部の歴史家としての鋭い洞察と分析、論理的な構成、優れた語り口と奔放な筆の運びなどから、並の歴史小説では到底味わえない歴史の醍醐味とも言うべき面白さを満喫できたのであった。

服部之總は、編集会議の時にも、また日常の編集作業の中でも、いつも私たちに「公式（法則）に徹する」ことを強調した。しかし「公式を当てはめて歴史の現実を割り切ったり、解釈したりするな」とも強く戒めた。そして「公式（法則）は裸のままで歩いているはずがない」、「生きた歴史の現実を多様なままに尊重せよ」、「多様な現実の中を貫く公式（法則）を発見せよ」と論じた。

言い換えると「生きた歴史の現実の総体を、公式（法則）において把握せよ」、「そのためには理論の鉋を研げ、鉋が錆びていては歴史は解明できない、未来を見通すことも難しくなる」と、私たちを教え諭してくれたのである。

日本近代史研究会が、その代表であり指導者である服部之總を失って、大きな打撃を受けたことは言うまでもない。早急に体制を立て直すことが必要であった。そこで私たち同人は、服部の遺志を継ぎながら、残された事業の完成を期した。そして、とりあえず近研同人全員の連名をもって、『画報千年史』第八集（四月発行）の「編集後記」に、日本近代史研究会としての「挨拶」を発表した。いささか長いが、次にその全文を掲げる。

日本近代史研究会の私事をもうしあげることは恐縮でありますが、新聞紙上で報道されましたとおり、本会の代表者服部之總が、さる三月四日、腸閉塞の手術後、肺炎を併発して死去いたしました。

服部之總は一九五一年一月、わが国ではじめての『画報』による日本歴史の編集事業をくわだて、研究会同人とともに足掛け六年、この事業の完成をめざして努力してまいりました。いま完結をまたず、さきに逝った同人、青村眞明のあとを追いましたことは、まことに痛恨事でございます。

本会は、この悲しみをこえて、急速に体制をととのえ、編集に遺漏のないことを期しますとともに、さらに新たなる創意を発揮して事業の完成に努力いたします。それにつけましても、今後一層の御援助をお願いいたしたいと存じます。

ここに服部之總の死去にさいして寄せられた読者各位および各界からの御厚志に深謝いたしますとともに、簡単ではございますが、今後の決意をあきらかにして御挨拶にかえます。

日本近代史研究会

色川大吉・川村善二郎・北島正元・小西四郎・佐藤昌三・遠山茂樹・原田勝正・藤井松一・松島榮一・宮川寅雄・村上重良・吉田常吉（五十音順）

（第八集「編集後記」）

日本近代史研究会はまもなく、小西四郎を新しい代表者に選んで体制を整えた。小西の指導の下に、全員が協力して研究会の運営に当たり、まずは刊行中の『画報千年史』の編集作業を推進して、その完成に努力することを確認し合った。

六

顧みると、日本近代史研究会の私たち同人が最初に取り組んだ歴史画報は、『画報近代百年史』であった。その第一集が一九五一（昭和二十六）年五月に刊行されて以来、『百年史』全十八集に続いて、『画報近世三百年史』全十六集、『画報現代史』全十五集（後に補巻第十五集を追加）を編集し、そして一九五七（昭和三十二）年四月に『画報千年史』全二十集の完結を迎えた。私たち近研同人は七年の歳月をかけて、合わせて六十九冊の歴史画報を世に送り、原始・古代から現代に至る日本の歴史シリーズをついに完成することができたのであった。

そこで日本近代史研究会は、『画報千年史』全二十集の完結に際して、同人（編集スタッフ）一同の連名で、次のような「挨拶」を掲げた。

「二ヵ年にわたる編集の仕事を終えて擱筆するいま、わたしたちはひとしお深い感慨と喜びを覚えます。というのも、『画報千年史』こそは、『近代百年史』から、『近世三百年史』『現代史』とつづけてきたわたしたちの最終目標でありました。わたしたちが生きている現代に焦点を合わせて、人類のはじまりから今日にいたる日本民族の歩みを、その背景にある世界の動きとともに、身近なかたちで視覚的に構成するという、わたしたちの年来の努力が、ここに実を結んだわけです。もちろんこの成果は、わたしたちの力のみによるものではなく、この仕事をはじめて以来の、多くの愛読者の皆さんの御激励と御協力のたまものであります」（第二十集「編集後記」）。

そして私たちは、七年間にわたる歴史画報の成果を踏まえて、さらに新しい歴史画報の編集に取り組み始めたことも、愛読者に報告したのであった。

「『画報千年史』の筆を擱くと同時に、わたしたちは新しい仕事にとりかかりました。『近代百年史』以来の成果を検討しながら、わたしたちはこれをさらに補い、しかも独自の角度から、もう一度日本人の生活を追跡してみようと志したのです。『画報風俗史――日本人の生活と文化』は、かならずや愛読者の御期待にそい得るものと信じます。

忌憚のない御批判とあたたかい御協力を心から望んでやみません」（第二十集「編集後記」）。

このたび『画報千年史』全二十集の復刻にあたっては、先に『画報近代百年史』『画報現代史』『画報近世三百年史』を復刻した場合と同様に、初版本の体裁と内容とをほぼ原型のままに再現することを原則としたが、その後の増刷本で図版（写真）を差し替えている場合は、増刷本に従った。各解説の本文および図版のネイム（説明文）の誤記誤植は、焼き込み部分を除いて訂正に努力した。とくに人物の生没年、事件・事項の年代などについては逐一、歴史辞典・人名事典などと照合して正確を期した。しかし、解説文の論調を変えることができないために、現在から見て理解しにくい記述や補足が必要と思われる説明でも、そのままに残した部分もある。

なお私には『画報千年史』全二十集の「索引」を作成した記憶が無いので、この復刻版『画報古代史』には復刻版『画報中世史』と同様、『画報千年史』の第一集から第九集までと、第十九集（補巻一）と第二十集（補巻二）の計十一集分の「総目次」を、「索引」の代わりに掲載することにした。

（二〇〇四年十二月一日稿）

（復刻版『画報古代史4』日本近代史研究会編、日本図書センター刊、二〇〇五年一月）

三　色川大吉の回想

この文章は、色川の自叙伝の一冊である『カチューシャの青春　昭和自分史　一九五〇―五五年』（小学館、二〇〇五年十二月刊）の第三章の最後に「憎んで、愛す」と柱を立てて書かれている文章（二四四～二六五頁）である。この文章は「演劇家」でもある色川独特の眼力で見た日本近代史研究会と服部の回想である。

本書が私に寄贈された翌年の二〇〇六年四月一日付の私宛の色川の端書に「私の服部評などは、たんなる文学的な人間論、しかも利害関係を異にする『支配下にいた若者』の酷評です。『学としての服部史学、学者としての服部』の評価とは別次元のものです。大兄の大著『歴史家 服部之總』では無視黙殺して結構であります。」と書いている。しかし服部の人間像を正確にとらえる上で、とくに歴史学上に、この色川の服部評は無視することのできない服部の一面をよくとらえていることと、私は生前の富子夫人と長男旦両者から「パパのプライバシーには絶対にふれないで」と、この伝記執筆に際して強く要求され、私はこの約束を守って書いていることが「歴史研究者」として忸怩たる思いを強くしているので、あえて採録することにした。文中、「三木」とあるのは色川自身のことである。

近研というギルド集団

近研、つまり日本近代史研究会という共同事業体の代表者服部之総〔ママ〕と、いつ三木が面会して、正式に同人に加えてもらったか、はっきりしない。記録にあるのは一九五四年三月、近研同人らと『山の民』を見にいっていること。五月から刊行開始された『画報現代史』の編集に参加し、第五集に署名入りの編集後記を書いていること。六月三十日、近研の若い同人の研究会で「スタニスラフスキー・システムについて」の報告をしていること。

服部の動きから見ると、一月に『文学評論』に「青山半蔵——明治絶対主義の下部構造」を発表して話題になり、三木もすすめられて読んでいる。二月には近研の第一回研究会で服部自身が歴史の方法について話をしている。三木はこの会には参加していない。三月には服部は亡母一周忌のため島根に帰郷したが、四月京都で胃潰瘍《いかいよう》を再発して手術をうけている。退院して鎌倉に帰ったのは五月だから、その間は三木が逢ったはずはない。すると二人が逢ったのは二月から三月はじめということになろう。

その日のことはよく覚えている。京橋の近研の事務所で、窓を背にして服部之総は三木を見下ろすようにして座っていた。顔は笑っていたが、目はけわしく、太いロイド眼鏡の奥から三木の心を読み取ろうと見つめている。

三木は思う。この男、まだ五十三、四歳だろうに、ずいぶん老成しているな。すでに功成り名遂げた大家の風格だ。だが、見損なってもらっては困る。年齢などは関係ない。おれは権威など認めない人間なのだ。そうした不敵な気配を感じとったのだろう。服部はいきなり高飛車にこう宣言した。

「近研は万事、わしが独裁する。わたしは絶対主義者だからな」と。そう言いはなって初対面の若造を見下ろした。三木は負けていない。「わたしはコミュニストですから、絶対主義とは断固たたかいます」と。

入社試験でこんな言葉を社長に言い返すものがいるだろうか。ここで怒ったら怒ったほうの負け。服部之総は苦笑した。これで近研入りは決まりだった。さすが絶対主義者。「こいつ、生意気だが、やれそうだな」「青村のかわりにやってくれ」ということになった。

三木は服部之総の名を学生時代から知っている。岩波版『日本資本主義発達史講座』の中の「明治維新論」を読んでいたし、直接、かれを学生歴研が主催した日本歴史講座の講師に招いたこともある。初対面ではない。羽仁《はに》五郎《ろう》との維新論争も承知である。だからといって、かれを崇拝するという気持ちなどかけらもなかった。

それに近研は学会でも研究会でもない。出版会社と契約して毎月、定期的に歴史画報を出し、その委託編集費から同人たちの生活費をひねりだすという職場だ。服部はその事業体の社長、ないし、中世風にいえば歴史職人ギルドの親方にあたる。同人は十二人いて、原則常勤の編集担当者が七人（宮川寅雄のほかは二十代後半の若い同人）、ほかは東大などに定職をもつ外様《とざま》と呼ばれる五人で、月に一回の編集会議と数編の解説書きだけを担当する。それらへの給与の額をきめるのは服部之総。会社からどれだけ金をとっているのか、どんな配分をしているのか、服部以外わからない体制になっていた。絶対主義のゆえんである。

そもそもこの会は服部之総がつくったものではない。つくってもらったものである。服部が一九五〇年ごろ、生活難や胃潰瘍、ノイローゼなどを病んで憔悴《しょうすい》していたとき、それを助けようと、一世代若い維新史家たち、小西四郎、遠山茂樹、吉田常吉、松島栄一ら東大史料編纂所の面々が、国際文化情報社に歴史画報出版の話をもちこんで創立したものと聞いている。

服部之総の私的秘書松尾章一の作成した年譜によると、一九五〇年四月、服部之総は胃潰瘍で倒れ、六月、ノイローゼ再発、八月、松沢病院に入院している。十一月、元共同通信社の写真部長不動健治《ふどうけんじ》に依頼され、『国際文化情報』の新企画「維新前後」の編集に参画した。それが縁になって近研設立に至ったとしている。それにしても病身の服部にかわって、この企画を推進したのが吉田常吉や藤井松一たちだったことはまちがいない。小西、遠山、松島たち史料編纂所員の支援がなかったらこの企画も服部の立ち直りも成功していなかった。

服部之総はこの会の代表者となって、医療費や生活費を得、さらに鎌倉に豪邸をかまえ、贅沢に暮らせるようになる。それはこの画報が大ヒットしたからだった。もちろん、服部の学識と独創性が加わったから、立派な『画報近代百年史』が完成し、ベストセラーになったともいえるだろう。だからといって、共同事業の利益である巨額な収入をひとりじめにすることは正しくない。

それに近代史研究会とは名ばかりで、共同研究するわけでもなく、服部が若い同人になにか教えるわけでもない。かれが個人的に引き受けた雑文の代筆をさせられて、結果として学んだ同人もいたろうが、三木には関係ない。三木が入ったとき、服部之総はもう事務所にほとんど顔を見せなかった。たまに会社に来ても、それは大沢社長と印税の密談をしにきたか、人に会うためだった（だから三木は常時、服部のテーブルで仕事をしていた）。

多彩な人脈

面白いことがあった。あるとき若衆頭の宮川寅雄のもとに、歌人で書家の会津八一《あいづやいち》が新潟から訪ねてきた。宮川は恩師の来訪を喜んで迎え、たまたま居合わせた服部之総に紹介した。会津八一のほうがはるかに高名であり、また年長である。それに俗塵《ぞくじん》を脱して仙人のように飄々としている。このとき服部がどんな態度をとるか三木は近くで観察していた。驚いた。それまで回転椅子にふんぞりかえっていた服部がとびあがって敬礼し、畏縮《いしゅく》し、体まで小さくなってしまった。会津は悠然と椅子にかけ、丁重に挨拶を返すのに、服部はごきげんをうかがうように卑屈になっていた。三木は絶対主義者の正体を見たようで、情けなかった。

宮川は会津八一には早稲田の第二高校のとき以来、師事してきたらしい。早稲田卒業後、左翼運動に参加し、一九三一、三二年に逮捕されたが、出獄後一時、共産党の中央委員にあげられたという筋金入りである。そして、また検挙され、獄中六年、一九四〇年に出所、戦後は国際派に属し、宮本顕治《みやもとけんじ》らと統一委員会をつくったりしていた。その浪人中、一九五一年、服部にむかえられた。以来、服部之総をたすけて、近研の常任となり、若者らと画報編集室の中軸となっていた。

三木が逢ったころの宮川は、闘士の面影などなく、温厚な紳士であり、それに書と美術史を専門とする文人だった。ちょうど日本美術史叢書の『岡倉天心《おかくらてんしん》』を執筆中だったろう。会津先生への師事は生涯のもののように見受けられた。三木はこの人柄を信頼し、かれが力を注いでいた文化史懇談会にも加わり、その機関誌の編集をたすけたり、寄稿したりもした。宮川は明治四十一年生まれの先輩なのに、だれとでも対等につきあえる気安さと市民感覚をもっており、三木などへの影響は服部よりはるかに大きかった。

そういうわけで、三木はこの日本マルクス主義歴史学の草分けといわれる人物から学問上のことは何ひとつ教えられていない。学んだことといったら、人間服部之総の裏表という矛盾した生態をまじかに見せられて、左翼学者の精神構造に目をひらかれたことであろう。

だから、おれはあんたの弟子ではない。簡単に人格まで支配されてたまるかという突っ張りが、三木には最初からあった。服部之総にしてみれば、困り者の生意気な若造が入ってきた、だが青村の親友だし、才気もありそうだから採用しておくという程度だったろう。まさか、半年後、飼い犬に手を噛まれるようなことになるとは想像していなかった。

近研とは不思議な会で、同人は十二名なのに客人といえるような人が常時七、八人はいた。奈良本辰也《ならもとたつや》、吉澤忠《よしざわちゅう》、藤田経世《ふじたつぐよ》、三上次男《みかみつぎお》、和島誠一《わじませいいち》、三笠宮崇仁《みかさのみやたかひと》ら多士済々である。この人たちは協力者とも宴会要員ともなる気の置けない学者たちで、しばしば連れだって食べ歩きなどした。

服部がとくに歓迎していたのは三笠宮である。宮を案内して大川端のイワシ家とか鶯谷《うぐいすだに》の豆腐亭とか、両国のももんじ屋など江戸の古い料亭にくりこんだ。また、浅草や吉原《よしわら》に連れていったりした。三笠宮は好奇心の強い人だったから喜んでいた。世が世ならぜったいに行けないところだ。赤線禁止まえの吉原は、かれには夢のようなところだったろう。女たちに左右から手をとられて店に連れこまれそうになり、顔を赤めて弁解していたかれの困惑ぶりをみんなは笑って見ていた。

かれは近研の編集会議に参加したこともあった。明治生まれの老社長があわてて紋付羽織袴《はかま》で挨拶に出てきたときは滑稽《こっけい》で、宮も笑った。ご愛嬌《あいきょう》だった。三木は学生時代からリベラルな三笠宮を知っていたから、べつに驚かない。三笠宮も近研メンバーの半分ぐらいは共産党員だろうと承知の上でつきあっていたのだろう。かれにとっては党派など問題ではない。その人間が信頼できるか、本心から自分を歓迎してくれているものか、誠実な友情をもちつづけられるか、それが問題だった。だから意気投合した近研の同人との親交はその後も長くつづいた。

それに三笠宮は本心、皇族が解放されることを、自由な人間になれることを衷心から望んでいた。だから、共和制にたいしても寛容だった。そうした気持ちを三木たちは十分に察して気楽に対等に遇していた。ただ、かれは天皇裕仁《ひろひと》の実弟という立場があって自由にものが言えなかった。もし、かれがそれを言ったら右翼からはもちろん、国民多数から袋叩きされただろう。皇室を縛っているのは、じつは忠義なつもりの臣民たちなのだから。

小さな反乱

『画報現代史』の編集をはじめたころ、三木は『画報三百年史』をやり終えた村上重良《むらかみしげよし》とよく共同通信社の地下倉庫に通っていた。ある日、偶然あけた一九五一年の写真ケースの中に、渋谷駅前の反戦集会の写真が入っていた。ハッと思って見てゆくと自分が写されているのがあるではないか。ハチ公の段の上で演説している学生をとりかこんだ群衆のなか、主催者に近いところに立っている三木が写されている。何枚も撮られた写真のなかにはっきり顔のわかるものまである。そして検挙される場面までも。三木はあわてた。史料取材どころではなくなった。

かれは悪いとは思ったが、瞬間的にその二枚をネガごと抜き取った。そして胸のポケットに隠した。おれはいま証拠の隠滅をはかっている。盗みをはたらいていると意識しながら。いまさらこんなものを盗っても、アメリカはちゃんと持ち帰っていることに、そのとき考えが及ばなかった。帰り際、罪悪感から村上にそのことを打ち明けた。すると、かれは気にするなと笑って言った。

「ここを管理している社員の子には、十分手当てはしてありますよ。銀座にさそって一緒にめしを食べたりね。編集費で」

この宗教学者はわるびれず、また笑った。細い顔に金縁眼鏡が似合うこの学習院出の紳士は、キャリアガールにもてるだろう。そういえば最近までかれは三笠宮のガレージの部屋を間借りしていたという。「あの給料じゃ、まともなアパートも借りられないから」と。

三木もうなずいた。「おれなんか友だちの家の二畳半だ。それはいいにしても、苦労かけた母に電気洗濯機を贈ってあげたいんだが、手がでない」と。愚痴を言い合って京橋に戻っていった。

道すがらショーウインドーを眺めてゆくと、世にいう三種の神器が展示されている。各社自慢の品の競争だ。ほしい洗濯機もある。三洋の噴流式電気洗濯機は二万八千円だ。「これがあったら片腕をつかえない小児《しょうに》麻痺《まひ》の母は、どんなに助かるだろう。喜ぶだろうな」。

だが、三木の給料では三か月飲まず食わずにためないと買えない。隣のウインドーにはディオールの最新ファッションものが飾られている。「日本人も豊かになったものだね。こんな服を着て歩ける女はどんな家に住んでいるのだろう。小津安二郎の『東京物語』には出てこなかったなあ」。

　ある日、三木がこのことで編集部のみんなに提案した。「服部さんに給料を値上げしてもらおうじゃないか。おれたちの労働の対価としても低すぎる。噂ではほかに印税も出ているそうじゃないか」。言い出したくても遠慮してだまっていた若い同人たちに異論はなかった。服部の信頼が厚い藤井が代表におされ、おそるおそる服部にこの要望を伝えた。そして、一喝された。

「若いうちは苦労するのが当たり前だ。不遇とたたかい、貧乏に耐えて勉強してこそ、一人前の学者になれるというものだ。甘ったれるな！」。そしてほんの少し引き上げてくれた。

　三木はこの回答を聞いて苦笑した。何を言うのだ。おれは、もうそんなに若くないよ。すぐ三十だ。貧乏の苦労はこれまでさんざんした。もう沢山だ。ない金をよこせというのではない。莫大な印税がでているというから、もう少し回してほしいと頼んでいるのだ、と。

　三木は若衆組に呼びかけ、結束して服部にあたろう、近研経理の公開を求めようと提案した。そして宮川を自宅に訪ね、よく話して了解してもらった。藤井だけが、渋っていたが、現場の六人の総意とあっては反対するわけにもゆかず、妥協案として外様の長老小西四郎に仲介を頼むことにした。

　小西は印税のことも知っていたらしく、若衆組の要求に同情的だった。どこで話し合ったかは知らないが、幾分かの賃上げは認めさせた。だが、「印税の話はない」ということだった。服部は小西の忠告にもかかわらず、シラを切りとおした。それでも二度の交渉の結果、三木たちはようやく一万円の月給を手にすることができた。かれは会社から前借りして母にお歳暮として念願の洗濯機を贈った。

　この年の東京都民の年間平均収入は一人当たり十万二千八百六十円だというから、この平均には達したようだ。しかし、服部之総にとっては譲歩した額はわずかでも、足もとからのこの小さな反乱は神経にこたえたようだ。松尾の年譜ではこう記している。

「五四年十月　日本近代史研究会同人のあいだに研究会の組織問題や報酬問題をめぐって対立がはじまる」と。

おかしな絶対主義者

服部のかたくなな態度は同人たちを失望させた。このころから鎌倉山での私生活にかんする良くない噂が面白がって話されるようになった。服部はケチで、財布を奥さんに渡していない。枕の下に隠しておいて、シャツ一枚クリーニング屋に出すにもいちいち小銭を渡している、とか。どこかに別の女がいて、その人に産ませた隠し子に毎月金を送っている、とか。こちらのほうはケチな服部にしては評価できる話ではないかと、三木には思えた。奇妙な笑い話も耳にはいった。

近研の編集室の隣、同じ二階に同居している映画画報社の女性記者とタクシーに乗っていて、突然服部が発情したらしく、いきなり抱きついたとか、彼女は自我の確立した中年女性だから、服部をはねつけ、平手打ちをして撃退したらしい。わきに藤井が乗っていたというのに、よくやると三木は思う。夏のことで窓をあけていたから、頬を打たれたとたん服部のロイド眼鏡が外に飛んでしまった。ここからが服部らしい。運転手に止まれと命じ、藤井に眼鏡を拾いにゆかせたという。その間、彼女にはどうしていたのか、ひらあやまりに謝ったりしなかったらしい。

こんな話もある。服部には妙な盗癖があって、欲しいものがあると、見境なく持ってきてしまうという。鎌倉山の隣人、田中絹代の庭に美しい石仏が置かれていた。目ざとくそれを見つけた服部は欲しくてたまらない。とうとう夜盗よろしく忍びこみ、自分の庭に持ってきてしまった。それが発覚してさわがれると、また忍びこんで置いてきたとか。ウソかほんとかわからないが噂として、三木たちの耳にまで入ってきた。

粋《いき》な話もある。服部之総が吉川英治と「歴史と文学」をめぐって対談したとき、どちらが切り出したか知らないが、会場を吉原の茶屋に指定した。そこで二人は意気投合して歴史小説談義をしているうち、怪談ばなしに熱中し、酒も女もほったらかしで、気がついたら夜も明けていたという。それからどうしたかは聞かせてくれなかったが、こんな話を美談のように自慢する編集者がいて三木はうんざりした。まだ赤線が廃止されていなかったころのこと。色町で生まれ、幼児期、売られてきた女たちにかわいがられて育った三木には、粋とか美談とかは全部逆から見る癖がついていた。弄《もてあそ》ばれる女の側からだ。粋もクソもない。だが、こんな話が党中央に近い男からも喜ばれているところをみると、人間解放などという革命家がインチキに見えてくるのだった。

それはとにかく話題の多い絶対主義者だった。

服部の得ていた印税が何千万円か何億円かはわからない。だが会社の高田経理部長の話によると、この四年間に相当な金額を支払ってきた。ただ、その印税率を何パーセントにしていたか、細かいとりきめは社長と服部さんのトップ同士にしかわからないので集計はできない。「とにかく莫大な金額ですよ」と言う。しかし、服部があまった金をどう使っていたかの片鱗《へんりん》は三木たちにもしだいにわかってきた。あるとき服部が三木たちに神田のさくら通りにある、「おれのビルの事務所に交代で留守番に行ってくれ」と頼んだことがある。いかにも「すまない」という調子で頼むので三木もそこに行ってみた。東京堂書店の前にある雑居ビルで、服部事務所はその二階にあった。

そこには本などまったくない。妙な機械が商品のように置かれているだけ。事務机に電話一台。なんだこれはと思っていたら、これはかれの副業でやっている新型機械の販売会社だと情報通に教えられた。三木は呆れて二度と行かなかったが、その服部の闇会社は経理担当の男に金などゴッソリ持ち逃げされ、まもなく倒産したとか。

ケチなだけではなく、欲も深かったようだ。こんなことが服部のノイローゼと無関係だったとは思えない。ほかにも儲《もう》け仕事に手を出して失敗していたことがあったらしい。服部之總は党員として総収入の一パーセントを規約どおり納入していたかどうかは怪しい。そのかれが大衆の前では胸を張って演説しているのだから面白い（服部之總は一九五六年一月、日本文化人会議から平和文化賞を贈られている）。

服部之総は外から見れば、明治維新や日本近代史研究の大家、講座派の学者として輝く存在だろう。そしていまも旺盛な執筆活動をつづけている畏敬すべき歴史家と認められていた。この点を三木が疑っていたわけではない。事実、服部はこの年、一九五四年だけでも名著にはいる『明治の政治家』（上・下、岩波新書）を完成していた。その筆力には敬服する。その署名入り本は三木にも贈られた。その他、理論社から『服部之総著作集』全七巻の刊行を開始していた。

その第一巻『明治維新史の方法』の解説を川村善二郎に指名、第七巻『大日本帝国』の解説を藤井松一に指名している。二人とも服部の従順な愛弟子だ。三木は新参者として服部之総を冷ややかな目で見ている。服部はその目が気になるらしく、ある日、毛筆墨書の長文の手紙をかれにくれた。親分の気配りであろう。達者な巻物には三木の友人下山三郎のことが書かれていた。おれは下山の才能を買っているので、おれのライフワークの助手にかれを頼もうと思う。下山を連れて鎌倉に来てくれ、そう書かれてあった。

下山三郎は自由民権運動の研究者として頭角をあらわした俊秀で、三木とは親しい。このころ、故あって浪人していた。三木は下山をさそって鎌倉に訪ねた。秋がはじまっていたと思う。

鎌倉山の服部之総の邸宅はいつ来ても豪邸に見える。その本宅から少し離れた庭にかれの念願の書斎をいま新築中だという。貧乏研究者下山は目をみはっている。これだけの邸宅をつくり、優雅に暮らすには大学の給料などでできるものじゃない。服部さんはどこから大金を得ているのだろう、と。服部はこの日、上機嫌で下山を迎え、自分のライフワークについて説明した。助手の仕事を引き受けてくれたまえ、と。下山は即答を避けていた。賢明だった。

鎌倉の帰り、三木は「服部さんは学者としては着想が豊かで、志も情熱もあり立派だが、人間としてはダメなところが多い。今日もそうだったが、人に仕事を頼むのに謝礼のことを言わない。それでとおってきたのだろうな」と言った。下山は「自分を認めてくれたのはありがたいが、いま、概説の仕事に時間を割く気持ちはない」と、きっぱりこの話をことわった。

〔洞爺丸の転覆の項は省略〕

服部之総最後の饗宴

昭和三十年、一九五五年一月八日、近研同人の全員が鎌倉の服部邸に集まり、近研体制の改革、経理の公開、今後の活動計画などを話し合うことを申し入れ、服部之総とあい対峙《たいじ》した。日本近代史研究会としてははじめてのことだという。

三木たち若い同人も今日こそ展望が開けるだろうと期待して総会にのぞんだ。だが、服部は「知らぬ、存ぜぬ、印税などない」の一点張りで、小西、遠山、宮川の面々も肩透かしを食った感じになり、文字どおり「取り付く島」もなかった。

この日も、役者は服部のほうが一枚も二枚も上手《うわて》だった。みんなが黙ってしまうと、さっと立ち上がり、両手を三つ打って夫人を呼び込み、かねて用意していた正月の酒肴《しゅこう》をすばやく供させた。その間、数分。たちまち知友の客人も呼び込んで、新年宴会に切り替えてしまったのである。

さすが弾圧下を生きぬいてきたしたたかな絶対主義の役者、服部之総の離れ業と、三木順一は妙なところで感じ入ってしまった。酒が入れば服部は陽気だ。京都の客人奈良本辰也もそれに合わせて盛り上げる。かくて近研総会は新年宴会に切り替わった。同人一同、顔見合わせるばかり。力んでこの席にのぞんだ三木たちの失望ぶりは滑稽なばかり。服部はどこ吹く風か、三河踊りまで披露した。

翌朝、かれは一句、初書きしている。

鉢の梅散っては咲いて　けさ十日　　（日本近代史研究会新年会翌朝　之総）

そのあと、「一九五五年と近研」と題してつぎのように書いたものもある。

「一九五五年は私の老年期第一年である。去年からひきつづいて鎌倉山で療養生活をいっそう心しておこなって、四月からは、主治医の最良のばあいの見通しのとおりに、二分の一勤務の再出発を実現することを期したい」

服部之総は再起を期していたように思われる。著作集が出はじめたことで元気が出たのであろう。近研も『画報現代史』のあと、『画報千年史』をつづけて刊行することにきめている。おれが京橋に出るようになれば、もめごとなどかたづく。ことは良いほうに考えるものだ、そう思ったのかもしれない。

このあと、服部先生最後の大パーティーが鎌倉山で開かれることになる。かれは先へ先へと自分の運命を読んでいたみたいに動く。かれが待望していた奇抜な書斎「皆槐書屋《かいかいしょおく》」も完成した。その披露を兼ねてぱあっとダンスパーティーをやるというのだ。それも三笠宮崇仁を迎え、鎌倉山婦人会の一行を招いてフォークダンスを踊るのだという。三笠宮はフォークダンスの名手で、そのほうの全国協会の会長をしていたから、喜んでやってきた。

もちろん近研の若衆は動員された。三木も不平たらたら言いながら行く。そして受付、案内、接待から走り使いまでやる。ギルドの親方の祝い事だから仕方ないよと。その辺の弁解はいいかげんで、行けば、飲んだり、食べたり、観たりで、結構たのしんでいた。

服部邸の庭はダンスパーティーがやれるほど広い。その一角にテントを張り、焼き鳥、寿司、サンドイッチ、そばなどの店を用意していた。どこかのホテルから呼んだのだろう。白いチョッキ姿のウエイターが飲みものをサービスしてまわっていた。踊らない鎌倉文化人も大勢来ている。服部は上機嫌であちこち歩きまわり、談笑していた。とても療養中の身とは思えない。

三木はこれを眺めながらつぶやく。「泰平楽だなあ。十年まえまで愛国婦人会のたすきをして旗振りをやっていたなんて、信じられない。あのダンスをしているおばさんたち。死んだやつは損したよ、あんな戦争で。若いのに、あわれだったなあ」。

「ここに集まっている金持ちの婦人たちは、服部が共産党のお偉方だと承知なのだろうか。まあ、いいさ。共産党も最近は暴力革命をやめて、ふつうにやると言っているそうだから」（一九五五年一月一日、『アカハタ』はこれまでの武装闘争を誤りと認め、「極左冒険主義」を批判する主張を第一面に掲げていた）。

ここでも「死んだものは何も語らない以上、生き残ったものは何が分かればいい」の詩の一節が浮かんできた。生き残った奴はみんな勝手なのだ。

この一九五五年一月、服部之総は五十五歳になっていた。『著作集』の第一巻はこの月に日の目をみた。全七巻のこのシリーズは順調にすすみ、最終巻の七巻『大日本帝国』は藤井松一解説で十一月に出た。そして、この月、奈良本辰也の推薦で、岩波新書の『明治の政治家たち』上・下に毎日出版文化賞が贈られた。

この年のかれは多産である。『蓮如』（理論社）、『原敬百歳』（朝日新聞社）、『明治維新のはなし』（青木書店）とあいついで刊行された。だが、かれは毎日出版文化賞の授賞式には参加できなかった。持病の糖尿病などが悪化し、ノイローゼも再発したため、十二月、御茶ノ水の順天堂病院に入院した。

自分の人生を華やかに演出した服部之総も寿命だけは意のままにならなかった。外に向かっては派手にふるまっても、内面は孤独だった。かれは剛腹な男のように見えて、内心は繊細、小心でもあった。家庭内のもめごと、ひめごとに耐えきれなくなることもあったろう。演出家三木はこの男と格闘しているうち、それに気づきはじめた。あらためて、かれの『親鸞』や『蓮如』も読んでみた。そして共感するものを見いだした。

服部は夏に新宿の鉄道病院に入院していた。九月も終わりに近づいたころ、三木は何を思ったか、突然一人で服部を病室に見舞った。いつも自分に反抗している若造の不意の訪問に服部は驚き、そして喜んだ。このときの様子をのちに三木が雑誌（岩波書店の『図書』）に書いた一節をここに引いておく。

私の知る歴史家では服部之総がユニークだった。書斎は和室で、びっしり書きこみをした本を山のように机のまわりにならべ、竹の熊手のようなもので、引き寄せたり、押しこくったりしながら、ねじり鉢巻きでうなりなながら書いていた。服部が晩年に出した『明治の政治家たち』などはそうして書かれた傑作だ。あるとき何かの用事で呼ばれて、鎌倉のお宅に伺ったら、いきなり「陸奥宗光を倒して、これから原敬をねじ伏せるんだ」といわれて驚いた。

服部之総は一九五六年に順天堂大学付属病院（順天堂医院）のビルの屋上から飛び降りて亡くなっているから、その少し前のことだったと思う。めずらしくお見舞に私ひとりで病室を訪ねたら、目を細めて迎えてくれ、「おれの『蓮如』は読んだかい。……そうかい。君は大衆作家になれよ」と笑って言った。「歴史作家になれるよ」といったのかもしれない。彼はそのころ、まだ五十二、三歳だったのに、老大家のような風格があった。

これには記憶違いがある。当時のメモによると、三木が見舞いに行ったのは、順天堂医院ではなく、その前年の秋、鉄道病院だ。また、服部はそのころ五十二歳ではない。満五十三歳に近い。かれは一九〇一年（明治三十四）九月二十四日、島根県木田村の真宗の寺、正蓮寺《しょうれんじ》に嫡男として生まれた人だから。

また病院のビルの屋上から飛び降りて亡くなったというのも正確でない。重症を負ったことはたしかだが、すぐ死んだわけではない。三木が事故を知らせる電報を深夜に受けとり、すぐ駆けつけたとき、服部はベッドの上でまだ生きていた。ただ、意識はもう、なかった。だから、自殺説を否定することもできない。

さまざまな逸話を残した一代の怪物的歴史学者、服部之総は一九五六年三月四日に息をひきとった。晴れてはいたが、北風の冷たい日だった。通夜にはかつての論敵羽仁五郎をはじめ、三枝博音や多くの歴史家、文人たちが集まった。みんな声をおとして話し合っていた。

告別式は晩年、かれが教授職にあった法政大学麻布分校で行われた。共産党から野坂参三《のさかさんぞう》が来て弔辞を読んだような記憶がある。なにしろ近研の同人たちはあまりの突然死に茫然としていた。三木もそうだ。だが、かれには服部の終わりは近いという漠然とした予感があった。

かねて敬愛していたカナダの日本史家ハーバード・ノーマンがカイロのビルの屋上から飛び降り自殺したのは、

翌年一九五七年の四月だった。服部の友人でもあった劇作家の久保栄が病院で首吊り自殺したのは、さらにその翌年五八年の三月十五日、同志たちが一挙に奪われた三・一五の弾圧記念日だった。

三木は敬愛する先達をあいついで失う喪失感のなかで、五〇年代という時代を考え直さざるをえなくなった。

四　三笠宮崇仁の回想

マルクス主義歴史学者であった服部之總を代表者とした日本近代史研究会と昭和天皇の弟にあたる三笠宮がどうして関係があるのか、不思議に考えられる読者がさぞかし多いと思われるであろう。左の文章で三笠宮が服部にきわめて親近感を今だに持ち続けておられることはこの文章からでもよくわかる。さらに後述する服部の没後三十年記念の集会にも心よく出席されてスピーチをしていただいたことは、『服部之總・人と学問』〔小西四郎・遠山茂樹編、日本経済評論社、一九八八年三月刊〕に収録されている。

なお、この回想の中に出てくる青村真明の「編集後記」と宮川寅雄の青村の思い出も併せてのせておくことにした。近研創立期の忘れることのできない人物であるからである。

『画報千年史』の復刻版刊行によせて・「近代日本史研究会」の思い出

「日進月歩」。しかも「光陰矢のごとし」。そして私は八十九歳。その私に、川村善二郎氏から「日本近代史研究会」の思い出を書くよう依頼がありました。「日本近代史研究会」という名前は、確かに私の頭の中に深く刻み込まれています。とはいえ、私がおつきあいしていたのは半世紀も前で、それも長くない期間でしたから、記憶がさだかとはいえません。お断りしておきます。

顧みれば、私は学習院中等科から陸軍士官学校に入り、卒業後、騎兵将校になりました。数年間、千葉県習志野の騎兵連隊に勤務した後、陸軍大学校に入学しました。在学中に、太平洋戦争が始まりました。そして一九四三年には、陸軍参謀として中国大陸で勤務しましたが、そこで重大な関心を持つようになったのが「クリスト〔ママ〕教とマルクシズム」の問題でした。

敗戦後軍籍を離れ、一九四七年から東京大学文学部の研究生として勉強しました。その後、東京女子大学や青山学院大学の講師となり、「古代オリエント史」の講義を二十数年間いたしました。

その間のことです。国際文化情報社（大澤米造社長、不動健治編集長）は、明治維新史の大家・服部之總氏を招き、その指導のもとに新企画として『画報近代百年史』の編集を始めました。

一九五二年の春、どういう風の吹き回しか、私はその編集会議を見学しに伺いました。その時のことを、青村眞明氏が書き残しておられます（『画報近代百年史』第十四集「編集後記」、一九五二年八月、国際文化情報社、次項参照）。私は全く軽い気持ちで参ったのですが、舞台裏では大変な騒ぎがあったようで、後からその記事を読んでびっくりしました。

『画報近代日本史』（一九五一～五二年）、『画報近世三百年史』（一九五三～五四年）の編集に携わっていらしたのは、次の方々でした。服部之總氏を中心として、東大史料編纂所の小西四郎、遠山茂樹、松島榮一、吉田常吉の諸氏がおられました。そのうち日本近代史専攻の藤井松一、青村眞明、川村善二郎の諸氏や美術史家の宮川寅雄氏が加わり、さらに北島正元、村上重良、佐藤昌三の諸氏もスタッフに入られました。

私は前記の諸氏と編集会議ではもちろんのこと、東京ばかりでなく地方への旅行でもご一緒しました。「日本近代史研究会」で、日本史を中心とした世界の歴史を知ることができたことは、中近東の古代史が専門の私として、大きな収穫であり、心から感謝しております。

最後にエピソードを一つ。服部先生その他の方々と、浅草でストリップ・ショウを見たり、焼き鳥屋にはいったり……。服部之總先生は親分肌でしたし、鎌倉のお宅では奥様はじめご家族の方々があたたかくもてなして下さいました。私は、この私的なおつきあいのことを今もなお懐かしく思っております。

（復刻版『画報古代史4』、前出）

五　青村真明の『画報近代百年史』第十四集（一九五二年八月）「編集後記」

▽たしか三月の上旬のチラチラ雪のふる寒い晩のことだったと思います。かねてから本誌の愛読者であり、本研究会のメンバーの一人と親しい三笠宮さんが編集会議の参観に見えたことがあります。さあ会社は大変なさわぎです。世が世ならば「天皇陛下」の「直宮様《じき》」が、しがない市井の一会社あたりに「御成り」になることは、それこそ「恐懼感激」のいたりで、「かけまくもかしこき」ことであるかもしれません。〝明治の人間〟である老社長は恐れ入って、応接間の床を女の子にいいつけて、ぞうきんがけさせたり、みずから羽織はかまに威儀を改めて御挨拶に出るといってきかなかったり（これはとうとう服部先生の説得によってやっと背広に代えました）、茶菓をはこぶ女子社員には服を改めさせたり、それはそれは大変なさわぎだったのです。

▽私たち編集部は「あまのじゃく」がそろっているといって笑われたのですが、この宮さんとは東大史学科の教室で講義を聞いた仲間でもあるのですから、ふだんどおりに汚い洋服の、それも上着とチョッキとズボンそれぞれ違っている代物を一着に及んで来ましたし、筆者のごときもその日散髪屋に行く予定が狂って不精ひげのぼうぼうしたままで席にでたのです。私どもは前からの申し合わせによって、できるだけありのままの、ふだんの乱雑なままの編集会議をお見せするのがほんとうに「宮様」を人間的に遇してあげる最善の道であるとも信じたからです。予期にたがわず三笠宮さんは気軽で庶民的な方でした。われわれとへだてなく談笑しながら、その夜は大変愉快そうでした。恐らく、「逆コース」の今日、ふたたび往年のように皇室を雲の上にまつりあげようとする、はたの者の大仰なやり口からのがれて、われわれとの一夜は非常に居心地のよいものであったにちがいありません。

▽最近では、東大で開かれた歴史学研究会の年度大会に連日三日間熱心に出席され、「破防法反対」の署名をされ

るなど民主主義者としての生き方に強い熱情を示されています。「天皇は箒である」といったような警句が二度と飛ばないですむように、私たちはもっともっと宮さんにも皇室にも〝人間的〟にする必要があるのではないでしょうか。

（青村）

付・宮川寅雄の青村眞明君について

（『文化史懇談会』第十七号、一九五三年五・六月、「青村眞明氏追悼号」所収）

青村眞明君はこの五月十三日に固疾の肺結核でなくなりました。かれの死についていまもって書く気がいたしません。それよりも文化史懇談会とのつながりについて思い出話でも書くことにしましょう。かれの専攻は明治末期の思想史研究でした。かれは「明治ッ子」を愛していました。かれが「明治ッ子」でなかったからかも知れません。しかし実は、あの太平洋戦下の青年の生活に対するかれの全身をあげての抵抗が、かれを「明治ッ子」好きにしてしまったようです。かれがよく言った議論の一つは「明治精神には主体性があった。大正期の教養派や白樺派のようなコスモポリタニズムは、明治精神の主体性の喪失の結果として考えられねばならない。そのメルクマールは大逆事件と永井荷風の挫折であった」ということでした。いやがおうでも青村君をとらえ、包みこんでいた天皇制ファシズムの圧力と、教養派・白樺派のコスモポリタニズムに対処して、これを克服し切るということが、かれみずからの宿命であったのです。

かれの卒業論文は、「明治四十年代と大逆事件」というのです。かれは同じテーマを五一年十二月に文化史懇談会で報告していますし、五三年にも「日本歴史講座」月報第六号でも、「明治精神のたそがれ」という短文で、同じ課題にふれています。これらのかれの遺した文章を、いま思いかえしてみると、さきほど述べた課題と、かれがどう闘ってきたかがわかるような気がします。もちろん平和と独立の戦士であったかれは、近代プロレタリアートを主導とする日本民主革命の途を夢にだにうたぐったことはありませんでした。しかし歴史家として文学批評家としてのかれは「明治精神」という故郷をこよなく愛していたことは事実です。大逆事件以後のコスモポリタニズムの無故郷性（Heimatlosigkeit）を重視するのあまり、絶対主義的ナショナリズムが、独立の代償としてアジア侵略をなした事実に対しても、やや寛容な態度をとりがちでした。おなじことですが、封建的、武士道的エトスをすら、国民的主体の形成の上に高い評価をはらってはばからないことにもなりました。

青村君は「公式主義」がきらいでした。歴史のにおいと、情感を主張しました。かれはその気質を文学的な表現で美しく語りだすのでした。文化史懇談会のニュース第一号から、「日本歴史講座」の月報にいたるまでいくたびか、かれはこのテーマを語ったことでしょう。それはかれの体験や思想のたたかいであり、身もだえでした。鴎外や荷風を愛し、これを批判しつゝも、なお心のよりどころとして、この二人を語り出すかれの涼しい眼は、かがやくのでした。鴎外や荷風が、青村君の言う意味で教養派と隔絶した極にあったかどうかは、これからの歴史の解明に委すことにしましょう。鴎外や荷風の主体性とは、一体何んであったかも残された問題でしょう。主体性・伝統といったもので時代を考える精神史的方法論のよしあしについても、いまは言うべきところではありません。すでに近代プロレタリアートが舞台に誕生した時代に、この階級との基本的関係をはっきりさせていないと、人はよくかれを批評しました。しかしもはや、かれはこの討論を止めてしまいました。耳にのこるは病のつのった晩年の一年に小量の杯の酒をふくんで歌う「われは海の子漂白の」や「巴里祭」のシャンソンでした。眼にのこるは、かれがくりかえし見た「殺人狂時代」や「天井桟敷の人々」の印象でした。いまや情感を流露して歴史や映画や文学を語ることをかれは、止めてしまいました。

かれの生涯の若き時代を語り顔〔ママ〕に都下の映画館は「雲流れる果に」を上映しています。あの中に出てくる予備学生のヒューマニズムのみじめな挫けをみるにつけ、青村君はそれを通りぬけ、克服した素晴らしい人物でした。青村君死して一ヵ月、平和と独立のために闘った若き生命を思いつゝ哀惜の情を述べさせていただきました。（六月十六日）

六　大沢米造の弔辞

永らく御病気で入院されておられた服部之総先生が、薬石効なく御逝去になられましたことは、まことに痛恨のきわみであります。

歴史学界に令名の高い服部先生は、今を去る六年前に、私共の国際文化情報社の請《こ》いによって、画報の形式による「近代百年史」を編纂されることになり、みずから弊社に入社され、日本近代史研究会の諸氏とともに、「画報近代百年史」全十八集を完成し、ついで「画報三百年史」において近世史を、「画報現代史」によって戦後史を、そしていま古代より近世に接続する「画報千年史」を、第七集まで刊行いたしました。この事業は、日本のみならず、世界にも好評を博し、教育上はもとより、歴史の普及と啓蒙に、一大金字塔を築くを得ました事は、一つには服部先生の功に帰さなくてはなりません。

今回日本文化人会議によって、平和文化賞を授賞〔ママ〕されることになりました名誉も、また一にかかって、服部先生の御指導の賜であります。

弊社が画報事業四十年になんなんとし、服部先生の御協力によって、一段の隆盛と繁栄を得ましたことを思いますれば、卒然として逝かれた先生を惜むの情は、筆舌に尽しえません。

御健康な時は日夜、社の二階に通勤され、われわれと協力一致された日のことを偲び、痛烈な哀悼の情の迫まるを禁ずることをえません。日本にとっては一大学者を失なったことでありますとともに、わが社にとっては、かけがえのない指導者を失なったのでございます。

かく思いますにつけても、「総合日本史」を見事に完了することをもって、先生の霊を慰めたいと存じますとともに、わが社の歴史画報刊行の今後の発展を誓う所存で御座います。

服部先生、在天の霊、この光栄ある事業の成就のために加護あらんことを。

昭和三十一年三月十日

株式会社国際文化情報社
取締役社長　大澤米造

七　服部の『画報』についての小文と「編集後記」など

①写真の発見──『画報・近代百年史』雑記（『日本読書新聞』一九五二年三月二十六日、『全集』㉒所収）

年配の人なら、『幕末明治大正回顧八十年史』という歴史画報のことを、おぼえているであろう。渡辺茂次氏と尾佐竹猛氏の序文があって、いまも古本市でちょくちょく見かける。それを企画し出版した大沢米造さんがこの鎌倉山に住んでいたことを、私は知らなかった。同盟通信出身の不動健治氏は大沢さんの久しい隣人であった。不動さんは長男が鎌倉大学の第一期生で私の教え子だったり、末の子どうしが小学校の同級だったり、そんな関係から、時には貰い風呂にゆくようなつきあいだった。その不動さんが大沢老といっしょに『国際文化画報』を出しはじめてから、去年〔昭和二十六年〕の正月は一年めにあたっていた。さまざまな角度から多年わたしが知ってきた出版界とちがって『国際文化画報』は外交販売専門の出版である。一般書店には出ない。大沢さんはこの方面に四十年の経歴をもつ人である。

『画報近代百年史』はざっとそんな事情を背景にして、去年の春不動さんの世話で企画されわたしが代表者の日本近代史研究会で編集することになった。はやいものでもう十集を出した。去年の春はわたしはまだ病気から回復してはいなかった。会内外の友人諸君の熱心な助力でこの仕事をたのしんでいるあいだに、多年の病気からすっかり回復した。そのいみでもこの仕事は私にとっては記念すべきものである。

個人的なことを書きすぎたようである。歴史画報を編年体でつくるという試みは、すくなくとも日本近代史にとっては、この仕事が最初のものとなろう。世界情勢も、日本史を理解するに必要なかぎりはとりいれてある。一集ごとに起承転結があるようにくふうされてもいる。最大の苦心は、史料の選択とその解説に説得力をもたせることである。容易のことではないが、集をかさねるにつれて経験も積まれてゆくのがわたしたちのたのしみである。

みひらきで主題一つを扱うので、たった一枚の写真が入手できるとできないで、全体が生きも死にもする。たとえば朴烈事件（第十一集）で問題の怪写真がどうしても手にはいらない。戦後この問題をばくろした『真相』にもない。弁護に当った布施（辰治）さんも戦災で焼いてしまったというはなし。さんざ探しあぐねてふとした機会に降ってきたように手に入ったときのよろこび。

大震災のときの朝鮮人虐殺の写真も、当時あんなにひろく密売されていたものが、どこにもない。数々の徒労のあげく、小西四郎君が日本橋の古本屋である日偶然それをみつけた。偶然以外に、こんなものは手にはいるものではなかった。

ほこりまみれの『イラストレーテッド・ロンドン・ニュース』がバックナンバーを揃えて利用できるようになったのも、学友諸兄の「発見」のおかげだった。日清戦争（第六集）と日露戦争（第七集）は、在来の写真史料だけでは、とうてい「説得力をもって」描写するなぞ、おもいもよらぬことである。

いま編集は満州事変に入りこんでいる。戦災で史料が大量に焼けてなくなった——ということが仮りになかったとしても、表玄関の写真だけでは描写すべく最大にむつかしい時代にさしかかっているのである。この機会に、これまでの既知未知の御助力にたいして深謝するとともに、これからのことをよくおねがいしたい。

② **編集後記**（『画報近世三百年史』第八集、一九五三年八月五日）

▽梅雨あけ時に西日本一帯をおそった豪雨は多くの人命と家財を奪い、広大な田畑を流し、甚大な被害を及ぼしました。日本附近を東西に走る梅雨前線に沿って一様におこらないで、どこかの地点で豪雨が集中しておこるという

ことは、梅雨あけ時の豪雨の重大な性質であり、予報を困難ならしめる最大条件であるといわれていますが、それにしてもこの「天災の国」の政治力の貧困さをこのころ感ずること痛切です。風水害は今や日本の年中行事となり、〝忘れたころ〟どころの騒ぎでなく、あまり毎度のことなので、一種の〝避くべからざるもの〟として宿命感さえ感じられます。災害復旧費を含めた公共事業費は戦前に比べ増大しているそうですが、そのすくなからざる部分は日米行政協定による軍用道路をはじめ諸施設の建設にまわされていることは明らかであり、しかも残りの二割は〝不正〟に食われている現状です。また災害の多い府県では土木職員を臨時雇の形式で抱えているところが多く、この職員の人件費は災害復旧費で賄われており、昨年のように比較的災害の少い年には、こうした府県は大閉口で、災害を待望する気分さえあるといわれています。

▽ともあれ、「天災」に悩む国民をまえにして、議会ではＭＳＡ論議や防衛論がたたかわされており、吉田政府は、「独特」の岡崎＝木村式弁証法（？）を駆使してもっぱら切りぬけとごまかしにつとめている現状です。外相は七月十六日「保安隊が直接侵略に対抗する任務を与えられても憲法違反にならない」と言明し、外敵に対する自衛部隊の保持を合憲とみなしましたが、その七年前の一九四六年六月、吉田首相は憲法草案審議のさい、「戦争放棄に関する本案の規定は直接には自衛権を否定してはいないが、第二項において一切の軍備と国の交戦権を認めない結果、自衛権の発動としての戦争も、また交戦権も放棄したものである」と答弁し、また「今日までの戦争は多くは自衛権による交戦権、侵略を目的とする交戦権と分けることが有害である」とも答えて、自衛戦争の放棄を言いきったが、そんなことは政治家「ホンの二枚舌」にすぎないのか、それとも七年前のことは時効にかかっているともいうのでしょうか。とにかく政治家の頭脳は、日本の気候とともに、なかなか常識では推測できないようです。

▽しかし、この編集後記のペンをとっている最中に、明るいニュースが入ってきました。それは朝鮮戦争の休戦協定が七月二七日朝十時に調印されたことです。三年に亘る朝鮮戦争は朝鮮民族にいかに多くの被害と犠牲を与えたことか。それはアメリカ空軍が朝鮮戦線に投下した爆弾は四十三万八千トン（太平洋戦争では六十万四千トン）に

達し、しかもそれが制限された地域に集中的に投弾されたことだけからも推測されます。政治的にはまだ多くの問題が残されているとはいえ、この史上最大の〝制限戦争〟にもとうとう曙光がさしはじめたことを、心からよろこばずにはいられません。

▽本集には早稲田大学図書館の御配慮により同館秘蔵の「新井白石シローテ訊問覚書」をはじめ、種々な対外関係資料を提供していただき、また口絵の「越後屋呉服店図」は、はじめて原色版で紹介されるもので文部省史料館と三井文庫の御好意によって掲載することができたものです。なお信濃毎日新聞の萬羽正明氏には「善光寺」の資料をよせていただき、各位に末尾ながらここに厚く御礼申しあげます。

なお本集は、江戸火消〝いろは四十八組〟のいなせなとび・まとい持ちの群像を表紙にえらびました。（HS）

③　改訂版へのあとがき

▽「画報近代百年史」全十八集は、病中の私をこの仕事で扶けるためにあつまってくださった日本近代史研究会の諸君の熱心なチーム・ワークのおかげで、このような形で完成することができました。まことにこの仕事のおかげで、私も病気から完全に恢復するための気力を与えられたと、いうことができます。顧みて、何よりもまず、近研の同人諸君に、心からの謝意を捧げます。

▽とりわけて、私の病中、コンダクターの地位についてくださった小西四郎君、それから、ことのはじめから事務一切を鞅掌《［おうしょう］》してくださった藤井松一君、そして病気の恢復をまって第三集から編集プロモーターとなって最後までよくやりとげた青村真明君、「百年史」の成功はこの三君に負うところが甚大です。その青村君を、第十八集発行後六ヵ月めの今年五月十三日、固疾再発によって喪ったということは、われら同人にとっていいようのない悲痛事であるとともに、日本の近代史学界にとっても大きな痛手でありました。「俺の仕事はこの百年史だけだった」という彼のことばを、身を切られる思いでここに記しつけておきます。

▽月一冊づつ出すはげしい仕事でしたからあとから見てずいぶん不備の点もあり、誤植も少くはなく、時機を得て改訂版を出すことは、かねてからの念願でしたが、このたび第十七・十八両集の改訂版をまずつくったのはつぎのような理由があります。

▽それは、写真著作権をはからずも侵していたことに気付いたからであります。著作権の尊厳ということについては、私共も十分に心得たつもりでいて、しかもこの誤ちをおかしたということは、まったく申様のないことであります。幸に、朝日新聞社をはじめ、毎日新聞社、読売新聞社、東京新聞社、日本経済新聞社及び河北新報社の、寛大な御了解を得まして、写真著作権問題にかかわる第十七・十八両集を、このような形に改訂することができました。ここに右各社にたいして深甚の謝意を表する次第です。

▽写真著作権の問題につき多くの教示を与えられた日本著作権協議会にたいしても、ふかく感謝いたします。ふるい時代の写真についても、著作権が生きている場合があります。私共は今後、同協議会に頼って、誤ちを繰返さない存念でありますが、御承知の如くこの「画報近代百年史」にひきつづいて「画報近世三百年史」を編集中のことでもありますので、ここに改めて、この両画報の著作権と義務とが、日本近代史研究会代表者としての私にかかっていることを記して、責任の所在をあきらかにしておきます。

▽最後に、「画報近代百年史」が多くの欠陥をもちながらもともかくこのような形で、最近一世紀間の目で見る史料を蒐集整頓することができましたのは、広汎な読者と販売店の、支援と示唆にもとずくものでありまして私ども一介の学究が、ともすれば陥り易い独善から一皮一皮とぬけてゆけるのも、読者の声にはげまされ、教えられてのことでありました。発行者大沢米造翁と不動健治氏の、舞台裏の鉄のような意志も、敬服にたえぬものがあります。「近世三百年史」はすでに第九集を送ることができましたが、一方「百年史」第一集からの改訂の準備も着々と進めております。この一連の仕事を通じて、歴史家としての私共も日々に生長しつつあることを申述べてみなさまへの御礼のことばに代えたいと存じます。

一九五三年九月二四日

著作権所有者
日本近代史研究会代表者　服部之総

④『画報総合日本史』発刊のことば

「画報千年史――古代中世の世界と日本」は、「近代百年史」「近世三百年史」「現代史」とたどってきたコースの、ラスト・ラウンドであります。わたくしたちの日本近代史研究会が、近代、近世、中世、古代と、わが民族の先祖の足跡と、その世界的バックを、この画報のような身近な形でたどることを企てたのは、ひとえにわれわれが「現代」に生きているからであります。

日本史と世界史とをそのつながりにおいてとらえること、われら日本民族の先祖のすがたを現代当面の歴史に眼をすえてふりかえりみること、これがわたくしたちの編集方針であります。これまでの各シリーズで学んだいくたの経験を生かして、いっそうよいものをつくりあげたいとねがっております。

「画報総合日本史」の完成をめざして、わたくしたちもラスト・ヘビーをかけて、この仕あげの仕事に精進いたします。「画報近代百年史」いらいの愛読者のみなさんからの御支援と御忠告を、おねがい申しあげます。

一九五五年六月

日本近代史研究会
代表　服部之總

⑤『画報現代史』最終巻の編集後記（第十四集、一九五五年七月十五日）

▽画報現代史を十四集かさねて、朝鮮休戦協定調印の頁でもって、いちおう巻を閉じ、とどめの編集後記を書くだ

んになって、たまった日記を書きおえたときのよろこびをおぼえます。

朝鮮休戦協定の調印は一九五三年七月二七日——いまからまる二年まえのできごとです。この「現代史」はだいたい、一集分半年にあたっていますから、あと四集つくらないと「今」に接続しないのですが、それでいてこの第十四集で、ためた日記をいちおう書きあげたよろこびをもつのはなぜでしょう？　第十三集では、まだその気分になれません。

▽ディエンビエンフー（一九五四年五月）だの、金門島（同年十月）だの、その後もハラハラすることはありました。しかし、なんといっても、朝鮮休戦協定の成立ということが、「今」を「昔」から区別するほどの、大きなできごとでありました。人類の現代史はそのことを、やがてあきらかにするでしょう。いづれにしても私たちは、日記をつけおえたよろこびをもってこの「現代史」を擱筆すると同時に、そのペンを一休みもさせないで、「画報千年史」第一集にとりかかりました。

▽「画報千年史—古代中世の世界と日本」は、「百年史」「三百年史」「現代史」とたどってきたコースの、ラスト・ラウンドであります。私たちの日本近代史研究会が、近代・近世・中世・古代とわが民族の先祖の足跡と、その世界史的バックを、身ぢかな形でたどることを企てたのは、ひとえにわれわれが「現代」に生きているからで、「現代」こそは過去未来現在三世の生きている焦点をなしているばかりでなく、生き甲斐のある焦点ともなっているからにほかなりません。

▽ラスト・ラウンドのため、私どももラスト・ヘビーをかけて、夏にもめげず、この仕あげの仕事に精進いたします。「百年史」いらいの愛読者のみなさんからの御支援と御忠言を、おねがい申上げます。　（服部）

⑥**『寫眞近代女性史』の序文**（寫眞近代日本史第一巻、創元社、一九五三年十二月刊）

わたしたちの母、祖母、曽祖母はどんな時代を生きてきたか？

いかに生きてきたか？

わたしたちのいまの行きかたのなかに、彼女たちのそれが、いかにうけつがれているか？――良くも、悪しくも。

本書を編集しながら、わたしはたえず、この感慨を、もってきた。

日本の女性は、封建的な美徳をもっていることで、そとからも謳われ、みずからもほこりとしてきた。マダム・バタフライも、オキクサンも、封建的純情の女である。「女は日本」ということばがある。

わたくしたちの母、祖母、曽祖母たちは、たしかに封建的美徳のわくのなかで、忍苦かつ平凡な一生を送ってきた。だが――けっして、それだけではなかった。

たしかに彼女たちは、近代の自覚を、正しくもったことはなかった。だが――けっして、自覚すべきものを内にしまっていなかったのではなかった。

わたしたちはいまここに、この百年間の日本の出来事のなかから、日本女性史の一こまとして、とってもって語るに足るほどのものを、六〇項目えらんでみた。とってもって語るに足ることの証拠は、すべてが近代文明の一利器――カメラで記録されていたということだけで、足りるであろう。

それにしてもあなたは、われわれのカメラが、しばしば「時代の先端をゆく女性」たちを追うに急であって、忍苦かつ平凡な母たち、祖母たち、曽祖母たちをおき去りにしたと、非難するであろうか？

わたしは、そうは思わない。

なぜならあなたの母、祖母、曽祖母たち――一人の母、二人の祖母、四人の曽祖母、八人の、一六人の、三二人の……千万人の彼女たちは、一人のこらず封建的な忍苦と平凡の底一重のところに、無意識ながらその反対の魂を、ふかく蔵していたからだ。

――彼女たちの心の日記を、そっとくりひろげてみるべきである。

この六〇項目が、彼女たちの心の日記と無縁であったと、たれ〔ママ〕がいいきることができるか？

この六〇項目は、ペリー渡来のむかしからＭＳＡ秘密折衝の今日までをふくんでいる。あなた自身をふくんでいる。

そのような自省をうらうちして、冷静に本書が語る事実は、つぎのことである。明治の数人の先駆女性の思いきったことばと行為は、今日の無数の女性の胸にひびくものをもっているということ。明治の数人にたいする今日の無数の、はたらく女性――プロレタリアートによって代表されているということ。さいごに、この画帖が物語る日本女性のコースは、けっして日本独特の、日本女性に特有の、運命でなかったばかりか、全世界の、とりわけ中国と朝鮮の女性の運命とじかにつながるものであったということ。

明治一八年、「朝鮮人民のために其国の滅亡を賀す」と題する一文を発表した福沢諭吉は、明治一一年、「通俗国権論」の開巻第一頁を、つぎのことばで起筆していた。

「一家の本は婦人に在り、一国の本は民に在り。今世間の家族を一見すれば、家の権柄は主人の手に在りて婦人は唯差図にのみ従ふが如くに見ゆれども、こは唯表向の有様にして、其内実は婦人の勢力甚だ強きものなり。……日本は男子国にて家の亭主が威張り細君は恰も下女同様など云へども、決して其実にあらざるの証拠あり。夫婦差向きに新に家を持て子を生めば、其子は必ず父方の祖父祖母よりも母方の祖父祖母を親み、母方の叔父叔母は父方の叔父叔母より遠慮少なし。天下古今の習俗更に怪しむに足らず。されば日本にても家の子供は過半母の支配に在るものと云て可なり。既に家の子供を支配せり、然ば則ち衣服飲食住居家具に至るまで、大抵は婦人の注文通りに行はれざるものなし。細君の性質華美なれば、子供は無論、亭主の衣服までも自ら華美に移りて之に心附かず。細君の出処田舎なれば、家内の惣菜までも田舎風の献立を目論見て、都人士たる主人は之を喰て旨否を問はず。細君潔僻〔ママ〕なれば家の隅々に埃なく、細君懶惰なれば厨下亦自から狼藉なり。此辺の事に就ては、如何に甲斐甲斐しき男子にても、毫も其力を施すに処なし。主人は恰も下男同様と云て可なり。一家の大本婦人に

在りとは事実相違なきことと知る可し」（福沢諭吉選集第四巻）
われわれは——日本の男性も女性も——この種のごまかしの呪文から、いまこそ永久に、袂別することができるであろう。

本書は、「画報近代百年史」の編集にあたったわたしたち日本近代史研究会の同人中、宮川寅雄、藤井松一、川村善二郎、原田勝正の四人が編集と執筆にあたった。原プラン構成は、今年五月一三日、二九歳の若さで死んだ優秀な近代史家青村真明によってつくられたものである。彼は死の三日まえまで、本書のためのメモを書きつづけた。彼の死後、川村がその仕事をうけついで、この形にまとめた。監修はわたしがおこなった。
本書のためのこの文章を、われわれが愛惜してやまぬ僚友を記念しつつ擱筆するゆえんである。

なお、本書がなるにあたって、いろいろ御教示をたまわり、所蔵資料の撮影ならびに掲載を心よく承認して下さった近藤真柄、堺為子、帯刀貞代、手塚英孝、創元社和田正之の諸氏、ならびに、上野図書館、国際通信社、新女性社、世界婦人大会日本代表報告中央準備会、東京大学法学部明治新聞雑誌文庫、婦人民主新聞に対して、深く感謝の意を表したい。

一九五三年十月　　服部之總

⑦『寫眞近代芸能史』の序文（寫眞近代日本史第二巻、創元社、一九五四年十二月刊）

この「近代芸能史」を、わたしたちは、あるひとつのあたらしいこころみとして、みなさんにおくる。
こころみのひとつは——本書では新劇から浪花節までの広汎な「芸能」のジャンルをとりあつかっているのであるが、何をとりあげ何をすてるかの規準は、近代日本の民衆が愛好したものをすべてとりあげ、愛好しようともちかづけなかったもの、たとえば雅楽、といったものは割愛した。紙数の制限さえなければ、それらのものは対照的に、また将来うけつがるべき文化遺産の貴重なものとして、とりあげなければならぬことは、いうまでもないのであるが。

つぎに、それら広汎なジャンルをどんな順序でとりあげるかという問題。それについては、討議のけっか、近代日本の民衆が愛好していった順序にしたがうことにした。なにがいつごろから、はやっていったか？　同じジャンルについていうなら、いつごろから、それがいかに、変っていったか？

そのような変化や出没の社会的背景に、日本近代史を織りなすどんな事情が存在したか？

その交織のあやのなかで、芸能そのものがどんな役割を演じてきたか？

本書は、以上のような疑念を課題にもってこころみられたところの、日本近代芸能史の点検である。そのようなものとして、おそらくはじめてのこころみであるから、不充分な点が多いにちがいないし、写真史料の制約によるうらみもすくなくはなかった。

点検はこの分野においても、過去のためでなく、今後のために必要なのだ。本書のこころみにたいする今後のための批判を、惜しまないで下さい。

本書は「画報近代百年史」の編集にあたったわたしたち日本近代史研究会の同人中、色川大吉、川村善二郎、佐藤昌三、原田勝正、藤井松一、松島榮一、宮川寅雄、村上重良の七人が、編集と執筆にあたった。プラン担当者は色川、川村、原田、監修は私があたった。史料その他につき御協力をえた上野図書館、東大法学部明治新聞雑誌文庫、日本放送協会、早大演劇博物館、劇団民芸、俳優座、前進座、新児童劇団、劇団東童、東京少年劇団、人形劇団プーク、中央合唱団および佐藤保造、高田俊郎、波木井光太郎の諸氏にたいして、ふかく謝意を表したい。

一九五四年三月

服部之總

一九五四年を境に、私は老年期にはいった。そのことを自分にたいしても、身辺にたいしても、したがってまた私の仕事の本拠である日本近代史研究会の諸君にたいしても申しのべる。

一九五五年は私の老年期第一年である。去年からひきつづいて鎌倉山で療病生活をいっそう心しておこなって、四月からは、主治医の最良のばあいの見透しのとおりに、1／2勤務の再出発を実現することを期したい。

⑧　一九五五年と近研（日本近代史研究会『会報』一九五五年四月？）

以上は私自身に関しているが、去年からの『画報現代史』をことしは一応の幕にして、予定のように『画報中世四百年史』に移りたい。それについての具体的な討議が、五五年さいしょの近研のしごととなろう。

つぎに『近研論集』第一冊を四月に出版したい。今後春秋二季、理論社から出版することになった。近研同人にとっては、積年の望みであった。

つぎに……。私としては、近研については、青村君の死に逢ったころからいろいろの「積年の望」がたまっている。私の老年期が、それらをつぎつぎと実現させてくれるのだったら、どんなにしあわせであろう。あらゆる努力と希望を、同人諸君とともに私はあせらずに、もちつづけよう。

『著作集』第一巻が小宮山量平君の手でいよいよ出たことは、去年を今年につなぐ大きなよろこびである。第一巻の解説を書いてくださった川村善二郎君に謝意を表する。

故人青村真明は、近研から大学の教壇へ送り出すさいしょの人と予定されていた。本人もそのつもりであった。不思議な順序で、青村君のあとをうけて近研同人となった原田勝正君が、さきに学園に去ることとなった。大学とはかぎらず、学者ともあえてかぎるつもりはないが、日本近代史の若き世代の権威者が、私たちを凌いで生育し、私たちの年輪をおしひろげて日本近代史研究会の仕事を前進させてくれることを、それをこそ私は青村君の死の前後から、近研に課された中軸の使命であると思いつづけてきたものである。

私事にわたるが、書斎の隣に小さな書庫を建てて、はじめて蔵書に十分なだけの棚がそろった。物置の角に湿気ていた本たちが日の目を見る。本というものは、書棚にならべておかないことには、何の役にもたたぬしろものである。

京橋の近研の書棚もいつかいっぱいになった。住宅問題は、人間だけのことではない。

付　青村眞明遺稿「明治末年の文明批評が提起する問題について」（ガリ版刷『文化史懇談会』第一号、一九五一年一月一日所載）

我々が現代日本の文化を考える場合に、常に対決を迫られるのは、明治以後の日本の市民文化というものが果して一つの「様式」をもちえたかどうかということである。文化の母胎にはそれぞれそのトレーガーたるべき階級、階層の生活様式や習慣、生活感情、生活倫理等の渾然として統一されたいわば「生の様式」というものがある筈である。性急な近代化の必然的随伴物としての近代ヨーロッパ文明の上からの急激な移植。それは一つの完成された「様式」をもつ江戸時代の文化の破壊、混沌以外の何物であったのか。

そうした近代日本の文明の根本的な問題について最も深く苦しんだのは明治の文学者である。永井荷風の明治四十年代に於ける作品（ふらんす物語、冷笑等）について著しい文明批評という形もその典型とされるであろう。いわば文明批評とは俗悪な形の日本の近代化、その生みだした擬似近代文明に対する彼の生理的嫌悪の表明であったといえる。彼は視覚を通じて次に明治のバラック文明をあばいて行く。そして完成された近代フランスの文化の「様式」と混沌の相を示している祖国日本の間の格差の大きさにもだえる。そこから明治維新への懐疑となり、薩長の田舎者への嫌悪から江戸文化の完成された美しさに対する讃美に連って行く。彼の文学の花柳趣味と陋巷趣味の陥没は一つの主要契機を（他の契機はいうまでもなく「花火」に現われている如き大逆事件のショック）こゝにもっている。

文明批評というものの中には、批評する主体が厳として存在しており、そこでは近代ヨーロッパ文化との対決ということが主体性に於てとらえられている。ところが精神史的に重要なことは四十年代になると、そうした「主体性」を喪失した新たな人間の類型が登場して来ることである。こゝから教養派、白樺を通ずる大正期インテリゲンチアの一種のコスモポリタニズムに道が開かれてくる。多かれ、少なかれ自己の精神的系譜を「教養派」にもつ我々には、今日民族の伝統的文化に対する自信をいかなる形で回復して行くか、緊要な課題であると思う。

質疑討論の結果明らかにされた諸点

1．明治の精神、大正の精神という具合に一般化してワリキリ過ぎるとはみだしてくるものがあり過ぎる。荷風の如く都会の中に「抵抗」を求めようとした者だけでなく、農村の中へ入って行った人たちがあるのではないか。自然主義の作家たちや「種まく人」などにつながる系列を過少に評価してはならないのではないか。

2．荷風の場合江戸っ子であったことは決定的である。彼は泥にまみれて新しいものを作ろうとするのでなしに過去の洗練されたものに飛びついてしまったような感じがしないだろうか。

3．日本の近代化というものを「上からの」近代化として一色に塗りつぶしてしまっている。もっと下から近代化を押し進めようとした努力を評価してよいのではないか。完成された「様式」というものがない所に文化が果して生れないかという疑問とも結びついてくる。

4．教養派のコスモポリタニズムといっても例えば四十年代に於て柳田国男の民俗学をはじめ、神話学、宗教学等の近代日本の学問の体系が、教養派とむしろ呼ばるべき人々の間で作られることをどう説明するか。和辻氏その他の所論にみるように、極端な形の日本主義・国家主義に反対して断乎としてこれこそ真の日本文化であると主張している面をもつことを忘れてはならない。

V　アメリカ占領下の服部之總

一　日本共産党員としての服部

本稿では、一九四五年九月から一九五一年九月のサンフランシスコ講和条約調印までの、アメリカの「単独占領」軍政支配時代のなかで、いわゆる「占領」後期の画期とされている一九四七年から一九五〇年六月の朝鮮戦争への時期における「平和と民主主義のたたかい」における服部の足跡を叙述する。

本書巻末の『年譜』に記してあるように、服部は一九四九年一月に野坂参三のすすめで日本共産党に入党した（服部は「思いつくままに」と題して、「入党の感想」を公表している。『服部之總全集』第二十三巻所収。初出は『自由の旗の下に――私はなぜ共産党員になったか』一九四九年四月、三一書房刊）。

服部の入党記事が、一九四九年一月十五日号の『アカハタ』に顔写真つきで、つぎのように報じられている。

入黨祝いの紅つばき〝廿五年の戀〟叶う　▽服部之總氏喜びを語る

知名な文化人、知識人の入党が相つぐ中に、明治維新史研究家として著名な歴史学者服部之総〔ママ〕氏（四九）も今野武雄氏の推せんで共產党へ入党した、神奈川縣三浦地区委員会に正式に入党手つずきのすんだ十二日、鎌倉山旭丘の自宅の大きなこたつで

「ぼくは志賀君と同じクラスでネ、彼は强情だつた、柔道をやつてもなかなかまいつたとはいわなかつた」

と入党した服部氏がなつかしそうにまず口にしたのは大阪で総選挙をたゝかつている旧友志賀中央委員のことだつた

「お父さま、これお父さまの入黨祝いですつて」

次女の苣子さんが赤いつばきの花をいけて部屋に入つてきた、長女洋子さんのお友だちからの送りものだというその赤い花に度の强いめがねの目をほそめてみいりながら服部さんは

「永年党外のシンパ的学者として、合法的マルクス主義者としてすごしてきた、この廿五年間、非合法時代の友人の苦しみをみるにつけても自分は政治家としてはたてないので、学問でいこうと思つていた、党は職業政治家の党だと思つていた、しかし今は党が拡大强化すべき時で、こんな考えではいけないと思つて、入党させてもらつた、およばぬ恋だと思つていた廿五年間の恋人とやつと結婚できたわけだ」

とうれしそうに笑い

「党に入つたので、これまでの未熟なものを実らせていきたい、入党することによつてそのことはきつとできるし、またしなければならないと思つている、これが私が党につくす道だ、鍋山が読賣で文化人の入党はバスにのりおくれないためだとデマつているが、今このような時に入党することは、鍋山がいつているようなものでないことはわかりきつている、現在どのような情勢にあるかを知つた上で、しかもなお今入らなければいられないのだ」

服部さんの眉にかたい力がはいり、そして同じ鎌倉に住む作家大佛次郎氏、川端康成氏らにあつてみて、これらの人々がどんなに强く、平和と民主主義をまもろうとしているか、党はこれらの人たちとともにはばひろく……と語

るとき服部氏の言葉にさすがに熱い調子がにじんできた

◇

服部氏は島根縣の出身、大正十四年東大を出、東洋大学、農業大学の教授、中央公論の初代出版部長、野坂参三氏らと産労にも関係、三・一五の直後に大山郁夫氏の新党組織準備会に参加、唯研の創立、プロ科、無神論同盟に入つて活躍して、昭和十一年以後は執筆を断念し「花王石けん」に入社した、現在鎌倉大学教授で家族は七人暮しでいつも明るい話聲がたえない樂しい家庭である

代表的著書には明治維新史、明治維新史研究、絶対主義論、黒船前後などがある

また、左記の記事の中に出てくる志賀義雄への書簡〔毎日新聞社の原稿用紙に〕も残っているので紹介しておく。

先夜は、時間がなかったので、あとで御話もできずに失礼しました。このほどから、おくればせの入党を紀念して、「敬愛する党と、同志志賀に」ささげる、つたない論文を起稿中でしたが、今朝やっと脱稿しました。五十枚ほどのものですが、清書したら、持ってゆきますから、非常に御多忙のところで御めいわくをおそれますが、一度目をとほして下さい。拝眉萬々

二月十日　服部之總

志賀義雄大兄

翌一九五〇年一月六日に「コミンフォルム」の機関紙『恒久平和と人民民主主義のために』紙上にオブザーバー署名の論評が発表され、この中で野坂参三の「理論」（一九四六年一月に日本に帰国していらい「民主人民戦線」を提唱し、「愛される共産党」の象徴として、アメリカ占領下でも日本人民が権力をにぎれるという「平和革命」論）が

批判された。『日本共産党の五十年』（日本共産党中央委員会出版局、一九七二年七月刊）によれば、「ここで批判しているのが、野坂参三の個人的な見解ではなく、日本共産党の公式の政治路線であることは明瞭であった」と記述してある（三五頁）。だが、この外国からの批判をめぐって党内で激しい論争が展開された結果、同年二月六日付の『アカハタ』紙上で野坂は自己批判を公表した。服部は、この野坂の自己批判を口実に、同年六月に「脱党届」を提出して日本共産党を離党したことも年表に記してある。この「脱党届」を私は見たことはないが、服部から私が直接聞いたことは、野坂の自己批判が公表された翌二月に書いたが、五月までは党本部に提出しなかったということであった。

私は当時党本部の文化部に所属して、歴史学関係諸団体や民主主義科学者協会などの指導の任務に当たっていた日本中世史家の松本新八郎に直接話を聞くことができた（一九七六年五月二二日に松本邸に於いて）。当時私も日本共産党の東京都千代田区地区委員会に所属して知識人対策の任務を担当していた。そのため歴史研究者の先輩という関係だけではなく、信頼する機関所属の同志として、松本は私に率直にいわゆる「五十年問題」当時の党内事情までも詳細に話してくれた。この時の録音テープを現在も私は大切に保存してある。この時の松本の聞き取り調査によると、服部の「離党届」は党本部で保留されたまま、服部は一九五六年三月四日に死去するまで党本部直属の党員として処遇されていたということである。もしこの「離党届」が承認されていたら、服部の葬儀の際に日本共産党を代表して野坂参三が弔辞を読むはずはなかったと松本は述べている。しかし、服部からもまた家族からも、一九五〇年六月には日本共産党を離党して共産党派の歴史学者として行動していたと私は聞かされていたので、松本の話は驚きであった。

本稿を執筆しながら終始こだわりつづけている私の疑問は、戦前から深い交流があり敬愛の情を抱いていた野坂参三からのすすめがあったとはいえ、なぜ、服部が「極左冒険主義」時代の日本共産党にあえて入党し、わずか一年半足らずで「離党」してしまった真の理由はなんであったのかという思いである。本書巻末の『年譜』でも明らかなように、この当時の服部は持病のノイローゼなど種々の病気で入・退院を繰り返している悲惨な精神状態にあった（一九四九年七月、過労のため十二指腸潰瘍・肺結核を併発、ノイローゼを患い療養先の箱根から下山し入院。一九五〇年一月、ノイローゼ再発の兆候で岩波書店での「平和を守る会」に出席中に倒れる。一月から二月にかけて二回にわたりノイローゼと糖尿病の治療で植皮手術。同年四月、東京・上野での人文科学委員会の席上で、胃潰瘍で倒れる。六月にノイローゼ再発。八月に服部の友人であった宮城音弥の自宅の病院に入院）。

このような厳しい悪条件の中にありながらも、後で稿をあらためて詳述するように、服部はマルクス主義歴史学者として超人的な著作活動を行っている。

再び松本の聞き取りに戻る。松本はこの時に私の『歴史家　服部之總』に日本共産党員として、服部の最大の功績として是非書いておいてもらいたい秘話（「ストックホルム・アピール」と服部の関係で）があると、以下のような証言をしてくれている。松本のこの証言には年代と事実の点にいくつかの誤解と混乱があるように私には思われるが、このことは後で私の考えを述べておくことにして、ここではこの時の松本の証言をできるかぎり正確に要約して紹介しておきたい。以下の松本証言の文中〔　〕内の記述は私が挿入したものである。

「ストックホルム・アピール」〔一九五〇年三月十九日、スウェーデンの首都のストックホルムで開かれた世界平和評議会常任委員会第三回会議で原爆反対の署名運動を全世界によびかけた〕が出された後、「血のメーデー事件」〔一九五二年五月一日に神宮外苑での第二十三回メーデーで再軍備反対と皇居前広場の開放を決議して皇居前広場に突入したデモ隊に対して警官隊が発砲し、死者二名（この中の一人に法政大学文学部哲学科の学生であった近藤巨士は警官の殴打が致命傷で六日に死去）のほか千数百名の負傷者、検挙者は千二百名をこえ、騒乱罪違反で起訴され結審までに二十年以上かかった大事件〕が起きた。当時、火炎ビン戦術などの「極左冒険主義」をとっていた日本共産党の指導とみられたが、事件自体は官憲の計画的な行為であった。平事件・吹田《すいた》事件・大須事件とともに四大騒乱事件といわれる。このメーデー事件の公判は一九五三年二月から東京地裁で開始された。この被告支援闘争に服部之總は阿部知二、鈴木東民、細川嘉六、山之内一郎らとともに特別弁護人として参加して活動している。結局、この裁判は、一九七二年十一月二十一日に東京地裁で騒乱罪が不成立となり八十四名が無罪、十六名が公務執行妨害などで執行猶予付きの懲役刑数ヵ月となったが、十二月四日に東京高検の上告断念で判決が確定した大須事件などに見られたような、当時の日本共産党の「極左冒険主義」闘争の影響もあって平和署名活動が容易に進まなかった。そこで党中央政治局は、服部との連絡係であった松本に人脈の広い服部の助力を依頼するよう指示した。この要請を松本から聞かされた服部は、親交の深かった三笠宮崇仁〔大正天皇の第四皇子で昭和天皇の三番目の弟〕と、当時『新平家物語』を連載中の流行作家の吉川英治に世界平和評議会に対して原爆反対の平和署名に賛同する返書を出してもらおうと考えた。まず最初に服部が吉川に会って要請したところ、吉川から「平和は大事だと思うし、戦争は反対だが、作家としては出過ぎたことだと思う」という理由で断られた。服部は玄関で靴を履きながら「これから三笠宮さんのところへお願いに行くんだよ」と言うと、吉川は顔色を変えて「宮様が返書をお書きになられるのでしたら私も喜んで書かせてもらいます」と服部に言ったという。この後に服部が三笠宮に会うと「世界平和は賛成だし、第三次世界大戦には皇室も反対だと言っているが、自分の独断だけでは書けない。『月の輪古墳』の発掘〔一九五三年に住民参加による岡山県柵原《やなはら》町にある古墳中期初頭の大型円墳の発掘調査。服部は一九五四年三月号の『歴史評論』に「映画『月の輪古墳』を見て」を書いている（『全集』㉒）〕。この時に私が協力できたのも宮内庁の許可があったからだ」と言われたので、服部は宮内庁に相談してもらえないかと三笠宮に頼んだ。それから半月か一ヵ月ほど経った頃に三笠宮から服部に会いたいと言ってきた。服部が三笠宮に会うと、宮内庁に相談したところ、責任者から日本共産党に次のような質問をして、その返事の内容に納得できた上で返書を書くと三笠宮が言われたという。その質問とは「将来、日本に革命が起った場合、日本共産党は皇室をどのように処遇するのか」ということであった。服部は「この質問を出したのは小泉信三らしい」と松本に言ったという。この三笠宮の返事を聞いた松本はいくらか血路が開かれた思いがして、すぐに政治局の松本一三に報告すると、彼はただニヤニヤと笑っているだけで実に頼りのない印象をその時に受けたと松本は私に話してくれた。政治局からの宮内庁への返事が来たのは三、四ヵ月も経ってからだったように記憶する。松本一三から伝えられた三笠宮への日本共産党の返事は、「もし将来、第三次世界大戦が起った際、皇室が終始平和の立場をとられるならば〔「とってくださるならば」と言ったかもしれない〕、日本国民は皇室を名誉ある家族として遇するでありましょう」と答えてもらいたいということであった。そう私に言い終わると松本新八郎は「すばらしい答えでとてもうれしかった。返事がくるまでに随分長くかかったのでおそらく政治局はどこかと連絡をしたなあと僕は思った」と私に話した。松本が服部に会ってこの返事を伝えると「これはいけそうだ」と服部は喜んだという。このようないきさつの結果、服部は三笠宮と吉川から世界平和評議会への返書を書いてもらうことができた。それから後のことは政治局がすべて工作したのでそこまでしか私は知らないが、この後で南原、大河内両東大総長などの学者や有名作家の大佛次郎、川端康成など第一級の著名人ら三十数名からなる連名の返書がつくられた。その頃にたまま「ビキニ水爆実験問題」〔一九四六年以来アメリカがマーシャル諸島を主要な核実験場として、ビキニ環礁で一九八五年迄の間に三回の水爆実験を行った〕がダブッたものですから平和署名が三千万以上も集まることができた。このことで三笠宮には右翼から脅迫状が多く来たようです。以上のような「秘話」を松本は私に語った後で、このことは「服部さんの日本共産党員としての仕事の中で一番大きなものではなかったでしょうか。服部さんという人は単なる学者ではなかったということです。こういう面でも視野の広い、人の接触も非常に広かった人でした。こんなことは服部さんでなければとうてい出来なかったことでしょう」、と松本は私に強調して、このことを何らかの形で年表の中にぜひ書き残しておいてくださいと、私に力説されたことをここで初めて紹介しておきたい。これまでこの『歴史家　服部之總』を書くために、永年にわたって史料や聞き取り調査をしてきた私にとってまったく初めて聞く貴重な「証言」であった。しかし、前述したように松本のこの時の「秘話」には事実や年代にかなりの混乱や記憶違いがあるように私には思えてならない。この『歴史家　服部之總』に正確な「歴史的事実」として記録に残しておくためにも、私はかなりの時間と努力を費やして調査した結果をここで補足しておくことにする。

上述の松本の証言を信用した上でも、私が一番疑問に思って調査したことは二点ある。その第一は、三笠宮崇仁と吉川英治に「ストックホルム・アピール」への返書を書いてもらったことの記録がこの稿を執筆するまでにまったく確認できなかったことである。

「ストックホルム・アピール」とは、すでに略述したように一九五〇年三月十九日にスウェーデンの首都のストックホルムで開催された平和擁護世界大会常任委員会第三回大会（前年四月にパリで発足。一九五一年に世界平和評議会に改組）で原爆反対の署名運動を全世界によびかけ、原子兵器の絶対禁止、厳重な国際管理の確立、最初に使用する国を戦争犯罪人と扱うなどを訴えたものであった。この「アピール」は、第二次世界大戦後の「冷戦体制」の時期で社会主義陣営が展開した平和運動のなかでもっとも著名なアピールで、世界では五億人以上、日本でもアメリカ占領軍のきびしい弾圧をうけながらも一九五〇年十一月までに五百八十七万人の署名が集まった。このため朝鮮戦争でのアメリカ軍による原子兵器使用の意図は砕かれたとさえいわれている。その後、翌一九五一年二月二十五日の東ドイツのベルリンで開かれた世界平和評議会総会の決議で「平和条約締結に関するよびかけ」（「ベルリン・アピール」）、同年十一月六日にウィーンでの世界平和評議会総会の「軍縮に関する決議」が出されたことからも、「ストックホルム・アピール」は世界的平和運動の幕開けとなる画期的な「アピール」であったと言ってもけっして過言ではない。

この「アピール」について、私は吉川弘文館の『国史大辞典』第八巻（一九八七年十月刊）所収項目「ストックホルム・アピール」（神田文人執筆）、佐々木毅ほか編『戦後史大事典　増補新版』（三省堂、二〇〇五年七月刊）所収の同項目（吉川勇一執筆）、平和擁護・日本委員会編集の『平和は戦争にかつ――第二回世界平和大会概要』（一九五一年三月刊）、日本平和委員会編『平和運動20年資料集』（大月書店、一九六九年九月刊）、法政大学大原社会問題研究所編『日本労働年鑑』第二十三、二十四、二十五集（一九五一～一九五三年版、一九七〇年十月、十一月刊の復刻版）所収の平和運動、婦人運動、平和擁護運動の項目、同研究所所蔵での Google で検索した「ストックホルム・アピール」の資料などや『アカハタ』一九四九、一九五〇年の全記録からもまったく確認できなかった。この『アカハタ』の史料調査にあたって法政大学大原社会問題研究所のみなさん、とくに吉田健二研究所員には甚大なる協力をえたことを心から感謝の意を表したい。

第二の松本の「誤解」（記憶の混乱）は、「ストックホルム・アピール」の頃にはまだ服部と三笠宮崇仁との交流はなかったというのが私の考えである。この点については、私が実際には編集した『服部之總・人と学問』（小西四郎・遠山茂樹編として日本経済評論社から一九八八年七月に出版）の巻末に掲載している『服部之總年譜・著作目録』の一九五二年三月に「日本近代史研究会の編集会議を三笠宮崇仁が参観する」と記述してある。本稿を執筆するに際して、日本近代史研究会の同人であり、現在も同会が蒐集した多数の貴重な写真資料を保管され、その復刻版やさらに新しい画報も出版され、同会の伝統を引き継いでおられる川村善二郎から寄贈された日本近代史研究会の『回想録』のすべてを繰り返して読み、たびたび直接に電話でも服部と三笠宮との出会いの時期を尋ねたのだが、確認できなかった。

服部を代表とする日本近代史研究会が設立されたのは、同上の私の『年譜』の一九五一年一月に「日本近代史研究会を設立する。同人に小西四郎、遠山茂樹、松島栄一、吉田常吉、藤井松一ら参加する」。同年六月「日本近代史研究会編『画報近代百年史』（全十八集、国際文化情報社）の刊行はじまる。ベストセラーとなる」と記述している。この『画報』の第一集は同年五月十五日に発行され、この「編集後記」は一九五一年五月付で主なる執筆者は吉田、松島、藤井の三名とされている。第二集の「編集後記（一九五一・六）」は吉田、遠山、藤井の三名で、この最後のところで「日本近代史研究会代表服部之總氏も健康を快復し、小西四郎氏をはじめ十数名の新鋭の学者陣をリードしながら大はりきりです」と書かれている。私が参照しているこの『画報』第二集の裏表紙に「百年の友一日の生を与う　総　一九五一・七・一〇」と服部の墨書がある。この年は私が大学二年生で服部の鎌倉山の自宅を訪問した際にこの『画報』を服部から直接もらったのではないかと記憶する。服部の名前が「編集後記」に出てくる最初は第四集（一九五一年八月）で、主な執筆者は服部と青村眞明、藤井の三人である。上述した日本近代史研究会の設立の『年譜』に同人として小西を筆頭に遠山、松島、吉田、藤井の五名を連記しているが、この五名の中で、当時闘病中であった服部を激励して歴史家として再起してもらうために日本近代史研究会の代表に引っ張り出した中心人物はおそらく松島榮一ではなかったかと私は推測している。小西、遠山、吉田、松島は東京大学史料編纂所の同僚であった。

さて、第二の私の疑問である服部と三笠宮との出会いの時期が何時であったかという点に関してである。二〇〇二年十二月十二日に松島榮一が逝去（享年八十五）した翌年の三月十六日に「松島榮一さんをしのぶ会」（東京池袋の東武バンケットホールにて行われた）での弔辞や偲ぶ言葉も収録して松島の足跡をまとめた『庶民の歴史家　松島榮一』（下町人間総合研究所編集・発行、二〇〇四年五月刊）所収の「偲ぶ言葉」の中で、三笠宮崇仁が「浅草で先生と初めてのストリップ劇場」という奇抜な表題で、次のようにこの席で話されている。

「松島先生と親しくなったのは、服部之総《（ママ）》先生グループ（おそらく東大で講義を一緒に聴いていた村上重良氏の誘いで）に入れていただいたからで、随分方々ご一緒に回りました。その時に松島先生もいらしたわけです。私は戦後初めて浅草でストリップを見ました（笑）し、両国橋のたもとの焼き鳥屋にもお供しましたし、いろいろ勉強させていただきました（笑）」（四〇五頁）。戦前ならばおそらく出版禁止になるような興味深い日本近代史研究会との思い出を「皇族」の三笠宮が公然と語っている。この題の「先生」とは服部を指し、この時の案内役も服部であった。昨年の春（二〇〇九年三月二十二日）、法政大学第二高等学校育友会と育友会旧歴史教育研究所が主催した「三笠宮記念図書館」がある中東文化センター（三鷹市大沢）見学と観桜会に私も招待された（主催校の校長で法政大学増田壽男総長の下で大学の付属校担当理事も兼務している榎本勝巳は、私が法政大学教授時代に主宰していた法政大学歴史科学研究会での教え子である）。満九十三歳になられた三笠宮は育友会旧歴史教育研究所の常任評議員をされていた関係で出席された。昼食直後に招待者の筆頭に私が挨拶をさせられたので、服部と三笠宮と私の関係を少しばかりふれた。私の席が三笠宮と隣り合わせになっていたので、短い会話の中で私は「宮さんを日本近代史研究会の編集会議にお誘いしたのは村上重良さんでしたか」と尋ねると、三笠宮は軽くうなずかれた。私はその時まではそう信じていたからである。だがこの時に夫妻で招待されていた川村善二郎の話ではまったくその逆であった。その後、彼から寄贈されている日本近代史研究会についての『回想録』（「服部之總と『歴史画報』編集の思い出」（本書第二部Ⅵの二 川村善二郎の回想（二）に再録しているので参照されたい。）、『復刻版写真図説総合日本史』（全一八巻、国文社）の川村の「あとがき」、未知の小島亮編集長から思いがけなく贈呈された中部大学編『ARENA2010アリーナ』第九号（風媒社、二〇一〇年七月刊）に所載されていた「川村善二郎氏へのインタビュー（聞き手・今西一）などを参照すると、一九五一年三月に東京大学文学部国史学科を卒業した川村は、すでに日本近代史研究会の同人であった先輩の青村眞明（一九四三年に東京大学文学部に入学した学徒出陣の世代で近研の同人であった色川大吉と同期）に誘われて同年五月から青村の助手格で週三回だけ『画報』第三集を手伝うようになり、一九五三年四月から服部に「もう半玉をやめて一人前になれ」と言われて常勤スタッフに加えられた。村上重良が研究会に参加したのは一九五二年四月からである。村上は東大で三笠宮と机を並べてヘブライ語を学んだ宗教学の専攻者であったと、川村は上記『復刻版写真図説総合日本史』（日本近代史研究会が一九五一年から一九五七年までの七年間に編集・発行した『画報近代百年史』全十八集、『画報近世三百年史』全十六集、『画報現代史』全十五集、『画報千年史』全二十集を復刻したもの）の「あとがき」（上記の四つの歴史画報を編集した時期に川村が書いていた日記をもとに書き改めた貴重な記録である）に書いている。川村は私に三笠宮が村上を近研に推薦して同人となったのだと何度も言っている。

すでにⅣの「日本近代史研究会代表時代」の中で紹介したように、『復刻版写真図説総合日本史』の「あとがき」（復刻版第十三巻の「談論風発の『あまのじゃく』たち」）に川村も引用している三笠宮が日本近代史研究会の編集会議に初めて来られた時のことを青村眞明が『画報近代百年史』第十四集の「編集後記」（一九五二年七月）に書いていることはすでに紹介した。

以上の川村や青村の記録から見ても、「ストックホルム・アピール」（一九四九〜一九五〇年）の頃には、まだ服部と三笠宮との接点を見出すことはできない。前記の青村の「編集後記」にある「本研究会のメンバーの一人と親しい三笠宮さん」とある人とはおそらく松島榮一ではないかと私は今考えている。上記の『庶民の歴史家 松島榮一』に収録されている『歴研』再建に力となられた先生のお人柄」と題して松島への「偲ぶ言葉」を寄せている世界史学者の荒井信一に私は電話で問い合わせてみた。荒井は藤井松一の前に服部の助手として『画報』の編集を松島に頼まれたが断ったと話してくれたことを随分まえに聞いたことがあったからである。その時の電話での荒井の話によると、一九四九年三月に東京大学文学部西洋史学科を卒業してすぐ中央公論社に就職したが、そこを馘首されて浪人中に松島榮一から服部の助手として日本近代史研究会に参加しないかと言われたが断ったこと、さらにその理由も私は初めて聴くことができた。その時の電話での荒井の話では、歴研の委員であったころ、日本史研究者とはちがって、世界史研究者が話し合う溜り場が当時はなかったので、三木亘らと「西洋史サロン」(上述の法政大学付属第二高等学校旧歴史教育研究所の前身。荒井や古代ローマ史研究者であった土井正興等が所長であった)に当時東京大学特別研究生であった三笠宮も参加されていた。また歴史教育者協議会の後に委員長となった高橋磌一と松島榮一もよく来ていた。恐らくこの「サロン」での松島と三笠宮とのつながりで、松島が三笠宮を日本近代史研究会の編集会議に連れてきたのではないだろうかと思う。三笠宮に世界平和評議会への返書を書いてもらったのは、「ストックホルム・アピール」(一九五〇年三月)ではなくて、その後の「ベルリン・アピール」(一九五一年二月)の時ではないだろうかと言われた。さらに興味深い話として東京大学「細胞」(現在の日本共産党の「支部」)で活動していた時も、今日のような原爆にたいする理解とは非常にちがっていて平和署名活動には熱心ではなかったし、『アカハタ』をほとんど読まなかったと荒井は私に語ってくれた。

日本近代史研究会編集の『画報現代史』第五集(一九四八・四〜一一)の「編集後記」で色川大吉は「人間は複雑です。プロ・レスリングにひきこまれていたひとびとが、帰り道の国電駅前で原水爆禁止署名をしております。聞けば署名はすでに一千万名をこえたそうです。目にうつる日本の世相の暗さがどんなに絶望的でも、これをきりひらこうとする力が強まっていることは信じられます。たとえ日本はいま深夜でも、世界はもう午前十時をまわりました。いま日本政府から使節団がいっている全ソ連農業博覧会では、わずか一、二年うちに一千万ヘクタールの荒地を耕地にかえたことが記録されています。この広さは日本の全耕地の約二倍にあたっています。イデオロギーはともあれ、正しい政治と国民への愛情があれば、原子エネルギーのこの時代に、人類懸案の理想社会〔ユートピアとルビがつけられている〕をつくることは夢ではなくなったようです。画報現代史の編集がそれへのささやかな寄与であればと祈っています（D・I）」と書いている。

『画報現代史』の第八集（一九五〇・一〜六）の「この集のあらまし」の冒頭に「第八集は、二〇世紀のなかばたる一九五〇年の前半期、朝鮮戦争の勃発にいたる緊迫した時代を収録している。

新中国の誕生に対するアメリカの新政策――新しいアジア反共防衛線の設定、反共太平洋同盟の構想、北大西洋軍創設決定――が、年頭以来つぎつぎとあきらかにされ、それが『共産主義』との冷戦における強硬な戦略であるだけに、戦争の危険をひし〳〵と感じさせたものでありました。良識ある人々に原子兵器の使用禁止を訴えたストックホルム・アピールが、世界の大多数の賛同を得たのも、そのためでありました」と書いている。本誌に「世界の良心ある人に＝ストックホルム・アピール」という表題の五四五頁の文中に「国際的な平和運動の進展からやや立ち遅れた『平和を守る会』も、五月平和擁護世界大会委員会の助言をえて民擁同とともにストックホルム・アピールの署名運動を開始し、都市や農村のすみずみまで署名用紙が配られ、七月一日現在すでに一五〇万の署名が集まったのであった」と記述している。また同『画報』第十集（一九五一・一〜六）の「この集のあらまし」の冒頭に「一九五〇年六月に勃発した朝鮮戦争は、五一年に入り新しい様相をしめしました。（中略）アメリカが対日単独講和を急いでいた間に、アジア・中近東では、インドシナ、フィリピン、マライ、ビルマ、イランなどで民族解放闘争が帝国主義諸国の宝庫を大きくゆり動かしていました。

この民族闘争は全世界の平和運動を高揚させました。二月中旬スターリンは『第三次大戦は防ぎうる』との談話を発し、同月下旬ベルリンで世界平和評議会第一回総会が開かれました。この会議で決議された五大国平和条約締結のアピール（ベルリン・アピール）は、全世界の平和を愛する人々に心から迎えられました」と記している。当時スターリンのソ連共産主義国家と新しく誕生した毛沢東の中華人民共和国への、とくに日本の学生や知識人の期待と信頼は絶大なものでした。当時大学生であった（一九五〇〜五四年）私自身の体験からもそういえる。当時の私はモスクワ大学に留学したいとロシア語の学習に熱心であったことを今懐かしく思いだします。

以上縷々述べた川村と荒井の電話での話や、この『画報現代史』の記述を精読し、私の永年の疑問がとけた思いがしている。松本新八郎の私への貴重な証言をかりに事実だと信用しても、三笠宮と吉川英治の返書は「ストックホルム・アピール」の時ではなくて「ベルリン・アピール」以後のことではなかったかと思う。そう考えればすべて辻褄がうまく合う。私が精読した『アカハタ』とその後継紙の一九四九年と一九五〇年の記述の中の署名運動の著名人の中に服部の名前はまったく出てこない。わずかに『アカハタ』一九五〇年二月七日に「軍事基地にするな 湘南の文化人たつ」の中で「湘南平和懇談会準備会（仮称）が発足した時の発起人の中に名前がでてくるだけである。私が理解している服部の性格から推測して、もし松本が言うように服部が日本共産党員として三笠宮と吉川に世界平和評議会への返書を書いてもらう工作をしていたとすれば、三笠宮と吉川の社会的立場を配慮して『アカハタ』紙上にはまったく伏せてもらい、服部自身もこの署名運動の表には名前を意識的に出さなかったのではないかとも考えてみたが、上述のように三笠宮と服部との出会いが「ストックホルム・アピール」の時期にはまだなかったことは明らかなので、両者の返書は「ベルリン・アピール」（一九五一年二月二十五日）以降ではなかっただろうか。

上述した『画報現代史』の記事にもある朝鮮戦争勃発前後にアメリカの日本占領政策が一八〇度転換して、日米合作でとくに日本共産党の活動を弾圧する「反動攻勢」の象徴でもある「破壊活動防止法」制定反対運動の時には、本書の『年譜』（一九五二年六月）に記述しているように、服部は連日のように講演活動をしてこの反対運動に積極的に参加していることからも私にはそう思われてならない。

上述の貴重な松本の証言は、さらに今後もあらゆる資料から慎重に検討したいと思っているが、現在の時点では、「ストックホルム・アピール」と「ベルリン・アピール」の時期の記憶違いではないかと私は考えている。

最初の一の原稿では、前項で述べたように服部が戦後に日本共産党に入党し、僅か一年半で離党した当時の日本共産党の動向を当時の日本の状況を全く体験していない今日の若い諸君に「歴史的事実」として理解してもらいたいとの切実な私の思いから、二、三、四に『アカハタ』とその後継紙から主要記事を列挙した。しかしゲラの段階で編集部とともに熟慮した末にすべて割愛することにした。最大の理由は、本書全体の私の叙述とまったく異質であることと、千頁を超過したゲラの枚数をできるだけ減らしたいという二つの思いが強かったためである。後日、機会があれば削除した記事を公刊したいと考えている。ただこの記事を掲載したいと考えたときの最初の理由の次の文章のみは生かしておきたい。

第一には、すでに戦前の時代状況のなかで述べたように、服部は当時非合法であった日本共産党の指導者であった野呂栄太郎や岩田義道などと親しい交流がありながらも、入党しなかったにもかかわらず（その理由を私は直接服部に尋ねたことがあったが、ここでは省略する）、なぜ一九四九年一月に野坂参三のすすめによって日本共産党員になりながら、僅か一年半ほどで離党したのかという疑問を解明したかったからである。

服部の戦前からの親友であった小説家・劇作家である藤森成吉《せいきち》（名戯曲『磔茂左衛門』『大原幽学』や長編小説『渡辺崋山』などの作品がある）も服部と同時に入党した。また徳田秋声の『縮図』の挿絵画家として著名であった内田巌《いわお》もこのとき入党している。大正教養主義時代を代表する古典で、私たちの青春時代の愛読書の一つであった、『哲学以前』の著者で哲学者の東京大学教授の出隆《いでたかし》が一九四八年に入党してのち同大教授を辞めたことも世間の話題を集めた。私が大学に入学した（一九五〇年）直後、大学の近くの書店で立ち読みし、非常に関心をもって購入した柳田謙十郎著『わが思想の遍歴』は当時の私の愛読書の一つであった。柳田は谷川徹三と同期の西田幾太郎《きたろう》門下の西田哲学の崇拝者であったが、戦後一転してマルクス主義哲学者と変わった事情を記した『自叙伝』である。本書に深く感動した私は、この一冊の書物が日本共産党に親近感をもつきっかけとなったことを今もなつかしく回想する。当時、私たち戦後の青年たちにとってのあこがれの「進歩的学者・知識人・文化人」の多くが続々と日本共産党に入党した時代であった。

第二には、この『歴史家 服部之總』（人物篇）のつぎに刊行予定の「学問篇」の四、「戦後歴史学の変容と『服部史学』の批判論と否定論」で詳細に論じているように、とくに一九七〇年代以後の若い歴史研究者の多くにみられるが、私のような戦前と戦後を体験してきた世代とは異なって、戦後史の評価、ことにマルクス主義や日本共産党にたいする否定的・批判的な歴史観が顕著である理由を考えてみたいからである。

一九七〇年・八〇年代生まれの世代のみならず、私が「学問篇」を執筆中に乱読した戦後のすぐれた代表的な思想家たち（たとえば久野収、鶴見俊輔、加藤周一、また私の母校であった中国の青島日本中学校の大先輩である社会学者の日高六郎などなど）は、マルクス主義思想を肯定し、戦前の非合法下の日本共産党の「反戦・反ファシズム」への抵抗闘争を高く評価しつつも、敗戦直後の合法化された日本共産党を先頭とするマルクス主義者や自由主義者らの「民主革命」論・運動への批判論・否定論が共通してみられることである。私自身も彼らの意見に共感しつつも、半面では批判的である。その理由をここで述べる余裕はまったくないので、次巻の「学問篇」にゆずるが、現在の「歴史研究者」として私がもっとも強い関心を抱いている歴史的研究課題は、敗戦後の「アメリカ占領期」時代の歴史的評価についてである。きわめて限定的に言えば、この時代を画期としてそれまでの「日本人」（江戸時代や明治時代に象徴される）が「変容」したのではないかと考えている。今日的な歴史課題で表現すれば「国民国家」論・「日本の近代化」論の評価にかかわり、さらに「占領期」以後の「日本の現代化」論をいかに評価すべきかという問題である。

あえて世代論的に言えば、私のような戦前と戦後と現代の「三時代」を体験（しかも「植民地二世としての加害責任を意識しながら）してきた歴史研究者と一九七〇年代・八〇年代以後に生まれた歴史研究者との歴史観（歴史意識）との「決定的」な差異を念頭におきつつ、「アメリカ占領下」の歴史をいかに客観的（あえて言えば科学的）に解明することができれば、現代の歴史学研究者との「対話」が可能になり、「論争」がもっと生産的になるのではないかと私は思っている。

以上大ざっぱに私見を述べてきた理由から、服部が日本共産党に入党し、僅か一年半ほどで離党した一九四八年と一九五〇年の二年間のみの日本共産党の機関紙『アカハタ』の記事をできるかぎり主観を排して客観的に記事を再現したつもりである。この二年間は、服部の入党とは別に、「朝鮮戦争」の開始を画期とするいわゆる「冷戦時代」と称する戦後史の上で今日に至るまで最も重要な世界史的転換期にあたっていることも強調しておく。

最後になったが、この『アカハタ』とアメリカ占領軍による弾圧後の後継紙のすべては、法政大学大原社会問題研究所に所蔵されているものを閲覧・複写をさせていただいたために本項を記述することが可能になった〔残念ながら、冒頭で記述したような理由からすべて削除することになったことはきわめて残念である。〕。一般には非公開の貴重紙を特別のはからいをもって私に利用を許可された研究所に深甚の謝意を表したい。このときも当時非常勤研究員であった吉田健二に特別の配慮をいただいたことを併せて厚く御礼を述べておきたい。

二　三鷹事件と服部之總

まず冒頭に三鷹事件について、神田文人と朝倉喬司が執筆した解説（❶吉川弘文館『国史大辞典』第十三巻所収、一九九二年四月刊　❷三省堂の佐々木毅ほか編『戦後史大事典』所収、二〇〇五年七月刊）を紹介しておく。

❶みたかじけん　三鷹事件　昭和二十四年（一九四九）七月十五日午後九時二十三分ごろ、国鉄中央線三鷹駅構内の下り線ホームで車庫から七輌連結の無人電車が暴走、駅を突き抜け、駅前民家に突入、秦俊次ら六名が死亡、十数名が重軽傷を負った事件。ドッジ=プランに基づく行政整理中の国鉄では、下山事件につづくこの事件のため、

国鉄労組の馘首反対運動は挫折した。翌日、吉田茂首相は「社会不安は共産党の宣伝が原因」と発言、六月九日の国電ストで懲戒免職された国労三鷹電車区分会前執行委員長飯田七三、同中野電車区分会前闘争委員長山本久一（ともに共産党員）を、八月以降清水豊・外山勝将・横谷武男・田代勇・宮原直行・竹内景助・伊藤正信・喜屋武由放・先崎邦彦らを逮捕し、東京地検八王子支部は山本以外の十名を起訴した。自由法曹団など数十人の弁護士が弁護にあたり、東京地裁で鈴木忠五裁判長係りで十一月に開廷された。検察側は、共産党員の共同謀議による事件で、当日夕方も駅南口の小間物店高相健二方で最終的な共同謀議を行なったと主張した。ただ一人の非共産党員竹内が取調べで単独犯行を自白、公判廷では何度も供述を変えたが、翌年八月十一日の第一審判決は竹内の単独犯行であるとして無期懲役を、他の共同謀議は「空中楼閣」であると全員無罪を言い渡した。検察側も竹内も控訴したが、第二審は公判を一回開いただけで事実審理は全く行わず、二十六年三月三十日、東京高裁谷中薫裁判長は、共同謀議は「証拠不十分」として控訴を棄却、飯田ら九名は無罪、竹内については量刑不当として死刑を判決した。二審判決にも検察側・竹内両者が上告、竹内ははじめて明確に無罪を主張した。田中耕太郎長官を裁判長とする最高裁大法廷は三十年六月二十二日、八対七で各上告を棄却、竹内の死刑が確定したが、一回の口頭弁論も開かずに判決を下し、問題を残した。弁護団は即日「判決訂正の申立」をしたが、最高裁は十二月二十四日、真野毅裁判官の「判決をいったん取り消し、改めて口頭弁論を開いてのちに相当の判決をすべきだ」という少数意見を退け、申立を却下した。竹内はさらに翌三十一年二月三日、東京高裁に再審申立をしたが、その決定以前の四十二年一月十八日、脳腫瘍のため東京拘置所で死去した。

参考文献　『法律時報』昭和二十五年十月号（特集「三鷹事件判決文全文」）、『最高裁判所刑事判例集』九ノ八、小松良郎『三鷹事件』、鈴木忠五『一裁判官の追想』、真野毅「論談　三鷹事件と口頭弁論―開かなかったのは違法、不妥当―」（『朝日新聞』昭和三十年六月二十三日）、小野清一郎「三鷹事件判決批評」（『法律時報』昭和三十年九月号）（神田文人）

❷三鷹事件　一九四九年（昭和二四）七月一五日、東京の国鉄三鷹駅車庫から無人の電車が暴走し駅舎などに突入、乗降客ら六人が死亡、十数人が負傷した。事件の容疑者として同電車区の竹内景助検査係ら十数人が電車転覆致死罪で、ほかの三人が偽証罪で起訴された。政府は「国鉄労組と共産党の計画的犯行」と声明したが自白は転々。被告の大半は一・二審で無罪になるなど捜査そのものに疑惑が生じたが五五年、竹内被告のみは最高裁で死刑が確定。再審請求中の六七年、同被告は獄中で病死した。朝倉喬司

【参】上田誠吉・後藤昌次郎『誤った裁判』岩波新書、一九六〇

本稿では主として私が所蔵している竹内景助の獄中から服部之總宛の書簡を紹介する。ご遺族のお許しのないままに書簡の一部とはいえ公開することはよくないことではないかとかなり迷ったのだが、非日本共産党員として唯一人死刑に処せられた竹内景助のこの獄中からの服部への書簡は、竹内と服部の人間的な交流を知るうえでも、本書にぜひとも紹介すべき貴重な「歴史的史料」だと私は考えたこと、また、これまでに私が管見したかぎり、まったくの冤罪で死刑に処せられた人間の無念さと心情の激しい動揺、さらには現在まで続く日本の裁判への非道さにたいする怒りと告発を、これほど赤裸々に吐露されている書簡を見たことがなかったこと、さらには日本戦後史のとりわけ重要な「アメリカ占領軍政」下の歴史研究と今後の三鷹事件の研究にとって、第一級のきわめて貴重な資料であると私は確信しているので、この書簡の紹介をあえて決意した理由である。

だが、本稿を執筆中に、幾度もご遺族にお目にかかりお許しを得て全内容を紹介したいという衝動を抑えることができなかった。しかし、現在の私は持病の脊椎狭窄症が悪化し歩行もままならず、一時間以上は椅子に座って執筆をすることができなくなっている上に、一昨年（二〇〇七年）夏から前立腺癌の治療に専念中である。本書の出版を約束しながらも二十年以上も遅延している事情も重なって、上述した理由からご遺族へのお許しの手続きをとらずに公開する非礼を切にお許し願いたい。

私は二〇〇一年三月に法政大学の定年退職直後、約三万冊以上の蔵書を中国上海市図書館に『松尾章一文庫』として寄贈した。「植民地二世」である私の中国人民への日本人としての「加害責任」の一端を果したいと考えたからである。そのため本書執筆のためにのみ残したごく僅かな蔵書しかない。現在私の手元に三鷹事件に関する書物は四冊だけである。出版年ごとに紹介する。最初の書物は、私が五十年間生活の拠点としている東京都日野市の同じ住民で、歴史研究者として親交のあった小松良郎の著書である『新版三鷹事件』（三一書房、一九九八年一月刊）である。本書の扉に私と亡妻の貞子（二〇〇七年十月十六日他界、享年七十三）の二人に小松が謹呈とペン書きしている。高橋磌一委員長の下で永らく歴史教育者協議会の副委員長を務めた小松は、二〇〇八年に満九十才の長寿を全うして他界した。大学院の後輩で歴史学研究の同志であった亡妻の貞子と私が設立した『日野の歴史と地理を学ぶ会』の会長に小松になってもらい、死ぬまで貞子が事務局を担って毎月の例会と会報を発行し続けた想い出深い間柄だった。この小松が一九六七年に三一書房新書として出版した『三鷹事件』が三鷹事件を歴史的に分析した最初の記念碑的な書物であった。本書の末尾の「三〇年後の補足」でこの新版を出すにいたった理由を、小松はつぎのように書いている。

「下山、松川事件については、多数の著書がある。しかし三鷹事件だけはなぜか誰も書きたがらないようである。一九六七年に出版した私の旧著『三鷹事件』だけである。松本清張の『日本の黒い霧』でも、三鷹事件については、全く触れず、省略した理由も書いていない。何か、見ても見ぬふりをしなければならないタブーでもあるのだろうか。その疑問が、ずっと私の胸の中にわだかまったままだった。ところが一九九七年になり、NHKがETV特集で『戦後史の謎　検証三鷹事件』を五月、二夜連続で放映した。私は深い感慨にとらわれた。忘却の淵から三鷹事件を救いだしたのだ。それにしても事件の渦中にいた当時は、どうしても第三者的な眼で、自分を含めて事件を俯瞰することが出来なかった。それから三〇年たち、そのゆとりが生まれた。その後、ある冤罪事件にかかわるようになって、再審理論の構築に多くの実績をあげて来た安倍治夫弁護士に出逢い、旧著を調べ直す機会を得た。いま改めて、事件について再検討してみると、あの時には見過ごした重要な問題の側面が見えて来た。そのキーワードになるものは二点ある。その一つは、竹内のアリバイを証明する丸山広弥証言である。丸山氏に対してはその後、高杉晋吾氏、ＮＨＫ片島紀男氏がインタビューを行い、更にその証言の真実性が裏づけられた。その二は、手ブレーキに関する問題である。これら電車のメカニズムについては、元三鷹電車区の運転士落合雄三氏から重要な御教示を得た。この二つの新証拠が確認された結果、ますます私は竹内の無罪を確信するようになった。もう一度審理しなおすべきだと思う。このように旧著の改訂版を出すに当っては、この他たくさんの人たちの熱心な御協力を得た。心からお礼を申しあげたい。また、松田由美さんには、資料の収集等で働いて頂いた。」（二九〇〜二九一頁）

小松から『新版　三鷹事件』を出すことを事前に聴いた私は、この『歴史家　服部之總』に収録するまでは誰にも見せていなかったこの竹内獄中書簡の一部を小松にだけ一時貸すことにした。小松の『新版』に次のように記述している。「今回、私と同業の友人松尾章一氏の御好意で、歴史学者の故服部之聡〔ママ〕氏に宛てた一束の手紙を拝見することができた。その中には一通で三四枚にのぼる書簡もある。この書簡の中で竹内はやり場のない無念の想いを書いている。彼を『犯行』にひきずり込んだ伊藤正信を竹内はどうしても許すことができない。一方黙秘を貫いた飯田七三や喜屋武由放には敬意を払っている。また自分の単独犯行主張に他の被告たちが示した意外な反発と敵意に対する驚きと怒り、無念さ、とまどい、自分の愚かさ。生活保護を受けながら面会に来る電車賃にもこと欠く妻や子どもたちへの無力感。死刑への恐怖。」（二五〇頁）

小松はこの事件の評価を的確に指摘し、次のように述べている。「シャニムニ竹内単独犯行と認定することによって、この裁判は、検察側の致命的な失点をとりつくろい、検察官の政治性、階級性を隠蔽してしまった。いや、せざるを得なかった。背後にＧＨＱが控えていたからである。その結果、竹内の有罪だけが孤島のように取り残された。」（二三四〜二三五頁）

第二冊目は、最年少被告〔当時十九歳〕で無罪釈放となった清水豊が書いた『三鷹事件を書き遺す　冤罪の構造』〔西田書店、一九九八年七月刊〕である。本書の内容は省略するが、第三章にある「小松良郎著『三鷹事件』の党員被告批判について」だけを紹介しておく。この中で清水は「小松先生批判〔「小松先生の批判」の誤記？〕はまことに峻烈で、私もこの批判に反対する言葉をもちません。そのとおりと思います。でもしかしと申し上げたい。」とのべた上で、清水は次のように書いている。「フレームアップはそれをつくりあげた者がいたということ、先生お認めのとおりそれは時の政治権力であり、その手先となって、無実の者を落としこんだ検事であり、これを助けたマスコミではなかったか、私たちはその被害者であり犠牲者であって加害者ではない。これが大前提であります。竹内問題は彼個人の問題にとどまらず、本質的には権力が国民一人一人につきつけた問題であり、国民一人一人が人間として、この問題に解答をださねばならないと思われてなりません。」〔一七六頁〕　この清水の言葉に私も全く同感である。

第三冊目は小松の前著に出ているＮＨＫの教養番組チーフ・ディレクターであった片島紀男著『三鷹事件　１９４９年夏に何が起きたのか』〔日本放送出版協会、一九九九年六月刊〕である。

私が本書を入手して驚いたのは、前述した小松だけに見せたつもりだった竹内書簡が、本書の第十四章「無期懲役から死刑判決へ」の８「獄中から無実の訴へ」に二頁にわたって書簡の内容が紹介されていたことである。

片島は「この時期、竹内景助が歴史学者の服部之總〔しそうとルビあり〕に宛てた手紙のコピーを『新版三鷹事件』の著者小松良郎から見せてもらった。一九五三年四月一七日付〔便箋二五枚〕、五月九日付〔三四枚〕、九月二一日付〔四枚〕、〔五四年〕四月一五日付〔六枚〕、八月一六日付〔六枚〕、五五年六月二五日付〔三枚〕である。服部への書簡の中で、竹内はやり場のない無念の想いを打ち明けている。」〔三九一頁〕と記して最初の書簡の冒頭部分を引用している。出版のモラルから厳しく言えば、このようなやり方は小松も片島も所蔵者の私の了解の上になすべきことであるとその時は憤慨に耐えなかったが、両者とも竹内の冤罪をはらすための著作であると考えて抗議をすることはあえてしなかった。両著者ともすでに故人となってしまった今では、両著の出版を心から祝福したいと思う。とくに片島著は、今後の三鷹事件研究にとって必読の力作であることを強調しておきたい。片島が二〇〇八年に逝去されたことを、『朝日新聞』二〇〇九年七月十一日夕刊に「三鷹事件六十年」を機に、片島が代表で発足した「資料を保存する会」が片島追悼の資料展示会を武蔵野公会堂で開催した記事を読んで私ははじめて知った。現在私の手元に片島が代表者であった「『三鷹事件』関係資料の保存を進める会」が発行した『みたか』第二号（二〇〇〇年七月一日）、第三号（二〇〇〇年一二月二八日）、第四号（二〇〇一年七月三日）と「三鷹事件被告竹内景助氏を追悼する集い」（日時・二〇〇一年一月一八日、場所・富士見台霊園）の一枚のチラシが残っている。この第二号に紹介されている「資料保存事業」賛同者の中に、私が書いた「日米合作の現在の危険なネオ・ナショナリズムの原点が、この事件だと考えています。真実の貴重な資料を国民の貴重な財産としましょう。」という拙文が掲載されている。

最後の第四冊目は、高見澤昭治著『無実の死刑囚　三鷹事件竹内景助』（日本評論社、二〇〇九年七月刊）である。

この書物について、『朝日新聞』二〇〇九年七月十六日号に「三鷹事件『元死刑囚は無実』弁護士の高見澤さん検証本出し講演」、同紙二〇一〇年十月二十一日号に「三鷹事件『新証拠も』23日、再審請求向け弁護士講演　冤罪の構図を指摘」などと大きく報道されていて、私と面識のある高見澤弁護士の著書なので早速購入した。本書の中で、著者はこの事件の弁護団長であった布施辰治の第一回公判の発言全体を要約して次のように書いている。「(1)この裁判は事件が吉田内閣の陰謀であることを明らかにする意味で重要な裁判である。(2)全被告は無罪であり、検事の自白強要の事実を明らかにする。(3)検事には証人を直ちに偽証よばわりしないことを要望する。(4)裁判所が公正適切な態度をとる限り弁護人は無駄な闘争はしない、ことの四点であった。その裂帛の弁論がその後の被告人らの意見陳述や審理の方向性に大きな影響を与えたことは間違いない。」（八〇頁）

次の「捜査の不当性と公訴取消しを強く訴える」の中で、この公判の裁判長が各被告とも五分の陳述を許すと、「竹内を除く一一名は、こもごも取調べの不当性と公訴の取消しをはげしい口調で求めた。ところが竹内は『取調べに当たった検事さんにできるだけ立会ってもらいたい』とだけ発言し、最初から他の被告人との違いを見せた」（八一頁）と著者は述べている。さらに竹内について、「彼の性格は激情かつ軽率であった」（七一頁）と評し、第三章「法廷内外での熾烈な闘いと竹内の孤立」の「立証をめぐっての攻防」では、上述した小松も重視した「竹内のアリバイの立証に決定的に重要な証言である丸山広弥」の証人採用を弁護側が「関連性なし」として反対したことが「竹内にとって重大な禍根を残すことになった」（八八頁）と指摘しながらも、著者は「本書は、検察側が三鷹事件を共同謀議に基く一〇人の被告人らの共同犯行だとする、いわゆる〝空中楼閣〟をどのように築いたかを解明することが主題ではない。むしろ竹内単独犯行説に行き着いた第一審判決を批判し、竹内が無実であることの立証に主眼を置いている。そこで、裁判所がなぜ共同謀議による共同犯行説を取らなかったかについて、鈴木裁判長が書き残した〝心証〟を引用することで済ませ、なぜ竹内の単独犯行だとされてしまったか、その原因がどこにあるかを中心に見ていくことにする」（九二頁）と書き、六月十二日の第五〇回公判で検察官が竹内ら三名に対して死刑を求刑した後の、布施弁護団長の総括弁論の最初の「本件は国鉄首切り反対闘争鎮圧と共産党弾圧の為の吉田内閣と鉄道官僚の陰謀であり、検事のデッチ上げである」以下七点を紹介している。（一一一頁）

著者は本書の「プロローグ――事件発生から六〇年目を前にして」の中で、この三鷹事件の「最大の問題」を次のようにいう。「最大の問題は、残りの一人が一審判決で無期懲役を宣告され、それが高裁で一度の事実調べもなく死刑に変えられ、無罪を訴えたにもかかわらず、最高裁で弁論も開かれないまま確定したことである。同人はその後、再審を申した立てたものの、一〇年間も待たされたあげく、刑務所の中で発病し、適切な治療をうけることなく獄死してしまった。三鷹事件というのは、その全体を指していう。

竹内景助は、死刑確定後も、刑務所の中で非業の最期を遂げるまで、必死の思いで無実を訴え続けた。その竹内が無実であり、司法被害者であるということが、この六〇年の間に徐々にではあるが明らかになった。竹内は、まさに三鷹事件の七人目の犠牲者であった。そのことを伝えるのが、本書の目的である」（七～八頁）と述べている。

『朝日新聞』二〇一〇年十月二十四日の朝刊に「三鷹事件、再審請求支援へ　記念碑目指す市民グループ　全国的な組織に改組」という記事がでていて、竹内景助の六十七歳になられたご長男が準備を進めている死後再審請求の申し立てを支援していく方針を提案されたと報道されている。高見澤弁護士が再審請求裁判の主任弁護人となられたとの記事を読んだ私は、この運動にぜひとも参加したい思いがつのったのだが、上述したような最悪の体調であり、二〇一四年十一月に満八十四歳となる私にできることは、この『歴史家　服部之總』の中で、上述したような、今日の私たちへの遺言でもある竹内の無念の思いに満ちた服部宛の獄中書簡の内容の一部を、日本の一人でも多くの読者に伝えることが、私の再審請求運動に参加することではないかと思った次第である。

　ところが幸運にも前掲の著者である私と昵懇であった高見澤昭治弁護士の紹介で竹内景助の長男・健一郎氏と会える機会ができた。私と妻・翔子は、二〇一四年九月に高見澤弁護士の指定した三鷹駅前の喫茶店で弁護士が案内してこられた健一郎氏と初対面した。私が現在執筆中の『歴史家　服部之總』「二　三鷹事件と服部之總」に獄中からの竹内景助の服部宛書簡を転載させていただくことをお許し願いたいと申し出た。その後も高見澤弁護士からも健一郎氏に縷々松尾が書簡を公開する真意を説明してくださった結果、同年十二月十六日付の私宛の高見澤弁護士からの速達で健一郎氏から正式の許可をえることができたとの報せをうけとった。ご両者のご厚情に対してこの場をおかりして深甚の感謝の言葉を付記しておきたい。

　本稿の主要な内容である竹内の獄中書簡を紹介する前に、現在私の手元にある二つの資料を紹介しておきたい。その前に、第一の資料の背景となる竹内の裁判経過を紹介する。

　一九五〇年八月十一日に東京地検は第一審判決で鈴木忠五裁判長は、竹内景助に無期懲役、他の全員に無罪を言い渡して、検察側主張の共同謀議・共同正犯を「空中楼閣」と退けた。東京地検は即日、東京高等裁判所に控訴決定。同月十五日、竹内は東京高裁第十三刑事部に控訴（一審判決通り単独犯行を認める）。同十二月九日、竹内は、東京高裁谷中裁判長宛に第一回目の『上申書』を提出。同月十一日に竹内の弁護人正木ひろしが『控訴趣意書』を提出。同月十八日に東京高裁第七号法廷（裁判長谷中薫係）で控訴審が開始され、一九五一年三月三十日の控訴審判決で、竹内の一審判決を破棄し、死刑判決が言い渡された（以上の裁判経過は上掲片島著「竹内景助年譜」から引用　五〇七頁）。

服部は上述した裁判経過の過程で、恐らく竹内の控訴審が終わった一九五一年十二月と私は推測するが、東京合同法律事務所に所属していた上田誠吉弁護士（メーデー事件主任弁護人や松川事件、白鳥事件などの弁護人、一九七四年から八四年まで自由法曹団団長を務めたが二〇〇九年五月十日死去）宛に竹内の控訴審関係記録を送ってもらいたいと手紙を出している。これにたいする一九五二年一月十日の東京合同法律事務所からの返事と一緒に同日付の上田弁護士からの自筆の書簡❶を紹介しておく。

もう一つは、一九六七年一月十八日に竹内が獄死した直後に、三鷹事件対策協議会が出した竹内景助の顔写真をつけた『獄死した竹内さんの無実を明かにし三鷹事件の真相を究明しよう!! 再び不当な謀略と虐殺を許さないために!!』とある表題の一枚刷（日付なし）のチラシ❷である。このチラシが出された時にはすでに服部は死去していたが、服部家に保存されていたものである。

❶東京合同法律事務所と上田誠吉弁護士の手紙

明けましておめでとうございます。

上田弁護士宛の先生の御手紙について、同弁護士からおうかがい致しました。

早速資料をさがして見ましたが、控訴審関係の記録は殆んどなく、まとまったものは検察官の控訴趣意書に基く説明書、上告趣意書等位のもので何とも申しわけありません。検事の控訴趣意書、二審判決はいずれも極めて大部なもので、費用の関係から恐らく交付をうけていないのだろうと思います。

控訴趣意書（竹内氏についての）はこちらで提出したものですから、弁護人が各自持って居ると思いますし、検事の趣意書は各被告に夫々渡って居りますから、こちらで早速問い合わせて見ます。

二審判決は当事ム所に一冊ありますが、若し弁護人の方で不要であれば早速お送り致します。

御期待に添えず恐縮ですが、とりあえず、こんなものはと思うようなものだけお送り致しますから御覧下さい。右簡単にお知らせまで。

草々

一月十日

東京合同法律事務所

服部先生

竹内景助君の訴訟記録の件は次の通りであります。

一、控訴審では事実審理なく、弁護人、検察官の弁論だけで終ってしまったので、記録はたいへん貧弱であります。

二、(1) 飯田七三君ら九名（無罪組）に対する検事の控訴趣意書

(2) 竹内君に対する検事の控訴趣意書（無期は不当である、死刑にすべき旨の）

(3) 右(1)に対する弁護人の答弁書

(4) 右(2)に対する弁護人の答弁書

(5) 竹内君に対する弁護人の控訴趣意書

(6) 右(5)に対する検事の答弁書

(7) 判決書

控訴審における訴訟記録中、重要なものは右の通りであります。他に公判調書がありますが、これは何れも右(1)乃至(6)の書類を引用したに止まる形式的なものであります。

三、右七通の書類は何れもプリントしていないのではないかと思われます。

実は小生、昨秋九月末、健康を害して休んでおりますので、事務所の書類棚をすぐ探すわけにまいりませんので、或はどれか印刷したものがあるかもしれませんが、事務所の方にたしかめて後刻おしらせいたしたいと存じます。

四、控訴審においては右の次第で証拠に関するものは何もなく、すべて両当事者のアーギュメントで終っているわけです。被告の発言を一言半句もきくことなく、証拠（とくに証言）を判事自らが自分の法廷で直接に検証することなく、すべて一審裁判の記録だけをよんで、竹内君の刑を無期から死刑に〝質的〟格上げをしたところに最大の問題があったわけであります。

五、控訴審記録はもし私の考えている通り印刷したものがなかったとすれば（私の手元にはありません）先生にお貸しするのはむつかしいかとも思われますが、判決書にしても数通あるわけですし、少くともカーボンで複写したものは何通かは事務所にあるわけですから、その辺のことは事務所で調べて貰って改めておしらせしたいと思います。

上告趣意書はたしかに印刷したのがあります。

右おしらせのみ。御健勝を祈ります。

一月十日　上田誠吉

服部之總先生

追伸、事務所に連絡してみたところ、私の思っていた通りのようであります。判決書も謄本が一部あるだけのようであります。判決書はボー大なもので、一部何千円もするところから、たしか一部だけしかとれなかったのだと思われます。

趣意書等も一部しかないようであります。

尚、事務所の方から直接に詳細おしらせするよう依頼しておきました。

御希望に副えそうもなく、残念であります。

❷三鷹事件対策協議会ビラ

獄死した
　竹内さんの無実を明かにし
　　三鷹事件の真相を究明しよう!!
　　　再び不当な謀略と虐殺を許さないために!!〔以上表題四行の上部に顔写真あり〕
死刑執行にも ひとしい 竹内さんの獄死!!
三鷹事件の竹内さんは獄中で十八年間無実を訴えて闘い、各界八十三万名を越える再審と助命要請の署名にもかかわらず、しかもその要求の結果再審の予備審理が進んでいる矢先、去る一月十八日に、拘置所・法務省などの人命を無視した取扱いによって〝脳腫瘍〟で獄死しました。それは竹内さんの病気を知りながらこれを無視した〝命令のない死刑執行〟にもひとしい、無惨な獄死でした。
〝謀略事件〟の真相は追求されていました!!
三鷹事件は一九四九年の夏、下山・松川事件と共に、当時行政整理によって国鉄十万名を始め、一〇〇万名の労働者の首切りを強行し、更に朝鮮戦争の準備をしていた米日反動勢力によって仕組まれた、共産党や労働組合の破壊を狙った最も凶悪な謀略犯罪でした。それから十八年を経た今日、松川事件の国家権力の責任追及の裁判の中で、権力犯罪の一端は明かにされつつあり、また三鷹事件の真相も究明の努力が続けられていた時だけに、生き証人である竹内さんの〝獄死〟は三鷹事件の〝真相〟を闇から闇に葬るための陰謀とも考えられます。
　竹内さんの自供は、当局発表の筋書通りにされました!!
　竹内さんは事件から半月後の八月一日に他の六名と一緒に逮捕され、連日深夜に及ぶ検事の強迫・拷問・誘導尋問の末、二十日目に単独犯行を自白させられたが、その内容は事件の直後に当局が発表し、また占領軍が報道関係者に資料を提供したといわれる「こうして無人電車を走らせた」という解説写真の内容とまったく同じで、唯一の物的証拠とされている紙紐も外国製のもので、当時日本では市販されていなかったことが明らかになっています。

また当時の目撃者の証言や状況から車中に誰か乗っていたという疑いも強くなっています。

竹内さんの無実の証拠は無視され、警察は事前に待機していました!!

事件の起ったとき竹内さんは電車区構内の浴場に入っていました。そのアリバイ証人丸山広弥さん（現大船電車区長）の証言は採用されず、真犯人のものと思われる運転台から検出した指紋も法廷に出されませんでした。また三鷹警察署が事件の起ることを知っていて事前に警官を待機させた事実は巡査部長の証言で明らかになり、検事二名や国鉄当局も事件の発生に備えて待機していたことも裁判の中で明らかにされております。

死刑は、違法不当な判決で決められました!!

当局は最初電車区分会長など十名の共同犯行として起訴したが、このでっち上げは失敗し一審判決で九名の無実を認めましたが、竹内さんは誘導されたウソの自白で無期懲役が判決され、二審では事実も調べず、違法にも死刑にし、さらに最高裁は一回の口頭弁論も開かずに、八対七の一票の差で死刑判決を強行するという「日本の裁判史上に汚点を遺した」（真野毅判事論文）違法不当な判決を行ないました。

あくまで再審をかちとり、竹内さんの無実と三鷹事件の真相を明かにしましょう!!

奥さんとの最后の面会に、すでに病魔におかされた頭で「くやしい」と訴えた竹内さんは、無念と怒りを胸に、絞首台にもひとしい死の渕に追いやられました。裁判所は竹内さんの獄死を幸いとして再審を棄却しようとしたが「再審は〝原審決定の過ちを是正し、被告の名誉の回復をはかるため行なわれるもの〟で竹内さんが死んでも当然開かれなければならない」という弁護団の主張の前に東京高裁の樋口裁判長は外国から判例や史料を取り寄せて検討中といわれるが、竹内さんの無実を明かにするためにも、民主的な権利を守るためにも、この再審要求の闘いは重要且つ緊急な課題となっております。

また再び白鳥事件の村上さんはじめ多くの弾圧事件や、無実の在獄者に〝命令なき処刑〟の不当な虐殺を許さないためにも、竹内さん獄死の真相と、当局の責任を追及し抗議しましょう。

☆ 東京高裁に再審開始要請を!!　法務省矯正局に獄死の抗議と責任追及を!!
☆ 再審一〇〇万署名の達成を!!　ハガキで要請を・抗議を!!　遺族に激励を!!
☆ 再審の勝利のためのカンパを!!　職場・地域に「守る会を」!!　真相宣伝を!!

連絡先　三鷹事件対策協議会
東京都港区六の十九の二三
平和と労働会館内
電話（四三二）七三六〇

竹内景助の服部之總宛獄中書簡

① 一九五二年十月二十二日付葉書

この葉書は、竹内が一九五一年三月三十日に東京高裁の控訴審で第一審の無期懲役の判決を破棄され、死刑判決を言い渡されて東京小菅刑務所の独房で服役中に服部に最初に出した手紙である。この葉書には、ほとんど四十数字の縦書きで二十四行詰めの丁寧な細字でギッシリと書かれている。以下に紹介する竹内の書簡もすべて、私でさえも時々は漢和辞典で検索しなければ確認できないような難解な語句を正確かつ丁寧な文字で書いている。竹内の文章能力の優秀さと几帳面な性格を表しているように私には思えた。この最初の葉書の書き出しには、冒頭に時候の挨拶の後で服部に自分の現況をつぎのように書いている。

「突然葉書を差上げます私、三鷹事件の被告竹内景助であります。今監獄の独房に無実の罪で三年余も監禁されてゐますが、真実私は三广〔ママ〕〔以下この略字を多く用う〕駅前の電車事件に何の関係もありません。真相は何なのか何一つ知らず、又、無罪釈放になった他の被告諸君とも当時何の関係もありませんでした。他の被告中一、二《〔ママ〕》の名がどうして『竹内も一しょにやりました』などゝ自白したのか真意は判りませんが、私は兎に角、職場にゐた友、そして又新らしき社会主義時代への前衛斗《〔ママ〕》士としての友を『自白調書』の破局から救おうと考へ、無実の罪を背負ひ込んで一心に有罪を主張してきましたゝめに、有りもしない出鱈目な事を並べ立てられて死刑を判決されてしまひました。実にどうも長大息の極みであります。為に子供の教育は滅茶々々、六人の家族は役場から民生保護を受けて、辛くも露命を繋いでゐるような次第であります。」

この葉書の後半分で竹内は、自分の法と裁判官に対する考えを述べた後に、次のように書いている。

「私は二審判決の日、直ちに上告し、それ迠《〔ママ〕》無根の有罪供述をしてゐた真意を開陳し、無実の真相を訴えております。人間を尊重し、法を愛するところから無念遣る方なく無根の有罪を主張したこの私の真情を推量されずに、此のまゝ罪のない私を殺し去って好いものとは思ひません。もう断じて悪徳の罠にかゝって策謀に奔弄されるような事をすまい、と心に決しました。
それで、私は之から私丈の真相を提げて無罪釈放を斗《〔ママ〕》ひ取る日まで徹底的に抗争します故、私事乍ら御支持下さいますようお願ひ致します。本当の犯罪者が、知らぬ存ぜぬと頑張ってゐるのは獄中幾らもあり、幾らも有罪になってゐますが、しかしやらぬ私が、二審迠《〔ママ〕》やったと言って来たからとて有罪になるんでは天理も無くなると思ふのであります。私は齧りつきたい程日本を愛し人を尊重して来ました。そこから天道未だ地に墜ちざるを信じ、確信を以て頑張ります。何卆《〔ママ〕》拙便をお心に留め下さいまして、三广《〔ママ〕》事件の行方を御注目下さいますようお願ひ申上げます。読みにくい文字で失礼いたしますお赦し下さい。」

② 一九五三年四月十七日付封書

この書簡は、便箋二十五枚に書かれた最後に竹内の生家の略図を書いているが省略した。前掲の片島著『三鷹事件』は「竹内はやり場のない無念を打ち明けている。たとえば、最初の書簡の冒頭の部分」（三九一頁）として引用しているが、私には「やり場のない無念」の竹内の心境がもっとよく表現されていると感じられる文章は、この書簡冒頭の時候の挨拶を述べたすぐ後に続く文章だと思うので、この部分から紹介したい。

「宣長〔本居宣長〕は山桜の果敢ない命を大和心に譬ひ《え》〔竹内の郷土訛で記す。以下このような例が多い〕ましたが、私は又世界萬象の流動運営してゆく正気の相が、桜の花によく現はされているように思ひます。

此の頃獄中悶々の情に堪えずして、さま〴〵とすぎし己が事を想ひ、厂史《ママ》を想ひ、宇宙の円融な転廻を考え、古人の死生観を探り、又裁判（律法）と正義を省みたりして、為す事もなく日の経つのを憂ひております。死生観も、その又基本としての世界観も、今の疑獄事件で府中刑務所え《ママ》投ぜられ、連日連夜に亘つて相被告の自白を押しつけ責められて、人為の観念による法律上、もはや自分がいかに無罪の真実を守り主張しようとも絶対《ママ》絶命だと思ったとき、つまり精神的に完全に叩きのめされたとき、苦悩の底から澎湃として湧いたときのものが最純、最高の意の把握だったんでせう《ママ》が、四年経た今、それから一歩も進歩せず、徒らに人事の交渉に心を奪はれて生きたい、生きなければならぬ、の一念に心をもやしております。情けないと言おうか、運命と言おうか、我ながら慨嘆に堪えず歯を鳴らして唸るような次第で恥かしく思ひます。」

以上の文章に続いて、服部の手紙に「自分と自分の家の歴史を書き止めて置くように」と「御指示」をいただいたことに対して、次のように書いている。

「とき〲考へては紙に向ひ、又止めして一向《ママ》書く気になれません。文章にならず、又余りに自己嫌悪に陥っているいまの私は、世間からバカよノロマよと嘲笑されている我が身を書く気力が出て参りません。勿論、法は人為の規範でありますから、現行の法の手順が一應整った格好をしていますと、『最も冷酷にやられたら……』（最高検松本検事と私との対話のときの言葉）私は無実にして刑戮されねばなりませんが、そうなったら只子供達の為にのみ、私は自己の生涯と人生観なりを慎ましく書き得ると信じます。今は、別に虚無的になってはいませんが、裁判の行方が握《ママ》まい処がないのと、家庭の問題でどうも頭がスッキリ致しません。それで服部先生に、最近の消息だけをお知らせしようと、否きいて頂こうと思ひ立《ママ》った次第であります。」

以上の文章に続いて、上掲の片島が引用（三九一頁）している「いままで毎日方々へ、三鷹事件の訴えを出し続けておりました。」から始まり、十二行の文章のあと、「従って只一人獄中から、しかも事実無根の罪を主張した者の愬〔片島はこの字が読めずに□にして〔想？〕と読み違えて引用している〕えに興味もなく、又詮索してもみないのでありませう。」という個所を引用している。

竹内はこの後に「キリストは『わざはひなるかな偽善なる学者パリサイ人よ、（中略）汝ら己が先祖の枡目を充せ、蛇よ蝮の裔よ……』（マタイ伝二三章二九〜三三）〔と竹内が獄中で読んだ聖書の一節〕を引用し、さらに続けて『汝らこのイエスを裁判に渡し、ピラトの之を釈《ママ》さんと定めしを、その前にて否みたり。汝らはこの聖者義人を否みて人殺しを釈さん事を求め……』（使徒行伝）の言葉を引用して、次のように書いている。

「人間は如かく罪深いものだと、いつも思ひます。私は聖者でも義人でもなく、只、友の為にと身を危地に晒した丈の凡人ですけれど、それとは別箇に、私は大衆の相というものを斯かる言葉を以て真理と観るのであります。三广《ママ》事件の第一審判決後の昭和二十五年八月一九日の毎日新聞の社説など、それが理性と文明の下における法理論かと驚くほど、又憐れなものだった事を記憶しております。しかしそういう根深い人間の罪深さというものは、国家が存在する限り、従って永久に真理であると思ひます。（国家の消滅という事は千年後、二千年後に出現するかも知れませんが、地球連邦の法的統禦は依然必要であり、他の遊星との交渉になっても然りだと想像します）」

上記の竹内の文章の中で、私は今日も依然として続いている「国家犯罪」（国家権力とその走狗としての軍事・司法組織を中心とした戦争犯罪から個人の冤罪まで）は、国連による司法裁判制度の拡充による以外には現在では正しく裁くことができないのではないかと考えているので、竹内が（　）内に書いている「地球連邦の法的統禦」という考えに深い共感を覚えたことを付記しておきたい。

以上の文章に続けて竹内は、前述した服部の「自分と自分の家の歴史を書き止めておくように」との手紙に応えて、次のように書いている。「私は信州松代藩士の娘であった祖母の血を引いているのか、道義観というか、意志交渉が狷介であります。」と自分の性格を分析して、獄中で囚人たちとの口論・傷害事件などの例をあげ、「刑務所は、何の教育するではなし、全くのけだものゝ巣のようなものです」と批評して、以下のように自己の過去の経歴を説明している。

「一体現在の私の心を形造っているのは、小学校を卆〔ママ〕えてから京都の『生産学園』（『　』に服部は傍線を引いている）という私塾へ行って、小西重直先生や南禅寺の柴山管長（南禅寺の柴山管長にも服部は傍線）の謦咳に接して『人生意気に感ず』……や『衣架糞嚢たる勿れ』を後生大事に心の糧とし、更にとき〴〵叡山越しに滋賀県堅田の教会へ行って神の世界を信じたそのまゝであります。信州の小学校から、いきなり十五才単身（信州から単身まで服部傍線）、京都への汽車に揺られたときは（昭和十年四月）私は悲壮の感に身ぶるいしていましたから――（実際篠ノ井から汽車に乗って姨捨をすぎ、遠く千曲川を隔てゝ松代や屋代の町の灯のまたゝくのを望んだとき、私はボロ〴〵と泣き通しました。田舎で育った者は誰もそんな経験があると思ひます）――『大学者』の言々句々は本当に血肉になってしまったのだと思ひます。その頃京都蚕糸専問〔ママ〕の泰専章先生のアメリカ文明こき下ろしも未だに忘れ得ません。此の学園はその後経営困難で解散し、当時の主事だった小林留木先生は現在東京都下村山の辺で禁酒寮を弟の八郎さんと経営しているとき丶ました。此の八郎博士に私は小学校二年頃学校の帰りに下駄の鼻緒を立て丶貰った事を憶えています。氏は当時中学生で屋代中学へ通っていました。

私は一九二一年（大正一〇年）二月一日に生れ〔服部は（大正一〇年）二月までを傍線〕、男二人、女二人四人兄弟〔男から兄弟まで服部傍線〕中の三番目です。母は小林よしの、川中島合戦のとき〔川中島合戦のときに服部傍線〕武田信玄の本陣にしていて謙信に斬込まれた八幡原のすぐそばの〔八幡原から服部傍線〕生れで更級郡小島田村と言ひます。川中島村というのは、ずっと西で二里も離れており〔川中島から、服部傍線〕ますが、地理的に千曲と犀川に挟まった地なので称して川中島合戦と言うのでせう〔ママ〕か。そうだとすると、永禄年間には未だ川中島村という村はなくて、後に出来た名だと思ひます。父は松代の生れ千代太郎。祖母は松代藩士若月峯之助の長女けさ、祖父は上高井郡保科村の生れ平民？　竹内滝蔵。家はまったくの五反百姓、というよりは、養蚕を主に畠を一町程持〔養蚕から服部傍線〕つきりで産はないのです。で殿様から貰ったという刀や一八四〇年かのアメリカ製鉄砲が子供心にあった丈で、貧乏の類であった筈です。尤も私は十五まで育ったけれど、食うに困ったような母の泣き言はきいた事もないし、信州の傾向で家は大きいし学用品その他で不足を感じた事がなかったので貧乏だと意識した事はなく、都会へ来て濃尾地方や、埼玉辺の百姓を見て始めて貧乏の類であった筈だと思った次第です。尤も埼玉、千葉辺の純農は不動産の大に比して軒は斜き〔ママ〕、子弟の教育機関も貧弱であり、裸足で通学しているのを往々見た私は、因習の根強さに驚きましたが。」

以上の文章の後に竹内の祖母が昭和十二年に八十五才で亡くなるまでの長野県松代での「賤民」への差別意識が残

っていた事実を記述している。さらに竹内が小学校卒業後に上京し、昭和十三年十一月に国鉄に入り、教習所を卒業し十五年四月に運転士となり、現在の妻と結婚するまでの「自分史」を便箋三枚にかなり詳細に服部に書き送っている。その後に当時の「労働者一般」の「買淫」について「被搾取者同志の共食い」という表現でその悲惨さを赤裸々に叙述するなど、竹内の人間性を知るうえでも貴重な内容が率直に綴られている。

私は②の八枚目迄の竹内書簡を紹介してきたのだが、このような紹介はあきらめたい。その理由を述べる。

本項の冒頭で私の思いをかなりくわしく説明して、この竹内書簡の紹介をしようと考えたのだが、上述したようにご遺族の許可も得ていないために〔前述したように書簡の公開を遺嗣の健一郎氏から許可されたが、この部分の叙述は許可をえない前に記述したものであるのでそのままにしておく〕、もしも、竹内家のプライバシーをいささかでも侵害する紹介になってはならないと思ったことが第一の理由である。第二に、すでに三鷹事件の裁判関係資料（調書や書簡）などのDVD化が松村高夫慶應義塾大学名誉教授らによって刊行されていること（『朝日新聞』二〇一〇年四月七日朝刊）、第三に、冒頭で紹介した『無実の死刑囚　三鷹事件竹内景助』の著者の高見澤昭治弁護士が主任弁護人となって第二次再審請求が開廷されるようでもあるので、その際の運動資料として私が所蔵している竹内書簡と遺族には当然返却されていると考えられる竹内宛服部書簡も併せて公開（その他の支援者との往復書簡も）することができれば、再審請求裁判の勝利とともに、将来の三鷹事件研究のためにもよいのではないかという思いが強まったためである。

したがって、この後の竹内書簡の紹介は、私がとくに重要だと判断した要点のみを紹介するが、この②の書簡にはまだ紹介したい重要な記述が多いのでもう少し続けさせてもらいたい。

竹内は十七枚目から以下のように書いている。

「昭和二十四年八月二十日、他の被告にデッチ上げられ検事に脅迫されて〔他の被告から服部傍線〕絶対〔ママ〕絶命と見通した私は、反動ジャーナリズムの俗論煽動による圧力は、共犯をデッチ上げられたら必ず大量に死刑を出すと判断したので、そういう暴圧を回避し、せめて最小限に被害を食い止めてやらうと――自分が共産党員でないので自由に考へた訳です――自己犠牲を突っ張ったのであって、そのときは胸中に妻子も兄妹もなく、只人間としての至情のみだったのです。」（中略）「又七月第一次馘首前は、馘首反対斗争のビラ宣伝に活動したりしたので、私は秘密共産党員と目されていた事を後で知りました。しかし私は共産党へは一度も入党した事はないのです。終戦の年の暮、党本部の前まで出向いては、綱領の軍律的センスを感じて思ひ止まっていました。家族の生活の負擔と党活動の忠実両面を充分に尽せるかどうか自信のなかったその事が党外協力の最大の原因でありました。」（十八枚目）

便箋の二十枚目以下に次のように書いている。

「私の死生はいま最高裁判所の手中に在ります。上告趣意書と上申書で五回も、一切の詳細事実を訴えましたが、原審迠《〔ママ〕》の手続を思うと必ずしも楽観出来ません。しかし法の規範に基いて、法廷自供は絶対だとしても、私は技術的に考へても、三广《〔ママ〕》駅へ一分おくれて到着した降車客が改札口へ殺倒《〔ママ〕》している処へ空車輛が暴走し鉢合せしたという事は、假に計画しても出来ることではない結果なので、弁護士さんに話しております。本線の汽車、電車の妨害と、鉄道の駅、区、操車場等における空車輛のそれとでは、道徳的にも、法理論的にも甚だしい懸隔だと思ふ次第であります。己の愚かな観念を省みると寔に断腸の思ひが致しますが、しかし此の事件原審では之以上に方法はなかったと、私は信じております。」

この後に十五日に妻が下の二人の子どもを連れて面会に来たこと、家族のことや妻と結婚してからのことなどを切々と服部に書き送っている。この書簡の二十四枚目から二十五枚目の最後に、次のように結んでいる。

「平和の歩みが動き出しましたので帝国主義の衰弱、資本主義圏の慢性恐慌から自家中毒による自滅まで続くのではないでせうか。斗はずして平和を続ける事によって勝つ、孫武や孔明の意図が今や誰にも判る真理となった観がございます。平和は不幸な我の家に取っても、せめてもの——そして最大級の——恩恵であります。メーデーの被告は拘留されている者は三人で、あと全部保釈されました。三人も二、三日中に出るものと思ひます。」

この長文の書翰の最後の余白に、竹内の郷里である信州松代の千曲川沿岸の略図を詳細に書いているが省略する。竹内の几帳面な人柄を示していると私は感じた。

③　一九五三年五月十七日付葉書

この葉書は、①と同様にほぼ三十五字の縦書きで裏面十九行、さらには表にも二十数字の縦書きで十三行にビッシリと丁寧な細字で書かれている。内容は冒頭で服部著『微視の史学』（理論社、一九五三年四月刊）を贈呈された感謝の言葉を、次のように書いている。

「獄中生活の凝った頭には、本当に好い読物で又、教へられる処も多いように拝見しました。まだ『大戦史の文学』と『せいばい』と『歎異鈔の異の本質』と二、三読まして頂きましたが、貪り読んでおります。『村の雑貨屋』に於て先生の風格を想うて余りあると拝しましたが、違ひましたら御赦し下さい。『真宗教団に与う』も私の心をそゝりました。」

上述のように、書簡の要点の紹介のみにとどめたいと書いたのだが、この葉書の以下の文章は、仏門に生をうけながら、マルクス主義の歴史家となっても、親鸞の徒でありつづけようとした服部に対して、死刑の宣告をうけ死を目前にした人間の「宗教的心境」が素直に綴られていると私には読めるので、上記に続く以下の文章を終わりまで引用させていただくことにした。

「元来田舎にいても、東京へ来てからも、豊島区堀ノ内にいた頃は、豊島氏の厂史〔ママ〕に興味を覚え、郷土の厂史にもひかれる処のあった私は、史実を探ぐってゆく此の種読物というと目がない位であります。田舎へゆくたびに、法泉寺という私の家の菩提寺や、長国寺という之は真田公の菩提寺ですが、そこへ訪ねたり、恩田木工の功業を調べたりした事もありますが、姉の嫁している正應寺などが、精神的に及ぼす関係もあり、宗教や史蹟には一種尊敬の心を持ってきました。獄に入りましてからも、歎異鈔は三回も借りて読み、智度論や般若心経や、忽滑谷快夫氏の禅講義、碧巌録など攻究しましたが、愈々益々宗教的真理も慈養〔ママ〕につゝあります。クセノファーネス、フォイエルバッハ、マルクス、エンゲルス等の哲学と社会科学と共に、先生の所謂、「宗教的憶念」は、科学という常に有限な人間智の一廻り上に「憶念」されます。マルクス主義の形に執はれざる心と禅の空の理とは、私の場合究めれば究めるほど益々近づいてきます。心経の「不生不滅」なども、宇宙相を科学的に究めるとき（人間をも宇宙総和ゼロの中に溶かし込むとき）始めて空理が認識されるように思います。歎異鈔の逆説も、宇宙生的高処から〔ら以下は表に記す〕――智に於て、能力において、常に有限にして且つ甚だしく他愛ない假想の動物たる人間――考へるときその宗教的真理が判りました。私の場合は死刑という精神的衝激〔ママ〕が、俗感情を超へて、永遠から、人類と人間とを瞶〔ママ〕める〔瞪（みつめる）の誤りか？〕ような心になっている為に、比較的容易に理解されるのだと思います。獄の宵は、近所の沼地から蛙の啼声が寂しくきかれます。此の辺は底地で、幕末までは水戸公の下屋敷だったそうですが、水つきの土地です。白鷺は長閑に舞ふし、農家を囲う杜は日毎に緑を濃くするし、世の中は思ひようでは円満具足の娑婆即浄土であると観じられます。米帝国主義者共の泥靴を追ひ彿う解放戦線の拡大を確信しつゝ元気で才〔ママ〕

判を斗おうと思ひます。
ありがとうございました。お大事におすごし下さい。」

この書簡は、便箋三十四枚にビッシリと書かれていて、この最後に「もうこんな抽象的駄言は弄しません」と記している。

④　一九五三年五月九日付封書

上述したように書簡の要点のみを紹介することは、私の力量ではほとんど不可能なほど、竹内の当時の心境が「只一人の人格が見守っていて貰いたいと痛切に考えている」服部へ赤裸々に語られているからである。したがって全文は、いつの日か読者が直接読むことができる機会があることを期待し、あえて要点のみを紹介することに努力したい。

書簡の冒頭に、③でも書いている服部著の『微視の史学』〔この書簡には『微視の歴史』と誤記している〕の贈呈への感謝の言葉が再度書いてある。

その次に、裁判は「自分を救う者は自分しかない」ことを戒能通孝先生の手紙で知らされて当然だと思い、「誠心以て」無罪の詳細を訴え続けているが、「私の原審まで辿って来た訴訟法上の経緯は私の飽くなき説明なくしては、誰も理解して呉れないだらうと思うのであります。弁護士さんは四十二名の連名で立派な上告趣意書を出して下さいました。しかし全て、真実の機微を錯綜した中から繰〔「たぐ」とルビ〕り出して貰うポイントは私の誠意しか無いように思っております。それで先便でも申しましたように人を恃もうという気持は更にありませんが、只一人の人格が見守っていて貰ひたいと、痛切に考へます。そして計らずも先生を知己と拝しました、之より嬉しい事はありません。」と服部だけにすがりつくような心境を綴っている。以下引用を続ける。

「基〔ママ〕より私、自己の生死進退に関しましては之からは一事もなをざりにしないよう敢然と抗争する決意であります。

が、個の人間を繞る諸々の契機はどのように展開してゆくのか、人智の何人にも予見出来ませず、況んや誤った観念から、法的に自白してきた私の自ら招《ママ》えた悪契機が、現在私を繞る重大な影響力となっている事を夢寐《ママ》の間にも考へると、何と言っても生と死を何れも確信的に把握していなくてはならぬのであります。生の相の真、死の相の真、それを世界対一人間に於て考へていなくては現在の逆遇《ママ》は長大息だけであります。唯物弁証法的世界の一廻り外側、というか上と言うか、そこに宗教的世界観が仄見えるとき、襲ひかゝっている人為の暴虐に対し、澄み切った戦斗の情熱が湧く反面、祈りたくもなってくるのであります。」

この後に服部が母の死去〔こと、四月二十二日、享年七十六〕を看取るため郷里の島根県浜田に帰郷していたお悔やみを述べて、タカクラ・テルの『愛と死について』を読んだときの感想にふれて、四年前に府中刑務所に移されるまでの自白した心境を綴っている。この書簡を書いている五月八日に、時々囚人の教誨に来る駒込教会の牧師に面会を申し入れて心境を話すと、この牧師から「君は自分の命も大事にできないで、人を助けようなんて飛んでもない。一時の昂奮《ママ》で人の為に犠牲になり英雄になったつもりでも、今になって人の為に死にたくないんだらう。人の為に犠牲にならうとした初志は自分を偽ったんだらう」と一喝されたこと、これに対して自分の考えを述べると、牧師は「至誠を以て真実を訴え、それが通ずる事を確信しなさい、そして神に祈りなさい。神の御助力を仰げば必ず無罪になります。しかし偽証をした罪は負はねばなりませんよ」と訓えられ祈ってくれたが、「私は未だ〳〵信仰には未熟でありその確信に安住するに到りません」と述べるなど、牧師とのやりとりを縷々服部に書いた後に、

「私の、世界に対する神性観。万有を、一なる調和の下に運営すると観る宗教的世界観は多分に哲学的な味があって、どうも人間の取り巻きにまで引き下ろす事ができません。」（中略）しかし習慣（悪い言ひ方ですが）の掟を神聖的、絶対的偉力にまで持ち上げて考へている牧師さんの対人間観や法律観は私には、余りに低いような感じで合

点がゆきませんでした。」

「今、毎日聖書を読んでいますが、之を理解するに仏教の哲学的要素でしか解釈しない私は、所謂『宗教』には遠いのかも知れません。仏教に於ける空観の正覚を以てすれば、キリスト教の「贖罪の生」えの確信が生れそうなもんですが、信仰のない私は未だに世界相の正覚の中に自己一身を漂はせておるような次第であります。」と述べて、「牧師さんは共産主義を酷評し敵視し『現在の各人の立場を善と認め、良心と信念を以て何人も何ものにも煩はされずに突き進み、確信を以て神に祈りなさい』という意味の事を申されました。私は世界が円満具足の相を備えて年々歳々時々刻々次の円満の相へ移りつゝあるとは、府中刑務所の城壁のような鉄門から入れられたとき、独房の中で感じましたが、しかし遊蕩飽食の徒、搾取享楽の立場の人、その仕組みや天皇制という保護物を改革し撤廃して、少しでも道理に適った社会機構に替える事こそ一層人類が世界の善性に応える道だと思ひます。宗教という個の魂の救済よりも、万人の健康な生活と、健全な社会的感覚に生きる事の希望の方が私には大きな人間的なはげみだと思はれてなりません。」と述べ、イエスや佐倉宗吾などの例をあげて、次のような自分の考えを服部に率直に記している。

「神は今も私共を囲繞しているけれど、それは善悪に拘りなく一切を包容しているのであって、善のみの味方となるとはどうしても考へられないのであります。結局弁証法的唯物論と、禅の哲学を自分なりに折衷して生死を世界の中に漂はすという格好であります。」

この文章の少し後に、昨年の二十七年四月十七日に最高検察庁の係検事（松本武祐？）［？］は竹内が付す）が小菅刑務所に訪ねて来て、次のように話したことを書いている。

「……《〔ママ〕》君の趣意書を読むと、益々君がやっていると思ひ《〔ママ〕》なくて困った。……《〔ママ〕》どうしてやったなんて言ったのかね？……《〔ママ〕》上告趣意書のような事実を始めから主張したら一審で無罪になったんだのに……《〔ママ〕》どうも困った事になった、法律的にはこのまゝでは原審通り決ってしまう恐れもあるし、だが世間中誰だって不思議に思って事実を疑うだらうね。……《〔ママ〕》他の者が関係あるなら今の中に言へ《〔ママ〕》なさい、共犯という事になれば又何とか刑の方も減刑される理由が出来るからね。……」（後略）

と、竹内に共犯者の名を挙げるように話をもちかけている。この検事の話に続けて、竹内は「裁判所でも詳細に調べていて呉れる事と信じます。」と一縷の希望を述べて、次のように書いている。「弁護士さんは四十三名付いていて下さいますが、上告は書類審のせいか面会には全然来て呉れません。法律家は法技術の運用応酬に忙しいのでございませうから、私が〝人間〟の問題と世界の事に就て法律と三鷹被告事件を語っても無駄のような気がしますので、深い文通もしておらぬのであります。」と弁護士に対する不信めいた言葉を服部には洩している。この後に弁護団の名前をすべて記し、◎印の布施辰治、青柳盛雄、小沢茂、上村進、〇印の岡林辰雄ら、住所を省略している氏名も全員に付して、〇△印をつけた弁護士は特に関心を持っており、◬や△印を十二名には住所も、なかでも特に信頼する弁護士として青柳盛雄の名前を挙げて「一般の弁護士というものは、――自由法曹団を例外として――被告人の有罪是認の上に立って減刑する事に成果を見出さんとしており、そういう考へ方が非常に強いんではないかと思ひます」と弁護士への評価まで述べたあとに、次のように書いている。

「先生、神聖を唱へ、正義と人道の顕現を云々する裁判も、気迫乏しく、又人間観の成っていない判官の手にかゝっては、寔にかゝる事は枚挙に遑のない事実なのであります。その点、私はむしろ、私を誤り罰したとは言ひ条《〔ママ〕》、被告〔（私）とルビを付している〕の法廷自供を以てして、本件の推測さるべき犯情心理を人間生活の面から洞察した一審鈴木忠五判事の人間的司法と勇気を讃えるものであります。」

以下裁判官や弁護士についての心情を述べた後で、「二審までも事実無根の罪を主張強調していた私は、法を愚弄した格好になってしまひ、その責は充分痛感しております」と書きながらも、以下のように日本の裁判が「粗雑乱暴」な現状を厳しく批判しつつも、裁判官の立場からや日本の現状を考えて「自白」してしまった理由を、以下のように服部には率直に告白している。

「本被告事件の公判開始直前、私は自己を裁判官の立場に擬えて、冷静に考へたのですが、無罪主張は却って全被告の有罪を招来する事を確信的にまで察しました。それは私が脛に傷を持っているからでもなく、相被告を疑っての上からでもなく、供述調書と、判事証言していた数人の証人や、一般状況を、現行刑事司法の判事的考へで判断するとき、法の立場、つまり清濁を容れて経営される社会調和の背骨の為、どうしても有罪は免れまいと『敗北主義』的に考へてしまったのです。事実、口頭の供述が、口頭の釈明で破古《ママ》になり得るものなら、三广《ママ》事件に限らず、帝銀事件も、松川事件も、練馬事件も、そして何よりも頻々と起る強盗殺人事件被告の場合も、多くは一端《ママ》自白して（させられたか否かは別として。）いざ裁判となるや、頑強に否認しているので、みんな無罪にしなくてはならぬでありませう。逆に言へば、多くの重犯罪事件の過半の被告は警察で自白し乍ら法廷で否認しても、物証なくして只自供調書だけで皆有罪に認定されている司法形式は、実に粗雑乱暴なやり方ですが、日本の社会の経済力や、民生や文化の程度から押すと、それ丈の智恵と能力でしか事を処理出来ぬのでせうから、私は、自分の兄妹や全ての隣人の立場に立って観ると、斯様な粗暴な判断にも一抹認めざるを得ない気持が湧くのであります。」

この後、獄中の四年間、毎日運動も風呂も一緒の帝銀事件の平沢貞道〔書簡には、TEIKOKU・BANKU事件と記述〕から真犯人の話を聞いたことや、総選挙の際「政治屋」〔鳩山一郎や河野一郎〕の逸話などを紹介して、「拘置所は背徳漢の楽天地」と評し、松川事件・東大事件〔松川事件の演劇公演に観客の中に巡査がいて学生が捕まえたポポロ事件のこと〕・メーデー事件について、便箋六枚にわたって感想を述べた後で、次のように日本の「大衆」と「社会主義的変革」「民主革命」に対する失望と不信を、服部に書いている。

「私は日本の将来、革命が勃発し成功したとしても、維新の革命に於て天皇制なんて神話的なものを持ち出したように、民主革命に於ても、浅墓《〔ママ〕》な人間の傲慢な権力が出来るような予感がしてなりません。つまり人間の質の問題になるでせう《〔ママ〕》か、人間の質と申して別に人種的差別を前提としてゞはありませんが、今の一刻、或ひは百年前の一時、世界各国の労働者を、フランスからも、ドイツからも、イギリスからも、デンマークからも、スヰー《〔ママ〕》デンからも、ロシヤからも、日本からも、という具合に出し較べて、その世界観と人間観を語ったとするとき、日本は残念乍ら欧米人の後塵を浴びざるを得ないと認めざるを得ません。終戦後ブラジルに於ける日本移民の狂態〔いわゆる「勝ち組」のことを指しているのか?〕は、よく〱日本人大衆の理性の程度をバクロしているようで恥かしく思ひ《〔ママ〕》ました。

共産主義社会えの道乗《〔ママ〕》に就ても、私は日本に、ロシヤや中国に於ける如き純粋な社会主義的変革が打ち建てられるとは考へられません。彼らのは大概民族的エネルギーからの創造であるのに、日本のは模倣ばかりであります。」

この後も日本の明治維新やロシア革命について二枚にわたって意見を述べた上で、「革命は公式ではなくて、情熱の凝集」（中略）であり、「斯くては哀れなのは日本の労働者農民の多数であります。占領軍は小犬に吠《〔ママ〕》いられる牛に似て傲然と構えていて、いつ撤退するか見当もつきません。」と書いた後で、次のように述べている。

「私は凡ての物事に就てありのまゝの感じを六分、希望的主観を四分ぐらいにして観ています。悲観論ではなく慎重派であります。労働者を信ぜぬではありません、が労働者の中にいて穏和の装ひをした卑屈や勇気の飾りを見せびらかす臆病を知ると、客観論としてフェビアン・ソサェティの傾向へ、之からの日本社会は『巧まずして』入るものと思ひます。」

以上の文章に続いて、竹内の現在の家族構成と生活状況を克明に記し、書簡の最後に自分の当時の苦しい心境にもかかわらず、次のように家族への思いと自己への反省を綴っている。

「私の家庭は幸福だったと思ひます。家に居た頃も至極満足していたのに、どうして労働運動に熱狂的だったか判りません。全く若気の正義感だけで慢（ママ）然と過ごして来たのですから陥穽に躓いた事も故なき事ではないと思ひます。刑事訴訟法の何たるかも、国家権力の何たるかも判らない家内は、唯、早く帰って来て下さいと催促ですが、もう疲れたのか、私の激励の便りにも何の返信も来なくなりました。無学、無教養筆（ママ）も立たず心も重い私の家内である丈に、子供達の教育や身心の成長が案ぜられてなりませんが、之も天に任せて、誠実に生きる努力を続ければ、世間は決して見棄てはしない、気持を強く希望を持って生き、辛きを一日々々の任と考へて耐へていて欲しいと言ってやっております。

少年時から多くの志士伝を愛読し、武士的道義に傾倒して来た私は、何とかして早くそういう〔「そういう」の右横（　）内に「義人の道」と記している〕旧い殻を脱したいと努めています。昨年秋日本を訪ねましたジョルジュ・デュアメル氏〔George Duhamel フランス人の医学者・小説家で僧院派として人間のペシミズムを克服しようとして神に近づき大作『パスキエ家年代記』などの著作がある〕などに代表される思想を学ばねばならぬと思ひます。日高牧師に『罪悪的道徳観念だ』ときめつけられて反省しています。その一事丈を。

お手紙いたゞいて直ぐ書き始めましたが、もう明け方になりました。無駄言に深入りしたりしましたが、軽い気持でお読み棄て下さい。
御厚情ありがとうございます。御礼旁々一筆まで。匆々」

この書簡の最後の欄外に「もうこんな抽象的駄言は弄しません」と書き添えている。

⑤ 一九五三年七月十二日付封書

この書簡は便箋二十枚に細字でビッシリと書かれ、第一枚目の冒頭に次のようにある。

「先日乾先生〔乾孝法政大学教授・児童心理学者。当時、服部と同じ鎌倉山の住人で服部と親交があった〕からお便り頂きました中に、服部先生が御病気の由伺ひ心配申し上げております。先生のお写真を、且て週刊誌の図書室で拝見しましたが、痩せておられたので内臓が弱くていられるとお察しゝ〔ママ〕ておりましたが、どうか呉々もお大事になさって下さい。
メーデ〔ママ〕事件公判での弁論を敬服して拝見致しました。
私の上告書は、未だ公判期日未定でありますが、確実な話では、最高裁の判事さんが、他のは後廻しにしても三タカ〔ママ〕の方の審理は早くやってやらう、と申したそうですから、期待しております。原判決破棄再事実の為差戻しになれば、無罪を確信して斗ひ得ますからよいですが、上告審は憲法論が主体だからという事になると油断はできません、それで現在も毎日、方々へ公正裁判の要請を訴えております。」

この文章の後に、「今日は、先生の御病気をお慰めしたくて――臥せていられましたら――一昨年極刑判決をされてからの随想記の中から、昨年十一月三日のものを御披露致しませう。題して『獄中有閑矣』というのです。題の如く気易く書いたのですから、そのつもりでお願ひ致します。嗤って頂けたら幸甚に思ひます。竹内景助」と書き、二枚目から最後の二十枚目まで転載している。この『獄中有閑矣』の終わりに、「みんな私自身への言葉なのです。気分を壊されましたらお赦し下さい。斯んな観方もあるのかと嗤って頂ければ倖せであります。又折りを見てお邪魔さして《〔ママ〕》貰ひます。再拝」と書いて、さらに欄外に小さな字で、「MSA。スト禁止。再軍備。……縮少《〔ママ〕》された資本主義圏が、更に第三次目の崩壊転化を急ぐ……之も現代の（日本の）負へる『業』でありませうか？　全く此の種の『新状勢』を阻げる何の力もないとは。民衆は愛すべきものであると思ひます。」と記している。『獄中有閑矣』の内容は興味深いものであるが、紹介はあきらめたい。

⑥　一九五三年九月二十二日付封書

この書簡は、便箋四枚の冒頭に服部が糖尿病を患っているお見舞いの言葉にはじまり、竹内も夏負けで食欲がなく衰弱し、畳二枚《〔ママ〕》半ぐらいの広さの独房は「コンクリートの密室」に等しく、日中の灼熱で夜は蒸窯のようになるひどい場所で、上告審がのびて今秋おそくか来春匆々にあるようなので健康を整えながら、「相変らず執拗に無法非道な原判決の偏見違法を叩いて無罪を訴え続けております」と書いている。

この後に三鷹事件が発生した昭和二十四年六月頃から、国鉄当局が「ドッジ政策に藉口した大量馘首を仄かし」たことに対して、労働組合が六・九国電ストに引き続き馘首反対闘争を行った理由の一つに、戦後登場した粗製車の「デッド・アースやモーター過熱の為ときぐ〵火災事故を起したり、回線が絶縁不良の為線間短絡して自然発車するなど危険な六三型電車の改造を要求し、保修《〔ママ〕》人員の整理反対を主張」したと書いている。

しかし、七月五日の第一次整理、七月十四日の第二次整理以後は、検事が言うような「ストの空気も態勢も全然なかった」し、竹内自身が十四日に馘首通告を受けた当時には「もう労組の斗争意志も無かったし、又発令された以上、撤回さるべくもないから、六人の家族を抱えた自分は、早く就耺《ママ》口を探さなければならんという考へで一杯で、ストライキだとか、斗争といふような事は全然頭になかった」と書き、その後に国警本部が『七月十五日夜三タカ《ママ》で重大事件が起きる……』と探知？してムサシノ《ママ》地区、三タカ《ママ》署等へ警戒指令」をしたことから、この事件が起きた経過を縷々記して、次のようにこの事件を厳しく批判しきっぱりと無実を主張している。

「私は十一年間鉄道で主に電車を扱ってきましたが、そんな事〔運転台に落ちていたといふ紙紐の切端をコイル巻にしてコントローラーの鍵の代りに使ったという国警鑑識課鑑定人の証言をさして〕は考へてみた事もないし、出来るかどうかさへ、実際にやってみないし検証にも立合されないので知る事も出来ないのです。」（中略）「当時三タカ《ママ》にストの態勢も空気も全然なかった事は全証人が立証しているのに、それを敢て無視して、一方的に『……法を顧みざる破壊暴力的性格』と独断しているのですから無茶苦茶だと思います。正義判断がまったく狂っていると思ふのであります。私も法治国の人間、遵法国民の端くれですから、法の権威といふ事も理解できます、が、いくら譲歩しても、一労働者である無実の私を何とかして死刑判決してやろうとして奇怪な理屈を並べ立てゝいる暴力裁判の、狐狸の貨《ママ》幣に等しい判決は承けられぬのであります。」

この手紙の最後に、福島要一、山室民子、山川菊栄、柳田謙十郎、末川博、田畑忍、名和統一、平林たい子らの方々から御協力の御返事をいただいたことを書き記している。

⑦　一九五四年四月十五日付封書

この書簡は、便箋六枚に丁寧な達筆で書かれている。まず冒頭から引用する。

「拝啓、御無沙汰申上げておりましたが、御健康如何で御座いませうか。自衛隊の海外派兵がどうの、原子兵器爆発の影響がどうのと、喧すしい日々亦日々ですが、緑蔭日増しに濃きあたり、御健勝におすごしの程を祈っております。」

この後に、「一昨春、最高検察庁検事がきて『原判決が正義に反するとして破棄されるとい丶が。上告趣意を読むと無罪だ。（中略）上告審は憲法と法律論が主で、事実審はないから困った。何とか四百十一条〔刑事訴訟法に「上告裁判所は、第四百五条に規定する事由がない場合であっても、左の事由があって原判決を破棄しなければ著しく正義に反すると認めるときは、判決で原判決を破棄することができる。一、判決に影響を及ぼすべき法令の違反があること。二、刑の量定が甚だしく不当であること。〔以下五まで省略〕」〕に掛かるとい丶が』と言って去ったきり、何とも音沙汰ないので、独房に日を送っていても、私自身裁判を忘れてしまいそうであります。弁護士にも裁判所へも再三催促しますが、之亦どうした事か回答もなく面会もありません」と心細い心境を伝え、さらに次のようにも書いている。

「此の間、方々の組織や著名人に多く訴えつゞけていますが、知識階層の人々は、理解され、又人道的理解や社会正義からの判断やらで包容力に富んだ御声援をして下さいますが、組織の方が、新聞の煽動記事に魅せられているせいか一向協力的関心を持ってくれぬのには、今更乍ら権力と大衆というもの丶社会的な位置を考へさせられます。之に就ても考へられるのは、私の訴えが個人的なものであって、投じた波紋は段々弱く消えて行く現象にあるのに、例へば松川事件があ丶沾世間の関心事になったのは、全国の共産党員の『仕事』として、宣伝の義務づけをしたからあ丶まで拡がったのだと思いました。過日も、福島要一先生、新島繁先生抔に、松川の被告は不幸中の倖せだと言ったんですが、蓋し孤立無援、誰からの援助もない五年の憂囚は、そんな女々しい感慨も生れてきます。」

この後に、三月三十一日に欧州旅行に出かけた福島要一から竹内への手紙の中で「もう戦争勢力の敗勢厂〔ママ〕然で、もう一年で恐らく方向は決定的になるでせう」との言葉に対し、次のような感想を服部に述べている。

「それは忙しく社会の争斗場裡におられる先生〔福島のこと〕が然う考へられるのであって、私の今のような全く無色中立の宗教的心境から観ると、とても〳〵現在から今後の厂〔ママ〕史的推移がそんな生やさしいものであり得ないと思はれるのであります。

資本主義圏の前進堡塁としての日本が、再軍備、徴兵、強兵国家へと、のし上げられて〔力点ママ〕ゆくのは、もう明白な事実で、それは帝国主義の使嗾と言うよりは半ば懐旧的日本の性格に負ふ事大であると思います。権力に対して非武装の人民大衆は、いつの時代も全く腰抜けと言へ〔ママ〕たい位無気力であります。」

さらにこの後に明治維新についての評価を、メーデー事件になぞらえて次のような意見も述べている。

「先生の〔著書のこと〕『維新史』や内閣維新史編纂所の『明治維新史』その他を読んでも、維新の改革は町人や百姓によるブルジョアノ〔ママ〕革命ではなくて、今迠〔ママ〕の支配層たる武士階級中の軽輩貧乏、不平武士、いはゞ分派によって成し遂げられたと観るのは僻眼でありませうか。つまり武器なき大衆は、どうにもなりません。偶々武器を与えられるそれは弾圧者の走狗としてコンミューンを破滅させ、人民広場で無辜の労働者学生を射殺するに止まっていました。

　私は之を、人間の持つ一佀〔ママ〕の『性悪説』と観ます。利己心は、自己か隣人をか、を択ぶ必要に迫られたとき、大概のものは、〔ママ〕自己を守る途を択ぶということの発見であります。人民、即ち親兄弟や同胞の興望に立つて出乍〔ママ〕ら、食はんが為に採った武器を、人民に向けるという愚は、人間性来の利己的本質にあると思うのであります。

全く度し難いものであります。全く釈迦の申された通りであります。マルクスの厂《ママ》史観さへ少し甘すぎる事になります。日本の軍拡に一歩先んじて西ドイツでは二月廿六日に徴兵制を復活し、ドイツ主義？は三度意気健《ママ》昂と蘇りつゝあると知りました。之と帝国主義体制の行詰りの頂点を見通す事は、さして困難でなくなります。」

このように当時の世界情勢を悲観的に捉えて、聖書のヨハネ伝の「人その友の為に生命を失ふ、之より大いなる憂はなし」という言葉を引用して、この「文句程、人間の通有性に遠いものは、釈迦の中にも孔子の中にも見出されません。人は、大部分、自我の執着の為に生命を失ふ動物でありました。」と、現在の自分の今置かれている状況に引き寄せて語り、この後に竹内の考える当時の世界情勢の分析が綴られ、上述の福島の見方とは正反対の悲観的な心境を、次のように書いている。

「日本は今や全く、人の一生の如く、朝露の命にも似て、いかなる泣言も用を為さなくなった事、笑止の沙汰であります。マルクスの厂《ママ》史観の通りに来るべき時期が、帝国主義の三度目の崩壊で済めばよいですが、原子兵器が全ての生物殲滅の程度迠《ママ》発達しては、どうも釈迦やキリストの直観の方が当りそうで困ったものであります。そういう訳から、私は必ずしも戦争勢力の敗勢厂《ママ》然とは観ません。」

この書簡の末尾に「今年は、妻も五児を抱え、内職も無くなって電車賃もないとて一度も面会にも来ません。しかし、すべては神てふ《ママ》調和世界の栄光の為に、かくあるべくして在る相を観、みんな元気一杯暮している由を知って、むしろ感謝しています。」と書いたあとに、「お嗤い下さい、全くの自己流です」と謙遜の言葉を付して、「花も散り雨降りそゝぐ刑務所のしゞまに聴こゆ初蛙かな」「花散れば春は寂しきものなれや物音絶えてたゞ雨の降る」との二首を書き添えている。

⑧　一九五四年八月十六日付封書

この書簡は六枚の便箋にいつもよりさらに細字で書かれている。冒頭から引用したい。

「先生、暑中御見舞いと千円の金子をお恵み下さって洵にありがとう御座いました。厚く御礼申上げます。四月、先生が京都で胃を患はれておられるとき、無躾な手紙〔⑦書簡〕差上げましたとき、留守の方からその旨お手紙頂き、心配申上げておりましたが、今のような心境からは、人さまの不幸が、とても激しく心を疼かせ、堪らない心痛となりますので、痛むところへ触れるのがこわいというような気持から御無沙《ママ》申上げておりました。お詑《ママ》びいたします。

御芳書によりますと、復又、肺をお患ひの由、前に糖尿のこともあり、先生の上に降りかゝる試練の厳しさに一層胸が痛みます。蔭で祈るより他ない者ですが、どうか御自愛専一にて、快癒されますようお願ひいたします。諸々の本の目録で、沢山な厂《ママ》史に関する先生の御研鑽と寄与を想ひ、心から益々敬服申上げておる者であります。今日御手紙拝見し乍ら、先生は、故河上肇博士が経済学の領域で社会と国に功献《ママ》されたように、厂《ママ》史の領域で偉大な巨歩を進められておられると知りました。何卆《ママ》邦家のため、つまりは人間生活の反省と情操を豊かにする為にも、完全に平癒されるようおねがい致します。先生が、『一年計画で』加療される由御手紙拝見し、その点何と申しますか、その人間的な御平静と沈着に頭を下げると共に、安偖《ママ》いたすものであります。」

上記の竹内の手紙には、現在の自分が置かれている厳しい境遇よりも、歴史家として心服している服部のたび重なる病気にたいする心配の心情に満ち溢れていて、竹内の人間性がよく現れている心暖まる文章として私は感動して読んだので、長文だがあえて続けて引用をさせてもらうことにする。

「私はお蔭様にて至極頑健に、益々身心爽やかにして頑張っております。之も服部先生を始め、乾〔孝〕先生、福島要一先生など『道義的日本』乃至は、『人間的日本』とでも云うべき立派な人々に見守られておるからと、心から感謝しております。家族の事では御心配をお掛けして済みませんでした。去る七月十五日に、三鷹事件被告団の兄弟から電車賃を貰ったからとて、半年ぶりで家内が面会に来ました。みんな丈夫で過しておりまして不遇の中にも何よりの幸と、之ばかりは常々感謝しています。

旧暦の盆もすぎ、今日あたりが暑さの峠と想ひますが、それでも今年は毎日々々南風がそよ〳〵と吹いて、鉄とコンクリートの独房の中乍ら、小菅刑務所の三階は凌ぎよいです。暑い盛中に、余り我無《ママ》者羅な勉強もどうかと思いまして、いま毎日官本を借りては読書を楽しんでおります。最近、」として、以下の読書リストが列挙されている。

パピーニ著「聖アウグスチヌス」、「エピクテタス論文集」、菊池寛編「名将言行録」、ヴアイニング夫人著「ウイリアム・ペン」。「文芸評論代表選集」、「壁厚き部屋」、「その日のために」、志賀直哉「小僧の神様」、長谷川四郎「無名氏の手記」、ルソー「人間不平等起原論」、ユーゴー「死刑囚最後の日」、山本一清「天文新話」、関口鯉吉「天体研究」、亀井勝一郎「人間教育」、「愛について」、M・ジョンソン「食人俗を探る」、レーニン「遠方からの手紙」、白朗《ママ》〔?〕「幸福な明日のために」、泉鏡花「高野聖」、ファデーグ・ナヂ「鉄のカーテンの彼方」、湯浅明「遺伝学」、鈴木大拙「無心ということ」、高神真昇「般若心経講義」

このリストのすぐ後に「之は七月上旬からの読書録で、もうあらゆる方面のを漠然と読んでいます。この間に前衛を読み、聖書を研究し、独自の宗教的認識論など書きなぐっています。」と書いているように、竹内の旺盛な読書欲と学習力に私は感服させられた。

この後に、去る十三日にも当所の懲役囚に講演にきた日高牧師と面接した時の感想を、次のように記している。

「恨むらくは神の概念が、人間中心の都合のものゝようで、私の二十年八月来心に拓いた認識とは隔ること千萬里の感があり、いつまでも融和出来ません。蓋し牧師先生の『神』は高き永遠・超絶のところに在り、私の『神』（仏）は刻々身を繞る近き萬象に在るので、之は到底ダメだと思います。私は骨の髄から唯物論やその史観を根柢として『神』を宇宙経倫〔ママ〕の『物性』――佛性――と信ずるので、型にはめて頭でデッチ上げる『神』はどうしても把握できません。多くの死刑囚――強殺犯の――は、二審までは神も仏もあるものか、と意気まいていたのが、上告で死刑確定となると、急にキリスト――頭で幻想するキリスト――でないと日も夜もなく、遂には夜中に起きて祈り、その疲労を昼寝して回復しているという状態、悲壮の中にも苦笑に堪えぬものがあります。

極言すれば、私が二十四年八月二十日、心に閃めえ〔ママ〕た神の認識というか宇宙の真理は、イエスの言葉を伝へるマタイと聖パウロにだけ通じており、通俗な聖職者の『神』とは妥協出来ないように思います。中世の暗黒が何故にかくも人間性を、神聖なる涜〔ママ〕神、つまり宗権主義の下に抑圧してきたかゞ分るような気が致します。通俗な聖職者によると、例へば、マタイ伝の第六章三二～三四節、『天の父はすべて之らの物が汝らに必要なるを知り給う。まづ神の国と神の義とを求めよ、さらばすべての物は汝らに加へらるべし……』という箇条など、聴く者をして徒らに物的な依據の心を起さしむる如き説明をするのではないでせう〔ママ〕か。可哀想な死刑確定者、大部分そういう傾向であります。

しかし真理はそんな、個人の都合よく出来ているものではなく、物性の人間集団、その世界、それを繞る自然界という範囲における秩序と調和にあり、禅的であり、良寛の作り、一茶が改作した？『焚くほどは風がもてくる落葉かな』のような境地にして始めて味はひ得るところのものと思うのであります。」

非常に長文の引用をあえてしたが、死刑を覚悟している竹内の「思想」が率直に綴られていると私には思えたので、貴重な史料として公開すべきとあえて紹介することにした。

右掲文にすぐ続き、改行して「横道へそれて失礼しました」という一行のすぐ後に、「先生に前に言はれておりました自家の厂史《〔ママ〕》というべきもの、どうも私は文の綴りが下手で取っつきにくゝていけません。前に吉川英治先生が『文春』に自伝の一端とも云うべき論を出しておられたのを心安く読んだ事がありましたが、今度心掛けて書こうと思います」と、前掲書簡でも書かれていたように、服部の竹内への「課題」を忘れてはいない。この書簡の最後の六枚目の便箋の後半に、服部の病気を心配して次のように書いている。

「まとまった一つの科学を研究したいとも思いますが、正直やはり政治的偏見を客観視すると打ち込めません。欲がなくなったのには我乍らおどろきます。こんな事ぢぁ《〔ママ〕》ダメだ、もっと社会人的通念のセンスにならう、といつも思っています。

つまらぬ独り言を喋りまして暑い盛り失礼いたしました。

体力がついてきましたら、なるべく全身日光浴をしたらいかゞでせうか。私は帝銀事件の平沢被告にもすゝめて、いつも褌一つでビルの屋上で陽を背腹一杯三十分づゝ当りますが仲々調子がよいです。之は冬でも一年中やっています。」

この書簡の最後の二行目は「人のことも世のことも、すべて天との和にあるように思います」と、「宗教的」な諦観にも似た短い言葉で締めくくられている。

⑨　一九五四年十二月十五日付葉書

この葉書はこれまでとは違って、普通の文字で〔次回からはもっと大きな字になる〕簡潔に書かれている。以下全文を引用する。

「前略、昨日最高才《ママ》〔以下同〕より才判宣告通知に接しました。それによると三鷹事件は今月二十二日午前一〇時三〇分より、最高才判所大法廷で宣告〔傍点は原文のママ、以下同〕されます。之は公判通知ではないので、弁護人の弁論も経《ママ》づに、いきなり判決するものと思います。そうだと之迠《ママ》の一般例から推して極めて残酷な結果です。時恰も、松川事件判決一週《ママ》年の日であります。その日を択《ママ》んで三广《ママ》事件の宣告をするという事は、決して偶然ではないと思います。

私は、之迠無実の証人その他反証を挙げて、事実調べをしてくれるよう何度も頼みました。しかしこの宣告通知を見ると、事実の調べはしないで、デッチ上げ調書や記録だけで事を処理するのではないかと思います。しかし、最高才が正義について幾分でも考慮されたならば、暴戻《ママ》な原判決だけは破棄されると信じます。

取急ぎお報せ申上げました。十二月十五日　草々」

最高裁への一縷の期待もむなしく、竹内が予想した通りの「暴戻な」判決になってしまった。

⑩　一九五四年十二月十九日付葉書

この葉書は、これまでよりも数倍大きい達筆な字で縦二十二、三字、十一行に書かれている。この書簡も全文引用する。

「宣告通知を受けたあと、妻がきて『余りだわ善良な考へでいたんではダメね。私も毎晩十二時すぎまで内眃《ママ》して五年半も頑張ってきたけれど、もう疲れちあった《ママ》……』と泣《ママ》えて訴えられ、五人の子への愛の切なさに参ってしまひました。その切なさ込み上げる涙の底から、此の無法に対し蓄生《ママ》ッーという呻きが出、悲しくて石田三成の心事を想い出して、それに学ぼうと倚り掛りました。それから勇気が出てきて、いま毎日五〇通づゝ訴え、抗詳《ママ》の結集を呼びかけて猛然と斗っています。田中耕太郎一派は、公正な公務員でありません。先生の電報は私に一層の勇気をつけて下さいました。何れ又。」

⑪　一九五四年十二月二十四日付葉書

この手紙から⑭まで⑩と同様の大きな文字で書かれている。これも全文引用する。

「新聞を見てドキリとされた先生の、肉親のような深い愛情に守られてお蔭様で、上申書類も見ていないで拷問デッチあげのまゝ判決を強行しようとした一部、才判官《〔ママ〕》の野望は阻止されました。真実も道理も、目茶々々に押しつぶして、勝手な政治的解釈を下している才判《〔ママ〕》なので、私一人は、とても気弱く考へていたのです。ですから、全国何十万人という人々の抗誹《〔ママ〕》がなかったら、暴力才判を阻止する事はできなかったでせう。

本当にありがとうございました。先生が、刻一刻の状況を心配下さって、打電下さった御様子が、心に浸みます。四通頂きました。之から益々無罪を明確にする為頑張ります。何百何十という手紙の整理と、才判所への手続の斗いで戦場のように忙しいので、却って感傷はなくなりました。

取急ぎ、厚く御礼申上げます。　草々」

⑫　一九五五年三月二十二日付葉書

この手紙も全文引用する。

「面白いお手紙頂き、心が明るく愉快になりました。ありがとうございます。又、お健康《〔ママ〕》が勝れぬ御様子、洵に残念に思います。御自愛専一の程お願い申上げます。

シァロームの句面白く拝見いたしました。私の今春の句『陽の恩や厚き氷も音立てゝ』お伝へしたでせう〔ママ〕か。近作ありません。『かつしかは榛も芽をふく田ん圃かな』とでも参りませうか。あと百年もしたら、そんな句さへ生きてくるような、都市人口の膨張ぶりです。
無罪判決を確信して頑張っております。『著作集』①と⑤を贈つて頂きまして感謝しております。真実な人が一人でもいる限り、私は希望を持っています。呉々もお大事に。」

冒頭からの「面白いお手紙」の四行目の「シァロームの句」とは、服部の没後に出版された『俳句日記　鎌倉夜話』（河出書房、昭和三十一年十月刊）の四～五頁に出てくる一九五五年一月三十日に服部の鎌倉山自宅の書斎の二階に四畳半ほどの小さな茶室（大内兵衛揮毫の「皆槐書屋」と命名）の完成を記念して庭で茶会を開いた時、招待者の一人であった三笠宮崇仁が、この記念帖にヘブライ文字で咊と墨書した。服部が何と読むのかと尋ねると、三笠宮は「シァローム」と発音して「平和の和」の字の「和」は古文ではヘンとつくりがいれかわって「咊」と書くのです、と説明した話のことである。この場に私も同席していた。この葉書に書いている服部が竹内に差し入れをした『服部之總著作集』①は「維新史の方法」（理論社、一九五五年一月刊）、⑤は「明治の革命」（一九五五年三月刊）で、私が編集と校正を独りで行った思い出深い本である。残酷・無法きわまりない判決の直後に、服部と竹内がこのようなほほえましい手紙のやりとりをしていたことを知って、私は心が痛むとともに竹内に出した服部の手紙の内容をぜひ読みたいと思った。服部はこの翌年三月四日に他界した。

⑬　一九五五年五月二日付葉書

この書簡も全文引用する。

「拝啓　四月二十六日の晩は、先生のお元気な声をラジオで拝聴致し大いに気を強く致しました。御健康になられた御様子、遙か蔭乍らお祝し《〔ママ〕》申上ます。

きのうのメーデーは相憎《〔ママ〕》の雨でしたが、それでも年と共に仂《〔ママ〕》らく者、つまり大衆、従って真の国民の自然な理解に入っているようで、外苑に人が溢れたというニュースを独房裡、欣喜してきゝ《〔ママ〕》ました。三广《〔ママ〕》事件上告、未だに口頭弁論をきくと言いません。之迠《〔ママ〕》の度外れな政略偏見の才《〔ママ〕》判経過からして実に油断がならないと思ひ、気になって仕方がありません。正義と善道に照して一歩も譲れませんから、善の橋頭堡となる覚悟で頑張っていますが、上告は様子が解らず閉口します。一層の御健勝を祈ります。御挨拶迠《〔ママ〕》。」

この葉書が服部に届いた二ヵ月前には、後掲の鎌倉市長選挙の際に服部が中心となり、「良い市長推薦協議会」を結成して大奮闘するが、八月には結核、糖尿病が悪化し、その上にノイローゼを再発して東京・お茶の水の順天堂病院に入院することになって、ついに再起することはできなかった。

⑭　一九五五年六月二十五日付封書

この書簡は、私が持っている服部宛の竹内書簡の最後のものである。服部にこの手紙を書いた翌六月二十二日に最高裁で竹内の上告が棄却されて竹内の死刑が確定し、ほかの全員は無罪となった。この判決は七対八というわずか一票差であった。七月二日に弁護団は最高裁に判決訂正を申立てたが、十二月二十四日に最高裁はこれを却下、竹内の死刑は確定した。同月二十六日、弁護団は法務大臣に対して、再審請求するにつき刑の執行停止を申し入れたが、岸本法務次官は「再審中は刑を執行せず」と言明。一九五六年二月、竹内は東京高裁刑事1部に再審を申し立て、翌一月八日には中央更正保護審査会に恩赦法による助命・減刑を出願した。同審査会は正式に審議することになったが、七月に助命嘆願と並行して再審が申し立てられていることを理由に審査を中止。一九六〇年十一月二十二日、竹内は東京拘置所長を相手どり東京地裁に「独居房の窓改善確認と信書妨害排除確認請求事件」（青空裁判）の民事訴訟を起こす（翌年六月二十二日の「青空裁判」第一回口頭弁論に法務省の出頭拒否で出廷できず、翌六一年六月二十二日の第二回には出廷）。竹内景助は、一九六七年一月十八日に東京拘置所で死去（享年四十五）するまで、実に粘り強い裁判闘争を続けたが、遂にその努力は報われることなく終わった。しかし、その間に一九六六年七月には竹内の助命嘆願と三鷹事件再審請求の署名が八十万に達するなど、国民的な支援運動が展開されたが、日本の司法には遂に届く事はなかった〔以上は前掲の片島紀男著『三鷹事件　1949年夏に何が起きたのか』巻末の年譜参照〕。このような竹内景助の国家権力との必死の抵抗闘争を、服部之總は最後まで見守り、激励することができずに、上述したように一九五六年三月四日には他界していた。今、この原稿を執筆中の二〇一一年三月二十九日は服部没後五十五年目に当たる。

肉親の父親のように、また最も信頼していた「マルクス主義歴史家」・服部之總宛の絶筆となったこの最後の書簡は、僅か便箋三枚の短いものである。これまでの竹内の端正な筆跡とくらべて、いささか乱れているようにも私には思える。全文を引用しておきたい。

「拝啓、御懇篤なる御手紙と併せて、貴重過分なる阡《〔ママ〕》円のカンパお恵み下さいまして洵《〔ママ〕》に有難うございました。厚く御礼申上ます。

御援助に應へ、独立と生活を守る多くの国民の期待にも添うべく努力いたしましたが、如何せん問答無用才《〔ママ〕》判で上告却下されました。民主々義、正義に対する侮辱を許して申訳なく思います。

原審が全然事実審もせず、架空の事を更に階級的偏見で判示していますので、その点だけでも最小限原判決破棄、弁論公判は行はれると信じていましたが、甘すぎました。然し、多くの国民も弁論ぐらいは行はれると考へておれたのではないかと思います。

民主々義の特長《〔ママ〕》の一つは明るさに在ると思います。処が三鷹事件は全然一方的独断と偏見で処置されてしまいました。唖然として他人事のようであります。暗い、冷酷、非道、之が階級斗〔ママ〕争の本質とは思いますが、天下を向うに廻しての独断には驚きます。暴力のバックという奴は始末が悪いです。保守合同の動き、西独の再軍備、すべてに亘って資本主義の反動化が進捗している時でありますから、利用されました。しかし斗〔ママ〕いは之から更に強く、あくまで公正、無罪を求めて頑張ります。当面、判決訂正という副次的事柄しかありません。然も丸を三角と言ひ、無いものを有るという判決では訂正もへちまもないのですが、人事を尽くして勝利を信じます。無碍〔ママ〕不退転の心境を養うため、之から合間には禅学でも修めようと思います。獄中ではそれさへも独学ですが、努力します。唯物弁証法哲学や唯物史観の客観的正しさを認め乍らも、此のような生命の骨頂の関頭に立っては、一切は仏〔ママ〕の心の映像であるという観念論にも一つの真理を認めない訳にゆか〔ママ〕ない程深刻な境地になります。人生に関する一切の知識は釈迦の哲学？の中に包攝〔ママ〕されてしまうように思います。

唯我独尊という事は真の意味に於てヒューマニズムであると考へ〔ママ〕ます。又、そう解釈すべきだと思います。仏〔ママ〕人主義より更に一歩社会主義的に進んだものによって活きるものと考へ〔ママ〕ます。

きのうのニュースは、中国徐洲人民法院が反革命特務に対し死刑宣告した事を報じていました。そうして帝国主義反動が行ったデッチあげ事件の死刑宣告を納得ゆか〔ママ〕せるつもりでせう〔ママ〕か。しかし世界の平和、独立、生活を守る人民の自覚と団結の前に、三鷹、松川等デッチあげは必ず裁かれる日のある事を確信します。あくまで斗います。

取急ぎ御礼御挨拶と致します。

不一

六月二十五日

竹内景助

服部之總先生」

この服部への絶筆となった竹内の書簡に書かれている文章から、最後の最後まで人民の団結と勝利を信じていながらも、これまでも紹介してきたように、宗教的（釈迦の教え）境地に救いのよりどころを竹内はもとめていたことがわかる。服部がこの書簡をどのように読んだかは、何も服部は書き遺してはいないので判断することは私たちにはできない。

だが、前述したように服部は浄土真宗の寺の長男として生まれながら、マルクス主義の歴史学者として在野で侵略戦争と日本ファシズムの潮流とたたかいつづけながらも、親鸞のよき門徒たらんと生涯志していたことを考えると、竹内のこの最後の書簡を共感して読んだのではなかったかと、私には思える。本稿が公刊後にもし私の余生がまだ続いているならば、再審請求運動の最後尾にでも参加して、国家権力による明らかな冤罪によって尊い生命を奪われた竹内景助とそのご遺族の無念を晴らしたいと心から痛切に思っている。

三　松川事件と服部之總

冒頭で前回と同様に松川事件について❶神田文人と❷後藤昌次郎が執筆した解説を紹介しておく（❶は吉川弘文館の『国史大辞典』第十三巻所収・一九九二年四月刊、❷は三省堂の佐々木毅ほか編『戦後史大事典』所収・二〇〇五年七月刊）。〔原文適宜改行した〕

❶まつかわじけん　松川事件　昭和二十四年（一九四九）八月十七日午前三時九分（夏時間）東北本線松川—金谷川間、東京起点二六一・二五九キロ四〇の地点で十四輌編成の上り四一二列車が脱線転覆し、機関士石田正三ら乗務員三名が死亡した事件。

警察・検察当局は国鉄労組福島支部・東京芝浦電気松川労組の活動家の計画的犯行として各十名を逮捕、起訴し、二審までは死刑判決がでたが、すべて自白に基づく捏造事件で、最高裁で高裁へ差し戻され、高裁で全員無罪の判決が下され、三十八年九月上告も棄却されて無罪が確定した。

事件の年はドッジ＝プランに基づく行政職員定員法で国家公務員二十八万余名の行政整理問題が起き、また東芝電機〔ママ〕会社は過度経済力集中排除法の適用をうけ、松川工場を含む二十八工場の分離独立問題で労働組合の反対運動が高まっていた。六月一日発足の日本国有鉄道公社（総裁下山定則）では、第一次整理発表の翌七月六日に下山事件が、第二次発表の三日後の七月十五日に三鷹事件が起きて馘首反対運動は挫折したが、さらにこの事件が起き、労働運動は急速に衰退した。しかも事件は真犯人不明の「権力犯罪」で占領下謀略事件の一つである。

事件の翌日、増田甲子七官房長官は三鷹事件などと思想的底流が同じであると発言、八月二十六日、新井裕福島県国警隊長は、事件は「二本の幹線」と「十本位の支線」があると発言、九月十日、元国鉄線路工手赤間勝美を、ついで松川労組員菊地武を逮捕、赤間の自白から、二十二日、国鉄側の本田昇・二宮豊・鈴木信・阿部市次・高橋晴雄、東芝側の浜崎二雄・佐藤一を逮捕、さらに浜崎の自白から十月に東芝側の杉浦三郎・太田省次・佐藤代治・大内昭三・小林源三郎が、太田自白から東芝側の二階堂武夫・二階堂園子、国鉄側の武田久・斎藤千・岡田十良松・加藤謙三を逮捕した。多くは組合の活動家、共産党員で、全員が十一月七日までに起訴された。

警察・検察のおおよその構想は、両組合の活動家が八月十三・十五の両日共同謀議のうえ、十六日午後十時半ごろ、東芝側の小林・大内・菊地の三名が松川駅線路班倉庫からバール、自在スパナ各一丁を盗み、それを持った佐藤・浜崎が十七日午前一時半ごろ現場に向かった。国鉄側の本田・高橋・赤間の三名は、〇時ごろ現場北方約七㌔の永井川信号所付近で落ち合い、松川に向けて出発、二時ごろ現場で合流、二十数分間でレールの二ヵ所の継ぎ目を解体、犬釘を抜いて工作を完了、バールなどを田圃に捨て、別れて帰途についたというのである（二審判決による）。十月一日岡林辰雄・大塚一男両弁護士が選任弁護士となり、十二月五日第一審が開かれ（裁判長長尾信、主任検察官山本諫）、赤間自白の虚偽、太田自白にいう、国鉄側から東芝側に支払われたという転覆謝礼金の嘘、証拠品のバール・自在スパナの虚偽など、検察側の捏造が暴露されたのに、二十五年十二月六日の判決は死刑五名、無期懲役五名、有期懲役計九十五年半で、判決謄本は未完成であった。仙台高裁の控訴審（裁判長鈴木禎次郎、主任検察官山口一夫）では自由党員でクリスチャンの仙台弁護士会会長の袴田重司以下七名が弁護士選任届けを提出、被告の手記『真実は壁を透して』の出版、総合雑誌の裁判批判などで裁判批判が高まるとともに「無罪判決要求」から「公正裁判要求」に転換、二十八年六・七月、国鉄労組・総評も大会で公正裁判要求を決議した。しかし十二月二十二日の第二審判決は死刑四名（鈴木・本田・佐藤・杉浦）、無期懲役二名、懲役刑十一名、無罪三名であった。上告後、広津和郎は『中央公論』二十九年四月号より四年半の間「松川第二審判決批判」を連載、公正裁判を主張しつづけ、総評は三十一年七月現地調査を実施、翌々年三月松川事件対策協議会が結成された。田中耕太郎最高裁長官は三十年五月二十六日「外部の雑音に迷うな」と裁判官に訓示したが、かえって裁判批判は高まった。三十三年十一月一日、最高裁は、検察側が隠匿していた、佐藤の共同謀議のアリバイを証明する「諏訪メモ」の提出を命令、アリバイ確認の上、三十四年八月十日、七対五で高裁への差し戻し判決を下した（田中裁判長は少数意見）。この時点で選任弁護人は二百六十一名に上った。

仙台高裁での門田実裁判長による差し戻し審では、事件の夜事故現場近くで九名のグループを目撃した新証人（こそ泥）が証言、現地調査も実施し、文化人や労働組合などの全国的な裁判批判運動のなか、三十六年八月八日全員無罪の判決を下した。検察側の上告で最高裁第一小法廷係属となったが（裁判長斎藤朔郎）、全国的な裁判批判のなかで三十八年九月十二日、斎藤・入江俊郎・高木常七の多数意見で上告棄却となり（少数意見は下飯坂潤夫）、全員の無罪が確定した。全国的な公正裁判要求運動による成果である。アメリカの謀略機関が真犯人という説も流れたが、結局真犯人は不明のまま、事件は翌年時効になった。

参考文献　佐藤一『被告』、『最高裁判所刑事判例集』一三ノ九、『中央公論』緊急増刊昭和三十三年十一月・同三十四年九月、『ジュリスト』二三九（特集・松川事件無罪判決）、同二八四（特集・松川事件最終判決）、松川事件弁護団常任世話人会『松川事件の権力犯罪』（『松川弁護団報告書』一）、『最高裁松川判決批評』（『法律時報』三一ノ一〇別冊付録）、松川運動史編纂委員会編『松川運動全史』、同編『松川十五年』、門田実『松川裁判

の思い出』、大塚一男『松川弁護十四年』、広津和郎『松川事件』、同『松川事件と裁判』、宇野浩二『世にも不思議な物語』、日向康『松川事件』、吉原公一郎『松川事件の真犯人』

（神田文人）

❷松川事件　一九四九年（昭和二四）八月一七日未明、東北本線松川～金谷川間で発生した汽車転覆致死事件。現場のレールの継ぎ目板がはずされ、枕木のボルトが抜かれていたため、金谷川駅定時三時五分通過の上り四一二列車が脱線転覆、機関士・機関助士三名が死亡。

前年一二月、GHQは経済安定九原則を発表。ドッジ・ラインの強行で中小企業の休業・倒産が相つぎ、大企業も東芝の四〇〇〇名をはじめとしてつぎつぎと首切りをおこなった。官庁でも同年五月三〇日成立した定員法で二八万五一二四名の馘首《かくしゅ》が迫っていた。七月一日、国鉄（現JR）当局は組合に対し第一次三万七〇〇名の整理を通告。その直後の四日下山定則国鉄総裁が行方不明となり、翌五日常磐線綾瀬駅付近で轢《れき》死体となって発見された（下山事件）。一四日第二次六万二〇〇〇名の整理通告。翌一五日東京・三鷹駅構内で無人電車が暴走、六名の市民が死亡した（三鷹事件）。馘首の嵐が吹き荒れ、労働者は抵抗し、東芝労連は波状ストを開始した。このとき三度目の事件が起こった。松川事件である。

時の増田甲子七《かねしち》官房長官は、その日証拠もなく、「今回の事件は今までにない凶悪犯罪である。三鷹事件をはじめ、その他の各種の事件と思想的潮流において同じである」と談話を発表した。捜査当局も三鷹事件同様共産党員にねらいをつけ、国労福島・東芝松川両労組幹部の共謀による犯行として各一〇名を起訴した。

一審判決は五名の死刑を含む全員有罪。二審は三名を無罪にしたが、四名の死刑を含む一七名有罪。五九年八月一〇日最高裁は二審の有罪判決を破棄、仙台高裁に差し戻した。六一年八月八日差戻審は全員に無罪を言い渡し、六三年九月一二日検事上告の棄却で確定。

裁判の転機となったのは、裁判史上例をみない大衆的裁判闘争の広がりと、東芝側主謀者とされた佐藤一のアリバイ「諏訪メモ」の出現である。大衆運動の発展で真実の証拠が法廷にあらわれ、真実の証拠の出現で大衆運動が発展した。その間にあって田中耕太郎最高裁長官から「雑音」と非難されながら、証拠と道理にもとづいて真実糾明の論陣をはった広津和郎のはたした役割は大きい。

後藤昌次郎

【参】広津和郎「松川裁判」（『中央公論』一九五四〜五八、『広津和郎全集』第一一巻、中央公論社、一九八九）、松川運動史編纂委員会『松川運動全史』労働旬報社、一九五六

現在、私の手元にある松川事件の著書はすでに書いたような事情（二〇〇一年三月、大学を定年退職を機にほとんどの蔵書を上海市図書館に寄贈）で数冊しかない。刊行順に列挙すると、広津和郎著『松川裁判』（筑摩書房、一九五五年八月五版）、大塚一男著『回想の松川弁護』（日本評論社、二〇〇九年一〇月刊）、伊部正之著『松川裁判から、いま何を学ぶか　戦後最大の冤罪事件の全容』（岩波書店、二〇〇九年一〇月）、松本善明著『謀略　再び歴史の舞台に登場する松川事件』（新日本出版社、二〇一二年七月）の他に、雑誌では、『中央公論』第八四六号・緊急増刊（一九五八年一一月二〇日）「松川裁判特別号」（志賀直哉「巻頭言」、廣津和郎「松川裁判（全）」、吉岡達夫「廣津氏の『松川裁判批判』の発端」、宇野浩二「納得ゆかぬ『松川事件』」、中村光夫「個性を超えた事実」、林健太郎「貴重なる『実証』の実践」、平野謙「廣津和郎の道程」、津田騰三「裁判を裁く文学」、大岡昇平・久野収・中島健蔵・眞野毅（座談会）「裁判の論理」、「『松川裁判と廣津和郎』に対するアンケート」（青野季吉、阿川弘之、有馬頼義、石川淳、上田操、植松圭太、大江健三郎、大河内一男、大宅壮一、開高健、亀井勝一郎、小林秀雄、近藤日出造、佐藤功、椎名麟三、瀧井孝作、竹内好、武田泰淳、谷川徹三、中曽根康弘、中野好夫、長野国助、丹羽文雄、野上彌生子、平林たい子、舟橋聖一、堀田善衛、松本清張、室生犀星、吉行淳之介、渡辺一夫（服部之總はすでに死去していた）、その後同じく『中央公論』第八八七号（一九六一年十月）所収「特集松川裁判」（廣津和郎「裁判と真実」、伊達秋雄「無罪判決の教えるもの」、家永三郎「松川裁判の歴史的意義」、佐藤一「死刑被告としての十二年」）と、法政大学大原社会問題研究所編『松川裁判と松川運動に関する

資料目録』（一九七一年一二月刊）である。

現在、松川事件関連の資料の多くは、前掲『松川裁判から、いま何を学ぶか　戦後最大の冤罪事件の全容』の著者が在職した福島大学と前掲『資料目録』を刊行した法政大学大原社会問題研究所に保存されているが、『朝日新聞』二〇〇九年八月一七日夕刊に「『松川事件』資料室、存続ピンチ福島大、スタッフ任期切れ」という記事が出ていた。福島大学で「『松川作業員』を自認し資料活動万般を支えてきた」伊部正之が二〇〇七年三月に定年退職したことが大きな理由であるようだ。

伊部は同上著書の「はじめに――松川事件を六〇年後になぜ問い直すのか」の冒頭で、松川事件と、これに続く十四年に及ぶ松川裁判は「戦後最大の冤罪《えんざい》事件」として、「実際、松川裁判事件が単なる冤罪事件（意図せざる・結果としての濡れ衣事件）ではなく、意図的な冤罪事件（権力による謀略事件）であったことは、今日では全く疑う余地がないほどに明白である」と断定している（ⅴ）。さらに「松川事件こそは、国民と裁判の関係について実に大きな問題提起を行い、かつ実践する機会となった。」と述べて（ⅶ）、「松川事件のように極めて政治的な色彩の濃い事件が、権力側の期待や圧力に反して全員無罪になったこと自体が、希有《けう》のことである。そして、この奇蹟《きせき》を可能にしたのが、いわゆる松川運動であり、大衆的裁判批判・救援運動であった」（ⅷ）と、この事件の本質を明確に規定している。前掲の大塚一男著『回想の松川弁護』は、事件当初から岡林辰雄弁護士とともに主任弁護人を十四年間闘い続けた貴重な記録である。本書の「はじめに」の中で大塚は、「国民の裁判批判という大きな成果を遺された廣津和郎氏の作業の跡をたどってその意義を考え、さらに松川の活動の中で感じた二、三のことを考えてみる」（一〇頁）と述べて、第一部「松対協会会長　廣津和郎」で三章にわたって作家の廣津和郎がこの事件に果たした大きな功績を紹介している。この第一章に上掲の廣津和郎著『松川裁判』の四年半に及ぶ成り立ちを詳細に紹介して、フランスの作家のエミール・ゾラが『ドレフュス事件』で被告とされたドレフュス大尉の再審無罪を闘いとった歴史的に有名な謀略事件になぞらえ、「日本のゾラ」と称された廣津への尊敬の念が集まったと高く評価して、「歴史的大作」（一四頁）と本書の意義を高く評価している。

中国の上海市立図書館に寄贈しないで現在も私の手元に大切に残しておいた唯一の松川事件関係の著書は、この廣津和郎著『松川裁判』のみである。私が大学を卒業した翌年（一九五五）六月に初版が出版されているが、私が買ったのは八月の第五版である。なぜかこの本に私は愛着がある。後述するように松川事件対策神奈川懇談会の会長であった服部之總の書斎にこの廣津著があったので購入した記憶がある。私の蔵書のほとんどは、服部の影響で書込みや傍線がいっぱい書き込まれているのだが、この本だけにはまったくない。よほど大切にしていたからであろう。この本の帯封も残っている。それには服部と戦前から親交のあった川端康成をはじめ、末川博・團藤重光・壺井榮・長野国助・野上彌生子・正木ひろしの推薦名がある。この帯封の最初にある「小説の神様」といわれた志賀直哉の推薦文を引用しておく。

「廣津和郎君著の『松川裁判』は、廣津君が多年修練を積んで来た不自然な事に対し、決してそれを見逃さないといふ作家的敏感さと、若い頃から批評家として鍛へてきた明晰な論理とで、調書の検討をしてきたもので、更に抑制された熱意の伴ふ点で、私は廣津君の立派なライフワークの一つだと思ってゐる。

私はこれまで事件に関係した、又、これから関係するだろう裁判官諸氏が心を空しくして、此書を読んでくれることを切に望む。」

松川事件裁判が始まった当時から、余りにも有名な本書に対する的確で見事な推薦文だと私は今でも思っている。

さて本稿の主題である松川事件と服部とのかかわりについて、私の手元にある資料を紹介しながら筆をすすめたい。服部が松川事件と関わりをもつようになった最初のきっかけは、私の手元にある服部の残した資料からみれば、一九五二年十月十二日付の松川事件の被告である鈴木信の服部宛の書簡である。国鉄労組の鈴木信は、第一審判決（一九五〇年十二月五日）で犯行の提案者とされて、検察官求刑でも第一審判決、第二審判決でも死刑を求刑された被告である。以下に服部に宛てた鈴木書簡（松川事件被告団用と印刷された便箋四枚）の全文を紹介しておこう。

「未知の一労働者から突然手紙を差上げることをお許しください。われ〳〵は国民の眞実を愛する力を信じ驚くべきファッショ権力に対抗して小さな力をふりしぼり眞実を訴え斗い續けてまいりました。幸い国民の皆様の御指導によって無実のわれ〳〵に死刑を宣告した陰謀は一つ一つ崩れました。然し乍ら検察官は恥知らずにも今もって横車を押し切ろうとしてゐます。

昨日の法廷でも赤間自白調書がどのようにして作られたかがバクロしました。それは列車が転覆した1949年の8月16日の夜（正確には1949年8月17日午前3時9分——前掲伊部正之著『松川裁判から、いま何を学ぶか』二頁参照）4人の国鉄員が赤間君等が犯行現場に行く時通過したといわれる地点で線路を警戒してゐたのですが　その警戒にあたってゐた従業員が参考として検事に調書を取られた時には真夜中の二時までテントを張って警戒してゐたと供述したので　十二時半と赤間君の調書にはそのテントの模様などが詳しく供述記載されてゐる訳ですが　昨日の法廷で警戒にあたった国労が証言台に起ち当夜は十二時にテントを撤去したと証言しました。この一つの事実を見ましても　赤間調書は検察官が捜索の結果知り得たことを赤間少年に押しつけたものであることが　ハッキリしました。

若し二時まで警戒して居たとすれば赤間君等は発見されてゐるでしょうし。若し十二時に引き上げたとすれば　知り得る筈のないテントの模様を神ならぬ赤間が知ったことになります　又、赤間少年は　犯行の往路復路の途上で出会ったという列車の番号を実に詳しく述べてゐますが　このことについて検事は赤間は鉄道に居たから列車番号を知って居て自からすら〳〵と述べたと言ってますので。昨日の法廷でこの事実から見ても赤間自白なるものは自らすら〳〵と述べることの出来得る筈のないもので　検事が押しつけたものであることがハッキリしました　このようなことは毎日法廷のあるたびに現れて来るのです若しわれ〳〵が《自白調書が主たる証拠である場合には有罪にすることが出来ない》という憲法並びに刑訴法を斗い・守らなければ　支配者を批判するものは、平和と自由を叫び　平和と自由を守るたに《（ママ）》大衆を組織するものは何時如何なる罪名を押しつけられ　逮捕され死刑の宣告を受けるか判ったものではありません。軽視出来ないことだと私は考えます
私達は占領者にとって好ましからざる人物の一人であったかも知れませんが　列車転覆については全く関係のない第三者であり、夢にさえ見たことのないものであります。三年一ヶ月の独房生活を通じ　公判に現われる数々の現象から判断しますと　松川事件は明らかにザッコ・ヴァンゼッチ事件、モリイ・マグワイヤ事件、ドイツ国会放火事件の如き陰謀事件であるとの結論に到達します。特に本件は有色人種を殺すことなどは、犬の生命を絶つよりも簡単に考えてゐる有色人種に対する侮辱も多分に加ってゐると考えます。
いよ〳〵事実審理も十月で終り　十二月に弁論並びに最終陳述がなされ　来春判決の予定であります
何卒真実と正義を守り抜くために　是非共諸雑誌や諸新聞を通じて世論に訴えて頂きたく心からお願いするものであります。

１９５２、１０、１２

松川事件

鈴木信」

服部がこの事件とさらに深く関わるようになったのは、この鈴木書簡の翌年に松川事件神奈川準備会（横浜市西区高島通2の30、新興クラブ四階）が発行していた手書きのガリ版刷の『松川ニュース』（タテ約19センチ、ヨコ27センチ、4枚）創刊号（一九五四年三月一六日）の編集責任者であった杉浦孝博からの服部宛の書簡で明らかである。

この杉浦書簡には、この年の新年懇談会に服部が出席した御礼もかねて、第二審以後の具体的方針を定めるために

国鉄組合事務所で開いた二月十一日の会合の集まりが悪く、今後は五十人以上の文化人・学者・学生・労組などを結集し新たな組織として再発足した「松川事件神奈川県懇談会（仮称）」に服部にぜひとも出席して欲しいという内容である。

『松川ニュース』創刊号に出ている「松川事件神奈川県懇談会（仮称）として再発足」の記事に、この組織の結成の世話人の中に服部の名が出ている。前掲の杉浦書簡に、この呼びかけを行うと書かれている新年懇談会に出席した寺田透東大教授が世話人の筆頭に挙げられている。この呼びかけの草案は草川鶴見地区労事務局長が書いたとある。この時の世話人の学者・文化人の名前と肩書きを紹介しておく。寺田東大教授の次に、横浜国立大学教授の平舘利雄、長洲一二、大崎平八郎ほか一名、横浜市大教授の西郷信綱ほか一名、法政大学教授は服部と乾孝と逸見重雄、弁護士は米村正一、飛鳥田一雄、岡崎一夫ほか四名、作家は堀田善衛、藤森成吉、高見順、中西伊之助、童話作家の平塚武二、劇作家の大橋喜一、評論家の本多秋五などで、そのほかに労組や生活協同組合などの代表二十二名の名前があり、その中に服部と親交が厚く、後に法政大学教授となった小牧近江の名が中央労働学院院長の肩書きで出ている。前掲の法政大学教授の乾孝は、服部と同じく鎌倉山の住人で第一教養部で児童心理学者、逸見重雄は服部を社会学部に招聘した時の同学部長であった国際政治学者で、両人とも服部の親しい友人である。

前掲の服部も提唱者の一人となった「懇談会」を一九五三年十月十二日（月）午後三時から横浜市社会福祉会館第一会議室で開催する参加要請（十月七日付）のガリ版刷手書きの一枚ビラに「さて新聞、ラヂオ、雑誌などで御存じの如く松川事件の判決も十一月五日に迫りました。この判決を前にして、神奈川県在住の文化人、法曹人、労組代表の方々の提唱により去る十月五日別記三十数名の人たちが集り種々懇談致しました。その概略は別紙報告書の通りでありますが、参集の皆さまの一致した御意見により一段と広い運動を進め裁判の公正を期するため、再び各界各層の方々にお集まりをいただき具体的なことを懇談致すことになりましたので、萬障御繰合せの上御出席を御願い申し上げる次第でございます」と書かれ、第一次懇談会の提唱者八名を上段・下段に各四名の中に「法大教授服部之總」の名前が下段の三行目に出ている。以下その名前と肩書きを紹介すると、上段のトップに作家・高見順、弁護士・飛鳥田一雄、弁護士・米村正一、県地評議長・阪間米造、下段に横浜市大教授・三枝博音、同・西郷信綱、次に服部之總、最後に鶴見地区労事務局長・草川健次である。その隣に第一次懇談会出席者二十九名の肩書きと名前が記され、会場の略図が書かれている。十月五日に開かれた「神奈川県の文化人、労組代表による松川対策懇談会経過報告」には、服部が提唱人を代表して「松川事件ほど作り上げられた陰謀事件は、明治、大正、昭和を通じてない。全世界の平和愛好勢力は注目している。いわんや私共は国内で国民的運動を起こす義務がある」と挨拶している。この後座長に鶴見地区労事務局長の草川健次を選出して懇談が行われた。

主な発言者の意見が紹介され、この会合で申し合わせた結論として七項目が紹介された。

イ、対策委員会の設置（団体では持ち帰り夫々機関にはかる）

ロ、全体が一致できる公正裁判要請は対策委員会への加入とは関係なくどんどんやってもらう。

ハ、県、市町村会に松川のことを提案し議決してもらうよう働きかける。

ニ、裁判所の組織にも働きかける。

ホ、対策委員会の巾をひろげることも大事だが、行動が、迫った裁判に時期遅れとならないようにする。

ヘ、次の懇談会、十月の十日から十五日迄の間に開催。

ト、当面の連絡場所は横浜駅前新興クラブ内国民救援会神奈川本部とする。

会の最後に、第一審で死刑を宣告された東芝出身の被告・杉浦三郎夫人の挨拶があり散会した。

十月十二日に行われた第二回の懇談会の報告には、出席者名に服部の名がないので欠席したことがわかるが、申し合わせ事項に、「二十四日仙台の代表派遣について」のなかで文化人代表として三枝〔博音〕、西郷〔信綱〕、服部教授の内一名となっている。このほかに労組代表は阪間米造氏（地評若しくは国鉄から）、東芝労連、鶴見地区労草川事務局長、市民代表は大島市会議員、婦人代表は逗子町の菊池みつ氏、宗教代表と学生代表は運動の中で候補要請していくことが申し合わされている。この仙台の東北大会に服部は代表として参加しなかったことは、十月二十九日付の仙台拘置所に収監されている松川事件被告の岡田十良松〔国鉄労組、起訴事実は謀、一九五〇年八月二十六日の検察官求刑は十五年、同年十二月六日の福島地裁第一審判決は十二年、一九五三年十二月二十二日の仙台高裁第二審判決は十年、一九六三年九月十二日の最高裁判決で検事上告を棄却し全被告の無罪確定。起訴当時の年齢は二十三歳。以上は前掲井部正之著『松川裁判から、いま何を学ぶか』一三〇〜一三二頁から引用〕ほか一同からの服部宛の書簡に明らかである。この内容を紹介しておこう。

「前略失礼致します。取急ぎのお願いで大へん恐縮なのですが、来る十一月四日、此の日、当地仙台で『松川事件公正判決要請全国大会』がもたれます。それで、是非先生にお願いしたいのです。先生に、この大会に御出席頂いて、是非御挨拶などして頂きたいと思うのですがお願い出来ないものでしょうか。

去る二十四日、当地で同様東北大会がもたれました。この大会は、宮城県労評や其他各民主団体が主催して下さったのですが、約三千名程の集会となって、総評に代っての日教組、国鉄労組の方の挨拶、松本治一郎、武谷三男、本郷新、朝倉摂、江口渙の各先生の挨拶、加藤嘉、山田五十鈴御夫妻の音盤による挨拶などもあって、大成功をみることが出来ました。ほんとに嬉しく思っています。今度は十一月四日の全国大会です。この全国大会は、非常に力強く思っているのですが、総評が主催して下さいます。是非ともこの全国大会も、先生などの御出席によって、成功させたいと思っています。

御承知になられたと思いますが、十一月五日と決定されていた私たちの判決は、強引に十二月二十二日に変更、延期されてしまいました。全く怒っています。

だが、こうして判決が延期されてしまった以上、この延期された期間の斗いを、更に完全なものにしなければ、と思っています。そのために、十一月四日の大会は、一層の斗いの結束と、たかまりのための大会にしたいと念願しています。十二月二十二日を真実の完勝の日として頂けますために、先生の御出席にもよって、この全国大会を是非成功させて下さい。御都合もあることでしょうが、先生の御出席がねがいる《〔ママ〕》のでしたら、ほんとにどんなに嬉しく思うか知れません。心から、切にお願いしています。

なお、御都合で御出席ねがいません折は、メッセージでもお寄せ頂ければ大へん有難く思います。

取急ぎ、心からのお願いまでです。

五三、一〇、二九

松川事件　岡田十良松

外　一同

服部之總先生　」

このきわめて心のこもった仙台の全国大会への丁重な出席要請の書簡にたいして、服部が出席したのか、また欠席の場合にどのようなメッセージを送ったかは、私の手元に残されている服部の資料からは確認できないのは非常に残念である。本書巻末の年譜を見ても明らかなように、この年も服部はきわめて多忙な一年であった。服部が主宰した日本近代史研究会が編集した『画報近世三百年史』の刊行がはじまり、同月末から二月には京都、広島に旅行して各地で講演などを行っている。また五月には念願の書斎（皆槐書屋）が完成している。本業の法政大学の講義が週三回と新しく演習を担当することになった。さらに十二月から私を正式に専任の助手として服部のライフ・ワークであった『日本人の歴史』の執筆に着手している。また私の最初の大きな仕事になった『服部之總著作集』（全七巻、理論社）の刊行計画も十二月から始まっている。その翌年三月から四月には亡母一周忌で帰郷の途中に京都で胃潰瘍を再発して手術していることからも、服部の健康状態はかなり悪くなっていたにもかかわらず、上述したような超多忙な状態にあったために仙台には行けなかったのだろうと私は推測する。

しかし神奈川県下の松川対策懇談会の代表者として一九五四年から五五年にかけて精力的に活動している。一九五五年四月十八日には「松川事件救援『映画の夕』」を松川事件神奈川懇談会・国鉄労組横浜支部・東芝労連・鶴見地区労・横浜市従の後援で神奈川県立音楽堂で開催し、服部が会長として挨拶した後に廣津和郎が記念講演を行っている。一九五四年三月に発足した『松川事件資料刊行会』（会長・末川博）にも委員として協力している。さらには一九五三年一月に結成されたメーデー事件被告団（団長・岡村光雄）に弁護士十余名とともに文化人の立場で阿部知二、鈴木東民、細川嘉六、山之内一郎らとともに二月四日の第一回公判で特別弁護人として出廷するなど、平和と人権を守る闘いにも参加していることが手元の資料からも明らかである。

服部は一九五五年八月に東京・新宿の鉄道病院に入院、退院直後の十二月には結核・糖尿病などが悪化し、さらに持病のノイローゼも再発して御茶ノ水の順天堂病院に入院し、ついに翌五六年三月には不帰の客となってしまった。「マルクス主義歴史家」としての服部は死の直前まで闘い続けた。今日の人間の寿命からみればわずか五十六年の短い生涯であったことが私には残念でならない。

四　メーデー事件と服部之總

前項「松川事件と服部之總」の最後に、メーデー事件に服部が特別弁護人として関わったことのみふれるにとどめた。しかし、服部が残した資料の中に『メーデー事件 特別弁護資料』と手書きした一綴りの資料が保存されているので、新たに一項を設けて紹介することにする。その前に前項の三鷹事件、松川事件と同様に、メーデー事件についても神田文人が執筆した吉川弘文館『国史大辞典』第十三巻（一九九二年四月刊）所収項目❶と、朝倉喬司が執筆した佐々木毅ほか編『戦後史大事典』所収項目❷を引用しておく。〔前項同様原文改行〕

❶メーデーじけん　メーデー事件　サンフランシスコ講和条約発効直後の昭和二十七年（一九五二）五月一日の

メーデーのとき、皇居前広場に入ったデモ隊に対し警官隊が発砲、死者二名のほか負傷者多数を生じ、以後検挙者千二百名を越え、騒擾罪違反容疑で起訴され、結審までに二十年以上かかった大事件。当時の平事件・吹田事件・大須事件とともに四大騒乱事件といわれる。戦後再開されたメーデーは皇居前広場で挙行されていたが、東西冷戦が深化した二十六年三月二十九日、政府の次官会議はメーデーでの使用を禁止した。

総評は、政府に使用を申し入れ、拒否されるや翌年四月四日東京地裁に不許可処分取消訴訟を提起、同二十八日、勝訴したが、政府が控訴したためメーデーは明治神宮外苑で開催された。大会終了後、中部コースのデモ隊は解散場所の日比谷公園に午後二時ごろ到着、さらに日比谷交差点・GHQ前を通り、警官隊が阻止しないので馬場先門から皇居前広場に入り、二時三十五分ごろ二重橋前広場に到着した。ところが同四十分、突如警視庁第一方面予備隊第二中隊（隊長長岡武）が催涙弾・拳銃で第一次襲撃を開始、デモ隊は楠公銅像のある芝生上まで逃げ、この間法政大学学生近藤巨士は殴打されて致命傷をうけ、六日死去した。一方、日比谷公園に到着した南部コースのデモ隊が祝田橋から三時すぎに「銀杏台の島」に入り、警官隊の二重橋前広場への後退に伴い、楠公銅像前芝生のデモ隊とともに「銀杏台上〔ママ〕の島」に移り、解散大会を開こうとした。その移動中の三時二十五分ごろ、第七方面予備隊米川宗治副隊長の命令で第二次襲撃が行われ、多数の負傷者が出た。さらに四時ごろ加藤峯治隊長の第三次襲撃命令で「掃討戦」が行われ、東京都職労の高橋正夫が拳銃で射殺された。この間催涙弾七十四発、拳銃七十発が発射され、千数百名が負傷した。

また、第二・三次襲撃の間、日比谷公園沿いの警視庁および外国人の自動車十数台が焼き打ちされ、祝田橋上から警官三名と米兵二名が濠に投げ込まれた。この間広場に入ったデモ隊は約三万名、警官は約三千名といわれる。皇居前広場に入場したのは主として日本共産党員・学生・朝鮮人・自由労働者で、当時武装闘争戦術をとっていた共産党の指導と見られていたが、事件自体は官憲の計画的行為で、検察庁・警視庁は午後四時前より騒擾罪適用方針をとり、即日検挙に着手、千二百三十二名を検挙、二百六十一名を騒擾罪違反容疑で起訴した。ときあたかも講和条約発効による「独立」の時期にあたり、政府は治安取締りのため破壊活動防止法案を国会に提出、労働組合は四―六月、三次にわたるストライキを決行したが、メーデー事件は法律制定の口実に利用され、同法は七月二十一日公布施行された。この間、メーデー事件は東京地裁に係り、裁判所は八分割の分離公判を提示したが被告の反対で撤回、二十八年一月十一日の被告団（団長岡村光雄）結成を経て、二月四日第一回公判が開かれた。裁判官は浜口清六郎裁判長以下六名、検察官は竹村照雄以下六名、弁護人は上田誠吉・石島泰ら十余名で、ほかに阿部知二・鈴木東民・服部之総〔ママ〕・細川嘉六・山之内一郎ら文化人が特別弁護にあたった。

裁判は長引き、支援活動も時に停滞したが、その過程で警察官の偽証が暴かれ、三十九年七月二十日には「メーデー事件中央後援会」（会長神崎清）が結成され、支援活動や早期無罪判決要求運動が拡大。公判千七百九十二回の末、四十五年一月二十八日の第一審判決は第二次襲撃以後に騒擾罪を適用、有罪九十三名、無罪百十名。この間死亡、中国・朝鮮への帰国などによる公訴棄却二十一名を除き、分離公判組を加えて、全体で有罪百十九名、無罪百二十一名となった。被告側は分離組も含めて百二名が直ちに控訴（のち一名が控訴取下げ、一名が死亡）、翌年十二月十四日からの控訴審（裁判長荒川正三郎）では弁護側証人二十六名は認められたが三百七十三名は却下された。ちょうど青年法律家協会加盟の司法修習生の裁判官任官が拒否された「司法反動」の時期だったため判決が懸念されたが、四十七年十一月二十一日に騒擾罪不成立で八十四名が無罪、十六名は公務執行妨害などで執行猶予付きの懲役刑数ヵ月となり、十二月四日、東京高検の上告断念で判決が確定した。

参考文献　「メーデー事件控訴審判決」（『判例時報』六八五）、「メーデー事件裁判闘争史」編集委員会編『メーデー事件裁判闘争史』、岡村光雄『メーデー事件』（『昭和史の発掘』）

（神田文人）

❷メーデー事件▲血のメーデー事件ともいう。講和条約発効三日目の一九五二年（昭和二七）五月一日、神宮外苑でひらかれた第二三回メーデーは再軍備反対と皇居前広場の開放を決議。参加した都学連の学生などデモ隊六〇

〇〇人が「人民広場へ行こう」と叫び、皇居前広場へ入ろうとして警官隊五〇〇〇人と衝突。警察側は警棒と催涙ガスを使用、ピストルによって二人を射殺、多くの重軽傷者を出した。検挙者は一二三〇人、東京では最初の騒《そう》擾《じょう》罪《ざい》適用事件となった。七二年一一月の東京高裁の判決は騒擾罪では無罪、暴力行為などで有罪とした。朝倉喬司

私の手元にある服部が残した『メーデー事件　特別弁護資料』は、服部之總と苣子（ちさこ）両名宛の早稲田大学調査部と印刷されている袋に、服部自身が「メーデー事件　特別弁護資料」とペンで記して保存していたものである。苣子様と連記されているのは、服部がこの事件の特別弁護人を引き受けるための参考資料のために、当時、次女の苣子が早稲田大学に在学中であったので、彼女が父の依頼でこの資料を送ってもらったためだと私は推測する。以下、この『資料』のすべてを紹介する。

まず最初にまとまった資料として、メーデー事件弁護人世話人（東京合同法律事務所、東京港区芝琴平町二一）が編集・発行（手書きのガリ版刷）した『メーデー事件弁護資料』

ＮＯ・１（１９５３・３・１０　１６頁）　ＮＯ・２（１９５３・３・２０　６頁）
ＮＯ・３（１９５３・４・５　２頁）　ＮＯ・４（１９５３・４・７　２８頁）
ＮＯ・５（１９５３・５　１９頁）　ＮＯ・６（１９５３・５　３１頁）

である。さらに、事件の全被告人（1組38名、2組37名、3組38名、4組37名、5組38名、6組37名）の氏名（一部は当時の職場）と下段の（　）内に担当の主任弁護人の姓のみが記されてある一枚刷りの一覧表と三十九名の被告人の「公訴事実第一についてのみ」の質問を記した五枚の手書き刷と、一枚の手書きのガリ版刷『メーデー事件起訴状全文（総論部分）公訴事実』で、これには服部が傍線やカッコ、力点などを丹念に付して読んだ形跡が残っている。このほかに被告が獄中から服部に出した（一九五二年〜三年）葉書四十二通（中に松川事件被告の三通と柴又事件被告と練馬事件被告からの

各一通と女性傍聴人からの一通がふくまれている〕、封書は三通が保存されているが、近藤隆の封書〔一九五二年九月二十一日付〕には手紙が入っていない。

本稿で私がとくに紹介しておきたいのは、服部が特別弁護人として法廷で陳述した内容のメモである。それは二百字詰原稿用紙八枚とザラ半紙に四枚に書かれている。原稿用紙には陳述の内容の目次、ザラ半紙には陳述のための年表や要点のメモ〔服部は原稿を執筆する際に必ず行っていた〕、服部が法廷で直接傍聴した時に速記したものと思われる石島泰弁護人の法廷での発言要旨が詳細に記述されている。

まず最初に第一回、第二回、第三回〔いずれもカッコに囲んでいる。以下カッコ内の文章はすべて松尾注〕と頭注の二百字詰原稿用紙二枚にびっしりと細字で書いてある内容のものから順次紹介しておこう。

① 第一回 『公訴事実』ハ　歴史家ガ『メーデー事件』ノ事実ト考ヘテイルトコロト、甚ダ異《ママ》フテイルコト。而モ、事件直後ノ政府発表ノ見解ソノママデアルコト。

コノ政府見解ハアキラカニ一種ノ予断偏見デアリ、三鷹、松川『事件』発生直後ニ行ハレタモノト同一線上ニアルコト。以上ノ三事実ノミヲ以テスルモ公訴ハ棄却サルベキコト。

第二回 『公訴事実』ハ『暴徒』ト断定シテイルガ、コノ『暴徒』ニタクシ、起訴状ガ適用セントシテイル刑法一〇六条騒擾罪ハ、明治三年新律綱領イライ今日マデ一貫シテ存在シタ人民弾圧基本法ヲナシテイルコト。

明治初年イライコレヲ適用サレタ諸事件ノ『暴徒』ナルモノハツネニ人民デアッタコト〔以下㋑㋺㋩の文章の上の欄外に以下の年表が記入されている〕

明治八年、新聞条例　ザンボー律　　明治一五、集会条例等

明治二〇・一二、保安条例　　明治三三、治安警察法

軍隊出動 ㋑ 明治元年―九年ノ農民一揆。（新律綱領　明三―　改訂律令　明六―）
軍隊出動 ㋺ 明治十五年―十七年ノ自由党諸事件。（旧刑法　明一四―）
軍隊出動 ㋩ 明治三十八年、九・五六両焼討事件〔同上〕
『講和条約反対国民大会』主催者河野広中、大竹貫一、頭山満、小川平吉、凶徒聚集罪検束2、00
0　起訴者三〇八名〔三〇八に傍線〕、有罪八七人〔八七に傍線〕、大部分ハ職工、職人、人足、車夫
〔上段の凶徒から―→9／5まで〕9／5内相官邸・国民新聞社、深川署以下九ケイサツ、交番二一九ノ
焼打　45破壊　教会13　電車15　民衆側負傷者二千人死者十七人
警、軍、消負傷五百人
軍隊出動 ㊁ 明治四〇年〔右側カッコ内に一九〇七と記入〕二・四―二・一四の十日間　足尾暴動（旧刑法〔旧刑法に?を付〕、但コノ年新刑法）
軍隊出動 ㋭ 大正七年、八・三―九・四　米騒動〔九・四から―→「三池炭鉱」と記入〕
三府三二県一道（三三市、一〇四町、九七村大騒動　六〇市町村ニ軍隊出動）
七〇万ノ人民（労働者、農民、漁民、部落民、市民、学生、兵士、朝鮮人）　タイホ八、一八五人　半分以上有罪
〔㋭の軍隊出動の欄外上に「八・二　シベリア出兵宣言」と記入〕
軍隊出動 ㋬ 大正十二（一九二三）……亀戸事件、大杉事件、鮮《ママ》人事件
一九二五（大正十四）―→〔欄外上に「治安維持法」と記入〕
『暴徒』トシテ弾圧サレタノハ常ニ一貫シテ人民デアッタ。
メーデー事件ノ被告ハ人民中ノ人民、組合ニ組織サレタルハタラク人民。
ソレヲ人民主権ノ新憲法下デ、明治三年イライノ筆法デ起訴スルコトハナンセンスデアル。公訴棄却ヲ要求スル

第三回　前回補遺　『暴徒』及び『騒擾罪』適用ニツイテ

従前ト異ル今次事件ノ特殊性ニツイテ

㈠、労働者階級ノ世界的行司《ママ》デアッタコト……『暴徒』ハ組織的労働者タルコト

㈡、モヤ〱デナク意識的ダッタコト（メーデースローガン）

㈢、米植民地化ヘノフンマン（全人民的）ヲ代表シタコト（コノ条件既往ナシ）

㈣、人民広場ノ歴史

㈤、警官ノ暴行ニヨッテ自衛的ニ起ッタコト……㋬ト比ベルベキノミ

㈥、最モ道義的メリット

㈦、底意ガアッタコト……破防法斗争。〔底意から⟶『日本共産党員及ビ一部ノ過激ナ学生・知識人及自由労働者』と記入、『日本共産党』カラ欄外上まで――「vjℓ.〔注のこと〕、足尾事件ノトキ　平民社手入　vjℓ. 亀戸事件鮮人《ママ》事件」ト記入、『破防法斗争』の下に『四・一二イライノ総陣《ママ》労斗第一波スト　四・二八　講和発効　七・四　破防法通過』と記入〕

②　二百字詰原稿用紙一枚に以下のメモがある。

㈠、歴史の裁きということ。歴史家の課題はそれに近《ママ》ずくこと。ドグマを以て臨めば必ず失敗する。

㈡、『物語日本の労働運動』第三〇章『血のメーデー』を

メーデー事件起訴全文（総論部分）公訴事実に対比すること。（史述）

㈢、前後事実　直後の政府発表＝新聞ラジオと

いかにこの『公訴事実』が符合しているか

〔㈢の欄外上に『49、7／5　下山事件　7／15　三鷹事件　P、203　8／17　松川事件　P、206　50・6／25　朝鮮戦争』の記入〕

以上第一回陳述〔この上に「52、5／1」……P・234と記入〕

㊃、破防法実現ノタメノ『公訴事実』

㊄、騒擾罪ト『破防法』〔『破防法』から＝治安維持法（右側に「1925成立」と記入）――治安警察法〔右側に「明33年」、左側に「昭三、三団体解散后死法トナル」と記入〕――新刑法〔右側に「1907　明40騒擾罪　足尾暴動ノ年」と記入―旧刑法〔右側に「明14」と記入〕――改訂律令〔右側に「明6」と記入〕――新律綱領〔右側に「明3」と記入〕

㊅、『暴徒』＝『凶徒』〔㊃から㊅を――でつないでいる〕

③　次の一枚の二百字詰原稿用紙には以下のように書かれている。これまでのメモはすべて縦書きであるが、これは横書きで書かれている。この用紙の欄外に　5／27　第二回陳述とある。

〝暴徒〟論。　〝騒擾罪〟論

――日本〝暴徒〟史上ニ於ルMaYday事件ノ意義――

明1、10　会津五郡　世直シ一揆

明7～11年　庄内ワッパ一揆　7年8月中旬一週間、県庁、士族1、000余人ノ臨時警官　三島県令アラハル

明9年　三県一揆――地租減〔一字不明〕

〔以上の年表をカッコで囲み、（1）と記入。このカッコの外に「刑法」、「明9（新聞条例　ザンボウ律　江華島事件）、集会条例　明15　弾正ヶ原事件　国事犯」と記入。下に（2）とあるのみで記述はない〕

④　もう一枚の二百字詰原稿用紙には、タテ書きで次のようなメモが書かれている。

第二回。『メーデー事件ノ歴史的意義』

起訴状ハ歴史的文献トナルダロウ。

『騒擾罪』ヲ予定ノ如ク適用
『暴徒』トハ何ゾ　ソノ歴史トモラル〔「ソノ歴史トモラル」をカッコに〕
虚構ノ要素（『暴動』――『暴徒』　共産党……学生、鮮人《ママ》、自由労働者ラノ『陰謀』　加害者イントク）
第三回。「何ヲ目的トシテ虚構ガ作ラレタノカ〔上の虚構と第二回の虚構ノ要素とを→でつないでいる〕
『破防法』
検察官ハ『攻撃』ノタメニ、陥井ニハマッタ？
警備＝『犯罪ヲ予想』〔予想に力点〕［予断偏見］〔予断偏見に力点〕
三鷹・松川・メーデー〔カッコで囲む〕＝戦争ヘノ道
朝鮮戦争ニ於ル米国例」

⑤　さらに一枚の二百字詰原稿用紙には次のような簡単なメモが残っている。

「一、序論――六回に互に弁論の構成について〔「序論」から→『A、法の歴史』〕
二、『暴徒〝騒擾〟』の歴史〔→『B、法が適用された『事件』の歴史』。『C、メーデー事件の特異性』と『暴動』の要約』の記述は二重線で削除〕
三、五・四運動の『暴徒』
四、メーデー事件の直接的後景〔二・一スト、三鷹松川……『破防法』ノタメニ→読書新聞パンフレット〕
五、社会学の『モブ』論の如き『暴徒』でないこと。メーデーデモ隊のモラルについて――何人が暴徒だったか？
六、歴史は批判する　棄却するかしからずは少くとも三鷹、松川二大事件の判決とリンクせよ。
日本裁判の独立性を実証せよ」

⑥　一枚のザラ半紙の右半分に「人民広場、日比谷公園、厚生省を囲んで、地裁（地検）、東京地裁（東京高裁）、最高裁、東京弁護士会などの地図が書かれてあり、東京地裁（東京高裁）と東京弁護士会の間の〇印に「十時以後の場合はこゝで才《〔ママ〕》判所職員に特弁のことを御話し下さい。廊下のようになっています。」と記入している。このメモは、服部が特別弁護人として出廷するときのために用いられたものであろう。

　このザラ半紙の左半分の中央に縦書きで『日本裁判所ニ民主主義ノ伝統皆無ナルコト　騒擾罪史（明治自由党以来）』〔「騒擾罪」に力点が付されている〕

　私はこの表題を見て、服部はこの「メーデー事件」の特別弁護人を引受けたのは、戦後に服部が最も力を入れて執筆した明治十年代の自由民権運動の延長線上に、戦後のとくに『アメリカ占領軍支配下の日本の裁判史』をまとめようと考えていたのではなかったかと推測する。上記の『表題』に明確に書かれているように、今日まで依然として続いている「日本の裁判の非民主主義的な体質」と「日本国家の加害責任感の欠如」を、服部は戦後の日本国憲法下の日本国民に「人民の歴史家」として告発しようとしたのだと、私は上掲のメモから断言しておきたい。

　本稿を書き終えた今、私はこのきわめて意欲的でかつ重要な歴史的課題をまとまった歴史論文として公表して欲しかったと、早すぎた服部の死が惜しまれてならない。服部をメーデー事件の特別弁護人に推薦したのは、服部と親交が厚く、この「メーデー事件」の主任弁護人であり、松川事件、白鳥事件（再審）などの「アメリカ占領下の『謀略事件』」の刑事事件を担当し、自由法曹団の団長も務めた上田誠吉（東京合同法律事務所所属）ではなかったかと私は推測している。上田は二〇〇九年五月十日に享年八十二歳で死去した。この上田の著書である『昭和裁判史』の書評（「今たたかいの武器に」『赤旗』一九八三年十一月二十一日号掲載）を私は、日本共産党の機関紙『赤旗』から依頼され執筆した当時のことを懐かしく回想している。この私の拙評への上田弁護士からの丁重な礼状を現在も大切に保存してある。

　この他に法廷陳述のために用意したと思われる二百字詰原稿用紙二枚とザラ半紙に細字で詳細に書かれたメモも私

の手元に残っているが省略する。

以上、服部がメーデー事件の特別弁護人として法廷で陳述しようと考えた構想を紹介したが、どうしても服部の法廷陳述を本項に引用しておきたいと考えて、法政大学大原社会問題研究所の吉田健二所員に依頼した。すぐに郵送されてきた資料コピーの中に、同研究所から出版されている『日本労働年鑑』第二十七集（一九五五年版）の第二部「労働運動」第四編「その他の社会運動」・第四章「人権擁護運動」・第五節「四つの騒擾事件」の最初で「メーデー事件」（平事件・大須事件・吹田事件が記述）について、次のように記述されている。

メーデー事件公判は五三年二月四日から再開された。五二年秋来裁判所の八分割審理方針に反対して闘って来た二五三名の被告人は、同年末に統一公判方式で審理を進めることにつき裁判所と弁護人の間で話合いがついたので、新たに担当裁判官となった浜口清六郎裁判長以下六名の裁判官の下で審理再開の運びとなったわけである。

この間、被告は長い間の釈放闘争の結果五二年末から次第に釈放され、五三年七月には全員が釈放されるに至った。被告総数は二五八名である。

全員一〇六名の多数に上る文化人労組関係者が特別弁護人になり裁判所は五月にその中わずかに七名を許可したことから、被告、弁護団はその数の少ないことを不満として強硬に接渉《ママ》した結果、六月五日更に一〇名を許可し、計一七名が法廷に立って被告らの無罪を主張し、警察官の暴虐を攻撃した。その氏名は次の通りである。

山之内一郎（東大教授）　阿部知二（作家）　服部之総《ママ》（歴史家）　細川嘉六、村越喜一（国民救援会）　堀江邑一（日ソ親善協会）　鈴木東民、平野義太郎、柳田謙十郎（哲学者）　岩崎昶（映画制作者）　代永重雄（池袋職安）

渡辺三知夫（世界労連）　尾形昭二、井上勤（都高教組）　櫛田ふき（婦人民主クラブ）　省琣根（朝鮮民戦）　久保田豊（日農）

以上の特別弁護人全員の氏名の中に服部の名前を確認することができた。問題の陳述資料については、このとき吉田が送ってくれたコピーの中に『未整理・保管図書資料一覧』（二〇一一年五月現在、研究所ライブラリーの主なコレクション）の中に「メーデー事件資料（8連）」と記述されていて、この中にあることがわかった。二〇一四年七月十八日に私は未整理のままになっている膨大なメーデー事件関係資料の中から、服部の証言の一部を見つけたので、本稿の最後に引用しておきたい。

次に上述した書簡から、私が重要だと思われる内容を抽出して以下に紹介する。

まず最初に、便箋五枚にビッシリと達筆の細字で未知の服部に宛てて小菅の刑務所から佐藤正二被告（五組、担当弁護士上田）が出した書簡（一九五二年九月二十一日付）を紹介する。

この書簡のなかで佐藤は、国民救援会から差し入れられた知識人の名簿の中に服部の住所が出ていて、被告団は服部に特別弁護人を依頼したいということになったので是非御引受け願えないだろうかと記されている。佐藤は兄弟ともに服部が戦前に重役であった花王石鹸株式会社に勤務し、兄の佐藤正二は敗戦直前に軍隊に召集され帰国後に生活協同組合連合会に勤務し、日本共産党から葛飾区議候補として立候補したが落選、一九五二年五月一日のメーデー事件で兄弟ともに逮捕された。兄の正二は五月十九日に人民広場で暴徒の先頭に立っていたという理由で、弟は会社での首切り反対闘争を粉砕しようとした会社が警察と結託して五月十三日に逮捕されたと書簡に書いている。この佐藤書簡にある服部に特別弁護人を依頼したいという願いは、この後に紹介する多くの被告の葉書にも出てくる。

葉書の中で最も多いのは坂尻正之助被告（三組、担当弁護士風早八十二）の七通である。小菅町の高井戸署内から出した最初の坂尻の未知の服部宛葉書（一九五二年九月三十日付）には冒頭から次のように書いている。

私はもと東京の新宿駈安で仂いていた、いわゆる「にこよん」です。それがこんどのメーデー事件にかこつけて、組合の活動家である、ということで逮捕され、起訴状をデッチ上げられて現在に至つています。殆どの被告がそうじやないかと思うのですが、全くデタラメな起訴事実で、私の証拠には、誰かのノートを写した写眞一枚他は全部デッチ上げの供述書です。しかも警官の暴力はどこ吹く風という有様なんですから呆れます。もうお聞きになっているかと存じますが、メーデー被告の押送の物々しさはちよつと例がないのじやありませんでしようか。勾留理由開示のときなどはあの大きなバスに被告が五人、看守が七、八人乗り、バスの前后《〔ママ〕》に警察の白い車がついて、途中サイレンを鳴らし放し、辻々にはアゴ紐をかけたポリが立つて交通遮断している、という有様でした。このような状態の中で、十六、十九、二〇日に裁判所に於て被告・傍聴人に対して、ヒドイ暴行がなされたのです。十六日に出廷したある同志は法廷内で手錠をかけられる時両手首に負傷し更に廊下に引きずり出されてから背後からヨビ隊〔一九五〇年七月、GHQのマッカーサーの吉田首相宛書簡で七万五千人の国家警察予備隊を創設、海上保安庁の拡充も指令。この国家警察予備隊が一九五四年一月から現在の自衛隊となる〕が得意コンボーでナグリ、ドタ靴で腰、横腹をケル、という暴行をしているのです。その爲にその同志は、二日程うん〱うなっていました。今でも腰を屈めると痛いそうです。これではとてもたまらない、というので御承知の通りの要求を裁判所に出し、二十四日―二十七日の裁判に『出廷拒否』をしたのです。私達は小さな監房に閉ぢ込められ、栄養も足りず、運動もたりない、しかし皆元気に斗つています。以前に比べると大分待遇がよくなつてきました。だがまだまだです。一日の副食代が十七円だし、タバコもすわせない。要求はうんとある。私達は国民救援会の差し入れしてくれた名ボに従って、特別弁ゴ人《〔ママ〕》になつて下さるよう、依頼状を出しています。先日は近くの同志に文化人会議の福島要一氏から承諾の通知がきました。どうか先生も来る公判には特別弁ゴ人として平和を守る斗いに共に斗つて下さるようお願い致します。健康をお祈り致します。

この当時「ニコヨン」〔一九四九年六月に東京都が失業対策事業の日当を二百四十円に決定したことから始まった呼称〕と呼ばれていた日雇労働者であった坂尻の葉書の最初の一行の挨拶を省略しただけの全文である。以上の内容量からも推察されるように葉書の裏表〔宛名を書く表も半分以上〕にビッシリと細字で書かれている。坂尻の六通の葉書〔一九五三年元旦の年賀状を除いて〕とこの後に紹介する殆ど全員の被告の葉書も、この坂尻被告とまったく同様に、メーデー事件の被告に対する国家権力の非人道的な暴力行為に対する激しい怒りの抗議と裁判所の被告の人権無視の実態を、多くの国民にぜひとも伝えたい心境が私にもひしひしと伝わってくる内容ばかりである。そして多くの被告がぜひとも服部に特別弁護人になってもらいたいという願いを書いている。

三通目の坂尻の葉書（一九五二年十月十四日付）に「先日ある同志のところに救援会から手紙がきて、その中に先生が特別弁ゴ人になられたということが書いてありました。有難うございます。宜しくお願い致します。」と冒頭に書いているので、服部は一九五二年十月には特別弁護人を引き受けたことが確認できる。この書簡のこの後に続く文章に、当時のこの事件に関する運動に対しての坂尻の意見も率直に表明されていると思われるので、以下全文を紹介しておこう。

昨日のラヂオでは炭労二十七万が、四十八時間ストに入り、十七日からは無期限ストに入る由、まことに時宜を得た斗いだと思います。これに続く各労組の斗いもおおむね、勝利するのではないでしょうか。私はそのように考えております。私の働いていた昄安の自由労仂者もぼつ〳〵動いてきたようです。しかしこれとていわゆる昄安セクトにおちいつては発展のしようがないでしよう。全失業者の失業反対の斗いとして大きな社会問題化させねばならないと存じます。私の方の新宿昄安では犠牲者家族の婦人達が中心になつているそうです。ずい分苦労しているらしい。だから全都の自由労組協議会という名の統一委員会にも名前だけの参加になつてしまつているらしい。そのうちに又何とかなるでしようがね。先日こんなことがあつたのです。拘置所の南二舎のある同志が視力がおとろえ眼がしよぼつくから、何か薬をくれと医務室にいつた。何故か医者は中々薬をくれない。医者といい合つている所え南舎管区長がきて、「お前はなんだ」と有無をいわせず、雑役の力もかりて管区え連行し、更に後手錠をかけて約三時間もの間懲罰房にぶちこんだのです。私達はこれに対していま大きく抗議運動を起しています。どうか外からもこのような非人間的なやりかたに対し抗ギ《〔ママ〕》して下さるようお願い致します。又裁判所では私達の裁判を延期し、そして連日何名かづつ呼び出して判事が被告に対し、分リ〔分離〕裁判を認めろ、と口説いているのです。全く卑劣なやり方だと思います。才一このようなことが許されてよいものでしようか。現行法にもふれないのでしようか。先生の判断をお願い致します。早々。

坂尻の二通目の葉書（一九五二年十月四日付）には「衆議院の逬挙も終り〔同年十月一日の第二十五回衆議院議員総選挙〕、その開票結果も発表されました〔自由２４０、改進８５、右派社会５７、左派社会５４。共産全員落選〕。そして共産党は一つの議席も得ることができなかった。このことは獄中にいる私達にとつて相当大きな打撃でした。日本の政党の中で、貧乏人が信頼している唯一の政党である、共産党から、唯一人の代議士も出ていないということは、本当に悲しいことです。しかしこれも労農同盟を確立するための、民主統一戦線を発展強化するための大きな試練でしよう。これからの労仂者階級の斗いは、必ず、質量共にヒヤク的に向上するでしよう。逬挙の結果がそのことを必然にしていきます、と私はそう思つたのですが先生はどのように評価されたでしようか。お教え下さると幸です」とも書いている。

服部宛の被告の書簡の中で私と面識のあるのは野村正太郎〔一組、担当主任弁護士は坂尻被告と同じ風早八十二、逮捕当時の職業は日本共産党板橋区会議員〕ただ一人である。区議から東京都会議員として活躍した後の最晩年の野村とは毎月のように会っていた親密な間柄だった。日本共産党所属の政治家として活動しながらも郷土史に深い関心をもっていたので、私と麻生三郎とが中心で組織していた「竹橋事件研究会」や「『自由燈』研究会」の中心メンバーとなって一緒に歴史研究や啓蒙活動をした頃の野村の柔和な温顔がいまだに忘れられない。前者の研究会の成果として、私が企画し出版した『竹橋事件の兵士たち』(竹橋事件百周年記念出版編集委員会編、発行徳間書店、一九七九年五月刊)に、野村は「崖下の墓標——東京の兵士をたずねて」と題する一節を書いている。また、後者の研究会での共同研究の成果として主宰者の私が編集した『自由燈の研究　帝国議会開設前後の民権派新聞』(日本経済評論社、一九九一年三月刊)所収第五章「帝国議会開設前の地方自治と『自由燈』」を執筆している。このように今だに忘れ難い学友の野村がメーデー事件の被告として、奇遇にも私の歴史学の恩師の一人であった服部とこの事件を通じて交流があり、坂尻に次いで多い五通もの葉書を送っていたことを私ははじめて知った。私にとって当時の野村の思想を知る上でも非常に興味がある。野村の葉書は一九五三年元旦の年賀状を除き、坂尻被告よりもさらに小さな胡麻粒ほどの小さな文字で葉書の両面にぎっしりと書いてある。最近とみに視力が低下している私には最新のルーペで判読しても容易には解読しづらかった。また独特のくずし字で判読不能の多い紹介でお許し願いたい。上述したような私と交流の深かった野村の人生にとっても、歴史資料としても貴重な四通の葉書の内容を紹介する。

最初の葉書(一九五二年九月二十六日付)は、次のように書いている。

(前略)特別弁護人に〔七文字が判読不能〕をお願いしてかえつてすみませんでした。公判の模様は大体お聞きと思いますが、一九、二〇日の両日「我々は裁判で分けるのではなく統一公判を裁判長に要求する」と言う主旨で出廷しましたが、傍聴人は制限し、検きよはする、被告・傍聴人に暴行は仂く、しかし此方の当然の要求である「傍聴席はがらがらだから、バラバラ事件では一五〇人も入れているのにしかも政治的事件は制限出来ないのに六〇人では少い、外に待つているのだから入れてくれ」と言うのを、一方的に「法廷のチツジヨイヂのため駄目」だと、受入れず、それ以上言えば閉廷して暴力で法廷から引つ張り出すと言うので我々は二十三日声明書を出し、「家族や被告の身体生命が危険だから裁判所側が誠意ある態度をとつて統一公判を受入れないかぎり出廷しない」と出廷を拒否しました。そのため二十四日には「私は分離公判を受ける」と言ふ二人の人が出廷したきりでした。裁判所側はかねてから若い人を一人一人呼びだし「お前は共産党員か、そうでないなら保釈願を出せ、そして分離公判を認め自由法曹団の弁ゴ士を他の弁ゴ士に代つて、拘置所に居るものと一切文通、面会しないなら保釈で出してやる」と分裂をさくしています。そのため保釈が出た人の中にはそれにのつてる人も少しはいるでしょう。早く総選挙期間中に「暴徒」にし立て上げたかつたのでしよう。然し我々の団結は実に固く敵のインボーをバクロ粉砕しつゝあります。先生の言葉を光栄と感じ、あく迠も日本の独立と平和と自由のためがんばります。乱筆で失礼しました。

一九五二年十月十六日付の葉書には、表裏一杯に容易には判読しづらい程の極めて小さい文字で次のように書いている。葉書の内容の検閲から逃れる手段であったのかも？

前畧、其の後、身体の方は如何ですか。先生が特別弁ゴ人を引うけて下さつたと言う話しを二、三日前に聞き深く感激してます。今日は少し拘置所内の最近の状態を知つていたゞきたいと思います。先づ五ケ月からの勾留のためか一般に体力がおとろえて来ています。私も此頃何もしないでいても体がだるくてたまりません。でザルプとVBを注射してます。メーデー関係の人で私の近くだけでも、血便を出して今日医者にかゝると言うのが一人、盲腸で手術をして病室に入つているのが一人、更に私の一つおいた左の部屋の永畑君と言う人は近眼の眼が此頃益々かすんで来てます。で医務係に眼薬を房にそなえつけてくれと再三頼みましたが、らちが明かず医務課長に面会して要求したところ、のらりくらりしているので、かんしやくをおこして少し大きな声になつたら暴力をはたらいたと医務の中里看守長がうでをおさえて部屋から出し、結局暴行のおそれありと三時間ばかり後手じようで懲罰房に入れられました。これには南舎の拘置所側の役人も余りひどいと思つている様ですが、南舎の区長にあの人がその件で面会を申し込んだ処、「他人のことで余計な心配するな。手じようは監獄則によつてかけた」と紙に書いて来たそうです。こうゆう〔ママ〕わけでかんじんの眼薬もカン油も未だ入っていません。この様に身体の悪くなる原因は五ケ月からの勾留、栄養価の少い食事、綿のはみ出したフトン、三十分しかない運動時間、油虫が出る程しつけた部屋等々がわざわいしているのでしよう。最近房の修理の方に全面的に始めてます。我々は接面禁止がとうの昔解除になつているので一般被告と一緒にしてもいゝ分です。然し監獄法は「同じ事件の被告は一緒にしてはいけない」と出ているのを理由に「我々と個人あつかい」を言ふ法律にもないあつかいにして独房に一人一人入れ、一般被告は独房に三人詰入れてます。運動、入浴も別で個人運動は四人からいか単位です。（五・三〇、練馬事件、柴又事件等の被告は各階にばらばらにして一般被告の中に運動させてます。然し房には一人です）最近我々の運動場である屋上の一部を修理し始めたので、我々の幾人かはどうしても下の一般被告の中に出さねばならなくなり、そこで一般被告との接近をおそれてか、庭と板べいと鉄じようもうで半分にしきり、その中で我々と一般とを別々に運動させようとしてます。これでは一般被告も今迄やっていた野球も出来なくなり、第一これはもはや人間扱いではないので、被告全員がふんがいしています。ふとん等を請求すると予算ないと言い、同じ建築費でも面会所はせまくて面会人が半日も待つ時もあるのにそのため増はせず、被告をかくりする様なことにはどんどん資材を出しています。〔以下表半分に書く〕未だ未だ具体的なことがありますが以上の様に拘置所側は人権ジユウリンの行爲をやっています。これでも我々が来て色々要求したので、食事も多少は別菜がつく様になり、畳も入れ、電燈も10ワツトと20ワツトにし、又独りの房にはペンとインキを入れる様になつた。看守は二十四時間勤務で、翌日＝〔二字判読不能〕のツキソイに行こうものなら九十時間（一週間）にもなる馬鹿〔ママ〕しい労仂を強いられることもある。しかも超過勤務手当は少く、労仂基準法も準用されているだけなので気の毒です。最近では益々裁判所の分離公判に協力して、一時は管理区長や部長がメーデー関係のものを一人一人呼び出し、「分離公判を認めたら保釈で出してやる。然しそれは誰にも言うな」と言つている事実もあります。又新聞類は全然入らず、以前には〔四字判読不能〕等も入つていたのを段々制限するけいこーにあり、我々の精神をまひさせようと言うのでしよう。以上の様なかんしようの中で我々は益々お互の団結を固くして、統一公判を即時開く様に、又一日も早く釈放する様に裁判所側に要求してます。
細かいしかも乱筆で大変失礼しました。

野村の翌十一月十七日付の葉書に服部が特別弁護人に立たれることに対して、「感謝の気持で一杯です」と冒頭で礼を述べた後に、荒川警察で逮捕された被告が増田検事の取調べを受けたとき「広場に入ったのが共産党員だけだったら火エンホーシャキで皆殺しにしていたのだ」と放言したことは、「単なる放言でなく、本質的なものでしょう。拘置所のファッショぶりは最近益々はげしくなっ」たと具体的な数々の例をあげ、そのために野村達は十二日から抗議のハンストに入っていると書いている。

一九五三年元旦の服部宛の年賀状のすぐ後の葉書（一月五日付）には、次のように書いている。

あけましておめでとうございます。
暮の新聞切抜が入りまして、メーデー公判が一つの合議部に統一されたことがわかり、非常に喜ばしいと思っております。こゝから裁判の第一歩が始まるわけで、これも服部先生を初め多くの人々の強い御支持のたまものと深く感謝致しております。と同時に今年こそ、どうしてもメーデー事件の責任の処在《〔ママ〕》を明かにして行かねばならないと思います。拘置所の思想統制は益々强化されて来て去年の暮から今迠入って居た前ヱ《〔ママ〕》〔日本共産党の機関雑誌『前衛』〕、新しい世界、新時代、人民文学等も差入れ禁止にして来ました。理由は二十四日法務府キヨウセイ局の通牒で、「一党、一派の機関紙」は禁止しろと言って来たからと言ふのです。然しこれは拘置所だけの問題ではないと思います。拘置所は彈圧のモルモットです。この今度の処置は全口民《〔ママ〕》に対する思想統制の公然化のハシリとして理解する必要があるのではないでしょうか。私達はこれとてつてい的に斗って行きますが、更に全口民のものになる必要があると思います。新しい年にがんばることをちかいます。

寒さのおりから御自愛下さい。乱筆失礼致しました。

以下の葉書は、私が特に選んだ中からいくつかを紹介するにとどめておきたい。

①　小菅町、メーデー被告「向島署十三番」とだけの差出人の葉書（一九五二年九月二十五日付）は、つぎのように書いている。

御鄭重なるお返事を頂いて感激しております。

先生の高い良心を切々と胸に受けて非常に激勵されました。

同志たちに回覧したところ皆大変感激しております。メーデー被告を代表する気持で御礼の言葉を送ります。

先生が直接メーデー事件を圣験し調査されて政府の彈圧の不当さと私たちがハンガーストライキなど生命を賭けて要求している統一公判の正しさをはっきり認めてくださつていることを知り斗いに対する強い勇気を与えられました。

御病気中とは知らず先生に御無理をお願いしたことをお詫《ママ》び申上げます。

奴隷か独立かの岐路に立ち平和と独立のために国民が広く結集して立上らなければファシズムの嵐に押しつぶされてしまう非常に危険な情勢にあります。

私たちは先生の支持激勵に応えて必ずこの斗ひを勝利の日まで斗ひ抜きます。

併し広汎な口民の支持協力なしにはメーデー事件の敵の陰謀を徹底的に暴露し孤立させ粉砕することは困難です。

従つて私たちは事件の眞の姿を口民諸君に知つて頂くことに努力を集中しています。広汎な口民の平和擁護と民族解放の斗ひと統一して斗つてこそ勝利することが出来るのだと考えております。その意味で先生があらゆる機会にこの事件の眞の姿を口民諸君に伝えて下さるならば斗ひの発展のために非常に大きな力となります。

御病気中の先生に非礼と知り乍らつい訴えてしまひます。一日も早いお全快を祈ります。

この葉書の主はだれなのか、冒頭に紹介した一枚刷の全被告一覧表からもわからない。もしかするとこの表には実名で記載されているのかもしれない。この文面から判読して、服部はこの被告と面識があり手紙のやり取りをしていたり、当時の服部の病状もかなり知っている人物であろうと推察される。服部の特別弁護人としての役割に大きな期待をよせている人物であろうと推察される。小菅からの西貝京右衛門（四組、担当弁護士石島）の葉書（一九五二年十月二十七日付）の中に「先日の先生からの向島署十三番宛の御手紙を拝見しました。いま向島署十三番を始め、胸を病むメーデー被告六名がこの病監房に収容され元気で斗って居ります」と、彼が病床にあることを伝えている。

②　小菅からの後藤清（一組、担当弁護士福田）の葉書（一九五二年九月二十六日付）の末尾に、服部はこの事件の犠牲者の国民葬実行委員になっていることが書かれてある。

③　服部は私が大学を出て私設助手となってからも在日朝鮮人の面倒を非常によく見ていた。服部家の子供のようにして服部が勤務する法政大学社会学部に入学させて同居させていた金匡来〔「服部ひろし」と呼んでいた〕もその一人であった。当時、服部の援助を受けに来ていた在日朝鮮人学生の多くを私は知っている。

メーデー事件被告の在日朝鮮人金雲燮〔変とも自筆している〕（六組、この組には朝鮮名が多く全員の担当弁護士は佐藤）の小菅からの葉書（一九五二年〔月印刷不明〕七日）を紹介する。

服部先生益々御健勝にて御精励の事と存じます。私はメーデー事件に依つて現在東京拘置所に勾畄《ママ》されているものであります。迫り来る労仂者階級の秋季攻勢を前にして外で皆さんと一緒に斗えないことを残念に思ひます。只獄内に居ながらも今度の總挙《ママ》を通じて見ても分るやうにもつと〳〵我々の活動は緻密でなければならないやうな気がします。いよ〳〵私たちの才判《ママ》も近づいて参りましたが我々全員は当面次の事を中心にして斗つて居ります。即ち、

①統一公判を要求し不当な長期勾留に反対し即時釈放を要求します。才判〔ママ〕所が計畫しておる分裂〔ママ〕公判は才判が何者かに隷属されて才判の独立性すら完全にふみにじられ売国的であり暴力でもつて騒擾罪をデッチ上げやうとやつきになつており又私たちの身柄を長期勾留することは明らかに政治的陰謀であり基本的人権の蹂躙であります。

②傍聴席の極度な制限反対！　前回の時も才判長自ら統一公判を要求する被告人と家族までも廊下に引づり出して暴行はたらく、最后〔ママ〕には傍聴人全員を締め出して新聞記者さえあれば憲法には違反しないとうそぶき乍ら被告人及弁護人の意見をも完全に封じて人定訊問すらやらず起訴状朗読と云ふめ茶苦茶なやり方に反対します。

③日本人民と朝鮮人民との差別的弾圧と強制隔離に反対します。最后に先生に私たちの特別弁護人として御奮斗して下さるや〔ママ〕お願ひ申上げます。

この金雲燮被告は、服部に一九五三年一月一日に年賀状を小菅から出している。

同じ小菅に収監されている在日朝鮮人の秋准洙（冒頭の被告などの一覧表には六組に秋淮沫〔ママ〕と記載されている。担当弁護士佐藤）の葉書（一九五三年十月四日付）を紹介する。この葉書には「メーデー被告団」とのみあり、横書きの端正な文字で書かれている。

件の平和論者の進出の事実を視るとき、売国奴、それに同調するものたちが　如何に国民の輿論を巧にあやつり、犯罪的なごまかすことに長じているかを生々と見せつけられました。丁度、ナチスのヒットラーが政权を握ったあのときを思います。

總選挙は私達の仕事に如何に多くのケッカンを持っているかを教へてくれました。同時に私達は、いよいよ任務の重大さを更に強く覺へました。

無理強いに、眞つしぐらに進もうとする戰争の道の一カンして、その爲の分离公判に依る、形式的な裁判を通じて、ファッショ的な判決を目論む、裁判所に対して、私共は、事件の本質を明確に出来る場所は、統一公判以外にないとし、裁判所の自主性を強く要望して斗っております。

私共の斗いに対する連帯的な諸援助感謝申しあげ、更に、裁判の「特別辨護人」になって　力強く奪斗《〔ママ〕》して下さるよう切に願うものであります。

私共は拘置所に対する日常諸要求を通じて意志の結合を強め、更に、先月19、20日の裁判所に於ける統一公判要求の斗い、24、25日の出廷拒否の斗いを通じて、更に結合を強化しました。しかし、一部の意志の不統一をみたことは残念ですが、内外の諸斗争を通じて克服してゆきたいものです。

狂犬どもは非道く荒れ狂うでありませう、多数にものをいわせて。しかし、最后の勝利を開拓するものは、私共です。頑張ります。最后に貴下の健斗を切に祚《〔ママ〕》ります　草々。

冒頭で紹介した上掲の一枚刷の被告一覧表に朝鮮人名で記載されているのは、一組三名、三組二名、四組八名、五組三名、六組十五名の総数三十一名である。

次に小菅の東京拘置所から服部宛に送られてきた当時東京大学の教養学部の学生であった高津邦英（三組、担当弁護士高木）の葉書（一九五二年九月二十九日付）を紹介する。

平和と解放の尊い事業の先頭に立つて御活躍の先生に敬意を込めて獄中からお便りします。

私は現在この小菅に毎日を送る東大教養學部の學生ですが、今日はメーデー事件被告として先生に是非聞き容れて頂きたいお願いがあつて筆をとりました。

先日来の私たちの公判の模様は先生も既に御聞き及びのことと存じます。聰明な先生には統一公判の正当性は私が今更言うまでもなく、既にお分りのことと思います。従つて、私たちの追求に一言もなく最后には棍棒と手錠に頼らざるをえなかつた裁判所の態度には、先生も私たち同様憤りをお感じになつたのではないかと推察致します。実際ここ十日間程の圣験は裁判所が分離公判にしがみついてるのはなぜか、更には「被告なしでも強行する」と言い出して、立派な暗黒裁判の要素を附与し、もはや「統一公判に比し一長一短」であり得なくなつたその分離公判を、なおも強行しようとしているのはなぜかを、全国民にはつきり學ばせたのではないでしょうか。

私たちが犠牲になることによつて民族の解放が得られるのなら私たちの決意は容易でありましょう。併し現実は私たちの敗北は、単に私たちが暴徒であることになり、あの日の血潮がアダに流されたことになるのみならず、やがては八千万と二〇億が、それと同じ運命、更にはもつと悲惨な戦火の巷えの通〔ママ〕を辿ることを示しています。破防法の成立はその忌まわしい才一歩でした。

私たちが先生にお願いしたいのは私たちの事件の勝利が、平和と解放えの途に通じていることを御理解下さつて、私たちの特別弁護人になる事を御諒承頂きたいということです。先生がこの願いを聞き容れて下さると私たちは信じております。

では先生の御仕事の発展をお祈りし、私たち獄中斗争の前進をお誓いして筆をおきます。

もう一人の学生の葉書には小菅町の「警視庁九九」とあるのみで消印の月日が判明できないが、メーデー事件に参加した学生の心境を示していると思われるので紹介する。

突然にお便りを差し上げます。私は五月一日メーデー当日人民広場に於いて、見物人の中にかくれていた警視庁の刑事六人に殴る、蹴るの暴行を受け無暴〔ママ〕に逮捕されてより今日までの五ヶ月間完全黙秘をもって支配者の暴虐と斗っている学生です。私達の第一回分り〔ママ〕裁判の模様は諸新聞を通じて慨様〔ママ〕は御存じの事と思いますが、権力のファショ化は益々露骨になって来て居ります。彼等は分り裁判によって、真実を踏みつけにし、私達を一刻も早く暴徒にデッチあげ、勾留の侭《〔ママ〕》刑事犯として刑ム《〔ママ〕》所に送り込み、戦争えの道を直進しようとやっきになって居ります。私達二百四十余名の裁判に於いて、真実を守る為に統一公判を要求し、特別弁護人に立って戴いて、ファシズムの黒い手から私達を守っていただき度いのです。先月二十日私は地裁の新建築の二十号法廷え行き、本当に今更に吃驚しました。裁判所までが完全に暴力化しているのに。法廷の外側は一米間隔に棍棒を手にした物々しい予備隊に取り囲まれ、裁判官はその中で傍聴人を極度に制限した暗黒裁判をピストルとコンボーをもって強行したのです。此のファシズムに対し断固斗いに立ち上られる事をお願い致します。

小菅の東京拘置所から服部に特別弁護人の依頼をしている小室健一（五組、担当弁護士眞野）の葉書（一九五二年九月二十二日）にも「十九日の法廷に行われた種々の出来事こそ暗黒の明日を明示しています」「これこそ全く、幸徳事件の暗黒才《〔ママ〕》判を思はせます」「天皇制監獄の人権ジュウリン」「売国裁判所」などの厳しい表現で書かれている。

江川繁（二組、担当弁護士石島）の葉書（一九五二年十月十三日付）には「ある裁判長は分離公判について『分離で裁判をやった場合、各法廷で夫々異る判決が下ることもあり得るし、それは止むを得ない。即ちある部では有罪と判決され、ある部では無罪判決があるかも知れない。若しも統一公判の場合、全員有罪となったら分離でやれば無罪となったかも知れぬ人達まで、みんなと一緒に有罪になってしまうのだからその人達は気の毒だ。だから分離公判は被告にとっても有利な裁判である』という驚くべき発言をしているのです。これは単に被告にとって不公平な裁判というだけではなく、事件の真相が予め判らぬ様な形式の裁判を何が何んでも、強行しようとするところの支配階級の恐るべき陰謀が那辺にあるかを物語るものであり、私達の断じて許せぬ事であります。自由と真実を守るために、先生には宜敷く御教導の程お願い申し上げます」と書いている。

最後に女性からの二通の葉書を紹介しておこう。土屋正子（五組、担当弁護士上村）の小菅からの葉書（一九五二年九月二十七日付）を最初に全文紹介する。

朝夕めつきりひえこみ、戦争の自由党か、平和の共産党及民主団体かとのわかれみちにある十月一日の選挙もあと幾日なくして、投票の此の頃、メーデー事件に検挙され、五ケ月の月日を小菅にて送るとき、如何にこの選挙に注目するでせう。外部の人達の平和えの斗いの発展している事を耳にするとき、私達も此のメーデー事件をぜひとも統一才判のもとに無罪釈放を求めて、斗い抜こうと誓う事でせう。けれど私達わ《〔ママ〕》此のメーデー事件こそ、日本人民が植民地化に反対し、民族の独立と解放のために、売囗二条約を結んだ吉田自由党政府に反対した意示《〔ママ〕》表示であり、私達わ《〔ママ〕》、けして騒擾を目的にしたのでわ《〔ママ〕》なく、暴徒でわ《〔ママ〕》、けしてなかつたはずでした。それを暴徒とのゝしり、公平を守らねばならない才判所まで、幾千とない予備隊をもつて、公判を開かず、人民を苦しめる以外何もなく、すべての人権わ《〔ママ〕》ジユウリンされているのでした。

しかし、私達わ《〔ママ〕》、此のメーデーに結集されたあの力に答えるためにも此の事件の眞実をまもり、責任の所在をあきらかにするために統一才判をもつて斗い抜く事でせう。私達わ《〔ママ〕》、一人でも多くの人の私達の弁ゴをして戴きたい事でせう。眞実を守るために、私達の特別弁ゴを私わ先生にぜひして戴きたくペンをとりました。いろ〳〵と御忙しい事と存じますが、何卒特別弁ゴにたって下さいませ。どうぞお願ひ致します。気候も変わりお体に充分お大事にして平和のためにがんばって下さいませ。

もう一人の近藤愛子は被告ではなくて法廷を傍聴した女性の立場からの葉書（一九五二年九月二十五日付）である。

御声援ありがとう存じます。御病後との御事、まことに残念でございます。

何卆、一日も早く御健康におなり遊ばしますようお祈り申上げます。
十九、二十、二十四日の公判も統一公判要求のため遂にお流れになりましたが傍聴人の一人と致しまして、あのもの〳〵しい鉄兜やピストルの群り、たつた五十人から七十人の傍聴人の制限、そして廷吏や警官の裁判所内での暴行を冷然と見て見ぬ振りをしている裁判官等、分离〔ママ〕公判の実態を目のあたりまざ〳〵と見て、全く噴〔ママ〕激致しました。そして統一公判はどうしても斗いとらねばならないと一層決意を固めて居ります。十九日には東大教授の山之内一郎先生のお姿もみられ、心強く感じました。〔山之内教授の息子は東京新宿駅前の「五・三〇事件」で逮捕されて起訴されたが黙秘を続け保釈になった直後に、山之内一郎が被告家族会の席上での話を『学園評論』創刊号（一九五三年七月号）に「父のことば」と題して公表した文章に「私はメーデー、五・三〇等、一連の事件が平和と独立を愛する国民大衆に対する弾圧であり、事件のでっち上げによって無辜の犠牲者を苦しめているものであることをよく知っています」と述べている〕これから弾圧はます〳〵ひどくなると思いますが、夫から离された時からのいつも張りつめた気持のこの体験を通して戦争中、生命を保証されずに何年も別れねばならなかつた人々、そして未亡人となつた女性の気持を今更しみ〴〵と想い、勇気を出さねばと思つて居ります。夫からもよろしくお伝えしてほしいとの事でございます。
今后も何卆御援助と御指導を下さいますよう、お願ひ申上げます。

本稿の冒頭に引用した神田文人のメーデー事件の解説に「法政大学学生近藤巨士は殴打〔警察官によって〕されて致命傷をうけ、六日死去した。」と書いている。デモ隊で警察官に殺害された唯一の学生犠牲者であった。この事件について、私が資料収集とほとんどの執筆・補筆をして刊行した『法政大学八十年史』（法政大学発行・一九六一年八月刊）の巻末年表の「一九五二年五月二十四日」に「メーデー事件犠牲者本学文学部学生近藤巨士の学生祭挙行」と私はとくに記載しておいた。このメーデー事件（一九五二年五月一日）が起きた年私は横浜国立大学の三年生であった。「軍国少年」として両親と二人の弟と中国の青島から日本の敗戦で引揚者として帰国し、さまざまなアルバイトなどをしながら当時鎌倉にあった横浜国立大学学芸学部に入学したのだが、専攻した歴史学科の教師たちの古い歴史観に失望し、敗戦直後の混乱期に思想的にも煩悶し続けていた。大学一年生の時だったと思う。大学からの帰途いつも立寄っていた鎌倉八幡宮通りの書店で、柳田謙十郎著『わが思想の遍歴』という書物が目に止まった。題名に惹かれたのである。すぐ手にとって立ち読みすると、著者は私の母校の前身であった鎌倉師範学校を卒業して神奈川県下の小学校の教師をしたが、哲学の勉強を志して当時高名な西田幾太郎教授のいた京都帝国大学文学部哲学科に編入した経歴の持ち主であることを知って、さっそく購入してその日のうちに徹夜して読了した。この一冊がその後の私の人生を決定づけた書物といってもよい。その後服部之總に大学二年生のときに出会うという幸運に恵まれた。ちょうどその頃に横浜国立大学学芸学部の自治会が呼びかけた破壊活動防止法案（一九五二年七月公布のとくに共産主義的運動弾圧法）反対デモに参加して、鎌倉市内をデモ行進したのが私が政治運動に公然と参加した最初の体験であった。

したがって上掲の葉書に見られる被告たちの文章とまったく同様な考えを私も持っていた。今日からみれば、当時の日本共産党の基本綱領と戦術であった「極左冒険主義」に影響されていることが、事件に参加した日本共産党員の文章からも随所に見られることも歴史的史料として貴重である。まだ日本共産党員ではなかった当時の私も含めた、日本全国の多くの民主的な学生、そして服部や山之内らの知識人の思想傾向も同様であったことはたしかである。米ソ「冷戦体制」が進行し、「朝鮮戦争」前後に日本の反動化が強力に推進されていた当時の世界情勢下で、私たちは一九五〇年代に「アメリカ帝国主義国家」を「ファシズムの総本山」とする「第三次世界大戦」が始まるのではないかと深刻に危惧していたことも偽らざる心境であった。

前述した現在法政大学大原社会問題研究所（多摩キャンパス内の図書館五階）に未整理のままに所蔵している『メーデー事件最終弁論　総論』（第十三分冊）は「ブルジョア民主主義と刑事裁判と騒擾罪」と表題に記した「メーデー事件弁護団、一九六五年九月〜十月」を私は見つけ出した。この最終弁論のとくに騒擾罪については、歴史家・服部之總特別弁護人が直接かかわって執筆されたものではあると私は思うので「第三章「騒擾罪」の政治的本質」〈第二章「近代国家における刑事裁判」の終わりの部分も引用しておく。〉を全文引用し、その後の第四章、第五章も「メーデー事件」の歴史的本質を明らかにしている貴重な総論なので紹介しておく。

メーデー事件最終弁論　総論

事実に対する法的評価は、具体的には適用法条の法解釈の問題である。即ち問題は、この法解釈と政治とのかかわり合いの問題になる。

即ち、裁判所の事実認定は、この二重の意味において必然的に政治と密接にかかわり合うことになる。

そこで、この裁判所の事実認定、法的評価と政治とのかかわり合いのあり方を、先刻来論述してきた「刑事裁判における民主主義の原理」に則して検討することが必要になつてくるのである。

もともと、いうまでもなく「法」それ自体が政治の所産である。法は、それが如何に議会民主主義の衣に包まれていようとも支配権力の意思そのものである。それは現存資本主義秩序維持を目的とする強制規範である。そうである以上、「法の適用」そのものもまた本来すぐれて政治行為そのものである。即ちその意味で裁判そのものが本質的には支配権力の意思の貫徹行動そのものであることは冒頭にも明確にしておいた。然しその場合私は「近代国家における刑事裁判」の機能のもう一つの側面としての民主主義＝人権保障の役割をも明かにした。そしてこの側面における刑事裁判の使命は、法の解釈に当つても厳しく要求されることになる。即ち、ブルジョア民主主義国家における法は、ブルジョア民主主義憲法を頂点としてブルジョアジーとプロレタリアートとの力の均衡する地点に成立する。云い換えれば、法は、この両階級の力関係によつて揺れ動くのである。

そのことは、ブルジョア民主主義国家における国家権力は、あらゆる機会に、人民の基本的人権領域への侵害を企て、人権領域の与う限りの縮少〔ママ〕を絶えず企図することを意味する。そしてそれはある場合には「立法」そのものの形をとり、ある場合には「法の解釈」の形を利用する。

ここにブルジョア民主主義国家の刑事裁判の機能の重要な意味が生じてくるのである。

刑事裁判は、「近代国家における刑事裁判」の役割を全うするためには、この人権侵害の立法に対して呵責なき違憲判断を下し、人権侵害に奉仕する法解釈を断乎として遮断する絶対的な責務を負うのである。

これが刑事裁判所の政治へのかかりあいの基本的立場でなければならない。

才三章「騒擾罪」の政治的本質

問題を具体的に進めよう。

本件メーデー事件は、検察官を代理人とする国家権力が一九五二年五月一日の一定の事実に対して「デモ隊側の騒擾罪」という法的評価を求めている裁判である。この本件に対する騒擾罪適用の要求が、極めて高度に政治的なものであることは既に明かになつている。その意味でメーデー裁判は明白に「政治裁判」である。

そして、この場合、重要な問題の一つは、この公訴の政治目的に奉仕せしむべく何故「騒擾罪」という刑罰法規が選ばれたか、ということである。即ち、当裁判所が、このメーデー裁判において、「近代国家における刑事裁判」の機能を正しく果すための一つの重要な鍵は、この「騒擾罪」という刑罰法規の実態と本質とを正しく理解することにあるのである。

我々はつとに騒擾罪は弾圧法規であると述べてきた。それは「大衆捕獲の網」であることを論証してきた。

才一に、騒擾罪はその生い立ちにおいて「明治政府以来の、官憲による人民弾圧の背骨」（服部之聰《ママ》）であつた。

われわれが明治維新以来の、自由人権運動・労働運動・農民運動の歴史、即ち、日本人民の自由と人権とを求める大衆運動の歴史をひもとく時、明治三年の新律綱領における「兇徒嘯衆罪」明治六年の改定法律中「兇徒聚衆条例」明治十五年の旧刑法「兇徒聚衆の罪」そして明治四〇年の現行刑法「騒擾罪」と受けつがれた「騒擾」の刑罰法規は、軍隊の銃剣を先頭とする官憲の血の弾圧と相並んで人民弾圧の二本の主柱の一つであったことを認めざるをえない。

明治八―九年の農民一揆、明治十五―十七年の自由党の諸事件、明治三十八年日比谷焼打事件、明治四十年足尾暴動、大正七年米騒動と主要な事例をあげただけでも、これらすべての事件に軍隊が出動し、警官と共同して直接に人民の血を流す集団殺傷行為に出ていると同時に、更に兇徒聚衆或いは騒擾による追打ちの大量検挙、起訴が行われ、そして裁判所によって騒擾の認定が下されている。そしてこの刑罰法規は朝鮮における独立運動の鎮圧にもその主役を占めてきたのである。一方において博徒間の出入りにこの罪が適用されているような事例があっても日本における人民の人権運動の歴史の中でこの騒擾罪が果してきた基本的な役割の政治的本質を変えるものでは全くない。即ち、「騒擾罪」という刑罰法規の額には、人民弾圧という「カインの刻印」がありありと記されているのである。

「騒擾罪」はその生い立ちにおいて血に汚れている。

あなた方は決して自分達を「カインの末裔」にしてはならない。

ここでわれわれは、この騒擾罪の歴史的役割と対比して、戦後における四つの騒擾裁判を思い起さないわけにはゆかない。平事件は昭和二四年六月三十日の、メーデー事件は昭和二七年五月一日の、吹田事件は同年六月二十四日の、大須事件は同年七月七日のできごとである。即ち「戦後二十年」の中で、検察庁による騒擾罪の公訴提起はすべてこの三年の、而もその中三つは、僅か二ケ月（力点は原文ママ）の中に集中している。平事件は米占領下における騒擾起訴であり、これに下山事件（七月五日）、三鷹事件（七月十五日）、松川事件（八月十七日）が継起するという、朝鮮戦争前夜の異常な謀略の影――所謂「黒い霧」の立ちこめた時期の起訴であり、メーデー、吹田、大須は、単独講和発効直後の日本政府が、所謂サンフランシスコ体制に即応する国内治安体制整備の急を迫られていた時期（七月二十一日破防法公布、公安調査庁発足、同月三十一日労働三法改正成立、十月十五日に保安隊発足）であり、朝鮮戦争におけるアメリカの失敗が深刻化している時期の連続起訴であった。

この戦後における四つの騒擾起訴のすべてが、戦後日本の歴史の中でこの特定の政治の季節の中に集中していること自体が、戦後における騒擾起訴の政治性を如実に示している。

平、メーデー、吹田、大須の四つの起訴は確かに「一本の背骨」をもっている。

そこでわれわれは、次に、この「騒擾」という刑罰法規が、現実にこのようなすぐれて政治的な役割を果してきたし、又果しているという事実と同時に、「騒擾罪」がそのような政治的役割を果す必然性が《ママ》、この刑罰法規自身の中に、即ちその構成要件の態容《ママ》の中に内在していることを明らかにしなければならないことになる。

即ち、その根源は、「多衆聚合して暴行又は脅迫を為したる者」という構成要件の非厳格さ、あいまいさそのものの中にある。

大正二年の大審院判例は、

「刑法才百六条に所謂多衆とは多数人の集団を指称するものにして其集団が法律上多数たるには幾人以上に達することを要するや其他之を判断すべき標準を明示する所なきも」

と嘆いた上で、

「多衆とは一地方に於ける公共の静謐を害するに足る暴行脅迫を為するに適当なる多数人」

と判示した。（大審大正二年(れ)一五五八号）ところが、昭和二八年の最高裁判例は、

「刑法一〇六条は、多衆聚合して暴行又は脅迫をしたときは、その行為自体に当然地方の静謐又は公共の平和を害する危険性を包蔵するものと認めたが故に騒擾の罪として処罰するものである。」と述べている。（昭26(れ)九〇八号、一小《ママ》）

何という循環論法。

かくして騒擾罪における「多衆」とは再び「之を判断する標準の明示」なきに至つたのである。「暴行脅迫」の程度また全く然りである。

而も騒擾罪という刑罰法規は、現実に暴行脅迫を行わない人々をその場に現在したという事実のみによつてその全員に犯罪者の烙印を押すという驚くべき法規である。即ち文字通り「大衆捕獲の大謀網」である。

この構成要件のあいまいさが実は騒擾罪の本質の要なのである。即ち、構成要件事実たる「多衆」或いは「暴行脅迫」に該当するか否かを「判断する基準の明示」が法律上全く存在しないことは、即ち、その判断が完全に「政治」に白紙委任されることを結果する。即ち、「之を判断する基準」は法律によつてではなく「政治」によつて行われることになるのである。

かくして騒擾罪の政治的運用は野放しになる。

即ち、現実の歴史が実証している騒擾罪の政治的役割の必然性が、この刑罰法規の中に内在している。という所以である。

そしてこの場合重要なことは、騒擾罪の歴史の中で、この刑罰法規にこのような役割を果さしめてきた者は、決して単にこれを起訴した行政権力＝検察官だけではなく、判例がこれを証明するように「裁判所」そのものであるということである。

思えば、騒擾罪の歴史は、日本の裁判所の政治への隷属の露わな証明の歴史でもある。

むしろ騒擾罪の場合、判例の推移が示すように、裁判所こそが、構成要件の解釈を限りなく緩和し、拡大し、その政治への奉仕を積極的に導いているといわなければならないであろう。

即ち、今日までの騒擾裁判における日本の裁判所の果してきた役割は、先に述べた「近代国家における刑事裁判」の民主主義的任務に真向から背反し、全く逆に、法の解釈を通じて人民の弾圧、人権侵害に積極的に加担してきているといわなければならない。

騒擾罪の歴史的実績と、その本質がかくの如くであるが故に、当裁判所は敢然としてその姿勢を正さねばならない。それはまさに、あなた方が、「人民の公僕」となるか「支配権力の従僕」となるかの岐路である。

即ち、裁判所は、先に論述した、事実認定における厳格な基本姿勢を保つと同時に、騒擾罪の法解釈についてもあくまでも行政権力による騒擾罪の政治への隷属化を許さぬために厳格な解釈基準を確立しなければならない。

才四章「共同意思」論

そしてその要は、具体的には、結局「共同意思」の認定と評価の問題になるであろう。実に「共同意思論」こそが、騒擾罪の政治的悪用を拡大し、その反人民性を強めた、法解釈上の主役であつた。即ち、共同意思の解釈を拡大緩和し、共同意思の認定を安易にすることが、安易な騒擾認定の根源となり、大衆捕獲の道を開く。われわれはかつて共同意思論こそが、「各個の個別的部分的暴行脅迫を一つの騒擾罪に結びつけるための接着剤」であり、集団内部における「個別的偶発的暴行脅迫を、集団全体に結びつけ騒擾罪を作り上げるための粘着剤」であると論じた。

私は今、共同意思論を一般的に追求展開する余裕をもたない。本件メーデー事件における「共同意思」の問題にのみ限定して他の弁護人が先に行つた論証を補うにとどめたい。検察官は、当日のデモ隊が日比谷交差点、馬場先門間において現実に「暴徒化」し、日比谷公園を出る時点において既に「いわゆる共同暴行脅迫を有する集団に至つていた」と主張している。

これは、先に詳細に論証したとおり、二重橋前広場における警官側の先制攻撃を正当化するために、その事前にどうしてもデモ隊を「暴徒化」しておかなければならなかつたからであり、そして、デモ隊を「暴徒化」するためには、どうしても日比谷交差点以前においていわゆる「共同暴行脅迫意思」をデモ隊に付与しておかなければならないからであつた。

何となれば、検察官の「デモ隊暴徒化」の論理は、二本の柱によつて支えられている。

一本の柱は、日比谷交差点以降におけるデモ行進中に発生した若干の偶発的部分的事象である。警察官との間の若干の接触、米軍自動車ガラスに対する破壊や若干の投石、これらは、証拠にもとず〔ママ〕く限り、そして客観的事実を厳格に認定する限り、あくまでも数千名のデモ行進中における部分的個別的偶発的なできごとでしかなかつた。

検察官もこのような事象を以てこれを直ちに集団全体の集団行動とすることの不可能なことを知つている。

そのために、どうしても二本目の柱が必要になる。

即ち、それが、この部分的個別的事象を集団全体に結びつけるための接着剤としての、「いわゆる共同暴行脅迫意思」である。


本来、騒擾罪における共同暴行脅迫意思の存否は、その現実の暴行脅迫行為の時点にその暴行脅迫行為の実態の中から認定すべきものである。

然し、右に述べたとおり、騒擾罪の歴史の中で、共同意思論はこの厳格なわくを外されてきたし、本件における検察官主張のいわゆる「共同暴行脅迫意思」もまた、決してそういうものではない。

尤もそれが認定できる位なら、そもそもこのような論議自体が不要であるし、それができないから、接着剤が必要なのである。

かくして検察官が主張する本件における「いわゆる共同暴行脅迫意思」なるものは、時点を遡り、遡りして、当日のデモ行進沿道から、神宮外苑会場はおろか、ついに日本共産党の軍事方針にまで遡らざるをえない破目に立至つているのである。

論告才三章才一節才一四「騒擾事態の発生」同節才二四「馬場先門に集結した暴徒集団の意図」等検察官のデモ隊暴徒化論の中心的論述の中で、繰返し繰返し「才二章才三節において論ずるとおり」という言葉が使われ、その時点での「いわゆる共同暴行脅迫意思」の存在が前提条件となつてその論議が進められていることがそれを明かにしている。さて、本件における「所謂共同暴行脅迫意思」の問題の検討について、才一に重要なことは、一九五二年メーデー当日におけるデモ隊の、「本来の共同意思」と、「いわゆる共同暴行脅迫意思」とが、全く別個のものであることを峻別することである。

この問題は、実は、単なる証拠にもとずく事実認定論の範囲に限定せられない問題を含んでいる。

即ち、先ず凡そ、大衆行動、集団行動に対する権利感覚、法感覚の問題が大前提になつてくる。

換言すれば、歴史上のすべての権力者が抱いてきた「暴民思想」の克服の問題である。

更に換言すれば、旧憲法以来日本の裁判所に受けつがれてきている大衆行動に対する歪んだ法的評価（それこそが「暴民思想」に裏付けられている。）を、新憲法感覚、新憲法が宣言した基本的人権体制の尊厳を守る立場に立脚した、人権感覚で克服する問題である。

この問題は他の弁護人が論じた。

一言だけ附言すれば、裁判所は、労働者階級の団結権と団体行動権、集会の自由、表現の自由を不可侵の基本的人権として保障した新しい憲法秩序下で、この基本的人権の行使たる団体行動の＝即ち示威行進、示威集会のもつ役割の本質を正確に理解しなければならない、ということである。

この団体行動権は、実は古典的ブルジョア民主主義における抽象的一般的人権とはその性質を異にする。これは、現実の資本主義の発展に伴つて、労働者階級が自己の雇傭者たる資本家と対等の交渉の条件をうるための唯一の手段としての「団結」の権利を認めたという、いわば現実の資本主義経済の実態の要請によつて生れた、歴史の新しい段階における極めて具体的な内容を伴つた基本的人権に他ならない。

そして重要なことは、憲法が、この団体行動権を基本的人権として宣言した所以は、即ち、団結、集団自体のもつ「力」の行使そのものを不可侵の人権として容認したことを意味するのである。即ち、新しい憲法秩序は集団の威力そのものを基本的人権の行使として容認どころか尊重しているのである。

デモとは、デモンストレーション、即ち、「示威」団結による威力の顕示そのものの謂である。即ち、ここにいわれる「威力」とはまさに「暴力」の反対物である。

この基本的人権たる威力の顕示行動を、恰かも犯罪の温床としか理解できないのが、いうところの「暴民思想」であり、それは即ち、人民の団結、示威行動そのものを犯罪と視《ママ》た旧憲法感覚の幽霊なのである。

裁判所はこの大衆行動に対する旧憲法感覚、反民主主義思想である「暴民思想」と訣別しなければならない。それが、基本的人権の行使たる団体行動の共同意思と、検察官の所謂共同暴行脅迫意思とを峻別する出発的《ママ》〔点の誤記か〕である。

才二に、一九五二年五月一日当日におけるデモ隊の本来の意思、即ち、この日のデモ隊がメーデー当日人民広場を指向した意思の解明の問題がある。

この日のデモ隊のこの本来の意思を正しく理解することが、検察官の、この本来の意思と共同暴行意思とを混同させる企みを看破する前提でもある。

この問題も他の弁護人が評細《ママ》に論証した。論告才二章才三節「共同意思」論批判は、この二つの基本的な問題の視点を大前提として論を進めることになる。

検察官の共同意思論の底にある「俗流群衆心理学」の批判はもう触れない。又論告のこの箇所においてついに極まれりともいうべき例の修辞過剰、言葉の大洪水についてももう止めておこう。検察官の主張が証拠と事実そのもののつみかさねによつてではなく「はずはない」「とはいえない」「とみるほかはない」「として理解すべきもの」「を物語るもの」「といわなければならない」というように、理屈の貼り合せによつてこね上げられていることも「一見明白」といえば十分であろう。

私は事実についてだけ語ろう。

そして、このような検察官の〝高遠〟な学説と形容詞と理屈とを全部取り除いて、事実のみに着眼すると、実は大変奇妙な事実に気がつくのである。

即ち、論告の「暴行脅迫意思の浸透」という項目で、検察官は、「集団としての暴行脅迫意思が醸成されていつた過程を考察する」といつているのであるが、この項の中には実は何も書かれていないということに気がつくのである。

この中で検察官が主張している「事実」は検察官の所謂「中部才一群」のデモ行進経路で生じた僅かな若干の「個別的暴行」だけである。（「中部才二群」のデモ或いは「南部群」のデモ経路における暴行脅迫として検察官が才二章で掲げていた事実になるとそれが余りにも微々たるもので正面きつて取り上げるには検察官も流石に気恥かしかつたのであろうこの段階ではそれを援用することさえやめている。）

そして何時の間にかこの三つのデモの中一つのデモの一部で偶発的に生じた若干の暴行が、「暴行の普遍化」や「感染」ということになつて、それこそ何時の間にか、突如として、この「三つの集団は、いずれも、暴行脅迫を加えるという意欲を現実の行動に示し、これが集団全体の意思に高まつていた」という結論に到達しているのである。私は余り不思議なので何度も読み直してみた。然しやつぱりこの通りである。（おかしな話だが念のためまだ論述されていない「後述部分」を読んでみたがそれでもやはりそうであつた。）そして一体何故なのかと考えてはたと思い当つた。それは実にあの検察官論告の構造的崩壊《〔ママ〕》のためであつたのである。

即ち、検察官はこの論告における「共同意思」論を、始めから、「広場周辺の具体的事実」から帰納するのではなく、「日共の軍事方針」から演繹するという構成をとつた。

先ず、「日共は反米反権力の軍事方針をもつていた。故に、日共党員及びその同調団体は、団体員も同様の暴力意思をもつていた。故に、日共党員及びその同調団体員は、当日その方針にもとずいて暴力行為を行った。故に、彼等の暴力の意思は、根を一つにするものであるから、始めから共同意思であったのである。」という、単純明快な（?）四段論法が前提〔ママ〕になった。

　そしてそのために、検察官は、先ず、神宮外苑、沿道等における、「夫々に異る時点での、異な〔ママ〕る場所における、異なる主体による行為」を並べて、これを「不法分子」の行為と表現しようとした。このレトリツクによつて検察官は実は本来別々の主体による別個の行為を、「不法分子」という同一主体の行為であるかのようにすりかえようとしたのである。

　そして次に検察官は、この「不法分子」なる概念の構成内容を、「日共党員、民青団員、学生、朝鮮人等である」という説明によつて、行為主体を今度は「範疇化」しようとした。そして、個別的具体的行為の個別的具体的主体は消え去つて、抽象的な「日共党員、民青団員、学生、朝鮮人等々〔ママ〕」の「範疇」が行為主体であるかのようにすりかえようとした。

　これが成功しさえしていれば、今述べた才二章才三節才二のくだりが、こんな奇妙なことにはならなかつたのである。即ち、既に「不法分子」が「不法集団」として暴行脅迫を行つたということになるのであるからである。

　然し、裁判所の正しい方針によつて、このような演繹体系が崩れた結果、残つた事実だけを捨〔拾の誤記か〕つてみると、このような無内容なものであることが露呈されたのである。

　即ち、三つのデモに分れて行進した万余の人々の全体を貫くような「共同して暴力を行使する意思、その暴力行使を肯定し、しかもなお、その集団に加わる意思」等というものが、行進中に存在していた等というのは、全く証拠と事実とに反した、それこそ根も葉もない主張であることは明白である。

　残された検察官の共同意思の最後の拠りどころは、「阻止予想論」である。これも既に他の弁護人が評〔ママ〕論したところであるから詳しくは述べないが、検察官は「広場の使用を禁止されていた」ということをひどく強調するのであるが、これは却て語るに落ちているのである。検察官こそが、皇居前広場を恰かも「神聖不可侵」の場であるかの如くに考えているからひどく広場の使用禁止にこだわるのである。デモ隊にとつては、ただ当日のデモ行進の許可条件違反にすぎないのである。警官の取締の予期があつたという人々にとつてもそれはそのようなデモの許可条件違反に対する通常の取締り程度の予期であり、それが直ちに、警官隊が「広場へ入ること」そのものを、強力に阻止するであろうというような予期に結びつくものではないのである。

即ちこの検察官の「阻止予想論」はこのように「阻止予想」という言葉を勝手に拡大発展させる操作だけによつて作り上げた、証拠にもとずかない、架空の論議である。

所謂「中部才一群の先頭集団」についての検察官の主張―「まさに警察力との現実の対決にそなえ、―暴力をもつて皇居外苑へ侵入し、これを占拠するという意欲の盛り上げをはかつたものに他ならない」「けだし、ひたすら皇居外苑を志向していた中部才一群としては、いよいよ警備警察力との対決を目前にしたときにおいてこそ、予測される警察官のいかなる制止をも突破しうるだけの態勢を作らなければならなかつたからである。」「決意を最終的に醸成して集団意思を確立し、機の塾〔ママ〕〔「熟」の誤記〕するのを待つたのである」といつた調子の論告がその典型である。この検察官の熱に浮かされたような激烈な主張の基礎になつている事実そのものは、ただ、デモ隊が一旦音楽堂前広場に停止して、そこで誰かが人民広場へゆこうという演説をした、というだけの事実なのである。

すべてはひとり検察官だけが興奮している結果にすぎない。

荻原久利証人が「前に誰もいなかつた」ので「自分達だけが広場へ行くということであれば、不安を感ずる、だから止つた」というのも、それこそ、同証人らに検察官の主張するような集団全体との共同暴行脅迫意思等というものが全く存在していなかつたからこそのことである。

私はもう検察官との間に細かしい水掛論のような証言の解釈論議をすることは止めようと思う〔ママ〕、

実はこのメーデー事件においては、阻止予想論とか未必的共同意思論を論ずること自体意味がないことを指摘しておかなければならない。

先に詳細に論証したように、当日の一切の事象は、デモ隊の二重橋到着後に突然警察官側の一方的実力行使の開始によつて惹起されたのである。

デモ隊員の中に今述べたような意味での阻止を予想した者が、若干いたとしても、その予想は現実の阻止には遭遇せず、従つて、デモ隊が皇居前広場へ到着したこと自体によつて、凡そこの阻止予想そのものが、あとかたもなく消え去つてしまつているのである。

その故にその後に惹起した事態の発生と、デモ行進段階における阻止予想とは、従つて、このデモ隊の「阻止なくして到達した」という事実によつて完全に切断されているのである。

恰かもデモ行進中の阻止予想が、そのままデモ隊の暴行の意思に直線的に発展したかの如くに強弁する検察官の論理は、かくして完全な詐術であることが明かだからである。

重要なことは、先に述べたように、そもそも騒擾罪の構成要件そのものがあいまいであるが故に、共同意思の認定、評価等も実は筆先一つ口先一つでどうにでもなりうるものなのであり、そしてその故にこそ、この共同意思論を中核として騒擾認定が安易且つ広汎に行われ、その結果、騒擾罪という刑罰規定が、この日本の歴史の中で全く反人民的、反民主主義的役割を占めつづけているという事実である。

裁判所はこの事実を深刻に考えなければならない。そして自らを人民弾圧の共犯者に、支配権力の従僕に、堕せしめないために、本件における共同意思を、証拠と事実とに照して厳格に取扱わなければならない。

その時法論は、先に述べたとおり極めて明白な筈である。

才五章　メーデー事件の本質は何か

然しながら、このメーデー裁判の問題は、それでは終らないのである。

かくして検察官の主張は斥けられた。騒擾は認定せられない。

即ち、「無罪」というだけでは、この事件当日におけるあの警官隊側の組織的集団暴行、人民に対する集団的殺傷行為の責任は全く残されたままであるし、引き続く大量逮捕、勾留、起訴というこの大弾圧と十三年間余の長期裁判による被告諸君の重大な犠牲は到底償いえないという問題は厳然として残っているのである。

ここから、当裁判所の、メーデー裁判におけるより高次な任務が提起せられてくることになる。それは才一に事件当日における警官隊の組織的暴力行使に対する、憲法秩序に照したその法的糾弾を明らかにすることであり、才二は、検察官が本件起訴に際して、政治性を明らかにして、その公訴権行使をすでに詳論したとおり、明らかに事実と証拠に反した「公訴事実」の提起を、即ち明らかな事実の歪曲を敢て行なったことに対し、その憲法秩序に照らして法的に糾弾することである。

この二つの任務は、先に述べたとおり、「近代国家における刑事裁判」の本質的機能が、行政権力による人権領域への侵害の抑制にあるとすれば、その任務を荷う裁判所が、一つには、警察権力のむき出しの暴力による直接且つ露骨な人権侵害行為を法の名において糾弾することであり、一つには行政権力の代理人としての検察官がこの警察権力による人権侵害を更に拡大再生産したことに対する糺弾であることを意味する。即ちかくして裁判所が本件における行政権力の人権侵害を自ら積極的に糺弾することによって、その抑制の機能を更に積極的に果すことになるのである。

そこまで到達することによつて始めてこのメーデー事件を担当する裁判所の、「近代国家における刑事裁判所」としての機能がようやく完《〔ママ〕》せられることになるのである。

そしてそれがまた、当裁判所が、メーデー事件の歴史的事実に一歩近ず《〔ママ〕》く所以でもある。

然し、かくして問題は、「刑事裁判と政治とのかかわり」の問題につらなつてくることになる。

そのためには、裁判所は、更に一歩を進めて、この「メーデー事件」という一個の社会事象の本質にまで目を向けることが必要になる。

そして更には、本件に「騒擾罪」の適用を求めてきた検察庁＝行政権力の意図の政治的本質をも看破しなければならないであろう。

否、或いはむしろ、先ずそれを正しく認識することこそが実は無罪判断への出発点であるのかもしれない。

我々はこの裁判の全過程の中で、あらゆる機会にこのことを指摘し、また論証してきた。

私は今その結果を繰り返して述べようというのではない。

私は先ず、メーデー事件の本質について次の視点を指摘したいのである。

即ち、それは「メーデー事件の本質」は、人民の「大衆行動」と警察の「権力行動」との衝突である。即ち、それは基本的人権と国家権力との正面衝突である、ということである。

我々は先ず、この日が、一九五二年五月一日であつたという事実の意味を再確認しなければならない。即ちこの日は「メーデー」であつたという事実と、単独講和の発効＝所謂サンフランシスコ体制の発足の日から三日目であつたという事実とである。

「メーデー」とは何なのか。私は今その歴史的論証を詳述しようとは思わない。ただ象徴的なことがらだけを語りたいと思う。

私はこれまで長い時間をかけてブルジョア民主主義を説いてきた。その基を開いたフランス革命が一七八九年、そして実にその百年祭を記念して一八八九年パリで開かれたのが才二インターの才一回大会であり、そしてその大会の決議によつて翌一八九〇年に最初の国際的なメーデーが開かれるのである。

この才二インター才一回大会の決議は、

「全世界のプロレタリアのこの階級的結集の思想を現実に示すために、五月一日を労働者がブルジョア国家権力に対し…要求をつきつけ、更に国際大会のあらゆる決議を世界に宣伝すべき国際的示威運動の日とする」

というものであつた。

この最初の国際的メーデーの日、即ち一八九〇年五月一日、マルクスに先立たれ一人このメーデーに行きあつた七十才のエンゲルスは、その夜こう書いていた。

「私がいまこの文書を書いている今日この日、全ヨーロッパの労働者は一団となり、一つの旗をかかげ、労働者階級の団結が、どんなに強いものであるかを示した。

今日のメーデーは、全世界の資本家と地主に対して、労働者階級の国境を超越した団結の事実を教え、彼らの目をさますであろう。」

（マルクスとエンゲルスが、「万国のプロレタリア団結せよ！」と呼びかけた共産党宣言が発表されてから四十二年が経つていた。）

この才二インター決議とエンゲルスの感想が、メーデーの意義を正確に表現している。

即ち、メーデーは、全世界の労働者階級が、ブルジョア国家権力に対し一年一度の二十四時間ストライキと団結の事実とによつて警告を発する国際的な示威運動の日である。

（それがブルジョア国家起源の百年目を期して決議されたのである。）

それは日本のメーデーに歌いつがれてきた「メーデー歌」が「永き搾取に悩みたる無産の民よ蹶起せよ、今や二十四時間の階級戦は来たりたり」と歌うように、プロレタリアのブルジョア国家権力に対する公然たる階級〔ママ〕斗争宣言の示威でもある。

資本主義経済そのものが生みだし、而も資本主義の発展と正比例して必然的に強大になってゆき而もやがては資本主義そのものの墓掘り人になるプロレタリアートに脅威と恐怖を感じながらその労働に依拠しなければならないところに資本主義の自己矛盾がある。そして内心このプロレタリアートを憎悪しながら、一面においてこれに諸々の権利を容認せざるをえないところに先に見たブルジョア民主主義のヤヌス性がある。

こうしてメーデーを公認すること自体が、ブルジョア国家権力にとつては、この上なくいらだたしいことなのである。

だからこそ、戦前の日本のメーデーの歴史を繙いてみても、毎年のメーデーの規模は、労働者階級の団結の力と、国家権力の弾圧力との、力関係を正確に反映していることになる。

そして、わが国におけるメーデーは、その才一回（一九二〇年―大正九年）の時から、示威行進を行おうとするデモ隊とそれを禁止弾圧しようとする警官隊との衝突の歴史を刻み始めるのである。

そしてついに一九三六年（昭和十一年）、「二・二六事件の年、メーデーは全面的に禁止される。翌年日本労働組合全国評議会の禁止、指導者の一済《ママ》〔「斉」の誤記〕検挙、そして満洲事変への突入。

即ち、メーデーの禁止は、明かに戦争政策の前夜であり、この国における民主主義の全面的抹殺への行進のいわば日本民族の「死の行進」の始まりであつた。

だから、才十六回メーデーが、一九三五年（昭和十年）であるのに、才二十三回が、一九五二年（昭和二十七年）ということになる。このメーデー禁止の丁度十年間が、そのまま日本の「暗い谷間」であつた。

そして敗戦。一九四六年（昭和二十一年）メーデー復活の年は、日本民族の復活の年であり、日本における民主主義復活の年でもあつた。即ち、日本におけるメーデーの運命は実にこの国における民主主義の運命と常に、共にあつたのである。このことは極めて重要なことである。

そして戦後、日本国憲法は、この国の歴史始まって以来始めて、「勤労者の団結する権利、団体行動をする権力《ママ》〔「利」の誤記〕」を不可侵の基本的人権として保障することを明記した（才二八条）

プロレタリアートが、ブルジョアジイ或《ママ》いはブルジョア国家権力に対して「団結して行動する権利」を公然と容認することによつて、日本は始めてブルジョア民主主義国家としての態を備えることになつたのである。

かくして戦後、日本の労働者階級にとつてメーデーは基本的人権の行使として、憲法上国家権力の介入、干渉しえない不可侵の神聖な権利行使となつた筈であつた。

然し、戦後日本の支配状況が、ポツダム宣言から出発しながら、数年を経ずして全くこれを逆行《〔ママ〕》するアメリカ一国の世界政策、軍事戦略に従属せしめられるに至つて、日本における民主主義復活の萌芽はその萌芽の中につみとられ始めた。殊に憲法が労働者階級に保障した不可侵の基本的人権たる団結権と団体行動権、更には表現の自由、思想の自由、結社の自由等の諸々の政治的自由権は、或いはアメリカ占領軍権力の直接の権力行使によつて、或いはポツダム政令という名前のアメリカ占領軍権力の直接の立法行為によつて、或いは占領軍の指示、示唆もしくは〝指導〟による国内立法の形をとつて、瞬く間に次から次へと人民の手から剝奪されていつた。(軍事裁判、団体等規正令、政令三二五号等々。国家公務員法、地方公務員法、公共企業体労働関係法等々。そして公安条例。)所謂公安条例がこのアメリカ占領権力がその政策の一貫《〔ママ〕》〔「環」の誤記〕として、これに従属した日本の地方自治体に作らせたものであることは今や公知の事実である。

「その制定の動機は、京都市公安条例前文に『この条例は占領政策に違反する行為又は社会不安を醸成する行為を未然に防止しようとする』ものである旨明示されているところからも窺い得るように、占領軍もしくは占領政策に反対しこれを誹謗する意図を表明する手段として行われるこれらの行動を禁止することを目的の一つにしていた」(蒲田事件判決)則ち、公安条例は明かに占領軍権力の落し子であり、占領政策の残した混血児である。

かくして一九五二年五月一日におけるメーデーに対する人民広場使用禁止の法的政治的本質が明かになつてくる。即ち敗戦と共にこの国において復活したメーデー中央集会はその会場として当然のこととして首都東京の中央広場である人民広場を選んだ。その人民広場を日本人民の手から剝奪したのも、他ならぬアメリカ占領軍権力とそれに従属した警視庁であつた。そして、この人民広場使用の禁止措置と、公安条例との野合が、本件メーデー事件における警察、検察の立場の根拠そのものである。即ちこの立場の中には明かにアメリカ占領軍権力の血が—而も二重の意味において—流れている。人民広場使用の禁止も公安条例も共にアメリカ占領軍権力の遺児である。メーデー事件における検察の立場は、その眼は碧く髪は赤いのである。ただその波《〔ママ〕》〔皮の誤記〕膚が黄色いだけである。

一方メーデーは、先に述べたとおり、始め、プロレタリアートのブルジョアジイ《〔ママ〕》に対する政治的示威の日であつた。

然し、才一次大戦を契機としてメーデーは、労働者階級の「戦争反対」の示威運動でもあることになつた。先に述べた日本におけるメーデーの禁止が、日本軍国主義の戦争突入につながつていたことも、一九五二年メーデーに対する人民広場の使用禁止がアメリカの朝鮮戦争につながつていたことも象徴的である。もう一つ附加えれば、このメーデー裁判の行われようとしている現在が、アメリカによるベトナム侵略戦争の時期であることもまた象徴的であるといわなければならない。

そして戦後日本のメーデーは、日本の労働階級の、「日本民族の独立」を要求する示威の運動であることにもなつた。

一九五二年四月二十八日に始まり今なお日本を支配している日米安保体制は、即ちアメリカの帝国主義権力と日本の支配権力の共同支配の体制である。

一九五二年のメーデーは、かくして日本民族の独立と日本の平和とそして民主主義を国家権力に対して要求する日本人民の政治的示威の日であつた。

結語

私は、先に「メーデー事件の本質は、人民の大衆行動と警察の権力行動との衝突である」と述べた。それは「基本的人権と国家権力との正面衝突である」と述べた。かくして今やその本質は、政治的には、日本民族の独立と、アメリカに従属する買弁権力との正面衝突でもある、ということになる。

この衝突に対する「中立」、才三者の立場は存在しない。

裁判所の立場は、これまで詳細に述べてきたように、先ず「基本的人権」の立場でなければならない。そしてその立場は今やブルジョア民主主義の立場に立つのみならず、密接に、日本民族の立場に立つことを意味する。即ち、今この国において支配権力の立場に立つことは、即ち、反民族の立場に立つことにならざるをえないのである。

この基本的人権＝民族独立の立場と、支配権力＝アメリカへの従属の立場との、正面衝突の事案に対して、裁判所が何れに立つべきかは明白であろう。

最後に冒頭に述べたとおり、このメーデー事件という一つの画期的な歴史的事実についていえば、裁判所の判決の行為そのものがメーデー事件という一個の事実の歴史的評価の中に組み入れられるのである。その時、当裁判所の判決は、その中でどのような位置を占めることになるのであろうか。

そして裁判所が、刑事裁判の民主主義的任務を果し、検察官を代理人とする行政権力の本件起訴による政治的意図を挫折せしめ厳格な証拠と事実とのみに照らして騒擾の不成立を判決することのみが、この国における人権と憲法秩序を守る立場、日本民族の独立を守る立場に立つことであり、それのみが歴史の前進する方向に沿う立場である。

今や、日本の民主主義を守る立場と、日本民族の独立を守る立場とは一つである。

またもう一冊の『メーデ事件最終弁論　総論』（第十分冊、メーデー事件弁護団、一九六五年〜十月。大原社会問題研究所所蔵）に所載の第五章「日本のメーデと朝鮮人」を終りに紹介しておくことにする。

才五章、日本のメーデ〔ママ〕と朝鮮人

このメーデー事件の被告中には朝鮮人が含まれているので、日本のメーデーと朝鮮人との関係を述べることにする。

今日、日本がかつて朝鮮人から国を奪い、言葉を奪い、文字を奪い、仕事を奪い、家を奪い、土地を奪い、命をも奪つたことは、テレビその他でいわれ誰でも知つていることである。

朝鮮人が自分の意思でなく、強制的に日本に連れてこられたこともよく一般が知つている。

このように、日本帝国主義、軍国主義は朝鮮人にたいして残虐のかぎりをつくした。

しかし、日本の労働者、とくに進んだ労働者はそうではなかつた。もちろん、一般に進んだ日本の労働者といえども、朝鮮人が朝鮮人にたいするようにはゆかなかつたであろうが。

文献によれば、一九二三年（大正十二年）の才四回メーデーのさい、大阪メーデーのスローガンには「日朝労働者団結せよ」のスローガンがかかげられ、朝鮮の労働者との連帯がよびかけられ〔たた〕めだつたといわれている。恐らく、当時朝鮮の労働者が日本人と対等で参加できた公の集会としては、メーデー以外にはなかつたのではなかろうか。

一方、この年は関東大震災のあつた年で、私は小学六年生であつたが、多数の無実の朝鮮人が虐殺されたのである。

このように、一方では虐殺もされる、一方では対等で、同志としてむかえられたから、朝鮮の労働者が日本のメーデーに参加してきたことはけし《ママ》ておかしなことではなく、ごく自然なことであつた。

したがつて、これは戦後も続き、人民広場へのデモ行進に朝鮮人労働者が入つていたのもごく自然なことである。

しかし、日本帝国主義や、軍国主義、アメリカ帝国主義の流れをくむ者は、いぜんとして大震災のときのように朝鮮人をみているから、メーデー事件に被告として加えられたのである。

日本人の被告も、この裁判によつて非常な苦しみをなめさせられているが、外国人である朝鮮人はそれ以上の苦しみを経験させられている。

在日朝鮮人は、本人が希望すれば七年前より帰国できるようになつた、しかし、朝鮮人の被告たちの中に帰国したいものがいても、日本の国家権力によつて帰国は禁止されている。

したがつて、一日も早く無罪の判決を下して朝鮮人被告たちを自由にすべきである。

〔以上引用した『メーデー事件最終弁論　総論』の二冊とも、できるだけ原文を尊重して史料としてできるだけそのまま引用した。しかし明らかに誤植と思われるものにかぎって正すか（ママ）としておいた。〕

以上をもって本項の叙述を終えるが、一言付記しておきたい。この「メーデー事件」でどうしても気になっていた特別弁護人となっていた服部が、法廷でどのような証言をしたのかを確認しておきたくて、三年前に『アカハタ』を閲覧した時以来久々に大原社会問題研究所に行った。女性職員の案内で未整理・保管図書資料を保管してある書庫内に入れてもらって、目的の「メーデー事件」関係を収納しているスチール書棚の前に立ったが、私一人ではどうにもならないほど雑然と五～六段の書棚に置いてあった。偶然といおうか、幸運にも服部の名を発見することができた（文化人労組関係者の特別弁護人は全員で一〇六名の多数である）。

吉田健二の好意で、「未整理・保管図書資料一覧」（二〇一一年五月現在）をいただくことができたが、この中に、アメリカ占領当時の「謀略事件」といわれる芦別事件・大須事件・吹田事件・辰野事件・白鳥事件が入っている。できるだけ早く法政大学は、この世界的にも貴重な資料の整理のための人件費・人員を出して、閲覧が自由になることを切望してやまない。とくに戦後史研究は、今日の日本の急速な右傾化に心から危惧を抱いている私にとっては、ぜひとも若い歴史研究者にやっていただきたい分野であるだけに、心から一日も早い未整理資料の自由な公開と研究が可能な日のくることを期待している。

五　鎌倉市長選挙（地域の民主化運動）と服部之總

服部がさまざまな病気と闘いながら、国政レベルでの人権擁護と民主主義運動に積極的に関わってきたことは、これまで叙述してきた三鷹事件・松川事件・メーデー事件と服部との関わりでも明らかである。服部と政治活動の関わりの最後として、服部の日常生活の場であった鎌倉の市長選挙にも積極的に関わって地域の民主化運動に貢献したことについて記録しておきたい。

この鎌倉市長選挙は、服部が病死する一年前、私が大学を卒業して服部の私設助手になった翌年の一九五五年である。この鎌倉市長選挙に私自身も服部の助手という立場から直接関わった体験を話しておく。私の手元に服部自身が記録した詳細な資料が残されている。

服部とこの市長選との関わりについて公刊されている唯一の記録は、服部が死去した七ヵ月後に服部之總著として河出書房から一九五六年十月三十一日に出版された『俳句日記　鎌倉山夜話』である。この本の中に私の名前がしばしば登場する。本書は服部と親交のあった劇作家の木下順二がどこかで書いていたように「まえがき」も「あとがき」もない『不思議な本』である。本書の最初にある『皆槐書屋句稿』とは、上掲『俳句日記　鎌倉山夜話』（以下『夜話』と略）の冒頭に「療病のつれづれに『皆槐書屋（かいかいしょおく）句稿』という一冊を石見半紙を綴じてつくった、去年（一九五五）八十五で私の家で死んだ伯母「みな」の、かたみとなった槐（えんじゅ）の材木を使った書斎なので、この三畳の部屋を、皆槐書屋と名づけたのである」（三頁）と服部の説明がある。

石見半紙は服部の故郷である島根県の特産品である。伯母「みな」の死は、富子夫人と私の二人だけで看取った日のことを思い出す。当時、服部と「碁仇き」の親しい友人であった法政大学総長・大内兵衛に「皆槐書屋」と揮毫してもらった横額が、来客や家族が普段に出入りしていた庭からの裏玄関正面の壁に掛けられていたのを今でも私の目に残っている。また『夜話』の中表紙裏に二センチ四方の『皆槐書屋』と縦二文字二列の印は、当時服部家の居候のようにしてほとんど毎日いた篆刻師の瀧波善雅に彫ってもらった服部愛用の印判である。また茶室に使った残りの「槐」の木で造った五十センチ四方の一枚板を服部は書斎の掘炬燵式の机の上に置いて常時執筆していた。現在私がこの原稿を書いている机の上に載せている板である。服部の没後、私は富子夫人に形見として欲しいと申し出ると、

「私が死んだらあげる」との約束を夫人の没後に長男の旦がかなえてくれたからである。

私の手元に歴史家・服部の珍しい「日本画」を論じた書翰がある。私が服部助手時代に、服部は書翰の下書きをいつも私に筆写させて手元に残しておく習慣があった。私が助手になる前は、富子夫人に書かせていた。服部は美術にも非常に関心があり、鎌倉在住の菅原通済とも親交があったのも書画骨董を通じてであったようだ。服部の書画の表装は、「鎌倉大仏」通りのすぐ近くに店をかまえていた表具師の表具彌三次にいつも依頼していた。表具を姓にしているのは、先祖代々加賀百万石大名である前田家のおかかえ表具師の出であったからだ。私が中国山東省の青島日本中学校の三年生の時、日本の敗戦によって帰国して中学に復学したのが神奈川県立横須賀中学であった。一九四六年一月であったので三年に編入すると、その翌年には旧制高等学校への受験をうけなければならないので、父のすすめで二年に編入することにした。そのときクラスが同じであったのが彌三次の次弟の表具旭だった。彼はとくに英語が得意で全クラス一番で、私も英語が得意な科目であったためにすぐ親友になった。表具旭については語りたい多くのエピソードがあるが、ここでは省略する。今私がこの原稿を執筆している書斎の上にかけてある服部家に新年の挨拶に行った折に私に書いてくれた「吾子《あこ》の爪のうなりたけなる空となれ　一九五四年　新春　米空軍下　鎌倉山荘　四双房山〔之總坊さん〕　爲松尾君」という書を立派な横額に表装してくれたのが表具旭である。彼は一橋大学商学部と早稲田大学文学部英文科をストレートで合格した直後、脳に変調をきたしたために学業を断念し、兄の弟子として修業して一人前の表具師を業としたが、惜しくも早世してしまった。つい前置きが長くなってしまった。左に紹介する服部の田辺井石南宛書翰は、一九五五年三月二十六日付で、田辺井は長野県軽井沢町千ヶ滝に住んでいた日本画家であった。服部が死去したのは、その翌年三月四日なので、この書翰はおそらく服部の最後のものではないかと私は思う。

この服部書翰の書き出しは、次の句からはじまっている。

石南の茄子掛けて屋《おく》かゞやけり

私の新築の三畳の書斎を皆槐書屋と名つけたのはミナと申す伯母が呉れた槐を床に水屋に用いたからですが、今朝早暁始めてその床に掛けてたゞ一人あかず眺めた時の句です。屋の壁には伊那に住む旧友千金貫事《ちがねかんじ》が新築祝にくれた風越峠の油絵があります

石南の茄子と貫事の風趣の頂の絵と似合けるかな

貫事は同郷の画家　労農党時代は故豊原五郎たちと一緒に私と共に仂〔ママ〕きました　五郎も地下でこの部屋の奇遇のよさを喜ぶでせう

貫事は洋画のリアリズムを迷はず　あかるく本道のまゝに　そのじつに困難な写生の業を三十年刻苦してきました「写生」という文字は誰がいつから云い始めたかしらぬが　百の画論にさまる〔ママ〕文字と思います　ところで、洋画の写生と日本画の写生とは手法に於て異る　その異如何？

洋画の写生は主体（画家即ち見る人）を滅却して無我に置く。それを客観的リアリズムといっておく。いかなる流派の洋画家も（モダニスト　二科九室の輩も）デッサンに際しての心得はそれです。反之、日本画の写生は対象に向っての主体の仂きかけの契機を　とらえて離さない。仂きかけに足がかりして离〔ママ〕れない。主観は滅却するがこの足がかりは忘れない。例へば茄子図に於て、バックは無地にしてあくまで無地であるのは、百姓が　または私が　このよき茄子を手にしたとき　感心しつつ茄子に没頭してバックに畑があろうと手があろうと　ムシロがあろうと忘れているにきまっている。そして唯三個の茄子そのものが　まごころこめて凝視されている。触感されている。味覚されておる

この時洋画ならば　さらにバックを描き——否まづバックをかき　それから茄子をかくに違いない。洋画家とても　スケッチにさいしては　まづ対象そのものからタッチしてバックはあとまわしにかく。絵具を塗

るとき逆の順序でバックから始める。これは油絵なり水彩絵具なりの画料の原因もあるにちがいない。だが　それだけではない。日本画とても　バックを仕上げる（茄子図の如く割出したものは現代これ也）。仕上げるが、その時、主体の足がかりは決して忘却しない。例へば日本画の例へば屋根、例へば廊下　例へば机がの如く遠近法の理を破っているのは、遠近法を日本画家が知らない爲ではない。

その他数々考へ及ぶところを記せばきりがなさそう故　まづここいらでとめて　心からの讃嘆と礼を申送《〔ママ〕》ります。画料一部一両日中に送ります。四月御上京のさいは必ずこゝに拝眉の喜《〔ママ〕》えたく　三上君〔次男・東京大学教授〕と共に鶴首しています　三月廿六日朝

之總

田辺井大兄

〔右の服部書翰に句読点があったり、なかったりしているが原文のままにしておいた〕

服部の伝記のためには貴重な画論であるので、どうしても紹介したいと思ったために話がつい横道にそれてしまった。本筋にもどすことにしたい。

上述した『夜話』や服部ノートの日記からこの鎌倉市長選挙と服部の関わりを叙述する前に、現在公刊されている『鎌倉議会史（記述編）』（鎌倉市議会史編さん委員会編、一九六九年四月）から一九五五年五月一日投票の鎌倉市長選当時の記述をまず最初に引用しておく。

本書の第２部「戦後の鎌倉市議会」第３章「激化する赤字財政と市議会」の「昭和２８〜３１年の各市議会議員の会派異動状況」（三五六頁）によると、この年の市長選挙当時の市議会議員は、無所属２３、改進党４、自由党２、社会党１、共産党１であり、議長・石井倉吉（無所属）、副議長・安達房次郎（無所属）であった。この時の市長選の主要な争点は、「昭和２９年度の緊縮・引締め政策と財政運営の問題点」（三七一頁）にある「税金横領事件」であった。

この事件は、昭和二十九（一九五四）年八月二十日の定例議会で杉山誠一助役の経過説明で、当時の市の徴収課職員が市民の税金から二十五万円を横領した事実が報告されたことから、鎌倉市議会は同年八月に「市職員綱紀粛正等に関する決議」がなされ、税務事件真相究明特別委員会が設置されるなど、市議会内はこの問題の処理をめぐって紛糾していた。また市議会の外では、同年十二月四日に六百余名の市民が参加して市政刷新の市民大会が開かれたが市当局は全員欠席した。また大船地区労の主催で同月十二日に原水爆禁止の市民大会が開催されている。翌一九五五年四月二十三日には神奈川県知事選挙と県議会選挙が行われ、保守系候補の内山岩太郎が左派社会党の相沢重明候補を大差で破って知事に当選した。このような保守と革新の緊迫した政治情勢の下で四月十五日に市長選挙と市議補選挙の告示がされ、服部を中心とする「よい市政推進協議会」が推薦した候補の大槻均〔ひとし〕が磯部利右エ門、杉山誠一、関屋悌蔵の三候補と激しい選挙戦が展開された。

『鎌倉議会史（記述編）』には、次のように記述されている。

鎌倉市長選でも、左社〔左派社会党〕、地区労、婦人団体連絡協議会、知識人らは「よい市政推進協議会」を結成、数次にわたり革新系の統一独自候補の人選を進め、一時は下馬評にのぼった小牧近江、河相達夫らは流産、最後の望みにかつぎ出した材木座の元中労委〔中央労働委員会〕中立側委員桂皋〔たかし〕も辞退するという曲折があったが、結局は国鉄大船工機部付属診療所の医師大槻均に決定した。鎌倉在住の知識人が積極的に市長選に乗り出したのは今回がはじめてであるが、大槻候補は市政革新を叫んで「当選のあかつきには平和都市宣言を断行する」と革新系市民に訴えた。保守系の関屋候補は、新京特別市副市長の経験と中央政界の大物との結びつきを誇示したが、知名度の薄い両候補には、税金横領事件に対する批判と、古い地盤や顔につながった旧態依然たる既成候補にあきたりない通勤者層の浮動票確保がカギであった。勝目の薄い両候補に対し、磯部・杉山両候補の一騎打というのがクロウト筋の一致した見方で、磯部は民主党代議士山本正一の線で戦いを有利に進めようと告示前から周到な手を打ち、元市長・信用金庫理事長などの肩書と材木座・腰越・深沢中心の固い地盤に立って必死の雪辱戦〔磯部は四・五・七代市長であったが前回選挙で草間時光に敗北した〕をいどんだ。磯部・草間両市長時代に助役を勤めて市政に精通している杉山は、野田武夫代議士の線で戦いを進め、これに自治労県連のレベルで杉山を支持する態度を市職組が決定したから、杉山派は選挙作戦のうまさも加えて立上りやや有利を伝えられたが、関屋・大槻の立候補で浮動票が流出する可能性が生まれ、両者の勢力は全く伯仲し、予断を許さなくなった。ところが4月23日の県議選の結果、山本、磯部陣営の山田三之助が落選したことは磯部派に衝撃を与え、一方県議選終了まで態度公表を保留していた前県会議長松岡正二が、県議当選直後に杉山支持を明確に打出したことは杉山派を活気づけた。元市長と前助役の関係で相手の内情にはよく通じており、また同じ保守系に属していただけに、選挙戦が終盤に近づき、つばぜり合いが深刻化するにつれて、言論戦は政見よりも人身攻撃のどろ仕合いにまで発展した。議会内の公正会（14名）、市政会8名も磯部・杉山両派に全く分裂して、その8割近くは杉山を支援した。秋山孝之輔ら三田会は磯部派に選挙資金を援助し、当選すれば助役に三田会推薦者をあてる密約をかわしたといわれる。磯部派は「税金横領事件の元凶は杉山だ」という中傷をあびせて杉山派とどろ仕合いを展開、長年の間培った固い地盤にもの言わせて杉山派の中傷宣伝にもゆるがなかったが、そのどろ仕合いは心ある市民のいやけと棄権をさそい、投票率62・9％の低率となった。圧倒的多数の市議と市職の支援も受けて好調を伝えられた杉山派の情勢分析は甘く、大槻に投票すると思われた右社〔右派社会党〕票が、助役に坂本仲三の任命を交換条件に曾祢〔益〕・金子〔駿介〕の線で磯部にそっくり流れたうえ、関屋、大槻の両新人候補にも票を食われて敗退した。選挙の結果は、磯部利右エ門は1万4、922票、杉山誠一は9、044票、関屋悌蔵は5、005票、大槻均は3、649票の得票順で、磯部が当選した。これに並行した市議補選では、革新系無所属の丸エキが1万1、984、保守系無所属の小阪喜男1万1、730、同じく安斎武7、237の得票で丸候補が当選した。市長選での公約は、4候補とも「健全財政の確立」を第1にかかげ、綱紀粛正と市政刷新、観光施設の充実、文化都市の建設などで共通していたが、新しく登場した磯部市政は、職員の大半と市職組を敵に回しての選挙戦のあとだけにしこりを残し、前途多難を予想させていた。（以下略）」（三九六～七頁）

この『鎌倉議会史（記述編）』は青木元二（日本共産党市議）編さん委員長の「あとがき」のあとに太田さとし（工学院大学助教授、教育財政）の「編さんを終わって」に「本議会史の編さんとして大グループとして討論に参加し、種々のご協力を頂いた方の氏名と当時の職名を記して、この機会に心からの感謝の意を表したいと思います」と書き、遠山茂樹（横浜市大教授）を筆頭に今井清一、阿利莫二、大島太郎、升味準之輔、都丸泰助、河村十寸穂、小沢辰男らの名前を挙げている。上に引用した第2部第3章の執筆者は小沢辰男（武蔵大学教授）であると記している。『鎌倉議会史（資料編）』によると、この時の市長選の有権者数52、298人、投票者数32、890人、棄権者数19、408八人、投票率62・8％であった。

以下、『夜話』に記載されている鎌倉市長選挙については、一九五五年三月二十八日午後の最後（二五頁）の句に「客を待つ心弾みや山住居」の句の横に小活字で（この日、宮本せつ子さんの来訪をまちつつ、後に記す）と書いているのが最初である。しかし、「後に記す」の記述は本書には出てこない。

その次の記述は、四月十日朝の「難局を読み終へて眉和らげつ　一人去り二人去りてゆきしか」の句の横に同様に小活字で「労組の人と対策練り終へて」と書いている。「労組の人」とはおそらく大槻均候補の国鉄大船工場労働組合員のことと思う。その翌十一日に「労働者は鉄の意志もて日程をはたしつゝあり異《ちが》（ママ）つたるもの」の横に小活字で「十一時四十五分O君と電話」との記述がある。「O君」とは大槻候補のことである。その次の句に「わが知れる地図のとほりの花景色」の横に「磯部派買収ときゝし湘南時事新報本日号を読んで」とある。「磯部派」とは元市長の磯部利右エ門候補のことである。四月十二日朝、「国鉄大船工場労組事務室にて宮川委員長の背後にかけてあった丹じゃく（ママ）」の記述の横に「花ふんで交すことのは二心なし」の句が添えてある。翌十三日に「夜　大槻宮川両君E・Sにあひ右社の推せんを要望し確答を得ず」との横に「小汚なき人小汚なく眉よせて　あくまでわれをだまさんとする」との句がある。

その次に小活字「同日朝左社S・O君国鉄労組を尋ねて服部が手をひくことを条件に右社承認を求めんことを勧告」の横に「邪魔立てをのぞくためには縁をば切れとすゝめる御かたはどこのばか」の句が添えてある。「右社」と「左社」とは社会党の右派と左派のことで、「左社S・O」とは左派社会党の岡崎三郎のことである。その次に「十二日夜よい市協総会の席上S・O僕に迫っていふに、貴下の戦術は左右両社を分裂に導かんとするものにあらざるかと、僕答へていふ、貴下は六日、三日《（ママ）》、二十九日の総会をいかに僕が司会したかを忘れしや。満座首肯。」の記述の横に「添ひ通すぬしをわすれてのぼせた妾《わたし》　愛想つきるもむりはない」の句の横に「いふまでもなくぬしは労働者階級《プロレタリアート》のこと也」と説明がある。続いて、「赤つらに（青つら也）惚れて見せたもぬしのため」（とはいふものゝ心のうち）の横に、「これほどにえらいぬしとはつゆ知らなんだ　たゞの家来とさげすんで」この左横に、「右三首、いまなほSのものならざるが如し、あと二週間入院を要するが如し、明日告示也。」と書いている。

四月十五日に「敵将の泪を見たり茄子の軸」の句の左横に「昨日午後二時より二時間余、敵候補者杉山誠一君この室にあり」、この句の七つ後に、「貝の指輪を打ちこはしたる怒はや」の句に「今朝陣内と対談中の出来事也。小牧先生傍にあり、日本に只一個の中島八郎作貝の指輪なりし、惜しくてたまらず、いつまでも眺めたり、怒もとけたり。」の説明がついている。「陣内」とは服部の戦前からの友人であった陣内鎮《じんのうちおさむ》で、「小牧先生」は小牧近江のことである。二人とも服部の鎌倉市長選挙の時に参謀役で最も身近にいた人物である。

四月十七日夜の句の中に「けふ宮本和吉先生の家を訪ふ」の説明をつけて「亡母《（はゝ）》の口より聞きしことある老博士はじめて見しに聞きしにまさる」の句を詠んでいる。「宮本和吉先生」とは、今引用している『夜話』の冒頭に出てきた鎌倉市議・宮本せつ子の倫理学者の夫君のことである。この夜私も服部に伴われて宮本家を訪問したことを今でもはっきりと覚えている。この句のあとに続けて「病床の宮本節子女史」の説明の横に「病床に闘志燃ゆわかば窓に萌ゆ」の句がある。

四月十八日正午の句に、「千人に一人の男花を詠む」の説明に「国鉄大船労組執行委員長宮川卓三君に与ふ。『専従者』は千人に一人の標準なれば彼の工場では彼一人なりと。」と書いている。以上が『俳句日記　鎌倉山夜話』の冒頭にある「皆塊書屋句稿」の一（一九五五年一月）と二（一九五五年四月）の鎌倉市長選挙に関する記述の全部である。

この後の五十頁以下に「皆槐書屋雑記」三（一九五五年四月）と本書ではなっているが、「目次」には「皆槐書屋雑記」㈠となっているのが正しくて、三は誤記である。このようなところにも、本書について冒頭で劇作家木下順二が『不思議な本』と書いた意味がうかがわれる。

以上の服部と鎌倉市長選挙との記述だけでは、読者には非常にわかりにくいと思われるので、以下に服部の『大学ノート』（一九五五年ノート、1―1／1―3／17）から、この市長選挙の記述を補足しておく。

一月七日に服部は「散歩ソノママ大内氏宅。碁二盤トモ勝ツ。午後大内さんと同道小牧氏宅。長谷ヨリハイヤーで帰宅。」と書いている。大内は大内兵衛で江ノ電沿線の蛯ヶ谷に自宅があり、鎌倉山の服部宅から歩いて行けた。小牧近江の自宅も大内の近くの稲村ヶ崎で三人とも当時法政大学で親しい友人であった。これは私のあくまでも推測であるが、この日に鎌倉市長選挙のことが出て、小牧を市長候補に立てようと話し合ったのではないかと思う。一月十九日に「市長より電話。学区制問題也。三十日の件話す。選挙対策と思われないため俳人として出席します。」とある。この時の鎌倉市長は、磯部を破って八代目市長となった草間時光で、俳人でもあった。三十日の件とは、一月三十日に服部は自宅のすぐ前のテニスコートに日本スクエアダンス会の会長であった三笠宮崇仁夫妻を主賓として招いて、鎌倉山のとくに婦人達に呼びかけて、スクエアダンス講習会、その後に茶室完成の茶会を開く企画をしていた。このころ服部は、次男・設の中学入学にからんで「学区制問題」に深い関心をもってその改革にもとりくんでいた。

一月二十日に「市長室。阪本仲三（市教育委員長）対談。マコトニ神ノ配剤ノ如キ出逢也。完勝。」と書いている。これも私の推測であるが、「マコトニ神ノ配剤ノ如キ出逢也」とは五月の市長選挙を見越しての意味ではないだろうか。一月二十七日の日記にも市長選挙にかかわる記事が出てくる。この日の日記に小倉正雄〔正夫の誤記〕、乾〔孝〕夫人、青木君、陣内夫妻の名が出てくる。「小倉正雄《ママ》君来。乾家にとんでゆく。学区制問題で山本君乾夫人の停とん〔―中略―〕二、スケアダンス《ママ》につき『青年達』興味をもたず不出席　ムシロ原水爆座談会をひらきたい云々〔乾夫人〕三、拙宅講習会不出席云々（仝）四、岡崎君外遊カンパを『実業家文化人懇談会』に提出しなかったこと。五、診療所を深沢にする案　六、工機大月〔大槻の誤記〕氏にダンス案件の件」「青木君、陣ノ内夫妻」の横に「一、山本女史ヨリ電話。関谷〔関屋の誤記〕判事（若松でけふ僕始めて逢う）の命令で関谷夫人が会合（両派打合せ懇談会）不参加を申入れてきたから両派打合せはとりやめる‼　二、右手批判　三、診療所は市内に診察室を深沢に県下連合の大病院を。」と書いている。この日の記載は、解説しないと理解できないと思うので説明を加えておく。

服部の日記にしばしば出てくる小倉正夫は、この当時日本共産党鎌倉支部の責任者で、夫人が指圧師で服部は自宅で身体をよく揉んでもらっていた。乾夫人は法政大学教授であった児童心理学者・乾孝の夫人範子で、彼女は日本共産党の大衆的婦人組織である新日本婦人の会の鎌倉の指導者で服部と同じ鎌倉山のすぐ近くに家があった。青木君とは、すでに引用した『鎌倉議会史』編纂委員長の日本共産党選出の鎌倉市議会議員・青木元二である。陣ノ内夫妻は、前述した鎮とその夫人すみ子は声楽家で、服部の四女草子のピアノ教師で服部家の常連であった。山本女史は鎌倉山の日本共産党組織の中心人物。関谷〔屋の誤記〕は、鎌倉市長選候補の一人となった関屋禎蔵である。

「二、スケアダンス《ママ》」については、一月三十日のスクエアダンス「講習会」に鎌倉地区共産党組織の「青年達」の参加を、服部が乾範子に依頼したことへの返事である。岡崎君とは左派社会党の岡崎三郎のことである。当時服部は「鎌倉実業家文化人懇談会」を主宰していて、私が在学中の横浜国立大学学芸学部が当時は鎌倉にあったので、服部から命じられて、いつもこの懇談会の受付係をさせられていた。「診療所云々」とは、服部たちが市長候補に推薦した大槻均が医師として勤務していた国鉄大船工場診療所を鎌倉市内に移そうという服部構想である。服部は鎌倉市長選挙のことで、日本共産党の鎌倉地区の指導的人物であった青木元二・小倉正夫・乾範子や陣ノ内鎮〔日本共産党神奈川県委員会顧問）らと頻繁に会って相談していた。青木と陣ノ内は碁仲間でもあったことは、一月二十七日の日記からもわかる。

翌一月二十八日の日記に三十日のテニスコートでのスクエアダンス講習会で、乾範子が世話人あいさつをすることなどの次第を服部がきめたことが書かれている。大槻（ここでも大月と誤記）氏に電話で診療所の「カンゴ婦たち」が講習会に来遊されることを頼んでいる。またこの日、さくら屋で「診療所（移転の）第一回打合会」に三枝（博音）、米村（正一）、民医連理事長子安診療所長、・清水俊雄、青木（元一）、小牧（近江）ら十二名の名前が出席者として書かれてある。講習会の当日の一月三十日の日記には、「けふのプラン」の一、に「昼食は一時迄に。客間にて。三笠氏十二時半着とみて。座ふとん十人分」と書いている。私の母が服部家の裏山でとれた山菜などの手づくり料理の昼食を三笠宮夫妻がおいしいと食べたこと、三笠宮夫妻の鎌倉山出迎えは私の役目と服部に命じられたので、鎌倉駅前でタクシーに夫妻をお乗せしようとしたら、数台の鎌倉警察署のパトカーに私が運転席に坐り、後部に夫妻をのせた車の前後をサイレンを鳴らして護衛して服部家まで直行した。この車中で、三笠宮が「また戦前のように自由に行動できなくなってきています」と私に耳元で小声で言われたことを今でもよく覚えている。一月三十日の「講習会」の記事は、この大学ノート七頁に詳細に書かれている。おそらくこの「講習会」は、服部が市長選挙のために企画したものであったのであろうと私は推測している。

二月にまた市長選の記述が出てくる。二月三日に「小倉君来訪。大月君反戦運動提案云々　市長選無策——小牧氏案小生」などなど。「十時就寝」と書いた後に「小牧さんを出すことは当選公算大。」「最大の困難は夫子を説得することにあるが」「隣接市民からの支援運動」を丸で囲み、その下に「統一戦線実現　平和都市鎌倉　ボス排除市政二十年の市民」などと記してある。二月七日の日記に「大内さん来宅。二局。全勝。」と碁を打ったことの記述の中に「『シチョー』トハツネニ全局面ヲ忘レナイタメノアンテナノヨウナモノナリ」と碁の理論を述べた中で書いている。

二月十日の日記に「陣内、青木、――市長選挙の件」とのみ記してある。二月十二日に「一時品川下車吉川家へ」と、戦前からの友人であった吉川英治に選挙カンパ二万円と応援演説の依頼のための訪問をしている記事が記されているが、選挙演説は一切ことわっていることを了解し断念している。またこの日の日記に「明日高見順ニ　橋爪助役ノコト　キフノコト」とある。翌二月十三日の日記に鎌倉駅前で三枝博音と市長問題などを話したあと、三枝と一緒に高見順と会っていることがわかる。二月十五日の日記に「十時小牧市長問題第一回集会」とある。参加者は青木元二議員、陣ノ内鎮、小牧近江、服部の四名で、助役には一、橋爪　二、桜井　三、米村　四、飯塚友一郎（教育委員長）五、久枝武之助の名前が書かれてあり、次回の会合に参加してもらう名前とだれが依頼するかも記され、次回までに服部が小牧を「説落シ」、服部と青木が橋爪と桜井の助役「打診」、東京の小牧近江市長候補後援会に青野季吉と金子洋文、大内から労農派二人に依頼する（社会党工作？）などを話し合っている。翌十六日の日記に「小牧さんに電話、けふきていたゞくこと」「橋爪君電話――脈あり。令息が入院中、明日面会の事」「小牧さん来訪――内諾。他大内氏の内諾を条件也」「小牧氏鎌倉藤沢合論＝東横・曽根（益）市長青木助役云々」などの記載。翌十七日の日記に「橋爪君――家事トシゴトノタメ出馬不可能ダガ応援スル。草間案再考ヲ希望（市長にとの案）『統一戦線』ニナラヌト力説。十七日夜橋爪家デ会合ノコト承引。」「途々、草間ヲオロシテ選挙事務長トスルヿ《ママ》ヲ着想。助役ハ東京カラ移入スレバヨイ。草間ハ選挙後ドコカへ推センスル。」「陣ノ内来訪――助役ニ関根悦郎（服部の娘婿）如何？」などと記載。

二月十八日の日記に「六時下山黒川家。大槻、藤江、陣内、米村、飯塚、北（鬼吉）、黒川、小牧、服部、小倉」と書かれている。選挙対策ならん。上述した大槻の提案の「徴兵反対、生活問題懇話会」の発起人代表・飯塚友一郎（鎌倉在住の演劇評論家）、世話人・大槻、藤江、陣内、北の名前が書かれていて、第一回テスト、三月中旬深沢公会堂講師　吉村公三郎、飯塚友一郎と書かれている。二月二十一日の日記に「市長問題ヲ考ヘル――此上ハ金ト事務長（助役）也　○久保田老ニ相談スルコト（鎌倉山ヨリ助役ト市会議員ヲ出ス――久保田、庄野、二、東京ヨリ『後援会』事務長ヲ選ブ」「八時久保田老訪問　後援会会長青野季吉　世話人久保田長太郎、服部之總」と記載。翌二十一日（続き）として「後援会任務　一、選挙総企劃　二、選挙費三十万円募金　三、助役決定、選挙費公開　以上スベテ久保田氏承認」と書かれ、その後に吉川英治家訪問十万円拝借とある。この日までの日記では、服部の鎌倉市長選挙構想がうまく進むやに思われたのだが、思わぬところから反対者が現れた。

二月二十二日の日記に服部家を訪問した逸見重雄〔服部、小牧が所属していた法政大学社会学部の学部長〕が、小牧の市長候補出馬に反対（小牧が承知ならばとめないがと言いながらも）したことである。これに対する服部の逸見に対する激しい怒りの言葉が日記に記されているが、その内容は、逸見の名誉にもかかわるのでここでの紹介はさけたい。この後の日記は二月二十五日までなくて、二月二十六日の日記に「小牧＝久保田＝余。市長談。助役問題、久保田氏逃亡をはかり小牧さんに接して不可能となる。久保田老親友某氏線上にのぼる」と書いている。二月二十七日の日記に「朝の内に手配すること」として「一、大槻君連絡、陣同使。橋爪電話」と記され、以下のようなメモ書きがある。「橋爪君ヨリ今日ノ三田会ノ重大問題報告　神川彦松（桂ヲ推ス）　結論――人間ノヨイ磯部ヲ推シ、助役ヲヨイ人　徴兵反対懇話会報告（大槻）　山本正一＝磯部　松岡ショージ＝杉山＝大船工業クラブ　秋山―セツ子　関口泰　神川彦松←――大内　飯塚友　西園寺（小倉）」〔ここに二度書かれている神川彦松は鎌倉在住の東大教授・外交問題〕　以上のメモの次に一月二十七日（続き）の中に「〇午後六時半橋爪家会合。服、乾、小倉、大槻、陣ノ内、橋爪。青木欠席　〇来週日曜夜一同シテ小牧氏訪問ノ⺆ニ決シテ散会」とある。以上の日記から、上述した逸見学部長の小牧出馬反対の意見に対する対策と考えられる。三月一日の日記に「〇今次選挙分析　〇小牧氏都合変更、再び日曜とする」　三月六日日曜日の日記に「〇小牧家行。七人ノ内青木不参　神川彦松第一候ホ〔ママ〕。小牧―大内会談ノコト」とある。次の頁に「反米民族主義者神川彦松＝桂　神川――夫人」と記されて、その次に「三田会」の役員の名前が列記されている。三月九日の日記に「〇小牧氏来宅　昨日の大内小牧会談。神川彦松はお調子乗りの落胆屋だから、東大時代重要なポストに信任されたことはなかった。ご自分は〔「自分は」に力点〕推せん者の責任をとりたくないが、紹介はする。神川は金もない筈也。助役には言及せず。日、月の内いつでも案内する。○一応の私案をのべてみた。
一、日曜日、大内、小牧、服部会談で再検討すること。
二、その上で是とすれば、大内―小牧で神川氏訪問すること。(小牧氏頻りに今一人つれてゆきたいと希望せるも、その人なしと僕反対す)小牧氏は神川氏を説くには選挙事務長は覚悟の要あり。小牧事務長でないと統一戦線覚束なし。神川は一応断るならん。そのとき助役は財政通を必要とするから大内さんにすいせんを乞うとクギをさして、桂出馬(又は他の神川指定者の出馬)をトドメさすべし。あとは『考慮』を依頼して帰ること
三、すぐあとに橋爪を神川家にむけること。その際橋爪に、小牧助役、金は小牧＝橋爪でと云わせること
四、大内氏から意中の弁護士(党員?)を助役に出して貰うこと。」と記述している。
翌三月十日の日記に「○市長問題につき再考してみた。昨日案では不可と知る。○十一時　小倉君を訪問して　一、昨日の報告　二、神川出馬となれば、小牧案で責任者となった僕は手を引いて、市党部に問題を戻す　三、二回に亘り欠席し且つ秘密を新聞記者にもらした(青木)ことはけしからぬ。四、今こそ党、両社会党、労農党四党会談が主役たるべき段階と思う。五、従来の僕たちの膳立ての上で、それをするべし。僕は手を引く。六、市党部から何分の言あるまで、昨日の服小牧会談は取消さずにおく。」　この記事のすぐ後に、「○千葉君レントゲン審査　×余、経過良好也。法政提出用診断書二通」と書いている。

この頃の服部の病状はよいが、まだ勤務校の法政大学の講義は休むための診断書をもらっている。だが服部はこのころライフワークの『日本人の歴史　大工トモサンとの対話』の執筆に専念していた(本書を書くために私は服部から乞われて大学卒業一年前の一九五三年から助手になった。この原稿は服部没後に私が服部の残したノートを基に、服部が日本近代史研究会で最も信頼した弟子の藤井松一との共著として一九七一年十二月に法政大学出版局から公刊した。また服部は三月五日から毎土曜日に六回連続で「共産主義について」の家庭講義を行っている。その詳細な内容のメモがこの市長選挙の記述のある『大学ノート』にある)。

ふたたび選挙の記述にもどす。

三月十二日の日記に服部は市長問題で陣ノ内、小倉、青木と打合わせをしている。おそらく共産党内部の話であろう。その内容は「〇青木二回不参の件。週刊かまくらに漏えいの件〔この新聞は木村彦三郎が出していた地域新聞で、木村は叙述した『鎌倉議会史』の編纂委員である〕〇草間断念一昨日（青木）〇服部＝大内＝小牧会見予定明日。午後服、大内は〔二字判読できず〕〇十六日夜飯塚家ニ、大槻、橋爪、飯塚、黒川、乾夫人、小倉、陣、青、北、参集　徴反〔大槻案の徴兵反対懇話会のこと〕打合セト市長問題打合セノコト　〇ソノ上デ、飯、大、橋、黒、宮本〔乾夫人ヨリ〕ノ名ニテ市長問題懇談会ヲ左ノ範囲デ召集ノコト　大、橋、飯、黒、宮、青、小、米村（？）、三枝、金子（右）〔右派社会党員の金子駿介〕、土屋（右）、村田（左）、藤江〔鎌倉産別議長〕、安藤〔県候補国鉄大船〕、伯キ（市会）」との記述がある。翌十三日の日記に「●大内＝小牧＝服部会談　〇神川彦松ハ否定。　小牧氏出馬ノコト（服、大）〇小牧夫人説得ノコト（服）〔小牧の市長選出馬は小牧夫人の反対で小牧は内諾を取消したため〕〇服部カラ右社河野密ニ　〇大内カラ左社ニ〔前二行を〔　〕で〕左右社会党デ共同推セン、共労〔共産党と労農党〕ハ名ヲ出サナイデ共斗　〇助役問題――大内」と記載。なおこの日の別記で服部は鎌倉の川端康成家を訪問している。おそらく選挙カンパ依頼のためと私は推測する。三月十七日の日記に「〇陣ノ内ヨリ昨夜会合ノ報告。彼自身を観察してもミコシは動き出している。」と書いている。「ミコシ」とは共産党本部のことではないかと私は推測する。この日に服部は青木文庫版として再版される『明治維新のはなし』の序文を書いた後に上京し、NHKで『維新史と世界史』の放送の録音、京橋の日本近代史研究会に行き、安達淑子と会い、藤井松一を連れて「山家や」に行くなど精力的に動いている様子が日記からもわかる。

三月十六日の日記で服部は、小牧と小倉に飯塚の件で電話をかけ、小倉にはこの件で陣ノ内と打合わせをするように話したことがわかる。以上がこの『大学ノート』に記述されている鎌倉市長選挙の服部の動きである。

次に四月十二日から五月九日までの『大学ノート』から引用する。

この第一頁に「大槻均略歴」が次のように書かれている。

「大正元年十月二十三日生　宮城県仙台市　北海道大学医学部卒（昭和十五年）　昭和十六年四月より軍医召集　陸軍々医大尉　戦地馬来にて病気　昭和二十年一月国鉄仙台鉄道病院任官　昭和二十三年国鉄大船診療所医官　鎌倉、原水爆禁止運動準備委員会々長　前国鉄労組工場分会執行委員長　父　宮城県会議長　大槻胞治（大正七八年まで）長兄　三菱工業重役　大槻文平」

三頁には「私３／２６　一時現在Ｔｅｌ藤江　小牧問題　地区労ハ調査スル。キメナイ。調査ノ結果如何？　シラナイ。小牧汚名ノマ、引下ルノハガマンナラヌ。桂左右統一トナリソウダ。小牧勝目ナイノデ断念シヨウ」と書いているのをみると、服部は左右社会党が桂皐《タカシ》を市長に推薦しているのを藤江からの電話で知って、小牧を諦めたことがわかる。

次の四頁に「昨日地区共斗席上　大ツキ立候補　左右社――『キカン』明日決定ムリ。解散後、左右社会党協議ノ由　ソノ席上、ＫＰ〔共産党のこと〕ガ交ッテルト　左右トシテ推セシカネル　右、安藤君カラ今朝キク。大半個人カ、バックニＫＰアッタカ？　私〔〇で囲む〕大ツキニ、ナゼ二日間ニ、不出馬ヨリ　出馬ニ変ッタカ？」との記載がある。

四月十二日には、次のように書いている。

「第六回総会　午後七時四十分会議に入る。地区労郷原代理遠藤（国鉄書記長）　国鉄大船柴田博克　小牧　服部　大槻　陣ノ内　小倉　三枝　共斗決議ニ反シテ　左右トモ欠席。『今夜ハ決定デキマセンヨ』」

七頁に「一、大槻市長（遠藤）　一、共斗ヲ通ジテ　両社ニ返事ヲモトム」とある。九頁から日付が記されていて、四月十一日に「〇十一時四十五分、大槻、電話『予定通進行中。けふひる休みに、執行委員会を開いて、私が立候補の意志をのべ、満場一致可決の予定』　〇松尾〔章一のこと〕『趣意書』ガリバン――国鉄大船工場で刷る。五時刷上ル。

この日記の左に私の手書きの『市長候補大槻均君を推薦します』とガリ版刷の『「よい市協」趣意書』〔いずれも一九

五五年四月であるが、世話人は異なっている〕が貼付されている。

市長候補大槻均君を推薦します

「よい市協」の目的はよい市長、よい市会、よい助役を押し出すために、あらゆるよい市民の支援を世話することにあります。この目的で、三月廿三日第一回総会で、市議補欠戦に丸エキさんの推薦を、四月三日第三回総会で、市長候補に桂皐氏、県議金子駿介君の推薦を決定し、四月六日桂氏辞退されるに及び四月十二日第六回総会で大槻均君の推薦を決定しました。

本会世話人は市長選に志を同じくすることを第一のたてまえとしますから、事情によって市会・県会に本会が推薦する候補者についてさしさわりあるむきでも市長選にたいする本会の根本精神に賛同される方は、ふるって世話人となって御協力下さい。

本会世話人は、候補者大槻均君を応援しつつ、ひきつずき〔ママ〕選挙後といえども本会の目的「清らかな市政」実現を完徹する日まで世話に当ります。

一人でも多くの票を大槻均君に投じて下さい。

昭和三十年四月　日

よい市政推進協議会

世話人

小牧近江
大佛次郎
高見　順
宮本せつ子

大庭国紀
飯塚友一郎
桂　皐
富澤珪堂
服部之總

「よい市協」趣意書

鎌倉は、不思議な縁で、私たちの墳墓の地、子供や孫の育ちの土地であります。

これまでのように鎌倉市政に、無関心でいることはできません。腐敗と悪習に、市政が、学制が、毒されていくのを、これ以上だまって見ていれば、石も物云うときが来ましょう。石はすでに物を云ってをります。無名無数の正しい怒は、ちまたに、台所に声となって萌えております。「ボス政治の排撃」「収賄汚耺〔ママ〕の絶滅」は、いまや、ちまたの悲願とさえなっております。

さればこそ、それを掲げて市政選挙に出馬する候補者たちも、二三にとゞまりません。問題は、そのためしんじつに身を挺し、おこないをもって証明する人を、まちがいのない眼光をもって見きわめることにあります。私たちはそのことを、過去幾度かの選挙で思い知らされてきました。そのたびに多くの人たちが絶望し、市政にたいする不信と無関心をいつか心のうちふかくつちかってきました。それにしても、鎌倉市の棄权〔ママ〕率が、全国平均をはるか上まっている事実は、墳墓の地、生育の土たるわが鎌倉を、愛する者にとって、恥ではないでしょうか。もはや路傍の石たる勿れ。私たちは、声を発する石々を語らって「よい市政推進協議会」（署称〔ママ〕「よい市協」）をつくりました。何がおころうと、希望を失わないで、善良な市民のしんじつの意志に基いてよい市政がおこなわれる日まで、あらゆる努力をつづけましょう。安心して市役所のドアをあけ、安心して税金が払える日まで、安心してお子さんの入学が実現できる日まで、安心して台所の仕度ができる日まで心をあわせて努力してみませう。

われわれの趣旨に賛成の候補者は、何党に限らず、選挙中も、選挙後も応援しませう。誰が正しい候補者か、一人の目、一本の電話で軽はずみにきめないで、大ぜいの目と耳と合せて判断しませう。そしてわたしたちの熱意と支援で、必ず公約を実行させませう。

以上のような思いを同じくするものが、こんど「よい市協」にあつまりました。「よい市協」は保守進歩何党かに党という政治上の意見は一切問わず、たゞひたすら、よい鎌倉をつくる希望をもちつゞけるという一点で、支えられているものです。

個人であろうと団体であろうとかまいません。どうぞどなたでもおはいりください。入退会は何時でも自由です。私たちがとりあえず世話人に推されましたが、役員に特別の权《〔ママ〕》限もありません。こんどの選挙にかぎらず、むしろ今後の活動によってこそ、私たちの希望と悲願を、一日も早く実現させたいと思います。

みなさん、われわれの墳墓と生育の地鎌倉のため、一人でも多くの力をこゝに結集いたしましょう。

一九五五年四月

世話人（○印世話人総代）（入会は電話又は口頭で世話人に御申し越し下さい）
○大庭国紀　○小牧近江　郷原重雄
○宮本せつ子　服部之総《〔ママ〕》　○飯塚友一郎　桂　皐
大仏《〔ママ〕》次郎　吉野秀雄　米村正一　高見　順

四月十一日の『大学ノート』の続きに次のように記述している。

「今夕日程（大仏《〔ママ〕》訪問）〔鎌倉に住む大佛次郎〕　明十二日日程作製　五時―緊急世話人会手配　前回出席者に総会々場通知速達。午後五時大槻君来。途中深沢支所長金井に〔「支所長金井に」に傍線を引き「マージャン友達也」〕　大槻リレキ。

組織プラン（全）○七時半、金井ヨリ大槻ニ電話。市役所食堂ニイル（例ノ秘密アジトナルベシ）自分ガ行ッテモヨイ（僕ソレハコマル）○八時十分バスで二人シテ下山。僕別レテ大仏家へ。○十時まで大仏家。世話人ＯＫ　二万円（選挙カンパ）ＯＫ、夫人をかへりみて『丸さんにも出してあげてね』サギタ一件についての僕の話に莞爾と笑む。彼＝吉川とひとしく、ファイトあり。正義家なり。これが大衆作家としてこの二人を大ならしめたものなり。（日本語ではヒューマニズムを正義人道という）○大仏家ハイヤーで送られて大場家へ。老先生臥床。昨日友人不幸で上京、病、いま苦痛のかれのためモヒ一本、臥床中、老夫人にガリ版三十枚手交。大仏氏一件を通知。○同家ヨリ桂氏ニTel。桂氏帰宅セズ云々。『グッドニュースあり』とのみ伝言して、帰宅。○一足早く大槻君帰ってくる。酔ってる。某料亭（タクシーでつれてゆかれたから場所記憶なし。名も同様。芸者○名）。陣ノ内いる。

十頁に鎌倉市役所職員組合　執行委員長　渡邊隆と同副委員長　児玉一彦の名刺が貼ってあり、外ニ書記長某と服部が記載している。おそらく服部を訪問したのであろう。

十一頁に次の記述がある。『君に出られたのではクビにかゝはる。どうかやめてくれ。こゝまでに要った金は何とかする。』市職委員長渡邊隆、同副委員長児玉一彦、書記長某三人同席也　『今夜は帰さない。寝ていってくれ』『やめるための唯一の条件――君たち鎌倉単産が、大鎌倉地区労に統一することだ』『県議長の亡父、三菱鉱業のちかい将来の社長たる兄――ナゼ自分ひとり国鉄の医者になったか……』見る〳〵、渡邊と、児玉他一名との分離する感情。両名感動し、委員長フテクサル。『金井君、君ハ　たった一つ見落としていた。僕と服部先生の線をダ。それは一月三十日、三笠宮さんの……僕は殿下の前で心に誓ったことを、あくまで果たさねばならん！』とブッタる由。ぶったるもの哉。金井に誰からかTel、――返事から想像すると、『今夜の両社打合わせのけっか、両社は大槻推薦と決定した』とのニュースらしい。金井、急用ありと称して、退席。大槻贈与のハイヤーで服部家へ。○小牧氏にTel、彼酔って帰宅している。ヴェトナムの会合云々　○大槻均　署《ママ》　陣筆記」

四月十二日の日記に次のように記している。「○六時四十分、米山母堂訪問趣意書三通（米山、久保田、桂）渡し。桂氏世話人を依頼する。○七時バスで陣内ト共ニ大船へ。車中山本君に趣意書手交。陣内国鉄大船へ。僕東洋高圧社宅藤枝家へ。（以下省略）」「▽宣伝担当に地区労から藤枝の代理を選挙事務所に出すこと。▽地区労対策等。○帰途大船駅前で相沢県知事候補宣伝カー。相沢、左社国会議員。（四字欠）両君に逢い、大槻出馬を報じ、『ソネ先生には相当いためられましたよ』と告げる。（岡崎が、その夜、『分裂策動』といったのは、そのことか？）○国鉄大船へタクシー。入場にさいし、目的は『選挙です！』。▽宮川委員長、遠藤書記長（初対面）以下　▽組織問題。宮川が副事務長として事実上全部を掌握すること。僕が『よい市協』を掌握すること。陸海軍令部参謀会議で一切決定のこと。——どっちが海軍か知らんがネ。　▽遠藤書記長が『右社』だというメモ　▽大槻＝小沢は朝から大井工場↓東京本部へ。○十時帰山。朝食。昨夜八時下山後十一時帰宅までの間に、上森子鉄（この姓名に傍点）から両度電話ありし由（一回東京から一回自宅から）　十時上森にTel。不在　○十一時上森から電話。三十分間のTel演説——要旨　杉山６５点　磯部５５点。杉山ベター且はヤンガーゼネレーション。杉山はレッドパージにあったほどの人間。いまは悪い奴がついているが、ヤンガーゼネレイマンだから、立直る。よい人間をつければよい。僕はソネ、土井と相談して、一昨夜（？）も右社幹部会で演説した。君へまでの秘密だが、僕たちと杉山の間にはかたい約束がある——市会を解散して、正しい市政に立直すという一事だ。助役もりっぱな人物にする。ソネ君と僕が桂を落としたのも、桂が出れば、桂も杉山も落ちて磯部が当選する。５５点が出る。それではこまる。君はこんど医者を立てたそうだ。僕たちの意を了解してくれまいか。▽僕返事、演説三十分、その間に、地区労郷原（代理）との電話入る。交換手の注意で休けい。▽僕さいごに、昨夜の金井一件に及ぶ。彼曰く『わかった！』▽彼念を押して曰く。『それでは、君は、杉山、磯部に上下はつけないのだネ。ドチらが当選しても、斗うのだネ』▽然り。▽『よくわかった』。大いに自得の体也。それ迄に僕、彼のこんどの留産《マヽ》（流産）のいきさつを、杉山私設秘書某からきいて、あっぱれなる旨、気をいれてある。気のよい策士也。舌電話で胸がダルクなった。○午後二時、宮本家よりTel。女史今帰宅して、急病臥床。今夜出られない旨○大場氏Tel。同右打会せ。丸さんについては微力ながら宮本さんに代っておひきうけしますと返事する。○陣ノ内大船工場より帰山（上森とのTelのさいちゅう也）——昨夜の左右両社打合せでは『大槻承認』の線はサボタージュされたこと。宮川との打合せのけっか、『両社すいせん』を必要とすること。両社すいせんを獲得するためには、共産党が手をひいてもよいこと云々　○陣内、小倉Tel。小倉不服ながら承認。僕思う。これはゆき違也。○陣両度国鉄ゆき。午後四時十分のバスで僕下山。そのまへ三枝からTel。○ハッピーで三枝と会い、つる八へゆく。○五時—七時。一人も来ない緊急世話人会!!　★その代わり三枝にすっかり話して北鎌倉工作（世話人）依頼。彼昨日迄風邪で臥た男也。○左右両社欠席（あとで、左社某君が岡崎代理で出ることになっていたのが判明。某君は十時ちかくになってやってきた。この夜、極楽寺で金子演説会あり。左右すべて、郷原も、それに出る。この件、十一時の三尾とのTelで知っているが、五時—六時の緊急世話人会へはぜひ出るように伝言してある）柴田君、岡崎家に飛んでゆく。八時也。不在。夫人に伝言して帰る。○小沢君から悲痛な表情の報告。」

以上の右の日記からも、服部は鎌倉市長選に小牧の代わりに大槻均候補を擁立して精力的に活動している様子がわかる。

四月十三日の日記は、このノートの十七頁から二十一頁まで以下のような内容を小さな字で詳細に書いている。できるかぎり正確に引用しておこう。

「晴、六時起床、日記　○春日君〔服部家の前に住んでいた服部が非常に親しく交際していた大工〕を畑に訪ふ。『よい市協』世話人加入を依頼。彼考慮。○久保田老バス停留所問題にて春日訪問。つれて帰る。『よい市協』世話人受諾。○有田八郎選挙戦〔東京都知事選挙〕と『よい市協』と全く同じだという話——有田八郎共産党になるはなし——赤尾敏立候補して（磯部派のサギタの如くに）有田勝たば五年にして東京市庁〔ママ〕に赤旗のなびくと演舌する由。☆久保田氏、県議には金子〔右派社会党の金子駿介〕でなく山田三之助（磯部派）にきめるという。山田はかつて林村会議長時代に林と組んで『鎌倉山中学校』のため『県立』を運動せる事あり。宮川竹馬の反対で（土地に係わる）流産したり。四年前の事也。今後も山〔鎌倉山〕のためになる男云々　僕曰く可。『よい市協』は市長戦第一の団体也。県議は三之助にてよろし。彼曰く『悪ナ丈ニ道路モ作ッテクレルノデス』　○米山母堂より桂氏世話人受諾の報ありし旨富子〔服部夫人〕よりきゝ、桂氏にTel。同氏善諾。同氏『私は曽根のせいではない』と云う故六日の経過を話す。わかった様子也。○『よい市協』世話人をこの朝三枝君北鎌倉方面を遊説（ガリ版もって）。高見夫人は世話人受諾。金は『サア？』といひし由。次男東慶寺と富沢〔奎堂〕氏にゆく両氏とも承諾。次男来山。○この朝岡崎三郎大船工場労組室に現はれ、『服部が手をひくことを条件にして右社の承認を求める』ことを勧告した由。夜宮川君からきく。○久保田老との会話中発明するところありすぐに決意して八尾新太郎君にTel。いまならすぐにゆくという。○不動健治君来山。自動車とポスターの事を依頼するため来て貰ったもの也。○不動君と話しはじめたところへ八尾新太郎、小児科医某をつれてくる。『これは僕の親友でネ。服部先生にかねて紹介してほしいとたのまれていた。ズンと正義派デネ。いつも票は共産党に入れている男だ。』○僕経過をありのまゝに話す。何一つ敵にたいして隠すべきものなし。その上で云う。君にきて貰ったのは、君が磯部の参謀と伝えられるためだ。磯部は坂本仲三の如きボスを助役にするという。大槻が立った以上、杉山必敗は明らかだが、大槻は善戦して次点、磯部は当選確実と僕は見ている。そこで云うのだが、上森子鉄に対しても僕は云ったのだが、磯部に対しても、仲三如きを助役にするふはい〔「ふはい」に力点を付す〕市長なら。僕は大槻の票を基礎にして、直ちにリコール戦を挑むから、そう思って貰ひたい（このリコール戦には杉山派合体すること、僕はまだ考えつかなんだが、彼は考へついたかもしれぬ）　君は久しい友達だから、注告《ママ》するが、杉山派は君が磯部とケンカしてこのたびまた握手したのは、信用金庫から借金した為めだと云はれているが、どうだ　○八尾曰く、『僕は磯部の参謀なぞはしてやしないよ』とはじめは云ったくせに、ここに及んでいう。『金庫からたしかに百七十万円借りている。だがそれは、堂々保障《ママ》人を立ててのことで、（あたりまえの形式也）、何の不正もヒケメもない。嘲ふにたえたデマだ。実は磯部支援を決したのは、僕と彼と密約を交わしたからで、その密約は、市長になったらしっかりした正義の助役をつける（仲三は決して助役にしない）。悪課長はくびきる［杉山派は首をかけている］、市会は反対せば解散する。』［子鉄・曽根・土井の杉山密約なるものと全く同じであることこっけい也」○僕曰く。次点で落ちても『協議会』は解かない。磯部市政を監視し、諸君密約が実行されゝば声援もしよう。然らざるばあいはリコールする。○話の途中で不動君に治久君の自動車を借りる件とポスターの件を依頼。快諾。去る。（八尾曰く僕の自動車をつかってくれ。否、不動君は自家用車だよ！）○八尾ヨリTel。『さっき気がつかなんだが、加藤君に注意されて気がついたのだが、君が大仏〔次郎〕の二万円云々を話したのは、意味があったのではなかったか？　必要があれば用立てるよ』『とんでもない。けっしてその心配はいらぬ。十万円で我々はやれる。ほかに組合からも出る。僕が君を呼んだのは、君についてのデマを気づかった為めにほかならない』と答へた。留飲《ママ》が下ったが、磯部とは選挙の間は八尾の線で連絡しておく必要あり。第一の敵は杉山だ。これを倒したらその力で磯部を破ることは楽である。○破杉山戦は、破労働ボス、打倒労働ファッショ、破倒《ママ》西尾＝曽根の戦であって、その過程の全労働戦線の統一ができ、この統一によって労働ファッショに勝利できる。社会ファシズムがおそろしいのは労組を割きとられ、むしばむに因る。赤尾敏的ファッショは根なし草也。おそるるに足らず。鎌倉市戦では磯部の走狗となった菊岡久利の如し。

市戦では菅原通済――〔林房雄　今日出海〕――サギタ――磯部□□〔二字読めず。「猛犬」？〕のもの也。○杉山は類を異にする。江ノ電（曽根重役）、京浜急行（後藤〔五島の誤記〕慶太）の組合幹部がイソベ派に買収されているのは、曽根（即ち社長重役）と結んだのでは組合員を掌握できないからだ。大衆をダマせないからにすぎない。そこにイソベが例へば京浜委員長同族イソベをたぐって手をのばせるような根拠がある。鎌倉全逓（〒）（大船〒は地区労＝総評系）がイソベに帰したのは㋘〔京浜急行＝五島慶太か〕筋か？　㋘＝八尾＝山本＝磯部（こゝにも八尾が磯部と妥協する因即ち――山本＝河野の結合路線が働いているのかもしれぬ）○杉山が直接掌握しているのは市従だけだろう。市従児玉は杉山が仲人をした男なる由。市従の組合権を認めたのは杉山助役時代と云はれる。これだけならば、しかし、けっしてこわくない　○こわいのは曽根だ。曽根＝金子俊助〔駿介の誤記〕（松竹大船委員長。地区労外部、全逓＝自由労連。レッドパージ以前松竹はKPもっともつよし。パージの反動でこうなる）だけならば、無力で、こわくない。○問題は地区労（総評＝左社）内部の今回の杉山派だ。増田委員長。（また大船国鉄の遠藤書記長。彼はまだ労働者としての良心が消えてない。十二日夜の彼の揺れ戻りのウソのなさを見よ。しかもけふは（朝）、岡崎がきたとき、遠藤は選挙事務長に土屋圭之助説を出し、顧問に曽根を云々したよし）。増田は桂家に単身出かけて杉山論をぶっている。論旨はハンコの如く上森子鉄や市従ダラ幹と符節を合している。積極性においても市従同様である。斗志〔ママ〕はじつにつよくかつ無反省で、悪質で、破廉恥である。地区労（総評）内のこの右社が、杉山のものでなく曽根のものである事は確実だ。総評にいちはやくバチルスを入れた曽根、それがこわい。鎌倉の『両社共斗』『八単産共斗』で、右社、松竹に左社、地区労からクサビをいれ、足がゝりをおろしえたのならよいが、事実は反対になってしまった。曽根＝金子と岡崎＝村田では勝負にならぬ。安藤をそのけっか左に向って動かしたくらいのものだ。左社へゲモニーは零化した。地区労に正義派（藤江、国鉄小沢、柴田）を定立した。しかし、この大代償を支払って、曽根は増田をうばいとり、郷原をフラツかせ、遠藤を増田派にした。それのみか、杉山の虎の子市従を家来にしてしまった。○大槻、宮川来山　両君本日左社岡崎から、すいせん承認は右社次第と回答を得、夜大町会館金子演説場に曽根を訪ひ懇願したところ、手続論を楯に言を左右にしてついに『諾』と云はず。両君じつに憤慨して報じる。陣内。僕から自動車、ポスター、金（明日五万円）、事務所を確約して去る。○陣内泊りこんでポスターを書き、ポスターインク。文字につき打合せつゝ二時臥床。」

四月十四日の日記。「○六時起床。陣内ひとり徹夜してポスターを仕上げている　○陣をねかせ、仕上がったポスター下絵を、泊こみの松尾（章一）携えて上京（その間、三松堂谷部富三君と談）。同君に、金策の手紙を京橋夫人宛もたせる。東京銀→京橋→神田→京橋→東京。○朝食後早ひるね。朝のポスターにアカハタと共に鎌倉日共の選対ビラあり。床中一読するに、『統一綱領案』なるものの一つに『平和市宣言』〔平和都市宣言の誤記〕の一句あり。憤激にたえず。だいいち、どこの組織どこの会合に提出するための『統一綱領』なりや？　『よい市協』にこれを示すため、『よい市協』初発いらいの二大綱領の一つ『平和都市宣言』を――この綱領はかつて共産党も掲げたることなしと僕が桂にたいしても総会席上でも屡々云ってきたそれを、失敬するとは失敬以上にこっけいなまでの政治的点取り主義なり。」

右掲日記中で服部が大憤慨している四月十四日朝、服部家に『アカハタ』とともに投函された日本共産党鎌倉市委員会（一九五五年三月）の『鎌倉の市政を平和と独立・民主主義と生活安定のために——鎌倉市長・市会補欠選挙にさいして訴える——』の全文を左に引用しておこう。〔旧漢字と新漢字が混在しているが原文のままにしてある。〕

鎌倉の市政を
平和と独立・民主主義と生活安定のために
——鎌倉市長・市会補欠選挙にさいして訴える——

一、総選挙は国民の前進

総選挙の結果は、民主勢力の議席が国会に三分の一を獲得し再軍備、憲法改悪は許さないという国民の不退転の決意を明かにし、国民の大きな前進を示しました。

第一党になつた民主党と言えども、国民の要求に應えるかの如き『中ソとの国交回復』などのニセの公約を口にせざるをえませんでした。

アメリカの言いなりになる戦争の政治を　平和と独立の方向に変える事の出来るのは、国民の団結の力以外になく、又、国民の力は一歩々々ではあるが、この政策転換の方向に進んでいる事を示しました。

今、引続いて、地方選挙が行われようとしていますが、市民の生活にも直ちに影響し、又、国の政治にもつながる大事な選挙であります。

二、アメリカに従属し、鎌倉を汚し、市民を苦しめる市政

みなさん、鎌倉市民の生活、市政は今どんな状態になつているのでしようか。

鎌倉といえば、なんといつても歴史の街であり、誇り高い民族文化が多数残つています。ところが今、あの大仏には、外人用のホテル、キヤバレーが建ち、更に大仏、八幡宮には外人便所ができ、ハウスの不完全な水洗便所から出る汚物によつて、海水浴場に大腸菌が流れ、市民、業者の憤激をまきおこしました。

民族の文化も歴史も、アメリカの豚共のために踏みにじられつゝあります。

何故こうなつたのでしようか。

全国に七百数十ケ所あるアメリカの軍事基地の四分の一はこの神奈川県に集中されています。基地横須賀――横浜――相模原の中間にある鎌倉の位置を忘れてはなりません。

アメリカは日本を永久に占領しようとしており、そのため鎌倉を彼らの慰安と休養の土地にかえようとし、又、基地と基地を結ぶ軍用道路の完成を計つているのです。そのため、地方自治体を戦争の政治に従わせています。

腰越から由比ケ濱の海岸道路を、観光道路だといつて、六〇トン戦車を走らす工事に、年十数億かけたり、又、市会の決議で、失業救済事業として金沢―鎌倉間の工事を進めたが、途中でその完成を急ぐために、自衛隊の工事演習地として、失業労働者を追い出したのは、ほんの一例にすぎません。

終戦十年にも拘らず、ハウスは四倍にふえ、住宅のない市民はかえりみられず、アメリカのための住宅建設、ゴルフ場建設計画等により、農地の取上げが行われ、農民を苦しめています。

大船の工業地帯はどうでしようか。

殆んどが下請けの状態におち入り、アメリカ資本に圧迫され芝浦製作所における中日貿易の要求も、アメリカの指金によつて抑えられています。

このしわよせは労働者に賃金ストツプ、賃下げ、首切り、労働強化になつて現われ、耺〔ママ〕制の圧迫がひどくなつて

きて職場の自由もありません。

市政はこれに同情するどころか、かつて昌運のストに対し、消防車を出したように、警察の干渉、スパイ工作、弾圧などを行つています。

国鉄においては、軍の輸送は夕ダ同然に安くし、その損失を国民にかけているばかりか、労働者は労働強化と、残業手当を含めて、生計費にも足りない状態におとし入れられています。

多くの失業者の中、就労しているわずかの人達に対しても、人員を二分の一にするといつておどかしています。

農民に対しても重い供出、安い農産物に何らの対策も講じられず土地取上げや、野菜の買たゝき、重い税金によつて、苦しみは倍加されています。

国大の学生は、病人が毎年増加しており、今年の卒業生は、一級の免状があるにも拘らず臨時の資格で就眂〔ママ〕しろと強要され個人交渉で決つたのを含めて約三七〇人中、未だに三二％が決つていません。

鎌倉彫も発展どころか、つぶれそうになつており、中小企業や商店なども、どうにもならず、投賣〔ママ〕りや競売によつて危機を切り抜けようとして、却つて苦しみをふやしています。融資なども一部の業者に流れるだけで、何の役にもたちません。

腰越の漁民は、せばめられた漁場のしわよせが沿岸にきて、網元までつぶれかゝ〔ママ〕ています。

市民は病気になつても、どえらい治療費に医者にかゝることもできず、医師は安い単価や、患者の激減で充分な研究や、営業もできなくなつてきています。

生活保護の打切りや減額は、重病患者の附〔ママ〕添制限にまで及んでいます。

学校の建築も赤字でできない。強制寄附〔ママ〕による父兄の契約書を基礎として、市がその取立てを保障して銀行から金を借り建てゝいるという状態になつています。

三、市民をくいものにする売弁《〔ママ〕》勢力

こうして市民の苦しみをよそに、その要求をふみにじり、アメリカに奉仕する市政は、一方において、どのようなことを行つているでしようか。

大船工業クラブは、市會において、工場誘置條例《〔ママ〕》を通し、三菱の拡張工事や昌光ガラスの工場などに、三ケ年の市税免除を行つています。

又昌運などの試算評價《〔ママ〕》を低くして、税金を安くさせ、その埋め合せを一般市民にかけるというアクドイ事をやつており、昨年は市の汚𦔮《〔ママ〕》事件までおこしています。

売弁《〔ママ〕》官僚や、工業クラブを牛耳る資本家、東急建設、国土開発會社《〔ママ〕》（社長　堤前国會議長）、大地主などこそアメリカの基地強化に協力し、市民の犠牲の上において利益を図つているものといわなければなりません。

しかし彼らはその利益の縄張り争いから、政治的対立を深め代議士、県議、市長はそれぞれ派閥をつくりながら対立しています。

四、鎌倉の繁栄の道

鎌倉の戦後十年にわたる市政は、鎌倉を汚し、市民を苦しめてきました。鳩山の偽の口約は、何一つ実行されません。アメリカのいゝなりになつていたならば、再軍備の為、ます〳〵地方財政は苦しくなり、自治体の事務は益々多くなり、市民の要求は取上げられず、米日反動の政策に奉仕させられる仕組から逃れることはできません。

アメリカに従属しその戦争政策の下請をやるか、平和と独立国民生活の安定に向つて市政の転換をはかるかは、市政がますます破たんするか、再建されるかの道に通じると思います。

アメリカの占領をたすけ、政府の下請となる市政、一部の賣弁《〔ママ〕》的反動の利益を図る市政こそ、市民をかつてない苦しみに陥し入れ、鎌倉を汚した原因ではありませんか。

総選挙に示された市民の決意と団結を更に固め、更に広く深くして立上り、この地方選に民主勢力の前進を勝取るならば、市政の転換をはかる第一歩を踏出す事になると思います。それは又、国の政治を変える第一歩でもあります。

五、団結こそ市政をかえる勝利の武器

市民はすでに、平和と独立、民主主義と生活を守る為に立上つています。

ビキニ水爆を契機とする原水爆禁止の平和の斗い〔ママ〕は、市会の禁止決議、各層を結集しての大会、市民二万の署名となつて、アメリカの朝鮮、ヴエトナムでの使用をおしとゞめる平和勢力の重要な力の一つとなりました。

労働者は地區労〔ママ〕に結集し、八単産賃上げ共斗會議は、階級連帯の強化と、家族ぐるみ地域市民との提携の中に、敵の賃金ストツプに対する斗い〔ママ〕として、全労働者の先頭に立つています。

自労の斗いは、予算削減による人員の削減反対、進学児童に対する借入金の要求、住宅を建てゝくれの斗いは、現状通り働かせる事と教育費を勝ちとりました。

主婦は平和と子どもの生活を守り、風紀條例〔ママ〕を斗いとりました。

このように団結こそ、市民の平和と生活安定の為の要求を勝ちとる事ができる力であり市民の皆さんがもつている力です。これこそ市政をかえて行く団結の力です。

しかし、市民の多くは、バラ〳〵で統一されておりません。

来る地方選挙に民主勢力の代表を市長、市會に当選させ、平和と独立、民主主義と生活安定の為、民主勢力の前進を更に固めましよう。

この為、次に「統一選挙綱領案」を掲げます故、市民の皆さんの討議と、統一の為の奮斗を訴えます。

日本共産党は、市民の要求を勝ちとる為、皆さんの先頭に立つて斗う決意であります。

統一選挙綱領（案）

一、原水爆戦争の準備反対、平和都市宣言、市はこの運動の先頭に立つ
二、中国、ソ同盟との国交回復、貿易を促進する
三、産業の軍事化に反対し、平和産業の発展をはかる
四、平和で健康な民族文化の発展と繼承〔ママ〕、鎌倉の史跡、記念物の保存、鎌倉彫に対する融資を行う
五、市財政のやり方を根本から平和経済、市民の生活安定の財政に切りかえる
★　アメリカの為の施設や軍事道路の費用を削つて、市財政を住宅、校舎、市民の要求する下水道路の建設、社会保障費、教育費、平和産業、農漁業発展の為に使う
★　固定資産税、その他の税金は大金持から多く、貧乏人から少く、誰にでも払える税制にする
★　中小企業、農業、漁業への融資を拡大する
六、首切り合理化、賃金ストップに反対し、賃上げ安全雇傭の為努力する
七、アメリカの余つた農産物のおしつけ輸入反対、土地取上反対、引合う農産物の保障、農地、水利の開發の援助を行う
八、失業者に仕事と生活を保障する
九、教育費の全額国庫負擔〔ママ〕、子供と婦人の権利と地位をまもる
十、市の汚耺〔ママ〕にあらわれたような市政のふはいの徹底的なしゆくせい
二、朝鮮人その他の在日他民族の生活と民主的権利の保障
三、再軍備と軍国主義復活の政策に奉仕する、神奈川縣政、鳩山民主党打倒のため、すべての民主勢力は団結しよう

一九五五年三月

『大学ノート』四月十四日の続き

「○国鉄柴田君来山。昨朝左社岡崎三郎、国鉄労組を訪問して、服部が手を引くことを条件に右社曽根の承認を求めろと勧告した由。『服部が手をひく』とは、岡崎の気では、『共が手を引く』意味だろう。

ちく〔ママ〕〔地区〕国鉄労組にとっては、『服部』は『よい市協』であり、これまでの唯一の頼りであり、支持者だったのだ。日共鎌倉の小倉すら、あの点取りビラ一つをのぞけば、ひとへにたゞ（ひたすら）自己則ち共産党を殺して（自分の市議立候補もとりやめ、共産党の宣伝がましいことは一言もしないで）、労組と『よい市協』に役立つことだけをしてきたことは事実〔事実に力点〕なのだ。岡崎戦術はバカの上塗也。○事務所の件念のため『とりゐ屋』にTel。不在。○小倉君来。陣起床。柴田君と三人を前にして、食堂で、僕小倉をビラ一件で強詰しつゝ大声をはりあげているとき、玄関に来客あり。ドテラのまゝ出て見るに、杉山誠一の名刺を出す〔この二十二頁の上の白頁に鎌倉市助役に二本の棒線で消した杉山誠一の名刺が貼付されている〕。裏庭から二階書斎に招ず。肥駆小階段を心したまへといいつゝ。午後一時頃なり。

○僕、彼の来意を聞くに先立って、『よい市協』の経過を話す。何一つかくすところなし。飯塚友一郎に及び、飯塚がその日まで杉山を支持していたことにおよぶ。昨日矢尾〔八尾の誤記〕を呼んだことにおよぶ。曽根の邪魔と陰謀に及ぶ。○このとき杉山云う。曽根さんには私もめいわくしました。曽根さんはどういう気持か私にもよくわからぬところがある。曽根に制せられて事がおくれた。――蓋し彼、市従を足場として、桂辞退後、全国自治体労組県連大会で、杉山すいせんを決議した（という。この言、上森子鉄Telに、曽根、土井直作と共に、昨日（?）orつい最近）、労働組合で（横浜のといったか?）杉山支持の演説をしたゆえんである云々、と合致する。にも拘らず、いぜんとして曽根は右左両社のすいせんを渋っているのは心外にたえない。

はじめ曽根は、革新派から出た以上（よい市協成立、三月廿三日以後のことなるべし）、しばらく待てという（僕つっこんできいたら、彼言を飾って、曽根さんとは桂退却後はじめて会ったという。むろん虚也）。そこで足ぶみして、桂退却の後［上森Tel、に云う、『僕が曽根と相談して桂にやめさせたのは』云々。昨今のニュースに、上森しきりに『俺が桂をやめさせた』と放送している由。］も、いぜんとして渋っている。どうも私にはげせないという。○僕曰く、貴方も曽根がげせないとは、まことにげせない。僕には考えられない新事実だ。よく研究してみませう、といいつゝ心中で杉山が曽根をでなく曽根が杉山を、操縦していたこと。金子俊助〔駿介の誤記〕がその役者になってうごいたこと。金子と杉山が票のリンクを約したろうということ。曽根の杉山支持は岳父後藤〔五島の誤記〕慶太の利害線上に杉山市政を掌握せんがためなること、を電光の如く感悟。○杉山曰く、市政二十五年。助役の無力なること、市長への助言十中採用さるゝもの一か一半。しかも悪政の責任は全部共にしなければならない苦衷。私は悪いことをしてはいません。磯辺派の凡ゆる悪語はデマばかりです。身に覚なし。それを知ればこそ市従も私を支持してくれている。このたびの選挙費も、退職手当を投出した。貯金がある筈もない（この言や、彼の妻が高利貸をして自ら利息をとり歩くという木村彦三郎の話の如きを胸裏におくか）、磯辺派が書立てゝいるようなスキャンダルは何一つ身に覚えがありません（埋立問題以下、湘南時事の記事ならん）。私はあらゆるものを投出して、市政二十五年の憾みを、このたびの立候補にかけているのですから、どうか、大槻さんの主張を、このたびは、私に代ってやらせていただけませんでせうか?!と、真剣な面持で云う。

○僕ジット彼の目をみつめながら答へる。いまとなっては遅い。僕個人、大槻個人の問題でなくなっているからだ。貴方は正しい人だと思う。初対面ながら私はそれを信じたい。けれども、貴下のための参謀、貴下の手足、貴下の運動員となって貴下というミコシを担いでいる人々は、みな不正で、磯辺派とちがうところは何一つない。不正でない人も、不正を知りつつゆるしている。これが選挙だと思って怪しまない。貴下は御存知ないだろうけれども、貴下の旧部下、現金井深沢支所長は、十一日の夜、大槻君を料亭に呼んで云々。而もその席に、芸者と共に、市従三役が共にいて云々。こゝにその名刺がある。私はこの人々に一面識もない。この名刺はその夜半、その料亭からハイヤーで送られてきた大槻君から入手したものです。

私は貴下を脅かすのでもおどすのでもない。このノートは私が毎日つけている日記帳です。こんどの選挙についてすでに三冊目になっている。（僕、一月廿日の三笠宮茶会で大槻君と話したということにしてある。事実にちかい脚色のみ――以来《ママ》のことは、はじめに杉山にはなしてある）

○杉山さん、貴下は私がなぜこんどの選挙にこれだけ熱心かおわかりでないかもしれぬ。私は共産党員ではない。政治家になるのはきらいだから、往年入党したときも、参議院はおろか、どんな委員も、どんな長も、ならないという条件で、いつまでもたゞの平党員という条件で入った。家内はじめ子供たちに入党をすゝめたこともなければ、ビラをはるよう強要したこともない。ビラはりを家族にさせないのがけしからぬとこの山の山本細胞（現在の支部をその頃は細胞といった）が、ノイローゼさいちゅうの私をつるしあげるさわぎが起こるに及んで、私は約束がちがうから脱党して今日に及んでいる。その私がなぜこのたびこんなに『よい市協』のために熱心にうごき、大仏氏以下から十万円をつくり、（前に話したことをくりかえす）するのか。それは私が歴史家であるためです。

○歴史家は過去の、もう動かなくなった死んだ歴史を解剖する。それは現在の生きている歴史の謎をとくためです。だから、生きている歴史に最大の関心をもっているのです。ちょうど医学生の死体解剖の練習は、生体解剖のための実習であるのと同じことだ。いま私は鎌倉市政という生体の解剖日記を、異常な歴史家の熱心をもって三冊めを書いているのです。鎌倉が日本の一部であることは耳鼻咽喉が身体の一部であるのと同じです。おわかりになりますか？

○（彼肯く）。するとです、貴方の運動員は、金井支所長のように、貴方が市長になったら出世させて貰うつもりで、そのこんたんでかってに汚ない運動をする。その金は、貴方から出ていないとすれば、どこかしらから出てるにちがいない。杉山市長になったらこれで儲けるというこんたんの汚い事業家たちがうんといる。貴方はきれいなミコシでも、担ぐ連中はきたない者ばかりあつまってかつぐというけっかになる。そうでせう（彼肯く）。

○磯部よりも杉山の方が悪いことをする、と三日会あたりの有識者が結論したのはそのためでせう。（三月三日の三日会例会はその結論から、第三者［桂］なしとの前提の下で、磯部支持を決定した。しかも四月廿五日、桂から正式に断は《ママ》られる日まで、三日会は桂の決意を促していた）。労組対策の上でも、同じことがいへる〔ママ〕。労組で杉山派として働きかけている人物は、みんな汚い。ふだんから信用されていないような連中が、杉山支持に必死となっている。そのために却って労組正義派は、反杉山になるのです。市従や、曽根の松竹はべつとして、地区労の増田書記長がいい例だ。

国鉄大船や地区労の正義派は、曽根や金子でなかったら貴方がつくりだしたのです。私でもなければ共産党でもない。だからこそ、鎌倉共産党のような無力な党――私もこんどはじめて知ったのだが、こゝの共産党は小倉青木のほかにはアカハタくばりの若者若干名くらいで、ほとんど無人なことは、おどろくべきことだった。むろん労組には、どこに一人、党員も、シンパすらもいない。私の日記にはそのことが確認されている。私自身、これまで知っている労組役員は、大槻君たゞ一人だった。すべてのいま知っている組合員は、初対面ばかり、といってよい。郷原も、宮川も、小沢も……増田書記長は、顔も名前も忘れていたから初対面のあいさつをしたら、廿三日のよい市協のときだか、先方から存じておりますと云はれた。ざっとそんな風です。

○にもかかわらずなぜ彼等は大槻を押して立上がったか？　いわゆる杉山派のあれほどの運動と『よい市協』にたいするあんなに汚い妨害――その汚さこそ、彼等正義派を、この短時間のあいだに、あゝまでつよく大きくしたのです。

○杉山さん、貴方は貧乏な家に育って、役場の給仕から今日に及んだ人ときいているから、貴方には貧乏な百姓や小市民のもつ正義心について、おぼえがあるでせう。百姓は徳川時代の昔から、旦那方に頭はふかくさげても、この野郎めと警戒心を怠ったことは一日もない。選挙のときだけ酒をのまされても、肚の底ではフンとわらっている。ふだんのつきあいや出入り先のことだから、旦那につくふりはしているが、こんにちでは、片カナで書けだの、平かなで書けだのというあのトリックのおどし文句は、もう利目をうしなっています。（彼大いに肯く）。労組のばあい、もっとはっきりと、正義心からうごく。松尾君〔章二〕東京から帰って挨拶をして去る。○貴方は、あのチャンバラ映画がなぜいつまでも受けるか、考へて〔ママ〕みたことがありますか？　インテリは、それは民衆がいつまでも低劣だからだといってなげく。私はそうは思は〔ママ〕ない。あれは民衆の、百姓や小市民の家庭の貧乏でいためられているミーチャンハーチャンの、心の底の正義心の怒りが、共鳴するからです。うちの小学二年生の子を映画につれてゆくと、パパあれいい人？悪い方？ときく。子供の純真な正義感を、百姓と小市民は、肚の底にふかく燃やしつゞけている。だからチャンバラ映画や浪花節が、いつまでもすたらない。私はそうみています。（ふかく肯く）。

○あなたの汚い運動員たちの汚ない運動方法が、そのような正義感をあふりたててくれたから、組合の正義派が、汪然として立上ったのです。なるほどいまのところは、杉山派はつよく、大槻派はまだ弱い。しかし、杉山派の増田や市従三役が、動けば動くほど、また曽根派の参謀や策士たちが、はたらけばはたらくほど、大槻をおしたてる正義心は燃えさかりつよくされてゆく、と私は見ている（彼肯く）。

○文化人が立ったのも、この同じ正義心のためです。私が立ったのが第一にそのためだが、大仏〔ママ〕〔次郎〕さんが立ったのも、鎌倉ペンクラブの策士たちがサギタを磯部のために立てたというろうれつな出来事にたいする大仏さんの怒にもとづいていた。川端〔康成〕も然り。高見順然り。だからして大仏さんは大槻のため世話人の名と二万円の金を出した。曽根に裏切られた桂〔皐〕さんが世話人を承諾した。いま来たのは僕の助手〔松尾章一のこと〕で、ポスターのことで上京した帰りをしらせにきたのですが、あのポスターも、私の知己である正義心の印刷社長が、だまってつくってくれるのです。文化人正義派は、今後もぞく〴〵大槻支持のため『よい市協』に力をかすでせう（彼肯く）。

○（彼の目がうるんでいるように、見えるのに、気がつく。しかし私は、まさか、泪でうるんでいるとは思はなかった。何か光線の干〔ママ〕係だろう、と心中いぶかりつゝ、たしかめようというきもちで、彼の目を見つゞける）（あとで思うに、ヂット彼は、こらえていたらしい）。

大槻君は次点まではこぎつけると私は見ています。いまは立ったばかりで弱いが、ぐんぐんつよくなる。私は科学者であって政治家ではないから、大槻を当選させたいと思うが、当選するとは考へていない。ひょっとしたら当選するかもしれない――それはあなたがたの運動員のきたないやりかた次第で、ものの勢という予想外のけっかも出ないとは限らないが――まづ、歴史家として冷静に見て、次点でせう。次点にはこぎつけたいし、こぎつけられると私は思う。

大槻の出落〔ママ〕（カ）〔二字判読不明〕点数は六千票。今野〔武雄、数学者〕の二千票と志村の四千を加へた六千票は、そのどちらも組織された票ではない。今野の二千票〔国会議員選挙時の〕が誰々であるか、鎌倉共産党にはまるでわからない。マル共ファンというやつです。二千いる。これは今野すら顔をしらないのだから、今野であろうと、大槻であろうと、投票する。志村の四千も、それと同様な左派社会党信者とみれば、通計六千。この六千票が、現在の大槻のスタートです。私はそれを八千票、しだいによって一万票までは、たかめうると信じている。〔この票読みは数日前の青木君の見方で、僕桂にそれをいったことがある〕。大仏さんたちがのりだすという前代未聞の事が起っているので、インテリサラリーマンの浮動票にかなりの見込がある。しかしまづ善斗《ママ》して次点でせう。すると、貴方と磯部で当選と三位を争うことになる。遺憾ながら、大槻が立った今日とあっては、貴方が三位、磯部が当選となりませう。〔彼声を出し、『そうですね』という。彼のホヽに泪の玉がこぼれるのを見る。こらえていたものがパラリと一粒、二粒、しだいにホヽをぬらす。彼拭こうともせず真剣に私をみつめたまヽ聞いている〕 ○いずれにしても、一、二、三位は、僅かな差ですよ。

○彼発言『そうですね。僅かな差でせう《ママ》ね』しばらく双方無言。僕電話で富子にお茶をいれてくれるようにたのむ。何かのことで電話が台所からかヽってきたついでなり。

○初対面で勝手なことをいヽました。失礼をゆるしてください。私は昨日、矢尾《ママ》君にむかっても、同じことを云ったのです。〔矢〕尾君は花王〔八尾新太郎は、服部が敗戦まで勤めていた花王石鹸株式会社員〕以来の友人の一人です。しかし私は、彼にむかって、磯部が当選しても、僕たちは大槻の次点の票を基礎としてたゞちにリコール戦に入ると声明しました。この部屋でゞす。すくなくとも僕自身は堅くそれを決意している。

○『磯部が当選しても、リコールなさいますか？』〔深刻に、僕をみつめて問う〕

○『やります』と言切りつヽ、このとき始めて僕の心中に、このリコール戦には、なるほど杉山派も同盟する、少なくとも磯部派はそう思う。杉山もその気になる。ということに明確に気づいた。昨日八尾と対談中も、その後もいままでは、意識しなかった。人間、バカなものなり。

○ところで、僕は昨日矢尾君に云はなかった事を、初対面のあなたには、けふ《ママ》申しませう。貴方のために考へてみるに、貴方の三位と磯部の一位を逆にするたった一つの道がまだ残っている。それは貴方が、昨日からの街頭で、あなたの『密約』を公約の形で市民に声明することです。悪いことはしない。悪い者とは手を切る。悪い吏員はくびきる。悪い市会議員はやめてもらうため解散する。そのことを、あなた自身、たゞの一人でも自動車の上から、直接市民に向って約束するのです。市民の同情はキュウ然として、貴方に向うでせう〔ママ〕。

○そうなっても、大槻の二位に狂いはきませんぞ。労働組合の票は、左右社会党や金子駿介増田書記長市従幹部のあの汚い動きが、却って正義派を続々立たせますから、組合の票はあなたのものでなく、いまあなたのものに計算されているものまで、やがて大槻のものになる。文化人を通じてのインテリ票もおなじことです。大槻の二位に狂いはない。そうだとすれば、貴方と磯部の土俵は何処かというと、小市民―百姓や町の人々のところです。これは労働者やサラリーマン知識人よりも、数の上でいちばん多数でせう。しかもこの人たちが、やはり心中そこふかいところで、正義の英雄を求めている。この土俵で磯部に勝てば、僅かにでも勝てば、貴方は当選する。（彼肯く）

○私はこうして貴方が当選され、この公約に基いて汚いつながりのすべてを絶ち、二十五年の心の底のくやしさを正義の市政に実現してゆかれるならば、『よい市協』の総力をあげて、杉山市政を支持しませう。私はこのような話しを、昨日矢〔ママ〕尾にたいしては、一言も云はなかったし、云う気にもなれなかった。なぜなら、それをいえばたゞ友人矢尾を苦境に陥入れるだけでせう。八尾は私に向って、『そうさせるヨ』と云はざるをえない。そのくせ八尾がそれを磯部に云ってみたところで、磯部にそれがわかる筈がない。磯部は―かれまた正義心はあるにちがいないけれども、彼の正義は旧派です。新しい時代の正義は、彼にはわからない。（このへんで富子入室、初対面のあいさつを交はし、静〔ママ〕に茶をたてる）

○杉山さん、今日は、好むと好まざるに拘らず、革命の時代にはいっている。中国をごらんなさい。昨日までの軍閥や官僚や政治家で、ながいことわるいつながりの舞台に立っていた人が、一度び正義心を発して人民の側に立つや、人民に支〔「ササ」とルビ〕えられて大きな仕事をしています。一つの工場が、多年熟練した技師長の協力なしには動かないように、一つの市政も、多年熟練した市政の技術者を必要とするのです。（このとき心中、万一大槻当選すれば、杉山を助役にする可能性もありうるという発想をもつ。イヤ助役ではない、市会議長だ、と考へ直す。いずれにせよ、磯部当選しても『よい市協』と杉山の同盟でリコール戦を戦う過程でこの構想は、必ずしも空想でないと思ってみる）。大槻君が市長に当選しても、そんな技術は何一つもちあわせていないことは、たれにも明白です。（彼肯く。富子茶をたてゝ出す）

○はじめてうかがって、まことにありがとうございました。いや、どうか今後も、ときどき遊びにきてください。

言葉少なにあいさつのことばを交《（ママ）》はして、見送る。何となく影弱く、力なし。それを見つゝ、そうだ、彼には明日からの土俵で、あのクサレ縁を切って出ることは、神鬼といえどもできることでない、ということ、それを富子に話す。

『お気の毒な方ですネ』と富子つぶやく。

○富子、宮川卓三君に二万五千円渡す。更に夜陣内に二万五千円渡す。〔この頁の上の空欄に『富子どのへんで入金したか？』と服部記している〕

○「此日市従三役、宮川国鉄委員長訪問、聞書はP・33上覧にあり。○此日、地区労中央執行委員会大槻支持決定。しかるに、杉山派陰謀かそれとも正義派の行過《（ママ）》か不明なるも、最終決定は決議キカン《（ママ）》たる中央委員会（明日）にまつことになる。○事務所青木君奔走によって『つる八』にきまる。一日千円、但細君の前だけということ。」

以上の四月十四日の服部日記は、この鎌倉市長選にとってきわめて重要である。ことに杉山誠一候補が服部家を初めて訪問した際に、服部はこの市長選挙にかけている当時の熱い心情を率直に杉山に話していることである。この日記を五十年以上もたった現在読んだ私の感想を率直に述べると、いかにも服部の「人間性」が赤裸々に出ているし、また当時の服部の「歴史観」もよくわかるが、市長選挙という政治戦が始まっている真最中に海千山千の老獪な初対面の「政治家」である杉山にたいして、あまりにも大槻陣営の手の内をはっきりともらした「不用意な発言」があまりにも多過ぎるのではないか、と私には思える。

結論からさきに言えば、服部の「選挙結果分析」（「歴史学者」の机上の空論であった）はまったくはずれてしまった。

大槻票は四千票にみたなかったことは冒頭の『鎌倉議会史〔記述編〕』の記述からも明らかである。今思いだせば、この選挙の最中に私は服部の名代として屡々選挙対策会議に出席して服部の伝言を伝えた時に、出席していた労組員や左右社会党の反応はきわめて冷ややかであったことを今でもはっきりと記憶している。服部自身が杉山に語っているように、服部は「政治家」ではなくて「歴史学者」であったことがこの日記からもよくわかる、と私には思える。

翌四月十五日の日記にもどす。「〇陣内と激論。〔この内容を服部は記していないが、おそらく杉山への服部の構想についてではなかったかと私は推測する〕。小牧氏——僕に十九日教授会出席方云々〔服部は病気を理由に大学の講義も教授会へも欠席していたことへの小牧の忠告があったと推測〕　〇地区労委員会〔各単産代表〕—最高決議キカン—に於て大つき資格問題審議され、㋑共産党ヒモツキでないこと確認されたるも、『今となってはスタートがおそい』〔明らかに曽根派の云いぶん也〕のを理由として、更に明日各単産のキカンにかけて回答を求めるということになる。明白なる引延し策なり。曽根＝金子左右両社にたいし国鉄怒ると共に、意気消沈の反面もある様子。〇事務所びらき　〇不動君自動車まにあは《ママ》ず。不動夫人の配慮で長谷〔三字あけて〕タクシー社長氏承諾して、タクシー一台十二時に着。小牧氏のせて同車に送り〔彼正装して〕大船工場にゆき、大つき君と共に挨拶まは《ママ》り〔川端—黒川—中森—大佛—大場—桂〕　北鎌倉は廻れなかった由。〇湘南時事に小牧氏名前の記事を書いて、大つき夫人に渡す　〇そのまへに、朝日クシ君と打合わせ」

四月十六日の日記には特に選挙関係記事なし。四月十七日の日記は以下のような記事。

「〇瀧波善雅君〔この頃服部家にしばしば訪れていた篆刻師〕泊る。〇米山君訪問。世話人に名を出すことは、関屋〔悌蔵〕を通産省方面から頼まれたので松本連《ママ》〔達カ〕二君へは三菱筋から云々」名は出せないが、本気で動こうという。会合は来週日曜でないとダメ。奈良本君にTel。〇ポスターはり。我家はじめてのこと也。富子ノリを煮る。旦〔長男〕、ひろし〔金匡来〕、はりに出る。十枚也。内二枚を富子、平山夫人一行にもたせて潮田〔五字ほど空欄〕老にたのませて『わかもと』にはる。美術館開帖《ママ》第二日也　〇大沢太郎氏酒一升もってくる〔ヤシカスで花王組合のこと、あとにて〕。半日からだをかしてくれますか——諾。松尾と三人でタクシーで出動。大沢氏名義にて陣中見舞也。米村〔正一弁護士〕

もくる（前日からの動員のけっか也）今夜の湘南時事主催各派後援者座談会に小沢出席の方針について一決。〇大場病院長訪問病臥——松尾に筆記させて、『よい市協』世話人通知二種類と、連絡場所大場氏引受と、秘密申合七ヶ条を作製。〇宮本せつ子女史訪問——病臥。和吉博士印象。女史上記打合事項全部承認。とりわけ金子ボイコットに心から賛成せり。斗志あり。〇事務所。一同のんでいる。協議会打合事項の発表。小沢はりきって出かける。陣曰く、湘南時事記者某、大つきの演説に感激云々。国鉄『公認』決定云々　〇拙宅。大沢氏囲碁一敗。善雅君、富子と共に作歌。」

四月十七日の日記で大槻候補を擁立して市長選挙戦がいよいよ開始されたことがわかる。

四月十八日の日記には、次のように書いている。

「善雅〔瀧波〕君前夜も泊まっている。〇日記十三日分。善雅君抹茶をたててくれる　〇宮川委員長来山。僕に手をひいて貰へないかとの申込也。国鉄労組本部が『公認』を決定して、公認料七万円を出した（今日）。それにつき、中央オルグから、両社及地区労のすいせんを求めるため服部引退を条件とすることを命じたとみえる。（本部で陣内に、県国鉄オルグが、服部先生に失礼なことを申出て云々と云ったことからも察せられる）。僕快諾。昨夕既に僕は選挙本部とは無関係とあり、『よい市協』のみに専念すると声明してきたことを話す。彼喜ぶ。宮川によると、僕から一発ゴネラレルのを覚悟していたとある。僕と手を切るとなれば、金はどうする。返済するか？　自動車は？　ポスターは？　事務所も引あげて、やむを得ずんば国鉄組合事務所へでも——という論も出たる由。〔これは十六日朝の内容なり〕　陣内、中西の資格も問題になった由。ホっとしたおももちで去る。宮川は廿三日以後右左両社杉山と手を切るか、切らぬか、どちらかだという。廿日宮川君よりきけば、同君その足で左社岡崎三郎を自宅に訪ひタクシーをまたせて、両社すいせんの条件をつきつめると『服部と手を切るなら』と云う返事。よろしい、では、切れば推せんするかと問〔ママ〕つめると、組織と相談せねばという。その条件で三者会談を再開することを承知させる。その足で大船金子事務所にゆく。土屋その他いる。すいせんの条件如何？　容易に云〔ママ〕はない。では岡崎は云々。これで右社はどうか？　よろしいと云はぬ。

もっとあるなら云ってほしいとつめると、『よい市協』そのものと手を切れという。『よい市協』と服部は別ものだ。『協』には諸君も出ているではないかと切返すと、『よい市協』は服部一人が動かしている。あとは躍らされているだけだという。宮川つっぱる。けっきょく、その足で地区労へ。三者会談了承。廿日にひらく事になる。『地評すいせん』一件ききもらした〔『地評すいせん』一件ききもらしたを囲む〕下部〔単産〕からつきあげられて、大船地区労から県地評へと逃げた国鉄本部↓県市部↓県地評と下って、その交換条件として、『服部手切』が上部〔国鉄本部及県〕できめられた。それを地区の責任において実現するというだんどりなるべし。地区『三者会談』こそよい面の皮也。尤も、国鉄、県地評は曽根土井派を含まない。純左派同志ならん。まず服部を打診して、名目上の手切形式なることの同意を得た上で、右社〔ソネ土井金子〕指導下の大船地区三者会談で、責任をとらせる算段か。

○善雅君と散歩。文壇論壇鎌倉地図〔この日記の三十三頁の上欄にこのメモが記されているが印刷が不鮮明で判読不能〕彼は覆面の人としておくこと。○善雅君大仏《〔ママ〕》と光則寺へ僕の覆面使者としてゆく。○『よい市協』世話人勧誘状二通作製。ガリ版にする。松尾君を選管にゆかせて合法かどうかをきかせる。

○富子苣子〔服部の三女〕をつれて横浜市立音楽堂松川大会へ。広津氏と僕〔前項の松川事件裁判被告救援神奈川大会で作家の広津和郎と神奈川県代表の服部の講演〕ソヴェト映画『虹』。十一時帰宅。」

左に、国鉄労働組合が出した『市長候補大槻均氏の推薦依頼について』〔四月十八日付〕のガリ版刷一枚ビラを引用しておく。

市長候補大槻均氏の推薦依頼について

地方迸挙《〔ママ〕》を控えて各組合員役員諸兄には公私共に御夛忙《〔ママ〕》の事《〔ママ〕》と思います。

さて、地方迸挙《〔ママ〕》の重要性については今更申し述べる事も御座居《〔ママ〕》ませんが、鎌倉市長候補として国鉄労組大船工場分会より、大槻均氏が立候補致しました。同氏の圣广《〔ママ〕》については別氏《〔ママ〕》の通りでありますが、先般国鉄政治連盟の公認となり県地評の御推薦も頂いて居ります。

市政を革新するには、革新的な考へ方に立つ良い市長を逆《ママ》ばなければならないと思います。

ボス政治の首魁であつたり、汚耺《ママ》政治の番頭に対して労仂《ママ》者・農民・そして正しさと明い政治を希《ママ》う人達の清き一票を投ずることは断じて出来ないと思います。市政刷新の念願のもとに仂《ママ》く者の代表として立候補致しました大槻均氏に皆祢《ママ》一人一人の大きなお力添えをお願《ママ》ひ致します。

尚、皆祢方の中には同氏が共産党の紐つきではないかとの疑義を御持ちの方があると聞いて居ります。この点については同氏の人柄を御承知の方は良《ママ》くおわかりになると思いますが、非常にセンスが広く交際も広い点から或いは友人の中に一人半人の党員が無いとは云へません。然し乍ら、その事を云つて彼を赤だと断定して一片の反古の如く処理することは余りにも心なき致し方ではないかと思います。出身母体の組合員としましてもこの御疑念をなくすために、国鉄労組本来の方針、共産党と一線を画することの一札を取り、国鉄労組の責任にを《ママ》いて保障《ママ》致します。皆祢方の御理解と御協力を御願い致します。

四月十八日

国鉄労仂組合　大船工場分会

四月十九日の日記。「〇教授会病欠〔昨夜から左奥歯はれたことにする〕の旨、辺《ママ》見君〔法政大学社会学部長の逸見重雄〕に電話不在。ひろし〔同居させていた韓国人で法政大学社会学部留学生の金匡来〕を登校させて云《ママ》はせることにする。ついでに新橋木下に伝言。京橋〔服部が主宰する日本近代史研究会のある東京の〕で金五万円うけとり。〇昨夜来、丸さんと大場さん双方から推薦〔大槻候補の〕ハガキ文案の依頼あり。且、昨夕『よい市協』ガリバンに干《ママ》し松尾君報告によると、市の選管では違反云々——問いつめるとついに困って、県選管に問合わせのこと丶なりし由。松尾君意見では、違反間《ママ》違なしと。よって、候補者ハガキ〔市長二千枚市議五百枚〕の内1/2を用いることにする。残1/2は組合関係そのた。

○右文案作製。レイアウト。ヒロ病院外科室を想起。○松尾君出発（大槻事務所―丸事務所―大仏家）宮川君からポスターに『神奈川県地評すいせん』をいれてくれとTel、一時間後、不可能のむね返事（東京と電話したてい〔「てい」に力点が付してある〕）。○春日君をよぶ。県議選緊迫（あと四日也）。神奈川新聞の評読〔ママ〕では、松岡一万五千、有効投票三万五千として残二万を山田金子が一万づゝ、いかに争うか。金子組合方面に進出のため大船深沢腰越（工場漁師地帯）に地盤をもつ山田が喰〔ママ〕込まれつゝあり。山田苦〔ママ〕んで旧鎌倉市内に切込んだため松岡ろうばい中云々。松岡の宣伝カー『松岡苦戦』を訴へ〔ママ〕て窓外をゆく。

○山田＝大槻リンク戦術を春日に相談。彼曰く松岡に投ずるつもり但表面は誰のためにも運動せず。市長大槻県議松岡市議白紙。商売上いつでも役場なり役所からニラマレないようにする處世方針云々。山田＝大槻リンク手配は山羊ヒゲではあとがうるさい。久保長老人よからんという。松岡＝大槻リンクも同時にしてかな〔ママ〕り。これは松岡参謀長児玉教授＝日高か？〔児玉正勝と日高定雄＝明三、両名とも鎌倉在住の法政大学教授〕○吉村公三郎君来電話――金子はハラクロイ奴故、女優は大槻応援をこわがって駄目也　独立プロ女優も大船に出たいから同様也。自分が出よう。却って大船に好影響あるべし。――事務所と打合せて廿六日夜個人演説会に吉村、高見、僕三人出ることにする。但僕のことは云はず。

○松尾帰る〔十七日以来選挙のため服部家に泊まり込んでいたが自宅に〕。小沢始め事務所の労組〔宮川委員長もいる　小牧氏不出席〕の『服部ショック』心理のニュアンス。一千枚問題。――五百枚でよし。その旨再びゆかせる。○大仏氏〔ママ〕書生より電話――『五万円立替』のきゝちがい。明日渡すこと。○表具弥三次来。〔松尾の横須賀中学時代の親友の兄で鎌倉在住の表具師〕彼はじめ今野（第一回）。つぎから左社。先度国会は彼一人今野他の家族は別に（多分保守派也）。此度のこと『私のような保守派が』よくわかりましたから、大いにやります。心からいう。春日同様表面に出られない。表具と清談。○奈良本〔当時、歴史家の奈良本辰也は立命館大学教授で内地留学中に鎌倉山に在住〕君来山。○十一時就寝。表具対談中の僕の票読左の如し。有効票三、五〔ママ〕〇〇〇　磯部一二、〇〇〇　関屋二、〇〇〇　残　二三、〇〇〇か二一、

〇〇〇　大槻｛一、共産党今野（殆ど全部が未組織票）二、〇〇〇　二、左社志村五、〇〇〇内未組織票　二、五〇〇（これには曽根杉山派も手が付けられぬ）　三、市内在住全労（右社）地評（左社）四千の内杉山と切半《ママ》と仮定して二、〇〇〇これは次第に大きくなる公算　四、大仏・川端等の影響で従来の棄権率をおこすχ（今度の有効票と前回の差）五、『よい市協』の力で右社浮動票、笹内（ロカ）土井直作計五、〇〇〇から奪う票数　六、同じく保守派から奪う票数野田山本小泉計二三、〇〇〇｝　大槻最低一〇、〇〇〇と見れば。Ⅲ　一一、〇〇〇　Ⅱ　一二、五〇〇　Ⅰ　杉山一一、〇〇〇　Ⅱ　一〇、〇〇〇　Ⅲ　八、五〇〇　Ⅲ　磯部　一二、〇〇〇　Ⅰ　一二、〇〇〇　Ⅰ　一二、〇〇〇　Ⅱ〔以上の服部の「大槻最低」からの票読みは括弧内に〕　陣内。出発ノ日三、〇〇〇（共　一、五〇〇↓一、五〇〇宮本　一、〇〇〇　国鉄　五〇〇↓藤江二〇〇　国大一五〇　自労　副委員長東郷　軍人、関屋派（昨日マデ）『よい市協』一、〇〇〇　計六、〇〇〇（？））

〔以上の四月十九日の日記の上欄の四頁にも選挙関係の記述があるが省略〕

右に引用した服部の選挙予想は、前述したようにまったくはずれた結果に終わった。ただ最初から服部は大槻の当選は考えていなかったことだけは正しかった。四月十五日に市長選挙が告示されたにもかかわらず、大槻陣営側の服部が構想していた社共統一戦線はついに実現せず、社会党内部の右派と左派の意見さえも対立していたのが当時の政治状況であった。服部の鎌倉市長選への期待はいまだ時期尚早であったといえよう。しかし、服部たちが蒔いた「革新鎌倉市政」の芽は、二十年後の一九七〇年代に正木千冬革新市政の誕生となって実現した。

以下は、冒頭に引用した『俳句日記　鎌倉山夜話』の「皆塊書屋雑記」にある選挙関係記事を引用することにしたい。上述したように本書には目次と本文タイトルが誤記されている。一九五五年四月からの「皆塊書屋雑記」は本文には三とあるが目次の㈠が正しい。

四月十六日の日記からはじまり、次は四月二十一日で、四月二十二日に「昨日午後駅前食堂にてO、N両君と会食二十三日県議投票にたいする新方針確認さる。」（五二頁）と記載されている。Oは大槻、Nは小沢ではないかと私は推測する。「今朝快晴九時のバスにて初出講のため下山予定也」〔五三頁〕とあるので、上述したように服部は病気を理由に選挙活動に専念していて大学の講義と教授会を欠席していたので、小牧教授の忠告もあってこの日から出ることにしたようである。

四月二十三日には「けふ県議・知事投票昨日の杉山派機関紙鎌倉タイムスと週刊かまくらを読む」とあり、その横に「悪徒悪口雑言しつゝ青嵐」との句が詠まれている。四月二十四日午後一時「黒川清雄氏をこの室から送って」と記し、その横に「花々の本性のまゝ花輪せむ」の句、つぎに「朝十時テニスコートに大つき候補推せん演説をして」に「思はざり若葉にマイクすべしとは」の句。テニスコートは前述した三笠宮夫妻を主賓として服部が企画したスクエアダンスを行った場所である。つぎに「昨夜姥ヶ谷大内別邸〔法政大学総長の大内兵衛別邸〕に夕餐を供されつゝ経過を語り、碁二局打分けて先生渡露行のわかれとす」と記して「若若風戦略合へしわかれ哉」という私には意味不明の句がついているが、次の句に、市長選についての大内と服部の意見が一致していたと読みとれる。この句の横に「註、先生〔大内のこと〕の三月論文〔『世界』巻頭〕と今度の『よい市協』の実践は完全に合致せることを先生首肯確認せり。S・Oこそ無原則の『実践家』のみ。今日の開票にその解答を見ん。又曰ふ囲碁に『分れ』とは双方の戦略相入合一して五分の勝負を盤上に形成することなり」と書いている。ここでのS・Oはだれのことを指しているのかは私には確定できない〔岡崎三郎か〕。つぎに「老雄の誠心〔「誠心」に「まごころ」とルビ〕白し病の床」の句に「昨日午後五時大場老先生の病室に入る。対談一時間、老先生大つき君の選挙費の最終の不足額いくばくかと問はる。僕四万円と即答しつゝ、心中に鎌倉武士かくもありしならんと覚えたり。先生終始温顔己が病を一語だも語らず。」と書いている。四月二十五日朝に「中盤票読〔「読」に「よみ」とルビ〕適合したり風薫る」の句に次のように記している。「昨日午後三時選管に電話して知事及県議の鎌倉票を知り直に分析しそれに基いて大槻の票最低一一、八五三、尋常に今後の努力を読んで一三、八五三当確と判断せり。陣内、宮川、千早、大内、小牧、其他戦友に電話し一々首肯。」

再三言うようだが、服部の選挙予想はあまりに主観的にすぎた。四月二十六日朝に「候補者の妻を慰問し初対面せりわが妻の型の女〔「女」に「ひと」とルビ〕なり」と大槻候補夫人との初対面の句に続いて六句を詠んでいる。その後の句と注（五五～六頁）が私にはとくに思い出のある「事件」である。その句とは「はじめて政争し三十年の妻をはじめて打擲す心情らかに」で、その注に「昨朝十時より候補者推せんハガキ九百枚（よい市協名）のための名簿作製にとりかかる。瀧波善雅、陣内鎮（昨夜この二人泊りゐたり）、松尾章一、ひろし、苣子、富子、婦人連盟の有志一人名知らず乾夫人からの応援なり。頃来松尾君選挙事務所に動員されて設と草子〔服部の次男と四女〕の家庭教師の任務しばしばおろそかになる。数日前設学友と組打《ママ》けんかしたる一件も松尾君ひきうけて未だほったらかしにしてある。設中学一年の第一学期にして大切の時なるに選挙事務所は日々の如く松尾君を頼みとし僕また学事耳に入らず、老妻ひとり苦慮しつゝ而もポスターの糊を煮る。陣中見舞いの菜〔「菜」に「さい」のルビ〕をつくる、電話に出る客をねぎらふ、悪い顔一つせず我と共に心はずみをるけふ日頃なり。けふの午後は草子バイオリン教室の日なり。第一回より松尾君助教師となって富子に代って教室にゆくこと半歳を過ぎたり。この一件よりはからずも僕富子を打擲し大乱闘を書斎に演出す不思議なる事件なりし。」と服部は書いている。私が目撃した光景は、この服部の叙述とは大分ちがう。服部が妻を打擲した直後の夫人のすさまじい形相の直後、服部は畳に額を付けて平伏して謝罪したことを今でもはっきりと覚えている。この市長選挙は、服部家にこのような「事件」をもたらしたのである。

以上引用した「皆槐書屋雑記」を補足して、『大学ノート』から市長選挙関係の四月二十日と二十一日の日記を紹介しておく。四月二十日の日記には、服部はつぎのように書いている。

「○朝小牧氏来山（上記メモ）　○初票読（前頁）　○宮川卓三来山――〔以下の「服部手ヲヒクコト」の記述は抹消している〕▽十八日下山夜直に岡崎三郎自宅訪問――すいせん条件『服部手ヲヒクコト』という。承知。その前提で三者会談（左右地区労）ヲ岡崎了承」。その足で右社金子事務所、土奎外一人。服部一人デハダメ也。『よい市協』と手を切れ。宮川曰く『よい市協』には諸君も入っているではないか。彼止むをえず服部を条件に三者会談了承。地区労行き、右了承　けふ三者会談がもたれる筈也と。▽けふの目的――（？）　▽一緒に下山。『ポスターから服部名を消し、左右両社すいせんを書加へる』『よい証拠物件になるぜ』――小沢の買収案ニ宮川反対ノコト――ストライキと選挙と同じでアル　○陣内ハガキ印刷に。　服部文案の変更（八〇〇枚）。可。　ホカニ百枚原文案通り。○青木来山。丸サンハガキ服部文案の修正文。筆入れ。▽金子ボイコットは党の仕事（杉山曽根ニ対スル非合法活動）　小倉ト相談セヨ。三時頃去ル。（日記読ンデ帰ル）　○夜小倉陣ノ内来。――陣昂ふんして金子を落とすことを党の使命とする云々。僕行過ぎと思いつゝ黙す。入浴就寝。陣内泊る。○大仏《ママ》氏ヨリ入金。松尾君北鎌倉へ〔この時高見順の家に選挙カンパを貰いに行った。高見夫人からカンパは貰ったが、その時「高見は作家なので政治には係わらないようにしているが服部先生からなので」とこぼされたことを今でも記憶している〕

四月二十一日の日記。

「○作句。陣ト遊ブ（陣やゝ落つく）　○小倉ヨリTel、市委員会ヲツレテユク。コチラカラ行ク　○川端家。不在。名ハ使ハナイ。経過報告と東波の竹一件　○小倉家五人会議。新しい青木君染谷君森君。▽金子ボイコット不可と決定、而モイカニシテソノコトヲ国鉄労働者ニ納得サセルカ？　ユキツマリ。▽僕トタンニ了解。方法トシテ――金子ニイレル。イレタ者ハ杉山ト切ッテ大つきニ入レヨ――両党ニ対シテヾナリ　選挙民ニ対シテソレヲ公言スルコト　▽僕ソノ連絡ニ当ルタメ中西君ヲヨビ出ス　○駅前小松食堂で中西、小沢ト会食。洟すゝりきく。○ソノマヘ、高野代理吉川孝夫〔国鉄（革同）前委員長〕大船で演説　テープレコード間にあふ。○清水昆〔鎌倉在住の河童の絵で人気の漫画家で服部の友人〕家。一万円承認。九時マデ。○夜、日高君ニTel、細君行エ不明云々。

『大学ノート』の四月二十二日の日記に、

「宮川曰ク　夜小沢宮川渡辺三人　8、000票トレバ左右社会党ハツブレル」とある。四月二十三日の日記には、

「久保君来山。カンパと演舌に。菅井1、―　米村10、―　北鎌倉各氏各1、―（高見をのぞく）〔上述の氏名と数字は、菅井準一1万円、米村正一10万円、北鎌倉各氏の中に三枝博音と三上次男が各十万円、高見は私が直接貰ったのでのぞくとなっている〕　○宮川委員長来山。票読みのこと。（陣内と異う）。金のこと。久保君使命のこと。彼感動の色あり　○投票洋子

〔長女・耳鼻咽喉医の山崎富美男夫人〕と共に。富子は金子棄権。俣、洋、山本夫人は山田三之助に。富子の態度の方がより正しく、金子に入れるのが更に正しいことを知っているが、決意して僕はそうした。旦を加へて、山田にイレタものは四点也。○大内さんから、いま来たむねTel。○大場病院長訪問。入院中の首子君見舞。大場さん病床にて、大槻選挙費赤字見込の質問、四万円と笑う。内二万円大場さんにあつめていたゞきたし。老医師病因不明也。○大内家までタクシーで。夕食を共にしつゝ経過報告。タクシーで送ってもらって帰山。○陣内来泊。」〔この頁上欄の票読みの記事は省略〕

左に「よい市政推進協議会」世話人連盟で『郵便はがき』（四月二十三日付）で出した『市長には大槻均』を引用しておく。

〔ハガキ表・宛名の下に印刷〕

私たちは、大槻均君をぜひ名市長にしたいと思います。

よい市政推進協議会

（世話人）

大場国紀
宮本せつ子
桂　皋
大佛次郎
高見　順
小牧近江
飯塚友一郎

推　薦

富澤珪堂
服部之總

〔はがき裏・上三分の一に横書きで〕

市長には　国鉄労働組合公認
大槻《おおつき》　均《ひとし》　（革新無所属）
神奈川地方労働組合評議会推薦
よい市政推進協議会推薦

〔下に縦書きで〕

市長候補　**大槻均**　を推薦します

鎌倉は、不思議な縁で、私たちの墳墓の地、子供や孫の育ちの土地であります。この土地の市政が、学制が、腐敗と悪習に毒されていくのを、私たちは、もう、これ以上だまつて見ていられません。無名無数の正しい怒りは、ちまたに、台所に、いまや「ボス市政の排撃」「収賄汚職の絶滅」の悲願となつて、その声は、ついに、大槻均君を鎌倉市長候補に推しました。同じ憂ひの者は先般来「よい市政推進協議会」に集つて、「路傍の石」を「声を発する石」とするため話し合つて参りましたが、こんど、会の世話役の一人、大槻均君の立候補に際し、喜んで、私たちの全力を尽すことを誓い合いました。
どうぞ、市民の皆様も、大槻均君に当選の栄冠をお授け下さるよう私たちにお力添えねがいます。

一九五五年四月二十三日

よい市政推進協議会
（略称・よい市協）

翌四月二十四日の日記に「○鎌倉山で五ヶ所マイクする。常磐を見おろすで別れる。小柏（市議候補磯部派）の宣伝カー『丸エキさんは赤いヒモツキですから』と連呼してゆく　○陣曰ク　今日グリン、江ノ電、京浜タクシー労組連名で磯部支持ビラを蒔《ママ》く。」と書いているが、私の手元に江ノ島鎌倉観光労働組合が『鎌倉市民各位にお知らせ』という昭和三十年四月二十九日付の「名誉を毀損するもの」という反論のビラと『鎌倉市役所職組への警告と声明』と題する京浜急行・全日通・芝浦製作所の組合ほか十八団体の同日付の一枚ビラがあるので紹介しておく。〔原文は毛筆手書き〕

鎌倉市民各位にお知らせ!!

今囬《ママ》の市長選挙について公明選挙が叫ばれている折から候補者磯部利右エ門《ママ》氏側に於いてあたかも江ノ電労働組合が推薦したかの如き演説を街頭に於いて行い、尚推薦文書に當《ママ》労組の名を記載して配布していますが、この様な事は全く江ノ電労組の名誉を毀損するものであります。

當労組は此の様な作為的行為を排除し明確にして且つ立派な人物を選ぶ事を考え方としております。

磯部利右エ門氏側の運動は全く方法を選ぶことなく當選を期している模様で、我々はこの件についてハ《ママ》先般その立場を明確にした文書を関係向《ママ》に配布しました。

以上の様な次第でありますので江ノ電の労働組合としての立場を市民各位に訴え公明なる御批判を仰ぎ度いと思います。

昭和三十年四月二十九日

江ノ島鎌倉観光
労働組合

市民各位

鎌倉市役所職組への警告と声明

こんどの鎌倉市長選挙に当り鎌倉市役所の職組が自治労の名で車をもつて組合本来の行き方も目的に反して某保守候補の応援に違反である連呼行為を行つている。

われ〳〵労働者は市職組に対して本来の組合運動に立ちかえる事をのぞむと共に次の三点について反省をもとむるものである。

一、公務員は少くとも国民全体の奉仕者であるにもかかはらず特定候補を自己の利益及び自己擁護のために利用していること

一、労働運動本来の使命を忘れ、市民の労組に対する疑惑をいだかせていること

一、要は神奈川県下の労働組合或は自治労全体の意志でなく、しかも鎌倉職組のごく一部のものが同志を虚偽の理由で欺瞞して一候補の情実協力にすぎないこと

われらは、労働運動の擁護と市民の協力の面に於て、かかる市職組の行動に反省を求める警告を発すると共に、われ〳〵はあくまで労働運動の発展と正義に求ずく〔ママ〕行動をとることを声明する

昭和卅年四月廿九日

代表　京浜急行勞働組合鎌倉班
　　　全日通勞働組合大船分会
　　　芝浦製作所大船勞働組合
　　　　他十八團体

『雑記』の翌四月二十七日の日記に「青虫と共に天地を色盲す」とまたまた意味不明の句に、つぎのような記述がある。「それにしても、S・Oの色盲は赤に敏感にして昨日国鉄宮川卓三委員長にたいし服部退くといへども、神内

は党員なり黒川医師党員なり米村弁護士党員なり。服部退くといへども、社会党左派はいまもって大槻候補を推せんする能はずと断われり。E・S右社支部長一派の色盲と完全に同一ナンバーなり。この三万台ナンバーの色盲を名付けて社会党反共派といふ。左派の内にもこれあることS・O左社鎌倉市部長証明せり。天地自然の朝々を凝視せよ、S輩の『社会主義』は赤芽チャンチーに比すべく国鉄労働者は夫れ紅垂柳の如きものなるを。」

当時の服部の社会党観を示している。

つぎの日記は日付が不明だが〔おそらく二十七日か八日だと推測する〕以下のような記述がある。

「同夜市公民館大槻候補推せん演説会にて両社非推せんは反共の故なりとの説、実は実説、その目的は抱合杉山、それを無根のデマなりと断じ、両社非推せんの理由は共産党も両社も『よい市協』メンバーとして党派を没入せしが為なりと僕説明せり　此説仇敵味方とも初耳にして而も満座首肯のほかなし」との横に「仇を返すに恩を以てせむ赤嵐」の句がついている。さらに続けて「註に曰く、赤嵐てふ季題は『誰某さんは赤いヒモツキですから警戒して下さい』とマイクして走る嵐のこと也」と記して、さらに「同夜候補者大槻均君我家にボロ車——但しわが門生不動治久が無償提供せしダットサンなり　その志や天よりも高し——を留め〔「留」に「とゞ」とルビ〕二合余にして酔ひて三勝半七を唸り、至妙泪を催させ、吉右衛門の声音を真似て失業の憂無きを悦ばせ、半歳にして養子を失業せる体験は語ってたうてい『坊ちゃん』〔漱石〕の及ばざるを至純児たる本性を顕はせり。偬々する漢〔「漢」に「をのこ」とルビ〕也。僕と鎌倉市民の至幸なり。一家の心からの笑、そのことを証せり。」と、服部は大槻候補を「至純児たる本性」と評している。そのあとに「演説者福島新吾君、富澤珪堂老師〔北鎌倉の円覚寺内塔頭の主で服部と親交が深かった〕、僕、吉村公三郎君、小牧近江事務長〔小牧は市長候補を辞退した時選挙事務長を自らかって出た。松尾がその補佐役〕、候補者大槻君」と記述している。

四月二十九日朝に次の句を詠んでいる。すべて市長選挙に因んだものであろう。「青嵐〔「せいらん」とルビ〕の主は大山桜哉」「けふを最後の血震〔「ちぶるひ」とルビ〕の日と青嵐」「朝鳥の音に聴きをれば遠くマイクす」「青丹よしわが鎌倉は糞臭し」この句の横に「或人曰く『星月夜』と、僕曰く青嵐赤嵐を交ゆるを以て奈良漬も漬けくれない」

以上の五句の次に「湘南時事二十八日号を読み終えて」の横に「久利〔鎌倉在住の菊岡久利〕と逢って清談せむと思立って電話したるにまだ寝てをるらしい」「以上午前十時半」「権五郎寿司にて菊岡久利と昼食して話をきく」「大凡の想定当りいたり史家の冥利なる」「人柄も的を離れず詩人惜むらくは泥中に吟ず」

以上の服部の記述にはすこし注釈が必要かもしれない。鎌倉在住の詩人の菊岡久利は戦前からの服部の友人であるが、当時は保守派の黒幕的なボスとなっていたので服部の大槻候補支持には同意しなかったことを記しているのである。菊岡と別れた後に、次のように書いている。

「この上は覆〔「ふた」とルビ〕をあけてとわかれけり〔選挙の開票結果の意味である〕茶碗の会は待ち遠しきかな」の後の注に次のように書いている。

「名古屋に住む老陶工矢野景川八十四歳まで五十年間シノ茶碗ばかり焼きつゞけたり久利君久しくその作品を愛す。来る五月九日より五日間銀座並木通東京画廊にて展覧会を催す由、加藤四郎右衛門系春岱、麦岱の仲間なる由、子なし、名器をせめて五六つくらんことを念願云々」

服部は「政敵」である菊岡と陶器趣味が一致してこの会に行く約束をしたのであろう。服部の人間性が菊岡とのつき合いからもよく出ていると私は思う。つぎに選挙の記事。

「〇大つき選挙事務所にて偶々S・K君とあふ。陣中見舞二千円を持参せる也と。一昨夜E・S氏〔曽根益?〕AAバンドン会議より帰り昨夜鎌倉右社執行委員会を開き、一昨夜の地区労委員会の決定（満場一致大つき支持）にたいする右社態度（地区労より回答を求められている）を協議した結果『党としては推薦せざるも党員個人としては支持』と決定（これはE・S不在中さきに両社の態度として左社O支部長より杉山派機関紙鎌倉タイムス〔木村彦三郎が発行していた新聞〕二十三日号に載せあるものと同一なり）したとの挨拶を以て始めて公式に大つき事務所に陣中見舞いにきたもの也。僕K君にむかって一昨夜の僕の演説の筋を語り右社及左社に伝達を依頼す。満座唾を呑む。K君〔金子駿介?〕赤面承諾して去る。」この文章の隣に「溜飲といふ文字を青葉に下げにけり」と服部は詠んでいる。この時の服部の満足した思いが伝わってくる。この句の注としてつぎのように服部は書いている。「この句また、昨深更国大学生寮（私の母校である鎌倉にあった横浜国立大学学芸学部の学生寮）にて杉山派参謀長上森子鉄君を緘黙せしめたる国鉄大船宮川委員長小沢副委員長の胸裡なるべきか。○この朝米村正一君陣中見舞一千円を持参せりと。陣中意気燃えて而も米金なし。僕その足にて貧しき資本家の友伴恭成君森山久雄君を訪ふ。両君嚢中を傾けて三千円を包み伴夫人雨にぬれつゝ『つる八』に走る。あゝわれよき友を蓄積したるもの哉　しあわせこれ以上のことあるなし。きけば去年正月伴氏は由比ヶ浜の借家を追立てられ、二月初め森山氏は三千円の借金をその伴家に申入れたるほどの苦境なりし云々。」このあとに「貧中交（「まじはり」とルビ）を加へ病中交を重ねたるによってこの友情の蓄（「たくはへ」とルビ）を得つる」「半白の夫人の笑（「笑」に（ゑ）とルビ）みは去（「い」とルビ）にし年の去にし日とさらにかはることなく」と大槻夫人を詠んでいる。この次の行に「四月晦日　市長市議補欠選挙日也　晴　此日句歌なし。二十六日付善雅君ハガキの歌を録しおく。」と記し、その五句目に「大槻氏さけぶ車が夕ぐれに家近く来ていでゆきてきく」とある。

開票日の五月一日に服部は「票読み確信あり新市長の第一日も心支度せり開票の朝緑雨」と詠んでいるので、服部はこのときまで大槻当選を確信していたようである。その後に「しれ者血震に激闘し婦女はもとより男子すら場を去りたるか」「勇気ある者はしゆらば（「しゆらば」に力点）に目もくれず青葉に映えて投票したり」と選挙結果を詠んだあとにつぎのように解説している。「Mの本拠雪の下小町方面（投票所鶴ヶ岡幼稚園）の棄権者、一週間前の県議選とくらべて男二六、女実に六一〇人なり、前回男女計三千、内女一、五二四、女は実に半数近き棄権者也。○磯部杉山の最激闘地腰越男女三、○○○　二十九日にいたり一票一千円云々。棄権者女子七〇人は上記と同じ事情から、これに反し男子一一五票の増加を見ているのは、買収に基くものはせいぜい十分の一なるべく（前回既に磯部杉山派総動員にてくりだし終へたるところなれば）、ネット百人は両派激闘に怒を催したる正義派の大槻に投じたる票と見ゆ。浜田・北鬼助両君あり。○大槻の地元深沢（一、八〇〇）の男子減票二五は杉山派検挙数名ありたり。女子増票六三は女房連大槻支持を決議したことの実力なり。○大船松竹投票場は前回男女共一、一五〇前後なるに男減一二〇、女減八四、大約一割の減票、これ実にS・K〔金子駿介のことか〕にたいする不信の票なり。投票中大槻いくばくを占めるや微妙尽甚の興味なり。」

この解説の後につぎのような句を服部は詠んでいる。「まげもので裏切者は悪よりも嫌はれものと知れる松竹」の後に「正午大槻落選、最尾点三千六百余票なりしが」と記し、「頼朝〔源頼朝〕も見よこの海に初嵐」「稜々たる気骨のための生薬〔「生薬」に「きぐすり」とルビ〕の三、六四九は十年ぶんなり」「実弾の弾雨を撥ねて壕に着きし勇士三千六百五十」「点検終へてメーデーの歌民族独立行動隊の歌」「五週間稿中絶し悔なくて生きの歴史を剖〔「剖」に「キ」とルビ〕りし喜び」と五句を詠んだ後に「五月二日　昨夜はじめて九時臥床、六時起床、九時間の就眠は始めてのことなり。」と記して「朝凪の山居は笹の音もなく」という句で、服部の鎌倉市長選挙での奮戦記を結んでいる。

『大学ノート』の五月一日の日記を最後に紹介しておこう。

「○千早君来電〔票よみ。松岡地元総崩れ　婦人票1/2棄権云々〕そのた右意見を小牧、小沢、小倉に電話。小倉歓喜○九時第一次発表――あいつ〔「あいつ」に力点〕来電　まだ旧市内ゆえ安神也〔ママ〕云々。○十時第二次発表　○十一時あいつ〔「あいつ」に力点〕不在、セキヤ事務所へ出かけたのだろう――落選明白となる。宮川君を□□〔二字判読不能〕す。あと一万票ある。『山が見えている』〔票の山のことなり。当方それがわからない〕○十二時『先生来て下さい』○富子と共にタクシー。○磯部事務所――湘南時事『社説』『悪気あってのことではありませんでした』云々　三笠宮記事の件なり　○事務所。通夜の如し　票読み各区別――ピタリとあう　インター。○礼まはり〔小牧、服部、宮川〕つる八本店―丸事務所―歌人〔吉野秀雄カ?〕―大佛―昆〔こゝまでヨネムラついてくる。こいつをまいて〕―りんどう。タクシーで大場―桂〔桂氏出る〕―不動―宮本―磯部事務所―大つき家。〔ヨネムラこゝまで来てタダ酒をのんでいる。工場長〕―帰山。春日家―わが家。善雅あり。九時就寝。」

以上の記述の中で「あいつ」について、翌五月二日の日記に「〇山のあいつ（また力点）に吐鳴る（学者の票読はよく当りましたね。大沢さんが訳したので山の票減りましたネ云、フューチャーは当りませんネ云、あの票読を僕が伝へたのは数人だけだ。キット未来を当てゝ見せる）」と書いていることから、鎌倉山細胞の山本容子女史であると私は判読した。五月四日の日記に陣内と『よい市協』など今後の方針についての服部の意見にたいし、陣内から反対されたことから激論となり、服部の日本共産党への批判が綴られているが、ここではこの内容には触れないことにする。服部の『大学ノート』の日記から推察される鎌倉市長選挙への党の態度に対する、これまでの服部の鬱積した批判がついに爆発したのだと、私の推測を述べるにとどめておきたい。

服部は、一九五二年四月から一九五六年三月四日に死去する迄のわずか四年たらずの短い期間、法政大学社会学部教授として在任した。

この間に私は服部の私設助手としてすぐ近くで見聞していたことからあえて率直に言うならば、大学教師としての服部は、授業や教授会への欠席が多かったことなどからも、けっして勤勉な教師であったとはいえない。そのことは現在私の手元に残されている、当時社会学部学務担当事務職員の若林章雄に宛てた服部の法政大学教授の名刺裏に、「思はぬ御めいわくをおかけして心苦しい限りです。代講者の問題については不日小牧先生とも御相談の上教授会にかけていたゞく所存乍らとりあへず欠講の書類届出したく助手松尾君御引見の上よろしく御指示下さい。若林兄　五月廿六日　服部生」と書かれたものがあることや、この名刺に書かれてある教授会の同僚で服部ときわめて親交の深かった小牧近江から「服部君はテレビに出たり執筆や著作活動が多忙でよく授業や教授会を無断で休むので、先輩同僚の教授連からの批判をぼくや逸見学部長がかばってきたのだが、もうかばいきれなくなっている」と私に時々洩らされたことからもわかる。

当時、服部はノイローゼを再発（一九五〇年六月）後、一九五四年四月にまた胃潰瘍で手術するなどをくりかえすという闘病生活中ではあったのだが、小康状態の時には、前稿でくわしく叙述したように、日本近代史研究会代表者として『画報近代百年史』刊行に情熱を傾け、一九五三年五月には念願の書斎（皆槐書屋）が完成して、その暮の十二月から私（大学卒業直前）を専任助手として服部のライフワークであった『日本人の歴史』の執筆を開始したり、一九五五年一月から『服部之總著作集』（全七巻）の刊行をはじめるなど、服部はあたかも死期を予想していたかのように猛烈に最後の著作執筆活動に専念していたために、大学教師としての義務をついついおろそかにしていたこともたしかであった。

しかしながら社会学部教授時代の服部は、先輩同僚から大いに期待されていたし、服部の生来の人柄・人徳もあって学生たちからも人気があった超有名教授であったことは、以下に引用する『法政大学八十年史』（一九六一年八月一日発行、非売品）の「第三編学部史、第五章社会学部」からもあきらかである。

この『法政大学八十年史』は、私の同大大学院生時代にとって忘れることのできない思い出深い書物であるので、主題をはなれてこの『八十年史』と私のかかわりについて、少し説明させていただく脱線をお許し願いたい。

上述したように私は服部の私設助手として当時服部家にいつも集まっていた第一線の著名な学者や当時の東京大学大学院特待生などの新進気鋭の歴史研究者たちと、服部がときにははげしく議論することなどを側で黙って聴いていた私は、「耳学問」ばかりが肥大化していく自分を反省することが日々強くなり、もう一度日本近代史を根底から学び直したいという気持が強まっていった。また学生時代から服部の著作を通して「マルクス主義歴史学」にのみ傾倒していたその反動もあって、その正反対の非マルクス主義（「考証主義」）の立場の明治維新史の大先達であった藤井甚太郎（『国史大辞典』の私が執筆した藤井甚太郎を参照）が主任教授であった法政大学大学院人文科学研究科日本史学専攻に「他流試合」をいどむという若気の野心的な気持もあって一九五六年四月に入学することになった。当時、法政大学は服部を通じて親交のあった大内兵衛が総長、小牧近江、逸見重雄が社会学部教授であったことも私には魅力があった。なによりも日本史学専攻が第二部（午後五時から夜間）の授業であったことが第一の理由であった。当時の私は服部の私設助手をみずから辞めたあと、神田御茶ノ水駅前の大学受験予備校で日本史の時間講師をして家族の生活費を稼いでいたからである。

このような事情で、私はふたたび学生生活時代に戻ることになった。大学院に入学してまもなく、大内総長からの直接のお声がかりで当時編纂がすでに進行していた『法政大学八十年史』を一切任されることになった。編纂実行委員長は、文学部教授兼理事の哲学者・谷川徹三であった。谷川は発刊された『八十年史』の「序」の中でこの編纂経過と私のかかわりについて、つぎのように詳細に記している。〔ほとんど原文のままだが、（　）内は一部活字を小さくした。〕

一　法政大学八十年史　序—谷川徹三

法政大学八十年史編纂の発議は昭和三三年九月一〇日当時の総長大内兵衛によってなされた。昭和三四年が創立八〇周年に当るので、それを機会に八十年史を上梓しようというのである。理事会はそれを極めて時宜を得たものとして全員異議なく賛成、直ちに、編纂委員会がつくられた。大内総長を委員長として、友岡久雄、多田基、中野勝義、福島敏行、井本健作、薬師寺志光、野上弥生子、谷川徹三の九人が委員となった。友岡、多田、谷川は学内理事として、中野、福島は校友を代表する理事並びに校友会長として、薬師寺、井本は元老の教授及び名誉教授として、野上は前総長野上豊一郎夫人であると共に今なお学校と深いつながりある高名な作家として、これに加わったのである（後に校友理事松野晃典が更にこれに加わった）。その編纂委員会のもとに実行委員会がつくられ、一〇月一六日その第一回の会合が開かれた。実行委員長には総長の指名で谷川がなり、編纂事務の責任者には編集室長郡山澄雄が当ることになった。そこで大体の方針はきめられたが、ついで一一月二〇日第二回実行委員会による一、二の修正を経て次のような案が決定した。

本の体裁。Ａ５判約四〇〇頁（原稿紙六〇〇枚以内）。写真を沢山入れる。事項人名の索引をつける。

本の内容。1、沿革（多田基）。2、現況（多田基、中川秀秋）。3、八十年の歩み（小田切秀雄）。4、法学部（前半薬師寺志光、後半中村哲）。5、文学部（池島重信）。6、経済学部（渡辺佐平）。7、工学部（松浦四郎）。8、社会学部（村山重忠）。9、予科から教養部へ、専門部、高等師範部、高等商業部、大陸科（大井征）。10、短期大学（松浦四郎）。11、図書館（山村喬）。12、大原社会問題研究所（久留間鮫造）。13、能楽研究所（谷川徹三）。14、出版局（相島敏夫）。15、編集室（郡山澄雄）。16、付属学校、a、第一中・高等学校（滝沢三郎）、b、第二高等学校（太田悌蔵）、c、女子中・高等学校（入江直祐）、d、第一工業高等学校（山口健男）、e、第二工業高等学校（安藤富士雄）。17、体育会（藤田信男）。18、文化連盟（平岩八郎）。19、技術連盟（松浦四郎）。20、校友会（神長謙五郎）。21、後援会（神長謙五郎）。22、通信教育部（池島重信）。

括弧内の人名は実行委員会委員として、それぞれの項目の執筆にあたる者を指す。このほか写真の収集と郡山を助けて事務を見る者として酒井勇二を加えて、委員会のメンバーは二三名であった。

実行委員会はその後も幾度かひらかれたが、他方、校友その他の関係者約一〇〇名に手紙で資料の有無を問い合わせたり、郡山や酒井が直接訪ねて回ったりもした。それと共に現職の、またすでに退職した古い教授や校友の長老達、大学の歴史に特に明るい人を招いて、昔のことを聴く座談会を何回か開いた。さきに出た『参拾年史』『五〔六の誤記〕十年史』の資料は甚だ不備であり、あらためて古い新聞雑誌の中に資料を探さねばならなかったのであるが、それを補うものとして、あいまいなままの事実を確かめたり、時には、忘れられた、またかくれた重要な事実を明かされることをも期待して、話を聴いたのである。第一回は内田百閒、高木友三郎、堀真琴、錦織理一郎、山村喬、神長謙五郎の諸氏を、第二回は石川岩吉、安倍能成、小谷勝重の諸氏を、第三回は井上綾太郎、井本健作、児玉正勝、田村太郎、関春治、宮田市太郎の諸氏を、第四回は平貞蔵、藤田栄の諸氏を招いた。通史の執筆者たるべき小田切と、編集事務責任者たる郡山と、写真収集の担当者酒井、並びに谷川は常時その座談会に出席したが、委員会のメンバーとして、第一回には友岡、中野、薬師寺が、第二回には大内、多田が、第四回には友岡、中野が出席した。

われわれはこの編纂が容易でないことを最初から覚悟していた。しかし困難はわれわれの予想をはるかに越えていた。個人も、学校も、震災や戦災という傷手によって、特に戦災によってどんなに多くのものを失ったかを、われわれは改めて思い知らされたのである。それでも、最初の原稿〆切予定、三三年二月末日は守られなかったものの、その夏前には大半の原稿がそろったので、谷川は夏休みの大部分を費してその原稿の検討と整理に当った。しかし検討すればするほど、事実の不明確、記載事項の矛盾が目につき、それが結局根本資料の不足に因るものであることが明かになって来た。そこで夏休み明け早々九月四日の第五回実行委員会においてその旨を報告、三三年一一月刊行予定を三四年一一月に延期することを決定、越えて一〇月一日の編纂委員会において、そのことの諒承を得た。原稿調整のほかに、創立の年についての疑点がいよいよ濃厚になり、その再調査がどうしても必要となったからである。

法政大学の最初の形態、東京法学社の設立は従来明治一二年とされて来た。これは『参拾年史』の記載によって権威を与えられ、『五〔六の誤記〕十年史』もそのままそれに従っただけでなく、昭和三四年を八〇周年に当るとしたのも、それから通算してのことであった。それが、酒井勇二の調査によって、東京法学社の設立は一二年でなく、一三年とするのが正しいと思われるようになって来たのである。しかしそれを決定的とするまでにはまだ至っていなかった。こういう点を顧慮して、編纂委員会の中に新たに運営委員会を設け、委員長大内兵衞、委員友岡久雄、多田基、松野晃典、谷川徹三を決定すると共に、実行委員会を解散して、新たに編纂室を置き、室長谷川、編集長郡山のほかに、松尾章一とその助手新藤東洋男を専任として資料の調査収集整理と年表の作成とに当らせることにした。なお、酒井勇二は図書館員として兼務していたためその兼務を解き、通史執筆者小田切のほか、文学部講師小西四郎、社会学部助教授増島宏を嘱託として、松尾の仕事に適宜指示と指導とをしてもらうよう態勢をととのえたのである。

松尾は忠実にかつ精力的にその事に当った。それによって東京法学社の設立の明治一三年であったことが確かめられたばかりでなく、或いは東京大学明治新聞雑誌文庫に、或いは同じ東京大学法学部資料室に、或いは最高裁判所図書館に、或いは上野の図書館に、或いは法政大学図書館の書庫の片隅にうちすてられた堆積の中に、さては古本屋や古本市で漁ったこまごました書物や雑誌の中に、次々と重要な資料を発見した。それで、三三年一〇月一日運営委員会の出発以来ほとんど毎月曜日の午後ひらいていた運営委員会と編纂室との合同の新実行委員会は俄然活気を呈した。みんな松尾の報告を心待ちして聞くようになり、松尾はまた常にみんなの期待にこたえた。しかし新しい資料の次々発見されるにつれて、従来の原稿は、特に通史は、根本的に書き替える必要を生じ、そのため最初の案で沿革と現況とあったものをその内容に即して制度史と改め、多田、中川に代って友岡久雄がこれを受け持つことになった。友岡は学校の総務部の金庫の中に、ただ一つ戦災をまぬかれて残っていた明治四一年四月から四二年一二月に至る法人関係書類を見出し、それを一つのたよりに、草創期については主として松尾の資料にもとづいて、それを書くことになったのである。

月曜日の会合は、その後運営委員としては友岡、谷川の両名のみが出席、実質的にはこれが編集委員会となっていたが、この編集委員会は休暇中を除いて、時々の中断はあったにしても、三三年一〇月一日から三六年四月二〇日まで、実に二年七ヵ月にわたって続けられたのである。その間三三年一一月一四日には八十周年記念式典も挙げられ、三四年三月には大内総長の辞任、同じく四月には有沢新総長の就任ということもあったけれど、ひきつづき常務理事であった友岡の室に集まって、渋茶をすすりながら、松尾の報告を聞き、新発見に歓声をあげたり、時には議論したり、溜息をついたりしたのも、今ではなつかしい思い出になった。

松尾を中心として整理した資料は全部ガリ版に刷られ、今では厖大な量にのぼっているが、そういう資料の集積につれて、すでに出来上っていた学部史その他の原稿にも再度手を入れねばならず、そうでなくてもかけ離れた文体の統一や記載事実の重複、矛盾を再調整する必要があり、三四年四月、藤原定をリライターとして編纂室の一員に加え、月曜日の会合にも出席してもらっていた。こうして最も難航した小田切の概観、友岡の制度史も完成したのであるが、その両者の原稿だけで全体の予定枚数六〇〇枚の半ばを遙かに越えることになった。それに松尾達のつくった詳細な年表を入れることにしたので、出来上った全体のページ数は、最初の予定の二倍半に近くなってしまった。

これは新しい資料の必然に要求したところであった。われわれはそれでもなお資料の不足による多くの不備を感じている。しかしこれで法政大学草創期における歴史に内部からも外部からも一応の見通しをつけえたことをひそかに信じている。不備を補うことは今後の仕事である。そしてそういう仕事は不断の関心と努力とによって初めてなしうべきもので、われわれとしては、松尾達の収集した資料をもとに資料室をつくることがさしあたって必要ではないかと思っている。

以上私は昭和三二年以来、三年八ヵ月にわたるこの仕事の経過について述べた。その間今日まで学内にも幾変化があり、昭和三五年四月には社会学部に応用経済学科と並んで社会学科が新設された。理事や部長の異動もあった。しかし本書は八十年史たる性質上三四年四月現在を規準としたので、そういう変化に言及することはできなかった。執筆者についてはそれぞれの分担の最後にその名前を記して責任を明かにしているが、全体にわたって私もまたその責任を分かつべきものと考えている。私の一存で筆を加えたところがあるというばかりでなく、全体の構成や事実の取扱いについても、最終の責任は私にあるからである。それにつけても、ここに名前をあげた人々の協力、推進、鞭撻に対して、また名前はあげることができなかったけれど影の協力をたまわった校友その他の方々に対しては、改めて厚い感謝を捧げたい。

昭和三六年六月

つぎに第三編学部史第五章の、服部が専任教授として死去まで在籍した「社会学部」の歴史を引用しておきたい。

二　歴史的背景・協調会と中央労働学園

財団法人協調会

本学社会学部の創設は昭和二六年（一九五一）八月である。本学部の前身には財団法人協調会と中央労働学園とがあり、わが国の社会情勢の発展に密着した次のような歴史的背景をもっている。

財団法人協調会が官民の共同出資によって設立されたのは大正八年（一九一九）一二月であった。それよりさき、日本資本主義は第一次世界大戦によって未曾有の発展と繁栄をとげた。しかし、それと同時に長らく沈黙していた日本の労働運動も急速に活潑になり、ストライキの発生件数では大正七年には前年の約四倍、その参加人員は七倍に急増した。労働組合の設立数も大正八年にはその三年前にくらべ約六倍に達するという発展ぶりを示した。このような事実は当時支配的地位にあった人々の間に深い憂慮を呼び起し、政府もまたこの事態を重視して種々その対策を考究し、また諮問するなどしていたが、ついに徳川家達を会長としてこの協調会を設立するに至ったのである。同会は主な事業として、

「公私の機関と連結を保ち、社会政策に関する調査研究を為し、その結果を公表すること」

「社会政策に関する学校、講習会、図書館等を開くこと」

「労務者教育及福利増進に関し適切なる施設を講ずること」

等を掲げた。そして大正九年（一九二〇）九月からはさらに機関誌「社会政策時報」が創刊された。社会政策学院はこの会の施設の一つで、「社会政策その他社会問題に関する特殊の知識を有する有用の材を養成して社会の各方面に送り出すことを目的としたもので」あった。ここではその創立以後、敗戦に至るまで地道な教育活動がつづけられていた。

中央労働学園

しかしこの協調会は、産業報国運動の生みの親であったという理由によって、終戦後には解散せざるをえなくなった。この施設のあとをそのまま引き継いだのが中央労働学園であって、昭和二二年（一九四七）四月に中央労働学園専門学校を創設した。この学校は、「労働問題の解決のために必要な産業、経済、社会、法律、政治等、多方面に亘る社会科学的知識の啓発と研究とを行いながら、この方面に関する専門の有能な人材を教育することを目的」としたものであり、創立後二年目には、学制改革にともなって中央労働学園大学になった。わが国においては他に例を見ない独自の大学であり、欧米においても異とするに足る大学であった。しかし学園の理想と現実とはやがて大きく食いちがって来、その存立を危うくするような内外の事情の中へ追い込まれていった。労働運動に対する弾圧や、その他社会情勢の変化によって入学志願者数が減少してゆき、それは学園の財政上の危機を招き、ついに二六年の初頭には、まったく経営不能の状態に立ち至った。その時、学生は貴重な学園の伝統をあくまでも守るべきだと主張し、教職員組合は生活権の擁護をさけび、その中で学園の民主化運動が展開されていった。こういう幾多の波瀾を経たのち、この教育機関の独自の精神を生かし、それとともに教職員や学生をも無条件に引きついでくれる理解ある教育機関との合併が望ましく、それ以外に存続の道はないという考えが、学内を支配するようになった。

三　社会学部としての出発

社会・労働問題専攻の学部

合併問題は、先に（昭和二二年）大原社会問題研究所を合併することによって、社会問題に深い関心を有することをその運営上にも示してきた法政大学当局の深い理解と、学園側の努力によって円満に解決された。法政大学は

「協調会並に中央労働学園大学創設の精神を尊重して大学の経営を引受ける」ことになり、中央労働学園大学社会学部は、昭和二六年（一九五一）八月一日から法政大学社会学部として再出発することになったのである。

東京都港区麻布新堀町の旧中央労働学園大学の校舎は、そのまま新しい社会学部の校舎となった。（二七年四月から工学部がこの校舎に移転してきたので、本大学の二つの学部がここに併置された。）この再出発した社会学部の意義について、二七年度の『法政大学入学案内』は次のように述べている。

「社会学部は旧中央労働学園大学を母体とする本邦唯一の社会問題、労働問題専攻の学部で、アメリカでいうインダストリアル・リレイションズを中心として教育を実施し、新しい角度から民主日本の再建に直接役立つ人材の養成と学問発展への寄与を図ろうとするもので、特に労働行政官、労働、社会関係の公務員、会社員を志望する者のために必須の課目を用意し、新しい分野の開拓を目指している。また、近ごろ重要性を強調されるにもかかわらず、その養成機関に欠けていた中・高等学校社会科教員養成のために初めて本学部に教職課程を設け、その途をひらいたことは特に注目されている。」

なお、本学部付設の図書館分館については

「旧協調会の蔵書をそのまま引継ぎ内外の文献七万冊を擁して本邦唯一の社会・労働問題図書館として国宝的存在とされている」

と述べている。

この社会学部創設当初の科目編成とその専任の教授、助教授は、

労資関係論、協同組合論　村山重忠
社会事業概論　三隅達郎
労働運動史　逸見重雄

労働科学、生活問題	籠山　京
労働法	中島　正
農村問題、農業政策	栢野晴夫
憲法	春宮千鉄
労働史	近江谷駒〔小牧近江の本名〕
計画経済論	藤崎英義
生物	栢植秀臣
物理	西村伝三
文学	村井康男
哲学	湯川和夫

であって、一三名のさびしい教授団であり、学部長は村山教授であった。しかし翌二七年四月からは史学の服部之総〔ママ〕はじめ数教授を迎えて強化され、また幾つかの科目の改廃や増設を行うことによって学部としての体制をいちおう整えることができた。こうして法政大学社会学部としての最初の学生募集を行なったのであるが、そのとき教授一同が心配したのは、志願者数がどれくらいあるだろうか、ということであった。しかし幸いにしてそれは杞憂におわり、志願者数は労働学園大学時代よりは遙かに多かった。もちろん、それでも学校側が予定していた数にはなおかなり遠く、したがって二次募集を行わざるをえなかったが、いずれにしてもこうして多くの学生を収容することができたために、学内はとみに明るくなり、学生のサークル活動も活潑になってきた。

「社会労働研究」の発刊

二七年七月、村山教授に代って逸見教授が学部長に就任した。学会を創立して社会学部独自の研究を深め、その学風を樹立していきたいということは、学部創設以来の念願であったが、二八年四月にそれは実現した。社会学部学会が創立され、機関誌が発行されるようになった。この学会の事業となった定例研究会は、すでに学会創設の前年の一一月一八日にその第一回が開かれ、それ以来、会員の研究発表と討論をおおむね月一回を原則として催し、今日に及んでいる。機関誌「社会労働研究」は二九年一月一日に創刊して以来、三四年一二月までに一一号を重ねている。

この学会の創立を記念して二八年一〇月二四日、法大社会学部学会創立記念講演会を渋谷公会堂で開催した。近江谷教授の「ボアソナードと法政大学」、柘植教授の「科学者と民主主義」、大内総長の「平和経済への道」、末川博立命館大学総長の「政治と教育」の講演であった。

この二八年に特筆してよいことがなお二つあった。その一つは一一月二三日からウィーンで開催された世界平和評議会に、本学部の柘植教授が日本代表の一人として出席したことであった。また一二月二〇日と二一日には、ヴィデオ・ホールにおいてボアソナード来日八〇周年記念講演会が催された。この計画を立案し実現するためには本学部の近江谷教授の尽力によるところが多かった。

二九年の大学祭は本学創立七五周年記念大学祭にも当たっていたので、当学部では一一月一日から三日まで麻布校舎と芝公会堂の二会場において盛大に展示、講演、映画、演劇などの会を開いたが、芝公会堂における服部之総教授の講演会では一、〇〇〇余名の聴衆に多大の感銘を与えた。

四　本校移転と学科の改編

麻布分校から本校への移転

昭和三〇年（一九五五）四月、社会学部は三ノ橋の麻布分校から富士見町の本校に移転した。三ノ橋の校舎は教職員にとっても学生にとっても多くの思い出を有するところなので、一夜この校舎に別れの会をもつこととなった。会の最後には出席者全員が手をつなぎ、校舎の廊下を一階から四階まで踊ってまわり、夜の更けるのも忘れた。

三一年三月四日、服部之総教授逝去〔顔写真省略〕。教授が当学部の教授会メンバーに加わった期間はわずか四ヵ年間であったが、周知のようにわが国マルクス史学界の先達として、明治維新史研究の上に幾多の貴重な業績を残している。さらに円熟した今後の研究が期待されていたのに惜しむべきであった。

しかしこの三一年には当学部の二名の教授が海外において活躍した。柘植教授は四月一、二日北京で開かれた世界科学者連盟第一六回執行委員会に日本代表として出席し、さらにソ連邦に旅してオパーリン等多数の科学者と討論し懇談した。近江谷教授は七月、ロンドンで開かれた世界ペンクラブ大会に日本ペンクラブ代表として出席した。

なおこの年の七月、逸見教授に代って村山教授が学部長に再任され、九月には新たに設けられた主任制度にもとづいて中島教授が第二社会学部主任となった。

〔次項の「応用経済学科の誕生」は省略〕

五　服部の社会学部教授時代の講義・論文・報告など

後述する逸見重雄社会学部長の「弔辞」にあるように、服部は社会学部教授に就任した一九五三年四月に「社会学原論」の一科目だけの講義を担当したが、翌年から服部の希望で「日本近代政治史」という講義をもつことになった。また、前述した奈良本辰也宛の服部の書簡に書いているように、この四月から講義は週三回となり、演習にレーニン著『ロシアに於ける資本主義の発達』を使っている。

現在私の手元に残っている大判の大学ノート二枚に、服部が万年筆と鉛筆で書いた「日本社会史」と題した講義ノートと思われるものがある。この「日本社会史」は日本古代史上の「氏族制度ノ社会」についての服部のメモである。

前稿の「鎌倉大学校（鎌倉アカデミア）」の中で服部の一年生の講義案を紹介しておいたが、この内容も「日本古代史」（奈良期以前の）であった。法政大学での講義も「先史時代」「上古時代」である。

服部は一九五五年二月九日付の北山茂夫宛の書簡の中で、北山の名著『萬葉の時代』（一九五四年十二月刊、岩波書店）について述べた文章の中でつぎのように書いている。

「扨『万葉の時代』を特に私が熱読するのはワケがあります。私が四八年頃アジア的生産様式論を発表したのを御覧下さったでせうか《ママ》〔著作集第三巻所収予定――「歴史論」、「史学的批判」の最後に「アジア的生産様式」として、一、日本におけるアジア的生産様式論争の終結と、二、社会構成としてのアジア的生産様式の二論文を収録している。前者は、『社会評論』一九四八年七月号、後者は共著『アジア的生産様式論』白揚社、一九四九年十二月に初出〕。マルクス遺稿に接して、その論文で私は『アジア的生産様式』を、経済学批判序説の文章通りに、発展段階の一つとして規定したのです。階級社会の発展段階は、アジア的、古代的、封建的、近代資本主義的の四段階をとる。学界は例によって、何の反響も示さないままで今日に及んでいるばかりか、その間藤間〔生大〕、石母田〔正〕式英雄時代論の如き大愚論がマルクス学の名に於いて『創作』されているのです！

右の私の見解はマルクス遺稿の発表によって一気に堅まったけれども、私が花王石鹸時代の十年間に、自分の不学をおぎなうため勉強した古代史中世史近世史のとりわけて万葉時代の我流の研究の累積でパックされていたものです。戦後私は蓮如の時代から太閤時代に及ぶ一面は発表しましたが、古代史に関しては四八年に書いた右記論文だけです。学界は何の反応もしない。しかるにこのたび貴著に接するに及んで、私の四八年の所見は実に随所に裏打されている。もし貴兄が右拙稿を全然――学界のいとなみとして――見ておられないとすれば一層快的《ママ》な一致を見るので、それがうれしくて愛読しているのです。」

以上で北山宛服部書簡の引用は打ち切っておく。

因みにこの北山宛書簡は、服部から命じられて服部のライフワークである『日本人の歴史』に発表するため、当時『カッパ・ブックス』などのベストセラーを出していた神吉晴夫社長が経営していた「光文社」の原稿用紙八枚に写しとっておいたものである。

上述した、私が独自に編集刊行した『服部之總・人と学問』に採録してある「思い出〝ひとこと〟」に松尾尊兊がつぎのように私に書きおくってくれている。

「私の師匠の北山茂夫氏は、周知のごとく羽仁五郎さんの門下でしたが、服部さんの学問をつねに推重しておられました。ことに、『革命と反革命』はぜひ読めとすすめられたことを記憶しています。服部さんの晩年の手紙を額装して書斎にかけておられました。（後略）」

北山の書斎にかけてあった服部の手紙が、この手紙と同一であるかどうかは確認してはいないのでわからないが、服部から右のような手紙をもらった学者は非常に感激しただろうことは容易に推察される。

さて本題の服部の「日本社会史」の講義ノートに戻ると、鎌倉大学校の講義案も、この講義ノートも、いずれも「日本古代史」に関するものであることは、右の北山への服部書簡に書かれているように、当時の服部は「アジア的生産様式論争」に強い関心をもっていたことと、歴史学の執筆からは離れていながら花王石鹸の重役として多忙の中でも、とくに日本・世界の前近代史に関心をもって勉強していた蓄積を戦後ふたたび教壇に戻った時、一気呵成にはき出しているのだと思う。服部は私に「ぼくは何時学界に復帰する時期がやってきてもすぐ講義ができるように歴史の勉強はかたときも休まずにやってきた」と常々話していたことを覚えている。

確証はないが、おそらくこの大判の「大学ノート」に万年筆で横書きに記してある「日本社会史」の講義メモは、法政大学社会学部での「社会学原論」の講義用として作成したものだと推測する。左にその全文を引用しておく。

①『日本社会史』の講義メモ

伝説ニヨルト昔々 Izanagi Izanami ノ命ガ大八州ノ国々ヲ創世シ（日本ノ発見或ハコレト接触〔「接触」の左横に＝を引き上の欄外に「スサノオと出雲族の話」と鉛筆で記す〕或ハ伝ヘ聞イタ）天照大神ヤ Susano ノ命ハソノ子デ、大神ノ孫 Ninigino ノ命ニ至ツテ九州ノ Taka＝tiho ノ峯ニ降臨シ（日本ヘノ移住）、ソノ子孫ニ当ル神武天皇ニ至ツテ、瀬戸内海ヲ経テ本州ヲ政略シ、大和 Kasiwa＝bara ニ即位シ（61才）、137才ニシテ崩ズ。

今ノ厂《〔ママ〕》史ヲ生殖器カラ見ル生殖神話的史観カラ〔カラを＝で抹消〕ヲ暫ク芸術ニ委セテ、上ノ神話ヲ括弧内ノ如クニ一《〔ママ〕》先ヅ解釈シマス。

氏族制度ノ社会

歴史ノ発端ニ位スル部族共産体ト我国上古ノ氏族制度

総テノ民族ノ歴史ハ部族又ハ種族共産体ヲ発端トシテヰ《〔ママ〕》マス。

Cesar ノ Germania 見記参照（Beer 中世ノ社会闘争）

我国古代ノ氏族制度ニ於テ氏ヲカヽル共産団体トソノマヽ見做スベキカニ就テハ

本庄栄二〔治の誤記〕郎「当時一ノ氏ハ氏全体トシテ一ノ共産体ヲ組織セシヤ否ヤハ明デナイ。蓋当時ニ於テハ同一ノ氏ニ属スルモノガ　スベテ一緒ニナツテ居タト云フ訳デナク　各地ニ散在シ（例ヘバ齋部 Imbe 氏ニ紀伊、阿波、讃岐、筑紫等ノ齋部アリ）各相別レテ家ヲナシ、ソノ生活ヲ営ミシ故ニ氏全体ガ一ノ経済的単位ヲ構成シタリトハ考フルヿ〔コト〕ヲ得ナイ。……上古ニ於テモ、経済的単位ハ氏ニ存セズシテ寧ロ戸ニ存セシモノト云フベク、或ハ家ヨリモヤヽ大キク、同一地域ニオケル数戸又ハ部民ノ団結ガ一ノ経済単位トシテ自給経済ヲ営ミシモノデアラウ」

〔日本社会史　36、―7、　内田〔銀蔵〕博士、日本経済史ノ研究（下、112）モ同見。〕

ツマリハ本庄博士ハ氏ガ一ノ共産体トシテノ経済的単位タルヿヲ否定サレルノミナラズ、氏ガ集団的生活単位（共住団体）タルヿモ否定シテ、――ソレガ分散シテ存スルガ故ニ――氏ヲ以テ唯観念的集団デアルト見做サレテヰル。

（右の大学ノートの裏面に鉛筆書きで）
○土地所有权〔ママ〕ハ氏カ氏上〔「氏神」を○で囲み欄外に〕（御縣ハ天皇（氏上）ノ私有（52））カ氏子カ土地私有ハ氏上ノ名ニ於テ現ハレタノハ比較的後ナレバ（ソガ氏物部氏）ソノ以前ハ氏全体ナルヿ部ニ於ルガ如ク
ナラン
○天皇氏ト他氏トノ干係〔ママ〕、
氏子ハ一番最初ニマヅ人ヲ yakko（奴）ヲ私有セリ
部ハ氏ニ所有サレタリ
皇別氏ハ比較的後ノ発生、（コレハ生理学的分離ニヨル□□〔上段の横文字二字不明〕ニ倣フ）
神別氏ハ天マケ原以来ノ干係也、之ト皇別トハ血縁ニアラズ。
然ラバコノ干係ハ他種族（出雲クマソ等々）ニ対スル攻守同盟ノ聯合干係ト解スベシ。
コノ聯合ニ於テ leadership ヲトレルモノ天皇氏ニシテ漸次天皇氏ヲ盟主トスル干係生ジ、天皇氏ノ氏ノ上ガ本州攻略ノ後各氏ノ上ノ上位ニ即ケル姿ガ神武ノ即位※〔最下段ニ※「天皇氏ノ上位ガ是認サル、ニ従ツテ氏間ノ集权的体統ガ生ジタモノガ姓ノ高下デアル（29）氏族間ノ均衡ヲ表現　臣連国造縣主伴造（部ノ管理者）トアル」〕
之等戦争ノ捕虜ハ部〔「部」の右横に傍線〕トシテ各氏ニ附属サレ、各氏ハ土地及生産機干〔ママ〕ノ所有者ニシテ、部ノ収奪后ハ直接生産カラ放レタ。捕虜ノ多クナルニ伴ツテ、氏内ノ各戸ニソレ〴〵配置サレタモノガ奴デアル。奴ハ戸ヲ単位トスル生産ニ従事シ、部ハ氏ヲ単位トスル生産ニ従ツタ。戦争モ行ツタ。
部ノ収奪ハ本州攻略ニ初ッタノデナク既〔ママ〕ニ高マゲ原時代ニ（即日本渡来前ニ）アッテ、皇孫ハ五部神（本庄40）ヲ随ヘテ下ツテヰル。又後ニ至ツテハ韓奴、高麗奴、蝦夷奴（48）上階級人ト雖モ階級道徳ノ破壊者ハ奴トシタ
（48）〔欄外にタテ書に記している「氏ノ上ト氏子トノ階級分裂――内的分裂　氏ト部or奴トノ階級分裂――外的――外的分裂ガ内的

ソレヲ新ニ招致スル」の文章を上述の「階級道徳……」へ↓で記している〕

〔二枚目の大学ノートの一頁には万年筆で次のように書いている〕

「氏族ハ共同ノ祖先ヲ有シ又ハ有スト信ズル、幾多ノ戸ヲ包含セル団体デアッテ……」（本庄23）
カヽル観念的集団トシテノ氏ハ他ノ団体部 Be ヤ yakko ニ対立スルモノトナルガ、事実ニ於テ Be ハ氏ニ属スル現実ノ生産関係デアリ、yakko ハ氏ノ member タル各戸ニ属スル戸ノ手足労働ノ負担階級デアル。ソコデ Be ヤ yakko ヲ所属セシメテヰルトコロノ氏ハ、観念的集団トシテ be ヤ yakko ヲ除外シテ考ヘレバ確ニ生産団体デモナク《ママ》ダカラ経済的単位デモナイガ、氏ノ所有ニカヽル Be ヤ yakko ヲヒキクルメテ、見ルトキハ、ソノ内ニ於テ現実ノ生産消費ガ行ハル、トコロノ経済的単位トナル。白柳秀湖氏ハコノ意味デ氏ヲ自給自足ノ部落トシテ説ク
（社問講No、1）

　氏ハ併乍確カニ分散シテ行フダラウシ、又数個ノ氏ガ一所ニ集合シテ生活スルニ至ッタヾラウ、大化改新後部ガ解放サレテ、氏ガ Be ヲ失ッタ後ハ、氏ハ完全ニ観念的集団トシテノミ存在スルニ至ッタノデアル。今日デハ氏姓ヲ以テ観念的集団ト考ヘル者スラアルマイ。総テハ歴史ガ之ヲスル。ダカラ当初《ママ》ニ於テ氏ガ一ツノ生産団体トシテ名実共ニ相覆フタヿモ、アル歴史的伝説ニ就テ探リウル限リニ於ル上古ノ氏ハイカナル段階ニアッタカ、之ニ就テハ、

「我国上古ノ各氏即各部落ガ、共産制デアッタカ、集産制デアッタカ、ソレトモ私有制デアッタカハハッキリ云フヿガ出来ナイ。併シ右ニノベタ如ク、最下等ノ奴隷ガ部落ノ中ノ各家ニ属シ、優等ノ技術奴隷ガ別ニ家ヲナシテ部落ニ配属シテヰタ事実ナド考ヘルト、ソレガ少クトモ、嘗テハサウシタ制度ノ行ハレタ痕跡デアルト云フヿヲ云フニハ、何ノ差支モナイ。即我国ノ祖先ニモ、曽テ血族共産制ノ時代ガアッタ。處ガ其後ソレガ集シ《ママ》デ集産制トナリ、

更ニ進ンデ私有財産制トナリカケタノガ我上代ノ歴史デアル」　白柳6

〔裏面は次の二行だけで終わっている〕

部カラ氏へ（旧イ部ハ功ニ應ジ氏トナル）

降臨時ノ天コヤネノ命ハ五部神《Itutomonoo》→中臣氏(臣)

現在私の手元にある小型の大学ノートに、服部の社会学部と中央労働学院での講義メモがある。その一冊目は、表紙に「法政大学社会学部昼夜間第四学年」と記しているだけだが、内容から一九五二年であることは明らかである。この一頁内につぎのような簡単な箇条書きが記されているだけである。

「5／21第四回」〔この右上に「アジア的と西欧的」と記し、その下に「封建制社会構成の概念」〕とある。

その説明に

「a、奴隷制ト封建制　正一位イナリ大明神

b、封建的構成

c、ソレノ三段階（次回）？

イ、古典荘園制 clasical manor

ロ、純粋封建制

ハ、絶対主義

木の葉の例についての質問者（一般法則と特殊の問題）

自由主義

帝国主義
ファシズム　」

私が服部の助手時代に屡々服部が行う講座や講義にお供した。その時、服部は右のような簡単なメモをノートとか一枚だけの原稿用紙に箇条書きしたものを手に持ったり、机の上において、面白おかしく談論風発で軽妙に話すのを聴いたことを今もはっきりと覚えている。よく言われる「服部漫談」（講談）である。

この小さな大学ノートの中に講義ではないが、どこかの出版社からの依頼原稿であろう。〔本書の『年譜』にある一九五二年八月「日本歴史の嘘なるもの—神と悪魔の座—」『中央公論』六七—九。『全集』㉒所収、のためのものと思う〕わずかにたった五行の横書きである。

「現代に生きている日本歴史における大嘘
1、熊沢天皇。
2、天理教不敬事件。 ｝皇統
3、――――現代姓氏録……
4、そのくせ西洋の嘘に圧倒されている話
バスコダガマ。
傭兵（東印度会社） ｝南蛮渡来
10枚　6／10　」

この年に『法政大学新聞』から依頼をうけて左の文章を寄稿している。

②「学生達の感想を読んで」（『法政大学新聞』第二四四号、一九五二年九月十五日）

本紙の二頁全面に、「特集」『農村から漁村から』と題して「帰郷した学生の感想」が掲載されている。上段のトップに「煤煙と渇水の町　筑豊炭田　真赤な眼の子供たち」（h）＝武内すえの＝、この左に「〝死んだ海〟の漁民達　まだ知らぬ組織の力」（c）＝清水泰善＝、この左端に「義理と人情の礼文島」（b）＝山本実＝、紙面の二段目の右に「魚獲網まで質に　観光・演習地銚子の実体」（e）＝熊沢健一＝、この左に「ふるさとの窓を通して　心に感じたまま」（g）＝教養部二年女子学生＝、その左端に「中国山脈に包まれて　或る農夫の対話から」（j）＝豊住千鶴子＝、三段目の中央に「鬱の哲学（原文のママ）に支えられて　北国の農民の姿」（i）＝近藤泰＝、その左端に服部の「学生達の感想を読んで」が掲載され、四段目の右端に「民族の危機と選挙」（d）＝横山俊彌＝、その左に「軍都岩見沢　〝開拓者魂〟今いずこ」（f）＝橋本稔＝、「或る女工の話から」（a）＝小川環＝の十本の学生たちの感想文が掲載されている。この『法政大学新聞』の発行所は法政大学新聞学会で編集印刷発行人は渡辺城一郎となっている。

この服部の感想文のことは、すでに紹介した小西四郎・遠山茂樹編『服部之總・人と学問』の最後に松尾編として「服部之總　年譜・著作目録」の中に題名のみ記載しているが、服部が生前編集した『著作集』にも、没後に奈良本辰也が編集した『全集』でも収録されていない。私は本稿にぜひ収録しておきたいと思って、私の法政大学の教え子で現在法政大学社会学部で兼任講師をしている酒井英光に依頼して、この感想文と同じく『著作集』と『全集』にも収録されていない『〈対談〉庶民の喜び』の二つの文章を図書館から複写してもらった。そのおかげで私は、この二つの服部の文章を初めて読むことができ、本書に収録することができたことを心から感謝する次第である。

「学生達の感想を読んで」

編集部からうけとった十篇の夏休みルポルタージュを、今朝たんねんに読み終えて、さて感想をまとめるために、三つのグループに私はそれを分類してみた。偶然の結果と思うが、ほぼ三篇ずつにわかれた。十篇の各々につけたアルファベット（小文字）は、私がそれを読んだ順序にしたがってつけたものである。

グループA（g・i・j）は、夏休《〔ママ〕》になって「ふるさと」に、受動的に帰って住んだ学生たちである。中に一人、隔月ごとに帰省する女子学生もいる。「帰省」という古くからの文字が似通うような、そのようなルポから成っている。

三人とも純農村の人であるのも偶然ではないだろう。私自身もかつて——三十年以上もまえ、高等学校じぶんの前半は同じような、「帰省者」の夏休《〔ママ〕》を体験したおぼえをもつ。

それは幼児が母体から離れられないように、母体のところに帰ってゆく。なつかしくはあるが、三日もいると倦むような、消極的な故郷であるにすぎない。反省があり、ときに鋭い観察があるが、魂はそこに安住しないのである。gもiも、そのような淡彩のスケッチとみてよい。iの故郷は、私の故郷（奥石見）と風物も似通っているので、とりわけしたしく読まれた。

iの郷里は北海道の純農村である。「此の土地には、何かしら運命的とも呼ぶべき、封建的なものがひそんでいる」。

北海道からの報告は十篇のうち三篇あるが、私がグループCに編入したbは礼文島の義理人情を書いて、選挙のとき地主の推す候補者に反撥《〔ママ〕》を感じながら一票を投じるのは、土地をとりあげられるという恐れもあるが、おじいさんの代から地主にお世話《〔ママ〕》（？）になっている恩義があるからだ、と記している。その同じ北海道の農村の、bもiもともに地主の子弟であるらしい。にもかかわらずこの二人の感想のしかたには、私の生長で云うなら高等学校前半期と大学時代ほどのちがいが見てとれる。とりわけiの思考には、彼の村の農民の若者たちの内側にもっぱら「憂うつの哲学」を見出し、「黙々と、現実に向って突っ走る、頑強な、耐久力に富んだ若さの一途」をもちながら「情熱に欠けている」東北的な古いすがたを、定式化しているのである。この定式化のうえに彼が安住することができるものなら、彼の発展もないであろうし、世話もないのであろう。帰りついた東京の空気を「稀薄」と感じる彼は、やはり安住してはいないのであろう。

◇　◇

グループB（a、c、e、f）はAとCとの中間にいる。eはたぶん東京人で、銚子に出かけたときのルポである。観察も鋭い。cは房州館山を郷里とする人か、一夏仮りに住んだかわからない。漁民の組織という重要な問題について、単独で思索してみたものである。aは機業地、足利をたぶん郷里とする人であろう。女工にたいする工場員の見方が、昔とくらべて非常に「自由的に」なっていること、「うちの女工などは夜おそくなるとヘイをこして帰ってくる」と平気で云ってすませていること、実際に足利全体として、昔にくらべて風紀が悪くなっていること——すべて参考になる観察だが、どうしたら「解決」できるかという問題については、手がかりも足場も持っていないことは、このBグループの特徴である。

新生しつつある軍事都市、北海道岩見沢をスケッチしたfは、りっぱであるが、このかぎりではBグループのうちにある。

◇　◇

グループC（b、h、d）三篇のうち二篇（bとh）は、一人は女性、一人は男性であるが、この十篇の双へきであろう。本文について、読んでいただきたい。

他の一篇dは、夏休みルポルタージュというのではない。故郷をもつ人であろうとなかろうと、それは問題でない。いまの日本を故国としてもつ学生で、こんどはじめて選挙権を行使する権利をもった一人が「清き一票」をだれに投じたらよいかという当面現実の課題を、とりあつかったものである。それは一人dばかりでなく、同じ年齢の多くの人たちがあらゆる故郷でこの夏休みに本気で考えてみたにちがいない証拠は、のこり幾篇のなかにも見てとることができたものである。

◇　◇

本紙編集部が、本学教授としては全く新米の私に、この十篇を示してくれたことは、私に本学学生の心の内側を知らせてくれるよすがとなった。私はこの十篇を読んで、それらを書いた若い諸君に、心からの愛情をおぼえる。

（一九五二・九・一四）

私は冒頭に書いたように、服部のこの文章は初めて読んだものである。歴史家・服部は文学部日本史学専攻科の出身ではなくて、東京帝国大学文学部社会学科を卒業していることも、本書にすでに書いている。私が服部から直接聴いたことであるが、旧制第三高等学校時代に当時の新しい思想であったマルクス主義に傾倒したため、社会学科に入学すればマルクス主義が学べると思ったからだ。その程度の知識しかなかったことを恥かしく思うと苦笑した服部の顔が今でもはっきりと浮んでくる。私は右に引用した「学生達の感想を読んで」を筆写しながら、読者諸氏もこの新聞に掲載されている法政大学学生の感想文を読まれて、服部のこの文章を通して当時の服部の教師像を検討していただきたいと思った。

最初に紹介した小型の『大学ノート』の二冊目の表紙には「法政社会学部　社会学原論ノート　（ひろし）　一九五三年第二学期　服部之總」と記している。（ひろし）とは、当時服部家に引きとっていた韓国人の金匡來のことで、家では「ひろし（匡）君」と呼称していた。後述する服部が死去したときの弔辞の中で、彼と服部との関係については詳しく述べられている。この大学ノートの表紙になぜ（ひろし）と書いているかは、私の推測では服部は時々アシスタントとして金匡來に代講させたこともあったからだと考える。

表題にある「社会学原論ノート」の内容は、一枚の中に横書きでつぎのようなわずか五行の記述のみが書かれている。

「一学期　ブルジョア社会学批判

二学期　史的唯物論
三学期　厂〔ママ〕史叙述論トシテノ方法論
一学期参考書、戸田貞三社会学研究の栞　其他
二学期参考書　ソヴェト　」

二頁の左には「6／11　第五回〔五を七と訂正〕（昼）親鸞時代――恵信尼文書　次回蓮如時代」、その右に「6／18 第8回〔ママ〕（夜）前頁同様。恵信尼文書のやつこ　蓮如時代の金納地代と

小作
又作　｝物納地代？
又々作

」とのみ記されているだけである。この半面の空欄に「教員提出」の学生の「科目登録票」が貼付されてあり、それによると社会学部（第二部）の四年生の姓名が記入され、科目は日本産業構造論（撰択）の講義であることがわかる。

もう一枚の半分には、これも横書きで次のような記述がある。

「9／17　参考書
M.E.　ドイツ・イデオロギー
〃　Kommunist Manifest
M.　圣〔ママ〕済学批判序説
Lenin マルクス、エンゲルス、マルクス主義
Stalin ソ同盟ニ於ル社会主義ノ圣〔ママ〕済的諸問題
〃　言語学について

ソ同盟科学アカデミー哲学研究所　コンスタンチーノフ監修　史的唯物論（大月）

史的唯物論の成立

服部、ドイツ、小ブルジョア・イデオロギー

」

三冊目の『小大学ノート』には、表紙に「一九五三・一・三〇〜　京都広島旅行　史窓〔之總の意〕山人」と記入されている。このノートには、法政大学社会学部の講義メモは全く書かれてはいないが、最晩年の服部の研究関心についいて興味深い記述が書かれているので例外だが紹介しておく。

このノートの第一頁に、次のように記している。

「1／31　京大河上會、七年忌紀念講演」と冒頭に横書きで記し、その下段に「明治の民主主義と民謡」と書いて、以下のように記している。「奈良本〔辰也〕君ヘノハガキ1／20、明治民主主義が、中期以降ハ社会主義トシテノミ燃焼スルコトガデキタトイフコト、　封建制ヘノレジスタンストシテノ古典民謡ガ明治期ヲ通ジテ古典的ナ形ヲ崩サナカツタトイフコトトノ間ニ、河上〔肇〕サンガ社会主義者トナツタ時代的背景ヲ点描シテミタイ。

河上年表作製ノコト」

後掲の服部の弔文の中で、社会学部の同僚教授であった増島宏も書いているように、社会学部の酒席の最後はいつも服部の艶声のある民謡で終ったようである。私もよく服部家で彼の民謡を聴いたが、必ず謡い終った後でその民謡の歴史的背景を、とくに民衆の視点から説明してくれたことをよく覚えている。例えば『関の五本松』がその代表で

あった。前掲の服部が行った京大河上会七年忌紀念講演（『明治の民主主義と民謡』）のために調べた詳細なメモが五頁にわたってビッシリと書かれている。法政の講義と直接の関連はないので大半は省略せざるをえないが、私がとくに興味深いと思われた記述のみを以下にわずかだが紹介しておく。

つぎの二頁の右に以下のような横書きの記述がある。

「民謡ニ農商工民ノ圏ナキコト（共同ノ敵）〔上記ノ「民謡」に「→mitle iden スルガ日常ニハ分散シテイルコト」と記し、「農商工民ノ圏」と mitle iden－－－」の間に「×」を記している〕。この下に「民謡地帯ハアルガ、記《ママ》ハレテキル労仂《ママ》トリズムハアルガ、歌フ circle ハ仂ク人民一般ノモノナルコト。

恰モソレハ騒動ニ於テ農商工民ノ別ナキコト

イヅレガ leadership ヲトツテモ、他ガ共ニアル。〔この下にすべて括弧の中に入れて、次の年表〕「明初騒動――明9

　大一揆――自由民権

高島炭坑――足尾鉱毒

印刷工組合同盟会――社会主義研究会

日比谷焼打事件――足尾鉱夫騒動――米騒動〔高島炭坑と印刷工組合同盟会の二行の上にへを付してある〕

労農組合・政党運動

水平社〔労農組合と水平社も右と同じ〕

血のメーデー〔ここまでを括弧の中〕

米騒動以後、民謡ノ原型ハ崩レタコト

メーデー歌、赤旗、Inter ガ継承

組織的日常的結合。」

左頁に以下のような記述がある。

「◎歌詞ニ於ケル resistance

◎革命的歌詞ハイカニ歌ハレタローカ

チヨボクレ――革命的歌詞（〃なりたち〃）八木節ニノセテ。（オソラク）

(イ)　歌う（ママ）周ノ（分類）

Ａ　労仂過程デウタウモノ

Ｂ　文化過程デ　〃　〔ＡとＢの行に｛を付す〕

Ａ、松前追分　オシヨロ・タカシマ　ウタヌ□・イソヤ

ソーラン節　ニシン網

磯ぶし（馬子歌）

木挽歌・田植歌・麦打歌・草刈歌

Ｂ、盆踊り　其他

会津磐台山《ママ》　関の五本松　木ツチヨセ（中曲川）　伊那ぶし　木原節〔「会津磐台山《ママ》」から「木原節」までを

ａで｛〕

八木節　くどき〔この二つをｂで｛〕

Ｃ――木ヤリ（嫁入等）　　ｃ会津

玄女節　」

次の頁の左に以下の記事あり。

「芸者ノ歌謡ハ民謡ニアラザルコト
　大津絵　サノサ　どどいつ

　　結語
職場分散ニオカレテアル。
今ヤ農民ノミガ、昔日ノ如キ
農民ノモノトシテハ原型ヲ回復セリ。

民主主義革命ニヨツテ農民ガ
解放サレル日マデ、
　ソレハ生キテイルカラダ　」

　この『小大学ノート』には、二月六日に県教組主催の平和問題を中心とする懇談会（於教育会館）に於いて服部は特別講演を行っている。そのときのメモとして「誰が何のために戦争したか？　重光〝昭和の動乱〟　陸軍統制派の Back potential 軍需産業　中日 trade　森下仁丹の体温計の話（庄司）　木造船　侵略戦争の否定（この七文字は括弧で囲んでいる）」や二月七日に広島大学皆美分校（旧広商）で午後一時から「シンポジウム〝近代化への二つの道〟（司会　後藤陽ほか横山英、渡辺則文、西村孝夫出席）」と題して、服部の問題提起の詳細なメモ、また二月十四日には東大教養学部学生自治会主催の講演会で、服部と鈴木正四が講師となり、この時のテーマ『軍国主義ト天皇制』についての服部の詳細なメモが五頁にわたって書かれていて、夫々興味深い内容だが主題からはなれるので割愛せざるをえない。

服部は本書巻末の「年譜」に記してあるように、法政大学社会学部定例研究会（教授就任の翌年の一九五三年六月）で「〝文明開化〟について」と題する発表を行っている。この報告はその年の八月に『現代史講座』第三巻（創文社）に収録された。その後、私が服部の私設助手時代に出版した『服部之総《ママ》著作集』第六巻（一九五五年八月、理論社）にも再録されているし、没後に刊行された奈良本辰也編の『全集』第十一巻〈自由民権〉（一九七四年二月、福村出版）にも入っている。

『著作集』第六巻の解説は服部の案で松島榮一が担当するはずであったが原稿が刊行時に間に合わず、急遽、巻末に「附　明治のナショナリズム――ある日の座談」と題して、この穴をうめた事情をここで明らかにしておきたい。

この座談会の出席者は、文中のA（服部）、B（江口朴郎）、C（奈良本辰也）であった。この文末に理論社社長の小宮山量平がテープ・レコーダーの録音にもとづいて整理したと小宮山が付記している。この座談会は、いつものように私が服部家にあった旧式の大型テープ・レコーダーを廻して録音したものであって、当時の歴史学界を代表する大家の興味深い話を側で聴いていたことを現在もよく覚えている。公表されている文章よりも、もっと興味深く、重要な指摘が三者から出されたことを残念に思った記憶がある。松島がこの巻の解題として書こうとした内容は、この巻の「しおり」の巻頭に掲載されているので読者は参考にされたい。

さらに、この年の九月に服部と同じ鎌倉山の住人であった大学の同僚教授で、年齢は服部より若かったがとくに親交のあった児童心理学者の乾孝と服部が対談を行っている（『法政』第二巻第九号）。この対談は、『庶民の喜び』と題されていて、当時の世相・文化について興味深い時評的な対談であるので全文を紹介しておきたい。

この『対談』の末尾の「司会・郡山」とあるのは、戦前法政大学文学部哲学科の教授であった戸坂潤（在職中に治安維持法で検挙投獄されて獄死）の弟子で、戦後は大内兵衛総長の肝いりで大学のPR誌として発刊した月刊誌『法政』の編集長である。乾教授とは私が法政大学第一教養部教授として採用されるにあたって、とくに推薦してくださった恩義ある先輩教授で公私とも晩年まで親しくさせていただいた。郡山編集長とはご夫妻ともども親しくしていただき、私が一九六〇年安保闘争直後に腸結核を病んだ際には郡山夫妻のお世話で経堂にある郡山宅近くの個人病院に一年近く入院した当時、屡々病院から脱走しては郡山宅で馳走にあずかるなど数々の思い出がつきない。

③対談・庶民の喜び

庶民とは何か？

司会 戦前と戦後とでは、物の考え方が、いろいろと特に若い人々の考え方や生きる態度や姿勢にかなりへだたりがあると思います。したがって禍福哀歓の感覚もちがって来ていると思うのですが、戦後の一般の、庶民と云われる人々の喜びや悲しみのあり方や、その本質についてお話し願いたいと存じます。

服部 まずルールをきめようや、庶民とは何ぞやという――。僕はあの言葉が気に喰わん。封建的な言葉だ。五ケ条の御誓文にも「庶民に至るまで」といっている。大体徳川時代の言葉らしいね、強いて定義づければ働く人間、今なら労働者、農民、サラリーマン、それを階級としてとらえるのでなく、それに生活の部面で、つまり職場から遮断された部面でとらえた言葉――。

僕はそういうふうに規定しておるわけですよ。

だから現在の、つまり階級としてものを捉えなければならないような場面に好んで庶民という言葉を使う。

乾 逃げ言葉ですね、人民という言葉が使えない時は庶民という。

服部 だから今日乾君と対談の中でのルールはそういう逃げ言葉としてでなく、現在の働く諸階級の職場以外の消費面における生態とでもいうふうに規定しなければ困るのじゃ《〔ママ〕》ないか。逃げた意味でなく、こういうルールを出そうと思ってるがどうですか。

乾 賛成です、もう一つは庶民といわれるのは、いわゆる借着をした文化人と分ける意味があるんじゃないでしようか。

服部　うむ。

乾　しかしまあ今の先生の定義ならばサラリーマンも庶民に入れていい、われ〳〵大学教授もちやんとその中に入る、そういうふうにいたしましよう。

服部　戦前と戦後の一番著名な変化は、たとえば大学教授、官公庁の官公吏、或は民間会社の本社員等は、俺は庶民じやないぞと戦前は考えていた、大学を出て初めて職場に入るインテリゲンチヤ、それが労働者、つまり工員だな、それから現業――官公庁の、それに対する特権意識を完全に喪失した、その根底には事実上存在条件の上で、サラリーの上で、収入の上で同じになった。これが終戦後の日本の組合運動、世界中の鍵といわれるほどの一つの層、知的労働者も筋肉労働者も一つの組合で組織される。その場合に今まで明治以来努めて特権意識を維持して来た官公庁のいわゆるデスクマンまでが広汎に労働者と階級意識を共にする。それが外国なんかでは非常に多年の年月を要した全産業別組合であるとか、或は全地域別連合であるとか、そういったものを極めて短時日の間に作った。そしてあのマッカーサーの占領政策によるあらゆる努力と、それに対応する政府や資本家の分裂政策等々にも拘らずやがては成功して、分裂したと思うと総評がいつの間にか再起する。こういう結果をもたらしたという事実が、つまり今日の主題に戻ると、消費部面における庶民という場合に、戦前だったら今君が言ったように戦前における文化人の借着の庶民、早い話が荷風の「濹東」(濹東綺譚)にしても川端康成の「紅団」(浅草紅団)にしても、乾君の覚えのある新宿の「ムーランルージュ」にしても皆借着だな、それが終戦後においてはそうじやなくてなって来ている。ということがいえるんじやないか。

借着がなくなった

司会　借着がなくなって、何か新らしいものが生れて来ていますか。

乾　それはさっき服部先生がおっしやった経済的な根拠があるわけでしようし、たゞそれだけじやなくてもっと広汎なものがあると思う。勿論一番究極するところは収入の問題でしょうが、第一ネクタイ人種の誇であったネクタイまで燃えてしまったということ、それと通勤者が沢山出来てしまったこと、このことが山の手文化をぶちこわしておると思う。そうしてわれわれ全部が、インテリが皆通勤者だ、そこで週刊雑誌のような読みもの、これは通勤者が電車を待つ間に読む本でしょう、朝な夕な一時間半の吊革体操をする連中でしょう、目方のある本は読めはしない、開襟シャツのポケットに入る本か、丸めて持つ週刊雑誌文化ですよ。パチンコもある面ではそうです、バスを待つ間ここらでちょっとというところ、何かそういうものが現われておるわけですよ。

服部　たしかに山の手文化は崩壊した。この鎌倉山も戦前には近衛公爵あり、松本烝治閣下あり、田中絹代氏等々、大変なものだった、今は乾先生あり、全く落魄した庶民的プロフエッサー或はそれに類するもの、今この山から脱け出して便利なところへ家を建てるようなゼニのない連中が、朝な夕なデコボコ道をバスに揺られて通勤する、たしかに山の手文化の崩壊だよ。

乾　それでムーランがうまく行かなかったということは、何かそういうわけがあったのか――。

服部　僕は今日の参考資料に内外タイムスを持って来ようと思ったが忘れて来た、内外タイムスのエロ編集だな、あれにしても浅草のストリップにしても、あれは最近はひどいな、あれに対してムーランなんかがなくなってパチンコが蔓延しておること、以上のことを併せて考えて見ても、たしかに庶民は喜ぶようになった。喜ぶようになったが政治面においては労働者、労働組合が先頭に立ってネクタイ組合も何もリードしている。ところが職場ではそれに反してさっきから規定しておるように消費部面の庶民の幸福面においては戦前の「浅草紅団」、「濹東綺譚」が瞠目するほどの、ネクタイ性の喪失、そうしていわゆる戦前的庶民性のアメリカナイズされたやつで、生産部面と、職場における非常に激しい高まりと、それから消費部面に規定されておるような庶民の非常な低まりの対立矛盾だな、それが目につくんだな。

乾　そうですね、何かあゝいう娯楽が、一般に物資が乏しくなり生物学的段階に下ったために一斉に揃ったということがいえる。民衆全部が生物学的段階に行った。前には僅かに趣味とか何とかでズレていたのが、最大公約数で一致した。むしろ好むと好まざるとにかかわらずそうなった。このことについてはデモクラシーがあるけれども――。

服部　それはむしろグレシヤムの法則によって最低線まで来たということだね。

乾　ストリップもそういうことで、昔はカジノフォリーがもっていたような、ちよっとひねっていたものがなくなってはいだかという一番の最低線で一致したわけですよ。

司会　生物学的段階の最大公約数になったということは、今迄のいわゆるインテリとか文化というものが本ものでなかった――。

乾　借着であったということが一つの面ですね、それがあるわけだからピンチが来た時に地金が出てしまったという事があると思う。

服部　つまりそれを支えていた明治以来の中間階級というものが、物質的にも精神的にも完全に崩壊したということだな。

乾　そうですね、当時の連中がいい趣味をもっていたとしても、それを支えるものがまやかしであった、それが暴露されて見ると、こんなものだという――。

悲しきレジスタンス

司会　それから、もっと古い江戸時代に根をもち、粋とか通という言葉によって表徴されるものがあったわけでしよう。そういうものは――。

乾　その粋とか通とかは最初に規定された意味の、本来庶民のものじやないですね一部分の人のものであったから――。それが、いま、ゆがんだ形で復活しておるんじやないですか。

服部　たとえば借着、この借着は戦後資本主義的復活やら外国資本の流れ込みやらで大変な復活ぶりだが、知人の戦争中からの重役に何かの折に引張り出された時に見ると、殆ど復活（粋とか通）していないじゃないか、それはなくなったといってもいいじゃないか。これは花柳界の古老の嘆きの、或は愚痴の元であるし、やはりそこに粋といわれるものの断層があるんだな。

乾　それは戦争中にこわれてしまったでしょうね、便乗成り上り者によって。

服部　占領時代のてんやわんやで、ちょうど今の政治家も早い話がそういう断層があるじゃないか。吉田内閣の閣僚何百人か知らんが、顔觸れを見ても、第一吉田総理大臣そのものが粋でも通でもないじゃないですか。

乾　ゆがんだ形で出ておるのはそれなんです。粋とか通であったという花柳界が政治家の半端向上のためにお客に対してエキゾチックになったでしょう。普通女の日本髪にしてもこれは外見上復興だが実はそうじゃない、もう一段進んだ従属国文化ですよ。そういうものが相当あると思う。それともう一つは変な話だが通というものの一番悪質なのはアメリカ通ですね、下級サラリーマンとか、そんな中にちよっとあるじゃないですか。

服部　それはつまりさっき言った最低線のところの一つだろう、あれに対するレジスタンスと見ていい。悲しきムーラン的な復活というか。その点からいうと僕の知人で大阪におる一人が人民茶道というものに力瘤を入れている、先生に相談しないで民衆茶道を提唱しておる。つまり茶道というもの〻、やはりそういう道徳的頽廃に対するレジスタンスがあることはある。

乾　ありますよ、それと待合とか何とかいうものの、ああいうものの廉価版ができるわけですよ。福田〔定良?〕さんが来ないとまずいが、ストリップ小屋で日舞をやらせる、僕はあんな退屈なものはないと思った。ところが非常に熱心に見ておる、昔はやはりそういうもの〻一つとして娘踊りというものがたしかにあった。自分で経済的に買えない連中が見るあれと同じだろうというのが福田さんの学説ですよ。だからあんなところへ入れない連中が見る。歌舞伎なんかの場合でも遊覧バスの幕見というのがある、そのために雰囲気がこわれるといってアバンの通は嘆いておる、何かそういうふうな一種のダイジェスト文化ですか、あれもこれも安直につまんで行く。

服部　映画では一番はっきりするね、ストリップ的な刺戟映画だのが大量生産されている一方では「女一人大地を行く」とか「広島原爆」とかいう小資本のしかも大衆娯楽に基くものがある。それがとにもかくにも経営システムがあって、あとからあとから作るという現象がある。だからさっき言ったつまり生産面における非常な高まりと、消費面における非常な低まりとの矛盾がある。庶民の自力でそういうレジスタンスがある場合は非常な的外れにもなっておるが、ある場合は自立策になる。僕はこの間朝日新聞だったか映画評で評判のよくなかったソヴエト映画の「勇敢な人々」を新宿へ見に行った。一杯入っておるんだよ。そうして僕は新聞批評はとんでもない間違いだと思った。たしかに楽しい、しかもその楽しさが日本の庶民をそのほうへひっぱっている。

司会　古いものは失われたが、レジスタンスの形で喜びというようなものが、変形されながら生れておる、そういう意味では希望的な面は可なりあるわけですね。

乾　希望的な面はあるでしょう、それはストリップ位を見ている人たちが、その翌日「勇敢な人々」を見に行くとか「女一人〔大地を行く〕」を見に行くとか、それは別問題で、恐らく違うでしょうけれど、その点は民衆自身の手で新しいものが作られる。今の映画の場合もそうだし、職場のコーラスとか、そういう非常にジミな形で生活に密着した本当の意味の娯楽というものが出て来つゝあるということは言えるじゃないかな。

服部　僕はこの機会に本誌を通じて広く読者に答を求めたい。この間僕はある講座で、四十六年の四月選挙、五月に第一吉田内閣が成立するまでの政治的空白期、まる四十日間の空白期について、その時思いついた疑問だ、あのクライマックスのメーデーに際して、あの時、どれだけインターを唄〔ママ〕ったかという問題だね。なぜそういうことをいうかというと「起て飢えたる者」というインターの最初の言葉、あれがあの時ほど状況にぴったりするものはない。世界中で、又世界の近代の歴史の上で、「起て飢えたるもの」という文句があの時ほど全人民のネクタイからニコヨンに至るま〔で〕ぴったりと当てはまるものはない、しかも政府はそれに対して何ら手を打っていない、ということはあれがピタッと合っていたからこそインターが全国的に歌われるようになったと思うが、問題はいつからか。北海道の友人に聞いて見たらあの四十六年のメーデーでは北海道ではたしかに歌ったそうだ、ところで東京のメーデーに出たことのある手合に聞いて見てもうろ覚えなんだ。それは彼等の中にその年のメーデーも四十七年のメーデーも四十八年のメーデーもごっちゃになっている。そこで僕は本誌を通じて全読者に四十六年のメーデーの時こそ、「起て飢えたる者」というあの文句が一番ひしひしと身にこたえて天下の庶民に訴えたあの時期に、一体全国各地でどの位、全国で人数の上においてどれだけインターが歌われたかを調査したい。

乾　それは意味がありますね。

服部　この点は削らないで載せて下さいよ。

新らしきものの支柱

司会　乾さん、そういう精神的のレジスタンスはどういうものが軸になって、どういうふうにはぐくまれて行くでしょうかね。

乾　どういうものが軸になって――。

司会　古い日本の文化とか、明治から大正にかけてのいろいろなヨーロッパの文化とか、又戦後いろいろなものがゴチャゴチャと入って来ておるわけでしょう、そういう中でどういうものが本当の軸になって動いて行くだろうかということです。

乾　難問ですね。

司会　それは、ヨーロッパの場合だと根底に神の問題がある、神を肯定するにしろ否定するにしろ神の問題をぬきにしては、何事も考えられないが、日本の場合にはそのようにきびしく背離するものも支柱となるものもないわけでしょう。

服部　福沢諭吉が明治十年前後に同じようなことを言っている、ヨーロッパ人には神がある。日本には天皇があるけれども、その天皇は武家が権力を取って無力である、だからサイエンスによることができると福沢は言っている。日本人はサイエンスに対する受け入れ態勢があるというのだよ。

乾　それはある意味からいえばたしかにそうですよ、ダーウィンの進化論を日本人みたいに無抵抗にサラリととり入れるものはない、アメリカでは一九二〇年代になって進化論に対して抵抗を示している。

服部　日本では一福沢がそういうことを言った時と同じにそれ以上天皇制は無力化されている。ちょうどその程度位に。

司会　日本では進化論だけじゃない、いろいろな面で安易に受け取っていますね。

服部　日本だけでなく、中国でも朝鮮でも、アジアの特殊性ですね。だからこそ欧米だの民主主義国に比べてアジアこそサイエンスに向って準備しておるといってもいいだろう。福沢が言っている時代は、その次に否定する段階が待っていたんだからね。

乾　それだけじゃ今出た問題の答にはならないでしょうね。

服部　つまりその徴候があるということですよ。

乾　その徴候はつまり生活がアメリカナイズするけれども、実は已むを得ず行く場合もあるし、無意識に行く場合もあるしするが、案外ジグザグコースをとる場合も、科学的生活というものに歩み寄る傾向はあるんじゃありませんか。

服部　たしかにあるね。それは学生を問題にすれば――われわれは戦前も教えたし戦後も教えたことから考えて、近頃の学生はたしかに違うな。

乾　いろいろな意味でね。

司会　普遍的にいうと、どういうことですか。

乾　僕は要するにザハリッヒになったということ、それは借着のインテリ根性を清算したということもある。この前の座談会で（「法政」―二月号・〝いかに生くべきか〟・対談―大熊信行・池島重信）池島さんが言っていた、その時の話ですが、アルバイト学生が先生の講義をプリントした、その教師が見せてくれといったら、それを出して何円いただきますという、それはある種のたしなみ深い大人の方は不快かも知れないが、あれは素晴らしい前進です。

服部　前進だな。

乾　だから大衆の喜びにしても、喜びを作るという観念性を少しずつ削り去って、ある場合には生物学的段階に転落しているものもあるが、少くとも昔ほど借着でないということは言えるんじゃないか。福田君は大衆芸能の中に批判というか諷刺的の精神が入って来なければということを言っておられるようですが、それは要するに庶民の生活の中でだんだんに出て来るんじゃないですか、むしろ反動政治家が教えてくれるので諷刺せざるを得ない。ただそう手放しで楽観はできないですがね。少し機械的かも知れませんが、やはり戦後の本当の庶民の喜びを作るのは少くとも中核は組織労働者といっていいと思う。さっきの質問みたいな、何というか娯楽・文化というものの中軸になるのはどういうものかというと非常にむずかしくって僕にはわからない、歴史的に――。

服部　そうだな。

乾　生産に結びつくものといったのでは答案にならないし――。

服部　つまり今までこれといったものが出ていないということ。

乾　つまり明日のそういう喜びの中核になるようなもの、昨日の喜びの中にあって、それが何かの形で発展して行く原形というものがそう覆えることがあるかどうか。

服部　やはり消費面と生産面における生活が遮断され、分離せられておるということ、その分離或は分裂を統一しようというやつがあの映画やら独立プロで試みられてある程度成功している。これが万般の娯楽の面で、たとえばハイキングであるとかスポーツであるとか、そういう面で今後高まって行くことができると思うですがね。たとえばハイキングなどは、僕は年をとったから戦後一度も行ったことはないが、名のあるハイキングの場所で戦前派がひんしゅくするハイカーもおり、戦前派が瞠目するようなハイキングの団体が見られるんじゃないか、そういう予測を相当な確信をもって立てることができる。

新らしきものの萌芽

司会　つまり喜びにしろ悲しみにしろ、喜怒哀楽・憂愁で歓喜の主体的な根拠は本質においてモラルの問題でしよう。だからそういうモラルが、どのように変質して行くかということだと思うんですが。

服部　つまり今の庶民は職場では戦後結びつくことを教えられている、一旦職場を離れるや自分は消費生活の部面では相変らず分離している。

乾　むしろ孤立している、ストリップは孤立でしよう。パチンコほど孤独なものはない。

服部　職場以外における孤立、その孤立を反動攻勢に対して消費部面における統一と結びつけるということの中に新しいモラル、喜びを伴う高いモラルだが、それが芽生えて来る。又それが高まりつつあるということですね。

司会　そういう意味で生産と直結して、生産の中から本当のモラルが芽生えて来る気配というものは希望として感ぜられますか。

乾　ちよっと変てこなたとえ話ですが、南博君が演劇の観客調査をやった。このデータは正直に言って、それほど面白いものじやない、歌舞伎、新派、新劇、オペラ、全部やったんです。ところがそういうところへ来る客が必ずしも鉛筆を持って来るものじやない、調査票に書き込んで貰うために鉛筆を四ダース貸した、その回収率では歌舞伎客が一番悪い。その歌舞伎の客は民自党の客、社会党・共産党のファンである新劇では四十八本のうち四十五本でしたかな、つまりモラルの高さというものはそういうことだと思う。

青年は健康になつた

司会　みんなが何か求めている、飢えているということを感じますね。

乾　飢えておりますね。

服部　今たしかに、文化でも、庶民の喜びの面にもね。それは今度の映画〝ヒロシマ〟、あれは日教組がカンパしてやっているが、あゝいうことをもっとやらなければいかんね。だからこれは大学の知的労働組合などが先ず大いにやらなければいけないのじやないかな。

乾　教授懇談会にコーラス部でも作りますか、そこで民謡研究に服部先生——。

服部　これは恐れ入った。何しろ僕の民謡は福田先生に認められて、おかげをもってその後到る処で唄わされ往生しているんだよ。

乾　民謡に対する興味が非常に意識的になったんじやないですか。随分熱心に皆考えている。これは服部先生にも銘記していたゞくといいが、民謡をどこまで変えていいか、個々の場合は大した問題じやないが、そこに真剣に日本の伝統的な文化というものを何かつかみ上げようと考えておるということ。つまり庶民の喜びというやつは、孤立していいということもあるし、従つてそれは文字通り慰みであって遊びですよ。それは本当の意味の、さっき服部さんがおっしやった生産意欲と直結したものとして、少しずつでも求められて来ておるんじやないか、その一面矛盾が激化しておるから、実に百鬼夜行になって来ている。

服部　矛盾も激しくなればいいものが出て来る筈だな。

乾　しかし安月給の一ケ月〔ママ〕の収入の大半を出して外国から来た有名な芸能人を見に出かけるとか、コーヒーの入れ方とか、そういう袋小路に向けた努力もあるわけです。しかしその中にはさっきいったような悲しいながらも主観的に抵抗しておるということがあるじやないでしょうか。

服部　マスコムミ〔ママ〕ニュケーションで新聞やラジオや出版があらゆる努力をするでしょう。ところがよくしたもので読むべきもの聞くべきものはちゃんとセレクトしておるな。それは、やはりそれを手に取る層と、見向きもしない部分とが次第に形成されて行くようですからね。だからいわゆるアプレゲールの性的混乱ということが一面過大に論議されるが、僕は直接自分の子供や、或は若い学生諸君、或は大学を出た連中に接觸〔ママ〕しておる、その連中に対する総論的結論的にいうと、真面目な青年はわれわれ戦前派よりも遙かに性道徳の上で健康であり立派だということだな。

乾　そうですね、その点も前に言ったような変な借着がなくなっておるんじゃないか、山宣（山本宣治）のやった調査では男が童貞を失った相手の大部分は職業婦人ですよ。今はその比率は全然少くなって童貞がふえている。そうして男の大学生の相手は女子学生が出て来る。これはむしろ健康になったと思う。

服部　そう、だって職業婦人はふえておるからな。

乾　それを買う学生生徒は非常に減っている。

服部　それは単にゼニがないとか何とかいう問題じゃない。

乾　それは男娼ということもあるじゃないかというが、それはそれに対する健康さが出て来るんじゃないか、隠れてこっそりやった昔と較べて、とにかく体当りでやろうという傾向が出ておると思う。もう一つは卑猥さというものの階級性ですね。つまり非常に素朴なあれと、持って廻った隠しておるからだけで面白いいやらしい猥褻さというものと、そのあとのものが少しずつ減って行くのは立派なものだと思うが――。

服部　あらゆる現代の日本の努力がスポイルしようとかゝっておるにも拘らず、今の青年はスポイルされていない、われ〳〵の若い時分より遙かに真面目だよ。われわれの青年時代よりも遙かに悪い時代に陥っているに拘らず、青年は遙かに強くなった。よくなった。子供が親父よりも立派にならなければ歴史の進行がないよ。

乾　いわゆるアプレゲールに対する非難は、戦後出て来たプラスの面に対する昨日の人たちの言いがかりでしょう。戦後の青年は本当に成長しているが、気に入らないから言いがかりをつけるという嫌いがあるのじゃないですか。

恋愛もザハリッヒに

司会　戀愛〔ママ〕に対する若い人たちの考え方はどうでしよう。

乾　僕が知っている限りでは、やはりザハリッヒになっているでしよう、何だか知らないが変に神秘化されているロマンスがない、それだけにある種の大人には汚ならしく見えるかも知れないが、その代り彼等は真面目に結婚生活のことも考えておるし、共稼ぎのことも考えておるし、割合にそういう点はしっかりしておるんじゃないですか。たゞやはり映画や何かで宣伝されるから、戀愛はラブシーンを演出することだと思っておるし、暗いところに行かなければいけないような気がしておるが、失敗するにしろ何にしろ、概して僕たちの学生時代のように、あとくされのない遊びということがない。

服部　真面目だね。

乾　真面目ですよ。勿論中には全部正しい中に入っていないものもあるですが。

司会　ザハリッヒというようなこともあるが、その他に戦後の青年が戦前に比してどういう点が特徴でしようか、希望が持てるようなことでは――。

乾　まあ今までいろいろと出たわけですけれどもね、僕はとにかくいやらしい気取りというやつがなくなったことはいいと思っている。それを僕が言うのは学生青年を知っているからそう言うのだが、戦前の青年は僕たちあまり知らないからな。だけれども今だって随分精神的のものや現実的なものから逃げ込もうという人が多いようだが、昔の連中と比べれば、全然比較にならない程度の突っ込んだいろ〳〵な知識なり考えなりをもっているんじゃないかな、社会一般について――。昔よく学習院あたりに共産党のシンパがいた時代があるでしよう。あの連中は全くロマンチストでもあるし、そういうことをやっても自分の庫に火がつかないという安心感があった。今のいわゆる反動青年はもっと切実に考えますよ。反動的にしても非常にはっきりしておると思うですよ。

服部　全体的に見て学生も試験勉強のため勉強するというのがなくなっている。

乾　いや、それはわからない。

服部　僕は昔と比べてそれを感ずるよ、だって昔は大学教室に学生庶民の喜びはなかった、だから試験勉強以外に勉強する気にはならなかつた〔ママ〕よ、昔は――。

乾　それは二つある、一つは昔みたいにジレッタントはいない、それは一つに純粋〔ママ〕に学問を楽しんでおるように見えたが、それがいなくなった、それと新制大学というやつは単位がうるさいから、やはり随分ガツ〱しているものもいますよ。

服部　すると僕は学生に甘い点数をつけたかな。

乾　昔はふところ手して文化の型を暗誦していたのがいたでしょう。自分ではハーモニカも吹けないのに古今の名曲の名前だけ知っているような、あういうタイプは圧倒的に減って来ておるでしょう。そういう点である面では非常にイージーという形で出て来るでしょう。つまり昔だとハッタリのために、面白くもない小説を徹夜して読んで、翌日友達を煙にまくということがあったが、今はそういうのがないでしょう。そういう点は割合に正直じゃないか、さっきもいろ〱なエロチックな文化が最低線で出て来たという話が出たが、それは全体の水準から見ると違ったような感じがするが、何かやはり自分の生活と結びついて、それでやるということがあるのじゃないか。しかし僕は弱みとしてはやはり少し受身だという感じがする。

服部　一番大事なことは日本人の喜びは日本人が作るということですな、革命は輸出されるものでないということは古今を通じての真理ですな、僕は明治以来の歴史のどういうところを通じて見てもそれを感ずるですな、自分でやらなければしようがない。

青年への希望

司会　明治維新の後とどうでしょう、当時はもっと活々とした喜びがありましたか。

服部　ないですね、僕は新発見をした。廃藩置県後の文明開化、四民平等だ、地租改正だ、断髪だ、汽車だ、あの文明開化時代と、終戦直後のマッカーサーのいわゆる民主主義と、あまりにも似ておるという事実です、実は僕は最近原稿を書くに際してちよっと慄然とした。つまりごまかしものを本物だとして与えられ、それをごまかしものであるということを発見するまでの哀れなせつなさ、そういうことですね。たとえばいわゆるマッカーサー民主主義というものの本質は、四十六年の吉田内閣成立時代のメーデー翌日出されたデモに対する警告ですね。それが実現したのが翌年の二・一ストです。あれ以来マッカーサー民主主義というものの本体に気がついた。あれと同じ出来事がつまり文明開化時代の終りを告げた明治八年の讒謗律と新聞紙条例で、とても似ているですよ。本質的に見ても似ているし。だから今はつまり二・一スト以後ＭＳＡまでの間によほど日本にもはっきりわかって来たわけだ。明治八年の讒謗律と新聞紙条例に始って、それから立上ったのが明治十三年の自由民権論ですからね。あの間ざっと五年間、二・一ストからＭＳＡまでやはり稍々その位、面白いほどよく似ておりますよ。

司会　新派悲劇の魅力は――。

服部　あれは明治二十年代からのことゝ見ておる、つまり人権運動の不成功、失敗から。

乾　それはさらにずっと古く行って、たとえば近松〔門左衛門・江戸中期の浄瑠璃・歌舞伎狂言作者〕の頃――。

服部　それから直結してはいかん。

乾　何か起伏がある――。

服部　あります。絶望すると近松に戻るわけです。たとえば黙阿彌〔河竹〕――は好きじやないが、黙阿彌は近松を継承する。「不如帰」にしても「金色夜叉」にしても、又北村透谷の文学というものが自由民権運動に自ら挺身した文学者として、とりも直さず日本の新派悲劇のあれでもあるわけです。しかし憲法という明治の革命ですね、日本人自身どこからも輸入しなかった、自分で立上った革命、それの挫折が新派悲劇を起すので、それが默阿彌として近松を再生させるものであると僕は見ている。

乾　何というか、非常にしいたげられた人たちが、せめてその裏側から自分の人間性をたしかめようとするのだと思う。お母さんたちがあれを見に行って自発的に泣くんです。何かそこでせめて自分の中の人間性を、ゆがんでいるが、それを裏側から探り当てて、非常に微かな慰めを充たしておる。これは喜びでなく、単なる慰めですね。

司会　人間性の悲しき証ですか。

乾　せめてもの証なんですね。

服部　人間というものは可愛いですね。

乾　そこで人々がもっと大きな生き甲斐を望んでせめてそこだけは解放されたいということでもって、エロチックに流れるということも考えられる。

司会　今までのお話を結論づけると、極めて悪い条件の下で、生命のギリギリのところで生きており、そういう限りでは健康だし、わずかづつではあるが、本質的なものが徐々に芽生え、成育している、そういうことですね。

乾　そういうことだと思うですね。それは、映画の中のニュースとか、ちよっとアナクロな戦争ものなんかのところに期せずして笑う、あゝいったものに出ておると思う。これは非常に危険なものをその裏にもっておるが——。つまり勝ってもいないのに笑って、しまいには自分が傍観者になってしまうという危険はある、あるけれどもやはりさっきの悲しきレジスタンスとは違って、危険な楽天主義ですけれども、滅び行くものに対する嘲笑というか、それが少しずつ出て来ておるのじやないかと思う、そういう気がする。吉田首相が出て来た場合とか、それから警官隊が馬鹿なことをやった場合とか、そういう時にたしかに嘲笑が起るんですな、何でもない時に——。

服部　その眼の着けどころはいい。たしかにニュース映画館の反応というものゝ中に一番アップ・ツー・デートの現在のそれぞれの段階における健康さ如何ということを調査されるものがあるじやないか。それは大体プラスじやないかな。

乾　少くとも非常に多くのプラスの芽をふくんでいる。

司会　じやこの位で、どうもありがとうございました。

服部　いや、どうもお粗末でございました。

――鎌倉山において（司会・郡山）

〔原文の明らかな誤植を訂正した以外はほとんど原文のママ〕

また同じ年の一九五三年十月に法政大学学生連盟主催のマルクス生誕百三十五年記念講演会で服部は講演『マルクスの歩んだ道』と題して行っている。服部は大内兵衛総長の講演の次に登壇した。戦前の『講座派』・『労農派』論争」が酣な当時、『労農派』の総帥であった大内兵衛総長の講演のすぐ後であったので、『講座派』（服部は自らを同派の反主流と称した）の立場から、服部独自の「マルクス論」として大変興味深い内容であったばかりか、服部が歴史論文を執筆する前にはかならず『年表』をみずから作成することの重要性を指摘しているなど貴重な指摘がある。この時の服部の講演は、『原敬百歳』（朝日文化手帖63、朝日新聞社刊、一九五五年六月）に所収されている。そのときの「あとがき」の冒頭に、「本書は一九五二年以降のさまざまな文章三十八篇をあつめてつくった。（中略）五十代のものばかりから成る本書は第三随筆集という勘定になる。」（二一〇頁）と服部は記している。左の講演を『原敬百歳』に収録の際、服部が書き改めた箇所は、読者は『原敬百歳』に直接当られたい。服部の没後に『全集』第二十二巻に再録されているが、当時の服部の「マルクス観」を知る上でも貴重な講演であると私は考えるのであえて引用することにした。因みに大内総長のこの時の講演は収録していないが、私が愛読した名著『マルクス・エンゲルス小伝』（岩波書店、新書版、一九六四年十二月刊）があることを紹介しておく。

④講演「マルクスの歩んだ道」

ただいま大内総長から大変興味の深いお話を皆さんと一緒に拝聴いたしました。私は皆さんと同様に、ヨーロッパの土を踏んだことがありません。マルクス生誕百三十五年没後七十年の、この記念の年を、親しくハイゲートに歩を運ばれた大内先生としては、さぞかしいっそうの深い感慨を持ってお迎えになったことでありましょう。

私などがマルキシズムについて蒙を啓かれましたのは、高等学校——三高でありますが、高等学校時分に、河上肇先生のお書きになったものを通じて入って来た。大学の学生になりました前後に、大内先生が森戸辰男先生とともに、社会科学の研究を学問的良心によって恐れるところなくやられたかどによって大学を追われるということがあった。その後三十年、こうして大内先生が総長をしておられるこの法政大学で、私も昨年来、教員の末席を汚しておるのでありますが、これほど盛大にマルクスを記念する機会が持たれるということは、何とも言えない喜びであります。

ところで、これから四十分ばかりの間に、先ほど大内先生のお話で、何と申しますか、非常に文学的に、つまり一般的に、と申しますか、あのお話を承わる〔ママ〕と、どんなマルクス嫌いでも好きになるだろうというようなお話を承わった後で、「マルクスの歩んだ道」というのを、ことに理論家としてのマルクス、実践家としてのマルクス、それの生涯について到底語れるものではありませんし、また私ごときに、十分語るための時間が与えられたといたしましても、よくなし得るところではありません。そこで僕は今日は、ここでまとまった、たとえばすぐ活字にできるような、そういう話をするのではなくて、マルクスの歩んだ道をどのようにしたら正しく知り、あるいは学び取ることができるだろうかという問題について、私が実は、今日の講演のために、昨日一日、ちょっと病気で寝ていたものですから、一日がかりで調べたのでありまして、その調べ方を諸君にお話したい。

大体マルクス伝というものは、沢山にあるようでないのでありまして、リヤザーノフの厖大なマルクス伝が、改造社版の『マル・エン全集』の第一巻に載っていることは御承知の通り、最も簡潔にして立派なものは、レーニンによって書かれていることも皆さん御承知の通り、その外にいろいろなマルクス伝がありますが、先ほど小泉信三博士のマルクス観として御紹介頂きましたものを、もっと極端に推し進めて、マルクスは一生涯人の厄介になってばかりいたというような見方の飜訳ものが最近出たことを、僕は読んでおりませんが、大宅壮一君の紹介で聞いております。沢山あるようで、実は日本人によって書かれたマルクス伝は、ここにあるというようなものはまだないのであります。それはまあ、どこの国の人間によって、どんな伝記が書かれるということは勝手でありますけれども、私どもがマルクスの生涯を顧みる場合に、どうしても日本人の立場、マルクスが生きた当時における日本の歴史と引合せながら、そうして今日われわれ日本民族が当面している課題というものの上に立ちながら、マルクスを顧みざるを得ない。そういう意味で、このマルクスの歩んだ道を、もし私が今日ここで、十分に語り得るといたしまして、できませんけれども、得るといたしましたら、かようなもの、つまり現在日本民族として当面している課題の上に立って、マルクスが生きていた時代を顧みるという、そういう枠の上に立たざるをえないのであります。そのような点から一つ諸君も研究をやってくださって、それをお願いしたいと思って、私がここに年表を拡げながら、いろいろなものを書きこんで来ながら、これのやり方を諸君にお話して、僕の手品の種あかしにしたいというようなわけであります。

それでもまあ歴史叙述としましては、生れた時からの話をしなければなりませんが、第一、ヨーロッパに行ったことがないので、僕はマルクスの伝記を何回か読みながら、マルクスはトリエルの生れである、エンゲルスの生れた所は、バルメンという所であると、活字では知っておりますが、バルメンがどこにあるのか、トリエル市がどこであるのか知りません。これでは相済まんと思って、また自分自身にとってもはなはだ不甲斐ないと思って、実は昨日床の中でヨーロッパの地図を拡げて、眼鏡をかけまして、一生懸命調べて見ますと、こういうことであります。今日の西独の首府はどこにありますか、ボンにある。そのボンという所は、ライン河の丁度中流、ライン河は北に向いて流れておりますが、真中辺にあるのでありますが、そのボンからライン河を遡りまして、そうしてコブレンツという中世からの古い町があります。そのコブレンツのところからモーゼル河という支流があります。このモーゼル河をフランスの方へ方へと遡りますと、有名なアルサス、ローレンという地方がありますが、その少し下、ローレンのほうにまで遡ろうとした所にトリエルという町がある。つまりプロシャの最も西でありまして、今日の西ドイツの西の国境に近いところにある町であります。大変うまい酒を昔から、中世時代から作っていた町であります。マルクスが酒好きであったかどうか、大内先生から伺えなかったのは大変残念であると思います。

マルクスはここの弁護士、お父さんはユダヤ人で弁護士、中産階級の家に生れたのであります。そうしてただ今首府になっておりますボンの大学に十七歳で入りまして、それから、ベルリン大学に移って、ベルリン大学を卒業しましてから、新聞の主筆になったというようなコースは、皆さん伝記をお読み下さればわかるのでありますが、このボンの下流に、ライン河の下流に、これもマルクスの生涯で闘争の場面としてしばしば出て来ますケルンの町がありますが、このケルンのちょっと下流のところに、先ほど大内先生のお話にも出て来たゾーリンゲンという、これはしばしば諸君は手に触れていられると思いますが、僕はどうも日本の剃刀では、皮膚が弱いので剃り負けするので、外国の双刃を買うのでありますが、アメリカの物より安くって非常にいいのはゾーリンゲン、あれを諸君も使っておられる方も沢山あると思いますが、あれを使いますと、僕なんか血が出ません。あのゾーリンゲンのところに支流があります。その支流の川上のほうにバルメンという町があります。この位の所は地図を頭においていて頂きたい。

エンゲルスは、マルクスより二つ若いのであります。エンゲルスの家は相当な工業家であったようであります。エンゲルスは中学を中途退学して、お父さんの家の事情からブレーメンの商館にやとわれる。その間に軍隊にとられまして、これが丁度マルクスが学んでいる時代と同時代だと思いますが、ベルリンの軍隊兵舎であります。その兵隊時代に、彼はベルリンで、独学でヘーゲリヤンになったのであります。それから彼は、マンチェスターの商館に、そこの株主がエンゲルスのお父さんであったものですから、イギリスに渡って、会社員になったのであります。

この二人が期せずして、莫逆の友として、しかもその二人の緊密な協力によって、人類の歴史の運動法則マルキシズム、これが発見されるのであります。そのマルキシズムの内容は、先ほどのエンゲルスの弔辞の中からも見てとられますように、ドイツの古典哲学と、イギリスの古典経済学と、フランスの社会主義、この三つが構成要素になっていることは、諸君も御承知の通りでありますが、それが一八四〇年来のヨーロッパというものを歴史的なバックとして、ドイツの中でも、とりわけ産業が発達し、またフランス革命以来、その革命の波の上潮引潮のできる毎にゆさぶられていたライン州、そのライン州に生れた二人のドイツ人によって発見されたということは、けっして偶然でないと思うのであります。で、先ほど大内先生から伺ったハイゲートの墓地でのエンゲルスの弔辞は、あれ以上に正しく、かつ簡潔に、マルクスの人と学問とを評価しえたものはないのでありますけれども、私どもがマルクスより七十年あとに、またエンゲルスやマルクスが活躍した時代よりも丁度百年あとに、生をうけたということのために、今日の私どもは遠くエンゲルスにおよばない資質にもかかわらず、エンゲルスよりもつまり百年だけおそく生きているということのために、マルクス・エンゲルスの理論と、それの成果について、あのエンゲルスの弔辞よりももっとはっきりと、またもっと正確に、評価することができるといえるのであります。そういうふうにやるために、私は諸君に、その一つのやり方を教えるのであります。

僕がここにもってきた年表は、マルクス・エンゲルス年譜といいまして、これは二昔前、今から二十年前でしょうか、希望閣というなつかしい本屋がありまして、そこからでている世界プロレタリア年表というものの中にあります。まだ東条だのダレスだのだれも知らん時代であります。（その年表を見ながら）先ほどの大内先生の最後の大変興味あるエピソードですが、あのお嬢さんにマルクスが会ったあの時、マルクスは幾つだったと思います。僕は歴史家ですから、頭では覚えておりませんが、あの時日本流にかぞえて五十歳、西洋流にかぞえて四十九歳の年に当っております。そうして明治維新の前の年、慶応三年に当っておるのであります。さてマルクスが生れましたのは一八一八年、先ほどいったトリエル市に生れた。五月五日、日本の男の節句であります。その年は丁度百年後の何時に当るかといいますと一九一八年、その一年前の一九一七年こそは、マルクスの理論がはじめてこの地球上で実践的に実現された、つまりソヴィエト革命が実現した年であります。大体この百年の前後の年表をちょっと二重焼に焼きつけて御覧になると、非常に興味深いことが発見されます。このソヴィエト革命、ロシア革命の一九一七年、それは一九一四年以来の第一次世界大戦、それによってこの資本主義的世界の矛盾がロシアにおいて最も深刻に現われてきたために、あの世界史上、人類史上、最初のプロレタリア革命が行われるのでありますが、マルクスが生れました一世紀前は、一八一二年から一五年まで、やはり世界戦争であります。一方でイギリスとフランスとの戦争がずっと続いております。ところで一二年といいますと、ナポレオンがモスクワに入城して、あわれモスクワから敗退してくるあの年であります。あくる年は、いわゆる自由大戦争という、今日アメリカは自由のための戦争だといって、ソヴィエトにたいする戦争を大いにあおっておるのでありますが、その時も、全反動ヨーロッパのフランス・ナポレオンにたいする戦争を、自由大戦争と呼んでおるのであります。そして一四年になりますと、ナポレオンが負けまして、エルバに流されます。ウィーン会議が――全ヨーロッパに再び、フランス革命前のヨーロッパ反動の、封建反動の時代にもどすための、メッテルニヒを議長とするウィーン会議が開かれます。それからナポレオンがもう一遍脱出いたしまして、ワーテルローに負けて、セント・ヘレナに流されるのが一五年、その一五年に、旧国際連盟に匹敵する神聖同盟が結ばれる。こういう事件が一二年から一五年にかけて起っている。そして丁度百年後に第一次欧州戦争が一四年からはじまって一八年までつづいておるのであります。マルクスの生れたのはそういう年であります。それから一八三〇年からフランスの七月革命が勃発するのでありますが、それから三一年、三二年、三三年と、ヨーロッパは、西ヨーロッパも東ヨーロッパも、ポーランドの反乱がある、リヨンの暴動がある、南ドイツの反乱がある。イタリアの反乱がある。一つの革命時代でありますが、マルクス十二歳から十六歳の間に当っております。一八三一年ポーランド反乱が起った年、リヨン暴動が起った年、この百年後が丁度満州事変が起った年であります。それから三二年の南ドイツの革命がヨーロッパに起った百年後には、五・一五事件、三二年テーゼがでている年でもあるというふうに、二重焼にして御覧になるとなかなか面白いのであります。そうして三七年にはマルクスは十九歳でありますが、ベルリン大学に入っております。その百年後に盧溝橋事件が起っております。それからノモンハン事件が起った一九三九年の、百年前一八三九年には、パリにおいてブランキー一派の反乱が起っておるのでありますが、当時の日本では蛮社の変、渡辺崋山や高野長英が弾圧される蛮社の変が起っておるのであります。太平洋戦争が起りました一九四一年の百年前の一八四一年にはマルクスが大学を卒業しまして、エンゲルスが志願兵になって、ベルリンの近衛砲兵隊に入隊した年であります。こういうふうに作って頂きたいのであります。非常に面白いことがだんだんとわかって来るのでありますが、これを一々やっておりますと、日がくれることでありますが、おまけの時間もありませんので、二、三これから本論に入ろうかというところで、時間が来て残念というところでやめるという……。

さてマルキシズムの基本理念が、マルクス・エンゲルスの協働によって明確な形をとったのは何時からかという問題については、一八四五年に二人の協働でできた『ドイツ・イデオロギー』、これの時であるというふうに私どもは考えております。四八年の『共産党宣言』によって、はじめて明確な形で世界がこれを知ったのであります。マルクスが『共産党宣言』を書きました時は三十歳、エンゲルス二十八歳の年でありますが、この『共産党宣言』前後の事柄について、私は実は今日の、私の第一話を語りたいと思ったのでありますが、これは省略いたします。

問題なのは、たった一つのこれだけは話しておきたいのは、現在丁度今月からペリーがやってきた百年目であるというので、上下を上げて、下はちっとも動きませんが、馬鹿さわぎをしておる。われわれにとりまして、ペリーが日本に来たということは、なるほど日本の運命にとっては大きなこれは運命の曲がり角になるのでありますが、歴史を冷静にしらべるためには、百年前、ペリー来航前後の情勢の中で、丁度この五十年代のことを、終戦から今日まで、さっきのやり方で、諸君に一ぺん作ってみてもらいたいと思うのであります。そういたしますと、丁度終戦の年は百年前の一八四五年に当ります。そのときに『ドイツ・イデオロギー』ができたのであります。『共産党宣言』ができた一八四八年には、これは蔣政権が台湾に逃げて行った年であります。そういうふうに諸君に作ってみてもらいたいのであります。それで共産主義同盟に、マルクスやエンゲルスが加わるのは四七年でありますが、一九四七年は新憲法が実施された年であるとともに、コミンフォルムができた年であります。あくる一八四八年にはヨーロッパに革命がありますが、マルクス・エンゲルスの『革命及び反革命』を御覧になればわかるように、早くも、当時革命的情勢の最も成熟しておったドイツで、ブルジョアジーの裏切りによって破れたのであります。それとともに、四九年はもうヨーロッパは反動の嵐に捲きこまれるのであります。そうして、五〇年代にはいりまして、さっきのエンゲルスの弔辞の中で、マルクスのやった政治的活動の中でもっとも偉大な功績として書かれておるのは第一インターナショナルの結成でありますが、第一インターナショナルの結成は、御承知のように一八六四年、日本でいいますと、幕末の東山三十六峰、あのちゃんばらの真最中、元治元年に当っておるのでありますが、第一インターナショナルができるまでの間、四九年からはじまるヨーロッパ反動の情勢と申しますものは、六四年、第一インターナショナルができますまで、約十年間、反動情勢が続いているのでありますが、その間、マルクスは、丁度ヨーロッパの反動情勢の真中であります一八五三年、二十世紀ならば今年に当る年に、共産主義同盟が解散するのでありますから、四九年以後の反動の頂点に当っているのが今年であります。その前後、マルクスは一八五〇年、三十二歳の年でありますが、この時日本は、嘉永三年に当りまして、高野長英が自殺している年であります。この五〇年の正月に、マルクスは、ヨーロッパではもう革命的情勢が去っておるのであるけれども、中国から革命が起るということを予言しております。いかにしてその予言に彼が到達しているかということは、この年のマルクスの文献をお読み下さるとわかります。そういう文献を探すのに一番便利のいい本が、向坂さんの監修されておる『マルクス・エンゲルス文献解題』という本がありますから、それを古本屋でさがしもとめて、マルクス研究の一助にすることをおすすめいたしますが、この年にマルクスの書いたものの中にあります。ヨーロッパでは革命情勢は駄目なのだ、支那に行けば、支那共和国、自由、平等、博愛という、そういう看板が掲げられる日が来るであろうということをマルクスはいっておりますが、それを書いた丁度半年のうちの、一八五〇年の六月に、太平天国の乱が洪秀全によって起されております。一九五〇年六月に、朝鮮戦争が起った。ぼくは神秘主義的な歴史をやっておるのではありませんが、一世紀のずれをちょいと述べてみているのでありますが、その予言している太平天国の乱というものが、一八六四年、ヨーロッパで第一インターナショナルが結成される年に終りを告げるのであります。でこの間、丁度今年の一八五三年は、嘉永六年で、ペリーが来た年でありますけれども、マルクスは、支那の革命を論じて、阿片戦争と太平天国の乱を論じながら、支那が西洋に暴動を運んで来る。こういって、つまり太平乱によって起された中国の崩壊、それがヨーロッパに革命を運んで来る。こういう言葉を彼は書いておるのであります。それらをみて、そうは問屋がおろさなかったではないかという人々にたいしては、わたしはマルクスが、そういうふうに書いた書物を研究くだすって、どういう論拠からマルクスがそういう希望を、予測を立てたかという考え方、その考え方を知っていただきたいとともに、百年の時日をもって見たときに、こんにち中国においては、本当に、マルクスが一八五〇年に予測したように、そこに共和国、自由、平等、博愛の額がかかっているということであります。これらをあわせ考えながら、マルクスの足取りを調べてもらいたいと思って、いろいろとここで詳しく話すと、なかなか面白いことになるのでありますけれども、あんまりあっちを持って来、こっちを持って来、混雑するようではこまります。そこでマルクスの理論が彼の在世中において、すでに行動の上で、もう第一インターナショナルとなって実を結び、彼の影響力は、先ほどエンゲルスの、弔い言葉にありましたように、アメリカからカナダまで行わたっておったということが、けっしてうそでなかった証拠に、ストー夫人の、『アンクル・トムス・ケビン』があります。あれが書かれたのは、一八五二年、去年でありますが、この時以来のもやもやが、一八六〇年とともに、南北戦争となって発するのでありますが、この『アンクル・トムス・ケビン』のなかに、世界の労働者階級の間には団結の機運が動いております。今に最後の審判の日が来ます。今に黄金時代が来る。その時には、全人類が自由に、幸福になる。という言葉を諸君は読むことができるのでありますが、それが去年であり、そうして今年ペリーが来る。ペリーが来たのをたいへん有難いことに、今大いに宣伝しているのでありますけれども、マルクスは、六一年に書きました北米の内乱という本のなかで、三十万の奴隷主によって指導されつつある合衆国外交政策ということをいっております。あのリンカーンが勝利を占める日まで、アメリカの外交政策は、三十万の奴隷主によって指導されて来た。ペリーがひきいるところの艦隊を日本によこして開国させた政策は、三十万の奴隷主によって規定されておったところの政策であったということ、これも銘記して忘れちゃならんことであります。したがって日本の開国という問題についても、マルクスは深い関心をよせているのでありますが、この日本開国の直後に、アメリカの内乱が丁度おこっております。リンカーンが再選された一八六四年に、第一インターナショナルの名において、マルクスがメッセージをリンカーンに与えております。それは「ヨーロッパの労働者階級は、リンカーンの再選を心から祝う、労働者階級の誠実なる息子エブラハム・リンカーン」という言葉でマルクスは呼びかけております。リンカーンの勝利こそは、労働者解放の前提条件を作るものであるというふうに激励しております。明くる六五年の一月の三十一日に、第一インターナショナルの中央協議会で、リンカーンからの答辞が読まれておるのでありますが、そうしてその年の北軍の勝利、その後、リンカーンの劇的な死というふうになって来るのでありますけれども、この一八六四年と申しますと、日本では連合艦隊がイギリスによって嚮導され、英、蘭、米、仏の連合艦隊が、これが下関で長州を討つのであります。幕末の内乱に外国の干渉がどのような形で働いたかという問題、これは先年来、歴史学界の新らしい課題として取上げられ、明日、明後日と、二日持たれる、歴史学研究会の今年度大会のテーマも、やはりそれに、去年に引続いて関連しているのでありますが、一つの話といたしまして、あのときにアメリカでリンカーンが負ける、そうして依然として三十万の奴隷主による外交政策が、あのペリーをよこした外交政策が勝利を占めるということがありましたならば、イギリスとこの反動アメリカ、それからフランス、ロシア、この四大反動強国が日本にたいしてぐっと強いところの、アグレッシヴな共同戦線を張ったのであろうということは、これは見易いことであります。そのときに、三十万の奴隷主の外交方針の上に立って、強引なやり方でペリーが日本をおどかし、その線上に、ひしひしと半植民地化の爪をとぎすまし、つきたてできた過程におきまして、アメリカの内乱がおこり、それによってまずアメリカ外交が日本で無力化したばかりでなく、アメリカの内乱を通じて、このヨーロッパの各資本主義列強軍の足なみがくずれ、これによって日本の植民地化の最もはげしかった段階に、その毒牙をうけること少くして済んだという事実があります。そのとき勝利するリンカーン、戦いつつあるリンカーンに、ヨーロッパの全労働者階級の名においてメッセージが、激励の言葉が届けられていること、それを書いたものがマルクスであったということ、これも一つの大きな、われわれ日本の民族史の立場から百年前を顧みるときの、マルクスの一生を顧みるときの、一つの忘れてならない一齣になると思うのであります。

そのような一齣がその後も実はだんだんと沢山あるのでありまして、早い話が、マルクスの奥さんの兄さんは、プロシャの最も反動的な内務大臣をつとめておるのでありますが、そのプロシャにおける、ドイツにおける反動的政権が確立する時代、マルクスの晩年の時代であります。その時代に、日本では自由民権の大運動を圧殺した明治政府が、そのプロシャに、一八五〇年にできたプロシャ憲法の真似をして、それそっくりの憲法を日本で作るために、伊藤博文をドイツに派遣するのであります。そのときマルクスは、まだロンドンに生きているのでありまして、マルクスが六十五歳でなくなりました明治十六年という年は、日本にとっては、明治十五年の福島事件を皮きりとするところの、日本における最初の公然たるブルジョア革命の波のもう烈な上昇期でありまして、マルクスの死んだあくる年、明治十七年、その年最高潮に達するのでありますけれども、この自由民権運動が一つの澎湃たる人民革命の様相をとったときに、これにおびえたものは、自由党をひきいるブルジョア分子および士族分子でありまして、彼らによって、みずからの手によって自由党が解体される。丁度ドイツの一八四八年におけるブルジョアジーの裏切りと同じようなでき事が、日本でマルクスの死んだあくる年にでてくるのであります。マルクスはそういう明治十六年に死んだのであります。第一インターナショナル解体後の、再び見舞ったヨーロッパ反動の中で、明治四年にパリ・コンミューンが起りまして、マルクスはこれによって大いに学ぶところがあり、これはいろいろ彼の書いたものをみればわかるのでありますけれども、ソヴィエト革命の理念というものは、このパリ・コンミューンというものの実際の中から、マルクスが学び取った理論にもとづいて、レーニンが発展させて来るものであります。あのパリ・コンミューンが破れましたあとは、ヨーロッパは再び反動の時代に入って来る。そのヨーロッパ反動をもっとも代表したものがプロシャの反動である。その反動時代の波のはげしい中で、マルクスは貧しく、さきほども大内先生がお話しになったように、ごく少数の友に見舞われつつ死んで行くのでありますけれども、マルクスが予言した歴史は歩一歩とその序列をととのえ、この人類史を最終的に改造するところのマルクスによってはじめて科学的に裏付けをされた理論の実践は、マルクスの死後、彼の名とともに続いて行くのであります。エンゲルスの死んだのは、明治二十八年、日清戦争の終る年。その日清戦争は、帝国主義時代にはいりこむときの、それがしかも中国の分割を目指して集中的に行われるときの、皮切りの道案内役をする戦争であります。エンゲルスが死に、マルクスが死にましても、彼らによって予見された道は、この一世紀の間に着々と実現し、レーニンによって継承され、スターリンによって継承され、毛沢東によって今や中国に、「中華人民共和国、自由、平等、博愛」の大額がかかげられておるのであります。それらを単に言葉の上で知るばかりでなく、私が今ちょっと御紹介したようなやり方で、百年間の年表を諸君も御つくりになりますと――ぼくはこのしごとを、昨日床の中でやっておりまして、非常な興味津々たるものがあったのであります。ぜひ諸君も試みていただきたいと思うのであります。

あとの講師の時間も大分とりまして申しわけありません。これで終ります。

前述したように服部は、一九五三年四月に法政大学社会学部教授に就任し、「社会学原論」の一科目のみを担当した。同学部は翌五四年一月から学部機関誌『社会労働研究』を創刊したとき、この創刊号に服部は「明治の五十銭銀貨」と題するエッセイ風の論稿を寄稿している。服部が生涯にはじめて専任の大学教授として就職した法政大学社会学部の紀要の創刊号に公表された記念すべきものであることと、一九五一年九月以後の日米安保条約体制下の不平等な日米関係への服部の怒りが、幕末・維新期と重なってみえていたものと私は推察したので、本稿に収録することがふさわしいと考えた。

服部は歴史学論文のほかにすぐれた歴史随筆を多く書いている。この『社会労働研究』にのせた一文もその歴史随筆的であるが、貨幣から見た明治維新論でもあって、まさに「服部史学」の本領がみごとに発揮されていて貴重である。岩波文庫版の『黒船前後・志士と経済』（一九八一年七月刊、奈良本辰也の「服部之總と『黒船前後』」と題した解説がつけられている）に収録され、奈良本によって編集された『全集』第十二巻（明治論集）にも入っている。この引用は読者の入手しやすい前掲岩波文庫版にしたがった。

⑤明治の五十銭銀貨

この夏配達された、さる新聞の家庭用付録に「オカネの値打ち」という記事にあわせて、明治から昭和にいたる五十銭銀貨の実物大の図譜が載っていた。いまの十円青銅貨を、昭和八年の五十銭銀貨のうえにのせてみると、ぴたりと合うばかりでなくギザの数まで百三十二、そっくり同じである。物価指数（昭和九―十一年消費者物価指数）ではかると、「満州国皇帝」が「友邦」日本に挨拶にくるころの五十銭で買えた品物を買うのに、今日の百三十二円いるから、これまたギザ数である。

その昭和の五十銭玉が出たとき、なんというケチな国になったかと、明治者は嘆いたものだ。明治末期の少年であるわたしどもが費った五十銭玉はずっと大きくてどっしりしていたが、図譜でしらべてみると日露戦争以前のものは、もひとつ大きくて直径三・一五センチ、目方は一二・五グラムある。昭和の五十銭にくらべると、目方で二倍半あまり、直径で一・三四倍。この堂々たる五十銭銀貨が、明治三年からつくられていたのである。

五十銭図譜を眺めていると、手にしたことのない人も、なにかしら日本の国力は、明治を溯《さかのぼ》るにしたがってゆたかだったような錯覚におそわれるかもしれない。

それにしても、きょうび昭和の痩《や》せ細った五十銭玉を、何枚か残している家庭がどれくらいあるか？――日露戦争前のあの大五十銭玉を、水瓶に三ばいためている山奥の大地主の噂を、子供のとき聞いたおぼえが私にはある。明治三、四年といえば、五十銭で米一斗買えた、ほやほやの明治政府は、内外山積の難問題で、のるかそるかというときである。財政計画はあってなきがごとく、やりくり算段も底をついたころで、そのときこの堂々たる五十銭新銀貨をつくったわけを、考えてみよう。

この大五十銭玉は、二枚で一円、それだけの重さの一円銀貨も、べつにつくられていたのだが、この一円新銀貨は、開港いらい貿易に用いられてきた「米ドル」や「墨銀」〔メキシコ銀〕の一ドル銀貨と同品位同価値のものにつくられている。

この一円銀貨は貿易銀と称して、明治十一年まで開港場以外の内地通用を禁じられていたものだが、明治四年六月十六日から新円と旧銀貨（一分銀）の交換を開始するにあたって、一分銀三百十一個をもって新貨幣百円と交換改鋳する旨を発表している。

旧幕以来の一分銀は四個をもって金一両、四百個が金百両と交換されてきたのであるが、そもそもこの一分銀三百十一個をもって米銀百ドルと交換することにきめたのは、お吉《きち》で名高いハリスの狡猾《こうかつ》と、幕府役人のまぬけさに基づく、日本にとっての大失敗であった。

というのもその時――一八五八（安政五）年正月江戸で調印された日米通商条約第五条で「外国の貨幣は日本貨幣同種類の同量を以て通用すべし」ときめたのだが、同種類の同量をもっては、金貨は金貨、銀貨は銀貨と、同じ重さで交換するということで、品位は互いに論じないということでもある。その証拠に、秤《はかり》の一方に一分銀を一方にドル銀をのせて、三百十一個対百枚という比率が双方で確認され、この条約を継承した明治政府も、これに従うほかはないことになる。

なぜそれが日本にとっての大損になったか？　ちょっと見にはたいへん「紳士的」なハリスの出方であるように

見える。日本よりも「文明開化」しているアメリカ合衆国の貨幣は本位貨幣たる金貨、補助貨幣たる銀貨、量目も品位もちゃんと整って、間然するところがない。当年の日本にも、保字金《ほうじきん》や古二朱金のような、世界のどこに出してもひけをとらぬ良品位の金貨はあるが、安政二分判のように、保字金の半値に及ばぬ悪い金貨がある。銀貨にいたっては、天保一分銀、嘉永一朱銀と、しだいに品位が落ちて、統一がない。それをだまってアメリカの金銀貨と、同じ量目で換えるというのはナント紳士的な謙譲ではないか。

たしかに領事ハリスは、ニューヨーク州生れの熱心なクリスチャンであったが、ついこのほどまでながいこと東洋貿易に従事してきたぬけめのない商人でもあった。立派な品位のアメリカ銀貨を、もっとも悪い品位の日本銀貨——安政一分銀——と量目で交換して百ドルにつき三百十一個となる。三百十一個の一分銀を、当時の貨幣制度に従うと一分銀四個で小判一枚となるのだから、金貨に換えると金 $\frac{311}{4}=77.777$〔ママ〕両を得る。かりにこの金貨が、最も品位の悪い安政二分判だったとしても、七十七両三分で百五十五個半の安政二分判を、れいの「同種類同量」の原則でアメリカ金貨と交換すれば、百五十ドル余りになるということは、ハリスはチャンと見越していたはずである。ぬれ手で粟の百ドルにつき五割のもうけはたいした腕だ。

同じ手品で古二朱金と換えれば、米銀貨百ドルが米金貨二百三十ドル二六余となってもどり、保字金ならばじつに三百四十四ドル二五となってもどる。鎖国日本の金銀比価が世界の金銀比価とこんな開きをもっていたことが、目のつけどころとなったのである。

貿易の開始とともに、日本の金貨は洪水のように海外に流れ去ってしまう。当年の外字新聞の計算によれば、開港第一年度の日本輸出総額は英貨に換算して百万ポンド、そのうち現実の商品——茶と生花——は二十万ポンド、のこり八十万ポンドの大部分は貴金属すなわち黄金だったという。八十万ポンドは小判にして約百万両にあたっている。

当時国内市場に流通していた金貨は、保字金約三百六十三万両、古二朱金八百十二万両、安政二分判二百三十七万両、正字金九万両、合計一、四二一万両と推定されているから、連日の金貨輸出がどんなに日本をみすぼらしい金欠国にしたか、しかもそれが物一つ買わぬタダ金の輸出であったことを思えば何人も民族の憤りを新たにするに違いない。

さて明治四年六月といえば、貿易開始後あしかけ十四年めにあたっている。桜《さくら》田門《だもん》事変から戊辰《ぼしん》戦争にいたる大小幾多の政争や内乱をそのあいだにさしはさんで、混乱しきっている日本幣制を、金銀両本位の円制度に切替るというはなれわざが、どうしてあの貧乏政府にできたかという問題である。

イギリス公使パークスが京都政権の支持者としてあらわに立現われたのは、明治元年九月二十一日（会津《あいづ》落城の一日まえにあたる）、横須賀《よこすか》造船所を差押えたフランスの債権を解除するための五十万円を横浜のイギリス系オリエンタル・バンクから新政権に融通したのがはじまりである。――それまでの裏面工作のことはさておくとして。

二度めは明治二年十一月十二日付で「英国最高バス勲位」ホレーシォ・ネルソン・レーと天皇の名において契約した鉄道公債またはロンドン公債とよばれている英貨一〇〇万ポンド公債で正式の名称は「日本帝国政府英貨百万ポンド関税公債」というのである。

このネルソン・レーはそれまで中国の総税務司をつとめて、パークスとは中国いらいの相棒であった。この公債の日本政府委員は民部大蔵大輔大隈重信《おおくましげのぶ》と少輔伊藤博文《いとうひろぶみ》であるが、さなきだに財源にくるしんでいた他省方面の閣僚から、不急事業というので猛烈な反対をうけたのをあえて押切って調印したのは鉄道とは表看板で、そのじつこの百万ポンドの大半をあてがって幣制改革を行うのが、主目的であった。

幣制改革といえば名はいいが、そのじつこの年正月いらい、パークスを先頭にたてた外国公使団から、矢のさいそくをうけてきた贋貨問題のしめくくりである。

贋貨問題というのは戊辰戦争で、官賊両軍ともに軍費の捻出にくるしんでさかんに贋貨を鋳造した。会津藩と薩藩がその双璧で二朱金が最も多くつくられたが、太政官札《だじょうかんさつ》の不融通にくるしんだ明治政府が東京大阪の金銀座で濫造させた一分銀貨も、贋貨というにちかい品質のものだった。

その結果ほんとうに苦しんだ者は人民であった。会津贋金がもたらした悪性インフレは、領内はいうまでもないが、ひろく信越関東にまたがる「世なおし一揆」を元年、二年にわたって激発させている。贋貨を正貨に引換えることを人民が要求するのは、旧藩の権利義務のいっさいが名目（版籍奉還）だけでも新政府に引きつがれたいまとなっては、なおさら正当であるだろう。

だが、外国公使がそれを要求するのは、正当であったか？　明治政府が濫造した一分銀が贋貨にちかいものだったにせよ、れいの「同種同量」の条約文が生きているかぎり一分銀三百十一個をもって米ドルなりメキシコドルなり香港ドルなり、精粗さまざまの外国銀貨一ドルと引換えられる権利（!?）があろう。すくなくとも、文句をつけられる条約上の理由はないのである。

小判買いで儲かったあいだはだまってこの条約をおしつけておいて、もう小判が日本中にはなくなってしまった——あるにしても三井や鴻《こう》ノ池《いけ》や大大名の金蔵の奥ふかく死蔵されてしまった今日となって、銀貨の品質に文句をつけて「贋貨」というのは居直り強盗というものである。

その先頭に英国公使パークスが立っていた。

他方アメリカ公使デ・ロングは、戊辰内乱の火事場につけこんで、慶応三年十二月二十三日付で、徳川幕府から江戸横浜間の鉄道利権を、米国市民ボルトメン（じつは米国領事館員）の名で獲得していた。相当の金は出したのであろうが、昭和終戦後の軍部書類とひとしく、明徴はどこにも残されていない。この許可状をたねにして、米公使から明治政府に、その確認をきびしく要求してくる。これにたいして明治政府は日本国民に鉄道を経営させる方針であるといってつっぱねさせた陰の演出者は、これまたハリー・パークスであった。

鉄道利権をめぐる米英公使のさやあてはしだいに激しくなってゆくのであるが、いまは筆をはぶく。

パークスの強引戦法が当面の勝ちを制して英貨百万ポンドの借金をお世話いたしましょう、鉄道は国営ということにしてアメリカをことわり、さしあたり東京横浜間の建設に百万ポンドの半金をあて、残り半金を贋貨引換にあてることで二大問題をいっきょ解決するがよろしい――という、おそるべき示唆を鵜呑《うのみ》にしたのが明治二年十一月五日、岩倉右大臣邸で持たれた日英秘密会談のありようであった。同月十二日付のネルソン・レーとの契約書が「海関税公債」と謳《うた》っているのは、この百万ポンドの抵当に現在および将来の日本海関税の全部をあてていたからで、そのほかになお、この公債で建設される全鉄道の利益までが抵当にひきあてられていたのである。利子は年一割二分。

このような内容をもつ、正当な手続（！）のうえで、翌明治三年三月下旬のロンドンタイムスに、ネルソン・レーの名をもって発表された日本公債が、利子年九分であったこと――つまり、公債を買ったヨーロッパ諸平民にはレー閣下は九分の利子を支払い、日本政府からは一割二分をうけとって三分の利さやを稼ぐこんたんであったという事実が大隈・伊藤にわかったとき、御両人にとって最悪の日が到来する。彼らのこの最悪の日こそは、その日まで袖にされつづけてきたアメリカ公使デ・ロングにとって最良の日とはなる。東京外交界のリーダーシップは、パークスの手を去ってデ・ロングにうつる。「幣制改革」の範を合衆国にとるために、伊藤少輔は七カ月間アメリカにわたる。その七カ月のあいだに新橋横浜間の「国鉄」第一線が起工される。レーの世話で届いたイギリス製の機関車六台とレール等々は、中古品を含んでいたのはもちろんであるが、「文明開化」の欧米諸本国とゲージを同じくする広軌ではなく植民地の、「軽便鉄道」である狭軌から成っていたことは、すべてこれ、居留地外国商館のための「贋貨」引換に、公債の大半を割かねばならぬやりくりさんだんが、させたわざと見てよい。

わたしはそのように見る者であるが、論証の筆はこの小文では割かねばならぬ。この小文の目的は、ロンドン公債百万ポンド、邦貨換算四百七十八万余円のうち、横浜東京鉄道諸機械に支払われたものが百四十六万余円、これにたいして百九十八万余円というものが「銀塊百九万二千六百八十七オンス五分の一、一分銀七十八万二千六百十五個六分七厘」の購入費にあてられているのであるが、この一分銀こそは居留地外人から明治政府が買上げた「贋金」であったということを、この銀塊こそはそれの代りにひきわたす明治新銀貨――合衆国の一ドル銀貨にはおよばぬとしても、当時のアジア貿易にもっぱら通用したメキシコ銀とリンクする品質と重量を、直径三・一五センチ、目方一二・五グラム、ギザ百三十二という外形におさめるための手品のたねであったということ、それを証したいというにある。

ついでにいえば、この十進法のアメリカ明治幣制で、「銭」sen が出現するのも、名前のうえまで cent にリンクした向米一辺倒のけっかであろうかもしれぬ。

そのために、明治四年六月三十日付、大蔵少輔伊藤博文から大隈（重信）参議、井上（薫《かおる》）大蔵少輔、渋沢（栄一）大民権大丞あての書簡から、次の部分を引用しましょう（以下候文を現代文に翻訳した）。

「一昨二十八日兵庫《ひょうご》着港、昨日十一番会社（オリエンタル・バンクのこと）ロッセル、ゴロンビー両人に面会したところ、造幣寮開設後追々《おいおい》外国人から地金を差出し、新旧政府から発行の一分銀三百十一個を以て新金百円に引換くれるよう願出ているが、造幣寮規制に照せば、直《じか》に引換るという主意ではなく、三百十一個を百円に均しいものと見做《みな》し、これをうけとり、鋳造するため規則通り二分の鋳造料を受取ることは当然のことであるので、そのように指図しておいたから、議論区々にならないよう、御承知おきいただきたく、この儀については動《やや》もすれば各国公使からも異議申出るやも計りがたく、畢竟《ひっきょう》これらの儀は未だ詳細の談判は遂げてなきことゆえ、御心得のため申あげておきます。」

旧幕時代には、交換に際して鋳造手数料をとるというあたりまえの権利すら、うちすておいたのを、こんどは一方的に主張したから、そのつもりでいてくれというのである。

「政府で鋳造の一分銀一個ごとにその量目百三十四ゲレイントロイで、則《すなわ》ちメキシコ銀百ドルに適応すべき三百十一個の量目は四万千六百七十四ゲレインである。この量目を保有しておれば、造幣寮で受取るけれども、もし三百十一個で右の量目に不足すれば、増加させるか、或は当人これを肯じなければ差返すべきである。」

メキシコ銀や香港ドルは、中国でさんざん使用されたあとのものとして磨損毀傷して目方の減ったものが多かったのであるが、この交換のばあいには、受取るのは外人所有の日本の一分銀で、渡す銀貨は新鋳の一円銀貨だから、目方を厳重にするというのは一分銀のほうである。その一分銀というのが、ハリス時代の最悪銀貨だった安政一分銀すら、もう明治四年ごろは市場から姿を没して、もっと悪い「ドロ銀」――これは、安政一分銀などと引換えに幕府が外人からうけとったメキシコドルや香港ドルのドル銀を、手数料なしで改鋳してつくった一分銀のことで「ドル」と「泥」をかよわせた粗悪銀貨の代名詞――だの、それよりもっともっと悪い戊辰戦争いらいの各藩密造の贋一分銀や、それにたいしてあまりいばれない明治政府鋳造の一分銀やが、横行していたのだから、どだい量目などはめちゃくちゃであった。質はともかく、せめて量目だけでも頑張ろうぜというしだい。ところがそれにつづいて――

「右のとおり取りきめれば、量目においての損減は持主（外人）の損失であって、品位の高下は政府の損失にかかるであろう。量目は通用中に必ず些少の磨消をするものと認められるから、その（外人の）訴訟（文句）を拒むことができるであろうけれども品位にいたってはかつて政府の不正から生ずることであって、いい遁れることのできないものである。」

オリエンタル・バンクを通じて政府に提出される外人所有の「ドロ銀」以下の「贋造」一分銀の山にたいして、ギザも真新しい一円銀貨または一円金貨を、安政条約できめた百三十一個対百枚の交換比率で、惜みなく与えたという証拠だけは、以上でもう十分だろうと思われる。しかし念のため手紙のそのつぎの一文は――

「横浜出帆前十一番会社（オリエンタル・バンク）と取極ておいた一分銀代価はロンドンで払渡し、（鉄道公債ではロンドンで入手した金で現地でオリエンタル・バンク本社に支払い）残高と造幣勘定向の払方を差引いた新金貨十八万八千六百二十三円五十三セントを大阪で十一番会社へ渡すことを約束しておきましたが、右の内七万八千円は神戸で渡してくれ、残金は新貨を以て横浜で受取たい〔ママ〕と願出ましたにつき、聞届ました。残金だけの船賃と請負金（保険料）を横浜までの積りでくれてやるまでのことです。」

新造幣寮は大阪の住友《すみとも》屋敷に新設されていたのだから、大阪で渡す約束の金額の一部を横浜まで送るための輸送費と保険料は政府の損になることをあきらめましょうというわけである。なかなか心づかいのこまかな伊藤少輔であった証拠は、明治五年十一月三日付、そのときは工部大輔《たいふ》遣外副使として在米中の彼から愛妻お梅に送った手紙に、

「まゆげをたてたるも、かねをおとしたるも、至極《しごく》よきことなり。しかし、こころで、おさき（長州の方言生意気の意）にならぬよふ、御つつしみありたきものにて候。このたびの手紙（妻からうけとったばかりの）は、よほど字もよくかけて、よみやすく、さだめし御手習の勢に之《これ》有る可くとぞんじ候。しかしながら、かなのつかひかた、まだじうぶんにおもひ申さず、よくよくおんおぼ〔ママ〕へなさるべく候。いつもおなじことながら、むえきの金をつかはぬよう御用心」

伊藤が責任者であった大阪造幣寮の諸機械は、パークスの世話で上海の中古品を買いこんだもので、技師キンドルも英人であったが、蒸気力は不足する、炉壺はしだいにこわれるというありさまで、予定のキャパシティーは容易に発揮しなかった。それでも明治八年までに、金貨五千三十三万八千余円、一円銀貨四百八十六万三千余円、五十銭・二十銭・十銭銀貨一千一百二万一千余円を鋳造している。

明治三年明治四年の刻印をもつ大五十銭銀貨は、ざっとこのような運命の象徴としてうまれでたものである。表のデザインは神鏡に菊桐をあしらい、裏には竜模様がある。外国の貨幣は総じて君主または元首の顔が鋳出されている。そのまねもしたいが竜顔はおそれ多いとあって、竜紋にしたと伝えられている。

ふたたび前掲の『小大学ノート』に戻る。このほかに一九五四年二月一日から起筆した『小大学ノート』に、二月十九日に日比谷の松本楼で行われた「野呂君〔栄太郎〕追悼会」に出席した唐沢清人、高山洋吉、岡崎一夫、逸見重

雄、服部、野坂龍、石堂清倫、山辺健太郎、宮川寅雄、蔵原惟人、市川義雄、宮磯崎ガン、渋谷一、阿部淑子（岩田義道夫人）、中国ノ方（野呂の翻訳者）、平野義太郎、佐藤さち子、羽仁五郎、宮本顕治、塩沢フミ子（野呂夫人）の二十名の発言が二十頁にわたって夫々の発言の要点が記述されている。この大学ノートの最後に、岩田義道と野呂栄太郎について、服部が独自で作成した詳細な年譜が記載されている。服部はこの敬愛する二人の革命家の伝記を書きたいと考えていたことがこの大学ノートからも明らかである。完成を見ずにこの二年後に「他界」したことは私たちにとってきわめて残念である。

「中央労働学院　近代日本政治外交史」と表紙に記入された一九五五年の小大学ノートも残っているが省略する。服部が死去する前年の一九五五年の大判の大学ノートの十一月十三日に、この年度に法政大学社会学部で行った社会学原論、演習（ゼミナール）、近代日本政治史の講義メモが記述されている。それと当時の服部の心境を綴った文章も紹介しておく。

⑥講義メモ

「一九五五年度法政大学

Ⓐ　社会学原論講義

圣《〔ママ〕》済学批判序文及序説をテキストとする史的唯物論概説。

　このテキストとスターリン論文の対照研究（帝国主義的「社会学」批判は各パラグラフごとに関説しておこなうこと）

Ⓑ　同ゼミナール

著作集第三巻「歴史論」

第一章「歴史論」及第三集「ア様式〔アジア的生産様式〕（現在からの批判のためにも）

ⓒ　近代日本政治史
参考書「明治維新史」河出文庫、「明治維新の話」青木文庫、「明治の政治家たち」上下、岩波新書、著作集一、
二、三、四、五、七〔六の「明治の思想」は省略〕
参考書「大正の政治」光文社、「昭和のファシズム」同

服部はこの「講義」案を書いた翌十一月十四日（月）、つぎのようなメモを残している。

「めさめ、落ついている。ノイローゼは、客観的悪条件への即座の適應不能で、意識が収縮する現像〔ママ〕。悪条件の各々を正視し、ハラをきめたら収縮が戻る。八月に収縮が始まり、入院中も、退院後今日迄かゝって数々を漸次に正視し、一つづゝハラをきめてはキメかねていたが、やっと吉川〔英治〕さんの体験を読んで、全体的にカクゴがきまったのかもしれぬ。ともかく、薬によらないで、昨夕から落ついている。けふは、上京し、悪いを覚悟で、おそれずに、マンマンデーに練習しよう。
　第一目標7／24から出講すること〔この一行を括弧で囲む〕
〔右のように書いた空白の上頁の一面に左のようなメモが記されている〕
「ヨクナルマデ、ボヤットシテオルノカ　シカタナイデハナイカ!!
講義ダケハ予定の廿九日カラヤルコト。ハラをきめよ。」〔この行も括弧で囲む〕」

この年の服部は、一九五五年四月に亡母一周忌のため帰郷の途中に京都で胃潰瘍を再発して、石野外科で手術をうけ五月に退院して帰宅している。その後、九月からライフワークである『日本人の歴史』のメモを精力的に書いていることが、この大学ノートからよくわかる。また、前稿で述べた日本近代史研究会同人との間で、印税問題にからむトラブルが前年の十月に起っている。このようなことが原因となって服部の持病であったノイローゼがさらに悪化したのだろうと私には推測される。

こうした肉体的悪条件の中で、前稿で紹介した「鎌倉市長選」の勝利のために大活躍した服部は、法政大学の講義だけは休講にしたくないとの思いから、上述した大学ノートにみられるような講義案を書き、出講することを決意していた苦悩がひしひしと伝わってくる。

左の〈座談会〉も読者にはなかなか目にふれることのできないものであるとともに、服部の大学論としても異色である。大久保利謙は明治の元勲大久保利通の孫で、服部に傾倒していた歴史家である由井正臣の「大久保利謙先生を送る」（『図書』一九九六年三月号）参照。この座談会は、服部生前の最期の発言である（『法政』一九五五年七月一日号）。

⑦〈座談会〉日本の大学　歴史と功罪　官学と私学

出席者　大久保利謙・名古屋大学教授
荒垣秀雄・朝日新聞論説委員
服部之総〔ママ〕・法大教授

はじまりは明治三年の「大学規則」

司会　日本の大学が近代的なかたちをとるようになりました経緯につきまして、まず大久保さんにお願いいたします。

大久保　日本の大学はヨーロッパの制度を移植したのですが、どこの国をとったかというと、いちばん早い痕跡は、明治三年に出来た「大学規則」です。これに教科、法科、理科、文科、医科という四学部としているのはドイツの制度をとったのではないかと考えられます。教科というのはドイツの神学科にあたるものとしておいたのです。しかしこれらはほんのカリキュラムだけのことですべてをドイツの大学からとったとはもちろんいえないのです。明治五年の「学制」では学校を大学と、中学、小学の三段階としています。全国を八大学区としてフランスの学区制を採用していますが、大学、中学、小学という学校系統はフランスの二重系統でなくアメリカ型の方だと言われています。古いヨーロッパの複雑な制度よりも、簡潔なアメリカ式をとったわけでしょう。岩倉全権大使一行が明治四年からアメリカからヨーロッパに行っている。そのときに田中不二麿が文部省から理事官として随員に加わって欧米を回っております。そのとき、丁度アメリカに留学中の新島襄が、田中の案内役となってアメリカ各地を回り、さらにヨーロッパに行って、イギリス、フランス、ドイツ、ベルギーからオランダ、ロシアなどの各国を回って、むこうの学校を調査している。その詳しい調査報告ができていますが、そのなかに各国の大学制度のことがあります。ですから、文部省にはそうとうヨーロッパの大学制度に関する知識がはいっておったのです。そしていよいよ明治十年に東京大学ができたわけです。前身は幕末の洋学校の蕃書調所です。明治になって洋学が奨励され、蕃書調所の後身の大学南校、東京開成学校とやはり幕府の医学所の後身の大学東校、東京医学校が合併して、明治十年に東京大学となり、法、理、文、医の四学部がおかれた。この時日本に西洋風のユニバーシティがはじめてできた。だから東大では、この明治十年四月をその起源としています。明治元年から十年までは変遷が激しいのです。最初は国学、漢学と洋学の三学を綜合する綜合大学制でした。そのうち国学が中心で、漢学と洋学とが従でしたところが間もなく、国学と漢学とがふるいおとされて、洋学だけが残って、それが中心となって、ついに東京大学となった。大学南校時代はまず中学校程度だったですね。生徒がだんだん育っていくとともに学校も育ってきたのです。十年ごろになるといよいよ生徒が専門学校程度を卒業して大学が必要になって、大学を作らなければならなくなった。だから十年間というものは、大学の少年から青年時代までみたいなものですね。それが明治十九年に帝国大学になるのです。だいたい東京大学は、英米系の学問でスペンサーやミルが講じられている。つまり明治初期の啓蒙主義の産物で、殖産興業、富国強兵の大学だったと言えましょう。これが当時の文部省の方針だったのです。ところが明治十四年頃からいよいよ政府はドイツ式の憲法を作ることになって、帝国大学に規定されたような国家の須要に応じた学問をする。いわゆる国家主義的なものになってきた。帝国大学は明治憲法の制定と非常に密接な関係がある。議会と対抗して官僚機構を作る。官僚の養成機関の必要から大学がそれにふりむけられることになって、東京大学が帝国大学となったのです。これで大学の発達の一つの時期が画されるのです。そのきざしは総理の加藤弘之が「人権新説」を書いて、政府の肩をもって民間の民権運動に対抗した。これで大学というものの立場もハッキリしてくる。そして十九年に加藤に代って帝大総長となった官僚の渡辺洪基が森有礼とタイアップして帝国大学を経営したのです。

最初の学制もアメリカの模倣

荒垣　はじめの大学の基底になるものは人間を作るということだったのですか。国家の柱石だとか、有名〔ママ〕な官僚を作るということだったのですか。

大久保　官僚及び技術官の養成です。その出発点から文部省に直結している。つまり政府の行政機構の一部であったといっていい。だから大学としての独立性というようなものはなかったといっていいのです。つまり政府部内の官僚あるいは技術家養成の機関、そういうふうに考えたほうがいいんじゃないかと思うのです。

服部　いま大久保さんのお話を伺いながら気がついたのですけれども、日本の学制というやつはアメリカだと僕は思いますね。いまの、明治五年の学制ですね。これなんかはアメリカですよ。

荒垣　学校制度ですね。

服部　いちばん示唆を与えているのは。これは近年僕が気がついたことなんですが、幕府はフランスが後押しして、天皇政府のほうはイギリスのパークス、このことははやくから尾佐竹さん（故尾佐竹猛博士）がいっていたことですが、それが明治三年からひっくりかえってアメリカになるのです。アメリカの南北戦争後、アメリカとイギリスの仲がおそろしく悪くなる。すると、あるできごとがきっかけとなって、明治政府に対する外交上の影響力というものが、明治三年ごろから、イギリス一辺倒からアメリカ一辺倒にかわってくる。いまの話にたとえていえば、吉田内閣以来のアメリカ一辺倒を、鳩山内閣の日ソ交渉にきりかえる——それよりもっと鋭角に、きりかえをはかった。たとえば北海道の植民政策でも全部これはアメリカ一辺倒で行われる。いまの北海道大学、札幌農学校にしてもそうです。考えてみると東京大学にしたところで、さっき大久保さんのいわれた明治三年のいわゆる大学というやつ、これは幕府がやった開成所を天皇政府的な大学という、太政官以来のあれでテンプラあげしたものなんだが、それが明治五年の学制では、アメリカの学制がいちばん参考されておったわけです。これが後年ドイツ的になりましょう。国柄がドイツと同じ条件で、憲法がドイツ憲法をまねたように、学制でもなんでもドイツ化するような感じで、ところがドイツの学制と日本の学制とは非常にちがったところがある。ドイツの大学ではたとえば、マルクスはボン大学を出るけれども、彼はベルリン大学に移るでしょう。ああいうふうに、どこの大学にいてもベルリン大学に行くことが出来る。しかし、日本ではその制度がないでしょう。

荒垣　あのころは大学南校でもだいたい原書を使って講義は英語でやったのでしょう。

大久保　そうです。あの時分の教育には、変則というのがあったので、正則は原書で外国語で教える。変則は飜訳書を使って日本語で教えたのです。あの頃は正則、変則という言葉が盛んに使われていました。穂積陳重さんの「法窓夜話」にありますけれど、穂積先生が東京大学の講師となった明治十四年頃は、すべて法律学も英語で講義をした。つまり正則です。それを一日も早く日本語であるようにしたいと、まづ法学通論からはじめて、ようやく二十年頃になって用語も大体きまって、不完全ながら各科目も日本語で講義ができるようになったということです。これらは変則が正則となったわけです。十年ごろまでは、東京大学の先生の八割ぐらいは西洋人でした。それが二十年代になると急に減って、それからはたとえば歴史ならリース、哲学はブッセ、ケーベルさんなど、その道の専門の学者を先生として招くというようになって、その他は全部日本人の先生になります。

荒垣　だから高橋是清でも、妙な英語ですが、あのころやっているので通ずるのですね。

大久保　しかし、あの時分の人達は語学の力はたしかですよ。

荒垣　クラークが来たのは……。
大久保　明治九年ですね。
服部　ヨーロッパ一辺倒主義が転換するときです。明治三年に伊藤がアメリカに行っていますね。日本の貨幣制度を決定するために伊藤がアメリカへ行っている。日本の貨幣制度はアメリカが基本です。だからセントが銭なのです。十進法というのは、イギリスでもどこでもないのです。日本ではもっと発達したアメリカの方法をまねてやった。円はアメリカのダラーにはじめからリンクしたものです。貨幣制度がそうであるように学制もそうだ。北海道の植民政策の根本をたてるときの方針にアメリカに黒田清隆が行ってクラークを連れてくる。この時代にイギリスのパークスをけってアメリカ一辺倒に方向転換したのです。

帝大の第一目的は官僚の養成

荒垣　次第に官吏養成の大学になったのは……。
服部　明治十年代、東京大学がドイツ化して以後のことですね。それまでは北海道農学校をクラークがやっていたときのような……。
大久保　そう、技術ですね。アメリカの開拓精神をもりこんだ新しい農業とか……。
服部　産業革命を移植するには、まずそれを動かす人間を作ることが、必要であった。だから最初の官学の目的は、官僚を作ることよりも、もっと一般の技術者を作ることなのです。
大久保　各省がそうですね。司法省は法学校、内務省、農商務省は農学校、山林学校、外務省は外国語学校と、すくなくとも自分のところで使う技術者の養成機関をそれぞれ作った、制度を作ってもまず人ですから。
荒垣　後進国開発ですね。
服部　官僚を養成するのが帝大の第一目的になったのは、文官分限令などができた明治三十年代の山県内閣〔ママ〕のときに、帝国大学出身でないと内務省の官吏にはなれないようにしちゃうのですね。大久保君の祖父さんなどといっしょに明治政府をつくった連中は、明治三十年代になると後継者をもっとも安全に教育するということが必死の問題になる。政党員や新聞記者を官吏にしたのでは、夜もオチオチ眠れない……。

官僚養成に対抗した私大

司会　東京帝国大学をはじめとする官学が国家の要請する技術者官僚養成の機関として創設され発展してきたとすれば、やはり明治初年に発足した私大は、どのような社会的な必然性と目的があったのでしょうか。

荒垣　慶応と早稲田と同志社なんかいつ頃できておりますか。

大久保　私立では慶応が出来たのがいちばん古いのです。幕末ですから。

荒垣　慶応年間ですね。

大久保　同志社は明治八年ごろじゃありませんか、これは京都で。それから早稲田は明治十四年に大隈が下野して、翌年、東京専門学校というものを作ったのです。これが今日の早稲田大学のおこりです。

荒垣　慶応が大学らしくなったのはいつですか。

大久保　慶応に大学科がおかれたのは二十一、二年でしょう。二十年以後ですよ。

荒垣　はじめはやはり専門学校ですか。

大久保　はじめは語学校、つまり福沢の洋学塾で、主として語学（英語）をやっています。

服部　慶応はべつとして、早稲田とか法政とかこういうのは、やはり弁護士を作ることなんですよ。官僚になるのじゃなくて、自由民権運動のときに、星享〔亨の誤記〕でも大井憲太郎でも、当時の自由党の左派はみな弁護士だ。弁護士は官僚絶対主義に対抗する人民の味方になって……。当時の安政条約というやつは、半植民地条約ですから、居留地があるのですよ。だから外国人との貿易上のトラブルでも、居留地裁判で日本人には裁判権がない。

いまよりもっとひどいんだ。それで弁護士は、外国の貿易会社から日本人を守る。独立と条約改正のために、明治の、官僚政府と闘う。そういう下からつき上げた自由民権の法律学校として、私学の法律専門学校が生れたのです。法政もそうでしょう。

荒垣　早稲田もそうです。

服部　早稲田が文科をもって響くようになるには、あの手この手とやってもやっても、けっきょく日本のブルジョア民主主義革命とかいうやつはだめなので、とうとう文科をもって爆発するということになるのじゃないでしょうかね。

荒垣　大隈の場合も、そうとう反政府的な在野人を養成しようという気持があったのでしょうが、それをやるにしても、人材が野にないわけです。そこで高田早苗とか、坪内逍遙とか、天野為之とか、小野梓とか……。

服部　久米邦武とか、みな東京大学を追われて早稲田が拾うのです。

荒垣　そういう官学出の俊才が、そのまゝおさまって順調にいけば官僚コースの最上のところへ行くべき人が、甘んじて大隈のところにきたという、大隈の魅力というか、抱擁力というか、そういうものにひかれて……。だからあの性格がでたわけですね。

服部　そうです。

荒垣　それをやるには、やはり官学出以外に人材がなかったのです。ひとつの組織を作るだけの人材がなかった。

服部　おもしろいものですね。教師が官学出であっても、自由民権運動以来の在野精神というものは、ひとつの学校の校風として、そこへはいってくる学生が作っちゃうのです。つまり官吏になりたいやつは早稲田にははいらないですからね。

荒垣　そもそも早稲田創立のころは、外部の血がはいっているでしょう。それがだんだん早稲田の卒業生が出て来ると、身内の者だけでかためて卒業生を学校に残そうとするのです。身内の者でかためてしまうと、外部の新鮮な血液がはいってくるのを拒否することになるのです。そうなると優生学的に血がはなはだ濃くなって、いかんのですがね。

司会　私大はどこもそういう傾向がありますね。

荒垣　一つは就職ということもあるけれども……。

服部　こんにちではどうかしらないけれども、荒垣さん、われわれの時代には一高を落ちたから早稲田にはいったという人間はすくなかったね。はじめから早稲田を志願してきたものです。われわれの友人で、中学を卒業するまえから、おれは早稲田にいくとか、おれは帝大コースを選ぶとか志望がはっきり分れていた。

大久保　地方では早稲田、都会では慶応ですね。

荒垣　早稲田には、親子、孫まで三代四代というのがいますね。

私大の特質は在野精神

司会　早稲田の場合などは、創業の在野的な精神が十分に生かされて、大きい役割を果しているとおもいますが……。

服部　そうです。

荒垣　在野精神というのは、早稲田独特なんですけれども、ところがどうも在野精神というのが、いつまでも在野であるということのように感〔ママ〕ちがいされていることがあるのです。いつまでたっても野におけるれんげ草みたいに、常に野党であって、政権について自分の抱負経綸を実際に生かすというようなところへなかなかいかないのだ。

服部　それは日本の国が官僚国家でずっといったから、早稲田出が政治家になっても、とても長つづきしないわけだ。ところが文壇はそうでない。それから、新聞、ジャーナリズム、これについては到底どこの大学も早稲田には及ばない。荒垣さんがいるからおべっかを申しあげるわけではないが、事実そうだった。

荒垣　政治家には永井柳太郎、中野正剛がいますね。

服部　それからいまの緒方〔竹虎〕だ。この三人は、どうしても大隈や原敬というのに比べれば、やはり日本の二流政治家ですよ。一流とは申しかねる。

司会　しかし政府与党的政治家はすくなくても、野党的な批判的な大山〔郁夫〕さんとか、いわゆる進歩陣営で、在野精神が脈々とうけつがれていると思いますが。

服部　僕のいうのは既成政治家という限定ずき《〔ママ〕》ですよ。進歩陣営では大山さんは政治家になり切らなかったからともかくとして、浅沼稲次郎、鈴木茂三郎みんな早稲田ですね。早稲田の建設者同盟の連中と帝大の新人会、両々相まって日本の社会主義運動が築かれてきたわけですね。そういう革新政治家、つまり暁民会以来の尾をひいている連中は、いまでも一本筋がはいっていますよ。高津正道とかいくらでもあげることができますけれども……。

司会　本来私立大学のいきかたは、そういう在野批判の精神に生くべきじゃないでしょうか。

服部　そうです。

荒垣　法政の創立はいつですか。

司会　明治十二年です。〔私が『法政大学八十年史』をまとめる前までは十二年とされていたが、『八十年史』で十三年に確定〕

荒垣　創立者はだれですか。

司会　法政の創業に最も貢献されたのはボアソナード教授と梅謙次郎博士です。最初は司法弁護士試験のための学校で夜学でした。〔創立者は金丸鉄・伊藤修・薩埵正邦であることを松尾が『八十年史』で論証。くわしくは松尾稿「薩埵正邦小伝（一）（二）」『社会労働研究』第十四巻第一号、一九六七、六八年参照〕

服部　夜の学校でしたか。

司会　東京法学舎《〔ママ〕》といって……、それがフランス法律学校と合併して和仏法律学校から法政大学となるのです。だからフランス系統ですね。

荒垣　慶応というのはやはり町民紳士というか、実業家養成ですね。

服部　官僚の担い手を東大が作ったとすると、新しい経営者を作る、これが福沢の目的です。

大久保　新型のブルジョアだ。

服部　目的をたてて、目的をもっとも達成し不退転なのは慶応ですね。いろいろなのがでてますよ。たいへんなものです。

荒垣　政治家もでていますね。犬養〔毅〕とか尾崎〔行雄〕とか……。はじめは簿記学校を作ったのです。丸善を作って、そのなかに簿記学校を作っています。

服部　はじめのころ福沢自身に政治家を作ろうという意思があったことは、演説館を作って、諸君よ諸君よという明治の演説口調をあそこで作ったことでもわかる。

独自の伝統を持つ私大

大久保　明治十年代に、今の私立大学がたくさんできているのです。法政、専修、中央、早稲田、明治、日本で当時六大法律学校といっています。法政大学はいちばん早くて明治十二〔三―前掲注参照〕年、日本大学がいちばんおそくて明治二十三年です。いずれも弁護士養成です。三十六年に専門学校令ができて、あのときに早稲田、慶応などの私立専門学校が大学という名前をつけて、いわゆる私立大学となった。大正七年の大学令で、はじめて官立のほかに私立、公立が大学として公認されたのです。官立と私立と学生の層はどう違うかな。

服部　まあだいたい私立大学は、明治十五年くらいからだけれども、原敬の伝記を見てもわかるように、昔はよかったのが御維〔一の誤記か〕新でもって士族の商法で落魄して、とりわけ賊軍になった東北諸藩はひどいんだ。これは終戦後のパージ組よりもっとひどい。この手合いが家柄もよくって、昔、足軽と軽蔑したものがどんどん高官になっているのだから、なにくそ盛り返してやれというので夜学に行く。その根本精神は薩長斬るべしというようなものだ。

荒垣　同志社の伝統は、いまどうなっているのですか。

服部　やはりあるのじゃないですか。昨年私が京都の病院に入院中におこったのですが、たまたま総長の息子さんの事件……。

荒垣　ありましたね。

服部　あのとき総長の田畑〔忍〕さんの態度は立派でしたね。息子さんがなにか恋愛事件で刃傷に及んだわけです。その事件に対処する田畑さんの態度は、実に立派だった。同志社精神が生きていますよ。

荒垣　同志社の出身者にはどういう人がいますか、昔は徳富蘇峰みたいな人がいた。

服部　徳富は同志社の誇り得る先輩ではなくって、泥を塗った先輩だとおもうんだ。田畑さんなんかは生きている同志社です。

荒垣　湯浅〔治郎〕なんかもそうですね。

大久保　安部磯雄や山川均氏もそうですね。それから明治の哲学者としてえらかった大西祝なども出ている。

荒垣　もう少しくだっては……。

大久保　だれがいますかね。

服部　東京の学校を出たわれわれは、京都の学校はよく知らないのだが。

帝大卒業は官僚への入門査証

司会　日本の役人は一高東大というコースを踏まなければ、役人として大成しないと一般に言われていますけれども……。

服部　われわれの世代ではありませんな。昔はたしかにそうです。一高東大だ。僕なんかは大正十四年の卒業だから、大正の最後の年の卒業になる。われわれの同期の官僚を調べてみると、大臣、次官になった連中で必ずしも一高とはいかん、三高もいれば八高もいる。もう人材本位になっています。高等学校はそうなってるが、しかし大学はやはり東大だな。

荒垣　高文制度のあるうちは圧倒的にそうでしょう。

服部　それはそうだ。

荒垣　実力があっても高文試験に受からないと課長にもなれない。もとは一中、一高、東大でしたね。

服部　われわれのころ高等学校は問題にしなくなった。高等学校を問題にしたらやりきれなくなったのだね。官僚機構が大きくなっているから……。

大久保　それは東大ですね。京大は同じ官学でも、ちょっとちがう。東大のような古い伝統がないだけ自由な空気があったし、はじめから東大にたいする対抗的な気風が、ありますね。

服部　京都は官学における早稲田だな。

大久保　新しいやりかたはみな京大がイニシアチブをとっている。総長の選挙も京都の方が早いですよ。沢柳事件でたたかいとった。東大は京大のあとをおって、大正九年に古在（由直）さんがはじめて学内の互選で総長になったのです。

服部　西田幾太郎とか、河上肇、米田庄太郎、末川博、ああいった人たちはみな京都官学における早稲田ですよ。

荒垣　早稲田ほど野暮ったくないけれども。

大久保　天下りの沢柳〔政太郎〕総長の独断専行の教授首切りに反対して教授助教授が結束して辞表をだしたのが沢柳事件だ。あれは大正の二年におこったのですが、次には滝川〔幸辰〕事件がおこっていまして、進歩的だったと言われますね。

荒垣　古めかしい封建主義のなかに、新しいものが出てくる。

服部　ほかはみな技術系統ですね。仙台、北海道、九州でもみなそうです。

大久保　そうですね、官僚は東京が圧倒的だ、それから京都……。

服部　京都は少いですよ。やはり明治、大正、昭和の敗戦までは官僚はやはり東大じゃないかね。だから美濃部〔達吉〕でも、上杉〔愼吉〕でも……なんといっても美濃部門下が日本の官僚に占めている比率は圧倒的です。たとえば日銀なんかを例にとっても、ふつうの銀行は慶応でみな占められているが、日銀、勧銀というところになると、いまでもえらいのは大内〔兵衛〕門下じゃありませんか。

司会　東大系官僚のパーセントはだんだん崩れているのですね。

服部　それは崩れていますよ。問題は戦後の現代の大学制度になって、そういうあれがどこまで、残っているか……。

荒垣　ずいぶん崩れましたが、また立直りつつあるのではありませんか、根が強いですから、いま政党の官僚化をはじめたでしょう。自由党は官僚内閣と言われたくらいで、やはり政策立案の技術とか、そういう点では官僚出身の連中は、非常に緻密でうまいのですよ。物事をまとめたり条文化したり、企画をたてて実施面に移すことはうまいものです。だからはじめから政界に入った、生え抜きの政治家連中はワァワァ言って、議場のかけひきをやったりすることはうまいけれども、条文化したり、政策の立案化をしたりというようなことは、やはり官僚出身の政治家のところに頭を下げて牛耳られてしまう。けっきょく役所に行っていろいろ教えを請うたり、下調べしたり、その助けを得ないとできないのですよ。だから表では官僚排撃といっても、裏じゃ頭を下げて教えを請うているということが非常に多いのです。

服部　それに官僚の仲間をかばう点は、過失が少々あっても必ず栄転という形で移すのですからね。それは善悪にかかわらず引きがあるんですよ。たいへんなものですよ。

荒垣　仲間が浪人してちょっと不遇になっていると、あれはそのうちなんとかしてやらなければならないとか、そのうちにどこかにいかしてやろうとか、俺はあいつをどこのポストにつけてやったということを口ぐせにいいますよ。

服部　あれは中国における青幣、紅幣だとおもう。日本の官僚は東京帝国大学を卒業したというのは青幣になる。入門証書をもらったようなものだ。

荒垣　パスポートですよ。いったん官僚になれば局長まではいくんですからね。

大久保　これは容易に崩すということはできないですよ。

服部　たいへんな仕組です。

学生の負担が多い新制大学

司会　新制大学の制度は毀誉褒貶、いろいろな批判もあるようですがどうお考えになりますか。

服部　昔のほうがいいとおもいますけれども、それは一種の郷愁かもしれないね。

大久保　学生は学力の方はがいして低下している。

荒垣　どうして実〔学か〕力が低下するのですか。

大久保　負担が重すぎるのでしょう。しかしまた、いまの学生はえらいですよ。学力の方は低下しているけれども、とにかく自分の生活を守るというところはえらいです。だからうっかり昔のようにただ勉強しろなんて言えない。

服部　僕は単位が多すぎるとおもう。

大久保　年数が短くなったのに負担が多すぎますね。

服部　とにかくわれわれの高等学校のときから大学までのあいだに、二年続けて落第すればだめだということがあったけれども、そして一年に何日出なければ落第という規定はあったけれども、われわれの大学時分には大学に行かなくっても卒業できたんですよ。アルバイトをやりたくってもなかったが、あるものは小説を書いたり、僕なんか震災のあとで本所の柳島のセッツルメントに泊り込みだった。大学には行かずにレポートだけ出して卒業している。

荒垣　卒業はしたけれども、先生の顔を知らなかったというのはずいぶんありますね。

服部　そうなんですよ。だけど、僕らは自分でやろうとおもったことはやりましたからね。

荒垣　いまはやろうとおもってもできないでしょう。

服部　あんな単位でいったらとても……。

荒垣　時間が足りませんね。それから政治科に入ると、経済とか、文科のほうに聞きたい講義があっても行かれないのですね。

大久保　そうなんです。いまじゃ卒論でも作文みたいなものがあるから、二年間で書こうといってもほんとうは一年でしょう。そのあいだに別に教育実習とかありますから、とてもたまらない。

荒垣　ドイツのようにどの大学のどの先生の講義も自由に聞けるということは、日本にないばかりでなくておなじ大学のなかの好きな講義を聞こうということもできないのですからね。

服部　われわれのときにはそれができたんですよ。

大久保　非常に窮屈になりましたね。

服部　いまのような大学のコースでは、語学はできないですよ。僕なんかゼミで原典講読をさせているけれども、やりかたはいろいろのくふうがいる。

私学的精神は将来への支え

司会　私立大学の存在理由と申しますか、これからの私立大学の行き方につきまして……。

服部　私立大学のほうが、存在理由を官学よりも余計もっているだろうとおもいますがね。それはなにも私が私立大学にいるからというのじゃなくって、大内先生一人考えてごらんなさい。大内さんは東大にりっぱな経歴をもっておられるけれども、いかなる時代の大内さんよりもいまの大内さんのほうが、ピチピチしているじゃありませんか。それから戦後の傾向というものは、もういっぺん官学時代に復帰させるという努力もありますけれども、これはけっして成功しないし、おさえなければならないと思う。戦後、東大がよくなっているのは私学化したから、よくなっていると思いますね。文部省にしばられないためにみなたたかっているでしょう。だから私学的傾向のレジスタンスがある程度出て来たということがある。戦後の大学にいくつもまだ悪い点がありながら、それにもかかわらず、僕らも安い月給をもらいながらも、やはりここでわれわれの後継者を作っていこうという情熱を自分の教室にかけていますが、私学的精神が、日本の大学生活の将来に明るい見通しをもたせるたった一つの支えじゃないかと僕はおもうのです。

荒垣　私学は大隈でも、福沢でも、政府のひもをつけないで、作ろうとしてやったのです。ところが戦災で校舎がやけたせいもありましょうけれども、私学復興ということから、私学振興法とかなんとかいうのは、内容は知らないが、なにか国家の力にすがろうという気風がいまの私学に相当あるのじゃありませんか。これはいま、服部さんがおっしゃった東大が私学化したことと、逆に私学が官学化する傾向がほのみえているのじゃないかとおもうのですがね。そういうことじゃ私学のほんとうの精神というものは、すりへってくるような気がします。

服部　と同時に、僕は今度の選挙でたまたま鎌倉で選挙応援にタッチしたせいもあるけれども、痛感したのは公務員法ですね。公務員法の御蔭で、いわゆる官学の教授連中は、いくらこっちの候補のために選挙演説をしてもらいたいとおもっても、公務員はだめなんだ。あの公務員法が官学をまた復活する方向の支え棒になっているということを痛感しましたね。

荒垣　戦災で校舎がやけちゃう。図書館がなくなっちゃうということは、気の毒だが、それを国家が復興させてやらなければならないけれども、その点を考えなければいけないと思う。

司会　どうもありがとうございました。―司会　郡山澄雄―

〔本文にある註と写真は省略〕

VII　入院と退院直後の日記――早過ぎた死、没後のこと

一　入院と退院直後の日記

私の手元に残されている服部の最晩年の生活を知ることが出来る史料は、『大学ノート』に『１９５５年入院中途からのノート』（この表題の下に「大正の政治ノート、１９５4、10、21」とペンで書いてあるのを線で消してぃる）のみである。この『大学ノート』の「入院日記」は十月五日（水）から書き起こしてある。第一枚目から第四枚までは、表題に消しているカッパブックス『大正の政治』の目次と年表が記載され、第四枚目に「12／12『原敬百歳』」と記載された年表が記述されている。「12／12」は一九五四年であろう。服部の死の前年である一九五五年の『ノート』で私が持っているのは、服部が「一九五五年ノート　1／1―3／17」（このノートの表紙のみ服部の筆でノートⅠと記述されていない。）「一九五五年　ノートⅡ　3／18―4／10」、「１９５５　ノートⅢ　4／11―5／8」、「大工トモサンとの対話　Ⅲ　１９５５、6／9―」（このノートの第一枚目は、すでに引用した12／6（日）新想『日本人の歴史』全十巻の書き出しから始まっている）の四冊のみである。

私が専ら独力で作成した『服部之總・人と学問』（小西四郎／遠山茂樹編としているが。日本経済評論社、一九八八年七月）

巻末に所載した「服部之總　年譜・著作目録」の一九五五年十二月の最後に「結核、糖尿病など悪化し、ノイローゼ再発のため順天堂病院（東京・御茶の水）に入院する」と記載している。その翌年三月四日「病いのため東京・御茶の水の順天堂病院にて死去する（墓は郷里の島根県旭町の正蓮寺、記念碑は鎌倉市の円覚寺帰源院山門内にある）」、三月十日「東京三ノ橋の法政大学麻布分校にて告別式が行われる」を最後に「服部之總　年譜・著作目録」は終わっている。この最後の「年譜・著作目録」の下段に、十月『俳句日記鎌倉山夜話』河出書房」と記載している。本書の巻末に新しく作成した「年譜・著作年譜」は、上掲の「年譜・著作目録」を加筆・補正したものである。しかしこの「年譜」も完全なものではないことをあらかじめ読者にお詫びしておきたい。その理由は、前述したように私は服部と訣別後、一度だけ（一度だけと記憶していたが、私が所蔵している服部著『原敬百歳』（朝日新聞社、一九五五年九月）の中扉に服部が毛筆で「一九五五年十月四日　入院前朝　鎌倉山にて　之總　松尾章一君　呈上」と献辞が書いてある。したがって、鉄道病院に十月五日に再入院する前日に私は鎌倉山の服部を見舞いに行ったことになる。そうすると服部と二度死ぬ前に会っていたわけである。）服部と会ったきりで順天堂病院に入院中の服部を一度も見舞わなかったし、服部の死もわが家のＮＨＫラジオ（当時我が家にはテレビはなかった）のニュースで知った。遺族からの連絡はなかった。しかし、新聞で見た鎌倉山の自宅での告別式に出席はしたが、受付役を自ら買って出たことしか記憶にはない。上掲の「年譜」に記載したように、当時東京都港区麻布新堀町の三ノ橋にあった法政大学麻布分校（服部が在籍した社会学部は、当時中央労働学院［院長・小牧近江］と同じ建物の中に同居していた）での告別式であった（前掲の私が編集・執筆した『法政大学八十年史』第五章「社会学部」に書いたように、社会学部の前身は大正期に設立された協調会を母体とする中央労働学園大学社会学部で、一九五一年八月に合併して法政大学社会学部と改称したのである。したがって中央労働学院長の小牧近江［本名は近江谷駒］をはじめ社会学部教授の多くは協調会や中央労働学園の在職者であった）。

話がわき道にそれたので、本論にもどす。

服部の告別式に私も出席して後述する日本共産党を代表して野坂参三が直接読んだ服部への弔辞も聞いた。本書の『歴史家 服部之總』の最終項目にあたるのが本稿の叙述であるにもかかわらず、歴史叙述としてはきわめて不十分な記述しかできないのは、本書を書くために遺族から預かっていた服部に関する史料だけでほとんど執筆せざるをえなかったためである。私は本書を執筆中に服部には私が持っていた『日記』以外に、服部は別の『日記』をつけていたのではないかと推測することがしばしばあった。しかし、服部の富子未亡人が在世した時は勿論、没後も長男・旦から私が借りていた服部関係史料以外に、他人には見せたくないと遺族が判断されたと思われる『日記』などがあったのではないかと私は思っている。将来、私の『歴史家 服部之總』の不備を補正してくださる研究者が出現されるならば、服部の生家である上掲の浜田市の正蓮寺に私が借用していた関係史料を含むすべての遺品を長男・旦が納められているので、この寺に所蔵されている全史料を調査して正確な『服部之總伝』が何時の日にか完成されることを切望してやまない。したがって、本稿の叙述は、正蓮寺に納める前に私が複写しておいた史料のみで執筆していることをあらかじめ記しておきたい。長男・旦は服部の全資料を正蓮寺に納めるので返却して欲しいと私に言われた直後の二〇〇一年七月十九日に亡くなられた（享年七十）。

上述したように以下に引用する『入院日記』は、一九五五年八月から十月二十五日まで鉄道病院に入院（十月四日再入院?）した時の日記で、同年十二月の順天堂病院での日記ではない。八月に鉄道病院に入院した時の日記からの引用である。〔服部の『日記』はすべて大型の大学ノートを横にして下段から書きはじめて、時々上欄に補足（記）が書かれ，まったく空欄が多い。〕

十月五日　前夜不眠。午前五時の時計の音をのぞいてすべておぼえている。七時半起床。そのわりに落ちついていて、不安もなく、吉村君〔おそらく映画監督の吉村公三郎〕そのたへハガキ等認め、十時　富子、旦、苣子、匡〔前述した同居人金匡来、通称「ヒロシ」と呼称〕と五人で出発。新宿中華料理で昼食後一時鉄道病院。二時十五分千葉氏〔服部の友人であった鉄道病院医師・保之〕。僕の主任松本先生（副長）。三時入室、結核病棟二一〇号室　富子たちヤカンその他買い物に出る。その間　三時半　近藤看護婦につれられて　レントゲン　体重　50kg　十三貫四百　身長一六一、二センチ　ハイカツ量　一七六〇

六時　富子たち去り一人となる。おそらく始めての経験也。〔以下「日記」には多く改行して記述しているがすべてつなげて引用する。なお月日の記述はすべて「　」はとる。以下同〕八時（消燈時間）まで新聞と「財閥」をよむ。八時、パン（タマゴつき等）二佪《〔ママ〕》たべるじつにうまい。消燈後十時迄ラジオ（携帯ラジオ旦ノ作品〔旦は東京理科大学電気学科から法政大学工学部建築学科に転入した〕。音楽以外あまり興味のらず。信州某村の土地問題座談會。十時以後「思考過剰」的興奮状態となって不眠。差入れのウイスキー小瓶一ぱい分ハイボールにして用いる。十二時きかず。一時半きかず。二時半三ばいめ生《キ》でのんでやっと成功。その間の思考、カスガ〔鎌倉山の服部の親しくしていた隣人である大工の春日〕土地問題（富子にけふ書いた）と匡旦たちのアパート問題。あとはつまらぬ事のみにて記憶せず。土地一件は、会社が僕の土地を多年無償で使っていたのだから、今後その年数だけ会社の土地を無償で使うのが当然である。――当然の権利を主張しないで買得するなどはソレが弱気のノイローゼなのだ、というにある。春日君には売るだけでよい。それをなぜ交換の形にしたか。主張すべき権利は主張せよ。というにある。〔以下の文章には（　）の中に入れている〕それでいて今日〔右横に「六日」と記す〕富子に書いた手紙に添えてある春日への手紙（「参考」としておいた）は、金策問題のみを書いてあるのは――それも、今朝方か、春日にはソンナ風に云へばよいカ、と考えたから也。

十月六日（木）〔とのみ記述。なにも記載なし〕

十月九日（日）　前日につゞき快晴　前夜山本先生のすゝめで眠剤を用いたので、十時十分前就眠　今夜七時になってめさめたが、なおねむかった。悪い予想はそのばになってから――現実となってからみんなで考へればよい。よいことばかり、勇往歓喜するようなヒュマニストの夢ばかりを、常住に考へよ。どんな問題――難問――でも、解決

せぬということはない。すべては過去となって解決されているではないか。それは刻々の未来が、みんな一緒になった力を微々にはたらかせて、解決してゆくのである。「自分だけが」という独善的英雄主義を掃きすてよ。それがあるから、自殺したくなるのだ。プラスはマイナスを伴う。

十月十日午後　著作集しおり第六号の松島榮一の解説は、私にも気のつかぬいろいろがあっておもしろく、かつありがたいが、伝記めいた部分には、おかしなところが多いし、暇つぶしに訂正しかけたが、死んだときの「略伝」を用意するのも、こんなときの「独房」のすさびでもあろうと考へて。

一九〇一（明治卅四）年九月廿四日、島根県那賀郡木田村（今旭村字木田）正蓮寺（真宗西本願寺末寺）住職設満長男として生まれた。母（橋本氏）琴。馬鹿〳〵しいから「思出の記」をまねることにしようか。

〔以上の日記の横に以下の血圧測定値を記している。6と10の数字は午前6時、午後10時と推測する?〕血圧　6　152／70　10　136／68

この『日記』の次頁に「トモサンとの対話」への自己批判。として以下のような記述がある。すでに述べたように、服部の原稿が戦後初めて書き直しを理由に光文社編集部の加藤一夫から返却された初稿にたいする新たな構想を書きつけたものだと思う。

一、何ヲモチーフとしていたか？　（「見当ガツカン」とは名言哉　或ハ云フ　「身辺随筆」）

○『先祖とは物だ』〔『先祖とは物だ』の横に＝線を引いている〕ということ。（私有財産への――モット痛烈ナ――批判ヲ必要トスル）

われ〳〵が大事がっている「先祖」とは。

○真実の「先祖」は何か？　誇り、感謝し、祭るに値する真実の祖先は、――コトバ〔「コトバ」の左に＝を引き『カキモノ』と記す〕である。（スターリン。生産手段　生産力（ソレガ欠ケテイルニチカイ）「物」ノ先祖ヲモツ階級ト　モタナイ階級――ハタラキ〔「ハタラキ」の横に＝線を引いて「労働」と記述〕ノ瀧ノ白糸

二、モチーフの分裂（？）――△平和▽への希求。

鉄砲物語

（鉄砲と墨汁――〔「墨汁」に力点〕

〔冒頭の『先祖とは物だ』から線を引いて〕凡テノ「物」は天皇ニ「帰一スル」〔「帰一スル」を＝で消して〕ツラナル　国ホド大キナ物ハナカッタカラ〔西欧史上ノ諸天皇ノコト〕

以上のメモの上の頁に以下の記載がある。

一種ノンフィクションの推理小説。カヽルモノトシテ整序スルコト
私たちの先祖〔この六字を□で囲む〕
先祖について
先祖発見法　（農地改革から説起す　農地改革批判で終わる　山崎〔後記の山崎謙か？〕家の話）
先祖のこと
――大工トモサンとの対話――
先祖についてのはなし〔二重丸で囲んでいる〕
私は友人のうち誰を尊敬するか
曰く――山崎謙先生。

カン言——（サンシモン「ジュネーヴ人の手紙」p.47

さいごに、事物の性質上、哲学をして大事な一歩、をふみ出させるためには、以下の条件をみたさなければならない、ということになる。

一、体力さかんなる年齢のうちは、…………

二、私は一、二、三、においてはるかにサンシモンに劣るが、四においてまさる。而も私は五〔?〕において、

三、私の〔幼年期少年期の六文字を消して〕もっともわかかった時代の友だち——老いてるいまの日本の農民たちにこれを語るという課題——實は、知識人にとっていちばん困難な課題を、はたさなければ、私の生涯はいみないことになってしまうにちがいない。〔「カン言」からこの最後の文章までを括弧にかこんでいるが、二、三、四。の下に記述してなくて文章がつながってなく意味不明〕

四。

次頁の上欄には次のような記述がある。当時の服部のノイローゼの様子がよくわかる。

小宮山君〔『服部之總著作集』を出版した理論社小宮山量平社長〕の元気づけ

河上自伝〔河上肇自伝〕　ルソーのポーズ、自分ニ対シテモ　他人ニ対シテモ

①思切ッテ〔この次に—を引き〕「アルガマヽニブチマケル——ある歴史家の感想　藤間生大〔マルクス主義古代史研究者〕ヘノ罵倒『カンシャク玉』〔カンシャク玉」にすべて〇を付している〕ヲ破裂サセヨ（自解）

余思フ——生きる限リハソレ然リ!!

Ⓐ糖尿病結核者のカンシャク玉——対他

Ⓑノイローゼの自己ケン悪——対自

双方トモニブッツケロ。ゲロヲ吐ケ。

「発表ハ考ヘナイデ!!」
自他ヲ罵倒セヨ。
円満ナ人格トカ、イフモノ、日本当代ニ見ルヘキ筈ノモノニアラズ（小宮山）〔この行の文章とⒶⒷを線でつないでいる〕
ノイローゼにかゝらぬような良心マヒ者ガ
アメリカでも人口の40%あるそうな。」

次頁の下欄に「別冊　入院日誌カラノ続き」として、次のように記述している。

「10／22（土）快晴。
昨夜十一時、眠剤ヲノム（十四日以来はじめて也）原因〔右横に?と記載〕　a　昨廿一日便通ナシ　b　ウィ《ママ》タミン一個減　c　野坂氏手紙〔a、b、cは横に一行ずつ〕
五時メサメ、七時起床。
七時　採血（血糖検査ノタメナラン）
七時半　インシュリン15単位　（けふから朝昼夜計35単位）
八時　朝食　パス〔二行に記述〕
八時半　便通ナク、指ヲ入レタラ出シオリ。
九時　カンチョウ。消毒
十時　ウイタミン二錠。VB$_2$〔二行に〕
（手紙、野坂参三氏、下山三郎君、ゲラを理論社へ）

十一時半　インシュリン5単位
昼食　牛乳、焼魚、肉タマネギ、卵ツユ、白菜ツケモノ、飯、
匡。田中〔田中の右横に（クダモノ）と記載〕＝関根（今朝富子カラ電話――モット在院ヲスヽメラレシ）
陣内夫妻〔この左横に（クダモノ）〕。小宮山君。（印税）
夕食　タマゴヤキ、ホーレン草ヒタシ、ユドーフ、牛乳

タバコ明日より厳禁。
　禁烟者のカンシャク玉マデ文章ニセヨ!!

次の一頁下欄に以下の記載あり。

（カンチョー）健康について　はだか随筆の真のハダカは「生」ということ也〔「はだか随筆…也」までの文章の上に《を記す〕食って排せつして、忘れているのが健康。去春のアブラトリカンチョーのこと。今朝のカンチョーのこと。どんなダウエルユドシュラーよりもよい心地のこと。

次頁下欄には、「第一章の一」として、『微視の史学』所収「村の雑貨屋」からの文章を引用して修正している。
〔修正は省略〕

十月二十三日（日）前夜十時――五時。（〔一字読めぬ。睡カ?〕眠剤）六時半――七時「散髪」（代々木方面）
（朝食　生卵、ホーレン草アゲ豆腐アエモノ、大根スリ、ミソ汁、ユーコ〔ママ〕エーラ、牛乳、飯）

朝、吉田君——石州の渡辺姉弟（ナマボシ魚）。午後、富子、草子、愛子、石川夫妻、湯浅夫人。ソノ間、千葉君。火曜退院ノコト。

十月二十六日朝。

昨日退院——かなり激動の一日だったが、神圣《〔ママ〕》はよく耐えて、平静であった事はうれしい。

むしろ朝は、けふの退院を思って、おちつかなかった。隣室の病友たちをよんで別れの「一服」を共にしたり。人生訓めいた（むしろ自訓であるが）話を交したり。

突如奈良本君！　昨朝夜行上京、昨夜新宿一泊、十時来訪。毎日新聞文化賞に、「明治の政治家たち」を京都側で推して、代表として上京、昨日午後東京側も同意して決定した由。京都では奈良本、貝塚茂樹、松田道雄、（マルクス批判家の）　東京　飯塚浩二、川崎庸之、和歌森太郎。

彼泣いて報告し、僕も感泣。（その間レントゲン等）　正午、京橋の女史、薫〔服部の妹で関根悦郎夫人〕、おくれて匡。諸支払（理論社印税二万円にて）。社廻り。午後一時半退院。京橋二時着。

○宮川君松尾〔松野尾の誤記〕夫人一行に誘はれて中国見本市へゆき。

○吉原君の東大病院云々。宮川君金曜日来山。彼に近研の後継者たることを（名実ともに僕の副大統領たることを）求めようと決意。

○富子、土or日曜日上京のこと（大津夫人）

○大津氏、「綜合日本史」を毎日新聞事業部とタイアップ昨夜契約大綱成立云々。野坂氏への史秘《〔ママ〕》出来

○不動氏。宮川によればアメリカ行断念？　柿本—宮川—不動。

○宮川夫人（亡夫糖尿病云々　余病併発して死）

○六時半帰宅。入浴。七時山崎帰宅。食後インシュリン。ウイスキー三グラス。

○今朝四時半メサメ。五時半起床。固有名詞忘れはあるが、おちついている。

次頁上欄に、10／26　病歴史家と念仏　と書いて、つぎのような記述がある。冒頭に述べたように、この『大学ノート』第一頁のカッパブックス『大正の政治』の構想メモではないかと松尾は推測する。

　第一章　解題
　　病人であるということ——快くなりつゝあるか、死につゝあるか
　　歴史家であるということ——未来に生きつゝある・過去の法則
　　念仏——統一者としての

以上の左横に断片的な語句が記述されている。語句のみを列挙しておく。

鎖国を何者が破ったか？　《我が父祖の物語》〔《　》の文章から——を引いて「身辺の歴史」に〕　身辺の歴史
鎖国を破る人〔この六字を□で囲む〕　歴史散歩
百年のむかし
　百年の昔　久原房之助聞書〔「久原〜聞書」を□で囲む〕
鎖国を破った先祖たち　わが昔ばなし　福澤諭吉〔福澤諭吉を□で囲む〕
だるごえ〔この四字を□で囲む〕＝鏡山旧《こきゅう》錦絵〔この五字を□で囲む〕——日本人の歴史〔□で囲った「鎖国を破る人」と「だるごえ」と「鏡山旧錦絵」を＝でつないでいる〕
岩藤物語
伊藤博文の一生〔この一行を□で囲み、さらに「伊藤博文の一生」の左横に〕　大正の政治〔二重□で囲み。左横に〕
　—大日本帝国の人格—　思いのまゝにならない政治

―明治帝国の一性格―　　まゝならぬ政治

この下頁に退院後の十月二十七日（木）の日記には、つぎのように書いている。


昨夜眠剤のむ。十一時――五時半。〔この文章から右横下の欄に↓で次の記載〕昨夜午後陣ノ内。碁盤をあげ、ステッキ貰う。光文社加藤君電話、維新からやってくれ云々〔書き直しの『日本人の歴史』の叙述のことであろう〕。けさから尿をとる。

富子と長尾庭園に散歩。瀧田老。

朝の間ノイローゼ気味つよし。ウイタミン三錠のむ。少時ねむる。

吉川英治氏に手紙
夕方　雑誌をよむ　『サークル』問題。

〔右記の「夕方」から――を引いて以下の文章を記述〕　明後日の母三周忌問題。とりみださんとす。石州へ手紙。〔墓石代一万円の事、明日仏前二千円の事〕

薫に電話。

ヒロシつれて散歩――

相変わらず生活不安の事。仕事何を書くべきかの事。


来客、国土社さいそく　服部〔名は?〕君。入院見舞、礼状　児玉勵造　山辺健太郎　田中惣五郎　久保舜一　小林高四郎　佐藤誠　松尾章一〔上述したように順天堂病院には見舞いには行かなかったが、鉄道病院には一度だけ服部を見舞った〕

以上の日記からも、服部のノイローゼはかなり進行している様子や、生活費捻出や執筆の不安からくる精神的動揺が読みとれる。

十一月二十八日（金）　雨、六時起床〔この右に〕　前夜十一時就眠

山本医師に電話（七時半）

①退院25日は、研究所の心配事あり。よく耐える〔日本近代史研究会のことか？〕

②26日　記憶障害あり。午後（陣内きて）デプレッシーヴ　夜眠剤

③27日　朝ノイローゼ。三錠のむ。午後から夜ヨロシ

④28日　朝。平静。

A、昨日午後「トモサン」〔起草中の『大工トモサン』〕点検——『見当ツカヌ』モットモ也　去年起稿の時はともかく　今春3／2第一、二巻構成の時、すでに異常緊張（逆ノイローゼ）ありしものか？

昨日「サークル」（知性）を読んで、大いにラクになる。

B、——『病気による孤立』からの解放。

A＝B

C、ウイタミン長期使用？

インシュリンをうつ。小便をはかる。富子ともども、えらい仕事也。一日生きるのに、たいへんなロス也。この犠牲において保てる生を、いかに有意義に消費するか。人生の大事也。

尿量　11／27　二、一〇〇——二、〇〇〇

午後の客をことわって帰ったのに宮川君〔寅雄〕来電『明日——』という。

「仕事」模索――「トモサン」書替の序文原稿三枚。（自伝体）〔この上欄頁に↓を引き次の記載〕 自伝―父祖の祈りをこめたもの―をかきとめること。心棒とすること。
夢声〔徳川夢声〕と松島〔榮一〕座談会の夢声の言葉に、「日本の歴史を小説のような、随筆のような面白さで読めて、しかも史実的に正確な本、それがほしい」（図書新聞）
松野尾君〔前掲の「松尾」と誤記していた人物で宮川寅雄の甥〕来訪。結婚問題。話して、教えているうちにズンと落つく。十一時就眠
十月二十九日（土）　午前抑ウツ――ウイタミン三錠のむ。
午後二時宮川君来訪。中央公論稿料分配問題から、近研同人の稼人根性ノ問題ニ触レ、（日評の仕事、東洋経済の仕事等々も然り）、近研存続の問題、「基金」の問題等段々に鋭くなる。宮川に後継者たれと依嘱〔ママ〕する事から発して、彼に指導能力のない事実を見、（根性は悪くないんだが、善良にすぎる、右往左往する、その場主義である、僕に似ていて非なるところがある）絶望と共にファイトが生じる。
宮川夫人とコッチャンあとからくる。そのへんのニュアンスもはっきりしない。よい天気で鎌倉に家族ハイクに来た感じ也。この辺も頼りなし。
○夜手当りの片岡直温回顧録を読了。十一時就眠。
十月三十日（日）　富子旦つれて上京、金うけとりのため也。

僕大槻家訪問。VB_2をうってもらい、碁を二局うって帰る。植木〔勘三〕君来ている。
○山崎〔長女洋子の夫・富美夫〕と相談してけふからウイタミンを中止してみる。
○毎日新聞から文化賞の通知――11／3欠席のつもり。（宮寅〔近研の宮川寅雄〕を代理に出そう）
○昼食後疲労して小眠。匡と碁二面。少々イリタテイーヴ。勘三と「ヤキトリヤ」哲学や貧窮問題など。（いま

彼この書斎にあり）

十一月六日 日記〔十月三十日から十一月六日までを記載〕

十月三十日（月） 夜、勘三と対話して、日本人の歴史の新構想成る――後半部を中心に五章で書くこと也。

●10／31（月） 宮川君に電話。返事なし。抑ウツ。

○11／1（火） 匡つれて上京。この朝血痰（実は血線《〔ママ〕》）新しい絶望の内に、ソレミタコトカ！ 病院↓理論社↓京橋、毎日ニ欠席通知出ス〔上記の「病院」から↓を引き〕―千葉君から云われて瀧本氏に謝礼（タバコ）〔また上記の「病院」から↓を引き〕ウイタミンのむことにする（昨日のノイローゼにコリテ） 神吉君〔光文社社長の神吉晴夫〕から祝電』

●11／2（水） 神吉に返事（マダ廿日案の可能と望をもつてハリキッテ）
ソノアト旧稿通読し、案ヲ試テ絶望ス。〔この一行に‖を引いている〕死ヌシカナイゼ。

●11／3（木） 旦匡上京 旦代理デ授賞式
吉川氏から祝文。トテモ抑ウツ。決意ハナイガ遺言メイタコトナド庭ノ散歩ノ読書〔読書に力点〕デトモカク抑エツケル。

●11／4（金） 一人歩キニツブヤイテオル。希望皆無。〔この一行に‖を引く〕夜藤田〔故藤田五郎〕夫人母子ト
脇坂昭夫君来泊 夜千葉君ニ電話（再入院？ 打診。ダメ也） 夕方松本医師ヨリ電話。インシュリン半減ノコト

○11／5（土） 藤田一行三時マデ。陣内、小牧、塩沢君夫。朝吉川氏へ手紙。未完了。（早朝トモサン補遺ニツイテノ啓示。雑誌ニ発表セントシテ） 甑右ヱ門昨夜帰国。今日祝電

○11／6（日） 六日間のメモをつけ、抑ウツガ一日交替に〔「抑ウツ…」から横に傍線を引く〕起ってることを発見。

——ソウデモナイゼ。

吉川氏への礼状に〔上記の下に以下の記載を二行にして書く〕午前諸氏ハガキ書ク　両医師ニ謝礼ノ小包作リセん〔ママ〕

　パス、ヒドラジドル、

　インシュリン、ウイタミンに香なれど

　用いるたびに菊と香りあふよき人のことのは。

正午前、山本医師に電話—明日投薬云々

午後三枝〔博音〕君夫妻、後川〔晴之助〕君、杉本君見舞。五時三枝君帰り　六時後川橋本君ニ帰って貰ふ。

入浴。ホットする。

タユラレズシテ、ウイタミンのみて眠る。

十一月七日（月）早朝——千年史のアトのプラン〔この頁の上欄に、日本近代史研究会編『画報千年史』の次のプランとして欧米二百年史　鉄道沿線日本郷土史〔以下は「鉄路」と「沿線」を二行に冠して、以下同〕全日本郷土史　画報郷土史　画報日本史　と横に並べて記載。〕（昨秋もこの話題　山崎トノ間ニ出ス）〔「この話題」に——で〕鉄路日本郷土史

米ソ史二百年　英仏史三百年〔以上の二行を〕or欧米二百年史〔「欧米…」を□で囲む〕

〔左の四行は傍線を引いてある〕

革命記念日　野坂氏演説（ハタ）に原田君のが一部引用〔以上の記述を丸カッコで囲む〕

七時起床オソロシクわるい。庭めぐり腰がいたくなるまで。

ノイローゼ悪化のレコードデイ也。午前も午後も、ウイタミン三錠（午前）二錠午後のみてねむる。〔「七時…ねむる」まで傍線〕尿とる。

午前「トモサン」記録（高羽屋系統等）探す。出てくる。

午後四時過起る。——やっと落ついている。

著作集特装本到着。何の返事も書けぬ。

トーマ〔藤間みかえ医師〕注射試みんとして——辛うじてやめる。

自殺する気力はない。入院はしたくない。〔「著作集」から「自殺」までの上欄に以下の記述〕大内先生〔大内兵衛〕に電話して碁をことわる〔この行を丸カッコで囲む〕

何でもないのだ。頑張ればよいのだ。明後日は上京だ。

京橋と法政へ出ればよいのだ。——と思って見るが、落つけなかった。——ウイタミンで眠ったアトは、トーマ注射ほどの効能があるよう也。
●十一月八日（火）（尿はとる）アングスト前日通り——匡昨日貰ってきた薬（たのしくなる）を服用十時—二時ねむる（あとで聞けば眠れるような量ではない由V.8、三服で持続睡眠一日量云々）。午後三時遂に洋子にトーマ脳下垂体前葉にひン《ママ》を打って貰ってねる。効果なし（トーマ夫人曰く、ウイタミンと併用では十一〔プラスとマイナスとルビ〕で利かぬらしい。）
ヤット一切を明日に托して、最後の眠剤でねむる
⊗十一月九日（水）亡父命日拝む。十九回忌也。〔⊗の上に「乱」と記入〕
十時匡と上京。服部弁ゴ士（不在）——京橋（佐藤君不動氏以外未出）〔「京橋の」上の——から以下の記載〕中途薬屋でアダリン買って、——鉄道病院。猛烈な口のカワキ。尿ニ同分《ママ》。松本山本両氏を困らせる。普インシュリン5単位うつ。カワキ変化なし。千葉君に再入院交渉、コトワラレル（アマリニ有名云々）。——万一の際は東京歯科医科大学（山本氏のゆくところ）云々。
山本氏の言では、ショック——肺に不可　持続睡眠——インシュリンショックと不分明で不可　∴普通精神病院ハスベテ不可（精神病医のバーバリズムと綜合病院でないことゝ）ウイタミン法しかあるまい。入院の必要なく、不賛成也。トーマホルモンも血糖作用あり　ウイタミンとプラスマイナス　トーマ氏も亦云う。〔上記の「シ

ョック」から「プラスマイナス」までを（　）で括り、その上欄に〕ツマリ、一切のミッテルから除外されたノイローゼ。
この精神ショックによって、巌頭に立直った形也。
東京駅食事（三時半）――服部弁ゴ士を訪ひ残金五万円渡し（この件、心奥では死の處理のつもりあり）。――
京橋。大津夫人と月曜日を約し。一同――宮川君の来春三月迄の長期療養計劃（けふ小宮山君と相談云々）
ヨク見テイルト有難ク思ヒツ、キク。
帰宅八時バス。プロレステレビに大勢きている。
富美夫〔長女洋子の夫君、山崎耳鼻咽喉科医師〕と相談。
ウイタミンの対症的使用方針　山本サンには反するが山崎に頼ることゝする。
十一月十日（木）　11時過就床。2時メサメ。山崎指示通り服薬（ウイタミンでなく）
5時過メサメ。七時起床。
日程をつくる。〔午前読書、講義案や千年史の勉強から　手紙、午後一――三時　午睡。（ウイタミン使用？）　歯
医者通ヒ　設草子の勉強相手　〔以上の〔　の日程は一行ずつに記載している〕
小散歩――講義準備にかゝる。
○十時、不安はじまる。ウイタミン三錠のんで床にいる。
ねむれず。さては自殺結論に膠着する。
○富子僕を誘って庭の竹を切らせる。
○午後三時、山本さんの嚬《ママ》服服用――平静になる。〔「山本さんの嚬《ママ》服」に傍線。上記の傍線から〕――――イソミタール 0.08
手紙ハガキ二三通。夕方と共に愈々静平。

以上の日記の上頁に以下の記載あり。この文章からも相当にノイローゼが進行している状態がわかる。

午後一時過ぎ文春から新年号巻頭論文注文の電話――口がカワク。断る。

ドンナニバカニナッテモイ、ジャナイカ、ビンボーシテモ、ヤンデモイ、ジャナイカ、アタマダケハジョーブニナレ。キリョクダケハツヨクモテ。エンピツダケハ、サイゴマデツカエ。

次頁の十一月十日日記の続きは、前頁の日記の文字より二倍大で記述されている。その前までの日記の大部分の文字に比べれば四倍大である。

○夜、桜井武雄来泊〔桜井は戦前の服部の私設助手第一号である。茨城県の大地主の家に生まれて旧制水戸高等学校〈現在の茨城大学〉在学中に共産主義思想問題で放校処分となった。当時東京にいた在野の歴史家である服部を慕って内弟子となり、服部に薦められて『農本主義』の論文を発表して歴史学者となる。戦後は茨城大学教授となる。弟子の一人に木戸田四郎。因みに戦前の第二号は信夫清三郎である。外交官・国際法学者として著名な淳平を父にもつ信夫も九州帝国大学在学中に「処女作となる『日清戦争』の最初の四章分を抱えて上京し、服部宅を訪問して教えをうけた」（信夫清三郎先生追悼文集編集委員会編『歴史家・信夫清三郎』勁草書房、一九九四年十月刊参照）服部の助手となる。服部の推薦で雑誌『中央公論』（一九三四年七月の臨時増刊・新人号）の懸賞論文に「日本外交政策の基調」が入選。その後、服部と共著『日本マニュファクチュア史論』（育成社、一九三七年。戦後に同書名で真善美社、一九四七年に再刊）『明治染織経済史』（白揚社、同上年）を刊行して歴史学者として認められる。戦後は名古屋大学教授。本書巻末の「年譜」に記載されているように一九三五年夏に服部が企画した『日本封建制講座』（白揚社）を出版するために週一回の研究会に桜井と信夫も会員として加わっている。私が本書を書くために、桜井と信夫からも直接会って聞き取りを行った。戦後の服部の内弟子は私一人である。〕

ふたたび日記の紹介に戻すと、「夜、桜井武雄来泊」の左横に以下の記述が続く。

一山の峠に休め、先の山を考えないで、来し方をふり返って、一年くらいゆっくりやすめ。

文春巻頭などいま書けば、この一山が崩れてしまう。


僕悟って曰く、自殺の妄執はすぐ次の山を考へ、拡張再生産のみを考える資本家に似たり。マルクス主義者としてイミなし。この妄執生活の恐怖に基く。仏教に云う迷ひなり。日本人すべて縮小再生産の身上にしてひとり独占資本のみ拡大再生産するときに、いかにしてこの我にそのことあるべしや。

貧乏せよすべては開かれん。一万二千円も貧乏のみが解決すべし。〳〵。

①旦苣の卒業サライネン春〔「サライ」「ネン春」を二行に記述〕迄この家に
②ソノ間病気あり運も無くば、家を賣《〔ママ〕》り水戸へ疎開サ。
③ソノ内次ノ山かゝエ《〔ママ〕》ん

十一月十一日（金）　昨夜十七時まで桜井君と話す。ウイタミン三錠。

　今朝六時半起床。桜井君七時四十分で発。

　大阪川本清澄死去けふ二時葬儀の電報。アドレスなし。蕗子気付で手紙出すつもり。九時半——十時散歩。

　右手紙書き五百円同封。
○十一時前、アングスト起らぬうちにイソミタール服用。
　匡上京をやめさせて唯物史観を討論
○昼食前山崎斌君葉緑素持参投恵さる一服のむ。深謝
○富子たち鎌倉ボリ——税務署の調査書来—理論社小宮山君電話

○二時―四十分ばかり就床、ウト〳〵。
○ウイタミン二錠のみ、日本経済史第一巻第一章を読了。〔ママ〕」
○午後匡と散歩　唯物史観の話――脳力限界アリ。
○夜、テレビの映画を我一人見ずベットにいる。

十一月十二日（土）
○歯科大崎行――小倉――十二時帰山
○午後イソミタール服用、就床、小説を読んでゴマカしているところへ岡田日出士君来問。
○岡田君ト対話。二階ニテ。ウイスキー二杯半。夕食後就床。岡田君ノ帰ルヲ知ラズ（疲労気味也）
○十一時富子に起サレ、入浴シネマキニキカエ、十二時就床――不眠。仮睡。匡上京。税金問題デ小宮山君ニ。
この日記の上欄に次の記述あり。「未明、（文春コトワッタヿヲクヤム。講義案中――上部構造ノ国家〔国家に力点を付す〕公務員制度モ。国営事業モ下部構造ノ資本制ニ規定サレルコト　abs,軍隊ト封建的下部構造　意識《イデオロ》（天皇制）デイカニ美化シテモ資本制＝半封建制経済構造ガ反映スル。

十一月十三日（日）　八時半起床。富美夫訪問〔山崎夫婦の家は大工・春日家の隣〕。コマラセル。
○尿トル
神経症ヲキスル医書ヲ借リテ帰リ読ム。
○二階ニ始メテ床ヲ移ス。
○税金問題
○植木君来問〔ママ〕

○大槻君ソノ友人ヲ紹介シテ来訪問《ママ》

午後モイソミタールを飲まず、ウイタミン二錠。

夕方床ヲ階下ニ戻シ、文春（吉川氏の忘れのこりの記）読み、夕食後碁（匡ト三面　旦ト一面）。頭ヤヤ整頓サレル。家族ノ中ニ寝テイル安神《ママ》ヲ意識シツヽ、ウイタミン三錠のみ就床。読吉川氏。旦、税金問題ヲヨク整理シテクレル――対策明日小宮山君ト。落《ママ》ついて、眠剤のみてねむる。

十三日の日記の上頁に次のような記述がある。「ヨクナルマデ、ボヤットシテオルホカシカタナイデハナイカ!!

講義ダケハ予定ノ廿九日カラヤルコト。

十一月十四日（月）　めさめ、落《ママ》ついている。ノイローゼは、客観的悪条件への即座の適應《ママ》不能で、意識が収縮する現象。悪条件の各々を正視し、ハラ〔「ハラ」に力点〕を決めたら、収縮が戻る。八月に収縮が始まり、入院中も、退院後今日迄かゝって数々を漸次に正視し、一つづゝハラをきめてはキメかねていたのが、やっと吉川さんの体験を読んで、全体的にカクゴがきまったのかもしれぬ。ともかく、薬によらないで、昨夕から落ついている。

けふは、上京し、悪いを覚悟で、おそれずに、マンマンデーに練習しよう。

〔以下の一行を四角に囲んで記述〕　第一目標、11／24カラ出講すること〔法政大学社会学部の講義〕

この上頁に四角に囲んで「ハヽ、ハラをきめよ。」と記述。

次頁に十一月十四日（月）の続きから十一月十九日（土）までの日記を簡潔に記している。原文は一行ずつだが続けて紹介する。

十一月十四日（月）上京―京橋（綜合日本史）―洋子ユミ七五三、小倉君来訪（古書恵贈）十一月十五日（火）午後歯科大崎　十一月十六日（水）朝トーマ夫人電話、〔改行して〕陣ノ内家行、夜嵐ノタメ不通トナル〔この二行に（を付す〕十一月十七日（木）岡田日出士君来訪。夜電話トーマさん、千葉君、山本さん　十一月十八日（金）早朝陣内君来訪　富子と三人して散歩。十一月十九日（土）富子下山、正午帰山、」松尾君来山〔松野尾の誤記でなくて私であれば記憶はまったくない?〕〔改行して〕返事鯉淵氏、浜田井上氏、上田一雄君〔改行して〕実に数日ぶりの手紙也

十一月二十日（日）草子「父の会」誰も（旦、匡）出席せず。〔以下の文章はすべて改行して〕早暁、僕混乱してイソミタール服用。睡眠――十時。落つく。軽く朝食。昼食後富美夫ト話ス。入院無意味ナルコト。ウイタミンやめること。トーマ男性ホルモン注射。（一週間後よりトーマ前脳皮質・ホルモンをするか?）千葉の「既定方針」でゆくこと。明日上京。京橋の様子（綜合日本史）みること。病院には明日はゆかないこと。（尿はヒロシにもってゆかせる）藤間夫人には逢ってもよい。〔上掲（　）内の「一週間」の一行分と最後の「藤間夫人」の一行を←→でつないでいる〕夕方故鳥井〔博郎〕君墓参の帰りとて宮川飯田〔飯田の次の二文字欠、二名は鎌倉アカデミアの教え子〕三君来訪。僕くるしみて。彼等夕食後八時に去ってのち家族会議（富美夫議長格）尚くるしみつゝ。〔以上の日記の上頁に以下の記述あり〕来春三月納税予想15～20万円。いかにすべきか?!　○廿二日（火）教授会は休んでよし。○廿九日から出講のこと。○吉川さんに面会にゆくまでよくなること

十一月二十一日（月）大寒波風雨のため上京不能。終日くるしみて床にあり〔「終日」から傍線〕ヒロシ病院行。くるしみの極なり〔「くるしみ」から傍線〕。十二時（中央公論を読破してのち）睡眠剤のまんとするとき転心あり。

〔上記の文章はすべて改行しての記述多し。以下同じ〕

十一月二十二日（火）晴。楽観的なたのしい夢。大内先生。轉《〔ママ〕》心を確保せん。プラリと上京のこと。《〔ママ〕》」上京（京橋）悪い準備のこと。藤間さん面會《〔ママ〕》。ブレーゲン貰ふ。救いなく帰山。留守中田辺井君来訪云々　大槻君今春の

「頼朝――」の書を表装して持参。苣子に助力を求めること　山の交番寄附《〔ママ〕》金のこと

十一月二十三日（水）　休日。晴。

自分以外に救う者はないこと。それに失敗〔「す」欠字〕れば、完敗の道しかない――而も目の前に。来週から法政に出る。それがしくじれば、もう機會はない。近研歳末対策。とにかくそれらに60点でも、世話をして――どんなに頭の抵抗をうけてゞもそれを排して。それ以外に生きる〔「生きる」に力点〕道は残されていないのだ。」斗う力がないようだ〔「斗う……」まで傍線〕。たれに甘えているのでもない。おそるべき悲劇だ。木辺成麿氏田部井石南君に辛うじて返事。

意志衰弱して支えきれぬ無力感。たくさんすることは残されているが、何一つ出来る望みがない。家族を殺す同然な（全く殺人そのことであるような）行為。旦と語る。夜山崎から山本先生へ電話。ついで僕。明後日順天堂懸田先生に診察をうけ再入院かどうかを決定の事。

十一月二十四日（木）

十時半。入交〔好脩・早稲田大学教授〕君来状。御もっともである。宮川君僕に代わって責任をとっていないと氏は考えている。僕いかに處すべきか即座に返事かけない。――全く去年（この仕事は一昨年）いらいの近研の状態をあらわしていた。僕の無力感は一日にして成ったものでない。立直りは可能であろうか？　一刻を消すに（生きるにでない）こんなに苦痛している。　いかにすべきか？　既に生でなく死しているといえる。〔一行アケて改行し〕和解〔「和解」を丸で囲む〕――午後六時、小睡後、午後禁烟。

十一月二十五日（金）　上京、大混乱。午前三時試む。

十一月二十六日（土）　終日二階。二回テスト。午後木下夫妻。溝井君と〇〇氏。〔「〇〇氏」と前述の「小睡後」を――でつないで「最底」と記述〕　旦京橋より帰り――夕暮解脱〔「夕暮解脱」に力点〕後退ハ死ヲイミス。キリガナイ。前進アルノミ『講義デキ』（経済評論ノ封建制論稿）　清水昆〔鎌倉在住の友人・カッパの画家〕ノタメノプラン作想

十一月二十七日（日）
朝メザメテ
○岡本博と同じになるなかれ〔自殺した〕
○自分の今の脳力をわきまえてあわてるなかれ
○法政の講義くらいはできることを知れ〔以上の○三行を四角で囲む〕
○清水昆のはあと一日のばせば（法政講義さえできれば）やれるだろう
○トモサンの雑誌化だっていずれはやれるだろう
○何もできなくとも当分落ちついておれ。

明日の心構え。
懸田先生に診断をうけるについて——
明日から講義スル意欲アルコト（入院シタラ斗ヘナイトノ自覚ニ基クヘシ《〔ママ〕》）
万一ノ時ハ入院サセテ頂クヨウニ（自殺アングストトノ斗《〔ママ〕》ニ勝テバヨシ　今日ガ勝負也）
——自己の〔「ニ」の誤記ならん〕対シテ冷静水ノ如クアレ〔この左に一行アケて〕　秋水〔「秋水」を二重丸で囲む〕ノ文字

以上でこの『大学ノート』の『一九五五年入院中途からのノート』の記述は終わっている。この最後の日記からも当時の服部の病状（とくにノイローゼの）からくる苦しみと法政大学の講義や執筆をしなければならないという歴史学者としてのあせりの心境が私にはひしひしと伝わってくる。この最後の日記と二十三日にも出てくる懸田先生の順天堂病院にこの年の十二月に入院し、服部はついに再起することはできなかった。この『大学ノート』の最後の二頁にわたって、服部のペン書きの『吉川氏への、出さなんだ手紙』が残されている。吉川氏とはこれまでも屡々出てきている服部の親友であった作家の吉川英治である。ノイローゼなどの業病に苦悩していた服部を、精神的にも支え、励まし続けた、吉川に赤裸々にもらした服部の最期の心境を伝える貴重な史料と思うので全文を引用しておく。

熱海からの御速達の御手紙、御親切な御見舞のお言葉、ありがたい御祝の御句、たゞたゞ感泣して拝読しました。病勢は、たとえば退院後一週間めの尿糖が更に減量してインシュリンの量を半減してよいという医師の言葉をきゝましたように、身体的には佳良なのですが、ノイローゼの方はこの数日益々暗く、毎日の授賞式にも中央公論の昨夜の招待にも、倅を代理に出しまして、この私は御手紙を感泣して拝読した一昨日も、――これは吉川さんまでの話ですが――心中秘かに墓場を準備する暗い絶望の谷に落ち込んで、身動もできないのでした。

まえのノイローゼの時も同じ病状で、箱根で自殺を図ったのでしたが、同じような型をくり返すのも、同じ業筋に立つからかもしれません。一昨日も、昨日も、私はさっそくの御礼の手紙をしたゝめる気力を完全に喪っていました。自殺を図ろうとしないだけが、いまの病状が前回よりもずっと軽い証拠ですが、「俺はもう何も書けない――その力がない」という無気感と絶望感は、「大勢の家族の責任者として、とてもそれを果たしてゆけないとすれば、どうしたらいいか？――この無力な自分以外に頼りのない幼い者たちを、どうしようもないではないか！」といった虚無感覚に連鎖反応して、革命の到来を確信してその日からこそ貧しきも病あるもすべての者が解放される事を疑はない私が、個人の運命というものの無常と偶然と無力の前にうちひしがれてしまう――そんなノイローゼから辛うじて外見上の平静を保ってよろめきながら談笑している、そんな一昨日のありさまでした。

一方で人間というものは、たぶん死の瞬間まで、いのちの不思議な執着を手離さないものです。私が今朝早暁の寝覚めで小さな小さな窓口から気力を摑み取って、投げと観じていた碁の生きの一手を考へるように、こゝ半年来一歩も進めなかった文筆の仕事の出口をまさぐる気力を体験したということは――それはまちがいなく御手紙のふかい御親切によびさまされたものであったと、そう思ったときこのペンをとる感謝の元気がわいてきました。

小説に私小説があるように、史述にも「私歴史」があっていいとかねて考へておりました。その試みを去冬から今春迄三月ほどかかって百余枚ばかり、書きためて来たのですが、四月選挙の激動（鎌倉市の――これが体力消耗の原因でした）いらい、中絶のまゝになっています。『先祖譚』とでも題すべき一種の『語りもの』ですが、どんな平凡な日本人の一家の歴史も、日本人全体の歴史と噛みあわされて、その歯車の全体の中に一つの意味を見出すということを、幕末享保年間から私の幼少時代明治末年までの私の家の経厂〔ママ〕を導糸にしながら書きはじめたものです。

構成の練上げが足りなかったため、中絶のまゝになっているのを、やり直すつもりで、浮き沈みしてきていたのですが、ノイローゼを治すには、精神労働者は、仕事と共に治すほかないことを、前の経験でも知っています。高見順〔北鎌倉に住んでいた服部の友人の作家〕のそれは、あの小説を書くことで治りました。私はこの随筆と小説の手法を用いた続き読物の史述という、類例のない仕事の完成に、いのちの出口を求めるほかはないと思い、その打開のヒントを自問自答しながら、入院し退院して今日に及んでいくといっても差支ありません。病中だからむろん一気にうまくはひらけてゆきませんが、半枚一枚でも執念することで、いのちの出口をひろげてゆかねばなりません。

〔次頁にこの手紙に書いている『先祖譚　11／5　一、銭貨譜（相馬家の大土蔵の夢）』の構想が記載されているので後に紹介する〕

そのつきつめた考え方が病気そのものと申すなら何をか云はん。執心を失うことは生命を失うことでありませう。

結核と糖尿と神経症と、思へば悪い抱合せの星の下に立ったものですが、生きるものならば生きるでしょうし、生命そのものの恐怖はどこにもありません。気分は朝朝と共に浮沈するでしょうが、浮沈しない愛情と義務とが私に与えられているかぎり、タバコをやめる根気と勇気をもって（じつに容易ならぬことですが）、自分で自分を笑いかけながら、努力してゆくつもりです。

たいへんな御礼の手紙になりました。

御めにかかれば御話したいもっとおもしろい話題があります。いつか書きました東坡の竹の軸のことですが、これは拝眉のせつにゆずりませう。この廿五六日頃まで大学を引つゞき休んで在宅するつもりですから、その間御ひまをさいていたゞければ熱海まで参上できたらどんなにうれしいかしれません。

以上の『吉川氏への出さなんだ手紙』には、前述したように、その年の十二月に順天堂病院に入院し、ついに再起できなかった直前の服部の心情がよくでている。この吉川の手紙に書いてある『先祖譚　11／5　一、銭貨譜（相馬家の大土蔵の夢）』のメモが残っているので紹介しておく。

○あの大きな寺は、農民（銭貨譜）と地主の共同斗《〔ママ〕》争の時代に出来ただろうこと。
○その共斗が寄生地主化で敗れ去ること。
○差押えの乱雑（土蔵に残る）から書起して、高羽屋文書の発見にわたる。〔第一行目の「あの大きな寺云々」から――
　で結び〕大寺建築と。小書斎の建築のトモサンと。

この『大学ノート』の前掲『吉川氏への出さなんだ手紙』の次頁から日本近代史研究会同人が一九五五年新春（一月八日）に服部家での墨書の寄せ書きが貼付されてる。また最後の五頁にわたって『九、旧藩情』と題して服部が原稿用紙に書いている原稿が記載されて終わっていることも付記しておく。

二　早過ぎた死

すでに何度も述べたように、服部は一九五五年十二月に結核と糖尿病などが悪化し、ノイローゼ再発のため東京・

御茶の水にある順天堂病院に入院し、翌年三月四日に不帰の客となった（享年五十四）。

服部の死を伝えた日本共産党機関紙『アカハタ』（三月五日号）は左記の記事を掲載した。

服部之総〔ママ〕氏死去

法政大学教授服部之総〔ママ〕氏は、四日午前九時二十分、東京お茶の水の順天堂病院で死去した。

同氏は一九〇一年、島根県の生まれ、京都の三高を経て一九二六年東大卒、在学中は日本共産党志賀義雄氏、評論家大宅壮一氏らとともに新人会のメンバーとして活躍、一九二八年、わが国ではじめてマルクス主義の立場から明治維新史を書いた。主な著書は服部之総著作集七巻のほか、岩波新書の「明治の政治家たち」（毎日文化賞受賞）等がある。戦後は民主主義科学者協会、文化人会議に参加、日本近代史研究会を主宰して、近代百年史を刊行、また鎌倉アカデミア教授となり、地元鎌倉の平和運動を推進し、婦人団体を援助するなど、日本の平和と民主主義運動に貢献した。遺族は鎌倉山昇〔旭の誤記〕ヵ丘の自宅に富子夫人、長男旦、次女苣子、次男設、四女草子さんらがいる。享年五十六〔ママ〕。告別式は七日午後二時から鎌倉円覚寺。

訃報をうけた志賀義雄氏は四日午前十一時夫人と共に順天堂病院外科病棟解剖室にかけつけた。

志賀義雄氏談「昨夜（三日）私は三十一年ぶりの同窓会に出席したが、服部君の病状が三日までもてば持ちなおすだろうという話だったので、きょうみんなで見舞いの花を贈り闘病をはげますはずだった。それが弔問することになろうとは……。昔の仲間がまた一人減った。惜しい人だった」


次に三月十日に東京都港区三ノ橋に当時あった法政大学麻布分校に於いて挙行された『服部之總氏追悼会』での各界からの「弔辞」を紹介しておく。

まず最初に、服部が在職中の法政大学社会学部を代表しての逸見重雄部長の「弔辞」など大学関係者（小牧近江・

増島宏・金野健次）の「弔文」から引用する。

私もこの『追悼会』には列席したが、「弔辞」の順序を確認する記録が現在手元にはないので、不確かな記憶を頼りに順不同であることをあらかじめお許しいただきたい。

次に以下、日本共産党中央委員会、民主主義科学者協会会長末川博、メーデー被告団団長岡本光雄、三鷹事件唯一の死刑囚・竹内景助、早稲田大学経済史学会、秋田雨雀（詩人・劇作家）の「おわかれの句」、そのほか没後に公表された服部の学友であった小林良正と林基の追悼文を掲載しておく。二教授ともすでに故人となられた。

弔辞ではないが生前の服部家に家族同様に生活していた金匡來（通称「ひろし」）が、服部没後奈良本辰也教授が在職していた京都の立命館大学に移籍した時に発表した『服部之總先生の片鱗』と題する文章を最後に紹介しておく。

三　弔辞

逸見重雄社会学部長の「弔辞」

服部之總君！　われわれ社会学部教授会メンバーは、君が病氣恢復して再び教壇に立ち、われわれの愛する學生諸君のために、君の名講義をしていたゞけるものと信じていた。新学期の授業時間編成にあたっても少くも数ヶ月後には教授会に戻っていたゞけるものと信じてきみの時間を準備していた。然るに君はわれわれの希望も空しく忽然として世を去った。

顧みれば三ヶ年有半前、昭和二十七年の春、中央労仂學園大学が法政大学と合併して法政大学社会学部となった翌年の春から、君は教授会のメンバーとしてわれわれの身近にあった。君は東大文学部社会学科の出身であるが、社会学についてはは独自の見解をもっていたことをわれわれは知っている。正にその故に、われわれは君に社会学原論を担当していたゞいた。それから、君の専攻でもありまた希望でもあった近代日本政治史を一年前から開講した。この間、君は病氣勝であったが、君の円熟した名講義は、夛くの学生を惹きつけ、また学会における君の名声は有為の人材をわが學部に集めるのに役立った。

君も知っているとおり、わが社会学部は独自の歴史をもち、独自の學課編成をもつ法政大学内の否、戦後の新制大学における特異の存在である。われわれの歴史はまだ浅い。それだけにわれわれの結束は固く斗志も旺盛である。その中で君は一種の風格ある人物として、また夛藝の人として皆に親まれた。君の存在はわが學部にとって小さいものではなかった。

昨春わが学部は住みなれた麻布の校舎を去って富士見町の本校へ移轉した。學部移轉は容易ならぬものであったが、一人の欠くるものもなく移轉を完了し、今や新學年を迎えるに当って一歩前進しようとしている。この時君は忽然として世を去ったのである。われわれは再び君の温容に接することが出来ない。君の得意の「関の五本松」の美声を聞くことが出来ない。悲しい哉。

君は齢五十四才、學者としては若い方であり、前途は洋々たるものがあった。惜しい哉。

服部君！　だが安らかに眠れ、われわれは君の學會に残した業績を高くかっており、君が學部のためにつくしてくれた誠を忘れない。そして君の霊に誓う。われわれは必らずわが學部を磐石の上に築きあげるであろうことを。

昭和三十一年三月七日

法政大学社会学部長　逸見重雄

〔私の手元に残っているこの弔辞の表紙に「服部之總君の霊に捧ぐ」と毛筆で書いている。本文もすべて毛筆〕

小牧近江中央労働学園理事長の「お別れの言葉」

服部之總さん。あなたは本学園評議員として、仂く人たちの教育、実践に臨んでいる人たちの学習の今日ほど急務のことはない、という固い信念のもとに、つねに大乗の見地から、わが学園に対してよき忠言を与えられ、便韃〔ママ〕をおしみませんでした。

いろいろの困難を乗越え、とにかくここまでこぎつけたことは、あなたの盡力の賜物です。更にあなたに期するところ大なりしのに、いまここであなたにお別れの言葉を捧げなければならないとは、誰か思つてもみたことがあるでしょうか。春風たいとうのあなたの朗かさ、あの高らかな笑い声、もう永遠にわたくしたちは接することができません。

ここに謹んで深甚の哀悼と、御生前の御力ぞえに対して心からの感謝の意を表するものです。

服部さん、どうかわたくしたちみんなの仕事が伸び行くよう、草葉の蔭から見守つて下さい。

昭和廿一年三月十日

中央労仂学園理事長

小牧近江

〔この弔辞は二〇〇字詰原稿用紙にペンで書かれている〕

増島宏社会学部教授の回想

人間臭い粋人――服部之聡〔ママ〕先生――

服部先生が法政大学社会学部に来られましたのは、一九五二年（昭和二七年）であります。それから大体四年間位おられたのですが、先生の非常に強烈な個性といいますか、いろいろな意味で社会学部に多くの刺激を与えてくれたと思っております。

ちょうど明日社会学部の三五周年記念が多摩の新しい校舎で行われるわけですが、その社会学部の創立期を担った一人が、服部先生でありました。私が社会学部第一回目の助手となりましたのが、服部先生の来られた翌年、昭和二八年でありました。広島大学に移りました芝田進午君と一緒でした。その後間もなく先生がお亡くなりになったものですから、急に私がその後の講義を引き受ける事になりました。もともとはイギリスの近代政治史をやっていたのですが、講義の都合上日本のことをやらなくてはいけないので、私の研究の方も日本の近・現代史に大きく展開しました。

服部先生についてすでに多くの方々がお話しになりましたので、私は少し趣をかえて、小さなエピソードだけをお話したいと思います。

当時社会学部には、ここにいらっしゃる湯川和夫先生や雑誌『種蒔く人』同人の小牧近江さん、戦前非合法化《ママ》の社会運動に挺身された長谷川博さん、あるいは村山重忠さんであるとか、そういう錚々たる人達がおりまして、大変ユニークな学部でありました。ですからその人たちが集まって宴会などを催しますと大変にぎやかでありました。

服部先生の一番の得意は、「関の五本松」でありました。今でも思い出すのですが、非常に渋くてまた大変艶のある玄人のような歌いっぷりであったように思います。服部先生はいつも旅先で各地の民謡を覚えたといっておられました。先生はばあ芸者と言っておりましたが、地元の芸者衆から歌や話を聞くのが楽しみであると言っておられました。このように先生の「関の五本松」がでなければ宴会は終わらない状況だったのであります。

私達助手がもう大分慣れましてから、ある日先生がお宅に招いて下さいました。家族やその他いろいろ御紹介されました。たしか近所の陣ノ内さんもいらっしゃいました。とにかく先生のあたたかさと気軽さに若い僕達は感動しました。そして帰り際に私と芝田君がお宅を出ようとした時に、服部先生が家族の人達に「この二人はこれからうちの敷居をまたぐのは自由だ」という風に言われたので、芝田君と私はびっくりしました。先生にこういう古風な一面があるのかとつくづく思った次第です。確かに今野〔武雄・数学者〕先生がおっしゃられたように親分肌なところがある方で、私達は大変進歩的な先生だと思っておりましたので、「敷居をまたいでいい」と言われた時はかなりのショックでした。

　とにかく服部先生はいろんな側面をあわせ持っていらっしゃいました。なんというか一番人間臭い方だったと思います。弱さも強さもみんな兼ね備えていて、どれが本当の服部先生なのだとなかなか言いにくいところがありました。いずれにしましても、お会いしたのはわずか四年位なのですけれども、本当に強烈な個性で圧倒されたというのが私のいつわらざる心境であります。

〔この文章は増島宏著『よき師・よき友』（発行人も増島で非売品、一九九四年一月刊）から転載〕

服部ゼミナール代表・金野健次の「弔詞」

一九五六年二《〔ママ〕》月四日私達は敬愛する服部先生が逝去された事を新聞で知り、思わず目を疑いました
本日由かりの三ノ橋に於て葬儀が行はれるに當り私達は先生の逝去を悲み心から哀悼の意を表します
省りみるに先生は五十五《〔ママ〕》年のその生涯を真理の探求に捧げられました
　私達は真実を求めて中勞に入学致しましたが中労は法政に吸収合併された為め私達は学部の性格の變る事を非常に恐れました。しかし學部には現在に至るも変らす《〔ママ〕》に自由の学風が燦として輝いて居ります　これは先生の御努力の結果であります
眼を閉《〔ママ〕》すれば先生の在りし日の面影が浮びます　自治會代表と夜半に至る交渉の時の沈痛な顔、井伊直弼がどのよ

うにして政治資金を作ったかと云ふ教室での講義、関の五本松由来をお話しになった大学祭での元気な先生の御顔、私達はこの様なお話しを一人でも尋くの人に聞かせたい、又此の為めにも何時迄も先生が元気で居られることを願って居りましたが今では此の願いも空しく再び先生の聲咳に接する事が出来なくなりましたことを思ふと限りない淋しさを感《〔ママ〕》します

先生私達は在学中自治會活動等で尋大の御迷惑をおかけ致しました

この為め卒業式の時ある先生より恐るべき子等であったと言はれましたが全くその通りでした　然し今では此の恐るべき子等はそれぞれの職場の中で着実に歩みを續けています

先生と私達は幽明境を異にして居りますが先生の教へは常に私達の歩みの中で生きて居ります

決して教へに反る様なことなく先生の理想としてえがいた未来に近く《〔ママ〕》為めに止る事なき歩みを續けます

後に續く者を信じどうぞ安《〔ママ〕》らかに眠って下さい

一九五六年二《〔ママ〕》月十日

法政大学社会學部　二四年卒業生
服部ゼミナール
代表　今野健次

〔この弔辞は厚手の横長半紙に毛筆で書かれている〕

日本共産党中央委員会・弔辞

日本共産党中央委員会を代表して野坂参三が読んだ。この弔辞についてのみ一言ふれておきたい。すでに本書で詳述したように服部は日本共産党に入党（一九四九年一月）後わずか半年で離党届を提出している。しかし党中央は服部

の離党届をそのまま保留していたため、この時は党籍があったので野坂が読んだのである。またこの「弔辞」の原案は、私が党の社会科学研究所々長であった河野公平に直接聞いたときには私が書いたと言われたが、当時党中央に所属して学者・文化人などの担当者であった松本新八郎（日本中世史家）の聞き取り調査によれば、松本が原案を書かされたが一言の訂正もなく野坂が読まれたのでうれしかったと私に話してくれたので真相は不明である。

さきに紹介した『アカハタ』の服部の死を報じた記事からは、服部が日本共産党員であったことは一般の読者にはわからないような配慮がしてある。私が直接に確認したことであるが、党は服部の遺族や縁者のことを慮ったからだと言っていた。

これまで私は誰にも話したこともなければ、ましてや文章にもしなかった服部の死について金匡來（匡）が没後に私に語ってくれた話をここで紹介しておく。

服部は、順天堂病院に入院中、病室の窓から「転落」した。この理由は、自殺を図ったか、ノイローゼの発作なのか真相は不明である。その直後に服部を見舞った金匡來が、一九五六年二月十四日から二十五日まで開催されたソ連共産党第20回大会で、二月二十四日に当時ソヴェト共産党の第一書記であったフルシチョフが、大会秘密会に於いて、スターリン批判演説を行ったことを、服部に話した。これを聴いた服部は目に涙をためて、「ぼくもまだ党のためにいくらか役に立つこともあったのに」と残念がって泣いたという。私はこの秘話を金匡來から直接うち明けられた時、服部はまだ「共産党」「赤旗」にたいする「忠誠心」を持ち続けていたのではなかったかと、服部の死の直前の心境が思いやられてならなかったことをここで記しておく。

服部の死後、告別式は七日の午後二時から三時まで生前服部と非常に親しかった富沢奎堂老師の北鎌倉円覚寺山内の帰源院で行われた。帰源院の庭内に『之總碑』の小さな石塔が建立されている。没後三周忌などもこの帰源院で行った。その時には私はいつも自ら買って出て入口の受付に坐っていた。すると某氏が「いま松尾さんの話をしているよ」と教えてくれたので会場内に入ると、本堂の床の間の正面に小さな掛軸がかけられていた。服部が死ぬ直前に、この友人に書き贈った書翰を立派に表装した軸であった。その書翰の中に「松尾章一は僕の片腕いや両腕であったが、松尾が僕のそばから離れてしまった今は歴史家として僕は何もできなくなってしまっている」という文章を読みながら参加者らが話しあっていた。私は今もこの軸の持主の名を知らないことがいささか心残りである。

いま思い起こせば服部の助手を辞めた後に、わが家に長男の旦と金匡來が突然やって来て、「パパが松尾に会いたい」としきりに言うので来てくれないだろうかと旦から頼まれたので、彼らと一緒に服部家を訪問したことがあった。その帰りにはじめて服部は私と一緒に鎌倉山から二、三十分かかって下山して鎌倉駅行きのバスの停留所まで歩いたことがあった。その途中で服部は「君と東京で二人だけで下宿して『日本人の歴史』を書こうよ」と言ったことがあった。その時、私は「なにをご冗談をおっしゃるのですか。先生には奥様とお子様がおられるのですよ」と笑いながら言ったことをはっきりと記憶している。この頃の服部のノイローゼがかなり進行していたことも原因であったであろうが、服部のこの時の言葉は当時の心境を率直に私に訴えたのではなかったかと今思っている。つい話がまた横道に入ってしまった。弔辞の紹介に入ろう。

弔辞

服部之総〔ママ〕君の追悼式にあたり日本共産党中央委員会は　心からなる哀悼の意を表します

日本の学問の内容がより一層ゆたかにされ、理論水準がたかめられねばならないときに、君を失つたことは、単に学問のためにだけでなく、国民にとつても大きな損失です　君の長年にわたる研究と努力が　これから実を結ぼうというときに死去されたことは　まことに残念です

服部君は日本共産党が生れたばかりのきわめて困難な時代に、マルクス主義科学のすぐれた研究者の一人として活動され　党の発展に大きな援助を与えられました　学問の眞実が暗黒に蔽われていた時君は日本の現実と厂〔ママ〕史について正しい科学的な知識を求める労仂〔ママ〕者階級と人民に正しい方向を示して斗〔ママ〕われました　君はその前半生におい

ては、東大在学中より新人会に参加しセツルメント運動に努力し、労農党が組織されると　その本部書記として活動されました　この労仂者、農民、市民の友としての立場は　君のその後の学問の階級的なゆたかな性格を決定したものであると考えます

その後　君はわが党の野呂栄太郎君等と共に「日本資本主義発達史講座」の企画に参加し、またプロレタリア科学研究所、唯物論研究会の創立にも参加され、「厂史科学」の発刊につくされた業績は　わが国の科学史に輝しい一頁をかざられたものといえます

戦後はさらに精力的な努力をもつて数多くの後進学者を結集し　厂〔ママ〕史学の成果を国民の間にひろめられました　君を中心に編集された「画報近代百年史」に平和文化賞が授けられたのは君のさいごを飾るにふさわしいものであると思います

君はそのゆたかな人間性をもつて一貫して市井にあつて研究をつずけ国民の中における学者として終始されました

日本の厂史学界における大きな統一戦線のために君の拂われた努力は並たいていのものではありません

君は死にいたるまで国民に対して誠実であり献身されました　わが党は君が力をつくしてたたかわれた偉大な目的である平和と独立、ヒューマニズムと民主主義のために、さらに一層奮斗しつずけるでありましょう

服部君　やすらかにお眠り下さい

一九五六年三月十日

日本共産党中央委員会

民主主義科学者協会会長　末川　博

弔辞

服部之總君

民主主義科学者協会は日本のすべての科学者　科学を愛するすべての国民とともに君のにわかな逝去を心からいたむものであります　全世界の眞理を追求してやまぬすべての人々もおそらくこの心をともにされることと思います

なぜなら　君の生涯は同時にそのまゝ日本における科学的厂〔ママ〕史学の厂史でもあるからです　祖国と世界の諸民族にはかりしれぬ害毒をもたらしたあの侵略的な天皇制の奴婢になりさがつた非科学的な厂史にたいして　君は日本の進歩的な厂史学の傳統を批判的にうけつぎ、世界の先進的な科学の成果を学ぶことを通じて　科学的厂史学を日本の土地で結実させることに大きな役割をはたしました　こうして君は日本の政治経済文化の厂史のなかにも人類史の発展法則がげんとしてつらぬいていることを明らかにしました　君は戦前はプロレタリア科学研究所や唯物論研究会において　戰後は民主主義科学者協会において科学発展の条件である平和と自由のためにたゝかわれました

たゞ残念なことは　君が明らかにしたその法則が平和と自由の現実として実現される暁がようやくしらみそめたいまにわかに世を去られたことであります　しかし君の示した道をすゝむ多くの人々によつて暁のとばりはひらかれ、日本の科学は大きく飛躍するでありましよう　君を評議員の一人としてもつことを誇りとしていた民主主義科学者協会の全員は君なきあとも、このたゝかいの中でかならず力の限りをつくすでありましよう

一九五六年三月十日

民主主義科学者協会会長

末川　博

メーデー被告団団長　岡本光雄

弔辞

先生の御逝去を心から御悔み申上ます。

私達二三三名のメーデー事件被告は今日まで先生には特別の御世話になつてきました。

先生はメーデー事件公判の特別弁護人として何回か私達のために法廷にたたれました。

明治初年の農民一揆から説き起こして支配階級の圧迫に反抗した民衆の斗ひを支配者はいつも暴徒と呼び騒擾と名づけてきた。然しこれは支配者が权〔ママ〕力を維持するためのゴマカシであつたことは今日の歴史の中で明らかである。

メーデー事件が暴行が警官隊によつて始められ流された血は民衆のものであつたことを日本の歴史家は正しく記録するであらう。

如何なる者も厂史の裁きをのがれることはできない。

先生はこれらの弁論のなかで何回か検察官の発言妨害にたいし敢然と斗ひ乍ら或るときは鋭く或るときはじゅんじゅんとした態度で正義と自由を守るために斗ひぬいた日本民衆の歴史を説いたのであります。先生の弁論が裁判官や検察官の心をゆりうごかしたこと勿論でありましょうが私達は私達二三三名の被告とその家族への力強い励ましであり訓えであると思つております。そしてそのことは先生がお亡くなりになつた現在も私達の心の中にしつかりとたたみこまれていつまでも忘れるものではありません。

どんな困難が重なつても私達は斗ひ続けることを改めて御誓ひ致します。先生が静かに永遠の眠りにつかれますよう御祈りいたしましてお別れの言葉を終ります。

一九五六年三月十日

メーデー被告団
団長　岡本光雄

三鷹事件唯一の死刑囚・竹内景助

告別の辞

雲低く垂れて薄ら寒い去る六日の午後、先生御逝去の報せに接しまして、突然のことで、深い悲しみと驚きに執はれました。

私は三鷹事件に問われた一介の国鉄労仂者です。それゆえに、なおのこと先生が掛けて下さった物心両面の御援助を思うとき、出獄したら是非先生に会つて御礼が言いたいという希望が空しくなつてしまつて何とも残念でたまりません。先生は松川事件真相発表会に出て正義と人权〔ママ〕のためにお話し下さった、その一方の手で三鷹事件才判〔ママ〕にかけられた私に対しても、深い思いやりを以て、度々阡〔ママ〕円ぐらい送つて下さつたり、又昨年六月二十二日最高才判所が三鷹事件上告を八対七で却下したというニュースを京都の宿舎できかれた先生は、正義の公憤を以て直ぐに獄中の私に力強く生き〱とした激励のお便りを下さつたものでした。人間は迫害不遇の中にいる程、人の温かい心に感激します。獄中不如意の中で不当な弾圧の死刑と斗う私が、先生の御愛顧をどんなに感動して頂いたか、之は言葉で云い尽くせません。

また先生は、その著書である明治維新史などをお送り下さつて、且ての私の天皇制的厂史観の骨組の中に、脈々と生き仂らく人間大衆の姿を注〔ママ〕えてくれました。私に取つて先生は博愛の教師であり慈父でした。その服部先生が永遠に人の世を去られたということは、理屈でどう云おうと真実は寂しいのであります。

先年来、胃及び内臓が悪いと仰言つた先生に対して、無遠慮に「書斎人は机に向うとき姿勢が前こゞみになるため、とかく内臓を弱くするように思います。背をそらすようにして丈夫になつて下さい」という意味の手紙を差上げたのですが、先生はどんなお気持で受取られたでせう。私には「うんそういう点もあらうが、仲々簡単でないんだよ。ありがとう。何しろ何年越しの持病なのでね」と苦笑されている先生のお顔が想像されたのでした。今や先生は永遠に口を緘してしまわれた。私は何を為すべきでせうか。永遠に較べて小さな花園のような人間界の平等な悦楽を築く為に石はこびの一人になるつもりであります。

服部先生　さようなら。

一九五六年三月一〇日　　竹内景助

早稲田大学経済史学会

弔辞

去る三月四日のことである。足利織物業史料探訪のため、現地に滞在していた私達早稲田大学経済史学会が、その日も多大の成果を収めて宿泊所に落着くと間もなく、現地の友人からの電話で、服部先生今朝九時廿分腸閉塞のために亡くなられたことを知った。私達は自分の耳を疑った。しかしその日の夕刊を見たとき、私たちの疑いは冷酷な事実によってうち砕かれたのであった。一昨年先生が病をえ、その後療養中であったが、それでも最近は快方に向われていることを聞いて、私達は先生の再起を祈り、今後の先生の御活躍を心に期待していた矢先であっただけに、先生の死は全く思いもよらないことであった。

私達早稲田大学經濟〔ママ〕史学会は、殊に戰後は服部先生の直接、間接の御指導を受けていた。昭和廿八年、私達の機関誌「經濟史学」第七輯をマニュファクチュア論争として特輯したとき、先生自らの提案で学会内に研究會を催されたことがあった。その討論の席で、先生が既に廿余年も以前に提起せられた「嚴マニュ時代」説が戰後の研究業績によって、ますます確證《ママ》せられつゝあることを語られたのであった。

私達が、幕末維新期は勿論、近代史の問題に取組んで行く場合、私達が先ず目標として、そこから学び且つ批判的にそれを發展させたいと望んでいた最大の先學《ママ》の業績の一つは、いうまでもなく服部先生の明治維新論を中心とする系列の研究であった。こうした先生の業績から、いつも新鮮で若い生命を感じとることができるのは、先生の御研究の中に、経済的基礎構造への照射と、他方それを基盤とする高度の政治史的把握という、一本の赤い糸が貫かれてあったからに外ならない。こうした先生の研究意識は、問題を單《ママ》に経済史の分野に局限せず、政治史・思想史にまで、その鋭い方法論を駆使されたのであった。

一昨年、先生は私達学会に、人物を中心とせる経済史編纂の企画をもたらされたことがあった。それは東洋経済新報社から上梓されたが、先生の御在世中に刊行を見たことは、せめてものなぐさめとなった。けれども私達学会員は異口同音に、先生から御監修をいただいたこの本の刊行をきっかけに、もっともっとこれからおちかずき《ママ》にしていただき、御指導をえたく希っていたのであった。

鋭利な、そして剛氣濶達《ママ》な服部先生——先生は資本主義論争以来つねに論敵と烈しい論戰を交えつゝも、こと學問以外の御生活においては、その論敵と極めて人間味溢るゝ交りをなされた。それは先生が如何に人間的に完成された方であったかをうかがうに足るところであると、私達は常日頃私淑してやまなかった。その先生も今はもうこの世にないのである。

私達は、さきに藤田五郎氏を失い、ついで遠藤進之助氏を奪われ、そして今また服部之總先生の急逝に遭遇した。いいしれぬ悲しみと憤りにも似た氣持が胸底からつきあげてくるのをどうすることもできない。

私たちは服部先生の御業績の上に踏んまえ、そして先生を乗りこえて学問的研究を推しすゝめて行くことに力かぎりの努力を積重ねようと、足利の宿の深夜をしみじみ語りあった。服部先生の日頃のお訓しがそうであったから。

いま先生とお別れするに際して、先生のこの御教訓に則って真に世の中のためになる生きた歴史学の勉強を一生懸命にすることをお誓いします。

昭和卅一年三月七日

早稲田大学経済史学會

秋田雨雀（詩人・劇作家）の「おわかれの句」

服部之總君におわかれの駄句を

一九五六、三、一〇 秋田雨雀

板橋区板橋町三ノ二七三

霜雪の中に　君は

花の如くに咲き花の如く散りたまいき

雨雀 印

小林良正（専修大学教授）『服部之総のこと』（『アカハタ』一九五六年三月十三日号）

三十年来の友、そして学問のうえばかりでなく、おたがいに私事に亘っても、親身に語り合った服部！　君を、今日のこの時期に失ったということは、まことに痛恨極りない。われわれの仲間のなかでは、いちばん年少だったのに。

服部は、人も知るように、非常に巾の広い人柄だった。ひと口に学者と呼ばれる人種の中では、珍らしいといってよいと思う。まずタレントが、実に多面に亘っていたばかりでなく、イデオロギーとか立場とかにこだわらず、何人をも、人間的に包容していくというような巾の広さ、これこそ彼の真骨頂であった。にもかかわらず、自分の学問的立場を飽くまで堅持しつづけたことも、特筆すべきことだ。

もうひとつ、服部の文章なり話術の巧みさを忘れることができない。事件《〔ママ〕》を、たんねんに盛り上げて、読者なり聴衆を引きずっていく、あのドラマツルギーは素晴らしかった。（初対面の人など、彼の話を聞いていて、余りの巧みさに、どこまで信用してよいか判らなくなったと訴えるものさえあった。ところが、その誠実と純真は、まことに童心のそれにも比すべきものであった。相好を崩して、肚の底から哄笑するときの彼の童顔を想い浮べるがよい）。ともかく、その文章、話術にも、彼の魅力はあった。

紅梅におう三月七日、鎌倉円覚寺の告別式に参列した数百名の人々を見ても、政治、文学、演劇、学術（哲学、史学、経済学など）その他の分野にわたる老若各層の人士を網羅していたといっても過言でなく、彼の人柄を如実に示したものと思う。

×　×　×

丈夫だった服部が、健康を害し始めたのはたぶん一九五〇年ごろだったと思う。一時、回復して、元のように元気になったころ、ある初夏の朝、アロハなんかの軽装で、庭先きから僕を訪れた彼が、「おい、おたがいに身体を大事にしようよ。いま死んじゃーつまらねエや」と、例の伝法な調子で投げつけたものの、今から思うと、その強い語調の下には、何か弱気のようなものが感じとられたように思う。その後、仕事のうえの無理がたたって、次から次へと病魔の犯すところとなって、さすが剛気な彼も、だんだん弱気に負けていったようだ。

永い間、困難な途を、いっしょに肩を組んで進んで来た友、恐らく死の瞬間まで、「いま死んじゃーつまらねエ」と、精いっぱいがんばったであろう服部！　君は立派に闘い、そしてたおれた。静かに眠れ！　僕らは、君のなきがらを、ここに埋め、そしてもう一歩でも前へ進まなければならぬ。

林基（専修大学教授・民主主義科学者協会歴史部会員）『服部之総氏を悼む　三十年の科学的史学の業績』（『新読書』一九五六年三月二十七日号）

昨年の夏広島で開かれた八・六平和大会のソ同盟代表団の一人として有名な歴史家イ・エム・ジューコフ氏がわが国に来られ、東京や京都でわが国の歴史家たちとの懇談、討論が行われた。（この討論会の内容は「歴史学研究」一九〇号「日本史研究」の二六号にのせられている。）このことはわが国の歴史学の歴史の上で画期的な事件《ママ》であったといってよい。この席で服部さんと会い、氏の軒昂たる主張に接したのが、わたくしにとって服部さんとの永久の別れになってしまった。その後間もなく入院され、半年あまりの病との闘いについに勝たず三月四日逝去されてしまったからである。

服部さんは野呂栄太郎の「日本資本主義発達史」（大正十五年）によって日本で科学的歴史学の最初の土台がうち立てられるとすぐつづいて「絶対主義論」「明治維新史」を世に問うて以来多くの業績によってこの方向を理論的実証的に発展させ、日本における科学的歴史学の確立に大きな貢献をしたのであるが、その間マルクス、エンゲルス、レーニンなどの古典に深く学ぶとともに、ソ同盟の歴史学からも常によく学んで自己の理論的深化につとめてきた。しかし当時の学問交流はこちらから学ぶだけの一方的なものであったが、それすらも日支事変とともに禁圧されてしまい、服部さん自身の言葉をかりれば「日本のマルクス主義学会とモスクワの距離はすでに地球と火星の如し」という状態におちいってしまった。そのようななかでも、服部さんの努力はつずけられ、一九三四年の「歴史論」では一九三〇年頃のソ同盟のブイコフスキーやグーコフスキーの「歴史学理論」に学びつつしかもこれらにたいしてすぐれた批判的評価を行っていた。もし服部さんがまさにこの時ソ同盟で始められていたポクロフスキー史学批判によるソヴェト歴史学の飛躍をただちに系統的に学ぶことが出来ていたら「歴史論」がもっている正しい方向はもっともっと深められたにちがいないとわたくしは考える。このように戦争と弾圧による学問上の鎖国は学問の正しい発展に大きな害毒を与えたのであるが、それだけに、ジューコフ氏と直接討論する機会がめぐって来たことに対して、服部さんがどのくらい大きなよろこびと期待とを抱いたかは察するにあまりがある。

席上、ジェー〔ママ〕コフ氏がソ同盟の歴史家たちが日本には奴隷制のウクラードはあったが、奴隷制的社会構成体は存在しなかったと考えていることを伝え、これをめぐって討論がかわされたとき、服部さんは、奈良時代を総体的奴隷制として、平安時代はギリシア・ローマ的奴隷制の段階として考えるべきであるという独自の見透しを主張されたのであった。（「歴史学研究」一九〇号）この服部さんの見透しが服部さん自身の手で具体的に展開されえなくなったことは残念であるがソ同盟歴史家の見解やその他の日本の歴史家の見解とくらべていずれが正しいかは、今後の内外学者の学問的な討論のなかで明らかにされていくであろう。それにしても右のような考え方のうちにも思想史について服部氏自身がいうように「『特殊日本的』としてあらわれているような諸思想形態の底に……世界史的な思想の諸類型を析出する」という服部史学の基本的方法がよくあらわれていると思う。このような方法は、天皇制的な非科学的な神聖日本歴史に対して歴史の科学的把握を確立するための不可欠の第一の前提であって、このことを原始日本から現代まで、経済政治、文化など全ての社会現象に対してつらぬき通したという点に服部史学の最大の功績があると思う。

しかし、その場合でも服部史学は、決して単なる公式適用主義には堕さなかったこと、また世界史に対する日本の立ちおくれの面の強調におちいらず、つねに日本史における発展的要素の析出に努力されていたことはとくに忘れてはならないところである。そしてこのことは、天皇制との対決が第一義的であった戦前とちがって、民族の問題が前面に出てきた戦後においては一そうの重要性をもってくるのであって、服部史学もまた戦後においてはその本来の方向を一そう深めつつあったのである。たとえばこの二、三年来服部さんが民謡の問題に異常な熱意を示していたことなどは、そのことをうかがわせるものだと思う。なくなられるまぎわまで筆をとっていられたという「大工留〔「トモ」の誤り〕さんとの対話」という服部さんのはじめての日本人民史通史のこころみが完成されないでしまったらしいことはその意味でとくに残念なことであった。

三十年にわたってきたえられた科学的方法の上に立ち、新たにひらかれた国際的な討論に学びながら、戦後十年の日本民族のあらたな貴重な体験にもとずいて、世界史の法則の日本における貫徹を、その民族的な独自性の豊かさとの全き結合において明らかにしようとするあたらしい学問的な課題に手をつけられたところで世を去られた服部さんをわれわれは心から悼むとともに、この課題の達成が、全ての歴史家と民族の歴史を愛する全ての国民の上に課せられていることを痛感せざるをえない。

故服部之総〔ママ〕先生の片鱗――服部　匡（金匡來）

この金匡來の服部論は、彼自身が「理解できない」と書いてあるように、私にも大変意外な服部論である。彼のこの批評を信ずると、服部も当時の日本人のアジア人（とくに朝鮮人）観の持主であったことになる。「創氏改名」のことといい、花王時代の戦前の服部の思想をもう一度あらためて検討し直すべきではないかと、この一文を読んで私は痛感した。

編輯子から何か一つ書いてみませんかと云われたけれども、とりたてて書こうとしても自信がないので、立命館日本史の読者諸学友がニヤニヤ笑いながら読めそうなヤツを書くことにした。私は法政を終えて立命館の皆様に仲間入りしたのだから服部先生のはなしを書いたら面白いと思つてペンを握つたのである。なにせ大先生のことであるから、私が書けるのはどこまでもその片鱗である。不敬罪になりかねまじき雑文であるが御了承願いたい。

一、先生と我が家

私が始めて先生にお会いしたのは、このように書き始めるといささか公式じみてくるが――朝鮮戦争休戦の年、最后の休戦ラインをめぐつて山河移変する激戦たけなわな一九五三年の春であつた。それ迄ソクラテスにベタ惚れしていたのが、卒業まぢかになつて急に実存主義哲学に凝りだし、ヤスパースを研究せんものとはるばる玄界灘の荒波をモグツテ来てからである。先生にお会いする前に私は父や家族のものたちからいろいろと先生の話はうかがつていた。と云えば少しお可笑な話に聞こえるだろうが、先生は幾度も洛東江辺にある私の家にいらしたことがある。しかし私だけはどうしたことか一度も先生にお目にかかつたことがない。先生と私の一族とは祖・父・子三代にわたるおつきあいである。私は早く子供をつくつて四代目をつけ加えようと思つていたのに先生がおなくなりになつたのではどうしようもなく、甚〔ママ〕残念である。このようなことをここに書くのは他意でもなく、一部の人たちの間に私が先生のカクシ子であると思われている名誉ある誤解に対して、この機会に解明を与えておくためである。

先生が朝鮮や中国によく旅行なさつたのは大花王の重役時代である。その時私の父は先生から無理矢理強いられて、祖先伝来の土地の一部を売払つて花王石鹼の子会社をつくらされてしまつた。しかし残つた土地は終戦后マツカーサーの土地改革に依つて政府に無償で買上げられてしまつたのだから、小さなものではあれ工場を作つたことは大きな幸いであつた。とにもかくもこれによつて私は今日日本に留学し、立命館の諸先生、諸学友に学び、交り、夜の木屋町をほつつき飲み歩けるのである。ひとえに先生のおかげであると深く感謝している。先生はマルクス主義歴史家であるから朝鮮に於ける土地革命を見落す筈はない。明治大学政経出の植民地地主がしぶしぶ土地を売るのとは質から異るのである。そしてかつての封建的地主の箱入り息子がこのような判断をなしうるのは、日本に留学し服部・奈良本〔辰也〕門下に草鞋を脱いだ故であると考えており、自ら少し偉くなつたもんだと喜んでいるしだいである。

然し一つ理解できないことは、先生は太平洋戦争に日本は必ず勝つと確信していたことである。釜山から車をぶつ飛して約二〇分のところ東萊温泉で、妓生をあげて酒をくみかわしながら日本帝国の大会社重役のマルクス主義史家が日本必勝をといたのに対して、植民地の封建的地主民族主義者は日本必敗論で頑張つたのであった。この情景が朝鮮封建社会の残存物である妓生の目にいかに映つたことであろうか、クスグツタイような面白い問題である。その時朝鮮では創氏改名問題でゴツタ返していた。創氏改名と云えば何の事かよくわからないだろうが、つまり一字である朝鮮人の氏を日本人並に二字に創りかえ、ついでに名も何郎とか何雄というような日本人風に改めろということである。先生は私の父に「服部」と創氏改名するようにさかんにすすめたのであつたが、私の父は朝鮮総督が何と云おうが、豚箱にほうりこまれようがこれだけはいかんともしがたいと最后まで「金」で頑張り通してしまつた。何も知らない私は丁度学校で忠臣蔵を観せてもらつた后だつたから「大石」にしたらどうでしょうかと胸をはずませて父に進言したところ、大怒をかいホツペタを二三回なぐられたあげく、例の如くムチを作つて来いと命令され自分で作つたムチでフクラハギを十回ぶたれてしまつた。それだけではない。校長室にはよばれるわ、汽車に乗る度ごとに胸ポケツトの上に縫いつけてある「金」という名札のために移動刑事から説教はくうわで立つせもなく、なぜオヤジの馬鹿は先生のおつしやるように「服部」と改名しないのだろうかとうらみ、金本とか金山等という名札をつけて歩く友だちがうらやましくてしようがなかつた。終戦になつて名札を胸からはずしたときに私ははじめて真に解放という実感を味つたのであつた。戦后私が鎌倉山に住むようになつて、先生から君はこれから金の匡來《〔ママ〕》ではなく、服部の匡来《〔ママ〕》だ、家のことはわすれて一生県命《〔ママ〕》勉強しろといわれ、父からは君はもう先生に預けてしまつたし、朝鮮は日本の属国でも植民地でもないから服部でも何でもよし勝手にするがよいといわれた、その上明るい太陽やネオンの下をモグルうえでの都合もあつて服部という名誉ある姓を用いたのである。一部の人々が君は師の名を継いだわけかと皮肉ることにたいしてその由をここに書加《〔ママ〕》えておきたい。この創氏改名問題に照してみるとき、先生はその当時朝鮮の解放や日本の革命を如何にお考えになつていただろうか納得がよくいかない。大韓国（旧）軍務部参書金海金氏晟允一家を一ぐるみ服部家に編入しようという単なる茶目気だつたのかも知れない。

それではこの金一家と先生とは何時どのようにしておつきあいを始めたかを書くのも悪くはないと思う。先生がマルクス主義学者としてデビューなさつたときから進歩的な朝鮮留学生の多くが先生の門を叩いたのであつた。その一人に金永華という日大の芸術科ボーイがいた。それが私の叔父である。彼は大学で映画監督の修業を積んだけれども監督に傭つてくれる映画社がある筈がなく、道具持ちをやるには自尊心が許さない。それで相続した土地を売払つては自製作・監督の映画をつくりつくりしてスツテンテンになつた男である。これが芸術に国境がない如く愛に国境なしと日本の女性をお嫁さんに貰うと云いだした。この結婚に仲人役を引受けたのが外ならぬ先生であつた。このくだりは先生の遺著「鎌倉山夜話」（河出書房）四一ザイテ〔ママ〕に書いてある。――前半である。后半は読む可からず。この結婚に対して南洋の土人娘でもいいフランス女でもいいがただ日本の女とだけは止めてくれ、朝鮮は日本の植民地であり、金参書の息子が日本の女を嫁にしたとなれば朝鮮の民衆におよぼす影響大なるものがあるからと云つて反対するその兄すなわち私の父を筆頭に一家総勢が大反対であつた。これらの大反対にもかかわらず強行した結婚式場にその兄はとうとう「キミタチノケツコンニノロイアレ」という怪祝電を打込んだのであつた。しかしこの結婚式に新郎家よりたゞ一人出席したものがあつた。そのオヤジすなわち私の祖父である。伊藤博文統監が朝鮮を併呑するのにどうしても云うことを聞いてくれないけむたい三人の大臣がいた。それでこの三大臣を合併する迄アラサ（シベリア）視察という名目のもとで王サマ高宗を通じて国外追放を命じた。ついでに伊藤は日頃彼の気にくわない頑固な一武官を侍従武官にして追出したのである。この武官は彼の一族郎党が猛反対する彼の息子の日本女性との結婚に対して黙としてその口をつぐんだままであつたが、コツソリ一人結婚式に乗込んだから話は面白くなる。彼は石酒というニツクネームを貰つたほどの酒豪であつたけれどもよつぽど楽しかつたとみえて、酔うて后半は読んでもらいたくない珍にして迷なる伝説を一席ぶつたのであつた。仲人先生も大いに楽しかつたらしく晩年にそれを活字にする為に筆をとつたのである。わたくしたちの奈良本先生はそのくだりが含まれている随筆・句稿を遺著として出版するにおよび、私が必死になつてそれだけは削除して下さいとお願い申上げたにもかかわらず意地悪くも首を横にお振りになつた。それが多くの学友の目にとまり私が酒の肴になる。楽しくないことでもなさそうである。私はシカメツツラして聞かなければならないようなものは真理ではないと思つている。真理は楽しくて笑いが止まらないといつたようなものでなければならないと思つている。

先の怪祝電の作者はその弟の新婚旅行中に東京に出て来て大花王の応接間で始めて先生にお会いした。かねがねその弟たちから先生のおうわさは聞いていたが、他ならぬ先生が仲人の労をおとりになつたと聞いてはだまつているわけにはいかなかつたらしい。先生もかねがねヘンクツな兄がいると聞きおよんでおりそれが怪祝電を打つてから上京したのだからヤレヤレとモーニングコートをお召しになり応接間に現われたのである。怪電報の作者の持論に対して先生は何とお答えしたか。私は何時かは聞いてみようと思つていたのにそれができなかつた。それからというものは会社を作らしたり作らされたり、妓生をあげて酒をのんだり踊つたりであつたが終戦がこの二人を引離してしまつた。終戦后先生は大花王がつぶれた后その輩下を引連れて、金一家とタイアツプして盛大に対韓国貿易をなさらんものと一つの会社を創立なさつたのであつた。その社名も玄海商事である。しかし日韓貿易どころか両国の国交も再開されぬ前に玄海商事はつぶれてしまい、先生は奈良本・故藤田〔五郎〕・遠山〔茂樹〕等諸先生によつて学界にカム・バツクさせられてしまつた。両国の国交が開かれず、したがつて玄海商事がつぶれたことは日本の史学界にプラスしたること絶大なるものであつたと私は確信し、喜びにたえないのである。ただ一つ不幸なことは玄海商事の相棒が両国の国交がいまだに再開されぬことによつて、その息子を先生の下で学者に仕立てるために玄海をモグラせなければならなかつたということだけである。怪祝電の作者はその息子を日本に送りだすときに曰く、君の叔父が結婚したときは朝鮮は日本の植民地であったから私は反対したけれども、今の朝鮮は独立したんだから君は日本の娘と結婚してもよろしいと。けれどもいかんともしがたいことには現在朝鮮には今度の戦争で若者の多くが戦死し、男一人に女は一トラツク積んで尚かつ三人歩いてくると云われるほどに朝鮮では御ムコさんが足りないのである。同族の女性のインフレを思うにつけ私は日本の女性をお嫁にするわけにはいきませんでした。事実その間指をくわえ断腸の思いで眺めすごした美人が二人三人といわずいたということを率直に告白いたします。ハイ、この話に決してウソイツワリはありません。

ともかくこの息子はすっかり暗に包まれた博多港に上陸し──もちろん日本の政府当局に上陸を通告するような憶劫《ママ》なことはしなかつた──、桜の蕾ふくらみはじめる鎌倉の山路をダツトサンにゆられながら、大会社の重役、学者、大学教授、立派な恰幅、眉目秀麗、厳粛な先生を想像しながら登つて行つたのであつたが……（未了）

〔この文章は、服部没後に金匡來は奈良本辰也の本務校であった立命館大学に奈良本を頼って転校した。その時の立命館大学日本史学会が発行していた『日本史学会会報』第十四号（一九五九年二月、五～七頁）に掲載されている。〕

この未了のままで現在私の手元に残っている金匡來の文章には、続稿があるかはいまだに確認していない。私にとって思い出深い金匡來の後日譚を追記しておこう。

匡來は奈良本が立命館大学を去ったあと、理由は私にはわからないが、故国に帰る決心をして（一九五九年正月の私宛の年賀状が残っているので、六〇年以後のことであろう）福岡で密輸船を待っていたが、ついに果せずに大村収容所にみずから出頭した。

いつだったかはっきり記憶にないが、私が法政大学院に在学している時だったように思う。服部の富子未亡人から突然電話がかかってきて、「今、ヒロシさんが警察の人につれられて家に来ているので、すぐ来てほしい」と云う。たしか夜であったと思う。私はひさしぶりに服部邸にかけつけた。私が服部の私設助手であった時、毎日食事をしたり、来客と会っていたいつものダイニング・キッチンルームにいた匡來と久しぶりに対面した。富子夫人は匡來を服部宅まで連行した「警察の人」に「ヒロシさんは韓国に強制送還されたらどうなるでしょうか」と不安そうに尋ねると、「徴兵拒否をして密出国したのだから相当いじめられるでしょう」と答えた。

その後のことは私はよく知らない。

それから十年ほどたって、長男の旦から私に電話があって、「ヒロシさんが家に来ているので会いに来てほしい」というので、久しぶりに山で再会した。韓国の釜山の大学で教師をしていて、日本の大学を訪問視察のため来日したという。三人で飲みかつ語り、気がついた時はすでに空は白々とあけていたことを今なつかしく思い出す。法政大学社会学部時代の服部は、金匡來のような密入国の多くの韓国・朝鮮人学生の保証人となっていた。

金匡來の文章にも出てくる『俳句日記 鎌倉山夜話』の服部の文章を引用しておく。同書二十頁に「鼓うつ貝くにびとのしづもれる」の左に「けふその作を入手して、三月十一日」と書いている服部の「俳句」の題材にある「貝」についていささか注釈をしておこう。この頃、服部のところにいろいろな種類の貝で人形をつくってもってきた「職人」さんがいた。この作品を服部は大変気に入って、これを置いてつくった「うた」である。服部には説明しなければわからないこんな「俳句」とも「狂歌」ともわからないうたが実に多い。二十一頁に金匡來に与えた次のような句を詠んでいる。

たみの代は千代に八千代にかいなづる　貝のくにびとたたかひは知らな
その歌の裏に匡來に書いて与えたる

たみの世やみまなのくにのわれ王子　花ソヴィエトに死なんとぞ思ふ
金匡來は金海金氏即ミマナ国王の正嫡也

とうとうたらり
かいのくにびと
つゞみをうてば

たたかひはやみ
よのはるの
たけなはに
たけなはに
たみのみよの
たゞなかにあるよ
とうたらり

三月十一日作〔一九五五年〕

李朝にかくもかぐはしき彫刻《ほり》これありし　金匡來もはじめて見つらむ

〔『皆傀書屋句稿』二の四十一頁〕

匡來は任那の王子珍鋒に　アザあることぞそれを証《あか》せり

昭和九年匡來の叔父永華結婚式に僕夫妻仲人たり。匡來の祖父大人酔て説くに、家伝に次の事あり。金海金氏の祖大偉丈夫にして洛東江の主たり。一年出水して橋を失ひ、両岸の人民往来する不能。大偉丈夫の君主金氏その珍鋒を立て横へて両岸に架す。民人喜んで往来し、一人橋上に喫煙して吸残を彼の橋上に失す。火傷甚ししかも我民人を如何せん。遂によく耐へてためにアザを得たり。金海金氏代々男子を得るや産室にまず何よりもそのアザを検す。アザ無くんば即ち他の男子と通じたるの証左として離縁さる、不思議に最近の三代悉くアザあり。不思議なるに非ず貞淑なるがためなりと。試に匡來に聞けば答えて曰く我にこれありと、僕未だ之を検せず。

四　没後のこと

（A）奈良本辰也編『服部之總全集』全二十四巻（福村出版、一九七四年四月～一九七六年六月）の刊行について

服部之總の歴史学と生涯を研究するためには、この『全集』が不可欠の史料である。その内容を紹介しておくと、左記の通りである。

1　社会階級論
2　唯物弁証法と唯物史観
3　明治維新
4　維新史の方法
5　近代外交史
6　日本のマニュファクチュア
7　開国
8　人物再検
9　初代長瀬富郎伝
10　絶対主義の史的展開
11　自由民権
12　明治論集
13　親鸞
14　蓮如
15　文学と宗教
16　近代日本のなりたち
17　明治の指導者Ⅰ
18　明治の指導者Ⅱ
19　日本帝国主義論
20　小ブルジョア・イデオロギー
21　アジア的生産様式
22　葵と菊
23　私のなかの歴史
24　句稿・草稿

最後の24巻に「年譜・著作年譜」「収録著作索引」が収録されてあり、全巻に「編注・編者解説」がある。この『全集』を個人で編集・刊行された奈良本辰也のご努力にたいして最大の敬意を表しながらも、服部の晩年の最後の

内弟子であった私には非常に不満であった。

その理由を『全集』完結直後に歴史科学協議会の機関誌『歴史評論』一九七六年十月号に「『服部之總全集』完結に寄せて」と題して公表しているので、この全文を再録しておく（この『全集』に収録されていない論文と訂正を列挙した「服部之總著作年譜補遺」は省略した。読者は本書巻末の『年譜』を参照されたい）。

「服部史学」再検討の提唱

服部之總が亡くなってから今年ではやくも二十年がすぎた。服部は一九五六年三月四日、病いのため東京の御茶の水にある順天堂病院で死去した。そのとき服部は満五十四歳で、学者としてまさに充実しきっていた時であっただけに、その死は今日もなお惜しみてあまりあるものがある。

服部之總の歴史学について、これまで多くの人々によってきわめて高い評価があたえられている。ごく最近では、藤井松一氏が永原慶二・鹿野政直両氏編『日本の歴史家』（日本評論社、一九七六年五月刊）のなかで「服部之総」について執筆されているのをみても明らかであろう。

しかしながら、服部の全業績について本格的に検討した研究は、いまだにないといってよいのではないだろうか。もちろん、「服部史学」の一部分についてのすぐれた研究はある。たとえば、遠山茂樹氏の『明治維新史』（青木文庫版）の解説、松島榮一氏の『黒船前後―服部之総随筆集』（筑摩書房刊）の解説、下山三郎氏の「服部之総論ノート」（東京経済大学『人文自然科学論集』第八・九合併号、『東京経済大学六十五周年記念論文集』所収）、山口博一氏の「服部之総における歴史と社会」（福武直・青井和夫両氏編『集団と社会心理』尾高邦雄教授還暦記念論文集Ⅲ、中央公論社刊所収）などが特筆されよう。また最近では、中村政則氏の「序説　近代天皇制国家論」（中村氏編『大系日本国家史』4、近代1、東京大学出版会刊所収）の服部の近代天皇制論、さらに佐々木潤之介氏の「幕藩制社会・国家史研究のために」（佐々木氏編『日本封建制の社会と国家』下、歴史科学大系第六巻、校倉書房刊所収）の中での服部の幕藩制社会・国家に関する指摘などは、今後の服部史学再検討のためのきわめてユニークかつポレミークな積極的提言として注目にあたいする。

筆者はかねがね戦後のわれわれの科学的歴史学の構築は、戦前の羽仁五郎氏の業績とともに服部のものから深く学び、両先達を克服することなしには一歩も前進できないのではないかと思っている一人である。とくに科学的歴史学の方法論に関しては、服部から今日もなお学ぶべきものが多々あるのではないだろうか？　戦後の歴史学界でしばしば議論され、なおいまだに未解決の理論上の諸課題、たとえば、歴史における普遍性と特殊性、国際的契機と国内的要因、階級と身分の概念、経済史と政治史、経済史とイデオロギーとの関係、革命と改良、民族問題、国家と社会の理論等々いずれをとっても、服部の仕事にもう一度立ちかえってみることが必要ではないかと、筆者は考えている。あえて極言するならば、今日われわれが議論している問題の多くは、すでに服部が戦前に提起した問題の中で、堂々めぐりをしているのではないかとさえ思えてならないのだが。とくに近年の研究状況について思うことは、史料的に云えば、きわめて精緻になっているようだが、理論的・方法的に見て、はたしてこれで「科学的歴史学」といえるのだろうかとさえ、疑問に感ずるものが多いように思えてならない。「科学としての歴史学」の樹立をめざしている同志間の、徹底的な内部批判論争をもっとたたかわせる必要性を痛感する。と同時に筆者が最近強く危惧していることは、戦後の「科学的歴史学」の成果に対して、「イデオロギー的な歴史観からの脱却」などといいながら、きわめて「デマゴギッシュ」な「歴史学」が公然と横行しはじめていることである。（その典型的な見本として、最近刊行された伊藤隆氏著『十五年戦争』日本の歴史30　小学館、一九七六年八月刊を筆者はあえて挙げておきたい。本書にたいする筆者の批判は近く公表し、伊藤氏からの反論をおうけしたいと思う。）

こうした憂うべき学問状況が一部に隆盛をむかえようとしている中にあって、われわれは、服部も創立者の一人であった一九三〇年代の唯物論研究会のイデオロギー闘争から真剣に学ぶべきではないだろうか。歴史学にかぎってみても、同研究会の活動の中から生み出された服部の「歴史記述の理論」（一九三五年十二月、『唯物論全書』の一冊として刊行）に代表される『歴史論』を徹底的に批判継承した、われわれの新しい『歴史論』を武器に持つことが、今日ほど要請されているときはないのではないか（かつて筆者は、わが歴史科学協議会編・山口啓二・黒田俊雄監修になる『歴史の名著《日本人篇》』校倉書房刊に、この服部の古典的名著の解説を担当させられながら、きわめて不十分なものしか書きえなかった非力をいまなお恥かしく思っている）。

さらに今日のわれわれは、服部の論争のしかた、とくに土屋喬雄氏との「幕末厳マニュ時代」論争や三木清との「マルクス主義哲学」論争から学ぶことが非常に多くあるように、筆者は思う。服部の論文に一貫してみられる特徴は、きわめてポレミッシュ（論争的）であることである。相手にたいする服部の筆鋒は峻烈きわまりない。しかしながら、けっして一面的・打撃的ではない。つねに論敵からまなぶべきものを謙虚に、正しく受けとめんとし、かつ自己にたいしてもきびしく批判することを怠ってはいない。服部が寸時も念頭から離すことのなかったマルクス・エンゲルスのヘーゲルにたいする批判のしかたからよく学んでいる。つまり、批判のやりかたにおいても、唯物弁証法、史的唯物論の立場を堅持しつつも、けっして教条主義的ではない。そこには思想の柔軟性、独創性がうかがわれる。この点は、服部の宗教批判にもよくあらわれているといえる。

服部の学問領域はおどろくほど幅が広い。このことは、服部の交友関係とも内的関連があるかもしれない。

近年、「歴史文学」のブームとさえいえるような状況が現出しているなかで、もし服部が健在であったら……としきりに思う。服部史学の特徴の一つに、「歴史文学」と「歴史科学」の関係についてのすぐれた指摘がみられることである。それは服部が旧制三高時代に劇作家を志し、三高演劇研究会に参加していたほどの資質にもよるだろう。しかしそれよりも、「右翼的偏向の現象が、新しく『歴史文学』の形をとって現われてき」た（「維新史方法上の諸問題」）と服部みずから指摘したような一九三〇年代前半のファッショ的な思想潮流にたいする対決という要請からであったことを見落してはならないであろう。服部の晩年に、吉川英治、大佛次郎、川端康成、田宮虎彦、立野信之等々という当代一流の流行作家たちと親密な交流をもっていたことを身近かに目撃していた筆者が、「小説を書いてみようとは思いませんか」という問いを服部にしたとき、「おれは歴史学者だ」ときっぱりといわれた言葉が、今なおつよく耳に残ってはなれない。

服部史学のすぐれた特徴は、歴史随筆や人物論にみられる人間にたいするするどい洞察と筆力である。そのために服部の史論には人間の息づかいが伝わってくるように、筆者には思える（たとえば、「ジョゼフ・フーシェ――ある革命的ブルジョア政治家の映像」をみられよ）。

『全集』刊行のあり方について

以上、「服部史学」の再検討の必要性を印象的に強調した。説明ぬきで、思いつくままに、書きつらねてしまった。ただちに読者から叱正をうけるであろう。筆者みずからが、「服部史学」についての全面的分析を行ない、今日われわれが継承すべきものはなにか、その理由はなぜか、を明らかにすべきであると。この批判は甘んじて受けたい。筆者の非力はともかくとして、この課題を果しうる客観的条件が、服部没後二十年にして、やっとできたからだ。このいうはたやすく、実現は容易ではない課題に集団的にとりくむ条件が。

というのは、生前の服部が信頼し、期待をかけていた歴史学者の一人であった奈良本辰也氏の編集になる『服部之總全集』全二十四巻がようやく完結したからである。この大事業を個人でやりとげられた奈良本辰也氏と、出版をひきうけられた福村出版の福村保・惇一父子をはじめとする出版社のみなさんに心からその御苦労にたいし感謝と深甚の敬意を表したい。

すでに服部の生前、自選の『服部之総著作集』全七巻が理論社から出版されている（この著作集に収録されている論文の最初の原案は私が選び、これを、当時東京大学大学院特別研究生であった吉岡昭彦氏・現東北大学教授がまとめられ、最後に服部が一部修正してできあがったものである）。しかし、この『全集』の完結によって、われわれははじめて服部の大半の仕事について容易に再検討する機会が与えられることになった。「服部史学」についての本格的な集団的・組織的討議が可能になったという意味からも、この『全集』がもつ意義は今後の歴史学研究の発展にとって大きいことは疑いない。

しかしながら筆者は、『全集』刊行という大事業が、個人の編集でなされたということにたいして率直に疑問をいだかざるをえない。

「科学的歴史学」「人民の歴史学」（服部も生涯かけてこれをめざして格闘しつづけ中途にしてたおれたのだが）のもっともすぐれた成果の一つであり、われわれの共有財産ともいうべき『服部之總全集』は、服部の学問と思想を今日もっとも正しく継承発展させている人々を中心として、ひろく学界全体の集団的・組織的討議をへてつくられるべきではなかったかと、筆者は思っている。この種の企画は、個人の名誉の独占欲や商業主義などから出発すべきではない。だからといって、この『全集』がそうであるといっているのでは決してない。

奈良本氏が個人編集ということからくるためであったかどうかはわからないが、われわれ後学の研究者にとって、せめて各巻にもっと詳細な解題があったほうがよくはなかったかと思う。筆者が拙稿でのべてきたような服部史学再検討のきっかけになるような問題提起が、今日の研究成果の到達点をふまえてなされていたならばと惜しまれてならない。前述したように服部史学の特徴の一つが、きわめてポレミッシュであっただけに、そつのない要約や事務的な解説ですませるのではなく、後学のもっと意欲的、積極的な問題提起を偉大な「服部山脈」にたいして挑戦して欲しかった、と考えるのは筆者一人であろうか。

以上述べてきた筆者の『全集』刊行にさいしての素朴な疑問が、この『全集』の内容のなかからもいくつか指摘できるのではないかと思う。

その一つは、『全集』と銘打ちながら、かなりの重要な論文がもれているということである。もっとも『全集』といってもけっして完璧に全著述を網羅すべきであるといっているのではないが、せめてそのような努力に向って全力を注ぐことが必要であろう。例えば、筆者と藤井松一氏で編集し公刊した服部之總の遺稿集『日本人の歴史　大工トモサンとの対話』（法政大学出版局、一九七一年十二月刊）に収録してある「日本人の歴史」と「歴史的疑念の発想法――公式に徹するということ」などが収録されていないのはなぜだろうか。最終巻の二十四巻に「句稿・草稿」があてられているので、草稿はこの『全集』には収録しないということでもないようである。それに『日本人の歴史』を公刊したときの藤井氏の解説でも明記しているように、『日本人の歴史――大工トモサンとの対話』は、服部が生涯かけて追求していたテーマの集大成、いわばライフ・ワークとして病床の中でも書きつづけた文字通りの遺稿であった。服部の全構想は、上記の藤井氏の解説の中でも紹介してある。その最初の部分を原稿にして光文社に渡したまま紛失してしまったため、服部の死後筆者が大学ノートからふたたび原稿におこしたものだからこういっているのではけっしてない。「歴史的疑念の発想法」は、その副題に「公式に徹するということ」とあるように、服部史学を支えている根本思想の表明である。筆者にむかっても、服部はしばしば「理論のカンナをとげ」と口をすっぱくしていいつづけていたものだ。服部みずからが題をつけたこの講義は、一九五四年二月二十四日の夜、服部の主宰する日本近代史研究会の研究会で行われた。「太閤検地の歴史的意義」（拙稿で紹介した佐々木潤之介氏の編集になる『日本封建制の社会と国家』下巻に再録されている）と題する画期的論文をひっさげて登場した現沖縄大学教授の安良城盛昭氏（そのころわれわれは「安良城旋風」と称していた。）と『歴史学研究』や『歴史評論』誌上に自由民権運動研究に関するすぐれた論文をつぎつぎと発表して学界の注目をあびていた現東京経済大学教授の下山三郎氏という新進気鋭の少壮歴史学者にたいして、「老大家」服部が猛然と挑みかかった感じの講義録である。したがって、このいずれの「草稿」も戦後の「服部史学」を検討する上でもきわめて重要なものであろうと筆者は確信している。

つぎに、『全集』第二十四巻の巻末にある「年譜・著作年譜」は、今後、服部之總の学問と生涯を研究するためにきわめて有意義なものである。これに拠ることなしには服部之總研究はすすめられないことはたしかであろう。上記の『日本人の歴史』の巻末に、筆者自身の『服部之総著作目録』と『服部之総略歴』を発表しておいた。これにくらべても比較にならぬほど充実したものである。この種の作業が、いかにしんどく縁の下の力持ち的なものであるかをしみじみと体験している筆者にとって、さぞかし御苦労であったろうと深甚の敬意を表したい。

このような思いでいっぱいであるだけに、せっかくの御努力にもかかわらず、ここにも個人編集の限界が出ている弱点が残念でならないのである。

『年譜』は、服部之總の生涯を表現するものであるだけに、あくまでも公正、慎重に作成されなければならないことはあえていうまでもないことである。筆者はいずれは『服部之總伝』を書きたいと念願し十数年の努力をつづけているだけにいっそう深い関心をもってこの年譜を読んだ（別巻として公刊されることになっている『服部之總——その人と時代』の刊行を鶴首している）。まだこの段階で公表するわけにはいかないが、もっともっと追加しなければならない重要な内容があるように思う。筆者が思うに、服部之總はたんなる学者ではなかった。前述したように、服部の学問の幅の広さ、交友関係の広さから、思想のというか人間のというか、そのスケールの大きさにあったといえる。今日われわれがもっとも指向している統一戦線にとって、なくてはならない重要な一人ではなかったかといえよう。この観点からも、この年譜はもっと補う必要があるのではないかということだけをここでは指摘するにとどめておきたい。

今後この『全集』を一人でも多くの人々が熟読され、服部之總というたぐいまれな大きな存在であった人物とその思想・学問、これを生みだした激動の時代をめぐって、活発な議論が展開されることを大いに期待したい。

このためにも、筆者がこれまで調査しえたかぎりでのメモによってこの『全集』に収録の「著作目録」で欠落しているものを若干補って、読者の御検討をお願いするとともに、さらに一層この「著作目録」と「年譜」がさらに完璧なものになることを期待して、この拙文を擱筆したい。

以上、歯に衣きせず率直にのべさせていただいたことがらは、『服部之總全集』完成という一大壮挙をだれよりも喜びを感ずるあまりの妄言として寛恕されたい。この『全集』のために並々ならぬ長期間の御努力を注がれた編集者をはじめ、出版社、遺家族及び関係者各位にたいしての非礼を深くお詫びするしだいである。

なお最後に本誌編集部にたいして一言。編集からの筆者への注文は「服部之總——著作集に寄せて」〈歴史科学をきずいた人々〉と題して論文を書くようにということであったのだが、筆者の非力に加えて、本全集が完結したのが本年六月であったことからくる時間的余裕がなかったことと、二年間の闘病生活からやっと恢復しはじめたばかりの肉体的悪条件が重なって、その責任を果たすことができなかった。締切をすぎてしまい発表をためらったのだが、あえてこのような形で責任の一端をになわせていただくことになったことを、心から深くお詫び申し上げたい。（一九七六・八・一六成稿）

〔付言。本書収録のために校正中に気になったことは筆者の原文には、すべて「之総」と表記していることである。正しくは「之總」であるので、ほとんど正しい「總」に変えたが、『著作集』は「総」として服部自身が刊行しているのでそのままにしておいた。二〇一四年四月八日記〕

（B）「服部之總没後三十年のつどい・記念講演」のこと

この「つどい・記念講演」については、本書を発行してくださった日本経済評論社から小西四郎・遠山茂樹編『服部之總・人と学問』（一九八八年七月刊）の最後の「編集後記」として私が書いている文章を参照していただければありがたい。ただ一言だけ余談を述べさせていただければ、色川大吉から「なぜ松尾章一編として出版しなかったのか、その方がもっと売れたのに」といわれたことを覚えている。色川は、この「没後三十年のつどい」が行われたとき在米中であったので帰国直後にこの本を贈呈した時のことであったと思う。そのとき私は色川に「服部を日本近代史研究会で支えられ、この「つどい」を私がやるようにと強く要請された歴史学界の大先輩である両者に敬意を表して……」とこたえたように記憶している。小西・遠山、そして記念講演を司会された前田武彦（鎌倉アカデミア第一期生）ともすでに他界された。

近代史研究会同人も現在の生存者は色川と川村善二郎の二人だけになってしまった。

この「つどい」の参加者のかなり多くの方々がすでに他界されてしまったが、「思い出〝ひとこと〟」は公表を許してくださった人々が大半である。公表を認められなかった人の中に、野坂参三が「産業労働調査所時代〔一九二七年〕の服部君の活躍ぶりが忘れられません」などと葉書に書いていただいたが、公表の際には党本部から不許可の返事のため掲載できず残念に思ったことを記しておく。また、私の法政大学での親友であった藤田省三は「よくは存じ上げないのですが、恐らく下世話に通じた人間通の人だったのでしょうか」と記され、会には欠席の葉書などが私の印象に強く残っている。この藤田も他界した。欠席者の中でも公表を承諾された方は掲載しているが、欠席の返事を出された多くの方々のメッセージは掲載されていないことも付記しておく。

本書刊行後に『エコノミスト』八月六日号の「侃々諤々」の中で著名な文芸評論家である松本健一が「歴史は服部之總がやったように、『普通の生活』の細部から語り始められるべきなのだ」と末尾で評価してくれたことがうれしかった。

この本を持っていない読者のために「目次」のみを紹介しておこう。

『服部之總・人と学問』目次

服部之總と「歴史画報」編集の思い出――日本近代史研究会の草創の頃――（川村善二郎）

追悼懇親会・思い出を語る

開会のあいさつ―小西四郎

思い出を語る　①飛鳥哲雄　②今野武雄　③三上次男　④三笠宮崇仁　⑤河原崎国太郎　⑥陣ノ内鎮　⑦高見秋子　⑧増島　宏　⑨吉岡昭彦　⑩飯田賢一

遺族あいさつ（服部旦）

閉会のあいさつ―川村善二郎

思い出〝ひとこと〟

赤井　彰　網倉文蔵　安在邦夫　家永三郎　石井　孝　板垣雄三　伊藤忠士　乾　孝　犬丸義一　岩井忠熊　植木昌一郎　上杉捨彦　宇野重昭　宇野俊一　梅田欽治　遠藤慎吾　大江志乃夫　太田幸男　落合　茂　加藤幸三郎　門脇禎二　北島万治　木村彦三郎　木村　礎　久保舜一　黒羽清隆　小林廣子　小山仁示　西郷信綱　桜井武雄　塩田庄兵衛　清水浩二　菅　義仙　鈴木正四　袖井林二郎　高田栄三　田中　彰　田中陽兒　千葉保之　津久井慶三　豊田達治　中澤市朗　中村　哲　西　史朗　沼田陽一　服部一馬　服部成文　原口　清　平川俊彦　深谷克己　福島新吾　福田以久生　松尾尊兊　宮野　澄　向井義郎　森田茂介　矢代和也　山形弥之助　山口博一　山田忠雄　山田宗陸　吉野登美子　吉村徳蔵　若林一郎　渡辺菊雄

服部之總・未発表論稿など（松尾章一編）

㈠服部之總日記（大正九年十二月二十九日～大正十年一月七日）

㈡服部之總日記（大正十年一月二十六日～四月十七日・他に創作・詩等）

㈢写真（創作）

㈣「マルキシズムと宗教」座談会（『法界雑俎』昭和五年二月号所載）

㈤制服史学の門外にあるもの（『歴史科学』第四巻六号所載）

服部之總　年譜・著作目録（松尾章一編）

編集後記（松尾章一）

（C）「服部之總文庫」（法政大学図書館所蔵・現在は多摩キャンパス内図書館）のこと

本項の最後に、私が執筆した「服部之總文庫」の紹介文は、いずれも法政大学図書館編『法政大学所蔵文庫案内』（一九九一年六月、学内資料・合冊）に掲載されている。最初は法政大学のPR誌である『法政』（一九七六年六月号）に、第二回目も同じく『法政』（一九八九年十一月号）に寄稿させられたものである。この二つとも服部の経歴の紹介に多くの紙数をさいて叙述しているので、既に詳述したこと重複するので省略して、法政大学図書館『法政大学所蔵文庫案内』の中から「服部之總文庫の由来」（前半は省略）と「谷川徹三先生と服部之總」のみを引用しておくことにする。

服部之總文庫の由来

服部の死後、蔵書をどうするかが遺族や友人たちの間で問題になった時、服部が死ぬ直前まで革命後の中国にぜひ行ってみたいと洩らしていた遺志をうけて、北京大学に寄贈しようという話がもちあがった。北京大学側もそれを望んだ。しかし、それでは服部の蔵書を日本人が閲覧する機会が容易でなくなるということで、服部が死去するまで社会学部教授として教鞭をとった本学で引き取ることになったわけである。当時本学の総長であられた大内兵衛先生は、戦前の日本資本主義論争時の「労農派」の闘将で、「講座派」に属した服部の論敵であった。しかし二人は、きわめて親密な交友関係にあった。また社会学部の同僚教授であった小牧近江（プロレタリア文学誌『種蒔く人』の創始者）は、服部と親交が厚かったので、両先生が特に尽力された。私は大学在学中に服部の著作に深く傾倒していたことから、大学の師であった小林高四郎教授（岩波新書『ジンギスカン』の著者である東洋史学者）の紹介で服部を知った。卒業論文となった自由民権運動のテーマは服部からもらった。卒業後、服部に請われて私的な助手となった。服部の死後、私は明治維新史の大先達で、小西四郎、遠山茂樹、井上清ら維新史料編纂所時代の上司でもあった藤井甚太郎先生が、主任教授をしていた法政大学大学院日本史学専攻に入学した。そのような事情で、私が服部の蔵書目録を作成し、大学と服部家の間に立って奔走したのである。

ある時、藤井先生が私に向かって「服部文庫が大学に入ることに決まったのだが、君にだけ内緒で聞くが、歴史家の蔵書としては非常に貧弱だ。まさか良いものを売った残りを法政に入れたのではないだろうね」と冗談めいて云われた。「いいえ、そうじゃありません。全部です」と答えると「ああそう、服部さんのような人を読み上手というんだね」と云われたことを思いだす。

服部文庫は単行本の冊数にしてわずかに二千数百冊にすぎない。本学図書館の個人文庫である内藤章文庫のように、いわゆる稀覯書といわれる書物などはほとんどないといってよいだろう。しかもその内容は、歴史学関係書以外に文学・哲学・美学・社会学・経済学・政治学の分野から全国各地の旅行案内パンフレットにいたるまで広範囲にわたっている。その多くが古書店の店頭で見かけるいわゆる「ゾッキ本」の類である。また和辻哲郎文庫のような美本でもない。服部の蔵書は本であれ雑誌であれ、ほとんどが服部の手で赤黒の傍線やら書き込みが多くある。服部の思索の跡を垣間見ることができる貴重な史料である。時おり私は図書館にこもってこの服部の蔵書を手にするたびに、今日の私たちには想像もできない凶暴な天皇制ファシズムと闘いながら、今なお私たちが超えることのできない優れた業績を樹立した偉大さに驚嘆せざるをえない。

谷川徹三先生と服部之總

去る九月二十七日（一九八九年）、元本学総長の谷川徹三先生が亡くなられた。享年九十四であった。十月十六日、北鎌倉の東慶寺で行われた告別式に私は妻と娘を伴って参列した。その日は、暗く、重い雲が厚くのしかかって時おり冷たい雨が落ちてくる日であった。ご令息の、詩人である俊太郎氏が座っていた横の焼香台に、二つの白木の位牌が並んでいた。一つは五年前に亡くなられた、たき夫人の位牌であり、もう一つが谷川先生のであった。戒名は、絶学院大道明徹居士とあった。谷川夫妻の墓所となったこの東慶寺には、先生の京都帝国大学時代の師である西田幾太郎、戦前の法政大学文学部哲学科で共に教壇に立った安部能成、和辻哲郎、先生が本学に招き在職中に治安維持法違反の容疑で検挙されて獄死した三木清の墓がある。また同じくノイローゼの病に悩んだことが縁で服部と深く交友のあった高見順の墓もある。

私が大学院に入学してまもないころであった。大学院の事務長から大内総長が君をお呼びなのですぐに総長室に行くようにと言われた。初めて入った総長室のソファーに座ってかしこまって待っていると、隣の会議室から大内総長が当時文学部長であられた谷川先生と一緒に出てこられた。大内総長は谷川先生に「松尾君です。後は君がよろしく」と言われただけで会議室に入られてしまった。谷川先生は初対面の私に向かって「今、大学は大学史編纂の最中ですが、創立の年が分からなくて困っている。そこで君に調べてもらいたい。君は服部之總の弟子であったと総長から聞いている。僕は服部之總を歴史家として信用しているので、その愛弟子である君を信頼する。全てを君に任せる。詳しくは郡山君に聞きなさい」と言われると会議室に入ってしまった。谷川先生は八十年史編纂実行委員長であった。郡山君とは、今も続いている雑誌『法政』の編集室長であった故郡山澄雄氏であった。こうして私は、大学院修士課程の学生の時に法政大学の歴史編纂に従事することになった。私は一九六六年八月に『法政大学八十年史』を完成させるまで、大学史の資料を蒐集したり、執筆しながら博士課程に在学するという生活を続けた。その間に同じ大学院の後輩であった伊藤貞子と、谷川先生ご夫妻の媒酌で結婚した。谷川先生とは亡くなられる直前まで大変親しくしていただき多くのことを学ばせてもらった。

一九三〇年に服部は、「観念論の粉飾形態——三木哲学の再批判」という有名な論文を『思想』に発表した。この原稿を岩波書店で受け取られたのが当時『思想』の編集をされていた谷川先生であった。「その時の服部君は着流しの着物を着て前掛けをしてやってきたので、文章から想像していた印象とまるで違った」と笑いながら話された日のことを、今でも懐かしく思いだす。谷川先生のご冥福を心からお祈りしつつ擱筆する。

最後に、本書は学術書として執筆したので個人名はほとんど敬称を省略した非礼をご寛恕いただきたい。

（二〇一一年十二月十九日成稿）

服部之總年譜・著作年譜

【年譜】

一九〇一年（明治三四）一歳（数え年）
九月二四日　島根県那賀郡木田村（現旭町大字木田二二五）浄土真宗正蓮寺に父服部設満（二九歳）、母こと（二四歳）の長男として生まれる。之總の命名は、「史記禮書篇日功　名之總也註日正　義日以禮義率天　下咸遵之故　為功名之總也」からとられたものである。
一九〇八年（明治四一）八歳
四月　木田村尋常小学校入学。
一九一四年（大正三）一四歳
四月　島根県立浜田中学校入学。
一九一九年（大正八）一九歳
三月　島根県立浜田中学校卒業。
四月　第三高等学校入学。劇作家を志し、三高劇研究会に参加。大宅壮一、鈴木武雄、淡徳三郎、梶井基次郎、後《しっ》川《かわ》晴之助らと交友。三高仏教青年会で活躍する。

六月　橋本鴻蓉から都山流尺八の初伝修了免状をうける。

一九二二年（大正一一）二二歳

三月　第三高等学校（文科甲）卒業。

四月　東京帝国大学文学部社会学科入学。戸田貞三に師事する。

十月　浜田聯隊に陸軍補充兵として編入（第二乙種歩兵籤外番）。

一九二三年（大正一二）二三歳

新人会に参加し、小沢正元、今和次郎、関鑑子、中司文夫、馬島僴《ゆたか》、米村正一らと帝大セツルメント（本所区柳島元町）で活動する。このころ志賀義雄、門屋博らを知る。

一九二五年（大正一四）二五歳

三月　東京帝国大学文学部社会学科卒業。

四月　同学科副手として研究室に残る。卒業直後より、浅野晃、藤井來蔵らとともに櫛田民蔵の指導を受ける。

四月～六月　帝大セツルメント労働学校（本科第三期）で初めて社会学を講義する。

一九二六年（大正一五）二六歳

四月　東洋大学教授となる。同僚の三枝博音と親交をもつ。

十月　浜田昜《あき》子（馬島僴の妹）と結婚する。六日長女順子誕生。

一九二七年（昭和二）二七歳
秋　東京帝国大学の社会科学研究会にて「革命及び反革命」をテーマに講義する。この年、産業労働調査所所員となる。東京農業大学教授、そのほか女子専門学校の講師となる。

一九二八年（昭和三）二八歳
三月『マルクス主義講座』（河上肇・大山郁夫監修）に「明治維新史」を執筆する。
同月　三・一五事件直後に検挙され、二〇日間ほど拘留される。
同月　義兄の馬島僩に協力し、日本共産党中央委員（非合法）で病臥中の山本縣蔵の国外脱出を成功させる。馬島をへて百円札一枚を山本に渡す。
この年、労働農民党（大山郁夫委員長）の本部で活動する。労働農民党解散（四月）後は、新党準備会の政治部員となる。
十一月　佐伯峻平の筆名で三木清批判を行う。
十二月　昴子と離婚する。

一九二九年（昭和四年）二九歳
一月　相馬（旧姓村上）富と結婚する。
二月　日本共産党（非合法）への入党勧誘をうけたが、家庭の事情で非合法生活ができないため断る。
七月　中央公論社に入社し、初代出版部長に就任する。レマルク著『西部戦線異状なし』（秦豊吉訳）を出版し、ベストセラーとなる。
十二月四日　次女洋子誕生。この年、東京の芝公園一四号地に居住する。

一九三〇年（昭和五）三〇歳
五月　林達夫のすすめで『思想』（岩波書店）に再び三木清批判を発表する。
同月　野呂栄太郎の猪俣津南雄批判論文（「没落への」転向期に立つ理論家――猪俣氏の「反批判」の再批判）を『中央公論』に仲介する。
八月　株式会社内外社（出版業）を創立し、常務取締役に就任する。

一九三一年（昭和六）三一歳
三月　東洋大学教授を辞任する。
同月　プロレタリア科学研究所（プロ科と略称）所員となる。
四月　プロ科の唯物論弁証法研究会が中心となって結成した反宗教闘争同盟に参加する。
六月　中央公論社を退社する。
　この夏、軽い結核にかかり、野呂栄太郎より「野呂式」療養法を教わる。
七月九日　長男旦誕生。この秋、『日本資本主義発達史講座』（岩波書店）の刊行計画がたてられ、執筆者に加わる。
　芝公園八号地三に移転する。暮、吉川英治の来訪をうけ、以後親交を重ねる。

一九三二年（昭和七）三二歳
一月　山形県東川郡廻館村で療養を始める。このとき、「幕末における世界情勢および外交事情」を執筆する。
三月　内外社を辞任し、著述に専念する。
九月　唯物論研究会への加入を三枝博音より勧められ、東京の三信ビル内東洋軒で開かれた発起人会に出席する。
十月　唯物論研究会の創立大会に参加し、幹事にえらばれる。

十一月　唯物論研究会の史的唯物論部門の暫定責任者となる。

一九三三年（昭和八）三三歳
一月　唯物論研究会の社会科学合同研究会で自著『明治維新史』の自己批判を行う。
三月　唯物論研究会の唯物史観部門研究会相談会の責任者となる。
同月　唯物史観部門研究会で「社会科学の方法としての唯物史観」を報告する。
四月　史的唯物論部門研究会で「佐伯峻平氏の史的唯物論」を中心とする批判が行われる。
同月　「維新史方法上の諸問題（一）」を発表し、『明治維新史』を自己批判する。
同月　唯物論研究会第二回講演会、開会直後に解散命令下される。「初期資本主義発達史の方法論」を講演予定であった。
五月　唯物論研究会（史的唯物論部門）主催の「アジア的生産様式」に関する討論会に出席し、相川春喜を批判する。
六月　後川晴之助の関係で京都日出新聞社の嘱託となり、京都での仕事が多くなる。
同月　唯物論研究会（史的唯物論部門）で日本の「前資本主義的範疇」を発表する。
八月十六日　三女苣《ちさ》子誕生。
九月　土屋喬雄「徳川時代のマニュファクチュア」を『改造』（一五―九）に発表する。以後、服部とのマニュファクチュア論争が始まる。
十月　唯物論研究会の社会科学合同研究会で「日本における社会経済構成体」を報告する予定であったが欠席する。
十一月　『唯物論研究』（一三号）に相川春喜が服部著『明治維新史研究』を書評する。
十二月　唯物論研究会（歴史部門）で相川春喜は、服部の『明治維新史研究』を最近のマルクス主義史学の最高水準を代表するものであると評価。
同月　唯物論研究会第二回総会で、幹事に再選される。

一九三四年（昭和九）三四歳
四月　「〃厳・マニ・時代〃の歴史的条件」を『歴史科学』に発表し、土屋喬雄との論争うちきりを表明して実証研究にとりかかる。
同月　信夫清三郎を私設助手として『封建制講座』で服部が担当した「産業形態」の研究を始める。
十一月　唯物論研究会第三回総会が開かれ、役員から服部の名が消える。
同月　村山知義、久保栄らの新協劇団初公演『夜明け前』に協力する。

一九三五年（昭和一〇）三五歳
この夏、『日本封建制講座』（白揚社）の刊行を計画する。このため山田盛太郎、平野義太郎、山田勝次郎、小林良正、永田広志、川崎巳三郎、桜井武雄、相川春喜、信夫清三郎らと週一回の研究会を行う。山田盛太郎、小林良正とともに世話人となる。翌年夏ごろまで研究会はつづく。

一九三六年（昭和一一）三六歳
一月　花王石鹸株式会社長瀬商会の嘱託となる。社長の長瀬富郎伝および同社五十年史の編纂を委嘱される。
一月元日から信夫清三郎と共著で「明治染織経済史」を『染織日出新聞』に連載を開始する。
三月　次々弟服部成文が正蓮寺を継ぐことが決定し、永年の相続問題が落着する。
七月　「コム・アカデミア事件」起り、山田盛太郎、小林良正、相川春喜、桜井武雄ら検挙される。『日本封建制講座』の刊行計画中止となる。
十一月　父の服部設満死去。
十二月　前進座とP・C・L提携第一回作品映画『戦国群盗伝』（三好十郎原作）の歴史考証に協力する。

一九三七年（昭和一二）三七歳
この年、『花王石鹼五十年史』と『初代長瀬富郎傳』の作成のため、社内研究室に毎日出勤する。
十二月　前進座と東宝提携第四回作品映画『阿部一族』（森鷗外原作）の歴史考証に協力する。

一九三八年（昭和一三）三八歳
一月一日　四女梁子誕生。
同月　唯物論研究会の定期的研究会の中止と研究組織部の廃止を決定する。
二月　唯物論研究会解散を決定する。
三月　『唯物論研究』六五号を最終号として廃刊となる。
四月　『唯物論研究』の後継誌『学芸』創刊。
七月　『花王石鹼五十年史』と『初代長瀬富郎傳』の資料整理完了する。花王石鹼株式会社に入社し、宣伝部長となる。これを機に『社史』の編纂を小林良正にゆずる。
十一月　唯物論研究会の創立者の一人として検挙される（東京愛宕署に留置）。この年、思想弾圧激化のため論文発表を断念する。
この年から信夫清三郎との共同研究は終わりとなる。

一九四〇年（昭和一五）四〇歳
　この年の正月をはさみ、『初代長瀬富郎傳』の執筆を福島県鎌先温泉で専念し脱稿する。
七月　花王石鹸株式会社の庶務部長を兼務する。

一九四二年（昭和一七）四二歳
一月　社用のため中国の天津、青島に出張する。
九月〜十月、社用のため上海に出張。
九月九日　次男設誕生。

一九四三年（昭和一八）四三歳
五月　花王石鹸株式会社長瀬商会の業務部長に就任。その他、株式会社三栄化学機械製作所取締役、大日本クレヨン株式会社取締役、満州花王石鹼株式会社取締役、台湾花王有機株式会社監査役、上海花王香皂公司取締役に就任。翌年一月にかけて、社用のため、満州・台湾・朝鮮に出張。
十月　伊藤壽美子との子の禮之（同年一〇月一日誕生）を三男として養子としたが、翌月除籍。
十二月　花王石鹼株式会社長瀬商会から月俸三一〇円、賞与二、〇〇〇円を給与される。

一九四四年（昭和一九）四四歳
二月　上海花王香皂公司代表取締役常務に就任。
四月〜六月、社の大陸担当重役として、しばしば中国へ出張。
六月　未召集兵の軍事教育を修了する。

十月　家族を神奈川県鎌倉郡深沢村笛田字見出に一時疎開させ、以後そこに住む。

一九四五年（昭和二〇）四五歳
一月〜三月　社用で中国の北京、上海、満州、朝鮮に出張。
五月　家族を順次、山形県東田川郡狩川町（現在の庄内町）に疎開させる。
同月　大日本油脂株式会社の大陸地区満鮮部長となる。
七月　同社の酒田工場に転勤となる。
八月　花王石鹼株式会社を辞職する（退社願は七月一〇日付）。

一九四六年（昭和二一）四六歳
三月　玄海商事株式会社（東京都下谷区車坂町四）を設立し、社長となる。
四月　民主主義科学者協会歴史部会に入会する。自由懇話会会員となる。
同月　鎌倉大学校（初代校長・飯沼友一郎、二代・三枝博音。のち鎌倉アカデミアと改称）の創立に参加し、教授となる。吉野秀雄、三上次男らとの交遊はじまる。
五月　鎌倉大学校、材木座の光明寺を仮校舎として開校。一六日、講義をはじめる。
八月　鎌倉大学校の学監に就任する。
同月　茨城県の自由大学主催の講座で「明治維新」を講義。
十月　静岡県の庶民大学三島教室主催の講座で二回（一八日・一九日）にわたり「日本歴史講座」近代の講義を行う。
十一月　執筆再開の第一作「維新のしっぽ」を発表。

この年、山形の疎開先から家族全員鎌倉山に帰る。また、遠山茂樹、松島榮一、奈良本辰也らが前後して服部を訪問。

一九四七年（昭和二二）四七歳
二月「三木清と親鸞」を発表し、親鸞研究始まる。
三月二十一日　五女草子《かや》誕生
五月　大塚史学批判を始める。
同月二十九日　四女梁子を喪う。
七月　西多摩夏期大学（福生市）で「近代日本史」の講義を引き受ける。
秋、藤田五郎が鎌倉山を訪問する。東京大学歴史学研究会主催の日本歴史講座で、「明治絶対主義と自由民権運動」を講演する。この年、胃潰瘍で倒れる。

一九四八年（昭和二八）四八歳
四月　羽仁五郎批判を行う。
五月『思想』（岩波書店）に「原敬」を発表し、『明治の政治家たち』の連載を開始。
同月　文化連盟主催人民大学第一期の最初の講座で「民主主義革命の歴史」を講演する。
七月　安藤昌益研究会を丸山真男、奈良本辰也、E・H・ノーマンらと行う。
十一月　ナウカ講座で「明治維新の話」を講義する。

一九四九年（昭和二四）四九歳

一月　野坂参三のすすめにより日本共産党に入党。
四月　「鎌倉をよくする会」の結成式を行う。
五月　志賀義雄、神山茂夫との論争に、志賀説支持の論文（「近代国家としての〝軍・封・帝国主義〟」『思想と科学』四）を発表。
七月　過労のため十二指腸潰瘍、肺結核を併発する。次いでノイローゼを患う。
八月　一九日、療養先の箱根から下山して入院する（九月に退院）。

一九五〇年（昭和二五）五〇歳
一月　ノイローゼ再発の徴候。平和をまもる会（於・岩波書店）に出席中に倒れる。一～二月にかけて二回の植皮手術をする（ノイローゼと糖尿病のため）
四月　人文科学委員会（於・東京上野）の席上でも胃潰瘍のため倒れる。
同月　宮城音彌の自宅の病院に入院（五月に退院）。
六月　ノイローゼ再発。
同月　野坂参三の自己批判（平和革命論）をきっかけとして、日本共産党へ脱党届を出す。
十月　鎌倉アカデミア（九月閉校）、経営難のため解散する。
十一月　不動健治に依頼され、『国際文化画報』（国際文化情報社）の新企画『維新前後』の編集（第一回「ペルリ提督日本遠征の頃」）に協力する。

一九五一年（昭和二六）五一歳
一月　日本近代史研究会を設立。代表に就任。同人に小西四郎、遠山茂樹、松島榮一、吉田常吉、藤井松一ら参加。

六月　日本近代史研究会編『画報近代百年史』（全一八集、国際文化情報社）の刊行始まる。ベストセラーとなる。第一集刊行時には服部は病床にあった。
九月　広島大学の史学研究大会（二八日～二九日）で問題提起を行う（「日本における近代国家の成立」）。
十一月　日本近代史研究会、東京・京橋の国際文化情報社内に編集室をもつ。

一九五二年（昭和二七）五二歳
三月　日本近代史研究会の編集会議を三笠宮崇仁が参観。
四月　法政大学社会学部教授に就任。
同月　早稲田大学経済史学会で講演（「アジアと日本――幕末における植民地化の危機」）［故平沼淑郎博士追悼記念講演会（「明治維新を続る諸問題」）の中で］
六月　月末から翌月にかけて破壊活動防止法制定反対運動に参加し、連日のように講演を行う。
七月　福島大学経済学会学術講演会で講演（「マニュファクチュア論争についての所感」）
十月　民主主義科学者協会の招きで北海道各地で講演。
十二月八日　藤田五郎（福島大学教授）の死（享年三七）をみとる。この月、『画報近代百年史』全一八集完結する。

一九五三年（昭和二八）五三歳
一月　日本近代史研究会編『画報近世三百年史』（全一六集、国際文化情報社）の刊行始まる。
同月十一日　メーデー事件被告団結成され、特別弁護人となる。
二月　京都の立命館大学で学生に講演（「明治の民主主義と民謡」）。

四月　法政大学社会学部の講義週三回（社会学原論担当）、演習（レーニン『ロシアにおける資本主義の発達』をテキストに）を新しく担当する。
同月十六日　朝日新聞社と写真著作権問題の和解が成立。
同月二十二日　母こと死去（享年七六）。
五月　二月から着工の二階の書斎（皆槐書屋）が完成。
六月　法政大学社会学部定例研究会で「〝文明開化〟について」を発表。
八月　奈良本辰也（立命館大学内地留学中）、鎌倉山ロッジに滞在し親交。
同月　鎌倉の由比ヶ浜での海の平和祭典で、鎌倉文化人・実業家懇談会会長として挨拶する。
十月　法政大学学生文化連盟主催のマルクス生誕百三十五年記念講演会で講演「マルクスの歩んだ道」を行う。
十二月　松尾章一を私設助手として雇い、ライフワーク『日本人の歴史』の完成に着手する。
同月『服部之総著作集』（全七巻）の理論社からの刊行計画始まる。
この年、東京大学学友会の依頼で「明治維新」の講義を行う。

一九五四年（昭和二九）五四歳
二月二四日　日本近代史研究会の第一回研究会で「歴史的疑念の発想法」という講義を行う。
三月～四月　亡母一周忌のため帰郷途中、京都で胃潰瘍を再発し、石野外科で手術をうける。
四月『画報近世三百年史』全一六集完結。
五月　石野外科を退院、帰宅する。
同月　日本近代史研究会編『画報現代史』（全一四集、国際文化情報社）の刊行始まる。
九月『日本人の歴史』のメモを書き始める。

十月　日本近代史研究会同人とのあいだで研究会の組織問題や報酬問題をめぐっての対立が始まる。
十一月十七日　ライフワーク『日本人の歴史』の起稿をはじめる。

一九五五年（昭和三〇）五五歳
一月　『服部之総著作集』（理論社）の刊行開始。（第一回配本「維新史の方法」。普及本と特装本の二種を刊行、各巻に「しおり」を挿入。）
同月　書庫「皆槐書屋」開きを兼ね、三笠宮崇仁を迎えて鎌倉山婦人会の親睦のためのスクェアダンス会を開く。
三月　鎌倉市長選に際し、〝良い市長推薦協議会〟を結成し、大槻均を市長候補にたて支援活動を行う。（選対事務局長は小牧近江）
七月　松尾章一、服部私設助手を「大学院進学」を口実に服部宛書翰のみを出して辞職し出勤せず。
八月　『画報現代史』（全十四集）完結。
同月　鉄道病院（東京・新宿）に入院（一〇月二五日退院）。
九月　日本近代史研究会編『画報千年史』刊行開始（全二〇集、国際文化情報社、一九五七年四月完結）。
十一月　日本近代史研究会編『写真図説綜合日本史』（全一〇巻、国際文化情報社）の刊行開始。（一九五七年一一月、毎日出版文化賞を受賞）
同月　『明治の政治家たち』（上・下巻、岩波新書）で三日に毎日出版文化賞を受賞（長男旦代理で出席）。
十二月　結核、糖尿病など悪化し、ノイローゼ再発のため順天堂病院（東京・御茶の水）に入院。

一九五六年（昭和三一）五六歳
一月　日本文化人会議より、日本近代史研究会代表として平和文化賞を授与される。

三月四日　病のため東京・御茶の水の順天堂病院にて死去。墓は郷里の島根県旭町の正蓮寺、記念碑は鎌倉市の円覚寺塔頭帰源院山門内にある。

三月十日　東京三ノ橋の法政大学麻布分校にて告別式が行われる。

【著作年譜】

一九二二年（大正一一）二二歳
MARGARET SANGER 著 "FAMILY LIMITATION"（一九二一年刊）を訳す。

一九二三年（大正一二）二三歳
（レポート）「雑婚より群婚への推移について——Friedrich Engels, The Origin of the Family による」（『服部之總全集』第一巻所収、以下○の中に巻数のみを記し省略）

一九二四年（大正一三）二四歳
一　月（レポート）「フロイトの群衆心理学」①
二　月（草稿）「社会意識の表出として見たる道徳観念について」㉔

一九二五年（大正一四）二五歳
一　月（卒業論文）「村落結合関係と離村現象」（共同研究として代表執筆）①
七　月「帝大セツルメント断想」（「社会学雑誌」一五）

一九二六年（大正一五）二六歳
一　月（紹介批評）「ブハリン『史的唯物論』」（「社会学雑誌」二一）
四　月（紹介批評）「ソローキン『革命の社会学』」（「社会学雑誌」二四）
六　月「社会学者と祖国観念」（「反響」一―三）①
七　月（訳）フリードリッヒ・エンゲルス著「〝強力説〟批判（一）」（「我等」八―七）
八　月　同（二）（「我等」八―八）
九　月　同（結び）（「我等」八―九）
十一月「マルクスの『資本論』に於ける二種の社会型とテニースの『共同社会』及び『利益社会』の範疇」（「社会学雑誌」三一）①
十二月「共同社会と国家―クノウの観念論的マルキシズム―」（「我等」八―一二）①
月次不明「社会階級論」『社会問題講座』第四巻（新潮社）

一九二七年（昭和二）二七歳
一　月（訳）ハインリッヒ・クノウ著「モルガンの誤謬」（「我等」九―一）
九　月（訳）ハインリッヒ・クノウ著『婚姻及家族の歴史について』弘文堂
（訳）エンゲルス著「権威の原理について」（「我等」九―八）

一九二八年（昭和三）二八歳
二　月「ブルジョア政党の解剖―（一）政友会の素性、（二）民政党の素性―」（産業労働調査所編『無産者政治必携』（一九二八年版）同人社⑦

三　月『明治維新史』（上）『マルクス主義講座』第四巻、上野書店　③
　　　『明治維新史』（下）『マルクス主義講座』第五巻、上野書店　③
九　月「絶対主義論」『マルクス主義講座』第九巻、上野書店　②
十一月「唯物弁証法と唯物史観」《佐伯峻平名で》『マルクス主義講座』第一一巻、上野書店　②
十二月「唯物弁証法と唯物史観」（下）《佐伯峻平名で》『マルクス主義講座』第一二巻、上野書店　②

一九二九年（昭和四）二九歳
八　月（訳）フリードリッヒ・エンゲルス遺稿『強力と経済――独逸帝国建設に際しての強力と経済――』《門木平名で》上野書店

一九三〇年（昭和五）三〇歳
二　月「三木清氏の宗教学」（「中外日報」二月一九日～二三日）①
　　　「明治維新史と唯物史観」（「思想」九三）②
　　　（座談会）「マルキシズムと宗教」（「法界雑俎」二―二）
三　月「唯物弁証法と『空観弁証法』」（「中外日報」三月一六日、一八～二一日、二三日）①
四　月「宗教としての仏教――それは発展を約束しているか――」（「法界雑俎」二―四）
五　月「観念論の粉飾形態――三木哲学の再批判――」（「思想」九六）②
　　　（座談会）「仏教とマルクス主義」（「中外日報」四月一二～一三日、一五～二〇日、二二～二七日、五月一日）
　　　『明治維新史』大鳳閣

七　月「唯物弁証法的世界観と自然――三木哲学に於ける弁証法――」(「思想」九八)②

一九三一年(昭和六)三一歳

二　月(訳)エッチ・ゲイツ著『モスコー・ワルツ・赤色ダンサー』(世界大都会尖端ジャズ文学12)《北見総一名で》春陽堂

五　月「空钁」(「法律春秋」六―五)⑤

六　月「トルキスタンの赤色民謡」《門木平名で》『総合プロレタリア芸術講座』第二巻、内外社

「大英外交官の維新史観――パスク・スミス氏の新著『徳川時代に於ける日本及び台湾に於ける西夷』――」(「思想」一〇九)⑤

七　月「宗門経営の分析」反宗教闘争同盟準備会編『反宗教闘争の旗の下に』共生閣①

「尊王攘夷戦略史」(「中央公論」四七―七)⑦

『サマルカンドの赤い星』(大木篤夫と共著)(最新世界紀行叢書3)博文館

十一月「汽船が太平洋を横断するまで」(「中央公論」四七―一一)⑤

「論理の科学」(「教育学術界」(ヘーゲル百年祭記念大特輯号・弁証法新研究)①

一九三二年(昭和七)三二歳

二　月(訳)エンゲルス遺稿『強力と経済』《門木平名で》曙書房

三　月(経済時評)「幕末の浪人群と昭和の失業群」(「サラリーマン」五―三)

五　月『幕末に於ける世界情勢及び外交事情』(『日本資本主義発達史講座』第一部、第一回)岩波書店⑤

六　月(訳)スタンレイ・ロジャース著『太平洋の歴史』《北見総一名で》モナス

七　月「戦前帝国主義の成熟過程と支那の分割」（「歴史科学」一―三）⑤
八　月『条約改正及び外交史』（『日本資本主義発達史講座』第二部、第三回）岩波書店 ⑤
九　月「黎明期の船史」（「中央公論」四八―九）⑦
「日米連絡船――太平洋を、はじめて横断したのはどこの国の汽船か――」（「サラリーマン」五―八）
十二月「和辻教授の哲学的日本現代史」（「唯物論研究」二）②

一九三三年（昭和八）三三歳
二　月「生殖器感動論」（「鉄塔」二―二）⑦
「明治維新の革命及び反革命」（『日本資本主義発達史講座』第一部、第五回）岩波書店 ③
「ジョゼフ・フーシェ――ある革命的ブルジョア政治家の映像――」（「犯罪公論」三―二）⑧
「林房雄の維新物はプロ文学に於ける立遅れ作品」（「読売新聞」二月九日）
三　月（訳）アドラツキー「ドイッチエ・イデオロギーについて　訳者のあとがき」（「唯物論研究」五）
「マルクス没後五十年」（「理想」三八）
四　月「維新史方法上の諸問題――旧著に対する自己批判に併せて――」（明治維新史特輯号「歴史科学」二―二）④
維新史のための諸文献「何をよむべきか」（のちに「歴史科学」二―六に転載）
五　月「維新史方法上の諸問題――『厳密な意味でのマニュファクチュア時代』と『アジア的生産様式』の問題――」（歴史の方法論特輯号「歴史科学」二―三）④
『明治維新史』白揚社
六　月「維新史に於ける『封建性』と『近代性』――維新史方法上の諸問題（三）――」（「歴史科学」二―四）④
七　月「わが国小作制度――これと結合せる資本主義の形成――維新史方法上の諸問題（四）――」（「歴史科学」二―

五）④（座談会）「日本における新興歴史科学の発達」(「歴史科学」二―五)
八　月「維新史のための諸文献」（再掲載）（「歴史科学」二―六）
（座談会）「明治維新と文学」の座談会（「歴史科学」二―六）
九　月『黒船前後』大畑書店
『明治維新史研究』白揚社
十　月「方法及び材料の問題――土屋氏の示教に対して――」（「歴史科学」二―八）④
「八・一八事変――天誅組史話――」（「文衆」一―二）
十一月『近代日本外交史』白揚社
十二月「読書身辺」（「何を読むべきか」改題）（「読書」二―一二）

一九三四年（昭和九）三四歳
一　月「幕末蝦夷地鉱業に関するブレーク教授の踏査報告」（「歴史科学」三―一）⑦
「幕末変革期のイデオロギーについて」（「改造」一六―一）⑦
（座談会）「非文壇人の文学座談会」（「人物評論」二―一）
三　月『厳・マニ・時代』の歴史的条件」（「歴史科学」三―四）④
（座談会）「歴史界の動向座談会」（「歴史科学」三―四）
四　月「『厳・マニ・時代』の歴史的条件」（承前）（「歴史科学」三―五）④
五　月「久坂玄瑞遺稿」（「歴史科学」三―六）⑦
『維新史の方法論』白揚社

「幕末攘夷論又は文久的観念」（「思想」一四四）⑦
七　月「天保度秋田藩の貿易及産業」（「歴史科学」三―八）⑥
九　月「新撰組」（「歴史科学」三―一〇）⑦
十　月「雲濱その他」（「歴史科学」三―一一）⑦
十二月「福澤諭吉前史」（福澤生誕百年祭・マルサス百年忌記念特輯「歴史科学」三―一三）⑦
（劇評）「新協劇団第一回公演「夜明け前」の脚色と演出《草間龍平名で》（「東大春秋」一―五）
（新刊紹介）「われらの成果」《草間龍平名で》（「東大春秋」一―五）

一九三五年（昭和一〇）三五歳
三　月「幕末秋田藩の木綿市場及木綿機業」（「歴史科学」四―三）⑥
四　月『幕末秋田藩に於ける木綿市場及木綿機業』について訂正其他」（「歴史科学」四―四）
「幕末・明治の殖産興業思潮と現代」（「サラリーマン」八―四）⑥
五　月「幕末秋田藩の木綿市場及木綿機業」（二）（「歴史科学」四―五）⑥
六　月（巻頭言）「制服史学の門外にあるもの」（「歴史科学」四―六）
「史家としての蘇峰・三叉・愛山――民友社史学論――」（「唯物論研究」三三）⑦
（新刊批評）田村栄太郎著『近世日本交通史』（「唯物論研究」三三）
「幕末秋田藩の木綿市場及木綿機業」（完）（「歴史科学」四―八）⑥
「農村と明治維新」（「大倉高商新聞」）第七六号、六月二五日）
七　月「経済史学上の『日本』探究」（「改造」一七―七）⑦
八　月『黒船前後』清和書店

（新刊紹介）「相川春喜氏『歴史科学の方法論』」（「歴史科学」四―九）
九　月（新刊批評）「小林良正氏『日本産業の構成』を読む」（「歴史科学」四―一二）
十　月「明治前半期のマニュファクチュア」（「六甲台」神戸商大新聞記念論集）⑥
「小林良正氏『日本産業の構成』を読む」（「歴史科学」四―一二）
「電灯招来記――日本産業革命の一断面――」（「サラリーマン」八―一〇）⑥
十一月「明治四年広島県武市騒動の歴史的背景」（一）（「飽微」一一―一一）⑦
十二月『歴史論』（唯物論全書）三笠書房
「明治四年広島県武市騒動の歴史的背景」（二）（「飽微」一一―一二）⑦

一九三六年（昭和一一）三六歳
一　月「歴史研究法とは何か――ベルンハイムとブイコフスキー――」（「歴史科学」五―一）
「西陣機業における原生的産業革命の展開」（「染織日出新聞」一月～一二月連載）⑥
「明治前半期のマニュファクチュア」（再掲載）（「経済科学」神戸商大新聞編）
二　月「明治四年広島県武市騒動の歴史的背景」（三）（「飽微」一二―二）⑦
四　月「歴史文学と歴史科学――『渡邊崋山』に寄せて――」（「歴史科学」五―四）⑦
（草稿）「あいさつ状」㉔
六　月「『分析』の文章」（「白揚」一―五）
七　月「諷刺的歴史小説」（「文藝」四―七）
十　月（座談会）「歴史小説について」（「文藝懇話会」一―一〇）
十一月「石見改進党」（「明治文化」九―一一）

一九三七年（昭和一二）三七歳
二　月「津和野藩廃仏史料断片」（「歴史」二「歴史科学」改題）⑦
四　月「大橋訥庵――寺田剛氏著『大橋訥庵先生伝』をめぐりて――」（「歴史」四）⑦
五　月『明治染織経済史』（信夫清三郎と共著）白揚社
『日本マニュファクチュア史論』（信夫清三郎と共著）育成社
九　月「小室信夫」（「歴史」九）⑦
十一月「日露役にいたる近代戦史への一照明――安井洋氏の特殊研究――」（「歴史」一一）⑤

一九三八年（昭和一三）三八歳
三　月『阿部一族』の史的考証」（「日本映画」三―三）⑧
「漁書雑記」（「書物展望」八―三）⑧
七　月「時代映画の諸問題」（「日本映画」三―七）⑧
十　月（シナリオ）「藍玉」（村山知義と共同執筆）（「日本映画」三―一〇）

一九四〇年（昭和一五）四〇歳
二　月「明治維新と時代劇」（「映画朝日」一七―二）
六　月「古代石鹸史――世界石鹸史の一齣――」（「インダストリー」四―六）
十　月『初代長瀬富郎傳』花王石鹸五十年史編纂委員会⑨

一九四一年（昭和一六）四一歳

三　月「太平洋横断最初の船舶」（「海運月報」二六―三）
四　月「帆船輓歌」（「海運月報」二六―四）
一九四二年（昭和一七）四二歳
七　月『佐々田懋翁傳』亀堂会伝記刊行会⑧
一九四六年（昭和二一）四六歳
七　月『黒船前後』三和書房
十一月「維新史のしっぽ――大久保時代――」（「日本評論」二一―一一）⑩
一九四七年（昭和二二）四七歳
一　月「加波山」（「綜合文化」一―一）⑫
『明治維新史研究』三和書房
二　月「三木清と『親鸞』」（「国士」一）⑬
三　月「新しい国史と津田博士」（「文化評論」三）⑳
『近代日本外交史』世界書院
四　月「絶対主義の史的展開」（「中央公論」六二―四）⑩
五　月「正しい歴史観――あらたなる歴史をつくるための史学について――」（『正しい世界観』民主評論社）⑳
（書評）「『大塚史学』とは――『近代資本主義の系譜』評――」（「帝国大学新聞」一〇二四、五月一日）㉒
六　月「Moods Cashey――幕末のビヂンジャパニーズ――」（「文化タイムズ」二一）

七　月「歴史的範疇としての農民革命」（「経済評論」二―五・六）⑪
「河上博士の文章」（「民主評論」三―三）
「武鑑譜」（「文藝春秋」二五―六）㉒
（書評）羽仁五朗『明治維新』（岩波新書版）（「読書倶楽部」二―四）
「ボナパルチズムとは何か」（「帝国大学新聞」一〇三三、七月一〇日）⑩
八　月「蓮如と親鸞と」（「文明」二―五）⑭
九　月「絶対主義の社会的基礎――絶対主義理論の再検討のために――」（「民主評論」三―六）⑩
（草稿）「鎌倉市合併促進運動に御参加下さい」㉔
十　月「蓮如」（「文明」二―七《単行本『蓮如』（一九四八年十月）収録に際し「堅田衆」と改題》）⑭
（座談会・司会）「歴史学の方法論について――いわゆる大塚史学をめぐって――」（「潮流」二―八〜九）
（書評）E・H・ノーマン著『日本における近代国家の成立』（「日本読書新聞」四一二、十月八日）㉒
十一月「日本における宗教改革の神学的前件」（「国土」五）⑬
「日本史的世界と世界史的日本――本格的絶対主義と初期絶対主義についてのスケッチ――」（「世界」二三）⑩
「恵信尼文書第一通」（「宗教時報」一―四）⑬
『歴史論』穂高書房
『日本マニュファクチュア史論』（信夫清三郎との共著）真善美社
『Moods Cashey』真善美社
十二月「明治絶対主義の崩壊過程――旧友たちにこたえて――」（「思想」二八一）⑩

一九四八年（昭和二三）四八歳

一　月「政治史について——岡義武著『近代日本の形成』批判——」（「書評」二—一〇）⑳
「大谷破却——蓮如——」（「文明」三—一）⑭
「鎌倉」（「時論」三—一）⑫
（草稿）「死と哲学」
「蓮月焼」（「マドモアゼル」三—一）
二　月「生身御影——蓮如——」（「文明」三—二）⑭
『絶対主義論』月曜書房
「恵信尼文書考——史料学と史学の問題によせて——」（「歴史評論」三—二）⑬
「明治十四年の絶対者」（「世界評論」三—二）⑰
三　月「恵信尼文書考・二　いやをんな年譜」（「歴史評論」三—三）⑬
「自由民権と封建貢租——ワッパ事件概説——」（「思索」九）⑪
「天皇制絶対主義の確立」（『新日本史講座』中央公論社）⑩
四　月「恵信尼文書考・三　半人」（「歴史評論」三—四）⑬
「啓蒙家羽仁五郎君の新ユトピアン教条」（「評論」二〇）⑳
五　月「絶対主義思潮の接木」（「国民の歴史」二—五）⑫
「一八四八年の三紀念」（「文化評論」八）⑳
「親鸞覚え書——いわゆる護国思想について——」（「国土」九）⑬
「絶対主義と農民問題」（『東洋文化講座』二巻、白日書院）⑩
「原敬」（「思想」二八七）⑱
「唯物史観——百年前の唯物史観——」（「哲学評論」三—五）⑳

六月

「一向一揆について」（「人民評論」四―四）⑮

ごあいさつ状（三女粱子一周忌と近況報告）㉓

（講演）「十九世紀における民主主義革命の歴史」（日本大学「人民大学講座」）⑳

「東条政権の歴史的後景――『暗黒時代』の日本ファシズムについて――」（「改造」二九―六）⑲

「ごえいどう」（「中外日報」六月二二日）⑮

「蓮如――北行――」（「社会圏」二―六）⑭

「親鸞覚え書(2)――いわゆる護国思想について――」（「国土」一〇）⑬

（草稿）「遺産をいかに摂取するか――平野氏『ブルジョア民主主義革命』書評――」㉔

七月

「陸奥宗光」（「思想」二八九）⑰

「日本におけるアジア的生産様式論争の終結」（「社会評論」五―七）㉑

「本願寺教団の民主化（上・下）」（「国際タイムス」七月二六日、二七日）⑮

（書評）ノーマン著・陸井三郎訳「日本における兵士と農民」（「読書雑誌」一）

「ドイツ・小ブルジョア・イデオロギー」（「唯物論研究」三）⑳

（アンケート）「最近あなたの一番感銘をうけた作品は？」（「詩文化」）

九月

「星亨」（「思想」二九一）⑰

「成敗」（「文化評論」一二）㉒

「親鸞覚え書(3)・完――いわゆる護国思想について――」（「国土」一二）⑬

「歎異鈔の異の本質」（「十方」二七―八）⑮

「大塚史学の系譜――『近代資本主義の系譜』書評――」（「人文」二―二）⑳

（アンケート）「最近あなたの一番感銘をうけられた作品は？」（「詩文化」二五）

十　月「応仁乱」（「古文化」一）⑭
「女人往生の論理」（「女性線」三―一〇）⑮
「明治絶対主義と自由民権運動」（東京大学歴史学研究会編『日本歴史講座』学生書房）⑩
「日本型ファシズムの特質の問題」（「世界文化」三―一〇）⑲
「軍閥と中間階級」（「思索」一五）⑲
（座談会）「バクトの世界」（「世界評論」三―一〇）
「旧警察と新警察」（「世界の社会科学」一）⑲
『明治維新史研究』くれは書房
『親鸞ノート』国土社
『蓮如』新地書房
十一月「恵信尼文書考・四　覚信尼といやおんな」（「歴史評論」三―七）⑬
「話される科学のことば――明治以後の漢字ことばの方向――」（「思想の科学」三―九）⑮
（座談会）「暴力の系譜――続バクトの世界――」（「世界評論」三―一一）
（草稿）「亡父十三回忌にあたり」㉔
『西陣機業における原生的産業革命の展開』高桐書院
『明治維新史』三笠書房
『歴史随筆集　開港前後をめぐる』（内表紙には『随筆集　moods cashey』）真善美社
十二月「伊藤博文」（「思想」二九四）⑰
「いかなる闘いのなかから自由党はうまれでたか」（「文化史研究」第四集）⑪
「日本近代社会の三思想」（『社会学大系』第九巻、国立書院）⑫

「わが家のフォークロア　猫啼」（「表現」一二月号）
『ドイツ・小ブルジョア・イデオロギー』白日書院
（現代の発言）「アゴラ」（「芸術」三―六）
（座談会）「宗教のたどるべき道――宗教批判の混乱を正すもの――」（「知性」――「国土」改題一二）

一九四九年（昭和二四）四九歳
一　月『近代日本のなりたち』日本評論社 ⑯
「真宗教団に与う――大谷光照氏の『蓮如』読後感に答えて――」（「自由公論」二―一）⑮
（座談会）「安藤昌益の思想とその歴史的背景」（「世界の社会科学」二）
（書評）吉川英治著『親鸞』（「日本読書新聞」四七二、一月五日）㉒
「身辺中小工業記」（「世界」三七）㉓
二　月（書評）「運動と人――『部落解放への三十年』を読む」（「書評」四―二）㉒
三　月（座談会）「生きている宗教」（「日本評論」二四―三）
「福島事件（上）」（「自由公論」二―三）⑪
四　月「福島事件（下）」（「自由公論」二―四）⑪
「思いつくままに《入党前後》」（『自由の旗の下に――私はなぜ共産党員になったか――』三一書房）㉓
「板垣退助」（「思想」二九八）⑰
「三代政治史の時代区分について」（『日本帝国主義講座』月報一）
「門徒と法王」（出典？　四月二五日）
五　月「近代国家としての『軍・封・帝国主義』」（「思想と科学」四）⑲

「絶対主義的侵略主義について――『大日本帝国主義』政治史についての覚え書――」(「世界評論」四―五)⑲
「身辺中小工業を見る」(「日本の窓」二―四)
六　月「トロの木柵」(「労働者」)㉒
『大日本帝国主義』の生成――絶対主義時代――」(『日本帝国主義講座』第一巻、白日書院)⑲
「板垣退助(続)」(「思想」三〇〇)⑰
「とびたのまき」(「東方」一〇)⑬
「帝国主義日本政治史　上――護憲運動からファシズムへ――」(『日本帝国主義講座』[第一期一九〇五―三一年」白日書院)
七　月「四百五十回忌にあたって[蓮如]」(『日本仏教の創建者』大雅堂)⑭
「明治維新における指導と同盟」(『社会構成史大系』第一部、日本評論社)⑪
(書評) 日本太平洋問題調査会編『日本社会の基本問題』(「日本読書新聞」四九八、七月六日)㉒
八　月「『乞食大将』のばあい」(「近代文学」四―八)⑮
『東条政権の歴史的後景』白揚社
「北一輝の維新史観――労農派と浪人派――」(『東条政権の歴史的後景』白揚社)⑫
『明治維新の話』ナウカ社⑫
九　月「『大日本帝国主義』政治史覚え書――第一議会から第七議会まで――」(「日本評論」二四―九)⑲
『絶対主義論』東大協同組合出版部
十　月「大隈重信」(「思想」三〇四)⑱
十二月「社会構成としてのアジア的生産様式」(『アジア的生産様式論』白揚社)㉑
「封建社会」(『社会学研究の栞』中文館書店)⑯

（座談会）「戦後経済学の成果と課題」（「経済評論」四―一二）

「歴史学の見た記録文学」（「日本読書新聞」五二一、一二月一四日）⑮

一九五〇年（昭和二五）五〇歳

一　月（座談会）「二十世紀の世界と日本」（「世界週報」三一―一）

『明治維新』福村書店

三　月『親鸞ノート』福村書店［三木清と『親鸞』、日本における宗教改革の神學的前件、いはゆる護国思想についてて］

四　月「私の読書遍歴」（「日本読書新聞」五三六、四月五日）㉓

「隈板内閣」（「思想」三一〇）⑱

『明治の政治家たち――原敬につらなる人々――』（上）岩波書店［原敬⑱、陸奥宗光⑰、星亨⑰、伊藤博文⑰、板垣退助（正続）⑰］

『續親鸞ノート』福村書店［あまゐしんのありか、恵信尼文書考――史料学と史学の問題によせて――、とひたのまき、恵信尼書翰］⑬

「原敬日記のこと」（「日本読書新聞」五三九、四月二六日）

八　月「清水幾太郎論――庶民への郷愁――」（「中央公論」六五―八）㉒

『明治の革命』日本評論社

九　月「宛名のない手紙」（一）（「群像」五―九）㉓

「明治の精神」（「郵政」二―九）

十　月「宛名のない手紙」（二）（「群像」五―一〇）㉓

十一月「宛名のない手紙」(三)(「群像」五―一一)㉓
十二月「宛名のない手紙」(四)(「群像」五―一二)㉓
(座談会)「戦後経済学界の成果と課題」(「経済評論」五―一二)

一九五一年(昭和二六)五一歳
三　月「袁世凱の国歌」(「世界」六三)㉒
四　月『明治維新』(中学生歴史文庫　日本史7)福村書店
十一月「系図」(「世界」七一)
十二月(書評)井上清著『日本現代史Ⅰ』(「日本読書新聞」六一三、一二月一二日)㉒

一九五二年(昭和二七)五二歳
一　月(対談)「『吉川文学』問答」(「日本読書新聞」六二五、一月一日)
三　月「日本における近代国家の成立」(「史学研究」第九集(四七))⑯
「写真の発見――『画報・近代百年史』雑記――」(「日本読書新聞」六三七、三月二六日)㉒
「歴史文学あれこれ」(「改造」三三―四)⑮
四　月(書評)重光葵著『昭和の動乱』(「日本読書新聞」六四〇、四月一六日)㉒
「歴史不感症」(「映画評論」九―四)⑮
「伝記図書館」(「日本古書通信」一七―九)
五　月「旗日」(「社会タイムス」五月四日)
「東洋における日本の位置」(『近代日本文学講座』第一巻)河出書房⑯

「税権を譲り法権をとる陸奥宗光——瘦身のカミソリ伯爵——」（「東洋経済新報別冊」八）⑰
「『軟弱外交』で知られた幣原喜重郎——ワシントン会議の花形——」（「東洋経済新報別冊」八）⑱
「ハーレ橋——広島所見——」（「大阪毎日新聞」五月七日）㉒
「三十年」（「日教組教育新聞」一六六、五月一六日）㉓

六　月（書評）矢部貞治編『近衛文麿』（「日本読書新聞」六四九、六月一八日）㉒
「大戦史の文学——『太陽はまた昇る』について——」（「文学」二〇—六）⑮

七　月「現代史の形成」（「法政」一—七）㉒
「文士の衣服について」（「文藝」九—七）⑮
（鼎談）「革命の日本的性格と日本人の革命能力」（「改造」三三—一〇）
「二・二六事件」（「東洋経済新報別冊」九）⑲
（対談）「歴史科学の方法」（『日本歴史講座』第一巻、河出書房）

八　月「民族の英雄とその文学的表現」（「季刊 理論」一八）⑮
「安藤昌益（人と思想）」川村善二郎代筆（「季刊 農業問題」一二）
「日本歴史の嘘なるもの——神と悪魔の座——」（「中央公論」六七—九）㉒
「日本史の書きかえ」（「日本読書新聞」六五六、八月六日）㉒
「学者の文章」（「図書」三五）⑮
「日ソ国交調整の先達——後藤新平の謎——」（「改造」三三—一一）⑱
（アンケート）「現代史をどうみるか」（「潮」一—二）

九　月「縦に見た三十八度線　明治維新　葵と菊の戦い」（「改造」三三—一三）㉒
「身辺中小工業記」（「世界」八一）㉓

十　月「学生達の感想を読んで」（「法政大学新聞」二四四、九月一五日）
（書評）写真グラフ編『スターリン以後』（「図書新聞」一六五、一〇月一一日）㉒
「日ソ国交調整の先達――続・後藤新平の謎――」（「改造」三三―一四）⑱
（書評）石井満著『日本鉄道創設史話』（「日本読書新聞」六五五　一〇月一三日）㉒
（座談会）「歴史と文学」（「新世紀」一）
『明治維新史』河出書房（市民文庫）
十一月（資料提供）「銭屋五兵衛（偽らぬ日本史　一〇）」（「中央公論」六七―一二）
「マニュファクチュア論争についての所感」（「商学論集」二一―三）㉑
十二月（ルポルタージュ）「さいはての地を往く――北海道初行脚――」（「改造」三三―一九）㉓
「郷土の運命と『五稜郭血書』の二十年」（「民芸の仲間」七）⑫
（資料提供）「高杉晋作（偽らぬ日本史　一一）」（「中央公論」六七―一四）

一九五三年（昭和二八）五三歳
一　月『近代日本のなりたち』創元社
二　月（監修・序文）「労働者階級の成長」（大衆の読本刊行会編『物語 日本の労働運動』理論社）⑯
「藤田五郎の死」（「歴史評論」四二）㉓
三　月（書評）「木下順二著『風浪』（「日本読書新聞」六八四、三月二日）㉒
「時代の歯車」（「日本読書新聞」六八六、三月一六日）㉒
（対談）「先生の知らない日本史」（「改造」三四―五）
四　月（書評）服部卓四郎著『大東亜戦争全史』（「毎日新聞」四月一三日）

『微視の史学　服部之總随筆集』（猫啼㉓、秘密㉓、村の雑貨屋㉓、微視の史学㉓、ある蒐集のこと㉓、メッセージ⑮、蓮月焼㉒、せいばい㉒、鎌倉⑫、文士の衣服について⑮、歴史不感症⑮、君死にたまふことなかれ⑮、大戦史の文学⑮、近衛関白記、ようとうしれいぶ⑮、河上博士の文章⑮、学者の文章⑮、ごえいどう⑮、女人往生の論理⑮、歎異抄の異の本質⑮、眞宗教団に与う⑮、法主に呈す⑮、しまると――身辺中小工業記――㉓、しのぶもぢずり――身辺中小工業記――㉓〔身辺中小工業記との題でⅠとⅡとして掲載〕、望郷（北海道初行脚）㉓、蔦温泉㉓）理論社

五　月（講座）「アジアにおける日本の地位――植民地化の危機をめぐって――」（「経済史学」復刊一）㉓

「日韓不調和因縁譚」（「改造」三四―六）㉒

（座談会）「歴史と文学」（「人民文学」四―五）

六　月「自由民権運動の階級的基礎」（歴史学研究会編『近代日本の形成』岩波書店）⑯

七　月「唐人お吉」（「日本読書新聞」七〇二、七月六日）㉒

「開国百年におもう」（「北国新聞」七月一一日）㉒

「黒船来航」（「新しい世界」六九）㉒

八　月「文明開化」（『現代史講座』第三巻、創文社）⑪

（アンケート）八・一五「あなたはどこで何をしていましたか」（「丸」六―八）

（書評）田宮虎彦著『鷺』（「図書新聞」二〇六、八月一日）㉒

九　月（書評）外務省蔵版『小村外交史』（「史学雑誌」六二―九）⑳

「日本の鉄道はなぜ狭軌になったか」（「キング」二九―九）⑫

（対談）「庶民の喜び」（「法政」二―九）

十　月（講演）「マルクスの歩んだ道」（法政大学学生文化連盟主催・マルクス生誕百三十五年記念講演会）㉒

（座談会）「天皇家」（「改造」三四―一四）

十一月「足尾の鉱毒事件と田中正造」《川村善二郎代筆》（前進座上演『田中正造』パンフレット）

「吉川さんと私」（『吉川英治集』（昭和文学全集月報、角川書店）㉓

（書評）田岡嶺雲著『明治叛臣伝』（「図書新聞」二二二、一一月二一日）㉒

（対談）「『夜明け前』と藤村」（「婦人公論」四三九）

十二月「日本近代史研究会編『写真近代女性史』の序文」創元社

「絶対主義と福沢諭吉」（「改造」三四―一五）⑩

「政治的空白期」（『日本資本主義講座』第二巻、岩波書店）⑲

（鼎談）「青山半蔵の秘密」（「法政」二―一二）

『黒船前後』（角川文庫）松島榮一解説、角川書店

一九五四年（昭和二九）五四歳

一　月「青山半蔵――明治絶対主義の下部構造――」（「文学評論」五）⑩

「社会不安症について――ノイローゼと「ノイローゼ」を病んだ時代――」（「図書新聞」二二七、一月一日）㉓

「明治の五十銭銀貨」（「社会労働研究」一）⑫

（座談会）「三笠宮さまを囲んで」（「キング」三〇―一）

二　月『近代日本外交史』河出書房

「福翁自伝」（「朝日新聞〈九州版〉」二月一二日）

（談話）「日露戦争時代の反戦平和運動」（「アカハタ」二月一〇日）

（講義）〈二月二四日夜〉「歴史的疑念の発想法――公式に徹するということ――」（藤井松一・松尾章一共編

『日本人の歴史 大工トモサンとの対話』所収）
三　月「映画『月の輪古墳』を見て」（「歴史評論」五三）㉒
（書評）片山潜著『自伝』（「サンデー毎日」三三―一四）
四　月（共同研究）「米の歴史」（日本人の食べ物・その3）（「改造」三五―四）
「現代ニッポン人気史」（文藝春秋の増刊「各界スタア読本」）⑮
「文章のうそとまこと――『福翁自伝』と河上肇『自叙伝』――」（「文学の友」五―四）⑮
五　月「黒田清隆の方針」（「歴史家」三）⑫
六　月「文章のうそとまこと（完）――『福翁自伝』のこと――」（「文学の友」五―六）⑮
七　月「日本の前近代性について――近絹争議と乱闘国会の遠因――」（「京都新聞」七月七日）㉒
「野呂と私」（「図書新聞」二五七、七月三一日）㉓
「ドクトル・ヘボン」（「読書タイムズ」七月二五日）㉒
「切る話」（「毎日新聞」七月二四日）㉓
八　月（書評）「日本の産業につくした人々」（「東京日日新聞」八月七日）㉒
「執筆者通信」（「日本読書新聞」七六一、八月三〇日）㉓
九　月「日本婦人の五十年〈初版以後「平塚らいてう」と改題」（「婦人画報」五七六）⑮
（書評）丸山幹治著『余録二十五年』（「日本読書新聞」七六三、九月一三日）㉒
「明治の独裁者――ワンマン・絶対主義者の起源――」（「改造」三五―一〇）⑰
十　月「幕末の名工」（「朝日新聞」一〇月一七日）㉒
「明治維新」（服部著のほかに田中惣五郎・奈良本辰也との共著）（『日本史』3〈中学生歴史文庫〉福村書店）

（旧刊案内第一）「〝同祖同裔〟のからくり――浜名寛裕の『日韓正宗溯源』――」（「図書新聞」二六七、一〇月九日）⑳
（旧刊案内第二）「おそるべき着想――小谷部全一郎『成吉思汗は源義経也』――」（「図書新聞」二六八、一〇月一六日）⑳
（旧刊案内第三）「二百有余の典拠例証――小谷部全一郎『日本及日本国民之起源』――」（「図書新聞」二七〇、一〇月三〇日）⑳
（旧刊案内第四）『武装せる思想』の体系化――木村鷹太郎『世界的研究に基づける日本太古史』第一巻――」（「図書新聞」二七二、一一月一三日）⑳
十一月「幕末伝記と随筆」（「山梨日日新聞」一一月七日）
十二月（旧刊案内第五）「太秦＝ユダヤ人の構想――佐伯好郎著『太秦を論ず』――」〈明治四十一年一月「地理歴史」〉」（「図書新聞」二七七、一二月一八日）⑳
「ごあいさつ」（著作集出版記念挨拶状）㉓
（草稿）「微美術談義」（『日本人の歴史』所収）
（草稿）「汝窯盞」㉔
『明治の政治家たち――原敬につらなる人々――』（下）（大隈重信⑱、山縣有朋⑱、桂太郎⑰、西園寺公望⑰、原敬⑱）岩波書店
「無題」（『服部之総著作集』しおり 一）理論社
「日本近代史研究会編『写真近代芸能史』の序文」創元社

一九五五年（昭和三〇）五五歳

一　月『服部之総著作集』第一巻（維新史の方法）「まえがき――著作集第一巻のために」（以下各巻に服部「まえがき」を付記）川村善二郎解説、理論社
「一九五五年と近研」（「日本近代史研究会会報」第一号）
（書評）岩波写真文庫『福沢諭吉』（「日本読書新聞」七八二、一月三一日）㉒
二　月「文学と史学」（「法政」四―二）⑮
「田中絹代と冷蔵庫」（「熊本日日新聞」二月一五日）㉓
「原敬百歳」（「世界」一一〇）⑱
（書評）家永三郎著『数奇なる思想家の生涯』（「産業経済新聞」二月二一日）㉒
三　月『服部之総著作集』第五巻（明治の革命）小西四郎解説（初出・自由民権運動における豪農と中農――藤田五郎・下山三郎両君のために――」㉑理論社
四　月「私の書斎」（「知性」二―四）㉓
『服部之総著作集』第二巻（マニュファクチュア史論）桜井武雄解説、理論社
『明治維新のはなし』（青木文庫）藤井松一解説、青木書店
（草稿）「大槻均君の系譜」（「湘南時事」四月一五日《小牧近江の名で発表》）
「一九五五年と近研」『日本近代史研究会会報』㉔
六　月（書評）「『尾崎咢堂全集』刊行のことにふれて」（「日本読書新聞」八〇〇、六月六日）㉒
『服部之総著作集』第三巻（歴史論）奈良本辰也解説、理論社
「相川春喜のこと」（『服部之総著作集』しおり　四）㉓
「河上博士に会う」（「東京新聞」六月二六日）
六　月『近代日本人物経済史』上巻（日本経済史研究会編・服部・入交好脩監修）東洋経済新報社

七　月（書評）林良材著『誤診百態』（「日本読書新聞」八〇四、七月四日）㉒
（座談会）「日本の大学」（「法政」四―七）
「金澤八景」（「毎日新聞」七月三一日）㉔
八　月『服部之総著作集』第六巻（明治の思想）（解説の代りに附「明治のナショナリズム――ある日の座談――」として鼎談者は江口朴郎、奈良本辰也、服部）理論社
「政治と歴史」（「政治学講座」月報六号）
『近代日本人物経済史』下巻（上巻と同じ）
九　月『蓮如』理論社
『原敬百歳』（初出のみ――皆槐書屋句稿㉔、わたしのはらわた㉓、年まわり㉓、旗日㉒、歴史は繰返すか？㉒、路傍㉓）朝日新聞社（朝日文化手帖63）
十　月『服部之総著作集』第四巻（絶対主義論）遠山茂樹解説、理論社
十一月『服部之総著作集』第七巻（大日本帝国）藤井松一解説、理論社
（グラビア）「中央公論の歩んだ七十年」（「中央公論」七〇―一一）
十二月『近代日本人物政治史』上巻（日本近代史研究会編・服部・入交好脩監修）東洋経済新報社
（わが著書を語る）「近代日本人物政治史　全二巻」（「Books」六八）
（座談会）「ジューコフ氏を迎えて」（「歴史学研究」一九〇〔月報〕）

一九五六年（昭和三一）五六歳　三月四日没
三　月『近代日本人物政治史』下巻（上巻と同じく「あとがき」を原田勝正）
六　月「民衆の歌声から何を学ぶか」（「歴史地理教育」三―五〔「歴史教育日報」一四号より再録〕）

十　月『俳句日記 鎌倉山夜話』（皆槐書屋句稿・皆槐書屋雑記・服部之総氏の思い出〈三笠宮崇仁・奈良本辰也・大内兵衛・三枝博音・吉川英治〉）河出書房

【発表年月不明の草稿】（『全集』㉔の編者解説参照）

（草稿）「史学としての唯物史観・その課題――大川豹之介君の科学・哲学・および発生学――」㉔
（草稿）「時代考証」㉔
（草稿）「それからそれ」㉔
（草稿）「本願寺教団序論」㉔
（草稿）「維新史の教訓」㉔
（草稿）「木村泰賢博士の全集」㉔
（草稿）「現在客観情勢トコレニ対処スベキ当面ノ諸任務ニ対スル認識所見」㉔
（草稿）「私の村々の村人たち」㉔
（草稿）「鎌倉アカデミア案内下書」㉔

【没後の刊行物】

一九五七年?月　『明治維新講話〈明治維新のはなし〉』(舒貽上訳、中国・北京出版)
一九六一年二月　『近代日本のなりたち』(青木文庫)藤井松一解説、青木書店
一九六三年七月　(世界教養全集17)『黒船前後』藤井松一解説、平凡社
一九六六年十二月　『黒船前後――服部之総随筆集』松島栄一解説、筑摩書房
一九六七年六月　『明治維新史　付原敬百歳』(叢書名著の復興4)下山三郎解説、ぺりかん社
一九七一年十二月　『日本人の歴史――大工トモサンとの対話』服部之総著、藤井松一・松尾章一共編、法政大学出版局
一九七二年六月　『明治維新史』(青木文庫)遠山茂樹解説、青木書店
一九七三年五月～一九七六年六月『服部之總全集』全二十四巻、奈良本辰也編、福村出版
一九八一年二月　『原敬百歳』(中公文庫)中央公論社
　　　　七月　『黒船前後・志士と経済他十六編』(岩波文庫)奈良本辰也解説、岩波書店
一九九〇年八月　『明治維新のはなし　近代日本のなりたち』(新装版《『明治維新のはなし』(一九五五年)と『近代日本のなりたち』(一九六一年)の合本》)青木書店

あとがき

私が本書の執筆を思い立ったのは、一九八六年三月二十九日に「服部之總没後三十年の集い」を開催（第一部・記念講演　東京市ヶ谷の法政大学一口坂校舎、第二部・追悼懇親会　東京麹町のダイヤモンドホテル）した直後である。このときの記録は、小西四郎・遠山茂樹編『服部之總・人と学問』（日本経済評論社、一九八八年七月）として出版した。なぜこの本の編者を私ではなく小西・遠山としたかは、この集いを開催することをすすめられ、私が服部の私設助手をしていた頃から種々学問的な恩恵を受けていた両氏であったからである。編集後記に私はつぎのような決意を書いている。

「本書の刊行によって、私は永年気がかりとなっていた責任の一端を果たしえた思いである。しかし、私にはまだ大きな宿題が残されている。それは私自身の『服部之總伝』を完成することである。すでに栗原社長と固い約束を交わしているこの仕事を、ここ一、二年のうちに必ず果たしたいと思っている。一九八八年七月十日」

栗原さんとこの約束をしたのは、同氏を拙宅に招いた一九八六年七月二十六日に、私が服部について五時間も長広舌をふるった時であった。この長広舌は、日本経済評論社のＰＲ誌『評論』五六号（一九八六年九月）に熱弁をふるう私の写真とともに、五頁もつかって掲載されている。

この決意を表明してから十年以上も実現しないでいる私を、督促し激励するために栗原さんが用意した手は、『評論』誌上で『服部伝』構想の骨子を公表させることであった。同誌一一二号（一九九九年六月）から一二〇号（二〇〇〇年八月）まで八回にわたりその骨子を連載した。この詳細は本文中に書いた。

この連載がなぜ第八回の、敗戦直後に服部等が情熱を傾注して開設した鎌倉大学校、のちの鎌倉アカデミアと改称した時期で終わっているのかを回想してみると、つぎのような事情があったからだと思う。

この年、私は三月に中国人戦争被害者の要求を支える会（一九九八年五月常任委員長、二〇〇〇年十二月代表委員）の代表として「記憶・責任・未来」基金調査団弁護士と同行してドイツ連邦共和国を訪問（十一日〜二十日）、十月に第五回日本法律家共同シンポジウムに日本側報告者として参加（於北京、十六日〜十八日）、十二月には第三回近代日本と台湾歴史・文学シンポジウム（日本側団長は西田勝法政大学文学部教授）に報告者として参加（文学の日本側報告者は尾崎秀樹、於台北・輔人外国語学院、二十二日〜二十四日）しているように東奔西走の一年であった。この台北での報告が翌二〇〇一年三月の私の退職記念号である『法政大学多摩論集』第十七巻三月号に掲載されている「近代日本植民地統治史研究の現状と課題―台湾を中心に―」と題する大学での最終講義（二〇〇〇年十二月十四日）であった。

第二は、服部の没後に私は服部の日記・書翰など伝記執筆に必要な資料をほとんど富子未亡人と長男旦から借用していたのだが、二〇〇〇年に旦から亡父の遺品はすべて生家の島根県浜田の正蓮寺に納めたいので返却してほしいと言われ、これを複写して返却するためにかなりの日数と労力を費やしたことである。

また、定年退職後の数年は、私の後半生にとって公私にわたりいろいろな出来事に遭遇した。その中でも妻貞子が二〇〇七年十月十六日に他界した（享年七十三）ことは痛恨の極みであった。共有した長い時間は幾多の思い出とともによみがえる。

いろいろあったとはいえ、ただこの八年間、私はもっぱら本書脱稿のために専念し、時間と労力のほとんどを費やしたことは事実である。

二〇〇八年暮れに本書の原稿はすべて脱稿したことが『日本歴史』第七二七号（二〇〇八年十二月）の「はがき通信」で確認することができる。次のように書いている。

「『服部之總伝』をやっと脱稿し終えて「マルクス主義史学」の功罪がわかりました。一九三〇年に朝鮮で生まれ敗戦で中国から帰国した『植民地二世』である私は、残された余生を朝鮮半島の民衆（とくに『在日』）の視点を重視して、いまだに天皇と天皇制の呪縛から解放されていない日本人の心性（アジア民衆への蔑視意識）を、歴史研究者として解明することに微力を傾注したいと考えております。」（一四四頁）

脱稿後も推敲を重ねた末に出版社にやっと原稿を渡したのは二〇〇八年であった。このことは栗原さん自身が『評論』の「神保町の窓から」に書いている。（第一八七号）

「二十年以上も「間もなく」とか「そのうち」と決意ばかり漏らしてきた松尾章一先生の手になる『服部之總伝』の原稿ができてきた。四〇〇字で五千枚。仰天する分量だ。どんな本にすればよいか。思案の最中である。（後略）」

二〇〇八年三月六日、この原稿は入力されて、一六〇〇字詰一二九六枚が私のもとに届けられた。私も我がことながら仰天し思案した。こんな量を出版できるのだろうか、会社を潰してしまわないだろうか、原稿が仕上がったことで栗原さんとの友情が壊れてしまわないだろうか。幾日か考え込んだ末、最寄り駅近くの料亭に栗原さんを呼んだ。編集の谷口さんを伴って来た。酔わずに「本にできるか」なんて聞けなかった。

「会社は低迷のどん底にあります。いっぺんに出すのは無理です。」暗い沈黙のあとにまず『人物篇』を刊行し、『学問篇』はつぎの機会に出版することに落ち着いた。そこで私は二〇〇万字を越す原稿を二分する作業にとりかかり七月にこの『人物篇』を渡した。

しかし、ことはそれで済まなかった。その第一は、私が二〇〇五年以来、前立腺癌の告知を受けて放射線治療などで体調が極めてよくなかったことである。第二の困難は、ゲラが出始めてからであった。引用した初出論文との照合、かな遣い、年代確認、資料の脱落等の点検に予想もしなかった体力と時間を費やした。私も真剣に取り組んだが、編集部の清達二氏は他の編集部員も動員して法政大学や国会の図書館に幾度となく足を運び、この苦渋に耐えてくれた。感謝申し上げたい。

体力の限界も感じ焦り始めた私に援助の手をさしのべてくれたのが矢作享氏であった。矢作氏は私が法政大学の教員時代に顧問をしていた法政大学歴史科学研究会（学生の自主的学術サークル）の創立時代（一九六八年）のオルガナイザーであった。卒業後は公立高等学校で世界史担当教師として定年を迎えた直後であった。氏は初校ゲラからすべてを見直してくれた。大変なご苦労をかけた矢作氏には筆舌に尽くしがたい感謝を心から申し述べたい。

そしてなによりも、歴史研究の流行からみればマルクス主義歴史学は若い研究者にとっては魅力に乏しいとも言われている状況の中で、悔しくも忘れかけている「服部之總」を現在に再登場させることに協力してくれた、いわば蛮勇と侠気のみに生きたと見える栗原哲也前社長に感謝したい。また、色川大吉東京経済大学名誉教授には本書への過分な推薦のお言葉を賜りましたことに対して篤く御礼申し上げたい。

最後に、妻貞子なきあと私の度重なる重篤の病の看護をはじめとして献身的な援助をし続けて今日に至っている、中国上海出身で法政大学通信教育部の受講生であった何芳英にも心からの感謝の言葉を捧げたい。

二〇一六年七月三日

松尾章一

本書は刊行にあたり福村出版をはじめとする多くの出版社、雑誌社、研究会等の刊行物から引用・転載させていただきました。各位の御快諾に対し厚く御礼申しあげます。日本経済評論社

[編著者略歴]

松《まつ》尾《お》章一《しょういち》

一九三〇年　朝鮮京城府（現在韓国ソウル）に生まれる
一九四六年　日本の敗戦で中国・青島日本中学校三年で日本に帰国。
神奈川県立横須賀中学校二年に編入。新制横須賀高校を卒業（一九五四年）
一九五三年　服部之總の私設助手
一九五四年　横浜国立大学卒業
一九五六年　法政大学人文科学研究科日本史学専攻修士・博士課程（一九六二年まで、一九七二年に文学博士号授与される）
一九七〇年　法政大学第一教養部専任教員
一九八二年　アメリカ・ハーバード大学東アジア研究所客員研究員
一九九一年　アメリカ・ウイスコンシン大学歴史学部名誉研究員
二〇〇一年　法政大学経済学部定年退職。法政大学名誉教授

[主要著書]

自由民権思想の研究（柏書房、一九六五。増補・改訂版、日本経済評論社、一九九〇）
日本ファシズム史論（法政大学出版局、一九七七）
戦後ファシズム史論（ゆぴてる社、一九八七）
大阪事件関係史料集　上・下（松尾貞子との共編、日本経済評論社、一九八五）
関東大震災 政府陸海軍関係史料　全三巻（松尾監修、日本経済評論社、一九九七）
近代天皇制国家と民衆・アジア　上・下（法政大学出版局、一九九七、一九九八）
中国人戦争被害者と戦後補償（なぜ、今、中国人が戦争被害を訴えているのか）（松尾編、岩波ブックレット、一九九八）
関東大震災と戒厳令（吉川弘文館、二〇〇三）
他多数（『法政大学多摩論集』第十七巻二号、退職記念号参照、二〇〇一）

歴史家 服部之總《はっとりしそう》

日記・書翰・回想で辿る軌跡

2016年9月24日 第1刷発行

定価（本体9800円＋税）

編著者 松尾章一

発行者 柿﨑均

発行所 株式会社日本経済評論社

〒101-0051 東京都千代田区神田神保町3-2

電話 03-3230-1661 FAX 03-3265-2993

E-mail : info8188@nikkeihyo.co.jp

振替 00130-3-157198

装丁＊渡辺美知子 印刷・製本／シナノ出版印刷

落丁本・乱丁本はお取替えいたします Printed in Japan

ISBN978-4-8188-2443-0

監修＝松尾章一／編集＝平形千恵子・大竹米子
関東大震災　政府陸海軍関係史料Ⅰ　政府・戒厳令関係史料　**本体一〇〇〇〇円**

監修＝松尾章一／編集＝田﨑公司・坂本昇
関東大震災　政府陸海軍関係史料Ⅱ　陸軍関係史料　**本体一七〇〇〇円**

監修＝松尾章一／編集＝田中正敬・逢坂英明
関東大震災　政府陸海軍関係史料Ⅲ　海軍関係史料　**本体六〇〇〇〇円**

松尾章一編
自由燈の研究―帝国議会開設前夜の民権派新聞―　**本体三二〇〇〇円**

松尾章一著
増補・改訂　自由民権思想の研究　**本体三四〇〇〇円**

松尾章一・松尾貞子編
大阪事件関係史料集　**上・下**　**本体二〇〇〇〇円**